공기업 합격을 위한

추 자료

본 교재 강의
2만원 할인쿠폰

9D2B A665 BC4A B86P

• 단과/종합 강의에만 적용 가능(프로모션/이벤트 상품 적용 불가)

NCS 온라인 모의고사
응시권

48AB 6A4B 5C2F DA49

• 쿠폰 등록시점부터 30일 이내 PC에서 응시 가능
• 쿠폰 등록 후 [마이클래스] - [모의고사]에서 응시 가능

· **이용방법 : 해커스잡 사이트(ejob.Hackers.com)** 접속 후 로그인 ▶ 사이트 우측 상단 **[나의정보]** 클릭 ▶ **[나의 쿠폰]** 클릭 ▶ **[쿠폰/수강권 등록]**에 쿠폰(인증)번호 입력 후 이용

• 위 쿠폰은 한 ID당 1회에 한해 등록 및 사용 가능하며, 쿠폰 관련 문의는 해커스 고객센터(02-537-5000)로 연락 바랍니다.

공기업 면접 합격가이드(PDF)

R5U4 76SW JQRK DLDL

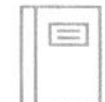

공기업 인성검사 합격가이드&모의테스트(PDF)

A56N 8J9S DYD4 D75D

NCS 빈출 개념 핵심 요약집(PDF)

SLG8 9J7A WKDC YDF3

모듈이론공략 200제(PDF)

WBFA 33H4 7FHS DLS4

· **이용방법 : 해커스잡 사이트(ejob.Hackers.com)** 접속 후 로그인 ▶ 사이트 메인 상단 **[교재정보 - 교재 무료자료]** 클릭 ▶ 교재 확인 후 이용하길 원하는 무료자료의 **[다운로드]** 버튼 클릭 ▶ 위 쿠폰번호 입력 후 다운로드

무료 전형별·영역별 취업 강의

· **이용방법 :**
해커스잡 사이트 (ejob.Hackers.com) 접속 후 로그인 ▶
상단 **[무료강의/자료]** 클릭 ▶ 하단 **[무료 강의]** 클릭 ▶ 무료강의 수강 가능

무료 바로 채점 및 성적 분석 서비스

▲ 바로 이용

· **이용방법 : 해커스잡 사이트(ejob.Hackers.com)** 접속 후 로그인 ▶ 사이트 메인 상단 **[교재정보 - 교재 채점 서비스]** 클릭 ▶ 교재 확인 후 채점하기 버튼 클릭

* 헤럴드 선정 2018 대학생 선호 브랜드 대상 '취업강의' 부문 1위

해커스공기업

NCS 모듈형

통합 기본서

이론 + 실전모의고사

서문

"모듈형 문제의 핵심은 모듈이론 학습과 적용에 있습니다."

모듈형 문제는 한국산업인력공단에서 제공하는 직업기초능력 교수 - 학습 자료, 이른바 직업기초능력 가이드북(NCS 모듈이론)을 기반으로 한 문제를 의미합니다. 최근 공기업 필기시험에서는 모듈형 문제의 출제 비중이 높아지고 있습니다. 즉, 모듈형 문제에 대한 집중 학습이 선택이 아닌 필수가 되었다는 것입니다. 하지만 막상 필기시험을 준비하는 많은 수험생들에게는 모듈형 문제가 막막하게만 느껴질 것입니다.

그래서 해커스는 수많은 고민을 거듭한 끝에 모듈형 문제가 무엇인지 이해하고, 모듈형 문제를 완벽하게 대비할 수 있도록, **『해커스공기업 NCS 모듈형 통합 기본서 이론 + 실전모의고사』**를 출간하게 되었습니다.

『해커스공기업 NCS 모듈형 통합 기본서 이론 + 실전모의고사』는

1. 문제 풀이에 필요한 직업기초능력 가이드북(NCS 모듈이론)의 내용을 완벽하게 이해할 수 있도록 **이론과 개념을 상세하게 정리**하였으며, 개념확인문제를 제공하여 **모듈이론을 확실히 학습하고 이해했는지 점검**할 수 있도록 하였습니다.
2. 기출공략문제와 출제예상문제로 학습한 **모듈이론을 문제에 적용하는 연습**을 하고, 실전모의고사를 통해 **실전 감각을 키울 수 있도록** 하였습니다.
3. 취약 영역 분석표와 상세한 해설로 **취약한 부분을 점검하고 보완**할 수 있도록 하여 어떤 영역도 소홀히 할 수 없는 **NCS 필기시험을 완벽히 대비**할 수 있도록 하였습니다.

『해커스공기업 NCS 모듈형 통합 기본서 이론 + 실전모의고사』를 통해
NCS 필기시험에 대비하는 수험생 모두
합격의 기쁨을 누리시기 바랍니다.

해커스 취업교육연구소

해커스공기업 **NCS** 모듈형 통합 기본서
이론 + 실전모의고사

목차

PART 1 NCS 직업기초능력평가

제7장 정보능력

제8장 기술능력

제9장 조직이해능력

제10장 직업윤리

PART 2 NCS 실전모의고사

[책 속의 책]

약점 보완 해설집

NCS 모듈형 완전 학습을 위한 **교재 학습법**

1. 직업기초능력 가이드북 완벽하게 이해하기

영역별 학습 전 마인드맵으로 큰 그림 그리기

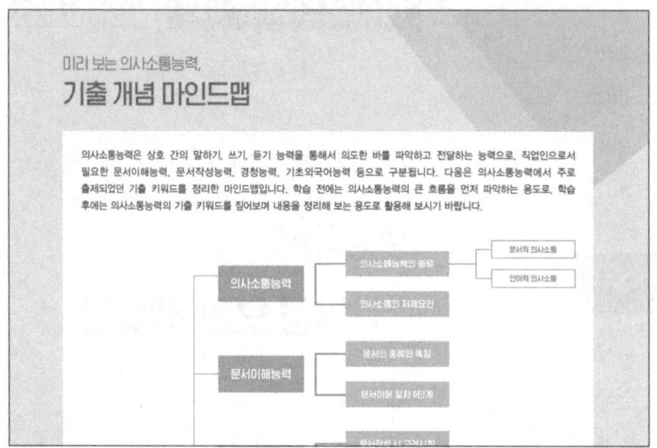

미리 보는 의사소통능력,
기출 개념 마인드맵

의사소통능력은 상호 간의 말하기, 쓰기, 듣기 능력을 통해서 의도한 바를 파악하고 전달하는 능력으로, 직업인으로서 필요한 문서이해능력, 문서작성능력, 경청능력, 기초외국어능력 등으로 구분됩니다. 다음은 의사소통능력에서 주로 출제되었던 기출 키워드를 정리한 마인드맵입니다. 학습 전에는 의사소통능력의 큰 흐름을 먼저 파악하는 용도로, 학습 후에는 의사소통능력의 기출 키워드를 짚어보며 내용을 정리해 보는 용도로 활용해 보시기 바랍니다.

기출 키워드 마인드맵

본격적인 학습을 시작하기 전 실제 시험에 출제된 키워드를 정리한 마인드맵으로 영역별 이론 구성에 대해 파악할 수 있다.

상세한 이론 설명으로 가이드북 내용 완벽 이해하기

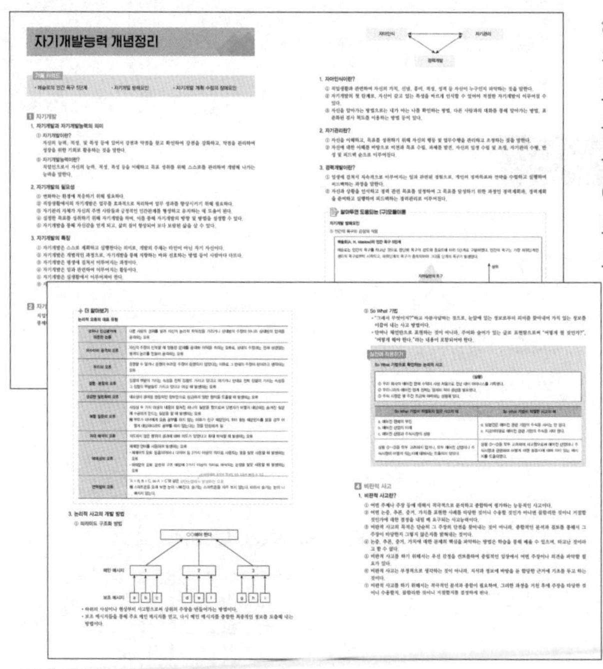

자기개발능력 개념정리

상세한 이론 설명

직업기초능력 가이드북은 물론, 수학 공식처럼 모듈학습 가이드북에는 없지만 시험에는 나오는 중요한 이론까지 꼼꼼하게 정리해 모듈이론을 확실하게 학습할 수 있다. 또한, 실제 시험에 출제된 개념을 정리한 기출 키워드와 색깔 표시, 첨삭식 설명으로 중요한 부분을 짚어주어 보다 효율적으로 학습할 수 있다.

더 알아보기 & 알아두면 도움되는 (구)모듈이론

문제 풀이에 필요한 심화 학습 내용을 정리하여 모듈이론 학습을 더욱 효과적으로 할 수 있다. 또한, 개정된 직업기초능력 가이드북에는 수록되지 않았지만, 시험에 자주 출제되었던 주요 개념을 추가적으로 학습할 수 있다.

실전에 적용하기

모듈이론을 상황이나 사례에 적용하는 방법을 알려주어 모듈형 문제에 더욱 완벽하게 대비할 수 있다.

개념확인문제로 이론 내용 점검하기

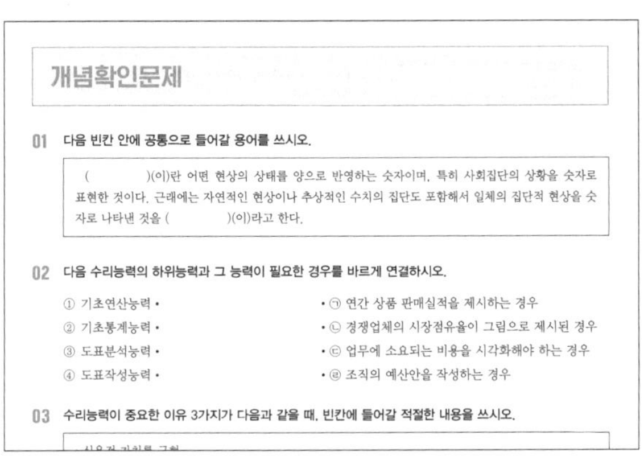

개념확인문제

01 다음 빈칸 안에 공통으로 들어갈 용어를 쓰시오.

( )(이)란 어떤 현상의 상태를 양으로 반영하는 숫자이며, 특히 사회집단의 상황을 숫자로 표현한 것이다. 근래에는 자연적인 현상이나 추상적인 수치의 집단도 포함해서 일체의 집단적 현상을 숫자로 나타낸 것을 ( )(이)라고 한다.

02 다음 수리능력의 하위능력과 그 능력이 필요한 경우를 바르게 연결하시오.

① 기초연산능력 •	• ㉠ 연간 상품 판매실적을 제시하는 경우
② 기초통계능력 •	• ㉡ 경쟁업체의 시장점유율이 그림으로 제시된 경우
③ 도표분석능력 •	• ㉢ 업무에 소요되는 비용을 시각화해야 하는 경우
④ 도표작성능력 •	• ㉣ 조직의 예산안을 작성하는 경우

03 수리능력이 중요한 이유 3가지가 다음과 같을 때, 빈칸에 들어갈 적절한 내용을 쓰시오.

개념확인문제

직업기초능력 가이드북 내용 중에서도 핵심적인 내용으로 구성된 개념확인문제를 통해 모듈이론을 확실히 이해하였는지 점검할 수 있다.

2. 문제 풀이 감각 익히기

기출공략문제로 실제 출제 경향 파악하기

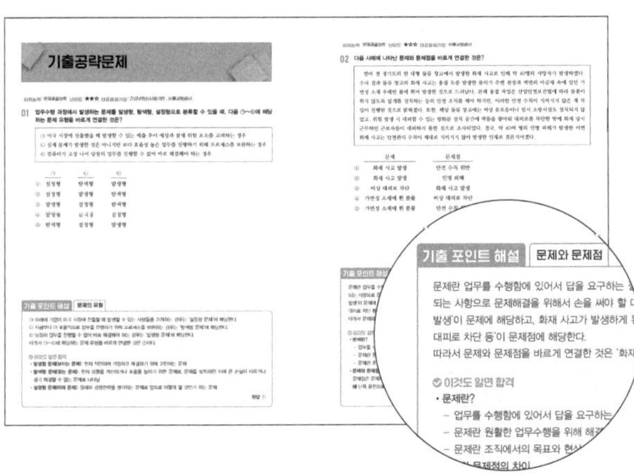

기출공략문제

최근 출제 경향이 반영된 문제를 통해 실제 시험에서 문제가 어떻게 출제되는지 확인할 수 있다. 또한, 문제 상단에 하위능력, 난이도, 대표 출제기업을 표시하여 더욱 효과적으로 학습할 수 있다.

기출 포인트 해설

문제를 풀고 나서 반드시 확인해야 하는 개념을 정리하여 쉽게 핵심 개념을 복습 및 이해할 수 있으며, 문제의 핵심 개념과 관련하여 더 알아두면 좋은 개념 및 이론을 이것도 알면 합격으로 정리하여 모듈이론 기본기를 더욱더 단단하게 다질 수 있다.

출제예상문제로 문제 풀이 집중 연습하기

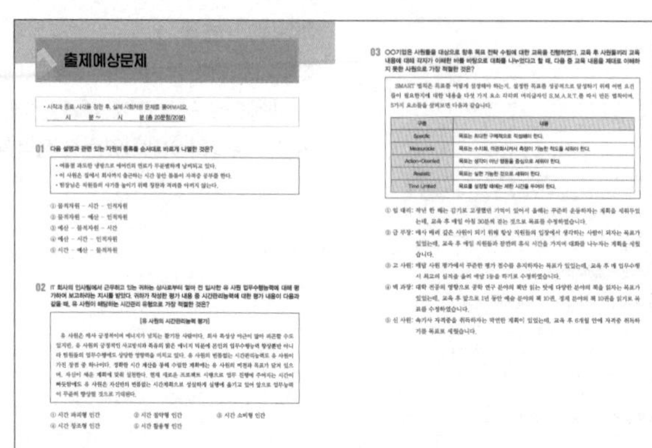

출제예상문제

출제예상문제

영역별로 실제 시험에 출제될 가능성이 큰 문제를 제한 시간 내에 풀어봄으로써 학습한 이론을 적용하여 집중적으로 문제를 푸는 연습을 할 수 있다.

3. 실전 감각 극대화하기

실전모의고사로 실전 감각 극대화하기

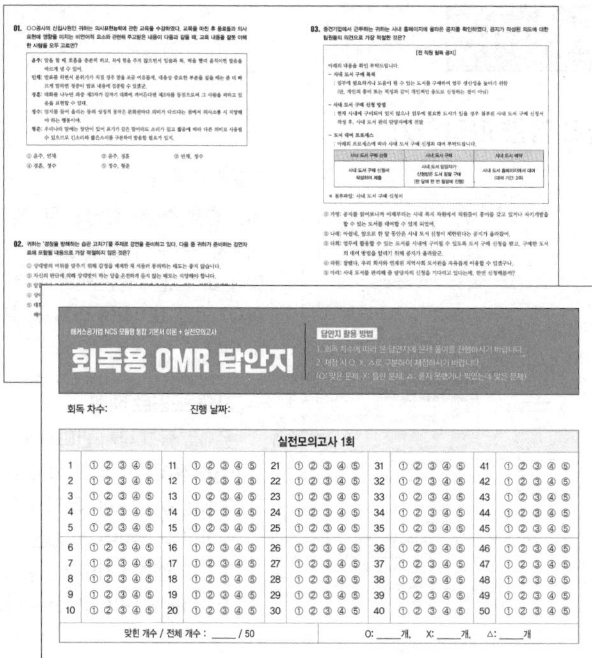

해커스공기업 NCS 모듈형 통합 기본서 이론 + 실전모의고사

회독용 OMR 답안지

답안지 활용 방법

1. 회독 차수에 따라 본 답안지에 문제 풀이를 진행하시기 바랍니다.
2. 채점 시 O, X, △로 구분하여 채점하시기 바랍니다.
(O: 맞은 문제, X: 틀린 문제, △: 풀지 못했거나 찍었는데 맞은 문제)

회독 차수: 진행 날짜:

실전모의고사 1회									
1	① ② ③ ④ ⑤	11	① ② ③ ④ ⑤	21	① ② ③ ④ ⑤	31	① ② ③ ④ ⑤	41	① ② ③ ④ ⑤
2	① ② ③ ④ ⑤	12	① ② ③ ④ ⑤	22	① ② ③ ④ ⑤	32	① ② ③ ④ ⑤	42	① ② ③ ④ ⑤
3	① ② ③ ④ ⑤	13	① ② ③ ④ ⑤	23	① ② ③ ④ ⑤	33	① ② ③ ④ ⑤	43	① ② ③ ④ ⑤
4	① ② ③ ④ ⑤	14	① ② ③ ④ ⑤	24	① ② ③ ④ ⑤	34	① ② ③ ④ ⑤	44	① ② ③ ④ ⑤
5	① ② ③ ④ ⑤	15	① ② ③ ④ ⑤	25	① ② ③ ④ ⑤	35	① ② ③ ④ ⑤	45	① ② ③ ④ ⑤
6	① ② ③ ④ ⑤	16	① ② ③ ④ ⑤	26	① ② ③ ④ ⑤	36	① ② ③ ④ ⑤	46	① ② ③ ④ ⑤
7	① ② ③ ④ ⑤	17	① ② ③ ④ ⑤	27	① ② ③ ④ ⑤	37	① ② ③ ④ ⑤	47	① ② ③ ④ ⑤
8	① ② ③ ④ ⑤	18	① ② ③ ④ ⑤	28	① ② ③ ④ ⑤	38	① ② ③ ④ ⑤	48	① ② ③ ④ ⑤
9	① ② ③ ④ ⑤	19	① ② ③ ④ ⑤	29	① ② ③ ④ ⑤	39	① ② ③ ④ ⑤	49	① ② ③ ④ ⑤
10	① ② ③ ④ ⑤	20	① ② ③ ④ ⑤	30	① ② ③ ④ ⑤	40	① ② ③ ④ ⑤	50	① ② ③ ④ ⑤

맞힌 개수 / 전체 개수 : ____ / 50 O: ____개, X: ____개, △: ____개

실전모의고사(7회분)

실전모의고사 총 7회분(교재 6회 + 온라인 1회)으로 실전을 대비할 수 있다.

특히 교재 수록 모의고사 6회분은 영역 분리형, 순차 통합형, 영역 혼합형 등 실제 공기업 필기시험의 문제 구성을 반영한 것에 더해 난도별 차이를 두어 어떻게 출제될지 알 수 없는 공기업 필기시험을 더욱 완벽히 대비할 수 있다.

회독용 OMR 답안지

본 교재에 수록한 회독용 답안지에 직접 답을 체크하고, 반복해 풀어 보면서 실전 감각을 극대화할 수 있고, 맞은 문제, 틀린 문제, 풀지 못했거나 찍었는데 맞은 문제를 확인하여 실력을 점검하고, 반복해 풀어보면서 취약한 부분을 극복할 수 있다.

4. 취약점 보완하고 완벽하게 마무리하기

상세한 해설로 완벽하게 정리하기

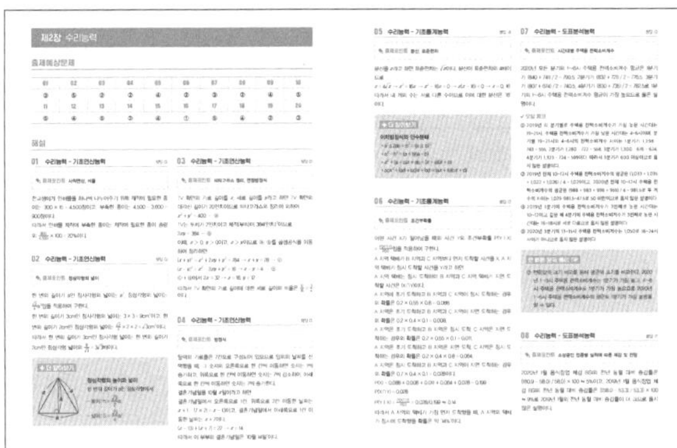

약점 보완 해설집

문제집과 해설집을 분리하여 보다 편리하게 학습할 수 있으며, 문제마다 상세하고 이해하기 쉬운 해설을 수록하고 출제포인트를 정리하여 문제의 출제의도와 핵심포인트를 쉽게 파악할 수 있다. 특히 어려운 문제에는 오답에 대한 해설인 오답 체크를 수록하여 체계적으로 학습할 수 있도록 하였으며, 문제와 관련하여 추가로 학습하면 좋을 내용은 더 알아보기, 빠른 문제 풀이 Tip으로 정리하여 효율적으로 학습할 수 있다.

취약 영역 파악하여 보완하기

취약 영역 분석표

자신의 취약한 영역을 파악하고, 보완할 수 있다.

바로 채점 및 성적 분석 서비스

교재 내 QR 코드를 활용하여 해커스공기업 사이트(public.Hackers.com)에서 제공하는 바로 채점 및 성적 분석 서비스를 통해 응시 인원 대비 본인의 성적 위치를 확인할 수 있다.

회독별 학습 플랜

자신에게 맞는 학습 플랜을 선택하여 본 교재를 학습하세요.
더 효과적인 학습을 원한다면 해커스공기업(public.Hackers.com)에서 제공하는 동영상강의를 함께 수강해 보세요.

3회독 학습 플랜

이런 분에게 추천합니다.

- 3회독 학습이 목표이며, 모듈이론 대한 기본기가 부족하여 꼼꼼히 학습해야 하는 분
- NCS 모듈형을 처음 학습하거나 기초부터 탄탄하게 학습하고 싶은 분

학습 단계	기초 학습				
날짜	___월___일	___월___일	___월___일	___월___일	___월___일
학습내용	□ 의사소통능력 · 이론 학습(p.28) · 기출공략문제(p.56) · 출제예상문제(p.66)	□ 수리능력 · 이론 학습(p.82) · 기출공략문제(p.108) · 출제예상문제(p.120)	□ 문제해결능력 · 이론 학습(p.138) · 기출공략문제(p.162) · 출제예상문제(p.174)	□ 자기개발능력 · 이론 학습(p.188) · 기출공략문제(p.210) · 출제예상문제(p.220)	□ 자원관리능력 · 이론 학습(p.228) · 기출공략문제(p.252) · 출제예상문제(p.262)

학습 단계	기초 학습				
날짜	___월___일	___월___일	___월___일	___월___일	___월___일
학습내용	□ 대인관계능력 · 이론 학습(p.276) · 기출공략문제(p.306) · 출제예상문제(p.316)	□ 정보능력 · 이론 학습(p.326) · 기출공략문제(p.346) · 출제예상문제(p.356)	□ 기술능력 · 이론 학습(p.368) · 기출공략문제(p.390) · 출제예상문제(p.402)	□ 조직이해능력 · 이론 학습(p.416) · 기출공략문제(p.442) · 출제예상문제(p.452)	□ 직업윤리 · 이론 학습(p.466) · 기출공략문제(p.482) · 출제예상문제(p.488)

학습 단계	실전 연습 및 취약점 극복				
날짜	___월___일	___월___일	___월___일	___월___일	___월___일
학습내용	□ 실전모의고사 1회(p.498) □ 취약 영역 복습	□ 실전모의고사 2회(p.524) □ 취약 영역 복습	□ 실전모의고사 3회(p.560) □ 취약 영역 복습	□ 실전모의고사 4회(p.588) □ 취약 영역 복습	□ 실전모의고사 5회(p.620) □ 취약 영역 복습

학습 단계	실전 연습 및 취약점 극복	기초 학습			
날짜	___월___일	___월___일	___월___일	___월___일	___월___일
학습내용	□ 실전모의고사 6회(p.646) □ 취약 영역 복습	□ 의사소통능력 · 이론 학습(p.28) · 기출공략문제(p.56) · 출제예상문제(p.66) □ 수리능력 · 이론 학습(p.82) · 기출공략문제(p.108) · 출제예상문제(p.120)	□ 문제해결능력 · 이론 학습(p.138) · 기출공략문제(p.162) · 출제예상문제(p.174) □ 자기개발능력 · 이론 학습(p.188) · 기출공략문제(p.210) · 출제예상문제(p.220)	□ 자원관리능력 · 이론 학습(p.228) · 기출공략문제(p.252) · 출제예상문제(p.262) □ 대인관계능력 · 이론 학습(p.276) · 기출공략문제(p.306) · 출제예상문제(p.316)	□ 정보능력 · 이론 학습(p.326) · 기출공략문제(p.346) · 출제예상문제(p.356) □ 기술능력 · 이론 학습(p.368) · 기출공략문제(p.390) · 출제예상문제(p.402)

학습 단계	기초 학습	실전 연습			취약점 극복
날짜	___ 월 ___ 일	___ 월 ___ 일	___ 월 ___ 일	___ 월 ___ 일	___ 월 ___ 일
학습내용	□ 조직이해능력 · 이론 학습(p.416) · 기출공략문제(p.442) · 출제예상문제(p.452) □ 직업윤리 · 이론 학습(p.466) · 기출공략문제(p.482) · 출제예상문제(p.488)	□ 실전모의고사 1회(p.498) □ 실전모의고사 2회(p.524)	□ 실전모의고사 3회(p.560) □ 실전모의고사 4회(p.588)	□ 실전모의고사 5회(p.620) □ 실전모의고사 6회(p.646)	□ 취약 영역 복습 □ 실전모의고사 복습

학습 단계	기초 학습				
날짜	___ 월 ___ 일	___ 월 ___ 일	___ 월 ___ 일	___ 월 ___ 일	___ 월 ___ 일
학습내용	□ 의사소통능력 · 이론 학습(p.28) · 기출공략문제(p.56) · 출제예상문제(p.66) □ 수리능력 · 이론 학습(p.82) · 기출공략문제(p.108) · 출제예상문제(p.120)	□ 문제해결능력 · 이론 학습(p.138) · 기출공략문제(p.162) · 출제예상문제(p.174) □ 자기개발능력 · 이론 학습(p.188) · 기출공략문제(p.210) · 출제예상문제(p.220)	□ 자원관리능력 · 이론 학습(p.228) · 기출공략문제(p.252) · 출제예상문제(p.262) □ 대인관계능력 · 이론 학습(p.276) · 기출공략문제(p.306) · 출제예상문제(p.316)	□ 정보능력 · 이론 학습(p.326) · 기출공략문제(p.346) · 출제예상문제(p.356) □ 기술능력 · 이론 학습(p.368) · 기출공략문제(p.390) · 출제예상문제(p.402)	□ 조직이해능력 · 이론 학습(p.416) · 기출공략문제(p.442) · 출제예상문제(p.452) □ 직업윤리 · 이론 학습(p.466) · 기출공략문제(p.482) · 출제예상문제(p.488)

학습 단계	실전 연습			취약점 극복	최종 마무리
날짜	___ 월 ___ 일	___ 월 ___ 일	___ 월 ___ 일	___ 월 ___ 일	___ 월 ___ 일
학습내용	□ 실전모의고사 1회(p.498) □ 실전모의고사 2회(p.524)	□ 실전모의고사 3회(p.560) □ 실전모의고사 4회(p.588)	□ 실전모의고사 5회(p.620) □ 실전모의고사 6회(p.646)	□ 취약 영역 복습 □ 실전모의고사 복습	□ 전체 복습

※ 심화 학습을 원한다면, 해커스공기업 사이트(public. Hackers.com)에서 유료로 제공되는 본 교재 동영상강의를 수강하여 심화 학습할 수 있습니다.

2회독 학습 플랜

이런 분에게 추천합니다.

• 2회독 학습이 목표이며, 모듈이론을 빠르게 학습한 뒤 실전모의고사를 학습하고 싶은 분

학습 단계	기초 학습				
날짜	___월 ___일	___월 ___일	___월 ___일	___월 ___일	___월 ___일
학습내용	□ 의사소통능력 · 이론 학습(p.28) · 기출공략문제(p.56) · 출제예상문제(p.66) □ 수리능력 · 이론 학습(p.82) · 기출공략문제(p.108) · 출제예상문제(p.120)	□ 문제해결능력 · 이론 학습(p.138) · 기출공략문제(p.162) · 출제예상문제(p.174) □ 자기개발능력 · 이론 학습(p.188) · 기출공략문제(p.210) · 출제예상문제(p.220)	□ 자원관리능력 · 이론 학습(p.228) · 기출공략문제(p.252) · 출제예상문제(p.262) □ 대인관계능력 · 이론 학습(p.276) · 기출공략문제(p.306) · 출제예상문제(p.316)	□ 정보능력 · 이론 학습(p.326) · 기출공략문제(p.346) · 출제예상문제(p.356) □ 기술능력 · 이론 학습(p.368) · 기출공략문제(p.390) · 출제예상문제(p.402)	□ 조직이해능력 · 이론 학습(p.416) · 기출공략문제(p.442) · 출제예상문제(p.452) □ 직업윤리 · 이론 학습(p.466) · 기출공략문제(p.482) · 출제예상문제(p.488)

학습 단계	실전 연습			취약점 극복	
날짜	___월 ___일	___월 ___일	___월 ___일	___월 ___일	___월 ___일
학습내용	□ 실전모의고사 1회(p.498) □ 실전모의고사 2회(p.524)	□ 실전모의고사 3회(p.560) □ 실전모의고사 4회(p.588)	□ 실전모의고사 5회(p.620) □ 실전모의고사 6회(p.646)	□ 취약 영역 복습	□ 실전모의고사 복습

학습 단계	기초 학습				
날짜	___월 ___일	___월 ___일	___월 ___일	___월 ___일	___월 ___일
학습내용	□ 의사소통능력 · 이론 학습(p.28) · 기출공략문제(p.56) · 출제예상문제(p.66) □ 수리능력 · 이론 학습(p.82) · 기출공략문제(p.108) · 출제예상문제(p.120)	□ 문제해결능력 · 이론 학습(p.138) · 기출공략문제(p.162) · 출제예상문제(p.174) □ 자기개발능력 · 이론 학습(p.188) · 기출공략문제(p.210) · 출제예상문제(p.220)	□ 자원관리능력 · 이론 학습(p.228) · 기출공략문제(p.252) · 출제예상문제(p.262) □ 대인관계능력 · 이론 학습(p.276) · 기출공략문제(p.306) · 출제예상문제(p.316)	□ 정보능력 · 이론 학습(p.326) · 기출공략문제(p.346) · 출제예상문제(p.356) □ 기술능력 · 이론 학습(p.368) · 기출공략문제(p.390) · 출제예상문제(p.402)	□ 조직이해능력 · 이론 학습(p.416) · 기출공략문제(p.442) · 출제예상문제(p.452) □ 직업윤리 · 이론 학습(p.466) · 기출공략문제(p.482) · 출제예상문제(p.488)

학습 단계	실전 연습			취약점 극복	
날짜	___월 ___일	___월 ___일	___월 ___일	___월 ___일	___월 ___일
학습내용	□ 실전모의고사 1회(p.498) □ 실전모의고사 2회(p.524)	□ 실전모의고사 3회(p.560) □ 실전모의고사 4회(p.588)	□ 실전모의고사 5회(p.620) □ 실전모의고사 6회(p.646)	□ 취약 영역 복습	□ 실전모의고사 복습

※ 심화 학습을 원한다면, 해커스공기업 사이트(public. Hackers.com)에서 유료로 제공되는 본 교재 동영상강의를 수강하여 심화 학습할 수 있습니다.

1회독 학습 플랜

이런 분에게 추천합니다.

- 1회독 학습이 목표이며, 모듈이론에 대한 기본기가 탄탄하신 분
- 시간이 부족하여 단기간에 NCS 모듈형을 준비해야 하는 분

학습 단계	기초 학습				
날짜	___월___일	___월___일	___월___일	___월___일	___월___일
학습내용	□ 의사소통능력 · 이론 학습(p.28) · 기출공략문제(p.56) · 출제예상문제(p.66) □ 수리능력 · 이론 학습(p.82) · 기출공략문제(p.108) · 출제예상문제(p.120)	□ 문제해결능력 · 이론 학습(p.138) · 기출공략문제(p.162) · 출제예상문제(p.174) □ 자기개발능력 · 이론 학습(p.188) · 기출공략문제(p.210) · 출제예상문제(p.220)	□ 자원관리능력 · 이론 학습(p.228) · 기출공략문제(p.252) · 출제예상문제(p.262) □ 대인관계능력 · 이론 학습(p.276) · 기출공략문제(p.306) · 출제예상문제(p.316)	□ 정보능력 · 이론 학습(p.326) · 기출공략문제(p.346) · 출제예상문제(p.356) □ 기술능력 · 이론 학습(p.368) · 기출공략문제(p.390) · 출제예상분세(p.402)	□ 조직이해능력 · 이론 학습(p.416) · 기출공략문제(p.442) · 출제예상문제(p.452) □ 직업윤리 · 이론 학습(p.466) · 기출공략문제(p.482) 출제예상문제(p.488)

학습 단계	실전 연습			취약점 극복	
날짜	___월___일	___월___일	___월___일	___월___일	___월___일
학습내용	□ 실전모의고사 1회(p.498) □ 실전모의고사 2회(p.524)	□ 실전모의고사 3회(p.560) □ 실전모의고사 4회(p.588)	□ 실전모의고사 5회(p.620) □ 실전모의고사 6회(p.646)	□ 취약 영역 복습	□ 실전모의고사 복습

※ 심화 학습을 원한다면, 해커스공기업 사이트(public. Hackers.com)에서 유료로 제공되는 본 교재 동영상강의를 수강하여 심화 학습할 수 있습니다.

학습 가이드

01. 영역별 모듈이론을 학습하고 학습 내용 점검하기

영역별로 모듈이론을 꼼꼼히 학습한 후, 개념확인문제를 통해 모듈이론을 제대로 숙지하였는지 점검하며 완벽하게 학습한다.

02. 기출공략문제와 출제예상문제로 출제 경향 파악하고, 실력 점검하기

기출공략문제를 풀어보면서 실제 시험에서 모듈이론이 어떻게 출제되는지 파악하고, 틀린 문제는 문제 아래에 있는 기출 포인트 해설을 읽으면서 복습한다. 또한, 출제예상문제를 제한 시간 내에 풀어보면서 자신의 문제 풀이 실력을 점검한다.

03. 실전모의고사로 실전 준비하기

제한 시간을 정하고 실전모의고사를 풀어보며 실전 감각을 극대화한다. 문제를 모두 푼 후에는 취약 영역 분석표를 활용해 자신이 몰라서 틀린 것인지 알고도 실수한 것인지 확인하여 취약점을 파악하고, 해설과 PART 1을 통해 관련된 이론 및 개념을 복습하여 실전에서 동일한 문제를 다시 틀리지 않도록 한다.

공기업 채용 **핵심 가이드**

NCS 기반 블라인드 채용 알아보기

1. NCS 기반 블라인드 채용의 개념

NCS 기반 채용이란 불필요한 스펙이 아니라 해당 직무에 맞는 스펙을 갖춘 인재를 NCS 기반의 평가도구를 활용하여 선발하는 채용방식을 의미한다. 최근에는 이러한 NCS 채용에 더해 출신지, 가족관계, 학력, 외모 등 편견이 개입되어 불합리한 차별을 야기할 수 있는 요소를 제외하는 활동이 추가된 이른바 'NCS 기반 블라인드 채용'이 진행되고 있다.

2. NCS 기반 블라인드 채용의 목적

기존 채용제도의 불공정 해소	• 기업의 불공정 채용 관행에 관한 사회적 불신 해소 • 차별적 채용은 기업 경쟁력 저해요소라는 인식 유도 • 직무중심 인재선발을 통한 공정한 채용제도 구축
직무중심 채용을 통한 사회적 비용 감소	• 직무 관련 채용을 통한 지원자의 취업준비 비용 감소 • 기업 역시 직무 재교육, 조기 퇴사율 등의 감소를 통한 채용 비용 감소 실현 • 불공정 채용 관행에 의한 사회적 불신 해소

3. NCS 기반 블라인드 채용의 평가요소

① 직무에 필요한 직무능력을 토대로 차별적 요소를 제외한 평가요소를 도출 및 정의한다.

② NCS(국가직무능력표준)에 제시된 직무별 능력단위 세부내용, 능력단위 요소의 지식, 기술, 태도(K·S·A)를 기반으로 평가요소를 도출한다.

③ 기업의 인재상 및 채용직무에 대한 내부자료를 토대로 직무기술서, 직무명세서 등을 작성하여 지원자에게 사전 안내된다.

NCS 기반 블라인드 채용 준비 단계 및 합격전략

NCS 기반 블라인드 채용의 주요 단계와 단계별 합격전략을 확인하세요.

단계	내용
1단계 채용공고문 확인하기	**채용공고를 통해 직무 분야에 대한 직무 기술서를 확인하고, 자신의 경험에 비추어 지원하고자 하는 분야의 직무수행내용과 필요지식, 기술, 태도를 확인한 후 입사 지원을 시작한다.** • 지원하려는 기업에서 원하는 직무역량을 확인하고 갖추어야 할 직업기초능력과 직무수행능력을 명확하게 파악해야 한다. • 직무별 능력단위는 NCS 국가직무능력표준 사이트(www.ncs.go.kr) 내의 NCS 학습모듈 검색으로 관련 내용을 확인할 수 있다. • 기업이 요구하는 직무역량과 나의 현재 보유 수준 역량의 차이를 정확하게 파악하여 부족한 부분을 채울 수 있는 계획을 세워서 미리미리 준비하도록 한다.
2단계 입사지원서/ 경험 및 경력 기술서/ 자기소개서 작성하기	**본격적인 채용과정의 시작 단계로, 지원분야의 직무수행내용과 관련한 교육사항 이수 여부, 직업교육 이수 여부, 자격증 유무, 경험 및 경력을 단답형 혹은 서술형으로 작성한다.** • 입사지원서는 대체로 단답형으로 구성되며, 1단계에서 파악한 능력단위에 맞는 교육내용, 경험 및 경력이 강조되도록 작성한다. • 경험 및 경력 기술서는 입사지원서에서 작성한 활동에 대한 보다 상세한 설명을 기재하는 부분으로, 지원분야 직무수행내용을 기반으로 자신이 역량을 발휘한 경험이나 역량을 발전시킬 수 있었던 사례 위주로 작성해야 한다. • 자기소개서는 해당 기업에서 요구한 직업기초능력, 필요 지식 및 기술, 직무수행태도 등과 관련한 자신의 능력을 자세히 서술해야 한다.
3단계 NCS 기반 필기평가 준비하기	**대부분의 산업분야에서 공통으로 사용되는 능력인 직업기초능력과 실무를 수행하는 데 필요한 전문적인 능력인 직무수행능력을 필기시험 형태로 평가하는 단계이다.** • 기업에서 요구하는 직무능력에 따라 출제 영역, 문제 유형, 문항 수와 시간, 난이도 등이 상이하기 때문에 지원 기업의 최근 출제 경향을 파악해 두는 것이 좋다. • 공기업 출제 경향이 변경될 경우를 대비하여 가급적 미리 다양한 문제를 접해보면서 문제 풀이 실력을 키우도록 한다.
4단계 NCS 기반 면접평가 준비하기	**앞선 채용 단계 및 도구로는 파악하기 어려운 지원자의 역량을 파악하기 위한 채용의 최종단계이다.** • 기업의 직무 특성에 따라 요구하는 직무능력이 상이하기 때문에 미리 지원 기업의 면접 유형을 파악해 두어야 한다. 대체로 경험면접, 상황면접, 발표면접, 토론면접 등의 형태로 진행된다는 점을 파악하고, 직무 기술서를 통해 면접 질문을 예상해 보도록 한다. • 가급적 스터디, 시뮬레이션 등을 통해 대응 방식을 미리 익힌다. 특히 NCS 기반의 면접전형은 기본적으로 시작질문을 중심으로 점차 심화 · 구조화시켜 나가는 경향을 띠므로 면접의 방향성을 미리 파악하도록 한다.

NCS 모듈형 **완전정복 가이드**

직업기초능력평가 알아보기

1. 출제 영역 소개

직업기초능력은 효과적인 직무수행을 위해 대부분의 산업분야에서 공통으로 필요한 능력으로, 다음과 같이 10개의 영역과 34개의 하위능력으로 구분된다. 직업기초능력평가는 응시자가 직업기초능력을 갖추었는지를 객관적으로 판단하기 위한 시험이다. 기업에 따라 차이가 있지만 대체로 의사소통능력, 수리능력, 문제해결능력을 고정적으로 출제하고, 직무별 또는 기업에서 중요하게 여기는 영역을 추가로 출제하는 경우가 많다.

직업기초능력(10)	영역별 하위능력(34)
의사소통능력	문서이해 문서작성 경청 의사표현 기초외국어
수리능력	기초연산 기초통계 도표분석 도표작성
문제해결능력	사고력 문제처리
자기개발능력	자아인식 자기관리 경력개발
자원관리능력	시간관리 예산관리 물적자원관리 인적자원관리
대인관계능력	팀워크 리더십 갈등관리 협상 고객서비스
정보능력	컴퓨터활용 정보처리
기술능력	기술이해 기술선택 기술적용
조직이해능력	경영이해 체제이해 업무이해 국제감각
직업윤리	근로윤리 공동체윤리

2. 직업기초능력평가 주요 출제 유형

모듈형 시험

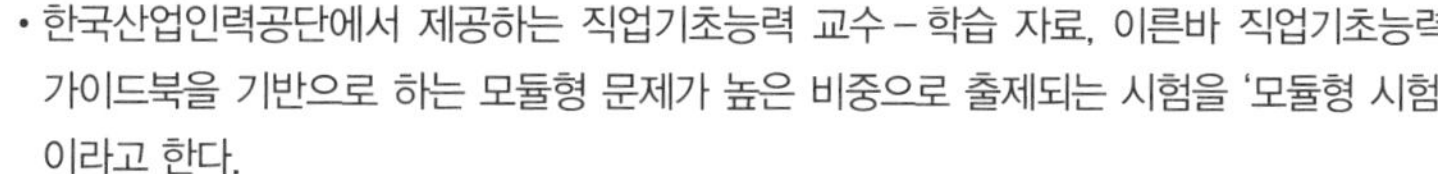

- 한국산업인력공단에서 제공하는 직업기초능력 교수 – 학습 자료, 이른바 직업기초능력 가이드북을 기반으로 하는 모듈형 문제가 높은 비중으로 출제되는 시험을 '모듈형 시험'이라고 한다.
- 모듈형 문제는 응시자가 직업기초능력 가이드북의 이론 및 개념을 숙지하고 있는지 확인하고, 이를 실제 업무에 적용할 수 있는 응용 업무 능력을 갖추었는지를 평가하는 데 목적이 있다.
- 직업기초능력 가이드북을 충분히 학습하지 않으면 실제 시험에서 문제를 풀기 어려울 수 있으므로 관련 이론에 대한 사전 학습이 필요하다.
- 주요 출제 기업: 서울교통공사, 한국가스안전공사, 한국전기안전공사, 한국중부발전, 한전KPS 등

PSAT형 시험

- 공직적격성 시험(PSAT)과 유형이 비슷한 PSAT형 문제가 높은 비중으로 출제되는 시험을 'PSAT형 시험'이라고 한다.
- PSAT형 문제는 응시자가 논리적인 사고력과 정보 해석 및 추론 능력 등을 갖추었는지 평가하는 데 목적이 있다.
- 이론 암기만으로 대비할 수 있는 유형의 시험이 아니므로 사전에 다양한 문제를 제한 시간 내에 푸는 연습을 충분히 하는 것이 중요하다.
- 주요 출제 기업: 인천국제공항공사, 한국수력원자력, 한국전력공사, 한국철도공사, 한국토지주택공사 등

피듈형 시험
(PSAT형 + 모듈형)

- 모듈형 문제와 PSAT형 문제가 비슷한 비중으로 출제되는 시험을 '피듈형 시험'이라고 한다.
- 직업기초능력 가이드북의 이론 및 개념을 꼼꼼히 학습하여 모듈형 문제에 대비함과 동시에 다양한 PSAT형 문제를 풀어보며 논리적인 사고력과 정보 해석 및 추론 능력을 기르는 것이 중요하다.
- 주요 출제 기업: 국민건강보험공단, 한국남부발전, 한국서부발전, 한국수자원공사, 한국지역난방공사 등

NCS 모듈형 대표기출유형 및 준비전략

기출유형 1 모듈이론을 확인하는 문제

핵심포인트 모듈이론에 대한 지식이 있는지 여부를 판단하는 문제로, 문제 형태가 간단하고 비교적 쉬운 난도로 출제되지만 모듈이론을 모르면 풀기 어렵다.

대표예제

다음 글의 빈칸에 들어갈 말로 가장 적절한 것은?

> 감정 이입이란 자연의 풍경이나 예술 작품 따위에 자신의 감정이나 정신을 불어넣거나, 대상으로부터 느낌을 직접 받아들여 대상과 자기가 서로 통한다고 느끼는 일로, 쉽게 말해 상대방의 감정 상태를 받아들이고 이해하는 능력을 말한다. 이러한 감정 이입은 의사소통에 요구되는 능력 중 하나로, 상대를 한 개인으로 존중하여 있는 그대로 받아들이면서 서로가 성실한 마음으로 임하여 솔직한 감정 교류가 가능하고, 상대방의 입장에서 이해할 수 있는 (   )의 자세와 매우 유사하다.

① 공감
② 경청
③ 소통
④ 표현
⑤ 조언

정답 ②

모듈이론에 대해 알고 있는지를 판단하는 문제가 비교적 간단한 형태로 출제된다.

선택지는 보통 모듈이론을 기반으로 구성되며, 관련 지식을 알고 있다면 어렵지 않게 풀 수 있는 수준으로 출제된다.

- 모듈이론을 완벽하게 숙지한다.
- 사소한 실수를 하지 않도록 질문을 읽고 문제에서 요구하는 바가 무엇인지 정확히 파악한 후 선택지를 확인한다.
- 실전에서는 모르는 문제는 빠르게 넘어가고, 정확히 아는 문제부터 풀어 정답률을 높인다.

기출유형 2 모듈이론을 자료를 통해 확인하는 문제

핵심포인트 모듈이론에 대한 지식이 있는지 여부를 실제 사례 및 상황 등의 자료를 통해 판단하는 문제이다. 모듈이론 확인 문제와 동일하게 모듈이론을 모르면 풀기 어렵지만, 제시된 자료에 정답의 단서가 제공되어 쉽게 풀리는 경우도 있다.

대표예제

다음 사례를 의사표현의 종류에 따라 바르게 분류한 것은?

간단한 사례나 업무 상황이 제시되고, 모듈이론을 기반으로 상황을 판단하는 문제가 출제된다.

가. 우리 팀의 신입사원은 회의를 진행하는 것이 처음이지만 절차에 따라 꽤 능숙하게 진행하였다.
나. 인턴들은 점심을 먹으면서 자신들이 좋아하는 음식에 관해 자유롭게 이야기를 나누었다.
다. 세미나에 참석한 교수들은 각자 준비한 자료를 참고하여 지속 가능한 기술에 관해 토의하였다.

	가	나	다
①	공식적 말하기	의례적 말하기	친교적 말하기
②	공식적 말하기	친교적 말하기	의례적 말하기
③	의례적 말하기	공식적 말하기	친교적 말하기
④	의례적 말하기	친교적 말하기	공식적 말하기
⑤	친교적 말하기	공식적 말하기	친교적 말하기

선택지는 보통 모듈이론을 기반으로 구성되며, 제시된 사례나 상황과 관련된 모듈이론을 알고 있다면 어렵지 않게 풀 수 있는 수준으로 출제된다.

정답 ④

준비전략

- 모듈이론을 완벽하게 숙지한다.
- 사소한 실수를 하지 않도록 질문을 읽고 문제에서 요구하는 바가 무엇인지 정확히 파악한 후 선택지를 확인한다.
- 잘 모르는 문제라도 자료를 꼼꼼히 확인하며 정답의 단서를 찾아본다.

기출유형 3 모듈이론을 자료에 적용하는 문제

핵심포인트 모듈이론을 실제 사례 및 상황 등에 적용할 수 있는지 판단하는 문제로, 지문이나 자료가 제시되는 경우가 많다.

모듈이론에 대한 지식과 더불어 제시된 자료에 대한 파악도 필요하기 때문에 비교적 난도가 높은 편이다.

대표예제

○○기업에 입사한 지 한 달 차인 귀하는 보고서 작성 교육을 받았다. 교육 후 앞으로 고려해야 할 업무 지침을 정리해 본다고 할 때, 다음 중 가장 적절하지 않은 것은?

1. 교육 목표
   - 다음 달부터 시행될 해외사업개발 프로젝트에 신입사원이 투입되어 업무 진행 상황 등을 보고할 예정이므로 원활한 업무 진행을 위해 교육함
2. 교육 내용
   - 커뮤니케이션 원칙에 따라 작성해야 합니다.
     1) 두괄식으로 작성
        - 도표 및 그래프에서도 결론이 드러나도록 작성
        - 항목별로 정리하여 작성
        - 사실에 근거하여 작성
        - 완전한 문장으로 완성하여 작성
        - 서면으로 보고
        - 신속하게 보고
     2) 보고 받는 입장에서 이해할 수 있도록 작성
        - 보고서 제출 전 보고를 받는 사람의 입장에서 읽은 후 이해하기 어려운 부분은 없는지 검토
     3) 결론에 대한 근거는 객관적이며 납득할 수 있는 내용으로 작성
        - 개인적인 판단이나 생각에 따라 결론을 내리지 않도록 주의
     4) 보고서 내의 자료 제목을 명확하게 기재하여, 제목만 보아도 어떤 내용을 담고 있는 자료인지 파악할 수 있도록 작성
     5) 시간의 흐름 순으로 보고서 작성
        - 시간의 흐름으로 작성 시 최신 내용은 맨 위에 오도록 작성
3. 추후 계획
   - 영어나 중국어의 어학 자격증이 있는 신입사원에게만 해외사업개발 업무에 참여할 기회 제공
   - 사업개발에 필요한 개발 프로그램 관련 자격증 취득자 선발 예정

다양한 형태의 자료가 제시되며, 출제자의 의도에 따라 자료가 상당히 길게 제시되는 경우도 많다.

① "다음 달부터 해외 수출품의 판매 동향에 관한 보고서를 작성해야 하므로 매주 해외로 수출된 제품의 판매 추이를 살펴본 후 보고서를 작성해야겠다."
② "보고서 작성 시 업무 진행 상황에 맞춰 시간 순서대로 작성하도록 주의해야겠다."
③ "해외사업개발팀에 투입될 기회를 얻기 위해서는 어학 관련 자격증이 필요하므로 다음 달부터는 어학 과목을 수강해야겠다."
④ "보고서의 결론을 작성하기 전에 결론 내용이 객관적인 기준에 의해 작성된 것인지 주변 동료들에게 문의하는 방법을 검토해봐야겠다."
⑤ "보고는 보고를 받는 사람의 입장에서 이해하기 수월하도록 작성하여 최대한 빠른 시일 내에 신속하게 보고할 수 있도록 보고서 작성 절차를 정리해 놓아야겠다."

정답 ③

선택지는 제시된 자료에 따라 가공된 내용으로 출제된다.

준비전략

- 모듈이론을 완벽하게 숙지한다.
- 평소 다양한 주제의 글과 자료를 접하면서 전체적인 구성과 논리적 흐름을 파악하는 연습을 한다.
- 지문 및 자료에서 제시된 내용 중 문제 풀이에 필요한 부분 위주로 빠르게 파악하는 연습을 한다.

주요 공기업 출제 영역 일람표

출제 영역 일람표를 통해 모듈형 문제를 출제하는 주요 공기업의 최근 시험 구성과 출제 영역을 확인해 보세요.

기업명	직무	시험 구성	의사소통	수리	문제해결	자기개발
서울교통공사	공통	80문항/90분	O	O	O	O
한국보훈복지의료공단	공통	40문항/40분	O		O	
건강보험심사평가원	행정직/심사직	80문항/90분	O		O	
	연구직		O	O	O	
국민연금공단	사무직	60문항/60분	O	O	O	
	심사직		O	O	O	
	전산직		O		O	
	기술직		O		O	
한국농어촌공사	경상/법정/농학/전산	50문항/50분	O	O	O	
	토목일반/도시계획/기계/전기/건축/지질/환경		O	O	O	
한국도로공사	행정직	60문항/60분	O		O	
	기술직	60문항/60분	O	O	O	
한국수자원공사	공통	70문항/70분	O	O	O	
한전KPS	경영/회계/사무(전산)	50문항/65분	O	O	O	
	기술		O	O	O	
한국전기안전공사	공통	50문항/60분	O	O	O	
한국가스공사	공통	50문항/60분	O	O	O	
한국환경공단	공통	50문항/60분	O	O	O	
한전KDN	공통	50문항/50분	O	O	O	
한국철도시설공단	사무직	50문항/50분	O	O	O	
	기술직		O	O	O	
한국가스안전공사	공통	50문항/60분	O	O	O	
도로교통공단	공통	80문항/80분	O	O	O	
한국산림복지진흥원	공통	40문항/60분	O	O	O	
한국산업안전보건공단	공통	100문항/100분	O		O	
한국가스기술공사	공통	50문항/60분		O	O	
한국중부발전	사무	80문항/60분	O	O		
	정보통신		O		O	
	발전전기		O	O	O	
	발전기계/발전화학		O		O	
한국마사회	사무직	50문항/60분	O		O	

기업명	직무	자원관리	대인관계	정보	기술	조직이해	직업윤리
서울교통공사	공통	O	O	O	O	O	O
한국보훈복지의료공단	공통	O	O			O	
건강보험심사평가원	행정직/심사직			O		O	
	연구직	O		O			
국민연금공단	사무직			O		O	O
	심사직	O				O	O
	전산직	O		O		O	O
	기술직	O			O	O	O
한국농어촌공사	경상/법정/농학/전산	O			O	O	
	토목일반/도시계획/기계/ 전기/건축/지질/환경			O	O		
한국도로공사	행정직	O		O		O	
	기술직			O	O		
한국수자원공사	공통	O					
한전KPS	경영/회계/사무(전산)	O		O			
	기술	O			O		
한국전기안전공사	공통	O		O		O	
한국가스공사	공통	O		O			
한국환경공단	공통					O	
한전KDN	공통		O	O		O	O
한국철도시설공단	사무직	O				O	
	기술직	O			O		
한국가스안전공사	공통	O	O	O		O	
도로교통공단	공통			O			
한국산림복지진흥원	공통		O			O	
한국산업안전보건공단	공통	O				O	
한국가스기술공사	공통	O			O	O	
한국중부발전	사무	O				O	
	정보통신			O	O		
	발전전기				O		
	발전기계/발전화학	O			O		
한국마사회	사무직	O		O		O	O

* 최근(2019년~2021년) 시행된 공기업 직업기초능력평가를 기준으로 정리한 것으로, 시기에 따라 변동될 가능성이 있음

해커스공기업 NCS 모듈형 통합 기본서
이론 + 실전모의고사

ejob.Hackers.com

PART 01

NCS 직업기초능력평가

제1장 의사소통능력

제2장 수리능력

제3장 문제해결능력

제4장 자기개발능력

제5장 자원관리능력

제6장 대인관계능력

제7장 정보능력

제8장 기술능력

제9장 조직이해능력

제10장 직업윤리

제1장 의사소통능력

의사소통능력 개념정리

01 문서이해능력

02 문서작성능력

03 경청능력

04 의사표현능력

05 기초외국어능력

기출공략문제

출제예상문제

미리 보는 의사소통능력,

기출 개념 마인드맵

의사소통능력은 상호 간의 말하기, 쓰기, 듣기 능력을 통해서 의도한 바를 파악하고 전달하는 능력으로, 직업인으로서 필요한 문서이해능력, 문서작성능력, 경청능력, 기초외국어능력 등으로 구분됩니다. 다음은 의사소통능력에서 주로 출제되었던 기출 키워드를 정리한 마인드맵입니다. 학습 전에는 의사소통능력의 큰 흐름을 먼저 파악하는 용도로, 학습 후에는 의사소통능력의 기출 키워드를 짚어보며 내용을 정리해 보는 용도로 활용해 보시기 바랍니다.

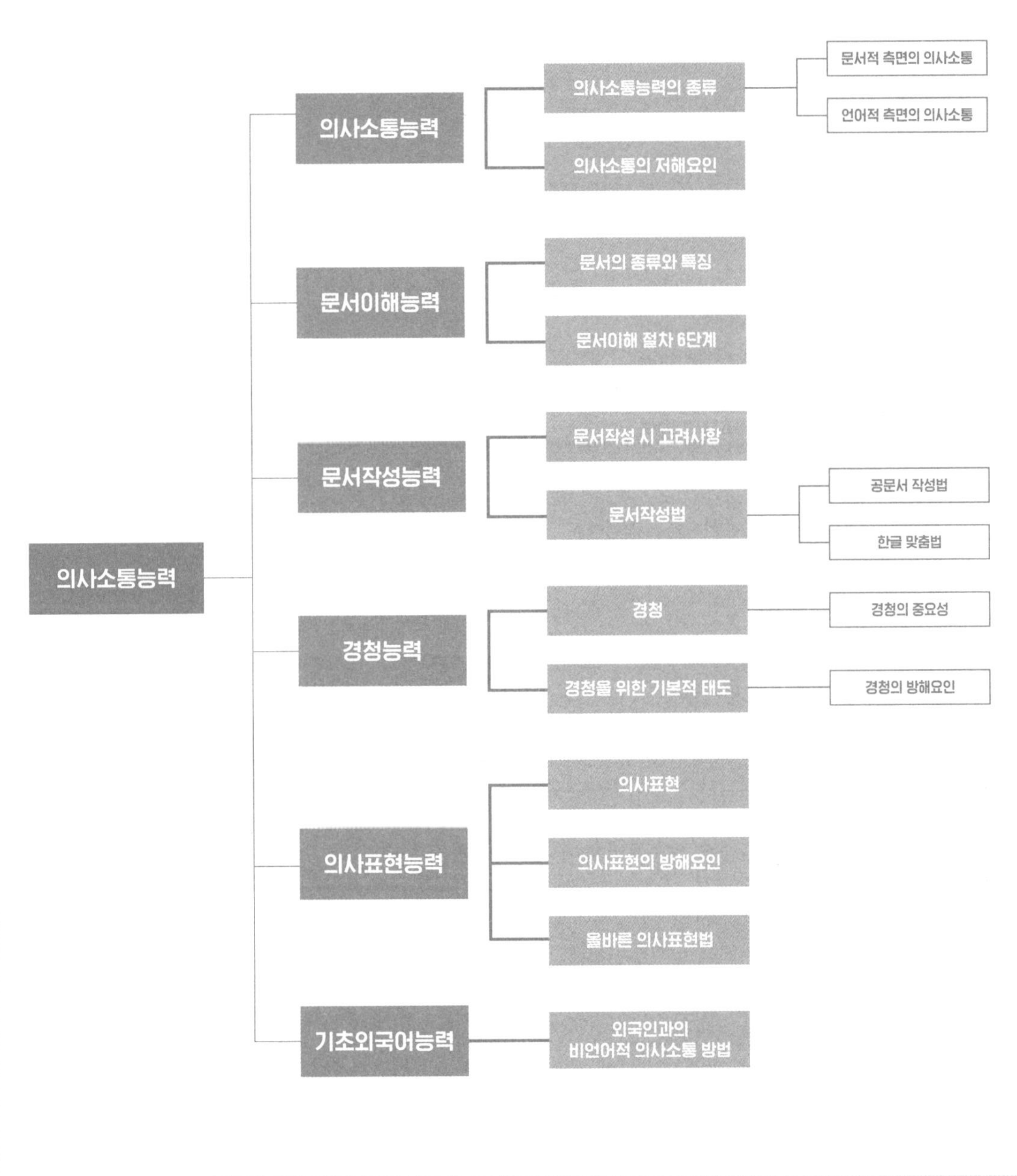

의사소통능력 개념정리

기출 키워드

- 의사소통의 의미
- 의사소통능력의 종류
- 의사소통의 저해요인
- 대인관계 의사소통 유형
- 의사소통능력 개발 방법

1 의사소통

1. 의사소통이란?

두 사람 또는 그 이상의 사람들 사이에서 이루어지는 의사 전달과 상호 교류로, 개인 또는 집단이 정보, 감정, 사상, 의견 등을 전달하고 그것을 받아들이는 과정을 말한다.

2. 일 경험에서 의사소통

① 일 경험에서 의사소통이란?

공식적인 조직 안에서의 의사소통을 의미하는 것으로, 조직과 팀의 생산성 증진을 목적으로 구성원 간 정보와 지식을 전달하는 과정을 말한다.

② 일 경험에서 의사소통의 목적과 기능

목적	• 원활한 의사소통을 통해 조직의 생산성을 높임 • 조직 내 구성원들의 사기를 진작시킴 • 조직 생활을 위해 필요한 정보를 전달함 • 구성원 간 의견이 다를 경우 설득함
기능	공통의 목표를 추구해야 하는 조직 특성상 의사소통은 집단 내의 기본적 존재 기반이자 성과를 결정하는 핵심 기능이라 할 수 있음

③ 일 경험에서 의사소통의 중요성

- 구성원들 사이에서 서로에 대한 지각의 차이를 좁혀 주며, 선입견을 줄이거나 제거해 주는 수단이다.
- 직장에서 상사나 동료 혹은 부하직원과의 의사소통이 원활하게 이루어지면 구성원 간 공감이 증가하고, 조직 내 팀워크가 향상되어 직원들의 사기 진작과 능률 향상으로 이어질 수 있다.
- 일 경험 중 의사소통은 반드시 필요하다. 다만, 메시지는 주고받는 화자와 청자 간의 상호작용에 따라 다양하게 변형될 수 있음을 염두에 두어야 한다.

2 의사소통능력의 종류

1. 문서적인 측면의 의사소통

① 문서적인 측면의 의사소통능력이란?

- 문서를 본 뒤 그 내용을 이해하고 요점을 판단하며, 이를 바탕으로 목적과 상황에 적합한 정보를 효과적으로 전달하기 위해 문서를 작성하는 능력을 말한다.
- 일 경험의 대부분에서 필요한 능력으로, 전화 메모, 고객을 위한 예산서나 주문서, 직장 내에 의견 전달을 위한 기획서나 다른 회사와의 협력을 위한 공문에 이르기까지 다양한 상황에서 요구된다.

② 문서적인 측면의 의사소통 구분

문서이해능력	업무와 관련된 다양한 문서를 읽고, 문서의 핵심을 이해하며, 구체적인 정보를 획득하고, 수집·종합하는 능력
문서작성능력	업무 관련 상황과 목적에 적합한 문서를 시각적이고 효과적으로 작성하는 능력

③ 문서적인 측면으로서 의사소통의 특징
- 언어적인 의사소통에 비해 권위감이 있고 정확성을 기하기 쉬우며, 전달성이 높고 보존성이 뛰어나다.
- 언어적인 의사소통의 한계를 극복하기 위해 활용되지만, 문서적인 의사소통을 하는 과정에서 혼란과 곡해를 일으킬 수도 있다.

2. 언어적인 측면의 의사소통

① 언어적인 측면의 의사소통능력이란?
언어를 수단으로 삼아 상대방의 이야기를 듣고 의미를 파악하여 적절히 반응함으로써 자신의 의사를 목적과 상황에 따라 설득력 있게 표현하는 능력을 말한다.

② 언어적인 측면의 의사소통 구분

경청능력	원활한 의사소통을 위해 상대방의 이야기에 대해 주의를 기울여 집중하고, 몰입하여 듣는 능력
의사표현능력	자신의 의사를 목적과 상황에 맞게 설득력을 가지고 표현하는 능력

③ 언어적인 측면으로서 의사소통의 특징
- 대화를 통해 상대방의 반응이나 감정을 살필 수 있으며, 그때그때 상대방을 설득할 수 있는 유동성을 가진다.
- 다른 의사소통보다는 정확성을 기하기 힘들다는 단점이 있다.

상황이나 경우에 따라 적절히 변화를 주어 설득이 가능함

+ 더 알아보기

효과적인 인간관계를 위한 의사소통

자신의 느낌 인지하기	자신의 정서를 식별할 수 있는 능력을 가진 사람은 그러한 정서를 관리하기 위한 최고의 전략 역시 가지고 있음
느낌, 말하기, 행동 사이의 차이 인지하기	정서를 느끼는 것과 그 느낌을 행동으로 표현하는 것은 다르다는 점을 이해함으로써 힘든 상황에서 자신을 건설적으로 표현하는 데 도움을 받을 수 있음
자신의 느낌에 대한 책임 수용하기	자신의 정서에 대한 책임은 본인에게 있으므로 상대방의 행동을 어떻게 이해하고 받아들이는가에 따라 분노하거나, 슬퍼하거나, 체념하게 됨

3. 기초외국어능력

① 기초외국어능력이란?
외국어로 된 간단한 자료를 이해하거나, 외국인의 간단한 의사표현을 이해하고, 자신의 의사를 기초외국어로 표현할 수 있는 능력을 말한다.

② 일 경험에서 요구되는 기초외국어능력
- 국제화, 세계화 시대를 살아가는 직업인에게 요구되는 의사소통능력으로서의 기초외국어능력은 일 경험 중에 필요한 문서이해나 문서작성, 의사표현, 경청 등 기초적인 의사소통을 기초적인 외국어로써 가능하게 하는 능력을 말한다.
- 일 경험 중 관련된 컴퓨터나 공장의 기계에 외국어로 적힌 간단한 표시 등을 이해하는 것을 포함한다.

3 의사소통의 저해요인

의사소통능력을 개발하기 위해서는 원활한 의사소통을 하지 못하게 하는 저해요인을 분명히 알고 이를 제거하기 위한 훈련을 해야 한다.

'일방적으로 말하고 일방적으로 듣는' 무책임한 마음	의사소통 과정에서의 상호작용 부족으로 인해 발생하며, 정확하게 이해했는지를 확인하지 않고 넘기게 된다면 서로 엇갈린 정보를 가지게 됨
'그래서 하고 싶은 말이 정확히 뭐야?' 분명하지 않은 메시지	복잡한 메시지나 경쟁적인 메시지로 인해 발생하며, 지나치게 많은 정보를 담거나 서로 경쟁하는 메시지를 전달하지 않도록 주의해야 함
'말하지 않아도 아는 문화'에 안주하는 마음	의사소통에 대한 잘못된 선입견으로 인해 발생하며, 직장 생활에서는 눈치보다 직접적인 의사소통을 통한 정확한 업무처리가 더 중요함

+ 더 알아보기

키슬러의 대인관계 의사소통 유형

- 대인관계 의사소통 양식에 따라 8개의 유형별 점수를 합산한 후 그 점수에 해당하는 점을 연결한 팔각형 모양이 중심으로부터 특정 방향으로 기울어질수록 그 방향의 대인관계 의사소통 유형이 강하다고 볼 수 있다.
- 가장 강하게 나타나는 대인관계 의사소통 유형이 무엇인지 확인하고 개선 방안을 찾아 노력한다.

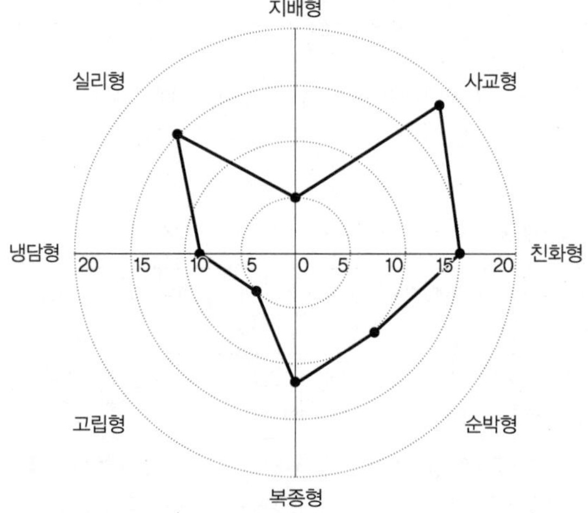

구분	특징
지배형	• 자신감 있고 지도력이 있으나, 논쟁적·독단적인 면이 강하여 대인 갈등을 겪을 수 있음 • 타인의 의견을 경청하고 수용하려는 자세가 필요함
실리형	• 이해관계에 예민하고 성취지향적이며 경쟁적이고 자기중심적임 • 타인의 입장을 배려하고 관심을 가지려는 자세가 필요함
냉담형	• 이성적이고 의지력이 강하나, 타인의 감정에 무관심하여 피상적인 대인관계를 유지함 • 타인의 감정 상태에 관심을 가지고 긍정적인 감정을 표현하는 자세가 필요함
고립형	• 혼자 있는 것을 선호하고 사회적 상황을 회피하거나 지나치게 자신의 감정을 억제함 • 대인관계의 중요성을 인지하고, 타인에 대한 비현실적인 두려움의 근원을 성찰하려는 자세가 필요함
복종형	• 수동적이고 의존적이며 자신감이 없음 • 적극적으로 자기를 표현하고 주장하는 자세가 필요함

순박형	• 단순하고 솔직하지만 자기 주관이 부족함 • 자신의 의견을 주장하려는 자세가 필요함
친하형	• 따뜻하고 인정이 많고 자기희생적이나, 타인의 요구를 거절하지 못함 • 타인과의 정서적인 거리를 유지하려는 자세가 필요함
사교형	• 외향적으로 타인에 대한 관심이 많으나 간섭하려는 경향과 쉽게 흥분하는 경향이 있으며 남에게 인정받고자 하는 욕구가 강함 • 심리적 안정감과 지나친 인정욕구에 대해 성찰하는 자세가 필요함

4 의사소통능력 개발 방법

1. 사후검토와 피드백 주고받기

부정적·비판적 피드백만 줄 경우 역효과가 날 수 있으므로 긍정적인 면과 부정적인 면을 균형 있게 전달해야 함

의사소통의 왜곡에서 오는 오해를 줄이기 위해 직접 말로 물어보거나 상대의 표정이나 몸짓, 기타 표시 등으로 정확한 반응을 살핀다.

2. 언어의 단순화

메시지를 받아들이는 사람을 고려하여 명확하고 쉽게 이해되는 단어를 선택해 이해를 높인다.

3. 적극적인 경청

좋은 자세, 완화한 시선의 접촉, 상냥한 표정과 음색, 즉각적인 반응으로 관심을 적극적으로 표출함

감정을 이입하여 능동적으로 집중하여 경청하며, 상대의 입장에서 생각하려고 노력할 때 적극적인 경청이 가능해진다.

4. 감정의 억제

감정적으로 메시지를 곡해하지 않도록 의사소통하며, 감정적으로 좋지 못한 상황에서는 침착하게 마음을 비우거나 평정을 찾을 때까지 의사소통을 연기하는 것도 하나의 방법이지만 무한정 연기하기 어려운 조직 내에서는 자신 또는 조직의 분위기를 개선하도록 노력한다.

+ 더 알아보기

원활한 의사소통을 위한 노력

- 언제나 주위의 언어 정보에 민감하게 반응하고, 자신이 그 정보를 활용할 수 있도록 노력한다.
- 자신이 자주 사용하는 표현을 찾아내 다른 표현으로 바꿔 본다.
- 언제나 '다른 표현은 없을까?'하고 생각하고, 새로운 표현을 검토해 본다.

개념확인문제

01 다음 ㉠~㉣을 해당되는 내용으로 바르게 분류하시오.

㉠ 정확성이 떨어진다.
㉡ 보존성이 뛰어나다.
㉢ 상대의 반응이나 감정을 바로 확인할 수 있다.
㉣ 소통 중 혼란과 오해가 생길 여지가 있다.

• 문서적인 측면의 의사소통 – (　　　　　　)　• 언어적인 측면의 의사소통 – (　　　　　　)

02 다음 의사소통의 저해요인에 대한 설명이 맞으면 O, 틀리면 X에 표시하시오.

① 의사소통 과정에서 상호작용이 부족한 것도 의사소통의 저해요인에 해당한다. (O, X)
② 경쟁적인 메시지를 전달하는 것은 원활한 의사소통을 방해할 수 있다. (O, X)

03 다음 글의 빈칸에 들어갈 적절한 말을 쓰시오.

왜곡된 의사소통에서 오는 오해를 줄이기 위해 직접 말로 물어보거나 상대의 표정이나 몸짓, 기타 표시 등으로 정확한 반응을 살피는 (　　　　　)은/는 부정적인 의견만 전달할 경우 오히려 역효과가 날 수 있어 긍정적인 면과 부정적인 면을 적절히 활용하여 전달해야 한다.

04 다음 중 원활한 의사소통을 위한 노력이 아닌 것을 고르시오.

① 주위의 언어 정보에 민감하게 반응하고 이를 적극적으로 활용한다.
② 자신이 자주 사용하는 표현을 활용하여 정확한 의사표현을 한다.
③ 새로운 표현은 없을지 항상 검토해본다.

정답 및 해설

01 문서적인 측면의 의사소통 – ㉡, ㉣, 언어적인 측면의 의사소통 – ㉠, ㉢
02 ① O
② O
03 피드백
04 ② | 인상적인 의사소통을 위해서는 자신이 자주 사용하는 표현을 다른 방식으로 바꿔 활용해야 한다.

01 문서이해능력

기출 키워드

• 일 경험 중 현장에서 요구되는 문서이해능력 • 문서의 종류와 특징 • 문서이해 절차 6단계

1 문서이해능력

1. 문서이해능력이란?

① 다양한 종류의 문서에서 전달하고자 하는 핵심 내용을 요약, 정리하여 이해하는 능력을 말한다.
② 문서에서 전달하는 정보의 출처를 파악하고, 옳고 그름까지 판단할 수 있어야 한다.

2. 일 경험 중 현장에서 요구되는 문서이해능력

① 문서의 내용을 이해하고 요점을 파악하며, 통합할 수 있는 능력
② 문서의 내용 파악에 그치지 않고, 문서에서 전달하는 정보를 바탕으로 업무와 관련하여 요구되는 행동이 무엇인지 적절하게 추론하는 능력
③ 업무와 관련하여 생산성과 효율성을 높이기 위해 자신이 이해한 업무 지시의 적절성을 판단하는 능력

3. 문서이해능력의 중요성

직업생활에서 사용하는 문서는 업무와 관련된 타인의 의사를 우리에게 전달하고, 필요한 업무를 지시하며, 나아가 어떤 업무가 진행 중인지 기록으로 보존하는 역할을 한다. 따라서 문서이해능력이 부족하면 직업생활에서 본인의 업무를 이해하고 수행하는 데 막대한 지장을 끼치게 된다.

p.38에서 문서 종류에 따른 작성법을 확인하세요.

2 문서의 종류와 특징

1. 공문서

공문서란 정부 행정기관에서 대내적 혹은 대외적 공무를 집행하거나 정부기관과 일반회사 간에 사업을 진행하기 위해 작성하는 문서로, 정당한 권리를 가진 사람이 엄격한 규격과 양식에 따라 작성해야 하며, 최종 결정권자의 결재가 있어야 문서로서의 기능이 성립한다.

2. 기획서

기획서란 적극적으로 아이디어를 내고 기획해 하나의 프로젝트를 문서 형태로 만들어 상대방에게 기획 내용을 전달하여 시행하도록 설득하는 문서를 말한다.

3. 기안서

기안서란 회사의 업무에 대한 협조를 구하거나 의견을 전달할 때 작성하는 문서로, '사내 공문서'라고도 한다.

4. 보고서

보고서란 특정한 일에 관한 현황이나 그 진행 상황 또는 연구·검토 결과 등을 보고하고자 할 때 작성하는 문서를 말한다.

① **영업보고서**: 재무제표와 달리 문장 형식으로 영업 상황을 정리하여 보고하는 문서
② **결산보고서**: 진행된 사안의 수입과 지출 결과를 보고하는 문서
③ **일일업무보고서**: 매일의 업무를 보고하는 문서
④ **주간업무보고서**: 한 주간에 진행된 업무를 보고하는 문서
⑤ **출장보고서**: 회사 업무로 출장을 다녀와 외부 업무나 그 결과를 보고하는 문서
⑥ **회의보고서**: 회의 결과를 정리하여 보고하는 문서

5. 설명서

설명서란 상품의 특성이나 사물의 성질과 가치, 작동 방법이나 과정을 소비자에게 설명하는 것을 목적으로 작성하는 문서를 말한다.

① **상품소개서**: 소비자에게 상품의 특징을 잘 전달해 상품을 구입하도록 유도하는 것을 목적으로 하여 소비자들이 내용을 쉽게 이해하도록 상품을 소개하는 문서
② **제품설명서**: 제품 구입의 유도보다 제품의 사용법을 더 자세히 알려주는 것을 목적으로 하여 제품의 특징과 활용도에 대해 세부적으로 언급하는 문서

6. 보도자료

보도자료란 정부기관이나 기업체, 각종 단체 등이 언론을 상대로 자신들의 정보를 기사로 보도하도록 하기 위해 보내는 자료를 말한다.

7. 자기소개서

자기소개서란 개인의 가정환경과 성장과정, 입사 동기와 근무 자세 등을 구체적으로 기술하여 자신을 소개하는 문서를 말한다.

8. 비즈니스 레터(E-Mail)

비즈니스 레터란 사업상의 이유로 고객이나 단체에 전달하는 편지 형태의 문서로, 직장 업무나 개인 간의 연락, 직접 방문하기 어려운 고객관리를 위해 사용되는 비공식적 문서이나 제안서나 보고서 등 공식적인 문서를 전달할 때 사용하기도 한다.

9. 비즈니스 메모

비즈니스 메모란 업무상의 중요한 일이나 앞으로 체크해야 할 일이 있을 때, 필요한 내용을 메모 형식으로 작성하여 전달하는 글을 말한다.

① **전화 메모**: 업무적인 내용부터 개인적인 전화의 전달사항 등을 간단히 작성하여 당사자에게 전달하기 위한 메모
② **회의 메모**: 회의 미참석자에게 회의 내용을 간략하게 전달하거나, 회의 내용을 참고자료로 남기기 위해 기록한 메모
③ **업무 메모**: 개인이 추진하는 업무나 상대의 업무 추진 상황을 적은 메모

3 문서이해 절차 6단계

직장인은 주어진 문서를 빠르고 정확하게 이해하기 위한 문서이해 절차 6단계를 이해하여, 필요한 정보를 획득하고 수집하여 이를 종합하는 능력이 필요하다.

↳ 문서이해능력과 내용종합능력

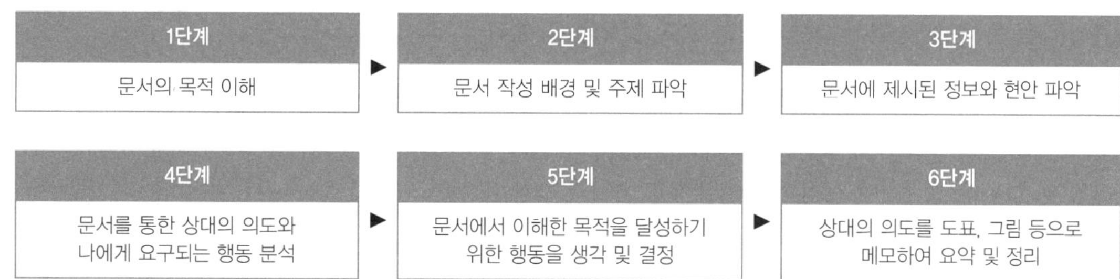

실전에 적용하기

제시된 문서를 문서이해 절차 6단계에 따라 이해하는 과정은 다음과 같다.

기안 일자	2021년 XX월 XX일	협조 부서	담당자	본부장	사장
문서 번호	제1234-21호	전 부서	김OO	이OO	윤OO
기안 부서	회계부				

제 목 2021 예산계획서 제출

1. 예산수립을 위한 업무 지원에 감사드립니다.
2. 우리기관 예산 편성을 위해 다음 양식을 참고하여 예산계획서를 제출 부탁드립니다.

– 아 래 –

가. 기존 부서는 전년도 예산 내역을 참고하여 2% 범위에서 증감할 수 있음
나. 제출기한: 2021. XX. XX.
다. 제출처: 회계부
라. 제출양식

항목	부서명	총액	산출 근거	비고

별첨: 예산계획서 제출양식 1부. 끝.

1단계 기안서인 것으로 보아 요청사항이 있어 보임

2단계 2021년 기관 예산 편성에 필요한 요청사항임

3단계 예산계획서를 제출하는 데 필요한 정보가 제시됨

4단계 각 부서는 2021년 예산계획서를 기한 내에 제출해야 함

5단계 작년에 실제 예산 사용 내역을 참고하여 예산계획서를 작성해야겠음

6단계 예산계획서 작성 시 참고할 수 있도록 제시된 내용을 요약하여 정리함

개념확인문제

01 다음 문서이해능력에 대한 설명을 읽고, 맞으면 O, 틀리면 X에 표시하시오.

① 주어진 문서를 읽고 자신에게 요구되는 행동이 무엇인지 추론하는 능력이다. (O, X)

② 문서의 내용을 이해하고 요점을 파악하며, 통합할 수 있는 능력이 필요하다. (O, X)

③ 업무와 관련하여 생산성과 효율성을 높이기 위해 자신이 이해한 업무 지시의 적절성을 판단하는 능력이다. (O, X)

02 다음 글에서 설명하고 있는 문서의 종류를 쓰시오.

회사의 업무에 대한 협조를 구하거나 의견을 전달할 때 작성하는 문서

( )

03 다음 문서이해 절차 6단계를 순서대로 나열하시오.

㉠ 문서의 작성 배경과 주제 파악 ㉡ 도표, 그림 등으로 요약 및 정리 ㉢ 문서의 목적 이해 ㉣ 상대방의 의도와 나에게 요구되는 행동 분석 ㉤ 문서의 목적을 이루기 위한 행동 결정 ㉥ 문서에 나타난 정보 및 문제 파악

( ) → ( ) → ( ) → ( ) → ( ) → ( )

정답 및 해설

01 ① O
② O
③ O

02 기안서

03 ㉢ → ㉠ → ㉥ → ㉣ → ㉤ → ㉡

02 문서작성능력

기출 키워드

- 문서작성 시 고려사항
- 문서작성의 원칙
- 상황과 종류에 따른 문서작성법
- 문서표현의 시각화
- 공문서 작성법
- 한글 맞춤법

1 문서작성의 중요성

일 경험에서의 문서작성은 업무와 관련하여 조직의 비전을 실현시키는 과정으로, 조직의 생존을 위한 필수 행위라 할 수 있다. 따라서 직업인의 주 업무로서 문서작성은 개인의 의사표현이나 의사소통을 위한 과정일 수도 있지만 이를 넘어 조직의 사활이 걸린 중요한 업무이기도 하다.

2 문서작성 시 고려사항

작성자의 사고력과 표현력이 총동원된 결정체인 문서에는 대상, 목적, 시기가 포함되어야 하며, 기획서나 제안서는 경우에 따라 기대효과도 포함되어야 한다.

알아두면 도움되는 (구)모듈이론

문서작성의 구성요소

직장에서 작성하는 문서는 상대를 설득하거나 조직의 의견을 전달하는 기능을 하는 공식적인 문서이므로 전체 흐름이 일관적이며 통일성을 갖추고 일목요연한지, 객관적인 근거와 핵심사항이 정확한지를 확인하여 작성해야 한다.

① 이해하기 쉬운 구조
② 품위 있고 짜임새 있는 골격
③ 세련되고 인상적이며 효과적인 배치
④ 객관적이고 논리적이며 체계적인 내용
⑤ 명료하고 설득력 있는 구체적인 문장

3 상황과 종류에 따른 문서작성법

1. 상황에 따른 문서작성법

요청 및 확인의 상황	업무 내용과 관련된 요청사항이나 확인을 요구할 때 작성하는 것으로, 반드시 일정한 양식과 격식을 갖추어 작성함 예 공문서
정보 제공의 상황	정보를 제공하기 위한 문서로, 무엇보다 신속하고 정확해야 함 예 설명서, 안내서, 홍보물, 보도자료 등
명령 및 지시의 상황	업무를 추진하기 위해 막연한 요청이나 협조가 아닌 명령이나 지시를 내릴 때 작성함 예 업무 지시서 등
제안 및 기획의 상황	업무 혁신 개선 방안이나 업무 추진 시 그 방향에 대한 의견을 제시할 때 작성함 예 제안서, 기획서 등
약속 및 추천의 상황	고객이나 소비자에게 제품의 이용에 관한 정보를 제공하고자 할 때나 개인이 다른 회사에 지원하고자 할 때 일반적으로 상사가 작성함 예 추천서

2. 종류에 따른 문서작성법

보통 각 회사나 기관별로 고유의 문서양식이 있기 때문에 상황에 따라 적합한 문서를 선정하게 되지만, 일반적으로 다음과 같은 사항을 고려하여 문서를 작성해야 한다.

공문서	• 회사 외부로 전달하는 문서인 만큼 누가, 언제, 어디서, 무엇을, 어떻게(혹은 왜)가 드러나도록 작성함 • 대외문서이고, 장기간 보관하는 문서이므로 정확하게 기술함 • 공문서 작성법 – 한 장에 담아내는 것이 원칙이며, 내용이 복잡할 경우 '– 다음 –' 또는 '– 아래 –'와 같은 항목으로 구분함 – 마지막엔 반드시 '끝.' 자로 마무리함 – 날짜: 연도와 월일을 반드시 함께 숫자로 표기하며, 연, 월, 일의 글자는 생략하고 마침표를 모두 찍어 구분함 예 2021.06.01. (날짜에 괄호를 사용할 경우 괄호 다음에는 마침표를 찍지 않음) – 시간: 24시각제에 따라 숫자로 표기하며, 시, 분의 글자는 생략하고 쌍점(:)을 찍어 구분함 – 금액: 숫자로 표기하며, 숫자 다음에 괄호로 한글도 함께 기재함
설명서	• 명령문보다는 평서형으로 작성함 • 상품이나 제품에 관해 설명하는 글의 성격에 맞춰 정확하게 기술함 • 정확한 내용 전달을 위해 간결하게 작성함 • 소비자들이 이해하기 어려운 전문용어는 가급적 사용하지 않음 • 복잡한 내용은 도표를 통해 시각화하여 이해도를 높임 • 동일한 문장을 반복하기보다는 다양한 표현을 활용하여 작성함
기획서	• 기획서 작성 전 유의사항 – 기획서의 목적을 달성할 수 있는 핵심 사항이 정확하게 기입되었는지 확인함 – 기획서는 상대가 채택하게끔 설득력을 갖춰야 하므로, 상대가 요구하는 것이 무엇인지 고려하여 작성함 • 기획서 내용 작성 시 유의사항 – 내용을 한눈에 파악할 수 있도록 체계적으로 목차를 구성함 – 핵심 내용의 표현에 신경을 쓰고, 효과적인 내용 전달을 위해 내용에 적합한 표나 그래프를 활용하여 시각화함 • 기획서 제출 시 유의사항 – 충분히 검토하고, 인용한 자료의 출처가 정확한지 확인하여 제출함

보고서	• 보고서 내용 작성 시 유의사항 – 업무 진행 과정에서 쓰는 보고서는 진행 과정에 대한 핵심 내용을 구체적으로 제시함 – 내용의 중복을 피하고, 핵심 사항만을 산뜻하고 간결하게 작성함 – 복잡한 내용일 때에는 도표나 그림을 활용함 • 보고서 제출 시 유의사항 – 보고서는 개인의 능력을 평가하는 기본 요소이므로 제출하기 전에 반드시 최종 점검함 – 참고자료는 정확하게 제시함 – 내용에 대한 예상 질문을 사전에 추출해 보고, 그에 대한 답을 미리 준비함

4 문서작성의 원칙 및 주의사항

1. 문서작성의 원칙

① 간단한 표제를 붙인다.
② 문서의 주요 내용을 먼저 쓴다.
③ 문장을 짧고 간결하게 작성하며, 불필요한 한자 사용은 배제한다.
④ 긍정문으로 작성한다.

2. 문서작성 시 주의사항

① 문서는 작성 시기를 정확하게 기입한다.
② 문서작성 후 반드시 다시 한번 내용을 검토해야 한다.
③ 문서의 첨부자료는 반드시 필요한 자료 외에는 첨부하지 않는다.
④ 문서 내용 중 금액, 수량, 일자 등은 정확하게 기재해야 한다.

알아두면 도움되는 (구)모듈이론

효과적인 문서작성 TIP

내용 이해	전달하고자 하는 내용과 그 핵심을 완벽히 파악
목표 설정	전달하고자 하는 목표를 정확히 설정
구성	효과적인 구성과 형식이 무엇인지 생각
자료 수집	목표를 뒷받침해 줄 자료를 수집
핵심 전달	단락별 핵심을 하위 목차로 요약
대상 파악	대상을 이해하고 철저히 분석
보충 설명	질문을 예상하고 그에 대한 구체적인 답변을 준비

5 효과적인 내용 전달을 위한 문서표현의 시각화

문서를 시각화하여 구성하는 방법은 크게 차트 시각화, 다이어그램 시각화, 이미지 시각화로 구분된다.

차트 시각화	데이터 정보를 쉽게 이해할 수 있도록 시각적으로 표현. 주로 통계 수치 등을 도표(Graph)나 차트(Chart)를 통해 명확하고 효과적으로 전달함
다이어그램 시각화	개념이나 주제 등 중요한 정보를 도형, 선, 화살표 등 여러 상징을 사용하여 시각적으로 표현함
이미지 시각화	전달하고자 하는 내용을 관련 그림이나 사진 등으로 나타냄

알아두면 도움되는 (구)모듈이론

문서를 시각화하는 4가지 포인트

- 시각자료는 보기 쉬워야 한다.
- 시각자료는 이해하기 쉬워야 한다.
- 시각자료는 다채롭게 표현되어야 한다.
- 시각자료의 숫자는 그래프로 표시해야 한다.

6 올바른 문장표현을 위한 한글 맞춤법

1. 접미사가 붙어서 된 말

한글 맞춤법 제19항	• 어간에 '-이'나 '-음/ㅁ'이 붙어서 명사로 된 것과 '-이'나 '-히'가 붙어서 부사로 된 것은 그 어간의 원형을 밝히어 적음 예 깊이, 높이, 미닫이, 쇠붙이 • 어간에 '-이'나 '-음'이 붙어서 명사로 바뀐 것이라도 그 어간의 뜻과 멀어진 것은 원형을 밝히어 적지 않음 예 고름, 너비, 목도리 • 비교적 널리 결합하는 '-이', '음'과 달리 불규칙적으로 결합하는, 모음으로 시작된 접미사가 붙어 다른 품사로 바뀐 것은 그 원형을 밝히지 않고 소리 나는 대로 적음 예 꾸중, 늘그막, 불긋불긋
한글 맞춤법 제20항	• 명사 뒤에 '-이'가 붙어서 된 말은 그 명사의 원형을 밝히어 적음 예 곳곳이, 낱낱이, 샅샅이 • '-이' 이외의 모음으로 시작된 접미사가 붙어서 된 말은 그 명사의 원형을 밝히어 적지 않음 예 끄트머리, 모가지, 이파리 • 예외적으로 발음이 굳어진 것은 관용에 따라 적음 예 값어치, 벼슬아치, 모가치
한글 맞춤법 제21항	• 명사 혹은 용언의 어간 뒤에 자음으로 시작된 접미사가 붙어서 된 말은 그 명사나 어간의 원형을 밝히어 적음 예 값지다, 넋두리, 높다랗다, 넓죽하다 • 겹받침의 끝소리가 드러나지 않는 것 또는 어원이 분명하지 않거나 본뜻에서 멀어진 것은 소리대로 적음 예 할짝거리다, 널따랗다, 널찍하다, 얄팍하다, 넙치

2. 준말

한글 맞춤법 제40항	• 어간의 끝음절 '하'의 'ㅏ'가 줄고 'ㅎ'이 다음 음절의 첫소리와 어울려 거센소리로 될 적에는 거센소리로 적음 예 간편케(간편하게), 다정타(다정하다), 흔타(흔하다) • 'ㅎ'이 어간의 끝소리로 굳어진 것은 받침으로 적음 예 않다 – 않고 – 않지 – 않든지, 아무렇다 – 아무렇고 – 아무렇지 – 아무렇든지 • 어간의 끝음절 '하'가 아주 줄 적에는 준 대로 적음 예 거북지(거북하지), 생각건대(생각하건대), 깨끗지 않다(깨끗하지 않다), 섭섭지 않다(섭섭하지않다)

3. 띄어쓰기

한글 맞춤법 제41항	• 조사는 그 앞말에 붙여 씀 예 꽃밖에, 나가기는커녕, 나가면서까지도, 집에서만이라도, 집에서처럼
한글 맞춤법 제42항	• 의존 명사는 띄어 씀 예 떠난 지가 오래다, 뜻한 바를 알다, 먹을 만큼 먹어라, 아는 이를 만나다
한글 맞춤법 제43항	• 단위를 나타내는 명사는 띄어 씀 예 세 그루, 밥 한술, 집 한 채, 차 다섯 대, 토끼 두 마리 • 순서를 나타내는 경우나 숫자와 어울리어 쓰는 경우에는 붙여 쓸 수 있음 예 2미터, 500원, 3층, 사학년
한글 맞춤법 제45항	• 두 말을 이어주거나 열거할 적에 쓰이는 말들은 띄어 씀 예 국장 겸 과장, 열 내지 스물, 청군 대 백군, 사장 및 이사진
한글 맞춤법 제46항	• 단음절로 된 단어가 연이어 나타날 적에는 붙여 쓸 수 있음 예 그때 그곳, 내것 네것, 좀더 큰 것
한글 맞춤법 제47항	• 보조 용언은 띄어 씀을 원칙으로 하되, 경우에 따라 붙여 씀도 허용함 예 불이 꺼져 간다 – 불이 꺼져간다, 열어 놓다 – 열어놓다, 뛰어 본다 – 뛰어본다, 모르는 체한다 – 모르는체한다 • 다만, 앞말에 조사가 붙거나 앞말이 합성 용언인 경우, 그리고 중간에 조사가 들어갈 적에는 그 뒤에 오는 보조 용언은 띄어씀 예 물어만 보고, 밀어내 버렸다, 잘난 체를 한다, 집어넣어 둔다, 잡아매 둔다, 책을 읽어도 보고

개념확인문제

01 다음 중 문서작성 시 고려사항이 아닌 것을 고르시오.

대상	목적	시기	배경	기대효과

02 다음 문서의 종류와 문서를 작성해야 하는 상황을 바르게 연결하시오.

① 홍보물 • • ㉠ 업무 내용과 관련된 요청사항이나 확인을 요구할 때 작성한다.
② 공문서 • • ㉡ 업무 추진을 위해 명령이나 지시를 내릴 때 작성한다.
③ 기획서 • • ㉢ 업무 혁신 개선 방안을 제시할 때 작성한다.
④ 업무 지시서 • • ㉣ 신속하고 정확하게 정보를 제공할 때 작성한다.

03 다음 문서작성 시 주의사항에 대한 설명을 읽고, 맞으면 O, 틀리면 X에 표시하시오.

① 문서의 주요 내용을 먼저 쓴다. (O, X)
② 문서의 작성 시기를 정확하게 기입해야 한다. (O, X)
③ 첨부자료는 필요한 자료만 첨부해야 한다. (O, X)

04 다음 빈칸에 들어갈 문서표현의 시각화 방법을 쓰시오.

① (　　　　　)는 개념이나 주제 등 중요한 정보를 도형, 선, 화살표 등으로 표현하는 것을 말한다.
② (　　　　　)는 전달하고자 하는 내용을 그림이나 사진 등으로 표현하는 것을 말한다.
③ (　　　　　)는 데이터 정보를 쉽게 이해할 수 있도록 도표 등으로 표현하는 것을 말한다.

정답 및 해설

01 배경
02 ① – ㉣, ② – ㉠, ③ – ㉢, ④ – ㉡
03 ① O
② O
③ O
04 ① 다이어그램 시각화
② 이미지 시각화
③ 차트 시각화

03 경청능력

기출 키워드

• 경청의 중요성 • 경청을 위한 기본적 태도 • 경청의 방해요인

1 경청

1. 경청이란?

상대방이 보내는 메시지 내용에 주의를 기울이고 이해를 위해 노력하는 행동을 말한다.

2. 경청의 중요성

경청을 하면 상대방은 본능적으로 안도감을 느끼고, 경청하는 사람에게 무의식적으로 믿음을 갖게 되므로 경청은 대화의 과정에서 신뢰를 쌓을 수 있는 최고의 방법이다.

① 경청을 통해 상대방을 한 개인으로 존중하여 있는 그대로 받아들일 수 있다.
② 경청을 통해 상대방을 성실한 마음으로 대하여 솔직한 감정 교류가 가능해진다.
③ 경청을 통해 상대방 입장에서 공감하고 이해할 수 있다.

3. 경청의 종류

적극적 경청	• 자신이 상대방의 이야기에 주의를 집중하고 있음을 행동을 통해 외적으로 표현하며 듣는 것을 의미함 • 상대방의 말 중 이해가 안 되는 부분을 질문하거나 자신이 이해한 내용을 확인하기도 하고, 때로는 상대방의 발언 내용과 감정에 대해 공감할 수도 있음
소극적 경청	• 상대방의 이야기에 특별한 반응을 표현하지 않고 수동적으로 듣는 것을 의미함 즉, 상대방이 하는 말을 중간에 자르거나 다른 화제로 돌리지 않고 상대의 이야기를 수동적으로 따라가는 것을 의미함

2 경청을 위한 기본적 태도

1. 적극적 경청이란?

경청의 종류 중 적극적 경청은 의사소통에 있어 기본이 되는 태도로, 관리·감독자를 대상으로 하는 대인능력 향상 프로그램으로 채택되는 일이 많다.

2. 적극적 경청을 위한 방법

① 비판적이고 충고적인 태도를 버린다.
② 상대방이 하는 말의 의미를 이해한다.
③ 단어 이외의 보이는 표현에도 신경을 쓴다.
④ 상대방의 말에 경청하고 있음을 표현한다.
⑤ 대화 시 흥분하지 않는다.

3. 경청의 방해요인

① **짐작하기**: 상대방의 말을 듣고 받아들이기보다 자신의 생각에 들어맞는 단서를 찾는 것으로, 짐작하고 넘겨짚는 사람들은 상대방이 하는 말보다 상대방의 목소리 톤이나 표정 등을 더 중요하게 생각하여 자신의 생각이 옳다는 것만 확인하려 한다.

② **대답할 말 준비하기**: 상대방의 말을 듣고 곧 자신이 다음에 할 말을 생각하는 데 집중해 상대방이 하는 말을 잘 듣지 않는 것으로, 자기 생각에만 빠져 상대방의 말에 제대로 반응하거나 대답할 수 없다.

③ **걸러내기**: 상대의 말을 듣기는 하지만 상대방의 메시지를 온전하게 듣지 않는 것으로, 분노나 슬픔 등 상대방에게서 듣고 싶지 않은 것들을 회피하기 위해 걸러낸다.

④ **판단하기**: 상대방에 대한 부정적인 판단 때문에 또는 상대방을 비판하기 위해 상대방의 말을 듣지 않는 것으로, 부정적으로 인식하는 상대방의 말을 경청하지 않는다.

⑤ **다른 생각하기**: 상대방에게 관심을 기울이지 못하고 상대방이 말을 할 때 자꾸 다른 생각을 하게 되는 것으로, 불만족스러운 상황을 회피하고 있다는 신호이기도 하다.

⑥ **조언하기**: 지나치게 다른 사람의 문제를 본인이 해결해 주고자 하여 말끝마다 끼어들어 해결책을 제시하려고 하는 것으로, 매번 조언을 반복할 경우 상대방은 이해받지 못한다고 느껴 마음의 문을 닫을 수 있다.

⑦ **언쟁하기**: 단지 반대하고 논쟁하기 위해서만 상대방의 말에 귀를 기울이고 상대방이 무슨 말을 하든 자신의 입장을 확고히 한 채 방어하는 것으로, 지나치게 논쟁적인 사람은 상대방의 말을 경청할 수 없다.

⑧ **자존심 세우기**: 자존심이 강한 사람은 자신의 부족한 점에 대한 상대방의 말을 받아들이지 않기 위해 거짓말을 하고, 고함을 지르고, 주제를 바꾸고, 변명하며 자존심을 세운다.

⑨ **슬쩍 넘어가기**: 대화가 너무 사적이거나 위협적이면 주제를 바꾸거나 농담으로 넘기려 하는 것으로, 상황이 어긋날 경우 상대방의 진정한 고민을 놓칠 수 있다.

⑩ **비위 맞추기**: 상대방을 위로하기 위해 혹은 비위를 맞추기 위해 너무 빨리 동의하는 것으로, 지지하고 동의하는 데 치중하다 보면 자신의 생각이나 감정을 충분히 표현할 수 없다.

4. 경청의 올바른 자세

① 함께 의논할 준비가 되었음을 알리기 위해 상대를 정면으로 마주하는 자세를 취한다.

② 상대에게 마음을 열어 놓고 있다는 표시를 하기 위해 손이나 다리를 꼬지 않는 소위 개방적 자세를 취한다.

③ 자신이 열심히 듣고 있다는 사실을 강조하기 위해 상대방을 향하여 상체를 기울여 다가가 앉는다.

④ 자신이 관심을 가지고 있다는 사실을 알리기 위해 우호적인 눈으로 바라본다.

⑤ 전문가다운 자신만만함과 아울러 편안한 마음을 상대방에게 전할 수 있도록 비교적 편안한 자세를 취한다.

3 경청 훈련

1. 주의 기울이기(바라보기, 듣기, 따라하기)

상대방의 말뿐만 아니라 어조와 억양, 소리의 크기까지 몸과 마음을 다하여 귀 기울인다.

2. 상대방의 경험을 인정하고 더 많은 정보 요청하기

언어적 · 비언어적인 표현을 통해 상대방이 인도하는 방향으로 따라가고 있음을 알린다.

3. 정확성을 위해 요약하기

요약을 통해 자신이 정확하게 이해했는지 확인하고 자신과 상대방의 메시지를 공유할 수 있다.

4. 개방적인 질문하기

'누가, 무엇을, 어디에서, 언제, 어떻게'라는 단어로 시작된 개방적인 질문을 던진다.

5. '왜?'라는 질문이나 말을 피하기

'왜?'라는 질문은 부정적이고 추궁적이며 강압적인 표현에 가까워 최대한 사용하지 않는다.

4 공감 반응

1. 공감이란?

상대방의 마음을 깊이 있게 이해하고 느끼는 것으로, 상대방이 하는 말을 상대방의 관점에서 이해하고 그의 감정을 느끼는 것을 말한다.

2. 공감적 반응을 위한 노력

① 상대방의 이야기를 자신의 관점이 아닌 상대방의 관점에서 이해하려는 태도를 가져야 한다.
② 공감을 위해서는 상대방의 말속에 담겨 있는 감정과 생각에 민감하게 반응해야 한다.
③ 상대방의 이야기를 들으면서 상대방의 입장에서의 감정을 경험하고, 자신이 느낀 감정들을 상대방에게 다시 돌려주어야 한다.

개념확인문제

01 다음 중 경청의 중요성으로 적절하지 않은 것을 고르시오.

㉠ 상대방을 한 개인으로 존중하여 있는 그대로 받아들일 수 있다.
㉡ 나의 솔직한 감정을 표현할 수는 없지만, 상대방의 감정은 파악할 수 있다.
㉢ 상대방 입장에서 공감하고 이해할 수 있다.

02 다음 빈칸에 들어갈 경청의 방해요인을 쓰시오.

(　　　　　)은/는 상대방의 말을 듣고 있기는 하지만 상대방의 메시지를 온전히 듣지 않는 것이다.

03 다음 중 공감적 반응을 위한 노력으로 적절하지 않은 사람을 고르시오.

• 영훈: 상대방이 전달하는 말속에 담겨 있는 감정과 생각에 민감하게 반응하려는 노력을 기울였다.
• 지영: 상대방이 전달하는 이야기를 들을 때 우선은 자신의 입장에서 상대방을 이해하려고 노력하였다.
• 우희: 상대방의 이야기를 들으면서 느낀 자신의 감정을 상대방에게 다시 돌려주는 모습을 보였다.

04 다음 중 자신과 상대방의 메시지를 공유하기 위해 할 수 있는 경청 훈련 방법을 고르시오.

① 주의 기울이기
② 상대방의 경험을 인정하고 더 많은 정보 요청하기
③ 정확성을 위해 요약하기
④ 개방적인 질문하기
⑤ '왜?'라는 질문이나 말 피하기

정답 및 해설

01 ㉡ | 경청은 상대방을 성실하게 대하는 마음을 통해 솔직한 감정 교류를 가능하게 한다.
02 걸러내기
03 지영 | 공감적 반응을 위한 노력을 할 때는 상대방의 이야기를 자신의 관점이 아닌 상대방의 관점에서 이해하려는 태도를 가져야 한다.
04 ③ | 정확성을 위해 요약하는 경청 훈련을 통해 자신과 상대방의 메시지를 공유할 수 있다.

04 의사표현능력

기출 키워드

- 의사표현의 의미
- 의사표현의 종류
- 의사표현에 영향을 미치는 비언어적 요소
- 올바른 의사표현법

1 의사표현

1. 의사표현이란?

말하는 이가 자신의 생각과 감정을 듣는 이에게 음성언어나 신체언어로 표현하는 행위로, 의사표현에는 입말로 표현하는 음성언어와 표정, 손짓, 발짓, 몸짓 따위로 표현하는 신체언어가 있다.

2. 의사표현의 수단

의사표현은 의도 또는 목적을 가지고 그 목적을 달성하는 데 효과가 있다고 생각하는 말하기가 중요한 수단이 된다.

① 말하기가 사용되는 예
- 말하는 이가 듣는 이의 생각을 변화시키려는 의도로 주장하는 것
- 필요한 정보를 제공받기 위해 질문하는 것
- 어떤 일을 해주도록 요청하는 것

② 의사표현의 종류

공식적 말하기	사전에 준비된 내용을 대중을 상대로 말하기 예 연설, 토의, 토론 등
의례적 말하기	정치적, 문화적 행사와 같이 의례 절차에 따라 말하기 예 식사, 주례, 회의 등
친교적 말하기	친근한 사람들 사이에 가장 자연스러운 상태에서 떠오르는 대로 주고받는 말하기

3. 의사표현의 중요성

① 사람이 하는 말은 그 사람의 이미지를 결정하므로 우리를 바라보는 다른 사람들의 방식에 영향을 미칠 수 있다.
② 적절한 의사표현을 통해 자신이 보이고 싶은 성격, 능력, 매력 등을 타인에게 보여줄 수 있다.
③ 의사표현을 통해 전달하는 이미지들은 우리에 대한 다른 사람들의 순응을 얻는 데 도움이 될 수 있다.

2 의사표현에 영향을 미치는 비언어적 요소

1. 연단공포증

면접이나 발표 등 청중 앞에서 이야기해야 하는 상황일 때, 가슴이 두근거리고, 입술이 타고, 식은땀이 나고, 얼굴이 달아오르는 생리적인 현상이며, 정도의 차이는 있지만 누구나 겪을 수 있는 현상이다. 소수가 경험하는 심리상태가 아닌 90% 이상의 사람들이 호소하는 불안이므로 걱정할 필요는 없으며, 오히려 심리현상을 잘 통제하면서 구두표현을 한다면 청자는 그것을 더 인간다운 것으로 생각할 수 있다.

2. 말

장단	• 목소리의 길이는 한 음절을 얼마나 오래 끌며 발음하느냐를 뜻함 • 표기가 같은 말이라도 소리의 길고 짧음에 따라 전혀 다른 뜻이 되므로 긴소리와 짧은소리를 구분하여 정확하게 발음해야 함
발음	• 발음이 분명하지 못하면 듣는 이에게 정확한 의사를 전달하기 어려우므로 정확한 발음을 전달하기 위해 천천히 복식호흡하며 침착하게 이야기하는 습관을 가져야 함 – 호흡을 충분히 함 – 목에 힘을 주지 않음 – 입술, 혀, 턱을 빨리 움직임
속도	• 사람마다 말의 속도는 모두 다르지만, 말을 할 때의 속도 변화를 통해 그 순간 화자의 감정을 알 수 있음
쉼	• 대화 도중에 잠시 침묵하는 것으로, 의도적인 경우와 비의도적인 경우로 구분할 수 있으며 의도적인 쉼을 잘 활용할 경우 논리성, 감정제고, 동질감 등을 확보할 수 있다. – 이야기의 전이(轉移) 시 – 양해, 동조, 반문의 경우 – 생략, 암시, 반성의 경우 – 여운을 남길 때

3. 몸짓

몸의 방향	• 말하는 이의 머리, 몸, 발 등이 듣는 이를 향하는가, 피하는 가를 통해 의사를 파악할 수 있음
자세	• 자세는 언어적으로 표현하지 못하는 감정을 표현하는 데 효과적인 의사표현의 요소로, 자신뿐만 아니라 상대방의 자세에 주의를 기울임으로써 언어적 요소와는 다른 중요한 정보를 얻을 수 있음
몸짓	• 몸짓의 유형에는 몸동작과 상징적 동작이 있음 – 몸동작: 말로 설명하기는 어려운 것들을 설명하는 데 자주 사용되며, 몸동작이 배제된 의사표현은 때로 어색함을 줄 수 있음 – 상징적 동작: 말을 동반하지 않아도 의사표현이 가능한 몸짓으로, 몸동작과 달리 문화권에 따라 다를 수 있음 예 엄지를 드는 동작이 한 문화권에서는 '좋다'는 의미이지만, 다른 문화권에서는 모욕적인 표현이기도 함

4. 유머

의사표현을 더욱 풍요롭게 도와주는 요소로, 흥미 있는 이야기, 과장된 표현, 권위에 대한 도전, 자기 자신의 이유, 엄숙한 분위기를 가볍게 만들 때, 변덕스러운 말, 풍자 또는 비교, 반대표현, 모방, 예기치 못한 방향 전환, 아이러니 등의 방법이 사용될 때 성과를 발휘함

3 올바른 의사표현법

1. 효과적인 의사표현 방법

① 말하는 이는 자신이 전달하고 싶은 의도, 생각, 감정이 무엇인지 분명하게 인식해야 한다.
② 전달하고자 하는 내용을 듣는 이가 이해하기 쉽도록 명료하게 정리하여 적절한 메시지로 바꾸어야 한다.
③ 메시지를 전달하는 매체와 경로를 신중하게 선택해야 한다.
④ 듣는 이가 자신의 메시지를 어떻게 받아들였는지 피드백을 받아야 한다.
⑤ 표정, 음성적 특성, 몸짓 등의 비언어적 방식을 활용하여 메시지의 내용을 더욱 강력하게 전달해야 한다.
⑥ 확실한 의사표현을 위해 반복적으로 전달해야 한다.

2. 상황과 대상에 따른 의사표현법

상황	의사표현법
상대방의 잘못을 지적할 때	• 상대방의 잘못을 지적할 때 모호한 표현을 사용하면 설득력을 잃으므로 상대방과의 관계를 고려하면서 상대방이 확실히 알 수 있도록 지적해야 하며, 당장 꾸짖고 있는 내용에 한정해야 함
상대방을 칭찬할 때	• 자칫 잘못하면 아부로 느껴질 수 있으므로 본인이 가장 중요하게 여기는 것을 칭찬하는 것이 좋음
상대방에게 부탁할 때	• 먼저 상대의 사정을 우선시하는 태도를 보여준 다음에 부탁에 응하기 쉽게 구체적이고 명확한 내용을 전달하고 상대방이 거절할 때도 싫은 내색을 보이지 않는 것이 좋음
상대방에게 요구해야 할 때	• 상대방에게 부탁해야 하는 경우에는 상대방의 사정을 듣고, 상대방이 들어줄 수 있는 상황인지 확인하는 태도를 보여준 후 응하기 쉽게 구체적으로 부탁하는 것이 좋으며, 상대방이 거절하더라도 싫은 내색은 하지 않아야 함
명령해야 할 때	강압적으로 말하기보다는 부드럽게 표현하는 것이 효과적임
상대방의 요구를 거절할 때	• 먼저 사과를 한 다음 요구에 응할 수 없는 이유를 설명하며, 불가능한 요구는 모호한 태도보다는 단호하게 거절하되 상대방이 부정적인 감정을 가지지 않도록 해야 함
설득해야 할 때	• 일방적으로 강요하거나 상대방에게 손해를 보라는 식의 밀어붙이는 대화가 아닌 상대방에게 나의 태도와 의견을 받아들이고 상대방의 태도와 의견을 바꾸도록 하는 과정임 • 설득력 있는 의사표현 지침 – 말하는 이가 요청하고 싶은 도움이 100이라면 처음에는 상대방이 'Yes'라고 할 수 있도록 50~60 정도로 부탁을 하고 점차 도움의 내용을 늘려서 상대방의 허락을 유도하는 방법인 문안에 한 발 들여놓기 기법(Foot-in-the-door technique) – 말하는 이가 원하는 도움의 크기가 50이라면 처음에 100을 상대방에게 요청하고 거절을 유도하는 방법인 얼굴 부딪히기 기법(Door-in-the-face technique)

개념확인문제

01 **다음 의사표현의 종류와 그에 대한 설명을 바르게 연결하시오.**

① 공식적 말하기 • • ㉠ 정치적 문화적 행사와 같이 의례 절차에 따라 말하는 것
② 의례적 말하기 • • ㉡ 친근한 사람들과 자연스러운 상태에서 떠오르는 대로 말하는 것
③ 친교적 말하기 • • ㉢ 사전에 준비된 내용을 대중을 상대로 말하는 것

02 **다음 중 효과적인 의사표현 방법으로 적절하지 않은 것을 고르시오.**

㉠ 메시지를 전달하는 매체와 경로를 신중하게 선택한다.
㉡ 전달하고자 하는 내용을 듣는 이가 이해하기 쉽도록 명료하게 정리하여 적절한 메시지로 바꾸어야 한다.
㉢ 의사표현은 반복적으로 하지 않도록 주의해야 한다.
㉣ 듣는 이가 자신의 메시지를 어떻게 받아들였는지 피드백을 받아야 한다.

03 **다음 상황과 대상에 따른 의사표현법에 대한 설명을 읽고, 맞으면 O, 틀리면 X에 표시하시오.**

① 상대방에게 부탁할 때는 가장 먼저 자신이 부탁하고자 하는 내용을 말한다. (O, X)
② 상대방을 설득할 때는 먼저 양보하여 이익을 함께 공유하겠다는 의지를 드러내야 한다. (O, X)
③ 상대방에게 충고할 때는 비유법을 활용하는 것이 좋다. (O, X)

04 **다음 중 효과적인 의사표현을 위한 방법이 아닌 것을 고르시오.**

① 메시지를 전달하는 매체와 경로를 신중하게 선택해야 한다.
② 듣는 이가 자신의 메시지를 어떻게 받아들였는지 피드백을 받아야 한다.
③ 확실한 의사표현을 위해 반복적으로 전달해야 한다.
④ 메시지의 내용을 강력하게 전달하고자 할 때는 비언어적 방식을 최대한 줄여야 한다.

정답 및 해설

01 ① – ㉢, ② – ㉠, ③ – ㉡
02 ㉢ | 효과적인 의사표현을 위해서는 자신의 의사를 확실하게 전달할 수 있도록 반복적인 의사표현이 필요하다.
03 ① X | 상대방에게 부탁할 때는 가장 먼저 상대의 사정을 우선시하는 태도를 보여야 한다.
② O
③ O
04 ④ | 효과적인 의사표현을 위해서는 표정, 음성적 특성, 몸짓 등의 비언어적 방식을 활용하면 메시지의 내용을 더욱 강력하게 전달할 수 있다.

05 기초외국어능력

기출 키워드

- 기초외국어능력의 필요성
- 외국인과의 비언어적 의사소통 방법

1 기초외국어능력

1. 기초외국어능력이란?

① 일 경험을 하는 우리의 무대가 세계로 넓어지면서 다른 나라의 언어로 의사소통하는 것으로, 일 경험 중에 필요한 문서이해나 문서작성, 의사표현, 경청 등 의사소통을 기초 외국어로 가능하게 하는 능력을 말한다.

② 기초외국어능력의 종류
- 외국어로 된 간단한 자료를 이해할 수 있는 능력
- 외국인과의 전화응대와 간단히 대화할 수 있는 능력
- 외국인의 의사표현을 이해하고, 자신의 의사를 외국어로 표현할 수 있는 능력
- 외국인과 간단하게 이메일이나 팩스로 업무 내용에 대해 상호 소통할 수 있는 능력

2. 기초외국어능력이 필요한 상황

① 전화, 메일 등 의사소통을 위해 외국어를 사용하는 경우
② 매뉴얼, 서류 등 외국어 문서를 이해해야 하는 경우
③ 필요한 정보를 얻기 위한 경우

3. 기초외국어로 의사소통할 때 필요한 능력

① 자신이 전달하고 싶은 것을 먼저 생각하는 사고력
② 생각한 내용을 어떤 형태로 표현할 것인지를 결정하는 표현력

2 외국인과의 비언어적 의사소통 방법

1. 표정으로 알아채기

2. 음성으로 알아채기

① 어조
- 높은 어조: 적대감이나 대립감
- 낮은 어조: 만족이나 안심

② 목소리 크기

- 큰 목소리: 내용 강조, 흥분, 불만족
- 작은 목소리: 자신감 결여

③ 말의 속도

- 빠른 속도: 공포나 노여움
- 느린 속도: 긴장 또는 저항

3. 외국인과의 의사소통에서 피해야 할 행동

① 상대를 볼 때 흘겨보거나 아예 보지 않는 것
② 팔이나 다리를 꼬거나, 바르지 못한 자세로 앉는 것
③ 표정 없이 말하거나, 자료만 보는 것
④ 대화에 집중하지 않고 다리를 흔들거나 펜을 돌리는 것
⑤ 맞장구를 치지 않거나 고개를 끄덕이지 않는 것
⑥ 다른 일을 하면서 듣는 것
⑦ 상대방에게 이름이나 호칭을 어떻게 할지 먼저 묻지 않고 마음대로 부르는 것

✚ 더 알아보기

각국의 보디랭귀지

Body Language	국가	의미
"O"	영어권	좋다, Great
	프랑스	제로, 무(無)
	일본	돈
	지중해	동성연애
	브라질	외설적 표현
엄지 세우기	공통	권력, 우월, 지배, 최고
	영국, 호주, 뉴질랜드	자동차 세우기
	그리스	저리 가, 꺼져
	유럽	비웃음
가운뎃 손가락	공통	외설
"v"	안쪽 보이게	윈스턴 처칠의 승리
	바깥쪽 보이게	경멸, 외설
머리 긁기	서양	가려움
	동양	미안함, 답답함
입 가리기	서양	거짓말
	동양	창피
귀 움직이기	인도	후회
	브라질	칭찬
고개 끄덕	불가리아, 그리스	No
	기타	Yes
옆으로 고개 흔들기	네팔	Yes
	기타	No
손가락 교차	유럽	경멸
	브라질	행운
손바닥 아래 · 위로 흔들기	미국	Bye(헤어질 때 인사)
	유럽	No
	그리스	모욕

개념확인문제

01 다음 기초외국어로 의사소통할 때 필요한 능력을 쓰시오.

① 자신이 전달하고 싶은 것을 먼저 생각함 (   )

② 생각한 내용을 어떤 형태로 표현할지를 결정함 (   )

02 다음 중 외국인과의 비언어적 의사소통 시 피해야 할 행동을 한 사람을 고르시오.

- 갑은 외국인 바이어와 대화를 하면서 핸드폰으로 거래처와 문자를 주고받았다.
- 을은 외국인 고객을 응대할 때 맞장구를 치고 고개를 열심히 끄덕였다.
- 병은 바른 자세로 앉아 외국인 손님을 맞이하였다.
- 정은 상대방을 부르기 전에 먼저 상대방에게 자신이 어떤 호칭을 사용하여 부르면 좋을지 물었다.
- 무는 다리를 흔들거나 펜을 돌리는 등의 평소 습관을 고쳐 상대방의 대화에만 집중하는 모습을 보였다.

정답 및 해설

01 ① 사고력, ② 표현력

02 갑 | 외국인과 의사소통할 때는 다른 일을 하면서 듣는 것을 피해야 한다.

기출공략문제

하위능력: 의사소통능력 **난이도**: ★☆☆ **대표출제기업**: 건강보험심사평가원

01 다음 중 의사소통능력에 대한 설명으로 가장 적절하지 않은 것은?

① 자신의 의견을 상대방이 이해하기 쉽게 표현하는 것은 성공적인 의사소통을 위한 방법 중 하나이다.

② 직장 내 의사소통을 통해 서로 다른 개인의 지각 차이를 좁혀주고 선입견을 제거할 수 있다.

③ 공식적인 조직안에서의 의사소통은 조직의 생산성 향상과 정보 전달의 목적을 가진다.

④ 상대의 반응을 바로 확인하기 위해서는 문서적인 의사소통이 효과적이다.

⑤ 언어를 수단으로 하는 의사소통에는 경청능력과 의사표현능력이 요구된다.

기출 포인트 해설 의사소통능력의 의미

상대의 반응을 바로 확인하기 위해서는 언어적인 의사소통이 효과적이다.

이것도 알면 합격

의사소통의 종류

- **문서적인 의사소통**: 문서이해능력과 문서작성능력이 요구되며, 전달성과 보존성이 뛰어나고 정확하다는 장점이 있으나 혼란과 오해의 여지가 있다는 단점이 있다.
- **언어적인 의사소통**: 경청능력과 의사표현능력이 요구되며, 대화를 통해 상대의 반응을 확인할 수 있고 상황에 따라 적절히 변화를 주어 상대를 설득할 수 있다는 장점이 있으나 정확성이 떨어진다는 단점이 있다.

정답 ④

하위능력: 의사소통능력 **난이도**: ★★☆ **대표출제기업**: 서울교통공사

02 다음 ○○사 홍보팀에서 나눈 대화를 읽고 이들이 겪고 있는 의사소통 저해요인으로 가장 적절한 것은?

> **김 부장**: 윤 사원, 저번 주 금요일 팀 회의에서 신제품 홍보 문구 수정하기로 결정한 내용 기획본부에 전달했지?
>
> **윤 사원**: 아…. 부장님, 제가 그날 연차라 팀 회의에 참석하지 못해서 자세한 내용은 모릅니다. 홍보 문구 어떤 방향으로 수정하기로 했나요?
>
> **김 부장**: 뭐야? 저번 주 회의 내용 아직도 전달 못 받았어? 그때 윤 사원한테 논의사항 전달하기로 했던 사람 누구였나?
>
> **장 사원**: 예, 제가 전달하기로 했었는데요. 회의 끝나고 바로 윤 사원한테 메시지로 전달해서 알고 있는 줄 알았는데…. 메시지로 짧게 전달하려다 보니 충분히 설명을 못 한 것 같습니다.
>
> **김 부장**: 메시지로 짧게 설명해 주고서는 상대방이 다 알 거로 생각하면 안 되지. 지금이라도 회의 때 논의한 내용 구두로 충분히 설명해 주게.

① 김 부장은 사원들에게 일방적으로 자신의 주장만 내세우는 무책임한 마음으로 의사소통하고 있다.
② 김 부장은 회의에 참석하지 않았더라도 눈치껏 알아야 한다는 선입견을 갖고 있다.
③ 장 사원은 짧은 메시지만으로도 윤 사원이 관련 내용을 충분히 알 것이라 착각하였다.
④ 장 사원은 윤 사원에게 전달한 메시지에 너무 많은 내용을 담아 윤 사원이 이해하지 못하였다.
⑤ 윤 사원은 폐쇄적인 의사소통 분위기로 인해 다른 사람에게 회의 내용을 쉽게 물어볼 수 없었다.

기출 포인트 해설 | 의사소통의 저해요인

장 사원은 '전달했는데', '아는 줄 알았는데'라고 착각하는 마음으로 평가적이며 판단적인 태도를 보이는 의사소통 저해요인을 겪고 있다.

✔ 이것도 알면 합격

의사소통 저해요인

- 의사소통 과정에서의 상호작용 등이 부족하여 '일방적으로 말하고 듣는' 무책임한 마음
- 의사소통에 대한 잘못된 선입견으로 눈치를 중요시하는 '말하지 않아도 아는 문화'에 안주하는 마음
- 평가적이고 판단적인 태도로 인해 '전달했는데, 아는 줄 알았는데'라고 착각하는 마음
- 복잡한 메시지나 경쟁적인 메시지로 '그래서 하고 싶은 말이 정확히 뭐야?' 분명하지 않은 메시지
- 정보의 과다 또는 부족, 상이한 직위와 과업지향성, 신뢰의 부족, 의사소통을 위한 구조상의 권한, 잘못된 의사소통 매체의 선택, 폐쇄적인 의사소통 분위기 등의 여러 요인

정답 ③

하위능력: 문서이해능력 **난이도**: ★★☆ **대표출제기업**: 서울교통공사, 한국환경공단

03 다음은 문서이해 절차 6단계를 나타낸 것이다. 빈칸 ㉠~㉢에 들어갈 내용이 바르게 연결된 것은?

1단계	▶	2단계	▶	3단계
문서의 목적 이해		문서 작성 배경 및 주제 파악		㉠

4단계	▶	5단계	▶	6단계
㉡		문서의 목적을 달성하기 위한 나의 행동 결정		㉢

① ㉠ - 문서를 작성한 사람의 의도 분석
② ㉠ - 문서에 제시된 정보와 현안 파악
③ ㉡ - 문서에 제시된 내용 요약 및 정리
④ ㉡ - 문서를 이해하는 데 필요한 정보 수집
⑤ ㉢ - 문서에서 요구하는 바에 따라 실행

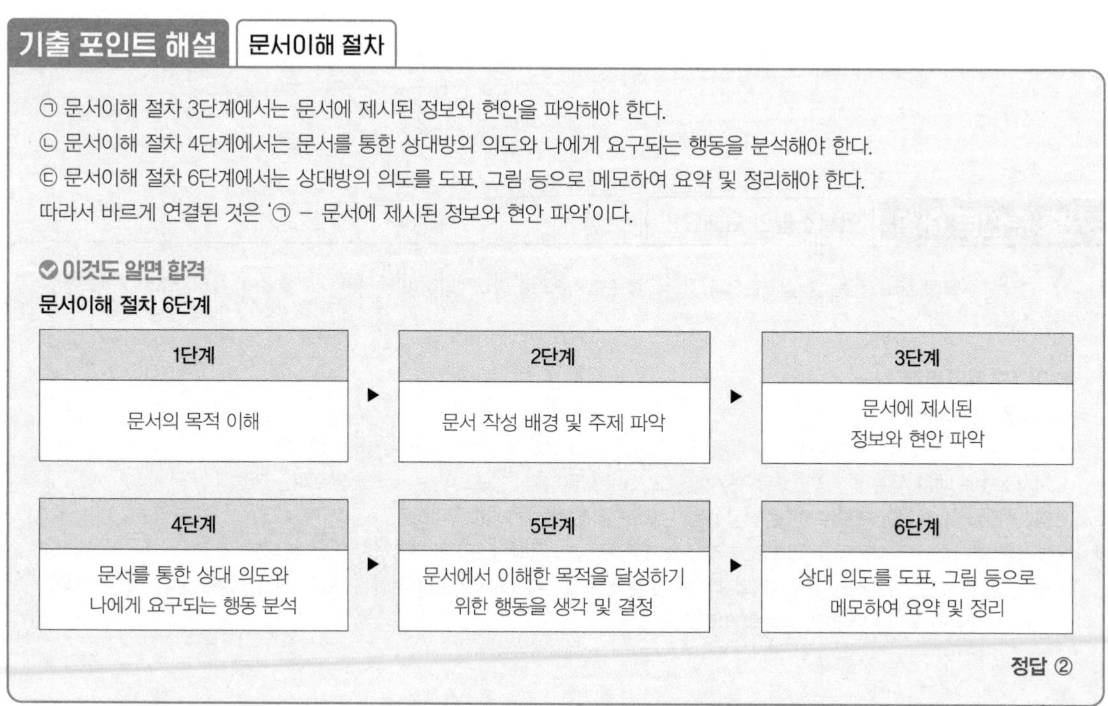

기출 포인트 해설 문서이해 절차

㉠ 문서이해 절차 3단계에서는 문서에 제시된 정보와 현안을 파악해야 한다.
㉡ 문서이해 절차 4단계에서는 문서를 통한 상대방의 의도와 나에게 요구되는 행동을 분석해야 한다.
㉢ 문서이해 절차 6단계에서는 상대방의 의도를 도표, 그림 등으로 메모하여 요약 및 정리해야 한다.
따라서 바르게 연결된 것은 '㉠ - 문서에 제시된 정보와 현안 파악'이다.

✔ 이것도 알면 합격

문서이해 절차 6단계

1단계	▶	2단계	▶	3단계
문서의 목적 이해		문서 작성 배경 및 주제 파악		문서에 제시된 정보와 현안 파악

4단계	▶	5단계	▶	6단계
문서를 통한 상대 의도와 나에게 요구되는 행동 분석		문서에서 이해한 목적을 달성하기 위한 행동을 생각 및 결정		상대 의도를 도표, 그림 등으로 메모하여 요약 및 정리

정답 ②

하위능력: 문서이해능력 **난이도**: ★★☆ **대표출제기업**: 한국전기안전공사

04 다음 보도자료의 내용과 일치하지 않는 것은?

정부가 오는 5일부터 코로나19 피해에 취약한 소규모 농가의 경영지원을 위해 농가당 30만 원 상당의 바우처를 지급한다. 지원 대상은 지난해 공익형 직불제의 소농직불금을 받은 약 43만 개 농가로, 금번 지원은 소농직불금을 지급받았던 대상자의 71%가 65세 이상 고령농인 점을 고려해 영세 고령농에 대한 지원을 넓히는 데 의의가 있다. 지원 대상인 농가는 4월 5~30일 경작 중인 농지 소재지의 지역 농·축협과 품목 조합, 농협은행을 직접 방문하거나 농협카드 누리집에서 온라인으로 신청하면 된다. 현장 신청의 경우 주말을 제외한 평일 오전 9시부터 오후 4시까지 가능하며, 대리인 신청 시에는 위임장 및 가족관계증명서가 필요하다. 온라인 신청의 경우 평일뿐만 아니라 주말 신청도 가능하며, 간략한 본인인증 절차를 거치면 된다. 바우처 지급은 지급 대상자가 기존에 소유한 농협 신용카드 또는 체크카드에 포인트를 충전하는 방식으로 이루어진다. 만약 카드가 없다면 현장에서 체크카드를 신청·발급받을 수 있으며 신규 카드 발급이 불가능한 농가는 다음 달 14일 이후 지정된 농·축협 및 농협은행 지점에서 선불카드로 수령할 수 있다. 지급받은 포인트는 지급된 날로부터 90일 이내, 선불카드는 8월 31일까지 사용 가능하며, 사용 기한 경과 후 남은 잔액은 소멸된다. 다만, 바우처는 농업·공구, 연료 판매 등 공고된 지침에 제시된 업종에서만 사용할 수 있으므로 유의해야 한다. 아울러 바우처를 받았다면 '긴급고용안정지원금'과 '소상공인 버팀목 자금 플러스' 등을 중복으로 수급받는 것은 불가능하다. 농림축산식품부는 2일까지 지급 대상자에게 카카오톡 메시지 또는 문자 메시지로 바우처를 받을 수 있다는 사실을 알리고 신청 기간과 방법에 대해 안내할 예정이다.

※ 출처: 농림축산식품부(2021-04-01 보도자료)

① 바우처 발급을 받은 사람은 긴급고용안정지원금을 중복해서 수령할 수 없다.
② 현장 신청은 평일 오전 9시부터 오후 4시 사이에만 가능하다.
③ 지난해 소농직불금을 받은 대상자 중 65세 미만은 30% 이하이다.
④ 바우처로 선불카드를 수령했다면 수령일로부터 3달 이내에만 사용 가능하다.
⑤ 대리인이 현장 신청할 때는 위임장과 가족관계증명서를 함께 제출해야 한다.

기출 포인트 해설 비문학 이해

바우처 지급을 포인트로 받은 경우 지급된 날로부터 90일 이내에 사용할 수 있고, 선불카드로 받은 경우 8월 31일까지 사용할 수 있으므로 바우처로 선불카드를 수령했을 경우 수령일로부터 3달 이내에만 사용 가능한 것은 아님을 알 수 있다.

① 바우처를 받았다면 '긴급고용안정지원금'과 '소상공인 버팀목 자금 플러스' 등을 중복으로 수급받는 것은 불가능하다고 하였으므로 적절한 내용이다.
② 현장 신청은 주말 제외 평일 오전 9시부터 오후 4시 사이에만 가능하다고 하였으므로 적절한 내용이다.
③ 지난해 소농직불금을 받은 대상자의 71%가 65세 이상의 고령농이라고 하였으므로 적절한 내용이다.
⑤ 대리인이 신청 시에는 위임장과 가족관계증명서가 필요하다고 하였으므로 적절한 내용이다.

정답 ④

하위능력: 문서작성능력 **난이도**: ★☆☆ **대표출제기업**: 한국산림복지진흥원

05 다음 중 공문서 작성 방법에 대한 설명으로 가장 적절하지 않은 것은?

① 작성 완료 후 마지막에는 반드시 '끝.' 자로 마무리해야 한다.
② 날짜에 괄호를 사용했다면 괄호 다음에 마침표를 찍어 구분해야 한다.
③ 시간 작성의 구분은 시, 분의 글자는 생략하고 쌍점(:)으로 해야 한다.
④ 한 장에 담아내야 하며, 내용이 복잡하다면 '- 다음 -' 등으로 구분해야 한다.
⑤ 금액은 아라비아 숫자로 표기하되, 숫자 다음에 괄호를 하고 한글로도 기재해야 한다.

기출 포인트 해설 공문서 작성법

공문서 작성 시 날짜는 연도와 월일을 반드시 함께 숫자로 표기하며, 연, 월, 일의 글자는 생략하고 마침표를 모두 찍어 구분하지만, 날짜에 괄호를 사용할 경우 괄호 다음에는 마침표를 찍지 않으므로 가장 적절하지 않다.

✔ 이것도 알면 합격

공문서 작성 시 고려사항

- 회사 외부로 전달하는 문서로, 누가, 언제, 어디서, 무엇을 어떻게(혹은 왜)가 드러나도록 작성해야 한다.
- 대외문서이고, 장기간 보관하는 문서인 만큼 정확하게 기술해야 한다.

정답 ②

하위능력: 문서작성능력 난이도: ★★☆ 대표출제기업: 한전KPS

06 다음 중 맞춤법에 맞는 것은?

① 바람이 불자 창밖의 잎파리가 거칠게 흔들렸다.
② 새로운 이웃에게 인사하기 위해 집집히 방문하여 떡을 돌렸다.
③ 누나는 비에 젖은 나를 보고 꼬락서니가 가관이라며 혀를 찼다.
④ 형사는 범인의 죄를 낱낱히 밝히기 위해 노력하였다.
⑤ 봄이 왔음을 알리듯 벚꽃이 도로에 곳곳히 피어 있다.

기출 포인트 해설 한글 맞춤법

③은 맞춤법에 맞는 문장이다.

✔ 이것도 알면 합격

한글 맞춤법

한글 맞춤법 제20항에 따라 명사 뒤에 '-이'가 붙어서 된 말은 그 명사의 원형을 밝혀 적어야 하지만, '-이' 이외의 모음으로 시작된 접미사가 붙어서 된 말은 그 명사의 원형을 밝혀 적지 아니한다.

① 잎파리(X) → 이파리(O)
② 집집히(X) → 집집이(O)
④ 낱낱히(X) → 낱낱이(O)
⑤ 곳곳히(X) → 곳곳이(O)

정답 ③

하위능력: 문서작성능력 **난이도**: ★★★ **대표출제기업**: 한국환경공단, 도로교통공단

07 다음 글의 내용과 관련 있는 사자성어로 가장 적절한 것은?

> 취업 준비생인 민수는 집안 형편이 넉넉하지 않아 별다른 도움을 받을 수 없었지만, 이에 굴하지 않고 하루도 빠짐없이 매일 독서실에 가서 열심히 공부하였다. 꾸준하게 공부한 끝에 높은 영어 성적과 여러 자격증을 취득한 민수는 결국 공기업 입사 시험에 최종 합격하여 신입사원이 될 수 있었다.

① 言行一致 ② 三遷之敎 ③ 亡羊之歎
④ 刮目相對 ⑤ 螢雪之功

기출 포인트 해설 | 사자성어

민수는 집안 형편이 넉넉하지 않았음에도 매일 독서실에 가서 꾸준히 공부하여 공기업 입사 시험에 최종 합격할 수 있었으므로 반딧불·눈과 함께하는 노력이라는 뜻으로, 고생하면서 부지런하고 꾸준하게 공부하는 자세를 이르는 말인 '螢雪之功(형설지공)'이 가장 적절하다.

이것도 알면 합격

- **言行一致(언행일치)**: 말과 행동이 하나로 들어맞음 또는 말한 대로 실행함
- **三遷之敎(삼천지교)**: 맹자의 어머니가 아들을 가르치기 위하여 세 번이나 이사하였음을 이르는 말
- **亡羊之歎(망양지탄)**: 갈림길이 매우 많아 잃어버린 양을 찾을 길이 없음을 탄식한다는 뜻으로, 학문의 길이 여러 갈래여서 한 갈래의 진리도 얻기 어려움을 이르는 말
- **刮目相對(괄목상대)**: 눈을 비비고 상대편을 본다는 뜻으로, 남의 학식이나 재주가 놀랄 만큼 부쩍 늚을 이르는 말

정답 ⑤

하위능력: 경청능력 **난이도**: ★☆☆ **대표출제기업**: 주택도시보증공사

08 다음 글의 빈칸에 들어갈 말로 가장 적절한 것은?

> 감정 이입이란 자연의 풍경이나 예술 작품 따위에 자신의 감정이나 정신을 불어넣거나, 대상으로부터 느낌을 직접 받아들여 대상과 자기가 서로 통한다고 느끼는 일로, 쉽게 말해 상대방의 감정 상태를 받아들이고 이해하는 능력을 말한다. 이러한 감정 이입은 의사소통에 요구되는 능력 중 하나로, 상대를 한 개인으로 존중하여 있는 그대로 받아들이면서 서로가 성실한 마음으로 임하여 솔직한 감정 교류가 가능하고, 상대방의 입장에서 이해할 수 있는 (   )의 자세와 매우 유사하다.

① 공감　② 경청　③ 소통　④ 표현　⑤ 조언

기출 포인트 해설 경청의 중요성

상대방을 한 개인으로 존중하여 있는 그대로 받아들이고 상대방을 성실한 마음으로 대하여 솔직한 감정 교류가 가능하며, 상대방의 입장에서 공감하고 이해할 수 있는 자세는 '경청'이다.

정답 ②

하위능력: 의사표현능력 **난이도**: ★★☆ **대표출제기업**: 건강보험심사평가원

09 다음 사례를 의사표현의 종류에 따라 바르게 분류한 것은?

> 가. 우리 팀의 신입사원은 회의를 진행하는 것이 처음이지만 절차에 따라 꽤 능숙하게 진행하였다.
> 나. 인턴들은 점심을 먹으면서 자신들이 좋아하는 음식에 관해 자유롭게 이야기를 나누었다.
> 다. 세미나에 참석한 교수들은 각자 준비한 자료를 참고하여 지속 가능한 기술에 관해 토의하였다.

	가	나	다
①	공식적 말하기	의례적 말하기	친교적 말하기
②	공식적 말하기	친교적 말하기	의례적 말하기
③	의례적 말하기	공식적 말하기	친교적 말하기
④	의례적 말하기	친교적 말하기	공식적 말하기
⑤	친교적 말하기	공식적 말하기	친교적 말하기

기출 포인트 해설 | 의사표현의 종류

가. 주례, 회의 등 정치적, 문화적 행사와 같이 의례 절차에 따라 말하는 '의례적 말하기'이다.
나. 친근한 사람들 사이에 가장 자연스러운 상태에서 떠오르는 대로 말하는 '친교적 말하기'이다.
다. 연설, 토의 등 사전에 준비된 내용을 대중을 상대로 말하는 '공식적 말하기'이다.
따라서 의사표현의 종류에 따라 바르게 분류한 것은 ④이다.

이것도 알면 합격

공식적 말하기의 종류

- **연설**: 말하는 이 혼자 여러 사람을 대상으로 자기의 사상이나 감정에 대해 일방적으로 말하는 방식
- **토의**: 여러 사람이 모여 공통의 문제에 대해 가장 좋은 해답을 얻기 위해 협의하는 방식
- **토론**: 어떤 논제에 대하여 찬성자와 반대자가 각각 논리적인 근거를 발표하는 방식

정답 ④

하위능력: 기초외국어능력 **난이도**: ★☆☆ **대표출제기업**: 한국가스안전공사

10 다음 대화를 읽고 A의 대답으로 가장 적절한 것은?

A: Good morning. You have called H Corporation. Who are you calling, please?
B: This is Kim of J Corporation. I'd like to speak to Mr. Park in the overseas sales division. Is he there?
A: Yes, ______________________

① May I have your phone number?
② I'll ask him to call you as soon as he gets back.
③ I'll give him a call later.
④ Could you tell him I called?
⑤ Let me transfer you to Mr. Park now.

기출 포인트 해설 기초외국어

A는 해외영업부의 박 씨와 통화하기 위해 그가 자리에 있는지 물어보는 B에게 그렇다고 대답하였으므로 지금 바로 바꿔주겠다는 의미의 'Let me transfer you to Mr. Park now.'라는 대답이 가장 적절하다.

① 전화번호를 알려 주시겠습니까?
② 그가 돌아오는 대로 전화하도록 전달하겠습니다.
③ 그에게 나중에 전화하겠습니다.
④ 제가 전화했었다는 것을 그에게 전해 주시겠습니까?

정답 ⑤

출제예상문제

- 시작과 종료 시각을 정한 후, 실제 시험처럼 문제를 풀어보세요.

 시 분 ~ 시 분 (총 20문항/20분)

01 **다음 중 일 경험에서 의사소통의 특징으로 적절하지 않은 것을 모두 고르면?**

㉠ 구성원의 사기를 진작하는 기능이 있다.
㉡ 조직 내 팀워크가 향상되는 반면, 성과에는 큰 영향을 미치지 못한다.
㉢ 구성원 간에 의견이 다를 경우 이를 설득하는 역할을 한다.
㉣ 비공식적인 조직 안에서의 의사소통을 의미한다.

① ㉠ ② ㉢ ③ ㉠, ㉡ ④ ㉡, ㉣ ⑤ ㉡, ㉢, ㉣

02 **다음 대화를 읽고 의사소통능력 개발 방법에 대한 설명이 적절하지 않은 사람을 모두 고르면?**

가빈: 의사소통 왜곡으로 인한 오해를 줄이기 위해서는 피드백을 활용하는 것이 좋아. 특히 얼굴을 맞대고 하는 의사소통에서는 피드백을 통해 표정을 살피거나 반응을 확인할 수 있기 때문이야.
나래: 맞아, 대신 피드백을 줄 때는 객관적인 시선으로 항상 상대방에 대한 비판적인 피드백을 주는 것이 중요해.
다욱: 그리고 언어를 단순화하는 것도 중요해. 의사소통할 때는 받아들이는 사람을 고려하여 어휘를 선택해야 하는데, 항상 전문용어를 사용하여 대화의 시간을 단축하는 게 좋아.
라경: 경청을 하는 것도 좋은 방법이야. 그런데 경청은 생각보다 집중력과 노력이 필요한 일이기 때문에 상대방의 감정에 이입하면서 무슨 이야기를 하고 있는지 주의 깊게 들어야 해.
마석: 사람은 감정적인 존재라서 언제나 이성적으로 대화하기란 힘들어. 그래도 침착하게 마음을 비우려고 노력하고, 이성이 요구되는 조직에서는 평정을 찾을 때까지 의사소통을 연기하는 것도 한 방법이야.

① 가빈, 다욱 ② 나래, 마석 ③ 다욱, 라경
④ 가빈, 라경, 마석 ⑤ 나래, 다욱, 마석

03 다음 사내 공지문을 읽은 귀하는 경쟁사나 다른 회사의 광고 카피가 어떠한지 알아보고 이를 참고하여 자사의 이미지가 잘 드러나면서 매력적인 광고 카피를 생각해내려고 한다. 문서이해 절차의 6단계 중 귀하의 행동에 해당하는 것은?

[옥외광고물 아이디어 공모]

1. **목적**
   - 신규로 진행하는 자사의 옥외광고물 아이디어에 관해 내부 공모를 받기 위함
   - 소비자의 시선에서 주목도가 높은 옥외광고물을 제작하여 광고 효율 및 매출을 높이기 위함

2. **내용**
   - 대상: 옥외광고물 아이디어 공모에 참여를 원하는 당사 임직원
     ※ 부서 상관없이 개인 또는 팀 단위로 참여 가능
   - 공모주제

     ⓐ 자사의 이미지가 잘 표현된 아이디어 또는 디자인
     ⓑ 자사의 이미지가 잘 표현된 광고 카피

   - 유의사항

     ⓐ 아이디어 기획안은 ppt 또는 jpg 파일 형식으로 제출 부탁드립니다.
     ⓑ 본문에 첨부된 자사 브랜드 로고, 서체 등을 활용할 수 있습니다.

   - 공모 일정

공모 접수(~6/15)	▶	심의(6/16~6/19)	▶	당선자 선정(6/26)
본문의 댓글을 통해 전달		마케팅 부서에서 진행함		대상자에 한하여 포상금 지급

   - 당선자 포상금: 30만 원
     ※ 공모에 참여하신 분들에게는 S 카페 커피 교환권 지급(단, 선착순 50명까지 지급)

3. **첨부파일**
   - 자사 브랜드 로고 및 서체 모음
   - 아이디어 기획안 제출 양식

① 문서이해 절차 1단계
② 문서이해 절차 2단계
③ 문서이해 절차 3단계
④ 문서이해 절차 4단계
⑤ 문서이해 절차 5단계

04 다음 제품 설명서를 읽고 이해한 내용으로 가장 적절하지 않은 것은?

▶ 안전한 설치 장소

안전한 설치 장소	그 외에 설치할 시 위험성
직사광선이 닿지 않는 실내 공간	제품 오작동 및 고장의 원인이 될 수 있습니다.
습기가 적고 통풍이 잘되는 장소	감전이나 화재의 위험이 있습니다
TV, 라디오, 전자제품 등과 간격을 두고 설치	전자파 장애로 오작동의 원인이 될 수 있습니다.
단단하고 평평한 바닥에 설치	약하고 기울어진 바닥에 설치하면 이상 소음이나 진동이 발생할 수 있습니다.

▶ 제품에 관한 지식

1. 필터를 끼우고 사용해야 하며 필터에서 이상한 냄새가 날 때는 교체해야 합니다.
2. 냄새가 많이 나는 음식을 조리할 때는 되도록 공기청정기를 사용하지 않습니다.
   – 심한 냄새가 나는 음식을 조리할 때 공기청정기를 가동하면 필터 수명이 짧아집니다.
3. 공기청정기 가동 시 창문이나 문은 가급적 닫아주시기 바랍니다.

▶ 제품의 특징

제품의 특징	설명
그릴 회전 기능	공기 순환을 최대화합니다.
가스/먼지 센서	오염 정도를 숫자와 색상으로 함께 표기하여 집안의 오염 정도를 쉽게 확인할 수 있습니다.
다양한 동작 모드	수동/자동/취침모드가 가능합니다. – 자동모드 선택 시: 오염 정도에 따라 풍량을 자동으로 조절하여 실내를 쾌적하게 합니다. – 취침모드 선택 시: 가장 낮은 풍량으로 동작하고 밝기를 어둡게 조절하여 수면을 방해하지 않습니다.
3단계 필터 구성	– 프리필터: 공기 중의 입자가 큰 먼지, 털, 꽃가루 등의 물질을 걸러줍니다. – 헤파필터: 공기 중에 떠다니는 미세한 크기의 먼지, 박테리아, 곰팡이, 담배 연기 등의 오염물질을 제거합니다. – 탈취필터: 새집 증후군 원인이 되는 포름알데히드 및 각종 생활 악취를 제거합니다.
IoT 기능	제품의 원격제어 및 지능형 자동제어 기능을 선택할 수 있으며, 스마트폰을 통해 온습도, CO2 농도 확인이 가능합니다.

▶ 기능 조작

취침	회전	전원	풍량	타이머	터보
취침모드 설정/해제	그릴 회전 기능 ON/OFF	제품의 전원 ON/OFF	풍량 단계 설정	작동 시간 예약	청정기가 최대 풍량으로 20분 동안 작동

▶ 필터 및 공기청정기 청소 방법

구분	청소 방법
필터	– 1개월마다 진공 청소기 또는 부드러운 솔로 청소해야 합니다. – 진공 청소기 사용 시 가장 낮은 단계의 흡입력으로 청소해야 합니다. – 알코올이나 40도 이상의 뜨거운 물을 사용하여 필터를 청소할 경우 손상과 변색의 원인이 됩니다.
공기청정기	– 물이나 중성세제를 첨가한 물을 적신 부드러운 헝겊으로 닦은 후에 마른 헝겊으로 물기를 닦아야 합니다. – 뒷면의 필터 커버를 열고 진공 청소기로 내부를 청소해야 합니다.

① TV, 라디오 등의 전자제품과 간격을 두고 설치하지 않을 경우 전자파 장애로 인한 오작동이 발생할 수 있다.
② 청정기를 최대 풍량으로 20분 동안 작동하게 하기 위해서는 터보 기능을 조작해야 한다.
③ 미세한 크기의 먼지나 곰팡이, 담배 연기 등의 오염물질은 헤파필터를 통해 제거될 수 있다.
④ 필터를 닦을 경우 알코올을 첨가한 물을 적신 헝겊으로 닦는 것이 바람직하다.
⑤ 냄새가 많이 나는 음식을 조리할 때 실내 악취 제거를 위해 제품을 가동하면 제품의 필터 수명이 짧아질 수 있다.

05 환경부의 홍보팀에서 근무하는 귀하는 언론에 전달할 보도자료를 작성하였다. 귀하가 작성한 보도자료의 내용이 다음과 같을 때, 빈칸에 들어갈 보도자료의 제목으로 가장 적절한 것은?

앞으로 사업장에 직접 출입하지 않고도 100m 이상의 높은 굴뚝에서 배출되는 오염물질을 원격으로 감시할 수 있게 되어 불법 배출 예방이 가능해졌다. 국립환경과학원은 굴뚝뿐만 아니라 생산 공정에서 비산 배출되는 초미세먼지 원인물질을 햇빛을 이용해 실시간으로 원거리에서 측정하는 태양추적적외선(SOF) 측정법을 최근 확립했다고 밝혔다. 기존에는 비산 배출되는 초미세먼지 원인물질의 양을 정확하게 산정하기 어려웠고, 오염원을 찾아 배출기준을 적용하는 데 한계가 있었다. 태양추적적외선 측정법은 태양과 측정 장비 사이에 커다란 가상의 기둥을 만들고, 사업장 전체를 마치 높은 성벽처럼 에워싸 비산 누출 지점을 찾아내고 배출량을 정량적으로 산출하는 방법으로, 미국 및 스웨덴 등에서 대형 석유화학산단 관리에 쓰이는 입증된 기술임과 동시에 유럽에서는 초미세먼지 원인물질 배출량 측정을 위한 최적가용기법(BAT)으로 사용하고 있다. 환경부는 지난 2019년 12월 추가경정예산으로 이번 태양추적적외선 장비를 도입했고, 국립환경과학원은 지난해 시험운영을 거쳐 이 장비의 측정법을 확립하였다. 이 측정법을 적용하면 대기환경 측면에서 비산 배출된 오염물질을 정량적으로 산출해 저감할 수 있고, 기업에서는 원료나 제품의 누출을 방지해 생산 비용을 절감할 수 있다는 점에서 효과적이다. 또한, 국립환경과학원은 여기에서 그치지 않고 앞으로 모바일 기반의 원격분광측정을 통해 초미세먼지와 오존의 생성물질인 휘발성유기화합물의 농도를 측정하고 배출량을 조사해 측정 기반 배출계수도 개발할 계획이라고 밝혔다.

※ 출처: 환경부(2021-04-06 보도자료)

① 굴뚝을 통해 배출된 초미세먼지와 오염물질 배출량 상승세 가팔라져
② 햇빛 이용한 사업장 초미세먼지·오염물질 배출 원격 감시 가능해져
③ 사업장에서 배출하는 초미세먼지·오염물질이 유발하는 환경오염 문제 심각해
④ 미국과 유럽 등지에서 사용하는 태양추적적외선 장비 도입 시급해
⑤ 모바일 기반의 원격분광측정을 도입해 휘발성유기화합물의 농도 측정 필요해

06 다음 글을 읽고 이해한 내용으로 가장 적절하지 않은 것은?

낙화(落火)놀이란 사월 초파일, 정월 대보름 따위에 행해지던 전통적인 불꽃놀이로, 선비들의 시회나 뱃놀이 때에도 행해진 놀이이다. 뽕나무나 소나무 혹은 상수리나무 껍질을 태워 만든 숯가루를 한지 주머니에 채우고 그것을 나뭇가지나 긴 장대, 또는 추녀 끝이나 강가 절벽 위에 줄을 매고 매달아 불을 붙이면 불씨주머니에 든 숯가루가 타면서 불꽃이 사방으로 흩어지는데, 이와 같은 모습이 불꽃이 떨어져 날아가는 것 같아 '낙화놀이'라고 불리게 되었다. 지역에 따라 다소 차이는 있으나 주로 경상북도 안동시 풍천면 하회동, 경상남도 함안 등지에서 전해져 내려온다. 본래 낙화놀이는 불교의 주요 행사 때 온갖 등을 달아 불을 밝히는 '관등형(觀燈形)'과 궁중의 연회 때 불을 밝히는 '관화형(觀火形)'으로 구분되었으며, 구분되는 형태에 따라 전승 양상 역시 차이가 있었다. 연행 시기 측면에서 관등형은 대보름이나 초파일에 이루어지던 세시풍속적 성격이 강했고, 관화형은 칠월 기망 즈음에 야외활동을 할 수 있는 시기라면 언제든 연행하는 풍류 활동적 성격이 강했다. 특히 관등형은 거리, 다리, 수변·수상 등 다양한 장소에서 이루어졌지만 관화형은 수변과 수상에서만 연행된다는 특징이 있는데, 이는 관등형이 지역의 여건에 따라 다양한 공간을 연행의 장소로 택한 것과 달리 관화형은 산수가 빼어나고 낙화를 한 눈에 관찰 가능한 공간을 연행의 장소로 선택했기 때문이었다. 그뿐만 아니라 관등형이 누구나 즐길 수 있는 놀이였던 반면 관화형은 전·현직 관리를 비롯한 사족이 놀이 준비를 지시함과 동시에 즐겼다는 점에서 향유 주체 역시 달랐다. 다만 두 형태가 언제 발전했는지에 대해서는 명확히 확인되지 않았으나 문헌상 관등형은 조선 후기인 19세기 이후부터, 관화형은 조선 전기인 15세기경부터 확인 가능해 관화형이 먼저 전승된 후 관등의 놀이적인 성격이 확장되며 낙화놀이가 관등의 한 행사로 수용되었을 것으로 추측할 뿐이다.

① 문헌에 적힌 시기는 낙화놀이 중 관화형이 관등형보다 더 오래되었다.

② 낙화놀이에 사용하는 숯가루는 뽕나무나 소나무 등의 껍질을 태워 만든다.

③ 관등형 낙화놀이는 신분에 관계없이 누구나 즐기는 놀이였다.

④ 관화형 낙화놀이는 다리나 거리 등 다양한 장소에서 행해졌다.

⑤ 관화형 낙화놀이는 야외놀이가 가능한 시기라면 언제든지 행해졌다.

07 다음 글의 제목으로 가장 적절한 것은?

수에즈 운하란 아시아와 아프리카 대륙의 경계에 있는 이집트 시나이반도 서쪽에 구축된 세계 최대의 운하이다. 사실 수에즈 지협(地峽)에 운하를 건설하여 이용하면 지중해 및 홍해의 교통이 발달할 것이란 판단은 고대부터 이루어졌다. 기원전 1800년경부터 이집트에서는 파라오에 의해 운하를 건설하기 위한 여러 노력이 있었는데, 수에즈 운하의 원조는 네코 운하로 여겨진다. 이때의 '네코'는 이집트의 제28대 파라오인 네코 파라오의 이름을 딴 것으로, 당시 네코 파라오는 이집트를 강성하게 만들고자 지중해와 홍해를 연결하는 운하를 계획했으나 신탁의 반대로 인해 무산되었다. 이후 기원전 500년경 페르시아의 다리우스 1세가 홍해를 거쳐 나일강 인근의 부바티스까지 운하 연결에 성공하며 농산물을 옮기는 이집트의 주요 교통로로 활용되기도 하였지만, 이슬람교 내분으로 폐쇄되었다. 1798년에는 나폴레옹이 운하와 관련된 유적을 발견하면서 무역의 길로 활용하고자 개발했으나 금세 중단되었다. 우여곡절을 겪은 수에즈 운하는 1859년 프랑스가 카이로 주재 프랑스 외교관이던 레셉스에게 수에즈 운하 건설 임무를 맡긴 결과 1869년에 완성될 수 있었으며, 1888년 콘스탄티노플 조약에 의해 국제화되었다. 수에즈운하의 건설은 인도에서 영국으로 가는 뱃길을 약 6,400km 단축했음은 물론 아프리카 대륙 우회 없이 아시아와 유럽이 바로 연결된다는 점에서 의의가 있다.

① 수에즈 운하 건설로 인해 유발된 이집트 내전
② 수에즈 운하를 완성한 고대인의 기지
③ 수에즈 운하를 건설하기 위한 노력 및 건설의 의의
④ 수에즈 운하의 주인을 둘러싼 프랑스와 이집트 간 갈등
⑤ 수에즈 운하 건설에 영향을 미친 네코 파라오의 업적

08 다음 중 맞춤법에 맞는 것은?

① 다른 사람은 제쳐두고 나에게 만이라도 잘하도록 해라.
② 옷 한벌을 사기 위해 백화점에 방문하였다.
③ 그의 퇴사 소식을 듣고 놀라기 보다는 당연하다고 생각하였다.
④ 학교를 졸업한지도 어느새 3년이 지났다.
⑤ 억지로 다 먹지 말고 먹을 수 있는 만큼만 먹어라.

09 김 사원은 업무보고서를 작성하던 중 한글 맞춤법에 궁금증이 생겨 인터넷을 검색하였다. 다음 김 사원이 검색한 한글 맞춤법을 참고하였을 때, 한글 맞춤법 예시로 가장 적절하지 않은 것은?

> 제39항 어미 '-지' 뒤에 '않 -'이 어울려 '-잖-'이 될 적과 '-하지' 뒤에 '않-'이 어울려 '-찮-'이 될 적에는 준 대로 적는다.
> 제40항 어간의 끝음절 '하'의 'ㅏ'가 줄고 'ㅎ'이 다음 음절의 첫소리와 어울려 거센소리로 될 적에는 거센소리로 적는다.

① 업무가 밀린 김 대리는 달갑잖은 표정으로 서류 문서를 받았다.
② 친하게 지내던 친구가 전학을 간다고 하니 내 마음이 섭섭지 않을 수가 없었다.
③ 최근 다른 부서로 이동하게 된 김 대리는 일이 익숙지 않아 스트레스가 많다고 하였다.
④ 죄를 저지르고도 뻔뻔스러운 저 사람은 하늘이 무심지 않고 천벌을 내릴 것이다.
⑤ 연구 부서는 약 세 달 동안 실험에 몰두하였으나 변변찮은 결과만을 내놓았다.

10 다음 사례를 읽고 빈칸에 들어갈 사자성어로 가장 적절한 것은?

> ○○사는 최근 재고소진 시점을 미처 파악하지 않고 발주 업무를 진행한 박 사원의 판단으로 인해 수요량만큼 제품을 출고할 수 없는 상태가 벌어졌다. 결국 제품을 주문한 고객에게 배송이 늦어진다는 안내를 할 수밖에 없었고, 이 과정에서 주문을 취소하거나 항의하는 고객들이 발생하였다. 박 사원의 상사 윤 팀장은 이에 대한 책임을 물었고, 박 사원은 입이 열 개라도 할 말이 없다며 경위서를 작성하게 되었다.
>
> [경위서]
>
> 소속: 교재마케팅 부서　성명/직책: 박△△/사원
>
> 본인은 재고를 정확하게 파악하지 못하여 배송에 큰 차질을 빚게 하였습니다. 이에 대해 (　　　)으로, 변명의 여지가 없습니다. 앞으로 분기마다 재고 상황을 파악하여 재고소진 시점을 예측하고, 재고가 소진되기 전에 발주를 진행하여 물류관리에 힘을 쓰겠습니다.
>
> (하략)

① 一口二言　② 狐假虎威　③ 有口無言
④ 一觸卽發　⑤ 人生無常

11 다음 글의 빈칸에 들어갈 사자성어로 가장 적절한 것은?

○○공사의 김 대리는 평소에 일을 열심히 하지 않는 사람으로 유명하다. 주어진 업무도 다른 사람에게 미루기 일쑤이고, 추가 업무가 주어지면 자신이 맡지 않기 위해 변명과 핑계를 늘어놓는 사람이다. 올해 역시 상사로부터 좋지 못한 평가를 받았지만, 김 대리는 자신은 승진 대상자 중 근속 연수가 가장 높으므로 전례에 따라 당연히 승진할 것이라며 자신의 업무 행동을 개선하지 않고 있다. 이를 전해 들은 박 부장은 참 (　　)한 사람이라며 혀를 차더니 김 대리를 불러 이번 승진 대상자에서 제외되었음을 전달해주었다.

① 反哺之孝　② 守株待兎　③ 淸廉潔白
④ 公明正大　⑤ 寸鐵殺人

12 다음 글의 빈칸 ㉠~㉢에 들어갈 말을 순서대로 바르게 나열한 것은?

직장에서 문서를 작성할 때는 통계자료나 각종 수치 등 문장으로 표현하기 어려운 부분을 시각화하는 것이 중요하다. 문서의 내용을 시각화하기 위해서는 다음의 세 가지를 유의해야 한다. 먼저 (㉠)을/를 시각화한 문서는 문서에서 제시하는 개념이나 논리가 명확해질 수 있도록 한다. 또한, 수치나 통계자료 등은 (㉡)을/를 활용하는 것이 좋으며, 강조하여 표현하고 싶은 부분은 (㉢)을/를 활용하여 시각화할 수 있다.

① 개념도 – 그래프 – 조형
② 개념도 – 조형 – 그래프
③ 그래프 – 개념도 – 조형
④ 그래프 – 조형 – 개념도
⑤ 조형 – 개념도 – 그래프

13 고객상담 부서에서 근무하는 귀하는 최근 자사에서 새로 출시한 IPTV 서비스의 가입 상담 문의가 잇따르자 업무 과중으로 인한 스트레스가 심해 상사에게 조언을 구하였다. 다음 중 귀하의 말에 대한 상사의 반응을 공감적 이해의 세 가지 수준에 따라 바르게 분류한 것은?

> 귀하: "최근 자사에서 새로 출시한 IPTV 서비스의 가입 상담 문의가 쇄도하고 있어요. 현재 인력으로 상담 문의를 받으려니 업무 과중이 심해 피로도가 쌓이는 것 같습니다."

> (가) "하긴 지금 출시 직후라서 가입 상담 문의가 한창 많을 때겠네요. 잦은 상담 문의로 업무 스트레스가 심했을 것 같아요."
> (나) "우리 회사에서 출시한 서비스에 가입하려는 고객이 많은 것은 감사할 일이죠. 그만큼 우리 회사에 관심이 많다는 의미니까 감사한 마음으로 정성껏 상담해 주세요."
> (다) "쏟아지는 가입 상담 문의를 받기에는 현재 인력만으로 부족하다는 말씀이시죠? 자주 상담하는 내용을 정리하여 홈페이지에 게시하면 문의가 차츰 줄어들 테니 조금만 힘내 주세요."

	(가)	(나)	(다)
①	인습적 수준	기본적 수준	심층적 수준
②	인습적 수준	심층적 수준	기본적 수준
③	기본적 수준	인습적 수준	심층적 수준
④	기본적 수준	심층적 수준	인습적 수준
⑤	심층적 수준	인습적 수준	기본적 수준

14 다음 글을 읽고 J 씨가 겪고 있는 경청의 방해요인을 모두 고르면?

직장에서 아이디어 회의를 하던 J 씨는 별안간 자신에게 의견을 묻는 상사의 질문에 얼버무릴 수밖에 없었다. P 대리가 발표한 아이디어에 관해 자신의 경험을 빗대어 첨언하면 좋을 것 같아 P 대리의 발표가 끝날 때까지 계속 자신이 할 말을 생각했던 것이다. 다행히 얼버무린 대답으로 상황을 모면할 수 있었지만, J 씨의 이러한 태도를 눈치챈 사람이 있었다. J 씨와 평소 친하게 지내던 L 사원이 회의가 끝난 후 점심을 함께 먹으면서 아까 회의에서 딴생각하느라 상사의 질문을 놓치지 않았냐고 물은 것이다. 그런데 J 씨는 L 사원이 질문을 하면서 다소 조롱 섞인 표정을 지었다고 생각하여 자신을 무시한다고 느꼈고, 결국 기분이 상한 J 씨는 그날 이후부터 L 사원을 피했다. 그리고 L 사원이 오해라고 해명한 뒤에야 J 씨의 기분이 풀릴 수 있었다.

㉠ 상대방의 말을 듣고 받아들이기보다 자신의 생각에 들어맞는 단서를 찾아 짐작하고 넘겨짚고 있다.
㉡ 다른 사람이 고민이나 문제 상황을 털어놓을 때 공감하기보다는 무작정 조언하려고 하고 있다.
㉢ 자신이 해야 할 말을 생각하느라 상대방이 말하고 있는 내용을 놓치고 있다.
㉣ 평소 부정적으로 생각하는 상대의 말을 비판하기 위해 상대방의 말을 듣지 않고 있다.
㉤ 자신이 생각하기에 지나치게 사적이거나 곤란한 대화는 유머를 통해 슬쩍 넘어가려고 하고 있다.

① ㉠, ㉢ ② ㉡, ㉤ ③ ㉠, ㉡, ㉣
④ ㉡, ㉢, ㉤ ⑤ ㉢, ㉣, ㉤

15 다음 중 A가 작성할 문서로 가장 적절한 것은?

전자제품을 만드는 회사에 다니는 A는 지난해 회사에서 출시한 스마트폰의 판매 실적이 좋지 않아 상사로부터 질책을 받은 바 있다. 반면에 경쟁사인 甲 회사의 스마트폰 판매 실적은 매우 뛰어나 그 이유를 분석해보았더니, 해당 회사에서 새로 출시한 폴더블 스마트폰에 대한 반응이 폭발적이었음을 확인할 수 있었다. A의 회사는 중저가 스마트폰을 주력 제품으로 삼아 생산하고 있지만, A는 회사의 성장을 위해 甲 회사와 동일한 형태의 스마트폰을 생산할 필요가 있다고 판단하였다.

① 공문서 ② 기획서 ③ 보도자료 ④ 설명서 ⑤ 지출결의서

16 다음 두 가지 상황을 읽고 갑과 을에게 적합한 의사표현법에 대한 설명으로 가장 적절한 것은?

> • 입사 1년 차인 갑은 현재 신입사원과 함께 업무를 진행하고 있다. 갑은 입사한 지 얼마 안 됐으니 실수할 수 있다고 생각하며 신입사원이 실수할 때마다 눈감아 주었다. 그러나 신입사원이 3개월째 같은 실수를 반복하는 것을 본 갑은 더 이상 참지 말고 신입사원의 잘못을 지적하기로 하였다.
> • 영상 제작 프리랜서로 활동하고 있는 을은 최근 ○○사와 계약을 맺게 되어 밤낮없이 일하고 있다. 평소 을은 업무량이 많은 탓에 ○○사와 계약한 6개월 동안은 다른 업체나 개인과의 계약을 줄이기로 하였고, 작년에 협업했던 영상 업체로부터 계약 의뢰가 들어왔으나 이마저도 정중히 거절하기로 하였다.

① 갑은 신입사원이 심각성을 깨우칠 수 있도록 3개월 동안 실수했던 기록들을 모두 정리하여 지적해야 한다.

② 갑은 신입사원이 상처받지 않도록 잘못을 그대로 지적하기보다는 완곡하고 부드러운 표현으로 지적해야 한다.

③ 갑은 신입사원 스스로 어떤 잘못을 했는지 성찰할 수 있도록 질문을 통해 간접적으로 지적해야 한다.

④ 을은 작년에 협업했던 영상 업체에 양보를 통해 이익을 공유하겠다는 의지를 보여주며 거절해야 한다.

⑤ 을은 사과와 함께 계약할 수 없는 이유를 설명하며 부정적인 감정이 들지 않는 선에서 단호하게 거절해야 한다.

17 다음 중 설득력 있는 의사표현을 적절하게 활용하지 못한 사람은?

> A: 최근 거래처와의 미팅에서 상대방이 저의 제안에 망설이는 모습을 보고 상대방의 상사가 선호하는 디자인을 제시하며 이 디자인을 보면 상사가 제안을 긍정적으로 받아들일 것이라는 단서를 주며 설득했습니다.
> B: 저는 회의에서 소극적으로 참여하거나 침묵하고 있는 직원의 참여도를 높이기 위해 일부러 그 사람 주변을 호명하여 의견을 묻곤 합니다.
> C: 저에게 무리한 요구를 하는 동료 직원에게는 친근감이 있는 호칭을 사용하며 에둘러 거절 의사를 밝힙니다.
> D: 저는 보통 광고 기획안을 발표할 때 광고 분야에서 저명한 학자나 권위 있는 사람의 말을 인용하여 관계자들을 설득합니다.
> E: 저는 상사에게 잘못을 지적하기 어려울 때는 혼잣말을 자주 하는데, 저번에는 사무용품 신청 담당자인 대리님이 사무용품 신청 기간에도 사무용품을 신청하지 않길래 제가 혼잣말로 볼펜 잉크 심이 다 떨어졌다고 중얼거렸더니 대리님이 그제야 사무용품을 신청한 적이 있었습니다.

① A ② B ③ C ④ D ⑤ E

18 K 백화점 영업팀은 사내 홈페이지에 공유된 자료를 읽고 업무에 적용할 사항을 함께 논의하기로 하였다. 문서이해 절차에 따라 다음 글을 이해하였을 때, 문서이해 절차 3단계에 해당하는 반응으로 가장 적절한 것은?

> **[쇼루밍 현상]**
>
> 쇼루밍이란 소비자가 오프라인 매장에서 제품을 살펴본 뒤 구매는 온라인에서 하는 소비 행태를 말한다. 최근 쇼루밍 현상이 증가한 원인으로는 스마트폰 등 모바일 기기 사용에 따른 온라인 쇼핑의 편리성 증대와 오프라인보다 저렴한 가격에 구매할 수 있는 온라인 쇼핑의 가격 경쟁력을 꼽을 수 있다. 소비자들은 모바일 기기를 통해 오프라인 매장을 방문하기 전 쇼핑에 필요한 제품 정보나 관련 후기들을 살펴보고, 구매하려는 제품의 실물을 오프라인 매장에서 확인한 후, 그 자리에서 바로 온라인으로 오프라인보다 저렴한 가격에 제품을 구매할 수 있게 되었다. 쇼루밍은 이러한 구매 패턴으로 인해 오프라인 매장이 더 이상 '구매의 장'이 아닌 '전시장'과 같은 역할만 하게 되었다는 뜻에서 등장하게 된 개념이다. 여러 유통업체에서는 새롭게 등장한 소비 행태에 대응하기 위해 자사의 온라인 몰을 적극 활용하여 온라인으로 주문을 한 뒤 결제는 매장에서 할 수 있게 하거나, 온라인으로 매장의 상품을 검색할 수 있는 시스템을 구축하는 등 스스로 '전시장'의 역할을 자처하면서 쇼루밍 고객을 잡기 위한 노력을 기울이고 있다.

① A: 공유된 자료는 최근 증가하고 있는 쇼루밍 현상의 의미와 등장배경 등을 설명하기 위해 작성되었군요.

② B: 우리 백화점도 쇼루밍 고객을 사로잡을 수 있도록 오프라인 매장과 온라인 쇼핑몰을 구분하여 대응방안을 마련하는 것이 좋겠어요.

③ C: 우리 백화점의 방문 고객 수가 이전과 비슷한데 오프라인 매출은 감소하고 온라인 매출만 증가한 것과 쇼루밍 현상이 관련 있는 것은 아닌지 파악하고 대비하자는 취지로 자료가 공유된 것 같아요.

④ D: 사람들이 오프라인 매장에서 제품을 확인한 뒤 온라인으로 해당 제품을 구매하는 경향이 생김에 따라 오프라인 매장이 전시장과 같은 역할만 하게 되었다는 뜻에서 쇼루밍이라는 개념이 나타났군요.

⑤ E: 쇼루밍 현상이 증가하고 있다는 것을 알았으니, 다른 백화점에서는 어떤 방식으로 쇼루밍 현상에 대처하는지 살펴보는 것이 좋겠어요.

19 ○○공사 홍보팀에서 사보 발행을 담당하고 있는 귀하는 이번 달 사보에 최근 이슈가 되고 있는 '레임덕'에 대한 내용을 실으려고 한다. 귀하가 작성한 글의 초안이 다음과 같을 때, ㉠~㉤ 중 수정이 필요한 사항으로 가장 적절하지 않은 것은?

> 레임덕(Lame duck)이란 절름발이 오리라는 뜻으로, 임기 종료를 앞둔 대통령 등의 지도자 또는 그 시기에 있는 지도력의 공백 상태를 ㉠ 가르키는 말이다. 당시에는 주가가 상승하는 장세를 황소, 하락하는 장세를 곰에 비유하였는데, 이와 비슷한 맥락에서 빚을 갚지 ㉡ 못해 채무 불이행 상태가 된 증권거래인을 절름발이 오리로 지칭하게 된다. ㉢ 그리고 원래의 뜻과는 다르게 미국 남북전쟁 때 재선에 성공하지 못한 현직 대통령이 자신의 남은 임기 동안 마치 뒤뚱거리는 오리처럼 일관성 없는 정책을 남발한다는 의미로 쓰이게 되었고, 이 뜻이 오늘날까지 이어지게 되었다. ㉣ 본래 레임덕은 18세기 런던의 증권시장에서 사용한 용어였다. 우리나라에서는 이를 일컬어 권력 누수 현상이라 부르기도 하며, 레임덕이 나타날 경우 주요 정책에 대한 결정이 ㉤ 늦어질 뿐더러 업무에 공조하는 이들의 능률이 낮아지도록 해 국정 공백과 같은 문제가 유발될 수 있다.

① 틀린 표현이 사용된 ㉠을 '가리키는'으로 고쳐 쓴다.
② 부사인 '못'은 뒤의 단어와 띄어 써야 하므로 ㉡은 '못 해'로 띄어쓴다.
③ 앞의 문장과 뒤의 문장이 자연스럽게 이어지도록 ㉢을 '하지만'으로 수정한다.
④ 전체전인 흐름을 고려하여 ㉣을 첫 번째 문장의 바로 뒤로 옮긴다.
⑤ 연결 어미는 앞말에 붙여 써야 하므로 ㉤을 '늦어질뿐더러'로 붙여 쓴다.

20 다음 대화를 읽고 빈칸에 들어갈 단어로 가장 적절한 것은?

> A: Did you send the scanned documents to the Great Company?
> B: No, not yet.
> A: Oh, (　　　) to visit the post office before 5p.m. today.

① Memory　② Think　③ Forget
④ Remember　⑤ Commemorate

약점 보완 해설집 p.2

제2장 수리능력

수리능력 개념정리

01 기초연산능력

02 기초통계능력

03 도표분석능력

04 도표작성능력

기출공략문제

출제예상문제

미리 보는 수리능력,

기출 개념 마인드맵

수리능력은 사칙연산, 통계, 확률 등의 의미를 정확하게 이해하고 이를 업무에 적용하는 능력으로, 직업인으로서 필요한 기초연산능력, 기초통계능력, 도표분석능력, 도표작성능력 등으로 구분됩니다. 다음은 수리능력에서 주로 출제되었던 기출 키워드를 정리한 마인드맵입니다. 학습 전에는 수리능력의 큰 흐름을 먼저 파악하는 용도로, 학습 후에는 수리능력의 기출 포인트를 짚어보며 내용을 정리해 보는 용도로 활용해 보시기 바랍니다.

수리능력 개념정리

기출 키워드

• 기초연산능력 • 기초통계능력 • 도표분석능력 • 도표작성능력

1 수리능력의 의미

업무 상황에서 요구되는 사칙연산과 기초적인 통계 방법을 이해하고, 도표 또는 자료를 정리·요약하여 의미를 파악하거나 도표를 이용하여 합리적인 의사결정을 위한 객관적 판단 근거로 제시할 수 있는 능력을 말한다.

2 수리능력의 하위능력

1. 기초연산능력

① 기초연산능력이란?

업무 상황에서 발생할 수 있는 문제를 효과적으로 처리하기 위해 필요한 기초적인 사칙연산과 계산 방법을 이해하고 활용하는 능력을 말한다.

② 기초연산능력이 요구되는 상황

- 업무상 계산을 수행하고 결과를 정리하는 경우
- 조직의 예산안을 작성하는 경우
- 업무비용을 측정하는 경우
- 업무수행 경비를 제시하는 경우
- 고객과 소비자의 정보를 조사하고 결과를 종합하는 경우
- 다른 상품과 가격 비교를 하는 경우

2. 기초통계능력

① 기초통계능력이란?

업무 상황에서 필요한 평균, 합계, 빈도와 같은 기초적인 통계 기법을 활용하여 자료의 특성과 경향성을 파악하는 능력을 말한다.

② 통계란?

- 어떤 현상의 상태를 양으로 반영하는 숫자이며, 사회집단 또는 자연집단의 상황을 숫자로 나타낸 것이다.
- 자연적인 현상이나 추상적인 수치의 집단도 포함해서 일체의 집단적 현상을 숫자로 나타낸 것이다.
  예 한국 쌀 생산량의 추이, 추출/검사한 제품 중의 불량품의 개수 등
  (추이: 일이나 형편이 시간의 경과에 따라 변하여 나감. 또는 그런 경향)

③ 통계의 기능

- 많은 수량적 자료를 처리 가능하고 쉽게 이해할 수 있는 형태로 축소시킨다.
- 표본을 통해 연구 대상 집단의 특성을 유추한다.
- 의사결정의 보조 수단이 된다.
- 관찰 가능한 자료를 통해 논리적으로 어떠한 결론을 추출·검증한다.

④ 기초통계능력이 요구되는 상황
- 고객과 소비자의 정보를 조사하여 자료의 경향성을 제시하는 경우
- 연간 상품 판매실적을 제시하는 경우
- 업무비용을 다른 조직과 비교하는 경우
- 업무결과를 제시하는 경우
- 상품 판매를 위한 지역조사를 실시하는 경우

3. 도표분석능력

① 도표분석능력이란?
업무 상황에서 도표의 의미를 파악하고, 필요한 정보를 해석해 자료의 특성을 규명하는 능력을 말한다.

② 도표란?
- 내용을 시각적으로 표현하여 자신의 주장과 의견을 다른 사람이 한눈에 알아볼 수 있게 한 것이다.
- 도표는 한눈에 내용을 파악할 수 있기 때문에 설득력이 있다.

③ 도표분석능력이 요구되는 상황
- 업무 수행 과정에서 도표로 주어진 자료를 해석하는 경우
- 도표로 제시된 업무비용을 측정하는 경우
- 조직의 생산가동률 변화표를 분석하는 경우
- 계절에 따른 고객의 요구도가 그래프로 제시된 경우
- 경쟁업체의 시장점유율이 그림으로 제시된 경우

4. 도표작성능력

① 도표작성능력이란?
업무 상황에서 도표를 이용하여 결과를 효과적으로 제시하는 능력을 말한다.

② 도표작성의 목적
보고·설명하기 위해, 상황 분석을 위해, 관리 목적을 위해 작성한다.

③ 도표작성능력이 요구되는 상황
- 도표를 사용하여 업무결과를 제시하는 경우
- 업무의 목적에 맞게 계산 결과를 묘사하는 경우
- 업무 중 계산을 수행하고 결과를 정리하는 경우
- 업무에 소요되는 비용을 시각화해야 하는 경우
- 고객과 소비자의 정보를 조사하고 결과를 설명하는 경우

3 수리능력의 중요성

1. 수학적 사고를 통한 문제해결

수학의 원리를 활용하면 어려운 문제들에 대한 지구력과 내성이 생겨 업무의 문제해결이 더욱 쉬워질 수 있다.

2. 직업세계 변화에 적응

수리능력은 논리적이고 단계적인 학습을 통해 향상되므로 기초를 미리 다져 직업세계의 변화에 적응해야 한다.

3. 실용적 가치의 구현

일상생활 혹은 업무수행에 필요한 수학적 지식이나 기능을 습득할 수 있으며, 수량적인 사고를 할 수 있는 아이디어나 개념을 도출해낼 수 있다.

개념확인문제

01 **다음 빈칸 안에 공통으로 들어갈 용어를 쓰시오.**

(　　　　　)(이)란 어떤 현상의 상태를 양으로 반영하는 숫자이며, 특히 사회집단의 상황을 숫자로 표현한 것이다. 근래에는 자연적인 현상이나 추상적인 수치의 집단도 포함해서 일체의 집단적 현상을 숫자로 나타낸 것을 (　　　　　)(이)라고 한다.

02 **다음 수리능력의 하위능력과 그 능력이 필요한 경우를 바르게 연결하시오.**

① 기초연산능력 •　　　• ㉠ 연간 상품 판매실적을 제시하는 경우
② 기초통계능력 •　　　• ㉡ 경쟁업체의 시장점유율이 그림으로 제시된 경우
③ 도표분석능력 •　　　• ㉢ 업무에 소요되는 비용을 시각화해야 하는 경우
④ 도표작성능력 •　　　• ㉣ 조직의 예산안을 작성하는 경우

03 **수리능력이 중요한 이유 3가지가 다음과 같을 때, 빈칸에 들어갈 적절한 내용을 쓰시오.**

• 실용적 가치를 구현
• 직업세계 변화에 적응
• (　　　　　　　　　　　　　　　　　)

04 **다음 중 통계의 기능이 아닌 것을 고르시오.**

① 많은 수량적 자료를 처리 가능하고 쉽게 이해할 수 있는 형태로 축소시킨다.
② 고객과 소비자의 정보를 조사하고 결과를 설명한다.
③ 표본을 통해 연구 대상 집단의 특성을 유추한다.
④ 의사결정의 보조 수단이 된다.
⑤ 관찰 가능한 자료를 통해 논리적으로 어떠한 결론을 추출·검증한다.

정답 및 해설

01 통계
02 ① – ㉣, ② – ㉠, ③ – ㉡, ④ – ㉢
03 수학적 사고를 통한 문제해결
04 ② | 고객과 소비자의 정보를 조사하고 결과를 설명하는 상황은 도표작성능력이 필요한 경우에 해당한다.

01 기초연산능력

기출 키워드

- 사칙연산
- 단위환산
- 거리 · 속력 · 시간
- 소금물
- 등차수열
- 등비수열

1 사칙연산

1. 사칙연산이란?

수에 관한 덧셈(+), 뺄셈(−), 곱셈(×), 나눗셈(÷) 네 종류의 계산법으로, 사칙계산이라고도 한다.

2. 효과적인 연산 수행 방법

① 괄호가 있는 식에서는 괄호 안의 연산을 가장 먼저 한다.
② 네 종류의 연산이 포함된 식의 연산에서 곱하기와 나누기는 덧셈과 뺄셈보다 먼저 한다.
③ 곱하기와 나누기만 포함된 식의 연산은 앞에서부터 계산한다.
④ 덧셈과 뺄셈만 포함된 식의 연산은 앞에서부터 계산한다.

3. 연산 법칙

뺄셈과 나눗셈에서는 교환법칙, 결합법칙, 분배법칙이 성립하지 않음

① 덧셈과 곱셈

구분	덧셈	곱셈
교환법칙	a + b = b + a	a × b = b × a
결합법칙	a + (b + c) = (a + b) + c	a × (b × c) = (a × b) × c
분배법칙	(a + b) × c = (a × c) + (b × c)	

② 뺄셈과 나눗셈

임의의 실수를 a, b라 할 때,

- 뺄셈: $b + x = a$를 만족하는 x를 구하는 것을 뺄셈이라 하고, 이것을 a − b로 쓰며 a와 b의 차라고 한다.
- 나눗셈: $b \times x = a(b \neq 0)$를 만족하는 x를 구하는 것을 나눗셈이라 하고, 이것을 a ÷ b 또는 $\frac{a}{b}$로 쓰고 a와 b의 몫이라 한다.

2 효과적인 검산법

1. 역연산법

연산의 결과를 확인하는 과정

① 본래의 풀이와 반대로 연산을 해가면서 본래의 답이 맞는지를 확인하는 방법이다.
② 덧셈은 뺄셈으로, 뺄셈은 덧셈으로, 곱셈은 나눗셈으로, 나눗셈은 곱셈으로 확인하는 방법이다.
③ 번거롭고 시간이 오래 걸릴 수 있지만 가장 확실한 검산법이다.

2. 구거법(九去法)

① 원래의 수를 9로 나눈 나머지와 각 자릿수의 합을 9로 나눈 나머지가 같다는 원리를 이용한 방법이다.

② 좌변에 제시된 각 수를 9로 나눈 나머지와 우변에 제시된 수를 9로 나눈 나머지가 같은지 확인한다.

③ 구거법을 이용한 검산 방법의 예

1,234 + 567 = 1,801

- 좌변에 제시된 1,234의 각 자릿수의 합은 1 + 2 + 3 + 4 = 10으로 10을 9로 나눈 나머지는 1이고, 567의 각 자릿수의 합은 5 + 6 + 7 = 18로 18을 9로 나눈 나머지는 0이다.
- 우변에 제시된 1,801의 각 자릿수의 합은 1 + 8 + 0 + 1 = 10으로 10을 9로 나눈 나머지는 1이다.
- 따라서 양변의 숫자들을 각각 9로 나눈 나머지를 계산하면 1 + 0 = 1로 좌변의 값과 우변의 값이 같으므로 이 계산은 바르다고 판단할 수 있다.

3 단위환산

1. 단위의 종류

① 길이: 물체의 한끝에서 다른 한끝까지의 거리
예 mm, cm, m, km 등

② 넓이: 평면의 크기를 나타내는 것으로, 면적이라고도 함
예 mm^2, cm^2, m^2, km^2 등

③ 부피: 입체가 점유하는 공간 부분의 크기
예 mm^3, cm^3, m^3, km^3 등

④ 들이: 통이나 그릇 따위의 안에 넣을 수 있는 물건 부피의 최댓값으로, 용적이라고도 함
예 mℓ, dℓ, ℓ, kℓ 등

2. 단위환산표

단위	단위환산	단위	단위환산
길이	• 1cm = 10mm • 1m = 100cm = 1,000mm • 1km = 1,000m = 100,000cm = 1,000,000mm	들이	• 1mℓ = $1cm^3$ • 1dℓ = $100cm^3$ = 100mℓ • 1ℓ = $1,000cm^3$ = 10dℓ
넓이	• $1cm^2$ = $100mm^2$ • $1m^2$ = $10,000cm^2$ = $1,000,000mm^2$ • $1km^2$ = $1,000,000m^2$	무게	• 1kg = 1,000g • 1t = 1,000kg = 1,000,000g
부피	• $1cm^3$ = $1,000mm^3$ • $1m^3$ = $1,000,000cm^3$ = $1,000,000,000mm^3$ • $1km^3$ = $1,000,000,000m^3$	시간	• 1분 = 60초 • 1시간 = 60분 = 3,600초

4 기초연산의 응용

1. 약수와 배수

① 약수와 배수: 자연수 A가 B로 나누어떨어질 때, B는 A의 약수, A는 B의 배수라고 한다.
예 12 = 2 × 6 → 2와 6은 12의 약수이고, 12는 2와 6의 배수

$$\underset{\text{배수}}{\underline{A}} = \underset{\text{약수}}{\underline{B}} \times \underset{\text{약수}}{\underline{Q}}$$

② 소인수분해: 자연수 N을 소인수들의 곱으로 나타내는 것이다.
예 $12 = 2 \times 2 \times 3 = 2^2 \times 3$

$N = a^x \times b^y \times c^z$ (단, a, b, c는 서로 다른 소인수)

③ 최대공약수와 최소공배수
- 최대공약수: 각 자연수를 소인수분해한 후, 공통 인수만을 곱하여 구한다.
- 최소공배수: 각 자연수를 소인수분해한 후, 적어도 어느 한 자연수에 포함된 인수를 모두 곱하여 구한다.

예 $12 = 2^2 \times 3$, $15 = 3 \times 5$ → 12와 15의 최대공약수는 3이고, 12와 15의 최소공배수는 $2^2 \times 3 \times 5 = 60$ 또는 $\frac{12 \times 15}{3} = 60$

2. 방정식

① 방정식: 미지수를 포함하는 등식으로, 미지수의 값에 따라 방정식이 참 또는 거짓이 될 수 있으며, 방정식이 참이 되게 하는 미지수 값을 '근' 또는 '해'라고 한다.

② 방정식의 활용

구분	공식
작업량	• 시간당 작업량 = $\frac{\text{작업량}}{\text{시간}}$ • 작업량 = 시간당 작업량 × 시간 • 시간 = $\frac{\text{작업량}}{\text{시간당 작업량}}$
거리 · 속력 · 시간	• 거리 = 속력 × 시간 • 속력 = $\frac{\text{거리}}{\text{시간}}$ • 시간 = $\frac{\text{거리}}{\text{속력}}$ • 평균 속력 = $\frac{\text{총 이동거리}}{\text{총 이동시간}}$
소금물 농도	• 소금물의 농도(%) = $\frac{\text{소금의 양}}{\text{소금물의 양}} \times 100$ • 소금의 양 = 소금물의 양 × $\frac{\text{소금물의 농도}}{100}$ • 소금물의 양 = 물의 양 + 소금의 양
정가 · 이익 · 할인율 · 할인가	• 정가 = 원가 × $(1 + \frac{\text{이익률}}{100})$ • 이익 = 정가 − 원가(정가 > 원가) • 할인율(%) = $(\frac{\text{정가} - \text{할인가}}{\text{정가}}) \times 100$ • 할인가 = 정가 × $(1 - \frac{\text{할인율}}{100})$

연속한 수	• 연속한 두 정수: x, $x+1$ • 연속한 세 정수: $x-1$, x, $x+1$ • 연속한 두 홀수: $2x-1$, $2x+1$ • 연속한 세 홀수(짝수): $x-2$, x, $x+2$
간격	• a 길이의 일직선상 도로에 b 간격으로 심을 수 있는 최대 나무의 수: (a ÷ b)+1
나이	• 현재 나이가 a일 때, x년 후의 나이: a + x • 현재 A와 B의 나이가 각각 a, b이고, A의 나이가 B의 2배일 때 관계식: a = 2b • 현재 A와 B의 나이가 각각 a, b이고, A의 나이가 B보다 2살 많을 때 관계식: a = b + 2

3. 부등식

① 부등식이란 부등호를 사용하여 두 수 또는 두 식의 대소관계를 나타낸 식을 말한다.

② 부등식은 다음과 같은 성질을 지닌다.
- $a < b$일 때: $a + c < b + c$, $a - c < b - c$
- $a < b$, $c > 0$일 때: $ac < bc$, $\frac{a}{c} < \frac{b}{c}$
- $a < b$, $c < 0$일 때: $ac > bc$, $\frac{a}{c} > \frac{b}{c}$

③ 부등식 덧셈과 뺄셈은 다음과 같이 한다.
$a < x < b$, $c < y < d$일 때,
- 덧셈: $a + c < x + y < b + d$
- 뺄셈: $a - d < x - y < b - c$

4. 기본수열

① 등차수열: 앞항에 차례로 일정한 수를 더하면 다음 항이 얻어지는 수열

예

1	→	3	→	5	→	7	→	9	→	11	→	13
	+2		+2		+2		+2		+2		+2	

② 등비수열: 앞항에 차례로 일정한 수를 곱하면 다음 항이 얻어지는 수열

예

1	→	2	→	4	→	8	→	16	→	32	→	64
	×2		×2		×2		×2		×2		×2	

③ **계차수열**: 앞항과 다음 항의 차가 순서대로 어떠한 규칙을 이루는 수열
- 등차 계차수열: 앞항과 다음 항의 차가 순서대로 등차를 이루는 수열

예

1	→	3	→	7	→	13	→	21	→	31	→	43
	+2		+4		+6		+8		+10		+12	
		+2		+2		+2		+2		+2		

- 등비 계차수열: 앞항과 다음 항의 차가 순서대로 등비를 이루는 수열

예

1	→	3	→	7	→	15	→	31	→	63	→	127
	+2		+4		+8		+16		+32		+64	
		×2		×2		×2		×2		×2		

④ **피보나치수열**: 앞의 두 항을 합하면 다음 항이 얻어지는 수열

예

0	→	1	→	1	→	2	→	3	→	5	→	8
				= 0 + 1		= 1 + 1		= 1 + 2		= 2 + 3		= 3 + 5

5. 합집합의 원소의 개수

① 원소의 수가 한정되어 있는 유한집합 A, B, C에서 A∪B의 원소의 개수는 다음과 같이 구한다.

$$n(A \cup B) = n(A) + n(B) - n(A \cap B)$$

② 원소의 수가 한정되어 있는 유한집합 A, B, C에서 A∪B∪C의 원소의 개수는 다음과 같이 구한다.

$$n(A \cup B \cup C) = n(A) + n(B) + n(C) - n(A \cap B) - n(B \cap C) - n(A \cap C) + n(A \cap B \cap C)$$

개념확인문제

01 다음 식의 값을 구하시오.

$$\{(8+9)-2\times4\}-7+4\times3$$

02 다음 ㉠과 ㉡에 들어갈 알맞은 용어를 쓰시오.

구분	덧셈	곱셈
㉠	$a+b=b+a$	$a\times b=b\times a$
㉡	$a+(b+c)=(a+b)+c$	$a\times(b\times c)=(a\times b)\times c$

㉠ (　　　　) ㉡ (　　　　)

03 다음 단위를 환산한 식을 보고, 맞으면 O, 틀리면 X에 표시하시오.

① 1,000,000cm = 1,000m = 1km (O, X)

② $1m^2 = 1,000,000mm^2$ (O, X)

③ 1ℓ = 100dℓ (O, X)

04 다음 수열의 규칙을 찾아 빈칸에 들어갈 수를 구하시오.

12, 15, 21, 30, (　　　　), 57, 75, 96

정답 및 해설

01 14 | $\{(8+9)-2\times4\}-7+4\times3=(17-8)-7+4\times3=9-7+4\times3=9-7+12=14$

02 ㉠ 교환법칙, ㉡ 결합법칙

03 ① X | 1,000,000cm = 10,000m = 10km

② O

③ X | 1ℓ = 10dℓ

04 42 | 각 숫자 간의 값이 +3, +6, +9, +12, +15, …로 변하는 등차 계차수열이므로 빈칸에 들어갈 수는 30 + 12 = 42이다.

02 기초통계능력

기출 키워드

- 평균
- 중앙값
- 표준편차
- 도수분포표
- 경우의 수
- 확률

1 통계

1. 통계란?

① 집단적 현상이나 수집된 자료에 대한 양적 표현을 반영하는 숫자 또는 수량적인 기술을 의미한다.
② 사회 집단이나 자연 현상을 정리하거나 분석하는 수단으로 활용된다.

2. 종류

(표지: 집단을 구성하는 각 개체인 통계단위 또는 단위에 나타나는 공통 성질)

① 표지에 따른 구분
- 속성통계: 질적인 표지의 통계
  예 남녀, 산업, 직업 등
- 변수통계: 양적인 표지의 통계
  예 연령, 소득금액 등

② 집단의 성질에 따른 구분
- 자연통계: 자연 현상에 관한 통계로, 기후통계, 생물통계로 세분화될 수 있다.
- 사회통계: 사회 현상에 관한 통계로, 경제통계, 경영통계로 세분화될 수 있다.

3. 통계조사 방법

① **전수조사**: 분석 대상을 모두 조사하는 것으로, 가장 정확한 방법이나 엄청난 시간과 비용이 들기 때문에 잘 사용하지 않는다.
② **표본조사**: 전체(모집단)를 잘 대표하는 일부분(표본)을 뽑고 표본을 조사, 분석하여 전체(모집단)의 특성을 유추하는 방법이다.

4. 기능

① 많은 수량적 자료를 처리 가능하고 쉽게 이해할 수 있는 형태로 축소시킨다.
② 표본을 통해 연구 대상 집단의 특성을 유추한다.
③ 의사결정의 보조 수단이 된다.
④ 관찰 가능한 자료를 통해 논리적으로 어떠한 결론을 추출 및 검증한다.

5. 통계자료의 파악

① **집중화 경향**: 자료들이 어느 위치에 집중되어 있는가를 나타내는 것으로 평균, 중앙값, 최빈값 등으로 나타낸다.
② **분산도**: 자료들이 어느 정도 흩어져 있는가를 나타내는 것으로 범위, 표준편차, 분산 등으로 나타낸다.

③ 비대칭도: 자료들이 대칭에서 얼마나 벗어나 있나를 나타내는 것으로 왜도, 첨도 등으로 나타낸다.

도수분포상 평균을 기준으로 좌우 대칭 정도를 나타내는 수치

도수분포상 평균을 기준으로 분포의 중심이 얼마나 몰려있는지(뾰족한지)를 나타내는 수치

2 기본적인 통계치

1. 빈도와 빈도분포

① 빈도(빈도수, 도수): 어떤 측정값의 측정된 횟수 또는 각 계급에 속하는 자료의 개수를 나타낸다.

② 빈도분포(도수분포): 빈도를 표나 그래프로 종합적이면서도 일목요연하게 표시하는 것으로, 빈도분포는 보통 빈도수와 백분율로 나타내는 경우가 많으며, 상대도수 또는 누적도수로 나누어 표시하기도 한다.

도수의 총합에 대한 각 계급의 도수의 비율

도수분포표에서 작은 계급, 또는 큰 계급의 도수부터 어느 계급의 도수까지 차례로 더한 도수의 합

예 고등학교 한 학급의 성적을 나타낸 도수분포표

97, 72, 80, 64, 73, 75, 74, 97, 98, 60, 88, 86, 76, 80, 75, 85, 90, 75, 87, 88

↓

계급 구간	도수	누적도수	상대도수
90점 이상 100점 미만	4명	4명	0.20
80점 이상 90점 미만	7명	4 + 7 = 11명	0.35
70점 이상 80점 미만	7명	11 + 7 = 18명	0.35
60점 이상 70점 미만	2명	18 + 2 = 20명	0.10
합계	20명	–	1.00

2. 평균(산술평균)

자료의 특성을 수량으로 나타낸 것(= 관찰값)

① 평균이란 모든 변량의 총합을 변량의 개수로 나눈 값을 의미한다.

계급 구간의 양끝 값의 평균

$$\text{평균} = \frac{\text{변량의 총합}}{\text{변량의 개수}},\ \text{도수분포표 평균} = \frac{(\text{계급값} \times \text{도수})\text{의 총합}}{\text{도수의 총합}}$$

② 자료에 대한 일종의 무게중심으로 대상 집단의 성격을 함축하여 나타낸다.

③ 극단적이거나 이질적인 값에 크게 영향을 받아 자료 전체를 대표하지 못할 가능성이 있다.

예 1, 2, 3, 4, 5의 평균은 3이나, 1, 2, 3, 4, 100의 평균은 22가 됨

+ 더 알아보기

가중평균

각 변량에 자료의 가중치(상대적 중요도)를 곱하여 모두 더한 값을 가중치의 합계로 나눈 값을 의미한다.

예 한 학생의 과목별 점수와 학생이 지원한 A 대학의 과목별 가중치 점수가 아래와 같을 때, 가중평균을 구해보자.

과목	국어	수학	영어
학생의 시험 점수	60점	80점	100점
A 대학 가중치 점수	30점	50점	20점

$$\text{가중평균} = \frac{(\text{국어 점수} \times \text{국어 가중치}) + (\text{수학 점수} \times \text{수학 가중치}) + (\text{영어 점수} \times \text{영어 가중치})}{\text{가중치의 합계}}$$

$$= \frac{(60 \times 30) + (80 \times 50) + (100 \times 20)}{30 + 50 + 20}$$

$$= 78\text{점}$$

3. 백분율

① 백분율이란 전체의 수량을 100으로 하여, 나타내려는 수량이 그중 몇이 되는가를 가리키는 값을 의미한다.
② 단위는 퍼센트(%)이고, 100분의 1이 1%에 해당한다.

3 통계 기법

1. 범위(Range)

① 범위란 변량 중 최댓값에서 최솟값을 뺀 값으로, 분포의 흩어진 정도를 나타내는 가장 간단한 도구이다.
② 계산이 용이한 반면, 극단적인 값에 크게 영향을 받을 수 있다.

$$범위 = 최댓값 - 최솟값$$

2. 분산

(편차 = 변량 − 평균)

① 분산이란 편차의 제곱을 모두 더한 값을 변량의 개수로 나눈 값으로, 변량이 퍼져있는 정도를 구체적인 수치로 계산하는 도구이다.
② 분산이 클수록 변량이 평균에서 멀리 떨어져 있음을 의미하고, 0에 가까울수록 변량이 평균에 집중되어 있음을 의미한다.

$$분산 = \frac{(편차)^2의\ 총합}{변량의\ 개수}$$

3. 표준편차

① 표준편차란 분산의 제곱근 값으로, 각 변량이 평균을 중심으로 얼마나 퍼져 있는지를 나타내는 도구이다.

② 표준편차의 값은 다음과 같이 해석한다.
- 표준편차가 0일 때: 변량이 모두 같은 크기이다.
- 표준편차가 클 때: 변량이 평균값으로부터 넓게 퍼져있다는 것이므로 이질성이 큰 것을 의미한다.
- 표준편차가 작을 때: 변량이 평균값에 집중되어 있다는 것이므로 동질성이 큰 것을 의미한다.

$$표준편차 = \sqrt{분산} = \sqrt{\frac{(편차)^2의\ 총합}{변량의\ 개수}}$$

+ 더 알아보기

평균편차

변량이 평균에서 얼마나 떨어져 있는가를 나타내는 값으로 편차의 절댓값들의 합을 자료의 개수로 나눈 수치

예 3, 4, 6, 7의 평균은 $\frac{3+4+6+7}{4}$ = 5이고, 평균편차는 $\frac{|3-5|+|4-5|+|6-5|+|7-5|}{4}$ = 1.5이다.

 **알아두면 도움되는 (구)모듈이론**

최빈값

① 최빈값이란 변량 중에서 가장 자주 나오는 값을 의미한다.
   예 1, 2, 3, 5, 3, 7, 4에 대한 최빈값은 두 번 나오는 3이다.
② 최빈값은 한 개 이상 존재할 수 있다.

4 다섯 숫자 요약(Five Number Summary)

평균과 표준편차만으로는 원자료의 전체적인 형태를 파악하기 어렵기 때문에 최솟값, 최댓값, 중앙값, 하위 25%값, 상위 25%값을 활용한다.

1. 중앙값

① 중앙값이란 전체 변량을 최솟값부터 최댓값까지 크기순으로 배열했을 때 정중앙에 위치하는 값을 의미한다.

- 최솟값: 변량 중 값의 크기가 가장 작은 값
- 최댓값: 변량 중 값의 크기가 가장 큰 값

예 91, 85, 67, 81, 76에 대한 중앙값은 크기순으로 정중앙에 위치하는 81이다.

② 변량의 개수가 짝수개인 경우, 중앙에 위치하는 2개의 값의 평균이 중앙값이다.

③ 너무 작거나 너무 큰 값에 영향을 받지 않고 자료 전체를 대표할 수 있다.

2. 하위 25%값과 상위 25%값

① 원자료를 크기순으로 배열하여 네 등분한 값을 의미한다.

② 백분위 수의 관점에서 하위 25%값을 제25백분위수, 상위 25%값을 제75백분위수로 표기할 수도 있다.

5 통계자료 해석 시 유의점

① 평균, 중앙값은 서로 다른 개념이므로 자료의 대푯값으로 어떤 값을 사용했는지 명확히 제시해야 한다.

② 평균, 중앙값은 모두 중요한 개념이므로 똑같은 중요도를 가지고 필요에 따라 적절히 활용해야 한다.

③ 평균, 중앙값 사이의 관계를 고려해야 한다. 평균이 중앙값보다 높다는 의미는 자료 중에 매우 큰 값이 일부 있음을 의미하므로, 이렇게 평균과 중앙값의 차이가 클 경우에는 반드시 평균과 중앙값 모두를 제시해줄 필요가 있다.

6 기초통계의 응용

1. 경우의 수

① 두 사건의 경우의 수

어떤 사건 A가 일어나는 경우의 수를 m, 어떤 사건 B가 일어나는 경우의 수를 n이라고 하면,

- 두 사건 A, B가 동시에 일어나지 않을 때, 사건 A 또는 B가 일어나는 경우의 수: $m + n$
- 두 사건 A, B가 서로 영향을 주지 않을 때, 두 사건 A, B가 동시에 일어나는 경우의 수: $m \times n$

② 동전, 주사위를 던질 때의 경우의 수

- n개의 동전을 던질 때의 경우의 수: 2^n
- n개의 주사위를 던질 때의 경우의 수: 6^n

③ 한 줄로 세울 때의 경우의 수

- n명을 한 줄로 세우는 경우의 수: $n \times (n-1) \times (n-2) \times \cdots \times 2 \times 1 = n!$
- n명 중 k명만 한 줄로 세우는 경우의 수: $n \times (n-1) \times (n-2) \times \cdots \times (n-k+1)$

④ 대표를 선출할 때의 경우의 수

- n명 중 자격이 다른 2명의 대표를 선출할 경우의 수: $n \times (n-1)$
- n명 중 자격이 같은 2명의 대표를 선출할 경우의 수: $\frac{n(n-1)}{2}$

2. 순열

① **순열**: 서로 다른 n개에서 중복을 허락하지 않고 r개를 택하여 한 줄로 배열하는 경우의 수

$$_nP_r = n \times (n-1) \times (n-2) \times \cdots \times (n-r+1) = \frac{n!}{(n-r)!} \text{ (단, } 0<r\le n)$$

② **중복순열($=n^r$)**: 서로 다른 n개에서 중복을 허락하여 r개를 택하는 순열

③ **같은 것이 있는 순열($=\frac{n!}{p!q!r!}$)**: n개 중 같은 것이 각각 p개, q개, r개일 때(단, $p+q+r=n$), n개를 모두 사용하여 한 줄로 배열하는 경우의 수

④ **원순열**

- 서로 다른 n개를 원형으로 배열하는 경우의 수: $_nP_r = \frac{n!}{n} = (n-1)!$
- 서로 다른 n개에서 r개를 택하여 원형으로 배열하는 경우의 수: $\frac{_nP_r}{r}$

3. 조합

① **조합**: 서로 다른 n개에서 순서를 고려하지 않고 r개를 택하는 경우의 수

$$_nC_r = \frac{n \times (n-1) \times (n-2) \times \cdots \times (n-r+1)}{r!} = \frac{n!}{r!(n-r)!} \text{ (단, } 0<r\le n)$$

② **중복조합**: 서로 다른 n개에서 순서를 고려하지 않고 중복을 허용하여 r개를 택하는 조합

$$_nH_r = {}_{n+r-1}C_r$$

4. 확률

어떤 사건 A가 일어날 확률을 p, 어떤 사건 B가 일어날 확률을 q라고 하면,

① **사건 A가 일어날 확률**

$$\frac{\text{사건 A가 일어날 경우의 수}}{\text{모든 경우의 수}}$$

② 두 사건의 확률

- 두 사건 A, B가 동시에 일어나지 않을 때, 사건 A 또는 B가 일어날 확률: $p+q$
- 두 사건 A, B가 서로 영향을 주지 않을 때, 두 사건 A, B가 동시에 일어날 확률: $p \times q$

③ **여사건의 확률**

- 사건 A가 일어나지 않을 확률: $1-p$
- '적어도 …'의 확률 : 1 - (반대 사건의 확률)

④ **조건부확률**: 두 사건 A, B에 대하여 A가 일어났다고 가정하였을 때, B가 일어날 확률

$$\text{사건 A가 일어났을 때의 사건 B의 조건부확률: } P(B|A) = \frac{P(A \cap B)}{P(A)}$$

개념확인문제

01 다음 통계 기법과 그 공식을 바르게 연결하시오.

① 평균	•	•	㉠ 최댓값 − 최솟값
② 표준편차	•	•	㉡ 변량의 총합 / 변량의 개수
③ 범위	•	•	㉢ $\sqrt{분산}$

02 남자 3명, 여자 3명이 있을 때, 다음 물음에 답하시오.

① 2명을 임의로 뽑는 경우의 수를 구하시오.
② 회장 1명, 부회장 1명을 뽑는 경우의 수를 구하시오.
③ 2명을 임의로 뽑을 때, 남자를 적어도 1명 이상 뽑는 경우의 수를 구하시오.

03 오늘 비가 올 확률은 $\frac{1}{3}$이고, 내일 비가 올 확률은 $\frac{1}{2}$이라고 할 때, 다음 물음에 답하시오.

① 오늘 비가 오고, 내일 비가 오지 않을 확률을 구하시오.
② 오늘 비가 오지 않고, 내일도 비가 오지 않을 확률을 구하시오.

04 다음 통계 수치에 대한 설명을 읽고, 맞으면 O, 틀리면 X에 표시하시오.

① 중앙값의 장점은 너무 작거나 너무 큰 값에 영향을 받지 않고 자료 전체를 대표할 수 있다는 점이다. (O, X)
② 분산은 각 변량과 평균값의 차이를 모두 더하여 변량의 개수로 나눈 값을 의미한다. (O, X)
③ 통계값을 제시할 때는 평균값과 중앙값 모두 중요한 요소이므로 필요에 따라 적절히 활용해야 한다. (O, X)

정답 및 해설

01 ① − ㉡, ② − ㉢, ③ − ㉠
02 ① 15가지 | ${}_6C_2 = 15$
② 30가지 | ${}_6P_2 = 30$
③ 12가지 | ${}_6C_2 - {}_3C_2 = 12$
03 ① $\frac{1}{6}$ | $\frac{1}{3} \times \{1 - \frac{1}{2}\} = \frac{1}{6}$
② $\frac{1}{3}$ | $\{1 - \frac{1}{3}\} \times \{1 - \frac{1}{2}\} = \frac{1}{3}$
04 ① O
② X | 분산은 각 변량과 평균값의 차이를 제곱한 값을 모두 더하여 변량의 개수로 나눈 값을 의미한다.
③ O

03 도표분석능력

기출 키워드

- 선 그래프
- 막대 그래프
- 원 그래프
- 도표분석 시 유의사항
- 변화량 · 증감률 · 비중

1 도표의 정의 및 종류

1. 도표란?

업무 상황에서 데이터를 선, 그림, 원 등을 이용해서 시각적으로 표현하여 타인에게 자신의 주장을 한눈에 알아볼 수 있게 나타낸 것이다.

2. 도표의 종류

직업인들에게 있어서 도표를 목적이나 상황에 따라 올바르게 활용할 때 보다 실효를 거둘 수 있으며, 같은 자료라도 다양한 종류의 그래프로 표현할 수 있다.

구분	종류
목적별	• 보고 그래프 • 관리(계획 및 통제) 그래프 → 기업 경영 과정에서 생산되는 자료들을 그래픽 기능을 사용하여 시각적으로 표현한 도표 • 해설(분석) 그래프 → 제시된 복잡한 자료를 분석하여 이해하기 쉬운 단순한 형태로 나타낸 도표
용도별	• 경과 그래프 → 어떠한 시기, 일의 과정 등을 한눈에 보기 쉽도록 체계적으로 나타낸 도표 • 내역 그래프 • 비교 그래프 • 상관 그래프 → 서로 관련이 있는 자료 사이의 관계를 한눈에 파악할 수 있도록 시각적으로 표현한 도표 • 분포 그래프 • 계산 그래프
형상별	• 선(꺾은선) 그래프 • 막대 그래프 • 원 그래프 • 점 그래프 • 층별 그래프 • 레이더 차트

→ p.104에서 도표의 종류별 작성 시 유의사항을 확인하세요.

2 도표의 종류별 활용

1. 선(꺾은선) 그래프

① 꺾은선으로 시간적 추이(시계열 변화)를 표시할 때 활용할 수 있는 그래프이다.
② 경과, 비교, 분포를 비롯하여 상관관계 등을 나타낼 때(상관선 그래프 · 회귀선) 적합하다.

③ 시간적 추이에 따른 변화를 한눈에 볼 수 있으며, 조사하지 않은 중간값을 예상할 수 있다.
④ 너무 많은 선이 들어가면 복잡하여 알아보기 어렵다는 단점이 있다.
예 연도별 방송광고 매출액 추이

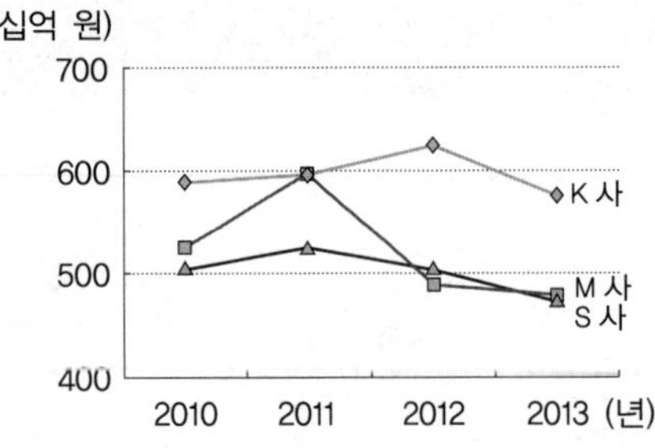

2. 막대 그래프

① 비교하고자 하는 수량을 막대 길이로 표시하고, 길이를 비교하여 각 수량 간의 대소관계를 나타낼 때 활용할 수 있는 그래프이다.
② 내역, 비교, 경과, 도수 등을 표현하기에 적합하다.
③ 막대를 수직으로 나타낸 그래프를 수직 막대 그래프, 수평으로 나타낸 그래프를 수평 막대 그래프라고 한다.
예 산업별 기타 경비 규모

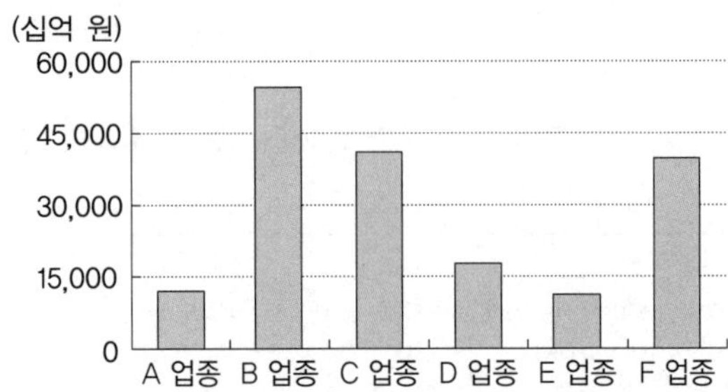

3. 원 그래프

① 원에 내역이나 내용의 구성비에 따라 분할하여 나타낼 때 활용할 수 있는 그래프이다.
② 원의 중심각에서 반지름으로 나누어 만들어지는 부채꼴의 넓이로 크기를 나타내는 면적 그래프의 일종으로, 각 분할된 모양이 파이 조각 모양과 유사하여 파이 그래프라고도 한다.
③ 어떤 대상에 대하여 질적 혹은 양적으로 분류할 때 주로 사용하며, 백분율(%)로 나타내면 효과적이다.
④ 전체에 대한 구성비를 표현하기에 적합하다.
⑤ 원 그래프를 정교하게 작성할 때 수치를 각도로 환산해야 한다는 단점이 있다.
예 신문산업별 매출액 구성비

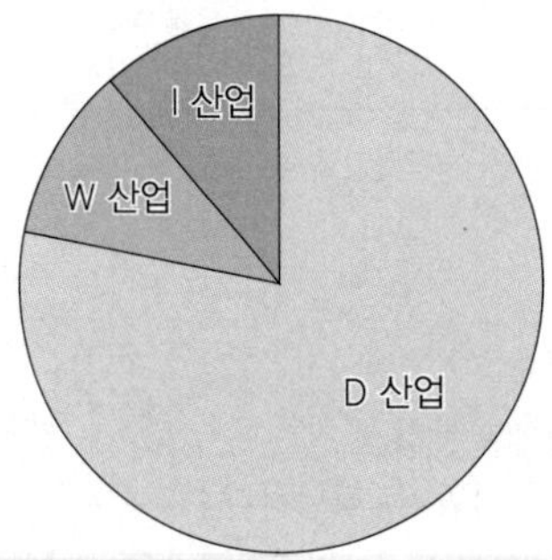

4. 점 그래프

① 세로축과 가로축에 두 가지 요소를 정하고, 각기 다른 데이터의 분포를 점으로 나타내어 어떤 위치에 있는지 알고자 하는 데 활용할 수 있는 그래프이다.

② 지역 분포를 비롯하여 도시, 지방, 기업, 상품 등의 평가나 위치, 성적을 표시하는 데 적합하다.

예 업종별 자산과 부채의 관계

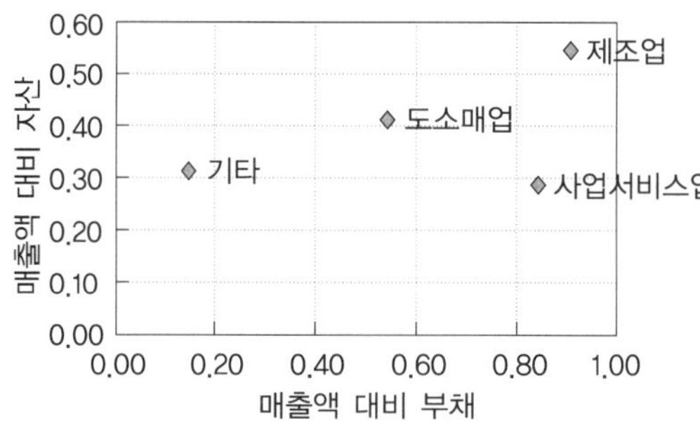

5. 방사형 그래프(레이더 차트, 거미줄 그래프)

① 비교하는 수량을 지름 또는 반지름으로 나누어 원, 육각형 등 도형의 중심에서의 거리에 따라 각 수량의 관계를 나타낼 때 활용할 수 있는 그래프이다.

② 다양한 요소를 비교하거나 각 요소의 관계를 나타내는 데 적합하다.

③ 작성하기가 복잡하기는 하지만 꺾은선 그래프로 그리면 길이가 길어지는 점을 해결해줄 수 있다는 장점이 있다.

예 상반기 월별 출원 건수 추이

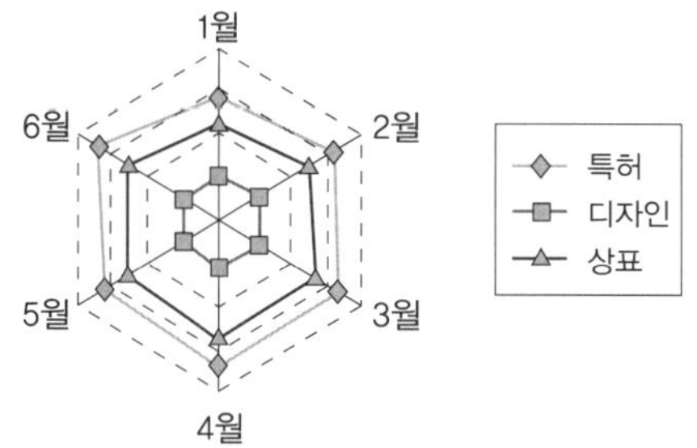

알아두면 도움되는 (구)모듈이론

층별 그래프

• 선의 움직임보다는 선과 선 사이의 크기로 데이터 변화를 나타낼 때 활용할 수 있는 그래프이다.

• 합계와 각 부분의 크기를 백분율 또는 실수로 나타내어 시간적 변화를 볼 때 적합하다.

예 시도별 주요 생산비 추이

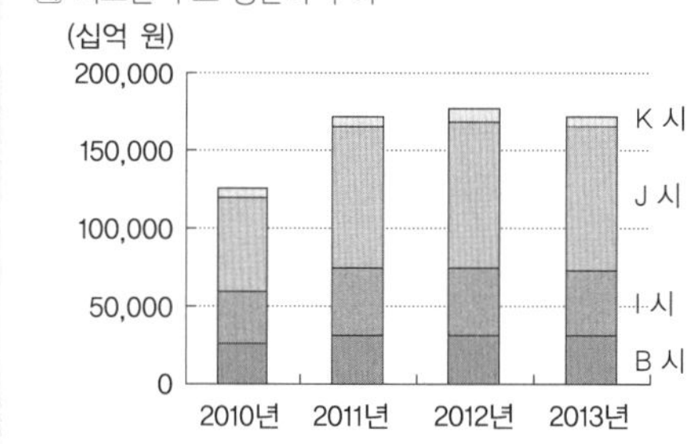

3 효과적인 도표분석 방법

1. 도표분석 시 유의사항

① 자신의 업무와 관련된 지식을 상식화해야 한다.

② 도표에 제시된 자료의 의미를 정확히 숙지해야 한다.

③ 도표로부터 알 수 있는 것과 알 수 없는 것을 완벽히 구별해야 한다.

④ 총량의 증가와 비율의 증가를 구분해야 한다.

⑤ 백분위수와 사분위수의 의미를 정확히 이해해야 한다.

구분	백분위수	사분위수
정의	원자료를 크기순으로 배열하여 백 등분 했을 때의 각 등분점을 의미함	원자료를 크기순으로 배열하여 네 등분 했을 때의 각 등분점을 의미함
백분위수와 사분위수의 관계	• 제25백분위수 = 제1사분위수 • 제50백분위수(중앙값) = 제2사분위수 • 제75백분위수 = 제3사분위수	

2. 도표분석 시 활용되는 계산식

① 변화량

기준연도 대비 비교연도 A의 변화량 = 비교연도 A − 기준연도

예 2012년 매출액이 500억 원이고, 2021년 매출액이 700억 원일 때,
2012년 대비 2020년 매출액의 변화량: 700 − 500 = 200억 원

② 증감률

기준연도 대비 비교연도 A의 증감률(%) = {(비교연도 A − 기준연도) / 기준연도} × 100

예 2012년 매출액이 500억 원이고, 2021년 매출액이 700억 원일 때,
2012년 대비 2021년 매출액의 증가율: {(700 − 500) / 500} × 100 = 40%

③ 비중

전체에서 A가 차지하는 비중(%) = (A / 전체) × 100

예 2021년 생산된 A 제품은 100만 개이고, 전체 제품은 400만 개일 때,
2021년 생산된 전체 제품 중 A 제품이 차지하는 비중: (100 / 400) × 100 = 25%

3. 도표분석전략

① 문제를 풀기 전 자료의 소재 및 자료의 형태를 미리 확인한다.
- 자료의 소재 및 내용을 미리 확인하면, 문제를 미리 추론할 수 있으므로 풀이 시간을 단축할 수 있다.
- 단, 추론하되 제시된 자료 이외에 자신이 알고 있는 지식을 덧붙여 문제를 풀이해서는 안 된다.
- 시계열 형태의 자료인 경우 항목별 추세를 파악하고, 시계열이 아닌 형태의 자료인 경우 항목 간의 관계를 파악한다.

② 자료의 단위가 비율인 경우 비율을 통해 또 다른 정보를 도출할 수 있다.
예 여성의 비율과 전체 인원수가 제시된 경우 여성의 인원수를 구할 수 있다.

③ 계산이 필요없는 선택지가 정답일 수도 있으므로 계산이 필요한 선택지는 가장 마지막에 확인한다.

④ 계산이 필요한 선택지는 계산 과정을 최소한으로 줄여서 풀이한다.

- 선택지에 제시된 숫자의 특정 자릿수가 모두 다를 경우 특정 자릿수만 계산한다.
- 선택지에 제시된 숫자 간의 크기 차이가 클 경우 십의 자리 또는 백의 자리에서 반올림하여 근삿값으로 계산한다.

실전에 적용하기

[에너지원별 발전량 비중]

(단위: GWh, %)

구분	총발전량	발전량 비중					
		원자력	석탄	가스	신재생	유류	양수
2016년	540,441	30.0	39.6	22.4	4.8	2.6	0.6
2017년	553,530	26.8	43.1	22.8	5.6	1.0	0.7
2018년	570,647	23.4	41.9	26.8	6.2	1.0	0.7

※ 출처: KOSIS(한국전력공사, 한국전력통계)

① 2017년 이후 총발전량은 2년 연속 전년 대비 증가하였다.
② 2016년 신재생 에너지의 발전량은 약 25,941GWh이다.
③ 2018년 석탄 에너지 발전량의 비중은 전년 대비 1.2%p 증가하였다.

→ 계산이 필요 없는 ①을 가장 먼저 확인한 다음, ②와 ③ 중에서는 비교적 계산이 간단한 ③을 먼저 확인하고, 마지막으로 ②를 확인한다.

① 제시된 자료가 표의 열 기준으로 시계열 형태로 작성되어 있고, 2016~2018년 총발전량의 증감 추이에 대한 설명이므로 각 해의 총발전량 수치가 증가하였는지, 감소하였는지 확인한다. 2017년에는 2016년보다 증가, 2018년에는 2017년보다 증가하였으므로 옳은 설명이다.

③ 제시된 자료의 수치가 발전량의 비중을 나타내고 있으므로 2017년과 2018년 석탄 에너지 발전량의 비중의 차이를 계산하면 된다. 석탄 에너지 발전량의 비중은 2017년에 43.1%로, 2018년에는 전년 대비 43.1 − 41.9 = 1.2%p 감소한 것을 알 수 있으므로 옳지 않은 설명이다.

② 제시된 자료의 단위가 '발전량 비중'으로 비율만 나타내고 있지만, 비율을 통해 '발전량'도 계산할 수 있다. 2016년 총발전량은 540,441GWh이고, 이 중에서 신재생 에너지 발전량의 비중은 4.8%이므로 신재생 에너지의 발전량은 540,441 × 0.048 ≒ 25,941GWh임을 알 수 있으므로 옳은 설명이다.

개념확인문제

01 **다음 ㉠~㉢를 나타내기에 적절한 그래프 종류를 쓰시오.**

> ㉠ 시간의 경과에 따른 수량의 변화 추이를 나타내는 그래프
> ㉡ 내역이나 내용의 구성비를 분할하여 나타내는 그래프
> ㉢ 비교하고자 하는 수량을 막대 길이로 표시하여 수량 간의 대소관계를 나타내는 그래프

㉠ (　　　　) ㉡ (　　　　) ㉢ (　　　　)

02 **다음 중 용도를 기준으로 그래프를 분류할 때 해당하는 것을 모두 고르시오.**

> • 막대 그래프 • 비교 그래프 • 층별 그래프 • 레이더 차트
> • 분포 그래프 • 상관 그래프 • 원 그래프 • 내역 그래프

03 **다음 A 기업의 신입 채용 지원자 수와 합격률을 나타낸 자료와 그에 대한 설명을 읽고, 맞으면 O, 틀리면 X에 표시하시오.**

구분	2018년	2019년	2020년
합격률	85%	70%	92%
지원자 수	200명	250명	150명

① 2019년 합격자 수는 2018년 합격자 수보다 적다. (O, X)
② 2018년 불합격자 수는 30명이다. (O, X)
③ 2020년 지원자 수는 2년 전 대비 25% 감소하였다. (O, X)

정답 및 해설

01 ㉠ 선(꺾은선) 그래프, ㉡ 원 그래프, ㉢ 막대 그래프
02 비교 그래프, 분포 그래프, 상관 그래프, 내역 그래프
03 ① X | 2019년 합격자 수는 250 × 0.7 = 175명으로 2018년 합격자 수 200 × 0.85 = 170명보다 5명 많다.
② O | 2018년 불합격자 수는 200 × (1 − 0.85) = 30명이다.
③ O | 2020년 지원자 수는 150명으로 2018년 지원자 수 200명에 비해 {(200 − 150) / 200} × 100 = 25% 감소하였다.

04 도표작성능력

기출 키워드

• 도표의 작성 절차 • 도수분포표의 작성 원칙 • 도표작성 시 유의사항

1 도표의 작성 절차

단계	내용
어떠한 도표로 작성할 것인지를 결정	• 목적이나 상황에 따라 올바르게 활용될 때 도표의 실효성이 높아짐
▼	
가로축과 세로축에 나타낼 것을 결정	• 가로축: 명칭 구분 예 연도, 월, 장소 등 • 세로축: 수량 구분 예 금액, 매출액 등 • 축의 모양은 L자형이 일반적임
▼	
가로축과 세로축의 눈금 크기를 결정	• 눈금의 크기가 너무 크거나 작으면 자료의 변화를 잘 표현할 수 없음
▼	
자료를 가로축과 세로축이 만나는 위치에 표시	• 정확한 위치에 표시하여 정확한 그래프를 작성할 수 있음
▼	
표시된 점에 따라 도표 작성	• 표시된 점을 도표 종류에 맞게 활용하여 선 그래프인 경우는 선분으로 점을 이어 그리고, 막대 그래프인 경우는 막대를 그림
▼	
도표의 제목 및 단위 표시	• 도표의 상단 혹은 하단에 제목과 함께 단위를 표기함

2 도수분포표의 작성

1. 도수분포표의 정의

자료의 범위가 넓은 연속적 변수인 경우에 사용하는 도표로, 각 계급을 중복되지 않는 일정한 구간으로 정하여 그 구간에 속하는 자료의 개수를 정리한 것을 의미한다.

2. 작성 원칙

① 도수분포표를 작성하는 절대적인 원칙은 없으며, 좋은 도수분포표를 작성하기 위한 일반적인 지침은 다음과 같다.

- 각 구간의 폭은 같은 것이 바람직하다.
- 계급의 수는 분포의 특성이 나타날 수 있게 6개 이상 15개 미만이 바람직하다.
- 계급에 속하는 도수가 없거나 너무 적지 않게 구간을 결정한다.
- 극한값을 반영하기 위하여 제일 아래 계급이나 위 계급을 개방할 수도 있다.

② 도수분포표의 일반적인 작성 절차는 다음과 같다.

- 자료의 최댓값과 최솟값을 찾아 범위(= 최댓값 − 최솟값)를 구한다.
- 자료의 수와 범위를 고려하여 계급의 수를 잠정적으로 결정한다.
- 잠정적으로 계급의 폭(= 범위 / 계급의 수)의 소수를 올림으로 정리한 후 계급의 폭을 조정한다.
- 첫 계급의 하한과 마지막 계급의 상한을 조정한다.
  예 계급의 시작은 0, 1, 5, 10으로, 상한은 0, 5, 9, 10으로 정하는 것이 바람직하다.
- 각 계급에 속하는 도수 등을 계산한다.

3 도표작성 시 유의사항

1. 공통 유의사항

① 보기 쉽고 깨끗하게 그려야 한다.
② 하나의 도표에 여러 가지 내용을 넣지 않는다.
③ 순서가 없는 것은 큰 것부터, 왼쪽에서 오른쪽으로, 위에서 아래로 그려야 한다.
④ 적정한 눈금을 잡아 그려야 한다.
⑤ 최대한 수치를 생략하지 않고 그려야 한다.
⑥ 컴퓨터에 의한 전산 그래프를 최대한 이용한다.

2. 선(꺾은선) 그래프 작성 시 유의사항

① 세로축에 수량(예 금액, 매출액 등), 가로축에 명칭 구분(예 연, 월, 장소 등)을 제시한다.
② 축의 모양은 L자형으로 나타낸다.
③ 선의 높이에 따라 수치를 파악하는 경우가 많으므로 세로축의 눈금을 가로축의 눈금보다 크게 하는 것이 효과적이다.
④ 선이 두 종류 이상이면 반드시 무슨 선인지 명칭을 기입해야 한다.
⑤ 중요한 선은 다른 선보다 굵게 표시하거나 색을 다르게 나타내어 강조한다.

3. 막대 그래프 작성 시 유의사항

① 세로 막대 그래프와 가로 막대 그래프 중 일반적으로 세로 막대 그래프를 사용하는 경우가 많다.
② 축의 모양은 L자형이 일반적이지만, 가로 막대 그래프는 사방을 틀로 싸는 것이 좋다.
③ 가로축은 명칭 구분(예 연, 월, 장소, 종류 등)으로, 세로축은 수량(예 금액, 매출액 등)으로 정한다.
④ 막대 수가 많을 경우에는 눈금선을 기입하는 것이 알아보기 쉽다.
⑤ 막대의 폭은 모두 같게 해야 한다.

4. 원 그래프 작성 시 유의사항

① 정각 12시의 선을 시작선으로 하며, 이를 기점으로 하여 오른쪽으로 그린다.
② 분할선은 구성 비율이 높은 순서로 그리되, '기타' 항목은 구성 비율의 크기와 관계없이 가장 뒤에 그리는 것이 좋다.
③ 각 항목의 명칭은 일반적으로 같은 방향으로 기록하지만, 각도가 적어서 명칭을 기록하기 힘든 경우에는 지시선을 써서 기록한다.

알아두면 도움되는 (구)모듈이론

층별 그래프 작성 시 유의사항

- 층의 방향을 세로로 할 것인지 가로로 할 것인지는 작성자의 기호나 공간에 따라 판단하지만, 구성 비율 그래프는 가로로 작성하는 것이 좋다.
- 눈금은 선 그래프나 막대 그래프보다 적게 나타내야 한다.
- 눈금선을 넣지 않아야 하며, 층별로 색이나 모양이 모두 완전히 달라야 한다.
- 같은 항목은 옆에 있는 층과 선으로 연결하여 보기 쉽게 해야 한다.
- 중요한 항목은 세로 방향일 경우 위에서 아래로, 가로 방향일 경우 왼쪽에서 오른쪽으로 나열해야 한다.

4 도표작성의 실제

1. 엑셀 프로그램을 활용한 도표작성의 장점

엑셀을 이용하여 작성한 도표는 호환성이 대단히 높고, 비교적 간편하게 작성할 수 있다.

2. 엑셀 프로그램을 활용한 도표작성의 단계

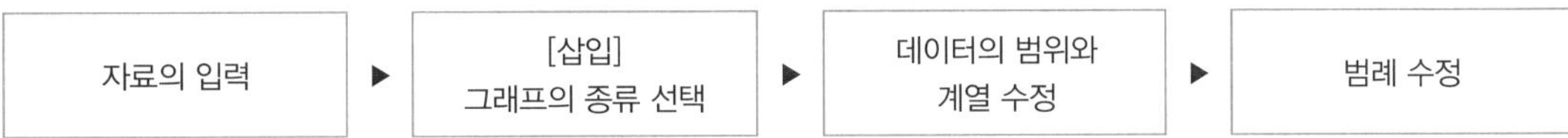

개념확인문제

01 **도표의 일반적인 작성 절차를 나타낸 것이 다음과 같을 때, 빈칸에 들어갈 알맞은 단계를 쓰시오.**

어떠한 도표로 작성할 것인지를 결정
▼
가로축과 세로축에 나타낼 것을 결정
▼
(　　　㉠　　　)
▼
자료를 가로축과 세로축이 만나는 위치에 표시
▼
표시된 점에 따라 도표 작성
▼
(　　　㉡　　　)

㉠ (　　　　　　　　) ㉡ (　　　　　　　　)

02 **다음 도수분포표에 대한 설명을 읽고, 맞으면 O, 틀리면 X에 표시하시오.**

① 계급 구간의 폭은 같은 것이 바람직하다. (O, X)
② 계급에 속하는 도수가 없거나 너무 적지 않게 구간을 결정한다. (O, X)
③ 모든 계급 구간의 끝값은 유한값으로 정해야 한다. (O, X)

03 **다음 중 막대 그래프의 작성 시 유의사항으로 가장 적절하지 않은 것을 고르시오.**

① 가로축은 수량으로, 세로축은 명칭으로 구분을 정한다.
② 세로 막대 그래프가 가로 막대 그래프보다 더 일반적으로 사용된다.
③ 막대 수가 많을 경우 눈금선을 넣어 알아보기 쉽게 해야 한다.
④ 막대의 폭은 모두 같게 해야 한다.

정답 및 해설

01 ㉠ 가로축과 세로축의 눈금 크기를 결정, ㉡ 도표의 제목 및 단위 표시
02 ① O
② O
③ X | 극한값을 반영하기 위하여 제일 아래 계급이나 위 계급을 개방할 수도 있다.
03 ① | 가로축은 명칭 구분으로, 세로축은 수량 구분으로 나타내야 한다.

기출공략문제

하위능력: 기초연산능력 **난이도**: ★☆☆ **대표출제기업**: 국민연금공단, 한국수자원공사, 한전KPS, 한국환경공단, SR

01 다음 숫자가 규칙에 따라 나열되어 있을 때, 빈칸에 들어갈 알맞은 것을 고르면?

21 32 44 57 71 (　　) 102

① 79　② 86　③ 89　④ 96　⑤ 99

기출 포인트 해설 수추리

연산기호를 사용하여 나열된 숫자 간의 차이를 찾는다.

• 1단계

21　32　44　57　71
└ +11 ┘└ +12 ┘└ +13 ┘└ +14 ┘
└ +1 ┘└ +1 ┘└ +1 ┘

• 2단계

숫자 간의 차이가 1씩 증가하는 것을 알 수 있다.
따라서 +14에서 1이 증가한 +15를 빈칸 바로 앞 숫자 71에 적용하면 86이 된다.

정답 ②

하위능력: 기초연산능력 난이도: ★☆☆ 대표출제기업: 기술보증기금, 한국남부발전, 한국중부발전

02 반지름이 3cm인 원을 밑면으로 하고 높이가 8cm인 원기둥 모양의 컵에 물을 가득 담아, 반지름이 6cm인 원을 밑면으로 하고 높이가 30cm인 원기둥 모양의 빈 통에 물을 채우려고 한다. 이때 빈 통에 물을 가득 채우기 위해 컵으로 물을 옮겨야 하는 횟수는?

① 10번 ② 15번 ③ 20번 ④ 25번 ⑤ 26번

기출 포인트 해설 입체도형의 부피

부피 = 밑면의 넓이 × 높이임을 적용하여 구한다.
컵 밑면의 넓이는 반지름이 3cm인 원이므로 $(\pi \times 3^2) = 9\pi$cm^{2}이고, 높이는 8cm이므로 컵의 부피는 $9\pi \times 8 = 72\pi$cm^{3}이다.
빈 통 밑면의 넓이는 반지름이 6cm인 원이므로 $(\pi \times 6^2) = 36\pi$cm^{2}이고, 높이는 30cm이므로 빈 통의 부피는 $36\pi \times 30 = 1{,}080\pi$cm^{3}이다.
따라서 빈 통을 가득 채우려면 컵에 물을 가득 담아 $\frac{1{,}080\pi}{72\pi} = 15$번 옮겨야 한다.

이것도 알면 합격
- 반지름의 길이가 r인 원의 넓이: πr^2
- 밑넓이가 S, 높이가 h인 원기둥의 부피: S × h

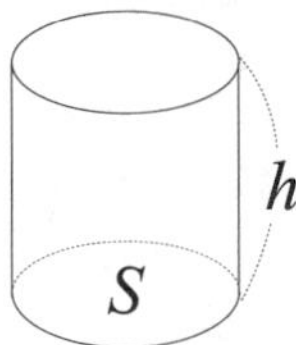

정답 ②

하위능력: 기초연산능력 **난이도**: ★★☆ **대표출제기업**: 국민연금공단, 서울교통공사, 한국장학재단

03 농도가 25%인 소금물 100g이 들어있는 컵에 농도가 10%인 소금물 50g을 섞은 후 30g을 덜어냈다. 다시 물만 80g을 더 부어 섞은 후 마지막으로 일부를 덜어냈더니 컵에 남아 있는 소금의 양이 6g이었다. 이때, 마지막에 덜어낸 소금물의 양은?

① 50g ② 100g ③ 150g ④ 200g ⑤ 250g

기출 포인트 해설 | 소금물의 양

구하고자 하는 덜어낸 소금물의 양을 x라고 하고, 소금물을 섞거나 덜어내는 과정을 단계별로 구분하여 소금물의 농도, 소금의 양, 소금물의 양을 구한다.

- 1단계: 농도가 25%인 소금물 100g에 농도가 10%인 소금물 50g을 섞는다.

구분		+	구분		=	구분	
소금물의 농도	25%		소금물의 농도	10%		소금물의 농도	$\frac{30}{150} \times 100 = 20\%$
소금의 양	$100 \times 0.25 = 25$g	+	소금의 양	$50 \times 0.10 = 5$g	=	소금의 양	$25 + 5 = 30$g
소금물의 양	100g		소금물의 양	50g		소금물의 양	$100 + 50 = 150$g

- 2단계: 1단계에서 섞은 소금물에서 소금물 30g을 덜어낸다.
  이때 소금물 30g을 덜어내면 소금물의 농도는 변하지 않으므로 소금의 양을 구할 수 있다.

구분		−	=	구분	
소금물의 농도	20%			소금물의 농도	20%
소금의 양	30g	소금물 30g	=	소금의 양	$120 \times 0.20 = 24$g
소금물의 양	150g			소금물의 양	$150 - 30 = 120$g

- 3단계: 2단계에서 덜어낸 소금물에 물 80g을 부어 섞는다.
  이때 물 80g을 부어 섞으면 소금의 양은 변하지 않으므로 소금물의 농도를 구할 수 있다.

구분		+	=	구분	
소금물의 농도	20%			소금물의 농도	$\frac{24}{200} \times 100 = 12\%$
소금의 양	24g	물 80g	=	소금의 양	24g
소금물의 양	120g			소금물의 양	$120 + 80 = 200$g

- 4단계: 3단계에서 섞은 소금물에서 소금물 xg을 덜어낸다.
  이때 소금물 xg을 덜어내면 소금물의 농도는 변하지 않고 남아있는 소금의 양이 6g임을 알 수 있다.

구분		−	=	구분	
소금물의 농도	12%			소금물의 농도	12%
소금의 양	24g	소금물 xg	=	소금의 양	$(200 - x) \times 0.12 = 6$g
소금물의 양	200g			소금물의 양	$200 - x$g

이에 따라 마지막으로 덜어낸 소금물의 양은 $(200 - x) \times 0.12 = 6 \rightarrow 24 - 0.12x = 6 \rightarrow 0.12x = 18 \rightarrow x = 150$
따라서 마지막으로 덜어낸 소금물의 양은 '150g'이다.

✔ 이것도 알면 합격

소금물의 농도(%) = $\frac{\text{소금의 양}}{\text{소금물의 양}} \times 100$, 소금의 양 = 소금물의 양 × $\frac{\text{소금물의 농도}}{100}$, 소금물의 양 = 물의 양 + 소금의 양

정답 ③

하위능력: 기초연산능력 난이도: ★★★ 대표출제기업: 한국남부발전, 한국중부발전

04 다음 중 올바르게 계산한 것은?

① $\log_8 4 + \log_4 2 = 1$

② $\log_{\sqrt{3}} 81 = 2$

③ $\log_4 80 = 2\log_4 5$

④ $3^{\log_{27}\sqrt{27}} = 9$

⑤ $\dfrac{\log_9 27}{\log_3 9} = \dfrac{3}{4}$

기출 포인트 해설 로그의 성질

$\dfrac{\log_9 27}{\log_3 9} = \dfrac{\log_{3^2} 3^3}{\log_3 3^2} = \dfrac{3}{2} \times \dfrac{1}{2} = \dfrac{3}{4}$

① $\log_8 4 + \log_4 2 = \log_{2^3} 2^2 + \log_{2^2} 2 = \dfrac{2}{3} + \dfrac{1}{2} = \dfrac{7}{6}$

② $\log_{\sqrt{3}} 81 = \log_{3^{\frac{1}{2}}} 3^4 = \dfrac{4}{\frac{1}{2}} = 8$

③ $\log_4 80 = \log_4(4^2 \times 5) = \log_4 4^2 + \log_4 5 = 2 + \log_4 5$

④ $3^{\log_{27}\sqrt{27}} = 3^{\log_{27} 27^{\frac{1}{2}}} = 3^{\frac{1}{2}} = \sqrt{3}$

이것도 알면 합격

- **로그의 정의**

  $a > 0$, $a \neq 1$, $N > 0$일 때, $a^x = N \Leftrightarrow x = \log_a N$ (N은 진수, a는 밑)

- **로그의 성질**

  $a > 0$, $a \neq 1$, $b > 0$, $x > 0$, $y > 0$, n은 실수일 때,

  − $\log_a a = 1$, $\log_a 1 = 0$

  − $\log_a xy = \log_a x + \log_a y$

  − $\log_a \frac{x}{y} = \log_a x - \log_a y$

정답 ⑤

하위능력: 기초통계능력 **난이도**: ★★☆ **대표출제기업**: 국민연금공단, 서울주택도시공사, 한국가스공사, 한국남부발전

05 다음은 A, B, C, D, E, F 6종류 부품의 하루 생산량과 불량률이다. 하루 동안 생산된 전체 부품 중 1,000개를 무작위로 검수하였을 때 나올 수 있는 불량 부품의 개수는?

구분	생산량	불량률
A	9,200개	1%
B	5,700개	0%
C	6,000개	2%
D	4,300개	0%
E	2,600개	1%
F	2,200개	11%

① 12개　　② 16개　　③ 20개　　④ 24개　　⑤ 28개

기출 포인트 해설 **불량률**

하루 동안 생산된 전체 부품의 개수는 9,200 + 5,700 + 6,000 + 4,300 + 2,600 + 2,200 = 30,000개이고, 하루 동안 발생한 불량 부품의 개수는 (9,200 × 0.01) + (6,000 × 0.02) + (2,600 × 0.01) + (2,200 × 0.11) = 92 + 120 + 26 + 242 = 480개이다. 이에 따라 하루 동안 생산된 전체 부품에 대한 불량률은 $\frac{480}{30,000}$ × 100 = 1.6%이다.
따라서 1,000개를 무작위로 검수하였을 때 나올 수 있는 불량 부품의 개수는 1,000 × 0.016 = 16개이다.

정답 ②

하위능력: 기초통계능력 **난이도**: ★☆☆ **대표출제기업**: 기술보증기금, 서울교통공사, 한국환경공단

06 다음은 병원에 방문한 환자 10명의 나이를 나타낸 것일 때, 10명 나이의 평균과 중앙값을 각각 순서대로 바르게 나열한 것은?

74	69	72	82	79
80	76	80	77	81

① 77, 77　② 77, 78　③ 77, 79　④ 78, 77　⑤ 78, 78

기출 포인트 해설 평균, 중앙값

제시된 변량의 총합은 74 + 69 + 72 + 82 + 79 + 80 + 76 + 80 + 77 + 81 = 770이고, 변량의 개수는 10개이므로 평균은 $\frac{770}{10}$ = 77이다.

제시된 변량을 크기 순서대로 나열하면 다음과 같다.

69	72	74	76	77	79	80	80	81	82

변량의 개수가 10개일 때 중앙값은 5번째 위치한 77과 6번째 위치한 79의 평균이므로 $\frac{77+79}{2}$ = 78이다.
따라서 10명 나이의 평균과 중앙값은 각각 '77, 78'이다.

이것도 알면 합격

- **평균(산술평균)**: 평균 = $\frac{\text{변량의 총합}}{\text{변량의 개수}}$, 도수분포표 평균 = $\frac{\text{(계급값} \times \text{도수)의 총합}}{\text{도수의 총합}}$
  - 극단적이거나 이질적인 값에 크게 영향을 받아 자료 전체를 대표하지 못할 가능성이 있다.
- **중앙값**: 전체 변량을 최솟값부터 최댓값까지 크기순으로 배열했을 때 정중앙에 위치하는 값
  - 최솟값: 변량 중 값의 크기가 가장 작은 값
  - 최댓값: 변량 중 값의 크기가 가장 큰 값
  - 너무 작거나 너무 큰 값에 영향을 받지 않고 자료 전체를 대표할 수 있다.

정답 ②

하위능력: 기초통계능력 **난이도**: ★★★ **대표출제기업**: 한국남부발전, 한국수자원공사

07 어떤 온라인 화장품 회사에서는 수분크림을 구매하는 고객들에게 립스틱과 미니어처 향수 중 한 가지를 사은품으로 함께 증정한다고 한다. 고객들에게 증정하기 위해 준비된 립스틱과 미니어처 향수의 수량 비율은 3:7이고, 배송 중에 립스틱과 미니어처 향수가 파손될 확률은 각각 5%와 8%이다. A 고객이 수분크림을 구매하고 파손 상품을 받았을 때, 해당 상품이 립스틱일 확률은?

① $\frac{5}{27}$　② $\frac{15}{59}$　③ $\frac{15}{71}$　④ $\frac{56}{71}$　⑤ $\frac{56}{81}$

기출 포인트 해설 **조건부확률**

준비된 립스틱과 미니어처 향수의 수량 비율은 3:7이고, 배송 중에 립스틱과 미니어처 향수가 파손될 확률은 5%와 8%이므로 립스틱의 파손율은 0.3 × 0.05 = 0.015이고, 미니어처 향수의 파손율은 0.7 × 0.08 = 0.056이다. 이때 사건 A가 일어났을 때의 사건 B의 조건부확률 $P(B \mid A) = \frac{P(A \cap B)}{P(A)}$이므로 A 고객이 파손 상품을 받았을 때 해당 상품이 립스틱일 확률은 $\frac{0.015}{0.015 + 0.056} = \frac{0.015}{0.071} = \frac{15}{71}$이다.

따라서 A고객이 수분크림을 구매하고 파손 상품을 받았을 때, 해당 상품이 립스틱일 확률은 $\frac{15}{71}$이다.

정답 ③

하위능력: 도표분석능력 **난이도**: ★★★ **대표출제기업**: 한국남부발전, 한국수자원공사

08 다음은 에너지원별 발전량 비중을 나타낸 자료이다. 자료에 대한 설명으로 옳지 않은 것은?

[에너지원별 발전량 비중]

(단위: GWh, %)

구분	총발전량	발전량 비중					
		원자력	석탄	가스	신재생	유류	양수
2013년	517,148	26.8	39.5	27.0	2.8	3.1	0.8
2014년	521,971	30.0	39.7	24.4	3.3	1.6	1.0
2015년	528,091	31.2	40.0	22.5	3.7	1.9	0.7
2016년	540,441	30.0	39.6	22.4	4.8	2.6	0.7
2017년	553,530	26.8	43.1	22.8	5.6	1.0	0.8
2018년	570,647	23.4	41.9	26.8	6.2	1.0	0.7

※ 출처: KOSIS(한국전력공사, 한국전력통계)

① 2018년 총발전량은 3년 전 대비 42,000GWh 이상 증가하였다.
② 2017년 원자력 에너지의 발전량은 신재생 에너지 발전량의 약 4.8배이다.
③ 2016년 석탄 에너지의 발전량은 전년 대비 증가하였다.
④ 2014년 이후 총발전량은 꾸준히 전년 대비 증가하고 있다.
⑤ 2016년 유류 발전량의 비중은 전년 대비 1.3%p 증가하였다.

기출 포인트 해설 | 효과적인 도표분석 방법

2016년 유류 발전량의 비중은 2.6%이고, 2015년에는 1.9%이므로 전년 대비 2.6 − 1.9 = 0.7%p 증가하였으므로 옳지 않은 설명이다.

① 2018년 총발전량은 2015년 대비 570,647 − 528,091 = 42,556GWh 증가하였으므로 옳은 설명이다.
② 2017년 원자력 에너지의 발전량은 총발전량의 26.8%이고, 신재생 에너지 발전량은 총발전량의 5.6%이므로 원자력 에너지의 발전량은 신재생 에너지 발전량의 26.8 / 5.6 ≒ 4.8배로 옳은 설명이다.
③ 석탄 에너지의 발전량은 각각 2015년에 528,091 × 0.4 ≒ 211,236GWh, 2016년에 540,441 × 0.396 ≒ 214,015GWh로 2016년 석탄 에너지의 발전량의 비중은 전년 대비 감소하였지만, 발전량 자체는 전년 대비 증가하였으므로 옳은 설명이다.
④ 2014년 이후 총발전량은 꾸준히 전년 대비 증가하고 있으므로 옳은 설명이다.

이것도 알면 합격

- **변화량**: 기준연도 대비 비교연도 A의 변화량 = 비교연도 A − 기준연도
- **증감률**: 기준연도 대비 비교연도 A의 증감률(%) = {(비교연도 A − 기준연도) / 기준연도} × 100
- **비중**: 전체에서 A가 차지하는 비중(%) = (A / 전체) × 100
- **도표분석 전략**
  - 자료의 단위가 비율인 경우 비율을 통해 또 다른 정보를 도출할 수 있다.
  - 계산이 필요없는 선택지가 정답일 수도 있으므로 계산이 필요한 선택지는 가장 마지막에 확인한다.

정답 ⑤

09 다음은 국토교통부에서 제공하는 골재채취 현황에 대한 자료이다. 자료에 대한 설명으로 옳은 것을 모두 고르면?

[골재 허가실적 및 채취실적]

(단위: 백만 m^3)

구분	2013년	2014년	2015년	2016년	2017년
공급실적	149	134	161	168	171
허가실적	72	89	120	118	106
채취실적	83	77	89	88	87

※ 1) 공급실적 = 채취실적 + 신고량
2) 신고량: 타법에 따라 사업 진행 중인 연 1,000m^3 이상 선별, 파쇄 또는 세척된 골재

[공급원별 골재채취 구성비]

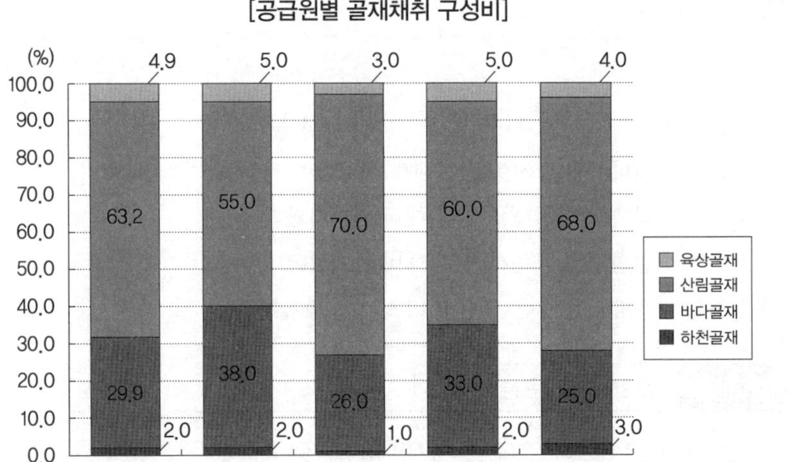

㉠ 제시된 기간의 평균 신고량은 73.8백만 m^3이다.
㉡ 허가실적보다 채취실적이 많은 해에 채취한 하천골재는 166만 m^3이다.
㉢ 2014년 이후 골재의 공급실적과 채취실적의 전년 대비 증감 추이는 매년 동일하다.
㉣ 채취한 바다골재의 구성비는 매년 육상골재 구성비의 6배 이상이다.

① ㉠, ㉡ ② ㉠, ㉢ ③ ㉡, ㉢ ④ ㉡, ㉣ ⑤ ㉢, ㉣

기출 포인트 해설 | 효과적인 도표분석 방법

㉡ 허가실적보다 채취실적이 많은 2013년에 채취실적은 83백만 m^3이고 이 중 하천골재는 2.0%로 83백만 × 0.02 = 166만 m^3이므로 옳은 설명이다.

㉣ 연도별 바다골재의 구성비가 육상골재 구성비의 몇 배인지 계산하면 다음과 같다.
2013년은 29.9 / 4.9 ≒ 6.1배, 2014년은 38.0 / 5.0 = 7.6배, 2015년은 26.0 / 3.0 ≒ 8.7배, 2016년은 33.0 / 5.0 = 6.6배, 2017년은 25.0 / 4.0 ≒ 6.3배로 바다골재의 구성비는 매년 육상골재 구성비의 6배 이상이므로 옳은 설명이다.

따라서 옳은 것은 '㉡, ㉣'이다.

㉠ 연도별 신고량을 계산하면 2013년은 149 − 83 = 66백만 m^3, 2014년은 134 − 77 = 57백만 m^3, 2015년은 161 − 89 = 72백만 m^3, 2016년은 168 − 88 = 80백만 m^3, 2017년은 171 − 87 = 84백만 m^3으로 5년 동안 평균 신고량은 (66 + 57 + 72 + 80 + 84) / 5 = 71.8백만 m^3이므로 옳지 않은 설명이다.

㉢ 2014년과 2015년에는 골재의 공급실적과 채취실적의 전년 대비 증감 추이는 동일하지만, 2016년과 2017년에 공급실적은 전년 대비 증가하는 반면, 채취실적은 전년 대비 감소하였으므로 옳지 않은 설명이다.

정답 ④

10 다음은 연도별 공기업 및 준정부기관에 대한 고객 만족도 점수를 나타낸 자료이다. 이를 바탕으로 2014년부터 2018년까지 공기업과 준정부기관에 대한 고객 만족도 점수를 바르게 나타낸 그래프는?

[연도별 공기업 및 준정부기관에 대한 고객 만족도]

(단위: 점)

구분	2011	2012	2013	2014	2015	2016	2017	2018
공기업	93.7	93	93.9	94.4	92	92.5	92.6	88.7
준정부기관	89.6	89.4	89.7	89.9	86.6	87.1	87.3	86.9
기타공공기관	86.9	85.1	86.3	86.3	85.8	85.1	85.1	84.4

①
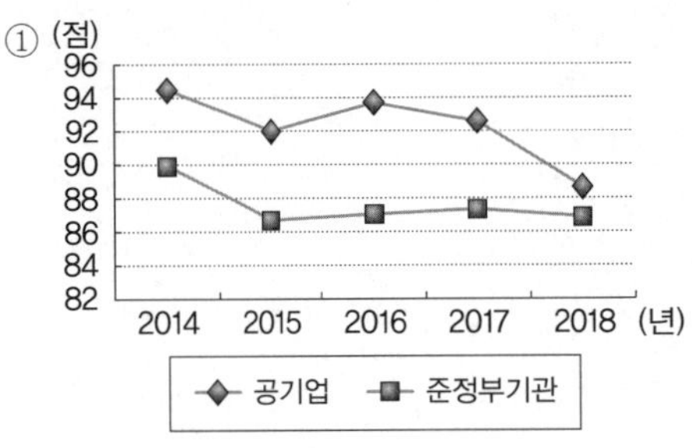

②
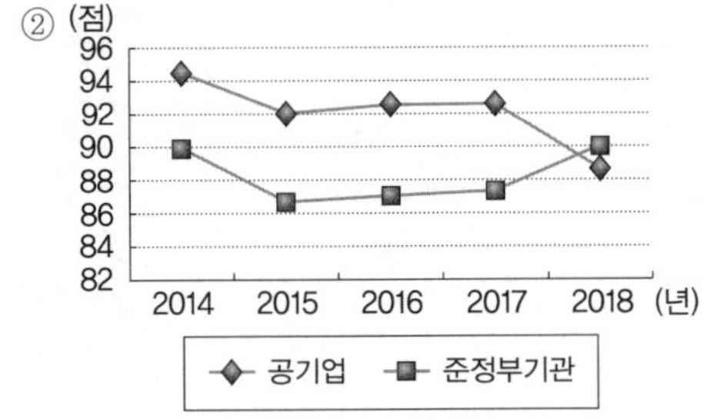

③
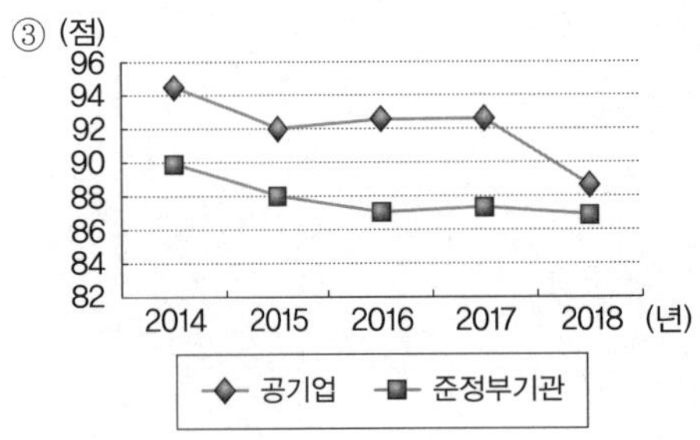

④
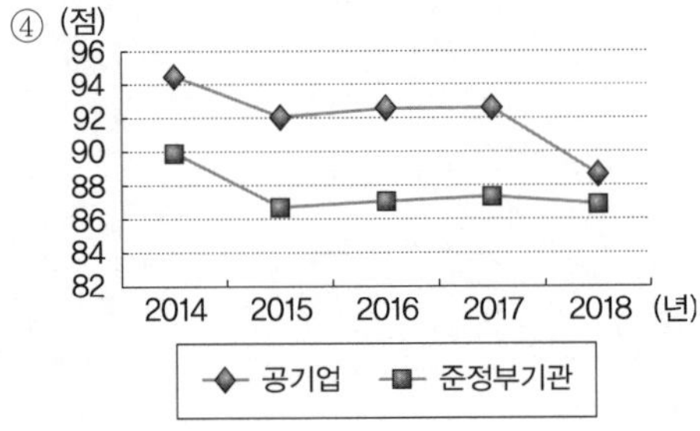

⑤
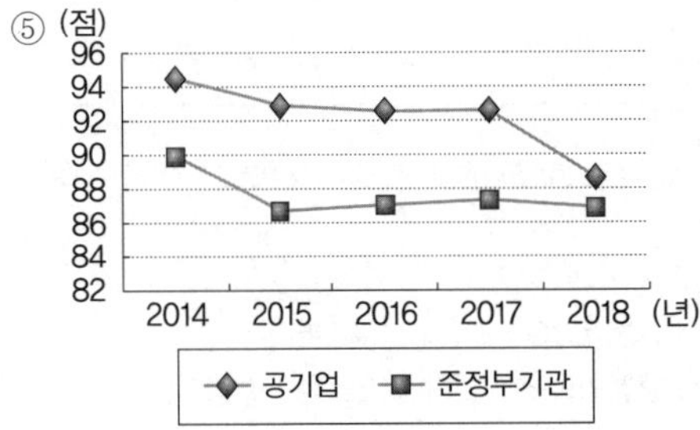

기출 포인트 해설 도표작성 시 유의사항

연도별 고객 만족도 점수가 모두 정확히 표시되어 있으므로 바르게 나타낸 그래프는 ④이다.

① 제시된 자료에서는 2016년 공기업에 대한 고객 만족도 점수가 92.5점이지만, 꺾은선 그래프에서는 94점에 가깝게 나타나므로 적절하지 않다.

② 제시된 자료에서는 2018년 준정부기관에 대한 고객 만족도 점수가 86.9점으로 공기업에 대한 고객 만족도 점수인 88.7점보다 낮아야 하지만, 꺾은선 그래프에서는 2018년 준정부기관에 대한 고객 만족도 점수가 공기업보다 높게 나타나므로 적절하지 않다.

③ 제시된 자료에서는 2015년 준정부기관에 대한 고객 만족도 점수가 86.6점이지만, 꺾은선 그래프에서는 88점에 가깝게 나타나므로 적절하지 않다.

⑤ 제시된 자료에서는 2015년 공기업에 대한 고객 만족도 점수가 92점으로 2016년의 92.5점보다 낮아야 하지만, 꺾은선 그래프에서는 2015년 공기업에 대한 고객 만족도 점수가 2016년보다 높게 나타나므로 적절하지 않다.

이것도 알면 합격

선(꺾은선) 그래프 작성 시 유의사항

- 세로축에 수량(예 금액, 매출액 등), 가로축에 명칭(예 연, 월, 장소 등)을 제시한다.
- 축의 모양은 L자형으로 나타낸다.
- 선의 높이에 따라 수치를 파악하는 경우가 많으므로 세로축의 눈금을 가로축의 눈금보다 크게 하는 것이 효과적이다.
- 선이 두 종류 이상이면 반드시 무슨 선인지 명칭을 기입해야 한다.
- 중요한 선은 다른 선보다 굵게 표시하거나 색을 다르게 나타내어 강조한다.

정답 ④

출제예상문제

• 시작과 종료 시각을 정한 후, 실제 시험처럼 문제를 풀어보세요.
시 분 ~ 시 분 (총 20문항/20분)

01 인쇄물을 만들어 300명의 전교생에게 하나씩 나눠주려는데, 이 인쇄물 하나를 만들기 위해서는 15장의 종이가 필요하다. 현재 보유하고 있는 종이는 3,600장일 때, 인쇄물 제작에 부족한 종이는 제작에 필요한 종이 총량의 몇 %인가?

① 10% ② 15% ③ 20% ④ 25% ⑤ 30%

02 한 변의 길이가 3cm인 정사각형 넓이는 한 변의 길이가 2cm 정삼각형 넓이의 몇 배인가?

① $\sqrt{3}$배 ② $2\sqrt{2}$배 ③ $2\sqrt{3}$배 ④ $3\sqrt{2}$배 ⑤ $3\sqrt{3}$배

03 우리는 흔히 TV 화면의 크기에 따라 몇 인치 TV라고 말하는데, 여기에서 인치는 TV 화면의 대각선 길이를 나타낸다. 두께가 2인치인 20인치 TV의 체적이 384(인치)^{3}일 때, TV 화면의 가로 길이에 대한 세로 길이의 비율은 얼마인가? (단, TV 화면의 가로 길이가 세로 길이보다 길다.)

① $\frac{2}{3}$ ② $\frac{3}{4}$ ③ $\frac{3}{5}$ ④ $\frac{4}{5}$ ⑤ $\frac{5}{6}$

04 어느 부부의 결혼기념일이 표시된 10월 달력이 있다. 결혼기념일에서 오른쪽으로 1칸, 위쪽으로 2칸 이동한 날짜와 결혼기념일에서 아래쪽으로 1칸 이동한 날짜를 더했더니 22가 되었다고 할 때, 이 부부의 결혼기념일은?

① 10월 8일 ② 10월 14일 ③ 10월 19일
④ 10월 21일 ⑤ 10월 25일

05 서로 다른 네 개의 수에 대한 분산이 표준편차의 4배일 때, 분산은?

① 2 ② 4 ③ 8 ④ 16 ⑤ 32

06 각기 다른 지역에서 발송되는 택배는 원활한 배송을 위해 모두 9시 정각에 하나의 물류센터에 도착해야 한다. 하지만 발송되는 날의 도로 사정에 따라 물류센터에 택배가 도착하는 9시를 기준으로 조기, 정시, 지연 도착하며, 그에 따른 각 지역별 확률은 아래와 같다. 어느 날 A 지역의 택배가 가장 먼저 물류센터에 도착했을 때, A 지역의 택배가 정시에 도착했을 확률은 약 몇 %인가? (단, 세 지역의 택배가 동시에 조기 도착 또는 지연 도착하는 경우에는 그 순서를 고려하지 않는다.)

구분	조기 도착	정시 도착	지연 도착
A	20%	70%	10%
B	5%	55%	40%
C	10%	80%	10%

① 10% ② 14% ③ 18% ④ 22% ⑤ 26%

07 다음은 시간대별 주택용 전력소비계수에 대한 자료이다. 자료에 대한 설명으로 옳은 것은?

[시간대별 주택용 전력소비계수]

구분	2019년				2020년			
	1분기	2분기	3분기	4분기	1분기	2분기	3분기	4분기
1~3시	867	859	836	846	840	832	807	830
4~6시	743	722	676	724	741	721	674	735
7~9시	864	861	796	854	943	943	863	971
10~12시	1,033	1,035	1,022	1,026	988	983	996	959
13~15시	985	1,004	1,066	989	963	979	1,050	932
16~18시	1,028	1,035	1,109	1,064	1,000	1,011	1,085	1,010
19~21시	1,298	1,280	1,300	1,323	1,327	1,315	1,333	1,362
22~24시	1,182	1,204	1,195	1,174	1,198	1,216	1,191	1,201

※ 전력소비계수: 전력소비자의 시간별 소비량 데이터를 바탕으로 가공된 상대계수로, 일간 평균을 기준(= 1,000)으로 하여 시간별 사용량을 상대적으로 산출함

※ 출처: KOSIS(한국전력공사, 전력소비행태분석)

① 2019년 각 분기별로 주택용 전력소비계수가 가장 높은 시간대와 주택용 전력소비계수가 가장 낮은 시간대의 전력소비계수 차이는 항상 600 미만이다.

② 2019년 모든 분기의 10~12시 주택용 전력소비계수 평균은 2020년 모든 분기의 10~12시 주택용 전력소비계수 평균보다 50 이상 높다.

③ 2020년 모든 분기 중 1~6시 주택용 전력소비계수 평균은 1분기가 가장 높다.

④ 2019년 1분기에 주택용 전력소비계수가 3번째로 높은 시간대와 같은 해 4분기에 주택용 전력소비계수가 3번째로 높은 시간대는 동일하다.

⑤ 2020년 매 분기마다 주택용 전력소비계수가 1,000 이상인 시간대는 모두 16~24시 사이이다.

08 다음은 소상공인 업종별 실적에 따른 체감 및 전망에 대한 자료이다. 자료에 대한 설명으로 옳지 않은 것은?

[소상공인 업종별 실적에 따른 체감 및 전망]

(단위: BSI)

구분	2018년 1월		2019년 1월		2020년 1월	
	체감	전망	체감	전망	체감	전망
제조업	64.3	89.9	63.7	83.9	78.9	87.7
소매업	54.4	90.2	54.0	80.0	64.6	81.4
음식점업	53.3	82.8	58.0	80.1	60.9	82.3
부동산업	57.8	84.4	58.3	75.9	59.2	85.1
전문기술사업	80.7	100.0	68.8	87.0	79.3	87.0
교육 서비스업	72.8	90.9	79.2	86.3	87.4	89.7
스포츠 및 오락관련	35.9	75.0	48.0	73.4	62.0	84.9
수리업	42.7	85.4	41.0	73.6	54.5	74.3
개인 서비스업	54.7	88.4	57.1	83.5	69.5	86.4

※ 출처: KOSIS(중소벤처기업부, 소상공인시장경기동향조사)

① 제시된 업종 중 2020년 1월 업종별 전망 BSI에서 체감 BSI를 뺀 값이 가장 큰 업종은 부동산업이다.

② 2020년 1월 음식점업 체감 BSI의 전년 동월 대비 증감률은 2019년 1월 음식점업 체감 BSI의 전년 동월 대비 증감률보다 크다.

③ 제시된 업종 중 스포츠 및 오락관련 업종을 제외하고 제시된 기간 중 체감 BSI가 가장 낮은 업종은 수리업이다.

④ 제시된 업종 중 2019년 1월에 전망 BSI가 2번째로 높은 업종은 2020년 1월의 전망 BSI가 2019년 1월 대비 증가하였다.

⑤ 제시된 모든 업종의 2019년 1월 전망 BSI는 전년 동월 대비 감소하였다.

09 다음은 2020년 제조업 평균가동률에 대한 자료이다. 자료에 대한 설명으로 옳은 것을 모두 고르면?

[2020년 제조업 평균가동률]

(단위: %)

구분		1월	3월	5월	7월	9월	11월
규모별	소기업	67.0	65.7	63.9	64.7	64.4	66.4
	중기업	74.1	73.7	68.3	70.5	73.1	73.9
유형별	일반기업	69.6	68.2	65.3	66.6	67.5	69.6
	혁신형기업	73.8	74.2	68.2	70.8	72.4	74.6
구조별	경공업	71.9	69.5	65.3	66.7	68.5	69.6
	중화학공업	70.0	69.9	66.5	68.1	69.0	70.5

※ 평균가동률: 보유 생산설비의 월간 생산능력 대비 해당 월의 평균 생산량비율을 의미함

※ 출처: KOSIS(중소기업중앙회, 중소기업경기전망조사)

㉠ 소기업, 일반기업, 경공업의 9월 평균가동률은 직전 2개월 대비 모두 증가하였다.

㉡ 3~11월 중 혁신형기업의 평균가동률을 2개월 전과 비교했을 때 감소한 달의 직전 2개월 대비 감소율은 10% 미만이다.

㉢ 제시된 기간 중 중화학공업의 평균가동률이 가장 높았던 달은 중기업 평균가동률도 가장 높았던 달이다.

㉣ 제시된 기간 중 일반기업의 평균가동률이 가장 낮았던 달은 경공업의 평균가동률도 가장 낮았던 달이다.

① ㉠, ㉡ ② ㉠, ㉣ ③ ㉡, ㉢ ④ ㉡, ㉣ ⑤ ㉢, ㉣

10 다음은 2018년 학교 유형별 장학금 수혜 여부와 유형에 대한 자료이다. 자료에 대한 설명으로 옳은 것을 모두 고르면?

[2018년 학교 유형별 장학금 수혜 여부와 유형]

(단위: %)

구분			2년제 전문대	3년제 전문대	4년제 전문대	4년제 일반대	5년제 일반대	6년제 일반대
1학기	장학금 수혜 여부	예	59.7	55.5	65.0	56.3	47.9	31.1
		아니오	40.3	44.5	35.0	43.7	52.1	68.9
	장학금 유형	국가장학금	81.2	76.4	70.4	64.1	81.6	35.6
		교내장학금	16.8	19.9	27.3	30.1	11.7	53.3
		교외장학금	0.4	0.7	0.0	2.2	0.0	11.1
		기타	1.6	3.0	2.3	3.6	6.7	0.0
2학기	장학금 수혜 여부	예	56.3	51.1	55.9	56.6	39.2	17.6
		아니오	43.7	48.9	44.1	43.4	60.8	82.4
	장학금 유형	국가장학금	78.9	72.7	73.3	61.0	80.7	43.2
		교내장학금	17.5	21.4	26.7	32.9	19.3	36.7
		교외장학금	1.8	2.0	0.0	3.2	0.0	20.1
		기타	1.8	3.9	0.0	2.9	0.0	0.0

※ 출처: KOSIS(한국직업능력개발원, 한국교육고용패널조사)

㉠ 모든 학교 유형에서 1학기 장학금 수혜 여부에 '예'라고 응답한 비율이 '아니오'라고 응답한 비율보다 크다.
㉡ 모든 학교 유형에서 2학기 장학금 유형 중 국가장학금의 비율은 교내장학금의 비율의 2배 이상이다.
㉢ 6년제 일반대 유형의 장학금 유형에서 기타를 제외하고 1학기 대비 2학기의 증감률의 크기는 교외장학금이 가장 크다.
㉣ 모든 전문대 유형에서 1학기 교외장학금 비율과 기타 비율의 합은 각각 4년제 일반대 유형의 교외장학금 비율과 기타 비율의 합보다 모두 작다.

① ㉠, ㉡　② ㉠, ㉢　③ ㉡, ㉢　④ ㉡, ㉣　⑤ ㉢, ㉣

11 다음은 2019년 고등학교 유형별 아침 식사 여부에 대한 자료이다. 자료에 대한 설명으로 옳은 것은?

[2019년 고등학교 유형별 아침 식사 여부]

(단위: %)

구분	먹지 않음	주 1~2회	주 3~4회	주 5~6회	매일 먹음
일반고등학교	33.1	21.7	17.9	6.4	20.9
자율고등학교	23.2	21.7	20.6	10.4	24.1
특성화고등학교	34.4	20.8	14.2	6.5	24.1
과학고등학교	24.9	23.8	15.6	10.8	24.9
외국어고등학교	26.7	21.9	20.0	9.6	21.8
예술고등학교	38.6	21.4	15.3	5.6	19.1
체육고등학교	24.5	22.7	16.0	9.4	27.4
마이스터고등학교	24.5	14.1	14.6	7.9	38.9

※ 출처: KOSIS(한국직업능력개발원, 한국교육고용패널조사)

① 아침 식사 여부에 '먹지 않음'이라고 응답한 비율이 가장 낮은 고등학교는 '매일 먹음'이라고 응답한 비율도 가장 낮다.

② 모든 고등학교에서 '주 5~6회'라고 응답한 비율이 가장 낮으며, 해당 응답 비율은 모두 10% 이하이다.

③ 체육고등학교에서 '주 1~2회'라고 응답한 비율을 제외한 나머지 응답 비율을 합한 값은 '주 1~2회'라고 응답한 비율의 3배 미만이다.

④ 마이스터고등학교에서 '먹지 않음'과 '주 1~2회'이라고 응답한 비율의 합은 '주 5~6회'와 '매일 먹음'이라고 응답한 비율의 합보다 크다.

⑤ '주 3~4회'라고 응답한 비율이 가장 높은 고등학교의 해당 응답 비율은 '주 3~4회'라고 응답한 비율이 가장 낮은 고등학교의 해당 응답과 비교하면 1.2배 이상이다.

12 다음은 소득 구간별 대출 신청한 인원수를 기록한 도수분포표일 때, 〈보기〉의 도수분포표 구성요소 중 도수분포표의 작성 원칙에 어긋나게 작성된 것을 모두 고르면?

구간	도수	상대도수	누적도수
500만 원 이상 1,000만 원 미만	0	0	0
1,000만 원 이상 1,500만 원 미만	10	0.20	0.20
1,500만 원 이상 2,500만 원 미만	22	0.44	0.64
2,500만 원 이상 3,000만 원 미만	16	0.32	0.96
3,000만 원 이상 4,000만 원 미만	2	0.04	1.00
합계	50	1.00	-

〈보기〉

㉠ 계급 구간의 폭　㉡ 계급의 개수　㉢ 상대도수　㉣ 누적도수

① ㉠, ㉡　② ㉡, ㉢　③ ㉢, ㉣　④ ㉠, ㉡, ㉣　⑤ ㉡, ㉢, ㉣

13 가희와 나영이는 ○○기업의 1~4월 매출액을 보고 각자 서로 다르게 그래프를 그린 후 서로 다른 결론을 내렸다. 이와 같이 다른 결론을 내리게 된 이유로 가장 적절한 것은?

[가희가 작성한 그래프]

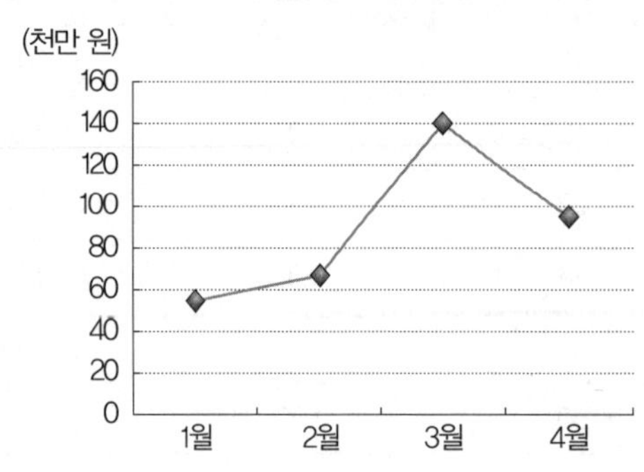

[나영이가 작성한 그래프]

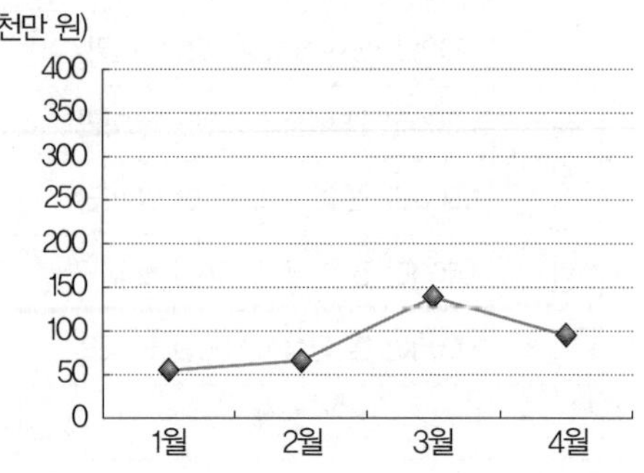

- **가희**: 3월 매출액은 나머지 3개월에 비해 매출액이 월등히 높았어.
- **나영**: 아니야. 3월 매출액은 4개월 매출액 중에서 가장 높긴 하지만, 그 차이가 크지는 않아.

① 나영이가 그린 그래프의 가로축 눈금 간격이 더 넓기 때문이다.

② 세로축이 나타내는 값의 단위를 서로 다르게 설정했기 때문이다.

③ 가희가 3월 매출액을 실제 자료보다 크게 잘못 그렸기 때문이다.

④ 그래프의 종류를 막대 그래프가 아닌 선 그래프로 설정했기 때문이다.

⑤ 세로축 한 눈금의 크기를 서로 다르게 설정했기 때문이다.

14 다음 중 ㉠~㉥에 들어갈 도표 종류가 바르게 나열된 것은?

종류	의미	예
㉠	시간적 추이를 표시하는 데 적합한 그래프	연도별 매출액 추이
㉡	비교하고자 하는 수량을 막대 길이로 표시하고, 그 길이를 비교하여 각 수량 간의 대소관계를 나타내고자 할 때 활용할 수 있는 그래프	영업소별 매출액
㉢	일반적으로 내역이나 내용의 구성비를 분할하여 나타내고자 할 때 활용할 수 있는 그래프	제품별 매출액 구성비
㉣	지역 분포를 비롯하여 도시, 지방, 기업, 상품 등의 평가나 위치, 성격을 표시하는 데 활용할 수 있는 그래프	광고 비율과 이익률의 관계
㉤	합계와 각 부분의 크기를 백분율로 나타내고 시간적 변화를 보고자 할 때, 합계와 각 부분의 크기를 실수로 나타내고 시간적 변화를 보고자 할 때 활용할 수 있는 그래프	상품별 매출액 추이
㉥	다양한 요소를 비교할 때 또는 경과를 나타낼 때 활용할 수 있는 그래프	매출액의 계절 변동

① ㉠ 선 그래프, ㉢ 막대 그래프
② ㉡ 막대 그래프, ㉢ 원 그래프
③ ㉠ 점 그래프, ㉣ 레이더 차트
④ ㉡ 선 그래프, ㉤ 층별 그래프
⑤ ㉣ 점 그래프, ㉥ 선 그래프

15 다음은 주요 대도시를 중심으로 주거지역의 낮과 밤 도로 소음도를 측정한 자료의 일부이다. 이를 바탕으로 만든 그래프로 옳지 않은 것은?

[주요 대도시의 도로 소음도]

(단위: dB)

구분	2013년		2014년		2015년		2016년		2017년		2018년	
	낮	밤	낮	밤	낮	밤	낮	밤	낮	밤	낮	밤
서울	68	65	68	66	69	66	68	66	68	66	68	66
부산	67	62	67	62	67	62	67	62	68	62	66	61
대구	68	63	67	63	67	62	65	61	67	61	67	60
광주	64	59	63	58	63	57	63	57	62	57	63	58
대전	60	54	60	55	60	56	60	54	61	55	60	53

※ 출처: KOSIS(환경부, 주요도시환경소음도현황)

① 서울 주거지역의 도로 소음도

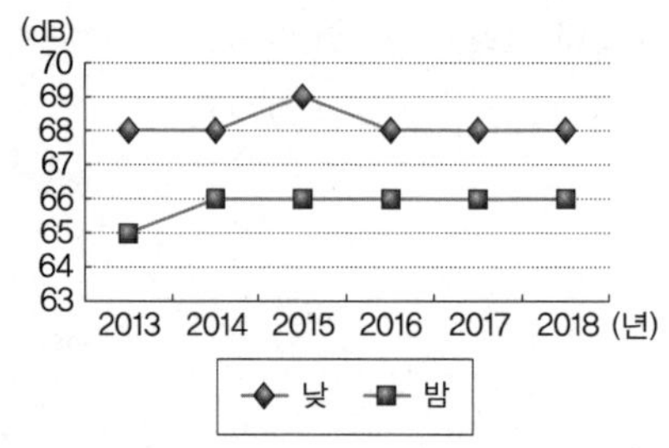

② 대구 주거지역의 도로 소음도

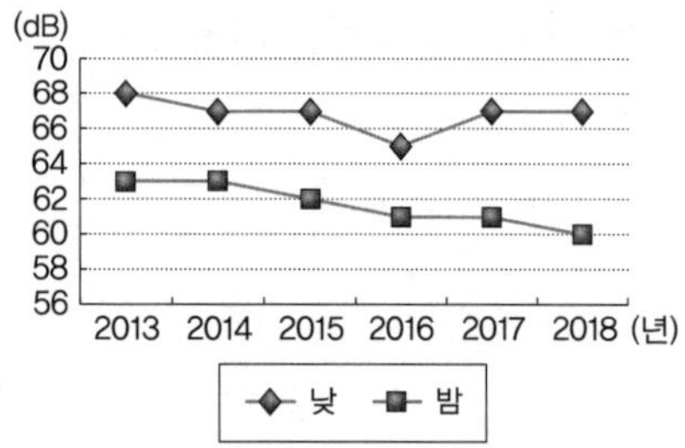

③ 광주 주거지역의 도로 소음도

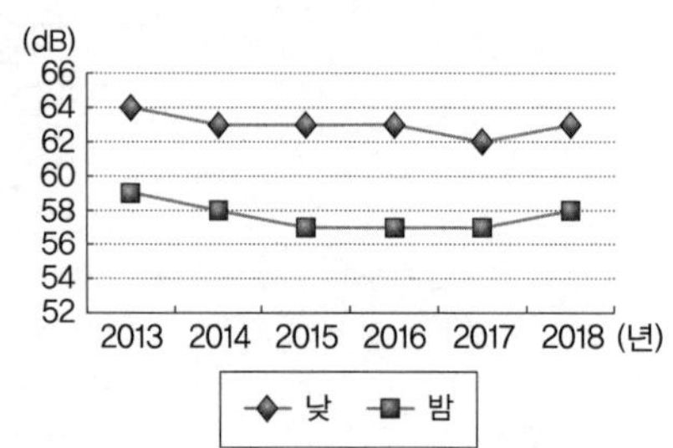

④ 부산 주거지역의 도로 소음도

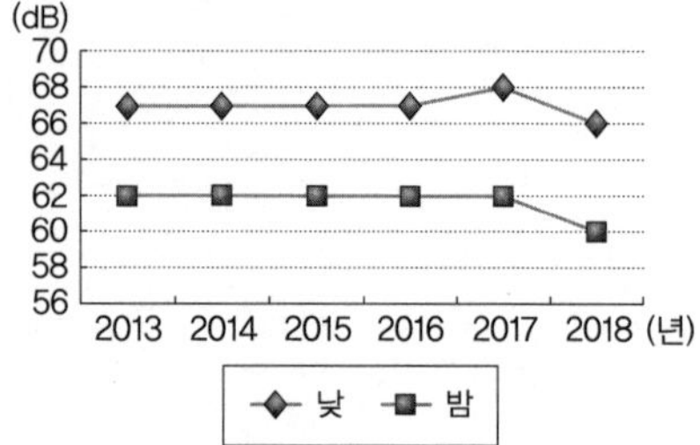

⑤ 대전 주거지역의 도로 소음도

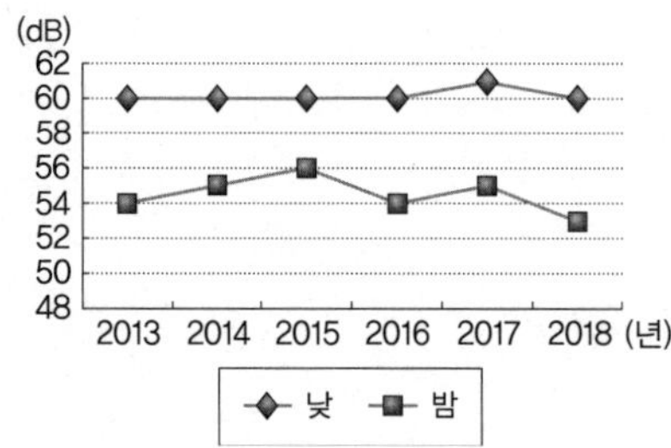

16 다음은 연도별 국가무형문화재 전승자 현황에 대한 자료이다. 자료에 대한 설명으로 옳은 것을 모두 고르면?

[연도별 국가무형문화재 전승자 현황]

(단위: 명)

구분	보유자		전승교육사	이수자	전수장학생
	전체	명예보유자			
2016년	173	23	290	5,981	76
2017년	170	17	286	6,171	74
2018년	168	17	285	6,363	68
2019년	172	16	271	6,526	56
2020년	175	33	253	6,608	69

※ 출처: KOSIS(문화재청, 문화재관리현황)

㉠ 2017~2020년 중 전체 보유자 수가 가장 적은 해의 이수자 수는 전년 대비 약 3.1% 증가하였다.
㉡ 제시된 기간 동안 전체 보유자 수에서 명예보유자 수가 차지하는 비율이 가장 높은 연도는 2020년이다.
㉢ 2017년부터 2020년까지 전승교육사 수가 전년 대비 가장 많이 감소한 해에 전수장학생 수도 가장 많이 감소하였다.
㉣ 제시된 기간 중 명예보유자 수가 처음으로 20명 미만이 된 해의 전수장학생 수도 처음으로 80명 미만이다.

① ㉠, ㉡　② ㉠, ㉣　③ ㉡, ㉢　④ ㉡, ㉣　⑤ ㉢, ㉣

17 다음은 2020년 매출액 규모별 외식업체 사업주 연령에 대한 자료이다. 자료에 대한 설명으로 옳은 것은?

[2020년 매출액 규모별 외식업체 사업주 연령]

(단위: %)

구분	20대	30대	40대	50대	60세 이상	평균 연령(세)
5천만 원 미만	0.9	5.3	10.7	29.0	54.1	58.2
5천만 원 이상~1억 원 미만	1.4	12.4	22.4	35.0	28.8	52.6
1억 원 이상~5억 원 미만	1.5	9.0	25.4	45.3	18.8	51.5
5억 원 이상	0.0	8.5	28.0	42.6	20.9	52.0

※ 출처: KOSIS(농림축산식품부, 외식업체경영실태조사)

① 제시된 매출액 규모 중 매출액 규모별로 가장 높은 비율을 차지하는 외식업체 사업주 연령은 모두 50대이다.

② 제시된 매출액 규모 중 매출액 규모가 클수록 외식업체 사업주 평균 연령은 낮다.

③ 제시된 매출액 규모 중 외식업체 사업주 연령이 20대인 비율을 비교하였을 때, 해당 비율이 가장 높은 매출액 규모는 5천만 원 이상~1억 원 미만이다.

④ 제시된 매출액 규모 중 평균 연령이 두 번째로 높은 매출액 규모에서 외식업체 사업주 연령의 비율은 40대가 두 번째로 높다.

⑤ 제시된 매출액 규모 중 매출액 규모가 5천만 원 미만인 외식업체에서 사업주 연령이 40대인 비율은 사업주 연령이 20대와 30대인 비율을 합한 값의 2배 미만이다.

18 다음은 2020년 디자이너 등급별 일 임금단가에 대한 자료이다. 자료에 대한 설명으로 옳지 않은 것은?

[2020년 디자이너 등급별 일 임금단가]

(단위: 천 원)

구분		총괄 디자이너	특급 디자이너	고급 디자이너	중급 디자이너	초급 디자이너	보조 디자이너
총 근로자 수별	4인 이하	243	213	192	170	136	111
	5~9인	266	228	206	185	157	126
	10~19인	285	236	205	197	155	125
	20~49인	330	275	220	207	175	127
	50인 이상	382	313	234	240	210	150
디자이너 근로자 수별	1인	240	217	186	171	132	103
	2~4인	250	219	199	173	144	121
	5~9인	275	235	211	200	160	128
	10인 이상	377	259	233	204	169	133

※ 출처: KOSIS(한국디자인산업연합회, 디자이너등급별노임단가실태조사)

① 디자이너 근로자 수가 많은 기업일수록 제시된 모든 디자이너 등급별 일 임금단가는 커진다.

② 총 근로자 수가 10~19인인 기업에서 총괄 디자이너 일 임금단가는 보조 디자이너 일 임금단가의 2배 이상이다.

③ 디자이너 근로자 수가 5~9인인 기업에서 특급 디자이너 일 임금단가는 고급 디자이너의 일 임금단가보다 약 11.4% 높다.

④ 제시된 모든 디자이너 등급의 일 임금단가의 평균은 디자이너 근로자 수가 1인인 기업이 총 근로자 수가 4인 이하인 기업보다 크다.

⑤ 총 근로자 수가 50인 이상인 기업에서 중급 디자이너의 일 임금단가는 고급 디자이너의 일 임금단가보다 높다.

19 다음은 2020년 중·고등학생 담배 구매 가능률에 대한 자료이다. 자료에 대한 설명으로 가장 옳은 것은?

[2020년 중·고등학생 담배 구매 가능률]

(단위: 명, %)

구분		전체		남학생		여학생	
		분석대상자	구매 가능률	분석대상자	구매 가능률	분석대상자	구매 가능률
학년별	중학교 1학년	218	25.4	151	19.5	67	37.8
	중학교 2학년	388	51.9	249	49.5	139	56.5
	중학교 3학년	599	60.2	412	60.5	187	59.3
	고등학교 1학년	714	71.7	509	72.5	205	69.7
	고등학교 2학년	904	74.7	669	75.6	235	72.1
	고등학교 3학년	1,090	80.0	837	81.3	253	75.5
학교급별	중학교	1,205	51.2	812	49.8	393	54.4
	고등학교	2,708	76.0	2,015	77.2	693	72.6
전체		3,913	69.0	2,827	69.9	1,086	66.4

※ 구매 가능률: 대상자 중 최근 30일 동안 편의점이나 가게 등에서 담배를 사려고 시도했을 때 '많이 노력', '조금만 노력' 또는 '노력 없이도 쉽게' 살 수 있었던 사람의 분율

※ 출처: KOSIS(질병관리청, 청소년건강행태조사)

① 제시된 모든 학년에서 여학생의 구매 가능률은 남학생의 구매 가능률보다 높다.

② 제시된 모든 학년에서 남학생과 여학생 모두 학년이 올라갈수록 구매 가능률이 증가한다.

③ 중학교 여학생 분석대상자 수 대비 남학생 분석대상자 수의 비율은 고등학교 여학생 분석대상자 수 대비 남학생 분석대상자 수의 비율보다 크다.

④ 전체 분석대상자 수는 중학교 3학년이 중학교 2학년의 1.6배 이상이다.

⑤ 제시된 학년 중 남학생과 여학생의 분석대상자 차이가 가장 적은 학년에 남학생과 여학생의 구매 가능률 차이도 가장 적다.

20 다음은 선박 용도별 해양사고 발생현황에 대한 자료이다. 자료에 대한 설명으로 옳은 것을 모두 고르면?

[선박 용도별 해양사고 발생현황]

(단위: 척)

구분	2000년	2005년	2010년	2015년	2020년
여객선	15	8	22	66	47
화물선	93	99	133	115	139
어선	586	657	1,380	1,621	2,331
유조선	14	24	45	65	83
예인선	25	37	97	94	112
기타선	47	59	265	401	176
총계	780	884	1,942	2,362	2,888

※ 출처: KOSIS(해양수산부, 해양사고현황)

㉠ 2005년부터 2020년까지 전체 해양사고 발생 척수는 5년 전 대비 모두 20% 이상 증가하였다.
㉡ 제시된 선박 용도 중 2000년 대비 2020년 해양사고 발생 척수의 증가율은 유조선이 가장 높다.
㉢ 2015년 어선의 해양사고 발생 척수는 2000년 어선의 해양사고 발생 척수의 3배 미만이다.
㉣ 2010년 화물선, 어선, 예인선, 기타선의 해양사고 발생 척수는 모두 100척 이상이다.

① ㉠, ㉡　② ㉠, ㉣　③ ㉡, ㉢　④ ㉡, ㉣　⑤ ㉢, ㉣

약점 보완 해설집 p.7

제3장 문제해결능력

문제해결능력 개념정리

01 사고력

02 문제처리능력

기출공략문제

출제예상문제

미리 보는 문제해결능력,

기출 개념 마인드맵

문제해결능력이란 업무를 수행하면서 문제 상황이 발생했을 때, 창조적, 논리적, 비판적 사고를 통해 이를 올바르게 인식하고 적절히 해결하는 능력으로, 크게 사고력과 문제처리능력으로 구분됩니다. 다음은 문제해결능력에서 주로 출제되었던 기출 키워드를 정리한 마인드맵입니다. 학습 전에는 문제해결능력의 큰 흐름을 먼저 파악하는 용도로, 학습 후에는 문제해결능력의 기출 포인트를 짚어보며 내용을 정리해 보는 용도로 활용해 보시기 바랍니다.

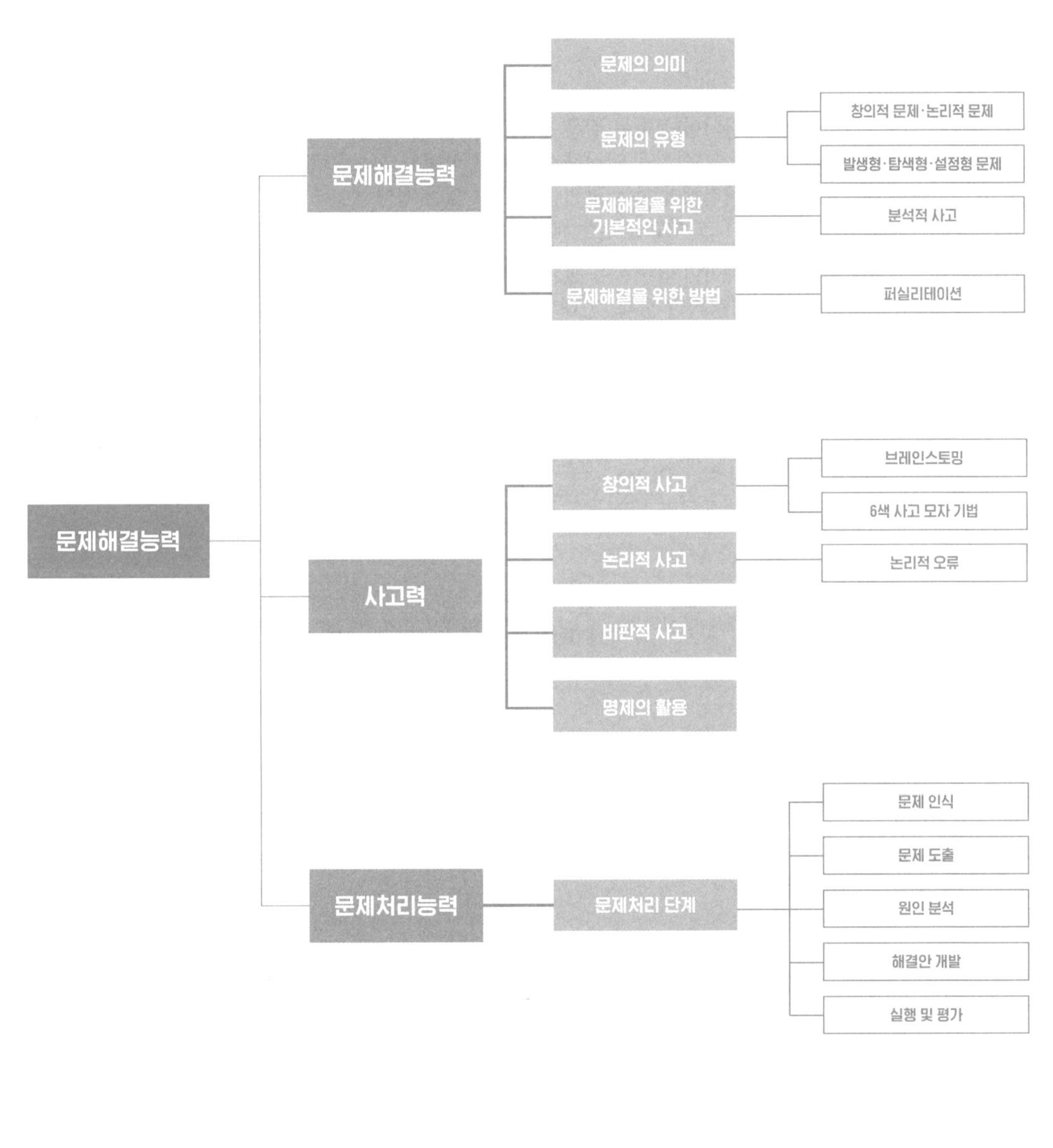

문제해결능력 개념정리

기출 키워드

- 문제의 의미
- 창의적 문제
- 발생형 · 탐색형 · 설정형 문제
- 분석적 사고
- 퍼실리테이션

1 문제

1. 문제란?

① 원활한 업무수행을 위해 해결되어야 하는 질문이나 의논 대상을 말한다.
- 해결해야 하는 상황이지만 그 상황을 인식하지 못하는 상태
- 해결해야 하지만 실제로 해결해야 하는 방법을 모르고 있는 상태
- 얻고자 하는 해답은 있으나 그 해답을 얻는 데 필요한 일련의 행동을 알지 못하는 상태

② 조직에서의 목표와 현상의 차이이자 해결이 필요한 사항이다.
- 목표: 있어야 할 모습과 바람직한 상태, 기대되는 결과
- 현상: 현재의 모습과 예상되는 상태, 예기치 못한 결과

+ 더 알아보기

문제와 문제점의 차이

문제점은 문제의 원인이 되는 사항으로 문제해결을 위해서 손을 써야 할 대상을 말한다.
예 난폭 운전으로 전복 사고가 일어났을 때, '문제'는 사고의 발생이며, '문제점'은 난폭 운전이다.

2. 기준에 따른 문제의 유형

기준	기능	해결방법	시간	업무수행 과정
유형	• 제조 문제 • 판매 문제 • 자금 문제 • 인사 문제 • 경리 문제 • 기술상 문제	• 창의적 문제 • 논리적 문제	• 과거 문제 • 현재 문제 • 미래 문제	• 발생형 문제 • 탐색형 문제 • 설정형 문제

① 해결방법에 따른 문제의 유형

구분	창의적 문제	논리적 문제
문제 제시 방법	• 현재 문제가 없더라도 보다 나은 방법을 찾기 위한 문제 탐구 • 문제 자체가 명확하지 않음	• 현재의 문제점이나 미래의 문제로 예견되는 문제 탐구 • 문제 자체가 명확함
해결방법	• 창의력에 의한 많은 아이디어의 작성을 통해 해결	• 분석, 논리, 귀납과 같은 논리적 방법을 통해 해결
해답 수	• 해답의 수가 많음 • 많은 해답 중 보다 나은 것을 선택	• 해답의 수가 적음 • 해답이 한정되어 있음
주요 특징	• 주관적, 직관적, 감각적, 정성적, 개별적, 특수성	• 객관적, 논리적, 정량적, 이성적, 일반적, 공통성

② 업무수행 과정 중 발생하는 문제의 유형

• 발생형 문제(보이는 문제): 현재 직면한 문제로, 걱정되며 해결하기 위해 고민하는 문제를 의미함

일탈 문제	어떤 기준을 일탈하여 생기는 문제
미달 문제	어떤 기준에 미달하여 생기는 문제
원인지향적 문제	문제의 원인이 내재되어 있음

• 탐색형 문제(찾는 문제): 현재 상황을 개선하거나 효율을 높이기 위한 문제로, 방치하면 뒤에 큰 손실이 따르거나 결국 해결할 수 없는 문제로 확대됨

잠재 문제	인식하지 못한 문제로, 나중에 문제가 확대되어 해결이 어려운 문제
예측 문제	현재에는 문제가 없으나, 현 상태의 진행 상황을 예측하여 앞으로 일어날 수 있는 문제가 보이는 문제
발견 문제	현재로서는 담당 업무에 아무런 문제가 없으나 유사 타 기업의 업무 방식이나 선진기업의 업무 방법 등의 정보를 얻음으로써 보다 좋은 제도, 기법, 기술을 발견하여 개선, 향상할 수 있는 문제

• 설정형 문제(미래 문제): 장래의 경영전략을 생각하는 문제로, 앞으로 어떻게 할 것인가 하는 문제를 의미함

목표지향적 문제	지금까지 해오던 것과 전혀 관계없이 새로운 과제, 목표를 설정함에 따라 나타나는 문제
창조적 문제	지금까지 경험한 적이 없는 문제로 창조적인 노력이 요구되는 문제

3. 문제해결 의지의 중요성

① 업무를 추진하는 동안에 문제를 인식한다고 하더라도 문제를 방치하거나 해결하려는 의지가 없다면 문제의 존재는 의미가 없다.

② 문제를 해결하려는 실천적 의지가 중요하며 이를 통해 문제에 도전하여 해결하려는 노력이 동반될 때 조직이 발전할 수 있다.

2 문제해결

1. 문제해결이란?

목표와 현상을 분석하고, 분석 결과를 토대로 주요 과제를 도출하여 바람직한 상태나 기대되는 결과가 나타나도록 최적의 해결안을 모색하여 실행 · 평가해가는 활동을 말한다.

2. 문제해결능력이란?

① 창조적, 논리적, 비판적 사고를 통해 직장생활 및 업무수행 중에 발생하는 여러 가지 문제를 올바르게 인식하고 적절히 해결하는 능력을 말한다.

② 문제해결능력의 하위 요소
- 사고력: 직장생활에서 발생하는 문제해결 시 요구되는 기본 요소로서 창의적, 논리적, 비판적으로 생각하는 능력
- 문제처리능력: 목표와 현상을 분석하고, 분석 결과를 토대로 문제를 도출하여 최적의 해결책을 찾아 실행 · 평가해 나가는 일련의 활동을 수행하는 능력으로, 일반적으로 다섯 단계의 문제해결 절차를 의미함

3. 문제해결의 의의

① **조직 측면**: 자신이 속한 조직의 관련 분야에서 조직은 세계 일류 수준을 지향할 수 있으며, 경쟁사 대비 탁월한 우위를 확보할 수 있음
② **고객 측면**: 고객이 불편하다고 느끼는 부분을 찾아 개선하여 고객 만족을 높일 수 있음
③ **자기 자신 측면**: 불필요한 업무를 제거하거나 단순화하여 업무를 효율적으로 처리함으로써 자신을 경쟁력 있는 사람으로 만들어나갈 수 있음

4. 문제해결의 필수 요소

① 체계적인 교육훈련을 통해 일정수준 이상의 문제해결능력을 발휘할 수 있도록 조직과 각 실무자가 노력해야 한다.
② 고정관념과 편견 등 심리적 타성 및 기존의 패러다임을 극복하고 새로운 아이디어를 효과적으로 낼 수 있는 창조적 기술 등을 습득하는 것이 필요하다.
③ 개인은 사내 · 외의 체계적인 교육훈련을 통해 문제해결을 위한 기본 지식뿐만 아니라 본인이 담당하는 전문 영역에 대한 지식도 습득해야 한다.
④ 문제를 조직 전체의 관점과 각 기능 단위별 관점으로 구분하고, 스스로 해결할 수 있는 부분과 조직 전체의 노력을 통해서 해결할 수 있는 부분으로 나누어 체계적으로 접근해야 한다.

3 문제해결을 위한 기본적인 사고

1. 전략적 사고

현재 당면하고 있는 문제와 그 해결방법에만 집착하지 않고, 그 문제와 해결방법이 상위 시스템 또는 다른 문제와 어떻게 연결되어 있는지 전체적으로 생각해야 한다.

2. 분석적 사고

전체를 각각의 요소로 나누어 그 요소의 의미를 도출한 다음 우선순위를 부여하고 구체적인 문제해결방법을 실행하는 것이 요구되며, 성과지향의 문제, 가설지향의 문제, 사실지향의 문제에 따른 분석적 사고가 요구된다.

문제	요구되는 분석적 사고
성과지향의 문제	기대하는 결과를 명시하고 효과적으로 달성하는 방법을 사전에 구상하여 해결
가설지향의 문제	현상 및 원인 분석 전에 지식과 경험을 바탕으로 일의 과정이나 결과, 결론을 가정한 다음 검증 후 사실일 경우 다음 단계의 일을 수행하여 해결
사실지향의 문제	업무에서 일어나는 상식, 편견을 타파하여 객관적 사실로부터 사고와 행동을 시작하여 해결

3. 발상의 전환

기존에 가지고 있던 사물과 세상을 바라보는 인식의 틀을 전환하여 새로운 관점에서 사고해야 한다.

4. 내·외부 자원의 효과적인 활용

문제해결 시 기술, 재료, 방법, 사람 등 필요한 자원 확보 계획을 수립하고 내 · 외부 자원을 효과적으로 활용해야 한다.

4 문제해결의 장애요인

1. 문제를 철저하게 분석하지 않는 경우

어떤 문제가 발생했을 때 직관에 의해 성급하게 판단하고 문제의 본질을 명확하게 분석하지 않은 채 해결안을 수립하여 실행하면 근본적인 문제를 해결하지 못하거나 새로운 문제를 야기하는 결과를 초래할 수 있다.

2. 고정관념에 얽매이는 경우

상황이 무엇인지를 분석하기 전에 개인적인 편견이나 경험, 습관으로 정해진 규정과 틀에 얽매여서 새로운 아이디어와 가능성을 무시해 버릴 수 있다.

3. 쉽게 떠오르는 단순한 정보에 의지하는 경우

우리가 알고 있는 단순한 정보에 의존하는 경향으로 인해 문제를 해결하지 못하거나 오류를 범할 수 있다.

4. 너무 많은 자료를 수집하려고 노력하는 경우

자료를 수집하는 데 있어 구체적인 절차를 무시하고 무계획적으로 많은 자료를 얻으려는 노력에만 집중하는 경우가 있는데, 이는 많은 자료 중에서 제대로 된 자료를 구분할 수 없게 한다.

5 문제해결을 위한 방법

1. 소프트 어프로치

① 대부분의 기업에서 볼 수 있는 전형적인 스타일로, 조직 구성원들이 같은 문화적 토양을 가지고 이심전심으로 서로를 이해하는 상황을 가정한다.

② 문제해결을 위해서 직접적인 표현은 바람직하지 않다고 여기며, 무언가를 시사하거나 암시하는 것을 통하여 의사를 전달하고 서로 기분을 통하게 함으로써 문제를 해결하는 방법이다.

③ 코디네이터 역할을 하는 제삼자는 결론으로 끌고 갈 지점을 미리 머릿속에 그려가면서 권위나 공감에 의지하여 의견을 중재하고, 타협과 조정을 통하여 해결을 도모한다.

2. 하드 어프로치

① 서로 다른 문화적 토양을 가지고 있는 구성원을 가정하고 서로의 생각을 직설적으로 주장하는 논쟁이나 협상을 통해 서로의 의견을 조정해 가는 방법이다.

② 논리, 즉 사실과 원칙에 근거한 토론이 중심적 역할을 하며 제삼자는 이것을 기반으로 구성원에게 지도와 설득을 하고 전원이 합의하는 일치점을 찾아내려고 한다.

③ 합리적인 방법이긴 하지만, 잘못하면 단순한 이해관계의 조정으로 끝이 나므로 이 방법만으로는 창조적인 아이디어나 높은 만족감을 끌어내기 어렵다.

3. 퍼실리테이션(Facilitation)

① 퍼실리테이션이란 '촉진'을 의미하며, 어떤 그룹이나 집단이 의사결정을 잘하도록 도와주는 일을 말한다.

② 최근 많은 조직에서는 보다 생산적인 결과를 가져올 수 있도록 그룹이 어떤 방향으로 나아갈지 알려주고, 주제에 대한 공감을 이룰 수 있도록 능숙하게 도와주는 퍼실리테이터를 활용하고 있다.

③ 깊이 있는 커뮤니케이션을 통해 서로의 문제점을 이해하고 공감함으로써 창조적인 문제해결을 도모하는 방법으로, 소프트 어프로치나 하드 어프로치 방법은 단순한 타협점의 조정에 그치는 것에 비해 이 방법은 초기에 생각하지 못했던 창조적인 해결방법을 도출한다.

④ 구성원의 동기가 강화되고 팀워크도 한층 강화될 수 있어 이 방법을 통해 구성원이 자율적으로 문제해결을 실행하는 것이며, 제삼자가 합의점이나 줄거리를 준비해놓고 예정대로 결론이 도출되도록 해서는 안 된다.

개념확인문제

01 다음 빈칸 안에 들어갈 적절한 용어를 순서대로 쓰시오.

(   )은/는 업무를 수행함에 있어서 답을 요구하는 질문이나 의논하여 해결해야 하는 상황을 말하며, (   )은/는 문제의 원인이 되는 사항으로 문제해결을 위해서 손을 써야 할 대상을 말한다.

02 다음 업무수행 과정에서 발생하는 문제의 유형과 그 의미를 바르게 연결하시오.

① 발생형 문제 •　　• ㉠ 장래의 경영전략을 생각하는 문제로 앞으로 어떻게 할 것인가 하는 문제

② 탐색형 문제 •　　• ㉡ 현재 상황을 개선하거나 효율을 높이기 위한 문제

③ 설정형 문제 •　　• ㉢ 현재 직면하여 걱정하고 해결하기 위해 고민하는 문제

03 다음 문제해결을 위한 방법에 대한 설명을 읽고, 맞으면 O, 틀리면 X에 표시하시오.

① 하드 어프로치는 문제해결을 위해 직접적으로 표현하는 것이 바람직하지 않다고 여기며, 무언가를 시사하거나 암시함으로써 의사를 전달하고 서로 기분을 통하게 하여 문제를 해결하는 방법이다. (O, X)

② 소프트 어프로치는 서로 다른 문화적 토양을 가지고 있는 구성원을 가정하고 서로의 생각을 직설적으로 주장하는 논쟁이나 협상을 통해 서로의 의견을 조정해 가는 방법이다. (O, X)

③ 퍼실리테이션은 어떤 그룹이나 집단이 의사결정을 잘하도록 도와주는 일을 의미하는 것으로, 그룹이 어떤 방향으로 나아갈지 알려주고, 주제에 대한 공감을 이룰 수 있도록 능숙하게 도와주는 퍼실리테이터를 활용하고 있다. (O, X)

정답 및 해설

01 문제, 문제점

02 ① - ㉢, ② - ㉡, ③ - ㉠

03 ① X | 문제해결을 위해서 직접적인 표현은 바람직하지 않다고 여기며, 무언가를 시사하거나 암시함으로써 의사를 전달하고 서로 기분을 통하게 함으로써 문제를 해결하는 방법은 '소프트 어프로치'이다.

② X | 서로 다른 문화적 토양을 가지고 있는 구성원을 가정하고, 서로의 생각을 직설적으로 주장하는 논쟁이나 협상을 통해 서로의 의견을 조정해 가는 방법은 '하드 어프로치'이다.

③ O

01 사고력

기출 키워드

- 창의적 시고
- 브레인스토밍
- 6색 사고 모자 기법
- 논리적 오류
- 비판적 사고를 개발하기 위한 태도

1 사고력과 창의력

1. 사고력이란?

이치에 맞게 생각하고 궁리하며 판단하는 능력을 말한다.

2. 창의력이란?

① 대체할 수 없는 인간의 고유한 능력으로, 인간은 누구나 창의적 잠재력을 가진다.
② 개인에 따라 차이는 있으나 창의력의 여부는 개인 능력의 차이보다 잠재력을 활용하려는 노력과 활용 방법에 따라 결정된다.

2 창의적 사고

1. 창의적 사고란?

① 발산적(확산적) 사고로, 아이디어가 많으며 다양하고, 독특한 것을 의미한다.
② 개인이 가지고 있는 경험과 지식을 통해 새롭고 유용한 아이디어를 생산하는 정신적인 과정이다.
③ 통상적인 것이 아니라 기발하거나 신기하며 독창적인 것이다.
④ 유용하고 적절하며 가치가 있어야 한다.
⑤ 기존의 정보(지식, 상상, 개념 등)들을 특정한 요구 조건에 적합하거나 유용하도록 새롭게 조합한 것이다.

2. 창의적 사고의 특징

① 창의적 사고는 정보와 정보를 조합한다.
② 창의적 사고는 사회나 개인에게 새로운 가치를 창출한다.
③ 창의적 사고는 교육훈련을 통해 개발될 수 있는 능력이다.

+ 더 알아보기

창의적 사고에 대한 잘못된 생각

- 사람들은 창의적 사고를 대단하게 여기고, 특별한 사람에게만 필요한 능력이라고 생각한다.
- 창의적 사고력은 선천적으로 타고나야 한다.
- 지능이 뛰어나거나 현실에 적응을 잘하지 못하는 사람들이 그렇지 않은 사람들보다 창의적이다.
- 사람의 나이가 적을수록 창의력이 높다.
- 창의적 사고란 아이디어를 내는 것으로, 그 아이디어의 유용성을 따지는 것은 별개의 문제이다.

3. 창의적 사고의 개발 방법

① 자유연상법: 어떤 생각에서 다른 생각을 떠올리는 작용을 통해 생각나는 것을 계속해서 열거해 나가는 방법

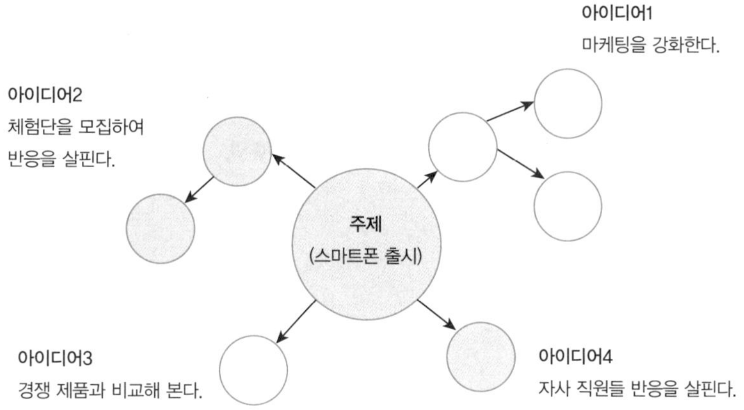

아이디어1
마케팅을 강화한다.

아이디어2
체험단을 모집하여
반응을 살핀다.

주제
(스마트폰 출시)

아이디어3
경쟁 제품과 비교해 본다.

아이디어4
자사 직원들 반응을 살핀다.

+ 더 알아보기

자유연상법의 종류

- 브레인스토밍(Brainstorming): 창의적인 사고를 위한 발산 방법 중 가장 흔히 사용되는 브레인스토밍은 집단의 효과를 살려서 아이디어의 연쇄반응을 일으켜 자유분방한 아이디어를 내고자 하는 것으로, 진행 방법은 다음과 같다.
  - 주제를 구체적이고 명확하게 정한다.
  - 구성원의 얼굴을 볼 수 있는 사각형이나 타원형으로 좌석을 배치하고 아이디어를 적을 큰 용지를 준비한다.
  - 구성원들의 다양한 의견을 도출할 수 있는 사람을 리더로 선출한다.
  - 구성원은 다양한 분야의 사람들로 5~8명 정도로 구성한다.
  - 발언은 누구나 자유롭게 할 수 있도록 하며, 모든 발언 내용을 기록한다.
  - 아이디어에 대해 비판해서는 안 되며, 독자성과 실현 가능성을 고려하여 아이디어를 결합한 최적의 방안을 찾는다.
- 6색 사고 모자 기법: 각각 다른 사고 유형을 나타내는 여섯 가지 색깔의 모자를 차례대로 바꾸어 쓰면서 모자 색깔이 뜻하는 유형대로 생각해 보는 방법이다.

모자 색깔	사고 유형	세부 내용
흰색	중립적, 객관적, 사실적 사고	• 사실, 수치, 정보
빨간색	감정적, 직관적 사고	• 느낌, 육감, 직관, 예감
검은색	부정적, 비관적 사고	• 단점, 부정적 판단, 실패할 이유, 불가능성
노란색	낙관적, 긍정적 사고	• 장점, 긍정적 판단, 성공할 이유, 가능성
초록색	창조적, 생산적 사고	• 새로운 생각, 재미있는 생각, 여러 가지 해결방안
파란색	이성적 사고	• 생각하는 순서를 조직, 요약, 개관 • 규율의 강조 • 다른 모자들을 통제하고 조절

② 강제연상법: 각종 힌트를 강제로 결합하거나 연상하여 아이디어를 떠올리는 방법

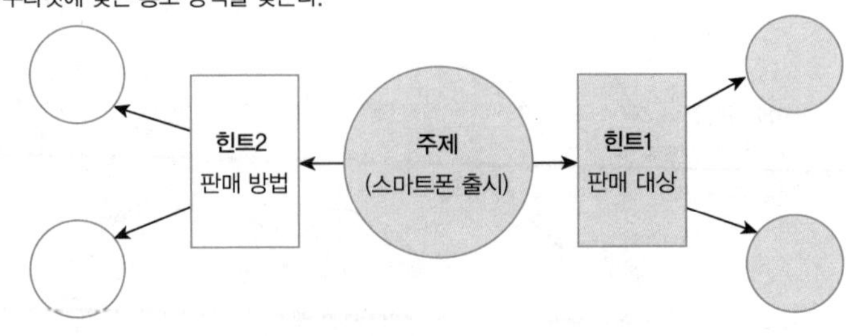

+ 더 알아보기

강제연상법의 종류

- **속성열거법**: 문제의 대상이나 아이디어의 다양한 속성을 목록으로 작성하는 방법
- **희망점열거법**: 개선하려는 대상에 관한 희망사항을 나열하고 실현을 추구하며 아이디어를 고안하는 방법
- **체크리스트법**: 질문 항목마다 대상의 해당사항을 '예' 또는 '아니오'로 체크하여 점검하는 방법
- **결점열거법**: 대상의 단점을 구체적으로 나열하고 개선 방법을 찾으며 아이디어를 고안하는 방법

③ 비교발상법: 주제와 본질적으로 닮은 것을 힌트로 하여 새로운 아이디어를 얻는 방법

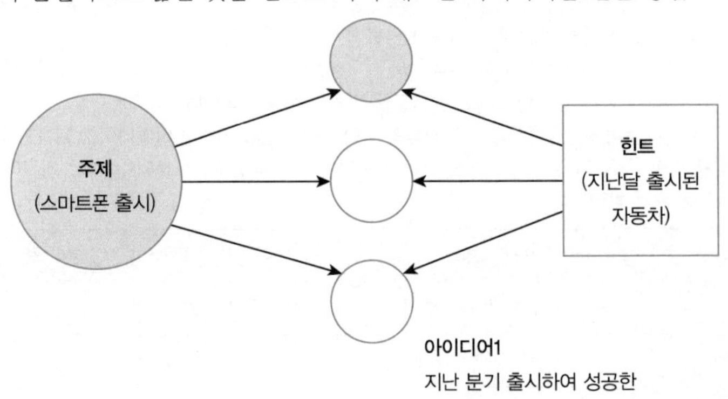

+ 더 알아보기

비교발상법의 종류

- **NM법**: 아이디어 발상 기법의 하나로, 해결해야 하는 문제의 대상과 비슷한 것을 찾아내고 그것을 힌트로 이미지를 확대하여 새로운 아이디어를 고안하는 방법
- **시네틱스법(Synectics)**: 서로 연관이 없어 보이는 대상들을 조합하여 새로운 아이디어를 고안하는 방법

3 논리적 사고

1. 논리적 사고란?

① 공동체 생활에서 지속적으로 요구되는 능력으로, 논리적 규칙과 형식에 따른 사고이다.
② 자신이 만든 계획이나 주장을 주위 사람에게 공감 및 이해시킴으로써 실현하기 위해 필요한 능력이다.
③ 사고의 전개에서 전후 관계가 일치하고 있는가를 살피고, 아이디어를 평가하는 사고능력을 의미한다.

2. 구성요소

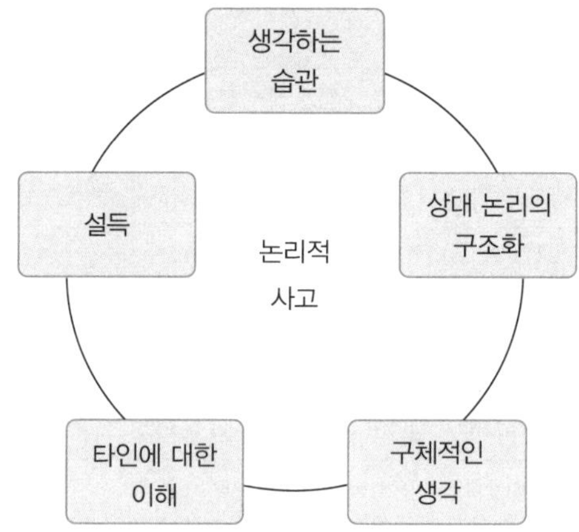

① 생각하는 습관
- 논리적 사고에서 가장 기본이 되는 것으로, 생각할 문제는 우리 주변에서 쉽게 찾아볼 수 있으며, 특정 문제에 대해서만 생각하는 것이 아니라 일상적인 대화, 회사의 문서, 신문의 사설 등 어디서 어떤 것을 접하든지 늘 생각하는 습관을 들이는 것이 중요하다.
- 특히 출퇴근길, 화장실, 잠자리에 들기 전 등 언제 어디에서나 의문을 가지고 생각하는 습관을 들여야 한다.

② 상대 논리의 구조화
- 다른 사람을 설득하는 과정에서 거부당할 경우 상대의 논리를 구조화하는 것이 필요하다.
- 자신의 주장이 받아들여지지 않는 원인 중에 상대 주장에 대한 이해 부족이 있을 수 있으므로 상대의 논리에서 약점을 찾고, 자신의 생각을 재구축한다면 상대를 설득할 수 있다.

③ 구체적인 생각
- 상대가 말하는 것을 잘 알 수 없을 때는 구체적인 이미지를 떠올리거나 숫자를 활용하는 등 다양한 방법을 활용하여 생각해야 한다.

④ 타인에 대한 이해
- 상대의 주장에 반론을 제시할 때는 상대 주장의 전부를 부정하지 않는 것이 좋으며 동시에 상대의 인격을 존중해야 한다.

⑤ 설득
- 설득은 논쟁을 통하여 이루어지는 것이 아니라 논증을 통해 이루어진다.
- 설득의 과정은 나의 주장을 다른 사람에게 이해시켜 공감시키고, 그 사람이 내가 원하는 행동을 하게 만드는 것이다.

+ 더 알아보기

논리적 오류의 대표 유형

권위나 인신공격에 의존한 논증	다른 사람의 권위를 빌려 자신의 논리적 취약점을 가리거나 상대방의 주장이 아니라 상대방의 인격을 공격하는 오류
허수아비 공격의 오류	자신의 주장이 빈약할 때 엉뚱한 문제를 공격해 이익을 취하는 오류로, 상대의 주장과는 전혀 상관없는 별개의 논리를 만들어 공격하는 오류
무지의 오류	증명할 수 없거나 증명이 어려운 주장이 증명되지 않았다는 이유로 그 반대의 주장이 참이라고 생각하는 오류
결합·분할의 오류	집합의 부분이 가지는 속성을 전체 집합도 가지고 있다고 여기거나 반대로 전체 집합이 가지는 속성을 그 집합의 부분들도 가지고 있다고 여길 때 발생하는 오류
성급한 일반화의 오류	대표성이 결여된 한정적인 정보만으로 성급하게 일반 원칙을 도출할 때 발생하는 오류
복합 질문의 오류	사실상 두 가지 이상의 내용이 합쳐진 하나의 질문을 함으로써 답변자가 어떻게 대답하든 숨겨진 질문에 수긍하게 만드는 질문을 할 때 발생하는 오류 예 부모가 자녀에게 요즘 공부를 하지 않는 이유가 친구 때문인지, 취미 활동 때문인지를 물을 경우 어떻게 대답하더라도 공부를 하지 않는다는 것을 인정하게 됨
과대 해석의 오류	의도하지 않은 행위의 결과에 대해 의도가 있었다고 확대 해석할 때 발생하는 오류
애매성의 오류	애매한 언어를 사용하여 발생하는 오류 • 애매어의 오류: 동음이의어나 다의어 등 2가지 이상의 의미로 사용되는 말을 잘못 사용할 때 발생하는 오류 • 애매문의 오류: 문법적 구조 때문에 2가지 이상의 의미로 해석되는 문장을 잘못 사용할 때 발생하는 오류
연역법의 오류	'A = B, B = C, so A = C'와 같은 삼단논법에서 발생하는 오류 예 스마트폰을 오래 보면 눈이 나빠진다. 슬기는 스마트폰을 자주 보지 않는다. 따라서 슬기는 눈이 나빠지지 않는다.

3. 논리적 사고의 개발 방법

① 피라미드 구조화 방법

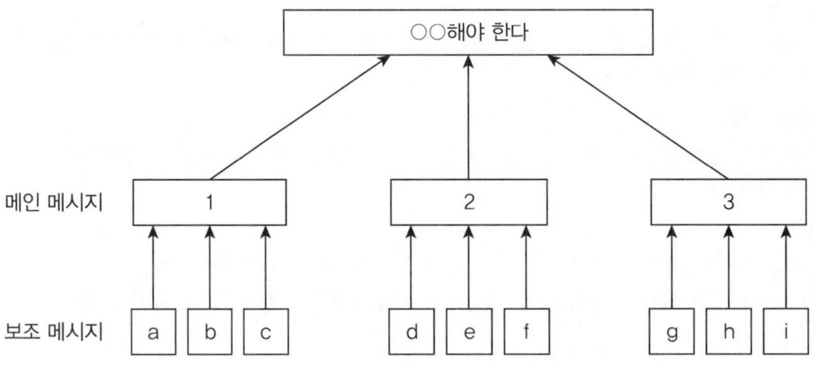

• 하위의 사실이나 현상부터 사고함으로써 상위의 주장을 만들어가는 방법이다.

• 보조 메시지들을 통해 주요 메인 메시지를 얻고, 다시 메인 메시지를 종합한 최종적인 정보를 도출해 내는 방법이다.

② So What 기법

- "그래서 무엇이지?"하고 자문자답하는 것으로, 눈앞에 있는 정보로부터 의미를 찾아내어 가치 있는 정보를 이끌어 내는 사고 방법이다.
- 단어나 체언만으로 표현하는 것이 아니라, 주어와 술어가 있는 글로 표현함으로써 "어떻게 될 것인가?", "어떻게 해야 한다."라는 내용이 포함되어야 한다.

실전에 적용하기

So What 기법으로 확인하는 논리적 사고

〈상황〉
① 우리 회사의 에어컨 판매 수익이 사상 처음으로 전년 대비 마이너스를 기록했다.
② 우리나라의 에어컨 업계 전체는 일제히 적자 결산을 발표했다.
③ 주식 시장은 몇 주간 조금씩 하락하는 상황에 있다.

So What 기법이 적절하지 않은 사고의 예	So What 기법이 적절한 사고의 예
a. 에어컨 판매의 부진 b. 에어컨 산업의 미래 c. 에어컨 산업과 주식시장의 상황	d. 당분간은 에어컨 관련 기업의 주식을 사서는 안 된다. e. 지금이야말로 에어컨 관련 기업의 주식을 사야 한다.
상황 ①~③을 모두 고려하지 않거나, 모두 에어컨 산업이나 주식시장이 어떻게 되는지에 대해서는 도출하지 않았다.	상황 ①~③을 모두 고려하여 사고함으로써 에어컨 산업이나 주식시장과 관련하여 어떻게 하면 좋을지에 대해 의미 있는 메시지를 도출하였다.

4 비판적 사고

1. 비판적 사고란?

① 어떤 주제나 주장 등에 대해서 적극적으로 분석하고 종합하여 평가하는 능동적인 사고이다.
② 어떤 논증, 추론, 증거, 가치를 표현한 사례를 타당한 것이니 수용할 것인가 아니면 불합리한 것이니 거절할 것인가에 대한 결정을 내릴 때 요구되는 사고능력이다.
③ 비판적 사고의 목적은 단순히 그 주장의 단점을 찾아내는 것이 아니라, 종합적인 분석과 검토를 통해서 그 주장이 타당한지 그렇지 않은지를 밝혀내는 것이다.
④ 논증, 추론, 증거, 가치에 대한 문제의 핵심을 파악하는 방법은 학습을 통해 배울 수 있으며, 타고난 것이라고 할 수 없다.
⑤ 비판적 사고를 하기 위해서는 우선 감정을 컨트롤하여 중립적인 입장에서 어떤 주장이나 의견을 파악할 필요가 있다.
⑥ 비판적 사고는 부정적으로 생각하는 것이 아니라, 지식과 정보에 바탕을 둔 합당한 근거에 기초를 두고 하는 것이다.
⑦ 비판적 사고를 하기 위해서는 적극적인 분석과 종합이 필요하며, 그러한 과정을 거친 후에 주장을 타당한 것이니 수용할지, 불합리한 것이니 거절할지를 결정하게 된다.

2. 비판적 사고를 개발하기 위한 태도

지적 호기심	여러 가지 다양한 질문이나 문제에 대한 해답을 탐색하고 사건의 원인과 설명을 구하기 위하여 '누가, 언제, 어디서, 무엇을, 어떻게, 왜' 등에 관한 질문을 제기하는 태도
객관성	결론에 도달하는 데 감정적, 주관적 요소를 배제하고 경험적 증거나 타당한 논증을 근거로 하는 태도
개방성	편견이나 선입견에 의한 결정을 내리지 않는 태도
융통성	특정한 신념의 지배를 받는 고정성, 독단적 태도, 경직성을 배척하는 태도
지적 회의성	적절한 결론이 제시되지 않는 한 결론을 참이라고 받아들이지 않는 태도
지적 정직성	어떤 진술이 자신의 신념과 대치되는 것이라도 충분한 증거가 있으면 그것을 진실로 받아들이는 태도
체계성	결론에 이르기까지 논리적 일관성을 유지하는 태도
지속성	쟁점의 해답을 얻을 때까지 끈질기게 탐색하는 인내심을 갖는 태도
결단성	증거가 타당할 때는 결론을 맺는 태도
다른 관점에 대한 존중	내가 틀릴 수 있으며 내가 거절한 아이디어가 옳을 수 있다는 것을 기꺼이 받아들이는 태도

3. 비판적 사고를 위한 태도

① 문제의식

- 비판적인 사고를 위해서 가장 먼저 필요한 것으로, 문제의식을 가지고 있다면 주변에서 발생하는 사소한 일에서도 정보를 수집할 수 있으며, 이러한 정보를 통해서 새로운 아이디어를 끊임없이 생산해 낼 수 있다.
- 당장 눈앞의 문제를 자신의 문제로 여기고 진지하게 다룰 생각이 없는 한 절대로 답을 얻을 수 없으며, 자신이 지니고 있는 문제와 목적을 확실하고 정확하게 파악하는 것이 비판적인 사고의 시작이다.

② 고정관념 타파

- 지각의 폭을 넓히는 방법으로, 정보에 대한 개방성을 가지고 편견을 갖지 않는 방법이다.
- 고정관념은 사물을 바로 보는 시각에 영향을 줄 수 있으며, 일방적인 평가를 하기 쉽다.

4. 비판적 사고를 방해하는 요인

① 개인적 요인: 선입견, 편견, 자신감 부족, 의사소통 기술의 부족, 제한된 조기 평가 등
② 상황적 요인: 불안, 스트레스, 피로감, 동기 부족, 제한된 시간 등

5. 비판적 사고를 증진하는 요인

① 개인적 요인: 도덕성 발달, 나이, 자신감, 정서적 이해력, 습관적인 조기 평가, 효과적인 글쓰기 등
② 상황적 요인: 관련 요인에 대한 지식, 자원에 대한 인식, 위험 요인 인식, 긍정적 강화, 동기유발 등

5 명제의 활용

1. 명제란?

① 가정과 결론으로 구성되어 참과 거짓을 명확히 판별할 수 있는 문장이다.

② 어떤 명제를 'P이면 Q이다.'의 꼴로 나타낼 때 P를 가정, Q를 결론이라 한다.
예 딸기를 좋아하는 사람은 / 복숭아도 좋아한다.
가정 결론

③ 'P이면 Q이다.'와 동일한 명제는 다음과 같다.
- P일 때에만 Q이다.
- P이어야 Q이다.
- P일 때에 한하여 Q이다.
- P를 해야 Q가 된다.

2. 명제의 역, 이, 대우

① 명제와 '대우' 사이의 관계

주어진 명제가 참일 때 그 명제의 '대우'만이 참인 것을 알 수 있고, 주어진 명제가 거짓일 때 그 명제의 '대우'만이 거짓인 것을 알 수 있다.

② 명제와 '역', '이' 사이의 관계

주어진 명제의 참/거짓을 판별할 수 있더라도 그 명제의 '역'과 '이'의 참/거짓은 판별할 수 없다.

명제	P이면 Q이다. 예 딸기를 좋아하는 사람은 복숭아도 좋아한다.	참	거짓
명제의 '역'	Q이면 P이다. 예 복숭아를 좋아하는 사람은 딸기도 좋아한다.	알 수 없음	알 수 없음
명제의 '이'	P가 아니면 Q가 아니다. 예 딸기를 좋아하지 않는 사람은 복숭아도 좋아하지 않는다.	알 수 없음	알 수 없음
명제의 '대우'	Q가 아니면 P가 아니다. 예 복숭아를 좋아하지 않는 사람은 딸기도 좋아하지 않는다.	참	거짓

3. 명제의 부정

① 명제에 반대되는 개념이 아니라, 명제를 제외한 나머지 모두를 포함하는 개념이다.

② 어떤 명제 'P'에 대해 'P가 아니다.'를 의미하며, '~P'로 나타낸다.

③ 어떤 명제 'P이면 Q이다.'의 부정은 'P이면 Q가 아니다.'가 된다.

예 명제: 딸기를 좋아하는 사람은 복숭아도 좋아한다.
명제의 '부정': 딸기를 좋아하는 사람은 복숭아를 좋아하지 않는다.

4. 연결어, 수식어의 부정

① **그리고**: '그리고(and)'라는 의미를 갖는 연결어의 부정은 '또는(or)'이라는 의미를 갖는 연결어이다.

예 명제: 딸기를 좋아하는 사람은 / 복숭아와 귤을 좋아한다.
명제의 '부정': 딸기를 좋아하는 사람은 / 복숭아를 좋아하지 않거나 귤을 좋아하지 않는다.

② **또는**: '또는(or)'이라는 의미를 갖는 연결어의 부정은 '그리고(and)'라는 의미를 갖는 연결어이다.

예 명제: 딸기를 좋아하는 사람은 / 복숭아를 좋아하거나 귤을 좋아한다.
명제의 '부정': 딸기를 좋아하는 사람은 / 복숭아와 귤을 좋아하지 않는다.

③ **모든**: '모든'이라는 의미를 갖는 수식어의 부정은 '어떤'이라는 의미를 갖는 수식어이다.

예 명제: 딸기를 좋아하는 사람은 모두 / 복숭아를 좋아한다.
명제의 '부정': 딸기를 좋아하는 사람 중 일부는 / 복숭아를 좋아하지 않는다.

④ **어떤**: '어떤'이라는 의미를 갖는 수식어의 부정은 '모든'이라는 의미를 갖는 수식어이다.

예 명제: 딸기를 좋아하는 사람 중 일부는 / 복숭아를 좋아한다.
명제의 '부정': 딸기를 좋아하는 사람은 모두 / 복숭아를 좋아하지 않는다.

5. 명제의 분리

① 주어진 명제가 참일 때 분리된 명제도 참인 경우

명제	분리 후	참/거짓 여부	예
(P or Q) → R	P → R Q → R	참	• 명제: 딸기이거나 복숭아이면 과일이다. (참) • 분리된 명제: 딸기이면 과일이다. (참) 복숭아이면 과일이다. (참)
P → (Q and R)	P → Q P → R	참	• 명제: 축구 경기를 하려면 공과 골대가 필요하다. (참) • 분리된 명제: 축구 경기를 하려면 공이 필요하다. (참) 축구 경기를 하려면 골대가 필요하다. (참)

② 주어진 명제가 참일 때 분리된 명제의 참/거짓을 판별할 수 없는 경우

명제	분리 후	참/거짓 여부	예
(P and Q) → R	P → R Q → R	알 수 없음	• 명제: 공과 골대가 있으면 축구 경기를 할 수 있다. (참) • 분리된 명제: 공이 있으면 축구 경기를 할 수 있다. (알 수 없음) 골대가 있으면 축구 경기를 할 수 있다. (알 수 없음)
P → (Q or R)	P → Q P → R	알 수 없음	• 명제: 과일이면 딸기이거나 복숭아이다. (참) • 분리된 명제: 과일이면 딸기이다. (알 수 없음) 과일이면 복숭아이다. (알 수 없음)

개념확인문제

01 다음 중 창의적 사고의 개발 방법 중 강제연상법에 해당하지 않는 것을 모두 고르시오.

㉠ 속성열거법	㉡ 시네틱스법	㉢ 브레인스토밍	㉣ 체크리스트법
㉤ 결점열거법	㉥ NM법	㉦ 희망점열거법	

02 집합의 부분이 가지는 속성을 전체 집합도 가지고 있다고 여기거나 반대로 전체 집합이 가지는 속성을 그 집합의 부분들도 가지고 있다고 여길 때 발생하는 오류 유형을 쓰시오.

(   )

03 다음 중 비판적 사고를 개발하기 위한 태도로 적절하지 않은 설명을 모두 고르시오.

① 지적 호기심: 여러 가지 다양한 질문이나 문제에 대한 해답을 탐색하고 사건의 원인과 설명을 구하기 위하여 '누가, 언제, 어디서, 무엇을, 어떻게, 왜' 등에 관한 질문을 제기하는 태도

② 객관성: 편견이나 선입견에 의하여 결정을 내리지 않는 태도

③ 융통성: 쟁점의 해답을 얻을 때까지 끈질기게 탐색하는 인내심을 갖는 태도

④ 지적 회의성: 적절한 결론이 제시되지 않는 한 결론이 참이라고 받아들이지 않는 태도

04 다음 제시된 명제의 '부정'을 쓰시오.

① 수학을 좋아하는 사람은 과학과 체육을 좋아한다. (   )

② 과학을 좋아하는 사람은 모두 미술을 좋아한다. (   )

정답 및 해설

01 ㉡, ㉢, ㉥

02 결합 · 분할의 오류

03 ② | 객관성은 결론에 도달하는 데 감정적, 주관적 요소를 배제하고 경험적 증거나 타당한 논증을 근거로 하는 태도이고, 개방성은 편견이나 선입견에 의하여 결정을 내리지 않는 태도이다.

③ | 쟁점의 해답을 얻을 때까지 끈질기게 탐색하는 인내심을 갖는 태도는 '지속성'이다.

04 ① 수학을 좋아하는 사람은 과학을 좋아하지 않거나 체육을 좋아하지 않는다.

② 과학을 좋아하는 사람 중 일부는 미술을 좋아하지 않는다.

02 문제처리능력

기출 키워드

- 문제 인식 단계
- 문제 도출 단계
- 원인 분석 단계
- 해결안 개발 단계
- 실행 및 평가 단계

1 문제처리능력의 의미

① 조직의 프로세스 안에 이미 존재하고 있는 성과를 둘러싼 문제점들의 근본 원인을 제거하기 위해 해결방안을 모색하는 능력으로, 문제해결 절차를 의미한다.

② 목표와 현상을 분석하고 이 분석 결과를 토대로 문제를 도출하여 최적의 해결책을 찾아 실행, 평가하는 활동을 할 수 있는 능력이다.

2 1단계: 문제 인식

문제해결과정 중 'What'을 결정하는 단계이며, 해결해야 할 전체 문제를 파악하여 우선순위를 정하고 선정된 문제에 대한 목표를 명확히 하는 단계이다.

환경 분석 ▶ 주요 과제 도출 ▶ 과제 선정

1. 환경 분석

① 환경 분석이란?

Business System상 거시적 환경 분석을 말하며, 문제가 발생했을 때 가장 먼저 고려해야 하는 것을 말한다.

② 3C 분석

- 3C는 사업환경의 구성요소인 자사(Company), 경쟁사(Competitor), 고객(Customer)을 의미하며, 3C에 대한 체계적인 분석을 통해서 환경 분석을 수행할 수 있다.
- 분석 방법
  - 자사(Company): 자사가 세운 달성 목표와 현상 간에 차이가 없는지를 분석한다.
  - 경쟁사(Competitor): 경쟁기업의 우수한 점과 자사의 현상 간에 차이가 없는지를 분석한다.
  - 고객(Customer): 고객이 자사의 상품이나 서비스에 만족하고 있는지를 분석한다.

③ SWOT 분석

• 기업 내부의 강점(Strength), 약점(Weakness) 요인과 외부 환경의 기회(Opportunity), 위협(Threat) 요인을 분석·평가하고 이들을 서로 연관 지어 전략과 문제해결방안을 개발하는 방법을 의미한다.

• 분석 방법

외부 환경 요인 분석 (Opportunities, Threats)	• 자신을 제외한 모든 것(정보)을 기술함 – 좋은 쪽으로 작용하는 것은 기회, 나쁜 쪽으로 작용하는 것은 위협으로 분류 • 언론매체, 개인 정보망 등을 통하여 입수한 상식적인 세상의 변화 내용을 시작으로 당사자에게 미치는 영향을 순서대로, 점차 구체화시킴 • 인과관계가 있는 경우 화살표로 연결함 • 동일한 Data라도 자신에게 긍정적으로 전개되면 기회로, 부정적으로 전개되면 위협으로 구분함 • 외부 환경 분석에는 SCEPTIC 체크리스트를 활용하면 편리함 ① Social(사회), ② Competition(경쟁), ③ Economic(경제), ④ Politic(정치), ⑤ Technology(기술), ⑥ Information(정보), ⑦ Client(고객)
내부 환경 분석 (Strength, Weakness)	• 경쟁자와 비교하여 나의 강점과 약점을 분석함 • 강점과 약점의 내용: 보유하거나 동원 가능하거나 활용 가능한 자원(Resources) • 내부환경분석에는 MMMITI 체크리스트를 활용할 수도 있지만, 반드시 적용해서 분석할 필요는 없음 ① Man(사람), ② Material(물자), ③ Money(돈), ④ Information(정보), ⑤ Time(시간), ⑥ Image(이미지)

• 전략 수립 방법

		내부 환경 요인	
		강점(S)	**약점(W)**
외부 환경 요인	**기회 (O)**	SO전략 내부 강점과 외부 기회 요인을 극대화	WO전략 외부 기회를 이용하여 내부 약점을 강점으로 전환
	위협 (T)	ST전략 외부 위협을 최소화하기 위해 내부 강점을 극대화	WT전략 내부 약점과 외부 위협을 최소화

2. 주요 과제 도출

① 환경 분석을 통해 현상을 파악한 후에는 분석 결과를 검토하여 주요 과제를 도출해야 한다.

② 다양한 과제 후보안을 도출해내는 일이 선행되어야 한다.

③ 주요 과세 도출 시 과제안을 작성할 때는 과제안 간의 수준이 동일한지, 표현은 구체적인지, 주어진 기간 내에 해결 가능한 안들인지 등을 확인해야 한다.

3. 과제 선정

① 과제안 중 효과 및 실행 가능성 측면을 평가하여 우선순위를 부여한 후 우선순위가 가장 높은 안을 선정한다.

② 우선순위 평가 시에는 과제의 목적, 목표, 자원 현황 등을 종합적으로 고려하여 평가해야 한다.

③ 특히 과제안에 대한 평가 기준은 과제해결의 중요성, 과제착수의 긴급성, 과제해결의 용이성을 고려하여 여러 개의 평가 기준을 동시에 설정하는 것이 바람직하다.

+ 더 알아보기

고객 요구 조사 방법

① 심층면접법

- 조사자와 응답자 간의 일대일 대면접촉에 의해 응답자의 잠재된 동기, 신념, 태도 등을 발견하고 응답자들로부터 조사 주제에 대한 정보를 수집하는 방법이다.
- 방식: 30분에서 1시간 정도의 면접 시간이 소요되며, 조사자는 편안한 분위기를 조성하여 응답자의 응답에 영향을 미치지 않도록 해야 하고, 첫 번째 질문을 던지고 이에 대한 응답에 따라 면접을 진행하며, 조사자는 진행 과정과 조사 문제에 대한 개략적인 윤곽을 가지고 면접을 행하며 구체적인 질문 내용과 순서는 응답자의 응답에 따라 달리 진행해야 한다.
- 장단점

장점	단점
– 다른 방법을 통해 포착할 수 없는 심층적인 정보를 경험적으로 얻을 수 있음 – 독특한 정보를 얻을 수 있음 – 수집된 자료를 자기진단과 평가 그리고 매뉴얼 및 사례로 활용 가능함 – 성과와 관련된 실제적이고 구체적인 것을 얻을 수 있음	– 인터뷰 시간을 집중적으로 투입해야 하며 비용이 많이 소모됨 – 조사자의 철저한 인터뷰 기법 기술과 훈련이 요구됨 – 인터뷰 결과를 사실과 다르게 해석할 수 있음

② 포커스 그룹 인터뷰(Focus Group Interview)

- 6~8인으로 구성된 그룹에서 특정 주제에 대해 논의하는 과정으로, 숙련된 사회자의 컨트롤 기술에 의해 집단의 이점을 활용하여 구성원 사이의 의견을 도출하는 방법이다.
- 방식: 조사 목적 수립 → 대상자 분석 → 그룹 수 결정 → 대상자 리쿠르트 → 가이드라인 작성
- 주의사항
  - 인터뷰 종료 후 전체적인 내용에 대해 합의를 한다.
  - 가이드라인에 따라 내용을 열거하고 열거된 내용의 상호 관련을 생각하면서 결론을 얻어나간다.
  - 가능한 그룹으로 분석 작업을 진행한다.
  - 동의 혹은 반대의 경우 합의의 정도와 강도를 중시한다.
  - 조사의 목적에 따라 결론을 이끌 수 있도록 한다.
  - 앞뒤에 흩어져 있는 정보들을 주제에 대한 연관성을 고려하여 수집한다.
  - 확실한 판정이 가능한 것은 판정을 내리지만 그렇지 못한 경우는 판정을 내려서는 안 된다.

3 2단계: 문제 도출

선정된 문제를 분석하여 해결해야 할 것이 무엇인지를 명확히 하는 단계로, 문제를 분석하여 인과관계 및 구조를 파악하는 단계이다.

문제 구조 파악 ▶ 핵심 문제 선정

1. 문제 구조 파악

① 전체 문제를 개별화된 세부 문제로 재구성하는 과정으로, 문제의 내용 및 부정적인 영향 등을 파악하여 문제의 구조를 도출해내는 과정이다.

② 문제 구조 파악에서는 본래 문제가 발생한 배경이나 문제를 일으키는 원인을 분명히 하는 것이다.

③ 현상에 얽매이지 말고, 문제의 본질과 실제를 봐야 하며, 다양하고 넓은 시야에서 문제를 바라봐야 한다.

+ 더 알아보기

문제 구조 파악 기법: 로직트리(Logic Tree) 기법

- 로직트리 기법이란 문제의 원인을 깊이 파고든다든지 해결책을 구체화할 때 제한된 시간 속에 넓이와 깊이를 추구하는 데 도움이 되는 기술로, 주요 과제를 나무 모양으로 분해 · 정리하는 기술이다.
- 로직트리를 작성할 때는 다음과 같은 점을 주의해야 한다.
  - 전체 과제를 명확히 해야 한다.
  - 분해해 가는 가지의 수준을 맞춰야 한다.
  - 원인이 중복되거나 누락되지 않고 각각의 합이 전체를 포함해야 한다.

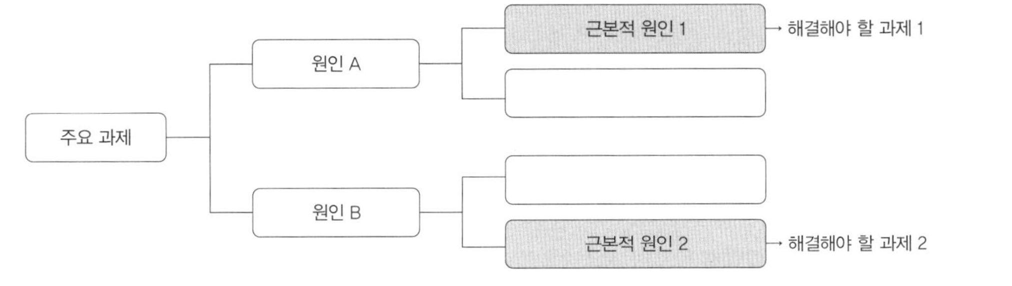

2. 핵심 문제 선정

문제에 영향력이 큰 이슈를 핵심 이슈로 선정한다.

4 3단계: 원인 분석

문제의 요점, 문제의 주변 상황, 문제의 특징, 현상을 만들어 낸 변화의 내용을 자세히 비교하여 분석함으로써 파악된 핵심 문제에 대한 분석을 통해 근본 원인을 도출하는 단계이다.

이슈(Issue) 분석 ▶ 데이터(Data) 분석 ▶ 원인 파악

1. 이슈(Issue) 분석

① 핵심 이슈 설정: 현재 수행하고 있는 업무에 가장 크게 영향을 미치는 문제로 선정한다.
② 가설 설정: 자신의 직관, 경험, 지식, 정보 등에 의존하여 이슈에 대해 일시적인 결론을 예측해보는 가설을 설정한다.
③ 분석 결과 이미지 결정: 가설 검증 계획에 의거하여 분석 결과를 미리 이미지화한다.

+ 더 알아보기

가설 설정의 조건

- 관련 자료, 인터뷰 등을 통해 검증 가능해야 함
- 간단명료하게 표현해야 함
- 논리적이며 객관적이어야 함

2. 데이터(Data) 분석

① 데이터 수집 계획 수립: 데이터 수집 범위를 결정한다.
② 데이터 정리/가공: 정보를 항목별로 정리한다.
③ 데이터 해석: '무엇을', '어떻게', '왜'라는 것을 고려하여 데이터 분석을 실시하고, 의미를 해석한다.

3. 원인 파악

① 의미: 이슈와 데이터 분석을 통해서 얻은 결과를 바탕으로 최종 원인을 확인하는 단계를 말한다.

② 인과관계 종류
- 단순한 인과관계: 원인과 결과를 분명하게 구분할 수 있는 경우
- 닭과 계란의 인과관계: 원인과 결과를 구분하기 어려운 경우
- 복잡한 인과관계: 두 가지 유형이 서로 얽혀 있는 경우

5 4단계: 해결안 개발

자신의 지식과 경험에 구애받지 않으며 창조적으로 해결안을 평가하고 최적안을 선정하는 단계로, 해결안 선정은 중요도와 실현 가능성을 고려해 정량적 방법으로 실행되어야 한다.

해결안 도출 ▶ 해결안 평가 및 최적안 선정

1. 해결안 도출

열거된 근본 원인을 어떠한 시각과 방법으로 제거할 것인지에 대해 독창적이고 혁신적인 아이디어를 도출하고, 이를 바탕으로 유사한 방법이나 목적을 갖는 내용은 군집화를 거쳐 최종 해결안으로 정리하는 과정을 토대로 제시해야 한다.

2. 해결안 평가 및 최적안 선정

① 문제(What), 원인(Why), 방법(How)을 고려해서 해결안을 평가하고 가장 효과적인 해결안을 선정한다.
② 중요도와 실현 가능성(개발 기간, 개발 능력, 적용 가능성) 등을 고려해서 종합적인 평가를 내리고 채택 여부를 결정하는 과정이다.

6 5단계: 실행 및 평가

해결안 개발을 통해 만들어진 실행계획을 실제 상황에 적용하는 활동으로, 당초 장애가 되는 문제의 원인을 해결안을 사용하여 제거하는 단계이다.

실행계획 수립 ▶ 실행 및 사후관리(Follow-up)

1. 실행계획 수립

① 무엇을(What), 어떤 목적으로(Why), 언제(When), 어디서(Where), 누가(Who), 어떤 방법(How)의 물음에 대한 답을 가지고 계획하는 단계를 말한다.

② 실행계획 수립 시 고려해야 할 사항
- 자원(시간, 예산, 물적, 인적)을 고려해야 한다.
- 해결안별 난이도를 고려하여 세부 실행 내용을 구체적으로 수립해야 한다.
- 실행의 목적과 과정별 진행 내용을 일목요연하게 정리해야 한다.

2. 실행 및 사후관리(Follow-up)

① 가능한 사항부터 실행하며, 그 과정에서 나온 문제점을 해결해 가면서 해결안의 완성도를 높이고 일정한 수준에 도달하면 전면적으로 전개해 나가는 단계를 말한다.

② 실행 단계에서의 문제점 해결방안

- 사전 조사(Pilot Test)를 통해 문제점을 발견한다.
- 해결안을 보완한 후 대상 범위를 넓혀서 전면적으로 실시한다.
- 실행 상의 문제점 및 장애요인을 신속히 해결하기 위한 감시 체제(Monitoring system)를 구축해야 한다.

+ 더 알아보기

모니터링 체제를 구축할 시 유의사항

- 바람직한 상태가 달성되었는지
- 문제가 재발하지 않을 것을 확신할 수 있는지
- 사전에 목표한 기간 및 비용은 계획대로 지켜졌는지
- 혹시 또 다른 문제를 발생시키지 않았는지
- 해결책이 주는 영향은 무엇인지

개념확인문제

01 3C 분석을 통해 사업환경을 구성하고 있는 요소인 (　　　　), (　　　　), (　　　　)을/를 3C라고 하며, 3C에 대한 체계적인 분석을 통해서 환경 분석을 수행할 수 있다.

02 문제해결 절차에서 파악된 핵심 문제에 대한 분석을 통해 근본 원인을 도출해 내는 단계를 (　　　　) 단계라고 한다.

03 실행 및 평가 단계에서 가장 나중에 실행해야 하는 것을 고르시오.

① 해결안별 난이도를 고려하여 세부 실행 내용을 구체적으로 수립해야 한다.
② 자원(시간, 예산, 물적, 인적)을 고려해야 한다.
③ 실행상의 문제점을 해결하기 위한 모니터링(Monitoring) 체제를 구축해야 한다.
④ 실행의 목적과 과정별 진행 내용을 일목요연하게 정리해야 한다.

04 다음 중 문제 도출을 위한 문제 구조 파악에 대한 설명으로 적절하지 않은 것을 고르시오.

① 전체 문제를 개별화된 세부 문제로 작게 쪼개는 과정으로, 문제의 내용 및 미치고 있는 영향 등을 파악하여 문제의 구조를 도출해내는 과정을 의미한다.
② 문제 구조 파악에서는 본래 문제가 발생한 배경이나 문제를 일으키는 메커니즘을 분명히 하는 것이 중요하다.
③ 문제를 다면적으로 보는 것에 우선하여 문제의 한쪽 면을 검토하여 눈앞의 결과를 중점적으로 바라볼 수 있는 시각이 필요하다.
④ 문제의 구조를 파악하기 위해서는 현상에 얽매이지 말고 문제의 본질과 실제를 보는 능력이 필요하다.

정답 및 해설

01 자사(Company), 고객(Customer), 경쟁사(Competitor)
02 원인 분석
03 ③ | 실행 및 평가 단계에서 ①, ②, ④는 '실행계획 수립'할 때 실행해야 하는 내용이고, ③은 '실행 및 사후관리(Follow-up)'할 때 실행해야 하는 내용이다.
04 ③ | 문제 도출을 위한 문제 구조 파악을 위해서는 문제를 한쪽만 보지 말고 다면적으로 보아야 하며, 눈앞의 결과만 보지 말고 넓은 시야로 바라봐야 한다.

기출공략문제

하위능력: 문제해결능력 **난이도**: ★★☆ **대표출제기업**: 건강보험심사평가원, 서울교통공사

01 업무수행 과정에서 발생하는 문제를 발생형, 탐색형, 설정형으로 분류할 수 있을 때, 다음 ㉠~㉢에 해당하는 문제 유형을 바르게 연결한 것은?

> ㉠ 미국 시장에 진출했을 때 발생할 수 있는 매출 추이 예상과 잠재 위험 요소를 고려하는 경우
> ㉡ 실제 문제가 발생한 것은 아니지만 보다 효율성 높은 업무를 진행하기 위해 프로세스를 보완하는 경우
> ㉢ 컴퓨터가 고장 나서 당장의 업무를 진행할 수 없어 바로 해결해야 하는 경우

	㉠	㉡	㉢
①	설정형	탐색형	발생형
②	설정형	발생형	탐색형
③	발생형	설정형	탐색형
④	발생형	탐색형	설정형
⑤	탐색형	설정형	발생형

기출 포인트 해설 | 문제의 유형

㉠ 미래에 기업이 미국 시장에 진출할 때 발생할 수 있는 사항들을 고려하는 경우는 '설정형 문제'에 해당한다.
㉡ 지금보다 더 효율적으로 업무를 진행하기 위해 프로세스를 보완하는 경우는 '탐색형 문제'에 해당한다.
㉢ 당장의 업무를 진행할 수 없어 바로 해결해야 하는 경우는 '발생형 문제'에 해당한다.
따라서 ㉠~㉢에 해당하는 문제 유형을 바르게 연결한 것은 ①이다.

이것도 알면 합격

- **발생형 문제(보이는 문제)**: 현재 직면하여 걱정하고 해결하기 위해 고민하는 문제
- **탐색형 문제(찾는 문제)**: 현재 상황을 개선하거나 효율을 높이기 위한 문제로, 문제를 방치하면 뒤에 큰 손실이 따르거나 결국 해결할 수 없는 문제로 나타남
- **설정형 문제(미래 문제)**: 장래의 경영전략을 생각하는 문제로 앞으로 어떻게 할 것인가 하는 문제

정답 ①

하위능력: 문제해결능력 **난이도**: ★☆☆ **대표출제기업**: 서울교통공사

02 다음 사례에 나타난 문제와 문제점을 바르게 연결한 것은?

> 얼마 전 경기도의 한 대형 물류 창고에서 발생한 화재 사고로 인해 약 40명의 사망자가 발생하였다. 수사 결과 물류 창고의 화재 사고는 용접 도중 발생한 불티가 주변 천장과 벽면의 마감재 속에 있던 가연성 소재 우레탄 폼에 튀어 발생한 것으로 드러났다. 본래 용접 작업은 산업안전보건법에 따라 불꽃이 튀지 않도록 덮개를 설치하는 등의 안전 조치를 해야 하지만, 이러한 안전 수칙이 지켜지지 않은 채 작업이 진행된 것으로 밝혀졌다. 또한, 해당 물류 창고에는 비상 유도등이나 임시 소방시설도 설치되지 않았고, 위험 발생 시 대피할 수 있는 방화문 설치 공간에 벽돌을 쌓아둬 대피로를 차단한 탓에 화재 당시 근무하던 근로자들이 대피하지 못한 것으로 조사되었다. 결국, 약 40여 명의 인명 피해가 발생한 이번 화재 사고는 안전관리 수칙이 제대로 지켜지지 않아 발생한 인재로 결론지어졌다.

	문제	문제점
①	화재 사고 발생	안전 수칙 위반
②	화재 사고 발생	인명 피해
③	비상 대피로 차단	화재 사고 발생
④	가연성 소재에 튄 불꽃	비상 대피로 차단
⑤	가연성 소재에 튄 불꽃	안전 수칙 위반

기출 포인트 해설 | 문제와 문제점

문제란 업무를 수행함에 있어서 답을 요구하는 질문이나 의논하여 해결해야 하는 상황을 의미하고, 문제점은 문제의 원인이 되는 사항으로 문제해결을 위해서 손을 써야 할 대상을 의미한다. 이에 따라 제시된 글에서 해결해야 하는 상황인 '화재 사고 발생'이 문제에 해당하고, 화재 사고가 발생하게 된 원인인 '안전 수칙 위반, 비상 유도등 미설치, 임시 소방시설 미설치, 비상 대피로 차단 등'이 문제점에 해당한다.

따라서 문제와 문제점을 바르게 연결한 것은 '화재 사고 발생'과 '안전 수칙 위반'이다.

이것도 알면 합격

- **문제란?**
  - 업무를 수행함에 있어서 답을 요구하는 질문이나 의논하여 해결해야 하는 상황이다.
  - 문제란 원활한 업무수행을 위해 해결되어야 하는 질문이나 의논 대상이다.
  - 문제란 조직에서의 목표와 현상의 차이이자 해결이 필요한 사항이다.
- **문제와 문제점의 차이**

  문제점은 문제의 원인이 되는 사항으로 문제해결을 위해서 손을 써야 할 대상을 말한다.

  예 난폭 운전으로 전복 사고가 일어났을 때, '문제'는 사고의 발생이며, '문제점'은 난폭 운전이다.

정답 ①

하위능력: 사고력 난이도: ★☆☆ 대표출제기업: 서울교통공사, 전력거래소, 한국가스안전공사, 한국수자원공사, SR

03 다음 명제가 모두 참일 때, 항상 참인 것은?

- 새우를 좋아하는 사람은 소고기를 좋아하고 복숭아도 좋아한다.
- 고구마를 좋아하고 호박도 좋아하는 사람은 낙지를 즐겨 먹는다.
- 복숭아를 좋아하는 사람은 팥빙수를 즐겨 먹지 않는다.
- 자두를 좋아하거나 새우를 좋아하지 않는 사람은 낙지를 즐겨 먹지 않는다.

① 고구마와 호박을 좋아하는 사람은 자두와 새우를 좋아하지 않는다.
② 낙지를 즐겨 먹는 사람은 팥빙수도 즐겨 먹는다.
③ 소고기를 좋아하지 않는 사람은 낙지를 즐겨 먹는다.
④ 새우를 좋아하는 어떤 사람은 팥빙수를 즐겨 먹는다.
⑤ 팥빙수를 즐겨 먹는 사람은 고구마를 좋아하지 않거나 호박을 좋아하지 않는다.

기출 포인트 해설 | 명제의 역·이·대우

주어진 명제가 참일 때 그 명제의 '대우'만이 참인 것을 알 수 있다.
세 번째 명제의 '대우', 첫 번째 명제의 '대우', 네 번째 명제, 두 번째 명제의 '대우'를 차례로 결합한 결론은 아래와 같다.

- 세 번째 명제(대우): 팥빙수를 즐겨 먹는 사람은 복숭아를 좋아하지 않는다.
- 첫 번째 명제(대우): 소고기를 좋아하지 않거나 복숭아를 좋아하지 않는 사람은 새우도 좋아하지 않는다.
- 네 번째 명제: 자두를 좋아하거나 새우를 좋아하지 않는 사람은 낙지를 즐겨 먹지 않는다.
- 두 번째 명제(대우): 낙지를 즐겨 먹지 않는 사람은 고구마를 좋아하지 않거나 호박을 좋아하지 않는다.
- 결론: 팥빙수를 즐겨 먹는 사람은 고구마를 좋아하지 않거나 호박을 좋아하지 않는다.

정답 ⑤

하위능력: 사고력 **난이도**: ★★☆ **대표출제기업**: 국민연금공단, 한국장학재단

04 다음은 용의자 A, B, C, D, E 5명의 진술 내용이다. 다섯 명 중 두 명이 거짓말을 하고 있을 때, A~E 중 거짓 진술을 하고 있는 사람을 모두 고르면?

- A: B는 거짓말을 하고 있습니다.
- B: D와 E는 모두 진실을 말하고 있습니다.
- C: A와 B는 모두 진실을 말하고 있지 않습니다.
- D: 나는 거짓말을 하고 있지 않습니다.
- E: C는 거짓말을 하고 있습니다.

① A와 C ② A와 D ③ B와 C ④ C와 E ⑤ D와 E

기출 포인트 해설 조건추리

제시된 조건에 따르면 B가 거짓말을 하고 있다는 A의 진술이 거짓이면 B의 진술은 진실이 되고, 반대로 A의 진술이 진실이면 B의 진술은 거짓이 되어 A와 B는 모두 진실을 말하고 있지 않다는 C의 진술과 모순되므로 A와 B의 중 한 사람은 반드시 거짓을 말하고 있음을 알 수 있다. 이에 따라 A와 B가 모두 진실을 말하고 있지 않다는 C의 진술은 거짓이 되어 C가 거짓말을 하고 있다는 E의 진술은 진실이 된다. 또한, 다섯 명 중 두 명이 거짓말을 하고 있으므로 자신은 거짓말을 하고 있지 않다는 D의 진술은 진실이고, D와 E가 모두 진실을 말하고 있다는 B의 진술도 진실이 되어 B가 거짓말을 하고 있다는 A의 진술이 거짓이 된다.
따라서 거짓 진술을 하고 있는 사람은 'A와 C'이다.

정답 ①

하위능력: 사고력 **난이도**: ★★☆ **대표출제기업**: 한국가스공사, 한전KDN, SR

05 **현우, 우주, 진희, 대희가 공포, 스릴러, 로맨스, 코믹 4가지 장르 중 1가지를 선택하여 각자 영화 관람을 하려고 한다. 아래에 제시된 조건을 모두 고려하였을 때, 항상 거짓인 것을 고르면?**

- 현우는 스릴러 영화를 선택하지 않는다.
- 대희는 스릴러 영화나 코믹 영화를 선택한다.
- 우주만 로맨스 영화를 선택한다.
- 진희와 대희는 같은 장르를 선택하며, 한 장르는 아무도 선택하지 않는다.

① 현우는 코믹 영화를 선택한다.

② 대희는 스릴러 영화를 선택하지 않는다.

③ 공포 영화는 아무도 선택하지 않는다.

④ 4명이 영화를 선택할 수 있는 경우의 수는 2가지뿐이다.

⑤ 선택한 영화 장르를 명확히 알 수 있는 사람은 1명뿐이다.

기출 포인트 해설 | 조건추리

제시된 조건에 따르면 우주만 로맨스 영화를 선택하므로 현우는 공포 영화 또는 코믹 영화를 선택하며, 진희와 대희는 스릴러 영화 또는 코믹 영화를 선택한다. 현우가 선택하는 영화에 따라 가능한 경우는 아래와 같다.

경우 1. 현우가 공포 영화를 선택할 경우

현우	우주	진희	대희
공포	**로맨스**	스릴러 또는 코믹	스릴러 또는 코믹

경우 2. 현우가 코믹 영화를 선택할 경우

현우	우주	진희	대희
코믹	**로맨스**	스릴러	스릴러

따라서 4명이 영화를 선택할 수 있는 경우의 수는 3가지이므로 항상 거짓인 설명이다.

정답 ④

하위능력: 사고력 난이도: ★★★ 대표출제기업: 건강보험심사평가원

06 A, B, C 3명은 빨강, 노랑, 파랑 중 각각 다른 색의 장갑을 끼고 있으며, 회전목마, 롤러코스터, 바이킹 중 서로 다른 종류의 놀이기구를 타고 있다. 아래에 제시된 조건을 모두 고려하였을 때, 항상 참인 것을 고르면?

- C는 바이킹을 타고 있지 않다.
- A는 파랑 장갑을 끼고 있지 않다.
- 회전목마를 타고 있는 사람은 파랑 장갑을 끼고 있다.
- 노랑 장갑을 끼고 있는 사람은 B나 C이다.

① A는 바이킹을 타고 있지 않다.
② 3명이 타고 있는 놀이기구의 종류에 대한 경우의 수는 3가지이다.
③ B는 파랑 장갑을 끼고 있다.
④ B는 회전목마를 타고 있지 않다.
⑤ C는 노랑 장갑을 끼고 롤러코스터를 타고 있다.

기출 포인트 해설 조건추리

제시된 조건에 따르면 A는 파랑 장갑을 끼고 있지 않고, 노랑 장갑을 끼고 있는 사람은 B나 C이므로 A는 빨강 장갑을 끼고 있고, B 또는 C가 노랑 장갑과 파랑 장갑 중 한 가지를 끼고 있다. 이때, C는 바이킹을 타고 있지 않으며 회전목마를 타고 있는 사람이 파랑 장갑을 끼고 있으므로 파랑 장갑을 끼고 있는 사람에 따라 가능한 경우는 아래와 같다.
경우 1. B가 파랑 장갑을 끼고 있을 경우

A	B	C
빨강 장갑	파랑 장갑	노랑 장갑
바이킹	회전목마	롤러코스터

경우 2. C가 파랑 장갑을 끼고 있을 경우

A	B	C
빨강 장갑	노랑 장갑	파랑 장갑
롤러코스터 또는 바이킹	롤러코스터 또는 바이킹	회전목마

따라서 3명이 타고 있는 놀이기구의 종류에 대한 경우의 수는 3가지이므로 항상 참인 설명이다.

정답 ②

하위능력: 사고력 **난이도**: ★☆☆ **대표출제기업**: 서울교통공사, 건강보험심사평가원

07 ○○자동차 회사에서 근무하는 A 씨는 신차의 판매전략을 마련하기 위해 창의적 사고를 개발하기 위한 방법을 활용하려고 한다. 다음 그림에 해당하는 창의적 사고의 개발 방법으로 가장 적절한 것은?

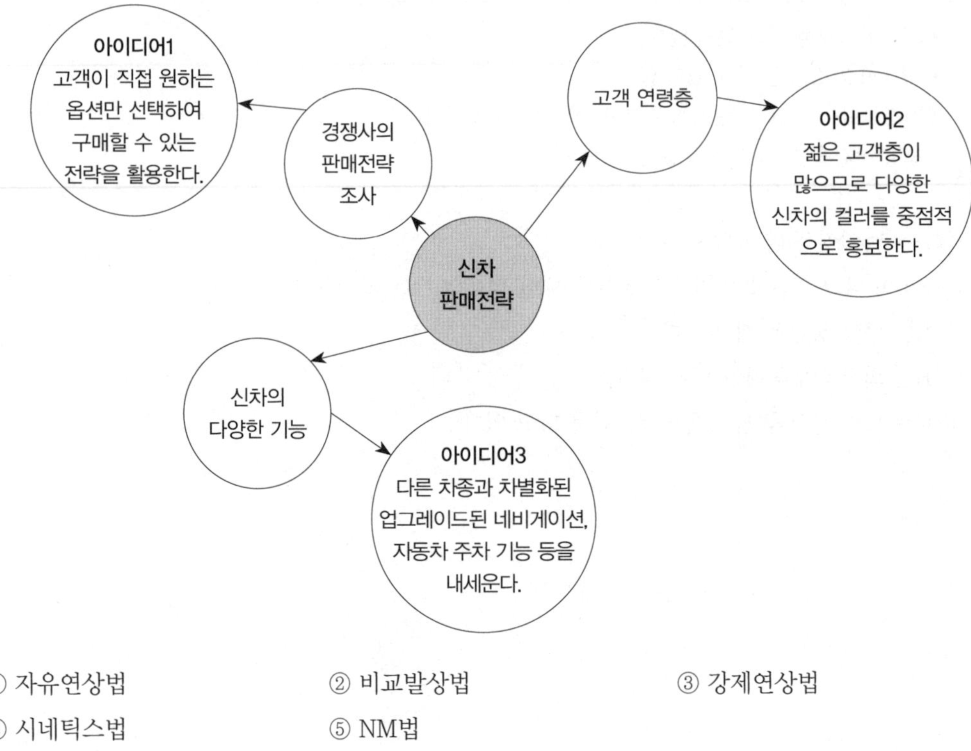

① 자유연상법 ② 비교발상법 ③ 강제연상법
④ 시네틱스법 ⑤ NM법

기출 포인트 해설 | **창의적 사고의 개발 방법**

제시된 그림은 신차의 판매전략이라는 주제를 중심으로 그와 관련된 다른 생각을 계속해서 열거해 나가는 방법인 마인드맵을 활용하여 나타내는 '자유연상법'에 해당한다.

✔ 이것도 알면 합격

- **자유연상법**: 어떤 생각에서 다른 생각을 떠올리는 작용을 통해 생각나는 것을 계속해서 열거해 나가는 방법
  예 브레인스토밍, 6색 사고 모자 기법
- **강제연상법**: 각종 힌트를 강제로 결합하거나 연상하여 아이디어를 떠올리는 방법
  예 속성열거법, 희망점열거법, 체크리스트법, 결점열거법
- **비교발상법**: 주제와 본질적으로 닮은 것을 힌트로 하여 새로운 아이디어를 얻는 방법
  예 NM법, 시네틱스법(Synectics)

정답 ①

하위능력: 문제처리능력 난이도: ★☆☆ 대표출제기업: 서울교통공사

08 문제처리 단계 중, 다음 제시된 상황과 가장 관련 있는 단계는?

> T 사는 1950년대 이후 세계적인 자동차 생산회사로서의 자리를 지켜 왔다. 그러나 최근 T 사의 자동차 생산 라인에서 자동차 문에 멍 자국이 나타나는 현상이 발생하였다. 공장장인 A는 이러한 현상이 발생한 것을 알고는 있었지만, 대수롭지 않게 생각하고 별 조치 없이 작업을 이어갔다. 그러나 자기 감독하에 있는 프레스기에서 나오는 멍 자국의 수가 점점 많아지면서 이로 인한 페인트 작업이나 조립 공정이 지연되었고, 회사에 막대한 추가 비용과 시간이 드는 상황까지 발생하고 말았다. 결국 공장장 A는 자신이 대수롭지 않게 생각한 멍 자국 현상을 문제 상황으로 삼고, 이를 해결하기 위한 명확한 목표를 수립하였다.

① 문제 인식 단계
② 문제 도출 단계
③ 원인 분석 단계
④ 해결안 개발 단계
⑤ 실행 및 평가 단계

기출 포인트 해설 | 문제처리 단계

제시된 글에서 공장장 A는 자동차 문에 생긴 멍 자국을 처음에는 신경 쓰지 않다가 점점 멍 자국의 수가 많아지고 추가 비용과 시간이 막대하게 드는 등 상황이 악화되자 멍 자국 현상을 문제 상황으로 삼고 이를 해결하기 위한 명확한 목표를 수립하였으므로 해결해야 할 전체 문제를 파악하여 우선순위를 정하고 선정된 문제에 대한 목표를 명확히 하는 '문제 인식 단계'와 가장 관련 있다.

이것도 알면 합격

문제처리 단계

문제 인식 ▶ 문제 도출 ▶ 원인 분석 ▶ 해결안 개발 ▶ 실행 및 평가

- **문제 인식**: 해결해야 할 전체 문제를 파악하여 우선순위를 정하고 선정된 문제에 대한 목표를 명확히 하는 단계
- **문제 도출**: 문제를 분석하여 인과관계 및 구조를 파악하는 단계
- **원인 분석**: 파악된 핵심 문제에 대한 분석을 통해 근본 원인을 도출하는 단계
- **해결안 개발**: 자신의 지식과 경험에 구애받지 않으며 창조적으로 해결안을 평가하고 최적안을 선정하는 단계
- **실행 및 평가**: 문제의 원인을 해결안을 사용하여 제거하는 단계

정답 ①

09 ○○항공사에 지원한 귀하는 면접을 앞두고 스터디를 하고 있다. 기업에 필요한 전략에 대한 질문이 나올 것을 예상해 SWOT 분석을 하고 그에 대한 답변을 준비한다고 할 때, 다음 ㉠~㉣ 중 적절하지 않은 것을 모두 고르면?

[SWOT 분석 결과]

S(강점)	• 제휴 업체가 다양하여, 고객들을 대상으로 제공할 수 있는 멤버십과 서비스가 다양함 • 운항 횟수 대비 항공 사고 발생 건수가 대형 항공사보다 낮음
W(약점)	• 보유 항공기 개수가 다른 저비용 항공사 대비 적은 편임 • 지방 허브 공항이 1개밖에 없음
O(기회)	• 젊은 층의 1인 자유 여행객이 증가하고 있음 • 최근 국내 및 단거리 해외여행에 대한 선호도가 증가하고 있음
T(위협)	• 저비용 항공사 간의 경쟁이 심화되고 있음 • 저비용 항공사 안전에 대한 소비자들의 신뢰도가 하락하고 있음

㉠ 'WT전략'으로 현재 1개에 불과한 지방 허브 공항의 개수를 늘려 국제노선을 신규 취항함으로써 저비용 항공사들 사이에서 경쟁력을 확보하는 것이 좋을 것 같습니다.
㉡ 'ST전략'으로 최근 젊은 고객층의 1인 자유 여행이 트렌드이므로 1인 여행객 맞춤형 멤버십과 서비스를 제공하면 좋을 것 같습니다.
㉢ 'WO전략'으로 보유 항공기 개수를 늘리고 국내 및 단거리 해외여행 노선에 배치하여 운항 횟수를 늘리면 좋을 것 같습니다.
㉣ 'SO전략'으로 운항 횟수 대비 항공 사고 발생 건수가 대형 항공사보다 낮은 것을 홍보 포인트로 마케팅함으로써 저비용 항공사지만 안전하다는 이미지를 소비자에게 인식시키면 좋을 것 같습니다.

① ㉠, ㉢　② ㉠, ㉣　③ ㉡, ㉢　④ ㉡, ㉣　⑤ ㉢, ㉣

기출 포인트 해설 SWOT 분석

㉡ 현재 젊은 1인 자유 여행객이 늘어나고 있다는 시장 상황을 고려해 1인 여행객 맞춤형 멤버십과 서비스를 제공하는 것은 시장의 기회를 활용하기 위해 강점을 적극 활용하는 'SO전략'이므로 적절하지 않다.
㉣ 운항 횟수 대비 항공 사고 발생 건수가 대형 항공사보다 낮다는 것을 홍보하여 저비용 항공사지만 안전하다는 이미지를 소비자에게 인식시키는 전략은 시장의 위협을 회피하기 위해 강점을 적극 활용하는 'ST전략'이므로 적절하지 않다.
따라서 ㉠~㉣ 중 적절하지 않은 것은 ㉡, ㉣이다.

이것도 알면 합격

SWOT 분석

기업 내부의 강점(Strength), 약점(Weakness) 요인과 외부환경의 기회(Opportunity), 위협(Threat) 요인을 분석·평가하고 이들을 서로 연관 지어 전략과 문제해결방안을 개발하는 방법이다.

		내부 환경 요인	
		강점(S)	약점(W)
외부 환경 요인	기회(O)	SO전략 내부 강점과 외부 기회 요인을 극대화	WO전략 외부 기회를 이용하여 내부 약점을 강점으로 전환
	위협(T)	ST전략 외부 위협을 최소화하기 위해 내부 강점을 극대화	WT전략 내부 약점과 외부 위협을 최소화

정답 ④

하위능력: 문제처리능력 **난이도**: ★★☆ **대표출제기업**: 주택도시보증공사

10 다음 글을 근거로 판단한 내용으로 가장 적절하지 않은 것은?

중소벤처기업부는(이하 중기부) 3월 29일부터 30일까지 164만 6000명이 '소상공인 버팀목자금 플러스'를 신청하였고, 그중 163만 명에게 2조 9600억 원이 지급되었다고 발표하였다. 지원금을 받은 인원은 1차 신속 지급 대상자인 250만 명의 65.2% 수준이며, 지원금은 전체 4조 2767억 원의 69.3%가 지급되었다. 세부적으로 살펴보면, 집합금지 업종 10만 4000명에게는 1인당 400만~500만 원씩 총 4775억 원이, 영업제한 업종 43만 명에게는 1인당 300만 원씩 총 1조 2909억 원이 지급되었다. 또 지난해 업종 평균 매출이 전년보다 20% 이상 감소한 경영위기 업종 8만 7000명에게는 1인당 200만~300만 원씩 1874억 원을, 매출 감소 일반업종 100만 9000명에게는 1인당 100만 원씩 1조 86억 원이 지급되었다. 중기부는 1인이 지급대상 사업체를 다수 보유한 경우를 제외하고 양일간 1차 신속지급 대상자 231만 5000명 전원에 신청 안내 문자 발송을 완료했으며, 신속 지급을 위한 1일 3회 지급은 3월 31일까지만 유지되고 4월 1일부터 9일까지는 1일 2회 지급으로 변경된다고 밝혔다. 지급 시기는 정오까지 신청한 경우 오후 2시부터, 자정까지 신청한 경우 다음날 새벽 3시부터 각각 입금된다. 아울러 31일부터는 사업자 등록번호 끝자리 홀·짝수 구분 없이 온라인으로 '소상공인 버팀목자금 플러스'를 신청할 수 있는데, 온라인을 통한 지급신청은 평일·휴일 관계없이 24시간 계속되며 문의 사항이 있는 경우 콜센터나 온라인 채팅상담을 이용하면 된다. 중기부는 상담이 집중되는 4월 말까지 기존의 상담인력을 2배 늘려 1,000명으로 콜센터를 운영할 예정임을 밝혔다. 한편, 1인이 지급대상 사업체를 다수 보유한 18만 5000명에 대한 신청과 지급은 다음 달 1일 오전 6시부터 가능하다.

※ 출처: 중소벤처기업부(2021-03-31 보도자료)

① 집합금지 업종에 근무하는 사람이 소상공인 버팀목자금 플러스를 신청했을 때 받을 수 있는 지원금은 최대 500만 원이다.

② 소상공인 버팀목자금 플러스 지원금을 받을 수 있는 사업체를 다수 보유한 사람도 1차 신속지급 대상자에 속한다.

③ 중기부에서는 소상공인 버팀목자금 플러스 관련 상담인력을 기존 대비 2배 늘려 운영할 계획이다.

④ 소상공인 버팀목자금 플러스를 온라인으로 신청할 경우 시간에 구애받지 않을 수 있다.

⑤ 3월 29~30일간 소상공인 버팀목자금 플러스를 신청한 사람 중 약 1만 6000명은 지원금을 받지 못했을 것이다.

기출 포인트 해설 지문추론

중기부에서는 1인이 지급대상 사업체를 다수 보유한 경우를 제외하고 양일간 1차 신속지급 대상자 231만 5000명 전원에 신청 안내 문자를 발송했으므로 가장 적절하지 않다.

정답 ②

출제예상문제

- 시작과 종료 시각을 정한 후, 실제 시험처럼 문제를 풀어보세요.

　　시　　분 ~　　시　　분 (총 20문항/20분)

01 **다음 중 문제해결을 위해 요구되는 기본 요소로 가장 적절하지 않은 것은?**

① 창조적인 문제해결능력을 함양하기 위한 체계적인 교육훈련

② 문제에 대해 체계를 갖추지 않은 자유로운 접근 방식

③ 문제해결자의 도전의식과 끈기의 자세

④ 문제해결의 방법을 적절히 사용할 수 있는 지식

⑤ 문제와 관련된 지식과 경험에 대한 가용성

02 **다음 제시된 사례와 관련 있는 사고의 유형을 개발하기 위한 태도로 가장 적절하지 않은 것은?**

- 아이작 뉴턴: 나무에서 떨어지는 사과를 보고 '만유인력의 법칙'을 발견하는 중요한 힌트를 얻음
- 아르키메데스: 목욕할 때 탕 속에 물이 흘러넘치는 것을 보고 '아르키메데스의 원리'라고 하는 부력의 원리를 발견함
- 갈릴레오 갈릴레이: 램프의 흔들림을 보고 '추의 등시성'을 발견함
- 알프레드 노벨: 뉴트로글리세린이 용기에서 새어 나와 규소토에 스며드는 것을 보고 '다이너마이트'를 발명함
- 알렉산더 플레밍: 배양하고 있던 포도상규균이 파란 곰팡이에 녹는 것을 발견하고, 그 파란 곰팡이에서 페니실린을 추출해서 항생물질을 개발함

① 지적 호기심

② 일시성

③ 객관성

④ 결단성

⑤ 지적 정직성

03 문제해결 절차가 5단계로 이루어질 때, 다음 ㉠~㉤에 해당하는 문제해결 절차와 관련된 사례로 가장 적절하지 않은 것은?

1단계	→	2단계	→	3단계	→	4단계	→	5단계
㉠		㉡		㉢		㉣		㉤

① ㉠: 사업 환경을 구성하고 있는 자사, 경쟁사, 고객을 확인하였다.
② ㉡: 기업 내부의 강점과 약점, 외부 환경의 기회, 위협 요인을 분석·평가하였다.
③ ㉢: 쟁점과 데이터를 분석하여 해결해야 할 과제의 근본 원인을 도출하였다.
④ ㉣: 문제, 원인, 방법을 고려하여 해결안을 평가하고 가장 효과적인 해결안을 선정하였다.
⑤ ㉤: 실행상의 문제점과 장애요인을 신속히 해결하기 위해 감시 체제를 구축하였다.

04 다음 중 '보이는 문제'에 해당하는 사례를 모두 고르면?

㉠ Q 기업에서 만든 제품 중 불량인 제품이 발견되어 여러 고객으로부터 불만이 발생하였다.
㉡ A 기업의 제품개발팀 팀장은 SNS상에서 중국인이 동종 업계의 제품에 관심을 보이는 것을 확인하여 이후의 제품판매 전략에 대해 고민하게 되었다.
㉢ L 기업의 인사팀에서 근무하는 박 사원은 승진 대상자의 이름이 잘못 적힌 공고문을 업로드한 것을 확인하였다.
㉣ K 기업의 재무팀에서는 자금흐름을 현재와 같이 두면 1년 뒤 문제가 생길 것으로 예측하였다.

① ㉠ ② ㉡ ③ ㉠, ㉢ ④ ㉡, ㉢ ⑤ ㉢, ㉣

05 **가전제품 제조업체인 G 사에서는 신제품을 출시하여 초반에는 매출액이 오르다가 얼마 지나지 않아 매출액이 급격히 감소하여 재고가 예상보다 많아졌다. 이를 해결하고자 경영관리부장, 판매부장, 공장장이 모여 대화를 하고 있을 때, 경영관리부장이 문제를 해결하는 방법과 가장 관련 있는 용어는?**

경영관리부장: 이와 같은 문제가 발생한 원인은 나중에 살펴보기로 하고, 우선 서로가 어떻게 하면 이 문제를 해결할 수 있는가에 초점을 맞추어 논의하도록 합시다. 먼저 판매가 부진하게 된 원인에 대해 판매부장님의 의견을 들어보겠습니다.

판 매 부 장: 예상치 못한 경쟁사에서 우리 제품과 유사한 제품을 출시하면서 완전히 시장을 잠식해버렸기 때문입니다.

경영관리부장: 국내 시장뿐만 아니라 국제 시장에서도 그런 상황이 벌어졌습니까?

판 매 부 장: 국내 시장에서는 이미 상황이 역전되어서 이제는 어떻게 해 볼 도리가 없습니다. 미국 시장에서도 거의 비슷한 상황이지만, 일부 우리에게 강점이 있는 유통망이 남아 있습니다. 유럽 시장에서는 아직 경쟁 제품이 진출하지 않은 상황이라 시간적인 여유가 있습니다.

경영관리부장: 조금이라도 판매율을 높일 수 있도록 생산 현장에서 협력할 수 있는 방안은 없을까요?

공 장 장: 유럽 시장이 아직 가능성이 남아 있다면 국내 시장용으로 생산한 제품의 디자인을 유럽 시장용으로 변경해서 생산하면 어떨까요? 생산 라인에 있는 사람들을 놀려야 할 정도라면 조금이라도 재고를 줄이기 위해 철야를 해서라도 만들어 놓겠습니다.

경영관리부장: 상당히 좋은 제안이군요. 당장 시작하죠. 그런데 여기서 생산을 중단하면 어느 정도의 부품이 남게 됩니까?

공 장 장: 확정 주문량의 3개월분은 처리가 가능하지만, 앞서서 주문해 놓은 그 후의 3개월분은 남게 됩니다.

경영관리부장: 판매 부서에서 뭔가 좋은 아이디어가 없나요?

① 소프트 어프로치

② 하드 어프로치

③ 시네틱스법

④ 퍼실리테이션

⑤ 브레인스토밍

06 다음은 A 사원이 문제해결 과정에서 체크리스트의 항목에 해당하는 내용을 확인하는 편일 때는 'O' 표시를, 확인할 때도 있고 그렇지 않을 때도 있다면 '△' 표시를, 확인하지 않는 편일 때는 'X' 표시를 한 것이다. 문제해결 절차에서 이러한 체크리스트를 활용하는 단계로 가장 적절한 것은?

구분	내용	확인
1	해결안을 실행할 일정표를 만들고 계획을 수립한다.	O
2	계획을 수립할 때 예기치 않은 문제에 어떻게 대응할 것인지를 고려한다.	△
3	계획을 수립할 때 예산, 자원, 시간 등에 대한 제한사항을 고려한다.	X
4	계획에 따른 실행 결과를 평가한다.	O
5	평가 결과를 토대로 해결방안 중 수정해야 하는 점을 파악한다.	X
6	수정해야 하는 점을 고려하여 새로운 해결방안을 도출한다.	△
7	새로운 해결방안을 적용할 때 기존에 문제가 있는 점을 제거한다.	△

① 문제 인식 단계　② 문제 도출 단계　③ 원인 분석 단계
④ 해결안 개발 단계　⑤ 실행 및 평가 단계

07 비판적 사고를 위해서는 문제의식을 가지고 고정관념을 타파해야 한다. 다음 사례를 읽고 빈칸에 들어갈 말에 대한 설명으로 가장 적절하지 않은 것은?

> 2002년 노벨상을 수상한 다나카 코이치 씨는 평범한 샐러리맨이라는 점에서 큰 화제를 불러일으킨 적이 있었다. 다나카 씨의 수상은 아세톤에 금속 분말을 녹여야 하지만 글리세린에 녹여버린 실수로부터 시작되었다. 다나카 씨는 잘못 녹인 금속 분말이 아까워서 그대로 레이저에 대고 측정치를 계속해서 관찰하는 활동을 하였고, 그 결과 고분자의 질량 분석이 가능한 현상을 발견하였다. 이런 면에서 볼 때 다나카 씨의 발견은 우연일지 모르지만, 글리세린에 녹인 금속 분말은 어떻게 될까 하는 끊임없는 (　　　)을/를 통해서 가능한 일이었다.

① 비판적인 사고를 갖추기 위해 필요한 요소 중 하나로, 비판적인 사고의 출발점이 된다.
② 사소한 일에서도 정보를 수집하고, 자신이 지니고 있는 문제를 정확하게 파악하는 능력이다.
③ 사소한 발견에 대해서 의문을 가지고 지속적인 관심을 갖는 것이 필요하다.
④ 당장 눈앞의 문제를 자신의 문제로 여기고 진지하게 다룰 생각이 없는 한 절대로 답을 얻을 수 없다.
⑤ 지각의 폭을 넓혀 어떠한 정보에 대해 개방성을 갖고 편견을 버리는 것을 의미한다.

08 **다음 중 논리적 사고를 위해 필요한 습관으로 가장 적절하지 않은 것은?**

① 자신의 논리로만 생각하면 독선에 빠지기 쉬우므로 상대의 논리를 구조화하는 것이 필요하다.
② 상대와 의논하거나 설득하는 과정을 통해 자신이 깨닫지 못했던 새로운 가치를 발견하고 생각해 낼 수 있다.
③ 특정한 문제에 대해서만 생각하는 것이 아니라 일상적인 대화, 회사의 문서, 신문의 사설 등 어디서 어떤 것을 접하든지 늘 생각하는 습관을 들이는 것이 중요하다.
④ 상대의 주장에 반론을 제시할 때는 상대의 주장 전부를 부정하여 자신의 논리를 뒷받침해야 한다.
⑤ 상대가 말하는 것을 잘 알 수 없을 때는 구체적으로 생각해 보아야 한다.

09 **다음 중 문제해결에 장애가 되는 요인으로 가장 거리가 먼 것은?**

① 개인적인 편견이나 경험, 습관으로 문제를 바라보는 경우
② 절차에 따라 문제해결에 필요한 만큼만 정보를 수집하는 경우
③ 이미 알고 있는 단순한 정보들에 의존하는 경우
④ 직관에 의해 문제의 본질을 성급하게 판단하는 경우
⑤ 새로운 아이디어와 가능성을 고려하는 것에 소홀한 경우

10 **다음 설명에 해당하는 고객 요구 조사 방법은?**

- 가이드라인에 따라 내용을 열거하고 열거된 내용의 상호 관련을 생각하면서 결론을 얻어나간다.
- 동의 혹은 반대의 경우 합의의 정도와 강도를 중시한다.
- 조사의 목적에 따라 결론을 이끌 수 있도록 한다.
- 앞뒤에 흩어져 있는 정보들을 주제에 대한 연관성을 고려하여 수집한다.
- 확실한 판정이 가능한 것은 판정을 내리지만 그렇지 못한 경우는 판정을 내려서는 안 된다.

① 심층면접법　② 포커스 그룹 인터뷰　③ 체크리스트
④ 설문지법　⑤ 관찰법

11 다음 글의 빈칸에 들어갈 말로 가장 적절한 것은?

> (　　　　　)란 엄격한 논리적 순서에 따라 가장 큰 문제점부터 작은 단위로 나누어 나무 구조로 분류하는 방법을 말한다.

① 로직트리　　② MECE　　③ 피라미드 구조화
④ 이슈트리　　⑤ QDT

12 문제해결 절차의 단계 중 다음 제시된 사례와 가장 관련 있는 단계는?

> 10개의 중소업체를 통합해서 설립된 P 사는 최근 곤란한 상황에 빠졌다. 지난 수년간 직원 교체율이 높았던 탓에 고객 만족도 및 조직 효율성이 눈에 띄게 감소하였던 것이다. P 사는 이러한 문제를 해결하기 위해서 관리팀의 K 대리에게 이 문제를 조사하고, 개선 방안을 모색하라는 과제를 주었다. K 대리는 우선 관련 데이터를 수십하였고, 이를 분석한 결과 이직률이 상승하는 현상은 젊은 층의 직원들과 중간층인 중년 직원들 사이에 가장 큰 원인이 있다는 것을 밝혀 냈다. K 대리는 이 결과를 토대로 젊은 층 직원들이 이직하게 된 원인을 조사하기 시작했다. 이를 통해 '낮은 임금체계, 교육 기회의 부족, 낮은 직업만족도, 스트레스가 많은 작업환경, 승진 기회 부족'을 원인으로 도출하게 되었다. K 대리는 이 중 가장 핵심적인 원인을 찾기 위해 이직한 직원들을 대상으로 직접 전화를 통해 조사를 진행하였고, 결국 임금체계와 승진 기회 부족이 가장 중요한 원인임을 알 수 있게 되었다.

① 문제 인식 단계
② 문제 도출 단계
③ 원인 분석 단계
④ 해결안 개발 단계
⑤ 실행 및 평가 단계

13 근수, 찬호, 진수, 동욱이가 각자 농구, 배구, 축구, 야구 중 한 종목만 선택하여 취재하려고 한다. 아래에 제시된 조건을 모두 고려하였을 때, 항상 거짓인 것을 고르면?

- 동욱이는 농구나 배구 중 하나를 선택한다.
- 근수는 배구나 축구 중 하나를 선택한다.
- 진수는 축구를 선택했고 혼자 취재하지는 않는다.
- 찬호는 축구를 선택하지 않는다.
- 동욱이는 찬호와 선택하는 종목이 다르다.

① 동욱이는 배구를 선택한다.
② 근수는 축구를 선택한다.
③ 야구는 한 사람이 선택한다.
④ 배구는 아무도 선택하지 않는다.
⑤ 찬호가 야구를 선택하는 경우는 없다.

14 다음 밑줄 친 부분에 들어갈 내용으로 적절한 것을 고르면?

모든 예능 PD는 유머 감각이 있다.
어떤 라디오 PD는 예능 PD이다.
그러므로 ____________________

① 모든 예능 PD는 라디오 PD이다.
② 모든 라디오 PD는 유머 감각이 있다.
③ 유머 감각이 있는 모든 사람은 PD이다.
④ 어떤 라디오 PD는 유머 감각이 있다.
⑤ 유머 감각이 없는 모든 사람은 라디오 PD가 아니다.

15 다음은 ○○대학교의 전공과 교양 과목 시간표이다. 제시된 조건을 모두 고려하였을 때, A와 B가 강의를 수강하는 요일을 순서대로 바르게 나열한 것은?

<table>
<tr><th>시간</th><th>월요일</th><th>화요일</th><th>수요일</th><th>목요일</th><th>금요일</th></tr>
<tr><td>09:00~09:50</td><td rowspan="3">전공</td><td></td><td>교양</td><td></td><td rowspan="2">교양</td></tr>
<tr><td>10:00~10:50</td><td rowspan="2">전공</td><td></td><td rowspan="2">교양</td></tr>
<tr><td>11:00~11:50</td><td></td><td rowspan="2">교양</td></tr>
<tr><td>12:00~12:50</td><td></td><td></td><td></td><td></td></tr>
<tr><td>13:00~13:50</td><td></td><td></td><td></td><td rowspan="3">교양</td><td></td></tr>
<tr><td>14:00~14:50</td><td></td><td rowspan="3">전공</td><td></td><td></td></tr>
<tr><td>15:00~15:50</td><td></td><td rowspan="3">교양</td><td></td></tr>
<tr><td>16:00~16:50</td><td rowspan="2">전공</td><td></td><td>교양</td></tr>
<tr><td>17:00~17:50</td><td></td><td></td><td></td></tr>
</table>

- A~E는 각자 서로 다른 요일의 강의를 수강한다.
- C와 E는 전공 강의를 수강하지 않는다.
- D와 E는 3시간짜리 강의를 수강한다.
- A와 C가 수강하는 강의의 시작과 종료 시각은 각각 같다.

① 월요일, 수요일
② 화요일, 목요일
③ 화요일, 금요일
④ 수요일, 화요일
⑤ 수요일, 금요일

16 다음 A와 B의 대화를 읽고, B의 발언에 나타난 논리적 오류로 가장 적절한 것은?

A: 지난 하반기에는 5개 영업팀 중 영업 실적 1위를 달성했던 우리 팀이 이번 상반기에는 최하위를 기록하였습니다. 이에 따라 이번 상반기 영업 실적의 하락 원인을 파악하여 올 하반기 영업 실적 향상 방안을 수립하고자 합니다. 우리 팀의 상반기 영업 활동에 대한 문제점에는 어떤 것들이 있었는지, 이를 해결하기 위해서는 어떻게 해야 하는지 준비해오신 의견 말씀해 주세요.

B: 이번 상반기에는 우리 팀뿐만 아니라 기업 전반적으로 영업 실적이 하락하는 문제가 발생하였습니다. 이를 해결하기 위해서는 실질적인 영업을 수행하는 영업팀 팀원들을 비롯하여 기업 성장을 위해 힘쓰는 모든 조직 구성원의 사기를 진작하기 위해 복지제도의 개선 등 기업 차원에서의 노력이 필요하다고 생각합니다.

① 허수아비 공격의 오류
② 무지의 오류
③ 잘못된 유추의 오류
④ 과대 해석의 오류
⑤ 논점 일탈의 오류

17 **문제해결을 위한 방법 중 소프트 어프로치에 대한 설명으로 적절한 것을 모두 고르면?**

> ㉠ 문제해결을 위해 직접적으로 표현하는 것은 바람직하지 않다고 여긴다.
> ㉡ 제3자는 사실과 원칙을 근거로 구성원을 지도·설득함으로써 전원이 합의하는 일치점을 찾아내려 한다.
> ㉢ 조직 구성원이 상이한 문화적 토양을 갖고 있다고 가정한다.
> ㉣ 조직 구성원이 같은 문화적 토양을 갖고 이심전심으로 서로를 이해하는 상황을 가정한다.

① ㉠, ㉡　② ㉠, ㉢　③ ㉠, ㉣　④ ㉡, ㉢　⑤ ㉡, ㉣

18 **다음 김 대리의 사례에서 나타난 문제해결의 장애요인으로 가장 적절한 것은?**

> 화장품 회사에서 근무하는 김 대리는 본인이 개발한 립스틱에 활용할 용기 선정을 위해 관련 업체를 찾던 중 동료 직원으로부터 A 사의 용기가 가장 괜찮다는 정보를 들어 해당 용기로 결정하였다. 이후 김 대리는 본인이 구매한 용기와 동일한 품질의 용기를 B 사에서 더 저렴하게 판매한다는 사실을 알게 되었고, 상사로부터 동일한 용기를 비싸게 구매하였다는 질책을 받게 되었다.

① 문제를 철저하게 분석하지 않았다.
② 개인적인 편견, 경험, 습관 등의 고정관념에 얽매여 있었다.
③ 쉽게 떠오르는 단순한 정보에 의지하였다.
④ 너무 많은 자료를 수집하기 위해 노력하였다.
⑤ 내·외부의 자원을 모두 활용하였다.

19 다음 글을 근거로 판단한 내용으로 가장 적절하지 않은 것은?

착한 운전 마일리지란 매해 무위반·무사고 준수 서약서를 경찰서, 지구대, 파출소에 제출한 뒤 1년 동안 서약 내용을 지킬 경우 10점의 마일리지가 적립되는 제도로, 2013년 8월 1일부터 시행되었다. 여기서 무위반은 운전자의 행위로 인하여 운전면허 취소·정지 처분이나 범칙금 통고, 과태료 처분을 받지 않는 것을, 무사고는 사람을 죽거나 다치게 하는 교통사고를 유발하지 않는 것을 골자로 한다. 즉, 서약 내용에 따라 기간 내 무사고와 무위반을 실천하게 되면 마일리지가 쌓이며, 이때의 마일리지는 최대 50점까지 쌓을 수 있다. 이렇게 쌓인 마일리지는 벌점이나 면허정지 일수 감경에 사용하게 된다. 예컨대 서약을 실천한 운전자의 면허 벌점이 40점 이상이 되어 면허 정지 처분 대상자가 되었다면 벌점 누산 점수에서 10점을 공제받을 수 있다. 만약 서약 기간에 교통사고를 유발했거나 교통법규를 위반했다면 그 다음 날부터 다시 무위반·무사고 준수 서약을 할 수 있으며, 서약 횟수에 제약이 없기 때문에 매해 서약한 뒤 이를 지키면 마일리지를 10점씩 누적하여 쌓을 수 있다. 특히 착한 운전 마일리지는 면허 벌점을 공제하지 않는 한 계속해서 유지된다는 점에서 운전자에게 매우 유리한 제도로 여겨진다.

① 무위반·무사고 준수 서약 이후 범칙금 통고 처분을 받았다면 무위반에 어긋난 행동을 한 것이다.
② 착한 운전 마일리지는 매년 서약서를 작성하지 않으면 소멸될 수 있다.
③ 벌점 40점 이상을 받은 운전자에게 착한 운전 마일리지가 있다면 벌점을 공제받을 수 있다.
④ 무사고를 이행하려면 교통사고를 통해 사람이 죽거나 다치는 일이 없어야 한다.
⑤ 교통법규 위반으로 무위반·무사고 준수 서약이 무효가 된 경우 그다음 날부터 관련 서약을 할 수 있다.

20 다음 안내문을 근거로 판단한 내용으로 가장 적절하지 않은 것은?

[노인 일자리 및 사회활동 지원 사업 신청 안내]

1. 노인 일자리 및 사회활동 지원 사업이란?
   - 어르신이 건강한 노후생활을 보낼 수 있도록 다양한 일자리와 사회활동을 지원하는 사업
     ※ 급속한 고령화에 대비하여, 올해 74만 개에서 내년 80만 개로 확대할 예정

2. 지원사업 유형 및 모집 대상

구분	유형	내용	대상
공공형	공익활동	지역사회 공익 증진을 위한 사회참여활동 예 老老케어·보육시설 봉사, 공공의료 복지시설 봉사 등	기초연금 수급자
	재능나눔	노인의 재능(자격, 경력) 활용한 상담안내, 학습지도 등	만 60세 이상
사회 서비스형	–	노인의 경력과 역량 활용하여 사회적으로 필요한 영역에 서비스를 제공하는 일자리 예 지역아동센터, 보육시설 돌봄 지원, 장기요양서비스 업무지원, 공공기관 행정업무 지원 등	만 65세 이상
민간형	시장형 사업단	수행기관이 매장·사업단을 운영하면서 노인 채용 예 시니어카페, 편의점 등	만 60세 이상
	취업 알선형	관련직종 업무능력 보유자를 수요처로 연계 예 경비·청소·가사·간병인 등	
	시니어 인턴십	기업인턴(3개월) 후 계속고용 유도 목적 인건비 지원	
	고령자 친화기업	노인다수고용기업 설립·우수고용기업 지원	

3. 지원 방법
   1) 모집 기간: 20XX. 11. 23.(월)~12. 18.(금)
   2) 지원 방법: 온라인 누리집(홈페이지) 신청 또는 방문 접수
   3) 온라인 신청: 노인일자리 여기(www.seniorro.or.kr), 복지로(www.bokjiro.go.kr)
   4) 방문 접수: 지자체별 행정복지센터(구, 동사무소) 또는 가까운 노인일자리 수행기관(노인복지관, 시니어클럽, 대한노인회 등)

① 만 60세 이상의 고령자가 간병 관련 자격증이 있다면 취업 알선형 지원사업에 신청할 수 있다.
② 기초연금을 수급하고 있다면 공공의료 복지시설 봉사와 같은 공익활동 사업의 참여 대상에 해당한다.
③ 만 62세의 고령자는 사회서비스형 지원사업에 지원할 수 없다.
④ 노인 일자리 및 사회활동 지원 사업은 내년에 금년 대비 6만 개가 더 늘어날 예정이다.
⑤ 온라인 신청과 방문 접수 모두 가능하나 방문 접수는 지자체별 행정복지센터에만 가능하다.

약점 보완 해설집 p.12

제4장 자기개발능력

자기개발능력 개념정리

01 자아인식능력

02 자기관리능력

03 경력개발능력

기출공략문제

출제예상문제

미리 보는 자기개발능력,

기출 개념 마인드맵

자기개발은 직업인으로서 자신의 능력, 적성, 특성 등을 이해하고 목표 성취를 위해 스스로를 관리하며 개발해 나가는 능력으로, 자기 발전을 위한 목표를 수립하기 위한 자아인식능력, 자기관리능력, 경력개발능력 등으로 구분됩니다. 다음은 자기개발능력에서 주로 출제되었던 기출 키워드를 정리한 마인드맵입니다. 학습 전에는 자기개발능력의 큰 흐름을 먼저 파악하는 용도로, 학습 후에는 자기개발능력의 기출 포인트를 짚어보며 내용을 정리해 보는 용도로 활용해 보시기 바랍니다.

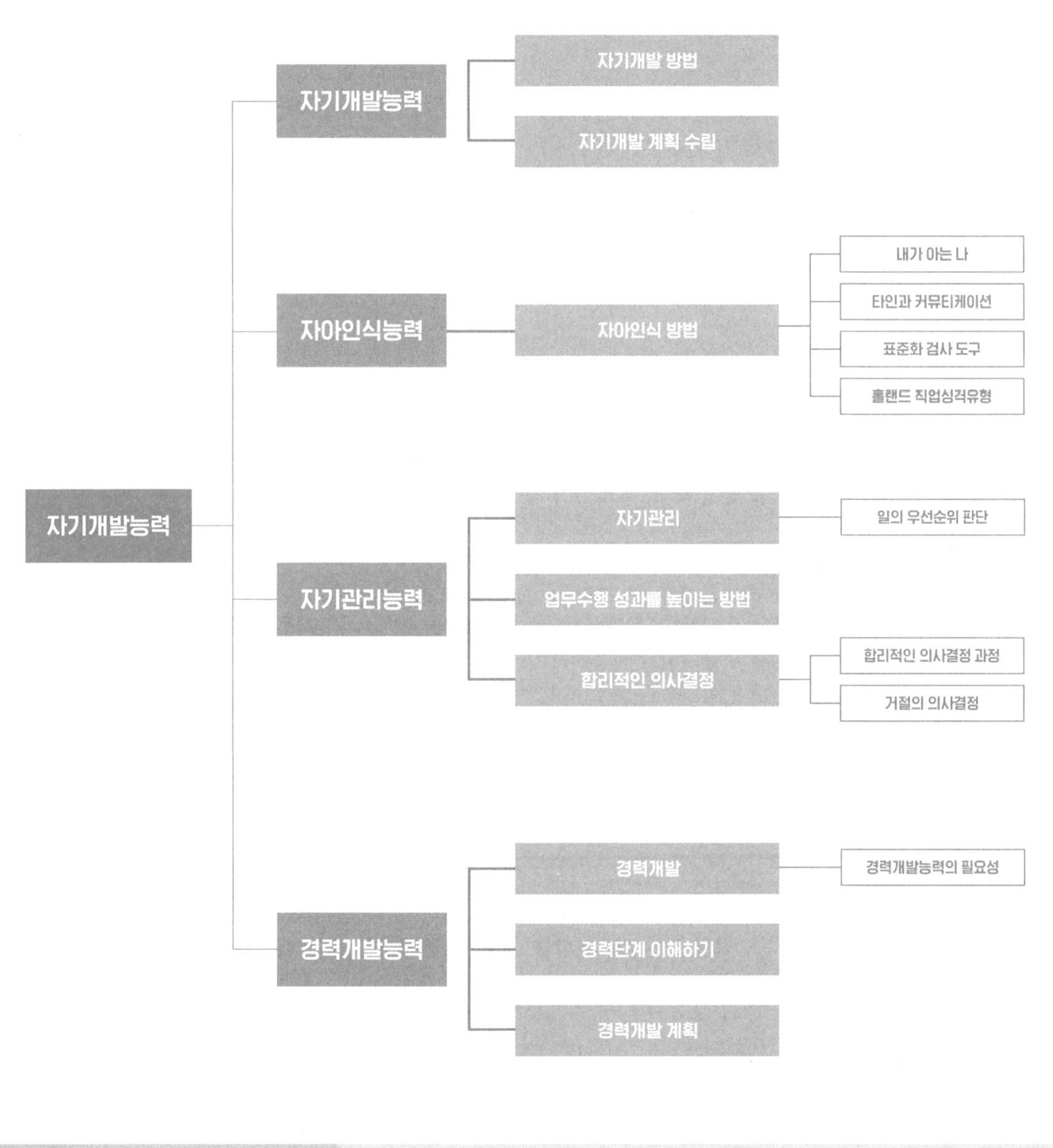

자기개발능력 개념정리

기출 키워드

- 매슬로의 인간 욕구 5단계
- 자기개발 방해요인
- 자기개발 계획 수립의 장애요인

1 자기개발

1. 자기개발과 자기개발능력의 의미

① 자기개발이란?
자신의 능력, 적성, 및 특성 등에 있어서 강점과 약점을 찾고 확인하여 강점을 강화하고, 약점을 관리하여 성장을 위한 기회로 활용하는 것을 말한다.

② 자기개발능력이란?
직업인으로서 자신의 능력, 적성, 특성 등을 이해하고 목표 성취를 위해 스스로를 관리하며 개발해 나가는 능력을 말한다.

2. 자기개발의 필요성

① 변화하는 환경에 적응하기 위해 필요하다.
② 직장생활에서의 자기개발은 업무를 효과적으로 처리하여 업무 성과를 향상시키기 위해 필요하다.
③ 자기관리 자체가 자신의 주변 사람들과 긍정적인 인간관계를 형성하고 유지하는 데 도움이 된다.
④ 설정한 목표를 성취하기 위해 자기개발을 하며, 이를 통해 자기개발의 방향 및 방법을 설정할 수 있다.
⑤ 자기개발을 통해 자신감을 얻게 되고, 삶의 질이 향상되어 보다 보람된 삶을 살 수 있다.

3. 자기개발의 특징

① 자기개발은 스스로 계획하고 실행한다는 의미로, 개발의 주체는 타인이 아닌 자기 자신이다.
② 자기개발은 개별적인 과정으로, 자기개발을 통해 지향하는 바와 선호하는 방법 등이 사람마다 다르다.
③ 자기개발은 평생에 걸쳐서 이루어지는 과정이다.
④ 자기개발은 일과 관련하여 이루어지는 활동이다.
⑤ 자기개발은 실생활에서 이루어져야 한다.
⑥ 자기개발은 모든 사람이 해야 하는 것이다.

2 자기개발의 방법

직업인은 직장생활에서 자신의 능력 및 적성을 파악하고(자아인식), 자신의 목표성취를 위해 자신을 관리하고 통제하며(자기관리), 경력목표 성취에 필요한 역량을 신장시켜 자신을 개발(경력개발)해야 한다.

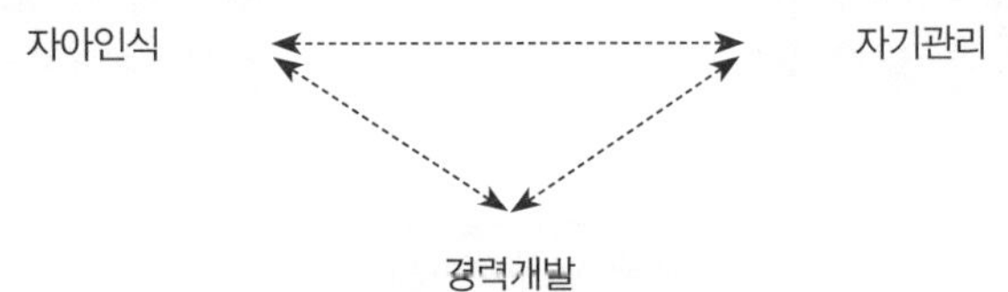

1. 자아인식이란?

① 직업생활과 관련하여 자신의 가치, 신념, 흥미, 적성, 성격 등 자신이 누구인지 파악하는 것을 말한다.
② 자기개발의 첫 단계로, 자신이 갖고 있는 특성을 바르게 인식할 수 있어야 적절한 자기개발이 이루어질 수 있다.
③ 자신을 알아가는 방법으로는 내가 아는 나를 확인하는 방법, 다른 사람과의 대화를 통해 알아가는 방법, 표준화된 검사 척도를 이용하는 방법 등이 있다.

2. 자기관리란?

① 자신을 이해하고, 목표를 성취하기 위해 자신의 행동 및 업무수행을 관리하고 조정하는 것을 말한다.
② 자신에 대한 이해를 바탕으로 비전과 목표 수립, 과제를 발견, 자신의 일정 수립 및 조정, 자기관리 수행, 반성 및 피드백 순으로 이루어진다.

3. 경력개발이란?

① 일생에 걸쳐서 지속적으로 이루어지는 일과 관련된 경험으로, 개인의 경력목표와 전략을 수립하고 실행하며 피드백하는 과정을 말한다.
② 자신과 상황을 인식하고 경력 관련 목표를 설정하여 그 목표를 달성하기 위한 과정인 경력계획과, 경력계획을 준비하고 실행하며 피드백하는 경력관리로 이루어진다.

알아두면 도움되는 (구)모듈이론

자기개발 방해요인

① 인간의 욕구와 감정의 작용

매슬로(A. H. Maslow)의 인간 욕구 5단계

매슬로는 인간의 욕구를 타고난 것으로 판단해 욕구의 강도와 중요도에 따라 5단계로 구분하였다. 인간의 욕구는 가장 하위단계인 생리적 욕구로부터 시작되고, **하위단계의 욕구가 충족되어야 그다음 단계의 욕구가 발생**한다.

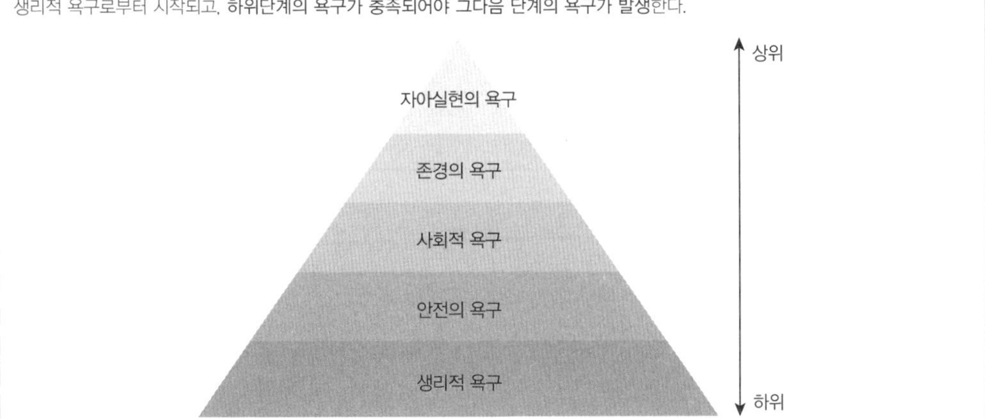

② 제한적인 사고
③ 문화적인 장애
④ 자기개발 방법에 대한 무지

3 자기개발 계획 수립

1. 자기개발 설계전략

① 장단기 목표 수립

장기목표	• 5~20년 뒤를 설계함 • 자신의 욕구, 가치, 흥미, 적성 및 기대를 고려하여 수립하며, 직장에서의 일과 관련하여 직무의 특성, 타인과의 관계 등을 고려해야 함
단기목표	• 1~3년 정도의 목표를 의미함 • 장기목표를 이룩하기 위한 기본 단계가 되며, 이를 위해 필요한 직무 관련 경험, 개발해야 할 능력, 자격증, 인간관계 등을 고려하여 수립함

② 인간관계 고려
인간은 가족, 친구, 직장동료, 부하직원, 상사, 고객 등 많은 인간관계를 맺고 살아가고 있으므로 이러한 관계를 고려하여 자기개발 계획을 수립해야 한다.

③ 현재의 직무 고려
직업인이라면 현재의 직무 상황과 이에 대한 만족도가 자기개발 계획을 수립하는 데 중요한 역할을 하므로 현 직무를 담당하는 데 필요한 능력과 이에 대한 자신의 수준, 개발해야 할 능력, 관련된 적성 등을 고려해야 한다.

단, 장기목표의 경우 때에 따라 구체적인 방법으로 계획하는 것이 바람직하지 않을 수 있음

④ 구체적으로 계획
자신이 수행해야 할 자기개발 방법을 명확하고 구체적으로 수립하면 자기개발을 집중하여 효율적으로 수행할 수 있고, 이에 대한 진행 과정도 손쉽게 파악할 수 있다.

⑤ 자기 브랜드화
단순히 자신을 알리는 것을 넘어 자신이 다른 사람과 차별되는 특징을 밝히고 이를 부각시키기 위해 지속적인 자기개발을 하며, PR(Public Relations)하는 것을 말한다.

알아두면 도움되는 (구)모듈이론

자기 브랜드화를 위한 전략: 차별성

사랑받는 브랜드의 조건에는 친근감, 열정, 책임감이 있으며, 이에 따라 자신을 브랜드화하기 위한 전략을 수립할 수 있다.

친근감	• 오랫동안 관계를 유지한 브랜드에 대한 친숙한 느낌을 의미하는 것으로, 자신의 내면을 관리하여 긍정적인 마인드를 가지도록 해야 함
열정	• 브랜드를 소유하거나 사용해보고 싶다는 동기를 유발하는 것으로, 다른 사람과의 차별성을 가질 필요가 있음 • 다른 사람과의 차별성을 갖기 위해서는 시대를 앞서 나가 다른 사람과 구별될 수 있는 능력을 끊임없이 개발해야 함
책임감	• 소비자가 브랜드와 애정적 관계를 유지하겠다는 약속으로, 소비자에게 신뢰감을 주어 지속적인 소비가 가능하도록 하는 것 • 지속적인 자기개발이 이루어질 수 있도록 장단기 계획을 수립하고, 시간 약속을 지키는 등의 노력을 해야 함

2. 자기개발 계획 수립의 장애요인

자기개발 계획 수립을 위한 전략을 알고 있다고 하더라도 다음과 같은 장애요인으로 인해 구체적으로 설계하기 어렵다.

자기정보의 부족	자신의 흥미, 장점, 가치, 라이프스타일을 충분히 이해하지 못함
내부 작업정보 부족	회사 내의 경력기회 및 직무 가능성에 대해 충분히 알지 못함
외부 작업정보 부족	다른 직업이나 회사 밖의 기회에 대해 충분히 알지 못함
의사결정 시 자신감 부족	자기개발과 관련된 결정을 내릴 때 자신감이 부족함
일상생활의 요구사항	개인의 자기개발 목표와 일상생활(예 가정) 간의 갈등
주변 상황의 제약	재정적 문제, 나이, 시간 등

개념확인문제

01 다음 ㉠~㉢에 해당하는 자기개발의 방법을 쓰시오.

> ㉠ 일생에 걸쳐서 지속적으로 이루어지는 일과 관련된 경험으로, 개인의 경력목표와 전략을 수립하고 실행하며 피드백하는 과정이다.
> ㉡ 직업생활과 관련하여 자신의 가치, 신념, 흥미, 적성, 성격 등 자신이 누구인지 파악하는 것을 말한다.
> ㉢ 자신을 이해하고, 목표를 성취하기 위해 자신의 행동 및 업무수행을 관리하고 조정하는 것이다.

㉠ (　　　　　　　) ㉡ (　　　　　　　) ㉢ (　　　　　　　)

02 다음 중 자기개발 설계전략에 대한 설명으로 적절하지 않은 것을 모두 고르시오.

① 단순히 자신을 알리는 것을 넘어 자신을 다른 사람과 차별되는 특징을 밝히고 이를 부각시키기 위해 지속적인 자기개발을 해야 한다.
② 장기목표는 욕구, 가치, 흥미, 적성 및 기대를 고려해 수립해야 하며, 이때 자신의 직장에서의 일과 관련하여 직무의 특성, 타인과의 관계 등도 함께 고려해야 한다.
③ 직업인이 자기개발 설계 시 현재의 직무 상황과 만족도를 고려하면 오히려 계획을 수립하는 데 방해되므로 현 직무 담당을 위해 필요한 능력과 자신의 수준 정도만을 고려해야 한다.
④ 인간은 가족, 친구, 직장동료, 부하직원, 상사, 고객 등 많은 인간관계를 맺고 살아가므로 자기개발 계획 수립 시 이러한 인간관계를 모두 고려해야 한다.
⑤ 자신이 수행해야 할 자기개발 방법을 명확하고 구체적으로 수립해 놓으면 자기개발 설계 시 다양한 효율성을 발휘할 수 없으므로 대략적인 방법을 수립하는 게 더 좋다.

정답 및 해설

01 ㉠ 경력개발, ㉡ 자아인식, ㉢ 자기관리

02 ③ 직업인이라면 현재의 직무 상황과 이에 대한 만족도가 자기개발 계획을 수립하는 데 중요한 역할을 하므로 현 직무를 담당하는 데 필요한 능력과 이에 대한 자신의 수준, 개발해야 할 능력, 관련된 적성 등을 고려해야 한다.
⑤ 자신이 수행해야 할 자기개발 방법을 명확하고 구체적으로 수립하면 자기개발을 집중하여 효율적으로 수행할 수 있고, 이에 대한 진행과정도 손쉽게 파악할 수 있다.

01 자아인식능력

기출 키워드

- 자아인식 방법
- 홀랜드 6각형 모형
- 반성적 성찰의 필요성 및 효과

1 자아인식

1. 자아인식이란?

다양한 방법을 활용하여 자신이 어떤 분야에 흥미가 있고, 어떤 능력의 소유자이며, 어떤 행동을 좋아하는지 종합적으로 분석하는 것을 말한다.

2. 올바른 자아인식의 효과

자기 자신이 가치 있고 소중하며, 유능하고 긍정적인 존재라고 믿는 마음

① 자신을 존중하고 자신이 가치 있다고 여김과 동시에 자신의 한계를 인식하고 더 성장해야겠다는 욕구를 가질 수 있도록 하여 자아존중감을 확인시켜주며, 동시에 자기개발의 토대가 된다.

② 직업인으로서의 자아인식은 직업생활에서 자신의 요구를 파악하고 자신의 능력 및 기술을 이해하여 자신의 가치를 확신하는 것으로 개인과 팀의 성과를 높이는 데 필수적으로 요구된다.

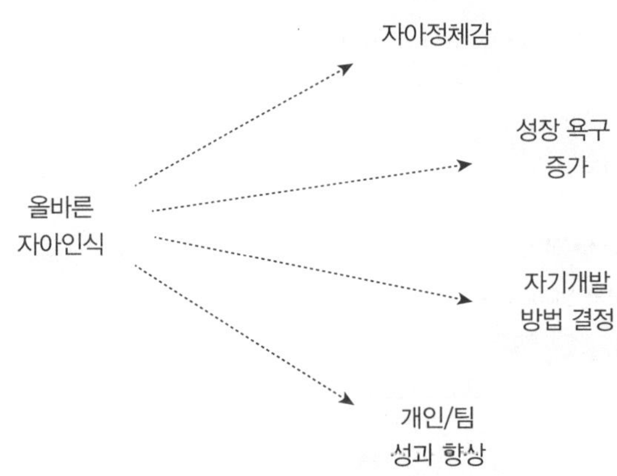

3. 자아와 자아존중감

① 자아란?

자아(自我)는 자신에 대한 인식과 신념의 체계적이고 일관된 집합으로, 내면적 성격이자 정신이며, 자신의 삶에서 갖고 있는 경험과 경험에 대한 해석에 영향을 받는다.

② 자아존중감이란?

스스로에 대한 가치를 판단하는 것은 자신의 정체성 형성에 영향을 주는 중요한 요소임

- 개인의 가치에 대한 주관적인 평가와 판단을 통해 자기결정에 도달하는 과정이며, 스스로에 대한 긍정적 또는 부정적 평가를 통해 가치를 결정짓는 것이다.

- 주변의 의미 있는 타인에게 영향을 받으며, 환경에 적응할 수 있도록 도움을 줘 긍정적인 자아형성에 매우 중요하다.
- 다른 사람들이 자신을 가치 있게 여기며 좋아한다고 생각하는 정도인 가치 차원, 과제를 완수하고 목표를 달성할 수 있다는 신념의 능력 차원, 자신이 세상에서 경험하는 일들과 거기에 영향을 미칠 수 있다고 느끼는 정도의 통제감 차원으로 구분할 수 있다.

알아두면 도움되는 (구)모듈이론

자아 구성요소

내면적 자아	• 자신의 내면을 구성하는 요소 • 측정하기 어렵다는 특징을 가짐 • 적성, 흥미, 성격, 가치관 등이 해당함
외면적 자아	• 자신의 외면을 구성하는 요소 • 외모, 나이 등이 해당함

2 자아인식 방법

1. 스스로 질문을 통해 알아내는 방법

'일을 할 때 나의 성격의 장단점은 무엇인가?', '현재 일과 관련된 나의 부족한 부분은 무엇인가?', '일과 관련한 나의 목표는 무엇인가?', '그것은 나에게 어떠한 의미가 있는가?', '현재 내가 하고 있는 일이 정말로 내가 원했던 일인가?'와 같은 질문을 통해 일과 관련하여 다른 사람이 알 수 없는 나를 확인할 수 있다.

2. 다른 사람과의 대화를 통해 알아내는 방법

다른 사람과 대화를 하게 되면 내가 무심코 지나쳤던 부분을 알게 되고, 다른 사람들은 나의 행동을 어떻게 판단하고 보고 있는지를 보다 객관적으로 알 수 있으며, '나의 장단점은 무엇인가?', '내가 무엇을 하고 있을 때 가장 재미있어 보이는가?', '어려움이나 문제 상황에 처했을 때 나는 어떠한 행동을 하는가?'와 같은 질문을 통해 다른 사람이 생각하는 나를 확인할 수 있다.

알아두면 도움되는 (구)모듈이론

자아인식의 모델 – 조해리의 창(Johari's Window)

구분	내가 아는 나	내가 모르는 나
타인이 아는 나	공개된 자아 Open Self	눈먼 자아 Blind Self
타인이 모르는 나	숨겨진 자아 Hidden Self	아무도 모르는 자아 Unknown Self

- **공개된 자아:** 일부러 노출하지 않아도 사람들이 쉽게 확인할 수 있는 부분으로, 말과 행동, 성별, 나이, 외모, 출신 학교, 직업에 관한 정보
- **숨겨진 자아:** 스스로가 공개하는 것을 주저하며 비밀에 부치는 부분으로, 자신의 단점, 성적, 애정관계나 소득에 관한 정보
- **눈먼 자아:** 자신은 모르고 있으나 상대방은 알고 있는 부분으로, 다른 사람의 이야기를 통해 새롭게 발견하게 되는 나의 성격
- **아무도 모르는 자아:** 자신뿐만 아니라 다른 사람도 알 수 없는 부분으로, 자신의 내면세계에만 존재하여 대인 관계에서는 나타나지 않는 무의식의 세계

3. 표준화 검사 도구를 활용해 알아내는 방법

표준화된 검사 도구는 객관적으로 자아특성을 다른 사람과 비교해 볼 수 있는 척도를 제공하는 것으로, 각종 검사 도구를 활용하여 자신의 특성을 객관적으로 파악하면 이후 진로를 계획하거나 직업을 탐색하고 결정하는 데 도움을 받을 수 있다.

+ 더 알아보기

홀랜드 직업성격유형

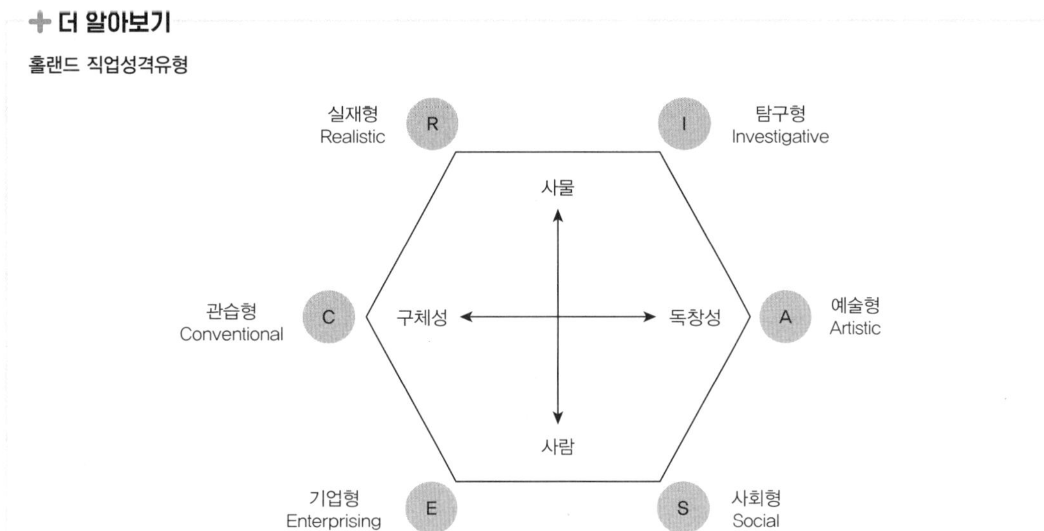

홀랜드 직업성격유형은 표준화 검사 도구의 일종으로 현실적(Realistic, R), 탐색적(Investigative, I), 예술적(Artistic, A), 사회적(Social, S), 진취적(Enterprising, E), 관습적(Conventional, C) 6가지 직업성격유형으로 구분되어 있으며 직업 선호도나 흥미 검사 도구의 기초로 사용된다.

실재형	• 특징: 솔직함, 성실함, 검소함, 건강함 • 어울리는 직업: 기술자, 기계기사, 항해사, 환경기사, 자동차 정비원, 소방관, 건설기계 조종사, 목수, 농부, 군인 등
탐구형	• 특징: 논리적, 분석적, 합리적, 높은 지적 호기심 • 어울리는 직업: 과학자, 의사, 사회학자, 심리학자, 언어학자, 생물학자, 물리학자, 시장조사 분석가 등
예술형	• 특징: 풍부한 상상력, 높은 감수성, 자유분방, 개방적 • 어울리는 직업: 예술가, 무용가, 연예인, 디자이너, 음악가, 화가, 시인, 카피라이터, 배우, 미용사 등
사회성	• 특징: 친절함, 높은 이해심 • 어울리는 직업: 교사, 상담사, 사회복지사, 간호사, 성직자, 이벤트업 종사자, 사회공헌 활동가 등
기업형	• 특징: 지도력, 설득력, 열성적, 경쟁적, 야심적, 외향적 • 어울리는 직업: 기업인, 영업사원, 보험계리사, 기업대표, 정치가, 변호사, 언론인, 판사, 검사 등
관습형	• 특징: 강한 책임감, 조심성, 계획성 • 어울리는 직업: 세무사, 경리사원, 사서, 은행원, 회계사, 비서, 금융사무원, 손해사정사, 변리사, 인사사무원 등

3 흥미와 적성 개발

1. 흥미와 적성의 의미

① 흥미란?
일에 대한 관심이나 재미를 의미하는 것으로, 직업에 대한 흥미를 가지고 잘할 수 있을 때 사람들은 그 직업에 만족하고 잘 적응할 수 있다.

② 적성이란?
개인이 잠재적으로 가지고 있는 재능이자 개인이 더욱 쉽게 잘할 수 있는 일을 의미하는 것으로, 자신의 적성을 파악하고 그에 알맞은 직업을 선택할 필요가 있으며, 현재 자신이 하고 있는 일에 잘 적응하기 위해 적성을 파악하고 개발하는 노력을 강구해야 한다.

2. 흥미와 적성 개발 방법

① 마인드컨트롤하기
마인드컨트롤은 자신을 의식적으로 관리하는 방법으로, '나는 잘할 수 있다', '나는 지금 주어진 일이 적성에 맞는다' 등의 지속적인 자기암시를 통해 자신감을 얻고 흥미나 적성을 갖게 될 수 있다.

② 조금씩 성취감 느끼기
작은 성공의 경험들이 축적되어 자신에 대한 믿음이 강화되면 다음에 할 일에도 흥미를 느끼게 되어 더 큰 일을 수행할 수 있게 되므로 일을 할 때는 너무 큰 단위로 처리하기보다 작은 단위로 나누어 수행하는 것이 좋다.

③ 기업의 문화 및 풍토 고려하기
직장문화, 직장의 풍토 등의 외부적인 요인으로 인해 기업에 적응하지 못하는 경우가 발생할 수 있으므로 흥미와 적성을 개발하기 위해서는 기업의 문화와 풍토를 고려해야 한다.

4 반성적 성찰

1. 반성적 성찰의 필요성 및 효과

① 다른 일을 하는 데 필요한 노하우 축적
어떤 일을 마친 후에 자신이 잘한 일은 무엇인지, 개선할 점은 무엇인지 깊이 생각해 보면 앞으로 다른 일을 해결해 나가는 노하우를 축적할 수 있다.

② 지속적인 성장의 기회 제공
성찰을 통해 현재의 부족한 부분을 파악하여 보완할 수 있고, 실수를 미연에 방지하면서 미래의 목표에 따라 노력할 수 있어 지속적인 성장의 기회를 만들 수 있다.

③ 신뢰감 형성의 원천 제공
성찰을 하면 현재 자신이 저지른 실수에 대하여 원인을 파악하고 이를 수정하게 되어 같은 실수를 반복하지 않게 되므로 다른 사람에게 신뢰감을 줄 수 있다.

④ 창의적인 사고능력의 개발 기회 제공
창의력은 지속적인 반성과 사고를 통해 신장될 수 있으므로 새로운 것을 만들기 위해서는 생각을 해야 하며, 생각에서 그치지 않고 성찰을 지속하다 보면 어느 순간 창의적인 생각을 할 수 있게 된다.

2. 성찰 연습 방법

① 성찰노트를 작성한다.
② 끊임없이 질문하는 습관을 갖는다.

개념확인문제

01 **다음 자아존중감의 종류와 그에 대한 설명을 바르게 연결하시오.**

① 가치 차원 • • ㉠ 자신이 세상에서 경험하는 일들과 거기에 영향을 미칠 수 있다고 느끼는 정도

② 능력 차원 • • ㉡ 다른 사람들이 자신을 가치 있게 여기며 좋아한다고 생각하는 정도

③ 통제감 차원 • • ㉢ 과제를 완수하고 목표를 달성할 수 있다는 신념

02 **다음 ㉠, ㉡에 들어갈 적절한 용어를 쓰시오.**

- (㉠)은/는 일에 대한 관심이나 재미를 의미하는 것으로, 직업에 대한 (㉠)을/를 가지고 잘할 수 있을 때 사람들은 그 직업에 만족하고 잘 적응할 수 있다.
- (㉡)은/는 개인이 잠재적으로 가지고 있는 재능이자 개인이 더욱 쉽게 잘할 수 있는 일을 의미한다.

㉠ ( ) ㉡ ( )

03 **다음 반성적 성찰의 필요성 및 효과에 대한 설명으로 적절하지 않은 것을 고르시오.**

① 다른 일을 하는 데 필요한 노하우를 축적할 수 있다.

② 미래의 목표를 위해 지속해서 노력하며 성장할 기회를 마련할 수 있다.

③ 자신이 저지른 실수의 원인을 파악하고 수정하게 되므로 같은 실수를 반복하지 않아 다른 사람에게 신뢰감을 줄 수 있다.

④ 지속적인 성찰로 자신을 돌아볼 수 있지만, 성찰만으로는 창의적인 사고력을 신장하기 어렵다.

정답 및 해설

01 ① ㉡, ② ㉢, ③ ㉠

02 ㉠ 흥미 ㉡ 적성

03 ④ | 생각에 그치지 않고 성찰을 지속하다 보면 어느 순간 창의적인 생각을 할 수 있게 되므로 지속적인 성찰은 창의적인 사고능력을 개발할 기회를 제공한다.

02 자기관리능력

기출 키워드

• 자기관리의 단계

1 자기관리

1. 자기관리와 자기관리능력의 의미

① 자기관리란?
자신을 이해하고, 목표를 성취하기 위해 자신의 행동 및 업무수행을 관리하고 조정하는 것을 말한다.

② 자기관리능력이란?
자기관리를 잘할 수 있는 능력을 말한다.

2. 자기관리의 단계

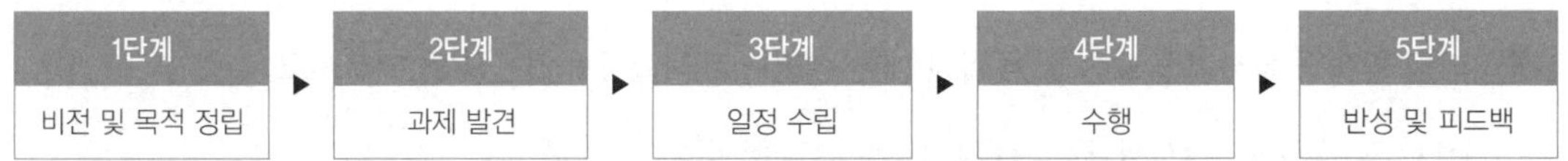

① 비전 및 목적 정립
- 어떤 행동을 하거나 일을 수행하기 위해서는 비전과 목적을 정립하여 방향성을 가지는 것이 중요하다.
- 비전과 목적은 모든 행동 혹은 업무의 기초가 되며, 의사결정에 있어서 가장 중요한 지침으로 적용된다.
- '나에게 가장 중요한 것은 무엇인가?', '나의 가치관은 무엇인가?', '내가 생각하는 의미 있는 삶은 무엇인가?', '내가 세운 삶의 원칙은 무엇인가?', '내 삶의 목적은 어디에 있는가?'와 같은 질문을 통해 비전과 목적을 정립한다.

② 과제 발견
- 비전과 목표가 정립되면 '자신이 현재 수행하고 있는 역할과 능력은 무엇인가?', '역할 간에 상충하는 것은 없는가?', '현재 변화되어야 할 것은 없는가?'와 같은 질문을 통해 현재 자신의 역할 및 능력을 검토하고 할 일을 조정하여 자신이 수행해야 할 역할들을 도출한다.
- 자신이 수행해야 할 역할들을 도출하였다면 그에 상응하는 활동목표를 설정한다.
- 수행해야 할 역할들이 도출되고 역할에 따른 활동목표가 수립되면, 각 역할 및 활동목표별로 해야 할 일들에 우선순위를 설정한다.

+ 더 알아보기

일의 우선순위 판단

일의 우선순위를 판단할 때는 일반적으로 중요성과 긴급성의 두 가지 기준을 이용하며, 긴급한 일일수록 우선순위가 높다고 판단한다.

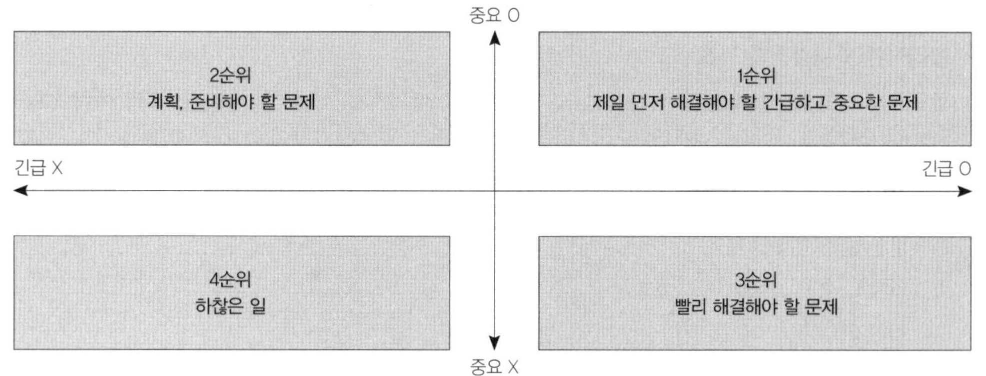

③ 일정 수립

- 일정은 월간계획 → 주간계획 → 하루계획 순으로 작성하며, 일의 우선순위에 따라 구체적으로 수립한다.
- 월간계획은 더욱 장기적인 관점에서 계획하고 준비해야 할 일을 작성하며, 주간계획은 우선순위가 높은 일을 먼저 하도록 계획을 세우고, 하루계획은 이를 시간 단위로 자세하게 작성한다.

④ 수행

구체적인 일정을 수립한 뒤에는 수행과 관련된 요소를 분석하고 관리하는 방법을 찾아 계획한 대로 바람직하게 수행해야 한다.

[수행에 영향을 미치는 요소]

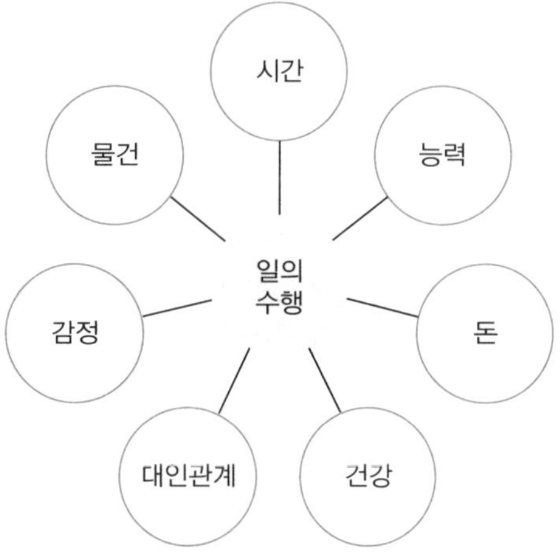

⑤ 반성 및 피드백

일을 수행하고 나면 '어떤 목표를 성취하였는가?', '일을 수행하는 동안 어떤 문제에 직면하였는가?', '어떤 결정을 내리고 행동하였는가?', '우선순위, 일정에 따라 계획적으로 수행하였는가?' 등의 질문을 통해 분석하고, 결과를 피드백하여 다음 수행에 반영한다.

2 합리적인 의사결정

1. 합리적인 의사결정이란?

자신의 목표를 정하여 몇 가지 대안을 찾아보고 실행 가능성이 높은 최상의 방법을 선택하여 행동하는 것을 말한다.

2. 합리적인 의사결정의 과정

합리적인 의사결정을 위해서 의사결정자는 자기 탐색의 과정을 거쳐 의사결정 기준을 세워 가능한 모든 평가 기준과 대안들을 찾을 수 있어야 하고, 다른 문제 상황을 발생시키지 않는 정보를 얻을 수 있어야 하며, 각 대안들을 객관적이고 정확하게 평가할 수 있어야 한다.

단계	내용
1단계	문제의 근원을 파악한다.
2단계	의사결정 기준과 가중치를 정한다.
3단계	의사결정에 필요한 정보를 수집한다.
4단계	가능한 모든 대안을 탐색한다.
5단계	각 대안을 분석 및 평가한다.
6단계	최적안을 선택한다.
7단계	의사결정 결과를 평가하고 피드백한다.

3. 거절의 의사결정과 거절하기

① 거절의 의사결정을 할 때는 이 일을 거절함으로써 발생할 문제들과 자신이 거절하지 못해서 그 일을 수락했을 때의 기회비용을 따져보고, 거절하기로 하였다면 이를 추진할 수 있는 의지가 필요하다.

② 거절의 의사결정을 표현할 때는 다음과 같은 유의사항을 염두에 두어야 한다.

- 상대방의 말을 들을 때는 귀를 기울여서 문제의 본질을 파악한다.
- 거절의 의사결정은 빠를수록 좋다. 오래 지체될수록 상대방은 긍정의 대답을 기대하게 되고, 의사결정자는 거절하기 더욱 어려워진다.
- 거절할 때는 분명한 이유를 만들어야 한다.
- 대안을 제시한다.

+ 더 알아보기

의사결정의 오류 유형

- **숭배에 의한 논증(동굴의 우상)**: 권위 있는 전문가의 말을 따르는 것이 옳다고 여기는 오류
- **상호성의 법칙**: 상대방이 호의를 베풀면 자신도 호의를 베풀게 된다고 생각하는 오류
- **사회적 증거의 법칙**: 베스트셀러를 사는 것처럼 나은 사람들의 생각과 행동을 무의식적으로 따라 하게 되는 오류
- **호감의 법칙**: 자신에게 호감을 주는 상대의 권유를 거절하지 못하고 무조건 수용하게 되는 오류
- **권위의 법칙**: 권위자의 옳고 그름을 판단하지 않고, 권위에 맹종하여 무조건 따르는 오류
- **희귀성의 법칙**: 어떤 대상을 이용할 수 있는 가능성이 줄어들수록 그 대상의 가치가 올라간다는 인식으로 인해 꼭 필요하지 않음에도 따라가는 오류

3 자신의 내면을 관리하는 방법

1. 인내심 기르기

① 자신의 목표를 분명히 해야 한다.
② 새로운 시각으로 상황을 분석한다.

2. 긍정적인 마음 가지기

① 자신의 능력과 가치를 신뢰하고, 있는 그대로의 자신을 받아들여 건강한 자아상을 확립한다.
② 과거에 받았던 상처나 고민을 털어버리고 타인을 원망하는 마음을 가지지 않도록 노력한다.
③ 고난이나 역경을 통하여 자신이 성장할 수 있다는 가능성을 믿고, 어려움 속에서 자신을 개발하는 법을 터득해야 한다.

4 업무수행 성과를 높이는 방법

1. 업무수행 성과에 영향을 미치는 요인

직업인은 자신의 직장에서 업무수행 성과를 높이는 것이 가장 중요한 자기개발이며, 직업인의 업무수행 성과에는 물질과 같은 자원, 업무 지침, 지식이나 기술 등 개인의 능력, 상사 및 동료의 지원과 같은 요인이 영향을 미친다.

2. 업무수행 성과를 높이는 행동전략

① 자기자본이익률(ROE)을 높이기
개인의 업무수행에서도 자기자본이익률을 높이기 위하여 자신의 생활을 전략적으로 기획하고 정한 시간 내에 목표를 달성하기 위하여 어떻게 하는 것이 가장 효과적인지를 고려해 본다.

자기자본이익률(ROE) = 당기순이익 / 자기자본

② 일을 미루지 않기
일을 미루고 급하게 처리하다 보면, 다른 일도 지속적으로 밀리게 되고, 일을 처리하는 데 있어서 최선을 다하지 못하게 되므로 해야 할 일이 있다면 지금 바로 하는 습관을 들여야 한다.

③ 비슷한 업무를 묶어서 처리하기
직업인들이 하는 일은 비슷한 속성을 가진 경우가 많으므로 비슷한 일을 한번에 처리하여 시간을 효율적으로 사용해야 한다.

④ 다른 사람과 다른 방식으로 일하기

다른 사람이 일하는 방식과 다른 방식으로 생각하다 보면, 다른 사람들이 발견하지 못한 더 좋은 해결책을 발견하는 경우가 있으므로 일의 순서를 반대로 해 보거나, 다른 사람이 생각하는 순서를 거꾸로 생각해 보고 다른 사람이 하는 일에 '아니오'라고 대답하고 일을 처리한다면 창의적인 방식으로 더욱 쉽게 처리할 수 있으며 업무수행 성과를 높일 수 있다.

⑤ 회사와 팀의 업무 지침을 따르기

자신이 아무리 일을 열심히 한다고 하더라도 자신이 속한 회사나 팀의 업무 지침을 지키지 않으면 업무수행 능력을 인정받을 수 없으므로 기본적인 업무 지침은 지켜야 한다.

⑥ 역할 모델을 설정하기

직장에서 일을 잘한다고 평가받는 사람을 찾아 그 사람은 어떻게 일을 하는지, 어떤 방식으로 보고하는지, 어떻게 말하는지 등을 주의 깊게 살펴보고 그 사람을 따라 하기 위해 노력한다면 자신도 모르는 사이에 그 사람과 같은 업무수행 성과를 내고 있을 것이다.

실전에 적용하기

업무수행 성과 향상을 위한 행동전략

다음 사례에서 박 사원은 어떤 방법으로 자신의 업무수행 성과를 향상시켰는지 살펴보자.

> 기획팀 박 사원은 평소 주변인들로부터 창의적이고, 감수성이 풍부하며, 자유분방한 성격이라는 평가를 듣는다. 틀에 박힌 것을 싫어하며, 자유로운 것을 선호하는 그의 성격은 면접관에게도 긍정적으로 평가되어 최종 합격할 수 있었다. 면접관으로부터 긍정적인 평가를 받은 박 사원은 입사 후 자신이 핵심 인재가 될 것으로 생각하였지만, 막상 입사하고 나니 예상했던 것과는 매우 달랐다. 상사로부터 꾸지람을 듣는 것은 물론이고, 동료 직원들로부터도 업무 역량이 부족하다는 평가를 자주 받으며 박 사원은 점점 의기소침해졌다. 이대로 걱정만 하고 있을 수 없다고 생각한 박 사원은 자신의 문제점이 무엇인지 파악하고자 자신의 사수이자 핵심 인재로 거론되는 이 대리가 일을 어떻게 하는지 살펴보았다. 확인 결과 이 대리는 기획 내용에는 자신의 창의성과 혁신성을 마음껏 드러내지만, 업무 절차에 있어서는 회사의 지침을 확실히 지키고 있음을 알게 되었다. 박 사원은 이러한 이 대리의 업무수행 방식을 따랐고 얼마 지나지 않아 업무수행 성과가 향상되었다는 평가를 받을 수 있었다.

→ 박 사원은 자신의 낮은 업무수행 성과를 향상시키기 위하여 업무 역량이 뛰어나다고 평가받는 이 대리를 '역할 모델로 설정'하여 그의 업무수행 방식을 따름으로써 자신의 업무수행 성과를 향상시켰음을 알 수 있다.

→ 박 사원은 역할 모델로 설정한 이 대리의 업무수행 방식인 '회사와 팀의 업무 지침을 따름'으로써 업무수행 성과를 향상시켰음을 알 수 있다.

개념확인문제

01 **다음 질문을 통해 확인할 수 있는 자기관리의 단계를 쓰시오.**

- 어떤 목표를 성취하였는가?
- 어떤 문제에 직면했는가?
- 어떤 결정을 내리고 행동했는가?

( )

02 **다음 거절의 의사결정을 할 때의 유의사항에 대한 설명으로 적절하지 않은 것을 고르시오.**

① 의사결정을 위한 대화 시 상대방의 말을 들을 때는 귀를 기울여 문제의 본질을 파악하는 게 우선이다.
② 거절의 의사결정은 최대한 신중하게 오랜 시간 고민하는 것이 상대방에 대한 예의이다.
③ 거절할 때는 상대방이 납득할 수 있도록 거절하는 이유에 대해 명확하게 밝혀야 한다.
④ 상대방에게 거절의 의사를 표현할 때는 그에 따른 대안까지 제시하는 것이 좋다.

03 **다음 ㉠~㉦을 합리적인 의사결정의 과정에 따라 순서대로 바르게 나열하시오.**

㉠ 의사결정에 필요한 정보를 수집한다.
㉡ 최적안을 선택한다.
㉢ 의사결정 기준과 가중치를 정한다.
㉣ 가능한 모든 대안을 탐색한다.
㉤ 문제의 근원을 파악한다.
㉥ 각 대안을 분석 및 평가한다.
㉦ 의사결정 결과를 평가하고 피드백한다.

( ) → ( ) → ( ) →
( ) → ( ) → ( ) → ( )

정답 및 해설

01 반성 및 피드백
02 ② | 거절의 의사를 전달할 때는 상대방이 긍정의 대답을 기대하지 않도록 최대한 빠르게 하는 것이 좋다.
03 ㉤ → ㉢ → ㉠ → ㉣ → ㉥ → ㉡ → ㉦

03 경력개발능력

기출 키워드

- 경력개발능력의 필요성
- 경력 단계
- 경력개발 계획

1 경력개발

1. 경력이란?

① 일생에 걸쳐 지속적으로 생기는 일과 관련된 경험을 의미하며, 일과 관련된 경험은 직위, 직무와 관련된 역할이나 활동뿐만 아니라 여기에 영향을 주고받는 환경적 요소도 포함된다.

② 경력은 전문적인 일이나 특정 직업에만 한정된 개념은 아니며, 승진만을 추구하지 않으므로 누구든지 일과 관련된 활동을 하고 있으면 경력을 추구한다.

2. 경력개발

① 경력개발이란?

개인이 경력목표와 전략을 수립하고 실행하며 피드백하는 과정으로, 개인은 한 조직의 구성원으로서 조직과 함께 상호작용하며 자신의 경력을 개발해 나간다.

② 경력개발의 구분

구분	내용
경력계획	자신과 자신의 상황을 인식하고 경력 관련 목표를 설정하여 그 목표를 달성하기 위한 과정
경력관리	경력계획을 준비하고 실행하며 피드백하는 것으로, 규칙적이고 지속적으로 이루어져야 함

3. 경력개발능력의 필요성

현대사회의 지식정보는 매우 빠른 속도로 변화하고 있으므로 직업인들은 개인의 진로에 대하여 단계적 목표를 설정하고 목표성취에 필요한 능력을 개발해 나가야 한다.

2 경력개발 단계 이해하기

1단계	▶	2단계	▶	3단계	▶	4단계	▶	5단계
직업선택		조직입사		경력초기		경력중기		경력말기

1. 직업선택

① 자신에게 적합한 직업이 무엇인지를 탐색하고 선택한 후, 여기에 필요한 능력을 키우는 과정이다.
② 자신의 장단점, 흥미, 적성, 가치관 등 자신에 대한 탐색과 자신이 원하는 직업에서 요구하는 능력, 환경, 가능성, 보상 등 직업에 대한 탐색이 동시에 이루어져야 한다.
③ 일반적으로 태어나면서 25세까지로 구분되지만, 사람에 따라서 일생 동안 여러 번 일어날 수 있다.

2. 조직입사

① 학교를 졸업하고 자신이 선택한 경력 분야에서 원하는 조직의 일자리를 얻으며, 직무를 선택하는 과정이다.
② 직무를 선택할 때도 직업선택 과정과 마찬가지로 환경과 자신의 특성을 고려해야 하며, 특히 자신이 들어갈 조직의 특성을 알아봐야 한다.
③ 일반적으로 18~25세에 발생하나 각각의 교육 정도나 상황에 따라 조직입사 시기가 상이하기 때문에 유동적이다.

3. 경력초기

① 조직에 입사하면 직무와 조직의 규칙과 규범에 대해 배우게 되는데, 특히 자신이 맡은 업무의 내용을 파악하고, 새로 들어온 조직의 규칙이나 규범, 분위기를 알고 적응해 나가는 것이 중요한 과제이다.
② 궁극적으로 조직에서 자신의 입지를 확고히 다져나가 승진하는 데 많은 관심을 가지는 시기이다.
③ 일반적으로 25~40세까지의 성인초기로 구분하지만, 실질적으로 성공지향적인 행동을 언제까지 하느냐로 구분될 수 있다.

4. 경력중기

① 자신이 그동안 성취한 것을 재평가하고, 생산성을 그대로 유지하는 단계이다.
② 경력중기에 이르면 직업 및 조직에서 어느 정도 입지를 굳히게 되어 더 이상 수직적인 승진 가능성이 적은 경력 정체 시기에 이르게 되며, 새로운 환경의 변화 등에 직면하게 되어 생산성을 유지하는 데 어려움을 겪기도 한다.
③ 개인적으로 현 직업이나 생활 스타일에 대한 불만을 느끼며, 매일의 반복적인 일상에 따분함을 느끼기도 한다.
④ 자신의 경력초기의 생각을 재검토하게 되며, 현재의 경력 경로와 관련 없는 다른 직업으로 이동하는 경력 변화가 일어나기도 한다.
⑤ 일반적으로 40~55세의 성인중기를 일컫는다.

5. 경력말기

① 경력말기에 사람들은 조직의 생산적인 기여자로 남고 자신의 가치를 지속적으로 유지하기 위해 노력함과 동시에 퇴직을 고려하게 된다.
② 경력말기로 갈수록 경력중기에 경험했던 새로운 환경변화에 대처하는 데 더욱 어려움을 겪게 되며, 퇴직에 대한 개인적인 고민과 함께 조직의 압력을 받기도 한다.
③ 대부분 50대 중반에서 은퇴 시기까지를 말한다.

3 경력개발 계획

경력개발은 경력을 탐색하고, 자신에게 적합한 경력목표를 설정하며, 이에 따른 전략을 수립해서 실행하고, 평가하여 관리하는 단계로 이루어진다. 다만, 이러한 단계는 명확하게 구분되는 것은 아니며 중복적으로 이루어질 수도 있고 실행 및 평가를 통해 수정될 수도 있다.

1. 직무정보 탐색

직무정보 탐색은 자신이 관심을 가지고 하려는 직무에 대하여 어떠한 일을 하는지, 필요한 자질은 무엇인지, 보수나 업무 조건은 어떠한지 등 해당 직무와 관련된 모든 정보를 알아내는 단계이다.

2. 자신과 환경의 이해

경력목표를 설정하는 데 도움이 될 수 있도록 자신의 능력, 흥미, 적성, 가치관 등을 파악하고, 직무와 관련된 주변 환경의 기회와 장애요인에 대하여 정확하게 분석하는 단계이다.

+ 더 알아보기

자기탐색과 환경탐색

경력개발은 자신과 환경과의 상호작용을 통해서 이루어지는 것이며, 이는 직무 만족, 근속연한, 경력성공에 지대한 영향을 미치므로 환경에 대한 적극적인 탐색은 매우 중요하다.

자기탐색	• 자기인식 관련 워크숍 참여 • 평가기관의 전문가 면담 • 표준화된 검사 • 일기 등을 통한 성찰 과정
환경탐색	• 회사의 연간보고서 • 특정 직무와 직업에 대한 설명자료 • 전직 및 경력 상담 회사 및 기관 방문 • 주변 지인과의 대화 • 직업 관련 홈페이지 탐색: 각종 기관에서 운영하는 직업정보(Know), 자격정보(Q-Net), 취업알선정보(Work-Net), 직업교육훈련정보(HRD-Net, Career-Net), 노동시장정보(고용보험 DB, 실업자대책 DB)

3. 경력목표 설정

직무, 지식 및 환경에 대한 정보를 기초로 자신이 하고 싶은 일은 어떤 것인지, 이를 달성하기 위해서는 능력이나 자질을 어떻게 개발해야 하는지에 대하여 단계별 목표를 설정하는 단계로, 장기목표와 단기목표로 구분된다.

장기목표	자신이 어떤 직무, 활동, 보상, 책임 등을 원하는지를 파악하고, 자신이 선호하는 작업환경에서 향후 5~7년 정도를 예측하여 목표를 수립함
단기목표	장기목표를 달성하기 위하여 어떤 경험을 축적해야 하는지, 어떤 능력을 개발해야 하는지, 장애요소는 무엇인지를 중심으로 2~3년 사이의 목표를 수립함

4. 경력개발전략 수립

① 현 직무를 기반으로 성장할 수 있도록 성공적으로 직무를 수행할 필요가 있다.
② 자신의 역량을 개발하기 위하여 교육 프로그램 참가, 워크숍 참가, 대학이나 대학원 등 상급학교 진학, 학습 동아리 활동 등을 할 수 있다.
③ 자신을 알리고 다른 사람과 상호작용할 수 있는 기회를 늘린다.
④ 직장에서 업무 시간에 경력개발을 한다.

5. 실행 및 평가

목표 달성을 위해 경력개발전략을 실행하며, 실행 과정을 통해 도출된 결과를 검토하고 수정하는 단계이다.

4 경력개발 관련 이슈

1. 평생학습사회

개인 각자가 자아실현, 생활 향상 또는 직업적 지식, 기술의 획득 등을 목적으로 생애에 걸쳐서 자주적, 주체적으로 학습을 계속할 수 있는 평생학습사회가 도래하였으며, 평생학습사회에서는 개인이 현재 가지고 있는 능력보다 개인의 학습능력과 자기개발을 위한 노력이 더욱 중요시되고 있다.

2. 투잡스(Two-Jobs)

경제적 이유, 자투리 시간 활용, 경력개발, 취미 및 관심 등 다양한 이유로 두 가지 이상의 일을 하는 것으로, 경기 불황과 고용 불안이 심화됨에 따라 더욱 증가하고 있다.

3. 청년 실업

일을 할 수 있는 능력과 일할 의사가 있는 청년들이 구직 활동에 실패하여 구직을 포기하는 것을 포함하여 직업을 갖지 못하고 있는 사회현상으로, 외환위기 이후 우리나라 노동 시장에서 청년 실업은 매우 큰 문제로 부각되고 있다.

4. 창업경력

인터넷의 확산과 발달로 공간과 시간의 제약 없이 창업이 가능해지면서 전 세계적으로, 나이 및 성별과 관계없이 창업이 증가하고 있다.

5. 독립근로자와 같은 새로운 노동형태의 등장

정보기술의 발달로 원격근무 등 근무환경의 유연화 및 4차 산업 분야의 주력산업인 AI, IoT, 빅데이터, 가상현실과 증강현실, 블록체인 등의 산업분야 성장으로 인해 프리랜서, 계약근로자, 자유근로자, 포트폴리오 근로자와 같은 독립근로자들이 증가하고 있다.

6. 일과 생활의 균형(Work-Life Balance, WLB)

흔히 '워라밸'이라고 일컬어지는 '일과 생활의 균형'은 개인의 업무와 사생활 간의 균형을 의미하는 단어로, 인적인 삶과 일·가정의 양립을 중요시하는 현대인에게 직업 선택 시 고려해야 하는 중요한 요소 중 하나로 떠오르고 있다.

개념확인문제

01 다음 ㉠, ㉡에 해당하는 적절한 용어를 쓰시오.

경력개발은 자신과 자신의 상황을 인식하고 경력 관련 목표를 설정하여 그 목표를 달성하기 위한 과정을 의미하는 (㉠)와/과 자신이 수립한 계획을 준비하고 실행하며 피드백하는 (㉡)로/으로 이루어져 있다.

㉠ (　　　) ㉡ (　　　)

02 다음 경력개발이 필요한 이유를 조직 요구와 개인 요구로 구분하시오.

㉠ 발달 단계에 따른 가치관과 신념의 변화
㉡ 경영전략 변화
㉢ 승진적체
㉣ 전문성 축적 및 성장의 욕구 증가
㉤ 개인의 고용 시장 가치 증대
㉥ 직무환경 변화
㉦ 능력주의 문화

• 조직 요구 – (　　　) • 개인 요구 – (　　　)

03 다음 ㉠~㉤을 경력개발 계획의 과정에 따라 순서대로 바르게 나열하시오.

㉠ 경력목표 설정
㉡ 경력개발전략 수립
㉢ 직무정보 탐색
㉣ 자신과 환경 이해
㉤ 실행 및 평가

(　　) → (　　) → (　　) → (　　) → (　　)

정답 및 해설

01 ㉠ 경력계획, ㉡ 경력관리
02 조직 요구 – ㉡, ㉢, ㉥, ㉦, 개인 요구 – ㉠, ㉣, ㉤
03 ㉢ → ㉣ → ㉠ → ㉡ → ㉤

기출공략문제

하위능력: 자기개발능력 **난이도**: ★★☆ **대표출제기업**: 주택도시보증공사, 한국장학재단

01 **매슬로의 인간 욕구 5단계는 생리적 욕구로부터 시작되며, 이전 단계의 욕구가 충족되어야 다음 단계가 충족되길 원한다는 순차적 욕구 단계 이론이다. 다음 중 매슬로의 인간 욕구 5단계에 대한 설명으로 가장 적절하지 않은 것은?**

① 생리적 욕구는 인간의 가장 기본적인 욕구로, 인간이 생존을 위해 필요로 하는 의식주, 수면 욕구 등이 해당하며 우선순위가 가장 높아 다른 욕구보다도 먼저 충족되어야 한다.

② 안전의 욕구는 안정감이나 질서를 유지하고자 하는 욕구로, 고용 보장 제도에 대한 선호, 보험 가입 등을 통해 생활의 안정성을 보장받기 위한 욕구를 확인할 수 있다.

③ 사회적 욕구는 원활한 인간관계를 유지하고자 하는 욕구로, 연대감이나 소속감에 대한 욕구가 결핍될 경우 스트레스, 우울증과 같은 심적 고통이 유발될 수 있다.

④ 존경의 욕구는 자신이 존경하는 타인을 수용하고자 하는 욕구로, 타인의 행동 중 가치 있다고 느끼는 것을 수용하여 다른 사람들에게 인정을 얻고자 하는 욕구를 의미한다.

⑤ 자아실현의 욕구는 최상급 욕구로, 창의적인 직무 수행까지 직무를 확충시켜 자신을 성장시킴으로써 자신의 잠재력이 최대한 발휘되기를 원하는 욕구이다.

기출 포인트 해설 | 매슬로의 인간 욕구 5단계

매슬로의 인간 욕구 5단계 중 존경의 욕구는 다른 사람들로부터 존경받고자 하는 욕구로, 타인으로부터 존경받는 존재가 되기를 바라는 인간의 전형적인 욕구를 의미하므로 가장 적절하지 않다.

✔ 이것도 알면 합격

매슬로의 인간 욕구 5단계

욕구 5단계		의의
상위 ↕ 하위	자아실현의 욕구	자신의 잠재적 역량을 최대한 발휘하고자 하는 욕구로, 사람마다 큰 차이가 있음
	존경의 욕구	스스로 자긍심을 가지려는 욕구와 타인이 자신을 존경해 주기를 바라는 욕구를 포함한 긍지와 존경에 대한 욕구
	사회적 욕구	소속감, 친구와의 우정, 동료들과의 연대감, 애정을 원하는 욕구
	안전의 욕구	안정, 보호, 공포로부터의 해방, 질서에 대한 욕구
	생리적 욕구	가장 기본적인 욕구로, 우선순위가 가장 강함

정답 ④

하위능력: 자기개발능력 **난이도**: ★★☆ **대표출제기업**: 서울교통공사

02 다음 사례의 김 사원에게 해줄 수 있는 조언으로 가장 적절한 것은?

> 최근에 회사에서 1년 차 직원들을 대상으로 진행한 리더십 교육을 받은 김 사원은 업무수행 성과를 높이기 위해 자기개발을 꼭 해야겠다고 생각하였다. 교육 받은 내용대로 같은 부서에서 성과가 높기로 유명한 유 부장을 롤 모델로 정하고, 유 부장을 모방하기 시작하였다. 김 사원은 유 부장이 어떻게 일하는지, 어떻게 보고하는지를 주의 깊게 살펴보고 똑같이 따라 하기 위해 노력했으며, 유 부장이 퇴근 후에 영어 회화 학원과 코딩 학원에 다닌다는 것을 알고 난 뒤에는 같은 강의를 수강하기도 하였다. 이렇게 6개월의 시간이 흘렀다. 유 부장을 따라 하면 자신의 업무수행 결과도 높아질 것이라는 기대와 달리 김 사원은 나아진 부분이 전혀 없는 것 같아 큰 좌절감을 느끼고 있다.

① 김 사원의 경력개발 단계에 맞춰 비슷한 연차의 사람 중 업무 성과가 높은 사람을 따라 해 보는 것이 도움될 거예요.

② 우선은 정해진 시간 내에 목표를 달성하기 위해서는 어떻게 하는 것이 가장 효과적인지부터 고려해 보는 것이 좋겠어요.

③ 각자 자기개발을 통해 지향하는 바와 선호하는 방법이 다르므로 김 사원에게 맞는 방안을 다시 찾아보는 것은 어떨까요?

④ 교육을 통해 자기개발을 하려고 하기보다는 실생활에서 자연스럽게 자기개발을 해 보는 것은 어떨까요?

⑤ 자기개발의 주체는 타인이 아닌 자기 자신이므로 다른 사람의 조언에 따라서 자기개발을 시작하는 것은 적절하지 않을 것 같네요.

기출 포인트 해설 | **자기개발의 특징**

자기개발은 개별적인 과정으로, 자기개발을 통해 지향하는 바와 선호하는 방법 등이 사람마다 다르기 때문에 개인은 자신의 이해를 바탕으로 앞으로 자신에게 닥칠 환경 변화를 예측하여 이에 적합한 목표를 설정한 후 목표달성을 위한 자기개발 전략이나 방법을 선정해야 한다.

따라서 자신에 대한 이해 없이 무작정 유 부장을 따라 하고 있는 김 사원에게 해 줄 수 있는 조언으로 가장 한 것은 ③이다.

✔ 이것도 알면 합격

자기개발의 특징

- 자기개발은 스스로 계획하고 실행한다는 의미로, 개발의 주체는 타인이 아닌 자기 자신이다.
- 자기개발은 개별적인 과정으로, 자기개발을 통해 지향하는 바와 선호하는 방법 등이 사람마다 다르다.
- 자기개발은 평생에 걸쳐서 이루어지는 과정이다.
- 자기개발은 일과 관련하여 이루어지는 활동이다.
- 자기개발은 실생활에서 이루어져야 한다.
- 자기개발은 모든 사람이 해야 하는 것이다.

정답 ③

하위능력: 자기개발능력 **난이도**: ★★☆ **대표출제기업**: 서울교통공사

03 **다음은 자기개발을 방해하는 요소들에 대한 설명이다. 다음 ㉠~㉢에서 설명하고 있는 자기개발 방해요인을 바르게 연결한 것은?**

> ㉠ 자기개발을 위해 활용할 수 있는 자기개발과 관련된 교육프로그램에는 무엇이 있는지, 이를 제공하는 교육기관은 어디인지, 직업인의 자기개발에 대한 국가의 재정지원이 이루어지는 사업에는 어떤 것들이 있는지 등을 모르는 경우가 있다.
> ㉡ 인간의 사고는 자기중심적이기 때문에 자신이 한 행동에 대하여 자기 합리화하려는 경향이 있어 자신의 주장과 반대되는 주장은 무의식적으로 배척하게 된다.
> ㉢ 사람은 사람이 속한 문화와 끊임없이 상호작용하며, 문화의 틀 안에서 관성의 법칙에 따라 사고하고 행동하게 됨에 따라 현재 하고 있는 일을 지속하려 하므로 자기개발의 한계에 직면하게 된다.

	㉠	㉡	㉢
①	자기개발 방법에 대한 무지	욕구와 감정의 작용	문화적 장애
②	자기개발 방법에 대한 무지	문화적 장애	제한적 사고
③	자기개발 방법에 대한 무지	제한적 사고	문화적 장애
④	욕구와 감정의 작용	제한적 사고	문화적 장애
⑤	욕구와 감정의 작용	자기개발 방법에 대한 무지	제한적 사고

기출 포인트 해설 **자기개발 방해요인**

㉠ 자기개발을 하려고 하지만 자기개발에 활용할 수 있는 관련 교육프로그램이나 교육기관 등을 알지 못하는 경우에 해당하므로 자기개발 방해요인 중 '자기개발 방법에 대한 무지'에 해당한다.
㉡ 인간의 사고는 조직중심적이라 자신이 한 행동에 대해 자기 합리화하려는 경향이 있어 자신과 반대되는 주장에 대해서는 배척하며, 스스로 만든 틀 안에서 사고하여 어떤 선입견이 작용하여 사고의 과정도 편향되는 경우에 해당하므로 자기개발 방해요인 중 '제한적 사고'에 해당한다.
㉢ 우리는 가정환경, 사회환경, 직장환경 등의 환경에 둘러싸여 있으며, 우리를 둘러싸고 있는 문화환경과 끊임없는 상호작용을 통해 문화의 틀 안에서 관성에 법칙에 따라 사고하여 현재를 지속하려고 하는 경우에 해당하므로 자기개발 방해요인 중 '문화적 장애'에 해당한다.
따라서 ㉠~㉢을 자기개발의 방해요인에 따라 바르게 연결한 것은 ③이다.

정답 ③

하위능력: 자아인식능력 난이도: ★☆☆ 대표출제기업: 서울교통공사

04 다음 사례를 통해 알 수 있는 성찰의 필요성에 대한 설명으로 가장 적절하지 않은 것은?

> ○○기업 기획부에는 신입사원 A와 B가 있었다. 두 사람 모두 입사한 지 얼마 되지 않아 일이 익숙지 않은 탓에 실수를 자주 하였다. 그날도 여느 때처럼 회사의 업무 지침대로 일을 하지 않고 자신의 생각대로 진행하다 실수를 저질렀다. A 사원은 '도대체 내가 왜 혼이 난 거지? 다른 사람들은 어떻게 일을 진행했더라? 업무 지침을 다시 한번 찾아봐야겠다.'라고 생각하고 같은 실수를 반복하지 않도록 메모해 두었다. B 사원은 '사람이 실수할 수도 있지. 오늘은 과장한테 혼나고 운도 없네. 술이나 마셔야겠다.'라고 생각하고는 친구들을 만나 회사 일이 어렵다는 푸념을 늘어놓으며 술을 마셨다. 2년 뒤 A 사원은 다른 사람들보다 빨리 대리로 승진하였고, B 사원은 아직도 신입이 하는 실수를 저지르는 어설픈 사원에 머물러 있다.

① 지속적으로 성장할 수 있는 기회가 되기 때문에 필요하다.
② 동일한 실수를 하더라도 혼나지 않기 위해서 필요하다.
③ 창의적인 사고 능력을 키울 수 있는 기회가 되기 때문에 필요하다.
④ 다른 일을 해결하는 데 필요한 노하우를 축적하기 위해 필요하다.
⑤ 다른 사람에게 신뢰감을 주는 사람이 되기 위해서 필요하다.

기출 포인트 해설 성찰의 필요성

성찰은 동일한 실수를 반복하지 않기 위해 필요하므로 실수를 하더라도 혼나지 않기 위해 성찰이 필요하다는 설명은 성찰의 필요성에 대한 설명으로 가장 적절하지 않다.

정답 ②

하위능력: 자아인식능력 **난이도**: ★★☆ **대표출제기업**: 대구시설공단, 서울교통공사

05 다음 중 조해리의 창에 대한 설명으로 가장 적절하지 않은 것은?

구분	내가 아는 나	내가 모르는 나
타인이 아는 나	공개된 자아 Open Self	눈먼 자아 Blind Self
타인이 모르는 나	숨겨진 자아 Hidden Self	아무도 모르는 자아 Unknown Self

① 자신뿐만 아니라 다른 사람도 알 수 없는 부분으로 무의식의 세계에 존재하는 정보는 아무도 모르는 자아에 해당한다.

② 다른 사람의 이야기를 통해 새롭게 발견하게 되는 자신의 성격 등은 눈먼 자아에 해당한다.

③ 사람들이 쉽게 확인할 수 있도록 SNS 등에 올리는 정보는 공개된 자아에 해당한다.

④ 자신의 단점, 애정관계나 소득에 관한 정보 등은 숨겨진 자아에 해당한다.

⑤ 말과 행동, 성별, 나이, 외모, 출신 학교 등에 대한 정보는 공개된 자아에 해당한다.

기출 포인트 해설 조해리의 창

공개된 자아는 다른 사람들이 알 수 있도록 밝히지 않아도 사람들이 쉽게 확인할 수 있는 성별, 외모, 말과 행동 등을 의미하는 것이므로 가장 적절하지 않다.

정답 ③

하위능력: 자아인식능력 **난이도**: ★☆☆ **대표출제기업**: 공무원연금공단

06 다음은 홀랜드가 제시한 6가지 직업성격유형에 대한 특징을 정리한 것이다. 직업성격유형에 따라 어울릴 만한 직업을 추천한다고 할 때, 가장 적절하지 않은 것은?

유형	특징
실재형 (Realistic)	솔직함, 성실함, 검소하고 소박함, 과묵함, 신체적으로 건강하며 기계 운동에 적성이 높음
탐구형 (Investigative)	탐구심이 높음, 논리적이고 분석적임, 지적 호기심이 많고 학문적임, 수학·과학에 적성이 높음
예술형 (Artistic)	상상력이 풍부하고 감수성이 높음, 자유분방하고 개방적임, 예술에 소질이 있음, 창의적 적성이 높음
사회형 (Social)	친절하고 이해심이 많음, 남을 도와주려 하고 봉사적이며, 대인관계가 원활한 것을 좋아함
기업형 (Enterprising)	지도력·설득력이 있음, 경쟁적이고 열성적임, 야심이 있고 외향적이며 통솔력 있음, 언어적 적성이 높음
관습형 (Conventional)	책임감이 강함, 빈틈이 없고 조심성이 많음, 변화를 싫어함, 계획성 있음, 사무능력계산능력이 높음

① 실재형 – 소방관

② 탐구형 – 정치인

③ 사회형 – 상담사

④ 기업형 – 언론인

⑤ 관습형 – 은행원

기출 포인트 해설 홀랜드의 직업성격유형

홀랜드에 따르면 개인은 자신의 성격유형과 일치하는 직업을 선택하였을 때 직업만족도가 높아지므로, 탐구형 성격유형은 의사나 학자, 시장조사 분석가와 같이 탐구심, 논리성, 분석력 등을 필요로 하는 직업을 추천하는 것이 적절하고, 정치인은 기업형 성격유형에 추천하는 것이 가장 적절하다.

정답 ②

하위능력: 자기관리능력 **난이도**: ★★☆ **대표출제기업**: 서울교통공사

07 다음 중 직무 스트레스 관리를 위한 조직 차원의 방법으로 가장 적절한 것은?

① 직장에서 함께 근무하는 동료들과의 원활한 의사소통을 위해 상대방의 의견을 편견 없이 경청하고 상대방의 마음이 편안해졌을 때 자신의 생각을 공유하며 원활한 관계를 형성하도록 한다.

② 직무 스트레스의 정도를 평가한 결과와 직무 스트레스의 원인에 대한 내부의 의견을 검토 및 분석하여 기존의 제도를 재정비하는 등의 대책을 마련한다.

③ 하루에 처리해야 할 업무 계획이나 주간 업무 계획을 미리 정리해 보고 과도한 업무에서 발생하는 스트레스를 완화할 수 있도록 개인적인 일을 조절하도록 한다.

④ 업무 시간과 개인 시간을 정확히 분리하여 퇴근 후에는 자신만을 위한 시간을 보낼 수 있는 여유를 가질 수 있도록 한다.

⑤ 직무 스트레스가 심하거나 정신건강 문제로 인한 증상이 지속될 경우에는 정신건강의학과나 임상심리의학과 의사의 상담을 받을 수 있도록 한다.

기출 포인트 해설 | 직무 스트레스 관리

직원들의 스트레스를 관리하고, 인사제도, 직무 평가, 직무 설계 등 직무 스트레스의 원인이 되는 업무환경에 대해 대책을 마련하는 것은 조직 차원에서 실천해야 할 직무 스트레스 관리 방법에 해당한다.

이것도 알면 합격

직무 스트레스 해결법

개인 차원	• 일일 업무 리스트나 주간 업무계획서를 미리 정리하면 업무 외에 개인적인 일을 조절할 수 있어 업무 스트레스를 줄일 수 있음 • 자신의 능력을 벗어나거나 자신의 업무 범위 밖의 일을 지시받을 때는 단호하게 거절하는 태도가 필요함 • 동료들과의 원활한 의사소통을 통해 서로의 생각이나 가치관을 공유하는 것은 직무 스트레스를 관리하는 데 도움이 됨 • 업무 시간과 개인 시간을 정확하게 나누어 퇴근 후에는 온전히 자신만의 시간을 보내는 것은 직무 스트레스를 줄이는 데 도움이 됨
조직 차원	• 조직은 직무 스트레스가 발생하는 원인을 파악하여 인사제도, 직무 설계, 직무 평가 등의 제도를 재정비하는 등의 해결책을 제시할 수 있음 예 인사제도를 좀 더 공정하게 설계한다면 직원들의 직장 내 갈등 발생이 현저히 줄어들어 직무 스트레스도 감소할 수 있으며, 상황에 따라 조직목표를 재설정하는 것도 도움이 될 수 있음

정답 ②

하위능력: 자기관리능력 **난이도**: ★★☆ **대표출제기업**: 서울교통공사, 한국석유공사

08 다음은 단계별로 수립해야 하는 자기관리 계획을 정리한 표이다. 각 단계마다 점검을 위해 스스로에게 질문을 한다고 할 때, 질문 내용이 가장 적절하지 않은 것은?

단계	내용		
1단계	비전 및 목적 정립	• 자신에게 가장 중요한 것 파악 • 삶의 의미 파악	• 가치관, 원칙, 삶의 목적 정립
2단계	과제 발견	• 현재 주어진 역할 및 능력 • 우선순위 설정	• 역할에 따른 활동목표
3단계	일정 수립	• 하루, 주간, 월간 계획 수립	
4단계	수행	• 수행과 관련된 요소분석	• 수행방법 찾기
5단계	반성 및 피드백	• 수행결과 분석	• 피드백

① 1단계 – 내가 생각하는 의미 있는 삶은 무엇인가?
② 2단계 – 역할 간에 상충하는 것은 없는가?
③ 3단계 – 급한 일에 밀려 중요한 일을 놓치지는 않았는가?
④ 4단계 – 우선순위, 일정에 따라 계획적으로 수행하였는가?
⑤ 5단계 – 일을 수행하는 동안 어떤 문제에 직면하였는가?

기출 포인트 해설 | 단계별 자기관리 계획 수립

우선순위와 일정에 따라 계획적으로 수행하였는지에 대한 질문은 일을 수행하고 난 뒤 자신의 수행결과를 분석하여 반성 및 피드백하는 과정에서 필요한 것으로, 다음 과제 수행에 반영할 수 있으므로 4단계보다는 5단계에서 해야 한다.

✔ 이것도 알면 합격

자기관리 단계별 점검 질문

단계	내용	점검 질문	
1단계	비전 및 목적 정립	• 나에게 가장 중요한 것은 무엇인가? • 나의 가치관은 무엇인가? • 내가 생각하는 의미 있는 삶은 무엇인가?	• 내가 살아가는 원칙은 무엇인가? • 내 삶의 목적은 무엇인가?
2단계	과제 발견	• 역할 간에 상충하는 것은 없는가? • 자신이 현재 수행하고 있는 역할과 능력은 무엇인가?	• 현재 변화가 필요한 것은 없는가?
3단계	일정 수립	• 우선순위에 따라 구체적으로 일정을 세웠는가? • 급한 일에 밀려 중요한 일을 놓치지는 않았는가?	
4단계	수행	• 시간, 능력, 돈, 대인관계 등 일에 영향을 미치는 요소를 확인하였는가? • 일에 영향을 미치는 요소들을 관리하는 방법을 탐색하였는가?	
5단계	반성 및 피드백	• 어떤 목표를 성취하였는가? • 어떻게 결정을 내리고 행동하였는가?	• 일을 수행하는 동안 어떤 문제에 직면하였는가? • 우선순위와 일정에 따라 계획적으로 수행하였는가?

정답 ④

하위능력: 경력개발능력 **난이도**: ★★☆ **대표출제기업**: 서울교통공사

09 다음 중 경력개발 단계에 대한 설명으로 가장 적절하지 않은 것은?

① 직업선택: 자신에게 적합한 직업이 무엇인지를 탐색하고 선택한 후 여기에 필요한 능력을 키우는 과정이다.

② 조직입사: 직무를 선택할 때도 직업선택 과정과 마찬가지로 환경과 자신의 특성을 고려해야 하며, 특히 자신이 들어갈 조직의 특성을 알아봐야 한다.

③ 경력초기: 조직에 입사하면 직무와 조직의 규칙과 규범에 대해 배우게 되는데, 특히 자신이 맡은 업무의 내용을 파악하고, 새로 들어온 조직의 규칙이나 규범, 분위기를 알고 적응해 나가는 것이 중요한 과제이다.

④ 경력중기: 궁극적으로 조직에서 자신의 입지를 확고히 다져나가 승진하는 데 많은 관심을 가지는 시기이다.

⑤ 경력말기: 경력말기에 사람들은 조직의 생산적인 기여자로 남고 자신의 가치를 지속적으로 유지하기 위해 노력함과 동시에 퇴직을 고려하게 된다.

기출 포인트 해설 | **경력개발 단계 이해하기**

조직에서 자신의 입지를 확고히 다져 승진하는 데 많은 관심을 가지는 시기는 경력초기에 해당하며, 경력중기는 자신이 그동안 성취한 것을 재평가하고, 생산성을 그대로 유지하는 시기이므로 가장 적절하지 않다.

정답 ④

하위능력: 경력개발능력 난이도: ★★☆ 대표출제기업: 서울교통공사

10 **다음은 경력개발과 관련된 다양한 이슈의 실제 사례이다. 다음 사례에서 확인할 수 없는 경력개발 관련 이슈는?**

- 일마 전 새무빔상이 된 A 씨는 최근 스마트기기와 관련된 소프트웨어가 급격히 늘어나 자신의 업무 방식이 너무 구식은 아닌가 하는 생각을 하게 되었다. 고민을 하던 A 씨는 위기감 반, 새로운 것에 대한 기대감 반으로 대학원에 등록하였다.
- B 씨는 6시에 퇴근을 하고 나면 회사 근처 골목에 위치한 일식집을 운영한다. 원래 일식 전문 요리사가 되는 것이 꿈이었지만, 현실적인 이유로 회사에 다니고 있던 B 씨는 공간공유 프로그램을 활용하여 적은 임대료와 운영비로 식당을 운영해볼 수 있게 되었다. 본인이 생각보다 요리나 고객 응대에 소질이 있다는 것을 깨달은 B 씨는 어느 정도의 사업 자금이 모이면 회사를 그만두고 자신만의 식당을 차릴 계획을 세우고 있다.
- 어릴 때부터 소설을 좋아하여 출판사에 입사한 C 씨는 주간에는 편집자로 일하지만, 주말에는 웹 소설 작가로 활동한다. 취미로 쓰기 시작한 소설이었지만, 나름 인기를 얻게 되면서 최근에는 출간 계약까지 이루어진 상황이라 책임감을 가지고 집필하고 있다.
- 회사에 얽매여 일하는 것을 싫어하는 D 씨는 최근 회사를 그만두고 프리랜서로 일을 하기 시작하였다. 주변에서 프리랜서가 얼마나 힘든지 아냐며 나무라는 바람에 위기감을 느끼기도 하였지만, 내가 원할 때 휴식을 취할 수 있고 가족이나 지인 모임에 참석할 수 있다는 것에 대한 만족감이 더 커서 한동안 이렇게 일을 할 생각이다.

① 평생학습사회

② 투잡스

③ 청년 실업

④ 독립근로자와 같은 새로운 노동형태의 등장

⑤ 창업경력

기출 포인트 해설 | **경력개발과 관련된 이슈**

A 씨의 사례는 평생학습사회, B 씨의 사례는 창업경력과 투잡스, C 씨의 사례는 투잡스, D 씨의 사례는 독립근로자와 같은 새로운 노동형태의 등장과 관련 있다.
따라서 제시된 사례에서 확인할 수 없는 경력개발 관련 이슈는 '청년 실업'이다.

정답 ③

출제예상문제

• 시작과 종료 시각을 정한 후, 실제 시험처럼 문제를 풀어보세요.
시 분 ~ 시 분 (총 10문항/10분)

01 **다음은 입사 동기 A, B, C의 대화이다. 이 중 B의 업무성과가 가장 높다고 할 때, 그 이유로 가장 적절한 것은?**

A: 내일부터 주말인데, 다들 계획 있어요?
B: 이번 주에 업무가 몰려 있어서인지 체력이 많이 떨어진 것 같아 내일은 집에서 쉬려고 했는데, 오늘 개발팀에서 넘어온 서류가 있어요. 내일 잠깐 출근해서 확인해 봐야 할 것 같아요.
A: 주말에도 출근하시려고요? 역시 고성과자는 다르네요. 근데, 주말에도 일을 해야 할까요? 아무도 알아주지 않을 텐데요. 주말까지 열심히 일한다고 해서 대표님이나 본부장님께서 인정해 주실까요?
B: 꼭 누구에게 인정받으려고 한다기보다는 업무를 수행하면서 느끼는 즐거움이나 만족감이 커요. 그리고 이번에는 이전에 맡았던 업무와는 분야가 달라서 업무 시작 전에 준비해야 할 부분이 많은 것 같아요.
C: 그런데 너무 일에만 집중하다 보면 스트레스 받지는 않나요? 저는 요즘 다른 부서 팀원들이랑 일정 때문에 입씨름하는 것도, 팀장님께서 매번 같은 업무를 반복해서 요청하시는 것도 지칠 때가 많은 것 같아요. 시장 수요야 항상 비슷비슷할 텐데 왜 매번 시장조사를 해야 하는지도 모르겠어요. 매일 의미 없는 일만 하다 보니까 요즘은 이 회사에 입사한 것을 후회할 때가 많아요.
A: 어차피 돈 벌려고 하는 일인데, 뭘 그렇게까지 의미부여를 하나요? 저는 돈 받은 만큼만 일 하려고요. 우리 쉬엄쉬엄 일 합시다. 일 많이 한다고 연봉을 올려주는 것도 아닌데, 주중 내내 일하는 것도 모자라 주말도 반납하고 일만 하는 건 체력적으로나 정신적으로나 너무 힘들 것 같아요.

① 일에 대한 자신의 흥미와 적성을 개발하기 위해 꾸준히 노력하고 있다.
② 업무와 생활의 균형점을 찾게 되어 만족도가 높아졌다.
③ 프로젝트 완수에 따라 지급되는 금전적인 보상에서 행복을 찾고 있다.
④ 추가 근무를 하면서 상사로부터 인정을 받기 위해 노력하고 있다.
⑤ 일에 대한 흥미보다는 돈벌이 수단으로 접근하고 있다.

02 다음 중 자아존중감에 대한 설명으로 가장 적절하지 않은 것은?

① 스스로에 대한 가치를 결정짓는 것으로, 자신의 정체성 형성에 영향을 준다.

② 자아존중감은 가치 차원, 능력 차원, 통제감 차원으로 구분할 수 있다.

③ 자아존중감은 환경에 적응할 수 있도록 도움을 준다.

④ 개인의 가치에 대한 주관적인 평가와 판단을 통해 자기결정에 도달하는 과정이다.

⑤ 자아존중감은 타인으로부터 영향을 받지 않는 자기 자신만의 고유한 영역이다.

03 ○○기업 전략기획부는 김 상무의 잘못된 의사결정으로 인해 곤혹스러운 상황에 놓이게 되었다. 다음 중 김 상무의 의사결정 과정의 문제점으로 가장 적절하지 않은 것은?

광고 회사인 ○○기업의 기획 1팀과 2팀은 최근 협업을 통해 대형 프로젝트를 낙찰받았다. 수행만 제대로 된다면 올해 ○○기업의 가장 큰 실적이 될 것으로 예상되는 사업이었다. 그런데 문제가 생겼다. 프로젝트 낙찰 후 해당 사업을 진행할 담당 팀 선정을 두고 갈등이 발생한 것이다. 입찰을 위한 준비는 숙련도가 높은 팀원이 많은 기획 1팀이 주도해 기획 1팀의 기여도가 더 크다. 하지만 프로젝트의 내용상 대형 매체 광고에 특화된 기획 1팀보다는 오프라인 및 SNS 광고에 특화된 기획 2팀이 프로젝트를 수행하는 것이 더 적절하다는 의견이 제기된 것이다. 두 팀이 협업하여 진행한다면 좋겠지만, 성과평가가 걸려있는 상황이다 보니 팀원들 간에 의견이 분분하고 언쟁으로까지 이어진 상황이다.

사실 수행팀 선정과 관련한 논쟁은 입찰 준비를 시작할 때부터 예견되었던 부분이다. 당시 기획 1팀 팀장은 추후 발생할 수 있는 논쟁을 미연에 방지하기 위해 미리 업무 분담과 책임을 명확히 하자는 의견을 냈었다. 중장기적으로 보았을 때 프로젝트의 규모나 내용, 조직 분위기 등을 고려하였다면 기획 1팀 팀장의 말에 따라야 함을 김 상무도 알고 있다. 하지만 기획 1, 2팀을 총괄해야 하는 김 상무는 기획 1팀 팀장의 의견이나 방안 등에 대해 꼼꼼히 검토해보지 않았고, 미리 걱정하기 보다는 우선 협력하여 프로젝트를 맡아 진행할 수 있도록 하는 데 집중하자며 얼렁뚱땅 넘어갔다. 결과적으로 프로젝트를 맡아 진행할 수 있게 되었지만, 해당 프로젝트를 진행할 담당 팀 선정과 그에 따른 성과 배분을 두고 갈등이 생겼다. 이러한 가운데서도 상무는 담당 팀 선정을 위해 기획 1팀의 팀장과 2팀의 팀장끼리 상의하여 내일까지 결과를 알려달라고 하여 모든 팀원들을 난감하게 하였다.

① 의사결정의 기준과 가중치를 확인하지 않고 업무를 진행하였다.

② 문제해결을 위한 모든 대안을 탐색하지 않았다.

③ 장기적인 시각으로 바라보지 않아 최적의 대안을 선택하지 못 하였다.

④ 문제의 근원을 파악하지 않았다.

⑤ 제시된 다양한 대안을 분석 및 평가하지 않았다.

04 **다음 중 자기개발의 특징에 대한 설명으로 가장 적절하지 않은 것은?**

① 자기개발은 특정한 사람만이 하는 활동이 아니라 더욱 나은 삶을 영위하고자 노력하는 사람이라면 누구나 해야 하는 활동이다.

② 자기개발을 함에 있어서 사람들이 지향하는 바는 각자 다르므로 자신에게 닥칠 환경의 변화를 예측하여 적합한 목표를 설정하고 자신에게 알맞은 자기개발 전략이나 방법을 선정하는 것이 중요하다.

③ 자기개발은 어떤 특정한 사건이나 요구가 있을 때 일시적으로 이루어지는 과정이므로 일생에 걸쳐 외부 환경 변화가 가장 큰 특정 시기에만 이루어진다.

④ 자기개발은 특정한 교육훈련 기관에서 시행하는 교육프로그램을 이수하는 것뿐만 아니라 자신의 직무와 연관된 타인과 대인관계를 맺거나 원활한 의사소통을 하는 등 생활 속에서도 실천할 수 있다.

⑤ 자기개발의 주체와 객체는 모두 자기 자신이므로 자기개발은 자신의 능력, 적성 등을 이해하고 이를 바탕으로 수립한 목표를 성취하기 위해 스스로를 관리하며 개발하는 것을 의미한다.

05 **다음 중 진로정체성과 직업적응에 대한 설명으로 가장 적절하지 않은 것은?**

① 진로정체성은 내가 누구인지, 무엇이 되고 싶은지에 대한 자아관을 형성해 가도록 동기를 부여하는 것으로 자기 자신을 이해하는 일이 매우 중요함을 나타낸다.

② 진로정체성은 평생에 걸쳐 이루어지는 것이므로 시간에 따라 변화하는 양상을 고려할 필요가 있다.

③ 진로정체성은 개인의 동기, 관심, 진로 역할 수행 역량과 관련된 의미 구조이며, 주변 환경과의 지속적인 상호작용을 통해 형성해 나가는 것이다.

④ 직업적응은 개인의 요구조건과 작업환경의 요구조건이 일치하지 않을 경우 이를 일치시키기 위해 행동하는 지속적 적응 과정을 의미한다.

⑤ 직업적응의 과정에서 개인과 환경의 요구조건이 일치하지 않을 때는 환경의 요구조건을 따르려고 하지 말고 환경을 변화시키려 노력해야 한다.

06 A 기업 기획팀에 근무하는 귀하는 개인적으로 자전거에 관심이 많아 자전거 동호회에 가입하여 운영진으로 활동하고 있다. 일이 겹치다 보니 일의 우선순위 정리가 필요하다고 생각한 귀하는 스티븐 코비의 시간관리 매트릭스에 따라 업무를 정리하려고 한다. 오늘이 10월 15일이라고 할 때, 업무 간의 상대적인 긴급성 및 중요도를 고려하여 일의 우선순위를 정리한 것으로 가장 적절한 것은?

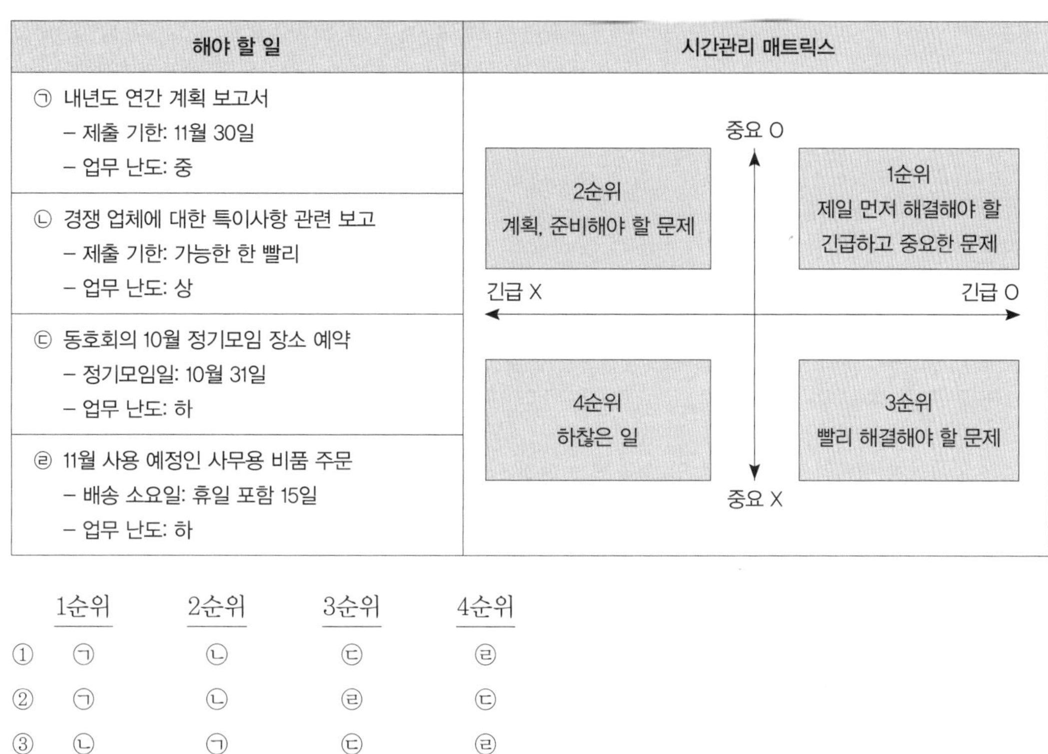

해야 할 일	시간관리 매트릭스
㉠ 내년도 연간 계획 보고서 – 제출 기한: 11월 30일 – 업무 난도: 중	중요 O 2순위 계획, 준비해야 할 문제 / 1순위 제일 먼저 해결해야 할 긴급하고 중요한 문제 긴급 X ← → 긴급 O 4순위 하찮은 일 / 3순위 빨리 해결해야 할 문제 중요 X
㉡ 경쟁 업체에 대한 특이사항 관련 보고 – 제출 기한: 가능한 한 빨리 – 업무 난도: 상	
㉢ 동호회의 10월 정기모임 장소 예약 – 정기모임일: 10월 31일 – 업무 난도: 하	
㉣ 11월 사용 예정인 사무용 비품 주문 – 배송 소요일: 휴일 포함 15일 – 업무 난도: 하	

	1순위	2순위	3순위	4순위
①	㉠	㉡	㉢	㉣
②	㉠	㉡	㉣	㉢
③	㉡	㉠	㉢	㉣
④	㉡	㉠	㉣	㉢
⑤	㉡	㉢	㉠	㉣

07 다음에 제시된 자신에게 할 수 있는 질문은 자기관리 단계 중 어느 단계에서 하는 것이 가장 적절한가?

> • 내가 살아가는 원칙은 무엇인가?
> • 내가 생각하는 의미 있는 삶은 무엇인가?
> • 내 삶의 목적은 어디에 있는가?
> • 나에게 가장 중요한 것은 무엇인가?

① 비전 및 목적 정립 ② 과제 발견 ③ 일정 수립
④ 수행 ⑤ 반성 및 피드백

08 다음 〈보기〉에서 설명하고 있는 H 씨의 직업성격유형은?

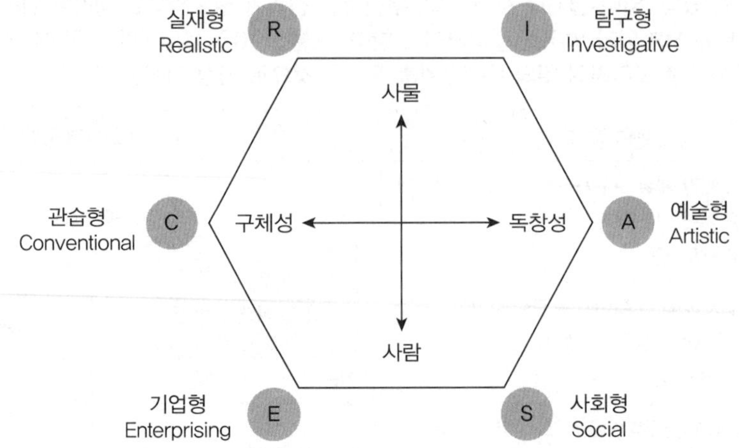

〈보기〉

자동차 정비원으로 일하고 있는 H 씨는 매일 다른 직원들보다 1시간 일찍 출근하여 사무실을 청소할 만큼 매사에 성실한 태도로 임한다. 기술 계열의 대학을 졸업한 H 씨는 자신의 적성을 살려 최근에는 건설기계 조종사 면허증을 취득하는 등 기계를 다루는 능력이 뛰어나다. H 씨는 평소 말수가 적은 편이지만 운동을 좋아하는 활동적인 성격과 솔직한 성격으로 인해 주변에 따르는 친구들이 많다.

① 실재형(R)　② 탐구형(I)　③ 예술형(A)　④ 사회형(S)　⑤ 기업형(E)

09 변화하는 새로운 경력환경에서 지속적 학습 활동에 더욱 초점을 맞출 필요가 있다. 다음 중 지속적인 학습 활동에 대한 설명으로 적절하지 않은 것을 모두 고르면?

㉠ 업무의 차원에서 직무 경험을 통해 습득할 수 있는 학습 활동 등을 포함한다.
㉡ 주로 체계화된 교육훈련 프로그램 등의 공식적인 학습 활동의 참여를 의미하는 것으로, 지속적인 학습 활동에는 교육훈련 프로그램과 같은 공식적인 활동만이 해당된다.
㉢ 구성원들이 지속적 학습 활동에 참여함으로써 궁극적으로 구성원들의 업무몰입도가 향상될 수 있다.
㉣ 학습의 기회가 늘어갈수록 변화하는 경력환경을 탐색하여 새로운 기술과 지식을 접해야 하는 구성원들은 스스로 지속적인 학습 활동을 이어가기 어려워진다.

① ㉠, ㉡　② ㉠, ㉢　③ ㉡, ㉣　④ ㉠, ㉡, ㉢　⑤ ㉡, ㉢, ㉣

10 다음 경력개발의 과정을 참고했을 때, 박 과장의 활동이 해당하는 단계로 가장 적절한 것은?

[경력개발 계획]

1단계		2단계		3단계		4단계		5단계
직무정보 탐색	▶	자신과 환경의 이해	▶	경력목표 설정	▶	경력개발전략 수립	▶	실행 및 평가

> 내년에 부장으로 승진하고자 자신의 업무 역량 강화를 목표로 수립한 ○○기업 인사팀의 박 과장은 자신이 계획한 목표를 완수하여 이를 승진이라는 결과로 이끌어가기 위해 노력하고 있다. 박 과장은 평소 인사팀의 과장으로서 조직을 잘 이끌기 위해서 리더십을 갖추는 것을 최우선으로 삼으며, 기업의 경영 계획 및 사업 계획에 대해 항상 꼼꼼히 파악하려는 노력을 게을리하지 않고 있다. 박 과장은 여기서 그치지 않고 자신의 역량을 개발하기 위해 외부 인사교육 프로그램이나 인사 업무 관련 워크숍에 참여하는 등 다각도로 노력하는 모습을 보인다.

① 직무정보 탐색
② 자신과 환경 이해
③ 경력목표 설정
④ 경력개발전략 수립
⑤ 실행 및 평가

약점 보완 해설집 p.16

제5장 자원관리능력

자원관리능력 개념정리

01 시간관리능력

02 예산관리능력

03 물적자원관리능력

04 인적자원관리능력

기출공략문제

출제예상문제

미리 보는 자원관리능력,

기출 개념 마인드맵

자원관리는 업무수행에 필요한 시간, 예산, 물적자원, 인적자원을 효율적으로 확보하고 활용하는 능력으로, 직장인으로서 자원을 효율적으로 관리하기 위해 필요한 시간관리능력, 예산관리능력, 물적자원관리능력, 인적자원관리능력 등으로 구분됩니다. 다음은 자원관리능력에서 주로 출제되었던 기출 키워드를 정리한 마인드맵입니다. 학습 전에는 자원관리능력의 큰 흐름을 먼저 파악하는 용도로, 학습 후에는 자원관리능력의 기출 포인트를 짚어보며 내용을 정리해 보는 용도로 활용해 보시기 바랍니다.

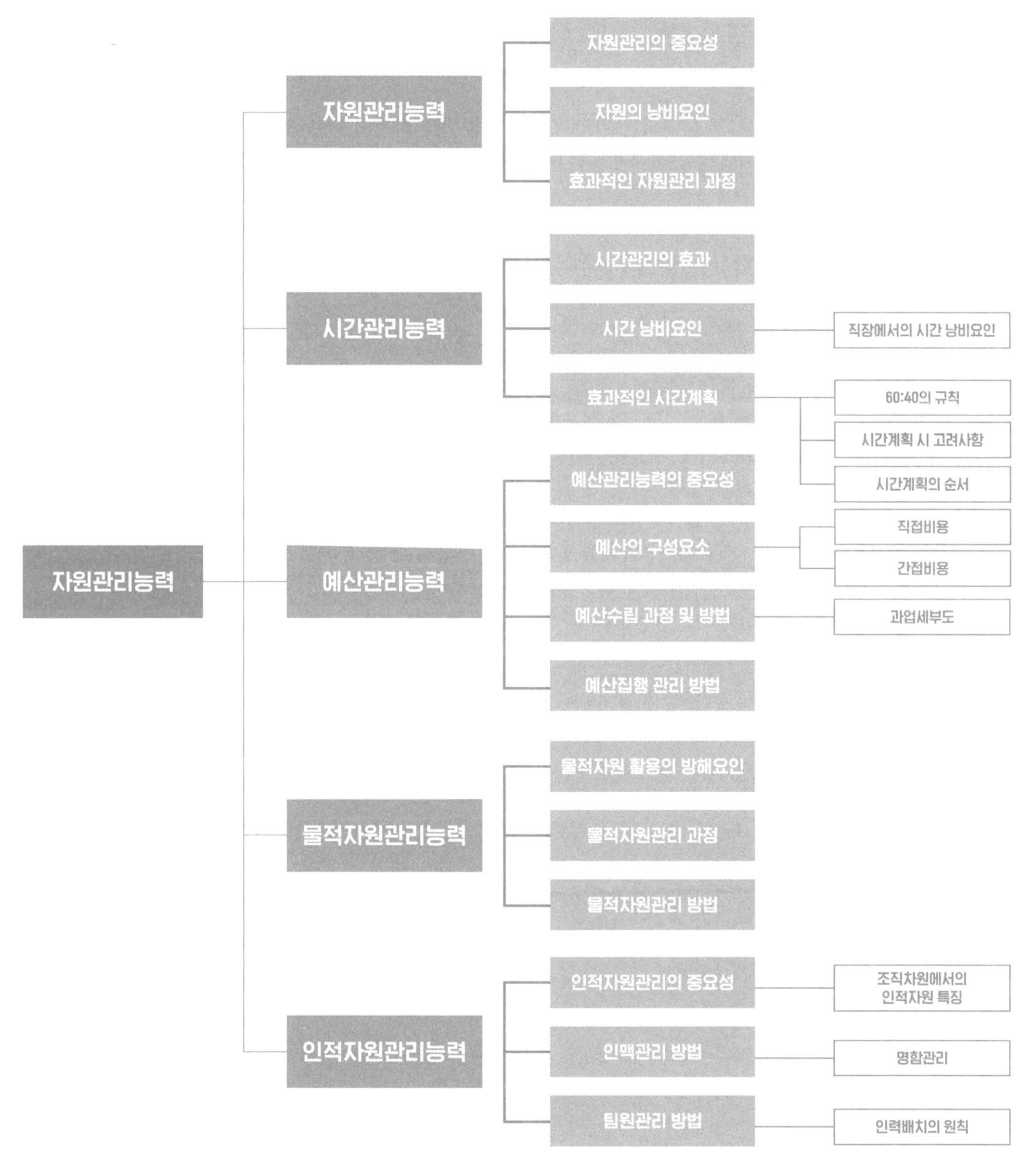

자원관리능력 개념정리

기출 키워드

- 자원관리의 중요성
- 자원의 낭비요인
- 효과적인 자원관리 과정

1 자원의 의미

1. 자원의 의미

① 사전적으로는 인간 생활에 도움이 되는 자연계의 일부를 의미하지만, 실제로 자원의 범위는 방대하다.
② 기업활동에서의 자원은 기업활동에 사용되는 모든 시간 · 예산 · 물적 · 인적자원을 말한다.

2. 자원관리의 중요성

자원은 유형을 불문하고 유한성을 지니고 있으므로 한정된 자원을 효과적으로 확보 · 유지 · 활용하는 자원관리 능력이 매우 중요하다.

2 자원의 낭비요인

1. 자원의 종류에 따른 낭비요인

① 시간 낭비요인: 늦잠 자기, 무계획, 오늘 할 일을 다음으로 미루기 등
② 예산 낭비요인: 무계획적인 지출, 불필요한 물건의 구입, 돈이면 다 된다는 잘못된 생각 등
③ 물적자원 낭비요인: 유행 따라 하기, 일회용품 사용하기, 물품의 재구입, 물품의 부실한 관리 등
④ 인적자원 낭비요인: 주변 사람과의 소원함, 자신의 주변 사람에 대한 미파악 등

2. 자원 낭비요인의 공통점

① 비계획적 행동
계획 없이 충동적이고 즉흥적으로 행동하는 것으로, 목표치가 없기 때문에 자원을 얼마나 낭비하는지 파악하지 못한다.

② 편리성 추구
자신이 편한 방향으로만 자원을 활용하는 것으로, 시간 및 물적자원의 낭비뿐만 아니라 주위의 인맥도 줄어드는 문제가 발생한다.
예 일회용품 사용, 늦잠 자기, 주위 사람들에게 멋대로 대하기 등

③ 자원에 대한 인식 부재

자신이 가지고 있는 중요한 자원을 인식하지 못하는 것으로, 물적자원만을 자원이라고 인식할 경우 무의식적으로 중요 자원을 낭비할 수 있다.

④ 노하우 부족

자원관리의 중요성을 인식하면서도 효과적인 방법을 활용할 줄 모르는 것으로, 경험이나 학습을 통해 극복할 수 있다.

실전에 적용하기

제시된 각각의 사례를 통해 자원 낭비요인을 연결해보자.

[사례 1]

○○기업 총무팀에 입사한 지 한 달 차인 A는 처음 수행해 보는 업무가 많은 탓에 하나의 업무를 완수하는 데 소요되는 시간이 상당한 편이다. 나름대로 철저한 시간계획을 세우고 계획대로 업무를 수행하였지만, 생각지도 못했던 일들이 추가되어 시간을 허비하는 바람에 세워두었던 계획에 차질이 생겼고, 결과 또한 만족스럽지 못했다.

[사례 2]

매일 40분 거리의 직장으로 출근하는 B는 지하철을 이용하여 출근할 수 있음에도 불구하고, 이동 비용이 더 비싼 택시를 이용하여 출근하는 날이 대부분이다. 습관이 된 B는 시간의 여유가 있는 날에도 택시를 이용하여 출근하곤 한다.

[사례 3]

소비자의 요구사항을 주문받아 케이크를 만드는 C는 자신이 소유하고 있는 최신 장비들만을 믿고 평소보다 많은 주문을 받았지만, 막상 만드는 데 시간이 생각보다 많이 소요되어 결국 소비자에게 환불금을 지급하고 주문을 취소하였다.

[사례 4]

평소 게임을 좋아하는 D는 소액결제 서비스를 자주 이용한다. 그러나 게임 중 충동적으로 결제를 한 탓에 자신이 얼마나 소비하고 있는지 인식하지 못하는 경우가 많다. 결국 이번 달 핸드폰 요금을 포함한 카드 값으로 평소의 3배에 달하는 요금을 지불하게 됐다.

- A: 자원관리의 중요성을 인식하고, 철저한 계획을 세워 그대로 실행하려 하였으나 노하우와 경험이 부족한 탓에 예측하지 못한 데에서 시간을 낭비하게 되었고, 이는 계획의 차질로 이어졌으므로 '노하우 부족'으로 인해 자원을 낭비한 사례에 해당한다.
- B: 시간의 여유가 있음에도 습관처럼 택시를 타고 출근하고 있으므로 '편리성 추구'로 인해 자원을 낭비한 사례에 해당한다.
- C: 자신이 소유한 최신 장비인 물적자원만을 고려했을 뿐 시간자원을 고려하지 않아 소비자와의 약속을 어겼으므로 '자원에 대한 인식 부재'로 인해 자원을 낭비한 사례에 해당한다.
- D: 계획 없이 충동적으로 소액결제 서비스를 이용하여 자신이 얼마나 사용했는지조차 인식하지 못하므로 '비계획적 행동'으로 인해 자원을 낭비한 사례에 해당한다.

3 효과적인 자원관리의 과정

필요한 자원의 종류와 양 확인하기 ▶ 이용 가능한 자원 수집하기 ▶ 자원 활용 계획 세우기 ▶ 계획대로 수행하기

1. 필요한 자원의 종류와 양 확인하기

어떤 활동에 어떤 자원을 어느 정도 활용할 것인지 구체적으로 파악하는 단계이다.

2. 이용 가능한 자원 수집하기

실제 필요 자원을 활용하는 단계로, 계획한 자원의 양보다 여유 있게 확보하는 것이 안전하다.

3. 자원 활용 계획 세우기

실제 업무나 활동의 우선순위를 고려하여 자원 활용 계획을 세우는 단계로, 확보한 자원이 실제 활동 추진에 비해 부족할 경우 우선순위가 높은 것에 중점을 두고 계획하는 것이 바람직하다.

4. 계획대로 수행하기

계획에 맞게 업무를 추진하는 단계로, 계획에 얽매일 필요는 없지만 최대한 계획대로 수행하는 것이 바람직하며 불가피하게 수정해야 하는 경우에는 전체 계획에 미칠 수 있는 영향을 고려해야 한다.

개념확인문제

01 **다음에 나열된 자원의 낭비요인들 중 시간 낭비요인에 해당하는 것을 모두 고르시오.**

㉠ 일회용품 사용	㉡ 오늘 할 일을 다음으로 미루기	㉢ 늦잠 자기
㉣ 물품의 부실한 관리	㉤ 유행 따라 하기	

02 **다음 ㉠~㉣을 자원관리 과정에 따라 순서대로 바르게 나열하시오.**

㉠ 계획대로 수행하기	㉡ 자원 활용 계획 세우기
㉢ 이용 가능한 자원 수집하기	㉣ 필요한 자원의 종류와 양 확인하기

(　　　　) → (　　　　) → (　　　　) → (　　　　)

03 **다음 자원의 낭비요인들에 대한 설명을 읽고, 맞으면 O, 틀리면 X에 표시하시오.**

① 비계획적 행동으로 인해 자원을 낭비하는 사람들은 자신의 목표치를 세워 이를 만족시키기 위해 즉흥적으로 행동하는 경우가 많다. (O, X)

② 자원을 활용하는 데 있어서 편한 방법으로만 활용하여 자원을 낭비하는 사람들은 시간이나 돈의 낭비를 초래할 뿐만 아니라 수위의 인맥도 잃을 수 있다. (O, X)

③ 자신이 소유하고 있는 중요한 자원을 인식하지 못하고 물적자원만을 자원이라고 생각하는 사람들은 무의식적으로 자원을 낭비하고 있다. (O, X)

④ 자원관리의 중요성을 인식하지 못하여 효과적으로 활용하지 못하는 사람들은 노하우 부족으로 인해 자원을 낭비하는 경우에 해당한다. (O, X)

정답 및 해설

01 ㉡, ㉢
02 ㉣ → ㉢ → ㉡ → ㉠
03 ① X | 자원을 비계획적으로 사용하는 사람은 자신의 목표치가 없기 때문에 자신이 얼마나 자원을 낭비하는지조차 파악하지 못한다.
② O
③ O
④ X | 자원관리에 대한 노하우가 부족하여 자원을 낭비하는 사람들은 자원관리의 중요성을 인식하면서도 효과적으로 활용할 줄 모르는 경우에 해당한다.

01 시간관리능력

기출 키워드

- 직장에서의 시간 낭비요인
- 시간관리의 효과
- 시간계획 시 고려해야 할 사항
- 시간계획의 순서
- 시간계획의 기본 원리(60:40의 규칙)

1 시간의 특성

① 시간은 매일 주어지는 기적이다.
② 시간은 똑같은 속도로 흐른다.
③ 시간의 흐름은 멈추게 할 수 없다.
④ 시간은 빌리거나 저축할 수 없다.
⑤ 시간은 사용 방법에 따라 가치가 달라진다.
⑥ 시간은 시절에 따라 밀도와 가치가 다르다.

+ 더 알아보기

시간과 관련된 속담

- 아침잠은 시간의 지출이며, 이렇게 비싼 지출은 달리 없다. (앤드루 카네기)
- 오늘이라는 날은 두 번 다시 오지 않는다는 것을 잊지 말라. (알리기에리 단테)
- 시간을 관리하지 못하는 사람은 아무것도 관리하지 못한다. (피터 드러커)
- 인간은 항상 시간이 모자란다고 불평을 하면서 마치 시간이 무한정 있는 것처럼 행동한다. (세네카)

2 시간관리의 효과

1. 기업 입장에서의 시간관리 효과

① 생산성 향상
② 가격 인상
③ 위험 감소
④ 시장 점유율 증가

2. 개인 입장에서의 시간관리 효과

① 스트레스 감소
효율적인 시간관리를 통하여 일에 대한 부담을 줄이면 스트레스를 줄일 수 있다.

② 균형적인 삶
정해진 업무 시간 내에 일을 마무리할 수 있도록 직장에서의 시간을 효율적으로 활용하여 일을 수행하는 시간을 줄이고 직장 밖에서 다양한 역할을 수행할 시간을 얻을 수 있다.

➕ 더 알아보기

일 중독자의 특징

- 생산성이 가장 낮은 일을 가장 오래 하는 경향이 있다.
- 최우선 업무보다 가시적인 업무에 전력을 다하는 경향이 있다.
- 자신이 할 수 있는 일은 다른 사람에게 맡기지 않는 경향이 있다.
- 위기 상황에 과잉 대처하면서 침소봉대하는 경향이 있다.
- 일하는 데 시간을 좀 더 많이 내려고 고민한다.
- 처음 생각한 것보다 더 많이 일하게 된다.
- 죄책감, 불안, 무기력, 우울증 같은 감정을 없애려고 일한다.
- 다른 사람들이 일을 좀 줄이라고 하지만 별로 신경 쓰지 않는다.
- 일을 못 하게 하면 스트레스를 받는다.
- 일하느라 취미, 여가 활동, 운동은 뒷전이다.
- 일을 너무 많이 해서 건강에 해로운 영향을 미친다.

③ 생산성 향상
시간을 적절히 관리하여 효율적으로 일할 경우 생산성이 크게 향상될 수 있다.

④ 목표 달성
시간을 효율적으로 관리함으로써 목표에 매진할 시간을 준다.

알아두면 도움되는 (구)모듈이론

시간관리 유형

유형	설명
시간 창조형(24시간형 인간)	긍정적이며 에너지가 넘치고 빈틈없는 시간계획을 통해 비전과 목표 및 행동을 실천하는 유형
시간 절약형(16시간형 인간)	8시간의 회사 업무 이외에도 8시간을 효율적으로 활용하고 남은 8시간을 자는 데 사용하는 사람으로, 정신없이 바쁘게 살아가는 유형
시간 소비형(8시간형 인간)	8시간 일하고 16시간을 제대로 활용하지 못하고 빈둥대며 살아가는 사람으로, 시간이 많음에도 불구하고 마음은 쫓겨 바쁜 척하고 허둥대는 유형
시간 파괴형(0시간형 인간)	주어진 시간을 제대로 활용하기는커녕 시간관념 없이 자신의 시간은 물론 남의 시간마저 죽이는 유형

3 시간의 낭비요인

1. 외적 요인

동료, 가족, 세일즈맨, 고객, 문서, 교통 혼잡 등 스스로 조절할 수 없는 외적 요인으로 인한 시간 낭비로, 본인이 스스로 조절할 수 없다는 특징이 있다.

2. 내적 요인

일정 연기, 사회 활동, 계획 부족, 우유부단함 등 자신의 습관으로 인한 시간 낭비로, 분명히 하기도 정복하기도 어렵다는 특징이 있다.

3. 직장에서의 시간 낭비요인

① 목적이 불분명한 여러 가지 일을 우선순위 없이 한번에 처리한다.
② 1일 계획이 불충분하며 하루의 일을 마무리하지 않고 남겨둔다.
③ 게으른 성격으로 책상 위는 항상 번잡하며, 일에 대한 의욕이 부족하고 무관심하다.

각종 서류를 필요에 따라 적재적소에 사용할 수 있도록 배열한 보관법

④ 중요하지 않은 서류정리를 하거나 서류를 숙독하며 일을 느긋하게 처리한다.
⑤ 파일링 시스템이 적절하지 않아 필요한 자료를 찾는 데 상당 시간이 소요된다.
⑥ 호의나 타협에 대한 준비가 충분하지 않으며 극기심이 결여되어 있다.

자기의 감정이나 욕심, 충동 등을 스스로 통제하고자 하는 마음

⑦ 성질이 급하여 종종 초조해하며 소음 등으로 인해 집중력이 흐트러진다.
⑧ 통지할 문서와 메모 회람이 많으며 사담이 많아 회의가 장시간 진행된다.
⑨ 동료들과의 커뮤니케이션이 부족하거나 결여되어 있다.
⑩ 모든 것에 대해 사실을 알고 싶어 하며 장래에 도움 되지 않는 일도 모두 처리한다.
⑪ 권한위양이 잘 되지 않아 자신의 업무를 이어받아 진행할 사람을 기다리게 한다.

자신의 권한을 상대에게 부여하고 그것을 수행할 책임을 넘기는 일

4. 기타 요인

① 시간관리에 대한 오해
- 시간관리는 상식에 불과하다.
- 시간에 쫓기면 일을 더 잘한다.
- 시간관리는 일정과 할 일을 정리해 둔 목록만으로도 충분하다.
- 시간관리는 창의적인 일을 하는 데 적합하지 않다.

② 시간에 대한 잘못된 인식
어떤 일을 할 때 마감 기한에 대한 관념보다는 결과의 질을 더 중요하게 생각하는 경향이 있는데, 어떤 일이든 마감 기한을 넘긴다면 인정받기 힘들다.

완벽하지는 않지만 기한 내에 끝낸 일보다 완벽에 가깝지만 기한을 넘긴 일이 더 인정받기 힘듦

4 효과적인 시간계획

1. 시간계획이란?

시간이라는 자원을 최대한 활용하기 위하여 가장 많이 반복되는 일에 가장 많은 시간을 분배하고, 최단 시간에 최선의 목표를 달성하는 것을 말한다.

2. 효과적인 시간계획의 순서

시간계획을 세우더라도 이를 실천에 옮길 때는 계획과는 다르게 진행될 수 있으므로 이러한 차이를 줄일 수 있는 시간계획을 세우는 것이 중요하다. 이때는 예상하지 못한 상황이 발생할 수 있음을 염두에 두고 시간계획을 세워야 한다.

명확한 목표 설정 ▶ 일의 우선순위 결정 ▶ 예상 소요 시간 결정 ▶ 시간계획서 작성

① 명확한 목표 설정
한정된 시간을 효율적으로 활용하기 위해서는 먼저 분명한 목표가 필요하다. 목표를 명확하게 설정하는 것은 시간관리의 첫걸음이라고 할 수 있다.

+ 더 알아보기

SMART 법칙

SMART 법칙은 목표를 어떻게 설정하고 그 목표를 성공적으로 달성하기 위해 꼭 필요한 필수 요건들을 S.M.A.R.T. 라는 5개의 절차에 따라 제시한 것이다.

구분	내용
S(Specific) **구체적으로**	목표를 구체적으로 작성해야 함 예 나는 올해 말까지 전기산업기사 자격증을 취득할 것이다.
M(Measurable) **측정 가능하도록**	수치화, 객관화하여 측정이 가능한 척도를 세워야 함 예 나는 주말마다 10km 달리기를 통해 1년 안에 10kg을 감량할 것이다.
A(Action-Oriented) **행동지향적으로**	사고 및 생각에 그치는 것이 아닌 행동을 중심으로 목표를 세워야 함 예 환경운동에 관심 갖기 (×) → 환경운동연합회에 참가하여 직접 환경 개선 활동 수행하기 (○)
R(Realistic) **현실성 있게**	실현 가능한 목표를 세워야 함 예 1년 안에 5개 국어 마스터하기 (×) → 1년 안에 5개 국어로 자기소개하기 (○)
T(Time Limited) **시간적 제약이 있게**	목표를 설정함에 있어 제한 시간을 둬야 함 예 오늘 안에, 이번 주까지, 이번 달까지 등

② 일의 우선순위 결정

일의 우선순위를 결정하는 기법은 매우 다양하지만, 일반적으로 일이 가진 중요성과 긴급성을 바탕으로 구분하여 일의 우선순위 판단 매트릭스를 통해 결정한다.

(중요성: 결과와 연관되고, 사명, 가치관, 목표에 기여하는 정도를 의미함)

(긴급성: 즉각적인 처리가 요구되고, 눈앞에 보이며 심리적으로 압박감을 주는 정도를 의미함)

+ 더 알아보기

일의 우선순위 판단 매트릭스

구분	긴급함	긴급하지 않음
중요함	긴급하면서 중요한 일 • 위기상황 • 급박한 문제 • 기간이 정해진 프로젝트	긴급하진 않지만 중요한 일 • 예방 생산능력 활동 • 인간관계 구축 • 새로운 기회 발굴 • 중장기 계획, 오락
중요하지 않음	긴급하지만 중요하지 않은 일 • 잠깐의 급한 질문 • 일부 보고서 및 회의 • 눈앞의 급박한 상황 • 인기 있는 활동	긴급하지 않고 중요하지 않은 일 • 바쁜 일, 하찮은 일 • 우편물, 전화 • 시간 낭비 거리 • 즐거운 활동

③ 예상 소요 시간 결정
우선순위가 결정되었다면 각각 할 일에 예상되는 소요 시간을 결정하는 것이 필요하다. 모든 일마다 자세한 계산을 할 필요는 없지만 규모가 크거나 힘든 일을 할 때는 정확한 소요 시간을 계산하여 결정하는 것이 효과적이다.

④ 시간계획서 작성
앞서 도출된 해야 할 일의 우선순위와 소요 시간을 바탕으로 시간계획서를 작성한다. 시간계획서는 간단한 서식에 직접 작성할 수 있으며, 개인의 성향에 따라 달력, 다이어리, 일정 관리 소프트웨어, 개인 휴대 단말기 등 다양한 도구를 활용하여 계획서를 작성할 수 있다.

3. 시간계획의 기본 원리(60:40의 규칙)

계획된 행동(60%)	계획 외의 행동(20%)	자발적 행동(20%)

|←── 총시간 ──→|

4. 시간계획 시 고려해야 할 사항

① 어디에서 어떻게 시간을 사용하고 있는지 행동과 시간, 시간 저해요인 등을 분석해야 한다.
② 해당 기간에 예정된 행동 모두 리스트화해야 한다.
③ 시간계획을 정기적, 체계적으로 체크하여 일관성 있게 마무리해야 한다.
④ 실현 가능한 현실적인 계획을 수립해야 한다.
⑤ 시간계획은 목표 달성을 위해 필요한 것이므로 유연한 시간계획을 수립해야 한다.
⑥ 발생한 시간 손실은 미루지 말고 가능한 한 즉시 보상해야 한다.
⑦ 체크리스트나 스케줄 표로 계획을 반드시 기록하여 전체 상황을 파악해야 한다.
⑧ 꼭 해야 했던 일을 끝내지 못했을 경우에는 차기 계획에 반영해야 한다.
⑨ 예정된 행동 외에 기대되는 성과나 행동의 목표도 기록해야 한다.
⑩ 적절한 시간 프레임을 설정하고 특정 일을 하는 데 소요되는 시간만을 계획에 포함해야 한다.
⑪ 일의 우선순위를 결정해야 한다.
⑫ 자기의 사무를 분할하여 일부는 부하에게 위임해야 하며 그 수행의 책임은 위임받은 부하에게 있다. (→ 경영조직 원칙 중 하나로, 조직을 탄력 있게 운용, 조직 구성원의 근로의욕 고취 등의 효과가 있음)
⑬ 예상치 못한 방문객 접대 등의 일이 발생하여 시간이 부족할 수 있으므로 여유시간을 확보해야 한다.
⑭ 확보한 여유 시간을 계획에 포함하여 활용해야 한다.
⑮ 중요한 일에 시간을 할애하고, 반대의 경우에서 시간을 단축하여 전체적인 계획을 정리해야 한다.
⑯ 본인 외 비서, 부하, 상사 등 다른 사람의 시간계획을 고려하여 계획을 수립해야 한다.

개념확인문제

01 다음 시간계획(Time Planning)에 대한 정의를 읽고, 빈칸에 들어갈 적절한 말을 쓰시오.

> 시간이라는 자원을 최대한 활용하기 위하여 가장 많이 (㉠)되는 일에 가장 많은 시간을 (㉡)하고, 최단 시간에 최선의 (㉢)을/를 달성하는 것을 의미한다.

㉠ (　　　　) ㉡ (　　　　) ㉢ (　　　　)

02 다음 시간관리의 특성에 대한 설명을 읽고, 맞으면 O, 틀리면 X에 표시하시오.

① 시간은 똑같은 속도로 흐르지 않는다. (O, X)
② 시간의 흐름은 멈추게 할 수 없다. (O, X)
③ 시간은 빌리거나 저축할 수 없다. (O, X)
④ 시간의 가치는 누구에게나 동일하다. (O, X)

03 다음 빈칸에 들어갈 시간관리에 대한 오해를 쓰시오.

시간관리에 대한 오해	시간관리는 상식에 불과하다.
	시간에 쫓기면 일을 더 잘한다.
	시간관리는 할 일에 대한 목록만으로 충분하다.

정답 및 해설

01 ㉠ 반복, ㉡ 분배, ㉢ 목표
02 ① X | 시간은 똑같은 속도로 흐른다.
② O
③ O
④ X | 시간은 가치는 사용 방법에 따라 다르다.
03 시간관리는 창의적인 일을 하는 데 적절하지 않다.

02 예산관리능력

기출 키워드

• 예산관리능력의 개념 • 예산의 구성요소 • 예산수립 과정 및 방법

1 예산관리

1. 예산이란?

사전적으로는 필요한 비용을 미리 헤아려 계산하는 것 또는 그 비용을 의미하며, 넓은 범위에서 민간기업, 공공단체, 기타 조직체뿐만 아니라 개인의 수입·지출에 관한 것도 포함한다.

2. 예산관리능력이란?

이용 가능한 예산을 확인하고 어떻게 사용할 것인지 계획하여 그 계획대로 사용하는 능력으로, 최소 비용으로 최대 효과를 얻기 위해 요구되는 능력을 말한다.

3. 책정 비용과 실제 비용의 균형

활동이나 사업에 소요되는 비용은 무조건 적게 들인다고 좋은 게 아니라 책정 비용과 실제 비용의 차이를 줄여 비슷한 상태가 될 때 가장 이상적이라고 할 수 있다.

개발 책정 비용	>	개발 실제 비용	→	경쟁력 손실
개발 책정 비용	<	개발 실제 비용	→	적자 발생
개발 책정 비용	=	개발 실제 비용	→	이상적 상태

4. 예산관리의 구성

예산관리에는 활동이나 사업에 소요되는 비용 산정, 예산 편성뿐만 아니라 예산을 통제하는 것까지 포함된다.

5. 예산관리능력의 중요성

예산관리능력은 개인의 생활과 경쟁력에 영향을 미칠 수 있으며, 크게는 팀·기업·국가의 경쟁력에 영향을 미치므로 현대 직장인이나 모든 사람에게 필수적으로 요구된다.

+ 더 알아보기

기업 예산관리의 실무

- 기업 예산관리 실무의 총괄
- 예산체계의 수립
- 예산관리 조직
- 예산의 편성
- 예산의 실행 및 수정
- 예산 차이 분석
- 예산의 통제 및 보고

2 예산의 구성요소

1. 직접비용(Direct cost)

제품 생산 또는 서비스 창출을 위해 직접 소비된 것으로 여겨지는 비용을 말한다.

예) 재료비, 원료비와 장비비, 시설비, 여행(출장) 및 잡비, 인건비 등

2. 간접비용(Indirect cost)

제품 생산 또는 서비스 창출을 위해 소비된 비용 중에서 직접비용을 제외한 것으로, 제품 생산에 직접 관련되지 않은 비용을 말한다.

예) 보험료, 건물관리비, 광고비, 통신비, 사무비품비, 각종 공과금 등

3 예산수립 과정 및 방법

1. 예산수립 과정

단계	내용
필요한 과업 및 활동 구명(究明)	업무를 추진하는 과정에서 예산이 필요한 모든 활동을 도출하여 예산을 배정하기 전에 예산 범위 내에서 수행해야 하는 활동과 소요 예산 정리
▼	
우선순위 결정	활동별 예산 지출 규모를 확인하여 우선적으로 추진해야 하는 활동 선정
▼	
예산 배정	우선순위가 높은 활동부터 적절하게 예산을 배정하여 실제 예산 사용

2. 예산수립 방법: 과업세부도

과제 및 활동 계획 수립 시 가장 기본적인 수단으로 활용되는 것으로, 필요한 모든 일을 중요한 범주에 따라 체계화시켜 구분해 놓은 그래프를 말한다. 구체성에 따라 2단계, 3단계, 4단계 등으로 구분할 수 있는 과업세부도를 활용함으로써 얻을 수 있는 장점은 다음과 같다.

① 과제 수행에 필요한 활동이나 과업을 파악할 수 있다.

② 파악된 활동이나 과업을 비용과 연결함으로써 어떤 항목에 얼마만큼의 비용이 필요한지를 정확하게 확인할 수 있어 전체 예산을 정확하게 분배할 수 있다.

+ 더 알아보기

생일파티 과업세부도

과제 수행 시 필요한 활동을 구명하는 데 과업세부도를 활용하는 것이 효과적이다.
과제 및 활동 계획을 수립하기 위해 과업세부도를 활용하는 과정은 다음과 같다.

- 먼저 과제 수행에 필요한 활동을 구명해야 한다. '생일파티'라는 활동의 주제를 바탕으로 필요한 활동을 나열해 보면 '계획', '음식준비', '게임과 오락', '배구 네트 설치' 등이 있다.
- 앞서 나열한 활동들을 과업 수행에서의 상대적인 중요도를 고려하여 우선순위를 결정한다.
  2단계는 계획, 음식 준비, 각종 기구, 세팅, 파티 후 청소와 같은 큰 영역으로 구분하며, 3단계는 이를 좀 더 세분화하여 세팅은 게임과 오락, 청소, 도구로 나누고 4단계에서 게임과 오락은 배구 네트 설치, 수영장 청소로, 청소에서는 집 안 청소, 잔디 깎기, 도구는 테이블과 의자 설치, 텐트 설치로 나눌 수 있다.

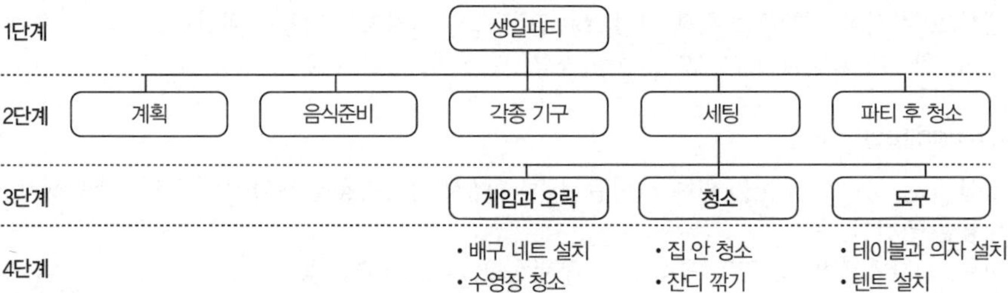

- 필요한 과업 및 활동이 구명되면, 다음으로 활동에 대한 예산을 배정하여 과업세부도와 예산을 매치시킨다. 이를 통해 어떤 항목에 얼마만큼의 비용이 소요되는지를 정확하게 파악할 수 있으며, 전체 예산을 활동별로 정확하게 분배할 수 있다.
  과업세부도와 예산은 다음과 같이 매치할 수 있다.

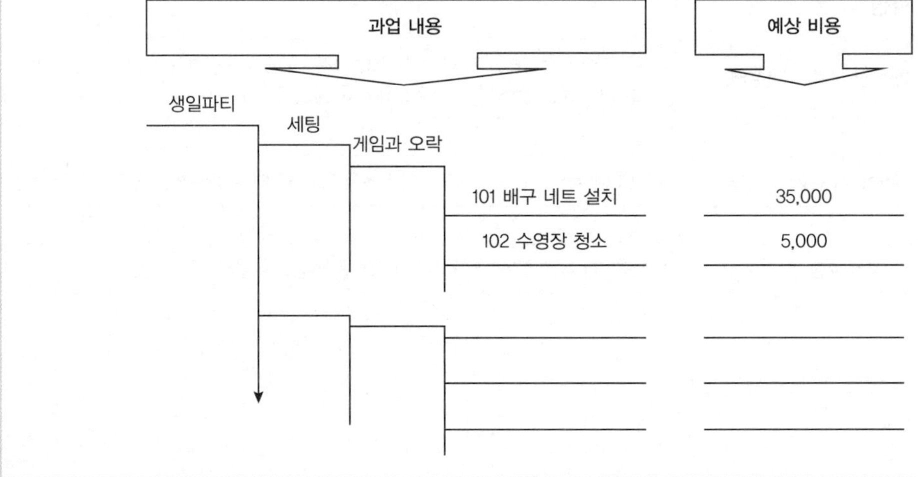

4 예산집행 관리

1. 예산집행 관리 방법

① 업무적 차원: 직장에서 과제나 프로젝트 수행 시 예산집행 실적을 워크시트로 작성하여 예산관리
② 개인적 차원: 수기(手記)나 컴퓨터 또는 스마트 기기의 애플리케이션을 이용하여 가계부 작성

+ 더 알아보기

가계부 작성 시 고려사항

- 하루도 거르지 않고, 단돈 10원이라도 정확하게 작성하도록 한다.
- 지출하기 전에 먼저 예정 지출액을 계산하여 실제 지출된 금액과 비교·검토하도록 한다.
- 예정 지출액과 실제 지출액의 차액을 파악하여 차후 예산 설정에 참고하도록 한다.
- 후회되는 지출 항목은 실수를 반복하지 않도록 눈에 잘 띄게 표시해두도록 한다.

2. 예산집행 시 주의사항

예산 계획에 차질이 없도록 집행하기 위해서는 예산집행 내역과 계획을 지속적으로 비교·검토하는 것이 중요하다.

개념확인문제

01 **다음 ㉠~㉢을 예산수립의 각 단계에 따라 순서대로 바르게 나열하시오.**

㉠ 예산 배정	㉡ 우선순위 결정	㉢ 필요한 과업 및 활동 구명

(　　　　) → (　　　　) → (　　　　)

02 **다음 예산의 항목 파악을 위한 효과적인 방법을 읽고, 빈칸에 들어갈 적절한 말을 쓰시오.**

> (　　　　)은/는 과제 및 활동의 계획을 수립하는 데 있어서 가장 기본적인 수단으로 활용되는 그래프로, 필요한 모든 일을 중요한 범주에 따라 체계화시켜 구분해 놓은 그래프를 말한다.

03 **다음 제시된 항목을 직접비용과 간접비용에 따라 바르게 분류하시오.**

㉠ 재료비	㉡ 인건비	㉢ 보험료
㉣ 통신비	㉤ 시설비	㉥ 건물관리비

• 직접비용 – (　　　　　　　　)　　• 간접비용 – (　　　　　　　　)

정답 및 해설

01 ㉢ → ㉡ → ㉠
02 과업세부도
03 직접비용 – ㉠, ㉡, ㉤, 간접비용 – ㉢, ㉣, ㉥

03 물적자원관리능력

기출 키워드

• 물적자원 활용의 방해요인
• 물적자원관리 방법

1 물적자원

1. 물적자원이란?

인간의 약한 신체적 특성을 보완하기 위해서 활용하는 자원으로, 세상에 존재하는 모든 물체가 이에 포함된다.

2. 물적자원의 종류

① 자연자원: 석유, 석탄, 나무 등 자연 상태 그대로의 자원
② 인공자원: 시설, 장비 등 인간이 인위적으로 가공하여 만든 자원

3. 물적자원관리의 중요성

물적자원을 효과적으로 관리할 경우 과제 및 사업의 성공과 더불어 경쟁력 향상을 도모할 수 있으나, 물적자원 관리가 부족할 경우 과제 및 사업의 실패뿐만 아니라 경제적 손실도 가져올 수 있으므로 필요한 물적자원을 확보하고 적절히 관리하는 것은 매우 중요하다.

2 물적자원 활용의 방해요인

1. 물적자원의 보관 장소를 파악하지 못하는 경우

물적자원이 필요한 상황에 즉시 공급하기 어려워지고, 이에 따라 시간이 지체될 경우 물적자원의 사용으로 인한 효과를 거둘 수 없게 되므로 물적자원을 보관하고 있는 위치를 정확하게 파악하는 게 중요하다.

2. 물적자원이 훼손된 경우

물적자원의 사용 기간은 한정되어 있기 때문에 물적자원이 고장 나거나 훼손되어 경제적 손실이 발생하지 않도록 직질히 관리해야 한다.

3. 물적자원을 분실한 경우

물적자원을 분실하여 다시 해당 물품을 구입해야 하는 일이 발생하지 않도록 적절히 관리해야 한다.

4. 분명한 목적 없이 물건을 구입한 경우

분명한 목적 없이 구입한 물품은 관리에 소홀하게 되고, 필요 시 보관 장소 파악이 어려워 적재적소에서 활용하기 쉽지 않다.

3 물적자원관리 과정

단계	내용
사용 물품과 보관 물품의 구분	• 반복 작업 방지 • 물품 활용의 편리성
▼	
동일 및 유사 물품으로의 분류	• 동일성의 원칙 • 유사성의 원칙
▼	
물품 특성에 맞는 보관 장소 선정	• 물품의 형상 • 물품의 소재

1. 사용 물품과 보관 물품의 구분

물품을 정리하고 보관하고자 할 때, 해당 물품을 앞으로도 계속 사용할지 그렇지 않을지 구분한다.

2. 동일 및 유사 물품으로의 분류

동일 및 유사 물품으로의 분류는 보관의 원칙 중 동일성의 원칙(같은 품종은 같은 장소에 보관한다는 원칙)과 유사성의 원칙(유사품은 인접한 장소에 보관한다는 원칙)에 따른 것이다.

3. 물품 특성에 맞는 보관 장소 선정

① 개별 물품의 특성을 고려하여 보관 장소를 선정하는 것이 중요하다.
② 예를 들어 종이류와 유리, 플라스틱 등은 그 재질의 차이로 인해 보관 장소의 차이를 두는 것이 적당하다.
③ 물품의 무게와 부피에 따라서도 차이를 두어야 한다.
④ 회전 대응 보관의 원칙은 입·출하의 빈도가 높은 품목을 출입구 가까운 곳에 보관하는 것으로, 물품의 활용 빈도가 상대적으로 높은 것은 가져다 쓰기 쉬운 위치에 먼저 보관하는 것을 의미한다.

4 물적자원관리 방법

1. 바코드와 QR 코드

바코드는 자신의 물품을 기호화하여 관리하는 방식으로, 정보를 한 방향으로 배열한 1차원 바코드와 더욱 다양한 정보를 입력할 수 있도록 가로, 세로 방향으로 배열한 2차원 바코드가 있으며, 2차원 바코드 중 대표적인 것이 QR 코드이다.

구분	내용
바코드	• 문자나 숫자를 굵기가 다른 검은 막대와 하얀 막대로 조합하여 코드화한 것 • 자동 판독이 가능한 광학식 마크판독장치 사용으로 컴퓨터가 판독하기 쉽고, 데이터를 빠르게 입력할 수 있음 • 세계상품코드(UPC)를 따르는 상품의 종류를 나타내거나 슈퍼마켓 등에서 매출정보를 관리하는 데 사용됨
QR 코드	• 흑백 격자무늬 패턴으로 정보를 나타내는 매트릭스 형식의 2차원 바코드 • 기존 바코드가 용량 제한에 따라 가격과 상품명 등 한정된 정보만을 담는 것에 비해 다양한 정보를 담을 수 있는 넉넉한 용량이 강점임 • 최근 유통업계가 QR 코드 도입에 앞장서고 있는 것은 스마트폰 보급이 확산됨에 따라 훌륭한 마케팅 도구로 활용할 수 있기 때문임

2. 물품출납 및 운영카드

① 물품의 상태를 지속적으로 확인함으로써 물품을 효과적으로 관리할 수 있으며, 보유 중인 물품의 종류 및 양을 파악하여 물품활용이 용이하다.
② 분실의 위험을 줄일 수 있다.
③ 물품출납 및 운용카드는 지속적으로 확인하고 작성해야 하므로 필요한 업무가 많아진다.

3. 물품관리 프로그램

① 물품관리를 쉽게 체계적으로 수행할 수 있도록 각종 물품관리 프로그램이 개발되고 있다.
② 물품관리 프로그램은 개인보다 주로 기업이나 조직 차원에서 활용하는 경우가 많으며 큰 조직에서 다량의 물품을 효율적으로 관리할 수 있다.

알아두면 도움되는 (구)모듈이론

전자태그(RFID) 물품관리 시스템

RFID 물품관리 시스템은 물품에 RFID 태그를 부착하여 취득, 보관, 사용, 처분까지 물품의 수명 기간 동안 실시간, 무선으로 물품을 추적 관리하는 시스템이다. RFID 물품관리 시스템 구축으로 물품의 취득, 이동, 불용처리 업무의 확인 및 정보처리 과정에서 약 63~87%의 생산성이 향상될 것으로 기대되고 있으며, 특히 물품 이동 상황이 자동 통보되어 물품의 분실과 도난 예방에 효율적이다.

개념확인문제

01 다음은 물적자원을 적시에 활용할 수 없게 만드는 요인을 크게 3가지로 분류한 것이다. 빈칸에 들어갈 적절한 말을 쓰시오.

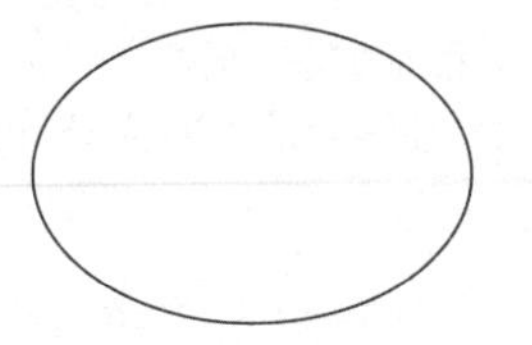

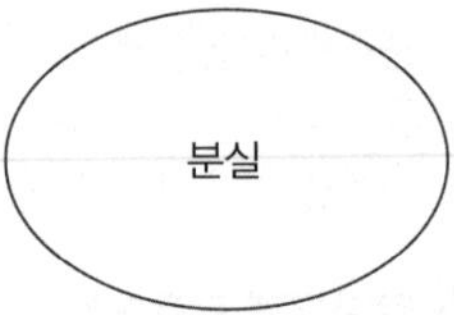

02 다음 글의 빈칸에 들어갈 적절한 말을 쓰시오.

( )은/는 흑백 격자무늬 패턴으로 정보를 나타내는 매트릭스 형식의 바코드로, 용량이 비교적 넉넉한 덕분에 다양한 정보를 담을 수 있다는 장점이 있다.

03 다음 ㉠~㉢을 물적자원관리의 과정에 따라 순서대로 바르게 나열하시오.

㉠ 물품 특성에 맞는 보관 장소 선정
㉡ 동일 및 유사 물품으로의 분류
㉢ 사용 물품과 보관 물품의 구분

( ) → ( ) → ( )

정답 및 해설

01 보관 장소의 파악 문제
02 QR 코드
03 ㉢ → ㉡ → ㉠

04 인적자원관리능력

기출 키워드

• 조직 차원에서의 인적자원 특성 • 인력배치의 원칙

1 인적자원과 인적자원관리

1. 인적자원이란?

산업이 발달하면서 생산 현장이 첨단화, 자동화되었더라도 물적자원, 예산 등의 생산 요소를 효율적으로 결합하여 가치를 창조하는 일은 인간이 하므로 기업 경영을 위해서는 구성원의 자발적인 협력이 필요하다.

2. 인적자원관리란?

기업의 목적 달성을 위해 필요한 인적자원을 조달, 확보, 유지, 개발하여 경영 조직 내에서 구성원들이 능력을 최대한 발휘하도록 하며, 사용자와 근로자 간의 협력 체계가 이루어지도록 하여 경영목적을 효율적으로 달성할 수 있도록 관리하는 것을 말한다.

3. 효율적인 인적자원관리의 원칙

① **적재적소 배치의 원칙**: 해당 직무 수행에 가장 적합한 인재를 배치해야 한다.
② **공정 보상의 원칙**: 근로자의 인권을 존중하고 공헌도에 따라 노동의 대가를 공정하게 지급해야 한다.
③ **공정 인사의 원칙**: 직무 배당, 승진, 상벌, 근무 성적의 평가, 임금 등을 공정하게 처리해야 한다.
④ **종업원 안정의 원칙**: 직장에서 신분이 보장되고 계속해서 근무할 수 있다는 믿음을 갖게 하여 근로자가 안정된 회사 생활을 할 수 있도록 해야 한다.
⑤ **창의력 계발의 원칙**: 근로자가 창의력을 발휘할 수 있도록 새로운 제안, 건의 등의 기회를 마련하고, 적절한 보상을 하여 인센티브를 제공해야 한다.
⑥ **단결의 원칙**: 직장 내에서 구성원들이 소외감을 느끼지 않도록 배려하고, 서로 유대감을 가지고 협동, 단결하는 체제를 이루도록 해야 한다.

4. 개인 차원의 인적자원관리(인맥관리)

① 사전적 의미의 인맥은 정계, 재계, 학계 따위에서 형성된 사람들의 유대 관계를 뜻하지만, 넓은 의미로는 모든 개인에게 적용되는 개념으로 가족, 친구, 직장 동료, 선후배, 동호회 등 자신이 알고 있거나 관계를 형성하고 있는 사람들을 포함한다.

② 인맥은 핵심인맥과 파생인맥으로 분류할 수 있다.
- 핵심인맥: 자신과 직접적인 관계에 있는 사람들
- 파생인맥: 핵심인맥으로부터 알게 된 사람, 우연히 알게 된 사람 등

2 인적자원관리의 중요성

1. 조직 차원

① 기업체의 경우 인적자원관리는 조직 성과에 큰 영향을 미치며, 이는 인적자원의 특성에서 비롯된다.

② 인적자원의 특성

능동성	인적자원으로부터의 성과는 인적자원의 욕구와 동기, 태도와 행동, 만족감 여하에 따라 결정되고, 인적자원의 행동 동기와 만족감은 경영관리에 의해 조건화됨
개발 가능성	인적자원은 자연적인 성장과 성숙은 물론, 잠재능력과 자질을 보유하고 있음
전략적 자원	조직의 성과는 인간이 인적자원과 물적자원을 얼마나 효과적이고 능률적으로 활용하는지에 달려있으므로 다른 어떤 자원보다도 전략적 중요성이 강조됨

2. 개인 차원

① 개인이 인맥을 활용할 경우 이를 통해 각종 정보의 소스를 획득하고, 참신한 아이디어와 해결책을 도출하며, 유사시 필요한 도움을 받을 수 있다.

② 관계를 통해 스스로를 알게 되는 계기가 되며 삶이 탄력적으로 변한다.

③ 일과 관련하여 인맥은 취업, 승진, 창업, 고객 확보 차원에서 도움을 주는 결정적 역할을 한다.

취업	• 인맥을 통해 채용 정보 획득 • 인턴 근무를 통해 알게 된 인맥을 통해 취업
승진	• 원만한 인간관계에서 오는 인맥을 통해 승진 기회 확대 • 승진의 경우 인맥은 성공의 네트워크
창업	• 인맥을 통해 창업 아이템, 장소 등의 정보 획득 • 창업의 경우 인맥은 핵심 조력자의 역할
고객 확보	• 인맥을 통해 충실한 고객 확보 및 사업 확대 • 고객 확보의 경우 인맥은 사업 발전의 원동력

3 인맥관리 방법

1. 명함관리

① 받은 명함은 적극적인 의사소통을 통해 인맥관리에 활용하도록 한다.

② 명함관리 프로그램을 활용하여 명함관리를 효과적으로 할 수 있다.

③ 상대에게 받은 명함에 상대의 개인 신상이나 특징 등 자신이 참고할 수 있는 정보를 메모하여 활용하도록 한다.

상대의 개인 신상이나 특징	• 언제, 어디서, 무슨 일로 만났는지 구체적으로 작성 • 소개자의 이름 • 학력이나 경력 • 상대의 업무 내용이나 취미, 기타 독특한 점 • 전근, 전직 등의 변동사항 • 가족사항 • 거주지와 기타 연락처 • 대화를 나누고 나서의 느낀 점이나 상대의 성향

2. 인맥관리카드

① 이름, 관계, 직장 및 부서, 학력, 출신지, 연락처, 친한 정도 등을 포함하여 자신의 주변 인맥을 관리한다.
② 핵심인맥과 파생인맥을 구분하여 작성하도록 하며, 파생인맥카드에는 어떤 관계에 의해 파생되었는지 기록해야 한다.
③ 분서나 컴퓨터를 통해 관리함으로써 자신의 주위에 어떤 사람들이 있는지 파악하기 용이해 도움이 필요할 때 적합한 인맥을 수월하게 찾을 수 있다.

3. 소셜네트워크(SNS)

① 현대사회는 정보통신기술 발달로 인해 사람, 정보, 사물 등을 네트워크로 촘촘하게 연결한 초연결사회이다.
② 초연결사회에서는 사람을 직접 대면하지 않고 시·공간을 초월하여 네트워크상에서 인맥을 형성하고 관리한다.

4 팀원관리 방법

1. 인력배치의 원칙

① 적재적소주의
팀의 효율성을 높이기 위해 팀원의 능력이나 성격 등에 적합한 위치에 배치하여 팀원 개개인의 능력을 최대로 발휘할 수 있도록 한다는 원칙이다.

② 능력주의
개인의 능력을 발휘할 수 있는 기회와 장소를 부여하여 그로 인한 성과를 바르게 평가하고, 평가된 능력과 실적에 상응하는 보상을 제공하는 원칙이다.

③ 균형주의
팀 전체의 능력 향상, 의식 개혁, 사기 증진을 도모하기 위해 모든 팀원에 대해 평등한 적재적소를 고려한다는 원칙이다.

2. 인력배치의 유형

인력배치는 양적·질적·적성 배치를 적절히 조화하여 운영하는 것이 가장 효율적이다.

① 양적 배치
부문의 작업량과 조업도의 여유 또는 부족 인원을 고려하여 소요 인원을 배치하는 것이다.

② 질적 배치(적재적소의 배치)
팀원의 능력이나 성격 등과 가장 적합한 위치에 배치하는 것이다.

③ 적성 배치
팀원의 적성 및 흥미에 따라 배치하는 것이다.

3. 과업세부도

팀원들에게 할당된 일을 적절히 관리하기 위해서는 과업세부도를 활용하는 것이 효과적이다.

개념확인문제

01 다음 인적자원관리의 원칙과 그에 대한 설명을 바르게 연결하시오.

① 공정 인사의 원칙 •	• ㉠ 근로자의 인권을 존중하고 공헌도에 따라 노동의 대가를 공정하게 지급해야 한다.
② 공정 보상의 원칙 •	• ㉡ 해당 직무 수행에 가장 적합한 인재를 배치해야 한다.
③ 적재적소 배치의 원칙 •	• ㉢ 직무 배당, 승진, 상벌, 근무 성적의 평가, 임금 등을 공정하게 처리해야 한다.

02 다음 인력배치의 원칙을 읽고, 빈칸에 들어갈 적절한 말을 쓰시오.

① (　　　　)은/는 팀의 효율성을 높이기 위해 팀원의 능력이나 성격 등과 가장 적합한 위치에 배치하여 팀원 개개인의 능력을 최대로 발휘할 수 있도록 한다는 원칙을 의미한다.

② (　　　　)은/는 개인의 능력을 발휘할 수 있는 기회와 장소를 부여하여 그로 인한 성과를 바르게 평가하고, 평가된 능력과 실적에 상응하는 보상을 제공하는 원칙을 의미한다.

③ (　　　　)은/는 팀 전체의 능력 향상, 의식 개혁, 사기 증진을 도모하기 위해 모든 팀원에 대해 평등한 적재적소를 고려한다는 원칙을 의미한다.

03 다음 기업적 차원의 인적자원 특성과 그에 대한 설명을 바르게 연결하시오.

① 능동성 •	• ㉠ 인적자원은 자연적인 성장과 성숙은 물론, 잠재능력과 자질을 보유하고 있다는 의미
② 개발 가능성 •	• ㉡ 인적자원으로부터의 성과는 인적자원의 욕구와 동기, 태도와 행동, 만족감 여하에 따라 결정되고, 인적자원의 행동 동기와 만족감은 경영관리에 의해 조건화된다는 의미
③ 전략적 자원 •	• ㉢ 조직의 성과는 인간이 인적자원과 물적자원을 얼마나 효과적이고 능률적으로 활용하는지에 달려있으므로 다른 어떤 자원보다도 전략적 중요성이 강조된다는 의미

정답 및 해설

01 ① - ㉢, ② - ㉠, ③ - ㉡
02 ① 적재적소주의, ② 능력주의, ③ 균형주의
03 ① - ㉡, ② - ㉠, ③ - ㉢

기출공략문제

하위능력: 자원관리능력 **난이도**: ★☆☆ **대표출제기업**: 서울교통공사

01 **다음 중 확보된 자원을 업무와 활동의 우선순위를 고려하여 실제 필요한 업무에 할당하기 위해 계획을 수립하는 활동이 해당하는 자원관리의 과정으로 가장 적절한 것은?**

① 필요한 자원의 종류와 양 확인하기

② 이용 가능한 자원 수집하기

③ 자원 활용 계획 세우기

④ 계획대로 수행하기

⑤ 확보한 자원 활용하기

기출 포인트 해설 | 자원관리 과정

자원관리 과정 중 자원 활용 계획 세우기 단계에서는 확보된 자원을 실제 업무나 활동의 우선순위를 고려하여 업무에 할당하는 과정이 이어진다.

이것도 알면 합격

- **자원관리 과정**
  자원을 적절하게 관리하기 위한 과정은 '1단계: 필요한 자원의 종류와 양 확인하기 → 2단계: 이용 가능한 자원 수집하기 → 3단계: 자원 활용 계획 세우기 → 4단계: 계획대로 수행하기' 순으로 이어진다.
- **자원관리 과정의 세부 내용**
  - **필요한 자원의 종류와 양 확인하기**: 실제 업무에 필요한 자원은 무엇이며, 얼마만큼 필요한지 파악하는 단계로, 여기서는 자원의 종류를 구체적으로 나누어 업무수행 활동별로 적합한 자원을 활용하는 능력이 필요하다.
  - **이용 가능한 자원 수집하기**: 필요한 자원의 종류와 양을 확인하고 난 후 실제 상황에서 해당 자원을 확보해야 하며, 이 때는 필요한 자원의 양보다 여유 있게 확보하는 것이 중요하다.
  - **자원 활용 계획 세우기**: 확보된 자원을 실제 필요한 업무에 할당할 계획을 세우는 단계로, 최종적인 목표를 이루는 데 가장 핵심이 되는 것에 우선순위를 두고 계획을 세울 필요가 있으며, 만약 확보한 자원이 실제 업무를 추진하는 데 부족하다면 우선순위가 높은 것을 중점적으로 계획하는 것이 중요하다.
  - **계획대로 수행하기**: 업무를 추진하는 단계로, 최대한 계획대로 업무를 추진하는 것이 바람직하며, 불가피하게 계획을 수정해야 할 경우에는 전체 계획에 미칠 수 있는 영향을 고려해야 한다.

정답 ③

하위능력: 시간관리능력 **난이도**: ★☆☆ **대표출제기업**: 서울교통공사

02 **다음 중 직장에서의 시간 낭비의 요인으로 가장 적절하지 않은 것은?**

① 우선순위 없이 업무를 처리한다.

② 일을 마무리하지 않고 남겨둔다.

③ 여러 업무를 동시에 수행한다.

④ 의욕 없이 업무를 한다.

⑤ 책상이나 컴퓨터에 있는 자료를 제때 정리한다.

기출 포인트 해설 시간 낭비요인

책상, 서류, 컴퓨터 파일 등이 정리되어 있지 않은 상태는 직장에서의 시간 낭비요인에 해당하므로 책상이나 컴퓨터에 있는 자료를 제때 정리하는 행동은 시간 낭비요인으로 볼 수 없다.

이것도 알면 합격

직장에서의 시간 낭비요인

- 목적이 불분명한 여러 가지 일을 우선순위 없이 한 번에 처리한다.
- 1일 계획이 불충분하며 하루의 일을 마무리하지 않고 남겨둔다.
- 게으른 성격으로 책상 위는 항상 번잡하며, 일에 대한 의욕이 부족하고 무관심하다.
- 중요하지 않은 서류정리를 하거나 서류를 숙독하며 일을 느긋하게 처리한다.
- 파일링 시스템이 적절하지 않아 필요한 자료를 찾는 데 상당 시간이 소요된다.
- 호의나 타협에 대한 준비가 충분하지 않으며 극기심이 결여되어 있다.
- 성질이 급하여 종종 초조해하며 소음 등으로 인해 집중력이 흐트러진다.
- 통지할 문서와 메모 회람이 많으며 사담이 많아 회의가 장시간 진행된다.
- 동료들과의 커뮤니케이션이 부족하거나 결여되어 있다.
- 모든 것에 대해 사실을 알고 싶어 하며 장래에 도움 되지 않는 일도 모두 처리한다.
- 권한위양이 잘 되지 않아 자신의 업무를 이어받아 진행할 사람을 기다리게 한다.

정답 ⑤

하위능력: 시간관리능력 **난이도**: ★☆☆ **대표출제기업**: 서울교통공사

03 **다음은 효과적인 업무수행을 위한 시간계획의 원칙에 대한 설명이다. 다음 중 시간계획 수립 시, 가장 먼저 해야 할 일로 가장 적절한 것은?**

> 시간계획이란 시간자원을 최대한 활용하기 위해 가장 자주 반복되는 일에 가장 많은 시간을 분배하고, 최단 시간에 최선의 목표에 도달하는 것을 의미한다. 이러한 시간계획을 위한 기본 원리는 60:40의 Rule이다. 이 원칙은 총 가용 시간의 60%를 계획하고, 나머지 40% 중 20%는 예측하지 못한 사태 및 일의 중단 요인, 나머지 20%는 개인의 창의적 계발 시간으로 남겨 둔다는 것이다.

① 시간계획서 작성하기
② 일의 우선순위 정하기
③ 예상 소요 시간 결정하기
④ 명확한 목표 설정하기
⑤ 업무 프로세스 점검하기

기출 포인트 해설 | **시간계획 수립**

시간계획 수립 시 한정된 시간을 효율적으로 활용하기 위해서는 먼저 분명하고 명확한 목표를 설정하는 것이 시간관리의 첫 걸음이다.

✔ 이것도 알면 합격

시간계획

- **의미**: 시간이라고 하는 자원을 최대한 활용하기 위하여 가장 많이 반복되는 일에 가장 많은 시간을 분배하고, 최단 시간에 최선의 목표 달성을 의미하는 것으로, 자기의 시간을 효율적으로 계획하면 할수록 일이나 개인적 측면에서 자기의 이상을 달성할 수 있는 시간을 창출할 수 있다.
- **목적**: ① 스트레스 관리, ② 균형적인 삶, ③ 생산성 향상, ④ 목표 성취
- **시간계획 순서**
  명확한 목표 설정하기 → 일의 우선순위 정하기 → 예상 소요 시간 결정하기 → 시간계획서 작성하기

정답 ④

하위능력: 예산관리능력 **난이도**: ★☆☆ **대표출제기업**: 서울교통공사

04 다음은 예산의 구성요소에 대한 설명이다. 제시된 글을 읽고 ㉠, ㉡에 들어갈 알맞은 용어를 순서대로 바르게 연결한 것은?

> 예산 구성요소는 크게 (㉠)비용과 (㉡)비용으로 구분된다. (㉠)비용은 제품이나 서비스를 창출하는 데 드는 재료비, 원료비 및 장비비, 시설비, 인건비 등의 비용을 의미한다. 반면에 (㉡)비용은 앞에서 설명한 것을 제외한 모든 비용을 의미하는 것으로, 보험료, 건물관리비, 광고비, 통신비, 사무비품비, 각종 공과금 등을 포함하는 비용을 의미한다.

	㉠	㉡
①	창출	투자
②	직접	간접
③	생산	소비
④	실제	책정
⑤	표준	기회

기출 포인트 해설 예산의 구성요소

예산의 구성요소는 일반적으로 생산에 직접적으로 관련되어 있는 비용인 직접비용과 생산에 직접적으로 관련되지 않은 간접비용으로 구분된다.

이것도 알면 합격

예산의 구성요소

- 직접비용
  - **재료비**: 과제의 수행을 위해 구매된 재료에 지출된 비용임
  - **원료비와 장비비**: 과제 수행 과정에서 소모된 원료나 과제를 수행하기 위해 필요한 장비에 지출된 비용임(실제 구매된 비용이나 임대한 비용이 모두 포함)
  - **시설비**: 과제 수행을 위해 건설되거나 구매된 경우에만 시설 비용으로 간주함
  - **여행(출장)비 및 잡비**: 과제 수행을 위해 출장이나 타지역으로의 이동이 필요한 경우와 기타 과제 수행상에서 발생하는 다양한 비용을 포함함
  - **인건비**: 과제를 위해 활동이나 과업을 수행하는 사람들에게 지급되는 비용(계약에 의해 고용된 외부 인력에 대한 비용도 포함)으로, 일반적으로 인건비는 과제 비용 중에서 가장 비중이 높은 항목임
- 간접비용
  - 간접비용의 경우 과제에 따라 매우 다양하며, 과제가 수행되는 상황에 따라서도 다양하게 나타날 수 있음
  - 간접비용을 정확하게 예측하지 못해 어려움을 겪는 사람들이 많음

정답 ②

하위능력: 예산관리능력 **난이도**: ★☆☆ **대표출제기업**: 서울교통공사

05 다음 중 예산관리 방법에 대한 설명으로 가장 적절하지 않은 것은?

① 예산을 배정할 경우 과제 및 활동을 우선순위에 따라 규명한다.

② 과업세부도는 필요한 모든 일을 중요 범주에 따라 체계화한 것이다.

③ 우선순위는 규명한 과제 및 활동 중 부수적인 활동 위주로 순서를 정한다.

④ 예산의 범위 내에서 실행 가능한 과제와 활동을 선정한다.

⑤ 과업세부도는 과제 및 활동의 총 계획을 수립하는 기본 수단으로 활용된다.

기출 포인트 해설 | 예산관리 방법

예산의 범위 내에서 필요한 활동을 구명하고 구명된 활동의 우선순위 선정 시 활동의 상대적인 중요도를 고려하여 핵심적인 활동 위주로 예산을 편성해야 하므로 부수적인 활동 위주로 순서를 정하는 것은 가장 적절하지 않다.

✔ 이것도 알면 합격

예산관리 방법

- 과제 및 활동의 계획을 수립하는 과업세부도를 통해 필요한 모든 활동을 중요 범주에 따라 체계화시켜 구분한다.
- 구체성에 따라 단계별로 구분된 업무들의 우선순위를 정한다. 단, 우선순위는 핵심적인 활동에서 부수적인 활동 순으로 작성한다.
- 활동에 대한 예산 배정 시 과업세부도와 예산을 배치시키는 게 효과적이다. 단, 활동을 수행하다 보면 예상하지 못한 비용이 발생할 수 있으므로 이러한 경우를 대비할 수 있는 항목을 마련해 두는 게 좋다.

정답 ③

하위능력: 물적자원관리능력 난이도: ★☆☆ 대표출제기업: 한전KPS

06 다음 중 물적자원을 낭비한 행동으로 가장 적절하지 않은 것은?

① 유행에 민감한 김 대리는 노트북을 바꾼 지 1년도 안 돼 최신 유행 노트북을 새로 구입하였다.
② 편리함을 추구하는 선우 차장은 매번 세척을 하지 않아도 되는 일회용 빨대를 애용한다.
③ 물건을 자주 잃어버리는 현 팀장은 이번에도 잃어버린 계산기를 찾지 못해 다시 구매하였다.
④ 유 사원은 물건 관리를 제대로 하지 못하는 탓에 소유한 대부분의 물건이 어딘가 조금씩 망가져 있다.
⑤ 사무실 내 비품 구매 담당인 표 사원은 비품 구입이 항상 늦어 직원들의 원성을 사고 있다.

기출 포인트 해설 물적자원 낭비요인

물적자원 낭비요인에는 유행 따라잡기, 일회용품 사용하기, 물품의 재구입, 물품의 부실한 관리 등이 있으며, 오늘 할 일을 다음으로 미루어 담당 업무의 지연을 가져오는 행동은 시간 낭비요인에 해당한다.

이것도 알면 합격

- **자원 낭비요인**
  - **시간 낭비요인**: 늦잠 자기, 무계획, 오늘 할 일을 다음으로 미루기
  - **예산 낭비요인**: 무계획적인 지출, 불필요한 물건의 구입, 돈이면 다 된다는 잘못된 생각
  - **물적자원 낭비요인**: 유행 따라 하기, 일회용품 사용하기, 물품의 재구입, 물품의 부실한 관리
  - **인적자원 낭비요인**: 주변 사람과의 소원함, 자신의 주변 사람에 대한 미파악
- **자원 낭비요인들의 공통점**
  - 계획적으로 행동하지 않음
  - 자원에 대한 인식 부족
  - 무조건 편한 방향으로 행동함

정답 ⑤

하위능력: 인적자원관리능력 **난이도**: ★☆☆ **대표출제기업**: 한국조폐공사

07 **○○공사에서는 인사이동을 진행하기 위해 팀장 회의를 열어 인력배치의 원칙에 대해 공유하였다. 다음 A~C 팀장의 말에 나타난 인력배치의 원칙을 순서대로 바르게 나열한 것은?**

> A **팀장**: 저는 이번 인사이동으로 저희 팀원들에게 능력을 발휘할 기회와 장소를 부여하고, 성과에 상응하는 보상을 내렸으면 좋겠어요.
> B **팀장**: 팀원 개개인도 중요하지만 팀 전체의 적재적소도 함께 고려해야죠. 팀 전체의 능력을 향상하기 위해서는 팀 전체와 팀원 개인이 균형을 이루어야 해요.
> C **팀장**: 팀의 효율성을 높이려면 팀원 개개인이 가지고 있는 능력이나 성격 등 여러 조건을 바탕으로 가장 적합한 위치에 배치하여 능력을 최대한 발휘할 수 있도록 하는 것이 중요해요.

① 적재적소주의 – 능력주의 – 균형주의
② 적재적소주의 – 균형주의 – 능력주의
③ 능력주의 – 적재적소주의 – 균형주의
④ 능력주의 – 균형주의 – 적재적소주의
⑤ 균형주의 – 적재적소주의 – 능력주의

기출 포인트 해설 **인력배치의 원칙**

A 팀장: 팀원 개인의 능력을 발휘할 기회와 장소를 부여하고 성과에 상응하는 보상을 주는 원칙은 '능력주의'이다.
B 팀장: 팀 전체의 적재적소를 고려하며 팀 전체의 능력을 향상하기 위해 전체와 개체가 균형을 이루어야 하는 원칙은 '균형주의'이다.
C 팀장: 개인이 가지고 있는 능력이나 성격 등의 여러 조건을 고려하여 가장 적합한 위치에 배치함으로써 개인의 능력을 최대한 발휘할 수 있도록 하는 원칙은 '적재적소주의'이다.
따라서 A~C 팀장의 말에 나타난 인력배치의 원칙을 순서대로 바르게 나열하면 '능력주의 – 균형주의 – 적재적소주의'가 된다.

정답 ④

하위능력: 물적자원관리능력 **난이도**: ★★☆ **대표출제기업**: 서울교통공사

08 귀하는 ○○기업 구매팀에 근무하고 있다. 다음에 제시된 [부품 선택 우선순위]를 고려하여 세 개의 부품을 구매한다고 할 때, 귀하가 구매할 부품들로 가장 적절한 것은?

[부품 리스트]

부품	금액(부품 1개당)	필요 수량	작업 소요 시간(부품 1개당)
A	200,000원	2	4분
B	120,000원	5	2분
C	100,000원	4	2분
D	300,000원	2	3분
E	100,000원	6	1분
F	100,000원	5	3분

[부품 선택 우선순위]

1순위. 선택된 세 개의 부품을 이용한 작업 총 소요 시간이 가장 짧아야 한다.
2순위. 선택된 세 개의 부품 구매 금액의 총합이 가장 적어야 한다.
3순위. 선택된 세 개의 부품 필요 수량의 총합이 가장 적어야 한다.

① A, C, D ② A, C, E ③ A, D, E ④ C, D, E ⑤ D, E, F

기출 포인트 해설 물적자원관리, 합리적인 선택

부품별 필요 수량에 따른 총금액 및 작업 총 소요 시간은 다음과 같다.

부품	총금액	필요 수량	작업 총 소요 시간
A	400,000원	2	8분
B	600,000원	5	10분
C	400,000원	4	8분
D	600,000원	2	6분
E	600,000원	6	6분
F	500,000원	5	15분

1순위 조건을 고려하여 작업 총 소요 시간이 적은 순으로 세 개의 부품을 선택하면 'A, D, E'와 'C, D, E'의 조합을 선택할 수 있다. 이 두 가지의 부품 조합으로 2순위 조건을 고려하여 구매 금액의 총합을 계산하면, 'A, D, E' 조합이 400,000원 + 600,000원 + 600,000원 = 1,600,000원, 'C, D, E' 조합이 400,000원 + 600,000원 + 600,000원 = 1,600,000원으로 동일함을 알 수 있다.
마지막으로 3순위 조건을 고려하여 총 필요 수량을 계산하면 'A, D, E' 조합은 2 + 2 + 6 = 10(개)이며, 'C, D, E' 조합은 4 + 2 + 6 = 12(개)이므로 선택된 세 개의 부품 필요 수량의 총합이 더 적은 'A, D, E' 조합을 구매하는 것이 가장 적절하다.

정답 ③

하위능력: 자원관리능력 **난이도**: ★★☆ **대표출제기업**: 한국전력거래소

09 다음은 지점 간 이동 수단과 이동 수단별 비용 및 시간을 나타낸 자료이다. A 지점에서 F 지점으로 최소 비용으로 이동할 때의 이동 경로를 순서대로 나열한 것은?

[지점 간 이동 수단]

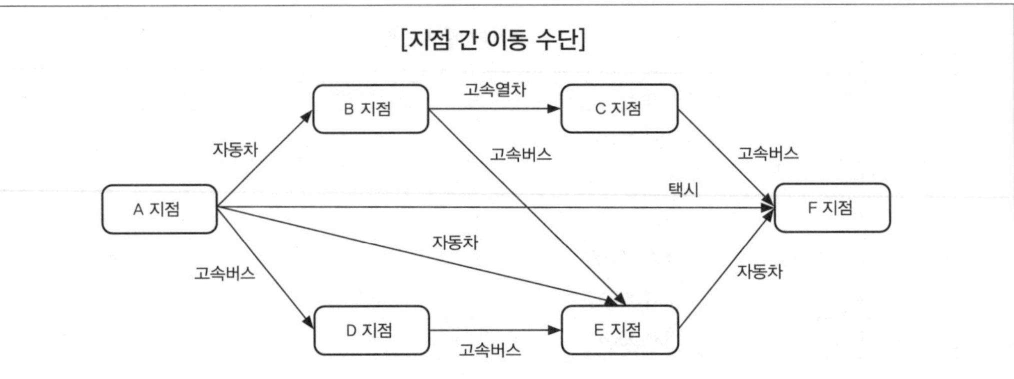

[교통수단별 이동 비용 및 이동 시간]

구분	택시	자동차	고속열차	고속버스
이동 비용	500원	100원	150원	70원
이동 시간	65분	150분	60분	100분

※ 1) 이동 비용은 분당 비용이며, 이동 시간은 편도 시간을 나타냄
2) 거리와 관계없이 교통수단별 목적지 간 이동 시간은 모두 동일하게 적용됨

① A 지점 – F 지점
② A 지점 – E 지점 – F 지점
③ A 지점 – B 지점 – C 지점 – F 지점
④ A 지점 – B 지점 – E 지점 – F 지점
⑤ A 지점 – D 지점 – E 지점 – F 지점

기출 포인트 해설 최소 비용을 위한 경로 선택

각 교통수단별 편도로 이동 시 드는 비용은 다음과 같다.

구분	택시	자동차	고속열차	고속버스
이동 비용	32,500원	15,000원	9,000원	7,000원

이에 따른 선택지별 이동에 드는 총비용은 다음과 같다.

① 택시	32,500원
② 자동차 → 자동차	15,000원 + 15,000원 = 30,000원
③ 자동차 → 고속열차 → 고속버스	15,000원 + 9,000원 + 7,000원 = 31,000원
④ 자동차 → 고속버스 → 자동차	15,000원 + 7,000원 + 15,000원 = 37,000원
⑤ 고속버스 → 고속버스 → 자동차	7,000원 + 7,000원 + 15,000원 = 29,000원

따라서 A 지점에서 F 지점을 최소 비용으로 이동할 때의 경로는 'A 지점 – D 지점 – E 지점 – F 지점'이다.

정답 ⑤

하위능력: 인적자원관리능력 **난이도**: ★☆☆ **대표출제기업**: 서울교통공사

10 **다음 중 개인 차원에서의 인맥 관리에 대한 설명으로 가장 적절하지 않은 것은?**

① 인맥과의 관계를 통해 나 스스로를 알게 되는 계기가 되며, 나의 삶을 탄력적으로 바꿀 수 있다.
② 인맥 관리로 충실한 고객을 확보할 수 있음과 동시에 사업 발전의 원동력으로 활용할 수 있다.
③ 개인 차원의 인맥은 주로 정계, 재계, 학계 따위에서 형성된 사람들의 유대 관계로 한정된다.
④ 인맥을 통해 채용 정보를 얻거나 인턴 근무를 통해 알게 된 인맥이 취업에 영향을 미치기도 한다.
⑤ 핵심 인맥과 파생 인맥을 활용함으로써 승진 기회를 확대하고 개인 성공의 네트워크로 활용할 수 있다.

기출 포인트 해설 인맥관리

인맥의 사전적 정의는 정계, 재계, 학계 따위에서 형성된 사람들의 유대 관계를 의미하지만, 개인적 차원의 인맥은 사전상 의미에 국한하지 않고 모든 개인에게 적용하여 자신이 알고 있거나 관계를 형성하고 있는 사람들, 대개 가족이나 친구, 직장동료, 선후배, 동호회 등 다양한 사람들을 포함하므로 가장 적절하지 않다.

정답 ③

출제예상문제

• 시작과 종료 시각을 정한 후, 실제 시험처럼 문제를 풀어보세요.
　　　시　　　분 ~　　　시　　　분 (총 20문항/20분)

01 **다음 설명과 관련 있는 자원의 종류를 순서대로 바르게 나열한 것은?**

• 여름철 과도한 냉방으로 에어컨의 연료가 무분별하게 낭비되고 있다.
• 이 사원은 집에서 회사까지 출근하는 시간 동안 틈틈이 자격증 공부를 한다.
• 팀장님은 직원들의 사기를 높이기 위해 칭찬과 격려를 아끼지 않는다.

① 물적자원 – 시간 – 인적자원
② 물적자원 – 예산 – 인적자원
③ 예산 – 물적자원 – 시간
④ 예산 – 시간 – 인적자원
⑤ 시간 – 예산 – 물적자원

02 **IT 회사의 인사팀에서 근무하고 있는 귀하는 상사로부터 얼마 전 입사한 유 사원 업무수행능력에 대해 평가하여 보고하라는 지시를 받았다. 귀하가 작성한 평가 내용 중 시간관리능력에 대한 평가 내용이 다음과 같을 때, 유 사원이 해당하는 시간관리 유형으로 가장 적절한 것은?**

[유 사원의 시간관리능력 평가]

유 사원은 매사 긍정적이며 에너지가 넘치는 활기찬 사람이다. 회사 특성상 야근이 많아 피곤할 수도 있지만, 유 사원의 긍정적인 사고방식과 특유의 밝은 에너지 덕분에 본인의 업무수행능력 향상뿐만 아니라 팀원들의 업무수행에도 상당한 영향력을 미치고 있다. 유 사원의 빈틈없는 시간관리능력도 유 사원이 가진 장점 중 하나이다. 정확한 시간 계산을 통해 수립한 계획에는 유 사원의 비전과 목표가 담겨 있으며, 자신이 세운 계획에 맞춰 실천한다. 현재 새로운 프로젝트 시행으로 업무 진행에 주어지는 시간이 빠듯함에도 유 사원은 자신만의 빈틈없는 시간계획으로 성실하게 실행에 옮기고 있어 앞으로 업무능력이 꾸준히 향상될 것으로 기대된다.

① 시간 파괴형 인간　② 시간 절약형 인간　③ 시간 소비형 인간
④ 시간 창조형 인간　⑤ 시간 활용형 인간

03 ○○기업은 사원들을 대상으로 향후 목표 전략 수립에 대한 교육을 진행하였다. 교육 후 사원들끼리 교육 내용에 대해 각자가 이해한 바를 바탕으로 대화를 나누었다고 할 때, 다음 중 교육 내용을 제대로 이해하지 못한 사원으로 가장 적절한 것은?

SMART 법칙은 목표를 어떻게 설정해야 하는지, 설정한 목표를 성공적으로 달성하기 위해 어떤 요건들이 필요한지에 대한 내용을 다섯 가지 요소 각각의 머리글자인 S.M.A.R.T.를 따서 만든 법칙이며, 5가지 요소들을 살펴보면 다음과 같습니다.

구분	내용
Specific	목표는 최대한 구체적으로 작성해야 한다.
Measurable	목표는 수치화, 객관화시켜서 측정이 가능한 척도를 세워야 한다.
Action-Oriented	목표는 생각이 아닌 행동을 중심으로 세워야 한다.
Realistic	목표는 실현 가능한 것으로 세워야 한다.
Time Limited	목표를 설정할 때에는 제한 시간을 두어야 한다.

① 임 대리: 작년 한 해는 감기로 고생했던 기억이 있어서 올해는 꾸준히 운동하자는 계획을 세워두었는데, 교육 후 매일 아침 30분씩 걷는 것으로 목표를 수정하였습니다.

② 금 부장: 매사 배려 깊은 사원이 되기 위해 항상 직원들의 입장에서 생각하는 사람이 되자는 목표가 있었는데, 교육 후 매일 직원들과 잠깐의 휴식 시간을 가지며 대화를 나누자는 계획을 세웠습니다.

③ 고 사원: 매달 사원 평가에서 꾸준한 평가 점수를 유지하자는 목표가 있었는데, 교육 후 매 업무수행 시 최고의 실적을 올려 매달 1등을 하기로 수정하였습니다.

④ 백 과장: 대학 전공의 영향으로 공학 연구 분야의 책만 읽는 탓에 다양한 분야의 책을 읽자는 목표가 있었는데, 교육 후 앞으로 1년 동안 예술 분야의 책 10권, 경제 분야의 책 10권을 읽기로 목표를 수정하였습니다.

⑤ 신 사원: 속기사 자격증을 취득하자는 막연한 계획이 있었는데, 교육 후 6개월 안에 자격증 취득하기를 목표로 세웠습니다.

04 **다음 중 월급의 효율적인 관리를 위한 가계부 활용 방법으로 가장 적절하지 않은 것은?**

① 매일의 지출 내역을 하루도 빠짐없이 작성해두어야 한다.
② 후회되는 지출 항목은 실수를 반복하지 않도록 눈에 잘 띄는 곳에 표시해 두어야 한다.
③ 지출 전 수립하였던 예정 지출액과 실제 지출액의 비교는 차후 예산수립에 도움이 되지 않는다.
④ 아주 적은 금액을 사용했더라도 10원 단위까지 꼼꼼히 기록해두어야 한다.
⑤ 지출하기 전에 예정된 지출 목록 및 예산을 설정해두어야 한다.

05 **다음의 비용 항목 중 직접비용에 해당하는 항목은 모두 몇 개인가?**

㉠ 재료비	㉡ 시설비	㉢ 건물관리비
㉣ 통신비	㉤ 출장 교통비	㉥ 보험료

① 2개　② 3개　③ 4개　④ 5개　⑤ 6개

06 **기업의 예산관리는 예산 편성과 집행뿐만 아니라 예산 목표에 대한 타당성을 검증하고 적정성 여부를 판단하는 데에도 중요한 역할을 한다. 다음 중 예산수립의 타당성을 검증하기 위해 예산과 실적 간의 차이를 분석할 때의 행위로 가장 적절하지 않은 것은?**

① 예산과 실적 간의 차이는 보통 여러 가지 복합적인 이유가 결합되어 나타나므로 한 가지의 원인을 특정할 수 있는 경우는 드물다는 것을 인지한다.
② 예산수립의 타당성은 연초, 연말 점검을 통해 예산을 분석한 후 발견된 문제점은 한 번에 해결한다.
③ 예산과 실적 간에 발생한 차이에 관한 원인 규명과 개선 조치는 정확하게 시행한다.
④ 예산과 실적 간의 차이를 분석할 때는 의사 결정자가 필요로 하는 정보를 시기적절하게 제공한다.
⑤ 예산과 실적 간의 차이를 분석함으로써 얻게 될 기대 효익과 발생 원인을 규명하는 데 소요되는 기대 비용의 정도를 비교한다.

07 **귀하는 ○○시 창업지원센터에서 주관하는 창업 강의에서 적정한 가격 책정과 관련한 내용을 설명하고 있다. 강의에서 설명과 함께 제시된 자료가 아래와 같을 때, 다음 중 (가)~(다)에 들어갈 상황을 바르게 연결한 것은?**

> **귀하**: 앞서 설명한 바와 같이 제품 개발 및 생산에 지불할 수 있는 비용은 한정적이므로 제한된 비용을 얼마나 효율적으로 활용할 수 있느냐가 창업 성공의 핵심입니다. 즉, 적은 비용으로 최대의 효과를 보는 것이 중요하다고 할 수 있죠. 하지만 여기서 명심해야 할 점은 무작정 적은 비용으로만 제품을 생산했다고 해서 성공 여부를 가늠할 수 없다는 것입니다. 또한, 책정 비용과 실제 비용을 정확하게 파악하여 두 비용 사이의 간격을 적절하게 고려했을 때, 비로소 경쟁 제품 대비 가격 경쟁력을 높였다고 할 수 있습니다. 그러나 만약 책정 비용과 실제 비용 사이에 차이가 발생한다면 이는 회사에 이익을 가져올 수도, 손해를 가져올 수도 있습니다. 다음 자료를 함께 보실까요?

개발 책정 비용	>	개발 실제 비용	→	(가)
개발 책정 비용	<	개발 실제 비용	→	(나)
개발 책정 비용	=	개발 실제 비용	→	(다)

	(가)	(나)	(다)
①	경쟁력 손실	적자 발생	이상적 상태
②	적자 발생	경쟁력 손실	이상적 상태
③	적자 발생	이상적 상태	경쟁력 손실
④	이상적 상태	경쟁력 손실	적자 발생
⑤	이상적 상태	적자 발생	경쟁력 손실

08 ○○기업 R 팀장은 최근 자원 낭비 풍조 확산의 사례로 주목받고 있는 패스트 패션에 대해 분석하고 분석 결과를 토대로 기업 경영에 참고하고자 한다. 이를 위해 먼저 R 팀장이 패스트 패션의 문제점에 대해 분석했다고 할 때, 다음 중 패스트 패션의 문제점으로 가장 적절하지 않은 것은?

① 빠른 폐기처분

② 환경오염 문제 제기

③ 의류 품질 저하

④ 의류 쓰레기 양산

⑤ 대량생산으로 인한 원가 하락

09 물류회사에 입사한 지 한 달 차인 A는 상사로부터 물적자원의 관리에 대한 피드백을 받았다. 다음 중 상사의 피드백으로 적절한 것을 모두 고르면?

> ㉠ "지난번처럼 사용하고 남은 물품을 함부로 버려 중요 물품을 분실했던 일이 반복되지 않도록 물품 관리 매뉴얼을 준수해 주세요."
> ㉡ "물품 구입 예산은 한정적이므로 물품은 사용 목적이 분명할 때에만 구입해 주세요."
> ㉢ "물품은 오래 보관하면 할수록 가치가 올라간다는 사실을 염두에 두고 장기간 보관하여 기업의 자산 증가에 보탬이 될 수 있도록 해주세요."
> ㉣ "즉시 사용해야 하는 물품이 아니라면 물품의 보관 장소를 모두 확인할 필요는 없어요. 자주 사용하는 물품의 위치만 제대로 확인하여 업무의 효율성을 높일 수 있도록 해주세요."
> ㉤ "높은 곳에 보관되어 있던 물품을 꺼내 사용한 후 자리에 돌려놓을 때는 가급적 손이 닿기 쉬운 위치로 옮겨 주세요."

① ㉠, ㉡ ② ㉠, ㉣ ③ ㉠, ㉡, ㉢ ④ ㉡, ㉢, ㉤ ⑤ ㉢, ㉣, ㉤

10 **다음 중 ○○기업의 인사관리 방법과 관련 있는 인사관리 원칙은?**

> ○○기업은 매달 업무와 관련해 자신의 의견을 제시하는 발표회를 진행하고 있다. 이 발표회에서는 회사의 발전 방향이나 새로운 아이템 등에 대해 자유롭게 제안할 수 있는데, 직책 또는 직무와 관계없이 직원이라면 누구나 발표자가 되어 자신의 의견을 제시할 수 있다. 특히 다른 직원들로부터 우수한 성적을 받은 발표자에게는 100만 원의 인센티브를 제공하고, 제안 사항이 실제 사업으로 이어지거나 성과를 낼 경우 2,000만 원의 인센티브를 제공해 직원들의 참여 열의가 매우 높다.

① 적재적소 배치의 원칙
② 공정 보상의 원칙
③ 공정 인사의 원칙
④ 창의력 계발의 원칙
⑤ 단결의 원칙

11 **다음 중 인적자원에 대한 설명으로 적절한 것을 모두 고르면?**

> ㉠ 기업의 목표를 달성하기 위한 조직의 구성원을 말하는 것으로, 기업 경영은 조직 구성원들의 역량과 직무 수행에 기초하여 이루어지기 때문에 인적자원의 선발, 배치, 활용이 중요하다.
> ㉡ 산업환경이 발달함에 따라 생산환경이 첨단화, 자동화되기 때문에 인적자원의 활용도는 점차 낮아질 것이다.
> ㉢ 역량 있는 인적자원을 보유했는지의 여부가 기업의 경쟁력을 가늠할 수 있는 지표가 된다.

① ㉠　② ㉢　③ ㉠, ㉢　④ ㉡, ㉢　⑤ ㉠, ㉡, ㉢

[12-13] 다음 자료를 보고 각 물음에 답하시오.

[제품별 예상 매출액]

(단위: 억 원)

		B 사		
		L 제품	M 제품	N 제품
A 사	L 제품	(4, 4)	(5, 2)	(−2, 8)
	M 제품	(3, −1)	(11, −6)	(−9, 10)
	N 제품	(13, 6)	(−5, 11)	(18, −6)

※ 괄호 안에 숫자는 A 사와 B 사가 각 제품을 홍보했을 때 얻을 수 있는 월 수익을 나타냄

예 A 사가 M 제품을 홍보하고, B 사가 M 제품을 홍보했을 때, A 사는 11억 원의 수익을 얻고 B 사는 6억 원의 손해를 본다.

[A 사의 주력 제품 결정]

월	1월	2월	3월
주력 제품	M 제품	L 제품	N 제품

12 다음 중 A 사와 B 사의 매출액 합계가 가장 큰 제품의 연결은?

① A 사 − L 제품, B 사 − M 제품
② A 사 − M 제품, B 사 − N 제품
③ A 사 − M 제품, B 사 − L 제품
④ A 사 − N 제품, B 사 − L 제품
⑤ A 사 − N 제품, B 사 − N 제품

13 A 사의 주력 제품 결정 계획을 참고하여 B사의 제품 홍보 담당자가 보일 반응으로 가장 적절한 것은?

① 1월에 매출을 극대화하기 위해서는 L 제품을 주력 상품으로 내세워야겠어.
② 1월에 매출을 극대화하기 위해서는 M 제품을 주력 상품으로 내세워야겠어.
③ 2월에 매출을 극대화하기 위해서는 M 제품을 주력 상품으로 내세워야겠어.
④ 2월에 매출을 극대화하기 위해서는 N 제품을 주력 상품으로 내세워야겠어.
⑤ 3월에 매출을 극대화하기 위해서는 N 제품을 주력 상품으로 내세워야겠어.

14 다음은 ○○기업 인사팀 월간 업무 일정표이다. 이미 확정된 업무 일정과 〈조건〉을 고려하여 D 대리가 진행하는 신입사원 교육 일정을 결정한다고 할 때, 신입사원 교육을 진행할 일정으로 가장 적절한 것은?

[인사팀 월간 업무 일정표]

일	월	화	수	목	금	토
			1	2	3	4
			D 대리 휴무			
5	6	7	8	9	10	11
		B 차장 외부 교육 수강			프로젝트 출범 회의 (오후 2시)	
12	13	14	15	16	17	18
	C 과장 휴무		D 대리 출장 (오후 2시)			
19	20	21	22	23	24	25
		사내 체육대회		E, F 사원 출장	이사회	
26	27	28	29	30	31	
	C 과장 사내 교육 진행 (E, F, G 사원 참석)	G 사원 휴무		주간 회의 (오후 12시)		

〈조건〉

- 인사팀은 A 부장, B 차장, C 과장, D 대리, E 사원, F 사원, G 사원으로 총 7명으로 구성되어 있다.
- 인사팀은 상시 처리를 위해 정규 업무 시간에는 최소 4명 이상이 사무실에서 근무해야 하고, 그중 3명은 대리급 이상이어야 한다.
- 신입사원 교육은 평일에 2박 3일 일정으로 진행되며, ★★시에 있는 연수원에서 진행된다.
- 신입사원 교육은 오전 9시부터 오후 5시까지 진행되며 마지막 날은 오후 1시에 교육이 종료된다.
- 인사팀은 자체적으로 팀 회의 및 사내 행사에 팀원 모두 빠짐없이 참석한다는 규칙을 운영하고 있다.

① 2~4일 ② 7~9일 ③ 13~15일 ④ 22~24일 ⑤ 28~30일

PART 1 제5장 자원관리능력 해커스공기업 NCS 모듈형 통합 기본서 이론+실전모의고사

15 ○○공사에서 근무하는 귀하는 하수관로 정비 공사를 진행할 용역 업체를 선정하려고 한다. 귀하가 다음 입찰 공고문을 바탕으로 낙찰 업체를 선정하려고 할 때, 귀하가 선정할 최종 낙찰 업체로 가장 적절한 것은?

[20XX년도 하수관로 정비 공사 입찰 공고]

1. 입찰 일정 및 방법
- 입찰 참가 등록 일정: 20XX. 08. 31(월)~20XX. 09. 24(금) 24:00까지
- 최종 낙찰 업체 발표: 20XX. 10. 6(수)
- 입찰 방법: ○○장터(www.oo.go.kr) 사이트 내 안전 입찰 서비스에 전자 입찰서 등록

2. 입찰 예정 금액
- 5,000만 원(부가세 포함)

3. 낙찰 업체 선정 방법
- 입찰 예정 금액 이하로 전자 입찰서를 제출한 업체의 입찰서를 평가하여 최고 득점 업체를 낙찰 업체로 선정함
- 평가 기준: 서류(60%), 입찰 금액(20%), 실적(20%)을 토대로 가중치를 적용함

붙임 1. 입찰 참가 신청서
2. 전자 안전 입찰 서비스 이용 안내문

[입찰 참여 업체별 평가 점수]

구분	서류 점수	입찰 금액 점수	실적 점수
A 업체	70점	80점	70점
B 업체	80점	70점	60점
C 업체	90점	100점	50점
D 업체	70점	70점	100점
E 업체	80점	90점	80점

① A 업체 ② B 업체 ③ C 업체 ④ D 업체 ⑤ E 업체

16 최 과장은 뉴욕에서 열릴 행사에 참석하기 위해 뉴욕행 항공편을 예약하려고 한다. 행사는 현지 시각 기준 6월 10일 오전 10시에 열리며, 행사 2시간 전에는 행사장에 도착해야 할 때, 최 과장이 예약할 항공편을 고르면?

[항공편 안내]

항공편	출발지	도착지	출발 일시	소요 시간
JR0023	인천(ICN)	뉴욕(JFK)	6월 10일 05:00	17시간
ZO1295	인천(ICN)	뉴욕(JFK)	6월 10일 06:30	16시간
KU0009	인천(ICN)	뉴욕(JFK)	6월 10일 05:40	15시간 10분
EB5306	인천(ICN)	뉴욕(JFK)	6월 10일 05:50	15시간 30분
TK0598	인천(ICN)	뉴욕(JFK)	6월 10일 05:00	16시간 30분

※ 1) 서울: GMT+9, 뉴욕: GMT−5
2) 출발 일시는 서울 현지 시각을 기준으로 함
3) 뉴욕 공항에서 행사장까지는 1시간이 소요됨

① JR0023 ② ZO1295 ③ KU0009 ④ EB5306 ⑤ TK0598

17 다음 ㉠~㉤ 중 이 사원이 가장 먼저 완료해야 하는 업무로 가장 적절한 것은?

이 사원은 20일밖에 남지 않은 신사업 프로젝트 출범식을 앞두고 당일 행사장에서 발표할 ㉠ 프레젠테이션 자료를 작성하느라 정신이 없다. 이 와중에 거래처 직원이 이 사원에게 전화를 걸어 일주일 뒤까지 ㉡ 물품 재고율 자료를 팩스로 전달해 달라고 하여 관련 내용을 메모하자마자 팀장님이 호출하여 갔더니 ㉢ 지난 프로젝트의 실적 개선 방안에 대한 보고서를 5일 후에 진행될 회의 전까지 작성하라는 요청을 받았다. 업무가 자꾸 늘어 곤란해하던 차에 이 사원은 문득 내일까지 ㉣ 자사 고객 리스트 및 제품 관련 불만사항을 정리하여 고객관리팀에 전달해야 한다는 사실을 깨달았다. ㉤ 친구에게 자사 신제품도 우편으로 보내주기로 약속하였는데, 친구와의 약속을 언제 지킬 수 있을지 걱정이다.

① ㉠ ② ㉡ ③ ㉢ ④ ㉣ ⑤ ㉤

18 P 기업은 ○○시로부터 공공근로사업에 신청한 근로자 중 5명을 배정받아 고용하였다. 다음 공공근로자 임금 지급 조건을 토대로 판단할 때, P 기업이 소속 공공근로자의 임금에서 부담해야 하는 금액은 총 얼마인가?

[공공근로자 임금 지급 조건]

- 만 65세 미만 공공근로자: 43,000원/일
- 만 65세 이상 공공근로자: 30,000원/일
- 교통비 및 부대비: 5,000원/일

※ 단, 공공근로자 1인당 지급받는 임금 중 20%는 정부가 부담함

[P 기업 소속 공공근로자 정보]

이름	만 나이	근로일수
김○○	63세	20일
이○○	65세	12일
박○○	67세	10일
최○○	59세	15일

① 145만 원 ② 149만 원 ③ 159만 원 ④ 196만 원 ⑤ 245만 원

19 화장품 회사에 근무하는 K 대리는 업무 특성상 외근이 많은 편이다. K 대리의 외근 내역이 다음과 같을 때, K 대리가 회사로부터 지원받을 외근비는 총 얼마인가? (단, 외근비에는 톨게이트 비용도 포함되며, 모든 비용은 왕복으로 계산한다.)

[K 대리 외근 내역]

외근 일자	외근 장소	이동 거리(편도)	톨게이트 비용(편도)
5월 2일	성남 공장	22km	10,000원
5월 3일	일산 공장	38km	12,000원
5월 22일	하남 연구소	12km	4,000원
5월 26일	인천 연구소	18km	6,000원

※ 유류비는 km당 1,600원을 지원함

① 333,000원 ② 341,000원 ③ 344,000원 ④ 351,000원 ⑤ 352,000원

20 H 사 홍보팀의 김 사원은 회사에서 추진 중인 브랜드 론칭을 앞두고 새로운 로고를 만들기 위해 로고 제작 업체를 선정하려고 한다. 다음에 제시된 [로고 제작 업체 정보]와 팀장의 지시 사항을 고려해 로고 제작을 의뢰할 업체를 선정할 때, 김 사원이 로고 제작을 의뢰할 업체는?

[로고 제작 업체 정보]

구분	의뢰 비용	제작 기간	수정 횟수	제공 파일
A 업체	100,000원	7일	3회	jpg 파일
B 업체	120,000원	7일	1회	일러스트 ai 파일, jpg 파일
C 업체	110,000원	12일	2회	jpg, png 파일
D 업체	100,000원	5일	4회	일러스트 ai 파일, jpg 파일
E 업체	130,000원	6일	2회	png, psd 파일

팀장: 김 사원, 이번에 론칭할 브랜드에 우리 회사의 사활이 걸려 있는 만큼 로고 제작도 매우 신중하게 이루어져야 합니다. 일단 로고 제작 의뢰를 한 후 시안 제작까지 최대 10일을 넘기지 않아야 하고, 예산은 120,000원으로 책정되어 있으므로 이 점 유념해 주세요. 특히, 수정 횟수가 많으면 처음 의도와 달라지는 경우가 많아 수정 횟수는 크게 중요하지 않을 것 같지만, 혹시 모르니 3번까지는 수정 가능한 업체로 선정해 주세요. 아! 로고는 완성 이후에 여러 방면에서 활용되어야 한다는 점을 고려하여 jpg 파일과 더불어 일러스트 ai 파일도 받을 수 있도록 해주세요.

① A 업체 ② B 업체 ③ C 업체 ④ D 업체 ⑤ E 업체

약점 보완 해설집 p.18

제6장 대인관계능력

대인관계능력 개념정리

01 팀워크능력

02 리더십능력

03 갈등관리능력

04 협상능력

05 고객서비스능력

기출공략문제

출제예상문제

미리 보는 대인관계능력,

기출 개념 마인드맵

대인관계능력은 직장생활에서 협조적인 관계를 유지하고 조직 구성원들에게 도움을 줄 수 있으며, 조직 내·외부의 갈등을 원만히 해결하고 고객의 요구를 충족시켜줄 수 있는 능력으로, 직업인으로서 필요한 팀워크능력, 리더십능력, 갈등관리능력, 협상능력, 고객서비스능력 등으로 구분됩니다. 다음은 대인관계능력에서 주로 출제되었던 기출 키워드를 정리한 마인드맵입니다. 학습 전에는 대인관계능력의 큰 흐름을 먼저 파악하는 용도로, 학습 후에는 대인관계능력의 기출 포인트를 짚어보며 내용을 정리해 보는 용도로 활용해 보시기 바랍니다.

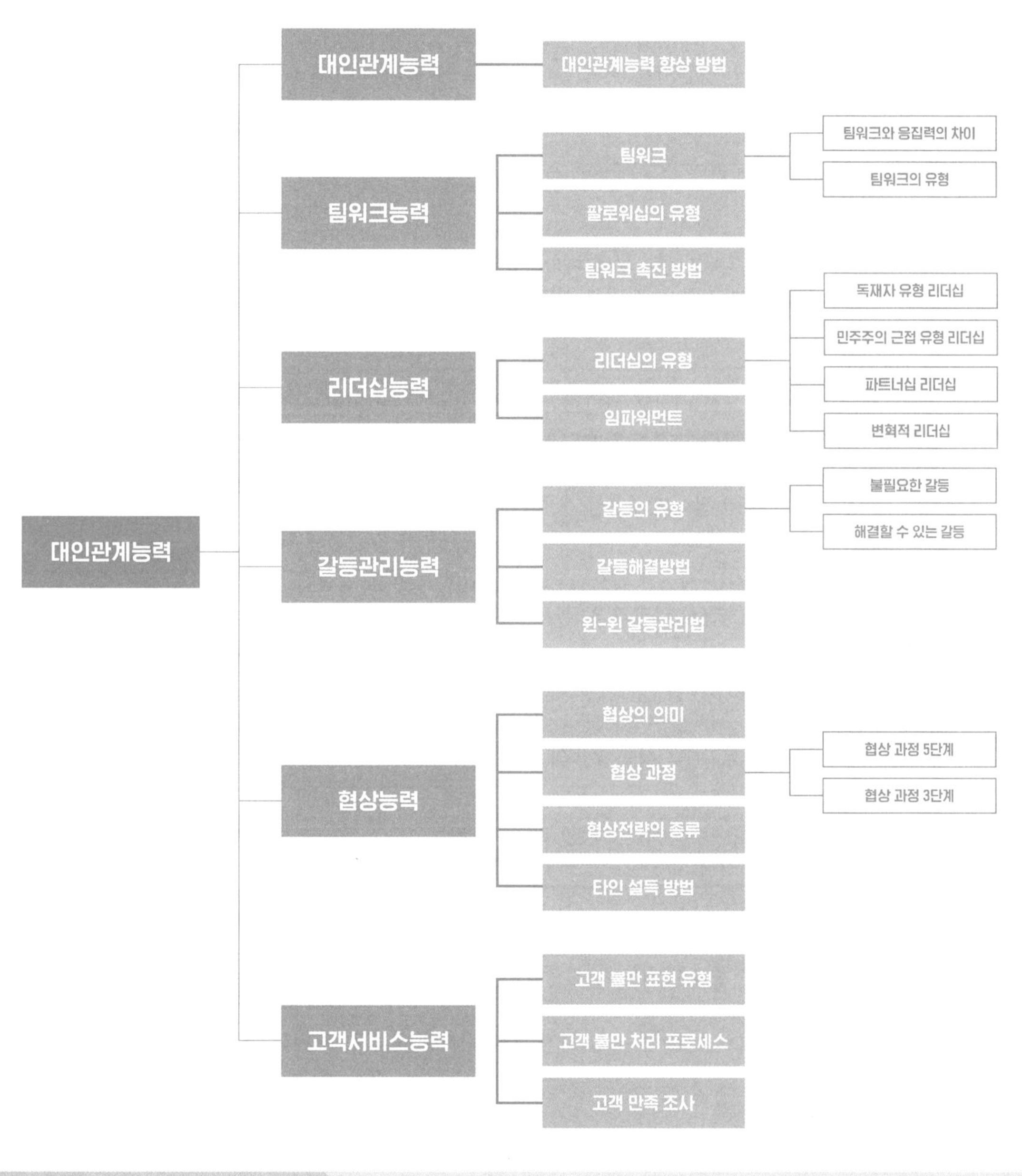

대인관계능력 개념정리

기출 키워드

- 대인관계능력의 의미
- 대인관계능력 향상 방법

1 대인관계능력

1. 대인관계능력이란?

직업생활에서 협조적인 관계를 유지하고 조직 구성원들에게 도움을 줄 수 있으며, 조직 내·외부의 갈등을 원만하게 해결하고 상대방의 요구를 충족시켜줄 수 있는 능력을 말한다.

2. 대인관계능력 향상 방법

사람들은 같은 행동이더라도 누가 했느냐에 따라 그 행동에 대한 원인을 다르게 판단하는 귀인편향을 가지고 있다. 따라서 평소 감정은행계좌를 통해 서로 신뢰를 구축한다면 회사 생활을 할 때 불필요한 오해와 편견을 예방할 수 있다.

(감정은행계좌: 인간관계에서 구축하는 신뢰의 정도를 은유적으로 표현한 것)

① 상대방에 대한 이해와 배려

- 대인관계는 이해와 양보의 미덕을 기반으로 이루어지며, 이러한 심성은 주변 사람들을 편안하게 해주고 조직을 부드럽게 하는 윤활유 같은 역할을 한다.
- 감정은행계좌에 저축하기 위해서는 나보다 상대방의 입장을 먼저 이해하고 배려하는 노력이 있어야 하며, 나의 작은 희생과 양보가 쌓이면 나중에 큰 이익으로 돌아올 수 있다.

② 사소한 일에 대한 관심

- 인간관계의 커다란 손실은 사소한 것으로부터 비롯되며, 나이와 경험에 상관없이 사람들은 쉽게 상처받고 내적으로 민감할 수 있으므로 약간의 친절과 공손함은 매우 중요하다.

③ 약속 이행 및 언행일치

- 책임을 지고 약속을 지키는 습관을 가진다면 주변 사람들 사이에서 이해의 간격을 이어주는 신뢰를 얻을 수 있다.
- 언행일치는 신뢰를 가져오며 사실을 우리의 말에 일치, 즉 실현시키는 것으로 약속을 지키고 기대를 충족시키는 것이다.

④ 칭찬하고 감사하는 마음

- 상대방에 대한 칭찬과 감사의 표시는 상호 간의 신뢰를 형성하고 사람의 마음을 움직이게 하지만, 상대방에 대한 불만과 불평은 상호 간의 신뢰가 무너질 수 있으므로 칭찬과 배려, 감사하는 마음을 갖는 것이 좋다.

⑤ 진정성 있는 태도

- 신뢰 관계 형성에 매우 중요한 태도로, 진정한 태도를 가지고 상대방을 대하는 것은 대인관계를 향상하는 데 필수적이다.
- 진정성 있는 태도를 보여줄 수 있는 한 가지 예는 진지한 사과로, 진지한 사과는 감정은행계좌에 신뢰를 예입하는 것이다.

2 대인관계 양식

1. 대인관계 양식이란?

대인관계 양식은 지배성 차원과 친화성 차원에 따라 총 8개의 대인관계 양식 유형으로 구분된다.

(지배성 차원: 다른 사람의 행동을 자신의 뜻대로 통제하려 하는 정도로, 지배-복종 연속선상에서 대인행동을 평가함)
(친화성 차원: 다른 사람을 호의적으로 대하는 정도로, 사랑-미움의 연속선상에서 대인행동을 평가함)

2. 대인관계 양식 유형에 따른 특징과 보완점

구분		특징
지배형	특징	• 대인관계에서 주도적이고 자신감이 넘치며 자기주장이 강해 타인을 통제하고자 하는 경향이 있음 • 지도력과 추진력이 있어서 집단적인 일을 잘 지휘함 • 강압적이고 독단적, 논쟁적이어서 타인과 잦은 갈등을 겪음 • 윗사람의 지시에 순종적이지 못하고 거만하다는 평가를 받을 수 있음
	보완점	• 타인의 의견을 잘 경청하고 수용하는 자세를 길러야 함 • 타인에 대한 자신의 지배적 욕구를 깊이 살펴보는 시간이 필요함
실리형	특징	• 대인관계에서 실리적인 이익을 추구하는 성향으로 이해관계에 예민하고 치밀하며 성취 지향적임 • 자기중심적이고 경쟁적이며 자신의 이익을 우선적으로 생각하기 때문에 타인에 대한 관심과 배려가 부족함 • 타인을 신뢰하지 못하고 불공평한 대우에 예민하며 자신에게 피해를 입힌 사람에게는 보복하는 경향을 보임
	보완점	• 타인의 이익과 입장을 배려하는 노력이 필요함 • 타인과의 신뢰를 형성하는 일에 깊은 관심을 갖는 것이 바람직함
냉담형	특징	• 이성적이고 냉철하며 의지력이 강하고, 타인과 거리를 두는 경향성 있음 • 타인의 감정에 무관심하며, 타인에게 쉽게 상처를 줄 수 있음 • 타인에게 따듯하고 긍정적인 감정을 표현하는 것을 어려워하고, 대인관계가 피상적이며 타인과 오랜 기간 깊게 사귀지 못함
	보완점	• 타인의 감정 상태에 깊은 관심을 지니고 타인에게 긍정적인 감정을 부드럽게 표현하는 기술을 습득하는 것이 필요함
고립형	특징	• 혼자 있거나 혼자 일하는 것을 좋아하며 감정을 잘 드러내지 않음 • 타인과의 만남을 두려워하고, 사회적 상황을 회피하며 자신의 감정을 지나치게 억제함 • 침울한 기분이 지속되고 우유부단하며 사회적으로 고립될 가능성 있음
	보완점	• 대인관계의 중요성을 인식하고 대인관계 형성에 좀 더 적극적인 노력을 해야 함 • 타인에 대한 불편함과 두려움에 대해 깊이 생각해 보는 것이 바람직함
복종형	특징	• 대인관계에서 수동적이고 의존적이며 타인의 의견을 잘 따르고 주어진 일을 순종적으로 잘함 • 자신감이 부족하며 타인에게 주목받는 일을 피함 • 자신이 원하는 바를 타인에게 잘 전달하지 못함 • 어떤 일에 대한 자신의 의견과 태도를 확고히 하는 것을 어려워하며, 상급자의 위치에서 일하는 것을 매우 부담스러워함
	보완점	• 자기표현이나 자기주장을 할 필요가 있음 • 대인관계에서 독립성을 키우는 것이 바람직함
순박형	특징	• 대인관계에서 단순하고 솔직하며, 겸손하고 너그러운 경향이 있음 • 타인에게 쉽게 설득되어 주관 없이 타인에게 너무 끌려다닐 수 있으며 잘 속거나 이용당할 가능성 높음 • 원치 않는 타인의 의견에 반대하지 못하고 화가 나도 타인에게 알리기 어려움
	보완점	• 타인의 의도를 좀 더 깊게 들여다보고 행동하는 신중함이 필요함 • 자신의 의견을 좀 더 강하게 표현하고 주장하는 노력을 해야 함

친화형	특징	• 따뜻하고 인정이 많으며 대인관계에서 타인을 잘 배려하여 도와주고 자기희생적인 태도를 취함 • 타인을 즐겁게 해 주려고 지나치게 노력하며 타인의 고통과 불행을 보면 도와주려고 과도하게 나서는 경향이 있음 • 타인의 요구를 잘 거절하지 못하고 타인의 필요를 자신의 것보다 앞세우는 경향이 있어 손해를 볼 수 있음
	보완점	• 타인과의 정서적 거리를 유지하는 노력이 필요함 • 타인의 이익만큼 자신의 이익도 중요함을 인식해야 함
사교형	특징	• 외향적이고 쾌활하며 타인과 대화하기를 좋아하고 타인에게 인정받고자 하는 욕구가 강함 • 혼자서 시간 보내는 것을 어려워하며 타인의 활동에 관심이 많아 간섭하며 나서는 경향이 있음 • 흥분을 잘하고 충동적인 성향이 있으며 타인의 시선을 끄는 행동을 많이 하거나 자신의 개인적인 일을 타인에게 너무 많이 이야기하는 경향이 있음
	보완점	• 타인에 대한 관심보다 혼자만의 내면적 생활에 좀 더 깊은 관심을 갖고 타인에게 인정받으려는 자신의 욕구에 대해 깊이 생각해 볼 필요가 있음

개념확인문제

01 다음 글의 빈칸에 들어갈 적절한 말을 쓰시오.

> 대인관계능력이란 직업생활에서 (㉠)적인 관계를 유지하고 조직 구성원들에게 도움을 줄 수 있으며, 조직 내·외부의 (㉡)을/를 원만하게 해결하고 (㉢)의 요구를 충족시켜줄 수 있는 능력을 말한다.

㉠ (　　　　) ㉡ (　　　　) ㉢ (　　　　)

02 다음 중 대인관계능력 향상 방법이 아닌 것을 고르시오.

① 실수를 저질렀을 때는 자신의 실수를 인정하고 진지한 사과를 전한다.
② 자신이 내뱉은 말은 행동으로 실현한다.
③ 상대방의 입장을 먼저 이해하고 배려하려는 태도를 통해 유대감을 강화한다.
④ 지나친 관심은 독이 되므로 남들에게 사소한 일까지 관심을 주지 않는다.
⑤ 상대방에게 칭찬과 감사의 표시를 하여 상호 간 신뢰를 쌓을 수 있도록 한다.

정답 및 해설

01 ㉠ 협조, ㉡ 갈등, ㉢ 상대방
02 ④ | 인간관계에서의 손실은 사소한 것으로부터 비롯되므로 사소한 일에도 관심을 가져야 한다.

01 팀워크능력

기출 키워드

- 팀워크와 응집력의 차이
- 팀워크의 유형
- 효과적인 팀의 특징
- 팀의 발전 단계
- 팔로워십의 유형
- 팀워크 촉진 방법

1 팀워크

1. 팀워크란?

팀 구성원이 공동의 목적을 달성하기 위하여 상호 관계성을 가지고 협력하여 업무를 수행하는 것을 말한다.

2. 팀워크와 응집력의 차이

구분	팀워크	응집력
의미	팀 구성원이 공동의 목적을 달성하기 위해 상호관계성을 가지고 협력하여 업무를 수행해 나가는 것	사람들로 하여금 집단에 머물게 하고 그 집단의 구성원으로서 계속 남아 있기를 원하게 만드는 힘
차이	팀은 성과를 내지 못하면서 분위기만 좋은 것은 응집력이 좋은 것이고, 단순히 팀이 모이는 것을 중요시하기보다 목표 달성의 의지를 가지고 성과를 내는 것이 팀워크임	

3. 팀워크 유지를 위해 팀원들이 갖추어야 할 기본 요소

① 팀원 간에 공동의 목표의식과 강한 도전의식을 갖는다.
② 팀원 간에 상호 신뢰하고 존중한다.
③ 서로 협력하면서 각자의 역할과 책임을 다한다.
④ 솔직한 대화로 서로를 이해한다.
⑤ 강한 자신감으로 상대방의 사기를 드높인다.

4. 팀워크 저해 요소

① 조직에 대한 이해 부족
② 자기중심적인 이기주의
③ '내가'라는 자아의식의 과잉
④ 질투나 시기로 인한 파벌주의
⑤ 그릇된 우정과 인정
⑥ 사고방식의 차이에 대한 무시

 **알아두면 도움되는 (구)모듈이론**

팀워크의 유형

① 팀워크는 협력, 통제, 자율 세 가지 기제에 따라 구분된다.
② 조직이나 팀의 목적, 추구하는 사업 분야에 따라 서로 다른 유형의 팀워크를 필요로 한다.

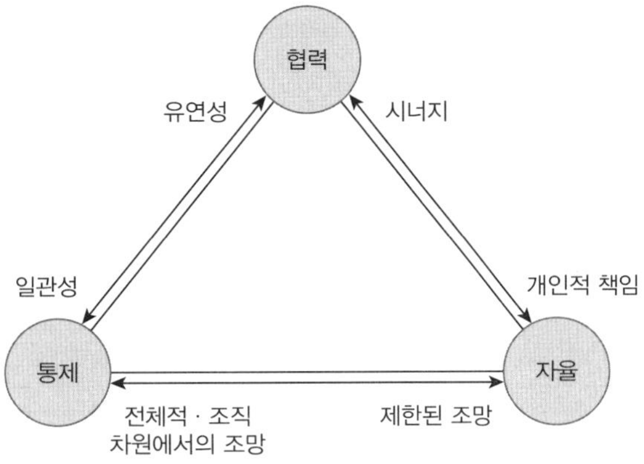

2 효과적인 팀

1. 효과적인 팀이란?

팀 에너지를 최대로 활용하여 높은 성과를 도출하는 뛰어난 팀으로, 팀원들의 강점을 잘 인식하고 활용하여 팀 목표를 달성하며, 팀의 업무 지원과 피드백, 동기부여를 위해 구성원들이 서로 의존하는 팀을 말한다.

2. 효과적인 팀의 특징

① 팀의 사명과 목표를 명확하게 기술하고 공유한다.
② 창조적으로 운영되며, 조직화가 잘 되어 있다.
③ 역할과 책임을 명료화하며, 개인의 강점을 활용한다.
④ 리더십 역량을 공유하며, 구성원 상호 간에 지원을 아끼지 않는다.
⑤ 팀의 풍토를 발전시키고, 의견의 불일치를 건설적으로 해결한다.
⑥ 개방적으로 의사소통하고, 객관적인 결정을 내린다.
⑦ 결과에 초점을 맞추고, 팀 자체의 효과성을 평가한다.

 **알아두면 도움되는 (구)모듈이론**

팀의 발전 단계

형성기	• 형성기의 팀원들은 예측할 수 있는 행동에 대한 안내와 지침이 필요하여 리더에게 상당히 의지함 • 팀 내에서 인정받기를 원하고 다른 팀원을 신뢰할 수 있는지 확인하려고 함 • 팀에 대한 기대를 형성하면서 논쟁을 피하기 위해 심각한 주제에 대한 논의를 회피함 • 서로에게 몰두할 뿐만 아니라 과제에 몰두하기 위해 노력함 • 주로 과제의 범위를 정하고 그것의 접근 방법에 집중하여 논의가 이루어짐 • 다음 단계로 성장하기 위해서는 비위협적인 주제에 안주하지 않고 마찰의 가능성을 각오해야 함

격동기	• 격동기의 팀원들은 과제 수행을 위해 체계를 갖추게 되면서 서로 간의 경쟁과 마찰을 겪음 • 팀원 간의 마찰이 그룹의 문제로 표면화될 수 있고 아닐 수도 있음 • 업무에 대한 책임, 규칙, 보상체계, 평가 기준 등에 대한 질문이 제기됨 • 리더십, 구조, 권한, 권위에 대한 경쟁심과 적대감이 나타남 • 다음 단계로 성장하기 위해서는 효과적인 경청과 의사소통을 통해 시험과 검증의 자세에서 문제해결의 자세로 바꾸어야 함
규범기	• 규범기의 팀원들은 인간관계의 응집력이 강해지며, 팀원 전체의 기여를 인정하고 공동체 형성과 팀의 문제해결에 집중함 • 의견이 엇갈릴 때 개인의 고집을 버리고 적극적으로 논의하며, 리더십이 공유되고 파벌이 사라지기 시작함 • 팀원들이 서로에 대해 파악하기 시작하여 신뢰가 향상되고 단결력이 심화됨 • 상호 간의 마찰을 해결함으로써 만족감과 공동체 의식을 경험함 • 팀원 간 솔직한 감정과 피드백을 주고받는 의사소통으로 창의력과 생산성이 왕성해지며, 팀원들은 팀의 일부에 만족함
성취기	• 모든 팀이 성취기에 이를 수 있는 것은 아님 • 성취기에 이르기 위해서는 팀원들이 자신의 역량과 인간관계의 깊이를 확장하여 진정한 상호의존성을 달성할 수 있어야 함 • 팀원의 역할과 권한이 개개인의 변화 욕구에 역동적으로 따라야 하며, 이를 통해 가장 생산적인 팀의 모습을 갖출 수 있음 • 팀원들은 스스로 책임을 지고, 팀원 전체의 인정을 받으려는 욕구를 더 이상 중요시하지 않음 • 팀원들은 관계지향적이자 인간지향적이고, 조화를 이루고 사기를 충전하며, 팀에 대한 충성심을 보여줌

3 팔로워십

1. 팔로워십이란?

조직의 구성원으로서 자격과 지위를 갖는 것으로, 훌륭한 팔로워십은 자신의 역할을 충실하게 잘 수행하는 것을 말한다.

2. 팔로워십의 유형

팔로워십은 마인드를 나타내는 독립적 사고의 축과 행동을 나타내는 적극적 실천을 기준으로 구분한다.

구분	자아상	동료/리더의 시각	조직에 대한 자신의 느낌
소외형	• 자립적임 • 일부러 반대 의견을 제시함 • 조직의 양심	• 냉소적임 • 부정적임 • 고집이 셈	• 자신을 인정해주지 않음 • 적절한 보상이 없음 • 불공정하고 문제가 있음
순응형	• 기쁜 마음으로 과업을 수행함 • 팀플레이를 함 • 리더나 조직을 믿고 헌신함	• 아이디어가 없음 • 인기 없는 일은 하지 않음 • 자신과 가족의 요구를 양보함	• 기존 질서를 따르는 것이 중요함 • 리더의 뜻에 반하는 행동을 어려워함 • 획일적인 태도와 행동에 익숙함
실무형	• 조직의 운영 방침에 민감함 • 균형 잡힌 시각으로 사건을 봄 • 규정과 규칙에 따라 행동함	• 개인의 이익을 극대화하기 위한 흥정에 능함 • 적당한 열의와 평범한 수완으로 업무를 수행함	• 규정 준수를 강조함 • 명령과 계획이 빈번하게 변경됨 • 리더와 부하 간의 비인간적 풍토가 있음
수동형	• 판단, 사고를 리더에 의존함 • 지시가 있어야 행동함	• 하는 일이 없음 • 제 몫을 하지 못함 • 업무수행에 감독이 필요함	• 조직이 나의 아이디어를 원치 않음 • 노력과 공헌을 해도 아무 소용이 없음 • 리더는 항상 자기 마음대로 함
주도형	• 모범형으로 불리기도 하며, 조직과 팀의 목적 달성을 위해 독립적·혁신적으로 사고하고 적극적으로 역할을 실천함 • 독립적·혁신적 사고 측면에서 스스로 생각하고 건설적인 비판을 하며, 자기 나름의 개성이 있고 혁신적이고 창조적임 • 적극적인 참여와 실천 측면에서 솔선수범하고 주인의식을 가지고 있으며 이를 통해 기대 이상의 성과를 내려고 노력함		

4 팀워크 촉진 방법

1. 팀워크 촉진의 필요성

① 팀 내의 갈등과 혼동을 해결할 수 있다.
② 팀을 보다 생산적으로 발전시킬 수 있다.

팀워크를 개발하기 위해서는 팀원 간 신뢰 구축, 팀 활동 적극 참여, 팀워크 정신 발휘를 통한 성과 도출의 3요소를 갖추어야 함

2. 팀워크 촉진을 위한 노력

동료 피드백 장려	• 팀 목표를 달성하도록 팀원을 고무시키는 환경을 조성하기 위해서는 동료의 피드백을 장려해야 함 • 동료 피드백을 장려하는 데 도움이 되는 4단계 과정 – 1단계: 간단하고 분명한 목표와 우선순위를 설정하라 – 2단계: 행동과 수행을 관찰하라 – 3단계: 즉각적인 피드백을 제공하라 – 4단계: 뛰어난 수행성과에 대해 인정해 줘라
갈등 해결	• 팀원 간의 갈등을 발견하면 제삼자로서 재빨리 개입하여 중재해야 함 • 갈등을 겪고 있는 구성원 각자에게 같은 질문을 하고, 이에 따른 의견을 교환하여 갈등 해결에 도움을 받을 수 있도록 해야 함 • 갈등 중재하는 데 도움이 되는 질문 – 내가 보기에 상대방이 꼭 해야 하는 행동은 무엇인가? – 상대방이 보기에 내가 꼭 해야 하는 행동은 무엇일 것 같은가? – 내가 보기에 내가 꼭 해야 하는 행동은 무엇인가? – 상대방이 보기에 상대방 스스로 꼭 해야 하는 행동은 무엇일 것 같은가?
창의력 조성을 위한 협력	• 아이디어에 대한 아무런 제약을 가하지 않는 환경을 조성할 때 협력적인 풍토를 조성할 수 있음 • 협력을 장려하는 환경 조성을 위한 비결 – 팀원의 말에 흥미를 가지고 대하라 – 상식에서 벗어난 아이디어에 대해 비판하지 말라 – 모든 아이디어를 기록하라 – 아이디어를 개발하도록 팀원을 고무시켜라 – 많은 양의 아이디어를 요구하라 – 침묵을 지키는 것을 존중하라 – 관점을 바꿔 보라 – 일상적인 일에서 벗어나 보라
참여적 의사결정	• 훌륭한 의사결정을 내리기 위해서는 의사결정의 질과 구성원의 동참을 고려해야 함 • 양질의 의사결정을 내리기 위한 질문 – 쟁점의 모든 측면을 다루었는가? – 모든 팀원과 협의하였는가? – 추가 정보나 조언을 얻기 위해 팀 외부와 협의할 필요가 있는가? • 팀원들의 동참을 얻기 위해 고려해야 하는 질문 – 모든 팀원이 의사결정에 동의하는가? – 팀원들은 의사결정을 실행함에 있어서 각자의 역할을 이해하고 있는가? – 팀원들은 의사결정을 열정적으로 실행하고자 하는가?

개념확인문제

01 다음 글의 빈칸에 들어갈 적절한 말을 쓰시오.

팀이 성과를 내지 못하는 상황에서 분위기만 좋은 것은 (㉠)(이)라고 말할 수 있고, 단순히 모이는 것을 중시하기보다 목표 달성의 의지를 가지고 성과를 내는 것은 (㉡)(이)라고 말할 수 있다.

㉠ ( ) ㉡ ( )

02 다음 팀 발전 단계에 대한 설명을 읽고, 맞으면 O, 틀리면 X에 표시하시오.

① 형성기의 팀원들은 심각한 주제에 대한 논의를 회피하는 경향이 있다. (O, X)
② 격동기의 팀원들은 팀의 리더십, 구조, 권한 등에 대한 신뢰를 가지고 일한다. (O, X)
③ 규범기에 이르게 되면서 팀 내 파벌이 형성된다. (O, X)
④ 모든 팀은 팀 발전 단계에 따라 성취기에 이를 수 있다. (O, X)

03 다음 중 동료와 리더로부터 아이디어가 없고 인기 없는 일은 하지 않으며, 조직을 위해 자신과 가족의 요구를 양보한다고 평가받는 팔로워십 유형을 고르시오.

① 소외형 ② 순응형 ③ 실무형 ④ 수동형 ⑤ 주도형

04 다음 중 팀워크 촉진을 위한 노력이 적절하지 않은 사람을 고르시오.

고은: 팀 목표를 달성하기 위해서는 동료들의 피드백을 장려할 수 있어야 해.
노을: 팀원 간의 갈등을 발견하면 우선 본인들끼리 갈등을 해결할 때까지 기다리는 것이 좋아.
도영: 어떤 아이디어를 내도 제재를 가하지 않는 환경이 조성되어야 협력적인 풍토를 조성할 수 있어.
로희: 모든 팀원이 협의하였는지, 쟁점의 모든 측면을 다루었는지 등 결정의 질을 고려해야 해.
모아: 팀원의 동참을 유도하기 위해서는 모든 팀원이 결정에 동의하였는지를 고려해야 해.

정답 및 해설

01 ㉠ 응집력, ㉡ 팀워크
02 ① O
② X | 격동기의 팀원들은 팀의 리더십, 구조, 권한 등에 대한 경쟁심과 적대감을 가진다.
③ X | 규범기에 이르게 되면 팀 내 파벌이 사라지기 시작한다.
④ X | 모든 팀이 성취기에 이를 수 있는 것은 아니다.
03 ②
04 노을 | 팀원 간의 갈등을 발견하면 제삼자가 재빨리 개입하여 중재해야 한다.

02 리더십능력

기출 키워드

- 리더십의 의미
- 리더십의 유형
- 동기부여 방법
- 코칭
- 임파워먼트의 의미와 장애요인
- 변화관리 3단계

1 리더십

1. 리더십이란?

조직의 공통된 목적을 달성하기 위하여 개인이 조직원들에게 영향을 미치는 과정을 말한다.

2. 리더십 구도의 변화

리더십의 발휘 구도는 산업사회에서 정보사회로 바뀌면서 수직적 구조에서 가능한 모든 방향에 영향을 끼치는 전방위적 구조로 바뀌었다.

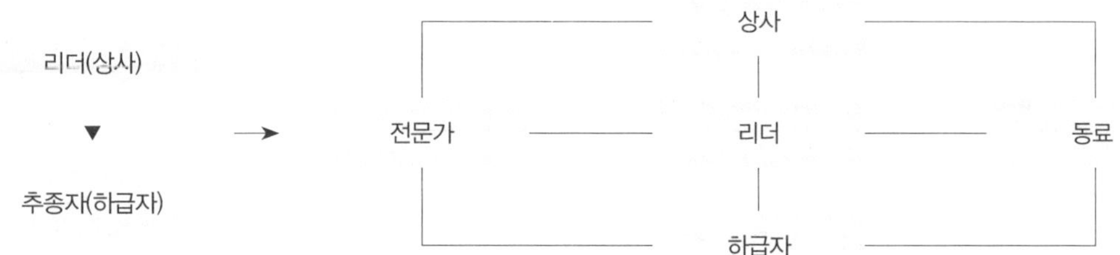

3. 리더와 관리자의 차이

리더	관리자
• 새로운 상황을 창조함 • 혁신 지향적임 • 내일에 초점은 맞춤 • 사람을 중시하고 동기를 부여함 • 정신적임 • 계산된 위험을 취함 • 무엇을 할지를 생각함 • 비전을 구축하고, 팀 협력하에 비전이 실현되는 환경을 조성함	• 상황에 수동적임 • 유지 지향적임 • 오늘에 초점을 맞춤 • 체제나 기구를 중시하고 사람을 관리함 • 기계적임 • 위험을 회피함 • 어떻게 할지를 생각함 • 자원을 관리 및 분배하고, 당면한 문제를 해결함

2 리더십의 유형

1. 독재자 유형 리더십

① 정책 의사결정과 대부분의 핵심 정보를 스스로에게만 국한하여 소유하고 고수하려는 경향이 있다.

② 집단이 통제 없이 방만한 상태에 있거나, 가시적인 성과물이 보이지 않을 때 효과가 있으며, 리더는 팀원들의 업무를 공정하게 분담함으로써 그들 스스로 결과에 대한 책임을 져야 함을 일깨운다.

③ 독재자 유형 리더십의 특징

질문 금지	집단의 규칙 아래 지배자로 군림하고, 동료에게는 자신의 권위에 대한 도전이나 반항 없이 순응하도록 요구하며, 개개인들에게는 주어진 업무만을 묵묵히 수행하기를 기대함
정보 독점	지식(정보)은 권력의 힘이라는 믿음 아래 조직에 대한 핵심 정보를 혼자 독점하려고 하며, 다른 구성원들에게는 기본적 수준의 정보만을 제공함
실수를 용납하지 않음	언제 어디서나 가장 최고의 질적 수준을 요구하여 한 번의 실수는 곧 해고로 이어지거나 다른 형태의 징계로 이어짐

2. 민주주의 근접 유형 리더십

① 그룹에 정보를 잘 전달하고, 전체 그룹 구성원 모두를 목표 설정에 참여하게 하여 구성원에게 확신을 심어주고자 노력하며, 부하 직원의 의견에 동의하거나 거부할 권한을 가진다.

② 혁신적이고 탁월한 부하 직원들이 있을 때 효과가 있으며, 리더는 그들의 의견에 옳고 그름을 결정해야 한다.

③ 민주주의 근접 유형 리더십의 특징

참여	한 사람도 소외되지 않도록 모든 팀원이 동등하다는 것을 확신시켜 비즈니스의 모든 방면에 참여하도록 함
토론의 장려	경쟁과 토론의 가치를 인식하여 팀이 나아갈 새로운 방향 설정을 위해 팀원들과의 토론을 장려해야 함
거부권	민주주의적이긴 하지만 최종 결정권은 리더에게만 있음

3. 파트너십 유형 리더십

① 독재자 유형 리더십, 민주주의 근접 유형 리더십과 달리 리더와 집단 구성원 간의 구분이 희미하며, 리더가 조직의 한 구성원이 되기도 한다.

② 소규모 조직이나 성숙한 조직에서 풍부한 경험과 재능을 소유한 개개인들에게 적합하며, 신뢰와 정직, 구성원들의 능력에 대한 믿음을 핵심 요소로 한다.

③ 파트너십 유형 리더십의 특징

평등	리더는 다른 조직 구성원들보다 경험이 더 풍부할 수 있어도 조직 구성원 중 한 명일 뿐이므로 다른 사람들보다 더 비중 있게 대우받아서는 안 됨
집단의 비전	집단의 모든 구성원은 의사결정과 팀의 방향, 비전 등을 설정하는 데 참여함
책임 공유	집단의 모든 구성원은 집단행동의 성과 및 결과에 대한 책임을 공유함

4. 변혁적 유형 리더십

① 개개인과 팀이 유지해 온 이제까지의 업무수행 상태를 뛰어넘고자 한다.

② 전체 조직이나 팀원들에게 변화를 가져오는 원동력으로 작용한다.

③ 변혁적 유형 리더십의 특징

카리스마	조직에 명확한 비전을 제시하고 집단 구성원들에게 이를 쉽게 전달할 수 있음
자기 확신	어떠한 의사결정이 조직에 긍정적으로 영향을 미치는지 예견할 수 있는 능력과 뛰어난 사업수완을 가지고 있음
존경심과 충성심	개개인에게 시간을 할애하여 그들 스스로가 중요한 존재임을 깨닫게 하고 존경심과 충성심을 불어넣음
풍부한 칭찬	구성원이 팀의 직무를 완벽히 수행했을 때 칭찬을 아끼지 않음으로써 사람들에게 하나의 성공이 미래의 여러 도전을 극복할 수 있는 자극제가 될 수 있음을 깨닫게 함
감화	먼저 시범을 보임으로써 구성원들에게 도저히 해낼 수 없다고 생각하는 일들도 할 수 있다는 자극을 주고 도움을 주는 일을 수행함

+ 더 알아보기

거래적 리더십과 변혁적 리더십

거래적 리더십	변혁적 리더십
• 리더와 구성원 간의 교환 관계에 따른 리더십 • 단기 성과 목표 • 안정적이고 폐쇄적인 변화관 • 합리적 이성과 사고에 호소 • 구성원의 능률지향 • 이익과 보상을 통한 자극으로 동기부여	• 구성원의 가치와 의식 변화에 따른 리더십 • 장기 성과 목표 • 변동적이고 개방적인 변화관 • 감정과 정서에 호소 • 구성원의 적응지향 • 구성원의 가치 내면화를 통한 동기부여

3 동기부여 방법

1. 동기부여 시 고려할 사항

조직원들이 지속적으로 자신의 잠재력을 발휘하도록 만들기 위해서는 금전적 보상, 편익, 승진 등과 같은 외적인 동기유발제 그 이상을 제공해야 한다.

2. 대표적인 조직원 동기부여 방법

① 긍정적 강화법 활용하기

목표 달성을 높이 평가하여 조직원에게 곧바로 보상하는 긍정적 강화법은 높은 성과를 달성한 조직원에게 칭찬이나 따뜻한 말로 보상함으로써 동기를 효과적으로 부여한다.

② 새로운 도전 기회 부여하기

환경변화에 따라 조직원들에게 새로운 업무를 맡을 기회를 제공함으로써 창조성을 고무할 수 있다.

③ 창의적인 문제해결법 찾도록 하기

창의적인 문제해결법은 조직원들이 자신의 실수나 질문에 대해 스스로 책임지도록 동기를 부여하는 것으로, 조직원이 문제를 해결하는 과정에 리더가 개입하여 지도할 수 있지만 실질적인 해결책은 조직원 스스로 찾도록 해야 한다.

④ 자신의 역할과 행동에 책임감 갖기

자신의 잘못이나 업무에 대한 책임을 지도록 하는 환경 속에서 일하는 직원들은 오히려 자신의 위치에서 안정감을 느끼고 자신이 의미 있는 일을 하고 있다는 긍지를 가진다.

⑤ 코칭하기

코칭은 문제나 진척 상황을 직원들과 함께 자세히 살펴 지원을 아끼지 않고, 지도와 격려를 하는 활동으로서, 직원들 스스로 권한과 목적의식이 있는 중요한 사람이라고 느끼게 하여 자신만의 장점과 성공전략을 활용할 수 있도록 코칭해야 한다.

⑥ 변화를 두려워하지 않기

안전지대는 모든 것이 친숙하고 위험 요소가 전혀 없는 편안한 상황을 의미하는 것으로, 리더는 부하 직원들이 안전지대를 떠나 위험을 감수하여 더 높은 목표를 달성할 수 있도록 격려해야 한다.

⑦ 지속적으로 교육하기

리더는 직원들에게 지속적인 교육과 성장의 기회을 제공함으로써 직원 스스로 상사로부터 충분히 인정받고 일부 권한을 위임받았다고 느낄 수 있도록 동기를 부여해야 한다.

+ 더 알아보기

코칭

의미	• 직원들에게 질문을 던짐으로써 직원들의 의견을 경청하고, 필요한 자원을 아끼지 않아 생산성을 높이고 기술 수준을 발전시키며, 자기 향상을 도모하는 직원들에게 도움을 주고 업무에 대한 만족감을 높이는 과정을 말함
기본 원칙	• 서로가 자유롭게 논의할 수 있고 제안할 수 있어야 함 • 리더는 직원들에게 업무 권한을 위임함 • 훌륭한 코치는 뛰어난 경청자임 • 목표를 정하는 것이 가장 중요함
특징	• 코칭은 커뮤니케이션 과정의 모든 단계에서 활용할 수 있음 • 관리의 도구보다는 커뮤니케이션 도구로 활용되며, 지침보다는 질문과 논의, 통제보다는 경청과 지원을 통해 상황의 발전과 좋은 결과를 이끌어냄 • 문제가 발생하기 전에 이루어지는 커뮤니케이션에 기초하는 것뿐만 아니라 리더십에도 기초하여 관리 도구가 아닌 관리 스타일에 가까움 • 코칭을 실천하는 리더는 직원들을 기업에 값진 기여를 하는 파트너로 인식하고, 성공적인 코칭을 받은 직원들은 문제를 스스로 해결하려고 노력하는 적극성을 보임 • 코칭을 실천하는 조직은 동기부여된 자신감 넘치는 노동력, 높은 품질의 제품, 철저한 책임감을 갖춘 직원들, 전반적으로 상승된 효율성과 생산성을 얻을 수 있음

4 임파워먼트

1. 임파워먼트란?

'권한 위임'이라고 할 수 있으며, 조직 구성원들을 신뢰하고 그들의 잠재력을 믿으며, 그 잠재력의 개발을 통해 고성과 조직이 되도록 하는 일련의 행위를 말한다.

2. 임파워먼트의 이점

① 조직의 모든 구성원으로부터 시너지적이고 창조적인 에너지를 끌어낸다.
② 생산성이 향상되고 사람들이 좋은 기회에 대해 기대하게 된다.
③ 진보적이고 성공적인 조직을 만들 수 있다.

3. 임파워먼트의 충족 기준

① 여건의 조성
사람들이 자유롭게 참여하고 기여할 수 있는 여건을 조성해야 한다.

② 재능과 에너지의 극대화
사람들의 재능과 욕망을 최대한으로 활용하고 확대할 수 있어야 한다.

③ 명확하고 의미 있는 목적에 초점
사람들이 분명하고 의미 있는 목적과 사명을 위해 최대의 노력을 발휘하도록 해야 한다.

4. 임파워먼트 환경의 특징

반(反)임파워먼트 환경은 사람들이 현상을 유지하고 순응하게 만드는 경향이 있는 반면 임파워먼트 환경에서는 사람들의 에너지, 창의성, 동기 및 잠재능력이 최대한 발휘되는 경향이 있다.

① 도전적이고 흥미 있는 일이 주어지며, 학습과 성장의 기회를 제공함
② 높은 성과와 지속적인 개선을 가져오는 요인들을 통제함
③ 성과에 대한 지식이 있으며, 긍정적인 인간관계를 가짐
④ 개인들이 공헌함으로써 만족감을 느끼며, 상부로부터 지원을 받음

5. 임파워먼트 장애요인

① **개인 차원:** 주어진 일을 해내는 역량의 결여, 동기의 결여, 결의 부족, 책임감 부족, 의존성
② **대인 차원:** 다른 사람과의 성실성 결여, 약속 불이행, 성과를 제한하는 조직의 규범, 갈등 처리능력 부족, 승패의 태도
③ **관리 차원:** 통제적 리더십 스타일, 효과적 리더십 발휘능력 결여, 경험 부족, 정책 및 기획의 실행능력 결여, 비전의 효과적 전달능력 결여
④ **조직 차원:** 공감대 형성이 없는 구조와 시스템, 제한된 정책과 절차

5 변화관리

1. 변화에 대처하기 위한 전략

① 생각을 명확히 할 5가지 행동의 선택에 관한 질문을 활용한다.
- 우리가 이 변화를 활용해야 할 이유는 무엇인가?
- 이 변화는 언제 일어날 것인가?
- 어떻게 이 변화를 다룰 것인가?
- 다른 사람에게 이 변화는 무엇을 의미하는가?
- 이 변화는 어떤 사람에게 영향을 미치는가?

② 불필요한 절차와 과정을 생략하여 변화에 대처하는 속도를 높여야 한다.
③ 정확한 정보를 수집하고 능력을 최대한 발휘해 수집한 정보를 현실과 업무에 적용함으로써 신속한 의사결정을 해야 한다.
④ 변화에 따라 끊임없이 조직을 혁신하고 업무를 재편해야 한다.
⑤ 새로운 기술을 습득하고 남보다 열심히 변화에 적응하려는 노력을 기울여 새로운 역할과 기회를 잡을 수 있도록 자기 자신을 책임져야 한다.
⑥ 상황을 올바로 파악해 제어할 수 있고 타협할 수 있는 부분을 정해야 한다.
⑦ 변화를 회피하기보다 필요한 변화를 위해 기여할 수 있는 부분을 찾아 행동하는 등의 가치를 추구해야 한다.
⑧ 향후 고객의 요구가 어떠할지 미리 예상하고, 고객의 변화를 면밀히 관찰하면서 고객의 의견을 수렴하는 등의 고객 서비스 기법을 연마해야 한다.
⑨ 해변 거닐기, 정원 가꾸기, 친구와 차 마시기, 독서하기 등 다양한 방법을 연마하여 빠른 변화 속에서도 자신을 재충전할 시간과 장소를 마련해야 한다.
⑩ 일할 때와 쉬어야 할 때를 분명히 구분하고, 적당한 휴식을 통해 쌓인 스트레스와 피로를 해소하고 관리할 수 있어야 한다.
⑪ 팀원들과의 의사소통을 통해 목표와 역할, 팀원들에 대한 기대를 명확히 해야 한다.
⑫ 주변 환경의 변화에 주목하기 위해 새로운 추세나 행동양식이 어떻게 변화하는지 세심하게 살펴야 한다.

2. 변화관리의 필요성

끊임없이 변하는 현대 비즈니스에서 변화관리는 리더의 중요한 자질이라고 할 수 있다.

3. 효과적인 변화관리 3단계

단계	구분	내용
1단계	변화 이해	• 리더는 변화의 실상을 정확하게 파악하고, 익숙했던 것을 버리는 데서 오는 감정과 심리적 상태를 어떻게 다룰지 심사숙고해야 함 • 변화가 왜 필요한지, 무엇이 변화를 일으키는지, 변화가 모두 좋은 것인지를 고려함
▼		
2단계	변화 인식	• 리더는 직원들에게 변화와 관련된 상세한 정보를 제공함 • 직원들 스스로 변화를 직접 주도하고 있다는 마음이 들도록 이끌어야 함 • 리더는 변화에 저항하는 직원을 성공적으로 이끌어야 함 – 개방적인 분위기 조성 – 객관적인 자세 유지 – 직원들의 감정을 세심하게 관찰 – 변화의 긍정적인 면 강조 – 변화에 적응할 시간 부여
▼		
3단계	변화 수용	• 리더는 변화가 왜 일어나야 하는지 직원에게 상세하게 설명함 • 리더는 변화를 위한 직원의 노력에 아낌없이 지원함 • 리더는 변화에 부정적인 행동을 보인 직원에게 관심을 보임 • 리더는 수시로 직원과 커뮤니케이션을 진행함

개념확인문제

01 **다음 리더와 관리자의 특징을 바르게 분류하시오.**

㉠ 혁신지향적	㉡ 체제나 기구를 중시함
㉢ 리스크를 회피함	㉣ 비전을 구축함

① 리더 ( ) ② 관리자 ( )

02 **다음의 특징을 가진 리더십 유형을 고르시오.**

- 조직에 명확한 비전을 제시할 수 있다.
- 구성원이 팀의 직무를 완벽히 수행했을 때 칭찬을 아끼지 않는다.
- 어떠한 의사결정이 조직에 긍정적으로 영향을 미칠 수 있는지 예견할 수 있다.

① 독재자 유형 리더십 ② 민주주의 근접 유형 리더십
③ 파트너십 리더십 ④ 변혁적 리더십
⑤ 거래적 리더십

03 **다음 코칭의 특징에 대한 설명을 읽고, 맞으면 O, 틀리면 X에 표시하시오.**

① 코칭은 커뮤니케이션의 모든 단계에서 활용할 수 있다. (O, X)
② 코칭은 주로 관리의 도구로 활용된다. (O, X)
③ 성공적인 코칭을 받은 직원들은 스스로 문제를 해결하려고 노력한다. (O, X)

04 **다음 임파워먼트 장애요인을 바르게 연결하시오.**

① 개인 차원 • • ㉠ 약속 불이행
② 대인 차원 • • ㉡ 제한된 정책과 절차
③ 관리 차원 • • ㉢ 통제적 리더십 스타일
④ 조직 차원 • • ㉣ 책임감 부족

정답 및 해설

01 ① ㉠, ㉣, ② ㉡, ㉢
02 ④
03 ① O
② X | 코칭은 관리의 도구가 아닌 커뮤니케이션 도구로 활용된다.
③ O
04 ① - ㉣, ② - ㉠, ③ - ㉢, ④ - ㉡

03 갈등관리능력

기출 키워드

- 갈등의 의미와 원인
- 갈등의 쟁점과 유형
- 갈등 진행 과정
- 갈등해결방법 유형
- 윈-윈 갈등관리법

1 갈등

1. 갈등이란?

① 상호 간의 의견 차이 때문에 생기는 것으로 당사자 간에 가치, 규범, 이해, 아이디어, 목표 등이 서로 불일치하여 충돌하는 상태를 말한다.
② 갈등의 결과가 항상 부정적인 것만은 아니며, 갈등은 새로운 해결책을 만들어주는 기회를 제공한다.
③ 갈등의 정도가 적정 수준일 때는 조직 내부적으로 생동감이 넘치고 변화적이며 문제해결능력이 발휘되어 조직의 성과가 높아지고 갈등의 순기능이 작용한다.

+ 더 알아보기

갈등과 조직성과

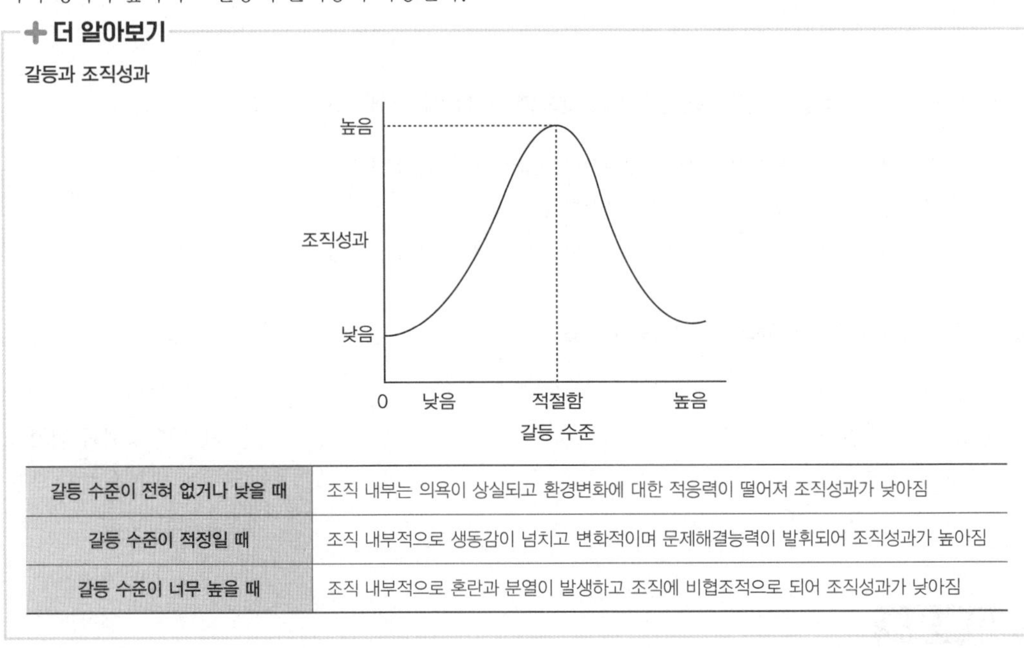

갈등 수준이 전혀 없거나 낮을 때	조직 내부는 의욕이 상실되고 환경변화에 대한 적응력이 떨어져 조직성과가 낮아짐
갈등 수준이 적정일 때	조직 내부적으로 생동감이 넘치고 변화적이며 문제해결능력이 발휘되어 조직성과가 높아짐
갈등 수준이 너무 높을 때	조직 내부적으로 혼란과 분열이 발생하고 조직에 비협조적으로 되어 조직성과가 낮아짐

2. 갈등의 단서

① 지나치게 감정적인 논평과 제안을 한다.
② 타인의 의견 발표가 끝나기도 전에 타인의 의견을 공격한다.
③ 핵심을 이해하지 못한 것에 대해 서로 비난한다.
④ 편을 가르고 타협하기를 거부한다.
⑤ 개인적인 수준에서 미묘한 방식으로 서로 공격한다.

3. 갈등을 증폭시키는 원인

① 적대적 행동
팀원들이 승·패의 경기를 시작하고, 문제를 해결하기보다는 승리하기를 원한다.

② 입장 고수
팀원들이 공동의 목표를 달성할 필요성을 느끼지 않고, 각자의 입장만 고수하여 의사소통의 폭을 줄이며, 서로 접촉하는 것을 피한다.

③ 감정적 관여
팀원들이 자신의 입장에 감정적으로 묶인다.

2 갈등의 쟁점과 유형

1. 갈등의 두 가지 쟁점

핵심 문제는 대부분 갈등의 밑바닥에 깔려있지만, 감정적인 문제는 갈등을 복잡하게 만드므로 갈등을 해결하기 위해서는 핵심적인 문제부터 해결해야 한다.

핵심 문제	감정적인 문제
• 역할 모호성 • 방법에 대한 불일치 • 목표에 대한 불일치 • 절차에 대한 불일치 • 책임에 대한 불일치 • 가치에 대한 불일치 • 사실에 대한 불일치	• 공존할 수 없는 개인적 스타일 • 통제나 권력 확보를 위한 싸움 • 자존심에 대한 위협 • 질투 • 분노

2. 갈등의 두 가지 유형

불필요한 갈등	• 개개인이 저마다 문제를 다르게 인식하거나 정보가 부족한 경우에 발생함 • 편견 때문에 발생한 의견 불일치로 적대적 감정이 생길 때 발생함 • 스스로 가장 중요하다고 여기는 문제를 다른 사람 때문에 해결하지 못한다고 느낄 때 발생함
해결할 수 있는 갈등	• 목표와 욕망, 가치, 문제를 바라보는 시각과 이해하는 시각이 다를 경우에 발생함 • 상대를 먼저 이해하고 서로가 원하는 것을 만족시켜주면 저절로 해결될 수 있음

3. 갈등 진행 과정

의견 불일치 ▶ 대결 국면 ▶ 격화 국면 ▶ 진정 국면 ▶ 갈등의 해소

3 갈등해결방법

1. 갈등해결방법 유형

회피형	• 자신과 상대방에 대한 관심이 모두 낮은 경우로서 '나도 지고 너도 지는 방법'을 말함 • 갈등 상황이 나아질 때까지 문제를 덮어두거나 회피함
경쟁형	• 자신에 대한 관심은 높고 상대방에 대한 관심은 낮은 경우로서 '나는 이기고 너는 지는 방법'을 말하며, '지배형'이라고도 불림 • 상대방의 목표 달성을 희생시키면서 자신의 목표를 이루기 위해 전력을 다함
수용형	• 자신에 대한 관심은 낮고 상대방에 대한 관심은 높은 경우로서 '나는 지고 너는 이기는 방법'을 말함 • 상대방의 관심을 충족시키기 위해 자신의 요구를 희생하여 상대방에 의지를 따르며, 상대방이 거친 요구를 해올 때 전형적으로 나타나는 반응임
타협형	• 자신과 상대방에 대한 관심이 중간 정도인 경우로서 서로가 '타협적으로 주고받는 방법'을 말함 • 갈등 당사자들이 서로 반대의 끝에서 시작하여 중간 지점에서 타협하여 해결점을 찾으며, 갈등 당사자 간에 불신이 클 때는 실패함
통합형	• 자신과 상대방에 대한 관심이 모두 높은 경우로서 '나도 이기고 너도 이기는 방법'을 말하며, '협력형'이라고도 불림 • 문제해결을 위해 서로 간의 정보를 교환하면서 모두의 목표를 달성할 수 있으며, 서로의 차이를 인정하고 배려하는 신뢰감과 공개적인 대화를 필요로 하는 가장 바람직한 갈등해결 유형임

2. 갈등의 성공적인 해결을 위해 명심해야 할 사항

① 쟁점의 양 측면을 모두 이해한다.
- 역지사지를 통해 상대방의 입장에 감정이입 한다.
- 내성적이거나 자신을 표현하는 데 서투른 팀원을 격려한다.
- 서로 이해된 부분을 검토하고 누가 옳고 그른지에 대한 논쟁을 피한다.

② 갈등이 사람들의 업무수행에 어떤 영향을 미치는지 토의한다.
- 느낌이나 성격이 아닌 사실과 행동에 초점을 둔다.

③ 조직원들이 차이점보다는 유사점을 파악하도록 도움을 준다.
- 유사점을 강조하여 갈등 당사자들이 공통의 토대 위에서 만날 수 있게 한다.
- 차이점이 있을 경우 차이의 본질에 대해 이해시킨다.

+ 더 알아보기

갈등해결방법 모색 시 명심해야 할 사항

- 다른 사람들의 입장을 이해하며, 사람들이 당황하는 모습을 자세하게 살핀다.
- 어려운 문제는 피하지 말고 맞선다.
- 자신의 의견을 명확하게 밝히고 지속적으로 강화한다.
- 사람들과 눈을 자주 마주친다.
- 마음을 열어놓고 적극적으로 경청한다.
- 타협하려 애쓴다.
- 어느 한쪽으로 치우치지 않는다.
- 논쟁하고 싶은 유혹을 떨쳐낸다.
- 존중하는 자세로 사람들을 대한다.

4 윈-윈 갈등관리법

1. 윈-윈 갈등관리법이란?

갈등과 관련된 모든 사람으로부터 의견을 받아 문제의 본질적인 해결책을 구하는 것을 말한다.

2. 윈-윈 갈등관리법 모델

① 1단계: 충실한 사전 준비
- 비판적인 패러다임 전환
- 자신의 위치와 관심사 확인
- 상대방의 입장과 드러내지 않은 관심사 연구

② 2단계: 긍정적인 접근 방식
- 상대방이 필요로 하는 것에 대해 생각해 보았다는 점을 인정
- 자신의 '윈윈 의도'를 명시
- 윈윈 절차, 즉 협동적인 절차에 임할 자세가 되어있는지 알아보기

③ 3단계: 두 사람의 입장을 명확히 하기
- 동의하는 부분 인정하기
- 기본적으로 다른 부분 인정하기
- 자신이 이해한 바 점검하기

④ 4단계: 윈-윈에 기초한 기준에 동의하기
- 상대에게 중요한 기준을 명확히 하기
- 자신에게 어떤 기준이 중요한지 말하기

⑤ 5단계: 몇 가지 해결책을 생각해내기

⑥ 6단계: 몇 가지 해결책을 평가하기

⑦ 7단계: 최종 해결책을 선택하고, 실행하는 것에 동의하기

개념확인문제

01 다음 ㉠~㉤을 갈등 진행 과정에 따라 순서대로 바르게 나열하시오.

㉠ 진정 국면	㉡ 격화 국면	㉢ 의견 불일치
㉣ 대결 국면	㉤ 갈등의 해소	

( ) → ( ) → ( ) → ( ) → ( )

02 다음 갈등해결방법 유형을 바르게 연결하시오.

① 회피형 •	• ㉠ 타협적으로 주고받는 방법
② 경쟁형 •	• ㉡ 나도 지고 너도 지는 방법
③ 수용형 •	• ㉢ 나는 이기고 너는 지는 방법
④ 타협형 •	• ㉣ 나도 이기고 너도 이기는 방법
⑤ 통합형 •	• ㉤ 나는 지고 너는 이기는 방법

03 다음 설명에 해당하는 윈-윈 갈등관리법 모델의 단계를 쓰시오.

㉠ 두 사람의 입장을 명확히 한다.
㉡ 몇 가지 해결책을 평가한다.

㉠ ( ) ㉡ ( )

정답 및 해설

01 ㉢ → ㉣ → ㉡ → ㉠ → ㉤
02 ① - ㉡, ② - ㉢, ③ - ㉤, ④ - ㉠, ⑤ - ㉣
03 ㉠ 3단계, ㉡ 6단계

04 협상능력

기출 키워드

• 협상의 의미 • 협상 과정 • 협상전략의 종류 • 타인 설득 방법

1 협상

1. 협상이란?

갈등 상태에 있는 이해 당사자들이 대화와 논쟁을 통해서 서로를 설득하여 문제를 해결하려는 정보전달 과정이자 의사결정 과정을 말한다.

① 의사소통 차원의 협상: 이해 당사자들이 자신들의 욕구를 충족시키고 상대방으로부터 최선의 것을 얻어내기 위해 상대방을 설득하는 커뮤니케이션 과정
② 갈등해결 차원의 협상: 갈등관계에 있는 이해 당사자들이 대화를 통해서 갈등을 해결하고자 하는 상호작용 과정
③ 지식과 노력 차원의 협상: 우리가 얻고자 하는 것을 가진 사람의 호의를 쟁취하기 위한 것에 관한 지식이며, 노력의 과정
④ 의사결정 차원의 협상: 둘 이상의 이해 당사자들이 여러 대안 가운데서 이해 당사자 모두가 수용 가능한 대안을 찾기 위한 의사결정 과정
⑤ 교섭 차원의 협상: 선호하는 것이 서로 다른 협상 당사자들의 합의에 도달하기 위해 공동으로 의사결정 하는 과정

2 협상 과정

1. 협상 과정 5단계

단계	과정	내용
1단계	협상 시작	• 협상 당사자들 사이에 상호 친근감을 쌓음 • 간접적인 방법으로 협상 의사를 전달함 • 상대방의 협상 의지를 확인함 • 협상 진행을 위한 체제를 구축함
▼		
2단계	상호 이해	• 갈등 문제의 진행 상황과 현재 상황을 점검함 • 적극적으로 경청하고 자기주장을 제시함 • 협상을 위한 협상 대상 안건을 결정함
▼		
3단계	실질 이해	• 겉으로 주장하는 것과 실제로 원하는 것을 구분하여 실제로 원하는 것을 찾아냄 • 분할과 통합 기법을 활용하여 이해관계를 분석함
▼		

4단계	해결 대안	• 협상 안건마다 대안들을 평가함 • 개발한 대안들을 평가함 • 최선의 대안에 대해서 합의하고 선택함 • 대안 이행을 위한 실행 계획을 수립함
▼		
5단계	합의 문서	• 합의문을 작성함 • 합의문상의 합의 내용과 용어 등을 재점검함 • 합의문에 서명함

2. 협상 과정 3단계

1단계	협상 전 단계	• 협상기획: 협상 과정(준비, 집행, 평가 등) 계획 • 협상준비: 목표 설정, 협상 환경 분석, 협상 형태 파악, 협상팀의 선택과 정보수집, 자기 분석, 상대방 분석, 협상전략과 전술 수립, 협상대표 훈련
▼		
2단계	협상 진행 단계	• 협상진행: 상호인사, 정보 교환, 설득 및 양보 등 협상전략과 전술 구사 • 협상종결: 합의 및 합의문 작성과 교환
▼		
3단계	협상 후 단계	• 협의 내용 비준: 비준 • 협의 내용 집행: 실행 • 분석평가: 평가와 피드백

3. 협상에서 나타나는 실수와 대처방안

협상의 실수	대처방안
준비되기도 전에 협상을 시작하는 것	• 상대방이 먼저 협상을 요구하거나 재촉하면 아직 준비가 덜 되었다고 솔직히 말하며, 상대방의 입장을 묻는 기회로 삼는다. • 협상준비가 되지 않았을 때는 듣기만 한다.
잘못된 사람과의 협상	• 협상 상대가 협상에 대하여 책임을 질 수 있고 타결권을 가지고 있는 사람인지 확인하고 협상을 시작한다. • 최고책임자는 협상의 세부사항을 잘 모르기 때문에 상급자는 협상의 올바른 상대가 아니라는 점을 명심한다.
특정 입장만 고집하는 것 (입장협상)	• 협상에서 한계를 설정하고 그다음 단계를 대안으로 제시한다. • 상대방이 특정 입장만 내세우는 입장협상을 할 경우에는 조용히 그들의 준비를 도와주고 서로 의견을 교환하면서 상대의 마음을 열게 한다.
협상의 통제권을 잃을까 두려워하는 것	• 협상은 통제권을 확보하는 것이 아니라 함께 의견 차이를 조정하면서 최선의 해결책을 찾는 것이므로 통제권을 잃을까 염려되면 그 사람과의 협상 자체를 고려해 본다. • 자신의 한계를 설정하고 그것을 고수하여 그런 염려를 하지 않게 한다.
설정한 목표와 한계에서 벗어나는 것	• 한계와 목표를 잃지 않도록 그것을 기록하고, 기록된 노트를 협상의 길잡이로 삼는다. • 더 많은 것을 얻기 위해 한계와 목표를 바꾸기도 한다.
상대방에 대해서 너무 많은 염려를 하는 것	• 상대방이 원하는 것을 얻을까 너무 염려하지 말고, 협상을 타결 짓기 전에 자신과 상대방이 각기 만족할만한 결과를 얻었는지, 협상 결과가 현실적으로 효력이 있었는지, 모두 만족할 만한 상황이 되었는지 확인한다.
협상 타결에 초점을 맞추지 못하는 것	• 협상의 모든 단계에서 협상의 종결에 초점을 맞추고, 항상 종결을 염두에 둔다. • 특정한 목적을 위해 협상을 하고 있기 때문에 목표가 가까이 왔을 때 쟁취한다.

3 협상전략 종류

1. 협상전략의 형태

문제해결전략, 양보전략, 무행동전략, 경쟁전략 등으로 구분할 수 있으며, 문제해결전략은 협력전략, 양보전략은 유화전략, 무행동전략은 회피전략, 경쟁전략은 강압전략에 해당한다.

2. 협상전략의 종류

① 협력전략
- 협상 참여자들이 협동과 통합으로 문제를 해결하고자 하는 협력적 문제해결전략이다.
- 나도 잘되고, 상대방도 잘되어, 우리 모두가 잘되는 'I Win, You Win, We Win' 전략이다.

② 유화전략
- 상대방의 욕구와 주장에 자신의 욕구와 주장을 조정하고 순응시켜 굴복하는 양보전략이다.
- 당신의 승리를 위해서 나는 손해를 보아도 괜찮다는 'I Lose, You Win' 전략이다.

③ 회피전략
- 협상을 피하거나 잠정적으로 중단하거나 철수하는 무행동전략이다.
- 나도 손해를 보고, 상대방도 손해를 보아, 우리 모두가 손해를 보는 'I Lose, You Lose, We Lose' 전략이다.

④ 강압전략
- 상대방의 주장을 무시하고 힘으로 일방적으로 밀어붙여 상대방에게 자신의 입장을 강요하는 경쟁전략이다.
- 내가 승리하기 위해서 당신은 희생되어야 한다는 'I Win, You Lose' 전략이다.

실전에 적용하기

제시된 각각의 사례와 관련된 협상전략을 연결해 보자.

[사례 1]

취업 준비생 A는 수강료가 부담되어 영어 회화 학원 등록을 망설이던 중 취업 스터디를 통해 알게 된 지인이 평소 일본어 회화에 관심이 많은 것을 알게 되었다. A와 A의 지인은 각각 일본어와 영어에 자신 있었기 때문에 A는 서로 회화를 가르쳐주자는 제안을 하였고, 지인 또한 이를 받아들여 서로 수강료 부담을 줄일 수 있었다.

[사례 2]

제조업체에서 근무하는 B는 주요 부품을 구입해왔던 협력업체로부터 부품 가격 인상 제안을 듣게 되었다. B의 회사 측에서는 당장 손해를 볼 수 있지만, 장기적인 관계를 고려했을 때 받아들이는 것이 이득이라 생각하여 결국 협력업체의 제안을 받아들였다.

[사례 3]

의류업체에서 근무하는 C는 여름 시즌 신상을 판매할 도매업체와 가격 협상을 진행하였다. 그러나 해당 도매업체는 가격 협상에 적극적이지 않은 태도를 보였고, C 또한 해당 도매업체와의 협상 가치가 낮다고 느껴 과감하게 협상을 포기하였다.

[사례 4]

식품업체에서 근무하는 D는 신제품 판매 촉진 행사를 위해 납품업체와의 협업을 요청하였으나, 납품업체 측에서 이를 거절하였다. 결국 D는 해당 납품업체에 더 이상 거래하지 않겠다는 의사를 강하게 내비치면서 납품업체의 협업을 유도할 수 있었다.

- A: 상대방과의 협동과 통합을 통해 문제를 해결하고자 하는 '협력전략'에 해당한다.
- B: 상대의 요구에 자신의 요구를 조정하고 순응하여 양보하는 '유화전략'에 해당한다.
- C: 협상을 피하거나 잠정적으로 중단 또는 철수하는 '회피전략'에 해당한다.
- D: 상대방의 주장을 무시하고 일방적으로 밀어붙여 자신의 입장을 강요하는 '강압전략'에 해당한다.

4 타인 설득 방법

1. See–Feel–Change전략

시각화하고 직접 보게 하여 이해시키는 'See' 전략, 스스로 느끼게 하여 감동시키는 'Feel' 전략, 변화시켜 설득에 성공하는 'Change'전략이다.

2. 상대방 이해전략

갈등해결을 위해서 상대에 대한 이해가 선행되어 있으면 갈등해결이 용이하다는 전략이다.

3. 호혜관계 형성전략

협상 당사자 간에 어떤 혜택을 주고받은 관계가 형성되어 있으면 갈등해결이 용이하다는 전략이다.

4. 헌신과 일관성전략

협상 당사자 간에 기대하는 바에 일관성 있게 헌신적으로 부응하여 행동하면 갈등해결이 용이하다는 전략이다.

5. 사회적 입증전략

소위 '입소문'을 통해 설득하는 것과 같이 어떤 과학적인 논리보다도 동료 또는 사람들의 행동으로 상대방 설득을 진행하면 갈등해결이 용이하다는 전략이다.

6. 연결전략

갈등 상태 발생 시 갈등 문제와 갈등 관리자가 아닌 갈등을 야기한 사람과 관리자를 연결하면 갈등해결이 용이하다는 전략으로, 우호적이거나 좋은 이미지 등을 사용하는 것이 연결 기술에 효과적이다.

7. 권위전략

직위나 전문성 등의 권위를 이용하면 갈등해결이 용이하다는 전략으로, 전문성을 갖춘 사람의 권위가 더 설득력이 있다.

8. 희소성 해결전략

인적·물적자원 등의 희소성을 해결하면 갈등해결이 용이하다는 전략으로, 희소한 대상에 대한 사람 또는 집단의 소유욕이 있을 때 통용된다.

9. 반항심 극복전략

자신의 행동을 통제하려는 상대방에게 반항하는 심리를 적절히 억제하면 갈등해결이 용이하다는 전략이다.

개념확인문제

01 다음 ㉠, ㉡의 의미에 해당하는 협상을 쓰시오.

㉠ 이해 당사자들이 자신들의 욕구를 충족시키고 상대방으로부터 최선의 것을 얻어내기 위해 상대방을 설득하는 커뮤니케이션 과정
㉡ 선호가 서로 다른 협상 당사자들의 합의에 도달하기 위해 공동으로 의사결정 하는 과정

㉠ (　　　　　　　　) ㉡ (　　　　　　　　)

02 다음 ㉠~㉤을 협상 과정 5단계에 따라 순서대로 바르게 나열하시오.

㉠ 실질 이해　　㉡ 협상 시작　　㉢ 상호 이해
㉣ 합의 문서　　㉤ 해결 대안

(　　　) → (　　　) → (　　　) → (　　　) → (　　　)

03 다음 협상전략에 대한 설명을 읽고, 맞으면 O, 틀리면 X에 표시하시오.

① 나도 잘되고, 상대방도 잘되어 우리 모두가 잘되는 전략은 유화전략이다. (O, X)
② 강압전략은 상대방의 주장을 무시하고 자신의 입장을 강요하는 전략이다. (O, X)

04 다음 글의 빈칸에 들어갈 말을 쓰시오.

상대방을 설득시키기 위해 활용할 수 있는 전략 중 (　　　　　　　　)전략은 협상 당사자 간에 어떤 혜택을 주고받은 관계가 형성되어 있으면 갈등해결이 용이하다는 전략이다.

정답 및 해설

01 ㉠ 의사소통 차원의 협상, ㉡ 교섭 차원의 협상
02 ㉡ → ㉢ → ㉠ → ㉤ → ㉣
03 ① X | 나도 잘되고, 상대방도 잘되어 우리 모두가 잘되는 전략은 협력전략이다.
② O
04 호혜관계 형성

05 고객서비스능력

기출 키워드

• 고객서비스의 의미 • 고객 불만 표현 유형 • 고객 불만 처리 프로세스 • 고객 만족 조사 계획

1 고객서비스

1. 고객서비스란?

다양한 고객의 요구를 파악하고, 대응법을 마련하여 양질의 서비스를 제공하는 것을 말한다.

2. 고객중심 기업의 특징

① 내부고객과 외부고객 모두를 중요시한다.
② 고객 만족에 중점을 둔다.
③ 고객이 정보, 제품, 서비스 등에 쉽게 접근할 수 있도록 한다.
④ 더욱 나은 서비스를 제공할 수 있도록 하는 기업 정책을 수립한다.
⑤ 기업의 전반적 관리 시스템이 고객서비스 업무를 지원한다.
⑥ 기업이 실행한 서비스에 대해 계속된 재평가를 함으로써 고객에게 양질의 서비스를 제공하도록 서비스 자체를 끊임없이 변화시키고 업그레이드한다.

3. 고객서비스를 통한 기업의 성장 과정

고품위 고객서비스 —고객감동→ 충성도 확보 → 성장과 이익

2 고객 불만 표현 유형 및 대응 방법

1. 거만형

① 특징: 자신의 과시욕을 드러내고 싶어 하는 고객 유형이다.

② 대응 방법
• 정중하게 대하는 것이 좋다.
• 과시욕이 충족될 수 있도록 언행을 제지하지 않고 인정해 준다.
• 의외로 단순한 면이 있으므로 일단 그의 호감을 얻게 되면 여러 면으로 득이 될 경우가 많다.

2. 의심형

① 특징: 직원의 설명이나 제품의 품질에 대해 의심을 많이 하는 고객 유형이다.

② 대응 방법
• 분명한 증거나 근거를 제시하여 고객 스스로 확신을 갖도록 유도한다.
• 책임자가 직접 응대한다.

3. 트집형

① **특징:** 자신의 목적을 이루기 위해 사소하거나 엉뚱한 것을 문제 삼는 고객 유형이다.

② 대응 방법
- 이야기를 경청하고, 맞장구치고, 추켜세우고, 설득해 가는 방법이 효과적이다.
- '손님의 말씀이 맞습니다. 역시 손님께서 정확하십니다.'와 같이 고객의 지적이 옳음을 표시한 후 '저도 그렇게 생각하고 있습니다만….'하는 방법을 통해 설득한다.
- 잠자코 고객의 의견을 경청하고 사과를 하는 응대가 바람직하다.

4. 빨리빨리형

① **특징:** 성격이 급하며, 확신 있는 말이 아니면 잘 믿지 않는 고객 유형이다.

② 대응 방법
- 애매한 화법을 사용하면 고객의 신경을 더 곤두서게 할 수 있으므로 주의한다.
- 여러 가지 일을 신속하게 처리하는 모습을 보이면 응대하기 쉽다.

+ 더 알아보기

고객 불만 활용
- 불만족 고객 대부분은 불평하지 않는다. 불평하는 고객은 사업자를 도와주려는 생각에서 불평을 하는 경우가 많다. 따라서 고객의 불평을 감사하게 생각해야 한다.
- 고객의 불평은 종종 거친 말로 표현된다. 그러나 그것은 꼭 불만의 내용이 공격적이기 때문에 그런 것은 아니다.
- 대부분의 불평고객은 단지 기업이 자신의 불평을 경청하고, 잘못된 내용을 설명하고 제대로 고치겠다고 약속하면서 사과하기를 원한다.
- 미리 들을 준비를 하고 침착하게 긍정적으로 고객을 대하며, 대부분의 불평은 빠르게 큰 심적 소진 없이 해결된다.

3 고객 불만 처리 프로세스 8단계

1. 1단계: 경청

고객의 항의에 경청하고 끝까지 들으며, 선입관을 버리고 문제를 파악한다.

2. 2단계: 감사와 공감 표시

고객의 항의에 공감을 표시하며, 일부러 시간을 내서 해결의 기회를 준 것에도 감사를 표시한다.

3. 3단계: 사과

고객의 이야기를 듣고 문제점에 대해 인정하고, 잘못된 부분에 대해 사과한다.

4. 4단계: 해결 약속

고객이 불만을 느낀 상황에 대해 관심과 공감을 보이며 문제의 빠른 해결을 약속한다.

5. 5단계: 정보 파악

문제해결을 위해 꼭 필요한 질문만 하여 정보를 얻으며, 최선의 해결방법을 찾기 어려우면 고객에게 어떻게 해 주면 만족스러울지를 묻는다.

6. 6단계: 신속 처리

잘못된 부분을 신속하게 시정한다.

7. 7단계: 처리 확인과 사과

불만 처리 후 고객에게 처리 결과에 만족하는지 묻는다.

8. 8단계: 피드백

고객 불만 사례를 회사 및 전 직원에게 알려 다시는 동일한 문제가 발생하지 않도록 한다.

4 고객 만족 조사

1. 고객 만족 조사의 목적

고객의 주요 요구를 파악하여 가장 중요한 고객 요구를 도출하고, 자사가 가지고 있는 자원을 토대로 경영 프로세스의 개선에 활용함으로써 경쟁력을 증대시킬 수 있으며, 이에 따른 수익 증대와 품질 향상으로 인한 유·무형의 가치를 창출할 수 있다.

2. 고객 만족 측정 시 범할 수 있는 오류

① 고객이 원하는 것을 알고 있다고 생각한다.
② 적절한 측정 프로세스 없이 조사를 시작한다.
③ 비전문가로부터 도움을 얻거나 포괄적인 가치만을 질문한다.
④ 중요도 척도를 오용한다.
⑤ 모든 고객들이 동일한 수준의 서비스를 원하고 필요하다고 가정한다.

3. 고객 만족 조사 계획

고객 만족 조사를 적절히 수행하기 위해서는 적절한 조사 계획을 수립해야 하며 고객 만족 조사 계획은 조사 분야 및 대상 결정, 조사 목적 설정, 조사 방법 및 횟수, 조사 결과 활용 계획을 수행해야 한다.

알아두면 도움되는 (구)모듈이론

고객 만족 조사 방법

설문조사	• 고객 만족을 측정할 수 있는 문항으로 구성된 설문지를 통해 응답자들의 인식을 조사하는 방법 • 응답자들이 쉽게 이해할 수 있는 말로 질문을 구성해야 함 • 비교적 빨리 실시할 수 있고 조사결과를 통계적으로 처리할 수 있음
심층면접법	• 조사자와 응답자 간의 일대일 대면접촉에 의해 응답자의 잠재된 동기, 신념, 태도 등을 발견하는 데 사용되는 방법 • 다른 방법을 통해 포착할 수 없는 심층적인 정보나 독특한 정보를 경험적으로 얻을 수 있음 • 비교적 긴 시간이 소요되고, 인터뷰 결과를 다르게 해석할 수 있음

개념확인문제

01 다음 고객 불만 유형별 대응법에 해당하는 고객 불만 유형을 쓰시오.

고객 불만 유형	고객 불만 유형별 대응법
(㉠)	자신의 과시욕이 채워지도록 마음껏 표현하도록 하는 것이 좋다.
(㉡)	고객에게 만사를 시원스럽게 처리하는 모습을 보이면 응대하기 쉽다.
(㉢)	분명한 증거나 근거를 제시하여 고객이 확신하도록 하는 것이 필요하다.
(㉣)	고객의 이야기를 경청하고 공손한 모습을 보이는 것이 중요하다.

㉠ (　　　　) ㉡ (　　　　) ㉢ (　　　　) ㉣ (　　　　)

02 다음 고객 불만 처리 프로세스에 대한 설명을 읽고, 맞으면 O, 틀리면 X에 표시하시오.

① 고객의 항의를 경청한 뒤에는 바로 문제점에 대한 인정과 사과를 한다. (O, X)
② 최선의 해결방법을 찾기 어려워도 고객에게 어떻게 해야 만족스러울지 먼저 물어보지 않는다. (O, X)
③ 불만 처리 후에는 고객에게 처리 결과에 대한 만족도를 조사한다. (O, X)

03 다음의 특징에 해당하는 고객 만족 조사 방법을 쓰시오.

- 조사자와 응답자 간의 일대일 대면접촉에 의해 응답자의 잠재된 동기, 신념, 태도 등을 발견하는 방법
- 다른 방법을 통해 포착할 수 없는 심층적인 정보나 독특한 정보를 경험적으로 얻을 수 있음
- 비교적 긴 시간이 소요되고, 인터뷰 결과를 다르게 해석할 수 있음

(　　　　)

정답 및 해설

01 ㉠ 거만형, ㉡ 빨리빨리형, ㉢ 의심형, ㉣ 트집형
02 ① X | 1단계에서 고객의 항의를 경청한 후에는 2단계에서 고객의 항의에 대한 공감과 감사의 표시를 해야 한다.
② X | 최선의 해결방법을 찾기 어려우면 고객에게 어떻게 해야 만족스러울지 물어보아야 한다.
③ O
03 심층면접법

기출공략문제

하위능력: 팀워크능력 **난이도**: ★☆☆ **대표출제기업**: 서울교통공사, 코레일테크

01 ○○공사의 연구개발팀은 최근 업무 효율성 향상을 위해 연구개발 A, 연구개발 B 2개의 팀으로 나누어 프로젝트를 진행하게 되었다. 연구개발 A팀의 팀장을 맡게 된 귀하가 팔로워십 유형이 수동형인 직원과 실무형인 직원으로 팀원을 구성한다고 할 때, 다음의 직원 평가서를 참고하여 귀하의 팀원이 될 직원을 모두 고르면?

직원 평가서	
직원	동료들의 시각
A	평소 업무에 대한 아이디어가 부족하고, 인기 없는 업무는 하지 않으려고 하지만 조직을 위해 자신과 가족의 요구를 양보한다.
B	팀 내 정해진 역할이 있음에도 불구하고 매번 제 몫을 다 하지 못하여 업무수행 시 감독이 필요하다.
C	자신의 이익을 극대화할 수 있는 일에는 흥정을 잘하고, 남들과 비교했을 때 적당한 열의를 가지고 업무를 수행한다.
D	동료들 사이에서 냉소적이며 부정적인 사람으로 인식되어 있고, 회의에서도 자기 의견에 대한 고집이 센 편이다.
E	독립적이고 혁신적인 사고로 건설적인 비판을 제시하고, 주인의식을 가지고 적극적으로 참여하여 기대 이상의 성과를 내려고 노력한다.

① A, D ② A, E ③ B, C ④ B, D ⑤ C, E

기출 포인트 해설 | 팔로워십 유형

A: 아이디어가 부족하고 인기가 없는 업무는 하지 않으려고 하지만 조직을 위해 자신과 가족의 요구를 양보하는 팔로워십 유형은 '순응형'에 해당한다.

B: 팀 내 정해진 역할이 있지만, 매번 제 몫을 하지 못하고 업무수행 시 감독이 필요한 팔로워십 유형은 '수동형'에 해당한다.

C: 자신의 이익을 극대화하기 위한 흥정을 잘하고, 적당한 열의를 바탕으로 업무를 수행하는 팔로워십 유형은 '실무형'에 해당한다.

D: 동료들 사이에서 냉소적이며 부정적인 사람으로 인식되어 있고 자기 의견에 대한 고집이 센 팔로워십 유형은 '소외형'에 해당한다.

E: 독립적이고 혁신적인 사고로 건설적인 비판을 제시하고, 주인의식을 가지고 적극적으로 참여하여 기대 이상의 성과를 내려고 노력하는 팔로워십 유형은 '주도형'에 해당한다.

따라서 귀하의 팀원이 될 직원은 'B, C'이다.

정답 ③

하위능력: 팀워크능력 **난이도**: ★★☆ **대표출제기업**: 서울교통공사

02 다음 중 팀워크를 저해하고 있는 사람을 모두 고르면?

> • 박 대리는 우리 팀은 어떤 프로젝트도 잘 해낼 수 있다는 자신감을 가진 사람으로, 항상 다른 팀원을 독려한다.
> • 구 과장은 자신의 팀에서 내가 가장 경험이 많고 아는 것도 많다고 생각하는 사람으로, 모든 팀원들이 자신의 검토를 받고 일을 하도록 한다.
> • 오 대리는 팀원들과의 의리를 가장 중요시하는 사람으로, 같은 팀의 김 대리가 팀 회식비를 빼돌린 사실을 알고도 적은 금액이라며 눈감아 주었다.
> • 한 차장은 솔직한 사람으로, 팀 내 갈등상황이 생기면 자신의 생각을 솔직하게 이야기하고 상대방도 솔직하게 이야기해 줄 것을 요청한다.

① 박 대리, 구 과장
② 구 과장, 오 대리
③ 오 대리, 한 차장
④ 박 대리, 구 과장, 오 대리
⑤ 구 과장, 오 대리, 한 차장

기출 포인트 해설 | 팀워크 저해 요소

구 과장은 팀워크 저해요인 중 자아의식의 과잉 사례로 볼 수 있고, 오 대리는 팀워크 저해요인 중 그릇된 우정과 인정의 사례로 볼 수 있으므로 팀워크를 저해하고 있는 사람은 '구 과장, 오 대리'이다.

✔ 이것도 알면 합격

- **훌륭한 팀워크의 기본 요소**
  - 팀원 간에 공동의 목표의식과 강한 도전의식 공유
  - 팀원 간에 상호 신뢰 및 존중
  - 서로에 대한 협력 및 역할과 책임을 다하는 자세
  - 솔직한 대화로 서로를 이해
  - 강한 자신감으로 상대방의 사기를 높임
- **팀워크 저해 요소**
  - 조직에 대한 이해 부족
  - 자기중심적인 이기주의
  - '내가'라는 자아의식의 과잉
  - 질투나 시기로 인한 파벌주의
  - 그릇된 우정과 인정
  - 사고방식 차이에 대한 무시

정답 ②

하위능력: 리더십능력 **난이도**: ★★☆ **대표출제기업**: 서울교통공사, 코레일테크, 한국가스안전공사

03 다음 사례를 읽고 A 씨와 B 씨에 해당하는 리더십 유형을 순서대로 바르게 나열한 것은?

- A 씨는 오랫동안 한 조직에 머무른 끝에 기획조정실의 본부장 자리에 오르게 되었다. 본부장이 된 A 씨는 그동안 업무 평가가 좋지 않았거나 실적이 부진했던 직원들을 대상으로 과감한 인사 조치를 감행하여 한 번의 실수라도 절대 용납하지 않을 것이라는 자신의 의중을 드러냈다. 또한, 구성원 개개인에게 공정하게 업무를 분배하여 각자가 주어진 업무를 묵묵히 수행하고, 그 결과에 대해서 스스로 책임질 것을 요구하였다.
- 외국계 기업으로부터 스카우트 제의를 받아 이직하게 된 B 씨는 새롭게 구성된 팀의 리더를 맡게 되었다. B 씨는 이전 직장에서의 경험이 풍부하기는 하지만, 자신은 그저 조직 구성원 중 한 명일뿐이라고 생각하기 때문에 의사결정을 하거나 팀이 나아갈 방향을 설정할 때 자신의 의견만을 강요하지 않고 팀원들의 참여를 적극적으로 권장하였다. 또한, 팀원들의 능력에 대한 신뢰를 바탕으로 팀의 성과나 결과의 책임을 함께 공유하기로 하였다.

① 파트너십 리더십 – 민주주의 근접 유형 리더십
② 독재자 유형 리더십 – 파트너십 리더십
③ 민주주의 근접 유형 리더십 – 변혁적 리더십
④ 변혁적 리더십 – 거래적 리더십
⑤ 거래적 리더십 – 독재자 유형 리더십

기출 포인트 해설 | **리더십 유형**

- A 씨는 업무 평가가 좋지 않거나 실적이 부진했던 직원들을 대상으로 과감한 인사 조치를 감행하여 한 번의 실수도 용납하지 않을 것이라는 뜻을 드러내고, 구성원 개개인에게 업무를 공정하게 분배하여 주어진 업무를 묵묵히 수행하고 그 결과에 대해 스스로 책임질 것을 요구하였으므로 '독재자 유형 리더십'에 해당한다.
- B 씨는 자신의 경험이 풍부해도 자신을 그저 조직 구성원 중의 한 명이라고 생각하고, 의사결정을 하거나 팀의 방향을 설정할 때 팀원들의 참여를 권장하며 팀원들의 능력에 대한 신뢰를 바탕으로 팀의 성과나 결과를 함께 책임지기로 하였으므로 '파트너십 리더십'에 해당한다.

따라서 리더십 유형을 순서대로 바르게 나열하면 '독재자 유형 리더십 – 파트너십 리더십'이 된다.

정답 ②

하위능력: 리더십능력 **난이도**: ★★☆ **대표출제기업**: 한국마사회

04 다음 중 허쉬(Hersey)와 블랜차드(Blanchard)의 상황적 리더십 모형에 대한 설명으로 적절하지 않은 것을 모두 고르면?

> ㉠ 참여형 리더십은 조직 구성원의 업무수행 능력이 높으며 구성원이 업무를 수행하고자 하는 의지가 강한 상황에 가장 적합하다.
> ㉡ 설득형 리더십 유형의 리더는 의사결정과정에서 조직 구성원에게 아이디어와 정보를 공유하거나 조직 구성원을 의사결정 과정에 참여시켜 동기를 유발한다.
> ㉢ 위임형 리더십 유형의 리더는 자신이 내린 결정을 조직 구성원에게 설명한 뒤 구성원에게 그 결정을 습득할 수 있는 기회를 부여한다.
> ㉣ 지시형 리더십은 조직 구성원의 업무수행능력이 낮으며 구성원이 업무를 수행하고자 하는 의지가 약한 상황에 가장 적합하다.

① ㉠, ㉢ ② ㉠, ㉣ ③ ㉡, ㉣ ④ ㉠, ㉡, ㉢ ⑤ ㉡, ㉢, ㉣

기출 포인트 해설 허쉬(Hersey)와 블랜차드(Blanchard)의 상황적 리더십 모형

㉠ 참여형 리더십은 조직 구성원의 업무수행능력이 높으나 업무수행 의지가 약한 상황에 적합한 리더십 유형이므로 적절하지 않은 설명이다.
㉡ 의사결정과정에서 조직 구성원에게 아이디어와 정보를 공유하거나 조직 구성원을 의사결정과정에 참여시켜 동기를 유발하는 것은 참여형 리더십 유형이므로 적절하지 않은 설명이다.
㉢ 구성원에게 자신이 내린 결정을 설명하고 구성원에게 그 결정을 습득할 수 있는 기회를 부여하는 것은 설득형 리더십 유형이므로 적절하지 않은 설명이다.

따라서 허쉬와 블랜차드의 상황적 리더십 모형에 대한 설명으로 적절하지 않은 것은 '㉠, ㉡, ㉢'이다.

이것도 알면 합격

허쉬(Hersey)와 블랜차드(Blanchard)의 상황적 리더십 모형

- **위임형 리더십**: 업무수행에 필요한 구성원의 능력이 높고 의지가 강할 때 적합한 리더십으로, 이 유형의 리더는 구성원에 대한 통제를 줄이고 업무의 방향이 결정되면 권한과 책임을 구성원에게 위임하여 중요한 업무만 지원한다.
- **참여형 리더십**: 업무수행에 필요한 구성원의 능력은 높으나 의지가 약할 때 적합한 리더십으로, 이 유형의 리더는 의사결정 과정에서 구성원에게 아이디어와 정보를 공유하거나 구성원을 의사결정 과정에 참여시켜 동기를 유발한다.
- **설득형 리더십**: 업무수행에 필요한 구성원의 능력은 낮으나 의지가 강할 때 적합한 리더십으로, 이 유형의 리더는 자신이 내린 결정을 구성원에게 설명해 주고 구성원에게 그 결정을 습득할 수 있는 기회를 제공한다.
- **지시형 리더십**: 업무수행에 필요한 구성원의 능력이 낮고 의지가 약할 때 적합한 리더십으로, 이 유형의 리더는 업무를 구체적으로 지시하고 구성원의 업무수행을 관리·감독한다.

정답 ④

하위능력: 리더십능력 **난이도**: ★★☆ **대표출제기업**: 서울교통공사

05 다음 중 팀의 리더가 팀원들이 변화를 받아들이도록 이끄는 방법으로 가장 적절하지 않은 것은?

① 직원들이 자신의 생각이나 제안을 직접적으로 말할 수 있는 분위기를 만들기 위해 노력한다.

② 변화가 왜 일어나야 하는지를 구성원들에게 상세하게 설명해 준다.

③ 변화에 스스로 대처하려는 직원이 있다면 스스로 동기부여를 할 수 있도록 도와준다.

④ 부정적인 행동을 하는 팀원은 팀에서 분리해 다른 팀원들에게 부정적인 영향이 미치지 않게 한다.

⑤ 최대한 자주 시간을 내어 구성원들과 변화와 관련해 논의한다.

기출 포인트 해설 변화관리

팀원들이 변화를 수용할 수 있도록 하려면 부정적인 행동을 보이는 구성원이 있을 때 개별 면담을 통해 늘 관심 있게 지켜보고 있다는 사실과 언제든지 대화를 나눌 수 있다는 점을 인식시켜주어야 하므로 가장 적절하지 않다.

정답 ④

하위능력: 갈등관리능력 난이도: ★☆☆ 대표출제기업: 서울교통공사, 한국가스안전공사

06 다음 글에서 설명하고 있는 갈등해결방법 유형은?

> 자신에 대한 관심은 낮으면서 상대방에 대한 관심은 높은 경우로, '나는 지고, 너는 이기는 방법'을 말한다. 이 방법은 상대방의 관심을 충족시키기 위해 자신의 요구를 희생하고, 상대방의 의지에 따르는 것으로, 상대방이 거친 요구를 해올 때 전형적으로 나타나는 반응이기도 하다.

① 회피형 ② 경쟁형 ③ 수용형 ④ 타협형 ⑤ 통합형

기출 포인트 해설 | 갈등해결방법 유형

제시된 글에서 설명하고 있는 갈등해결방법 유형은 '수용형'이다.

이것도 알면 합격

- **회피형**
  자신과 상대방에 대한 관심이 모두 낮은 경우로, 상황이 나아질 때까지 문제를 덮어두거나 회피하는 '나도 지고 너도 지는 방법'을 말한다.
- **경쟁형**
  자신에 대한 관심은 높고 상대방에 대한 관심은 낮은 경우로, 상대방의 목표를 희생시키고 자신의 목표를 달성시키는 '나는 이기고 너는 지는 방법'을 말한다.
- **수용형**
  자신에 대한 관심은 낮고 상대방에 대한 관심은 높은 경우로, 상대방의 관심을 충족시키기 위해 자신의 요구를 희생하는 '나는 지고 너는 이기는 방법'을 말한다.
- **타협형**
  자신과 상대방에 대한 관심이 중간 정도인 경우로, 서로가 받아들일 수 있는 결정을 하기 위해 '타협적으로 주고받는 방법'을 말한다.
- **통합형**
  자신과 상대방에 대한 관심이 모두 높은 경우로, 서로 간에 정보를 교환하여 모두의 목표를 달성하기 위한 윈윈 해법을 찾는 '나도 이기고 너도 이기는 방법'을 말한다.

정답 ③

하위능력: 협상능력 **난이도**: ★★☆ **대표출제기업**: 서울교통공사

07 다음 대화를 읽고 협상의 의미에 대해 잘못 이해하고 있는 사람을 고르면?

가연: 갈등해결 차원에서 바라본 협상은 갈등관계에 놓인 이해 당사자들이 대화를 통해 갈등을 해결하려고 하는 상호작용 과정이라고 할 수 있어.

나리: 협상을 교섭 차원으로 본다면, 선호하는 것이 서로 다른 협상 당사자들이 합의에 도달하기 위해 공동으로 의사결정 하는 과정을 의미해.

다석: 지식과 노력 차원의 협상은 승진, 안전, 자유 등 우리가 얻고자 하는 것들을 어떻게 하면 다른 사람들보다 우위를 차지하면서 얻을 수 있는가에 대한 지식과 노력이라고 말할 수 있어.

라경: 의사결정 측면에서 바라본 협상은 여러 대안 중에서 이해 당사자들이 모두 수용할 수 있는 대안을 찾는 것을 말해.

마욱: 협상을 의사소통의 차원으로 설명하자면 갈등에 처한 이해 당사자들이 대화를 통해 상반되는 이익을 조정하고 공통되는 이익을 증진시키는 상호작용이라고 할 수 있지.

① 가연 ② 나리 ③ 다석 ④ 라경 ⑤ 마욱

기출 포인트 해설 | 협상의 의미

의사소통 차원에서의 협상은 이해 당사자들이 자신들의 욕구를 충족시키기 위해 상대방으로부터 최선의 것을 얻어낼 수 있도록 상대방을 설득하는 커뮤니케이션 과정이며, 갈등에 처한 이해 당사자들이 대화를 통해 상반되는 이익을 조정하고 공통되는 이익을 증진시키는 상호작용은 갈등해결 차원에서의 협상을 말한다.
따라서 협상의 의미에 대해 잘못 이해하고 있는 사람은 '마욱'이다.

이것도 알면 합격

협상의 의미

협상이란 갈등 상태에 있는 이해 당사자들이 대화와 논쟁을 통해 서로를 설득하여 문제를 해결하려는 정보전달 과정이자 의사결정 과정을 말한다.

정답 ⑤

08 다음 사례에서 김 과장과 이 대리가 취하는 협상전략을 바르게 연결한 것은?

- 상품개발 1팀의 김 과장은 연봉협상 자리에서 기본급 30% 인상을 요구하였다. 그리고 이 요청이 받아들여지지 않는다면 퇴사하겠다는 의지를 밝혔다. 김 과장은 본인이 회사의 핵심인재이며, 본인이 퇴사할 경우 한동안 기술개발 1팀의 업무에 차질이 생기고 나아가 현재 개발 중인 신상품 출시에도 문제가 생겨 회사가 아주 곤란한 상황에 빠진다는 것을 알고 있다. 회사는 기본급 15% 인상과 연말 인센티브로 절충안을 내놓았지만 김 과장은 거부하였다. 그 후로 몇 번의 논의가 진행된 결과 김 과장은 본인이 원하는 방향으로 연봉 계약서를 작성할 수 있었다.
- 상품개발 2팀의 이 대리는 새로 출시된 상품의 납품가와 관련하여 도매업체들과 협상을 하고 있다. 이 대리는 신제품을 5,500원에 판매하고 싶다고 제안하였다. 그런데 A 기업에서는 신제품을 4,500원에 매입하고 싶으며, 대신 향후 3년간 주기적으로 일정 물량을 매입하겠다는 의사도 함께 밝혔다. 이 대리는 자신의 팀장과 논의한 끝에 A 기업의 제안을 받아들였다. 단기적으로는 이익이 많이 나지 않지만, 장기적으로는 이익이 크리라 생각한 것이다.

	김 과장	이 대리
①	강압전략	협력전략
②	강압전략	유화전략
③	협력전략	회피전략
④	협력전략	유화전략
⑤	회피전략	협력전략

기출 포인트 해설 협상전략

- 김 과장은 상황상 자신이 힘에 있어 우위를 점유하고 있다고 판단하여 상대방에게 자신의 입장을 강요하고 있으므로 '강압전략'을 취하고 있음을 알 수 있다.
- 이 대리는 장기적인 이익을 위해 A 기업에서 제시하는 것을 일방적으로 수용하고 있으므로 '유화전략'을 취하고 있음을 알 수 있다.

따라서 김 과장과 이 대리가 취한 협상전략을 바르게 연결한 것은 ②이다.

이것도 알면 합격

협상전략의 종류

협력전략	협상 참여자들이 협동과 통합으로 문제를 해결하고자 하는 협력적 문제해결전략
유화전략	상대방의 욕구와 주장에 자신의 욕구와 주장을 조정하고 순응시켜 굴복하는 양보전략
회피전략	협상을 피하거나 잠정적으로 중단하거나 철수하는 무행동전략
강압전략	상대방의 주장을 무시하고 힘으로 일방적으로 밀어붙여 상대방에게 자신의 입장을 강요하는 경쟁전략

정답 ②

하위능력: 고객서비스능력 **난이도**: ★★☆ **대표출제기업**: 서울교통공사

09 다음 고객 불만 처리 프로세스 8단계 중 빈칸에 해당하는 응대 방안에 대한 설명으로 가장 적절한 것은?

1단계	2단계	3단계	4단계
경청	감사와 공감 표시	(　　　)	해결 약속
5단계	**6단계**	**7단계**	**8단계**
정보 파악	신속 처리	처리 확인과 사과	피드백

① 최선의 해결방법을 찾기 어려울 때는 어떤 대응을 해주면 만족스러울지 고객에게 물어본다.
② 고객에게 처리 결과에 대한 만족도를 물어본다.
③ 고객의 항의를 통해 잘못된 부분을 발견했다면 이를 신속하게 정정한다.
④ 고객의 불만을 듣고 문제 상황을 인정하고 사과한다.
⑤ 고객이 불만을 느낀 상황에 대한 관심과 공감을 드러내며 빠른 해결을 약속한다.

기출 포인트 해설 | 고객 불만 처리 프로세스

고객 불만 처리 프로세스 8단계 중 3단계는 '사과'로, 고객의 이야기를 듣고 문제점에 대해 인정하고 잘못된 부분에 대해서는 사과를 하는 것은 '사과' 단계에 해당하는 응대 방안이므로 가장 적절하다.

① 최선의 해결방법을 찾기 어려울 때 어떤 대응을 해주면 만족스러울지 고객에게 물어보는 것은 5단계 '정보 파악'에 해당한다.
② 고객에게 처리 결과에 대한 만족도를 물어보는 것은 7단계 '처리 확인과 사과'에 해당한다.
③ 고객의 항의를 통해 발견한 잘못된 점을 신속하게 정정하는 것은 6단계 '신속 처리'에 해당한다.
⑤ 고객이 불만을 느낀 상황에 대한 관심과 공감을 드러내며 빠른 해결을 약속하는 것은 4단계 '해결 약속'에 해당한다.

정답 ④

하위능력: 협상능력 **난이도**: ★★☆ **대표출제기업**: 서울교통공사, 한국산업기술진흥원

10 **최근 백화점 시계 매장에서 일하게 된 귀하는 아직 고객 불만을 능숙하게 처리하지 못해 어려움을 겪고 있다. 귀하의 팀장이 귀하와 따로 자리를 마련하여 다음과 같이 조언해 주고 있다고 할 때, 빈칸에 들어갈 말로 가장 적절한 것은?**

> **팀장**: ○○씨 오늘도 고생 많았어요. 오늘 □□고객님 응대를 했다고 들었는데, 응대하는 데 어려움이 있었다고 들었어요.
> **귀하**: 네. 제가 가장 인기가 많은 제품을 추천해드렸는데, 너무 싸구려 같다고 하셔서 당황했어요. 그래서 바로 다른 제품을 보여드렸지만, 제대로 보지도 않고 더 고급스러운 것을 달라고 하시더라고요. 이렇게 몇 번 반복되니까 저도 빨리 응대를 마무리하고 싶어서 제가 추천해 드리는 것도 괜찮은 상품이라고 말씀을 드렸더니 갑자기 자신을 무시하냐고 윽박지르셔서 놀랐습니다. 다행히 근처에 계시던 오 대리님이 소리를 듣고 오셔서 대신 응대해 주셨어요.
> **팀장**: 놀랐겠네요. □□고객님 같은 유형의 고객들은 우선 정중하게 응대하는 것이 좋아요.
> 그리고 (   )
> **귀하**: 네, 팀장님. 명심하겠습니다.
> **팀장**: 이런 고객님들은 의외로 단순한 구석이 있어서 일단 호감을 얻으면 여러 면에서 득이 되는 경우가 많으니 다음에 오시면 좋은 관계 형성할 수 있도록 해 보세요.

① 잠자코 고객의 의견을 경청하고 사과하는 응대가 바람직합니다.
② 때로는 직접 응대하려 하지 말고 책임자가 응대하게 하도록 하는 것이 좋습니다.
③ 확신 있는 말이 아니면 잘 믿지 않는 고객이므로 확신을 주는 것이 중요해요.
④ 매사에 성격이 급하고 일 처리가 늦어지는 것을 못 참기 때문에 빨리 처리하는 모습을 보여줘야 해요.
⑤ 고객의 과시욕이 채워지도록 뽐내든 말든 내버려 두는 것이 좋습니다.

기출 포인트 해설 | 고객 불만 표현 유형

제시된 사례의 □□고객은 자신이 타인보다 우월하다고 생각하며 과시적으로 자신이 가진 지식이나 능력, 소유를 드러내고 싶어 하고 이러한 심리가 제품을 깎아내리는 방식으로 나타나는 '거만형' 불만 표현 유형에 가깝다.
'거만형' 고객은 고객의 과시욕이 채워지도록 뽐내든 말든 내버려 두는 것이 좋으므로 빈칸에 들어갈 말로 가장 적절하다.
①은 트집형, ②, ④는 의심형, ③은 빨리빨리형에 대한 설명이다.

✔ 이것도 알면 합격

고객의 불만 표현 유형별 주의사항
- **거만형**: 정중하게 대하고, 자신의 과시욕이 채워지도록 내버려 두는 것이 좋다.
- **의심형**: 분명한 증거나 근거를 제시하여 스스로 확신을 갖도록 유도하거나 책임자가 응대하는 것이 좋다.
- **트집형**: 고객의 이야기에 경청하고 맞장구치며 설득하고, 충분히 경청한 후 사과를 하는 것이 좋다.
- **빨리빨리형**: 애매한 화법을 사용하지 말고 시원스러운 처리 방법으로 응대하는 것이 좋다.

정답 ⑤

출제예상문제

• 시작과 종료 시각을 정한 후, 실제 시험처럼 문제를 풀어보세요.
　　　시　　분 ~　　　시　　분 (총 10문항/10분)

01 **H 공사에 입사한 신입사원들은 소속 팀원들과 원만한 대인관계를 유지하기 위해 각자가 실천하고 있는 대인관계능력 향상 방법을 공유하였다. 다음 중 대인관계능력 향상 방법이 적절하지 않은 사람을 모두 고르면?**

갑: 최근에 저는 동료로부터 다른 사람의 장점을 칭찬하거나 작은 일에도 감사 표현을 건네는 제 모습에 감동하였다는 말을 들었어요. 대인관계에 있어서 칭찬과 감사 표현은 아주 중요한 것 같아요.
을: 좋은 습관이네요. 저의 대인관계 가치관은 제가 내뱉은 말은 반드시 지키려고 하는 언행일치인데, 막상 실행하려고 하니 쉽지 않지만, 최대한 지키려고 하고 있어요.
병: 대인관계능력에서 가장 중요한 것은 상대방에 대한 이해와 양보라고 생각해요. 저는 사소하다고 생각하는 문제를 상대방은 중요하다고 생각할 수 있으므로 상대방의 관점에서 파악하는 것이 중요하죠.
정: 전 처음부터 상대방에 대한 기대를 분명히 하여 이를 공유한다면 서로 부담을 느낄 수도 있을 것 같아요. 그래서 처음 대면하는 상황에서는 서로에 대한 기대나 역할 등을 최대한 공유하지 않도록 하죠.
무: 저는 제가 잘못한 일은 바로 인정하고 사과를 하는 편이에요. 그리고 그 잘못을 반복할 때마다 매번 잘못을 인정하고 사과해야 상대방으로부터 신뢰를 얻을 수 있다고 생각하고요.

① 갑, 병　　② 을, 정　　③ 정, 무　　④ 갑, 을, 정　　⑤ 병, 정, 무

02 리더십 특강을 진행하게 된 귀하는 리더십의 핵심 개념 중 하나인 임파워먼트에 대한 강연을 진행하고자 한다. 귀하가 강연을 진행하기 전에 다음과 같은 발표 대본을 작성하였을 때, 밑줄 친 ㉠~㉤ 중 적절하지 않은 내용을 모두 고르면?

> 리더십의 핵심 개념으로 꼽히는 임파워먼트를 간단하게 정의하자면 '권한 위임'이라고 할 수 있습니다. ㉠ 직원들에게 일정 권한을 위임한다면 목표를 수월하게 이루는 것이 다소 어려울 수 있지만, 직원들로부터 존경받는 리더가 될 수 있습니다. ㉡ 직원들은 리더에게서 자신의 능력을 인정받아 권한을 위임받았다고 인식하는 순간부터 업무 효율성이 높아질 수 있기 때문에 리더십에 있어 임파워먼트는 매우 중요합니다.
>
> 다만 임파워먼트를 이루기 위해서는 임파워먼트 환경을 마련하는 것이 중요합니다. ㉢ 먼저 사람들이 현상을 유지하고 이에 대해 순응할 수 있는 환경을 구축해야 합니다. ㉣ 또한, 학습과 성장의 기회를 제공해 주고 긍정적인 인간관계를 형성할 수 있도록 해야 하며, 상부로부터의 지원 등이 있어야 합니다. ㉤ 마지막으로 이와 같은 임파워먼트 환경을 갖췄다는 것은 결국 사람들의 에너지, 창의성, 잠재능력 등이 최대한 발휘될 수 있다는 것을 의미합니다.

① ㉠, ㉢　　② ㉡, ㉤　　③ ㉠, ㉡, ㉣　　④ ㉡, ㉢, ㉣　　⑤ ㉢, ㉣, ㉤

03 기획팀에서 근무하는 귀하는 최근 이직한 경력직 김 사원과의 업무 방식과 관련하여 갈등을 빚고 있어 이를 윈-윈(Win-Win) 전략에 의거한 갈등해결 모델을 참고하여 해결하려고 한다. 단계별로 귀하가 자기 스스로나 상대방에게 할 말로 가장 적절하지 않은 것은?

〈윈-윈(Win-Win) 전략에 의거한 갈등해결 모델〉

단계	내용
1단계	충실한 사전 준비
2단계	긍정적인 접근 방식
3단계	두 사람의 입장을 명확히 하기
4단계	윈-윈에 기초한 기준에 동의하기
5단계	몇 가지 해결책을 생각해 내기
6단계	몇 가지 해결책을 평가하기
7단계	최종 해결책을 선택하고, 실행하는 것에 동의하기

① 1단계 - 제가 김 사원님이 중요하게 여기는 것이 무엇인지 생각해 봤어요. 김 사원님은 업무 편의성을 중시하는 것 같은데, 맞나요?

② 2단계 - 일단 김 사원님도 저도 만족스러운 해결책을 찾기 위해 저와 함께 노력할 의사가 있는지 궁금해요.

③ 3단계 - 우리가 서로 동의하는 부분과 다른 부분을 검토해 보면 좋겠습니다. 우리 모두 업무 효율을 늘려야 한다는 것에는 동의하지만 김 사원님은 편의성을, 저는 절차적 정당성을 중시하는 것 같아요.

④ 4단계 - 김 사원님은 만약 적절한 매뉴얼과 양식이 정해진다면, 무리 없이 동의하고 그것에 따를 수 있다는 말이지요?

⑤ 5단계 - 우리 함께 해결방안을 모색해보면 좋겠어요. 브레인스토밍을 해보면 어떨까요?

04 다음 ㉠~㉢을 변화관리 3단계에 따라 순서대로 바르게 나열한 것은?

> ㉠ 직원들에게 변화와 관련된 정보를 상세하게 제공하고, 직원들 스스로 변화를 주도하고 있다는 느낌이 들도록 이끌어야 한다.
> ㉡ 직원들이 변화를 받아들일 수 있도록 리더는 왜 변화가 일어나야 하는지를 직원들에게 설명하고, 변화에 대한 직원들의 노력에 지원해야 한다.
> ㉢ 변화가 왜 필요한지, 무엇이 변화를 일으키는지, 변화가 모두 좋은 것인지를 고려하는 등 변화의 실상을 정확하게 파악하고 이해한다.

① ㉠ → ㉡ → ㉢
② ㉠ → ㉢ → ㉡
③ ㉡ → ㉠ → ㉢
④ ㉡ → ㉢ → ㉠
⑤ ㉢ → ㉠ → ㉡

05 다음 중 팀워크에 대한 설명으로 가장 적절하지 않은 것은?

① 팀의 성과는 좋지 않으면서 분위기만 좋은 것은 팀워크가 좋은 것이라 말할 수 없다.
② 팀이라는 집단의 멤버로서 계속 남아 있기를 바라게 만드는 힘을 뜻한다.
③ 단순히 모이는 것에 의미를 두는 것이 아니라 목표 달성의 의지를 바탕으로 성과를 내야 좋은 팀워크라고 할 수 있다.
④ 일반적으로 협력, 통제, 자율의 유형으로 구분될 수 있으며, 조직이나 팀의 목적에 따라 필요한 팀워크 유형은 달라질 수 있다.
⑤ 공동의 목적을 달성하기 위해 구성원 간의 상호관계성을 바탕으로 협력하여 업무를 수행하는 것이다.

06 협상은 협상 진행 상태에 따라 협상 전 단계, 협상 진행 단계, 협상 후 단계의 순서로 진행된다. 다음 〈보기〉에서 협상 단계에 따라 해야 할 일을 바르게 분류한 것은?

협상 전 단계	→	협상 진행 단계	→	협상 후 단계

〈보기〉

㉠ 상대와 협의된 내용을 비준하고 실행에 옮긴다.
㉡ 협상의 집행, 평가 등 협상 과정을 계획한다.
㉢ 목표 설정, 협상 환경 분석, 협상팀의 선택에 대한 정보수집 등을 통해 자신이 취할 협상전략과 전술을 수립한다.
㉣ 상대와 합의문을 작성하고 교환하여 협상을 종결한다.
㉤ 협상 결과에 대한 평가와 피드백을 통해 분석한다.
㉥ 서로에 대한 정보를 교환하고, 설득이나 양보 등을 활용하여 협상전략과 전술을 구사한다.

	협상 전 단계	협상 진행 단계	협상 후 단계
①	㉠, ㉢	㉡, ㉤	㉣, ㉥
②	㉠, ㉥	㉢, ㉤	㉡, ㉣
③	㉡, ㉢	㉣, ㉥	㉠, ㉤
④	㉡, ㉥	㉠, ㉤	㉢, ㉣
⑤	㉢, ㉤	㉡, ㉥	㉠, ㉣

07 L 팀장은 최근 자신의 팀에서 근무하고 있는 팀원 두 명이 업무와 관련된 의견 대립으로 갈등을 빚고 있다는 것을 알게 되었다. L 팀장이 팀원들의 갈등을 성공적으로 해결하기 위한 방법에 대해 귀하에게 조언을 구하였을 때, 귀하가 조언해 줄 내용으로 가장 적절하지 않은 것은?

① "갈등을 빚고 있는 팀원들에게 자신이 상대방의 입장이라면 어떤 감정일지 떠올려보라고 조언해 주세요."

② "갈등을 빚고 있는 팀원들이 서로에 대한 유사점보다 차이점을 파악하도록 도움을 주는 것도 좋습니다."

③ "만약 대립하고 있는 팀원 중에 내성적이고 자기 표현에 서투른 팀원이 있다면 그 팀원을 격려해 주세요."

④ "서로 이해된 부분을 함께 검토하도록 하되, 누가 옳고 그른지에 대한 논쟁을 하지 않게 주의하세요."

⑤ "갈등이 업무수행에 어떤 영향을 미칠지에 대해 사실관계나 행동에 초점을 두고 토의해 보세요."

08 생산관리팀 팀장인 귀하는 이번 주 금요일에 납품업체인 A 기업과 신제품 납품가격 협상을 진행하기로 하였다. 그런데 갑작스럽게 A 기업 담당자가 해외 출장을 이유로 갑자기 오늘 오후에 논의를 할 수 있을지 연락이 왔다. 귀하는 아직 A 기업의 제안서에 대해 체계적인 분석이나 검토를 진행하지 않은 상황이기 때문에 자칫 협상실수를 할 수 있는 상황이다. 이러한 상황에서 귀하가 취해야 할 대처방안으로 가장 적절한 것은?

① 일단 상대방의 의견을 수용하여 협상을 시작한다.

② 협상 상대가 협상에 대하여 책임을 질 수 있고 타결권한을 가지고 있는 사람인지 확인하고 협상을 시작한다.

③ 설정한 목표와 한계에서 벗어나지 않도록 목표와 한계 정도만 메모해두고, 협상을 시작한다.

④ 일단 협상을 시작하고, 협상이 끝난 뒤 협상 결과가 현실적으로 효력이 있었는지, 모두 만족할 만한 상황이 되었는지 확인한다.

⑤ 아직 준비가 덜 되었다고 솔직히 말하면서 상대방의 입장은 어떤지 묻는다.

09 ○○식품사의 CS팀은 최근 자사에서 새롭게 출시한 냉동만두 제품에 대한 고객 만족도 조사 계획을 수립하기 위해 다음과 같이 논의하였다. 다음 중 고객 만족도 조사 계획에 대해 적절하지 않은 발언을 한 사람을 모두 고르면?

권 부장: 고객 만족도 조사를 실행하기에 앞서 조사 분야나 대상을 설정하는 것이 중요해요. 이번 고객 만족도 조사는 냉동만두 제품의 판매 서비스에 대한 만족도보다는 냉동만두 제품 자체에 대한 고객 만족도를 조사하는 것이 좋겠어요.

이 과장: 부장님 의견에 동의합니다. 그렇다면 고객 만족도 조사의 목적을 설정해야 할 텐데, 목적은 크게 전체적 경향 파악, 고객에 대한 개별대응이나 고객과의 관계유지, 평가목적, 개선목적 4가지로 구분하여 설정할 수 있습니다.

안 대리: 현재 신제품 매출은 저희가 예상한 것보다 밑돌고 있어 추후 신제품 개발에 참고할 수 있도록 개선목적으로 설정하는 것이 좋겠어요. 이 경우 고객 만족도 조사에 상세한 질문은 불필요할 것 같습니다.

김 주임: 일회성에 그친 고객 만족도 조사의 결과가 정확하다고 확신할 수 없으니 연속조사를 하는 것이 좋을 것 같아요. 연속조사를 할 때는 조사를 할 때마다 질문 내용을 기존과 전혀 다른 내용으로 변경하여 시행하는 것이 효과적이겠군요.

오 사원: 그렇게 얻은 조사 결과는 다음 신제품 개발에 개선할 점으로 활용하는 데 많은 도움이 되겠군요. 앞서 설정한 조사의 목적에 따라 활용 계획을 설정해 놓는 것이 조사의 방향에 일관성을 줄 수 있으니까요.

① 권 부장, 이 과장
② 안 대리, 김 주임
③ 이 과장, 오 사원
④ 권 부장, 안 대리, 오 사원
⑤ 이 과장, 김 주임, 오 사원

10 다음 사례를 통해 확인할 수 있는 상대 설득전략으로 적절한 것을 〈보기〉에서 모두 고르면?

> 최근 A 전자에서 출시된 스마트폰이 연일 화제가 되고 있다. A 전자 측은 이번 스마트폰 신제품이 디스플레이, 디자인, 성능 등 기존 기기에서 볼 수 없었던 혁신을 선보인 것이라 밝혔고, 야심 차게 출시한 신제품인 만큼 많은 고객이 직접 보고 체험해 보며 구매까지 할 수 있도록 주요 도시마다 팝업 스토어를 오픈했다고 덧붙였다. 한편 팝업 스토어에 방문한 고객 중에는 자신이 구독하거나 팔로우한 유명 인플루언서들이 이번 신제품을 실제로 사용해 본 경험과 긍정적인 후기를 남긴 것을 보고 궁금증이 생겨 방문했다고 답한 사람들도 많아 이번 신제품에 대한 큰 관심은 입소문 효과의 영향도 있을 것이라 보고 있다.

〈보기〉

㉠ 상대방 이해전략
㉡ See-Feel-Change전략
㉢ 헌신과 일관성전략
㉣ 사회적 입증전략
㉤ 연결전략

① ㉠, ㉢　② ㉡, ㉣　③ ㉢, ㉤　④ ㉠, ㉣, ㉤　⑤ ㉡, ㉢, ㉤

약점 보완 해설집 p.23

제7장 정보능력

정보능력 개념정리

01 컴퓨터활용능력

02 정보처리능력

기출공략문제

출제예상문제

미리 보는 정보능력,

기출 개념 마인드맵

정보능력은 직장생활에서 기본적인 컴퓨터를 활용하여 필요한 정보를 수집, 분석, 활용하는 능력으로, 직업인으로서 필요한 컴퓨터활용능력, 정보처리능력 등으로 구분됩니다. 다음은 정보능력에서 주로 출제되었던 기출 키워드를 정리한 마인드맵입니다. 학습 전에는 정보능력의 큰 흐름을 먼저 파악하는 용도로, 학습 후에는 정보능력의 기출 포인트를 짚어보며 내용을 정리해 보는 용도로 활용해 보시기 바랍니다.

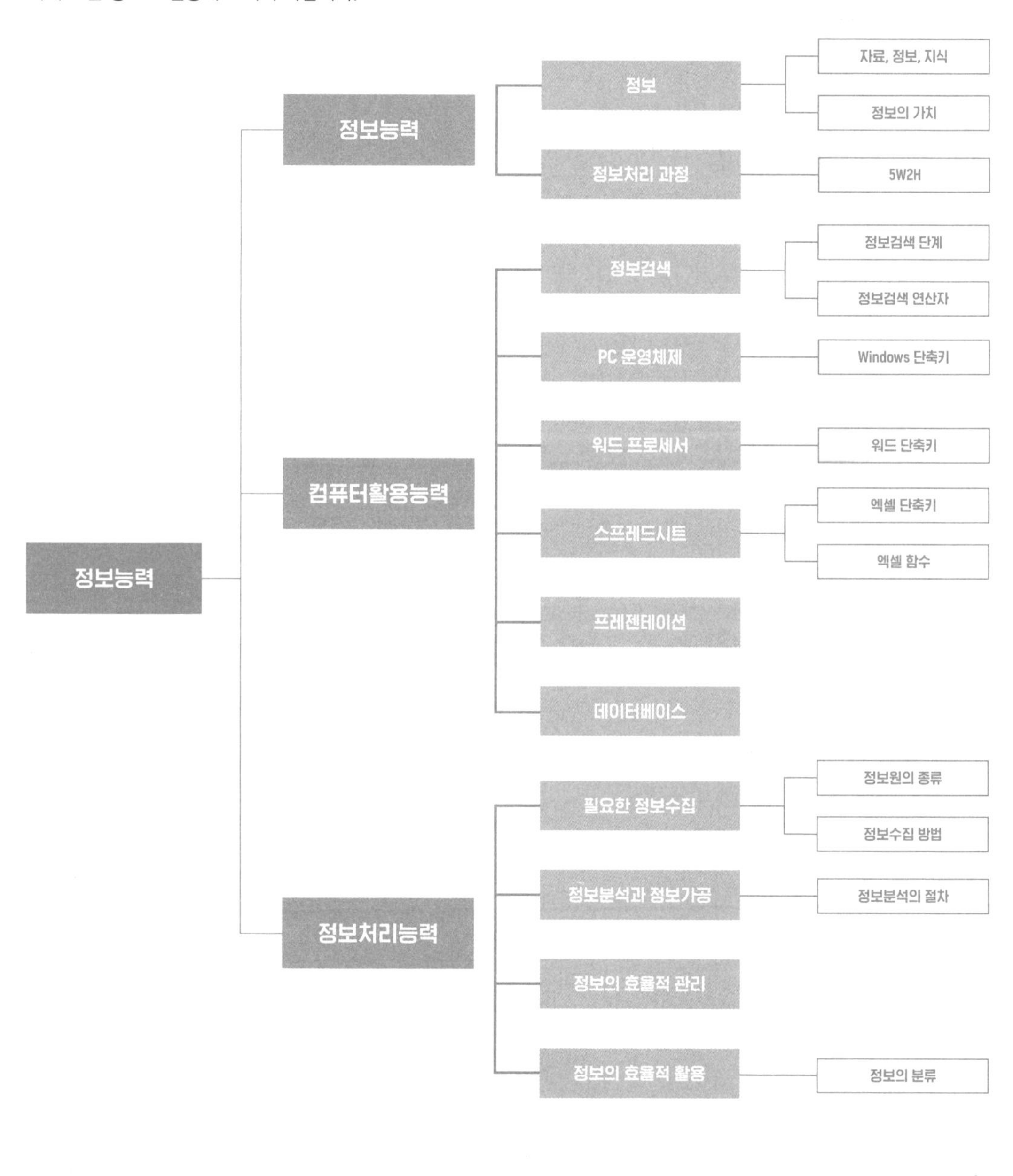

정보능력 개념정리

기출 키워드

- 자료, 정보, 지식
- 정보의 가치
- 정보처리 과정
- 5W2H
- 정보관리 3원칙

1 정보

1. 정보와 자료 및 지식의 차이점

정보와 지식을 교환 가능한 용어로 사용하고 있지만 일반적으로 자료와 정보, 지식과의 관계는 '자료⊇정보⊇지식'과 같이 포함 관계로 나타낼 수 있다. 자료는 가공 전의 순수한 상태의 수치를 말하며, 정보는 유의미하게 가공한 2차 자료를 의미한다. 지식은 정보들 간의 관계를 통해 얻은 가치 있는 정보이며, 지식 다음 단계로 지혜를 언급하기도 하는데, 이는 지식을 활용하는 창의적 아이디어를 의미한다.

구분	내용
자료 (Data)	정보 작성을 위하여 필요한 데이터를 말하는 것으로, 이는 '아직 특정의 목적에 대하여 평가되지 않은 상태의 숫자나 문자들의 단순한 나열'을 의미한다.
정보 (Information)	정보란 자료를 일정한 프로그램에 따라 컴퓨터가 처리·가공함으로써 '특정한 목적을 달성하는 데 필요하거나, 특정한 의미를 가진 것으로 다시 생산된 것'을 의미한다.
지식 (Knowledge)	'어떤 특정의 목적을 달성하기 위해 과학적 또는 이론적으로 추상화되거나 정립되어 있는 일반화된 정보'를 의미하며, 어떤 대상에 대하여 원리적·통일적으로 조직되어 객관적 타당성을 요구할 수 있는 판단의 체계를 제시한다.
정보처리 (Information processing)	자료를 가공하여 이용 가능한 정보로 만드는 과정으로, 자료처리(Data processing)라고도 하며 일반적으로 컴퓨터가 담당한다.

+ 더 알아보기

엘렌 켄트로의 지식 삼각형

삼각형의 상단으로 갈수록 가치가 높아진다.

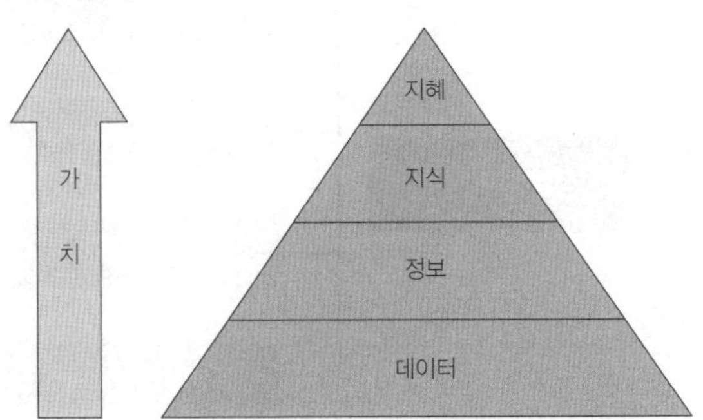

2. 정보의 가치

정보의 가치는 여러 가지 상황에 따라 달라질 수 있어 정보의 가치를 평가하는 절대적인 기준이 없으며, 우리의 요구, 사용 목적, 활용 시기, 장소에 따라 다르게 평가된다.

적시성	정보는 우리가 원하는 시간에 제공되어야 가치를 가짐
독점성	정보는 아무리 중요한 내용이라도 공개가 되면 그 가치가 하락하여, 공개 정보 < 반공개 정보 < 비공개 정보 순으로 더 큰 가치를 가질 수 있음
경제성과 경쟁성	비공개 정보는 정보의 활용 면에서 경제성이 떨어지고 공개 정보는 경쟁성이 떨어짐

↳ 공개 정보와 비공개 정보를 적절히 구성하여 경제성과 경쟁성을 동시에 추구해야 함

2 정보화 사회

1. 정보화 사회란?

① 이 세상에서 필요로 하는 정보가 중심이 되는 사회이다.
② 컴퓨터 기술과 정보통신 기술을 활용하여 사회 각 분야에서 필요로 하는 가치 있는 정보를 창출하고, 더욱 유익하고 윤택한 생활을 영위하는 사회로 발전시켜나가는 것이다.

2. 미래의 사회는?

① 부가가치 창출 요인이 토지, 자본, 노동에서 지식 및 정보 생산 요소로 전환되며, 정보기술(Information Technology) 외에도 생명공학(Bio Technology), 나노기술(Nano Technology), 환경기술(Environmental Technology), 문화산업(Cultural Technology), 우주항공기술(Space Technology)의 6T가 차세대 대표 산업이 될 것이다.
② 세계화의 진전에 따라 국경 없는 하나의 세계 시장으로 통합될 것이다.
③ 빠른 속도로 변화하는 지식과 기술로 인해 지식이 폭발적으로 증가하게 될 것이다.

3. 정보화 사회에서 필수적으로 해야 할 일

① 정보검색: 자신이 원하는 정보를 찾기 위해서는 인터넷을 활용하여 정보를 검색한다.
② 정보관리: 인터넷 검색을 통해 얻은 결과를 파일에 보관하거나 출력을 하는 등의 방법으로 정보를 관리한다.
③ 정보전파: 정보관리를 못한 사람은 오로지 입으로만 정보를 전파할 수 있지만, 정보관리를 잘한 사람은 인터넷을 활용하여 쉽게 전파할 수 있다.

3 업무수행에서의 컴퓨터활용 분야

1. 기업 경영 분야

① 생산에서부터 판매, 회계, 재무, 인사 및 조직 관리, 금융 업무 등에 컴퓨터를 널리 활용하고 있다.
② 경영정보시스템(MIS)과 의사결정지원시스템(DSS)은 경영에 필요한 정보를 효과적으로 활용할 수 있도록 지원해 경영자가 신속한 의사결정을 할 수 있도록 해준다.
③ 사무 자동화(OA)는 문서 작성과 보관을 수월하게 하며, 전자 결재시스템의 도입으로 업무 처리 효율을 높였다.
④ 최근에는 인터넷과 모바일 기술이 발달하고 글로벌 시장이 성장함에 따라 국가와 지역, 고객 등 경계를 넘어 플랫폼을 활용한 B2B(Business to Business), B2C(Business to Customer)가 활발하게 이루어지고 있다.

↳ 기업간 거래 또는 기업과 정부 간 전자상거래 ↳ 인터넷 소매업

2. 행정 분야

① 민원처리, 각종 행정 통계 등의 여러 가지 행정에 관련된 정보를 데이터베이스화하여 활용하고 있다.
② 행정 업무의 사무 자동화(OA)가 이루어져 모든 민원서류를 원격지에서 정보 통신망을 이용해 발급받을 수 있을 뿐만 아니라 가까운 은행에서도 세금과 공과금을 납부할 수 있게 되었다.

3. 산업 분야

① 공업
컴퓨터를 이용하여 제품의 수주에서부터 설계, 제조, 검사, 출하에 이르기까지의 모든 제품 공정 과정을 자동화 하여 생산성 향상과 원가 절감, 불량품 감소 등으로 제품의 경쟁력을 높인다.
↳ 컴퓨터 이용 설계(CAD), 컴퓨터 이용 생산(CAM) 등이 있음
② 상업
편의점이나 백화점 등에서 상품의 판매 시점 관리(POS)시스템을 이용해서 매출액 계산, 원가 및 재고 관리 등에 활용한다.

4. 기타 분야

① 컴퓨터는 교육, 연구소, 출판, 가정, 도서관, 예술 분야 등에서 널리 활용되고 있다.
② 학생들이 사용하는 종이 교과서가 자기주도학습을 실현할 수 있는 '디지털 교과서'로 전환되고 있다.
③ 복잡한 계산이나 정밀한 분석 및 실험 등의 연구 분야에서 여러 가지 형태로 컴퓨터를 이용하여 정확도와 정밀도를 높이고 있다.

4 IT기기를 활용한 정보처리 과정

일반적으로 정보는 기획, 수집, 관리, 활용의 과정에 따라 처리된다.

1. 정보의 기획

정보의 전략적 기획이란 정보활동의 첫 단계로, 5W2H를 고려하여 기획한다.

WHAT(무엇을)	정보의 입수 대상을 명확히 함
WHERE(어디에서)	정보가 발생하는 근원지인 정보원을 파악함
WHEN(언제까지)	정보의 요구 또는 수집 시점을 고려함
WHY(왜)	정보의 필요 목적을 염두에 둠
WHO(누가)	정보활동의 주체를 확정함
HOW(어떻게)	정보수집 방법을 검토함
HOW MUCH(얼마나)	정보수집의 효용성을 중시함

실전에 적용하기

제시된 사례를 5W2H로 구분하면 다음과 같다.

○○대학교의 경영학과에 다니는 A는 팀 과제를 위해 최근 공격적인 마케팅을 펼쳐 해외 진출에 성공한 ☆☆사의 마케팅 전략을 분석하기로 하였다. 다음 주 수요일까지 발표자료를 제출해야 하는 A는 마케팅 분석에 필요한 정보를 이번 주 금요일까지 수집하고자 한다. A는 ☆☆사에 대한 SWOT 분석과 STP전략 등의 정보를 알기 위해 인터넷 기사를 찾아봤지만, 내용이 충분치 않아 논문 검색 사이트에서 관련 연구논문을 10,000원을 주고 구매하였다.

▼

[5W2H]

WHAT(무엇을)	☆☆사에 대한 SWOT 분석과 STP전략 등
WHERE(어디에서)	인터넷 기사, 논문 검색 사이트
WHEN(언제까지)	이번 주 금요일까지 정보수집
WHY(왜)	다음 주 수요일까지 발표자료를 제출해야 함
WHO(누가)	A
HOW(어떻게)	인터넷 기사 검색과 논문 검색 사이트에서 관련 연구논문 구매
HOW MUCH(얼마나)	10,000원

2. 정보의 수집

정보의 수집이란 다양한 정보원으로부터 목적에 적합한 정보를 입수하는 것으로, 과거의 정보를 모아 연구하여 장래를 잘 예측하기 위해 수행한다.

3. 정보의 관리

정보의 관리란 수집된 다양한 형태의 정보를 어떤 문제해결이나 결론 도출에 사용하기 쉬운 형태로 바꾸는 것으로, 정보를 필요한 시점에 즉시 활용하기 위해서는 정보관리의 3원칙을 고려해야 한다.

목적성	사용 목적을 명확히 설명해야 함
용이성	쉽게 작업할 수 있어야 함
유용성	즉시 사용할 수 있어야 함

4. 정보의 활용

정보의 활용이란 정보기기에 대한 이해나 관련된 지식뿐만 아니라 정보가 필요하다는 문제 상황 인지, 문제해결에 정보를 적용하는 능력, 윤리의식을 가지고 합법적으로 정보를 활용하는 능력 등이 필요하다.

개념확인문제

01 **다음 중 자료, 정보, 지식에 대한 설명이 바르게 연결되지 않은 것을 고르시오.**

㉠ 자료 – 특정 목적에 대하여 평가되지 않은 상태의 숫자나 문자를 단순 나열한 것
㉡ 정보 – 일반적인 사항에 대비하여 보편성을 갖도록 체계화한 것
㉢ 지식 – 과학적 또는 이론적으로 추상화되거나 정립되어 있는 일반화된 정보

02 **다음 정보화 사회에서의 할 일을 읽고, 빈칸에 들어갈 적절한 말을 쓰시오.**

정보화 사회에서는 자신이 원하는 정보를 찾기 위해 인터넷을 활용하여 정보를 (　　　　)하고, 이를 통해 얻은 결과를 파일에 보관하거나 출력하여 정보를 (　　　　)해야 한다. 또한, 인터넷을 활용하여 이러한 정보를 (　　　　)할 수도 있다.

03 **다음 ㉠~㉣을 IT기기를 활용한 정보처리 과정에 따라 순서대로 바르게 나열하시오.**

㉠ 수집　　　　㉡ 활용　　　　㉢ 기획　　　　㉣ 관리

(　　　　) → (　　　　) → (　　　　) → (　　　　)

정답 및 해설

01 ㉡ | 정보는 자료를 특정한 목적과 문제해결에 도움이 되도록 컴퓨터가 처리 및 가공한 것이다.
02 검색, 관리, 전파
03 ㉢ 기획 → ㉠ 수집 → ㉣ 관리 → ㉡ 활용

01 컴퓨터활용능력

기출 키워드

- 정보검색 단계
- 검색엔진의 유형
- 인터넷 정보 검색 시 주의사항
- Windows 단축키
- 워드 단축키
- 엑셀 단축키와 함수

1 인터넷 서비스의 종류 및 특징

1. 이메일(E-mail)

인터넷을 통해 편지나 여러 정보를 주고받는 서비스를 말한다.

2. 메신저(Messenger)

인터넷에서 실시간으로 메시지와 데이터를 주고받을 수 있는 소프트웨어를 말한다.

3. 인터넷 디스크/웹 하드

웹 서버에 대용량의 저장 기능을 갖추고 사용자가 개인용 컴퓨터의 하드디스크와 같은 기능을 인터넷을 통하여 이용할 수 있게 하는 서비스를 말한다.

4. 클라우드(Cloud)

별도의 데이터 센터를 구축하지 않아도 인터넷을 통해 제공되는 서버를 활용하여 정보를 보관하고 필요할 때마다 보관된 정보를 꺼내 쓸 수 있는 기술로, 데이터의 저장 · 처리 · 네트워킹 및 다양한 애플리케이션 사용 등 IT 관련 서비스를 인터넷과 같은 네트워크를 기반으로 제공한다.

5. 소셜네트워크서비스(SNS, Social Networking Service)

온라인 인맥 구축을 목적으로 개설된 커뮤니티형 웹사이트로, 다른 사람과 의사소통하거나 정보를 공유하고 검색하기 위해 일상적으로 사용한다.

6. 전자상거래

좁은 의미로는 인터넷이라는 전자적인 매체를 통하여 상품을 사고팔거나, 재화나 용역을 거래하는 사이버 비즈니스를, 넓은 의미로는 소비자와의 거래뿐만 아니라 거래와 관련된 공급자, 금융기관, 정부기관, 운송기관 등과 같이 거래에 관련되는 모든 기관과의 관련 행위를 일컫는다.

2 정보검색

1. 정보검색

① 정보검색이란?
여러 곳에 분산된 수많은 정보 중에서 특정 목적에 적합한 정보만을 신속하고 정확하게 찾아 이를 수집·분류·축적하는 과정으로, 찾으려는 정보가 존재할 수 있는 위치에 대하여 많은 관심과 사전 지식이 필요하다.

② 정보검색 단계

검색 주제 선정 ▶ 정보원 선택 ▶ 검색식 작성 ▶ 결과 출력

2. 검색엔진의 유형

키워드 검색 방식	• 찾고자 하는 정보와 관련된 핵심적인 언어인 키워드를 검색엔진에 직접 입력하여 키워드와 관련된 정보를 찾는 방식 • 키워드만을 입력하여 간단하게 정보검색을 할 수 있다는 장점이 있으나 키워드가 불명확할 경우 검색 결과가 너무 많아 효율적이지 않다는 단점이 있음
주제별 검색 방식	• 인터넷상에 존재하는 웹 문서를 주제별, 계층별로 정리하여 데이터베이스를 구축한 후 이용하는 방식 • 원하는 정보를 찾을 때까지 상위의 주제부터 하위의 주제까지 분류된 내용을 선택하여 검색함
자연어 검색 방식	• 검색엔진에서 문장 형태의 질의어를 형태소 분석을 거쳐 언제, 어디서, 누가, 무엇을, 왜, 어떻게, 얼마나에 해당하는 5W2H를 읽어내고 분석하여 각 질문의 답이 들어있는 사이트를 연결해 주는 방식
통합형 검색 방식	• 키워드 검색 방식과 유사하나, 검색엔진만의 데이터베이스를 구축하여 관리하는 키워드 검색 방식과 달리 사용자가 입력하는 검색어와 연계된 다른 검색엔진에 보내 이를 통해 얻은 검색 결과를 사용자에게 보여주는 방식

3. 인터넷 정보 검색 시 주의사항

① 키워드가 너무 짧으면 원하는 결과를 쉽게 찾을 수 없는 경우가 많으므로 키워드는 구체적이고 자세하게 작성하고, 검색 결과가 너무 많이 나오는 경우 검색엔진의 결과 내 재검색 기능을 활용하여 검색 결과의 범위를 좁혀야 한다.
② 웹 검색 이외에도 각종 BBS, 뉴스 그룹, 메일링 리스트도 이용하고, 도서관 자료와 정보를 가지고 있는 사람에게 직접 전자우편으로 부탁하는 등의 다른 방법들도 적극적으로 활용해야 한다.
③ 검색엔진 나름대로 정확성이 높다고 판단되는 데이터를 화면의 상단에 표시하지만, 실제 그렇지 않은 경우가 있으므로 웹 검색 결과의 가중치를 너무 신뢰하지 말고 사용자 자신이 직접 보면서 검색한 자료가 자신이 원하는 자료인지 판단해야 한다.

알아두면 도움되는 (구)모듈이론

정보검색 연산자

기호	연산자	검색조건
*, &	AND	두 단어가 모두 포함된 문서를 검색함 예 인공지능 and 자동차, 인공지능*자동차
|	OR	두 단어 모두 포함되거나, 두 단어 중 하나만 포함된 문서를 검색함 예 인공지능 or 자동차, 인공지능|자동차
−, !	NOT	'−, !' 기호나 'NOT' 연산자 다음에 오는 단어는 포함하지 않는 문서를 검색함 예 인공지능 not 자동차, 인공지능!자동차

~	NEAR	앞뒤의 단어가 가깝게 인접해 있는 문서를 검색함 예 인공지능 near 자동차, 인공지능~자동차

※ 검색 연산자는 검색엔진에 따라 다를 수 있음

3 업무에 필요한 컴퓨터활용능력

1. PC 운영체제

컴퓨터의 하드웨어를 제어하고 응용 소프트웨어를 위한 환경을 제공하여 컴퓨터 시스템을 중재 및 관리하는 프로그램으로, 크게 메모리 관리, 프로세스 관리, 장치 및 파일 관리 세 가지 기능을 한다.

예 Windows, Mac OS

+ 더 알아보기

Windows 단축키

구분	단축키
Alt 조합 바로가기 키	• Alt + Enter: 선택한 파일 또는 폴더의 속성 대화상자 열기 • Alt + Esc: 실행 중인 프로그램 창을 순서대로 전환 • Alt + Tab: 활성화되어 있는 프로그램 창 전환 • Alt + Space Bar: 활성화되어 있는 프로그램 창의 바로 가기 메뉴 표시 • Alt + F4: 사용 중인 프로그램 창 닫기, 프로그램 종료 • Alt + D: 탐색기 또는 인터넷 주소창 선택 • Alt + →/←: 탐색기 또는 인터넷에서 다음 화면/이전 화면으로 전환
Ctrl 조합 바로가기 키	• Ctrl + Esc: [시작] 메뉴 열기 • Ctrl + Tab: 탭 간 이동 • Ctrl + Shift + Esc: 작업 관리자 실행 • Ctrl + Alt + Del: 작업 관리자 창 표시 또는 윈도우 재부팅 • Ctrl + A: 전체 선택 • Ctrl + C/V/X: 선택영역 복사/붙여넣기/잘라내기 • Ctrl + D: 즐겨찾기 추가 • Ctrl + F: 찾기 또는 바꾸기
Shift 조합 바로가기 키	• Shift + Del: 휴지통 거치지 않고 폴더 또는 파일 바로 삭제 • Shift + F10: 바로 가기 메뉴 표시
Window(⊞) 조합 바로가기 키	• ⊞ + ↑/↓: 현재 창 최대화/최소화 • ⊞ + Home: 활성화된 창을 제외한 모든 창 최소화 • ⊞ + D: 바탕화면 보기 또는 복구 • ⊞ + E: 파일 탐색기 실행 • ⊞ + F: 파일 또는 폴더 검색 • ⊞ + T: 작업 표시줄 프로그램 차례대로 선택 및 미리보기 활성화

※ 해당 자료는 Windows10을 기준으로 작성함

2. 워드 프로세서

글이나 그림 등을 입력하여 편집한 여러 형태의 문서를 저장하고 인쇄할 때 사용하는 응용 소프트웨어 프로그램으로, 주요 기능으로는 입력 기능, 표시 기능, 저장 기능, 편집 기능, 인쇄 기능이 있다.

예 Microsoft Office Word, 한글과 컴퓨터 한글 프로그램 등

+ 더 알아보기

Microsoft Office Word 단축키

Alt 조합 바로가기 키	• Alt + Home / End: 표 내 행의 첫 셀/마지막 셀 • Alt + Page Up / Page Down: 표 내 열의 첫 셀/마지막 셀 • Alt + Ctrl + M: 메모 삽입
Ctrl 조합 바로가기 키	• Ctrl +] / [: 글꼴 크기 확대/축소 • Ctrl + B / I / U: 글자 굵게 하기/기울이기/밑줄 긋기 • Ctrl + D: 글꼴 실행 창 열기 • Ctrl + L / E / R: 글자 왼쪽/가운데/오른쪽 정렬 • Ctrl + M: 들여쓰기 • Ctrl + Shift + M: 내어쓰기 • Ctrl + S: 문서 저장

3. 스프레드시트

문서를 작성하고 편집하는 기능 이외에 수치나 공식을 입력하여 그 값을 계산하고 계산 결과를 차트로 표현하는 표 계산 응용 소프트웨어 프로그램으로, 정보를 저장하는 단위인 셀에 처리하고자 하는 숫자나 데이터를 기입하여 수학 방정식과 연결할 수 있다.

예 Microsoft Office Excel 등

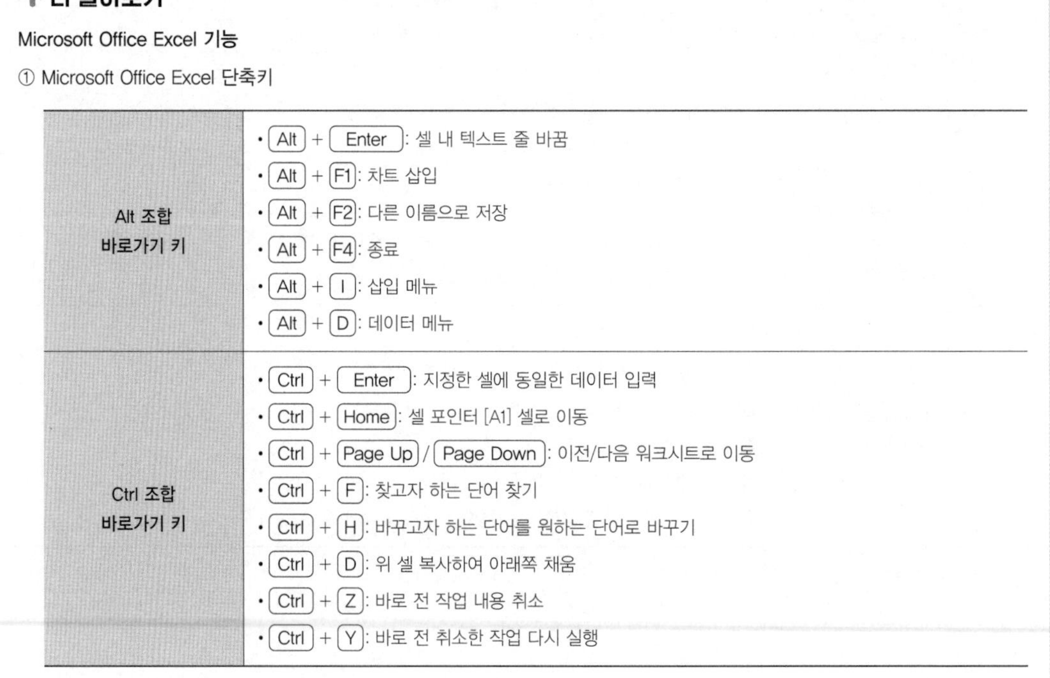

+ 더 알아보기

Microsoft Office Excel 기능

① Microsoft Office Excel 단축키

Alt 조합 바로가기 키	• Alt + Enter: 셀 내 텍스트 줄 바꿈 • Alt + F1: 차트 삽입 • Alt + F2: 다른 이름으로 저장 • Alt + F4: 종료 • Alt + I: 삽입 메뉴 • Alt + D: 데이터 메뉴
Ctrl 조합 바로가기 키	• Ctrl + Enter: 지정한 셀에 동일한 데이터 입력 • Ctrl + Home: 셀 포인터 [A1] 셀로 이동 • Ctrl + Page Up / Page Down: 이전/다음 워크시트로 이동 • Ctrl + F: 찾고자 하는 단어 찾기 • Ctrl + H: 바꾸고자 하는 단어를 원하는 단어로 바꾸기 • Ctrl + D: 위 셀 복사하여 아래쪽 채움 • Ctrl + Z: 바로 전 작업 내용 취소 • Ctrl + Y: 바로 전 취소한 작업 다시 실행

② Microsoft Office Excel 함수

구분	함수	내용
개수 구하기	COUNT	지정한 범위에서 숫자 셀의 개수를 구함
	COUNTA	지정한 범위에서 빈 셀을 제외한 셀의 개수를 구함
	COUNTBLANK	지정한 범위에서 빈 셀의 개수를 구함
	COUNTIF	지정한 범위의 셀값 중 조건에 만족하는 셀의 개수를 구함 식 = COUNTIF(지정한 범위, 조건식)
합계 구하기	SUM	지정한 범위의 합계를 구함
	SUMIF	지정한 범위의 셀값 중 조건에 만족하는 셀의 합을 구함 식 = SUMIF(지정한 범위, 조건식, 합을 구할 범위)
평균 구하기	AVERAGE	지정한 범위에서 빈 셀을 제외한 모든 셀의 평균을 구함
	AVERAGEIF	지정한 범위의 셀값 중 조건에 만족하는 셀의 평균을 구함 식 = AVERAGE(지정한 범위, 조건식, 평균을 구할 범위)
값 찾기	MAX	지정한 범위의 셀값 중 가장 큰 값을 구함
	MIN	지정한 범위의 셀값 중 가장 작은 값을 구함
	LARGE	지정한 범위의 셀값 중 k번째로 큰 값을 구함 식 = LARGE(지정한 범위, k)
	SMALL	지정한 범위의 셀값 중 k번째로 작은 값을 구함 식 = SMALL(지정한 범위, k)
값 참조하기	LOOKUP	배열이나 한 행 또는 한 열 범위에서 원하는 값을 찾음 식 = LOOKUP(검색값, 검색 범위, 결과 범위)
	VLOOKUP	범위의 첫 번째 열에서 검색값과 같은 데이터를 찾은 후 검색값이 있는 행에서 지정된 열 번호 위치에 있는 데이터를 입력함 식 = VLOOKUP(검색값, 검색 범위, 열 번호, 옵션)
	HLOOKUP	범위의 첫 번째 행에서 검색값과 같은 데이터를 찾은 후 검색값이 있는 열에서 지정된 행 번호 위치에 있는 데이터를 입력함 식 = HLOOKUP(검색값, 검색 범위, 행 번호, 옵션)
조건 판단하기	IF	조건식을 지정하고 참인지 거짓인지를 판단함 식 = IF(조건식, 참, 거짓)
순위 구하기	RANK	지정한 범위에서 지정한 수의 크기 순위를 구함 식 = RANK(순위를 구할 값, 지정한 범위, 옵션)

4. 프레젠테이션

보고 · 회의 · 상담 · 교육 등에서 정보를 전달하는 데 널리 활용되는 응용 소프트웨어 프로그램으로, 컴퓨터나 기타 멀티미디어를 활용하여 각종 정보를 전달할 수 있다.

예 Microsoft Office PowerPoint 등

5. 데이터베이스

대량의 자료를 관리하고 구조화하여 검색이나 자료 관리 작업을 효과적으로 실행하는 응용 소프트웨어 프로그램으로, 테이블이나 보고서 등을 작성할 수 있다.

예 오라클, Microsoft Office Access 등

6. 그래픽 소프트웨어

새로운 그림을 그리거나 그림 또는 사진 파일을 불러와 편집하는 응용 소프트웨어 프로그램으로, 그림 확대 및 축소, 필터 기능 등이 있다.

예 포토샵, 3DS MAX, 코렐드로 등

7. 유틸리티 프로그램

본격적인 응용 소프트웨어라기보다는 크기가 작고 기능이 단순하여 사용자가 컴퓨터를 사용하면서 처리하는 작업을 편리하게 할 수 있도록 도와주는 소프트웨어를 말한다.

예 파일 압축 유틸리티, 바이러스 백신 프로그램, 화면 캡처 프로그램, 이미지 뷰어 프로그램, 동영상 재생 프로그램 등

4 데이터베이스

1. 데이터베이스란?

여러 개의 서로 연관된 파일을 의미하는 것으로, 사용자가 여러 개의 파일에 있는 정보를 한 번에 검색하여 확인할 수 있고, 데이터베이스 관리시스템을 통해 데이터와 파일의 관계 등을 생성 · 유지 · 검색할 수 있게 하는 소프트웨어를 말한다.

2. 데이터베이스의 필요성

① 여러 곳에서 이용되는 데이터를 한 곳에서 관리하여 데이터 중복과 데이터 유지비용을 줄일 수 있다.
② 데이터 변경 시 한 곳에서만 수정하면 되므로 즉시 최신 데이터를 이용할 수 있고, 결함 없는 데이터를 유지하기 쉬워져 데이터 무결성을 높일 수 있다.
③ 한 번에 여러 파일에서 데이터를 찾아낼 수 있어 검색을 쉽게 해 준다.
④ 데이터베이스 관리시스템을 통해 데이터에 대한 읽기와 쓰기 권한 등을 부여함으로써 보안등급을 정하여 데이터의 안정성을 높일 수 있다.
⑤ 데이터가 조직적으로 저장되어 있어 데이터를 이용하는 프로그램 개발 기간을 단축할 수 있다.

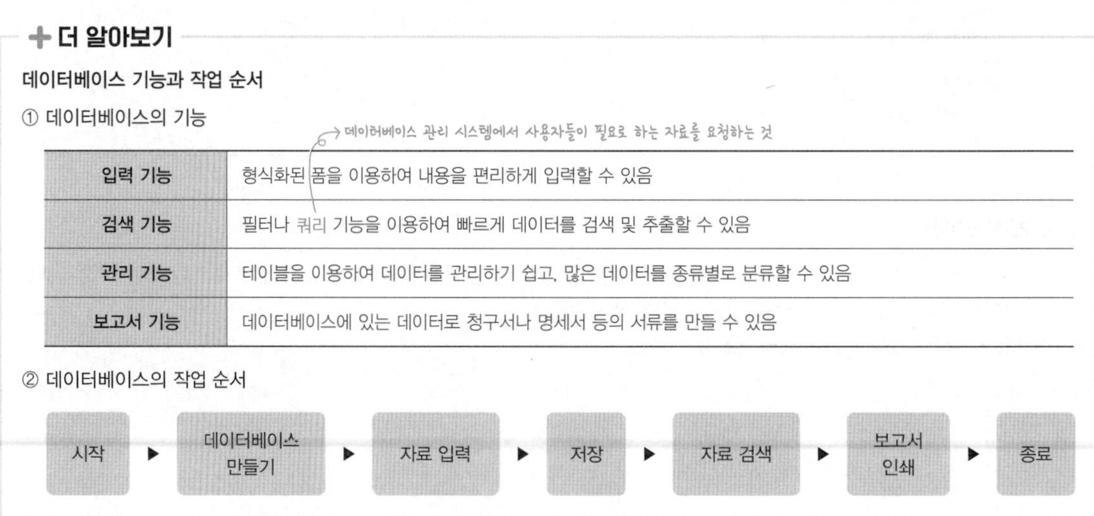

+ 더 알아보기

데이터베이스 기능과 작업 순서

① 데이터베이스의 기능

입력 기능	형식화된 폼을 이용하여 내용을 편리하게 입력할 수 있음
검색 기능	필터나 쿼리 기능을 이용하여 빠르게 데이터를 검색 및 추출할 수 있음
관리 기능	테이블을 이용하여 데이터를 관리하기 쉽고, 많은 데이터를 종류별로 분류할 수 있음
보고서 기능	데이터베이스에 있는 데이터로 청구서나 명세서 등의 서류를 만들 수 있음

쿼리: 데이터베이스 관리 시스템에서 사용자들이 필요로 하는 자료를 요청하는 것

② 데이터베이스의 작업 순서

시작 ▶ 데이터베이스 만들기 ▶ 자료 입력 ▶ 저장 ▶ 자료 검색 ▶ 보고서 인쇄 ▶ 종료

개념확인문제

01 다음 특징에 해당하는 인터넷 서비스를 쓰시오.

- 별도의 데이터 센터 구축 없이 인터넷 서버를 활용하여 정보 보관 및 활용이 가능한 기술
- 데이터의 저장 · 처리 · 네트워킹 및 다양한 애플리케이션 등 IT 관련 서비스를 네트워크 기반으로 제공

( )

02 다음 ㉠~㉢에 해당하는 검색 방식을 쓰시오.

㉠ 찾고자 하는 정보와 관련된 핵심 언어를 입력하여 찾는 검색 방식
㉡ 인터넷에 존재하는 웹 문서를 계층별로 정리하여 찾는 검색 방식
㉢ 연계된 다른 검색엔진에 입력한 검색어를 보내 결과를 찾는 검색 방식

㉠ – ( ) ㉡ – ( ) ㉢ – ( )

03 다음 소프트웨어에 대한 설명을 읽고, 맞으면 O, 틀리면 X에 표시하시오.

① 프레젠테이션은 주로 보고나 회의 등에서 활용되며 멀티미디어를 활용한 정보 전달이 가능하다. (O, X)
② 대량의 자료를 관리하고 구조화하여 테이블을 작성하기 위해서는 스프레드시트를 사용한다. (O, X)
③ 유틸리티는 비교적 크기가 크고 기능이 복잡하여 사용자가 작업을 쉽게 처리할 수 있도록 한다. (O, X)

04 다음 중 데이터베이스의 기능이 아닌 것을 고르시오.

① 입력 기능 ② 보고서 기능 ③ 검색 기능 ④ 계산 기능 ⑤ 관리 기능

정답 및 해설

01 클라우드(Cloud)
02 ㉠ – 키워드 검색 방식, ㉡ – 주제별 검색 방식, ㉢ – 통합형 검색 방식
03 ① O
② X | 대량의 자료를 관리하고 구조화하여 테이블을 작성하기 위해서는 데이터베이스를 사용한다.
③ X | 유틸리티는 비교적 크기가 작고 기능이 단순하여 사용자가 작업을 쉽게 처리할 수 있도록 한다.
04 ④ | 데이터베이스의 기능으로는 입력, 검색, 관리, 보고서 기능이 있다.

02 정보처리능력

기출 키워드

- 정보원의 종류
- 인포메이션과 인텔리전스
- 정보분석의 절차
- 정보가공
- 정보의 효율적 관리
- 동적정보와 정적정보
- 사이버 공간에서 지켜야할 예절
- 개인정보 보호

1 필요한 정보수집

1. 정보의 필요성

① 의사결정을 하거나 문제의 답을 알아내고자 할 때, 가지고 있는 정보로는 부족하여 새로운 정보가 필요하다는 상황을 인식하는 순간부터 정보가 필요해진다.

② 필요한 정보를 효과적으로 수집하려면 문제해결이나 의사결정과 관련한 정보가 어떤 것인지를 구체적으로 인식하고 탐색해야 한다.

2. 정보원의 종류

(정보원: 정보를 수집할 수 있는 원천)

1차 자료	원래의 연구 성과가 기록된 자료 예 단행본, 학술지와 학술지 논문, 학술회의자료, 연구보고서, 학위논문, 특허 정보, 표준 및 규격자료, 레터, 출판 전 배포자료, 신문, 잡지, 웹 정보자원 등
2차 자료	1차 자료를 효과적으로 찾아보기 위한 자료 또는 1차 자료에 포함된 정보를 압축, 정리해서 읽기 쉬운 형태로 제공하는 자료 예 사전, 백과사전, 편람, 연감, 서지데이터베이스 등

3. 효과적인 정보수집 방법

① 중요한 정보는 신뢰 관계를 전제로 대면 접촉을 통해 입수한다.

② 단순한 인포메이션보다 직접 도움을 줄 수 있는 인텔리전스를 수집한다.
- 인포메이션(Information): 하나의 개별적인 정보
- 인텔리전스(Intelligence): 여러 인포메이션 중 몇 가지를 선별해 이를 연결시켜 무언가를 판단하기 쉽게 도와주는 정보 덩어리

③ 정보의 질이나 내용보다는 다른 사람보다 빠르게 정보를 습득하는 것이 더 중요할 수 있다.

④ 머릿속에 서랍을 만들어 수집한 정보를 정리한다.

⑤ 사람의 기억력에는 한계가 있으므로 정보수집용 하드웨어를 활용한다.

2 정보분석과 정보가공

1. 정보분석의 의미

① 여러 정보를 상호 관련지어 새로운 정보를 생성해내는 활동이다.
② 정보분석을 통해 불분명한 한 개의 정보를 다른 정보로써 명백히 할 수 있으며 상반되거나 큰 차이가 있는 정보의 내용을 판단하여 새로운 해석을 할 수도 있다.
③ 좋은 데이터가 있다고 해서 항상 훌륭한 분석이 되는 것은 아니다. (좋은 data ≠ 훌륭한 분석)

2. 정보분석의 절차

분석과제의 발생 ▶ 과제(요구)의 분석 ▶ 조사항목의 선정 ▶ 관련 정보의 수집

기본자료 조사 ▼ 신규자료 조사

활용·정리 ◀ 종합·결론 ◀ 항목별 분석 ◀ 수집 정보의 분류

3. 정보가공

① 1차 정보를 분석하고 압축·가공하여 2차 정보를 작성한다.
② 1차 정보에 포함된 내용을 몇 개의 카테고리로 분석하여 각 카테고리의 상관관계를 확정한다.
③ 1차 정보에 포함된 주요 개념을 대표하는 용어(Keyword)를 추출하고 간결하게 서열화·구조화한다.

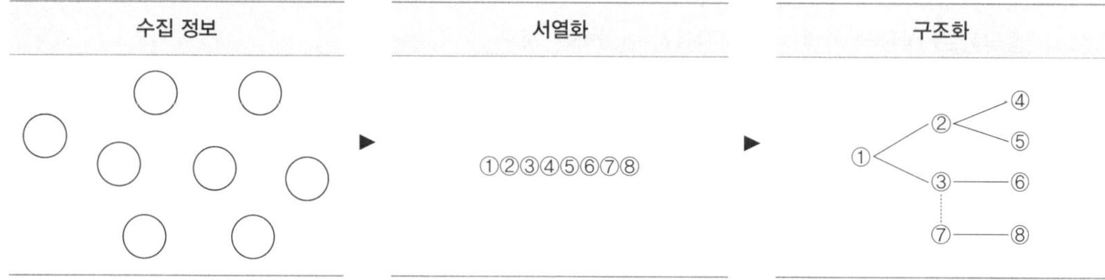

3 정보의 효율적 관리

1. 목록을 이용한 정보관리

① 정보에서 중요한 항목을 찾아 기술한 후 정리하면서 만든 목록을 활용하는 방식이다.
② 목록을 디지털 파일로 저장했을 때 목록에서 특정 용어를 검색하여 쉽게 찾을 수 있다.

2. 색인을 이용한 정보관리

① 주요 키워드나 주제어를 가지고 소장하고 있는 정보원을 관리하는 방식이다.
② 색인은 정보를 찾을 때 쓸 수 있는 키워드인 색인어와 색인어의 출처인 위치 정보로 구성된다.

3. 분류를 이용한 정보관리

① 개인이 가지고 있는 정보를 유사한 것끼리 모아 체계화하여 정리해두는 방식이다.
② 정보를 분류할 때는 몇 가지의 기준을 가지고 만들어야 한다.

시간적 기준	정보의 발생 시간별로 분류 예 2020년 6월, 여름 등
주제적 기준	정보의 내용에 따라 분류 예 정보화 사회, NCS 등
기능적/용도별 기준	정보가 이용되는 용도나 기능에 따라 분류 예 강의용, 보고서용, 참고자료용 등
유형적 기준	정보의 유형에 따라 분류 예 도서, 동영상, 한글 파일 등

4 정보의 효율적 활용

1. 정보활용 형태

① 수집한 정보를 그대로 활용한다.
② 수집한 정보를 그대로 활용하되 일정한 형태로 표현하여 활용한다.
③ 수집한 정보를 정리, 분석, 가공하여 활용한다.
④ 수집한 정보를 정리, 분석, 가공하여 활용하되 일정한 형태로 표현하여 활용한다.
⑤ 생산된 정보를 일정한 형태로 재표현하여 활용한다.
⑥ 일정한 형태로 표현한 정보, 한 번 이용한 정보를 보존, 정리하여 장래에 활용한다.

2. 정보의 분류

① 동적정보: 상황 변화에 따라 시시각각 변화하는 정보
예 신문, 텔레비전 뉴스

② 정적정보: 보존되어 멈추어 있는 정보(= 저장정보)
예 잡지, 책, 영상 정보
(일정한 형태로 보존되어 언제든지 동일한 상태로 재생할 수 있으므로 정적정보로 분류함)

+ 더 알아보기

동적정보와 정적정보

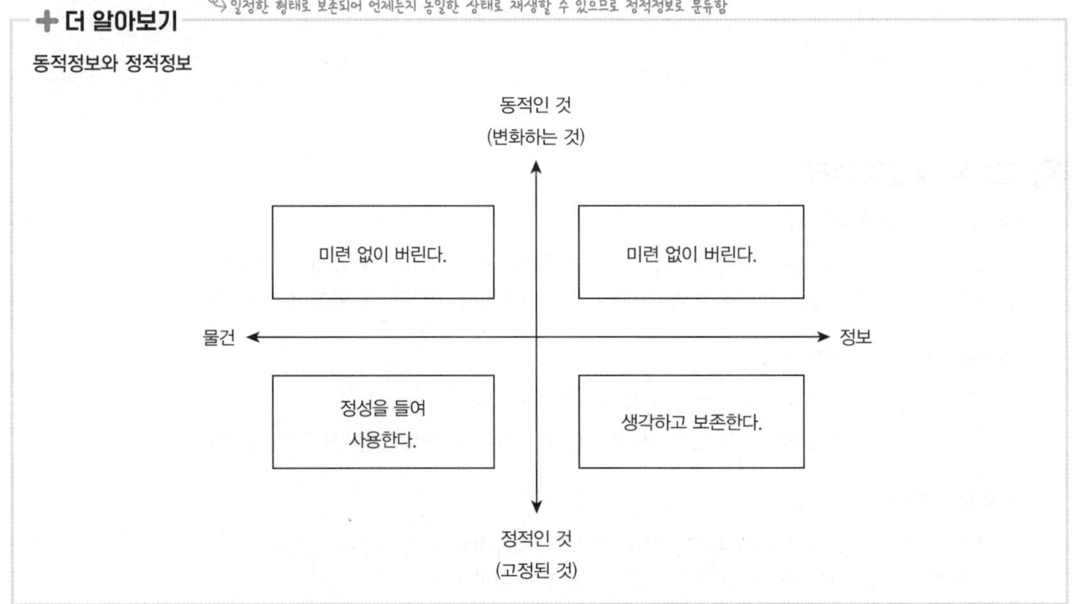

5 사이버 공간에서 지켜야 할 예절

1. 네티켓이란?

네티켓이란 사이버 공간에서 지켜야 하는 예절로, 법적인 제재에 의존하는 타율적 해결보다는 네티즌 스스로 자율적으로 해결해 나가는 적극적 의미를 가지고 있다

2. 상황에 따른 네티켓

전자우편(E-mail)을 사용할 때의 네티켓	• 메시지는 가능한 한 짧게 요점만 작성할 것 • 메일을 보내기 전에 주소가 올바른지 다시 한번 확인할 것 • 제목은 메시지 내용을 함축해 간략하게 작성할 것 • 가능하면 메시지 끝에 Signature(성명, 직위, 단체명, 메일주소, 전화번호 등)를 포함하되, 너무 길지 않도록 작성할 것 • 메일상에서 타인에 대해 말할 때는 정중함을 지키고 비방이나 욕설같이 타인에게 피해를 주는 언어는 사용하지 않도록 할 것
온라인 대화(채팅)를 할 때의 네티켓	• 마주 보고 이야기한다는 마음가짐으로 임할 것 • 대화방에 들어가면 지금까지 진행된 대화의 내용과 분위기를 확인할 것 • 입력(Enter) 키를 누르기 전에 한 번 더 생각할 것 • 광고나 홍보 등을 목적으로 악용하지 말 것 • 유언비어, 속어와 욕설 게재는 삼가고, 상호 비방의 내용은 금할 것
게시판을 사용할 때의 네티켓	• 글의 내용은 간결하게 요점만 작성할 것 • 제목은 글의 내용을 파악할 수 있도록 글의 내용을 함축하여 쓸 것 • 글을 쓰기 전에 이미 같은 내용으로 작성된 글은 없는지 확인할 것 • 게시판에 올린 글의 내용 중에 잘못된 점이 있으면 빨리 수정하거나 삭제할 것 • 게시판의 주제와 관련 없는 내용은 올리지 않을 것
공개 자료실을 사용할 때의 네티켓	• 음란물이나 상업용 소프트웨어를 올리지 않을 것 • 공개 자료실에 등록한 자료는 가급적 압축할 것 • 프로그램을 업로드할 때는 사전에 바이러스 감염 여부를 점검할 것 • 유익한 자료를 받았을 때는 공유한 사람에게 감사의 표현을 할 것
인터넷 게임을 할 때의 네티켓	• 상대방에게 항상 경어를 쓸 것 • 온라인 게임은 온라인에서의 오락으로 끝내고 너무 집착하지 말 것 • 게임 중에 일방적으로 퇴장하지 말 것 • 상대를 존중하고 스포츠맨십을 가질 것 • 이겼을 때는 상대를 위로하고 졌을 때는 깨끗하게 물러날 것

6 인터넷의 역기능

1. 불건전 정보의 유통

음란 사이트, 도박 사이트, 폭력 사이트 등 유해한 불건전 정보가 유통될 수 있다.

2. 컴퓨터 바이러스

컴퓨터 내부에 침투하여 자료를 손상시키거나 다른 프로그램을 파괴시키는 것으로, 컴퓨터 바이러스 예방법을 통해 방지할 수 있다.

+ 더 알아보기

컴퓨터 바이러스 예방법

① 실시간 감시 기능이 있는 백신 프로그램을 설치하여 정기적으로 업데이트한다.
② 출처가 불분명한 전자 우편에 첨부된 파일은 바이러스 검사 후에 사용한다.
③ 정품 소프트웨어를 구입하여 사용하는 습관을 가진다.
④ 중요한 파일은 별도의 보조 기억 장치에 미리 백업한다.
⑤ 프로그램을 복사할 때는 바이러스 감염 여부를 확인한다.

3. 사이버 언어폭력

인터넷상에서는 서로 얼굴을 볼 수 없기 언어폭력이 많이 일어나고 있으며, 사이버 언어폭력의 유형으로는 욕설, 비방(명예 훼손), 도배, 성적 욕설(음담패설), 유언비어, 악성 댓글 등이 있다.

4. 사이버 성폭력

인터넷 채팅이나 게시판, SNS 등을 통해 성적으로 수치심을 주는 사이버 성폭력이 일어나고 있으며, 실제 성폭력으로 이어지는 경우도 있다.

5. 인터넷 중독

인터넷에 지나치게 빠져 일상생활에 곤란을 겪는 경우가 있다.

6. 저작권 침해

인터넷상에서 저작권자의 동의 없이 불법으로 복제된 소프트웨어 프로그램이나 파일 등을 배포하거나 여러 곳에 공개하는 등 저작권 침해의 위험이 있다.

7. 해킹(Hacking)

다른 시스템에 불법적으로 침입하여 시스템이 저장된 정보를 임의로 변경, 삭제 또는 절취하는 행위로, 본래 해킹의 역할은 자신의 실력을 자랑하기 위해 다른 시스템에 접근하여 네트워크 보안을 지키는 것이었으나 최근 해킹 기술이 발전하면서 크래킹과 동일한 의미로 사용되고 있다.

+ 더 알아보기

악성 프로그램과 해킹 수법

구분	종류	내용
악성 프로그램	랜섬웨어 (Ransomware)	컴퓨터에 저장된 데이터에 암호를 걸어 사용자가 파일을 실행할 수 없도록 하고 이를 볼모로 금전을 요구하는 프로그램
	스파이 웨어 (Spyware)	다른 사람의 컴퓨터에 몰래 설치되어 중요한 개인정보를 빼가는 프로그램
	트로이 목마 (Trojan horse)	정상적인 기능을 하는 프로그램으로 가장하여 이를 설치하고 실행할 때 부작용을 일으키는 프로그램
해킹 수법	파밍 (Pharming)	가짜 사이트를 진짜로 오인해 접속하도록 한 뒤 금융정보나 개인정보를 빼내는 수법
	스푸핑 (Spoofing)	인터넷 프로토콜인 TCP/IP의 구조적 결함을 이용하거나 임의로 웹사이트를 구성하여 사용자들의 방문을 유도하고 정보를 빼내는 수법
	스머핑 (Smurfing)	고성능 컴퓨터를 이용하여 한 사이트에 엄청난 양의 접속 신호를 집중적으로 보내 상대 컴퓨터의 서버를 접속 불능 상태로 만드는 수법

8. 개인정보 유출

해킹이나 바이러스 감염 등으로 개인정보가 누출되어 사생활에 침해를 받을 수 있다.

7 개인정보 보호

1. 개인정보의 종류

개인정보에는 일반정보, 가족정보, 교육 및 훈련 정보, 병역정보, 부동산 및 동산정보, 소득정보, 수익정보, 신용정보, 고용정보, 법적정보, 의료정보, 조직정보, 습관 및 취미정보 등이 있다.

2. 개인정보 유출 방지 방법

① 회원 가입 시 이용 약관을 확인한다.
② 이용 목적에 부합하는 정보를 요구하는지 확인한다.
③ 정기적으로 비밀번호를 교체한다.
④ 정체불명의 사이트를 멀리한다.
⑤ 가입 해지 시 정보 파기 여부를 확인한다.
⑥ 뻔한 비밀번호를 사용하지 않는다.

개념확인문제

01 **다음에 해당하는 정보원을 쓰시오.**

단행본, 연구보고서, 학위논문, 특허 정보

(   )

02 **다음 정보분석에 대한 설명을 읽고, 맞으면 O, 틀리면 X에 표기하시오.**

① 여러 정보를 상호 관련지어 새로운 정보를 생성해내는 활동이다. (O, X)
② 좋은 데이터를 확보하면 언제나 훌륭한 분석으로 이어진다. (O, X)

03 **다음 정보관리 유형과 그에 대한 설명을 바르게 연결하시오.**

① 목록을 이용한 정보관리 • • ㉠ 유사한 정보끼리 모아 체계화하여 정리하는 방식
② 색인을 이용한 정보관리 • • ㉡ 주요 키워드나 주제어를 가지고 관리하는 방식
③ 분류를 이용한 정보관리 • • ㉢ 중요한 항목을 찾아 기술하여 정리하는 방식

정답 및 해설

01 1차 자료
02 ① O
② X | 좋은 데이터를 가지고 있어도 항상 훌륭한 분석으로 이어지지 않는다.
03 ① – ㉢, ② – ㉡, ③ – ㉠

기출공략문제

하위능력: 정보능력 **난이도**: ★★☆ **대표출제기업**: 한국가스안전공사

01 다음은 정보를 처리하기 위해 필요한 과정을 나타낸 것이다. 정보처리의 각 과정에 해당하는 설명을 〈보기〉에서 골라 바르게 연결한 것은?

기획 → 수집 → 관리 → 활용

〈보기〉

㉠ 정보기기에 대한 이해뿐만 아니라 정보가 필요한 문제 상황을 인지하는 능력 등이 필요한 과정이다.
㉡ 무엇을, 어디에서, 언제까지, 왜, 누가, 어떻게, 얼마나를 기준으로 한 5W2H에 따라 진행하는 과정이다.
㉢ 다양한 형태의 정보를 문제해결이나 결론 도출에 활용하기 쉬운 형태로 바꾸는 과정이다.
㉣ 여러 정보원으로부터 목적에 맞는 정보를 입수하는 과정이다.

	기획	수집	관리	활용
①	㉠	㉣	㉢	㉡
②	㉡	㉠	㉣	㉢
③	㉡	㉣	㉢	㉠
④	㉢	㉡	㉠	㉣
⑤	㉢	㉣	㉠	㉡

기출 포인트 해설 | 정보처리 과정

㉡ 무엇을, 어디에서, 언제까지, 왜, 누가, 어떻게, 얼마나에 대한 5W2H를 고려하여 진행하는 과정은 '기획' 단계에 해당한다.
㉣ 여러 정보원으로부터 목적에 맞는 정보를 꾸준히 입수하는 과정은 '수집' 단계에 해당한다.
㉢ 다양한 형태의 정보를 문제해결이나 결론 도출에 활용하기 쉬운 형태로 바꾸는 과정은 '관리' 단계에 해당한다.
㉠ 정보기기에 대한 이해뿐만 아니라 정보가 필요한 문제 상황을 인지하는 능력 등이 필요한 과정은 '활용' 단계에 해당한다.
따라서 정보처리 과정에 따라 바르게 연결한 것은 ③이다.

이것도 알면 합격

정보 기획의 5W2H

- WHAT(무엇을): 정보의 입수 대상을 명확히 한다.
- WHERE(어디에서): 정보의 정보원을 파악한다.
- WHEN(언제까지): 정보의 수집 시점을 고려한다.
- WHY(왜): 정보의 필요 목적을 염두에 둔다.
- WHO(누가): 정보활동의 주체를 확정한다.
- HOW(어떻게): 정보의 수집 방법을 검토한다.
- HOW MUCH(얼마나): 정보수집의 효용성을 중시한다.

정답 ③

하위능력: 정보처리능력 **난이도**: ★★☆ **대표출제기업**: 서울교통공사

02 다음 중 개인정보 유출 방지를 위한 방법으로 가장 적절하지 않은 것은?

① 비밀번호는 기억할 수 있는 범위 내에서 복잡한 조합으로 만들고 주기적으로 변경해야 한다.
② 보낸 사람 또는 출처가 불분명한 전자우편에 첨부된 파일은 절대 열람하지 않는다.
③ 인터넷 사이트에 가입할 때 사이트에서 요구하는 정보의 수집 목적이 적절한지 확인한다.
④ 중요한 데이터는 여러 곳에 분산하여 저장하기보다는 자주 사용하는 PC에만 저장한다.
⑤ 가입했던 인터넷 사이트를 탈퇴했을 때 자신의 개인정보가 탈퇴 즉시 해지되는지 확인한다.

기출 포인트 해설 개인정보 유출 방지 방법

악성 바이러스로 인해 컴퓨터에 저장된 데이터가 손실될 경우를 대비하기 위해서는 USB 등의 보조 기억 장치에 백업하는 것이 좋으므로 개인정보 유출 방지 방법으로 가장 적절하지 않다.

이것도 알면 합격

개인정보 유출 방지 방법

- 회원가입 시 이용 약관을 유심히 확인하고 이용 목적에 부합하는 정보를 요구하는지 확인한다.
- 비밀번호는 기억할 수 있는 범위 내에서 단순하지 않은 조합으로 만들고 주기적으로 변경한다.
- 출처를 정확히 알 수 없는 전자우편이나 인터넷 사이트에 접속하지 않도록 주의한다.
- 가입 해지 시 탈퇴 즉시 개인정보가 파기되는지 확인한다.
- 비밀번호를 입력한 후에 PC가 부팅되거나 운영체제에 로그인할 수 있도록 설정한다.
- 악성 바이러스 등으로 데이터가 손실될 경우를 대비하기 위해 보조 기억 장치에 중요한 자료를 백업한다.
- 파일 공유가 필요할 경우 원하는 사용자와만 공유할 수 있도록 공유 폴더 비밀번호를 설정한다.

정답 ④

하위능력: 정보능력 **난이도**: ★★☆ **대표출제기업**: 한국가스안전공사

03 다음 글을 읽고 유비쿼터스와 관련된 개념으로 볼 수 없는 것은?

> 유비쿼터스는 라틴어로 '언제 어디서나 존재한다'라는 의미이며, 사용자가 컴퓨터나 네트워크를 의식하지 않은 채 장소에 상관없이 네트워크에 접속할 수 있는 환경을 말한다. 즉, 사람을 포함한 현실 속 모든 것들을 네트워크로 연결하여 사용자에게 필요한 정보나 서비스를 바로 제공할 수 있게 하는 것이 유비쿼터스의 핵심 개념이다.

① RFID ② 3D 프린터 ③ 웨어러블 디바이스
④ 퍼베이시브 컴퓨팅 ⑤ 임베디드 컴퓨팅

기출 포인트 해설 유비쿼터스

3D 프린터는 글자나 그림으로 구성된 2차원의 데이터를 바탕으로 출력하는 2D 프린터와 달리 3차원 도면의 데이터를 바탕으로 3차원의 입체 물품을 출력하는 장치를 말하므로 언제 어디서나 네트워크에 접속할 수 있는 유비쿼터스와 관련된 개념으로 볼 수 없다.

① RFID: IC칩과 무선 주파수를 통해 식품, 동물, 사물 등의 정보를 관리할 수 있는 인식 기술
③ 웨어러블 디바이스: 몸에 부착하거나 입을 수 있는 전자장치
④ 퍼베이시브 컴퓨팅: 스마트폰, 개인휴대단말기(PDA), 인터넷 기술이 접목된 첨단 가전제품 등과 같이 널리 퍼지고 스며드는 컴퓨터 관련 기술
⑤ 임베디드 컴퓨팅: PC 이외의 사물을 지능화시킨 기술

정답 ②

하위능력: 컴퓨터활용능력 **난이도**: ★☆☆ **대표출제기업**: 한국가스안전공사

04 다음 컴퓨터 용량을 나타내는 단위를 작은 단위에서 큰 단위 순으로 나열하였을 때, ㉠~㉤ 중에서 킬로바이트가 들어갈 자리로 가장 적절한 것은?

바이트	㉠	메가바이트	㉡	기가바이트	㉢	테라바이트	㉣	페타바이트	㉤

① ㉠ ② ㉡ ③ ㉢ ④ ㉣ ⑤ ㉤

기출 포인트 해설 컴퓨터 용량 단위

컴퓨터 용량 단위는 '바이트 < 킬로바이트 < 메가바이트 < 기가바이트 < 테라바이트 < 페타바이트' 순으로 크다.
따라서 킬로바이트가 들어갈 자리는 '㉠'이다.

이것도 알면 합격

컴퓨터 용량 단위

- 1바이트 = 8비트
- 1킬로바이트 = 1,024바이트
- 1메가바이트 = 1,024킬로바이트
- 1기가바이트 = 1,024메가바이트
- 1테라바이트 = 1,024기가바이트
- 1페타바이트 = 1,024테라바이트

정답 ①

하위능력: 컴퓨터활용능력 **난이도**: ★★☆ **대표출제기업**: 건강보험심사평가원

05 귀하는 워드 프로그램을 활용하여 문서 작업을 하던 중에 문자 간격이 너무 넓어 자간을 줄이기로 하였다. 문자 간격을 줄이기 위해 워드 프로그램의 글꼴 창을 열고자 할 때, 사용해야 할 단축키로 가장 적절한 것은?

① Ctrl + A

② Ctrl + D

③ Ctrl + E

④ Ctrl + F

⑤ Ctrl + H

기출 포인트 해설 | 워드 단축키

귀하는 문자 간격을 줄이기 위해 워드 프로그램의 글꼴 창을 열어야 하므로 글꼴 창 실행 단축키인 'Ctrl + D'가 가장 적절하다.

① Ctrl + A: 문서 전체 선택

③ Ctrl + E: 문자 가운데 맞춤

④ Ctrl + F: 특정 문자 찾기

⑤ Ctrl + H: 특정 문자 바꾸기

✔ 이것도 알면 합격

워드 글꼴 크기 단축키

- 글꼴 크기 늘림: Ctrl + Shift + >, Ctrl +]
- 글꼴 크기 줄임: Ctrl + Shift + <, Ctrl + [

정답 ②

하위능력: 컴퓨터활용능력 **난이도**: ★★☆ **대표출제기업**: 한국가스안전공사, 한국전기안전공사, 한전KPS

06 A 마트 상품 항목별 판매량 및 재고율을 엑셀로 정리한 결과가 다음과 같을 때, 김 사원이 재고율이 세 번째로 낮은 값을 구하기 위해 [E12]셀에 입력할 함수식으로 가장 적절한 것은?

	A	B	C	D	E	F
1						
2		A 마트 상품 항목별 판매량 및 재고율				
3		항목	입고일	판매량	재고율	
4		냉동식품	2021-05-20	531	23	
5		식음료	2021-05-06	838	36	
6		수산	2021-04-25	168	12	
7		과일	2021-04-18	230	17	
8		정육	2021-03-23	423	34	
9		유제품	2021-03-12	722	8	
10		밀키트	2021-03-08	982	38	
11						
12		재고율이 세 번째로 낮은 값				

① = SMALL(E4:E10, 3)　② = MID(E4:E10, 3)　③ = MAX(E4:E10, 3)
④ = MIN(E4:E10, 3)　⑤ = LARGE(E4:E10, 3)

기출 포인트 해설 | 엑셀 함수

김 사원이 '재고율이 세 번째로 낮은 값'을 구하기 위해서는 A 마트 상품 항목별 재고율에 해당하는 영역을 찾아 재고율이 세 번째로 낮은 값을 찾아야 한다.
따라서 데이터 집합에서 K 번째로 작은 값을 구할 때 사용하는 SMALL 함수가 적절하며, SMALL 함수식인 '= SMALL(지정한 범위, K)'를 적용하면 '= SMALL(E4:E10, 3)'이 된다.

이것도 알면 합격
- **MID 함수**: 문자열의 지정 위치에서 문자를 지정한 개수만큼 돌려주는 함수
  식 = MID(지정한 문자열, 문자 추출 시작 위치, 추출할 문자 개수)
- **MAX 함수**: 지정한 범위에서 최댓값을 구할 때 사용하는 함수
  식 = MAX(지정한 범위)
- **MIN 함수**: 지정한 범위에서 최솟값을 구할 때 사용하는 함수
  식 = MIN(지정한 범위)
- **LARGE 함수**: 데이터 집합에서 K 번째로 큰 값을 구할 때 사용하는 함수
  식 = LARGE(지정한 범위, K)

정답 ①

하위능력: 컴퓨터활용능력 **난이도**: ★☆☆ **대표출제기업**: 수도권매립지관리공사

07 다음은 ○○공사 사내 게시판에 올라온 악성코드 감염 시 대응 방법에 대한 공지이다. 귀하가 밑줄 친 [정보보안 부서]를 클릭하자 문의를 요청하는 사이트로 연결되었다고 할 때, 이와 같은 기능을 나타내는 용어로 가장 적절한 것은?

> **[악성코드 감염 시 대응 방법에 관한 공지]**
>
> ◆ **요청사항**
> 최근 악성코드 감염으로 인한 개인정보 유출 피해가 발생하고 있으므로 아래와 같은 PC 이상 현상이 나타나는 경우 PC의 전원을 차단하지 않고 관련 부서로 문의하시기 바랍니다. [정보보안 부서]
>
> ◆ **PC 이상 현상 예시**
> 1) 평소보다 PC가 현저히 느려지거나 마우스나 키보드가 입력되지 않는 현상
> 2) 파일의 이름이나 확장자가 바뀌는 현상
> 3) 자주 사용하는 문서나 그림 및 동영상 파일이 열리지 않거나 내용의 일부가 깨지는 현상
> 4) PC가 부팅되지 않거나 경고 문구 등이 화면에 나타나는 현상

① 하이퍼링크 ② 데이터링크 ③ 호스트
④ 월드 와이드 웹 ⑤ HTML

기출 포인트 해설 하이퍼링크

[정보보안 부서]를 클릭하자 관련 부서에 문의를 요청하는 사이트로 연결되었다고 하였으므로 인터넷 웹상에 나타난 내용에서 특정 문구를 클릭하였을 때 다른 사이트로 연결되는 '하이퍼링크'가 가장 적절하다.

정답 ①

하위능력: 컴퓨터활용능력 **난이도**: ★★☆ **대표출제기업**: 서울교통공사

08 다음 글의 빈칸에 들어갈 말로 가장 적절한 것은?

> (　　　) 기술이란 찌그러지거나 흐릿한 문자를 입력하는 테스트를 통해 사람과 봇을 구별하는 테스트 시스템을 말한다. 이는 인터넷 웹사이트에 회원가입할 때 주로 볼 수 있는데, 해커들이 악의적인 의도로 이름, 아이디, 비밀번호 등 여러 정보를 봇을 통해 자동으로 입력하여 몇 분 안에 수백 개의 계정을 생성하지 못 하도록 방지하는 시스템이다.
>
> | | 새로고침 | 2CT7X | 왼쪽의 문자를 입력하시오. |
> |---|---|---|---|
> | | 음성 듣기 | | |

① 캡차　② 리캡차　③ 튜링　④ 리튜링　⑤ 암호화

PART 1 제7장 정보능력 해커스공기업 NCS 모듈형 통합 기본서 이론+실전모의고사

기출 포인트 해설 캡차

사람과 봇을 구분하기 위해 찌그러지거나 흐릿한 글자를 입력하는 테스트 시스템은 '캡차'이다.

② 리캡차: 사람과 봇을 구분하면서 고문서 복원 작업을 위해 찌그러지거나 흐릿한 두 개의 문자를 입력하는 테스트

③ 튜링: 기계가 인공지능을 갖추었는지 판별하기 위한 테스트

정답 ①

09 **정보처리 부서에서 근무하는 귀하는 신입사원 교육을 진행하는 중에 진수 변환과 관련된 퀴즈를 내기로 하였다. 다음 질문에 대한 답 A와 B에 들어갈 수를 바르게 연결한 것은?**

문번	질문	답
1	10진수 $58_{(10)}$을 2진수로 변환한 값은?	A
2	2진수 $1101_{(2)}$을 10진수로 변환한 값은?	B

	A	B
①	$10110_{(2)}$	$11_{(10)}$
②	$11010_{(2)}$	$11_{(10)}$
③	$111010_{(2)}$	$13_{(10)}$
④	$110010_{(2)}$	$13_{(10)}$
⑤	$110010_{(2)}$	$15_{(10)}$

기출 포인트 해설 | 진수 변환

A: 10진수 $58_{(10)}$을 2진수로 변환하면

2) 58
2) 29 … 0
2) 14 … 1
2) 7 … 0
2) 3 … 1
1 … 1

이므로 $58_{(10)} = 111010_{(2)}$이다.

B: 2진수 $1101_{(2)}$을 10진수로 변환하면

$(1 \times 2^3) + (1 \times 2^2) + (0 \times 2) + (1 \times 1) = 13_{(10)}$이다.

따라서 A 그룹과 B 그룹의 답을 바르게 연결한 것은 '$111010_{(2)}$, $13_{(10)}$'이다.

이것도 알면 합격

진수 변환

- **10진수를 2진수로 변환**: 10진수를 2로 나누는 과정을 반복하여, 나머지를 역순으로 조합한다.
- **2진수를 10진수로 변환**: 2진수의 가장 오른쪽 숫자부터 왼쪽으로 차례대로 1, 2, 2^2, 2^3 …을 각각 곱하여 더한다.

정답 ③

하위능력: 정보처리능력 난이도: ★★☆ 대표출제기업: 한국농어촌공사

10 다음 논리도와 진리표에 해당하는 논리 게이트로 가장 적절한 것은?

[논리도]

A, B → X

[진리표]

A	B	X
0	0	1
0	1	1
1	0	1
1	1	0

① OR 게이트 ② NOT 게이트 ③ XOR 게이트
④ NOR 게이트 ⑤ NAND 게이트

기출 포인트 해설 NAND 게이트

제시된 논리도에서 입력값이 A와 B 2개이며, 진리표에서 A와 B가 1일 때 결과가 0이고 나머지 모두 1이므로 'NAND 게이트'에 해당한다.

이것도 알면 합격

논리 게이트의 종류

- **AND 게이트**: 두 개의 입력 A와 B가 모두 1이면 결과가 1이 되고, 나머지 경우에는 0이 되는 게이트
- **OR 게이트**: 두 개의 입력 A와 B 중 하나라도 1이면 결과가 1이 되고, 둘 다 0이면 0이 되는 게이트
- **NOT 게이트**: 한 개의 입력 A가 1이면 결과가 0이 되고, 0이면 1이 되는 게이트
- **XOR 게이트**: 두 개의 입력 A와 B가 서로 같으면 결과가 0이 되고, 서로 다르면 1이 되는 게이트
- **NOR 게이트**: OR 게이트에 NOT을 연결하여 OR 게이트로 출력되는 결괏값의 반댓값이 되는 게이트
- **NAND 게이트**: AND 게이트에 NOT을 연결하여 AND 게이트로 출력되는 결괏값의 반댓값이 되는 게이트

정답 ⑤

출제예상문제

• 시작과 종료 시각을 정한 후, 실제 시험처럼 문제를 풀어보세요.
　　　시　　　분 ~　　　시　　　분 (총 20문항/20분)

01 다음 글의 밑줄 친 ㉠~㉢에 대한 설명으로 가장 적절하지 않은 것은?

> 정보는 곳곳에 있는 자료 중에 필요한 것을 골라내어 얻을 수도 있지만 경우에 따라 전문가들에 의해 가공되고 처리된 자료를 통해 정보로서의 가치를 얻을 수 있다. 한편 맥 도너는 이에 대해 ㉠ 가치가 평가되지 않은 메시지, ㉡ 특정 상황에서 평가된 자료, ㉢ 정보가 더 넓은 시간과 내용의 관계를 나타내는 것 세 가지 차원으로 구분하였으며, 엘렌 켄트로 또한 이를 지식 삼각형으로 표현하여 구분하였다.

① ㉠ – 객관적 실재가 반영된 것으로, 이를 전달할 수 있도록 기호화한 것을 말한다.
② ㉠ – 정보 작성을 위해 필요한 데이터로서 숫자나 문자들이 단순 나열된 상태이다.
③ ㉡ – 자료를 특정한 목적과 문제해결에 도움이 되도록 가공한 것이다.
④ ㉡ – 엘렌 켄트로의 지식 삼각형에서 가장 상단에 있는 개념이다.
⑤ ㉢ – 원리적이고 통일적으로 조직된 대상에 대해 객관적 타당성을 요구할 수 있다.

02 다음 중 엑셀 데이터 입력 방법에 대한 설명으로 가장 적절하지 않은 것은?

① Ctrl + Enter 키를 누르면 지정한 셀에 동일한 데이터를 입력할 수 있다.
② Enter 키를 누르면 다음 행으로 셀 포인터를 이동할 수 있다.
③ Ctrl + F 키를 누르면 찾고자 하는 데이터를 찾을 수 있다.
④ 셀 포인터를 바로 위의 행으로 이동시키려면 Shift + Enter 키를 눌러야 한다.
⑤ 한 셀에 여러 줄의 데이터를 입력하려면 Shift + Alt + Enter 키를 눌러야 한다.

03 다음 정보분석 절차에서 빈칸 ㉠~㉢에 들어갈 말을 순서대로 바르게 나열한 것은?

1단계	2단계	3단계	4단계
분석과제 발생	(㉠)	조사항목 선정	관련 정보수집
5단계	**6단계**	**7단계**	**8단계**
(㉡)	항목별 분석	(㉢)	활용 및 정리

① 조사방법 선정 – 수집 정보 구조화 – 과제 해석

② 조사방법 선정 – 수집 정보 추출 – 가공 및 처리

③ 과제 분류 – 수집 정보 서열화 – 결론 분석

④ 과제 분석 – 수집 정보 분류 – 종합 및 결론

⑤ 과제 해석 – 수집 정보 가공 – 종합 및 결론

04 네티켓이란 사이버 공간에서 지켜야 하는 예절로, 법적인 제재보다는 인터넷 이용자 스스로 자율적으로 지켜나가는 적극적인 의미를 가진다. 다음 중 네티켓에 따라 바르게 행동한 사람은 몇 명인가?

- 갑은 해외 바이어 업체에 이메일을 보낼 때 자신이 누구인지를 드러내기 위해 가능한 한 메시지 끝 부분에 성명, 직위, 회사명 등의 정보를 기재한다.
- J 광고 대행사에서 근무하는 을은 최근 마케팅 강화를 위해 온라인 채팅방에 가입하여 불특정 다수의 사람에게 홍보 글을 자연스럽게 노출하였다.
- L 동네에 거주하는 주민들만 가입할 수 있는 커뮤니티 카페에서 왕성하게 활동하고 있는 병은 자신이 작성한 게시글에 일부 잘못된 정보가 포함되어 있어 재빨리 수정하였다.
- 최근 P 기업의 인·적성 시험을 치른 정은 자신이 푼 문제의 답을 다른 사람들과 비교하기 위해 온라인 채팅방에 들어갔고, 다른 사람들이 대화한 내용을 살펴봄으로써 어떤 대화가 오가고 있는지 분위기를 파악하였다.
- 무는 자신이 활동하고 있는 인터넷 게시판에 자신이 작성한 글을 많은 사람이 조회할 수 있도록 글의 내용과 상관없는 자극적인 제목으로 업로드하고 있다.

① 1명　② 2명　③ 3명　④ 4명　⑤ 5명

05 귀하는 후배 사원으로부터 정보를 검색했을 때 너무 많은 검색 결과가 쏟아져 나와 어려움을 겪고 있다는 고민을 듣게 되었다. 후배 사원에게 도움을 주기로 한 귀하가 정보검색 연산자를 다음과 같이 정리하였을 때, 빈칸 ㉠~㉤에 들어갈 말로 가장 적절하지 않은 것은?

정보검색은 2개 이상의 단어를 연산자로 조합하여 키워드로 검색하는 것이 도움이 됩니다. 이때, 연산자는 대·소문자의 구분이 없으며 앞뒤로 (㉠)을/를 넣어주어야 합니다. 그러나 검색엔진에 따라 연산자가 다를 수 있으므로 검색엔진에서 사용하는 연산자를 정확히 숙지할 필요가 있습니다.

흔히 사용되는 검색 연산자는 다음과 같습니다.

기호	연산자	검색 조건
*, &	(㉡)	두 단어가 모두 포함된 문서를 검색함
|	OR	두 단어 모두 포함되거나, 두 단어 중 하나만 포함된 문서를 검색함
-, (㉢)	NOT	기호(또는 연산자) (㉣)에 오는 단어는 포함하지 않는 문서를 검색함
(㉤)	NEAR	앞뒤의 단어가 가깝게 인접해 있는 문서를 검색함

① ㉠ - 공백
② ㉡ - AND
③ ㉢ - !
④ ㉣ - 다음
⑤ ㉤ - ^

06 다음 사례에서 나타난 ○○기업 김 부장의 컴퓨터 시스템을 감염시킨 악성코드로 가장 적절한 것은?

1999년 3월, ○○기업의 김 부장은 수신된 이메일에 첨부된 파일을 실행하였다가 컴퓨터가 악성코드에 감염되는 일을 겪었다. 이 악성코드는 김 부장의 컴퓨터뿐만 아니라 김 부장에게 업무 메일을 보냈던 협력 업체 직원 50명에게도 자동으로 전달되어 그들의 컴퓨터도 감염시켰다. 또한, 김 부장의 컴퓨터에 저장되어 있던 여러 기밀문서에도 악성코드가 접근해 불특정 다수에게 기밀문서가 전달되기도 하고 전자우편 시스템 과부하로 인해 업무를 마비시키는 등 기업에 막대한 피해를 줬다. 김 부장은 자신의 클릭 한 번이 기업에 엄청난 손해를 입힌 것 같아 심한 죄책감을 느끼고 있다.

① 멜리사 바이러스　② 예루살렘 바이러스　③ 트로이 목마
④ 스파이웨어　⑤ 랜섬웨어

07 다음 각각의 진수를 10진수로 변환하였을 때 나머지와 값이 다른 하나는?

① $10111_{(2)}$ ② $41_{(5)}$ ③ $32_{(7)}$ ④ $27_{(8)}$ ⑤ $17_{(16)}$

08 정보검색은 여러 곳에 분산된 수많은 정보 중 특정 목적에 부합하는 정보만을 신속하고 정확하게 찾아내어 이를 수집·분류·축적하는 과정을 말한다. 다음 중 정보검색 단계를 순서대로 바르게 나열한 것은?

① 정보원 선택 → 검색 주제 선정 → 검색식 작성 → 결과 출력
② 정보원 선택 → 검색엔진 선택 → 검색어 도출 → 검색식 작성
③ 검색 주제 선정 → 정보원 선택 → 검색식 작성 → 결과 출력
④ 검색 주제 선정 → 검색엔진 선택 → 검색 연산자 적용 → 검색식 작성
⑤ 검색식 작성 → 정보원 선택 → 검색엔진 선택 → 검색 연산자 적용

09 S 공사의 마케팅 부서에 근무하는 귀하는 마케팅 전략을 수립하기에 앞서 데이터 수집의 필요성을 느껴 효과적으로 정보를 수집할 수 있는 방법에 대해 상사에게 조언을 구하였다. 다음 중 귀하가 상사로부터 받은 조언으로 적절하지 않은 것을 모두 고르면?

(가) "최근에는 어디서나 쉽게 정보를 교환할 수 있는 환경이 마련되었지만 중요한 정보는 결국 서로 마주하여 전달하는 것이 좋으므로 우선적으로 신뢰 관계가 바탕이 되어야 해요."
(나) "정보는 1초라도 빨리 정보를 쥔 사람이 우위에 있기 때문에 오늘날같이 변화가 심한 시대에서는 질이나 내용보다는 남들보다 빠르게 정보를 획득하는 것이 효과적인 결과를 가져올 수도 있습니다."
(다) "인텔리전스(Intelligence)는 하나의 개별적인 정보를 말하지만, 인포메이션(Information)은 수많은 인텔리전스 중에 선별한 몇 가지를 연결시켜 무언가를 판단할 수 있게 하는 정보라고 할 수 있죠."
(라) "정보를 수집하는 것도 중요하지만 수집한 정보를 머릿속에 효과적으로 정리하기 위해서는 자신의 머릿속에 정보 서랍을 만들어 저장하고, 이를 다른 정보와 관련시키는 등으로 활용해야 해요."
(마) "자신의 머릿속에 모든 정보를 담아두는 데는 한계가 있으니 정보를 수집할 수 있는 물리적인 하드웨어의 도움을 받는 것도 하나의 방법이 될 수 있습니다."

① (가) ② (다) ③ (가), (마)
④ (나), (다) ⑤ (나), (라), (마)

10 업무에 필요한 응용 소프트웨어의 종류로는 워드프로세서, 스프레드시트, 프레젠테이션 등이 있다. 다음의 특징을 응용 소프트웨어의 종류에 따라 바르게 분류한 것은?

㉠ 문자, 그림, 표, 그래프 등으로 조화롭게 구성된 여러 형태의 문서를 작성할 수 있는 프로그램이다.
㉡ 문서 작업 이외에 수치나 공식을 입력하여 그 값을 계산할 수 있는 프로그램이다.
㉢ 주로 회의나 상담 등에서 정보를 전달할 때 활용되며, 다양한 멀티미디어를 사용할 수 있다.
㉣ 입력, 표시, 저장, 편집, 인쇄를 주된 기능으로 하는 프로그램이다.
㉤ 셀, 열, 행, 영역으로 구성되어 있으며, 처리하고자 하는 숫자나 데이터를 셀에 기입할 수 있다.

	워드프로세서	스프레드시트	프레젠테이션
①	㉡	㉠, ㉢	㉣, ㉤
②	㉢	㉣, ㉤	㉠, ㉡
③	㉠, ㉣	㉡, ㉤	㉢
④	㉡, ㉢	㉣	㉠, ㉤
⑤	㉠, ㉢, ㉤	㉡	㉣

11 **다음 중 정보화로 인한 미래 사회의 특징으로 적절하지 않은 것을 모두 고르면?**

> ㉠ 국경 없는 하나의 세계 시장에는 노동, 자본, 기술 등과 같은 생산요소도 포함된다.
> ㉡ 부가 가치 창출 시 육체적 노동이나 기술보다는 정신적 노동이나 지식의 중요성이 커지게 될 것이다.
> ㉢ 지식근로자에게는 지식과 기술을 개발할 수 있는 능력보다는 토지, 노동, 자본에 대한 높은 이해도가 요구될 것이다.
> ㉣ 차세대 주력 산업인 정보기술, 생명공학, 나노기술, 환경공학, 문화산업, 우주항공기술을 일컬어 6T라 한다.

① ㉠ ② ㉢ ③ ㉠, ㉡ ④ ㉡, ㉣ ⑤ ㉢, ㉣

12 **다음 중 유틸리티 프로그램에 대한 설명으로 가장 적절하지 않은 것은?**

① 유틸리티 프로그램은 크기가 작고 단순해 본격적인 응용 소프트웨어로 보기 어렵다.
② 이미지 뷰어 프로그램을 활용하면 모니터에 나타나는 영상을 원하는 크기나 모양으로 변환하여 이미지 파일로 저장할 수 있다.
③ 바이로봇, 터보백신, V3, V3+Neo 등과 같은 프로그램으로 바이러스에 감염된 파일을 치료할 수 있다.
④ 파일 압축 프로그램을 활용하면 디스크 저장 공간을 넓힘과 동시에 파일 전송에 소요되는 시간 단축이 가능하다.
⑤ 동영상 재생 프로그램을 통해 영화나 애니메이션 감상뿐만 아니라 음악도 즐길 수 있다.

13 **다음 중 데이터베이스의 작업 순서를 바르게 나열한 것은?**

① 자료 검색 → 자료 입력 → 저장 → 데이터베이스 만들기 → 보고서 인쇄
② 데이터베이스 만들기 → 자료 검색 → 자료 입력 → 저장 → 보고서 인쇄
③ 데이터베이스 만들기 → 자료 입력 → 저장 → 자료 검색 → 보고서 인쇄
④ 자료 입력 → 저장 → 보고서 인쇄 → 자료 검색 → 데이터베이스 만들기
⑤ 자료 입력 → 저장 → 자료 검색 → 보고서 인쇄 → 데이터베이스 만들기

14 민원 처리 업무를 담당하고 있는 귀하는 업무 효율성을 높이기 위해 업무 관련 자료를 분류하고자 한다. 다음 중 귀하가 민원 업무 관련 자료 분류 시 활용할 수 있는 방법으로 가장 적절하지 않은 것은?

① 처리 완료된 민원을 접수된 날짜 순으로 분류하였다.

② 어떤 내용으로 접수된 민원인지 확인하여 주제별로 분류하였다.

③ 첨부 파일이 포함된 민원에 대해 첨부 파일의 형식에 따라 민원을 분류하였다.

④ 같은 사람이 동일한 민원을 중복 접수하지 않도록 민원인의 이름을 오름차순으로 정렬하여 분류하였다.

⑤ 추후 관련 민원 업무에 활용하기 위해 민원을 처리 결과에 따라 분류하였다.

15 ○○군청에서 진행하는 일자리 창출 사업에 지원한 사람들의 개인 정보를 엑셀로 정리한 결과가 다음과 같을 때, 지원자 오진석의 자녀 수를 알아 보기 위해 [C16]셀에 입력할 함수식으로 가장 적절한 것은?

	A	B	C	D	E	F
1						
2		일자리 창출 사업 지원자 정보				
3		이름	생년월일	자녀 수	거주지	
4		김진숙	1962-02-10	1	동작구	
5		박금석	1966-03-23	3	서초구	
6		백순옥	1965-09-11	0	용산구	
7		오진석	1971-06-28	2	강남구	
8		우동완	1978-11-12	2	동대문구	
9		이정훈	1981-02-01	0	마포구	
10		정수진	1982-12-25	1	노원구	
11		조필환	1985-07-19	2	성북구	
12		진나라	1987-01-18	4	강북구	
13		한지혜	1889-09-09	3	도봉구	
14						
15		이름	자녀 수			
16		오진석				

① = VLOOKUP(B16, B4:B13, 3, 1)

② = VLOOKUP(B16, B4:E13, 3, 0)

③ = VLOOKUP(B16, B4:E13, 2, 0)

④ = HLOOKUP(B16, B4:B13, 3, 1)

⑤ = HLOOKUP(B16, B4:E13, 2, 0)

[16-20] 다음은 전산 시스템 오류 확인 절차에서 사용되는 시스템 항목별 세부사항 및 시스템 상태 판단 기준을 설명하는 자료이다. 각 물음에 답하시오.

[시스템 항목별 세부사항]

<table>
<tr><th>항목</th><th colspan="3">세부사항</th></tr>
<tr><td>Sector</td><td colspan="3">오류 발생 위치</td></tr>
<tr><td>Error Level</td><td colspan="3">시스템 상태, 심각성, 오류 처리 성공률 등을 종합한 값으로, 발견된 Error Level의 값에 추가로 발견된 Error Factor 값을 가산하여 최종 Error Level을 산출함</td></tr>
<tr><td rowspan="8">Error Factor</td><td colspan="3">발견된 Error Level의 값에 영향을 미치는 요소</td></tr>
<tr><th>항목</th><th>세부사항</th><th>적용 방식</th></tr>
<tr><td>Factor 1</td><td>시스템 오류 정도 및 처리 우선순위 높음</td><td>발견된 Error Level 값에 + 48 가산함</td></tr>
<tr><td>Factor 2</td><td>시스템 오류 정도 및 처리 우선순위 낮음</td><td>발견된 Error Level 값에 – 22 가산함</td></tr>
<tr><td>Factor 3</td><td>오류 처리 실패율 높음</td><td>발견된 Error Level 값에 – 24 가산함</td></tr>
<tr><td>Factor 4</td><td>오류 처리 실패율 낮음</td><td>발견된 Error Level 값에 + 33 가산함</td></tr>
<tr><td>Factor 5</td><td>2차 오류 발생 가능성 높음</td><td>발견된 Error Level 값에 – 28 가산함</td></tr>
<tr><td>Factor 6</td><td>2차 오류 발생 가능성 낮음</td><td>발견된 Error Level 값에 – 10 가산함</td></tr>
</table>

[시스템 상태별 판단 기준 및 입력 코드]

시스템 상태	판단 기준	입력 코드
안전	최종 Error Level 값이 90이상	9HJKB
주의	최종 Error Level 값이 70이상~90미만	OKE3A
경고	최종 Error Level 값이 50이상~70미만	VQ2RP
위험	최종 Error Level 값이 30이상~50미만	ECMO8
정지	최종 Error Level 값이 30미만	SMA

[전산 시스템 오류 확인 절차 예시]

Assessing Error threat…
Error Level is 42 … ㉠

Found additional errors…
Factor 1 is detected … ㉡
Factor 3 is detected … ㉢

Input Code: VQ2RP

[절차 1] 최종 Error Level 값 산출
발견된 Error Level ㉠이 42, 추가로 발견된 Error Factor ㉡이 48, ㉢이 – 24이므로
최종 Error Level 값은 42 + 48 + (– 24) = 66이다.
[절차 2] 시스템 상태 판단 및 코드 입력
최종 Error Level의 값(66)이 50이상~70미만에 해당하여 시스템 상태는 '경고'이므로 입력할 코드는 'VQ2RP'이다.

16 다음 시스템 상태에서 입력할 코드로 가장 적절한 것은?

Assessing Error threat… Error Level is 23 Found additional errors… Factor 2 is detected Factor 4 is detected Input Code: (   )

① 9HJKB ② OKE3A ③ VQ2RP ④ ECMO8 ⑤ SMA

17 다음 시스템 상태에서 입력할 코드로 가장 적절한 것은?

Assessing Error threat… Error Level is 35 Found additional errors… Factor 1 is detected Factor 6 is detected Input Code: (   )

① 9HJKB ② OKE3A ③ VQ2RP ④ ECMO8 ⑤ SMA

18 다음 시스템 상태에서 입력할 코드로 가장 적절한 것은?

Assessing Error threat… Error Level is 52 Found additional errors… Factor 4 is detected Factor 5 is detected Input Code: (   )

① 9HJKB ② OKE3A ③ VQ2RP ④ ECMO8 ⑤ SMA

19 다음 시스템 상태에서 입력할 코드로 가장 적절한 것은?

```
Assessing Error threat…
Error Level is 85

Found additional errors…
Factor 3 is detected
Factor 2 is detected
Factor 6 is detected

Input Code: (        )
```

① 9HJKB ② OKE3A ③ VQ2RP ④ ECMO8 ⑤ SMA

20 다음 시스템 상태에서 입력할 코드로 가장 적절한 것은?

```
Assessing Error threat…
Error Level is 107

Found additional errors…
Factor 5 is detected
Factor 4 is detected
Factor 2 is detected

Input Code: (        )
```

① 9HJKB ② OKE3A ③ VQ2RP ④ ECMO8 ⑤ SMA

약점 보완 해설집 p.26

제8장 기술능력

기술능력 개념정리

01 기술이해능력

02 기술선택능력

03 기술적용능력

기출공략문제

출제예상문제

미리 보는 기술능력,

기출 개념 마인드맵

기술능력은 일상적으로 요구되는 수단, 도구, 조작 등에 관한 기술적인 요소들을 이해하고, 적절한 기술을 선택하며, 적용하는 능력으로, 기술이해능력, 기술선택능력, 기술적용능력 등으로 구분됩니다. 다음은 기술능력에서 주로 출제되었던 기출 키워드를 정리한 마인드맵입니다. 학습 전에는 기술능력의 큰 흐름을 먼저 파악하는 용도로, 학습 후에는 기술능력의 기출 포인트를 짚어보며 내용을 정리해 보는 용도로 활용해 보시기 바랍니다.

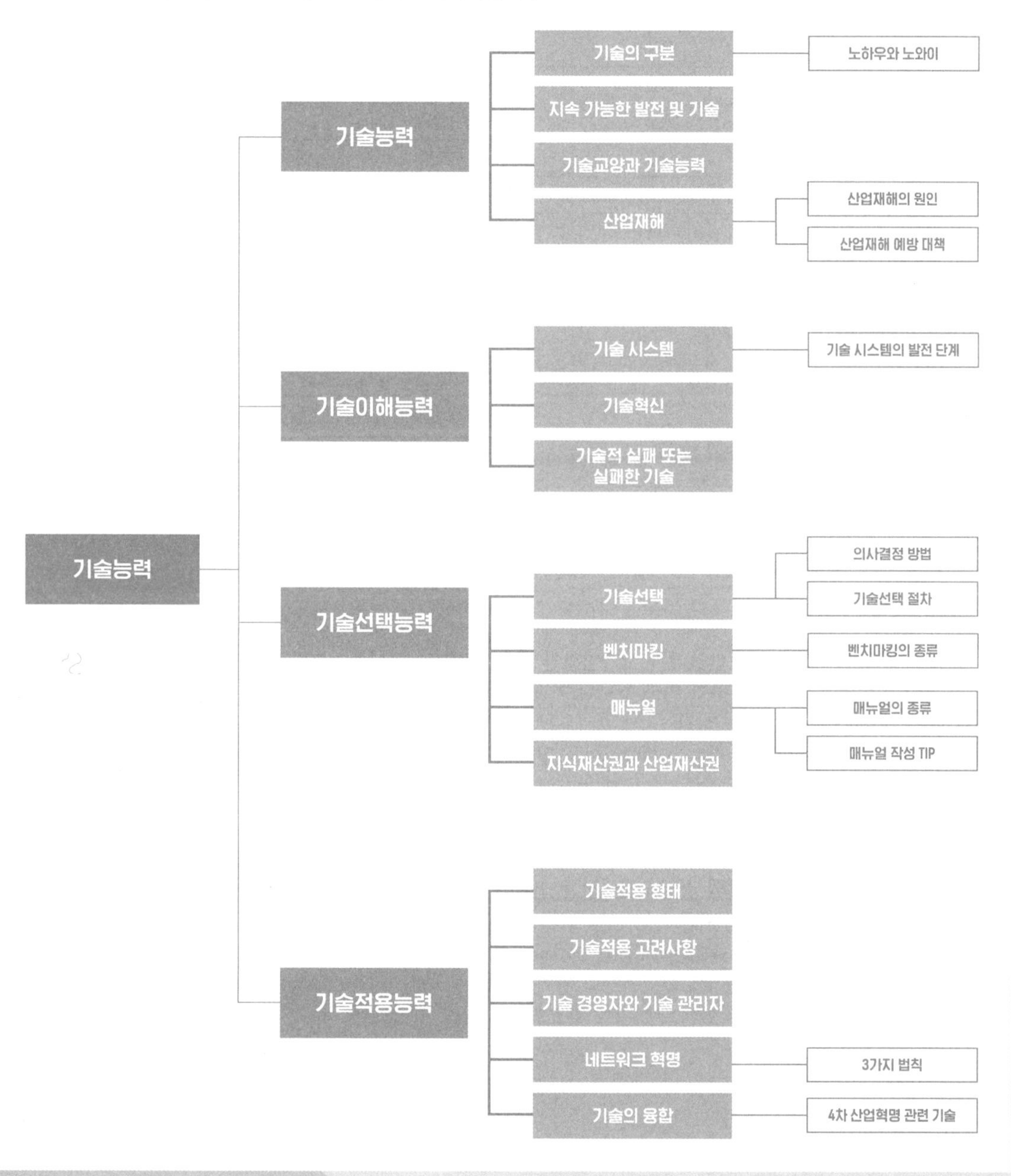

기술능력 개념정리

기출 키워드

- 기술의 의미와 특징
- 노하우와 노와이
- 기술교양과 기술능력
- OJT
- 지속 가능한 기술
- 산업재해의 발생과 예방

1 기술

1. 기술이란?

① 물리적인 것뿐만 아니라 사회적인 것으로서 지적인 도구를 특정한 목적에 사용하는 지식체계이다.
② 인간이 주위 환경에 대한 통제를 확대시키는 데 필요한 지식의 적용이다.
③ 제품이나 용역을 생산하는 원료, 생산공정, 생산방법, 자본재 등에 관한 지식의 집합체이다.

2. 기술의 구분

기술은 노하우(Know-how)와 노와이(Know-why)로 구분할 수 있으며, 기술은 본래 노하우의 개념이 강하였으나 현대에 들어서면서 노하우와 노와이가 결합한 과학을 기반으로 하는 기술을 지칭하는 개념으로 쓰인다.

노하우(Know-how)	노와이(Know-why)
• 특허권을 수반하지 않는 과학자, 엔지니어 등이 가지고 있는 체화된 기술 • 경험적이고 반복적인 행위에 의해 습득할 수 있음	• 어떻게 기술이 성립하고 작용하는가에 관한 원리적 측면에 중심을 둔 개념 • 이론적인 지식으로서 과학적인 탐구에 의해 습득할 수 있음

3. 기술의 특징

① 하드웨어나 인간에 의해 만들어진 비자연적인 대상, 혹은 그 이상을 의미한다.
② 기술을 설계·생산·사용하기 위한 정보나 기술, 절차 등에 필요한 노하우(Know-how)를 포함한다.
③ 하드웨어를 생산하는 과정이다.
④ 인간의 능력을 확장하기 위한 하드웨어와 그것의 활용을 뜻한다.
⑤ 문제를 해결하기 위해 순서화되고 이해 가능한 노력이다.

4. 기술이 중요한 이유

① 현대와 같이 치열한 글로벌 경쟁시대에서는 조직이 우수한 기술을 확보하고 활용함에 따라서 기업의 경쟁력이 결정되므로 기술이전이 빠른 산업 분야에서는 기술의 변화 및 동향에 뒤처지지 않도록 기술을 습득해야 한다.
② 4차 산업혁명을 이끄는 사물인터넷(IoT), 클라우드, 빅데이터, 인공지능(AI) 기술 등은 생산과 비즈니스 모델의 혁신을 견인함과 동시에 기업경쟁력 강화에 중요한 역할을 하므로 기술 발전에 따른 습득과 기술 향상, 스마트 기술을 활용할 수 있는 구성원도 확보되어야 한다.

2 지속 가능한 발전과 지속 가능한 기술

1. 지속 가능한 발전이란?

① 우리의 현재 욕구를 충족시키는 동시에 후속 세대의 욕구 충족을 침해하지 않는 발전을 의미한다.
② 경제적 활력, 사회적 평등, 환경의 보존을 동시에 충족시키는 발전을 의미한다.
③ 지속 가능한 발전을 가능하게 하는 기술인 지속 가능한 기술에 관심을 둔다.

2. 지속 가능한 기술이란?

① 이용 가능한 자원과 에너지를 고려하는 기술이다.
② 자원이 사용되고 그것이 재생산되는 비율의 조화를 추구하는 기술이다.
③ 자원의 질을 고려하는 기술이다.
④ 자원이 생산적인 방식으로 사용되는가에 관심을 두는 기술이다.
⑤ 고갈되지 않는 자연 에너지를 활용하며, 낭비적인 소비 행태를 지양하고, 기술적 효용만이 아닌 환경 효용까지 추구하는 기술이다.

3 기술교양과 기술능력

1. 기술교양의 의미와 특징

① 기술교양이란?
- 기술을 사용하고 운영하고 이해하는 능력이다.
- 모든 사람이 광범위한 관점에서 기술의 특성, 기술적 행동, 기술의 힘, 기술의 결과에 대해 어느 정도의 지식을 가지는 것을 의미한다.
- 본질적으로 실천적 문제를 해결할 수 있는 생산력, 체계, 환경을 설계하고 개발해야 할 때 비판적 사고를 갖게 되는 것을 포함한다.

② 기술교양을 지닌 사람들의 특징
- 기술학의 특성과 역할을 이해한다.
- 기술체계가 설계·사용·통제되는 방법을 이해한다.
- 기술과 관련된 이익을 가치화하고 위험을 평가할 수 있다.
- 기술에 의한 윤리적 딜레마에 대해 합리적으로 반응할 수 있다.

2. 기술능력의 의미와 특징

① 기술능력이란?
- 직업에 종사하기 위해 모든 사람이 필요로 하는 능력으로, 기술교양의 개념을 구체화한 개념으로 볼 수 있다.
- 일상적으로 요구되는 수단, 도구, 조작 등에 관한 기술적인 요소들을 이해하고, 적절한 기술을 선택하며 적용하는 능력이다.
- 기술능력을 일반적으로 사용되는 기술교양을 구체화한 개념으로 볼 경우, 기술능력은 기술직 종사자뿐만 아니라 사회 모든 직업인이 지녀야 할 능력으로 이해되어야 한다.

② 기술능력이 뛰어난 사람들의 특징
- 실질적 해결을 필요로 하는 문제를 인식한다.
- 인식된 문제를 위한 다양한 해결책을 개발하고 평가한다.
- 실제적 문제를 해결하기 위해 지식이나 기타 자원을 선택하고, 최적화하며, 적용한다.
- 주어진 한계 속에서 제한된 자원을 가지고 일한다.
- 기술적 해결에 대한 효용성을 평가한다.
- 여러 상황 속에서 기술의 체계와 도구를 사용하고 배울 수 있다.

4 기술능력 향상 방법

1. 새로운 기술을 익히는 이유

급변하는 기술변화에 적응하고 기술능력을 향상시키기 위해 많은 사람이 새로운 기술을 익힌다.

2. 새로운 기술을 익히는 방법

전문 연수원을 통한 기술과정 연수	• 연수시설이 없어 체계적인 교육을 진행하기 어려운 회사의 경우 전문 연수원을 통해 양질의 인재를 양성할 수 있음 • 각 분야의 전문가들로 구성하여 이론을 겸한 실무중심의 교육을 할 수 있음 • 체계적인 교육, 현장 밀착형 교육이 가능함 • 최신 실습 장비, 시청각시설, 전산시설 등 각종 부대시설 활용이 가능함 • 산학협력 연수 및 국내외 우수 연수기관과 협력한 연수가 가능함 • 자체적으로 교육하는 것보다 연수비가 저렴하며 교육비 부담이 적음
E-Learning을 활용한 기술교육	• 원하는 시간과 장소에서 학습이 가능함 • 원하는 내용을 원하는 순서에 맞게 원하는 시간만큼 학습이 가능하여 학습자 스스로 학습을 조절하고 통제할 수 있음 • 사진, 텍스트, 소리, 동영상 등 멀티미디어를 이용한 학습이 가능함 • 이메일, 자료실 등을 통해 의사교환과 상호작용이 자유롭게 이루어짐 • 책에 비해 새로운 내용을 업데이트하기 쉬워 새로운 내용을 신속하게 반영하고 교육에 소요되는 비용을 절감할 수 있음 • 인간적인 접촉이 적고 중도 탈락률이 높으며 현장중심의 실무교육이 힘들다는 단점이 있음
상급학교 진학을 통한 기술교육	• 실무중심 전문교육기관이나 전문대학, 대학 및 대학원과 같은 상급학교 진학을 통해 학문적이면서 최신 기술의 흐름을 반영한 기술교육이 가능함 • 산업체와의 프로젝트 활동이 가능하여 실무중심의 기술교육이 가능함 • 관련 분야의 종사자들과 함께하여 인적 네트워크 형성에 도움이 되고 경쟁을 통해 학습효과를 향상할 수 있음 • E-Learning을 활용한 기술교육과 달리 원하는 시간에 학습할 수 없어 일정 시간을 할애해야 하며, 학습자 스스로 학습을 조절 및 통제할 수 없다는 단점이 있음
OJT를 활용한 기술교육 On the Job Training의 약자로, 직장 내 교육훈련을 의미함	• 조직 안에서 피교육자가 직무에 종사하며 받게 되는 교육훈련 방법으로, 업무수행에 필요한 지식, 기술, 능력, 태도를 훈련받는 것을 말함 • 직장 상사나 선배가 지도해 주는 형태로 훈련이 진행되어 교육자와 피교육자 사이에 친밀감이 조성되며 시간의 낭비가 적고 조직의 필요에 합치되는 교육훈련을 할 수 있음 • 지도자의 높은 자질이 요구되며 교육훈련 내용의 체계화가 어려움 • 주로 기술직을 대상으로 하지만 관리직이나 전문직에도 점점 적용하고 있음

5 산업재해의 발생과 예방

1. 산업재해란?

① 산업 활동 중의 사고로 인해 사망 또는 부상을 당하거나 유해물질에 의한 중독 등으로 인한 직업성 질환 또는 신체적 장애를 가져오는 것을 말한다.

② 산업안전보건법에 따르면 근로자가 업무에 관계되는 건설물 · 설비 · 원재료 · 가스 · 증기 · 분진 등에 의하거나, 직업과 관련된 기타 업무에 의하여 사망 또는 부상을 입거나 질병에 걸리는 것으로 정의한다.

2. 산업재해의 원인

① 산업재해의 기본적 원인

교육적 원인	기술적 원인	작업 관리상 원인
• 안전 지식의 불충분 • 안전 수칙의 오해 • 경험 또는 훈련의 불충분 • 작업 관리자의 작업 방법에 대한 교육 불충분 • 유해 위험 작업의 교육 불충분	• 건물 및 기계 장치의 설계 불량 • 구조물의 불안정 • 재료의 부적합 • 생산 공정의 부적당 • 점검 · 정비 · 보존의 불량	• 안전 관리 조직의 결함 • 안전 수칙 미제정 • 작업 준비 불충분 • 인원 배치 및 작업 지시 부적당

② 산업재해의 직접적 원인

불안전한 행동	불안전한 상태
• 위험 장소 접근 • 안전 장치 기능 제거 • 보호 장비의 미착용 및 잘못된 사용 • 운전 중인 기계의 속도 조작 • 기계 및 기구의 잘못된 사용 • 위험물 취급 부주의 • 불안전한 상태 방치 및 불안전한 자세와 동작 • 잘못된 감독 및 연락	• 시설물 자체 결함 • 전기시설물의 누전 • 구조물의 불안정 • 소방 기구의 미확보 • 안전 보호 장치와 복장 및 보호구의 결함 • 시설물의 배치 및 장소 불량 • 작업 환경 및 생산 공정의 결함 • 경계 표시 설비의 결함

3. 산업재해가 개인과 기업에 미치는 영향

① **개인에게 미치는 영향**: 재해를 당한 본인 및 가족의 정신적 · 육체적 고통, 일시적 또는 영구적인 노동력 상실, 본인과 가족의 생계에 대한 막대한 손실을 안겨준다.

② **기업에 미치는 영향**: 재해를 당한 근로자의 보상 부담, 재해를 당한 노동 인력 결손으로 인한 작업 지연, 재해로 인한 건물, 기계, 기구 등의 파손, 재해로 인한 근로 의욕 침체와 생산성 저하를 안겨준다.

4. 산업재해 예방 대책

단계	구분	내용
1단계	안전 관리 조직	경영자는 사업장의 안전 목표를 설정하고, 안전 관리 책임자를 선정해야 하며, 안전 관리 책임자는 안전 계획을 수립하고, 이를 시행·후원·감독해야 함
▼		
2단계	사실의 발견	사고 조사, 안전 점검, 현장 분석, 작업자의 제안 및 여론 조사, 관찰 및 보고서 연구, 면담 등을 통해 사실을 발견함
▼		
3단계	원인 분석	재해 발생 장소, 재해 형태, 재해 정도, 관련 인원, 직원 감독의 적절성, 공구 및 장비의 상태 등을 정확히 분석함
▼		
4단계	시정책의 선정	원인 분석을 토대로 적절한 시정책, 즉 기술적 개선, 인사 조정 및 교체, 교육, 설득, 호소, 공학적 조치 등을 선정함
▼		
5단계	시정책 적용 및 뒤처리	안전에 대한 교육 및 훈련 실시, 안전시설과 장비의 결함 개선, 안전 감독 실시 등의 선정된 시정책을 적용함

실전에 적용하기

산업재해 예방 대책 5단계

산업안전보건법 제56조가 산업재해 예방 대책 5단계 중 어느 단계와 가장 관련이 있는지 확인해 보자.

> 제56조
> ① 고용노동부장관은 중대재해가 발생하였을 때에는 그 원인 규명 또는 산업재해 예방 대책 수립을 위하여 그 발생 원인을 조사할 수 있다.
> ② 고용노동부장관은 중대재해가 발생한 사업장의 사업주에게 안전보건 개선 계획의 수립·시행, 그 밖에 필요한 조치를 명할 수 있다.
> ③ 누구든지 중대재해 발생 현장을 훼손하거나 제1항에 따른 고용노동부장관의 원인 조사를 방해해서는 아니 된다.
> ④ 중대재해가 발생한 사업장에 대한 원인 조사의 내용 및 절차, 그 밖에 필요한 사항은 고용노동부령으로 정한다.

→ 제56조는 재해가 발생했을 때, 그 원인에 대한 규명 또는 산업재해 예방 대책 수립을 위한 원인 조사 등의 내용을 포함하고 있으므로 재해의 발생 장소·형태·정도 및 관련 인원과 직원 감독의 적절성 등을 정확히 분석하는 3단계 원인 분석과 관련 있음을 알 수 있다.

5. 불안전한 행동 방지 및 불안전한 상태 제거를 위한 방법

구분	내용
불안전한 행동 방지 방법	• 근로자의 불안전한 행동을 지적할 수 있는 안전 규칙 및 안전 수칙을 제정한다. • 근로자 상호 간에 불안전한 행동을 지적하여 안전에 대한 이해를 증진시킨다. • 정리·정돈, 조명, 환기 등을 잘 수행하여 쾌적한 작업 환경을 조성한다.
불안전한 상태를 제거하는 방법	• 각종 기계·설비 등에 대해 안전성이 보장되도록 제작하고, 항상 양호한 상태로 작동되도록 유지 관리를 철저히 한다. • 기후, 조명, 소음, 환기, 진동 등의 환경 요인을 잘 관리하여 사고 요인을 미리 제거한다.

개념확인문제

01 **다음 설명에 해당하는 개념을 쓰시오.**

① 특허권을 수반하지 않는 과학자, 엔지니어 등이 가지고 있는 체화된 기술 (　　　　)
② 기술이 어떻게 성립하고 작용하는지에 관한 원리적 측면에 중심을 둔 개념 (　　　　)

02 **다음 기술능력이 뛰어난 사람의 특징에 대한 설명을 읽고, 맞으면 O, 틀리면 X에 표시하시오.**

① 인식된 문제를 위한 다양한 해결책을 개발하고 평가한다. (O, X)
② 실질적으로 해결이 필요한 문제를 인식한다. (O, X)
③ 주어진 한계 속에서 무한한 자원을 바탕으로 일한다. (O, X)

03 **다음 글의 빈칸에 들어갈 말을 쓰시오.**

(　　　　　　　　)은/는 이용 가능한 자원과 에너지를 고려하여, 자원이 생산되고 재생산되는 비율의 조화를 추구하며, 자원의 질을 고려하고 자원이 생산적인 방식으로 사용되는지에 관심을 두는 기술이다.

04 **다음을 산업재해의 기본적 원인과 직접적 원인에 따라 바르게 분류하시오.**

㉠ 기술적 원인	㉡ 불안전한 상태	㉢ 교육적 원인
㉣ 작업 관리상 원인	㉤ 불안전한 행동	

• 산업재해의 기본적 원인 – (　　　　　　　　)
• 산업재해의 직접적 원인 – (　　　　　　　　)

정답 및 해설

01 ① 노하우(Know-how), ② 노와이(Know-why)
02 ① O
② O
③ X | 기술능력이 뛰어난 사람은 주어진 한계 속에서 제한된 자원을 바탕으로 일한다.
03 지속 가능한 기술
04 산업재해의 기본적 원인 – ㉠, ㉢, ㉣, 산업재해의 직접적 원인 – ㉡, ㉤

01 기술이해능력

기출 키워드

- 기술 시스템의 발전 단계
- 기술혁신의 특징
- 기술혁신의 과정과 역할
- 기술적 실패 또는 실패한 기술

1 기술 시스템

1. 기술 시스템이란?

① 개별 기술이 네트워크와 결합하여 만들어진 것으로, 인공물의 집합체만이 아니라 회사, 투자회사, 법적 제도, 더 나아가 정치, 과학, 자연자원을 모두 포함하는 개념이다.
② 기술적인 것과 사회적인 것이 결합하여 공존하므로 사회기술 시스템이라고도 한다.

2. 기술 시스템의 발전 단계

단계	명칭	내용
1단계	발명 · 개발 · 혁신의 단계	• 기술 시스템이 탄생하고 성장하는 단계 • 시스템을 디자인하고 초기 발전을 추진하는 기술자의 역할이 중요함
▼		
2단계	기술 이전의 단계	• 성공적인 기술이 다른 지역으로 이동하는 단계 • 시스템을 디자인하고 초기 발전을 추진하는 기술자의 역할이 중요함
▼		
3단계	기술 경쟁의 단계	• 기술 시스템 사이에 경쟁이 이루어지는 단계 • 기업가의 역할이 중요함
▼		
4단계	기술 공고화 단계	• 경쟁에서 승리한 기술 시스템이 관성화되는 단계 • 자문 엔지니어와 금융 전문가의 역할이 중요함

2 기술혁신

1. 기술혁신의 특징

① 기술혁신은 그 과정 자체가 불확실하고 장기간의 시간을 필요로 한다.

- 기술 개발의 결과는 예측하기 어려워 기술 개발의 목표나 일정, 비용, 수익 등에 대한 사전 계획을 세우기 어려우며, 기술혁신의 성공이 사전의 의도나 계획보다 우연에 의해 이루어지는 경우도 많다.
- 기술 개발에 대한 투자가 가시적인 성과로 나타나기까지는 비교적 오랜 시간을 필요로 한다.

② 기술혁신은 지식 집약적인 활동이다.
- 기술 개발에 참가한 엔지니어의 지식은 문서화되기 어려워 다른 사람들에게 쉽게 전파될 수 없다.
- 연구 개발에 참가한 연구원이나 엔지니어들이 해당 기업을 떠나는 경우 기술과 지식의 손실이 매우 커 기술 개발을 지속할 수 없는 경우도 발생할 수 있다.

③ 기술혁신은 불확실함과 모호함으로 인해 기업 내 많은 논쟁과 갈등을 유발할 수 있다.
- 기술혁신은 기존의 조직 운영 절차나 생산 방식, 권력구조 등에 새로운 변화를 가져오기 때문에 조직 내 이해 관계자 간의 갈등이 구조적으로 발생하게 된다.
- 기술혁신으로 인해 조직 내에서는 이익을 보는 집단과 손해를 보는 집단이 발생할 수 있으며, 이들은 기술개발의 대안을 놓고 상호 대립하고 충돌하여 갈등을 일으킬 수 있다.

④ 기술혁신은 조직의 경계를 넘나든다.
- 기술혁신은 연구개발 부서 단독으로 수행할 수 없으며, 타 부서를 통해서 새로운 제품에 관한 아이디어를 얻을 수 있고 외부 전문가들의 자문이 필요할 수도 있다.
- 기술혁신은 상호의존성을 갖고 있어 하나의 기술이 개발되면 다른 기술개발에 영향을 줄 수 있다.

2. 기술혁신의 과정과 역할

아이디어 단계에서부터 상업화 단계까지 기술혁신의 전 과정이 성공적으로 수행되기 위해서는 다섯 가지의 핵심적인 역할이 필요하다.

기술혁신의 과정	활동	필요한 자질과 능력
아이디어 창안	• 아이디어 창출과 가능성 검증 • 업무수행의 새로운 방법 고안 • 혁신적인 진보를 위한 탐색	• 각 분야의 전문 지식 • 추상화와 개념화 능력 • 새로운 분야의 일을 즐기는 태도
챔피언	• 아이디어의 전파 • 혁신을 위한 자원 확보 • 아이디어 실현을 위한 헌신	• 위험을 감수하는 태도 • 아이디어 응용에 관한 관심
프로젝트 관리	• 리더십 발휘 • 프로젝트 기획 및 조직 • 프로젝트의 효과적인 진행 감독	• 의사결정능력 • 업무수행 방법에 대한 지식
정보 수문장	• 조직 외부의 정보를 내부 구성원에게 전달 • 조직 내의 정보원 기능	• 높은 수준의 기술적 역량 • 원만한 대인관계능력
후원	• 혁신에 대한 격려와 안내 • 불필요한 제약으로부터 프로젝트 보호 • 혁신에 대한 자원 획득 지원	• 조직의 주요 의사결정에 대한 영향력

3 실패의 원인과 교훈

1. 실패의 원인

① 무지와 부주의
② 차례 미준수와 조건의 변화
③ 오만과 미지
④ 조사·검토 부족
⑤ 기획·가치관·조직운영 불량

2. 실패와 관련된 교훈

① 성공은 99%의 실패로부터 얻은 교훈과 1%의 영감으로 구성된다.
② 실패는 어떻게든 감추려는 속성이 있다.
③ 방치해 놓은 실패는 성장한다.
④ 실패의 하인리히 법칙: 엄청난 실패는 29건의 작은 실패와 300건의 실수를 저지른 뒤에 발생한다.
⑤ 실패는 전달되는 중에 항상 축소한다.
⑥ 실패를 비난, 추궁할수록 더 큰 실패를 낳는다.
⑦ 실패 정보는 모으는 것보다 고르는 것이 더 중요하다.
⑧ 실패에는 필요한 실패와 일어나선 안 될 실패가 있다.
⑨ 실패는 숨길수록 병이 되고 드러낼수록 성공한다.
⑩ 좁게 보면 성공인 것이 전체를 보면 실패일 수 있다.

4 기술적 실패 또는 실패한 기술

1. 혁신적인 기술능력을 가진 사람들의 특징

혁신적인 기술능력을 가진 사람들은 성공과 실패의 경계를 유동적으로 만들어 자신의 기술을 실패의 영역에서 성공의 영역으로 이동시킬 수 있다.

2. 실패를 대하는 올바른 태도

① 실패는 기술자들이 반드시 겪어야 하는 '에디슨식의 실패'와 '아무런 보탬이 되지 않는 실패'가 존재하므로 모든 실패를 다 나쁜 것으로 보아서는 안 된다.
② 지식을 획득하는 과정에서 겪는 실패는 용서받을 수 있으며 오히려 바람직한 실패로 인식되지만, 실패를 은폐하거나 과거의 실패를 반복하는 것은 바람직하지 않다.

5 미래의 유망 기술

1. 전기전자정보공학분야

지능형 로봇이 유망 기술로 전망되며, 지능형 로봇은 최근 IT기술의 융·복합화와 지능화 추세에 따라 점차 네트워크를 통한 로봇의 기능 분산, 가상 공간 내에서의 동작 등 IT와 융합한 네트워크 기반 로봇의 개념을 포함하고 있다.

2. 기계공학분야

친환경 자동차 기술이 유망 기술로 전망되며, 그중에서도 하이브리드 기술과 연료전지 기술이 대표적이다.

3. 건설환경공학분야

지속 가능한 건축 시스템 기술이 유망 기술로 전망되며, 지속가능한 건축시스템 기술이 되기 위해서는 건축물의 구조 성능이 향상되고, 리모델링이 용이하고, 건물 해체 시 구조부재의 재사용이 가능하여 친환경적이고 에너지 절약이 가능한 건축이 구현되어야 한다.

4. 화학생명공학분야

사람의 몸속 혈관을 청소하고, 손상된 부위를 수리하는 혈관 청소용 나노 로봇, 몸 안을 헤엄치고 다니다가 특정 질병의 바이러스를 만나면 약물을 내보내 치료하는 나노 캡슐(약물 전달 시스템), 사람의 몸속으로 들어가 건강 상태를 체크해 무선으로 병원에 검사 결과를 전송하는 알약 형태의 바이오칩 등이 주목받고 있다.

개념확인문제

01 **다음 ㉠~㉣을 기술 시스템의 발전 단계에 따라 순서대로 바르게 나열하시오.**

㉠ 기술 이전의 단계	㉡ 기술 공고화 단계
㉢ 기술 경쟁의 단계	㉣ 발명·개발·혁신의 단계

( ) → ( ) → ( ) → ( )

02 **다음 중 기술혁신의 특징이 아닌 것을 고르시오.**

① 지식 집약적인 활동이다.
② 조직의 경계를 넘나들며 수행된다.
③ 조직 내 논쟁과 갈등을 유발할 수 있다.
④ 단기간에 성과를 나타내야 한다.

03 **다음 특징에 해당하는 기술혁신의 역할을 쓰시오.**

- 혁신을 위한 자원 확보
- 아이디어의 전파
- 아이디어 실현을 위한 헌신

( )

정답 및 해설

01 ㉣ → ㉠ → ㉢ → ㉡
02 ④ | 기술혁신은 그 과정이 매우 불확실하여 성과가 나타나는 데까지 장기간의 시간이 필요하다.
03 챔피언

02 기술선택능력

기출 키워드

- 기술선택의 의사결정 방법
- 기술선택을 위한 절차
- 벤치마킹의 종류
- 매뉴얼 작성 TIP
- 지식재산권과 산업재산권

1 기술선택

기술을 선택할 때는 주어진 시간과 자원의 제약하에 선택 가능한 대안들 중 최적이 아닌 최선의 대안을 선택해야 함

1. 기술선택이란?

기업이 어떤 기술을 외부로부터 도입할 것인지, 자체 개발하여 활용할 것인지를 결정하는 것을 말한다.

2. 기술선택의 의사결정 방법

① 상향식 기술선택

- 의미: 기업 전체 차원에서 필요한 기술을 체계적인 분석이나 검토 없이 연구자나 엔지니어가 자율적으로 선택하는 것이다.
- 장점: 기술개발의 실무를 담당하는 기술자들의 흥미를 유발하고 창의적인 아이디어를 활용할 수 있다.
- 단점: 흥미만을 고려할 경우 고객들이 요구하는 제품이나 서비스 개발에 부적합한 기술이 선택되거나 경쟁기업과의 경쟁에서 승리할 수 없는 기술이 선택될 수 있다.

② 하향식 기술선택

- 의미: 기술경영진과 기술기획담당자들에 의한 체계적인 분석을 통해 기업이 획득해야 하는 대상 기술과 목표 기술 수준을 결정하는 것이다.
- 절차
  - 기업이 직면한 외부환경과 기업의 보유 자원에 대한 분석을 통해 중장기적인 사업목표를 설정한다.
  - 사업목표를 달성하기 위해 확보해야 하는 핵심 고객층과 제품 및 서비스를 결정한다.
  - 사업전략의 성공을 위해 필요한 기술들을 열거하여 각 기술의 획득을 위한 우선순위를 결정한다.

3. 기술선택을 위한 절차

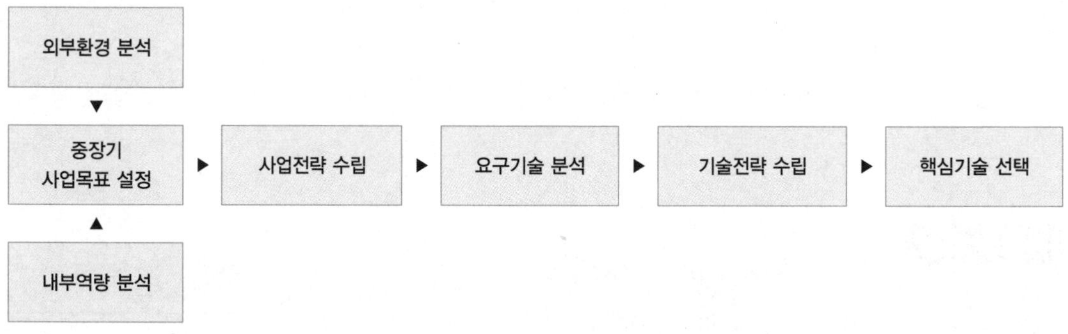

① **외부환경 분석:** 수요 변화 및 경쟁자 변화, 기술 변화 등 분석
② **중장기 사업목표 설정:** 기업의 장기비전, 중장기 매출목표 및 이익목표 설정
③ **내부역량 분석:** 기술능력, 생산능력, 마케팅 및 영업능력, 재무능력 등 분석
④ **사업전략 수립:** 사업영역 결정, 경쟁 우위 확보 방안 수립
⑤ **요구기술 분석:** 제품 설계 및 디자인 기술, 제품 생산공정, 원재료 및 부품 제조기술 분석
⑥ **기술전략 수립:** 핵심기술의 선택, 기술 획득 방법 결정
⑦ **핵심기술 선택:** 핵심기술을 선택

4. 기술선택을 위한 우선순위 결정 요소

① 제품의 성능이나 원가에 미치는 영향력이 큰 기술
② 기술을 활용한 제품의 매출과 이익 창출 잠재력이 큰 기술
③ 쉽게 구할 수 없는 기술
④ 기업 간에 모방이 어려운 기술
⑤ 기업이 생산하는 제품 및 서비스에 더욱 광범위하게 활용할 수 있는 기술
⑥ 최신 기술로, 진부화될 가능성이 적은 기술

2 벤치마킹

1. 벤치마킹이란?

① 특정 분야에서 뛰어난 업체나 상품, 기술, 경영 방식 등을 배워 합법적으로 응용하는 것을 말한다.
② 단순한 모방과는 달리 우수한 기업이나 성공한 상품, 기술, 경영 방식 등의 장점을 충분히 배우고 익힌 후 자신의 환경에 맞추어 재창조하는 것이다.

2. 벤치마킹의 종류

① 비교 대상에 따른 분류

내부 벤치마킹	**의미**	같은 기업 내의 다른 지역, 타 부서, 국가 간의 유사한 활동을 대상으로 하는 벤치마킹
	장점	자료 수집이 용이하며, 다각화된 우량기업에 효과적임
	단점	관점이 제한적일 수 있고, 편중된 내부 시각에 대한 우려가 있음
경쟁적 벤치마킹	**의미**	동일 업종에서 고객을 직접 공유하는 경쟁기업을 대상으로 하는 벤치마킹
	장점	경영성과와 관련된 정보 입수와 업무 및 기술에 대한 비교가 가능함
	단점	윤리적 문제가 발생할 수 있고, 대상의 적대적 태도로 인해 자료 수집이 어려움
비경쟁적 벤치마킹	**의미**	제품, 서비스 및 프로세스의 단위 분야에 있어 가장 우수한 실무를 보이는 비경쟁적 기업 내 유사 분야를 대상으로 하는 벤치마킹
	장점	혁신적인 아이디어의 창출 가능성이 높음
	단점	다른 환경의 사례를 가공하지 않고 적용할 경우 효과가 없을 수 있음
글로벌 벤치마킹	**의미**	프로세스에 있어 최고로 우수한 성과를 보유한 동일 업종의 비경쟁적 기업을 대상으로 하는 벤치마킹
	장점	자료 수집과 접근, 비교 가능한 업무 및 기술의 습득이 쉬움
	단점	문화나 제도적 차이로 발생하는 효과에 대한 검토가 없을 경우 잘못된 결과가 도출될 수 있음

② 수행 방식에 따른 분류

직접적 벤치마킹	의미	벤치마킹 대상을 직접 방문하여 수행하는 벤치마킹
	장점	정확한 자료의 입수 및 조사가 벤치마킹 이후에도 가능함
	단점	벤치마킹 수행에 대한 비용 및 시간 소요가 크며 적절한 대상 선정에 한계가 있음
간접적 벤치마킹	의미	인터넷 및 문서 형태의 자료를 통해 수행하는 벤치마킹
	장점	벤치마킹 대상의 수에 제한이 없고 다양하며, 비용 및 시간을 절감할 수 있음
	단점	정확한 자료 확보와 핵심자료의 수집이 어려움

알아두면 도움되는 (구)모듈이론

벤치마킹의 주요 단계

1단계	범위 결정	벤치마킹이 필요한 상세 분야를 정의하고, 목표와 범위, 벤치마킹 수행 인력을 결정함
▼		
2단계	측정범위 결정	상세 분야에 대한 측정항목을 결정하고, 벤치마킹의 목표를 달성하는 데 측정항목이 적정한가를 검토함
▼		
3단계	대상 결정	비교분석의 대상이 될 기업 및 기관을 결정하고, 대상 후보별 벤치마킹 수행의 타당성을 검토하여 최종 대상 및 대상별 수행 방식을 결정함
▼		
4단계	벤치마킹	직접적 또는 간접적인 벤치마킹을 진행함
▼		
5단계	성과차이 분석	벤치마킹 결과를 바탕으로 성과차이를 측정항목별로 분석함
▼		
6단계	개선계획 수립	성과차이에 대한 원인을 분석하고, 개선을 위한 성과목표를 결정하며, 성과목표 달성을 위한 개선계획을 수립함
▼		
7단계	변화관리	개선목표 달성을 위한 변화사항을 지속적으로 관리하고, 개선 후 변화사항과 예상했던 변화사항을 비교함

3 매뉴얼의 종류와 작성 TIP

1. 매뉴얼의 종류

어떤 기계의 조작 방법을 설명해 놓은 사용 지침서

① 제품 매뉴얼

- 제품의 특징, 기능 설명, 사용 방법과 고장 조치 방법, 유지 보수 및 A/S, 폐기까지 제품에 관련된 모든 서비스에 대해 소비자가 알아야 할 모든 정보를 제공하는 매뉴얼이다.
- 특징
  - 제품 사용자의 유형과 사용 능력을 파악하고 혹시 모를 사용자의 오작동까지 고려하여 만들어야 한다.
  - 제품의 의도된 안전한 사용과 사용 중 해야 할 일 또는 하지 말아야 할 일까지 정의해야 한다.

② 업무 매뉴얼

- 어떤 일의 진행 방식, 규칙, 관리상의 절차 등을 일관성 있게 여러 사람이 따라 할 수 있도록 표준화하여 설명하는 지침서를 말한다.
- 프랜차이즈 점포의 점포 운영 매뉴얼이나 제품 진열 매뉴얼, 기업의 부서 운영 매뉴얼이나 품질 경영 매뉴얼 등이 대표적이다.
- 올림픽이나 스포츠의 올림픽 운영 매뉴얼, 경기 운영 매뉴얼 등이 업무 매뉴얼에 속하며, 재난 대비 매뉴얼인 재난대비 국민행동 매뉴얼 등도 업무 매뉴얼로 본다.

2. 매뉴얼 작성을 위한 Tip

① 정확한 내용으로 작성하기

비전문가도 쉽게 이해할 수 있도록 단순하고 간결하게 서술하며, 매뉴얼 개발자는 제품에 대한 충분한 지식을 습득하여 애매모호한 단어를 사용하지 않고 추측성으로 기능의 내용을 서술하지 않는다.

추측성 기능 설명은 문장을 애매모호하게 만들고 사용자에게 사고 유발로 인한 손실을 가져다 줄 수 있음

② 쉬운 문장으로 작성하기

한 문장에는 통상 하나의 명령 또는 밀접하게 관련된 몇 가지의 명령만을 포함하며, 명확한 의미전달을 위해 단정적으로 표현하고 수동태보다는 능동태의 동사를, 추상명사보다는 행위동사를 사용한다.

③ 사용자를 배려하여 작성하기

'어디서, 누가, 무엇을, 언제, 어떻게, 왜'라는 사용자의 질문을 예상하여 이에 대한 답을 제공하고, 사용자가 매뉴얼을 한 번 본 이후 빨리 외울 수 있도록 하여 더이상 매뉴얼이 필요하지 않도록 배려해야 한다.

④ 찾고자 하는 정보를 쉽게 찾을 수 있도록 작성하기

사용자가 필요한 정보를 빨리 찾을 수 있도록 짧고 의미 있는 제목이나 비고 등을 활용한다.

⑤ 사용하기 쉽게 제작하기

매뉴얼의 내용이 좋다고 하더라도 크기가 크거나 작아 사용자가 보기 불편하면 아무 소용이 없으므로 매뉴얼의 제작 형태를 고려하여 매뉴얼을 사용하기 쉽게 제작한다.

4 지식재산권과 산업재산권

1. 지식재산권이란?

인간의 창조적 활동 또는 경험을 통해 창출하거나 발견한 지식·정보·기술 또는 표현, 표시 그밖에 무형적인 것으로, 재산적 가치가 실현될 수 있는 지적 창작물에 부여된 권리를 말한다.

2. 지식재산권의 특징

① 국가 산업발전 및 경쟁력을 결정짓는 산업자본이다.
② 눈에 보이지 않는 무형의 재산이다.
③ 지식재산권을 활용한 다국적기업화가 이루어지고 있다.
④ 연쇄적인 기술개발을 촉진하는 계기를 마련해 주고 있다.

3. 지식재산권의 분류

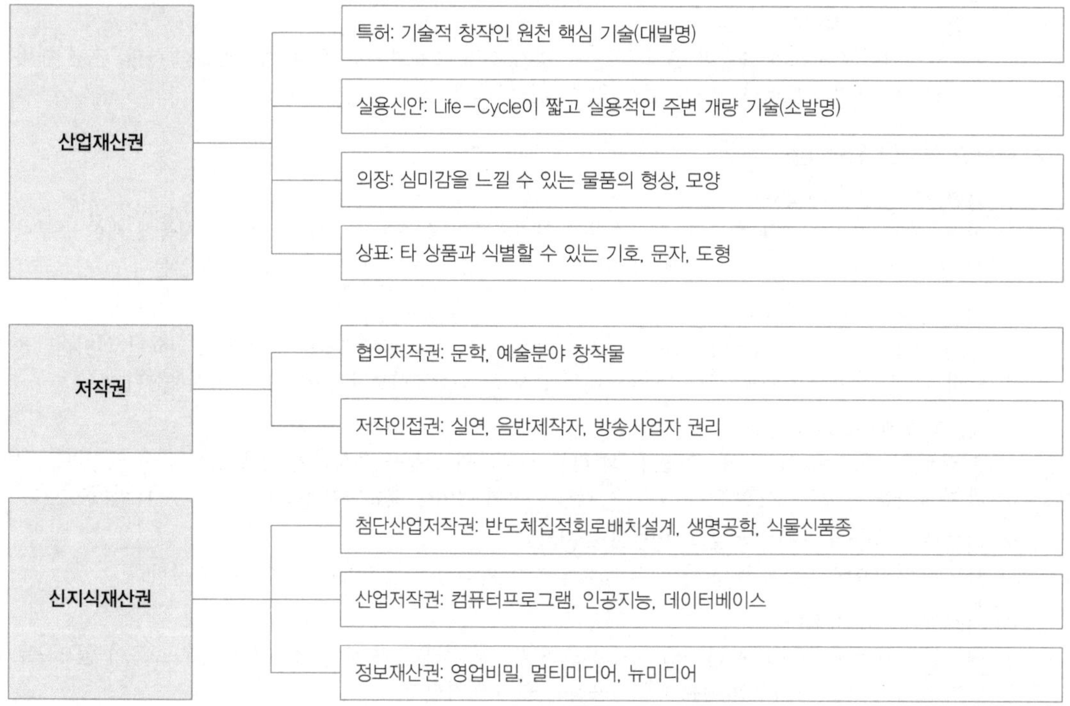

4. 산업재산권

① 산업재산권이란?

- 특허권, 실용신안권, 의장권 및 상표권을 총칭하며, 산업 활동과 관련된 사람의 정신적 창작물(연구결과)이나 창작된 방법에 대해 인정하는 독점적 권리이다.
- 새로운 발명과 고안에 대하여 그 창작자에게 일정 기간 동안 독점 배타적인 권리를 부여하는 대신 이를 일반에게 공개하여야 하며, 일정 존속기간이 지나면 이용·실시하도록 함으로써 기술진보와 산업발전을 추구한다.

② 산업재산권의 종류

특허	• 발명한 사람이 자기가 발명한 기술을 독점적으로 사용할 수 있는 권리 • 특허는 설정등록일 후 출원일로부터 20년간 권리를 인정받을 수 있음 • 특허의 요건 – 발명이 성립되어야 하며, 산업상 이용 가능해야 함 – 새로운 것으로 진보적인 발명이어야 하며, 법적으로 특허를 받을 수 없는 사유에 해당되지 않아야 함
실용신안	• 기술적 창작 수준이 소발명 정도인 실용적인 창작(고안)을 보호하기 위한 제도로서 보호 대상은 특허제도와 다소 다르나 전체적으로 특허제도와 유사함 • 발명처럼 고도하지 않은 것으로, 물품의 형상, 구조 및 조합이 대상이 되며 등록일로부터 출원 후 10년간 권리를 인정받을 수 있음
디자인	• 심미성을 가진 고안으로서 물품의 외관에 미적인 감각을 느낄 수 있게 하는 것으로, 물품이 다르면 동일한 형상의 디자인이라도 별개의 의장이 됨 • 설정등록일로부터 20년간 보호받을 수 있음
상표	• 제조회사가 자사제품의 신용을 유지하기 위해 제품이나 포장 등에 표시하는 포장으로서의 상호나 마크 • 등록 후 10년간 상표의 배타적 권리가 보장됨

개념확인문제

01 다음 중 기술선택을 위한 우선순위 결정 요소가 아닌 것을 고르시오.

① 제품의 성능이나 원가에 대한 영향력이 큰 기술
② 기업 간에 모방이 어려운 기술
③ 진부화될 가능성이 적은 기술
④ 쉽게 구할 수 있는 기술
⑤ 이익 창출 잠재력이 큰 기술

02 다음 벤치마킹의 종류에 따른 특징을 바르게 연결하시오.

① 내부 벤치마킹 •	• ㉠ 비경쟁적 기업 내 유사 분야를 대상으로 하는 벤치마킹
② 경쟁적 벤치마킹 •	• ㉡ 동일 업종의 비경쟁적 기업을 대상으로 하는 벤치마킹
③ 비경쟁적 벤치마킹 •	• ㉢ 같은 기업 내 다른 지역을 대상으로 하는 벤치마킹
④ 글로벌 벤치마킹 •	• ㉣ 동일 업종 내 경쟁기업을 대상으로 하는 벤치마킹

03 다음 글의 빈칸에 들어갈 적절한 말을 쓰시오.

( )은/는 어떤 일의 진행 방식, 규칙, 관리상의 절차 등을 일관성 있게 여러 사람이 따라 할 수 있도록 표준화하여 설명하는 지침서를 말한다.

정답 및 해설

01 ④ | 기술선택을 위한 우선순위 결정 요소는 쉽게 구할 수 없는 기술이어야 한다.
02 ① – ㉢, ② – ㉣, ③ – ㉠, ④ – ㉡
03 업무 매뉴얼

03 기술적용능력

기출 키워드

- 기술적용 형태
- 기술적용 시 고려사항
- 기술 경영자와 기술 관리자
- 네트워크 혁명
- 4차 산업혁명

1 기술적용 형태와 고려사항

1. 기술적용 형태

선택한 기술을 그대로 적용하는 경우	장점	쉽게 적용할 수 있으며 시간 절약과 비용 절감의 효과가 있음
	단점	선택한 기술이 적합하지 않으면 실패로 돌아갈 위험부담이 큼
불필요한 기술을 버리고 선택한 기술을 적용하는 경우	장점	시간 절약과 비용 절감의 효과가 있으며 프로세스의 효율성을 기대할 수 있음
	단점	선택한 기술이 적합하지 않으면 실패로 돌아갈 위험부담이 크며, 버린 기술이 과연 불필요한가에 대한 문제점이 있을 수 있음
선택한 기술을 분석·가공하여 활용하는 경우	장점	자신의 직장에 대한 여건, 환경 분석, 업무 프로세스의 효율성을 최대화할 수 있음
	단점	상대적으로 시간적인 부담이 큼

2. 기술적용 시 고려사항

① 기술적용에 따른 비용
자신의 직장에 적합하면서 성과를 높일 수 있는 기술이라 할지라도 기술적용에 따른 비용이 성과보다 더 많이 들면 안 되며, 업무 효율성과 성과를 향상시키면서 기술적용의 비용이 합리적이어야 한다.

② 기술의 수명 주기
적용한 기술에 적응하는 데는 일정한 시간이 필요하며, 그사이에 새로운 기술이 등장할 경우 그 기술의 가치는 떨어질 수 있으므로 현재 자신의 직장에서 요구되는 기술이라도 단기간에 진보하거나 변화할 것이라 예상되는지 기술의 수명 주기를 고려해야 한다.

③ 기술의 전략적 중요도
새로운 기술의 도입은 환경의 변화를 시도하거나 경영혁신을 위해 이루어지는 경우가 많으므로 적용할 기술이 회사의 전략과 얼마나 조화를 이루는지, 성과 향상을 위해 전략적으로 중요한지를 판단해야 한다.

④ 기술의 잠재적 응용 가능성
새롭게 적용할 기술이 회사의 비전과 전략에 맞추어 또 다른 발전된 기술로 응용될 가능성이 있는지를 검토해야 한다.

2 기술 경영자와 기술 관리자

1. 기술 경영자

① 기술 경영자란?

- 기술 경영자는 일반적으로 기술개발이 결과지향적으로 수행되도록 유도하고, 기술개발의 세부사항까지 세밀하게 파악하며, 기술개발 전 과정을 전체적으로 조망할 수 있는 능력을 갖춘 사람이다.
- 기술의 성격, 관련 동향, 사업 환경 등을 이해하여 통합적인 문제해결과 함께 기술적인 전문성을 갖추었을 때 기술혁신을 달성할 수 있다.

② 기술 경영자에게 필요한 능력

- 기술을 기업의 전반적인 전략목표에 통합시키는 능력
- 빠르고 효과적으로 새로운 기술을 습득하고 기존의 기술에서 탈피하는 능력
- 기술을 효과적으로 평가할 수 있는 능력
- 기술 이전을 효과적으로 할 수 있는 능력
- 새로운 제품 개발 시간을 단축할 수 있는 능력
- 크고 복잡하며 서로 다른 분야에 걸쳐 있는 프로젝트를 수행할 수 있는 능력
- 조직 내의 기술 이용을 수행할 수 있는 능력
- 기술 전문 인력을 운용할 수 있는 능력

2. 기술 관리자

① 기술 관리자란?

중간급 매니저로서, 기술 경영자와는 조금 다른 능력이 요구된다.

② 기술 관리자에게 필요한 능력

기술능력	행정능력
• 기술을 운용하거나 문제해결을 할 수 있는 능력 • 기술직과 의사소통을 할 수 있는 능력 • 혁신적인 환경을 조성할 수 있는 능력 • 기술적, 사업적, 인간적인 능력을 통합할 수 있는 능력 • 시스템적인 관점에서 인식하는 능력 • 공학적 도구나 지원 방식을 이해할 수 있는 능력 • 기술이나 추세를 이해할 수 있는 능력 • 기술팀을 통합할 수 있는 능력	• 다기능적인 프로그램을 계획하고 조직할 수 있는 능력 • 우수한 인력을 유인하고 확보할 수 있는 능력 • 자원을 측정하거나 협상할 수 있는 능력 • 타 조직과 협력할 수 있는 능력 • 업무의 상태, 진행 및 실적을 측정할 수 있는 능력 • 다양한 분야에 걸쳐 있는 업무를 계획할 수 있는 능력 • 정책이나 운영 절차를 이해할 수 있는 능력 • 권한 위임을 효과적으로 할 수 있는 능력 • 의사소통을 효과적으로 할 수 있는 능력

3 네트워크 혁명

1. 네트워크 혁명의 특징

① 정보통신 네트워크와 마찬가지로 전 지구적이다.
② 사람과 사람이 연결되는 방식이 혁신적으로 바뀌는 네트워크 혁명의 사회는 연계와 상호의존으로 특징되는 사회로, 이러한 사회에서는 이타적 개인주의라는 새로운 공동체 철학이 의미가 부각된다.

2. 네트워크 혁명의 3가지 법칙

① 무어의 법칙
인텔의 설립자 고든 무어가 주장한 법칙으로, 컴퓨터 파워가 18개월마다 2배씩 증가한다는 법칙이다.

② 메트칼프의 법칙
근거리 통신망 이더넷의 창시자 로버트 메트칼프가 주장한 법칙으로, 네트워크의 가치는 사용자 수의 제곱에 비례한다는 법칙이다.

③ 카오의 법칙
경영 컨설턴트 존 카오가 주장한 법칙으로, 창조성은 네트워크에 접속되어 있는 다양한 지수함수로 비례한다는 법칙이다.

3. 네트워크 혁명의 역기능

① 디지털 격차
② 정보화에 따른 실업의 문제
③ 인터넷 게임과 채팅 중독
④ 범죄 및 반사회적인 사이트로의 악용
⑤ 정보기술을 활용한 감시

4 기술의 융합

1. 융합기술이란?

4대 핵심기술, 즉 나노기술, 생명공학기술, 정보기술, 인지과학이 상호 의존적으로 결합되는 것을 말한다.

2. 4대 핵심기술의 융합 및 응용 분야

① 나노기술과 정보기술의 융합: 제조, 건설, 교통, 의학, 과학기술 연구에서 사용되는 새로운 범주의 물질, 장치, 시스템
② 나노기술과 생명공학기술, 정보기술의 융합: 나노 규모의 부품과 공정의 시스템을 가진 물질 중에서 가장 복잡한 생물 세포
③ 나노기술과 인지과학의 융합: 유비쿼터스 및 글로벌 네트워크 요소를 통합하는 컴퓨터 및 통신 시스템의 기본 원리
④ 생명공학기술과 나노기술, 정보기술, 인지과학의 융합: 사람의 뇌, 마음의 구조와 기능

3. 4차 산업혁명 관련 기술

4차 산업혁명이란 2016년 세계경제포럼에서 클라우드 슈밥에 의해 처음으로 언급된 차세대 산업혁명으로, 초연결·초지능·초융합을 특징으로 한다.

구분	내용
인공지능(AI)	인간의 두뇌 작용처럼 컴퓨터 스스로 학습하고 판단하는 시스템
사물인터넷(IoT)	네트워크로 연결된 유형 및 무형의 사물들이 상호 소통하는 기술
증강현실(AR)	현실 세계에 3차원 가상 물체를 겹쳐 보여줌으로써 실제 현실에 가상의 정보를 더해주는 기술
가상현실(VR)	머리에 장착하는 디스플레이 디바이스를 활용하여 컴퓨터가 만든 가상의 세계를 실제처럼 체험할 수 있도록 하는 기술
드론	조종사의 직접적인 조작 없이도 무선전파에 의해 비행 및 조종이 가능한 항공기
자율주행차	운전자의 직접적인 조작 없이도 자동차 스스로 도로의 상황을 파악하여 주행하는 자동차

개념확인문제

01 다음 기술적용 고려사항에 대한 설명을 읽고 맞으면 O, 틀리면 X에 표시하시오.

① 회사에서 적용한 기술이 또 다른 발전된 기술로 응용되지 않도록 해야 한다. (O, X)
② 기술을 적용하는 데 드는 비용이 성과보다 크면서 합리적이어야 한다. (O, X)
③ 적용할 기술이 회사의 전략이나 비전에 조화를 이루는지 살펴봐야 한다. (O, X)

02 다음 기술 관리자에게 필요한 기술능력과 행정능력을 바르게 분류하시오.

㉠ 타 조직과의 협력	㉡ 시스템적인 관점
㉢ 기술직과의 의사소통	㉣ 정책 및 운영 절차의 이해

• 기술능력 – (   ) • 행정능력 – (   )

03 다음 글의 빈칸에 들어갈 적절한 말을 쓰시오.

존 카오는 (㉠)이/가 네트워크에 접속된 다양한 지수함수로 (㉡)한다는 법칙을 주장하였다.

㉠ (   ) ㉡ (   )

정답 및 해설

01 ① X | 기술적용 시에는 회사의 전략에 맞추어 또 다른 기술로 응용될 가능성이 있는지 검토해야 한다.
② X | 기술적용 시에는 적용에 따른 비용이 기대되는 성과보다 적으면서 합리적이어야 한다.
③ O

02 기술능력 – ㉡, ㉢, 행정능력 – ㉠, ㉣

03 ㉠ 창조성, ㉡ 비례

기출공략문제

하위능력: 기술적용능력 **난이도**: ★★☆ **대표출제기업**: 한전KPS

01 다음 중 〈보기〉에서 설명하고 있는 네트워크 혁명의 법칙이 바르게 연결된 것은?

〈보기〉

(가) 컴퓨터의 파워가 18개월마다 2배씩 증가한다는 법칙
(나) 네트워크의 가치가 사용자 수의 제곱에 비례한다는 법칙
(다) 창조성이 네트워크에 접속되어 있는 다양한 지수함수에 비례한다는 법칙

	(가)	(나)	(다)
①	카오의 법칙	메트칼프의 법칙	무어의 법칙
②	메트칼프의 법칙	무어의 법칙	카오의 법칙
③	메트칼프의 법칙	카오의 법칙	무어의 법칙
④	무어의 법칙	카오의 법칙	메트칼프의 법칙
⑤	무어의 법칙	메트칼프의 법칙	카오의 법칙

기출 포인트 해설 **네트워크 혁명의 법칙**

네트워크 혁명의 3가지 법칙에는 무어의 법칙, 메트칼프의 법칙, 카오의 법칙이 있다.
(가) 컴퓨터의 파워가 18개월 주기로 2배씩 증가한다는 법칙은 인텔의 설립자인 고든 무어가 처음으로 주장한 '무어의 법칙'에 대한 설명이다.
(나) 네트워크의 가치가 사용자 수의 제곱에 비례한다는 법칙은 근거리 통신망 이더넷의 창시자 로버트 메트칼프가 주장한 '메트칼프의 법칙'에 대한 설명이다.
(다) 창조성이 네트워크에 접속되어 있는 다양한 지수함수에 비례한다는 법칙은 경영 컨설턴트 존 카오가 주장한 '카오의 법칙'에 대한 설명이다.
따라서 바르게 연결된 것은 ⑤이다.

정답 ⑤

하위능력: 기술능력 **난이도**: ★☆☆ **대표출제기업**: 서울교통공사

02 기술개발팀에서 근무하는 甲은 이번 상반기에 입사한 신입사원을 대상으로 교육을 진행하게 되었다. 교육을 진행하기 전 신입사원들의 기술에 대한 이해도가 어느 정도인지 확인하기 위하여 자유롭게 대화를 나누도록 하였을 때, 기술에 대한 설명이 적절하지 않은 사람을 모두 고르면?

> 甲: 기술이란 사람의 관점에 따라 서로 다르게 정의할 수 있습니다. 각자가 생각하는 기술에 대한 정의나 특징을 말해볼까요?
> A: 저는 기술이란 물리적인 것뿐만 아니라 사회적인 것으로서 지적인 도구를 특정한 목적에 사용하는 지식체계라고 생각합니다.
> B: 조금 더 구체적인 의미를 보태면, 기술은 제품이나 용역을 생산하는 원료, 생산공정, 생산방법 등에 대한 지식의 집합체라고도 말할 수 있죠.
> C: 한편 기술은 기술이 어떻게 성립하고 작용하는지에 대한 원리적 측면에 중심을 둔 노하우(Know-how)와 특허권을 수반하지 않는 과학자 등에게 체화된 기술인 노와이(Know-why)로 구분할 수 있습니다.
> D: 이때 노하우(Know-how)는 경험적이고 반복적인 행위에 의해 얻어질 수 있고, 노와이(Know-why)는 과학적인 탐구에 의해 얻어질 수 있어요.
> E: 기술은 의사소통의 속도를 증가시키는 등 사회적 변화의 요인이 될 수 있지만 반대로 사회, 문화, 역사적 요인은 기술의 활용에 영향을 미칠 수 없습니다.

① A, C ② B, D ③ C, E ④ A, B, D ⑤ B, C, E

PART 1 제8장 기술능력

해커스공기업 NCS 모듈형 통합 기본서 이론 + 실전모의고사

기출 포인트 해설 기술의 정의와 특징

C: 기술은 특허권을 수반하지 않는 과학자 등에게 체화된 기술인 노하우(Know-how)와 어떻게 기술이 성립하고 작용하는지에 대한 원리적 측면에 중심을 둔 노와이(Know-why)로 구분되므로 적절하지 않다.
E: 기술은 사회적 변화의 요인이 되어 개인의 의사소통 속도를 증가시켰으며, 사회적·역사적·문화적 요인에 영향을 받아 어떻게 기술이 활용되는지를 결정할 수 있으므로 적절하지 않다.
따라서 기술에 대한 설명이 적절하지 않은 사람은 'C, E'이다.

✔ 이것도 알면 합격

기술의 5가지 특징
- 하드웨어나 인간에 의해 만들어진 비자연적인 대상 또는 그 이상을 의미함
- 기술을 설계, 생산, 사용하기 위한 정보나 기술을 갖기 위해서는 노하우(Know-how)가 필요함
- 하드웨어를 생산하는 과정으로 볼 수 있음
- 인간의 능력을 확장하기 위한 하드웨어와 이에 대한 활용을 의미함
- 정의 가능한 문제를 해결하기 위해 순서화되고 이해 가능한 노력으로 볼 수 있음

정답 ③

하위능력: 기술능력 **난이도**: ★★☆ **대표출제기업**: 서울교통공사

03 E 건설사의 안전 관리 총괄 책임자인 귀하는 산업재해 예방 대책 5단계에 따라 안전 목표 설정과 현장에서의 안전 관리 책임자 선정, 안전 계획 수립과 시행까지 완료하였다. 이후 바로 다음 단계를 시행한다고 했을 때, 귀하가 해야 할 일로 가장 적절한 것은?

① 현장에 방문하여 안전 점검 및 현장 분석을 진행하고 작업자들의 제안이나 여론을 조사한다.

② 선정된 시정책을 적용하여 안전 감독을 실시한다.

③ 재해의 발생 장소나 재해 형태, 직원 감독의 적절성 등을 정확하게 분석한다.

④ 분석한 원인을 토대로 기술적으로 개선할 점이나 인사 조정 및 교체 등 적절한 방법을 선정한다.

⑤ 안전에 대한 교육과 훈련을 실시하고 안전시설이나 장비의 결함을 개선한다.

기출 포인트 해설 | 산업재해 예방 대책

귀하는 산업재해 예방 대책 5단계에 따라 안전 목표를 설정하고 현장에서의 안전 관리 책임자를 선정하며, 안전 계획을 수립하고 시행하는 '안전 관리 조직' 단계까지 완료하였으므로 바로 다음 단계인 '사실의 발견' 단계를 시행해야 한다.
따라서 '사실의 발견' 단계에서 해야 할 일로는 현장에 방문하여 안전 점검과 현장 분석을 진행하고 작업자들의 제안이나 여론을 조사하는 것이 가장 적절하다.

✔ 이것도 알면 합격

산업재해 예방 대책 5단계

- **1단계**: 안전 관리 조직
  경영자는 사업장의 안전 목표를 설정하고 안전 관리 책임자를 선정하며, 안전 계획을 수립하여 이를 시행·감독·후원해야 함
- **2단계**: 사실의 발견
  사고 조사, 안전 점검, 현장 분석, 작업자의 제안 및 여론 조사, 관찰 및 보고서 연구, 면담 등을 통해 사실을 발견함
- **3단계**: 원인 분석
  재해의 발생 장소·형태·정도, 관련 인원, 직원 감독의 적절성, 공구나 장비의 상태 등을 정확히 분석함
- **4단계**: 시정책의 선정
  원인 분석을 토대로 적절한 시정책, 즉 기술적 개선이나 인사 조정 및 교체, 교육, 설득이나 호소, 공학적 조치 등을 선정
- **5단계**: 시정책 적용 및 뒤처리
  안전에 대한 교육 및 훈련을 실시, 안전시설이나 장비 결함 개선, 안전 감독 실시 등의 선정된 시정책을 적용

정답 ①

하위능력: 기술능력 **난이도**: ★★☆ **대표출제기업**: 서울교통공사, 한전KPS

04 다음 사례와 관련된 개념에 대한 설명으로 가장 적절하지 않은 것은?

> 일회용 카메라를 개발한 코닥은 자사의 제품이 환경친화적이지 못하다는 지적을 받고 일회용 카메라의 주요 부품들을 다시 디자인하기로 했다. 코닥은 자사의 기술자, 디자이너, 환경학자 등 여러 명을 동원하여 머리를 맞대 새로운 제품을 디자인하도록 하였고, 그 결과 코닥은 덜 복잡하면서도 재활용이나 재사용이 쉬운 카메라 제품을 개발하는 데 성공했다. 제품에 사용되는 재료를 줄이고 유해 쓰레기를 최소화한 코닥의 새로운 일회용 카메라는 당시 기업 이미지에 긍정적인 영향을 끼쳐 시장 점유율까지 상승시킨 사례로 남게 되었다.

① 이용 가능한 자원과 에너지를 고려해야 한다.
② 자원의 질을 고려하여 자원이 생산적으로 사용되는가에 주의를 기울인다.
③ 우선순위를 고려하여 고갈되지 않는 에너지보다는 고갈될 우려가 높은 에너지부터 사용한다.
④ 자원이 사용되고 재생산되는 비율의 조화를 추구해야 한다.
⑤ 기술적 효용만이 아닌 환경적 효용도 함께 중시해야 한다.

기출 포인트 해설 | **지속 가능한 기술**

제시된 사례와 관련된 개념은 '지속 가능한 기술'이다.
'지속 가능한 기술'은 태양 에너지와 같이 고갈되지 않는 자연 에너지를 우선적으로 활용해야 하므로 가장 적절하지 않다.

✔ 이것도 알면 합격

지속 가능한 발전과 지속 가능한 기술

- **지속 가능한 발전**
  1970년대 기업과 정부 일각에서 산업이 무한히 발전될 수 없다는 문제가 제기되면서 등장한 개념으로, 현 세대의 욕구를 충족시키면서도 후손 세대의 욕구 충족을 침해하지 않는 발전을 의미함
- **지속 가능한 기술**
  이용 가능한 자원과 에너지를 고려하고, 자원이 사용되고 그것이 재생산되는 비율의 조화를 추구하며, 자원의 질을 생각하여 자원이 생산적인 방식으로 사용되는가에 주의를 기울이는 기술로, 고갈되지 않는 자연 에너지를 활용하며 낭비적인 소비 행태를 지양하고 기술적 효용뿐만 아니라 환경적 효용을 추구해야 함

정답 ③

하위능력: 기술이해능력 **난이도**: ★★☆ **대표출제기업**: 서울교통공사

05 H 사의 혁신기술 부서의 신입사원인 K는 신입사원 교육에 참석하여 다음과 같은 퀴즈를 풀게 되었다. 퀴즈 한 문항당 20점이라고 했을 때, K가 얻을 총점수는?

[신입사원 교육 Quiz]

부서: 혁신기술　　이름: K

Q. 각 문항을 읽고 옳은 내용이라고 생각하면 O를, 틀린 내용이라고 생각하면 X를 표시하세요.

문항	내용	O/X
1	기술혁신의 과정은 매우 불확실하여 가시적인 성과가 나타나기까지 오랜 시간이 걸린다.	O
2	기술혁신은 조직 내에서 이해관계가 서로 다른 집단 간의 갈등을 일으킬 수 있다.	X
3	기술혁신은 연구개발에 참여한 연구원들의 지식을 문서화하여 지식이 쉽게 전파되도록 한다.	O
4	기술혁신은 마케팅 부서, 영업 부서 등 다양한 부서와의 협업이 필요한 일이다.	O
5	기술혁신은 목표, 일정, 비용 등 사전 계획을 철저히 세워야 이루어지는 경우가 많다.	O

① 20점　② 40점　③ 60점　④ 80점　⑤ 100점

기출 포인트 해설 기술혁신의 특징

퀴즈의 정답은 다음과 같다.

- 문항 1: 기술혁신의 과정은 매우 불확실하여 가시적인 성과가 나타나기까지 비교적 장기간의 시간이 필요하므로 옳은 내용이다.
- 문항 2: 기술혁신은 조직 내에서 이해관계가 서로 다른 집단 간의 갈등을 일으킬 수 있으므로 옳은 내용이다.
- 문항 3: 기술혁신은 연구개발에 참여한 연구원들의 지식을 문서화하기 어려워 전파가 쉽지 않으므로 옳지 않은 내용이다.
- 문항 4: 기술혁신은 마케팅 부서, 영업 부서 등 다양한 부서와의 협업이 필요하므로 옳은 내용이다.
- 문항 5: 기술혁신은 목표, 일정, 비용 등 사전 계획을 세우기 어려우며, 사전의 의도나 계획보다는 우연에 의해 이루어지는 경우가 많으므로 옳지 않은 내용이다.

퀴즈의 정답과 K가 작성한 답안을 비교하였을 때 K는 1번, 4번 문항에 대한 답을 맞혔으므로 K가 얻을 총점수는 20+20=40점이다.

문항	1	2	3	4	5
정답	O	O	X	O	X
K의 답	O	X	O	O	O

정답 ②

하위능력: 기술이해능력 **난이도**: ★☆☆ **대표출제기업**: 서울교통공사

06 **다음 글의 빈칸에 들어갈 말로 가장 적절한 것은?**

> (　　　)은/는 미국의 기술사학자 토마스 휴즈가 에디슨의 전력 시스템이 발전하는 과정을 일반화하며 주장한 개념이다. 이는 인공물의 집합체뿐만 아니라 회사, 법적 제도, 정치, 과학, 자연자원까지 모두 포함하여 체계화한 것으로, 기술적인 것과 사회적인 것이 결합하여 공존하는 개념이다.

① 기술교양　② 기술혁신　③ 벤치마킹　④ 기술 시스템　⑤ 기술 공고화

기출 포인트 해설 기술 시스템의 의미

토마스 휴즈에 의해 주장된 개념으로, 인공물의 집합체뿐만 아니라 회사, 법적 제도, 정치, 과학, 자연자원까지 모두 포함하여 기술적인 것과 사회적인 것이 결합하여 공존하는 개념은 '기술 시스템'이다.

이것도 알면 합격

기술 시스템의 발전 단계

- **1단계**: 발명, 개발, 혁신의 단계
- **2단계**: 기술 이전의 단계
- **3단계**: 기술 경쟁의 단계
- **4단계**: 기술 공고화 단계

정답 ④

07 다음은 2018년 벤처기업의 성장 단계에 따른 산업재산권 종류별 평균 보유 현황에 대한 자료이다. 다음 중 자료에 대한 설명으로 옳지 않은 것은?

[벤처기업 성장 단계별 산업재산권 종류별 평균 보유 현황]

(단위: 건)

구분	창업기	초기성장기	고도성장기	성숙기	쇠퇴기
특허권	3.1	2.2	2.9	4.9	3.6
실용신안권	0.1	0.1	0.2	0.6	1.5
디자인권	0.1	0.4	1.1	1.6	1.3
상표권	0.6	0.6	0.9	1.7	0.9
합계	4.4	3.7	5.4	9.6	8.1

※ 출처: KOSIS(중소벤처기업부, 벤처기업정밀실태조사)

① 기술적 발명 수준이 소발명 정도인 실용적인 창작에 대한 권리의 평균 보유 건수는, 초기성장기부터 쇠퇴기까지 꾸준히 증가하고 있다.

② 무언가를 발명한 사람이 자기가 발명한 기술을 독점적으로 사용할 수 있는 권리의 평균 보유 건수는, 성숙기에 가장 많다.

③ 제조회사가 자사 제품의 신용 유지를 위해 제품이나 포장 등에 표시하는 표장에 대한 권리를 의미하는 산업재산권의 평균 보유 건수는, 고도성장기에 있는 벤처기업과 쇠퇴기에 있는 벤처기업이 서로 같다.

④ 심미성을 가진 고안을 보호하는 권리의 평균 보유 건수는, 쇠퇴기에 있는 벤처기업의 산업재산권 중에서 두 번째로 많다.

⑤ 등록일로부터 출원 후 권리를 인정받을 수 있는 기간이 가장 긴 권리의 평균 보유 건수는, 초기성장기의 벤처기업이 고도성장기의 벤처기업보다 적다.

기출 포인트 해설 | 산업재산권의 종류

쇠퇴기에 있는 벤처기업의 산업재산권 평균 보유 현황에서 심미성을 가진 고안을 보호하는 '디자인권'의 평균 보유 건수는 1.3건으로 두 번째로 적으므로 옳지 않은 설명이다.

① 기술적 발명 수준이 소발명 정도인 실용적인 창작에 대한 권리인 '실용신안권'은 초기성장기부터 쇠퇴기까지 0.1건, 0.2건, 0.6건, 1.5건으로 평균 보유 건수가 꾸준히 증가하고 있으므로 옳은 설명이다.

② 무언가를 발명한 사람이 자기가 발명한 기술을 독점적으로 사용할 수 있는 권리인 '특허권'의 평균 보유 건수는 성장 단계 벤처기업 중 성숙기에 4.9건으로 가장 많으므로 옳은 설명이다.

③ 제조회사가 자사 제품의 신용 유지를 위해 제품이나 포장 등에 표시하는 표장에 대한 권리인 '상표권'은 고도성장기와 쇠퇴기에 있는 벤처기업의 보유 건수가 평균 0.9건으로 서로 같으므로 옳은 설명이다.

⑤ 산업재산권 중 등록일로부터 출원 후 권리를 인정받을 수 있는 기간이 가장 긴 권리는 출원 후 20년까지 보호받을 수 있는 '특허권'으로, '특허권'의 평균 보유 건수는 2.2건의 초기성장기의 벤처기업이 2.9건의 고도성장기의 벤처기업보다 적으므로 옳은 설명이다.

이것도 알면 합격

특허의 요건

- 발명이 성립되어야 함
- 산업상 이용 가능해야 함
- 새로운 것으로서 진보적인 발명이어야 함
- 법적으로 특허를 받을 수 없는 사유에 해당하지 않아야 함

정답 ④

하위능력: 기술선택능력 난이도: ★★☆ 대표출제기업: 서울교통공사

08 다음은 로봇 청소기 사용 설명서의 일부이다. 다음과 같은 자료를 제작할 때 유의해야 할 사항으로 가장 적절하지 않은 것은?

> [로봇 청소기 사용 설명서]
>
> ■ 사용 전 알아두기
>
> • 다음과 같은 경우가 10분 이상 지속되면 배터리 절약을 위해 로봇 청소기가 멈추고 전원이 자동으로 꺼집니다.
>   – 로봇 청소기가 식탁 아래와 같이 복잡한 장소를 청소하다가 빠져나오지 못하는 경우
>   – 로봇 청소기의 바퀴가 헛돌거나 로봇 청소기가 장애물에 낀 경우
>   – 충전대 이외의 장소에서 대기하는 경우
>
> • 가구의 모서리 등 센서가 감지하기 힘든 장애물이 있을 때는 로봇 청소기가 부딪칠 수 있습니다.
> • 평평하지 않은 바닥의 경우 로봇 청소기 흡입구에 있는 고무와 마찰하여 소음이 발생할 수 있습니다.
> • 대리석과 같이 명암 차이가 큰 바닥은 제품 하부에 있는 카메라 센서의 인식률이 낮아 로봇 청소기가 비정상적으로 작동할 수 있습니다.
> • 먼지통 덮개를 닫지 않고 청소할 경우 로봇 청소기가 정상적으로 작동하지 않을 수 있습니다.
> • 먼지통이나 필터 덮개가 조립되지 않은 상태로 로봇 청소기를 사용할 경우 음성 안내와 함께 작동을 멈춥니다.

① 비전문가도 쉽게 이해할 수 있도록 단순하고 간결하게 서술하고 애매모호한 단어 사용을 지양한다.

② 자료를 읽는 고객들이 한 번만 봐도 내용을 외울 수 있도록 제작하여 자료가 더 이상 필요하지 않도록 배려해야 한다.

③ 사용자가 필요한 정보를 바로 찾을 수 있도록 짧고 의미 있는 제목을 활용하는 것이 바람직하다.

④ 명확한 의사전달을 위해 능동형 동사보다는 수동형 동사를 사용하는 것이 좋다.

⑤ 작성된 내용뿐만 아니라 제작된 형태를 함께 고려하여 사용하기 쉽게 제작해야 한다.

기출 포인트 해설 | 매뉴얼 작성을 위한 TIP

제시된 자료는 로봇 청소기의 조작 방법을 설명해 놓은 '매뉴얼'로, 매뉴얼은 명확한 의사전달을 위해 수동형 동사보다는 능동형 동사를, 추상명사보다는 행위동사를 사용해야 하므로 가장 적절하지 않다.

① 매뉴얼은 비전문가도 쉽게 이해할 수 있도록 단순하고 간결하게 서술하고 애매모호한 단어 사용을 지양해야 하므로 적절하다.

② 매뉴얼은 사용자가 한 번만 봐도 더 이상 매뉴얼이 필요하지 않도록 제작하는 심리적 배려가 있어야 하므로 적절하다.

③ 매뉴얼은 짧고 의미 있는 제목이나 비고 등을 활용하여 사용자가 필요한 정보를 바로 찾을 수 있도록 해야 하므로 적절하다.

⑤ 매뉴얼은 그 내용이 훌륭하게 작성되었다고 하더라도 사용하는 데 불편할 정도로 지나치게 크거나 작지는 않은지 매뉴얼의 제작 형태도 고려해야 하므로 적절하다.

이것도 알면 합격

매뉴얼 작성을 위한 TIP

- 정확한 내용으로 작성한다.
- 쉬운 문장으로 작성한다.
- 사용자를 배려하여 작성한다.
- 찾고자 하는 정보를 쉽게 찾을 수 있도록 작성한다.
- 사용하기 쉽게 제작한다.

정답 ④

하위능력: 기술적용능력 **난이도**: ★☆☆ **대표출제기업**: 서울교통공사

09 다음 사례에서 강 본부장이 보여준 기술 경영자에게 필요한 능력으로 가장 적절한 것은?

재생에너지 전문기업인 A 사의 CTO(Chief Technology Officer) 강 본부장이 A 사 송년회에서 공로상을 수상하였다. 그는 이미 202X년에 수명이 짧고 재활용이 힘들었던 기존의 태양광 패널의 문제점을 개선하여, 기존보다 수명이 2배 길고 재활용이 가능한 태양광 패널 개발에 성공하여 A 사의 기술력을 입증한 바 있다. 올해는 해당 패널을 상용화시키는 데에도 성공하여 A 사의 기술력을 드높였을 뿐 아니라 A 사의 매출 증대에도 크게 기여한 공로를 인정받을 수 있었고, 결국 공로상을 수상하게 되었다. 물론 개발과정에서 어려움이 없었던 것은 아니었다. 경쟁사에서 비슷한 스펙의 상품을 출시할 계획이라는 소식이 들려온 것이다. 하지만 그는 관련된 여러 연구 및 개발부서와의 협업과 조율을 통해 개발 일정을 앞당겨 경쟁사보다 빨리 제품을 시중에 출시하였고, 시장을 선점할 수 있었다. 그는 나아가 소모되는 것이 아니라 영구적으로 사용할 수 있는 제품을 만들겠다는 포부를 밝혀 기대를 모으고 있다.

① 복잡하고 서로 다른 분야에 걸쳐 있는 프로젝트를 수행할 수 있는 능력
② 기술 전문 인력을 운용할 수 있는 능력
③ 빠르고 효과적으로 새로운 기술을 습득하고 기존의 기술에서 탈피하는 능력
④ 기술 이전을 효과적으로 할 수 있는 능력
⑤ 제품 개발 시간을 단축할 수 있는 능력

기출 포인트 해설 | 기술 경영자에게 필요한 능력

제시된 사례에서 강 본부장은 개발 일정을 앞당겨 경쟁사보다 빨리 신제품을 출시하였다고 하였으므로 강 본부장이 보여준 기술 경영자에게 필요한 능력은 '제품 개발 시간을 단축할 수 있는 능력'이 가장 적절하다.

이것도 알면 합격

기술 경영자에게 필요한 능력

- 기술을 기업의 전반적인 전략목표에 통합시키는 능력
- 빠르고 효과적으로 새로운 기술을 습득하고 기존의 기술에서 탈피하는 능력
- 기술을 효과적으로 평가할 수 있는 능력
- 기술 이전을 효과적으로 할 수 있는 능력
- 제품 개발 시간을 단축할 수 있는 능력
- 크고 복잡하며 서로 다른 분야에 걸쳐 있는 프로젝트를 수행할 수 있는 능력
- 조직 내의 기술 이용을 수행할 수 있는 능력
- 기술 전문 인력을 운용할 수 있는 능력

정답 ⑤

하위능력: 기술적용능력 난이도: ★★☆ 대표출제기업: 서울교통공사

10 다음 글을 읽고 P 씨의 일상생활에서 확인할 수 없는 4차 산업혁명 기술은?

최근 새 아파트에 입주하여 자취를 시작한 P 씨는 집에 여러 가구를 들이기 위해 온라인 쇼핑을 즐겨하고 있다. 온라인 쇼핑은 스마트폰에 미리 등록한 지문 인증으로 손쉽게 결제할 수 있고, 매장을 직접 방문하지 않아도 가구를 현실 공간에 가상으로 배치할 수 있는 앱을 사용하여 온라인으로도 가구 실측이나 가구 배치를 확인할 수 있기 때문이다. 이러한 이유로 P 씨는 온라인 스마트폰 앱과 연동하여 제품의 동작 상태를 확인할 수 있는 스마트 인덕션과 사용자의 음성을 인식하여 음악 감상, 정보검색 등의 기능을 수행하는 스마트 스피커를 구매하였다.

① AI기술 ② AR기술 ③ VR기술 ④ IoT기술 ⑤ 핀테크기술

기출 포인트 해설 | 4차 산업혁명 기술

제시된 글에서 P 씨의 일상생활에서 확인할 수 없는 4차 산업혁명 기술은 머리에 장착하는 디스플레이 디바이스를 활용하여 컴퓨터가 만든 가상의 세계를 실제처럼 체험할 수 있도록 하는 'VR(가상현실)기술'이다.

① P 씨가 구매한 스마트 스피커는 인간의 두뇌 작용처럼 컴퓨터 스스로 학습하고 판단하는 시스템인 'AI(인공지능)기술'과 관련 있다.
② P 씨가 가구를 현실 공간에 가상으로 배치할 수 있는 앱을 통해 가구 실측이나 배치를 확인한 것은 현실 세계에 3차원 가상 물체를 겹쳐 보여주는 'AR(증강현실)기술'과 관련 있다.
④ P 씨가 구매한 스마트 인덕션은 유형 또는 무형의 사물 간에 연결된 인터넷기술인 'IoT(사물인터넷)기술'과 관련 있다.
⑤ P 씨가 스마트폰에 미리 등록한 지문 인증을 통해 간편하게 온라인 결제를 한 것은 금융 서비스에 소프트웨어 기술을 결합하여 모바일 금융 서비스를 제공하는 '핀테크기술'과 관련 있다.

정답 ③

출제예상문제

• 시작과 종료 시각을 정한 후, 실제 시험처럼 문제를 풀어보세요.

시 분 ~ 시 분 (총 20문항/20분)

01 다음 글의 빈칸에 들어갈 말에 해당하는 특징으로 가장 적절하지 않은 것은?

> (　　　)란/이란 모든 사람이 광범위한 관점에서 기술의 특성, 기술적 행동, 기술의 결과 등과 관련된 지식을 가지는 것으로, 기술을 사용 및 운영하고 이해하는 능력을 말한다.

① 기술체계가 설계, 사용, 통제되는 방법을 이해할 수 있다.
② 기술에 의해 발생하는 윤리적 딜레마에 대해 합리적으로 반응할 수 있다.
③ 기술과 관련된 이익을 가치화하고 위험을 평가할 수 있다.
④ 주어진 한계 내에서 제한된 자원을 가지고 일할 수 있다.
⑤ 기술학의 특성과 역할을 이해할 수 있다.

02 다음 기술선택을 위한 절차에서 ㉠~㉤에 들어갈 내용을 순서대로 바르게 나열한 것은?

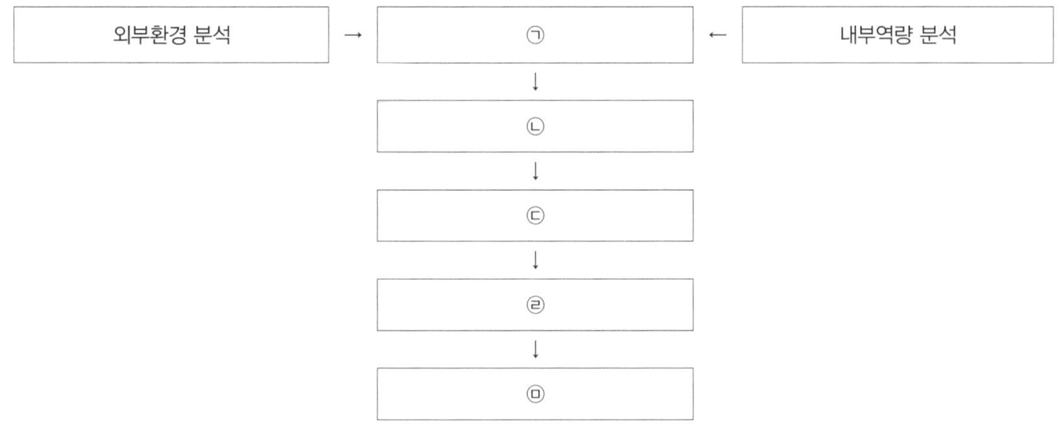

① 사업전략 수립 → 기술전략 수립 → 요구기술 분석 → 핵심기술 선택 → 중장기 사업목표 설정
② 사업전략 수립 → 중장기 사업목표 설정 → 기술전략 수립 → 핵심기술 선택 → 요구기술 분석
③ 중장기 사업목표 설정 → 사업전략 수립 → 요구기술 분석 → 기술전략 수립 → 핵심기술 선택
④ 중장기 사업목표 설정 → 요구기술 분석 → 핵심기술 선택 → 사업전략 수립 → 기술전략 수립
⑤ 요구기술 분석 → 기술전략 수립 → 핵심기술 선택 → 중장기 사업목표 설정 → 사업전략 수립

03 다음 중 벤치마킹의 종류에 대한 설명으로 적절하지 않은 것을 모두 고르면?

> ㉠ 벤치마킹은 비교 대상에 따라 내부, 경쟁적, 비경쟁적, 글로벌 벤치마킹으로 분류할 수 있고, 수행 방식에 따라 직접적, 간접적 벤치마킹으로 분류할 수 있다.
> ㉡ 경쟁적 벤치마킹과 글로벌 벤치마킹의 공통점은 동일 업종의 기업을 대상으로 한다는 것이다.
> ㉢ 직접적 벤치마킹은 벤치마킹 대상의 수에 제한이 없고 비용이나 시간 절감의 효과가 있지만 벤치마킹의 결과가 피상적이고 핵심자료의 수집이 어렵다.
> ㉣ 다각화된 우량기업일 경우 제품이나 서비스, 프로세스 단위 분야에서 가장 우수한 실무를 보이는 비경쟁적 기업의 유사 분야를 대상으로 벤치마킹하는 것이 효과적이다.
> ㉤ 인터넷이나 문서 형태의 자료를 통해 벤치마킹을 수행하는 방법은 간접적 벤치마킹에 해당한다.

① ㉠, ㉤ ② ㉡, ㉢ ③ ㉢, ㉣ ④ ㉠, ㉡, ㉣ ⑤ ㉡, ㉢, ㉤

04 다음 글의 빈칸 ㉠~㉢에 들어갈 말을 순서대로 바르게 나열한 것은?

> 2016년 6월 스위스에서 열린 세계경제포럼에서 포럼의 의장 클라우드 슈밥은 4차 산업혁명이란 개념을 언급하였다. 그는 4차 산업혁명이 이전의 1~3차 산업혁명과 같이 전 세계를 혁명으로 이끌 차세대 산업혁명이 될 것이라 밝혔다. 4차 산업혁명은 사회 전반에 걸친 첨단 정보통신기술의 결합으로 인한 (㉠), 모든 제품이나 서비스가 네트워크로 서로 이어진 (㉡), 사물 스스로 인지하고 제어할 수 있는 (㉢)을 특징으로 한다.

① 자동화 능력 – 소통 능력 – 공유 능력
② 소통 능력 – 공유 능력 – 자동화 능력
③ 초융합 – 초연결 – 초지능
④ 초지능 – 초융합 – 초연결
⑤ 초연결 – 초지능 – 초융합

05 산업재해가 발생하는 기본적 원인으로는 교육적 원인, 기술적 원인, 작업 관리상 원인이 있다. 다음 중 산업재해 발생의 기본적 원인을 바르게 분류한 것은?

> ㉠ 현장 작업에 배치되는 인원이 부족함
> ㉡ 안전 관리 조직이 구성되지 않거나 안전 수칙이 제정되지 않음
> ㉢ 구조물에 사용된 재료가 부적합함
> ㉣ 작업 관리자의 교육이 불충분하여 안전 지식이 부족하거나 안전 수칙을 오해함
> ㉤ 건물이나 기계 장치의 설계에 결함이 있음

	교육적 원인	기술적 원인	작업 관리상 원인
①	㉡	㉢	㉠, ㉣, ㉤
②	㉠, ㉢	㉡, ㉤	㉣
③	㉡, ㉣	㉠	㉢, ㉤
④	㉣	㉢, ㉤	㉠, ㉡
⑤	㉢, ㉣	㉠, ㉡	㉤

06 다음 A~E 중 기술 경영자에게 필요한 역량을 키우기 위해 적절한 노력을 하고 있는 사람은 총 몇 명인가?

> A: 저는 요즘 기술 전문 인력을 운용할 수 있는 능력을 키우기 위해 노력하고 있습니다.
> B: 저희 팀은 현재 신제품을 개발하면서 어떻게 하면 새로운 제품을 개발하는 시간을 단축할 수 있을지 고민하고 있어요.
> C: 저는 시스템적인 관점을 기르고 공학적 도구나 지원 방식에 대한 이해능력을 개발하고 있어요.
> D: 다들 열심히 자기개발을 하고 있군요. 저는 직원들의 업무 효율을 높이기 위해 근무지를 혁신적인 환경으로 조성하고 있어요.
> E: 요즘 저의 목표는 기존의 기술에서 최대한 빠른 시일 내에 탈피하는 것입니다. 아무래도 기술과 관련된 일을 하려면 새로운 기술을 빠르게 습득하는 것이 중요하니까요.

① 1명 ② 2명 ③ 3명 ④ 4명 ⑤ 5명

07 S 공사에서 근무하는 귀하는 기술선택의 의사결정 방법에 대해 다음과 같이 정리하였다. ㉠~㉥ 중 적절하지 않은 내용을 모두 고르면?

상향식 기술선택	㉠ 기업 차원에서 필요한 기술에 대한 체계적인 분석이나 검토 없이 엔지니어들이 자율적으로 기술을 선택하는 것을 말한다. ㉡ 시장의 고객들이 요구하는 제품이나 서비스 개발에 적합한 기술을 선택하는 데 유리하다는 것이 장점이다. ㉢ 기술개발의 실무자인 기술자들의 흥미만을 고려할 경우 경쟁기업과의 기술 경쟁에서 승리하지 못 할 수도 있다.
하향식 기술선택	㉣ 기술경영진과 기술기획담당자들이 체계적으로 분석하여 기업이 획득해야 하는 대상 기술과 목표 기술 수준을 결정하는 것을 말한다. ㉤ 기업이 직면한 외부환경과 기업의 보유 자원을 분석하여 단기적인 사업목표를 설정해야 한다. ㉥ 설정한 사업목퓨를 달성하기 위해 확보해야 하는 핵심 고객층과 그들에게 제공하려는 제품 및 서비스를 결정한 뒤 사업전략의 성공을 위해 필요한 기술을 열거하여 우선순위를 결정한다.

① ㉠, ㉣ ② ㉡, ㉤ ③ ㉢, ㉥
④ ㉠, ㉡, ㉤ ⑤ ㉢, ㉣, ㉥

08 다음은 기술 시스템의 발전 단계를 나타낸 것이다. 단계별 특징에 대한 설명으로 가장 적절하지 않은 것은?

1단계	→	2단계	→	3단계	→	4단계
발명, 개발, 혁신의 단계		기술 이전의 단계		기술 경쟁의 단계		기술 공고화 단계

① 성공한 기술이 다른 지역으로 이동하는 것은 2단계에서 이루어진다.
② 발명, 개발, 혁신의 단계에서는 기술 시스템이 탄생하고 성장한다.
③ 1단계와 2단계에서는 자문 엔지니어와 금융 전문가가 가장 핵심적인 역할을 한다.
④ 기술 공고화 단계에서는 이전 단계의 경쟁에서 승리한 기술 시스템이 관성화된다.
⑤ 기술 시스템 간에 경쟁이 이루어지는 단계에서는 기업가의 역할이 중요하다.

09 기술혁신은 아이디어 단계에서부터 상업화 단계에 이르기까지 전 과정이 성공적으로 수행되기 위해서 아이디어 창안, 챔피언, 프로젝트 관리, 정보 수문장, 후원 다섯 가지의 핵심적인 역할이 필요하다. 다음 중 기술혁신에 필요한 역할에 대한 설명으로 가장 적절한 것은?

① 아이디어 창안: 아이디어를 전파하고 실현하기 위해 헌신해야 한다.
② 챔피언: 리더십을 발휘하여 프로젝트를 기획하고 조직하여 효과적으로 진행될 수 있도록 감독한다.
③ 프로젝트 관리: 동료들의 혁신을 격려하며, 불필요한 제약으로부터 프로젝트를 보호한다.
④ 정보 수문장: 조직 외부에 있는 정보를 내부 구성원들에게 전달하는 정보원의 기능을 한다.
⑤ 후원: 아이디어를 창출하고 가능성을 검증하여 이를 수행할 수 있는 새로운 방법을 모색한다.

10 다음 글의 밑줄 친 (A)~(C)에 해당하는 특징을 〈보기〉에서 골라 바르게 분류한 것은?

기술은 기술을 이해하고 선택하였다고 해서 모두 적용할 수 있는 것이 아니다. 또한, 선택한 기술이 자신의 직장에 필요하지 않을 수 있기 때문에 기술적용 형태를 고려해야 한다. 기술적용 형태로는 (A) 선택한 기술을 그대로 적용하는 경우, (B) 선택한 기술을 적용하되, 불필요한 기술을 버리고 적용하는 경우, (C) 선택한 기술을 분석하고 가공하여 활용하는 경우로 구분된다.

〈보기〉

㉠ 시간 절약과 비용 절감의 효과를 거둘 수 있다.
㉡ 자신의 여건이나 환경에 대한 분석을 통해 업무 프로세스의 효율성을 최대화할 수 있다.
㉢ 선택한 기술이 적합하지 않을 경우 실패로 돌아갈 수 있는 위험부담이 크다.
㉣ 불필요하다고 생각하여 버린 기술이 정말로 불필요한가에 대한 문제점이 제기될 수 있다.
㉤ 다른 기술적용 형태보다 시간적인 부담이 큰 편이다.

	(A)	(B)	(C)
①	㉠	㉡, ㉢	㉣, ㉤
②	㉠, ㉢	㉣	㉡, ㉤
③	㉡, ㉣	㉢, ㉤	㉠
④	㉡, ㉤	㉠	㉢, ㉣
⑤	㉢	㉠, ㉤	㉡, ㉣

11 다음 사례의 김 과장에게 기술능력 향상을 위한 방법을 추천한다고 할 때, 가장 적절한 것은?

> 김 과장은 올해로 직장에 들어온 지 7년 차인 직원이다. 처음 입사하였을 때는 고등학교와 대학교에서 배운 전공, 그리고 산업기사 자격증으로 업무에 빨리 적응하는 나름 촉망받는 인재였다. 하지만 몇 년 동안 회사 업무만 하다 보니 새로 들어오는 신입사원이 최신의 기술을 더 많이 알고 있는 것을 알게 되었고 자신의 능력이 뒤떨어지는 것은 아닐지 걱정이 되었다. 그래서 자신의 기술능력을 신장시키고 다른 사람과 차별성을 유지할 방법을 찾기로 하였다. 문제는 최근 회사가 신제품 개발에 몰두하고 있어 따로 시간을 내기 쉽지 않다는 것이다. 특히 김 과장은 팀 내에서 연차가 높은 편에 속하는 팀원으로, 김 과장이 없으면 업무 진행에 차질을 빚기 쉽다. 또한, 직무의 특성상 주말에도 가끔 업무를 처리해야 할 때가 있어 정기적으로 시간을 빼는 것도 어려워 상당히 난감한 상황이다. 김 과장은 시간과 공간적인 제약에서 벗어나 스스로 학습을 조절하면서 기술능력을 향상시킬 방법은 없는지 고민하게 되었다.

① 전문 연수원을 통한 기술과정 연수
② E-Learning을 활용한 기술교육
③ 상급학교 진학을 통한 기술교육
④ OJT를 활용한 기술교육
⑤ OFFJT를 활용한 기술교육

12 다음 중 기술능력이 뛰어난 사람에 대한 설명으로 가장 적절하지 않은 것은?

① 기술능력이 뛰어난 사람은 반드시 직무에서 요구하는 구체적인 기능을 소유한 사람이어야 한다.
② 기술능력이 뛰어난 사람은 주어진 한계 속에서 제한된 자원을 가지고 일한다.
③ 기술능력이 뛰어난 사람은 실질적 문제를 해결하기 위해 지식이나 기타 자원을 선택하고 최적화하여 적용한다.
④ 기술능력이 뛰어난 사람은 인식된 문제를 위해 다양한 해결책을 개발하고 평가한다.
⑤ 기술능력이 뛰어난 사람은 여러 상황 속에서 기술의 체계와 도구를 사용하고 배울 수 있다.

13 **다음 사례에서 확인할 수 있는 벤치마킹을 비교 대상과 수행 방식에 따라 바르게 분류한 것으로 가장 적절한 것은?**

스타벅스커피코리아는 2014년 모바일 앱으로 커피 주문과 결제를 할 수 있는 사이렌 오더를 선보였다. 전 세계 스타벅스 중 최초로 시도된 혁신 서비스에 스타벅스 창업자인 하워드 슐츠도 찬사를 보냈다. 이에 미국의 스타벅스 본사에서는 IT 관련 팀을 한국에 파견하였고, 해당 팀은 실사 조사를 마친 후에 다시 미국으로 돌아가 2015년 말부터 현지에서 서비스를 시작하였다. 이후 캐나다, 영국 등에서도 사이렌 오더를 도입하였고, 현재는 유럽과 아시아 주요국에서 사이렌 오더 서비스가 도입되어 있다. 스타벅스코리아에서 처음 선보인 사이렌 오더를 전 세계 스타벅스가 벤치마킹해 결국 스타벅스의 표준이 된 것이다.

	비교 대상에 따른 분류	수행 방식에 따른 분류
①	경쟁적 벤치마킹	직접적 벤치마킹
②	비경쟁적 벤치마킹	직접적 벤치마킹
③	내부 벤치마킹	직접적 벤치마킹
④	내부 벤치마킹	간접적 벤치마킹
⑤	글로벌 벤치마킹	간접적 벤치마킹

14 **다음 사례에서 공통적으로 확인할 수 있는 기술적용 시 고려해야 할 사항으로 가장 적절한 것은?**

- 금융기관인 A 사는 AI 기반 데이터 분석 기술을 보유한 B 사와 전략적 기술 제휴를 체결하였다. B 사의 최신 데이터 분석 기술을 활용할 수 있게 된 A 사는 이를 활용하여 비즈니스 모델을 개선할 예정이다. 또한, 비즈니스 모델 개선 외에도 해당 기술을 A 사가 구상 중인 신기술 개발에도 활용할 계획을 갖고 있다.
- 전자기업 C 사는 최근 D 연구소와 그래핀 연구 업무 협약을 맺었다. 그래핀은 첨단 나노소재로, 강철보다 강하고 실리콘이나 구리보다 전자 이동 속도가 빠르며 신축성도 좋다. 그래핀 연구가 성공적으로 이루어져 대량 생산에 성공한다면 C 기업의 반도체, 휘어지는 디스플레이, 고효율 태양전지 등 다양한 기술 개발에 활용될 수 있을 것으로 보인다.

① 기술적용에 따른 비용
② 기술의 수명 주기
③ 기술의 전략적 중요도
④ 기술의 잠재적 응용 가능성
⑤ 선택한 기술의 적용 형태

15 A 사는 최근 감염병 유행으로 인해 업무의 상당 부분을 재택근무로 돌리기로 하였다. 재택근무를 원활하게 하기 위해 사무용 클라우드를 사용하면 좋겠다는 의견이 나왔다. 담당자로 지정된 이 사원은 합리적인 가격에 클라우드 서비스를 제공하는 업체를 찾았다. 이 사원은 자신이 찾은 업체의 요금제와 팀원들의 대화 내용을 고려하여 조건에 부합하는 클라우드 유형을 구매했다고 할 때, 이 사원이 구매한 클라우드 유형으로 가장 적절한 것은?

[사무용 클라우드 요금 안내]

구분	슬림	스탠다드	비즈니스	프리미엄	커스터마이징
클라우드 용량	100GB	200GB	300GB	500GB	500GB 이상
사용자 수	10명	30명	50명	무제한	무제한
마스터 기능	1명	1명	2명	3명	최대 5명
활동 로그 확인	O	O	O	O	O
PC 클라이언트	-	O	O	O	O
시스템 보안 점검	O	O	O	O	O
24시간 상담	-	-	O	O	O
이용가격	35,000원/월	60,000원/월	100,000원/월	150,000원/월	별도 문의

※ 1) 1년 단위 청구 시 5% 할인이 적용됩니다.
2) 기업 계정 당 월 다운로드 트래픽이 신청한 클라우드 용량의 2.5배로 제한되며, 트래픽 초과 시 추가 요금이 청구됩니다. (슬림 요금제의 다운로드 트래픽은 100GB입니다.)

김 대표: 가장 중요한 것은 우리 팀원들이 모두 클라우드에 접속할 수 있어야 한다는 것입니다. 저를 포함해 우리 직원이 28명이죠?

박 과장: 네, 총 28명입니다. 그리고 꼭 24시간 상담 서비스가 제공되면 좋겠습니다. 제 지인이 그러는데 클라우드를 사용하다 보면 갑자기 문서 다운로드가 되지 않는 등 문제가 생기는 경우가 꽤 있다고 하더라고요. 시차가 다른 해외 고객과 커뮤니케이션하는 저희 업무 특성상 24시간 상담이 가능해야 할 것 같아요.

오 사원: 저희는 주로 용량이 작은 문서를 다루는 편이니까 상대적으로 클라우드 용량이 작은 것도 괜찮을 것 같은데요.

이 대리: 중요한 것은 다운로드 트래픽이라고 하던데요? 다운로드 트래픽이 적어도 월에 500GB는 되어야 할 것 같아요.

박 과장: 그리고 요즘에는 웹에 접속하지 않아도 PC에서 파일을 생성하고 저장하면 서버에 자동으로 동기화되는 PC 클라이언트 기능이 있기도 하다던데, 이 기능도 포함한 서비스면 좋겠네요. 물론 꼭 필요한 기능은 아니니 비용 조건에 맞지 않으면 고려하지 않아도 됩니다.

김 대표: 맞다. 비용도 고려해야죠. 요즘 클라우드 서비스 요금과 관련해서 연간 200만 원 정도 국가 지원을 받을 수 있으니 그 안에서 이용할 수 있는 서비스면 좋겠네요. 그리고 국가 지원금을 쓰는 만큼 꼭 필요한 것이 아니라면 저렴한 서비스를 쓰면 좋겠습니다.

① 슬림 ② 스탠다드 ③ 비즈니스 ④ 프리미엄 ⑤ 커스터마이징

16 **네트워크 혁명은 우리 사회에 순기능을 가져왔지만, 한편으로는 디지털 격차, 정보화에 따른 실업 문제, 범죄 및 반사회적인 사이트 활성화와 같은 역기능도 함께 가져왔다. 다음 중 네트워크 혁명에 따른 역기능에 대한 설명으로 가장 적절하지 않은 것은?**

① 인터넷이 개발되기 전에는 찾아볼 수 없던 새로운 유형의 사회문제이다.

② 역기능을 해결하기 위해서는 사회 전반에 걸친 정보화 윤리의식 강화가 필요하다.

③ 암호화 제품이나 시스템 보완관리 제품과 같은 선진 기술로 개선할 수 있다.

④ 네트워크 혁명의 역기능을 해결하려다가 오히려 순기능이 훼손될 수 있다.

⑤ 법적·제도적 기반이 마련된다면 역기능이 완화될 수 있을 것이다.

17 **다음 설명에 해당하는 기술용어를 바르게 나열한 것은?**

- 사회 공동체의 문화·정치·환경 등을 고려하여 해당 지역에서 지속적인 생산과 소비가 가능하도록 만들어진 기술을 의미하는 것으로, 개발도상국의 삶의 질 향상과 빈곤 퇴치를 위해 적용되는 기술들이 대표적이다.
- 2개 분야 이상의 과학기술이나 학문 분야를 결합하여 새로운 기술 및 서비스를 창출하는 기술로, 주로 나노기술, 바이오기술, 정보기술 등 신기술 간 혹은 신기술과 타 분야와의 상승적 결합을 가리킨다.

① 원천기술 - 융합기술

② 적정기술 - 융합기술

③ 적정기술 - 원천기술

④ 지속 가능한 기술 - 원천기술

⑤ 지속 가능한 기술 - 중간기술

18 **대학교 1학년인 영수는 '4차 산업혁명 시대의 도래로 등장한 첨단 기술 사례'를 조사하여 발표하라는 과제를 받았다. 다음 중 영수가 발표할 사례로 가장 적절하지 않은 것은?**

① 드론 ② IoT ③ AI ④ ICT ⑤ 자율주행자동차

[19-20] 다음은 귀하가 근무하는 사무실의 탕비실에 비치된 냉장고 사용설명서의 일부이다. 자료를 읽고 각 물음에 답하시오.

[고장신고 전 확인해야 할 사항]

이상증상	확인사항	조치방법
냉동/냉장이 전혀 안 될 때	정전이 되었습니까?	다른 제품의 전원을 확인해 주세요.
	전원 플러그가 빠져있습니까?	전원 플러그를 꽂아주세요.
냉동/냉장이 잘 안 될 때	온도가 적정하게 설정되어 있습니까?	잠금/풀림 버튼을 3초간 눌러 잠금 설정을 해제한 후 다시 낮은 온도로 조절하세요. ※ 냉장실은 '중', 냉동실은 '강'으로 설정하는 것이 적절합니다.
	냉장고 주위에 햇볕이 내리쬡니까?	직사광선을 피해 설치해 주세요.
	냉장고 주변에 열기구가 있습니까?	열기구와 떨어뜨려 설치해 주세요.
	벽과 딱 붙게 설치되어 있습니까?	냉장고 뒷면과 벽 사이에 5cm 이상의 간격을 띄우고 설치해 주세요.
냉장실 식품이 얼 때	온도가 낮게 설정되어 있습니까?	잠금/풀림 버튼을 3초간 눌러 잠금 설정을 해제한 후 다시 높은 온도로 조절하세요.
	설치 장소 주위 온도가 5℃ 이하입니까?	냉장고를 따뜻한 곳으로 옮겨 설치해 주세요.
	수분이 많은 일부 식품만 업니까?	수분이 많은 식품은 선반 앞쪽으로 보관해 주세요. 차가운 공기가 안쪽에서 나오기 때문에 직접 닿으면 얼 수 있습니다.
온도 표시부가 작동하지 않을 때	냉장고 문을 여닫아 보았습니까?	에너지 절약을 위해 아무 조작이 없으면 온도 표시부가 꺼지고, 문을 여닫으면 다시 켜집니다.
	잠금 기능이 켜져 있습니까?	잠금/풀림 버튼을 3초간 눌러 잠금 설정을 해제한 후 조작해 주세요.
	손이나 냉장고 표면에 물기가 있습니까?	손이나 냉장고의 물기를 제거하고 조작해 주세요.
제품 문이 잘 닫히지 않을 때	제품이 앞으로 기울어져 있습니까?	높이 조절 나사를 이용하여 제품 앞쪽을 약간 높게 조절해 주세요.
	선반이 순서대로 조립되어 있습니까?	냉동실은 선반 길이에 차이가 있으므로 바꾸어 조립하면 문이 닫히지 않습니다. 선반의 위치가 잘못되었으면 다시 조립해 주세요.
	문을 세게 닫았습니까?	문을 닫는 힘과 속도에 따라 문이 살짝 열린 후 닫힐 수 있습니다.

19 위와 같은 문서를 작성할 때 주의사항으로 가장 적절하지 않은 것은?

① 제품 사용 중 해야 할 일 또는 하지 말아야 할 일까지 정의해야 한다.

② 추측성이 포함될 수 있는 모호한 단어는 절대 사용하지 않는다.

③ 명령어를 사용함에 있어서 단정적인 표현보다 약한 형태의 표현을 써야 한다.

④ 사용자의 질문을 예상하고 사용자에게 답을 제공하여야 한다.

⑤ 사용자가 필요한 정보를 쉽고 빠르게 찾을 수 있도록 구성해야 한다.

20 차가운 음료를 좋아하는 박 사원은 탕비실 냉장고에 얼음을 얼려두는데, 평소 반나절이면 얼던 얼음이 오늘은 하루 종일 얼려도 살얼음만 낀 정도였다고 한다. 이때, 박 사원이 확인할 사항으로 가장 적절한 것은?

① 전원 플러그가 잘 꽂혀 있는지 확인한다.

② 설치 장소의 온도가 5℃ 이하인지 확인한다.

③ 냉동실의 온도가 '강'으로 설정되어 있는지 확인한다.

④ 손이나 냉장고 표면에 물기가 있는지 확인한다.

⑤ 제품이 앞으로 기울어져 있는지 확인한다.

약점 보완 해설집 p.30

제9장 조직이해능력

조직이해능력 개념정리

01 경영이해능력

02 체제이해능력

03 업무이해능력

04 국제감각

기출공략문제

출제예상문제

미리 보는 조직이해능력,

기출 개념 마인드맵

조직이해는 개인의 업무수행 능력을 높이고, 더 나아가 경영의 효율성을 높이는 데 필요한 조직 체제와 경영에 대한 이해력을 평가하는 능력으로, 직업인으로서 갖추어야 할 경영이해능력, 체제이해능력, 업무이해능력, 국제감각 등으로 구분됩니다. 다음은 조직이해능력에서 주로 출제되었던 기출 키워드를 정리한 마인드맵입니다. 학습 전에는 조직이해능력의 큰 흐름을 먼저 파악하는 용도로, 학습 후에는 조직이해능력의 기출 포인트를 짚어보며 내용을 정리해 보는 용도로 활용해 보시기 바랍니다.

조직이해능력 개념정리

기출 키워드

- 조직의 의미
- 조직의 유형

1 조직이해

1. 조직 및 기업

① 조직이란?

- 두 사람 이상이 공동의 목표를 달성하기 위해 의식적으로 구성된 상호작용과 조정하는 행동의 집합체이다.
- 목적, 구조 그리고 목적을 달성하기 위해 모인 구성원들로 구성되어 있으며, 구성원들은 공동의 목적 달성을 위해 협동적인 노력과 더불어 외부환경과 긴밀한 관계를 가진다.
- 재화나 서비스를 생산하는 경제적 기능, 조직 구성원들에게 만족감을 주고 협동을 지속시키는 사회적 기능을 가진다.

② 기업이란?

- 노동이나 자본, 물자, 기술 등을 투입해 제품이나 서비스를 산출하는 기관이다.
- 최소의 비용으로 최대의 효과를 얻음으로써 차액인 이윤을 극대화하기 위해 구성된 조직이다.

2. 조직이해능력의 필요성

조직 구성원이 개인의 업무 성과와 조직의 경영 효과를 높이기 위해서는 조직의 체제와 경영원리를 이해하는 것이 중요하다.

3. 조직의 유형

조직의 유형은 공식화 정도에 따라 공식조직과 비공식조직으로, 영리성 추구 여부에 따라 영리조직과 비영리조직으로, 규모가 크고 작음에 따라 소규모조직과 대규모조직으로 구분된다.

기준	조직 유형	내용
공식성	공식조직	조직의 구조, 기능, 규정 등이 조직화된 조직
	비공식조직	인간관계에 따라 형성된 자발적 조직
영리성	영리조직	사기업과 같이 이윤을 목적으로 하는 조직
	비영리조직	정부조직, 병원, 대학, 시민 단체, 종교 단체 등 공익을 추구하는 조직
조직규모	소규모조직	가족 소유의 상점과 같이 규모가 작은 조직
	대규모조직	대기업과 같이 규모가 큰 조직

+ 더 알아보기

공동체와 기능체

공동체	• 예시: 가족, 지역사회, 취미모임, 사교클럽 등 • 목적: 내적 목적의 달성(구성원의 만족) • 좋은 조직의 추구도: 견고성(결속력, 동아리 의식) • 이상적 상태: 공평과 안주감(편안함) • 인재 평가의 척도: 내적 평가에 따른 인격
기능체	• 예시: 기업, 관공서, 군대 등 • 목적: 외적 목적의 달성(이윤 추구, 행정 서비스, 방위) • 좋은 조직의 추구도: 강성(목적 달성력) • 이상적 상태: 최소 비용으로 최대 달성(효율) • 인재 평가의 척도: 최적 평가에 따른 능력과 실적

2 체제의 이해

1. 체제란?

① 조직은 다양한 구성요소들이 서로 연결되어 있는데, 이러한 구성요소들이 특정한 방식으로 서로 결합한 부분들의 총체를 말한다.

② 체제는 인풋, 업무 프로세스, 아웃풋 관점에서 살펴볼 수 있다.

- 인풋: 시스템에 유입되는 것
- 업무 프로세스: 시스템의 연결망으로, 조직의 구조를 통해서 인풋이 아웃풋으로 전환되는 과정
- 아웃풋: 업무 프로세스를 통해 창출된 시스템의 결과물

2. 조직체제 구성요소

조직목표	• 조직이 달성하려는 장래의 상태로, 조직이 존재하는 정당성과 합법성을 제공 • 전체 조직의 구성원과 자원, 시장, 역량개발, 혁신과 변화, 생산성에 대한 목표 포함
조직구조	• 조직 내의 부문 사이에 형성된 관계로 조직목표를 달성하기 위한 조직 구성원들의 상호작용을 보여줌 • 조직도를 통해 구성원들의 임무, 수행하는 과업, 일하는 장소 등의 구조를 쉽게 파악할 수 있음(단, 조직 내적인 구조는 알아볼 수 없다.) • 조직구조는 의사결정권의 집중 정도, 명령계통, 최고 경영자의 통제, 규칙과 규제의 정도에 따라 달라지며, 기계적 조직과 유기적 조직으로 구분할 수 있음 – 기계적 조직: 구성원들의 업무나 권한이 분명하게 정의된 조직 – 유기적 조직: 의사결정권이 하부 구성원들에게 많이 위임되고 업무가 고정적이지 않은 조직
업무 프로세스	• 조직에 유입된 인풋 요소들이 최종 산출물로 만들어지기까지 구성원 간의 업무 흐름이 어떻게 연결되는지를 보여준
조직문화	• 조직 구성원들이 공유하는 생활양식이나 가치 • 조직 구성원들의 사고와 행동에 영향을 미치며 일체감과 정체성을 부여하고 조직이 안정적으로 유지되게 함
규칙 및 규정	• 조직의 목표나 전략에 따라 수립되어 조직 구성원들이 활동범위를 제약하고 일관성을 부여하는 기능을 함 • 조직이 구성원들의 행동을 관리하기 위하여 규칙이나 절차에 의존하고 있는 공식화 정도에 따라 조직의 구조가 결정되기도 함

3 조직변화

1. 조직변화의 과정

조직변화의 과정은 '환경변화 인지, 조직변화 방향 수립, 조직변화 실행, 변화 결과 평가' 순으로 이어진다.

환경변화 인지 ▶ 조직변화 방향 수립 ▶ 조직변화 실행 ▶ 변화 결과 평가

2. 조직변화의 유형

① 제품과 서비스의 변화
기존 제품이나 서비스의 문제점을 인식하고 고객의 요구에 부응하기 위한 것이다.

② 전략과 구조의 변화
조직의 경영과 관계되는 것으로, 조직구조, 경영방식, 각종 시스템 등을 개선하여 조직의 목적을 달성하고 효율성을 높이기 위한 것이다.

③ 기술의 변화
새로운 기술이 도입되는 것으로, 신기술이 발명되었을 때나 생산성을 높이기 위해 이루어지는 것이다.

④ 문화의 변화
구성원들의 사고방식이나 가치체계를 변화시키는 것으로, 조직의 목적과 일치시키기 위해 문화를 유도하는 것이다.

개념확인문제

01 다음 괄호 안에 들어갈 적절한 용어를 쓰시오.

① (　　　　　)은/는 두 사람 이상이 공동의 목표를 달성하기 위해 의식적으로 구성된 상호작용과 조정을 행하는 행동의 집합체이다.

② (　　　　　)은/는 일 경험을 하는 대표적인 조직으로 노동, 자본, 물자, 기술 등을 투입하여 제품이나 서비스를 산출하는 기관이다.

02 다음 조직의 유형에 대한 설명을 읽고, 맞으면 O, 틀리면 X에 표시하시오.

① 공식조직은 구조와 기능, 규정 등이 조직화된 조직을 의미한다. (O, X)

② 시민 단체는 이윤을 목적으로 하는 영리조직에 해당한다. (O, X)

③ 비공식조직은 공식조직 내에서 인간관계에 따라 형성된 자발적 결사체이다. (O, X)

03 다음 조직변화의 과정을 순서에 맞게 바르게 나열해 보시오.

㉠ 변화 결과 평가	㉡ 조직변화 방향 수립
㉢ 환경변화 인지	㉣ 조직변화 실행

(　　　　　) → (　　　　　) → (　　　　　) → (　　　　　)

PART 1 제9장 조직이해능력 해커스공기업 NCS 모듈형 통합 기본서 이론 + 실전모의고사

정답 및 해설

01 ① 조직, ② 기업

02 ① O

② X | 시민 단체는 공익을 추구하는 비영리조직에 해당한다.

③ O

03 ㉢ → ㉡ → ㉣ → ㉠

01 경영이해능력

기출 키워드

- 경영의 구성요소
- 경영전략의 추진과정
- 경영전략의 유형(본원적 경쟁전략)
- 경영/경제 상식
- GDP
- 환율

1 경영

1. 경영이란?

① 조직의 목적을 달성하기 위한 전략, 관리, 운영 활동을 말한다.
② 경영의 대상인 조직과 조직의 목적, 경영의 내용인 전략, 관리, 운영으로 이루어지지만, 실제 경영환경에선 구분되지 않는다.
③ 특정 조직에 적합한 특수경영과 조직의 특성과 관계없이 적용할 수 있는 일반경영이 있다.

2. 경영의 구성요소

경영의 구성요소	경영목적	• 어떤 과정과 방법을 선택하여 조직의 목적을 수행할 것인지를 구체적으로 제시함 • 조직의 목적을 달성하기 위해 조직을 이끌어 나가는 경영자는 목적 달성의 정도와 효율성 정도를 평가받게 됨
	조직 구성원	• 조직에서 일하고 있는 구성원들을 의미하며 구성원들의 역량에 따라 경영성과가 달라짐 • 경영자는 경영성과를 향상시키기 위해 조직의 목적과 필요에 부합하는 인적자원을 채용하고, 이들을 적재적소에 배치하여 활용할 수 있어야 함
	자금	• 경영 활동에 사용하는 돈을 의미하는 것으로, 경영목표를 달성하는 데 필요 조건이 됨 • 사기업에서 자금은 조직의 지속 가능성을 유지하기 위한 재무적 기초가 됨
	경영전략	• 기업 내 모든 인적, 물적자원을 바탕으로 경영목적을 달성하기 위해 조직화하여 이를 실행에 옮김으로써 경쟁우위를 점하도록 하는 일련의 방침 및 활동을 의미함 • 조직이 소유한 자원을 효과적으로 운영하기 위한 활동 및 달성해야 하는 목표 등을 알려줌

알아두면 도움되는 (구)모듈이론

민츠버그(Mintzberg)의 경영자 역할 구분

대인적 역할	정보적 역할	의사결정적 역할
• 조직의 대표자 • 조직의 리더 • 상징자, 지도자	• 외부환경 모니터 • 변화 전달 • 정보전달자	• 문제 조정 • 대외적 협상 주도 • 분쟁조정자, 자원배분자, 협상가

3. 경영의 과정

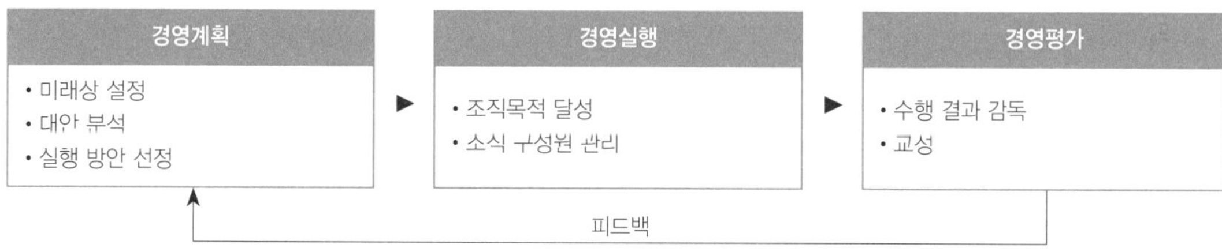

4. 경영 활동 유형

① **외부 경영 활동**: 조직 외부에서 조직의 효과성을 높이기 위해 이루어지는 활동
예 대외적 이윤추구를 위한 마케팅 활동 등

② **내부 경영 활동**: 조직 내부에서 인적, 물적자원 및 생산기술을 관리하는 것
예 인사관리, 재무관리, 생산관리 등

5. 경영참가제도

① 경영참가제도란?
근로자 또는 노동조합을 경영의 파트너로 인정하는 협력적 노사관계가 중시됨에 따라 이들을 조직의 경영의사결정과정에 참여시키는 제도를 말한다.

② 경영참가제도의 목적
- 경영의 민주성 제고: 노사 간 세력 균형 유지
- 근로자와 노동조합이 공동으로 문제를 해결하고, 노사 간의 세력 균형을 이룰 수 있음
- 경영의 효율성 제고: 근로자와 노동조합이 새로운 아이디어 제시, 현장에 적합한 개선방안 마련
- 노사 간 대화의 장 마련: 노사 간 상호 신뢰 증진

③ 경영참가제도의 유형
- 경영참가: 공동의사결정제도, 노사협의제도
- 이윤참가: 이윤분배제도
- 자본참가: 종업원지주제도, 노동주제도

알아두면 도움되는 (구)모듈이론

경영참가제도의 문제점
- 경영능력이 부족한 근로자가 경영에 참여할 경우 의사결정 지연이나 비합리적 결정이 일어날 수 있다.
- 대표로 참여하는 근로자가 조합원들의 권익을 지속적으로 보장해주지 못할 가능성이 있다.
- 경영자 고유의 권리인 경영권을 약화시킬 수 있다.
- 경영참가제도를 통해 분배 문제를 해결함으로써 노동조합의 단체교섭 기능이 약화될 수 있다.

2 의사결정

1. 의사결정 과정

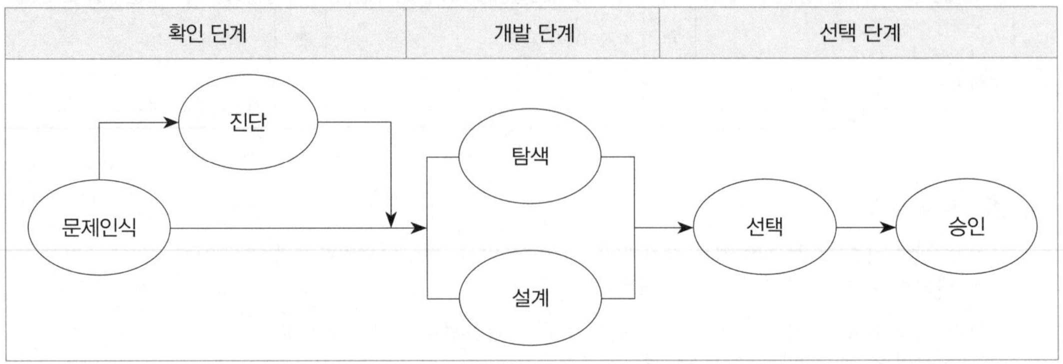

① 확인 단계
- 의사결정이 필요한 문제를 인식하고 진단하는 단계로, 진단 단계는 문제의 중요도나 긴급도에 따라 체계적, 비공식적으로 이루어지기도 한다.
- 문제를 신속히 해결할 필요가 있는 경우에는 진단 시간을 줄이고 즉각적인 대응이 필요하다.
- 다양한 문제 리스트를 작성한 후 주요 문제를 선별하거나 문제의 증상을 정리하여 해당 증상이 나타나는 근본 원인을 찾아야 함

② 개발 단계
- 확인된 문제에 대하여 해결방안을 모색하는 단계로, 탐색 과정과 설계의 방식으로 이루어진다.
  - 탐색: 기존 해결방법 중에서 문제해결방법을 찾음
  - 설계: 이전에 없었던 완전히 새로운 문제의 경우 이에 대한 해결안을 설계함

③ 선택 단계
- 실행 가능한 해결안을 선택하는 단계로, 의사결정권자 한 사람의 판단, 경영과학 기법과 같은 분석, 이해관계집단의 토의와 교섭 등의 방식으로 선택한다.
- 선택된 해결안으로 조직 내에서 공식적인 승인 절차를 거친 후 실행한다.

2. 집단의사결정의 특징

① 장점
- 한 사람이 가진 지식보다 집단이 가지고 있는 지식과 정보가 더 많아 효과적인 결정을 할 수 있다.
- 능력이 각기 다른 다양한 집단 구성원이 각자 다른 시각으로 문제를 바라봄에 따라 다양한 견해로 접근할 수 있다.
- 의사결정에 참여한 사람들이 결정된 사항을 수월하게 수용하고, 의사소통의 기회도 향상될 수 있다.

② 단점
- 의견이 불일치하는 경우 의사결정에 시간이 많이 소요되며, 특정 구성원이 의사결정권을 독점할 수 있다.

3. 브레인스토밍

① 브레인스토밍이란?

- 집단에서 의사결정 시 사용하는 대표적인 방법으로, 여러 명이 한 가지의 문제를 놓고 아이디어를 비판 없이 제시하여 그중 최선책을 찾아내는 방법을 말한다.
- 브레인스토밍을 응용한 방법으로는 브레인라이팅(Brain writing)도 자주 활용되는데, 구두로 의견을 교환하는 브레인스토밍과 달리 브레인라이팅은 포스트잇과 같은 메모지에 의견을 적은 다음 메모된 내용을 차례대로 공유하는 방법이다.

② 브레인스토밍의 규칙

- 다른 사람이 아이디어를 제시할 때는 비판하지 않는다.
- 문제에 대한 제안은 자유롭게 이루어질 수 있다.
- 아이디어는 많이 나올수록 좋다.
- 모든 아이디어가 제안되고 나면 이를 결합하여 해결책을 마련한다.

3 경영전략

1. 경영전략이란?

① 조직이 변화하는 환경에 적응하기 위하여 경영활동을 체계화하는 것으로, 목표달성을 위한 수단이 된다.
② 경영전략은 조직의 경영자가 수립하지만, 조직 구성원은 자신이 속한 조직의 경영전략을 이해해야 조직목표를 달성하는 데 기여할 수 있다.

2. 경영전략의 추진과정

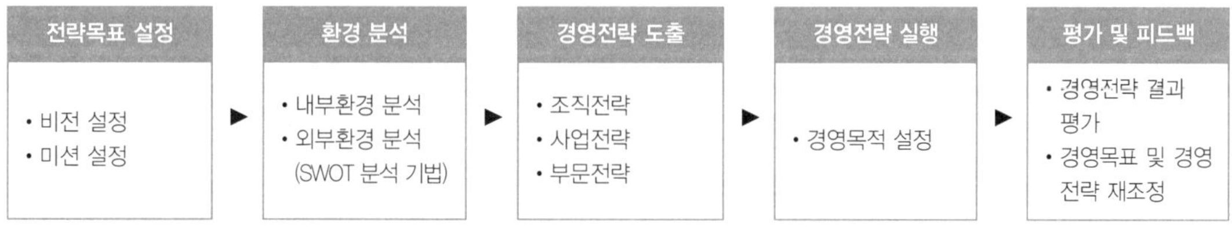

① 전략목표 설정
경영전략을 통해 미래에 도달하고자 하는 모습인 비전을 규명하고, 조직의 미션을 설정한다.
(비전: 오랜 기간 유지되지만 정기적으로 변하는 요소)
(미션: 조직의 존재 이유로, 변하지 않는 전략목표)

② 환경 분석
전략목표를 토대로 최적의 대안을 수립하기 위해 조직의 내·외부환경을 분석한다.

③ 경영전략 도출
조직전략, 사업전략, 부문전략으로 구분되며, 위계적 수준을 가지고 있다.
- 조직전략: 가장 상위단계의 전략으로, 조직의 사명을 정의한다.
- 사업전략: 사업 수준에서 각 사업의 경쟁적 우위를 점하기 위한 방향과 방법을 다룬다.
- 부문전략: 기능부서별로 사업전략을 구체화하여 세부적인 수행 방법을 결정한다.

④ 경영전략 실행
수립된 경영전략을 실행하여 경영목적을 달성한다.

⑤ 평가 및 피드백
달성한 경영목적에 대한 결과를 평가하여 피드백하는 과정을 거친다.

3. 경영전략의 유형: 본원적 경쟁전략(of 마이클 포터)

조직의 경영전략은 경영자의 경영이념이나 조직의 특성의 따라 다양하다. 이중 대표적인 경영전략은 마이클 포터(Michael E. Porter)의 본원적 경영전략으로, 여기에는 원가우위 전략, 차별화 전략, 집중화 전략이 있다.

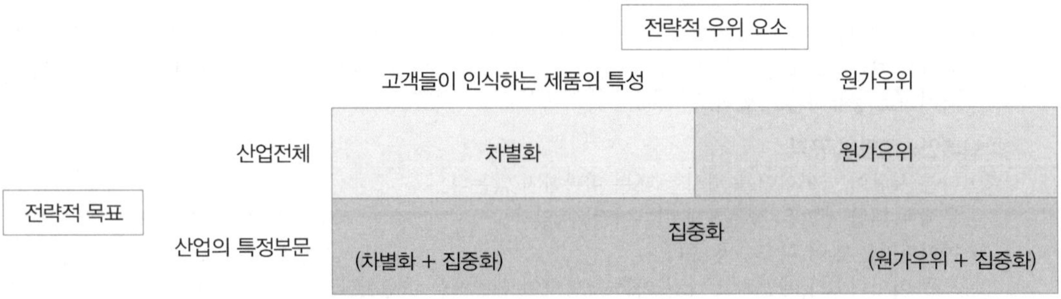

		전략적 우위 요소	
		고객들이 인식하는 제품의 특성	원가우위
전략적 목표	산업전체	차별화	원가우위
	산업의 특정부문	집중화 (차별화 + 집중화)	집중화 (원가우위 + 집중화)

구분	내용
원가우위 전략	• 원가절감을 통해 해당 산업에서 우위를 점하는 전략으로, 이를 위해서는 대량생산을 통해 단위 원가를 낮추거나 새로운 생산기술을 개발할 필요가 있음 • 온라인 소매업체가 저렴한 가격과 구매의 편의성을 내세워 시장 점유율을 넓히는 사례가 대표적임
차별화 전략	• 조직이 생산품이나 서비스를 차별화하여 고객에게 가치 있고 독특한 것으로 인식되도록 하는 전략 • 전략이 성공하려면 연구개발 및 광고를 통해 기술, 품질, 서비스, 브랜드 이미지를 개선해야 함 • 국내 주요 가전업체들이 경쟁업체의 저가 전략에 맞서 고급 기술을 적용한 고품질의 프리미엄 제품으로 차별화하여 고가 제품 시장에서의 점유율을 높여 나가는 사례가 대표적임
집중화 전략	• 특정 시장이나 고객에게 한정된 전략으로, 특정 산업을 대상으로 함 • 경쟁조직들이 소홀히 하는 한정된 시장을 원가우위나 차별화 전략을 써서 집중적으로 공략하는 방법 • 국내외 단거리 지역으로 비즈니스 출장이나 여행을 가는 사람들이 매우 저렴하게 비행기를 이용할 수 있도록 함으로써 새로운 시장 수요를 만들어 내고 있는 저가 항공사가 대표적인 사례에 해당함

4 경영이해능력을 갖추기 위한 경영/경제 상식

1. 경영 상식

구분	내용
워크아웃	경영난으로부터 부도 위기에 처해 있는 기업이 금융기관과 합의하에 진행하는 회생작업으로, 주로 회생의 가능성은 보이나 유동성의 부족으로 부도 위기에 처한 기업이 대상이 됨
네트워크 조직	아웃소싱이나 전략적 제휴와 같이 특정한 사업목표를 달성하기 위해 전문 인력이 각자의 전문 분야를 추구하며 상호 협력하는 조직 유형
프로젝트 조직	특정한 사업목표를 달성하기 위해 조직 내의 전문 인력을 임시로 결합하고, 목표가 달성되면 해산하여 본래의 부서로 돌아가는 조직 유형
매트릭스 조직	조직구조 형태 중 하나인 기능적 조직구조와 프로젝트 조직이 결합한 이중 구조 조직으로, 기능 구조와 사업 구조의 화학적 결합을 시도하는 조직 유형
BCG 매트릭스	보스턴컨설팅그룹이 개발한 사업 포트폴리오 분석 기법으로, 시장성장률과 상대적 시장점유율에 따라 사업을 4가지로 구분한 것 • Star: 시장성장률과 상대적 시장점유율이 모두 높아 계속해서 투자가 필요한 사업 • Cash Cow: 투자 비용을 전부 회수하고 많은 이익을 내는 상태로, 시장점유율은 높으나 시장성장률은 낮은 사업 • Question Mark: 시장성장률은 높지만 시장점유율이 낮아 시장 확대를 위한 투자 전략을 필요로 하는 상태로, 기업의 전략에 따라 Star 또는 Dog가 될 수 있는 사업 • Dog: 시장성장률과 시장점유율이 모두 낮아 철수가 필요한 사업

SWOT 분석	기업이 경영전략을 수립하기 위해 기업 내부의 강점(Strength)과 약점(Weakness), 기업을 둘러싼 외부환경의 기회(Opportunity)와 위협(Threat)이라는 4가지 요소를 분석하는 것 → SWOT 분석에 대한 상세한 설명은 p.155(문제해결능력)에서 확인하세요.
STP	시장을 세분화(Segmentation)하여 타깃을 설정(Targeting)하고 목표 시장에 적절하게 제품을 포지셔닝(Positioning)하는 전략
3C	고객(Customer), 기업(Company), 경쟁사(Competitor)를 중심으로 시장환경을 분석하는 방법
4P	마케팅 믹스의 구성요소를 제품(Product), 가격(Price), 유통 경로(Place), 판매 촉진(Promotion)의 4가지로 나눈 것 → 시대 변화에 따라 기업과 고객 간의 관계도 고려하여 사람(People)이 추가되기도 함
5 Force Model	마이클 포터가 주장한 것으로, 기존 경쟁자 간의 경쟁, 잠재적 진입자의 위협, 대체재의 위협, 공급자의 교섭력, 구매자의 교섭력의 5가지 요인에 의해 해당 산업의 경쟁력과 수익성이 결정된다는 것을 설명하는 모형
6시그마	생산 현장에서의 불량률을 줄이기 위한 품질관리 기법에서 시작된 것으로, 오늘날 품질 혁신과 고객 만족 달성을 목표로 경영활동에 존재하는 모든 프로세스를 통계적 척도로 정량화하여 평가하는 기업 경영전략
적대적 M&A	인수 대상 기업의 동의 없이 행해지는 기업 인수 합병 • 적대적 M&A의 공격전략: 곰의 포옹, 공개매수, 시장매집, 위임장 대결, 토요일 밤 특별 작전, 흑기사 등 • 적대적 M&A의 방어전략: 백기사, 시차 임기제, 왕관의 보석 매각, 포이즌 필, 황금 낙하산 등
게임이론	경쟁 상대에 있는 상대방의 행동과 반응을 고려하여 자신이 할 수 있는 최선의 행위를 결정해야 하는 상황에서 의사결정의 형태를 연구하는 이론 • 내시균형: 게임이론에서 각 경기자가 상대방의 행동에 대응하여 자신에게 가장 유리한 전략을 선택함으로써 이루어지는 균형

2. 경제 상식

기회비용	여러 가지 가능성 중 하나를 택했을 때 그 한 가지 선택 때문에 포기하게 되는 다른 가능성의 이익을 비용으로 표시한 것
비교우위	한 나라가 다른 나라에 비해 더 적은 기회비용으로 어떤 재화나 서비스를 생산할 때 비교우위를 갖는다고 말함
절대우위	한 나라가 다른 나라에 비해 어떤 재화나 서비스를 생산하는 데 드는 단위당 생산비가 더 적을 때 절대우위를 갖는다고 말함
매몰비용	이미 지출해버려서 다시 회수할 수 없는 비용(≒ 함몰비용)
시장실패	공공재, 규모의 경제, 외부효과 등의 요인 때문에 시장이 제 기능을 발휘하지 못해 자원의 효율적 배분 및 소득의 균등한 분배가 제대로 이루어지지 못하는 상태
정부실패	시장실패를 바로잡기 위해 정부가 시장에 개입한 것이 예기치 못한 결과를 발생시키거나 오히려 시장의 상태를 더욱 악화시키는 것
공공재	국방 서비스, 도로 등과 같이 모든 사람이 공동으로 이용할 수 있는 재화나 서비스로, 비배제성과 비경합성이라는 특징을 가짐 • 무임승차자의 문제: 공공재는 비용을 부담하지 않는 사람의 사용을 배제할 수 없어, 사람들이 공공재 생산에 드는 비용은 부담하지 않으면서 공공재를 소비하려는 경향을 보이게 됨
외부효과	어떤 사람의 경제 활동이 의도치 않게 다른 사람에게 이익을 주거나 피해를 주게 되는 것 • 외부경제: 한 생산자나 소비자의 행위가 제삼자에게 긍정적인 효과를 미치지만, 그에 대한 대가를 전혀 받지 못하는 것 • 외부불경제: 한 생산자나 소비자의 행위가 제삼자에게 부정적인 효과를 미치지만, 그에 대한 대가를 전혀 지불하지 않는 것
정보의 비대칭성	경제적 이해관계에 놓인 당사자 중 한쪽이 다른 한쪽보다 우월한 정보를 가지고 있는 것

도덕적 해이	정보가 불투명하거나 비대칭적이어서 상대방의 행동을 예측하기 어렵거나 본인이 최선을 다해도 자신에게 돌아오는 혜택이 거의 없을 때 발생하는 것으로, 정보가 불균형한 상황을 이용해 상대방의 이익에는 반하지만 자신에게는 유리한 행동을 하는 것
역선택	정보의 불균형으로 인해 자신에게 불리한 의사결정을 하는 것 예 보험사가 개별 가입자의 건강 상태나 사고 확률을 잘 알지 못해 평균적인 건강 수준에 기초해 보험료를 책정할 경우, 실제로 건강한 사람은 보험 가입을 꺼리고 건강하지 않은 사람들만 보험에 가입하게 되어 보험사의 재정이 악화됨
환율	자국 통화와 외국 통화의 교환 비율로, 한 단위의 외화를 얻기 위해 지불해야 하는 자국 통화의 양을 말함 • 환율의 변동: 외화의 수요와 공급에 의해 결정됨(외환 시장에서의 수요 증가 및 공급 감소 → 환율 상승, 외환 시장에서의 수요 감소 및 공급 증가 → 환율 하락) • 환율 상승의 영향: 수출 증가 및 수입 감소, 경상수지 개선, 국내 물가 상승, 외채 상환 부담 증가 • 환율 하락의 영향: 수출 감소 및 수입 증가, 경상수지 악화, 국내 물가 하락, 외채 상환 부담 감소
GDP	'Gross Domestic Product(국내총생산)'의 약자로, 국적과 관계없이 한 나라의 국경 내에서 모든 경제 주체가 일정 기간 생산 활동에 참여하여 창출한 최종 재화와 서비스의 시장 가치
GNP	'Gross National Product(국민총생산)'의 약자로, 국경과 관계없이 한 나라의 국민이 일정 기간 국내와 국외에서 생산한 최종 재화와 서비스의 시장 가치
GNI	'Gross National Income(국민총소득)'의 약자로, 국경과 관계없이 한 나라의 국민이 일정 기간 생산 활동에 참여하여 벌어들인 소득
더블딥	불황기를 잠시 벗어났다가 다시 경기 침체에 빠지는 현상
지급준비율 정책	중앙은행에서 금융기관의 총예금액에 대한 현금준비 비율인 지급준비율을 높이거나 낮추는 방식으로 시중의 통화량을 조정하는 것 • 지급준비율 인상 → 통화량 감소 • 지급준비율 인하 → 통화량 증가
금리	원금에 대한 이자의 비율로, 시중의 통화량을 조절하는 기능을 수행하는 것 • 기준금리: 중앙은행의 금융통화위원회가 매달 회의를 통해 결정하는 금리로, 시중은행의 금리 책정의 기준이 되는 것 • 콜금리: 은행, 보험회사와 같은 금융회사 간의 대출금에 적용되는 금리로, 금융회사끼리 단기(30일 이내)에 자금을 빌려주고 받을 때 적용되는 금리
인플레이션	화폐 가치가 하락하여 물가 수준이 지속적으로 상승하는 현상(↔ 디플레이션) • 디스인플레이션(Disinflation): 통화량과 물가가 더 이상 팽창하거나 상승하지 않고 현재 상태로 머무르게 하는 것을 목표로 인플레이션을 극복하기 위한 경제 정책 • 리플레이션(Reflation): 디플레이션에서 벗어나 심한 인플레이션에는 이르지 않는 현상 • 스태그플레이션(Stagflation): 불황기에 물가가 계속 상승하여 경기 침체와 물가 상승이 동시에 일어나고 있는 현상 • 애그플레이션(Agflation): 곡물 가격이 상승함에 따라 일반 물가도 상승하고 있는 현상 • 하이퍼인플레이션(Hyperinflation): 급격한 인플레이션이 발생해 통제할 수 없을 정도로 물가가 상승하고 있는 현상
엥겔지수	가계의 총소비지출액에서 식료품비가 차지하는 비율로, 저소득 가계일수록 총지출 가운데 식료품비가 차지하는 비율이 높고 고소득 가계일수록 식료품비가 차지하는 비율이 낮다는 엥겔의 법칙과 관련 있는 것 (= 식료품비 / 총소비지출액 × 100)
지니계수	인구분포와 소득분포와의 관계를 나타내는 수치로, 빈부격차와 계층 간 소득분포의 불균형 정도를 평가하는 데 이용되며 수치가 0에 가까울수록 소득분배가 평등한 상태임을 나타내는 지표
로렌츠곡선	그래프의 가로축에 소득액 순으로 소득 인원수의 누적 배분비를, 세로축에 소득액의 누적 백분비를 나타내어 얻어지는 곡선으로, 소득분포의 불평등을 측정하는 지표

개념확인문제

01 **다음 각 전략에 해당하는 설명을 읽고, 빈칸에 들어갈 적절한 전략을 쓰시오.**

① (　　　　　)전략: 생산품이나 서비스를 차별화함
② (　　　　　)전략: 대량생산, 새로운 생산기술을 개발함
③ (　　　　　)전략: 산업의 특정 부문을 대상으로 함

02 **다음 경영전략의 추진과정을 차례대로 나열하시오.**

㉠ 경영전략 실행	㉡ 평가 및 피드백	㉢ 경영전략 도출	㉣ 전략목표 설정	㉤ 환경 분석

(　　　　) → (　　　　) → (　　　　) → (　　　　) → (　　　　)

03 **다음 빈칸에 들어갈 경영의 구성요소로 가장 적절한 것을 쓰시오.**

경영의 구성요소 = 경영전략 + 조직 구성원 + (　　　　　) + 경영목적

04 **다음 환율 변동의 원인에 따른 환율 변동 방향을 쓰시오.**

원인		환율 변동
외환 시장에서의 수요 증가 및 공급 감소	▶	㉠

원인		환율 변동
외환 시장에서의 수요 감소 및 공급 증가	▶	㉡

정답 및 해설

01 ① 차별화, ② 원가우위, ③ 집중화
02 ㉣ → ㉤ → ㉢ → ㉠ → ㉡
03 자금
04 ㉠ 환율 상승, ㉡ 환율 하락

02 체제이해능력

기출 키워드

- 조직목표의 기능 및 특징
- 조직구조의 구분
- 조직구조의 형태

1 조직목표의 기능과 특징

조직은 공식적인 조직목표(사명)와 이를 실제적인 활동을 통해 달성하고자 하는 세부목표(운영목표)를 가짐

1. 조직목표란?

조직이 달성하려는 미래의 상태를 의미하는 것으로, 조직의 비전, 가치와 신념, 조직의 존재 이유 등을 공식적인 목표로 표현한 장기적인 목표이다.

2. 조직목표의 기능 및 특징

기능	특징
• 조직이 존재하는 정당성과 합법성을 제공함 • 조직이 나아갈 방향을 제시함 • 조직 구성원 의사결정의 기준이 됨 • 조직 구성원 행동 수행의 동기유발이 됨 • 수행평가의 기준이 됨 • 조직설계의 기준이 됨	• 공식적 목표와 실제적 목표가 다를 수 있음 • 다수의 조직목표를 추구할 수 있음 • 조직목표 간의 위계적 상호관계가 있음 • 가변적임 • 조직의 구성요소와 상호관계를 가짐

3. 조직목표의 분류

조직이 일차적으로 수행해야 할 과업인 운영목표에는 ① 전체 성과, ② 자원, ③ 시장, ④ 인력개발, ⑤ 혁신과 변화, ⑥ 생산성이 포함되어야 한다.

2 조직구조의 결정요인 및 형태

1. 조직구조의 구분

기계적 조직	• 구성원들의 업무가 분명하게 정의됨 • 많은 규칙과 규제가 존재함 • 상하 간의 의사소통이 공식적인 경로를 통해 이루어짐 • 엄격한 위계질서가 존재함 예 군대, 정부, 공공기관 등
유기적 조직	• 의사결정 권한이 조직의 하부 구성원들에게 많이 위임됨 • 업무 또한 고정되지 않고 공유가 가능함 • 비공식적인 상호 의사소통이 원활히 이루어짐 • 규제나 통제의 정도가 낮아서 변화에 따라 쉽게 변할 수 있음 예 사내 벤처팀, 프로젝트팀 등

2. 조직구조의 결정요인

① **전략**: 조직의 목적을 달성하기 위하여 수립한 계획으로, 전략에 따라 조직구조가 바뀌게 된다.
② **규모**: 대규모조직은 소규모조직에 비해 업무가 전문화, 분화되어 있고 많은 규칙과 규정이 존재한다.
③ **기술**: 소량생산기술을 가진 조직은 유기적 조직구조, 대량생산기술을 가진 조직은 기계적 조직구조를 가진다.
④ **환경**: 안정적이고 확실한 환경에서는 기계적 조직구조, 급변하는 환경에서는 유기적 조직구조가 적합하다.

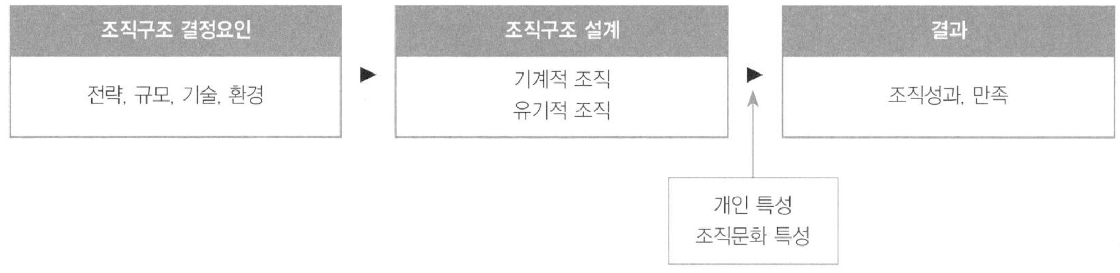

3. 조직구조의 형태

① 기능별 조직구조

업무의 내용이 유사하고 관련성이 있는 것들이 결합한 형태이다.

- 안정적인 환경이나 조직의 내부 효율성을 중시한다.
- 기업의 규모가 작을 때 유용하다.

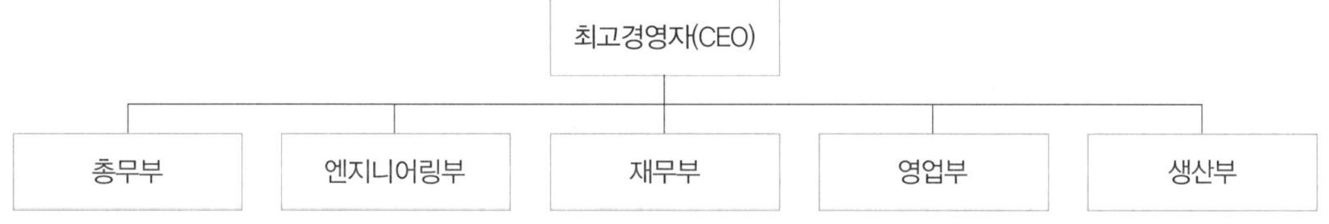

② 사업별 조직구조

개별 제품, 서비스, 제품그룹, 주요 프로젝트나 프로그램 등에 따라 결합한 형태이다.

- 급변하는 환경에 효과적으로 대응한다.
- 제품, 지역, 고객별 차이에 신속하게 적응하기 위한 분권화된 의사결정이 가능하다.

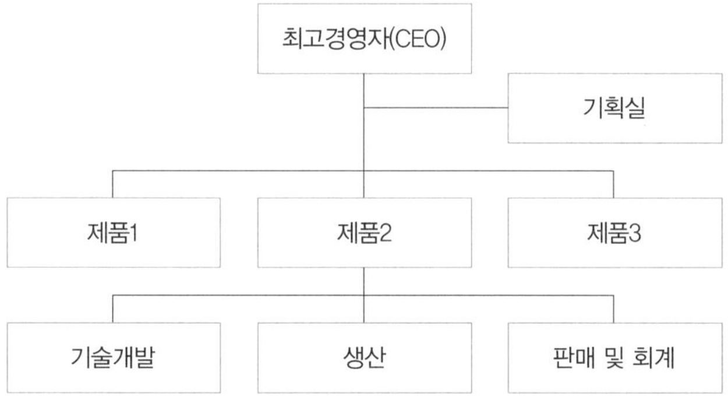

알아두면 도움되는 (구)모듈이론

조직문화의 특징

① 조직문화 구성요소

[맥킨지 7-S 모형]

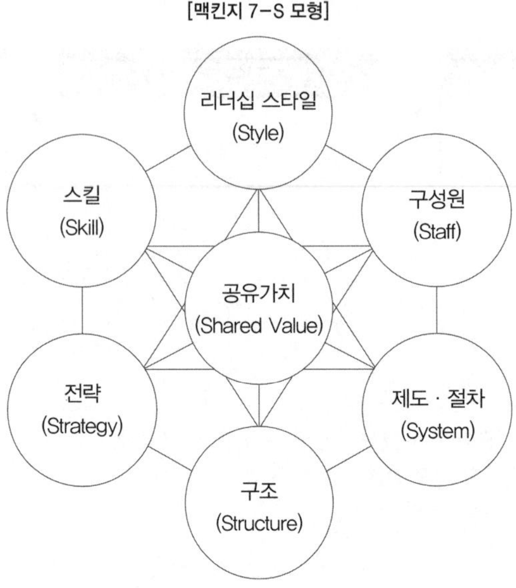

공유가치(Shared Value)	조직 구성원들의 행동이나 사고를 특정 방향으로 이끌어 가는 원칙이나 기준
리더십 스타일(Style)	구성원들을 이끌어 나가는 전반적인 조직관리 스타일
구성원(Staff)	조직의 인력 구성과 구성원들의 능력과 전문성, 가치관과 신념, 욕구와 동기, 지각과 태도 그리고 그들의 행동 패턴 등을 의미
제도, 절차(System)	조직 운영의 의사 결정과 일상 운영의 틀이 되는 각종 시스템을 의미
구조(Structure)	조직의 전략을 수행하는 데 필요한 틀로서 구성원의 역할과 그들 간의 상호관계를 지배하는 공식 요소
전략(Strategy)	조직의 장기적인 목적과 계획 그리고 이를 달성하기 위한 장기적인 행동 지침
기술(Skill)	하드웨어는 물론, 이를 사용하는 소프트웨어 기술을 포함하는 요소를 의미

② 조직문화의 유형

집단문화	• 관계지향적이며, 조직 구성원 간 인간애 또는 인간미를 중시하는 문화 • 조직 내부의 통합과 유연한 인간관계를 강조 • 조직 구성원 간 단결, 협동, 팀워크, 공유가치, 사기, 의사결정 과정에의 참여 등을 중요시함 • 개인의 능력개발에 대한 관심이 높음
개발문화	• 높은 유연성과 개성을 강조 • 외부환경에 대한 변화 지향성과 신축적 대응성을 기반으로 함 • 조직 구성원의 도전의식, 모험성, 창의성, 혁신성, 자원 획득 등을 중시 • 조직의 성장과 발전에 관심이 높은 조직문화 • 조직 구성원의 업무 수행에 대한 자율성과 자유 재량권 부여

합리문화	• 과업지향적이며, 결과지향적인 조직으로써의 업무의 완수를 강조 • 조직의 목표를 명확하게 설정하여 합리적으로 달성 • 주어진 과업을 효과적으로 수행하기 위하여 실적을 중시 • 직무에 몰입하며, 미래를 위한 계획을 수립하는 것을 강조 • 합리문화는 조직 구성원 간의 경쟁을 유도하여 조직에 대한 조직 구성원들의 방어적인 태도와 개인주의적인 성향을 드러내는 경향이 있음
계층문화	• 조직 내부의 통합과 안정성을 확보한 관리적 문화 • 현상 유지 차원에서 계층화되고 서열화된 조직구조 • 위계질서에 의한 명령과 통제, 업무처리 시 규칙과 법을 준수 • 관행과 안정, 문서와 형식, 보고와 정보관리, 명확한 책임 소재 등을 강조

3 조직 내 집단의 유형과 성공 조건

1. 집단의 유형

공식적인 집단	• 조직의 공식적인 목표를 추구하기 위해 조직에서 의식적으로 만든 집단 • 목표나 임무가 비교적 명확하게 규정됨 • 구성원들이 인위적으로 결정됨 예 상설 혹은 임시위원회, 임무 수행을 위한 작업팀 등
비공식적인 집단	• 조직 구성원들의 요구에 따라 자발적으로 형성된 집단 • 공식적인 임무 수행 이외에 다양한 요구들에 의해 이루어짐 예 스터디 모임, 봉사 활동 동아리, 각종 친목회 등

2. 집단 간 경쟁

① **발생 원인**: 조직에 존재하는 한정된 자원을 소유하고자 하는 욕구와 상반된 목표 추구
② **문제점**: 경쟁 과열로 인한 자원의 낭비, 업무 방해, 비능률 등의 문제 발생
③ **해결책**: 관련 집단 간의 원활한 상호작용을 통해 집단 간 경쟁이 심화되지 않도록 노력해야 함

3. 팀의 역할과 성공 조건

① 생산성을 높이고 의사결정을 신속하게 내리며 구성원들의 다양한 창의성 향상을 도모하기 위하여 조직된다.
② 성공적으로 운영되기 위해서는 조직 구성원들의 협력 의지와 관리자층의 지지가 필요하다.

개념확인문제

01 다음 조직목표의 기능 및 특징에 대한 설명을 읽고, 맞으면 O, 틀리면 X에 표시하시오.

① 조직이 존재하는 정당성과 합법성을 제시한다. (O, X)

② 조직목표와 조직의 구성요소는 상호관계를 갖는다. (O, X)

③ 조직 구성원 행동 수행의 동기를 유발한다. (O, X)

02 다음은 조직구조의 결정요인에 대한 설명이다. 아래 빈칸에 들어갈 조직구조의 결정요인을 쓰시오.

㉠ (　　　　　): 조직의 목적을 달성하기 위하여 수립한 계획

㉡ (　　　　　): 대규모조직은 소규모조직에 비해 업무가 전문화, 분화되어 있고 많은 규칙과 규정이 존재한다.

㉢ (　　　　　): 소량생산기술을 가진 조직은 유기적 조직구조, 대량생산기술을 가진 조직은 기계적 조직구조를 가진다.

㉣ (　　　　　): 안정적이고 확실한 환경에서는 기계적 조직구조, 급변하는 환경에서는 유기적 조직구조가 적합하다.

03 다음의 집단을 각각 공식적인 집단과 비공식적인 집단으로 적절히 분류하시오.

㉠ 임시위원회	㉡ 스터디 모임	㉢ 봉사 활동 동아리
㉣ 친목회	㉤ 상설위원회	

① 공식적인 집단 (　　　　　　　　　)　② 비공식적인 집단 (　　　　　　　　　)

정답 및 해설

01 ① O
② O
③ O

02 ㉠ 전략, ㉡ 규모, ㉢ 기술, ㉣ 환경

03 ① ㉠, ㉤, ② ㉡, ㉢, ㉣

03 업무이해능력

기출 키워드

- 업무수행 시트 종류
- 업무 방해요인과 해결책

1 업무의 종류 및 특성

1. 업무란?

상품이나 서비스를 창출하기 위한 생산적인 활동을 말한다.

2. 업무의 종류

① 다수의 조직이 업무의 종류 및 특징에 따라 총무, 인사, 기획, 회계, 영업 등으로 부서를 구분하여 업무를 배분한다.

부서	업무
총무부	주주총회 및 이사회 개최 관련 업무, 의전 및 비서 업무, 집기비품 및 소모품의 구입과 관리, 사무실 임차 및 관리, 차량 및 통신시설의 운영, 국내외 출장 업무 협조, 복리후생 업무, 법률자문과 소송관리, 사내외 홍보 광고 업무
인사부	조직기구의 개편 및 조정, 업무분장 및 조정, 인력수급계획 및 관리, 직무 및 정원의 조정 종합, 노사관리, 평가관리, 상벌관리, 인사발령, 교육체계 수립 및 관리, 임금제도, 복리후생제도 및 지원 업무, 복무관리, 퇴직관리
기획부	경영계획 및 전략 수립, 전사기획 업무 종합 및 조정, 중장기 사업계획의 종합 및 조정, 경영정보 조사 및 기획보고, 경영진단 업무, 종합예산수립 및 실적관리, 단기사업계획 종합 및 조정, 사업계획, 손익추정, 실적관리 및 분석
회계부	회계제도의 유지 및 관리, 재무상태 및 경영실적 보고, 결산 관련 업무, 재무제표 분석 및 보고, 법인세, 부가가치세, 국세 지방세 업무자문 및 지원, 보험가입 및 보상 업무, 고정자산 관련 업무
영업부	판매 계획, 판매예산의 편성, 시장조사, 광고 선전, 견적 및 계약, 제조지시서의 발행, 외상매출금의 청구 및 회수, 제품의 재고 조절, 거래처로부터의 불만 처리, 제품의 애프터서비스, 판매원가 및 판매가격의 조사 검토

② 조직의 목적이나 규모에 따라 업무는 다양하게 구성될 수 있으며, 같은 규모의 조직이라도 업무의 종류를 세분화할 것인지, 업무의 수를 줄일 것인지에 따라 업무의 종류와 범위가 달라질 수 있다.

3. 업무의 특성

① 궁극적으로 공통된 조직의 목적을 지향한다. ↪ 업무 간에는 서열성이 있어 순차적으로 이루어지기도 하며, 정보를 주고받기도 함
② 주로 독립적으로 이루어지지만, 업무 간 관계성도 고려해야 한다.
③ 조직에서 요구하는 지식, 기술, 도구가 다양하다.
④ 개인이 자신의 업무를 임의로 선택할 수 있는 자율성과 재량권이 적다.
⑤ 조직이라는 전체로 통합되기 위해서 업무별로 가지는 특성이 매우 다양하다.

2 업무수행 계획

1. 업무수행 계획 수립의 절차

업무 지침 확인		활용 자원 확인		업무수행 시트 작성
• 조직의 업무 지침 • 나의 업무 지침	▶	• 시간 • 예산 • 기술 • 인간관계	▶	• 간트 차트 • 워크 플로 시트 • 체크리스트

2. 단계별 내용

① 업무 지침 확인
- 임의로 업무를 수행하지 않고 조직의 목적에 부합할 수 있도록 업무와 관련된 지침을 확인한다.
- 개인 업무 지침은 업무수행의 준거가 되고 시간 절약에 도움이 된다.
- 개인 업무 지침을 세울 때는 조직의 업무 지침과 장·단기목표, 조직전략, 조직구조, 규칙 및 규정 등을 고려하여 작성하도록 한다.

② 활용 자원 확인
- 업무와 관련된 시간, 예산, 기술 등의 물적자원과 조직 내·외부에서 공동으로 일을 수행하는 인적자원으로 구성된다.
- 제한된 조건에서 효과적으로 사용할 수 있도록 계획을 수립하도록 한다.

③ 업무 수행 시트 작성
- 활용자원과 구성원을 확인한 다음 구체적인 업무 수행 계획을 수립한다.
- 업무 수행 시트에는 간트 차트, 워크 플로 시트, 체크리스트 등이 있으며, 개인의 경험에 따라 자유롭게 작성할 수 있다.
- 업무 수행 시트를 작성하면 급하게 일을 처리하지 않고 주어진 시간 내에 끝마칠 수 있으며, 세부적인 단계로 구분하여 단계별로 협조를 구해야 할 사항과 처리해야 할 일을 체계적으로 알 수 있다.
- 문제가 발생할 경우 발생 지점을 정확하게 파악하여 시간과 비용을 절약할 수 있다.

3 업무수행 시트의 종류

1. 간트 차트(Gantt Chart)

작업진도 도표로, 단계별로 업무를 시작하고 끝나는 데 걸리는 시간을 바 형식으로 표시할 때 사용한다.

실전에 적용하기

다음은 ○○기업의 프로젝트 업무 일정표와 업무수행에 소요되는 시간에 따라 정리한 간트 차트이다.

	업무	업무별 소요 기간(일)	선결 작업
A	아이디어 회의 및 정리	2	없음
B	기획 및 업무 분담	5	없음
C	기획안 공유	2	B
D	업무수행	15	B
E	수행한 업무의 결과 검토	4	D
F	업무수행 결과 회의	2	E

※ 선결 작업은 해당 항목을 수행하기 위하여 먼저 이루어져야 하는 작업을 의미하며, 모든 작업은 선결 작업이 끝나는 시점에 즉시 시작함

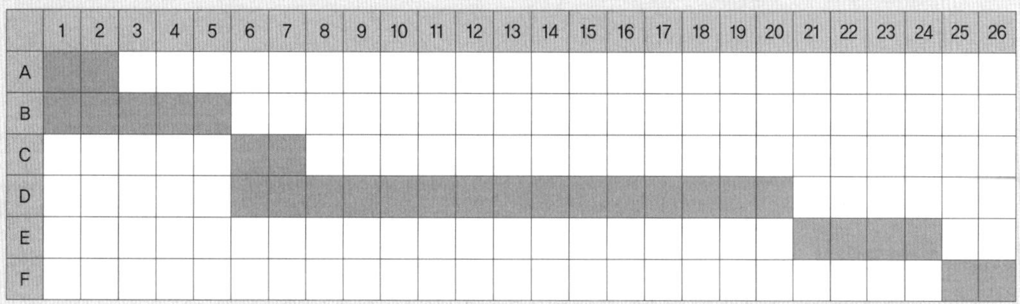

간트 차트를 토대로 다음 정보를 판단할 수 있는지 확인해 보자.

> ㉠ 업무에 차질이 생겨 부득이 기획안을 공유하는 데 총 4일이 소요되었을 경우에는 수행한 업무의 결과를 검토하는 과정에서 소요되는 기간을 2일 줄여야 일정에 차질 없이 진행할 수 있다.
> ㉡ ○○기업의 프로젝트 업무를 모두 수행하고자 한다면 일정에 변동이 없는 한 26일이 소요된다.

㉠ 기존의 기획안 공유 및 업무수행은 선결 작업인 기획 및 업무 분담 일정 다음에 진행되는 것이며, 수행한 업무의 결과 검토는 업무수행 다음에 이어지는 일정이므로 기획안 공유가 업무수행에 소요되는 15일 내에 완료된다면 수행한 업무의 결과 검토 및 전반적인 일정에 어떠한 영향도 주지 않으므로 해당 내용은 적절하지 않은 것임을 알 수 있다.
㉡ 업무를 모두 수행하는 데 소요되는 시간은 업무 일정표상에 제시된 업무에 소요되는 시간을 모두 합한 시간이 아니라 수립한 전체 업무가 완료되는 시점이며 일정에 변동이 없다면 총 26일이 소요되므로 해당 내용은 적절한 것임을 알 수 있다.
이처럼 간트 차트를 이용하면 수행해야 하는 업무별 소요 시간을 한눈에 파악할 수 있다는 장점이 있다.

2. 워크 플로 시트(Work Flow Sheet)

워크 플로 시트는 일의 흐름을 동적으로 보여주는 데 효과적이다.

3. 체크리스트(Checklist)

체크리스트는 업무의 각 단계를 효과적으로 수행했는지 자가 점검해볼 수 있는 도구이다.

+ 더 알아보기

체크리스트 예시

체크리스트를 통해 시간의 흐름을 파악하기는 곤란하지만, 다음과 같이 업무를 세부적인 활동으로 나누고 활동별로 기대되는 수행 수준을 달성했는지 확인하는 데는 효과적이다.

		체크	
		YES	NO
고객관리	고객 대장을 정비하였는가?		
	3개월에 한 번씩 고객 구매 데이터를 분석하였는가?		
	고객의 청구 내용 문의에 정확하게 응대하였는가?		
	고객 데이터를 분석하여 판매 촉진 기획에 활용하였는가?		

4. 기타 업무수행 시트

① 퍼트(PERT)
일의 순서와 소요 기간을 결정할 때 이용하는 도구로, 업무를 달성하는 데 필요한 전 작업을 작업 내용과 순서를 기초로 하여 네트워크상으로 표시한다.

② WBS(Work Breakdown Structure)
목표를 이루는 데 필요한 업무를 결정할 때 이용하는 도구로, '세부업무추진구조도'라고도 부른다.

③ 책임분석표
업무 책임을 명확히 할 때 이용하는 도구로, WBS를 바탕으로 작성한다.

4 업무 방해요인과 해결책

업무에 방해되는 요인을 통제 및 해결하기 위해서 자신만의 원칙을 세울 필요가 있다.

업무 방해요인	해결책
타인의 방문, 인터넷, 전화, 메신저	• 무조건 다른 사람들과의 대화를 단절하는 것은 비현실적이며 바람직하지도 않음 • 소요되는 시간을 미리 정해 놓고 그 안에 업무를 마치도록 함
갈등관리	• 갈등을 해결하는 데 가장 중요한 것은 대화와 협상 • 어떤 경우에서는 일단 갈등 상황에서 벗어나는 회피전략이 더욱 효과적일 수 있음
스트레스	• 시간관리를 통해 업무 과중 극복하기, 긍정적인 사고방식 가지기, 신체적 운동 및 전문가의 도움 받기, 직무 재설계 또는 역할 재설정, 심리적으로 안정을 찾을 수 있는 사회적 관계 형성 장려

개념확인문제

01 다음 ㉠~㉢을 업무수행 계획 수립의 절차에 따라 순서대로 바르게 나열하시오.

㉠ 업무수행 시트 작성	㉡ 활용 자원 확인	㉢ 업무 지침 확인

( ) → ( ) → ( )

02 다음에서 설명하고 있는 업무수행 시트는 무엇인지 쓰시오.

> 작업의 진도를 도표로 나타내는 업무수행 시트로, 단계별 업무가 시작해 끝나는 데까지 걸리는 시간을 바 형식으로 표시할 때 사용한다.

( )

03 다음 글의 빈칸에 들어갈 부서를 쓰시오.

> ( )에 소속되어 있는 사람들은 경영계획 및 전략 수립과 더불어 전사기획 업무 종합 및 조정, 중장기 사업계획의 종합 및 조정, 경영정보 조사 및 기획보고, 경영진단 업무, 종합예산수립 및 실적관리, 단기사업계획 종합 및 조정, 사업계획, 손익추정, 실적관리 및 분석 등의 업무를 수행하고 있다.

정답 및 해설

01 ㉢ → ㉡ → ㉠
02 간트 차트
03 기획부

04 국제감각

기출 키워드

• 국제 비즈니스 매너

1 글로벌화의 개념 및 국제감각의 필요성

1. 글로벌화란?

활동 범위가 세계로 확대되는 것을 말한다.

2. 국제적 식견과 능력의 필요성

글로벌화의 진행으로 업무에서도 다양한 문화의 사람들과의 커뮤니케이션 빈도가 증가하고 있으므로 조직 구성원들의 의식과 태도, 행동도 세계 수준으로 향상시킬 필요가 있다.

3. 국제 동향 파악 방법

① 관련 분야 해외사이트를 방문하여 최신 이슈를 확인한다.
② 매일 신문의 국제면을 읽는다.
③ 업무와 관련된 국제잡지를 정기 구독한다.
④ 고용노동부, 한국산업인력공단, 산업통상자원부, 중소벤처기업부, 상공회의소, 산업별인적자원개발협의체 등의 사이트를 방문해 국제 동향을 확인한다.
⑤ 국제학술대회에 참석한다.
⑥ 업무와 관련된 주요 용어의 외국어를 알아둔다.
⑦ 해외 서점 사이트를 방문해 최신 서적 목록과 주요 내용을 파악한다.
⑧ 외국인 친구를 사귀고 대화를 자주 나눈다.

2 다른 나라의 문화 이해 방법

1. 문화충격이란?

한 문화권에 속한 사람이 다른 문화를 접하게 되었을 때 체험하는 충격을 말한다.

2. 문화충격 대비하기

① 다른 문화에 대해 개방적인 태도를 견지한다.
② 자신이 속한 문화의 기준으로 다른 문화를 평가하지 말고, 자신의 정체성은 유지하되, 새롭고 다른 것을 경험하는 데 즐거움을 느끼도록 적극적인 자세를 취한다.

3. 이문화 커뮤니케이션이란?

① 상이한 문화 간의 커뮤니케이션으로, 직업인이 자신의 일을 수행하는 가운데 문화적 배경을 달리하는 사람과 커뮤니케이션을 하는 것이 이문화 커뮤니케이션에 해당한다고 볼 수 있다.

② 이문화 커뮤니케이션은 언어적 커뮤니케이션과 비언어적 커뮤니케이션으로 구성되므로, 외국어활용능력을 키우는 것뿐만 아니라 상대국의 문화적 배경에 입각한 생활양식, 행동규범, 가치관 등을 사전에 이해하기 위한 노력을 지속적으로 기울여야 한다.

4. 국제 비즈니스 매너

직업인은 외국인과 함께 일하는 국제 비즈니스에서 조직의 목적을 달성하기 위해 상황에 따른 나라별 문화를 습득하려는 자세가 필요하다.

나라별 금기 사항	• 러시아 – 꽃을 선물할 때는 홀수로 준비해야 함(짝수의 꽃은 장례식에 사용함) • 싱가포르 – 공공장소에서 음식물을 섭취하거나 담배를 피우면 벌금을 물게 되며, 껌을 씹는 것도 금지함 • 중국 – 우산이 이별을 의미하여 상대방에게 우산을 선물하지 않음 • 태국 – 어린아이의 머리에 손을 대지 않아야 하며, 발로 사람이나 물건을 가리키는 것은 모욕적인 행위임
나라별 시간 약속	• 미국 – 시간을 돈과 같이 생각해서 시간 엄수를 매우 중요하게 생각하기 때문에 시간을 지키지 않는 사람과는 같이 일을 하려고 하지 않음 • 라틴아메리카, 동부 유럽, 아랍 – 시간 약속을 형식적인 것으로 생각하고 상대방이 으레 기다려준다고 여기기 때문에 이 나라 사람들과 일을 같이 할 때는 인내를 가지고 예의 바르게 기다려주는 것이 필요함
나라별 인사 예절	• 영미권 악수법 – 일어서서, 상대방의 눈이나 얼굴을 보면서 악수해야 함 – 오른손으로 상대방의 오른손을 잠시 힘주어서 잡았다가 놓아야 함 • 영미권 명함 교환법 – 영미권에서의 명함은 사교용과 업무용으로 나누어짐 – 업무용 명함은 악수를 한 이후 교환함 – 아랫사람이나 손님이 먼저 꺼내 오른손으로 상대방에게 주고, 받는 사람은 두 손으로 받는 것이 예의임 – 받은 명함은 한 번 보고 나서 탁자 위에 놓은 채로 대화를 하거나 명함지갑에 넣어야 함 – 명함을 꾸기거나 계속 만지는 것은 예의에 어긋남 • 미국에서의 악수법 – 미국에서 악수할 때는 손끝만 잡고 하지 않도록 주의해야 함 • 미국에서의 대화법 – 이름이나 호칭을 어떻게 부르면 좋을지 먼저 물어보는 것이 예의임 – 인사를 하거나 이야기할 때 너무 다가가서 말하지 않고 상대방의 개인공간을 지켜줘야 함 • 아프리카에서의 대화법 – 눈을 직접 보지 않고 코 끝 정도를 보면서 대화해야 함 • 러시아와 라틴아메리카에서의 인사법 – 주로 포옹을 하는데 이는 매우 친밀함의 표현이므로 이를 이해하고 자연스럽게 받아주는 것이 좋음

나라별 식사 예절	• 이슬람권 국가 – 돼지를 불결한 동물로 여기기 때문에 돼지고기를 먹지 않음 – 할랄 육류(이슬람식 알라의 이름으로 도살한 고기)만 섭취함 • 인도 – 소를 신성한 동물로 여기기 때문에 쇠고기를 먹지 않음 – 왼손은 화장실에서 사용하는 손이므로 밥을 먹을 때 오른손만 사용함 • 서양권 – 웨이터가 의자를 빼주는 곳이 상석이므로 그 자리에는 주빈(主賓)이나 여성이 앉도록 배려함 – 냅킨은 모든 일행이 테이블에 앉은 후에 무릎 위에 폄 – 의자에 앉을 때는 의자의 왼쪽으로 들어가 앉음 – 식사 도중에 자리를 뜰 경우 냅킨은 테이블 위에 올려놓지 말고 의자 등받이에 걸쳐둠 – 식사 중에는 포크와 나이프를 접시에 팔(八)자 형태로 걸쳐 놓고, 식사를 마친 후에는 오른쪽으로 가지런히 놓아둠 – 자신의 접시를 중심으로 왼쪽의 빵을 먹고 오른쪽의 물을 마심 – 수프는 소리 내면서 먹지 않아야 하며, 몸쪽에서 바깥쪽으로 숟가락을 사용해야 함 – 뜨거운 수프는 입으로 불어서 식히지 않고 숟가락으로 저어서 식혀야 함 – 수프를 먹을 때는 안쪽에서 바깥쪽으로(미국식) 또는 바깥쪽에서 안쪽으로(유럽식) 떠먹도록 함 – 빵은 수프를 먹고 난 후부터 먹으며 디저트 직전 식사가 끝날 때까지 먹을 수 있음 – 빵은 칼이나 치아로 자르지 않고 손으로 떼어 먹어야 하며, 식사 중에는 머리, 코, 귀 같은 곳을 만지지 않아야 함 – 음식 종류별로 생선요리는 뒤집어 먹지 않고, 스테이크는 처음에 다 잘라놓지 않고 잘라가면서 먹는 것이 좋음 – 테이블에 팔꿈치를 괴거나 다리를 꼬고 앉지 않도록 주의해야 함 – 식사가 끝난 후 그 자리에서 화장을 고치는 것은 예의에 어긋나는 행동임을 명심해야 함
나라별 제스처 의미	• 엄지와 검지로 동그라미를 하는 것 – 북미, 유럽: OK – 일본: 돈 – 프랑스, 벨기에: 가치 없는 것 – 러시아, 브라질: 모욕적인 의미 • 손등을 바깥쪽으로 하여 검지와 중지로 V자를 만드는 것 – 영국: 모욕적인 의미 • 손바닥을 바깥쪽으로 하여 검지와 중지로 V자를 만드는 것 – 그리스: 모욕적인 의미 • 엄지만 접고 나머지 네 손가락은 펴는 것 – 일반적으로는 숫자 4 – 일본: 모욕적인 의미 • 주먹을 쥐고 엄지를 치켜드는 것 – 일반적으로는 최고 – 호주, 그리스: 모욕적인 의미 • 고개를 위아래로 끄덕이는 것 – 일반적으로는 긍정의 의미 – 그리스, 불가리아: 부정의 의미

개념확인문제

01 다음 국제 매너와 관련된 설명을 읽고, 맞으면 O, 틀리면 X를 표시하시오.

① 미국 사람과 인사할 때는 눈이나 얼굴을 보면서 왼손으로 상대방의 왼손을 힘주어서 잡았다가 놓아야 한다. (O, X)

② 러시아와 라틴아메리카 사람들은 친밀함의 표시로 포옹을 한다. (O, X)

③ 명함을 꾸기거나 계속 만지는 것은 예의에 어긋나는 일이다. (O, X)

④ 미국인이나 동부 유럽 사람들은 약속 시간에 늦을 경우 으레 기다려줄 것으로 생각한다. (O, X)

⑤ 미국에서 수프는 바깥쪽에서 몸쪽으로 숟가락을 사용하여 떠 먹는다. (O, X)

02 다음을 읽고, 빈칸에 들어갈 적절한 용어를 쓰시오.

> (　　　　　　　　　　)은/는 상이한 문화 간에 이루어지는 커뮤니케이션으로, 사전에 상대 문화의 생활양식, 행동규범, 가치관 등을 이해하려는 노력이 요구된다.

03 다음 중 나라별 제스처의 의미로 적절하지 않은 것을 고르시오.

① 영국에서 손등을 바깥쪽으로 하여 검지와 중지로 V자를 만드는 제스처는 긍정의 의미로 해석된다.

② 일반적으로 엄지만 접고 나머지 네 손가락을 펴는 것은 숫자 4를 의미하지만 일본에서는 모욕적인 의미로 해석된다.

③ 일반적으로 주먹을 쥐고 엄지를 치켜드는 것은 최고라는 의미를 갖지만 호주나 그리스에서는 모욕적인 의미로 해석된다.

④ 일반적으로 고개를 위아래로 끄덕이는 것은 긍정의 의미를 갖지만 그리스나 불가리아에서는 부정의 의미로 해석된다.

⑤ 러시아나 브라질에서 엄지와 검지로 동그라미를 하는 제스처는 모욕적인 의미로 해석된다.

정답 및 해설

01 ① X | 미국 사람과 악수할 때는 오른손으로 상대방의 오른손을 힘주어서 잡았다가 놓아야 한다.
② O
③ O
④ X | 미국인들은 시간을 돈과 같이 생각해서 시간 엄수를 중요하게 생각하므로 약속 시간에 늦지 않게 주의해야 한다.
⑤ X | 미국에서 수프를 먹을 때는 몸쪽에서 바깥쪽으로 숟가락을 사용해야 한다.

02 이문화 커뮤니케이션

03 ① | 영국에서 손등을 바깥쪽으로 하여 검지와 중지로 V자를 만드는 제스처는 모욕적인 의미를 갖는다.

기출공략문제

하위능력: 조직이해능력 **난이도**: ★☆☆ **대표출제기업**: 주택도시보증공사

01 A는 자신이 소속되어 있는 조직을 공식조직과 비공식조직으로 분류하였다. 다음 중 A가 분류한 조직의 유형으로 가장 적절하지 않은 것은?

	A가 소속된 조직	조직의 유형
①	중국어 회화 스터디 모임	비공식조직
②	해외사업개발팀	공식조직
③	사내 조기축구 동아리	비공식조직
④	○○고등학교 총동창회	비공식조직
⑤	회사 내 노동조합	공식조직

기출 포인트 해설 | 조직의 유형

'고등학교 총동창회'는 조직의 구조, 기능, 규정 등이 조직화되어 있으므로 공식조직에 해당한다.

① '중국어 회화 스터디 모임'은 중국어 회화를 공부하고자 하는 사람들끼리 자발적으로 형성된 조직이므로 비공식조직에 해당한다.

② '해외사업개발팀은' 조직의 구조, 기능, 규정 등을 기준으로 형성된 조직이므로 공식조직에 해당한다.

③ '사내 조기축구 동아리'는 공식조직 안에서 조기축구를 위해 모인 사람들이 자발적으로 형성한 조직이므로 비공식조직에 해당한다.

⑤ '회사 내 노동조합'은 조직 안에서 형성된 조직이지만, 조직의 공식적인 규정 등을 갖추고 있으므로 공식조직에 해당한다.

이것도 알면 합격

- **공식조직**

  조직의 구조, 기능, 규정 등이 조직화되어 있는 조직을 의미한다.

  예 회사, 정당, 학교 등
- **비공식조직**

  조직 내에서 개인들의 협동과 상호작용에 따라 형성된 자발적인 집단 조직을 의미하는 것으로, 가입과 탈퇴가 비교적 자유로운 것을 특징으로 한다.

  예 직장 내 동문회 등

정답 ④

하위능력: 조직이해능력 **난이도**: ★☆☆ **대표출제기업**: 서울교통공사

02 **조직은 목적과 구조를 가지고 그 목적 달성을 위하여 외부와 긴밀한 관계를 맺고, 조직원들의 노력을 필요로 한다. 다음 중 이러한 조직이라고 볼 수 없는 것은?**

① 프로야구팀 NA 타이거즈

② A 사 조직 구성원들의 노동조합

③ 해외 축구 경기 관람을 위해 공항에 도착한 사람들

④ ○○항공사 여객서비스팀 직원들

⑤ 시민들에게 문화 해설을 해 주기 위해 모인 사람들

기출 포인트 해설 조직의 의미

조직은 두 사람 이상이 공동의 목표를 달성하기 위해 의식적으로 구성된 상호작용과 조정을 행하는 행동의 집합체를 의미하는 것이며, 해외 축구 경기 관람을 위해 공항에 도착한 사람들은 동일한 목적을 공유할 뿐, 의도적으로 구성된 모임이 아니며 구조가 없고 상호 협동적인 노력을 필요로 하지 않으므로 조직이라고 볼 수 없다.

정답 ③

하위능력: 경영이해능력 **난이도**: ★☆☆ **대표출제기업**: 서울교통공사

03 다음은 ○○기업 경영기획팀의 주간회의에서 공유한 중장기 발전전략 수립에 대한 팀원들의 의견이다. 경영전략의 추진 과정에 대한 팀원들의 발언 중 가장 적절하지 않은 것은?

김 팀장: 다음 달부터 진행할 새로운 프로젝트의 전략 수립에 대한 각자의 의견을 공유하도록 하겠습니다. 프로젝트 성공을 위한 경영전략을 수립하는 단계에서는 어떤 것들을 고려해야 할까요?

차 사원: ① 조직의 발전전략 수립을 위하여 환경 분석을 하는데, 이때는 외부환경 분석과 내부환경 분석으로 구분하여 분석할 수 있습니다.

원 사원: ② 외부환경 분석을 위해 대표적으로 마이클 포터의 산업구조 분석 모형을 활용할 수 있습니다.

이 사원: ③ 내부환경 분석을 위해서는 마이클 포터의 가치사슬 분석 방법을 활용할 수 있습니다.

엄 사원: ④ 조직의 경영전략은 계층별로 사업전략, 조직전략, 부문전략으로 구분할 수 있는데, 가장 상위 단계인 사업전략을 통해 기능부서별로 사업전략을 구체화할 수 있는 방법을 결정해야 합니다.

지 사원: ⑤ 환경 분석 후, 경영전략을 수립하여 도출된 전략을 실행하고 실행한 결과를 평가하고 통제하는 순서로 진행해야 합니다.

기출 포인트 해설 | 경영전략의 추진 과정

조직의 경영전략은 계층별로 조직전략, 사업전략, 부문전략으로 구분할 수 있는데, 사업전략은 조직전략에서 정한 사업 영역에서 경쟁적 우위를 점하기 위한 방향과 방법을 다루므로 가장 적절하지 않다.

✔ 이것도 알면 합격

경영전략의 추진 과정

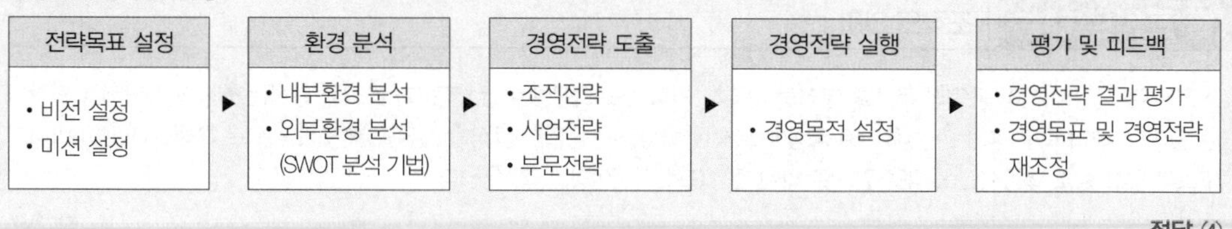

정답 ④

하위능력: 경영이해능력 **난이도**: ★★☆ **대표출제기업**: 서울교통공사, 전력거래소

04 ○○기업 경영기획팀의 팀원들은 마이클 포터의 5 Force Model을 활용하여 잠재적 시장 참여자에 대한 진입장벽을 높일 수 있는 경영전략을 수립하였다. 다음 중 잠재적 시장 참여자에 대한 진입장벽을 높일 수 있는 방법으로 가장 적절하지 않은 것은?

① 잠재적 진입자가 시장에 진입하지 못 하도록 유통채널을 장악하여 진입장벽을 구축해야 한다.

② 진입장벽을 구축하는 데 직·간접적인 영향을 미치는 정부의 진입 규제를 활용할 수 있다.

③ 투자 비용을 낮춰 진입장벽을 높이는 게 진입자 수를 제한하는 데 도움이 될 수 있다.

④ 기업의 강력한 브랜드 인지도는 높은 진입장벽을 세우는 전략을 수립하는 데 도움이 된다.

⑤ 규모의 경제는 잠재적 진입자에게 비용 부담으로 작용하므로 진입장벽을 높이는 데 일조할 것이다.

기출 포인트 해설 | 마이클 포터의 산업 구조 분석

설비나 기술개발을 위한 비용 등의 초기 투자 비용을 높여야 진입장벽이 높아져 잠재적 진입자가 시장에 들어오는 것을 어렵게 할 수 있으므로 가장 적절하지 않다.

이것도 알면 합격

- 마이클 포터의 5 Force Model
  - 기업환경에 대한 경쟁력을 파악하고 기업에 대한 잠재적인 수익성을 예측하는 데 사용되는 도구로, 경쟁요인과 강도 파악, 산업매력도 파악, 미래 산업환경을 분석하고자 할 때 주로 활용된다.
  - ① 산업 내 기존 경쟁업체, ② 새로운 경쟁자의 진입 가능성, ③ 대체품 출현 가능성, ④ 공급업체의 교섭력, ⑤ 구매자의 교섭력으로 구성되어 있다.
- 잠재적 시장 참여자의 진입장벽을 높이는 요인
  - 높은 초기 자본금: 설비나 기술개발을 위해 투자해야 하는 초기 자본금이 많을 경우 진입장벽으로 작용하여 잠재적 진입자의 시장 진출을 어렵게 만든다.
  - 규모의 경제: 시장에 존재하는 기존 기업이 거대한 유통채널과 원재료 공급시설 등을 갖고 있을 경우 원가우위를 점하여 비교적 저렴한 가격으로 소비자에게 제품을 제공할 수 있으므로 잠재적 진입자의 시장 진출을 어렵게 만든다.
  - 제품 차별화: 시장에 존재하는 기존 기업의 브랜드 인지도가 높을 경우 잠재적 진입자는 소비자의 이목을 끌기 위해 기존 기업과의 제품 차별화를 확보해야 하므로 이를 위해 필요한 막대한 마케팅 비용은 잠재적 진입자의 시장 진출을 어렵게 만든다.
  - 제한적인 유통채널: 시장을 선점하고 있는 기존 기업이 유통채널을 장악하고 있을수록 잠재적 진입자가 시장에 진출하기 어려워진다.
  - 정부의 진입 규제: 시장에 진입하기 위해 시행하는 사업의 허가나 원재료 채굴에 대한 접근이 정부의 정책에 의해 제한될 경우 시장으로의 진입장벽이 높아진다.

정답 ③

하위능력: 체제이해능력 **난이도**: ★☆☆ **대표출제기업**: 서울교통공사

05 다음 중 조직목표에 대한 설명으로 가장 적절하지 않은 것은?

조직목표에는 조직의 존재 이유를 나타내는 조직의 사명과 조직의 사명을 달성하기 위해 조직이 실제로 행동해야 하는 운영목표가 있다. 먼저 ① 조직의 사명은 조직의 활동 범위를 결정하는 기준이 된다. 또한, ② 조직의 사명은 조직의 비전, 가치와 신념, 존재 이유 등을 제시하며, 조직에 정당성과 합법성을 전달하여 조직이 나아갈 방향뿐만 아니라 조직 구성원들에게 적절한 행동 지침을 제시한다. ③ 운영목표는 조직의 공식적인 목표를 수행하기 위해 달성해야 하는 목표를 분야별로 구분한 것으로, 조직에는 다수의 운영목표가 존재한다. ④ 운영목표는 조직의 사명을 달성하기 위한 업무와 이를 달성하기 위한 조직구조나 운영 과정을 구체적으로 명시한다. ⑤ 이러한 조직목표들은 조직의 구조, 전략, 문화 등과 같은 조직체제를 구성하고 있는 다양한 요소들과 상호관계를 갖고 있다.

기출 포인트 해설 | 조직목표와 운영목표

조직의 장기적인 목표인 조직의 사명은 조직이 달성하려는 미래의 상태를 의미하는 것으로, 조직의 정당성과 합법성을 제공하지만 구성원에게 적절한 행동 지침을 제시하는 것은 실제적인 활동을 통해 달성하고자 하는 단기적인 목표인 운영목표이다. 운영목표는 조직이 나아갈 방향을 제시하고 조직 구성원들이 여러 가지 행동 대안 가운데서 적합한 것을 선택하고 의사결정을 할 수 있도록 기준을 제시하는 역할을 한다.

✓ 이것도 알면 합격

조직목표의 기능

- 조직이 존재하는 정당성과 합법성 제공
- 조직이 나아갈 방향 제시
- 조직 구성원 의사결정의 기준
- 조직 구성원 행동 수행의 동기유발
- 수행평가의 기준
- 조직설계의 기준

정답 ②

하위능력: 체제이해능력 **난이도**: ★★★ **대표출제기업**: 부산항만공사, 한국교통안전공단, 한국부동산원

06 **최근 2년 연속 적자를 기록한 E 사는 혁신의 일환으로 조직구조를 대폭 변경하고자 한다. 경영진은 장기간의 회의 끝에 현재의 조직구조를 벗어나 애자일 조직구조를 도입하기로 하였으며, 이를 기업 신년사에서 전 직원에게 밝혔다. 다음 중 E 사가 도입하려는 애자일 조직구조에 대한 설명으로 가장 적절하지 않은 것은?**

① 부서 간의 경계가 희미하며 필요에 의해 구성하고 협업하는 자율적 셀(Cell) 조직을 기반으로 한다.

② 프로젝트 시작 전에 완벽한 기획과 분석으로 업무 완성도를 높이는 것이 특징이다.

③ 애자일 조직에서 리더는 관리자형 리더와 달리 본인 스스로 전문가로서 업무를 추진해야 한다.

④ 자율적인 사고와 자유로운 조직문화가 조성되어야 더 효과적으로 운영될 수 있다.

⑤ 전통적인 조직구조보다 외부 환경변화에 보다 빠르게 대응할 수 있는 조직구조이다.

기출 포인트 해설 애자일 조직

애자일 조직은 불확실성이 높은 비즈니스 환경에서 예측의 정확도를 높이려고 하기보다는 반복적인 실험과 실행을 통해 얻어지는 피드백을 지속적으로 반영하여 업무 완성도를 높이는 것이 특징이다.
따라서 프로젝트 시작 전 완벽한 기획과 분석으로 업무 완성도를 높이는 것이 애자일 조직의 특징이라는 설명이 가장 적절하지 않다.

정답 ②

하위능력: 업무이해능력 **난이도**: ★☆☆ **대표출제기업**: 국민건강보험공단

07 **김 팀장은 임 사원에게 아래와 같은 사항을 참고하여 업무수행 시트를 작성해오라고 지시하였다. 김 팀장의 지시사항을 참고했을 때, 임 사원이 작성해야 할 업무수행 시트로 가장 적절한 것은?**

> **김 팀장**: 업무수행 계획을 체계적으로 수립하기 위해서 시트를 활용하는 게 좋을 것 같아요. 특히나 이번에 새로 진행할 프로젝트 수행 시 업무의 각 단계를 효과적으로 수행하고 있는지 자가 검수하는 게 중요하므로 단계별로 수행한 업무가 효과적인지 스스로 점검해 볼 수 있는 업무수행 시트를 작성해 보도록 하세요. 시간의 흐름을 표현하는 데는 한계가 있을 수 있지만, 수행할 업무 활동을 세부적으로 나누고 활동별로 기대하고 있는 목표 달성 수준을 확인하는 데 도움이 될 거예요.

① CPM ② 간트 차트 ③ 체크리스트 ④ 퍼트 ⑤ 워크 플로 시트

기출 포인트 해설 업무수행 시트 작성

김 팀장이 업무의 각 단계를 효과적으로 수행했는지 스스로 점검해 보는 게 중요하다고 하였으며, 시간의 흐름을 나타내기에는 부족하지만 업무 활동을 세부적으로 구분하고 활동별로 기대되는 수행 수준을 달성했는지 확인하는 데 효과적이라고 하였으므로 임 사원이 작성해야 할 업무수행 시트로 가장 적절한 것은 '체크리스트'이다.

✓ 이것도 알면 합격

- **CPM(Critical Path Method)**
  계획한 프로젝트를 정해진 기간 내에 완수시키고 해당 프로젝트가 원가의 최솟값에 의해 완성될 수 있도록 최적의 스케줄을 수립하는 관리 방법
- **간트 차트(Gantt Chart)**
  작업진도 도표로, 단계별로 업무를 시작하고 끝나는 데 걸리는 시간을 바 형식으로 표시할 때 사용
- **체크리스트(Checklist)**
  체크리스트는 업무의 각 단계를 효과적으로 수행했는지 자가 점검해볼 수 있는 도구로, 업무를 세부적인 활동들로 나누고 활동별로 기대되는 수행 수준을 달성했는지 확인하는 데 수월함
- **퍼트(PERT)**
  일의 순서와 소요 기간을 결정할 때 이용하는 도구로, 업무를 달성하는 데 필요한 전 작업을 작업 내용과 순서를 기초로 하여 네트워크상으로 표시함
- **워크 플로 시트(Work Flow Sheet)**
  일의 흐름을 동적으로 보여주는 데 효과적인 도구로, 주된 작업과 부차적인 작업, 혼자 처리할 수 있는 일과 다른 사람의 협조가 필요한 일로 구분하여 표현할 때 사용

정답 ③

하위능력: 업무이해능력 **난이도**: ★☆☆ **대표출제기업**: 서울교통공사

08 다음 중 개인 차원의 업무 스트레스 관리 방법으로 가장 적절하지 않은 것은?

① 스트레스를 유발하는 상황을 회피하거나 긍정적으로 받아들이는 사고방식을 갖는다.
② 스트레스 관리 전문가를 찾는 등 스트레스를 받는 상황을 극복하기 위해 노력한다.
③ 심리적으로 안정을 되찾을 수 있도록 사회적 관계 형성을 장려하는 분위기를 만든다.
④ 땀 흘려 운동하거나 차분히 명상하며 업무 스트레스를 완화할 수 있는 시간을 갖는다.
⑤ 효율적인 시간관리를 통해 자신에게 부여된 업무가 과중한 상황을 극복한다.

기출 포인트 해설 스트레스 관리

심리적으로 안정을 찾을 수 있도록 학습 동아리 활동과 같은 사회적 관계 형성을 장려하는 것은 조직 차원의 업무 스트레스 관리 방법이다.

✔ 이것도 알면 합격

업무 스트레스 관리 방법

- 조직 차원
  - 직무 재설계 및 역할 분석
  - 사회적 지원
  - 의사결정의 참여 기회 확대
  - 탄력적인 작업환경 조성
  - 경력개발 및 목표 설정
  - 구성원 지원 프로그램을 통한 의사소통 원활화
- 개인 차원
  - 스트레스 유발 요인을 극복하거나 업무 위임을 통해 회피
  - 전문가 상담 및 건강 검사를 통한 스트레스 관리
  - 운동, 명상 등을 통한 긍정적 사고방식 강화
  - 시간관리를 통한 업무 과중 극복

정답 ③

하위능력: 국제감각 **난이도**: ★★☆ **대표출제기업**: 한국중부발전

09 ○○기업 해외사업개발팀의 팀장인 귀하는 해외 출장을 앞둔 사원들을 대상으로 국가별 식사 예절에 대한 교육을 진행하고자 한다. 교육 진행에 앞서 교육자료를 다음과 같이 작성하였다고 할 때, 수정이 필요한 국가로 가장 적절한 것은?

① 중국	중국인들과 식사를 할 때는 밥그릇을 들고 먹어야 하며 숟가락은 국물을 먹을 때, 젓가락은 면이나 쌀밥을 먹을 때만 사용해야 합니다. 또한 중국인들은 대접한 음식이 남아있지 않은 그릇을 보면 충분히 대접하지 못했다고 생각하기 때문에 3분의 1 정도의 음식은 남기는 배려를 보여주세요.
② 일본	일본에서 식사할 때는 왼손으로는 그릇을 들고 오른손으로 젓가락을 드는 것이 기본예절입니다. 또한, 일본의 식사 문화에서 우리와 다른 점은 바로 면류를 먹을 때 소리를 내면서 먹는다는 것입니다. 단, 면류 이외의 음식을 먹을 때는 소리를 내지 않고 조용히 먹어야 한다는 점을 명심하세요.
③ 영국	영국은 일본의 식사 문화와 달리 조용히 먹는 것이 예의입니다. 식기류들끼리 부딪치는 소리가 나지 않도록 주의해야 하죠. 그러나 식사 시간은 단지 밥만 먹는 시간으로 생각하지 않습니다. 저녁 식사 때는 주로 일과 등에 관한 대화를 나누는 시간으로 생각하기 때문에 영국인들과의 식사 자리에서는 간단한 대화를 함께 나눌 수 있도록 하세요.
④ 프랑스	프랑스 사람들의 저녁 식사 시간은 약 3~4시간 정도로, 굉장히 오랜 시간 여유롭게 즐긴다는 사실을 염두에 두세요. 또한, 프랑스의 식당에 방문한다면 보이는 빈자리에 바로 착석하는 것이 아닌 종업원의 자리 배정에 따라야 한다는 것을 명심하셔야 합니다.
⑤ 독일	독일 사람들 역시 음식을 소리 내어 먹는 것을 상당히 불쾌하게 생각합니다. 또한 코를 푸는 행위 역시 식사를 하는 상대방에게 불쾌감을 주며 식사 시간을 방해할 수 있으니 코를 훌쩍이거나 코를 풀지 않도록 주의해야 합니다.

기출 포인트 해설 | 국가별 식사 예절

독일에서의 식사 예절을 지키기 위해서 식사를 함께하는 사람들에게 불쾌감을 주지 않도록 소리 내어 먹는 행위는 지양해야 하지만, 식탁에서 코를 푸는 행위는 예절에 어긋나지 않으므로 코를 훌쩍거리는 대신 조용히 코를 풀 수 있도록 해야 한다.

✔ 이것도 알면 합격

국제 비지니스 매너 준수 – 서양의 식사 예절

- 서양 요리에서 수프는 소리 내면서 먹지 않으며, 몸쪽에서 바깥쪽으로 숟가락을 사용한다.
- 뜨거운 수프는 입으로 불어서 식히지 않고 숟가락으로 저어서 식혀야 한다.
- 빵은 수프를 먹고 난 후부터 먹으며 디저트 직전 식사가 끝날 때까지 먹을 수 있다.
- 빵은 칼이나 치아로 자르지 않고 손으로 떼어 먹는다.
- 음식 종류별로 생선 요리는 뒤집어 먹지 않고, 스테이크는 처음에 다 잘라놓지 않고 잘라가면서 먹는 것이 좋다.

정답 ⑤

하위능력: 국제감각 **난이도**: ★★☆ **대표출제기업**: 한국장학재단

10 **다음 중 미국 달러화 대비 원화의 환율이 하락했다는 기사를 본 해외사업팀 팀원들의 발언으로 가장 적절하지 않은 것은?**

① A: "자녀가 미국에 유학 가 있는 김 과장님은 이번 달에 용돈 보내기 부담스러우시겠어요."

② B: "곧 있을 여름 휴가 때 해외여행을 가려는 사람이 많아지겠네요."

③ C: "미국으로 수출 중인 우리 기업 제품의 수출 경쟁력이 낮아질 것 같아 걱정이에요."

④ D: "미국에서 수입한 제품에 대한 우리 국민들의 수요가 높아지겠네요."

⑤ E: "얼마 전만 해도 달러 표시 부채 상환액이 정점을 찍었다고 했는데, 이제 달러 부채 상환 부담을 덜 수 있겠어요."

기출 포인트 해설 **환율, 원화 가치 상승**

환율 하락으로 원화의 가치가 상승하면 같은 금액의 달러를 이전보다 적은 원화로도 확보할 수 있으므로 미국으로 유학 간 자녀의 교육 비용을 송금해야 하는 김 과장의 부담은 감소할 것이다.

② 원화의 가치 상승으로 인해 한국인들의 구매력은 상승하게 되므로 해외여행에 대한 수요가 증가하게 될 것이다.

③ 원화의 가치 상승으로 인해 한국에서 수출하는 제품의 달러 표시 가격은 상승하므로 국내 제품의 수출 경쟁력은 하락할 것이다.

④ 원화의 가치 상승으로 인해 미국에서 수입된 제품의 원화 표시 가격이 하락하므로 국내에서는 미국에서 수입된 제품의 수요량이 증가할 것이다.

⑤ 원화의 가치 상승으로 인해 부채 상환을 위해 달러화 구매 시 필요한 원화가 적어지므로 달러화 부채 상환 부담이 감소할 것이다.

정답 ①

출제예상문제

• 시작과 종료 시각을 정한 후, 실제 시험처럼 문제를 풀어보세요.
　　　시　　　분 ~ 　　　시　　　분 (총 20문항/20분)

01 **다음 중 조직이해능력에 대한 설명으로 가장 적절하지 않은 것은?**

① 조직 구성원들을 연결하는 조직의 목적, 구조, 환경 등을 알아야 조직을 제대로 이해할 수 있게 되어 업무 성과를 높일 수 있다.
② 조직의 규모가 커지면 조직 구성원들 간에 정보를 공유하여 하나의 방향으로 나아가 최상의 성과를 창출하기 쉬워진다.
③ 직업인들은 자신의 업무를 성공적으로 수행하기 위하여 조직의 원리를 이해하는 능력이 필요하다.
④ 조직 구성원이 조직의 체제와 경영을 파악하는 능력을 기를수록 업무수행능력이 향상된다.
⑤ 조직 구성원이 조직 전체의 경영 효과를 높이기 위해서는 개개인과 긍정적인 인간관계를 맺을 수 있는 능력도 필요하다.

02 **다음을 읽고 A 씨가 조직으로부터 얻을 수 있는 보상을 찾아본다고 할 때, 다음 중 가장 적절하지 않은 것은?**

○○시 동사무소에서 근무하고 있는 A 씨는 오전 9시까지인 출근 시간을 한 번도 어긴 적이 없다. 매일 12시까지 접수된 민원 처리 및 민원인 응대 업무를 마치고 나면 오후 1시까지 점심시간을 가진다. A 씨의 업무는 오후 5시까지 이어지며, 주로 처리하는 민원인 상대 업무 외에 매일 한 시간씩 지역 주민들에게 제공할 복지 서비스 업무를 처리하는 속도를 올리기 위해 노력하고 있다. 이뿐만 아니라 A 씨는 공무원 업무 분장표를 정리해 놓은 인터넷 사이트에 가입하여 여기서 얻은 업무 관련 노하우를 직원들에게 공유하기도 한다. 지난달에는 이러한 A 씨의 노력을 알아본 지자체로부터 입사 후 처음으로 성실한 직원상을 받게 되어 이 일을 하기 잘했다고 생각하였다. 열심히 한 달을 일하고 나면 매달 10일 성과급을 포함한 월급을 수령하게 된다. A 씨는 많지 않은 금액이지만, 아르바이트할 때와는 달리 해고 걱정 없이 꾸준히 저축을 할 수 있어 다행이라고 생각했다. A 씨는 저축한 금액으로 부모님으로부터 경제적으로 독립할 계획을 세우고 있다.

① 안정감　　② 업무에 관한 지식　　③ 노력에 대한 인정
④ 성과에 대한 보상　　⑤ 만족감

03 ○○기업은 노사 간의 세력 균형을 위해 다음에서 설명하고 있는 경영참가제도를 도입하고자 한다. 이때 ○○기업이 우려할 만한 사항으로 가장 적절하지 않은 것은?

> 경영참가제도의 가장 큰 목적은 경영의 민주성을 제고하기 위한 것으로, 근로자 또는 노동조합은 기업 경영에 참여하여 자신의 이견을 반영하고 기업 문제를 공동으로 해결함으로써 노사 간의 세력 균형을 유지하고자 한다. 경영참가제도는 조직의 경영에 참가하는 공동의사결정제도와 노사협의회제도, 이윤에 참가하는 이윤분배제도, 자본에 참가하는 종업원지주제도 및 노동주제도 등이 있다. 경영참가는 경영자의 권한인 의사결정 과정에 근로자 또는 노동조합이 참여하는 것이며, 이윤참가는 조직의 경영성과에 대하여 근로자에게 배분하는 것으로, 조직체에 대한 구성원의 몰입과 관심도를 높이는 방법이고, 자본참가는 근로자가 조직 재산 소유에 참여하는 것을 말한다.

① "경영참가제도의 도입으로 인해 신속하지만 불합리한 의사결정을 하게 되지 않을까?"
② "근로자의 경영능력 부족으로 인해 경영하는 데 부작용이 있지 않을까?"
③ "노조의 고유 기능인 단체교섭력이 약화되지는 않을까?"
④ "대표로 참여하는 근로자가 모든 근로자의 권익을 지속적으로 보장할 수 있을까?"
⑤ "경영자 고유 권한인 경영권이 약화되지는 않을까?"

04 다음은 ○○기업의 시무식 식순 안내문이다. 다음 중 밑줄 친 순서에 해당하는 경영자의 역할로 가장 적절한 것은?

[20X1년도 ○○기업 시무식 식순]

시작 시간	행사	상세	담당
10:00	개회식	• 개회 선언 및 국민의례	사회자
10:20	신년사	• 신년 인사말 전달	전무
10:50	모범사원 표창	• 모범사원 표창 수여식	대표이사
11:00	사업계획 발표	• 20X1년 성과 보고 • <u>20X2년 시장 전망 및 타사 동향 보고</u> • 신년 사업계획 및 목표 발표	대표이사
11:50	부서별 신년 결의	• 부서별 사업 목표 및 결의안 발표	부서 대표
12:30	리셉션	• 샴페인 오픈 및 건배 • 담소	전 직원
13:00	폐회식	• 시무식 폐회 선언	사회자

① 분쟁조정자로서의 역할　② 정보전달자로서의 역할　③ 상징적 대표자의 역할
④ 협상가의 역할　⑤ 조직의 리더로서의 역할

05 다음 중 관리자의 통제 범위를 넓히고, 관리계층 수를 줄여야 하는 상황으로 가장 적절하지 않은 것은?

① 업무의 능률을 올리고 비용을 절감해야 하는 경우
② 의사결정을 신속하게 해야 하는 경우
③ 조직의 유연성을 증대해야 하는 경우
④ 임파워먼트로 직무 만족도를 높여야 하는 경우
⑤ 직접적으로 감독하며 즉각적인 피드백이 필요한 경우

06 T 기업 전략기획팀에서 근무하는 귀하는 지난달 입사한 신입사원들을 대상으로 경영의 과정에 대한 전반적인 업무 교육을 진행하고 있다. 다음 귀하의 질문에 대한 신입사원들의 대답으로 가장 적절한 것은?

> 경영의 과정은 경영계획, 경영실행, 경영평가로 구분됩니다. 먼저 경영계획 단계에서는 조직의 미래상을 설정하고 그에 대한 대안을 분석합니다. 그렇다면 다음으로 해야 할 단계는 무엇일까요?

① "해당 사업에 필요한 예산 계획을 체계적으로 수립해야 합니다."
② "사업 실행에 최종적인 목적을 달성하기 위해 노력해야 합니다."
③ "조직의 목표 달성을 위해 조직 구성원들을 어떻게 관리해야 할지 검토해야 합니다."
④ "실행 가능한 목표를 수립하며 실행 방안을 선정해야 합니다."
⑤ "사업 실행 후 사업 수행에 따른 결과를 검토해야 합니다."

07 다음은 기계적 조직과 유기적 조직의 조직설계와 관련된 비교표이다. 기계적 조직과 유기적 조직을 구분한 항목으로 가장 적절하지 않은 것은?

구분	기계적 조직	유기적 조직
① 권한의 집중 정도	조직의 최고층에 집중	조직의 하부 구성원에게 위임
② 명령계통	상부로부터의 명령과 지시	상부로부터의 충고
③ 최고경영자의 통제	높음	낮음
④ 의사소통	구성원들의 토론	상급자의 의사결정
⑤ 정보의 흐름	제한되고 하향적	상하로 자유로움

08 다음 중 조직화의 기본 원칙에 대한 발언으로 가장 적절하지 않은 것은?

① "감독 한계의 원칙은 한 사람의 상사가 직접 지휘·감독할 수 있는 부하의 수에는 한계가 있다는 원칙입니다."

② "권한위양의 원칙은 조직의 계층은 가능한 단축시켜야 한다는 원칙입니다."

③ "전문화의 원칙은 관련된 업무끼리 묶어서 분업화하여 전문적으로 수행함으로써 업무의 효율을 향상시키려는 원칙입니다."

④ "권한과 책임의 원칙은 조직의 구성원은 분담하고 있는 직무와 똑같은 범위의 책임과 권한을 가져야 한다는 원칙입니다."

⑤ "조정의 원칙은 조직이 추구하는 전문화와 부문화로 인한 마찰을 최소화함으로써 조직의 효율성을 높여야 한다는 원칙입니다."

09 다음 (가)와 (나)의 조직도에 대한 설명으로 가장 적절하지 않은 것은?

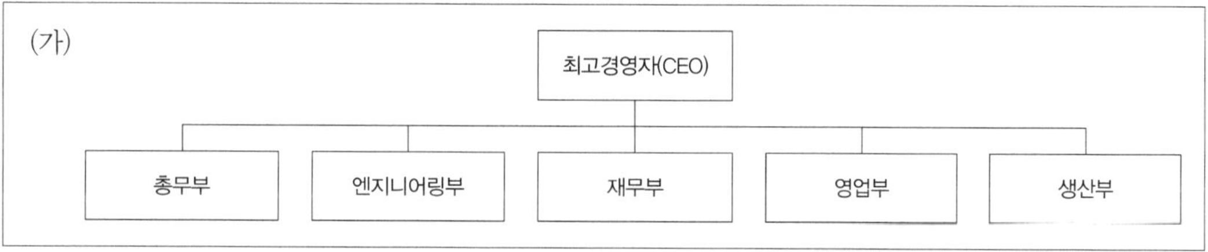

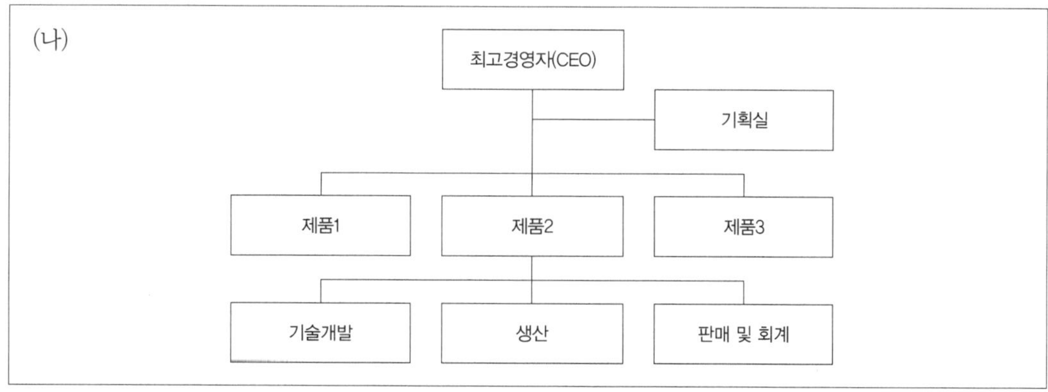

① "(가)는 기능별 조직구조, (나)는 사업별 조직구조에 해당합니다."

② "(가)와 같이 구성된 조직은 주요 프로젝트에 의해 조직화한 것입니다."

③ "(가)와 같이 구성된 조직은 상호 관련성 있는 업무를 동일 부서에 배치하는 방식으로 설계됩니다."

④ "(가)와 같이 구성된 조직은 기업 환경이 안정적이며, 조직 내부의 효율성을 중시합니다."

⑤ "(나)와 같이 구성된 조직은 급변하는 기업 환경에 효율적으로 대처할 수 있습니다."

10 다음 중 조직목표의 개념 및 특징에 대한 설명으로 적절한 것을 모두 고르면?

㉠ 조직은 오직 한 개의 목표만 추구할 수 있다.
㉡ 조직목표는 조직의 존재 이유에 대한 정당성과 합법성을 제공한다.
㉢ 조직목표들 사이에는 유기적 상호관계가 형성되어 있다.
㉣ 조직목표는 환경이나 조직 내의 다양한 원인에 의해 가변적 속성을 가지고 있다.
㉤ 조직목표는 한 번 수립되면 달성될 때까지 지속된다.

① ㉠, ㉣　② ㉠, ㉤　③ ㉡, ㉢　④ ㉠, ㉡, ㉤　⑤ ㉡, ㉢, ㉣

11 다음의 조직도를 참고하여 제시된 업무를 담당하고 있는 A와 B가 소속되어 있는 상급 조직을 순서대로 바르게 나열한 것으로 가장 적절한 것은?

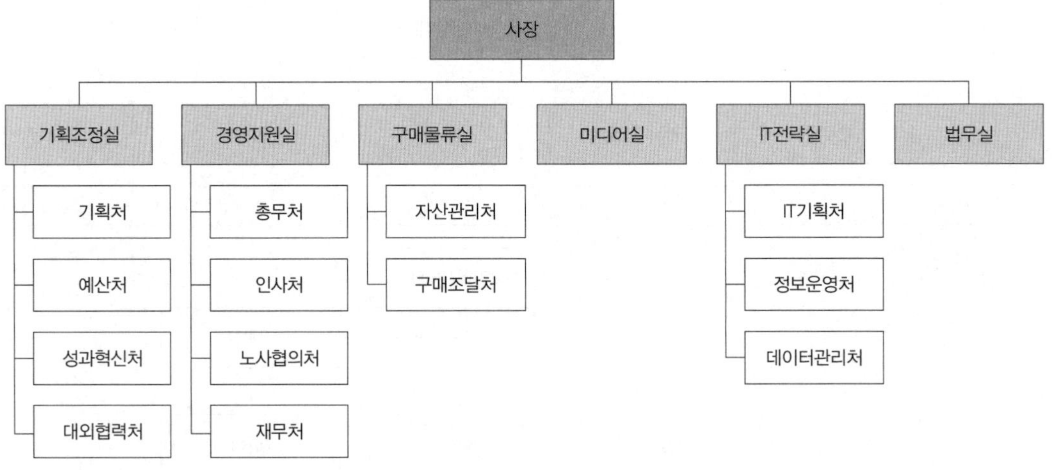

A: 유형자산 재해보험 관련 업무, 비유동자산 정기 재물 조사, 물품수급계획 수립 및 실적관리
B: 인력운영계획, 인사제도 개선, 임원추천, 경영평가, 재증명 발급, 종합교육계획 수립, 경영평가

① A: 기획조정실, B: 경영지원실
② A: 기획조정실, B: 법무실
③ A: 구매물류실, B: 기획조정실
④ A: 구매물류실, B: 경영지원실
⑤ A: 구매물류실, B: 법무실

12 다음 제시된 조직도를 통해 알 수 있는 내용으로 적절하지 않은 것을 모두 고르면?

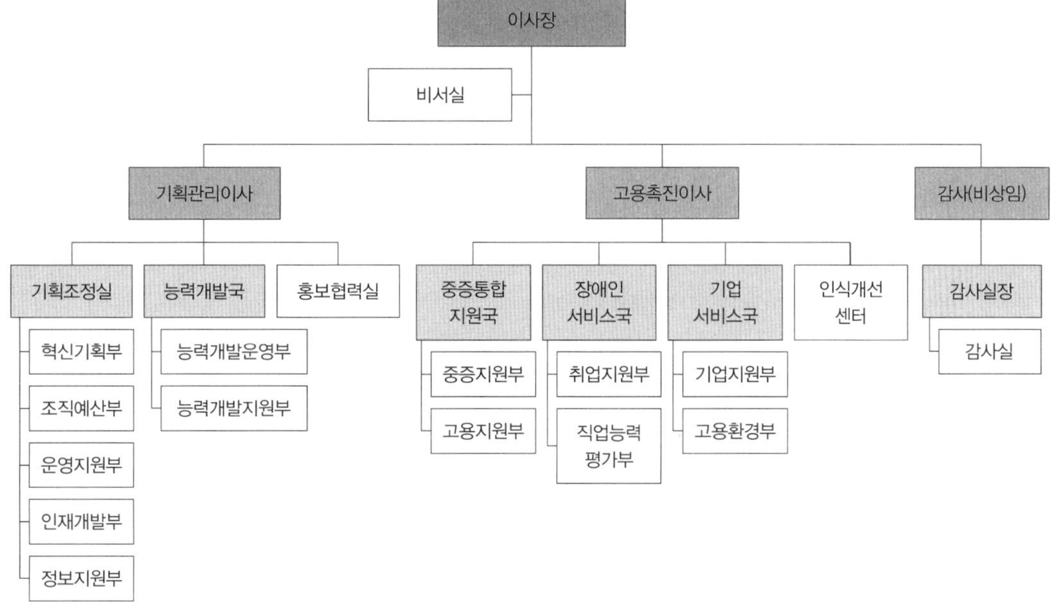

㉠ 홍보협력실과 인식개선센터는 각각 능력개발국과 기업서비스국에 속하는 부서이다. ㉡ 고용촉진이사는 2개국의 운영을 총괄하여 담당하고 있다. ㉢ 사회취약계층의 직업능력개발지원 서비스는 능력개발국에서 진행할 가능성이 높다. ㉣ 해당 조직을 운영하는 데 드는 비용 관리는 주로 기획조정실에서 진행할 것이다.

① ㉠, ㉡　　② ㉠, ㉢　　③ ㉠, ㉣　　④ ㉡, ㉢　　⑤ ㉡, ㉣

13 입사 1년 차 직원들을 대상으로 한 업무성과향상 워크숍에 참석한 귀하는 다음과 같은 사례 자료를 받았다. 자료를 보고 귀하의 동료들이 대화를 나누었다고 할 때, 다음 중 적절한 발언을 한 사람을 모두 고르면?

사례 자료

한 의류업체에 근무하는 K 씨는 열심히 일하는데도 입사동기인 J 씨에 비해 업무성과가 좋지 않다. J 씨는 동료들에게 업무능력도 뛰어나고 대인관계도 좋다는 평을 듣지만, K 씨는 허둥지둥 일하는 탓에 실수가 잦아 팀장에게 혼나기 일쑤이다. K 씨는 자신이 J 씨보다 야근도 많이 하고, 점심을 거를 정도로 열심히 일하는데 인정을 받지 못한다는 것에 속상함을 느꼈다. 방법을 찾아야 한다고 생각한 K 씨는 J 씨에게 어떻게 하면 일을 잘할 수 있는지 물어보았고, J 씨는 자신의 다이어리를 보여주었다. J 씨의 다이어리에는 다음과 같은 도식이 붙어 있었다.

[업무 추진 계획서]

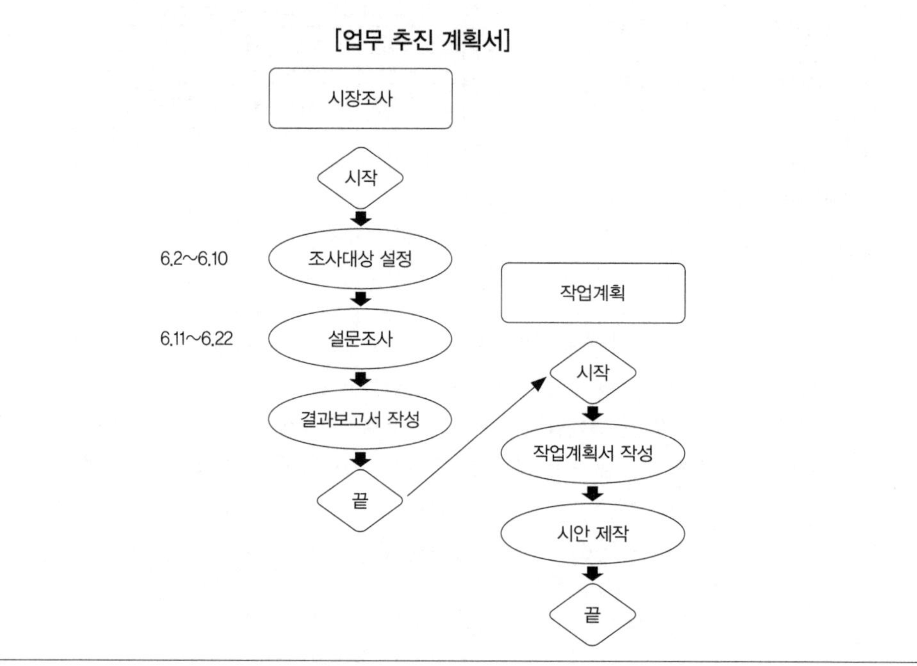

가: J 씨가 K 씨보다 업무성과가 더 좋은 이유는 체계적이고 세부적인 계획을 세웠기 때문이야.
나: K 씨가 업무성과가 낮은 것은 J 씨보다 일이 많아서 바쁘기 때문이 아닐까?
다: J 씨는 워크 플로 시트를 사용하고 있네. 일의 흐름을 동적으로 보여주는 데 효과적이겠어.
라: 도형을 다르게 표현함으로써 다양한 유형의 업무를 구분하여 정리할 수 있을 것 같아.
마: 업무 활동별로 기대되는 수행수준을 달성했는지를 확인하는 데 효과적이기도 해.

① 가, 다　　② 가, 라　　③ 나, 마
④ 가, 다, 라　　⑤ 가, 라, 마

14 **다음 중 국내총생산(GDP)에 대한 설명으로 적절한 것을 모두 고르면?**

㉠ 국내 축구선수가 해외 프로축구팀에서 벌어들인 소득은 국내총생산 증가에 영향을 미치지 않는다. ㉡ 국내에서 생산되는 중간재의 수출량 증가는 국내총생산이 증가하는 데 영향을 미친다. ㉢ 국내 공무원의 임금 상승은 국내총생산에 어떠한 영향도 주지 않는다. ㉣ 외국인의 국내 투자가 증가하면 GDP도 증가한다. ㉤ 국내총생산의 지표로는 인간의 삶의 질이나 행복 지수를 측정할 수 없다.

① ㉠, ㉤　② ㉡, ㉢　③ ㉠, ㉡, ㉣
④ ㉠, ㉡, ㉣, ㉤　⑤ ㉡, ㉢, ㉣, ㉤

15 **무역회사에 입사한 A는 국제동향을 파악하는 자세가 필요하다고 판단하여 이를 위해 어떤 노력을 기울여야 할지 고민하던 중 상사에게 조언을 구하였다. 다음 중 A가 참고할 조언으로 가장 적절하지 않은 것은?**

① "업무와 관련된 국제동향에 대한 정보가 수록된 잡지를 구독하는 것은 어떨까요?"
② "영어 공부를 하는 것도 도움이 되더라고요. 토익 점수를 올리기 위해 영어학원에 등록하는 건 어떨까요?"
③ "무역 시장에 대한 전반적인 흐름을 파악할 수 있도록 경제 신문의 국제 지면을 꾸준히 읽는 습관을 가져보는 건 어떨까요?"
④ "다음 달에 우리 업무와 관련된 국제 세미나가 있던데, 참석해 보는 건 어떨까요?"
⑤ "저희와 관계를 맺고 있는 해외 기관의 동향을 파악해 놓는 자료를 숙독해 보는 건 어떨까요?"

16 **다음 해외 파견 업무를 마치고 귀국한 직원들의 발언 중 국제 비즈니스 시 필요한 매너로 가장 적절하지 않은 것은?**

① 지 사원: 프랑스인 친구가 엄지와 검지를 이용하여 동그라미를 그리는 제스처가 긍정의 의미를 갖는다고 하여 유럽 바이어들과 업무 관련 협상 시 이를 활용하였습니다. 업무 협상 분위기가 좋았다고 생각했는데, 그날 저녁 협상 결렬 소식을 전해 들었습니다. 알고 보니 프랑스나 벨기에와 같은 나라와는 달리 유럽에서는 해당 제스처가 가치 없다는 것을 의미하더라고요.

② 성 사원: 아랍 거래처 직원들과 약속을 하고 만나는 일은 굉장히 곤욕이었어요. 약속 시간이 한참 지났는데도 나타나지 않는 일이 부지기수였거든요. 알고 보니 아랍에서의 시간 약속은 형식적인 의미만 가질 뿐이라 사람들이 약속한 시간에 나오는 법이 없더라고요. 진작 알았으면 하염없이 기다리지 않았을 텐데 조금 속상했죠.

③ 김 사원: 저는 아프리카로 출장을 다녀왔습니다. 제 입장에서는 최대한 예의를 갖춘다고 아프리카 현지 담당자의 눈을 보고 인사를 했는데, 굉장히 당황하더라고요. 제가 아프리카 사람들과 대화할 때는 눈을 직접 보지 않고 코 끝 정도를 보면서 대화해야 한다는 걸 몰랐던 거죠.

④ 이 사원: 러시아 현지 직원에게 저녁 식사 초대를 받고 감사의 의미로 꽃 열 송이를 준비해 가려는데, 같이 간 동료가 의아해하며 러시아에서는 장례식에서 짝수 개의 꽃을 사용한다고 알려주더라고요. 꽃을 선물할 때는 꽃의 개수를 홀수로 준비해야 한다기에 아홉 송이를 준비했던 기억이 나네요.

⑤ 박 사원: 미국 바이어들과의 식사 자리에서 항상 식전 빵과 함께 수프가 나왔던 기억이 나요. 다행히 미국에서의 식사 예절을 숙지하고 간 덕분에 뜨거운 수프는 입으로 불지 않고 숟가락으로 저어서 식혀 먹었습니다.

17 다음은 맥킨지 7-S 모형의 구성요소 중 무엇에 대한 설명인가?

- 조직 운영의 의사 결정과 일상 운영의 틀이 되는 관리체계를 의미한다
- 보상제도, 성과관리, 경영정보시스템 등 경영 각 분야의 관리 계획 및 과정 등을 수반한다.
- 조직이 원하는 방향으로 구성원들의 행동을 유도하는 역할을 한다.

① 공유가치(Shared value)

② 구성원(Staff)

③ 구조(Structure)

④ 리더십 스타일(Style)

⑤ 제도 및 절차(System)

18 다음 글에서 설명하고 있는 조직 유형으로 가장 적절한 것은?

서로 다른 기능 부서에 속한 전문 인력들이 기존의 기능 부서를 유지하면서 특정 프로젝트를 수행하기 위해 새로 구성된 하나의 프로젝트팀에서 함께 일하는 조직 형태로, 급변하는 환경에 신속하게 대응하기 용이하고 복합적인 조직의 목표를 달성하기 수월하다는 장점이 있다. 그러나 기능 부서와 프로젝트팀 각각의 상급자에게 지시를 받고 그에 따른 보고를 해야 한다는 점에서 명령 일원화의 원리에서 벗어난 조직이기 때문에 구성원 간 역할 갈등이 발생할 가능성이 높고 기능 부서와 프로젝트팀 간의 갈등을 조절하는 데 많은 시간이 소요될 수 있다.

① 사업부제 조직

② 프로젝트 조직

③ 매트릭스 조직

④ 네트워크 조직

⑤ 라인·스태프 조직

19 **귀하의 회사는 보다 성공적인 집단 의사결정을 내리기 위해 레드팀 도입을 검토 중이다. 레드팀에 대한 설명이 다음과 같을 때, 레드팀의 사례로 가장 적절하지 않은 것은?**

> 군대의 모의 군사훈련에서 가상의 적군을 지칭하던 용어인 '레드팀'이 경영에서 주목을 받고 있다. 레드팀이란 조직이 중요한 경영 전략을 추진하기에 앞서 그 전략의 약점을 분석하는 팀으로, 해당 전략을 수립하는 데 실질적으로 참여하지 않은 인원으로 구성되는 경우가 대다수이다. 특히 레드팀이 빛을 발하는 순간은 조직의 발전에 문제가 되는 조직편향에 브레이크를 걸 때다. 조직의 의사결정 과정을 살펴보면 직원들이 서로 간의 갈등을 최소화하기 위해서, 또는 강력한 리더의 주장으로 인해 의견이 한쪽으로 쏠리는 경우가 많다. 문제는 이러한 분위기가 고착될 경우 합리적인 의사결정을 내릴 수 없기 때문에 발전적인 방향으로 나아갈 수 없다는 것이다. 이러한 상황을 방지하기 위해 레드팀은 기존의 구성원들이 미처 파악하지 못한 관점에서 전략을 살피고 이의를 제기하며, 이를 바탕으로 더욱 안정적이고 올바른 전략을 세울 수 있도록 돕는다.

① A 출판사는 사내 익명 게시판을 설치하여 직원들이 자유롭게 건의사항을 올리도록 하고, 담당 부서 책임자가 안건을 검토하도록 하였다.

② B 은행은 임원회의에서 의도적으로 반대 의견을 내는 사람을 지정하여 의사결정 사항에 딴지를 걸도록 하였다.

③ C 언론사는 특별팀을 구성하여 기존 취재팀이 담당한 뉴스 내용의 타당성과 사실 여부 등에 대해 공격적으로 점검하게 하였다.

④ D 자동차 업체는 엔지니어들이 보고서를 쓸 때, '안전', '결함', '문제' 등의 부정적인 단어를 사용하지 않도록 권장하였다.

⑤ 대검찰청은 과잉수사 등 인권침해를 방지하는 차원에서 인권수사자문관을 배치하여 피의자의 입장에서 자문하도록 하였다.

20 다음은 귀하가 오랜만에 만난 친구와 나눈 대화이다. 빈칸에 들어갈 말로 가장 적절한 것은?

> **귀하**: 이직 성공했다고 좋아하더니. 너 왜 이렇게 얼굴이 핼쑥해졌어?
> **친구**: 이직했다고 해서 끝이 아니더라고. 새로운 직장에 적응해야 하는데 너무 힘들어.
> **귀하**: 이번 이직이 처음도 아닌데, 그렇게 힘들어? 지난번엔 안 그랬잖아.
> **친구**: 너도 알겠지만, 지금 이직한 회사가 외국계잖아. 그렇다 보니 정말 다양한 국적의 사람들과 일을 해야 하는데, 이게 정말 쉽지 않더라고. 언어야 공통적으로 영어를 쓰니 의사소통 자체에는 문제가 없지만 화법이 조금씩 다르니 내가 의도를 잘 파악하고 있는지도 의문이고, 각자 종교가 다르니 식사 한번 같이하기도 어려워. 그리고 일을 대하는 관점도 나와는 차이가 있어서 적응이 쉽지 않은 것 같아.
> **귀하**: (   )

① 다른 국적의 직원들에게 한국의 기업문화를 가르쳐 주는 시간을 갖자고 제안해 봐.
② 커뮤니케이션을 잘 할 수 있게 영어 외 외국어를 배우는 것은 어떻게 생각해?
③ 개방적인 태도로 다른 문화를 이해하기 위해 노력해보면 좋을 것 같다.
④ 우리나라 문화가 최고라는 생각을 가지고 자신감 있게 그들은 대하면 좋을 것 같아.
⑤ 그래도 회사 직원 중에 한국인 비중이 높지 않아? 한국인들과 친하게 지내봐.

약점 보완 해설집 p.34

제10장 직업윤리

직업윤리 개념정리

01 근로윤리

02 공동체윤리

기출공략문제

출제예상문제

미리 보는 직업윤리,

기출 개념 마인드맵

직업윤리는 직업인들이 자신의 직업 활동을 수행함에 있어 사람과 사람 사이에 마땅히 지켜야 할 윤리적 규범을 나타내는 능력으로, 직업인으로서 갖추어야 할 직업윤리, 근로윤리, 공동체윤리 등으로 구분됩니다. 다음은 직업윤리에서 주로 출제되었던 기출 키워드를 정리한 마인드맵입니다. 학습 전에는 직업윤리의 큰 흐름을 먼저 파악하는 용도로, 학습 후에는 직업윤리의 기출 포인트를 짚어보며 내용을 정리해 보는 용도로 활용해 보시기 바랍니다.

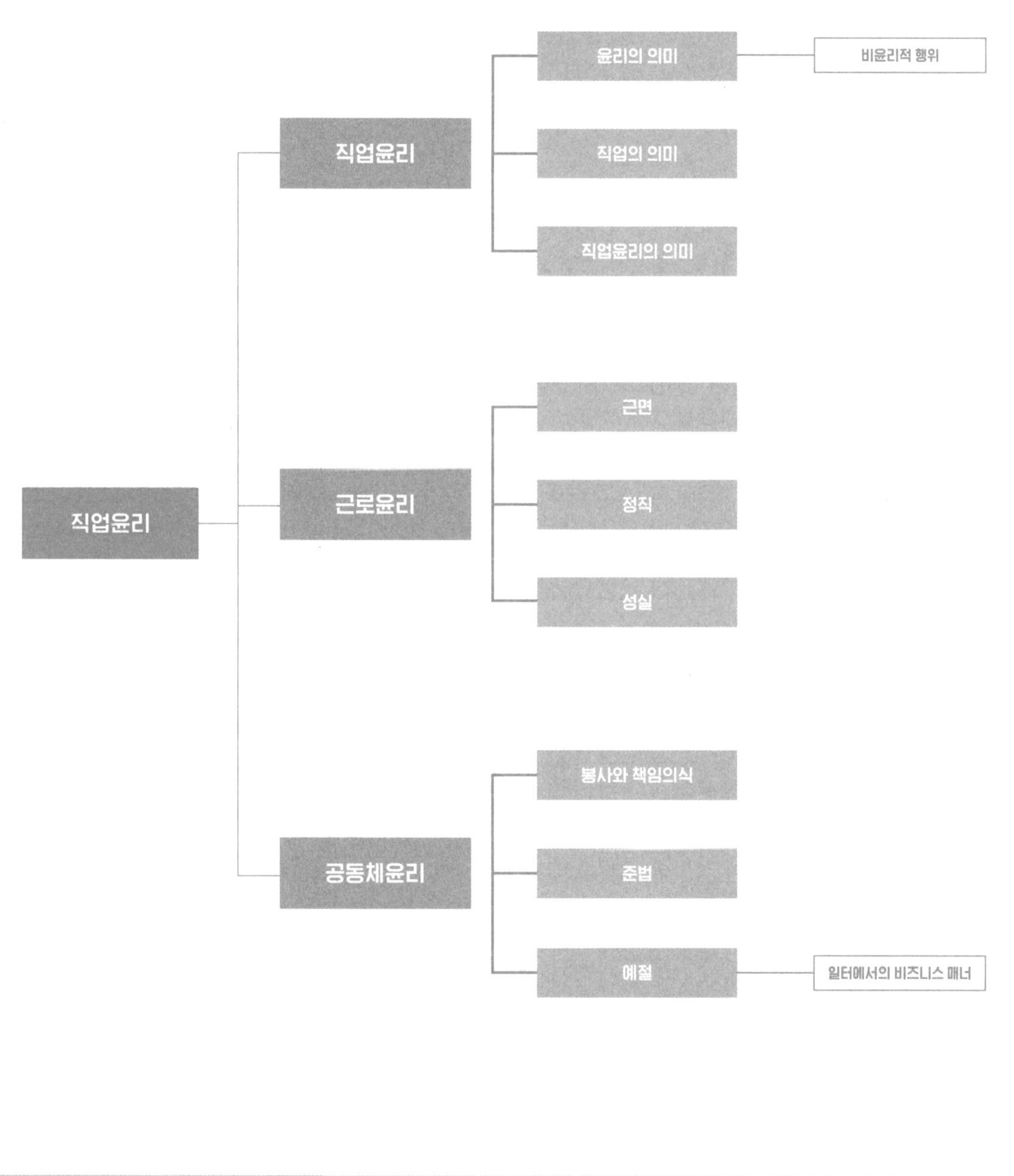

직업윤리 개념정리

기출 키워드

- 윤리의 의미
- 비윤리적 행위의 원인과 유형
- 직업의 의미
- 직업윤리의 의미
- 직업윤리의 덕목

1 윤리

1. 윤리(倫理)란?

① '인간과 인간 사이에서 지켜야 할 도리를 바르게 하는 것' 또는 '인간 사회에 필요한 올바른 질서'로 이 세상에 두 사람 이상이 있을 때 존재하는 것이며 혼자 있을 때는 의미가 없는 말이 되기도 한다.

② 동양적 사고에서 윤리는 전적으로 인륜(人倫)과 같은 의미이며, 엄격한 규율이나 규범의 의미가 담겨 있다.

윤(倫)	동료, 친구, 무리, 또래 등의 인간 집단 등을 뜻하기도 하고, 인간관계에 있어 필요한 길, 도리, 질서, 차례, 법(法) 등을 뜻하기도 함
리(理)	다스리다(治), 바르다(正), 원리(原理), 이치(理致), 판단(判斷)하다, 해명(解明)하다, 명백(明白)하다 등의 여러 가지 뜻을 내포함

2. 윤리적 가치의 중요성

인간은 사회적 동물이기 때문에 사회의 공동목표 달성 및 모든 구성원들의 욕구 충족에 도움되는 행동은 찬성하고, 반대되는 행위는 비난함

① 혼자서 살아갈 수 없는 사회적 동물인 인간은 윤리를 통해 사회질서를 유지하고, 개인의 행복뿐만 아니라 모든 사람의 행복까지 보장할 수 있다.

② 윤리적 규범을 준수하는 것은 삶을 살아가는 가치관의 문제와도 관련이 있으며, 경제적 이득이나 육신의 안락만을 추구하는 것이 아닌 삶의 본질적 가치와 도덕적 신념을 존중하기 위해 필요하다.

3. 윤리적 인간

윤리적 인간은 '공동의 이익을 추구'하고, '도덕적 가치 신념'을 기반으로 형성된 사람이다.

공동의 이익 추구

\+

도덕적 가치 신념

▶ 윤리적 인간

4. 윤리적 규범의 형성

'공동생활'과 '협력'을 필요로 하는 인간 생활에서 형성되는 '공동행동의 룰'을 기반으로 윤리적 규범이 형성되며, 모든 윤리적 규범은 만고불변의 진리가 아니라 시대와 사회 상황에 따라서 조금씩 다르게 변화한다.

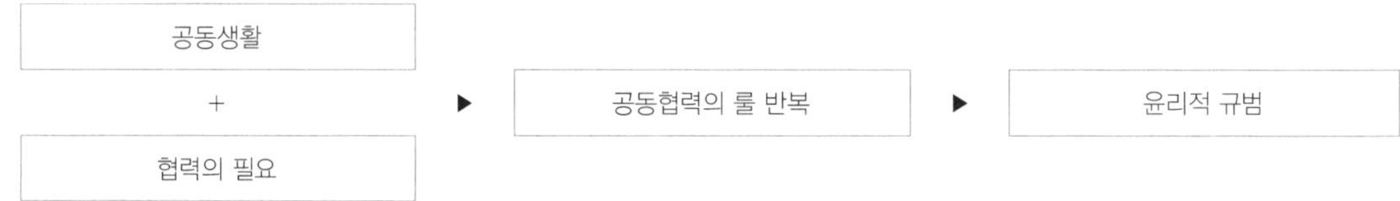

+ 더 알아보기

비윤리적 행위의 원인과 유형

• 비윤리적 행위의 원인

무지	무엇이 옳고, 무엇이 그른지 모르기 때문에 비윤리적 행위를 저지름
무관심	자신의 행동이 비윤리적이라는 것은 알고 있지만, 윤리적인 기준에 따라 행동해야 한다는 것을 중요하게 여기지 않기 때문에 비윤리적 행위를 저지름
무절제	자신의 행동이 잘못이라는 것을 알고 그러한 행동을 하지 않으려고 함에도 자신의 통제를 벗어나는 어떤 요인으로 인하여 비윤리적 행위를 저지름

• 비윤리적 행위의 유형

→ 사람의 행동이나 사회현상에는 일정한 종래의 패턴을 반복하려는 경향인 '타성(惰性)'이 존재함

도덕적 타성	나태함이나 게으름의 뜻을 내포하며, 바람직한 행동이 무엇인지 알고 있으면서도 행동으로 취하지 않는 무기력한 모습으로, 윤리적인 문제를 제대로 인식하지 못하거나 일상생활의 우선순위에서 윤리적 배려가 밀려날 때 도덕적 타성이 발생함
도덕적 태만	비윤리적인 결과를 피하고자 일반적으로 필요한 주의나 관심을 기울이지 않는 것으로, 어떤 결과가 비윤리적인 것인지 알고 있지만 자신의 행동이 비윤리적인 결과를 가져올 수 있다는 것을 모름
거짓말	상대를 속이려는 의도로 표현되는 메시지로, 주로 상대를 속이려는 의도를 내포한 말이나 글로 표현되는 것에 한정됨

→ 제품을 설계할 때 안전상의 고려를 충분히 하지 않거나 안전 수칙을 철저히 지키지 않아 안전사고를 유발하는 경우가 해당됨

2 직업

1. 직업이란?

취미활동이나 아르바이트, 강제노동 등은 체계적이고 전문화된 일의 영역으로 볼 수 있지만, 직업이 갖추어야 할 속성을 갖추지 않은 경우 직업으로 포함하지 않음

① 직업(職業)에서 '직(職)'은 사회적 역할의 분배인 직분(職分)을, '업(業)'은 일 또는 행위, 더 나아가서는 불교에서 말하는 전생 및 현생의 인연을 말한다.

② 직업은 사회적으로 맡은 역할과 하늘이 맡긴 소명, 전생의 허물을 벗기 위한 과제 등으로 볼 수 있다.

③ 직업이 갖추어야 할 속성은 계속성과 경제성, 윤리성, 사회성, 자발성 등으로 설명할 수 있다.

- 계속성: 매일·매주·매월 등 주기적으로 일을 하거나 계절 또는 명확한 주기가 없어도 계속 행해지며, 현재 하고 있는 일을 계속할 의지와 가능성이 있어야 함을 의미한다.
- 경제성: 직업이 경제적 거래 관계가 성립되는 활동이어야 함을 의미한다.
- 윤리성: 비윤리적인 영리 행위나 반사회적인 활동을 통한 경제적 이윤추구는 직업활동으로 인정되지 않음을 의미한다.
- 사회성: 모든 직업 활동이 사회 공동체적 맥락에서 의미 있는 활동이어야 함을 의미한다.
- 자발성: 속박된 상태에서의 제반 활동은 경제성이나 계속성의 여부와 상관없이 직업으로 보지 않음을 의미한다.

→ 무급 자원봉사, 전업 학생, 노력이 전제되지 않은 수취, 우연히 발생한 경제적 과실에 전적으로 의존하는 활동은 직업으로 보지 않음

2. 인간의 삶과 일

일은 단순히 경제적 욕구의 충족뿐만 아니라 그 이상의 자기실현이라는 면을 가지고 있으며, 인간은 일을 통해 '경제적 욕구 충족', '원만한 인간관계', '건강', '자아실현' 등을 성취할 수 있다.

3. 우리사회의 직업의식

① 직업의식은 개인이 직업활동을 통해 얻고자 하는 내재적·외재적 목적을 달성하기 위해 개인이 직업이나 일에 대해 가지는 관념, 가치, 습관, 인식 등을 포괄적으로 이르는 가치 체계를 말한다.

② 직업의식은 시대의 흐름에 따라 변화하며, 현대 사회에서는 개인이 자기 능력을 자유롭게 표출하고, 이를 통해 공동체의 일원으로서 사회적 임무를 수행하며, 나아가 자아실현을 이루는 도구적 측면에서 직업을 선택하게 된다.

+ 더 알아보기

직업인의 기본자세

직업은 경제적 목적 이외에 자신의 존재 가치를 실현하고 자기의 능력과 노력을 통하여 적극적으로 사회에 기여하기 위한 장으로, 모든 직업인은 직업인의 기본자세가 요구된다.

소명의식과 천직의식	직업이란 나에게 부여된 거룩한 일이며, 일을 통해 자신의 존재를 실현하고 사회적 역할을 담당하는 것인 만큼 자신의 직업을 사랑하고 긍지와 자부심으로 성실하게 임하는 마음가짐이 필요함
봉사정신과 협동정신	일정한 직업을 통하여 다른 사람에게 도움을 주고 사회적 기여를 할 수 있으므로 나의 일을 필요로 하는 사람에게 봉사한다는 마음가짐이 필요함
책임의식과 전문의식	자신의 책임을 완벽하게 수행하기 위하여 자신이 맡은 분야에서는 전문적인 능력과 역량을 갖추고 지속적인 자기개발을 해야 함
공평무사한 자세	모든 일은 사회적 공공성을 가지므로 법규를 준수하고 직무상 요구되는 윤리기준을 준수해야 하며 공정하고 투명하게 업무를 처리해야 함

3 직업윤리

1. 직업윤리란?

① 직업활동을 하는 개인이 자신의 직무를 잘 수행하고 자신의 직업과 관련된 직업과 사회에서 요구하는 규범에 부응하여 개인이 갖추고 발달시키는 직업에 대한 신념, 태도, 행위를 말한다.

② 개인윤리를 바탕으로 각자가 직업에 종사하는 과정에서 요구되는 특수한 윤리규범으로, 개인윤리의 연장선이라 할 수 있다.

③ 직업의 성격에 따라 각각 다른 직업윤리를 가지며, 고도화된 현대 사회에서 직업인으로서 지켜야 할 윤리에는 공통 보편적 윤리와 특수 윤리가 있다.
- 공통 보편적 윤리: 사회 시스템 전체의 관계를 규정하고 질서를 유지하는 윤리
- 특수 윤리: 사회를 구성하는 개체로서 각자의 목적 달성을 위해 노력하는 특정 조직체 내부 구성원 간의 관계를 규정하고 효율을 도모하는 윤리

④ 직업적 활동이 개인적 차원에만 머무르는 것이 아니라 사회 전체의 질서, 안정 및 발전에 매우 중요한 역할을 수행하므로 직업윤리의 중요성이 강조된다.

→ 직업윤리 수준이 낮을 경우 경제 행위에 근간이 되는 신뢰성이 결여되어 국가경쟁력을 가질 수 없으며, 경제발전 또한 이룰 수 없음

2. 직업윤리의 기본 원칙

다양한 직업환경의 특성상 모든 직업에 공통적으로 요구되는 윤리원칙을 추출할 수 있으며 이를 직업윤리의 5대 원칙이라고 한다.

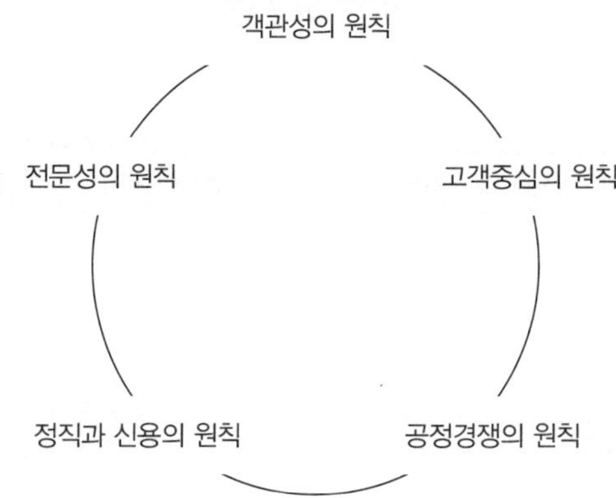

① **객관성의 원칙**: 업무의 공공성을 토대로 공과 사를 구분하고, 모든 것을 숨김없이 투명하게 처리하는 원칙
② **고객중심의 원칙**: 고객에 대한 봉사를 최우선으로 생각하고 현장중심, 실천중심으로 일하는 원칙
③ **전문성의 원칙**: 자기 업무에 전문가로서 능력과 의식을 가지고 책임을 다하며, 능력을 연마하는 원칙
④ **정직과 신용의 원칙**: 업무와 관련된 모든 것을 숨김없이 정직하게 수행하고, 본분과 약속을 지켜 신뢰를 유지하는 원칙
⑤ **공정경쟁의 원칙**: 법규를 준수하고, 경쟁 원리에 따라 공정하게 행동하는 원칙

한국인들은 우리 사회에서 직업인이 갖추어야 할 중요한 직업윤리 덕목을 '책임감, 성실함, 정직함, 신뢰성, 창의성, 협조성, 청렴함' 순으로 강조하고 있음

3. 직업윤리의 덕목

① **소명의식**: 자신이 맡은 일은 하늘에 의해 맡겨진 일이라고 생각하는 태도
② **천직의식**: 자신의 일이 자신의 능력과 적성에 꼭 맞는다 여기고 그 일에 열성적으로 임하는 태도
③ **직분의식**: 자신이 하고 있는 일이 사회나 기업을 위해 중요한 역할을 하고 있다고 믿고 자신의 활동을 수행하는 태도
④ **책임의식**: 직업에 대한 사회적 역할과 책무를 충실히 수행하고 책임을 다하는 태도
⑤ **전문가의식**: 자신의 일이 누구나 할 수 있는 것이 아니라 해당 분야의 지식과 교육을 바탕으로 성실히 수행해야만 가능한 것이라는 믿음을 바탕으로 일을 수행하는 태도
⑥ **봉사의식**: 직업 활동을 통해 다른 사람과 공동체에 대하여 봉사하는 정신을 갖추고 실천하는 태도

4 개인윤리와 직업윤리

1. 개인윤리와 직업윤리의 조화

① 업무상 개인의 판단과 행동이 사회적 영향력이 큰 기업 시스템을 통하여 다수의 이해 관계자와 관련된다.
② 수많은 사람이 관련되어 고도화된 공동의 협력을 요구하므로 맡은 역할에 대한 책임 완수가 필요하고, 정확하고 투명한 일 처리가 필요하다.
③ 규모가 큰 공동의 재산, 정보 등을 개인의 권한 하에 위임, 관리하므로 높은 윤리의식이 요구된다.
④ 직장이라는 특수 상황에서 갖는 집단적 인간관계는 가족관계, 개인적 선호에 의한 친분관계와는 다른 측면의 배려가 요구된다.
기업이 사회의 일원으로서 사회 전반적으로 미치는 영향에 책임의식을 갖고 법령과 윤리를 준수하는 것을 의미함
⑤ 기업은 경쟁을 통하여 사회적 책임을 다하고, 보다 강한 경쟁력을 키우기 위하여 조직원 개개인의 역할과 능력이 경쟁 상황에 적절하게 꾸준히 향상되도록 해야 한다.
⑥ 각각의 직무에서 오는 특수한 상황에서는 개인적 덕목 차원의 일반적인 상식과 기준으로는 규제할 수 없는 경우가 많다.

2. 개인윤리와 직업윤리의 상충

개인윤리와 직업윤리는 상황에 따라 서로 충돌하거나 배치되는 경우가 발생할 수 있는데, 업무수행 중 개인윤리와 직업윤리가 서로 충돌할 경우 직업윤리를 우선시하되, 개인윤리의 준수와 공인으로서의 직분을 실천하려는 지혜와 노력이 필요하다.

개념확인문제

01 **다음 괄호 안에 들어갈 수 있는 윤리적 인간을 형성하는 기준을 쓰시오.**

> 윤리적인 인간은 공동의 이익을 추구하고, (　　　　　　)을/를 기반으로 형성된 사람이다.

02 **다음 글의 빈칸에 들어갈 적절한 말을 쓰시오.**

> 직업윤리란 직업활동을 하는 개인이 자신의 직무를 잘 수행하고 자신의 직업과 관련된 직업과 사회에서 요구하는 규범에 부응하여 개인이 갖추고 발달시키는 직업에 대한 (　　　　　　)을/를 말한다.

03 **다음 ㉠~㉣에 해당하는 직업인의 기본자세를 바르게 연결하시오.**

> ㉠ 일정한 직업을 통하여 다른 사람에게 도움을 주고 사회적으로 기여하는 것이므로 나의 일을 필요로 하는 사람에게 봉사한다는 마음가짐이 필요하다.
> ㉡ 모든 일은 사회적 공공성을 가지므로 법규를 준수하고 직무상 요구되는 윤리기준을 준수해야 하며 공정하고 투명하게 업무를 처리해야 한다.
> ㉢ 자신의 책임을 완벽하게 수행하기 위하여 자신이 맡은 분야에서는 전문적인 능력과 역량을 갖추고 지속적인 자기개발을 해나가야 한다.
> ㉣ 직업이란 나에게 부여된 거룩한 일이며, 일을 통해 자신의 존재를 실현하고 사회적 역할을 담당하는 것인 만큼 자신의 직업을 사랑하고 긍지와 자부심으로 성실하게 임하는 마음가짐이 필요하다.

① 소명의식과 천직의식 – (　　　　)
② 봉사 정신과 협동 정신 – (　　　　)
③ 책임의식과 전문의식 – (　　　　)
④ 공평무사한 자세 – (　　　　)

정답 및 해설

01 도덕적 가치 신념
02 신념, 태도, 행위
03 ① – ㉣, ② – ㉠, ③ – ㉢, ④ – ㉡

01 근로윤리

기출 키워드

- 근면의 의미
- 정직의 의미
- 성실의 의미

1 근면

1. 근면이란?

사전상 '부지런히 일하며 힘씀'으로 풀이하고 있으며, 사회과학적 연구에서 근면은 개념적 특성에 따라 세 가지로 나타낸다.

① 고난의 극복
근면은 행위자가 환경과의 대립을 극복해 나가는 과정에서 발현되는 것으로, 과거의 고난을 극복한 경험을 통해 형성되고, 현재의 고난을 극복할 수 있는 자원이 된다.

② 비선호의 수용 차원에서 개인의 절제나 금욕 반영
근면은 고난을 극복하기 위해서 금전과 시간, 에너지를 사용할 수 있도록 준비하는 것이다.

③ 장기적이고 지속적인 행위 과정으로, 인내 요구
끊임없이 달성이 유예되는 가치 지향적인 목표 속에서 재생산된다고 볼 수 있다.

2. 근면의 종류

① 외부로부터 강요당한 근면
삶을 유지하기 위해 필요에 의해서 강요된 근면으로, 외부로부터의 압력이 사라져버리면 아무것도 남지 않게 된다.

② 자진해서 하는 근면
자신의 것을 창조하며 조금씩 자신을 발전시켜 나가는 것으로, 시간의 흐름에 따라 자아를 확립해 나가게 된다.

근면성을 위해서는 일에 임할 때 적극적이고 능동적인 자세가 필요함

3. 우리 사회의 근면성

일하는 양보다 일의 질이 중요한 현대 사회에서 근면은 조직이나 타인 등 외부로부터 요구되는 일과 노동을 수행하기 위한 근면보다는 개인의 성장과 자아의 확립, 나아가 행복하고 자유로운 삶을 살기 위한 근면으로 구현될 필요가 있다.

2 정직

1. 정직이란?

정직은 신뢰를 형성하고 유지하는 데 가장 기본적이고 필수적인 규범으로, 사람과 사람 사이에 함께 살아가는 사회 시스템을 유지하려면 정직을 기반으로 둔 신뢰가 있을 때 운영이 가능하다.

2. 우리 사회의 정직성

① 우리 사회에서는 개인의 행위가 도덕적으로 옳은지 그른지를 판단할 때 유교의 영향으로 집단의 조화를 위한 판단을 우선시하는 경향을 보인다.

② 유교의 전통적 가치는 우리 사회에 덕행을 실천할 수 있는 규범적 틀을 마련했다는 점에서 긍정적인 영향을 지니고 있지만, 관계에 기초한 가치를 강조함에 따라 친밀 관계에 있는 사람의 위법이나 부정을 용인 또는 묵인하는 행위를 부도덕하다고 인식하지 않으며, 죄책감을 둔화시킨다.

③ 유교의 전통적 가치는 정직이라는 규범적 의미를 이해하는 행위와 정직 행동을 선택하는 행위 사이에서 괴리를 발생하게 하는 요소로 작용할 수 있다.

④ 우리 사회의 심각한 도덕적 위기 문제는 근본적으로 정직성의 문제를 의미하는 것이라고 할 수 있다.

알아두면 도움되는 (구)모듈이론

정직과 신용을 구축하기 위한 4가지 지침

- 정직과 신뢰의 자산을 매일 조금씩 쌓아가야 한다.
- 잘못된 것도 정직하게 밝히도록 해야 한다.
- 정직하지 못한 것을 눈감아 주지 말아야 한다.
- 부정직한 관행은 인정하지 않도록 해야 한다.

3 성실

1. 성실이란?

① 성실(誠實)에서 '성(誠)'은 정성스럽고 순수하며 참됨을 의미하고, '실(實)'은 알차고 진실된 것을 의미하므로 단어의 본질을 살펴보았을 때 그 의미가 근면함보다는 충(忠) 혹은 신(信)의 의미와 더 가깝다.

② 성실성은 책임감이 강하고 목표한 바를 이루기 위해 목표 지향적 행동을 촉진하며 행동의 지속성을 갖게 하는 성취 지향적인 성질로 설명하기도 한다.

→ 사회규범이나 법을 존중하고 충동을 통제하며 목표 지향적 행동을 조직하고 유지함으로써 목표를 추구하도록 동기를 부여하는 특징을 가짐

2. 우리 사회의 성실성

→ 사회 구성원들이 힘을 합쳐 공동 목표를 효율적으로 추구할 수 있게 하는 자본

① 현대 사회의 주요한 사회적 자본으로 성실의 중요성이 부각되고 있으며, 신뢰를 포괄하는 성실은 보이지 않는 가장 확실한 사회적 자본이라 할 수 있다.

② 성실은 개인으로 하여금 진리와 부합하는 생각을 하도록 부단히 노력하게 하고, 자신의 생각을 그대로 말로 표현하며, 이를 일상생활에서 행동으로 실천하도록 이끈다.

→ 성실의 덕은 이와 같은 일련의 과정에서 항상성과 정성스러움을 동시에 갖추기 때문에 중요함

③ 성실의 결핍은 생각과 말, 행동의 불일치를 통해 드러나고, 구체적으로 일상의 삶에서 위선과 거짓, 사기, 아첨, 음모 등의 행위로 나타나 위법 행위로 이어지며 사회 전반에 악영향을 끼치게 된다.

알아두면 도움되는 (구)모듈이론

성실한 사람과 성실하지 못한 사람의 차이

- 정직하고 성실한 태도로 일하는 사람들이 국가와 사회에 이바지하는 바가 크다.
- 직장 생활을 정직하고 성실한 태도로 임한 사람은 '자아의 성장'이라는 좋은 결과를 가져올 수 있다.
- 성실하지 못한 사람은 단순히 돈벌이를 위해 성실하지 못한 태도로 일에 임하는 경우가 많으나, 장기적으로 봤을 때 성공하는 사람은 성실한 태도로 일에 임한 사람이다.

개념확인문제

01 다음 사례를 〈보기〉에 제시된 근면의 종류에 따라 적절히 분류하시오.

> ㉠ 지게꾼인 김 씨는 산 중턱에 있는 매점으로 음식을 배달하기 위해 매일 산을 오른다.
> ㉡ ○○기업 윤 과장은 외국어능력을 키우기 위해 주말마다 영어 회화 강의를 수강한다.
> ㉢ 이 씨는 최근 악화된 건강을 회복하기 위해 매일 아침 1시간 동안 자전거를 탄다.
> ㉣ 과수원을 운영하는 곽 씨는 매일 새벽 4시에 기상하여 과수의 상태를 확인한다.

- 외부로부터 강요당한 근면 – (   )
- 자진해서 하는 근면 – (   )

02 다음 빈칸에 공통으로 들어갈 적절한 말을 쓰시오.

> (   )은/는 신뢰를 형성하고 유지하는 데 가장 기본적이고 필수적인 규범으로, 사람과 사람 사이에 함께 살아가는 사회 시스템을 유지하려면 (   )을/를 기반으로 둔 신뢰가 있을 때 가능하다.

03 다음 빈칸에 들어갈 말과 관련된 내용으로 가장 적절한 것을 고르시오.

> (   )한 사람은 책임감이 강하고 목표한 바를 이루기 위해 목표 지향적인 행동을 촉진하며, 행동의 지속성을 갖게 하는 성취 지향적인 사람에 해당한다.

① 비선호의 수용 차원에서 개인의 절제나 금욕을 반영하기도 한다.
② 개인의 성장과 자아의 확립, 나아가 행복하고 자유로운 삶을 살기 위해 필요하다.
③ 개인으로 하여금 진리와 부합하는 생각을 하도록 부단히 노력하게 한다.
④ 사람과 사람이 함께 살아가는 사회 시스템 유지를 위해 필요하다.

정답 및 해설

01 외부로부터 강요당한 근면 – ㉠, ㉣, 스스로 자진해서 하는 근면 – ㉡, ㉢
02 정직
03 ③ | 책임감이 강하고 목표한 바를 이루기 위해 목표 지향적 행동을 촉진하며, 행동의 지속성을 갖게 하는 성취 지향적인 사람은 성실한 사람이며, 성실은 개인으로 하여금 진리와 부합하는 사고를 하도록 노력하게 한다.

02 공동체윤리

기출 키워드

- 제조물 책임
- 일터에서의 비즈니스 매너
- 직장 내 괴롭힘
- 직장 내 성희롱

1 봉사와 책임의식

1. 봉사란?

사전적으로는 국가나 사회 또는 남을 위하여 자신을 돌보지 아니하고 힘을 바쳐 애씀을 의미하고, 현대 사회의 직업인에게 봉사란 일 경험을 통해 다른 사람과 공동체에 대하여 봉사하는 정신을 갖추고 실천하는 태도를 의미하며, 자신보다는 고객의 가치를 최우선으로 하는 서비스를 말한다.

알아두면 도움되는 (구)모듈이론

고객접점서비스

① 고객접점서비스란?
고객접점서비스란 고객과 서비스 요원 사이의 15초 동안의 짧은 순간에서 이루어지는 서비스로, 이 순간을 진실의 순간(MOT: Moment Of Truth) 또는 결정적 순간이라고 한다.

② 고객접점서비스의 중요성
고객접점서비스가 중요한 것은 소위 곱셈법칙이 작용하여 고객이 여러 번의 결정적 순간에서 단 한 명에게 0점의 서비스를 받는다면 모든 서비스가 0이 되어버리므로 기업은 고객과 상호작용에 의하여 서비스가 순발력 있게 제공될 수 있는 서비스 전달 시스템을 갖추어야 하며, 서비스 요원은 친절한 서비스를 제공하기 전에 긍정적인 인상을 줄 수 있도록 용모나 복장을 단정히 해야 한다.

2. 책임의식이란?

직업에 대한 사회적 역할과 책무를 충실히 수행하고 책임지려는 태도이며, 맡은 업무를 어떠한 일이 있어도 수행해 내는 태도를 말한다.

+ 더 알아보기

제조물 책임

제조물 책임(Product Liability)은 제조물의 결함으로 인하여 소비자가 또는 제3자에게 생명, 신체, 재산상의 손해가 발생했을 경우 해당 제조물의 제조업자나 판매업자에게 손해배상책임을 지게 하는 것을 의미한다.

제조물 책임법의 긍정적인 영향	• 제조물의 안정성이 강화될 수 있음 • 소비자 보호에 더욱 충실할 수 있음 • 기업의 경쟁력이 강화될 수 있음
제조물 책임법의 부정적인 영향	• 제조원가가 상승할 가능성이 있음 • 클레임이 증가할 가능성이 큼 • 인력자원이 낭비될 수 있음 • 신제품 개발이 지연될 수 있음 • 기업 이미지가 손상될 위험이 큼

2 준법

1. 준법이란?

민주 시민으로서 기본적으로 지켜야 하는 의무이며 생활 자세를 말한다.

2. 준법의 역할

민주 사회의 법과 규칙을 준수하는 것은 시민으로서 자신의 권리를 보장받고, 다른 사람의 권리를 보호해 주며 사회 질서를 유지하는 역할을 한다.

3 예절

1. 예절이란?

① 일정한 생활 문화권에서 오랜 생활습관을 통해 하나의 공통된 생활 방법으로 정립되어 관습적으로 행해지는 사회계약적인 생활 규범이다.
② 사람이 무리를 지어 하나의 문화를 형성하며 사는 일정한 지역을 생활 문화권이라고 하고, 그 문화권에 사는 사람들이 가장 편리하고 바람직한 방법이라 여겨 모두 그렇게 행하는 생활 방법이 예절이다.
③ 예절은 국가와 겨레에 따라 달라지며, 같은 언어 문화권이라고 하더라도 지방에 따라 다를 수 있다.

2. 일터에서의 예절

① 서양에서는 예절을 에티켓과 매너로 표현한다.
- 에티켓: 사람과 사람 사이에 마땅히 지켜야 할 규범으로서 형식적인 측면이 강하며, '있다', '없다'로 표현함
- 매너: 그 형식을 나타내는 방식으로서 방법적 성격이 강하며, '좋다, 나쁘다'로 표현함

② 일터에서의 예절은 에티켓과 매너의 차이점을 일반화한 비즈니스 에티켓과 매너를 총칭한다.

실전에 적용하기

제시된 각각의 사례와 관련된 공동체윤리를 찾아 바르게 연결해 보자.

[사례 1]

○○기업 영업과장인 A는 지난해 저조했던 실적을 다시 끌어올리기 위해 다각도로 노력하고 있다. 특히 ○○기업 제품에 일정한 기대치를 갖고 있던 고객에게 최상의 제품과 서비스를 제공하며 고객의 사랑을 받기 위해 고객의 입장에서 생각하려는 노력을 게을리하지 않는다. 그 결과 A는 고객으로부터 우수한 제품뿐만 아니라 높은 수준의 서비스를 제공해 주어 감사하다는 말을 들을 수 있었다.

[사례 2]

콘텐츠 평가 및 추천 서비스 사업을 시작한 B는 최근 고객의 불만 섞인 목소리가 높아지는 상황에 직면하였다. 이는 비단 B 회사의 문제만이 아닌 콘텐츠 관련 기업들이 직면하고 있는 상황으로, 콘텐츠 개발 시스템이 급변하는 환경에 따라가지 못해 발생하는 파생적인 문제 때문인 것으로 밝혀졌다. 이로 인해 B가 운영하는 회사에서 진행하던 프로젝트 일정이 지연되는 등의 문제가 발생하였지만 문제 발생의 원인을 다른 곳으로 돌리지 않고 모든 결과는 자신의 선택으로 말미암아 일어난 일이라는 입장을 고수하며 상황을 해결하기 위해 최선을 다하고 있다.

[사례 3]

급하게 출장지로 향하던 C는 시골의 한적한 도로에서 신호를 위반하고 달리기 시작하였다. 그때 마침 근처를 순찰하고 돌아오던 경찰관에 의해 신호위반 사실이 발각된 C는 업무 일정상 급하게 가봐야 한다는 말로 경찰관의 정차 요구를 무시하였고, 이로 인해 가중 처벌을 받게 되었다. 이 일로 C는 사회적 처벌뿐만 아니라 회사로부터 1개월간의 감봉 처분을 받게 되어 신호를 위반한 것을 크게 후회하고 있다.

[사례 4]

해외사업개발팀 소속인 D는 최근 잦아진 해외 출장 탓에 외국 바이어들과 만날 일이 많다. 특히 식사 약속이 많은데, 식사자리에서의 예절이 우리나라와는 다른 부분이 많아 신경 써서 행동하고 있으며, 실내에서의 에티켓, 복장, 규칙 등 생활 전반에 걸친 관습을 지키기 위해 나라별로 적절한 에티켓을 숙지하고 있다.

- [사례 1]: 고객의 입장에서 생각하며 최상의 제품과 서비스를 제공하려고 노력하는 것은 공동체윤리 중 '봉사'와 관련된 사례에 해당한다.
- [사례 2]: 콘텐츠 개발 시스템이 급변하는 환경을 따라가지 못해 콘텐츠 서비스 사업 전반적으로 파생적 문제가 발생하는 상황에서 이를 환경이나 다른 사람의 탓으로 돌리지 않고 모든 문제를 자신의 선택으로 인한 결과라 생각하는 태도는 공동체윤리 중 '책임'과 관련된 사례에 해당한다.
- [사례 3]: 업무 일정이 바쁘다는 이유로 민주사회의 법과 규칙을 어겨 사회적으로도 업무적으로도 처벌을 면치 못하게 된 것은 공동체윤리 중 '준법'과 관련된 사례에 해당한다.
- [사례 4]: 잦은 해외 출장으로 다양한 문화권의 바이어들을 접하면서 나라별 특유의 에티켓을 지키기 위해 노력하는 것은 공동체윤리 중 '예절'과 관련된 사례에 해당한다.

3. 상호존중의 문화

예절의 핵심은 상대를 존중하는 마음으로, 이때 존중은 우리 자신과 다른 사람을 소중히 여기고 그 권리를 배려해 주는 자세를 의미하며, 사람 사이에 서로를 대하는 태도 속에 반영되어 있다.

+ 더 알아보기

① 직장 내 괴롭힘

행위자	• 근로기준법 제2조 제1항 제2호에 따른 사용자가 행위자에 해당함 • 파견 근로의 경우 파견사업주와 사용사업주 모두 해당 가능함 • 근로자도 행위자가 될 수 있으며, 피해자와 같은 사용자와 근로관계를 맺고 있는 근로자인 것이 원칙임
피해자	• 사업장 내의 모든 근로자가 해당됨
행위장소	• 사내는 물론 외근 출장지, 회식, 기업 행사, 사적 공간, 사내 메신저, SNS(소셜 네트워크 서비스) 등 온라인 공간의 경우에도 해당될 수 있음
행위요건	• 직장에서의 지위 또는 관계 등의 우위를 이용할 것 – 직급상 지위의 우위뿐만 아니라 사실상 우위를 점하고 있는 모든 관계가 포함될 수 있음(개인 대 집단, 다수 대 소수, 연령, 학벌, 성별, 출신지역의 우위 등) – 직장에서의 지위나 관계 등의 우위를 이용하여 행위한 것이 아니면 직장 내 괴롭힘에 해당하지 않음 • 업무상 적정 범위를 넘는 행위일 것 – 지시나 주의, 명령행위의 모습이 폭행이나 과도한 폭언을 수반하는 등 사회 통념상 상당성을 결여하였다면 업무상 적정범위를 넘었다고 볼 수 있으므로 직장 내 괴롭힘에 해당함 – 문제되는 행위 자체가 업무상 필요하다고 볼 여지가 있더라도 사업장 내 동종 또는 유사 업무를 수행하는 근로자에 비하여 합리적 이유 없이 대상 근로자에게 이루어진 것이라면 사회 통념적으로 상당하지 않은 행위라고 볼 수 있음 • 신체적·정신적 고통을 주거나 근무환경을 악화시키는 행위일 것 – 그 행위로 인하여 피해자가 능력을 발휘하는 데 간과할 수 없을 정도의 지장이 발생하는 경우를 의미함 – 행위자의 의도가 없었더라도 그 행위로 신체적·정신적 고통을 받았거나 근무환경이 악화되었다면 인정될 수 있음

② 직장 내 성희롱

직장 내 성희롱이 성립되기 위해서는 ① 성희롱의 당사자 요건, ② 지위를 이용하거나 업무와의 관련성이 있는 경우, ③ 성적인 언어나 행동, 또는 이를 조건으로 하는 행위, ④ 고용상의 불이익을 초래하거나 성적 굴욕감을 유발하여 고용 환경을 악화시키는 경우를 충족해야 한다.

성희롱의 당사자 요건	가해자	• 남녀고용평등법상 거래처 관계자나 고객 등 제3자를 제외한, 고용 및 근로 조건에 관한 결정권한을 가지고 있는 사업주나 직장 상사를 비롯하여 동료 근로자와 부하직원까지 포함함 • 남녀차별금지 및 구제에 관한 법률에서는 공공기관 종사자뿐만 아니라 거래처 관계자나 고객도 포함함
	피해자	• 고객과 거래처 직원을 제외한, 모든 남녀 근로자 및 구직자를 포함함
지위를 이용하거나 업무와의 관련성이 있는 경우		• 업무와의 관련성은 근무 시간 내에 근무 장소에서 발생한 경우가 아니어도 인정될 수 있음

4. 일터에서의 비즈니스 매너

악수	• 오른손을 사용하고, 너무 강하게 쥐어짜듯이 잡지 않을 것 • 서로의 이름을 말하고 간단한 인사 몇 마디를 주고받는 정도의 시간 안에 끝낼 것 • 상대를 바로 바라보며 미소 지을 것 • 윗사람이 아랫사람에게, 여성이 남성에게 먼저 청할 것
소개	• 나이 어린 사람을 연장자에게 먼저 소개할 것 • 내가 속해 있는 회사의 관계자를 타 회사의 관계자에게 먼저 소개할 것 • 신참자를 고참자에게 먼저 소개할 것 • 동료를 고객, 손님에게 먼저 소개할 것
명함 교환	• 명함은 반드시 명함 지갑에 보관하되 넉넉하게 소지할 것 • 명함을 건넬 때는 일어서서 정중하게 인사한 뒤 회사명과 이름을 밝힐 것 • 명함은 왼손으로 받치고 오른손으로 건네도록 하며, 자신의 이름이 상대방을 향하도록 할 것 • 받은 명함은 바로 명함 지갑에 집어 넣지 않고 테이블 위나 명함 지갑 위에 올려 둔 뒤 대화하는 데 참고하는 것이 좋음 • 명함은 손아랫사람이 손윗사람에게 먼저 건네고, 상사와 함께라면 상사가 먼저 상대방에게 건넨 뒤에 건넬 것
전화	• 전화 걸 때는 걸기 전 상대방의 전화번호 · 소속 · 직급 · 성명 등을 확인하고 용건과 통화에 필요한 서류 등은 미리 준비해 둘 것 • 전화가 연결되면 담당자를 확인한 후 자신을 소개하며, 간결하고 정확하게 용건을 전달할 것 • 전화를 끊기 전 내용을 다시 한번 정리해 확인하고 담당자가 없을 때는 번호를 남길 것 • 전화를 받은 때는 벨이 3~4번 울리기 전에 받을 것 • 회사명과 부서명, 이름을 밝힌 뒤 상대방의 용건을 정확하게 확인할 것 • 용건에 즉답하기 어려우면 양해를 구한 뒤 회신 가능한 시간을 약속할 것 • 통화 담당자가 자리에 없으면, 자리를 비운 이유를 간단히 설명하고 통화 가능한 시간을 전달할 것 • 통화 담당자가 자리에 없을 경우에는 용건을 확인한 후 대신 처리할 수 있는 업무는 처리 후 담당자에게 정확한 처리 상황을 전달할 것
이메일	• 이메일을 쓸 때는 서두에 소속과 이름을 밝힐 것 • 업무 성격에 맞는 형식을 갖추고 간결하면서도 명확하게 쓸 것 • 메일 제목은 반드시 쓰고 간결하면서 핵심을 알 수 있게 작성하며, 메시지 또한 가능한 한 간결하게 작성하여 수신자가 빨리 읽고 제대로 응답할 수 있도록 할 것

개념확인문제

01 다음 ㉠~㉢에 들어갈 내용으로 적절한 것을 쓰시오.

㉠	국가나 사회 또는 남을 위하여 자신을 돌보지 아니하고 힘을 바쳐 애씀
㉡	민주 시민으로서 기본적으로 지켜야 하는 의무이며 생활 자세
㉢	일정한 생활 문화권에서 오랜 생활 습관을 통해 하나의 공통된 생활 방법으로 정립되어 관습적으로 행해지는 사회계약적인 생활 규범

㉠ – (　　　　) ㉡ – (　　　　) ㉢ – (　　　　)

02 다음 중 일터에서의 소개 매너로 가장 적절하지 않은 것을 고르시오.

① 나이가 어린 사람을 연장자에게 먼저 소개해야 한다.

② 내가 속해 있는 회사의 관계자를 타 회사의 관계자에게 먼저 소개해야 한다.

③ 신참자를 고참자에게 먼저 소개해야 한다.

④ 고객과 손님을 동료에게 먼저 소개해야 한다.

정답 및 해설

01 ㉠ – 봉사, ㉡ – 준법, ㉢ – 예절

02 ④ | 동료를 고객, 손님에게 먼저 소개해야 한다.

기출공략문제

하위능력: 직업윤리 **난이도**: ★☆☆ **대표출제기업**: 서울교통공사, 한국남부발전

01 다음 사례에서 김 계장에게 가장 필요한 직업윤리 덕목은?

> ○○구청 건축부서에서 근무하는 김 계장은 금년도부터 건축 허가 업무를 담당하고 있다. 김 계장은 건축 허가 시 검토해야 할 법령이 많아 이를 잘못 적용하거나 누락하는 실수를 할까 염려되어 상황별로 일일이 관계 법령을 찾아 검토하는 등 맡은 업무에 최선을 다하고 있다. 이로 인해 건축 허가 처리가 늦어지자 김 계장은 다음에는 좀 더 효율적으로 업무를 처리할 수 있도록 건축 허가와 관련된 법률을 항목별로 체계적으로 정리하는 등의 노력도 게을리하지 않았다. 그러던 중 김 계장은 지인으로부터 이미 심의가 끝난 아파트 단지 건설 계획안에 대해 추가 심의 없이 사업 내용 변경을 승인해 줄 수 있냐는 부탁을 받았다. 주요 변경사항은 증축으로, 증축할 경우 주민들이 일조권과 조망권을 침해받을 가능성이 커 보였지만, 지인의 부탁을 바로 거절하지 못하였다. 며칠 동안 고민하던 김 계장은 결국 별도의 심의 없이 사업 계획 변경을 승인해 주었으나 나중에 이러한 사실이 밝혀져 지금까지의 노력이 모두 물거품이 될까 노심초사하고 있다.

① 성실함 ② 책임감 ③ 협조성 ④ 창의성 ⑤ 청렴함

기출 포인트 해설 직업윤리 덕목

공직 생활을 하는 김 계장은 인·허가·면허 등을 처리하는 과정에서 받는 부정청탁 등을 거절해야 할 의무가 있음에도 불구하고 친분이 있는 지인의 부탁에 절차상 필요한 추가 심의를 생략하고 사업 내용 변경을 임의로 승인해 주었고 결과적으로 주민들이 피해를 볼 가능성이 커졌다.
따라서 사례의 김 계장에게 가장 필요한 직업윤리 덕목은 '청렴함'이다.

✔ 이것도 알면 합격
한국인들은 우리 사회에서 직업인이 갖추어야 할 중요한 직업윤리 덕목으로 책임감, 성실함, 정직함, 신뢰성, 창의성, 협조성, 청렴함 등을 강조한다.

정답 ⑤

하위능력: 직업윤리 **난이도**: ★★☆ **대표출제기업**: 서울교통공사, 한국남부발전

02 다음 사례에서 이 씨가 보여준 직업윤리의 기본 원칙으로 가장 적절한 것은?

지난달 원인을 알 수 없는 신빅 고장으로 침몰하는 선바에서 적극적으로 탑승객들을 탈출시킨 선장 이 씨가 국민들의 찬사를 받고 있다. 탑승객들은 그가 선박이 침몰하는 긴박한 상황에서도 침착하게 대피를 시켰을 뿐만 아니라 팔에 부상을 입었음에도 거동이 불편한 탑승객의 탈출을 도왔다며 그를 칭찬했다. 한편 이 씨의 직장 동료들은 그가 평소에도 자신에게 주어진 권한에 따르는 책임을 다하고 노력하는 모습을 보여 다른 직원들에게 모범이 되었다고 전한다. 현재 병원에서 입원 치료를 받고 있는 선장 이 씨는 자신의 롤 모델이 타이태닉호 참사 당시 많은 시민을 구하고 사망한 스미스 선장이라며, 항상 자신은 승객과 화물, 선체와 함께해야 할 운명이라고 생각해왔다고 말해 많은 이들을 감동시켰다. 그의 이러한 모습은 직업인들로 하여금 책임감에 대해 다시 한번 생각해 보는 기회를 제공한다.

① 객관성의 원칙 ② 고객중심의 원칙 ③ 전문성의 원칙
④ 정직과 신뢰의 원칙 ⑤ 공정경쟁의 원칙

기출 포인트 해설 | 직업윤리의 기본 원칙

이 씨는 선장으로서 탑승객의 안전을 최우선으로 생각하고 이를 실천하였으므로 이 씨가 보여준 직업윤리의 기본 원칙은 고객에 대한 봉사를 최우선으로 생각하고, 현장 중심, 실천 중심으로 일하는 원칙을 의미하는 '고객중심의 원칙'이 가장 적절하다.

이것도 알면 합격

직업윤리의 기본 원칙
- **객관성의 원칙**: 업무의 공정성을 바탕으로 공사 구분을 명확히 하고, 모든 것을 숨김없이 투명하게 처리하는 것
- **고객중심의 원칙**: 고객에 대한 봉사를 최우선으로 생각하고 현장 중심, 실천 중심으로 일하는 것
- **전문성의 원칙**: 자기 업무에 전문가로서의 능력과 의식을 가지고 책임을 다하며, 능력을 연마하는 것
- **정직과 신용의 원칙**: 업무와 관련된 모든 것을 숨김없이 정직하게 수행하고, 본분과 약속을 지켜 신뢰를 유지하는 것
- **공정경쟁의 원칙**: 법규를 준수하고, 경쟁원리에 따라 공정하게 행동하는 것

정답 ②

하위능력: 근로윤리 **난이도**: ★☆☆ **대표출제기업**: 서울교통공사

03 다음 중 근면에 대한 설명으로 가장 적절하지 않은 것은?

① 근면은 외부로부터 강요당한 근면과 스스로 자진해서 하는 근면으로 나눌 수 있다.
② 삶을 유지하기 위해 열악한 노동조건 아래에서 기계적으로 일한 것은 강요당한 근면에 해당한다.
③ 스스로 자진해서 하는 근면을 위해서는 능동적이고 적극적인 태도가 바탕이 되어야 한다.
④ 앞으로의 근면은 외부로부터 요구되는 노동을 수행하기 위한 근면으로 구현될 필요성이 커질 것이다.
⑤ 근면과 관련되어 "이 세상에서 가장 한심한 것은 할 일이 없는 것이다."라는 탈무드의 말이 있다.

기출 포인트 해설 근면의 이해

앞으로의 근면은 조직이나 타인 등 외부로부터 요구되는 일과 노동을 수행하기 위한 근면보다는 개인의 성장과 자아의 확립, 행복하고 자유로운 삶을 살기 위한 근면으로 구현될 필요가 있으므로 가장 적절하지 않다.

이것도 알면 합격

근면과 관련된 말

- 성공도 실패도 하나의 버릇에서 온다. (유대인의 속담)
- 이 세상에서 가장 한심한 것은 할 일이 없는 것이다. (탈무드)
- 눈물을 흘리며 씨를 뿌리는 자는 기쁨으로 거두리로다. (성경의 시편)

정답 ④

하위능력: 공동체윤리 난이도: ★☆☆ 대표출제기업: 서울교통공사

04 다음 사례의 甲을 통해 확인할 수 있는 공동체윤리의 구성요소로 가장 적절한 것은?

> 신호 위반 차량을 목격한 경찰관 甲은 해당 차량을 멈춰 세웠다. 甲은 상황 파악을 위해 창문을 열어 운전자를 확인하였고, 신호 위반 사실과 함께 범칙금을 납부할 것을 고지하였다. 이를 듣고만 있던 운전자는 차에서 내려 甲에게 해당 차량은 현재 공무 수행 중임을 밝히며, 없던 일로 처리해 줄 것을 요구하였다. 甲은 운전자에게 어떤 업무를 수행하는 중인지 물어 통행 특례 해당 여부를 확인하고자 하였으나 운전자는 정확하게 대답하지 못하고 우물쭈물하는 모습을 보였다. 이에 대해 甲은 원칙대로 운전자에게 교통법규를 위반한 사람은 예외 없이 교통위반 범칙금을 납부해야 한다는 사실을 고지하며, 해당 차량에 교통위반 범칙금 스티커를 발부하였다.

① 봉사 ② 상호존중 ③ 책임의식 ④ 준법 ⑤ 예절

기출 포인트 해설 준법

시민들의 안전과 교통질서 유지를 위해 신호 위반 차량을 단속하던 경찰관 甲은 자신이 발견한 신호 위반 차량의 운전자로부터 공무 수행 중임을 핑계로 신호 위반 사실을 없던 일로 처리해 달라는 요청을 받았으나 해당 사실을 명확히 확인한 후 원칙대로 범칙금 스티커를 발부함으로써 누구에게나 예외 없이 민주 시민으로서 지켜야 하는 기본 의무를 적용하는 정신을 보이고 있다.
따라서 제시된 사례의 甲을 통해 확인할 수 있는 공동체윤리의 구성요소로 가장 적절한 것은 '준법'이다.

정답 ④

하위능력: 공동체윤리 **난이도**: ★☆☆ **대표출제기업**: 한국가스안전공사, 한국남부발전

05 다음 A 씨의 행동 중 명함을 교환할 때의 예절로 가장 적절하지 않은 것은?

① 자신보다 직무상 상위에 있는 협력업체 직원을 만난 A 씨는 상대방보다 먼저 명함을 꺼냈다.

② 업무상 명함을 교환할 일이 많은 A 씨는 자신의 명함이 들어있는 명함 지갑을 항상 소지하고 다니며, 상대방에게 받은 명함도 함께 명함 지갑에 보관한다.

③ 상대방과 동시에 명함을 꺼낸 A 씨는 오른손으로 명함을 건네고 왼손으로 상대방의 명함을 받았다.

④ A 씨는 명함을 건네며 근황을 묻는 상대방의 말에 집중하기 위해 건네받은 명함을 바로 호주머니에 넣었다.

⑤ A 씨는 상대방에게 명함을 건네받을 때마다 명함에 관해 한두 마디 정도의 대화를 한다.

기출 포인트 해설 | **명함 교환 매너**

상대방으로부터 받은 명함은 즉시 호주머니에 넣지 않는 것이 매너이므로 가장 적절하지 않다.

이것도 알면 합격

명함 교환 매너

- 명함은 반드시 명함 지갑에서 꺼내고 상대방에게 받은 명함도 명함 지갑에 넣을 것
- 상대방에게서 명함을 받으면 받은 즉시 호주머니에 넣지 않을 것
- 명함은 하위에 있는 사람이 먼저 꺼내도록 하며 상위자에 대해서는 왼손으로 가볍게 받쳐 건넬 것
- 명함을 받으면 그대로 집어넣지 말고 명함에 관해서 한두 마디 대화를 건넬 것
- 명함을 맞교환할 때는 왼손으로 받고, 오른손으로 건넬 것
- 명함은 새것을 사용할 것
- 명함에 부가 정보는 상대방과의 만남이 끝난 후 적을 것

정답 ④

출제예상문제

• 시작과 종료 시각을 정한 후, 실제 시험처럼 문제를 풀어보세요.
　　　시　　　분 ~　　　시　　　분 (총 10문항/10분)

01 **다음 중 윤리에 대한 설명으로 적절하지 않은 것은 모두 몇 개인가?**

(가) 사람이 윤리적으로 살아야 하는 이유는 윤리적으로 살 때 개인의 행복뿐만 아니라 모든 사람의 행복을 보장할 수 있기 때문이다.
(나) 윤리적인 인간은 공동의 이익을 추구하고 도덕적 가치 신념을 기반으로 형성된 사람이다.
(다) 모든 윤리적인 규범은 만고불변의 진리이기 때문에 시대와 사회 상황이 변한다고 해서 따라 변하는 것은 아니다.
(라) 윤리적 규범은 공동생활과 협력을 필요로 하는 인간생활에서 형성되는 공동행동의 룰을 기반으로 형성된다.
(마) 윤리의 '윤(倫)'은 다스리다, 바르다, 가리다, 밝히다 등 여러 가지 의미를 내포하고 있다.
(바) 윤리의 '리(理)'는 동료, 친구, 무리, 또래 등의 인간 집단 등을 뜻하기도 하고 길, 도리, 질서, 차례 등을 뜻하기도 한다.
(사) 윤리는 두 사람 이상이 있어야 존재하는 말로, 혼자 있을 때는 의미 없는 말이 되기도 한다.

① 2개　② 3개　③ 4개　④ 5개　⑤ 6개

02 다음 (가)~(다)에 해당하는 직업윤리의 덕목을 바르게 연결한 것은?

> (가) 자신이 맡은 일이 하늘에 의해 맡겨진 일이라고 생각하는 태도
> (나) 자신이 하고 있는 일이 사회나 기업을 위해 중요한 역할을 하고 있다고 믿고 자신의 활동을 수행하는 태도
> (다) 자신의 일이 자신의 능력과 적성에 꼭 맞는다 여기고 그 일에 열성을 다해 성실히 임하는 태도

	(가)	(나)	(다)
①	소명의식	천직의식	직분의식
②	소명의식	직분의식	천직의식
③	소명의식	책임의식	직분의식
④	천직의식	직분의식	소명의식
⑤	천직의식	소명의식	직분의식

03 다음 글을 읽고 (가)~(라)에 해당하는 기업의 사회적 책임을 바르게 연결한 것은?

> 기업의 사회적 책임은 기업의 이해 관계자들이 기업에 요구하는 사회적 의무를 다하기 위한 자발적인 활동을 의미하는 것으로, 사회에 긍정적인 영향을 미치는 기업의 사회적 책임에는 경제적 책임, 자선적 책임, 법적 책임, 윤리적 책임이 있다.

> (가) 사회가 요구하는 바에 의해 규정된 윤리적 기준을 자발적으로 따라 기업 경영을 운영해야 한다는 것으로, 법으로 강제되지는 않지만 도덕적 기준에 부합하는 행동을 해야 함을 의미한다.
> (나) 기업에 요구되는 가장 기본적인 책임으로, 기업의 존재 목적이자 본연의 임무인 이윤을 창출해야 함을 의미한다.
> (다) 기업의 경영 활동이 법이 정한 범위 안에서 이루어져야 함을 의미하는 것으로, 기업의 경영 활동이 사회에 부정적인 영향을 미치지 않는 적법한 방법을 준수해야 하는 책임을 말한다.
> (라) 이윤 추구와는 직접적인 관련이 없는 문화 활동, 기부 활동, 자원봉사 등을 자발적으로 행하여 사회에 공헌하는 활동을 의미한다.

	(가)	(나)	(다)	(라)
①	자선적 책임	법적 책임	경제적 책임	윤리적 책임
②	자선적 책임	윤리적 책임	경제적 책임	법적 책임
③	윤리적 책임	법적 책임	경제적 책임	자선적 책임
④	윤리적 책임	자선적 책임	법적 책임	경제적 책임
⑤	윤리적 책임	경제적 책임	법적 책임	자선적 책임

04 다음 중 악수 매너로 가장 적절하지 않은 것은?

① 악수하면서 왼손을 주머니에 넣거나 다른 사람을 보는 행위는 아주 무례한 행동임을 염두에 두어야 한다.

② 악수는 오른손으로 하는 것이 일반적이나 격려의 의미로 두 손으로 하는 경우도 있다.

③ 악수는 전문성, 진실성, 신뢰성을 느끼게 하는 신체상의 접촉이며, 악수할 때는 반드시 상대와 눈을 맞추고 미소를 띈 얼굴로 해야 한다.

④ 악수는 힘 있게 해야 하지만, 너무 세게 잡아 상대방이 아픔을 느끼게 하거나 너무 오래 잡고 흔들어서는 안 된다.

⑤ 악수는 기본적으로 아랫사람이 먼저 요청해야 하므로 후배가 선배에게 악수를 청하는 게 일반적이다.

05 다음 글의 ㉠, ㉡에 들어갈 근로윤리를 바르게 연결한 것은?

근로윤리 중 하나인 (㉠)은 신뢰를 형성하고 유지하는 데 가장 기본적이고 필수적인 규범으로, 사람과 사람이 함께 살아가는 사회 시스템을 유지하기 위해서 필수적으로 요구된다. 또한 (㉡)은 강한 책임감과 목표 지향적 행동을 촉진하는 것으로, 자신의 생각을 그대로 말로 표현하며, 이를 일상생활에서 행동으로 실천하도록 이끈다.

① ㉠ – 근면, ㉡ – 정직　② ㉠ – 근면, ㉡ – 성실　③ ㉠ – 정직, ㉡ – 근면
④ ㉠ – 정직, ㉡ – 성실　⑤ ㉠ – 성실, ㉡ – 정직

06 다음 중 정직하지 못한 행위로 인한 사회적 손실에 대한 설명으로 적절한 것을 모두 고르면?

㉠ 개인의 이득을 위해 정직하지 못한 행위는 사회 전체 시스템의 정상적인 작동을 방해하여 사회에 막대한 손해를 불러일으킬 수 있다.
㉡ 정직하지 못한 행위로 인한 부패의 원인에는 윤리의식의 부재, 효율적인 사회 시스템의 미비, 공사 구분을 모호하게 하는 문화적인 특성 등이 있다.
㉢ 정직하지 못한 행위로 인해 발생한 사회비용은 행위의 당사자뿐만 아니라 결국 국민 모두가 함께 지불하게 되는 결과를 불러일으킨다.
㉣ 정직하지 못한 행위는 수행해야 할 업무를 사적인 목적과 부합되는 기준으로만 판단하지 않고 공적인 이익과 결부시켜 판단하고 실행함으로써 비롯된 문제이다.

① ㉠, ㉡　　② ㉠, ㉢　　③ ㉡, ㉣
④ ㉠, ㉡, ㉢　　⑤ ㉠, ㉡, ㉢, ㉣

07 다음은 우리 사회의 성실성에 대한 팀원들의 의견이다. 다음 중 우리 사회의 성실성에 대한 발언으로 가장 적절하지 않은 것은?

S 사원: ① 현대 사회에서는 창조, 변혁, 개혁, 혁신 등의 가치가 강조됨에 따라 성실한 사람은 진취성이 부족하거나 창조성이 결여된 사람으로 평가받기도 해요.
L 사원: 맞아요. 그렇지만 일각에서는 성실이 현대 사회의 주요한 사회적 자본으로 부각되고 있어요.
G 사원: ② 사회적 자본이 사회 구성원들이 힘을 모아 공동 목표를 효율적으로 추구할 수 있도록 돕는 자본을 의미한다는 점에서 성실의 중요성이 부각되는 거겠죠.
K 사원: 함께 일하고 싶은 동료로 성실하고 책임감 강한 사람이 꼽히는 것도 그러한 사실을 뒷받침할 수 있어요.
H 사원: ③ 성실한 사람들은 진리에 부합하는 사고를 하려고 하며 이를 말로 표현함과 동시에 실천하기 위해 끊임없이 노력하는 모습을 보였어요.
T 사원: ④ 한편으로는 생각과 행동의 일치 등 성실성 결핍으로 인한 문제가 드러나는 사람이 증가하면 우리 사회에 여러 문제가 발생할 수 있죠.
P 사원: ⑤ 결과적으로 우리 사회에 성실하지 않은 사람들이 많아진다면 위법 행위가 만발하고, 더 나아가 사회 전반에 악영향을 끼치게 되겠네요.

08 **다음은 ○○기업 외부 강사인 윤 씨가 작성한 제조물 책임법에 대한 교육자료이다. 윤 씨가 작성한 교육자료를 읽고 이해한 내용으로 가장 적절하지 않은 것은?**

▌제조물 책임법의 의미

'제조물 책임법'은 제조물의 결함으로 인하여 소비자 또는 제삼자에게 생명, 신체, 재산상의 손해가 발생했을 경우 해당 제조물의 제조업자나 판매업자에게 손해 배상책임을 지게 하는 것을 의미한다.

▌제조물의 의미

법의 적용 대상인 제조물은 제조·가공된 동산이며, 다른 동산이나 부동산의 일부를 구성하는 경우를 포함한다.

▌제조물 책임법에서 사용하는 '결함'의 의미

'결함'이란 제조상·설계상 또는 표시상의 결함이 있거나 그 밖에 통상적으로 기대할 수 있는 안전성이 결여되어 있는 것을 말한다.

- '제조물의 결함'이란 제조업자가 제조물에 대하여 제조상·가공상의 주의의무를 이행하였는지와 관계없이 제조물이 원래 의도한 설계와 다르게 제조·가공됨으로써 안전하지 못하게 된 경우를 말한다.
- '설계상의 결함'이란 제조업자가 합리적인 대체설계를 채용하였더라면 피해나 위험을 줄이거나 피할 수 있었음에도 대체설계를 채용하지 아니하여 해당 제조물이 안전하지 못하게 된 경우를 말한다.
- '표시상의 결함'이란 제조업자가 합리적인 설명·지시·경고 또는 그 밖의 표시를 하였더라면 해당 제조물에 의하여 발생할 수 있는 피해나 위험을 줄이거나 피할 수 있었음에도 이를 하지 아니한 경우를 말한다.

① '제조물의 결함'이란 제조업자가 제조물에 대하여 제조·가공상의 주의의무를 이행하였는지와 관계없이 제조물이 원래 의도한 설계와 다르게 제조·가공됨으로써 안전하지 못하게 된 경우를 말한다.

② '설계상의 결함'이란 제조업자가 합리적인 대체설계를 채용하였더라면 피해나 위험을 줄이거나 피할 수 있었음에도 대체설계를 채용하지 아니하여 해당 제조물이 안전하지 못하게 된 경우를 말한다.

③ '제조물'이란 제조되거나 가공된 동산을 뜻하는 것으로 다른 동산이나 부동산의 일부를 구성하는 경우는 제외된다.

④ '표시상의 결함'이란 제조업자가 합리적인 설명, 지시, 경고 또는 그 밖의 표시를 하였더라면 해당 제조물에 의하여 발생할 수 있는 피해나 위험을 줄이거나 피할 수 있었음에도 이를 하지 아니한 경우를 말한다.

⑤ 제조업자는 제조물의 결함으로 생명, 신체 또는 재산에 손해를 입는 자에게 그 손해를 배상해야 한다.

09 **다음 중 봉사와 책임의식에 대한 설명으로 적절한 것을 모두 고르면?**

> ㉠ 자원봉사로 한정하던 과거의 봉사와 달리 현대의 봉사는 상대방에게 도움이나 물건을 제공하는 일을 총칭한다.
> ㉡ 현대 사회의 직업인에게 책임의식은 직업에 대한 사회적 역할과 책무를 충실히 수행하고 책임지려는 태도이며, 무슨 일이 있어도 맡은 업무를 모두 수행해 내는 자세를 의미한다.
> ㉢ 현대 사회의 직업인에게 봉사는 고객의 가치를 최우선으로 하는 고객 서비스 개념으로 이해되기도 한다.
> ㉣ 책임의식은 사전상 국가나 사회 또는 남을 위하여 자신을 돌보지 아니하고 힘을 바쳐 애씀으로 정의된다.

① ㉠, ㉡ ② ㉡, ㉢ ③ ㉢, ㉣ ④ ㉠, ㉡, ㉣ ⑤ ㉠, ㉢, ㉣

10 **귀하는 사내에서 예절 교육을 담당하고 있다. 신입사원 A~E를 대상으로 교육을 진행한 후 자유롭게 토론해 보라고 하였을 때, 다음 중 일터에서의 바람직한 전화 매너에 대해 이해한 내용이 가장 적절한 사람은?**

① A 사원: "통화 도중 상대방의 이름을 부르는 것은 삼가는 게 좋아요. 상대방은 자신이 누구인지 확인하려고 한다는 느낌을 받을 수 있거든요."
② B 사원: "필요한 정보를 얻기 위해 전화를 건 경우에는 가급적 얻고자 하는 내용을 미리 메모해 두지 않는 것이 좋아요. 오히려 다양한 정보를 얻는 것을 방해해 틀에 박힌 정보만 얻게 될 수 있거든요."
③ C 사원: "상대방으로부터 전달받은 용건은 전화를 끊은 후 정리해야 하며, 통화 중에는 상대방이 요건 전달에만 집중할 수 있도록 질문은 삼가는 것이 좋아요."
④ D 사원: "통화하기 전에 상대방과 통화 연결이 원활하지 않을 경우를 대비하여 다른 사람에게 메시지를 전달할 수 있도록 준비해야 해요."
⑤ E 사원: "통화 담당자가 자리를 비운 경우에는 대신 전화를 받아 자리를 비운 이유만 간단히 설명하다록 하고 용건은 가급적 묻지 않도록 해야 해요."

약점 보완 해설집 p.39

해커스공기업 NCS 모듈형 통합 기본서
이론 + 실전모의고사

ejob.Hackers.com

PART 02

NCS 실전모의고사

실전모의고사 **1회** 영역 분리형

실전모의고사 **2회** 영역 분리형 고난도

실전모의고사 **3회** 순차 통합형

실전모의고사 **4회** 순차 통합형 고난도

실전모의고사 **5회** 영역 혼합형

실전모의고사 **6회** 영역 혼합형 고난도

실전모의고사
1회

영역 분리형

- 영역 분리형 시험은 문제가 영역별 순서대로 제시되며, 영역이 구분되어 있습니다.
- NCS 직업기초능력평가 전 영역 총 50문제로 구성되어 있으며, 60분 이내에 풀어야 합니다
- 시작과 종료 시각을 정한 후, 실전처럼 모의고사를 풀어보세요.

시 분 ~ 시 분 (총 50문항/60분)

의사소통능력

01. **OO공사 인사과의 신입사원들은 직장 내 원활한 의사소통을 위한 교육에 참석한 후 서로 의견을 공유하는 시간을 가졌다. 다음 중 의사소통능력에 대한 설명이 적절하지 않은 사람을 모두 고르면?**

> A: 직장 내에서는 기획서나 보고서 등 문서를 통한 의사소통이 활발하게 이루어지기 때문에 문서작성능력이나 문서이해능력을 함양하는 것이 좋아요.
> B: 그렇죠. 이때 문서를 통한 의사소통은 언어적 의사소통보다 정확하게 표현하기 쉽다는 장점이 있어요.
> C: 하지만 문서적 의사소통은 보존성이 매우 낮기 때문에 언어적 의사소통으로 그 한계를 극복해야 할 때도 있어요.
> D: 언어적 의사소통에서 가장 중요한 것은 상대방의 이야기를 경청하여 이해하고, 이에 대해 적절하게 반응하는 능력이에요.
> E: 맞아요. 또한, 언어적 의사소통은 유동적인 특성이 있어 대화 중에 상대방을 바로 설득할 수 있다는 것이 엄청난 장점인 것 같아요.

① B ② C ③ A, D ④ C, E ⑤ A, B, E

02. **다음 중 효과적인 경청 방법에 대한 설명으로 가장 적절하지 않은 것은?**

① 수업을 듣기 전에 미리 수업계획서를 읽어 수업에 등장할 용어에 친숙해지도록 준비한다.
② 상대방의 입장에서 생각하는 태도가 필요하므로 상대방이 전달하는 메시지를 나와 분리하여 생각한다.
③ 대화를 하는 동안 시간 간격이 있을 때는 상대가 다음에 무엇을 말할지 추측하기 위해 노력한다.
④ 상대방이 전달하려는 메시지를 이해할 수 있도록 대화 도중 주기적으로 대화의 내용을 요약한다.
⑤ 질문에 대한 답변을 즉각적으로 받을 수 없더라도 상대방의 말에 집중하며 적극적으로 질문한다.

03. **귀하는 신제품 출시에 관한 프레젠테이션을 마친 후 상사로부터 발표 시 '쉼'을 적절히 사용하지 못하는 것 같다는 피드백을 받았다. 다음 중 귀하가 '쉼'과 관련하여 받은 피드백의 내용으로 가장 적절하지 않은 것은?**

① 양해를 구하거나 동조, 반문이 필요할 경우 '쉼'을 활용할 수 있다.
② 이야기 도중의 '쉼'은 내용을 생략하는 의미이거나 반성의 태도로도 볼 수 있다.
③ 발표 시 다음 말을 생각할 수 있는 시간을 확보하기 위해서 '쉼'을 활용하기도 한다.
④ 이야기의 전이가 필요한 시점에 '쉼'을 활용하여 자연스럽게 이야기를 전환할 수 있다.
⑤ 대화 중간에 상대방에게 여운을 남기기 위해 '쉼'을 통해 잠깐 말을 끊을 수 있다.

04. 다음 중 업무 현장에서 요구하는 문서이해능력에 대한 설명으로 가장 적절하지 않은 것은?

① 문서에 주어진 정보를 이해하여 자신에게 필요한 행동을 추론해내는 능력이 필요하다.
② 자료에 나타난 도표, 수, 기호 등을 이해하고 표현할 수 있는 능력이 필요하다.
③ 문서에 나타난 타인의 의견을 무조건 수용하는 태도가 필요하다.
④ 주어진 문서를 읽고 이해할 수 있는 능력이 필요하다.
⑤ 문서에 수록된 정보를 확인하여 알맞은 정보를 구별해내는 능력이 필요하다.

05. 다음 글의 제목으로 가장 적절한 것은?

팽이치기는 단단한 나무로 만든 팽이를 닥나무 껍질이나 실을 꼬아 만든 팽이채로 치는 전통 놀이이다. 팽이채로 팽이에 힘을 가하면 처음에는 팽이가 넘어지는 것처럼 보이지만, 이내 똑바로 서서 정지할 때까지 회전한다. 일반적으로 회전하는 팽이는 공기 저항 및 바닥과의 마찰력으로 인해 속도가 줄어들기 전까지 계속 돌 수 있으며, 회전력이 약해져 쓰러지려는 팽이도 팽이채로 회전력을 더해주면 구심력이 커져 다시 회전하게 된다. 팽이가 쓰러지지 않고 계속 회전하는 이유는 팽이가 가진 '회전 관성' 때문이다. 이는 회전하는 물체가 회전축을 계속 유지하려고 하는 특성으로, 물체가 외부의 힘을 받지 않으면 처음의 운동 상태를 유지하려는 성질과 비슷한 원리이다. 한편 회전하고 있는 팽이에 외부의 힘을 가할 때 팽이가 넘어지지 않고 기울어진 채로 회전하는 것을 종종 볼 수 있다. 이는 팽이가 회전축을 중심으로 도는 것이 아닌, 팽이의 회전축 자체가 돌기 때문이다. 즉, 팽이가 기울면서 함께 기울어진 축이 원래의 방향을 유지하려는 성질로 인해 새로운 중심을 기준으로 다시 회전하는 것이다. 이처럼 회전하는 물체의 회전축이 어떤 움직이지 않는 축의 둘레를 도는 현상을 '세차 운동'이라고 한다. 이러한 세차 운동의 또 다른 예로는 자전축을 중심으로 회전하는 지구를 들 수 있다.

① 전통 팽이치기의 놀이 방법
② 회전 관성과 세차 운동의 공통점
③ 회전력과 마찰력의 상관관계
④ 회전하는 팽이의 과학적 원리
⑤ 세차 운동이 팽이에 미치는 영향

06. 다음 글을 읽고 이해한 내용으로 가장 적절하지 않은 것은?

> ADHD는 주로 아동기에 많이 나타나는 증상으로, 충동적인 행동을 하거나 집중력이 오래가지 못해 산만한 상태를 일컫는다. 물론 산만한 행동은 아동에게서 나타나는 보편적인 현상이므로 어느 정도 당연한 것으로 봐야 하지만, 일상생활이 어려울 만큼 그 정도가 지나치다면 ADHD를 의심해봐야 한다. ADHD 아동들은 집중력이 부족해 수업 시간에 자리에서 일어나 이리저리 돌아다녀 곧잘 지적을 받는다. 또한, 투정이 잦고 불안해하는 모습을 보이기도 한다. 전문가들은 집중력을 관할하는 뇌 부위의 활성도가 낮은 것을 ADHD가 나타나는 이유로 들고 있으며, 때로는 산모의 흡연이나 음주, 해로운 음식 첨가물처럼 환경적 부분에서 원인을 찾기도 한다. 그러나 아직 ADHD가 나타나는 정확한 원인은 밝혀지지 않고 있다. 한편 ADHD는 방치하면 청소년기나 성인기까지 그 증상이 남을 수 있어 적절한 치료가 필요한데, 대표적인 방법에는 약물치료가 있다. 약물치료를 받으면 큰 효과를 볼 수는 있으나 그것만으로는 완전한 치료가 불가능하므로 각 아이에게 맞게 놀이치료, 사회성치료, 부모 교육과 같은 다양한 치료법을 병행할 필요가 있다.

① 약물치료를 지속적으로 받으면 ADHD를 완치할 수 있다.

② 성인임에도 ADHD 증상을 가지고 있는 경우가 있다.

③ 아동의 ADHD 발병 원인이 부모에게만 있다고 보기는 어렵다.

④ ADHD의 원인은 아직까지 명확히 규명되지 않았다.

⑤ 집중력이 부족한 아동을 무조건 ADHD로 판단해서는 안 된다.

수리능력

07. 다음 제시된 상황을 그래프로 표현할 때, ㉠과 ㉡의 상황에 가장 적합한 그래프 종류는?

화장품 회사에서 상품별 마케팅전략을 세우기 위해 작년 1년간 매출액 추이를 살펴보았다. 먼저 ㉠ 1년간 총매출액에서 상품 유형별 매출액이 각각 어느 정도의 비중을 차지하는지 살펴본 후 가장 큰 비중을 차지하는 상품을 전략적으로 판매하려고 한다. 또한, ㉡ 1~4분기의 상품 유형별 매출액을 확인하여 전체 상품 유형의 총매출액이 가장 높은 시기에 매출액이 가장 높은 유형의 상품을 집중적으로 제공할 수 있는 마케팅전략을 세우려고 한다.

	㉠	㉡
①	원 그래프	층별 그래프
②	층별 그래프	원 그래프
③	선 그래프	층별 그래프
④	원 그래프	선 그래프
⑤	막대 그래프	선 그래프

08. 다음 숫자가 규칙에 따라 나열되어 있을 때, 빈칸에 들어갈 알맞은 것을 고르면?

(　　) 112 113 108 27 28 24 6 7 4

① 448　② 306　③ 224　④ 113　⑤ 107

09. 인원이 39명인 어느 단체에서 대표를 선출하려고 한다. 후보자는 A를 포함하여 총 4명이며, 후보자 4명 중 1명에게만 투표하여 득표수가 많은 순서대로 3명의 대표를 선출하려고 한다. A가 대표로 선출되는 것이 확실시되려면 A의 득표수는 최소 몇 표여야 하는가? (단, 후보자들은 투표에 참여하지 않으며, 기권이나 무효표는 없다고 가정한다.)

① 7표 ② 8표 ③ 9표 ④ 10표 ⑤ 11표

10. 2학년 3반이 100m 달리기에서 우승하지 못할 확률은 40%이고, 400m 계주에서 우승할 확률은 50%라고 한다. 이때 2학년 3반이 두 종목에서 모두 우승할 확률은?

① 5% ② 10% ③ 20% ④ 30% ⑤ 50%

[11-12] 다음은 예비군 훈련 현황을 나타낸 자료이다. 각 물음에 답하시오.

[예비군 훈련 유형별 대상자 수]

(단위: 천 명)

구분	2015년	2016년	2017년	2018년	2019년
동원훈련	452	554	578	540	403
동미참훈련	346	395	371	390	406
기본훈련	1,099	1,042	1,055	1,037	970
작계훈련	1,726	1,741	1,716	1,193	1,105
전체	3,623	3,732	3,722	3,160	2,884

[예비군 훈련 참석률]

(단위: %)

2015년	2016년	2017년	2018년	2019년
94.1	91.7	94.7	93.5	93.6

※ 훈련 참석률: $\frac{\text{전체 예비군 훈련 참석자 수}}{\text{전체 예비군 훈련 대상자 수}} \times 100$

11. 다음 중 자료에 대한 설명으로 옳은 것은?

① 2016년 이후 기본훈련과 작계훈련 대상자 수의 전년 대비 증감 추이는 서로 반대이다.
② 2015년 예비군 훈련 불참자가 모두 동원훈련 대상자에 속한다면, 전체 예비군 훈련 대상자 수 대비 동원훈련 참석률은 7% 이상이다.
③ 제시된 기간 중 예비군 훈련 참석률이 가장 높은 해에 전체 예비군 훈련 대상자 수도 가장 많다.
④ 2018년 전체 예비군 훈련 대상자 수 중에서 기본훈련 대상자 수가 차지하는 비중은 약 32.8%이다.
⑤ 예비군 훈련 유형 중에서 대상자 수가 많은 순서대로 유형별 순위를 매기면 매년 동일하다.

12. 동미참훈련 대상자 수가 처음으로 400천 명을 넘은 해의 예비군 훈련 불참자 수는 3년 전과 비교하여 약 얼마나 감소하였는가? (단, 소수점 첫째 자리에서 반올림하여 계산한다.)

① 105천 명 ② 115천 명 ③ 125천 명 ④ 135천 명 ⑤ 145천 명

문제해결능력

13. 다음 〈보기〉에서 설명하고 있는 용어로 가장 적절한 것은?

〈보기〉

- 원활한 업무수행을 위해 해결되어야 하는 질문이나 의논사항
- 해결하기를 원하지만, 해결 방법을 모르고 있는 상태
- 얻고자 하는 해답이 있지만, 해답을 얻는 데 필요한 행동을 알지 못하는 상태

① 문제 ② 문제해결 ③ 논리적 사고 ④ 문제점 ⑤ 비판적 사고

14. 다음 중 창의적 문제에 대한 설명으로 가장 적절한 것은?

① 창의적 문제는 현재의 문제점이나 미래에 나타날 것으로 예견되는 것으로, 문제 자체가 명확히 드러난다.
② 창의적 문제의 해결을 위해서 이성적이며 직관적인 태도는 지양해야 한다.
③ 창의적 문제는 현안을 분석하여 이를 논리적인 방법을 통해 해결해야 한다.
④ 창의적 문제는 객관적이며, 공통적, 정량적이라는 특징이 나타난다.
⑤ 창의적 문제를 해결하기 위해서는 창출된 여러 해답 중 가장 나은 것을 선택하는 것이 유리하다.

15. 다음 ㉠~㉤은 문제해결절차의 각 단계에 해당하는 설명이다. 문제해결절차에 따라 ㉠~㉤을 순서대로 바르게 나열한 것은?

㉠ 문제의 원인을 가장 효과적으로 해결할 수 있는 방안을 수립한다.
㉡ 해결이 필요한 전체 문제를 파악하여 우선순위를 부여한 문제의 목표를 정한다.
㉢ 핵심문제에 대한 분석을 통해 원인을 도출한다.
㉣ 선정된 문제를 분석하여 해결해야 할 것이 무엇인지를 명확히 한다.
㉤ 실제 상황에 적용하여 실행함으로써 문제의 원인이 된 요소를 제거한다.

① ㉠ → ㉢ → ㉣ → ㉡ → ㉤
② ㉡ → ㉠ → ㉤ → ㉢ → ㉣
③ ㉡ → ㉣ → ㉢ → ㉠ → ㉤
④ ㉢ → ㉡ → ㉠ → ㉣ → ㉤
⑤ ㉢ → ㉣ → ㉡ → ㉤ → ㉠

16. 현 팀장은 최근 고객의 불만사항이 많이 유입되고 있어 고객의 요구를 기존보다 자세히 조사할 필요성을 느꼈다. 다음은 현 팀장이 진행할 조사 방법을 정리한 자료일 때, 제시된 자료에서 설명하고 있는 고객 요구 조사 방법으로 가장 적절한 것은?

> 1. 조사 방법
> 1) 현 팀장은 조사할 대상인 고객들의 명단을 파악한 후, 모든 고객과 일대일로 이야기를 나눈다.
> 2) 현 팀장은 고객 1명당 30분에서 1시간 정도의 시간을 소요하여 고객의 요구사항에 영향을 미치지 않도록 편안한 분위기를 조성해야 한다.
> 3) 첫 번째 질문을 하고 난 후 조사 전 미리 수립한 진행 과정과 조사 주제에 대한 개략적인 윤곽에 맞춰 면접을 진행한다.
>
> 2. 기대효과
> 현 팀장과 고객 간의 일대일 대면 접촉을 통해 고객에게 잠재되어 있는 동기 및 신념, 태도 등을 발견할 수 있으며, 고객으로부터 조사 주제에 대한 정보를 수집할 수 있다.
>
> 3. 장점
> 1) 다른 방법을 통해 포착할 수 없는 심층적인 정보를 경험적으로 얻을 수 있다.
> 2) 고객들로부터 의도하지 않은 독특한 정보를 얻을 수 있다.
> 3) 수집된 자료를 자가 진단과 평가, 매뉴얼 및 사례로 활용할 수 있다.
> 4) 성과와 관련된 실제적이고 구체적인 것을 얻을 수 있다.
>
> 4. 단점
> 1) 인터뷰 시간을 집중적으로 투입해야 하며 비용이 많이 소모된다.
> 2) 현 팀장에게 철저한 인터뷰 기법과 훈련이 요구된다.
> 3) 인터뷰 결과를 사실과 다르게 해석할 수 있다.

① 델파이 기법
② 로직트리 기법
③ 포커스 그룹 인터뷰
④ 6색 사고 모자 기법
⑤ 심층면접법

17. 다음 제시된 명제 (가), (나)가 참일 때, 결론 ㉠~㉢의 진위 여부를 판단한 것으로 옳은 것은?

(가) A가 입사지원서를 제출하면, B 또는 C도 입사지원서를 제출한다.
(나) B가 입사지원서를 제출하면, D도 입사지원서를 제출한다.

㉠ D가 입사지원서를 제출하지 않으면, B도 입사지원서를 제출하지 않는다.
㉡ A가 입사지원서를 제출하면, D도 입사지원서를 제출한다.
㉢ B, C 둘 중 한 명이 입사지원서를 제출하지 않으면, A도 입사지원서를 제출하지 않는다.

	㉠	㉡	㉢
①	참	참	거짓
②	참	알 수 없음	거짓
③	참	알 수 없음	알 수 없음
④	거짓	참	거짓
⑤	거짓	알 수 없음	알 수 없음

자기개발능력

18. 다음 중 자기개발의 필요성에 대한 설명으로 가장 적절하지 않은 것은?

① 직업생활에서는 업무 처리 효과와 업무 성과를 향상시키기 위하여 자기개발이 필요하다.
② 환경, 지식, 기술의 변화 속도에 연연하지 않고 자기에게 맞는 자기개발 속도를 지킬 필요가 있다.
③ 개인적인 차원에서는 자기개발을 통해 자신감과 삶의 질을 향상시켜 보다 보람된 삶을 살 수 있다.
④ 주변 사람들과 긍정적인 인간관계를 형성하기 위해서 자기개발이 필요하다.
⑤ 자신의 비전을 발견하고 장단기 목표를 설정하여 이를 성취하기 위해 자기개발을 한다.

19. 다음 중 흥미와 적성에 대한 설명으로 적절하지 않은 것을 모두 고르면?

㉠ 적성은 선천적으로 부여되는 잠재능력이지만, 흥미는 후천적으로 개발되어야 하는 측면이 강하다.
㉡ 마인드 컨트롤을 활용하여 지속적으로 자기암시를 시행하면 일에 대한 흥미를 더욱 높일 수 있다.
㉢ 일에 대한 흥미와 함께 성취감을 높이려면 단기적으로 이룰 수 있는 작은 단위의 목표를 세우기보다는 장기적인 목표를 수립할 필요가 있다.
㉣ 일에 대한 흥미를 더욱 높이기 위해서는 자신에게 적합한 일을 찾으면서 일터에서의 조직문화나 풍토를 이해할 수 있어야 한다.

① ㉠, ㉢　② ㉠, ㉣　③ ㉡, ㉣　④ ㉠, ㉡, ㉢　⑤ ㉡, ㉢, ㉣

20. 다음 중 업무수행 성과를 향상시키는 방법으로 가장 적절하지 않은 것은?

① A 기업은 자기자본이익률을 낮추기 위해 자기자본은 그대로 유지하되 당기순이익을 낮췄다.
② B 사원은 중요한 업무를 우선으로 처리하고 정해진 마감 기한에 완료하도록 최선을 다했다.
③ C 대리는 자신이 속한 팀의 업무 지침을 따르되 자신만의 노하우도 활용하여 업무를 처리하였다.
④ D 팀장은 해결책을 발견하기 위해 다른 사람들이 진행해왔던 방식을 반대로 시행해 보았다.
⑤ E 사원은 비슷한 유형의 자잘한 업무는 한번에 몰아서 처리하여 시간관리를 효율적으로 하였다.

21. 귀하는 후배 사원으로부터 경력개발이 왜 필요한지 모르겠다는 이야기를 듣고 다음과 같이 정리하여 조언해 주고자 한다. 경력개발이 필요한 이유에 대한 내용을 추가하고자 할 때 ㉠~㉢에 들어갈 수 있는 말로 가장 적절하지 않은 것은?

<table>
<tr><td rowspan="3">경력개발이 필요한 이유</td><td>환경 변화</td><td>• 지식정보의 빠른 변화
• 삶의 질 추구
• (㉠)</td></tr>
<tr><td>조직의 요구</td><td>• 경영전략 변화
• 승진 적체
• (㉡)</td></tr>
<tr><td>개인의 요구</td><td>• 가치관과 신념의 변화
• 전문성 함양
• (㉢)</td></tr>
</table>

① ㉠ – 인력난 심화
② ㉡ – 직무환경의 변화
③ ㉡ – 개인주의 문화
④ ㉢ – 개인의 고용 시장 가치 증대
⑤ ㉢ – 성장 요구 증가

자원관리능력

22. **팀장인 귀하는 신입사원에게 효과적으로 자원을 관리하는 방법에 대해 조언을 해주려고 한다. 다음 중 귀하가 신입사원에게 해줄 수 있는 조언으로 가장 적절하지 않은 것은?**

① 자원관리 계획을 미리 세워둘 경우 실제로 사용하지 않는 자원이 발생할 수 있어 자원관리 계획은 자원을 사용할 때 바로 수립해야 해요.

② 자원을 관리할 때는 자신의 편리함을 최우선으로 두지 않는 태도가 필요해요.

③ 물적자원과 더불어 시간과 돈도 중요한 자원이라는 사실을 명심해야 해요.

④ 자원관리에 실패하더라도 실패한 경험을 통해 노하우를 축적해 나간다면 별도의 학습이나 조언 없이도 극복 가능해요.

⑤ 자원은 무한정 있는 것이 아니라 제한적으로 존재하기 때문에 자원을 효과적으로 관리하는 능력을 갖춘다면 업무 성과에 긍정적인 영향을 미칠 거예요.

23. **다음은 김 사원이 회의실에 필요한 비품을 구매하기 위해 작성한 신청서이다. 아래 신청서로 결재를 받은 후 빔프로젝터와 카메라가 각각 1대씩 더 필요하여 추가로 결재를 받았다고 할 때, 비품 구매를 위해 필요한 총예산은?**

신청 부서	담당	팀장

비품신청서

승인 부서	담당	팀장

번호	품명	수량	금액	사용 장소	사용 목적
1	빔프로젝터	1대	550,000원/대	소회의실	회의를 보다 효율적으로 진행하기 위함
2	카메라	3대	600,000원/대	대회의실	
3	이동식 화이트보드	2개	70,000원/개	대회의실	
합계					

20XX년 XX월 XX일

신청인: 김○○ (인)

① 249만 원 ② 298만 원 ③ 349만 원 ④ 364만 원 ⑤ 459만 원

24. 다음 중 빈칸 ㉠~㉣에 들어갈 효율적이고 합리적인 인사관리의 원칙을 순서대로 바르게 나열한 것은?

- (㉠)은 직무를 수행하는 데 가장 적합한 인재를 배정하는 원칙이다.
- (㉡)은 직장에서 신분이 보장되고 계속해서 근무할 수 있다는 믿음을 갖게 하여 근로자가 안정된 회사 생활을 할 수 있도록 하는 원칙이다.
- (㉢)은 직장 내에서 구성원들이 소외감을 갖지 않도록 배려하고, 서로 유대감을 가지고 협동, 단결하는 체제를 이루도록 하는 원칙이다.
- (㉣)은 근로자의 인권을 존중하고 공헌도에 따라 노동의 대가를 공정하게 지급하는 원칙이다.

① 적재적소 배치의 원칙 – 종업원 안정의 원칙 – 단결의 원칙 – 공정 보상의 원칙
② 적재적소 배치의 원칙 – 종업원 안정의 원칙 – 단결의 원칙 – 차등 보상의 원칙
③ 적재적소 배치의 원칙 – 신분 보장의 원칙 – 유대감의 원칙 – 공정 보상의 원칙
④ 공정 인사의 원칙 – 신분 보장의 원칙 – 유대감의 원칙 – 차등 보상의 원칙
⑤ 공정 인사의 원칙 – 종업원 안정의 원칙 – 단결의 원칙 – 공정 보상의 원칙

25. 다음 중 바코드를 활용하여 물품을 관리했을 때의 특징으로 가장 적절하지 않은 것은?

① 자신이 현재 보유하고 있는 물품의 종류 및 위치를 쉽게 파악할 수 있다.
② 많은 양의 물품 정보를 담을 수 있을 만큼 용량이 커 다량의 물품 정보를 관리하는 데 효율적이다.
③ 물품에 대해 지속적으로 확인한 뒤 정보를 개정해야 한다는 단점이 있다.
④ 보유하고 있는 물품과 새로 구입한 물품에 관한 정보를 한눈에 확인해볼 수 있다.
⑤ 동일성 및 유사성의 원칙을 기반으로 분류하여 기호를 부여한 뒤 목록을 작성해야 하므로 다소 번거롭다.

26. 우리는 시간을 효과적으로 관리함으로써 삶의 여러 가지 문제를 개선할 수 있다. 다음 중 효율적인 시간관리를 통해 얻을 수 있는 효과로 가장 적절하지 않은 것은?

① 업무에 대한 부담이 줄어 스트레스를 감소시킬 수 있다.
② 업무와 가정 또는 자신의 여가를 동시에 즐기는 균형적인 삶을 살 수 있다.
③ 기업 측면에서는 생산 물품의 가격 인하 효과를 얻을 수 있다.
④ 목표에 매진할 시간을 확보하여 바라던 목표를 달성할 수 있다.
⑤ 시간관리를 통해 효율적으로 일함으로써 생산성을 향상시킬 수 있다.

대인관계능력

27. 다음과 같은 상황에서 유 사원에게 해줄 수 있는 동료들의 조언으로 가장 적절한 것은?

> 유 사원은 최근 동료 팀원들과 업무 분담에 대한 의견 차이로 갈등을 겪고 있다. 그동안 팀 내에서 주어진 업무를 수행할 때에는 각자 정해진 역할이 뚜렷하여 별다른 문제가 없었지만, 하락하는 성과를 다시 끌어올리기 위해 동시에 진행해야 할 프로젝트가 늘어나면서 회의 진행이나 업무보고서 등 간단하지만 비교적 시간이 많이 드는 기타 업무를 누가 하느냐를 두고 의견 대립이 일어났기 때문이다. 심지어 유 사원은 평소 친하던 동료와도 업무 갈등을 빚으며 서로에게 불만과 불평을 늘어 놓게 되었다.

① 이 사원: "대인관계의 손상은 서로 신뢰가 무너지고 불신과 불만이 쌓이는 것에서 비롯됩니다. 사람들은 사소한 무관심과 불만에 쉽게 상처 받기도 하므로 상대방에게 칭찬이나 감사의 표시를 전달하여 상호 신뢰관계를 형성하는 것이 중요합니다."

② 강 사원: "지키지 못할 약속은 하지 않아야 합니다. 약속을 어기게 되면 동료와의 관계를 이어주는 신뢰가 무너질 수도 있다는 점을 항상 염두에 두고, 부득이 약속해야 한다면 신중하게 생각하여 결정해야 합니다."

③ 민 사원: "동료를 대할 때 친절하고 공손한 태도는 매우 중요합니다. 인간관계에서는 작은 불손, 작은 불친절, 사소한 무례 등이 커다란 손실을 불러일으킬 수 있다는 것을 명심하여 사소한 일에 관심 갖는 태도가 필요합니다."

④ 서 사원: "언행일치는 정직 그 이상의 의미를 갖습니다. 있는 그대로의 사실을 이야기하는 것뿐만 아니라 자신이 한 말을 행동으로 실현함으로써 상대방의 기대를 충족시켜야 합니다."

⑤ 김 사원: "진지한 사과는 동료와의 신뢰 관계 형성을 위해 매우 중요합니다. 그러나 같은 잘못으로 인한 사과가 계속된다면 불성실한 사과와 다를 바 없어 오히려 동료와의 관계가 악화될 수 있으므로 자신의 실수를 덮으려고 하거나 같은 내용의 사과를 되풀이하지 않도록 해야 합니다."

28. 다음은 팀장인 A~E의 리더십에 대한 설명이라고 할 때, 파트너십 유형에 가장 가까운 사람은?

① A 팀장은 팀원들의 의사를 물어보지 않은 채 정해진 업무만 수행하도록 하며 지시에 순응하게 한다.
② B 팀장은 철저하게 팀원들 각자의 능력과 성과에 맞는 보상을 해 준다.
③ C 팀장은 모든 팀원과 자신을 동등한 관계라고 생각하여 모든 일에 대한 책임도 동등하게 분배한다.
④ D 팀장은 논의할 안건에 대한 해결방안을 찾을 때 항상 모든 팀원의 의견을 들어보고 결정한다.
⑤ E 팀장은 팀이 수행한 업무 성과가 낮았지만 이를 바탕으로 새로운 비전을 수립하고 팀원들을 격려하였다.

29. 다음과 같은 상황에서 A가 파악한 기획부서의 갈등 증폭 원인으로 가장 적절한 것은?

> ○○기업은 6개월 전 세분화되어 있는 부서들을 통폐합하는 대대적인 조직개편을 단행하였다. 조직개편 후 얼마 지나지 않아 5개의 부서를 총괄하는 본부장 A는 5개의 부서 중 B 부장과 C 부장이 공동으로 관리하는 기획부서의 직원들이 유독 협력이 잘되지 않고 분위기도 좋지 않다는 소문을 종종 듣게 되었다. 이로 인해 기획부서의 성과는 목표치에서 크게 밑돌고 있으며, 한 달 후 출시를 앞둔 신제품 개발사업에서 가격 경쟁력을 높여야 한다는 B와 디자인 경쟁력을 높여야 한다는 C의 의견 대립이 지속되면서 신제품 또한 예정일에 출시할 수 없게 되었다. 이에 A는 서로의 의견을 들어보고 절충안을 찾기 위한 자리를 마련했지만, B와 C가 한자리에 모여야 하는 상황을 꺼리는 바람에 무산되었다. 난감한 A에게 회사 경영진은 기획부서의 잦은 실수와 부조화에 대한 원인 파악과 적절한 해결방안 수립을 요구하였다.

① B와 C는 서로의 주장을 비방하고 있다.
② B와 C는 자신의 입장을 감정적으로 호소하고 있다.
③ B와 C는 각자의 입장을 고수하며 의사소통의 폭을 줄이고 있다.
④ B와 C는 문제를 해결하기보다 승리하기를 원하고 있다.
⑤ B와 C는 편을 갈라 타협하기를 거부하고 있다.

30. 다음 네 가지 협상전략 유형의 특징에 대한 설명으로 적절하지 않은 것을 모두 고르면?

전략 유형	특징
협력전략	• 협상 참여자들이 서로 협력하여 합의를 통해 문제를 해결하고자 하는 전략 • 'Win-Win' 전략으로, 협상을 통해 자신과 상대방이 모두 잘되는 전략 ㉠ 협상 당사자들은 원하는 정보 중 우선순위가 높은 것에 대해서는 상대방에게 양보하는 협력적 과정을 통해 합의함
유화전략	• 협상으로 인해 돌아올 결과보다 상대방과의 인간관계를 더 중요시하여 상대방과의 충돌을 피하기 위한 전략 ㉡ 'Lose-Win' 전략으로, 협상을 통해 상대방의 승리를 위해서 자신은 손해를 보아도 괜찮다는 전략 • 단기적으로는 상대방이 얻는 결과에 순응하더라도 자신은 잃을 것이 없고 오히려 장기적인 관점에서 볼 때 상대방과의 상호 의존성과 인간관계의 우호적인 면이 강화될 때 이용하는 전략
회피전략	• 무행동전략 및 철수전략으로, 협상을 피하거나 잠정적으로 중단하는 전략 ㉢ 'Lose-Lose' 전략으로, 협상으로 인해 자신과 상대방 모두 손해를 입게 되는 전략 ㉣ 상대방의 이익과 입장을 고려하여 상대방에게 돌아갈 결과에 더 큰 관심을 가지고 상대방의 주장에 기꺼이 따르는 전략 • 협상의 가치가 낮거나 협상을 중단됐을 때 상대방에게 심리적 압박감을 주어 필요한 것을 얻기 위해 사용하는 전략
강압전략	• 공격적이며 경쟁적인 전략으로, 자신이 상대방보다 우위에 있을 때 자신의 이익을 극대화하기 위한 공격적 전략 • 'Win-Lose' 전략으로, 협상에서 자신이 승리하기 위해 상대방의 희생을 강요하는 전략 ㉤ 일방적인 의사소통으로 협상이 진행되며, 자신의 주장을 확실하게 상대방에게 제시하고 상대방이 거절할 시 보복을 가하거나 협상이 결렬될 것이라고 위협을 가하는 전략

① ㉠, ㉡ ② ㉠, ㉣ ③ ㉡, ㉢ ④ ㉡, ㉣ ⑤ ㉢, ㉤

정보능력

31. 귀하는 ○○공사의 필기시험에 응시한 사람들의 결과를 엑셀로 정리하였다. 한 문제당 배점이 20점일 때, 귀하가 '이형도'의 필기시험 점수를 구하기 위해 [H5]셀에 입력할 수식으로 가장 적절한 것은?

	A	B	C	D	E	F	G	H
1								
2	수험번호	성명	응시자별 필기시험 결과					
3			1번	2번	3번	4번	5번	점수
4	00001301	김은지	정답	정답	정답	오답	오답	
5	00001302	이형도	오답	오답	오답	정답	오답	
6	00001303	최유진	정답	오답	정답	오답	오답	
7	00001304	조수희	정답	정답	정답	정답	정답	
8	00001305	함지현	오답	정답	정답	정답	정답	

① =SUM(C5:G5, "정답", 20)
② =SUMIF(C5:G5, "정답")*20
③ =COUNT(C5:G5, "정답", 20)
④ =COUNTIF(C5:G5, "정답", 20)
⑤ =COUNTIF(C5:G5, "정답")*20

32. 다음 중 ㉠~㉤에 들어갈 단축키가 나머지와 다른 하나는?

[Microsoft Office Word 단축키]

- 단락 양쪽 맞춤: [㉠] + [J]
- 작업 실행 취소하기: [㉡] + [Z]
- 이전 셀 내용으로 돌아가기: [㉢] + [Tab]
- 글꼴 실행 창 열기: [㉣] + [D]
- 단락 들여쓰기: [㉤] + [M]

① ㉠ ② ㉡ ③ ㉢ ④ ㉣ ⑤ ㉤

33. 다음 글에서 설명하고 있는 '이것'으로 가장 적절한 것은?

> 업무에 활용되고 있는 다양한 인터넷 서비스 중에서 '이것'은 별도의 데이터 센터를 구축하지 않고도 인터넷을 통해 제공되는 서버를 활용해 정보를 보관하였다가 필요할 때 꺼내 쓸 수 있는 기술을 말한다. 특히 '이것'의 핵심은 데이터의 저장·처리·네트워킹 및 다양한 애플리케이션 사용 등 IT 관련 서비스를 인터넷과 같은 네트워크를 기반으로 제공하여 저장해둔 개인 콘텐츠를 장소와 시간에 관계없이 모바일 및 다양한 단말기를 통해 꺼내 사용할 수 있다. 즉, 개인용 컴퓨터에는 필요한 소프트웨어, 동영상이나 문서와 같은 데이터를 저장해야 사용할 수 있지만, '이것'을 이용하면 자신의 컴퓨터가 아닌 인터넷으로 연결된 다른 컴퓨터에서도 별도의 소프트웨어 프로그램을 설치하지 않고 '이것'에 저장된 데이터를 처리할 수 있다는 것이다.

① 웹 하드　② 클라우드　③ 메신저
④ SNS　⑤ 전자상거래

34. 업무보고서를 작성하는 귀하는 이해를 돕기 위해 이미지를 활용하기로 하였다. 귀하가 다음의 특징을 가진 이미지를 첨부하고자 할 때, 첨부할 이미지 파일 형식으로 가장 적절하지 않은 것은?

> • 색채 값이 설정된 여러 픽셀이 모여 이미지를 구성한다.
> • 픽셀의 수가 많을수록 화질이 높아지고 파일 용량이 커진다.
> • 이미지를 최대한으로 확대할 경우 계단 현상이 나타날 수 있다.

① JPEG　② SVG　③ TIFF　④ BMP　⑤ PNG

35. 다음 나열된 여러 가지 정보원 중에서 1차 자료에 해당하는 것의 개수는?

㉠ 편람	㉡ 학술회의자료	㉢ 출판 전 배포자료	㉣ 잡지
㉤ 신문	㉥ 특허정보	㉦ 백과사전	㉧ 단행본

① 2개　② 3개　③ 4개　④ 5개　⑤ 6개

기술능력

36. 다음 중 빈칸에 들어갈 말로 가장 적절한 것은?

(　　　)의 의미는 거대한 산의 정상과 같아서 보는 사람의 관점에 따라 서로 다른 정의를 내릴 수 있다. 몇몇 학자들은 이를 '물리적인 것뿐만 아니라 사회적인 것으로서 지적인 도구를 특정한 목적에 사용하는 지식체계', '인간이 주위 환경에 대한 통제를 확대하는 데 필요한 지식의 적용' 등으로 정의하였다. 더욱 구체적인 개념으로는 '제품이나 용역을 생산하는 원료, 생산공정, 생산방법, 자본재 등에 관한 지식의 집합체'라고 정의하기도 하였다.

① 지식　　② 정보　　③ 환경　　④ 기술　　⑤ 과학

37. 다음 중 기술 시스템에 대한 설명으로 적절하지 않은 것을 모두 고르면?

ㄱ. 미국의 기술사학자 토마스 휴즈는 에디슨의 전력 시스템이 발전하는 과정을 일반화하여 기술 시스템이라는 개념을 도출하였다.
ㄴ. 기술 시스템은 인공물의 집합체뿐만 아니라 회사, 법적 제도, 정치, 과학 등을 포함하는 개념이다.
ㄷ. 사회적인 것과 기술적인 것이 결합하여 공존하는 기술 시스템은 사회 기술 시스템이라고 불리기도 한다.
ㄹ. 기술 시스템은 4단계로 발전되며, 기술 시스템이 탄생하고 성장하는 첫 단계에서부터 기술 시스템 간의 경쟁이 이루어지는 마지막 단계까지 이루어진다.
ㅁ. 기술 시스템이 성공적으로 성장한 경우 다른 지역으로 이전될 수 있다.

① ㄱ　　② ㄹ　　③ ㄴ, ㅁ　　④ ㄷ, ㄹ　　⑤ 없음

38. 다음을 읽고 K 제조업체가 적용할 기술선택의 방법으로 가장 적절한 것은?

K 제조업체는 기술경영진과 기술기획담당자들의 분석을 통해 기업의 전략과 목표 수준을 결정하던 방식에서 벗어나 연구자나 엔지니어들이 자율적으로 기업에서 필요로 하는 기술을 선택할 수 있는 분위기를 조성하기 위한 기술선택의 방법으로 변경하고자 한다. 이러한 방법으로 변경한다면 기술개발 실무를 담당하고 있는 기술자들의 흥미를 유발하여 그들의 창의적인 아이디어를 활용할 수 있다는 장점이 있다. 그러나 일각에서는 기술개발 실무진들이 전적으로 기술을 선택할 경우 자신들의 전문 분야에 대한 지식과 흥미만을 고려하여 기술을 선택할 수도 있다는 우려의 목소리가 나오고 있다. 이 때문에 K 제조업체는 시장의 고객들이 요구하는 제품이나 서비스를 개발하는 데 부적합한 기술이 선택되거나 경쟁력이 비교적 떨어지는 기술이 선택되지 않도록 관련 방안을 다각도로 고민하고 있다.

① 상향식 기술선택　　② 다수결 기술선택　　③ 하향식 기술선택
④ 수평적 기술선택　　⑤ 준거적 기술선택

39. 다음은 출시를 앞둔 공기청정기에 함께 제공할 제품 매뉴얼의 목차 초안이다. 매뉴얼 작성 시 유의사항을 바탕으로 매뉴얼을 보완하려고 할 때, 가장 적절하지 않은 것은?

〈목차〉

1. 제품 규격
2. 제품 보증서
3. 안전을 위한 주의사항
   - 전원 관련
   - 사용 관련
   - 설치 관련
   - 청소 관련
4. 사용 전 알아두기
   - 공기청정기
   - 효율적 사용 방법 안내
   - 각 부분의 이름
5. 특장점
6. 설치하기
   - 설치 시 주의사항
7. 사용하기
   - 초기 동작
   - 자동·수동모드
   - 스마트 센서 표시등
8. 필터 교체하기
   - 필터 교체 전 알아두기
   - 필터 설치 및 사용 방법
   - 필터 청소 및 교체 주기
   - 필터 구매 방법
9. 청소 및 관리하기
   - 외관 청소하기
   - 내부 청소하기
   - 공기청정기 관리 방법
10. 고장 신고 전 확인하기
11. 유상 수리 처리 기준
12. 소비자 분쟁 해결 기준 안내

① 사용자가 보기 쉬운 크기로 제작하여 제품 판매 시 함께 실물로 제공하되, 매뉴얼 분실을 대비하여 고객 지원 사이트에 파일로 제공하여 매뉴얼에 쉽게 접근할 수 있도록 한다.

② 4번에서 제품의 모든 구성요소를 빠짐없이 정확하게 제시하고, 6~9번에서는 단순하고 간결한 설명과 함께 그림도 수록하여 고객이 제품 사용 방법을 잘 이해할 수 있도록 한다.

③ 제품의 사용 방법을 정확히 숙지하지 못하고 발생한 오작동을 제품 자체의 고장으로 오인하는 경우가 많으므로 10번에서 Q&A 형식으로 신고 전 증상 유형별 해결 방법을 제시한다.

④ 매뉴얼이 전체적으로 제품의 사용 전, 사용, 사용 후의 순서로 구성되어 이해하기 쉽지만, 사용자가 원하는 세부 정보를 편리하게 찾을 수 있도록 〈목차〉의 각 항목에 페이지 번호를 추가한다.

⑤ 3번에서 제품의 설계상 결함이나 위험 요소를 대변하여 주의할 것을 당부해야 하며, 특히 주의사항과 경고사항은 눈에 띄게 표시하여 올바르게 사용하도록 해야 한다.

40. 기술전략팀에서 근무하는 귀하는 업무에 참고하기 위해 기술적용 형태에 따라 각각의 장단점을 작성한 뒤, 팀장님께 검토 요청을 하였다. 다음을 읽은 팀장님의 검토 내용으로 가장 적절하지 않은 것은?

기술을 그대로 적용하는 경우	장점	㉠ 시간 절약과 비용 절감의 효과를 얻을 수 있음
	단점	• 적용한 기술이 현 상황에 적합하지 않을 경우 실패로 돌아갈 위험부담이 큼
불필요한 기술만 버리고 그대로 적용하는 경우	장점	㉡ 효율적인 프로세스를 이룰 수 있음
	단점	㉢ 현 상황에 맞도록 불필요한 기술은 버리고 필요한 기술만 선택적으로 적용하여 실패의 위험부담이 없음 • 기술적용 시 선택하지 않은 기술이 정말로 불필요한가에 대한 문제점이 발생함
기술을 가공하여 활용하는 경우	장점	㉣ 자신의 상황과 환경에 알맞은 기술을 적용할 수 있음
	단점	• 상대적으로 시간적 부담이 큼 ㉤ 업무 프로세스의 효율성이 저하됨

① "기술을 그대로 적용하는 경우 기술을 가공하거나 새로 개발해야 할 필요가 없어 ㉠과 같은 장점이 있다는 것을 잘 정리해 주셨네요."

② "기술을 선택적으로 적용하는 경우에도 ㉠처럼 시간 절약과 비용 절감의 효과가 있으므로 이 장점도 ㉡에 포함해 주세요."

③ "㉢에 작성하신 것처럼 기술을 선택적으로 적용한 경우 실패의 위험부담이 없으며, 이는 효율적인 업무를 가능하게 하므로 장점으로 이동해 주세요."

④ "기술을 가공하여 활용하게 되면 ㉣과 같이 우리 회사에 대한 여건과 환경을 분석하여 그에 적합한 기술을 적용할 수 있어 실패의 위험이 적다는 장점이 있죠."

⑤ "기술을 가공하여 활용하는 경우 시간은 오래 걸리더라도 오히려 업무 프로세스의 효율성을 최대화할 수 있으니 ㉤을 수정하여 장점으로 옮겨주세요."

조직이해능력

41. 다음 중 조직변화에 대한 설명으로 가장 적절하지 않은 것은?

① 조직변화는 '환경변화 인지, 조직변화 방향 수립, 조직변화 실행, 변화결과 평가' 순으로 진행된다.
② 조직문화의 변화를 위해 구성원들을 새로운 문화로 유도할 수는 있지만 사고방식이나 가치 체계까지 바꾸기는 어렵다.
③ 조직 구성원들이 현실에 안주하려는 경향이 있으면 조직에 영향을 미치는 변화를 인식하기 어렵다.
④ 환경변화에 적응하기 위한 조직변화의 방향을 수립할 때 세부목표나 경영방식이 수정되기도 한다.
⑤ 조직변화의 방향 수립 시 체계적이고 구체적인 전략을 수립하면서 전략별 우선순위를 마련해야 한다.

42. 귀하는 팀원들과 브레인스토밍 방법으로 조직의 문제를 해결하기에 앞서 브레인스토밍에 관한 자료를 정리하였다. 다음 ㉠~㉤ 중 브레인스토밍에 대한 설명으로 가장 적절하지 않은 것은?

1. 브레인스토밍이란?
   ㉠ 여러 명이 하나의 문제를 해결하기 위한 다양한 아이디어를 제시하고 그중 최선책을 찾아내는 방법이다.
2. 브레인스토밍의 규칙
   ㉡ 해결이 필요한 문제를 제안하는 것은 자유롭게 이루어질 수 있다.
   ㉢ 다른 사람이 아이디어를 제시할 때는 비판하지 않아야 한다.
   ㉣ 아이디어들이 모두 제시된 후에 모든 아이디어를 결합하여 해결책을 마련한다.
   ㉤ 문제에 대한 아이디어는 양보다 질이 중요하다.

① ㉠ ② ㉡ ③ ㉢ ④ ㉣ ⑤ ㉤

43. 다음 중 집단 간 발생하는 경쟁에 대한 설명으로 적절하지 않은 것을 모두 고르면?

㉠ 집단 간의 경쟁이 발생하면 집단 내부의 응집성은 더욱 약화될 수 있다.
㉡ 집단 간의 경쟁은 서로 반대되는 목표를 추구하거나 조직 내의 한정된 자원을 더 많이 확보하고자 할 때 발생한다.
㉢ 집단 간의 상호작용이 원활하지 않을 경우 집단 사이의 경쟁이 심화되어 집단 전체의 업무 효율성이 떨어질 수 있다.
㉣ 집단 간의 경쟁이 발생하면 집단의 활동은 더욱 조직화되는 양상을 보인다.

① ㉠ ② ㉡ ③ ㉡, ㉢ ④ ㉠, ㉡, ㉣ ⑤ ㉡, ㉢, ㉣

44. 다음 중 프로젝트팀에 대한 설명으로 적절하지 않은 것을 모두 고르면?

> ㉠ 의사결정의 권한이 하부 구성원들에게 대부분 위임되어 있어 상향식 의사소통이 이루어진다.
> ㉡ 프로젝트의 효율적인 진행을 위해 팀원 간 업무 분배가 완료되면 조정은 이루어지지 않는다.
> ㉢ 비공식적인 상호 의사소통이 원활하게 진행되는 편이다.
> ㉣ 기계적 조직에 해당하는 팀으로, 사내 벤처팀과 비슷한 역할을 한다.

① ㉠, ㉢ ② ㉠, ㉣ ③ ㉡, ㉢ ④ ㉡, ㉣ ⑤ ㉢, ㉣

45. 다음 중 업무의 특성에 대한 설명으로 가장 적절하지 않은 것은?

① 궁극적으로 공통된 조직의 목적을 지향한다.
② 한 조직 내의 업무에서는 유사하고 한정된 종류의 지식, 기술, 도구가 요구된다.
③ 업무 간 서열성이 있어 순차적으로 이루어지기도 한다.
④ 업무가 독립적으로 이루어지기도 하고, 조직 내 다른 업무와는 밀접한 관련성이 있다.
⑤ 직업인들에게 업무가 부여되며, 개인이 선호하는 업무를 임의로 선택할 수 있는 재량권이 적다.

46. 다음 글을 읽고 이에 해당하는 개념에 대비하기 위한 태도로 가장 적절하지 않은 것은?

> 문화는 종종 전체의 90%가 표면 아래 감추어진 빙하에 비유된다. 우리가 눈으로 볼 수 있는 음악, 예술, 의복, 종교 등과 같은 문화는 전체 문화의 10%밖에 해당되지 않는다는 의미이다. 따라서 개인이 자란 문화에서 체화된 방식이 아닌 다른 방식의 문화를 느끼게 되면 위화감, 심리적 부적응 상태를 경험하게 되고, 의식적 혹은 무의식적으로 상대 문화를 이질적인 것으로 대하게 된다. 또한, 완전히 새로운 문화환경이나 사회환경에 놓이게 되면 불안한 감정을 느끼거나 무엇을 어떻게 해야 할지 몰라 판단력이 흐려지는 상태를 경험하기도 한다.

① 다른 나라의 문화에 대한 개방적인 태도
② 자신의 문화 중심으로 생각하지 않는 태도
③ 다른 나라의 문화에 대한 경험을 즐거움으로 느끼는 태도
④ 자신의 문화와 다른 나라의 문화를 비교하거나 평가하지 않는 태도
⑤ 자신의 정체성을 배제한 채 다른 문화를 받아들이는 적극적인 태도

직업윤리

47. 다음 글의 빈칸 ㉠, ㉡에 들어갈 말을 순서대로 바르게 나열한 것은?

> 죄수의 딜레마란 서로가 협력하는 것이 가장 최선인 상황에서 서로를 믿지 못해 협력하지 않는 현상을 말하며, 이 이론을 통해 인간의 이기심에 바탕을 둔 의사결정이 어떻게 이루어지는지 그리고 그 결과가 어떠한지가 여실히 드러난다. 이는 인간이 자기 이익을 우선시하여 행동했을 때 서로가 서로를 적대시하여 사회질서가 붕괴될 수 있음을 시사한다. 인간은 개인의 행복뿐만 아니라 모든 사람의 행복을 보장할 수 있도록 (㉠)을 추구해야 하며, 윤리적 인간은 경제적 이득뿐만 아니라 (㉡)을/를 존중할 때 형성된다.

① 개인의 안락 – 개인의 양심
② 공동의 이익 – 도덕적 가치
③ 이타심 – 서로에 대한 신뢰
④ 공동체 의식 – 개인의 신념
⑤ 윤리 의식 – 사회적 규범

48. 다음 글을 읽고 ㉠에 들어갈 말에 대한 설명으로 가장 적절한 것은?

> 비윤리적 행위의 유형 중 하나인 (㉠)은/는 물리학의 관성과 같다. 물체가 어느 한 방향으로 움직일 때 그 방향으로만 움직이려는 힘을 말하는 관성처럼 사람에게도 일정한 패턴의 행동을 반복하려는 경향이 나타나는데, 이는 윤리적으로 바람직한 행동이 무엇인지를 알면서도 그러한 태도를 취하지 않는 무기력한 모습을 말하기도 한다.

① 사람들의 낙관적인 성향으로 인해 윤리적인 문제를 제대로 인지하지 못하거나 비윤리적 행동이 발생해도 저절로 좋아질 것이라 생각하는 것이 ㉠의 원인으로 작용한다.
② 제품 설계 시 안전 수칙을 철저하게 지키지 않아 안전사고를 유발한 경우는 ㉠의 사례로 볼 수 있다.
③ 침묵이나 표정 등도 ㉠의 표현 방법으로 볼 수 있으나 주로 말이나 글로 표현하는 것으로 한정한다.
④ 자신을 보호하기 위해서나 자신과 우호적인 관계를 맺고 있는 제삼자를 보호하기 위해서 ㉠을 하는 경우가 있다.
⑤ 한국 사회에서 나타나는 ㉠은 자기기만적 요소가 강하여 뇌물을 받았을 때 남들도 다 받고 오랫동안 관행처럼 여겨졌다는 왜곡된 생각을 엿볼 수 있다.

49. 다음 감 씨의 사례를 읽고 감 씨와 같은 종류의 근면에 해당하는 사례로 가장 적절한 것은?

> 가난한 집에서 태어난 감 씨는 동네 이곳저곳 옮겨 다니며 남의 집 허드렛일을 도맡아 하였다. 친구들이 학교에서 공부하는 시간에도 농사일을 하던 감 씨는 학교 가는 친구들이 부러웠지만, 자신이 일하지 않으면 가족들의 생계가 유지되지 않기에 일을 멈출 수 없었다.

① 진급을 목표로 매일 아침 토익 강의를 듣는 A 씨
② 땔감을 구하기 위해 산에 오르는 나무꾼 B 씨
③ 자신의 한계에 도전하기 위해 산에 오르는 등산객 C 씨
④ 대학 진학을 목표로 밤낮으로 공부에 매진하고 있는 D 씨
⑤ 해외여행을 가기 위해 방학 내내 아르바이트를 하는 E 씨

50. 다음은 A 기업 신입사원들이 직장 내 성희롱 예방 관련 강의를 듣고 나눈 대화이다. 다음 중 직장 내 성희롱 성립 요건에 대한 발언이 가장 적절하지 않은 사람은?

> **김 사원:** 남녀고용평등법상 거래처 관계자나 고객 등 제삼자는 직장 내 성희롱 가해자로 규정하지 않고 있네요.
> **현 사원:** 맞아요. 하지만 남녀차별금지 및 구제에 관한 법률에서는 거래처 관계자나 고객도 직장 내 성희롱 가해자로 규정하고 있죠.
> **윤 사원:** 피해자의 범위에는 현재 채용 과정 중에 있는 사람을 제외한 모든 남녀 근로자가 포함된다고 하더라고요.
> **신 사원:** 한편으로는 사적인 자리더라도 업무를 빙자해 상대방을 불러내는 등 업무 관련성이 인정되면 직장 내 성희롱으로 보고 있네요.
> **이 사원:** 네, 그런 측면에서 회식도 업무의 연장선에 있다고 볼 수 있으므로 회식 장소에서 발생하는 성희롱 또한 직장 내 성희롱으로 성립될 수 있어요.

① 김 사원 ② 현 사원 ③ 윤 사원 ④ 신 사원 ⑤ 이 사원

약점 보완 해설집 p.42

실전모의고사
2회

영역 분리형
(고난도)

- 영역 분리형 시험은 문제가 영역별 순서대로 제시되며, 영역이 구분되어 있습니다.
- NCS 직업기초능력평가 전 영역 총 50문제로 구성되어 있으며, 60분 이내에 풀어야 합니다.
- 시작과 종료 시각을 정한 후, 실전처럼 모의고사를 풀어보세요.

시 분 ~ 시 분 (총 50문항/60분)

의사소통능력

01. 다음 중 상황에 따른 의사표현으로 적절하지 않은 설명을 한 사람을 모두 고르면?

> **다미:** 상대방의 잘못을 지적할 때는 비유적으로 말하기보다는 상대방이 확실하게 알 수 있도록 지적해야 할 부분만 지적하는 것이 좋아.
> **나라:** 부탁할 일이 있으면 상대방의 사정을 확인하기보다는 구체적으로 어떤 것을 부탁할지를 먼저 제시해야 해.
> **서준:** 웬만하면 상대방에게 충고하지 않는 것이 좋지만 꼭 충고해야 한다면 예시를 들어서 깨우쳐 주는 것이 좋겠지?
> **보현:** 누군가를 질책할 때는 질책의 말을 가장 먼저 한 뒤에 칭찬이나 격려의 말을 추가해주면 상대방이 반발하지 않을 거야.

① 다미 ② 서준 ③ 다미, 서준
④ 나라, 보현 ⑤ 나라, 서준, 보현

02. 귀하는 신입사원인 진 사원의 경청 자세를 한 달 동안 관찰한 후 이에 대해 피드백을 전달하고자 면담을 진행하였다. 다음 중 귀하가 전달할 피드백의 내용으로 가장 적절하지 않은 것은?

> **귀 하:** 입사한 지 오늘로 한 달 차인데, 힘든 점은 없어요?
> **진 사원:** 네, 힘든 점은 없습니다. 팀원들의 도움을 받아 어려움을 잘 이겨내고 있으며, 커뮤니케이션도 잘 되는 편입니다.
> **귀 하:** 다행이네요. 그런데 진 사원, 매주 진행되는 회의 시간에 진 사원이 보인 태도를 불편해하는 사원들이 있어서 진 사원의 업무에 도움이 될 것 같은 경청 자세에 관해 몇 가지 말씀드리려고 해요. 먼저 ① 정면으로 바라보면 상대방이 다소 공격적으로 느낄 수도 있으므로 회의 시간에는 팀원들을 사선으로 바라보면서 논의하는 게 좋아요. ② 자세는 상대방을 향하여 상체를 기울여 다가앉아 진 사원이 상대방의 의견을 열심히 듣는다는 태도를 보여주면 좋을 것 같아요. 또한, ③ 힘을 뺀 편안한 자세를 취하여 전문가다운 자신만만함과 편안한 마음이 상대방에게 전달될 수 있도록 노력해 주세요. 이와 더불어 ④ 우호적인 시선 처리를 한다면 진 사원이 상대방의 의견에 관심을 두고 있음을 표현하는 데 도움이 될 거예요. 마지막으로, ⑤ 손이나 다리를 꼬지 않는 자세는 상대방에게 마음이 열려 있음을 의미한다는 것도 참고로 알아두시면 좋을 것 같아요.

03. 다음 ㉠~㉤을 바르게 고쳐 쓴다고 할 때 적절하지 않은 것은?

> 갈릴레오 갈릴레이는 망원경으로 목성의 위성을 최초로 발견한 이탈리아의 과학자이다. 그는 1609년 20배율의 망원경을 개발하여 목성 주위를 돌고 있는 4개의 위성(가니메데, 이오, 유로파, 칼리스토)을 발견했다. ㉠ 이듬 해 길릴레오는 저서 〈시데레우스 눈치우스〉를 통해 전통적인 우주관을 비판하고 근대적 우주관의 토대를 확립했다. 이는 (㉡) 것이었는데, 당시에는 달과 같은 위성의 경우 우주의 중심인 지구에만 존재한다고 여겼다. 한편, 갈릴레오가 이러한 연구를 지속할 수 있었던 이유는 메디치 가문의 후원 덕분이었다. 오늘날 과학자들은 대학이나 연구소 등 각종 기관에 소속되어 봉급을 받으며 연구를 하지만, 이전에는 부유했던 소수를 제외하고는 대체로 왕이나 귀족의 후원을 받아 연구를 하였다. 갈릴레오는 파두아 대학의 수학 교수였으나 연구를 하기에는 월급이나 지위의 안정성이 부족하였다. 그는 ㉢ 후날 코시모 2세가 된 메디치 가문의 후계자에게 수학을 가르친 적이 있었고, 이때 메디치 가문과 교류를 하며 코시모 1세의 별자리가 목성과 관련 있음을 알게 되었다. 그 후 갈릴레오는 목성의 위성 4개를 발견했을 때 코시모 2세를 비롯한 메디치 가문의 4형제를 연상하게 되었다. 이에 그는 〈시데레우스 눈치우스〉의 서문에서 코시모 2세 대공에 대한 찬사와 함께 자신이 발견한 목성의 위성을 '메디치 별'로 ㉣ 지명해 대공에게 헌정했다. 그 대가로 갈릴레오는 메디치 가문의 후원을 받는 수학자이자 철학자가 되었고, 이탈리아의 모든 사람을 ㉤ 통털어 손에 꼽을 만큼 높은 연봉을 받게 되었다.

① 다음 해를 뜻하는 ㉠은 합성어이므로 '이듬해'로 붙여 쓴다.
② 앞뒤 문맥을 고려하여 ㉡에 '기존의 우주관에 정면으로 도전하는'을 넣는다.
③ ㉢은 사이시옷을 받쳐 적어야 하므로 '훗날'로 고쳐 쓴다.
④ 문맥에 맞지 않는 단어인 ㉣은 '천명'으로 바꿔 쓴다.
⑤ 표기가 잘못된 ㉤은 '통틀어'로 수정한다.

04. 한국도로공사에 근무하는 귀하는 신입사원의 이해를 돕기 위해 도로교통법을 참고하여 교육자료를 제작하기로 하였다. 다음 제시된 도로교통법에서 밑줄 친 ㉠~㉢의 한자 표기를 순서대로 바르게 나열한 것은?

> 제2조(정의)
> 이 법에서 사용하는 용어의 뜻은 다음과 같다.
> 1. "도로"란 다음 각 목에 해당하는 곳을 말한다.
>   가. 「도로법」에 따른 도로
>   나. 「유료도로법」에 따른 유료도로
>   다. 「농어촌도로 정비법」에 따른 농어촌도로
>   라. 그 밖에 현실적으로 불특정 다수의 사람 또는 ㉠ <u>차마</u>가 통행할 수 있도록 공개된 장소로서 안전하고 원활한 교통을 확보할 필요가 있는 장소
> 2. "자동차전용도로"란 자동차만 다닐 수 있도록 설치된 도로를 말한다.
> 3. "고속도로"란 자동차의 고속 운행에만 사용하기 위하여 지정된 도로를 말한다.
> 4. "㉡ <u>차도</u>"란 연석선(차도와 보도를 구분하는 돌 등으로 이어진 선을 말한다. 이하 같다), 안전표지 또는 그와 비슷한 인공구조물을 이용하여 ㉢ <u>경계</u>를 표시하여 모든 차가 통행할 수 있도록 설치된 도로의 부분을 말한다.

① 車馬 - 差度 - 敬啓

② 茶魔 - 車道 - 敬啓

③ 車馬 - 運搬 - 境界

④ 茶魔 - 車道 - 境界

⑤ 車馬 - 車道 - 境界

05. 신입사원인 귀하는 보고서를 작성한 뒤 문서작성의 원칙을 참고하여 수정하라는 선배의 피드백에 따라 수정하였다. 다음 보고서 초안과 수정본을 읽고 귀하가 참고하여 수정한 문서작성의 원칙으로 가장 적절한 것은?

브랜드 로고 관련 보고서(초안)

– 통일된 로고 사용을 통한 브랜드 인식 강화 –

보고서의 결론은 브랜드 로고 형태를 통일하여 로고 제작업체에 의뢰할 필요가 있다는 것이다. 그 목적은 통일된 브랜드 로고를 사용하여 소비자들에게 효과적으로 브랜드를 인식시키기 위함이다. 이에 대한 배경은 현재 각 사업군에서 사용하는 브랜드 로고의 서체 크기와 띄어쓰기 등이 서로 달라 소비자들에게 혼란을 야기하기 때문이다. 브랜드 로고 통일에 대한 세부 내용으로는 브랜드 주요 색은 파란색으로, 띄어쓰기는 '파랑 엔터테인먼트'와 같이 회사명 '파랑' 다음에 한 칸 띄어 쓰고 사업군 명칭을 쓰도록 한다. 마지막으로 서체 크기는 인쇄물에 10포인트, 영상물에는 15포인트로 통일하여 작성한다.

브랜드 로고 관련 보고서(수정본)

– 통일된 로고 사용을 통한 브랜드 인식 강화 –

■ **결론**: 브랜드 로고 형태를 통일하여 로고 제작업체에 의뢰할 필요가 있음

■ **목적**: 통일된 브랜드 로고 사용을 통해 소비자들에게 효과적으로 브랜드를 인식시키기 위함

■ **배경**: 각 사업군에서 사용하는 브랜드 로고의 서체 크기와 띄어쓰기 등이 서로 달라 소비자들에게 혼란을 야기함

■ **세부 내용**
- 브랜드 주요 색깔: 파란색
- 띄어쓰기: '파랑 엔터테인먼트'와 같이 회사명 '파랑' 다음에 한 칸 띄어 쓰고 사업군 명칭을 쓰도록 함
- 서체 크기: 인쇄물에 10포인트, 영상물에는 15포인트로 통일함

① 긍정문 형식의 문장으로 작성하는 원칙
② 내용 파악이 쉽도록 간단한 표제를 작성하는 원칙
③ 불필요한 한자 사용을 자제하여 작성하는 원칙
④ 내용에 따라 행과 단락을 나누어 간결하게 작성하는 원칙
⑤ 결론과 같은 중요한 내용을 먼저 작성하는 원칙

06. 귀하는 ○○기업에서 고객 응대 교육을 담당하고 있는 외부 강사로서 이번 달 ○○기업의 신입사원을 대상으로 불만 고객 응대 매뉴얼에 대한 강의를 진행하였다. 교육에 참여한 신입사원들이 다음 PPT를 참고하여 불만 고객 응대 방법에 대해 논의하였을 때, 업무 행동으로 가장 적절하지 않은 것은?

[불만 고객 응대 매뉴얼]

교육명	올바른 불만 고객 응대 전략 수립하기
교육 목표	• 다양한 유형의 고객을 응대하며 발생할 수 있는 고객 불만 사례를 통해 실제 대응 전략 수립하기 • 고객이 왕이라는 심리적 압박에서 벗어나 자신의 감정을 중시하며 공감하는 커뮤니케이션 능력 함양하기
교육 시간	3시간
교육 내용	• 불만 고객 응대 전략의 중요성 • 불만 고객 응대 요령 1. 고객의 의견이 기업의 입장과 다르더라도 무조건 반박하지 마라. 2. 해결에 앞서 고객의 마음에 공감하는 태도를 보여라. 3. 고객의 마음에 접촉하여 불만 원인에 따른 해결방법을 모색하라. 4. 고객이 원하는 바를 정확히 파악하여 적절한 대응으로 만족도를 높여라. 5. 고객의 불만을 해결하기 위한 일반적인 문제해결과정을 안내하라. 6. 일반적인 해결로 해소되지 않는 불만은 이전의 판례를 기반으로 논리적으로 파악하여 해결 가능 여부를 확인하라. • 불만 고객 응대 및 컴플레인 처리 전략 수립을 위한 시뮬레이션

① 갑 사원: 고객의 불만을 접수할 경우 일반적인 해결과정을 안내해 드릴 수 있도록 관련 프로세스를 정리한 자료를 준비하겠습니다.

② 을 사원: 불만 고객 응대 시 우선 고객의 마음에 공감하는 태도를 보인 후 해결책을 제시하겠습니다.

③ 병 사원: 고객이 원하는 바가 무엇인지 파악하여 알맞은 대응으로 고객의 만족도를 높이겠습니다.

④ 정 사원: 고객의 불만사항 접수 시 해결 가능 여부를 객관적으로 판단하기 위해 기존의 사례들을 참고하지 않도록 주의하겠습니다.

⑤ 무 사원: 고객의 의견이 기업이 추구하는 정책과 상반되더라도 무조건 반박하는 태도는 지양하겠습니다.

07. 다음 글을 통해 추론한 내용으로 가장 적절하지 않은 것은?

누에가 만드는 비단은 기원전 1046년 세워진 주(周)나라의 건국 기록에 등장할 만큼 오래되었지만 부드러움, 아름다움, 따듯함을 내세워 아직까지 인류 최고의 섬유로 평가받고 있다. 우리나라도 삼국시대 이전부터 비단을 만들었고 비단 제작 기술을 일본에 전파하기도 했다. 그런데 비단의 고향인 중국은 한 발짝 더 나아가 누에뿐 아니라 거미로도 비단을 만들고자 했다. 중국인들은 비단이 누에의 꽁무니에서 나오는 실로 만들어지는 것을 보고 거미가 만들어내는 실에 관심을 가졌다. 그러나 거미로 비단을 만들기란 쉽지 않은 작업이다. 누에고치 하나가 만드는 비단을 얻기 위해서는 거미 150마리가 필요하며, 단순히 고치의 실을 풀면 되는 누에와 달리 거미줄은 거미가 직접 만들어내기를 기다려야 하기 때문이다. 게다가 거미는 집단생활을 하지 못하여 누에처럼 대량사육이 불가능했으며, 대량으로 사육하려고 할 경우 서로를 잡아먹는 일도 많았다. 이에 과학자들은 거미를 대량사육하는 방법 대신 거미의 유전자를 이용해 합성 거미줄을 만드는 방법을 연구하고 있으며, 상용화를 앞두고 있다고 밝혔다. 사람 머리카락 굵기의 1/15밖에 되지 않는 거미줄은 누에로 만든 비단보다 열전도율이 천 배 더 높고, 심지어 대부분의 물질이 잡아당기면 열전도율이 줄어드는 것에 반해 거미줄은 늘여도 열전도율이 오히려 높아지는 것으로 나타났다. 거미줄의 이러한 특성은 전자제품에서 열 소멸 기능을 담당하는 부품을 신축성 있게 만들어야 할 때나 여름옷, 시원한 붕대와 같은 일상용품을 제작하는 데 유용하게 쓰일 것으로 보인다. 또한, 거미줄은 독특한 단백질 구조 때문에 같은 무게의 강철보다 강도가 5배 강하고 탄성력도 높아, 방탄용 조끼 소재 개발에도 활용될 여지가 있다. 그뿐만 아니라 거미줄은 박테리아와 곰팡이를 억제할 수 있으며, 사람의 피부에 닿았을 때 면역 반응을 유발하지 않아 미용, 의료 제품 등에도 활용될 수 있을 전망이다.

① 앞으로 상용화되어 각 산업에서 사용될 거미줄은 거미에서 직접 뽑은 거미줄이 아니다.
② 기록에 따르면 비단은 지금으로부터 3000년 전에도 존재한 섬유이다.
③ 거미줄로 만드는 방탄복은 신축성이 좋아 활동성은 높지만 강도는 강철보다 약해 개선이 필요하다.
④ 누에는 대량사육이 가능하며, 실을 뽑아내는 과정도 거미에 비해 덜 번거롭다.
⑤ 과거에 일본이 비단을 제작할 수 있었던 것은 우리나라의 도움이 있었기 때문이다.

08. 식품의약품안전처에 근무하는 귀하는 상사로부터 의약외품의 품목허가 신청자료에 대해 조사해 보라는 지시를 받았다. 다음 의약외품 품목허가·신고·심사 규정을 읽고 상사에게 보고할 내용으로 가장 적절하지 않은 것은?

제11조(제조 방법)

① 제조 방법은 그 품목의 특성에 따라 현대과학기술 수준에서 물리화학적, 생물학적, 생명공학적, 약제학적으로 합리적이고 타당하여야 한다.

② 제제의 경우에는 공정순서에 따라 별표 2 제조 방법 기재 요령에 따라 자세히 기재하여야 하고 제1호부터 제3호까지의 규정에 적합하여야 하며, 제4호에 따라 근거자료를 제출하여야 한다.

1. 제조과정 중 유기용매를 사용하는 경우
   가. 제제학적으로 타당하여야 한다.
   나. 직접적인 약리효과가 인정되지 아니하고 그 사용량에서 안전하여야 한다.
   다. 제제의 안전성을 저하시키거나 품질관리상 지장을 주어서는 아니 된다.
   라. 사용 목적과 용매의 명칭, 규격, 단위 제형 당 사용량 등을 기재하여야 한다.
4. 제제의 특성상 필요한 경우에는 제제설계 항을 설정하여 제형 선택 이유, 원료약품 및 그 분량의 설정 이유 등에 관한 자료를 제출한다.
   가. 특수한 제제가공법을 설정한 경우에는 제형의 선택, 의약외품 첨가제의 선택 및 혼합비의 결정 등 원료약품 및 그 분량 설정 근거에 대한 자료를 제출하고, 필요에 따라 생물약제학적 평가 결과자료 및 제제 설계의 타당성에 대한 자료도 제출한다.

제15조(포장단위)

① 의약외품의 포장단위는 가급적 작은 포장단위로 취급상 편리하도록 하여야 하고, 해당 제품의 용법·용량에 적합한 것이어야 한다.

② 내용액제는 일회용의 경우 200밀리리터 이하, 덕용의 경우 450~500밀리리터의 포장단위로 기재하여야 한다. 다만, 제형이나 용법·용량 등으로 보아 특수성이 있거나 사용 목적으로 보아 그 타당성이 인정되는 경우에는 예외로 할 수 있다.

③ 제2항에 해당하지 아니하는 의약외품의 포장단위는 제조의 경우 "자사 포장단위", 수입의 경우는 "제조원 포장단위"로 기재한다.

제16조(저장 방법 및 사용(유효) 기간)

① 저장 방법은 물리화학적 특성을 고려하여 안정성이 보장될 수 있도록 밀폐, 기밀, 밀봉 용기 등으로 구분하고, 구체적인 보관 조건(예: 2~8℃, 냉장보관 등)·유의사항(예: 빛을 피하여 보관 등) 등을 병기하여야 한다.

② 사용 기간은 "사용 기간: 제조일로부터 ○개월"과 같이 기재하되, 다음 각 호에 적합하여야 한다. 변경의 경우에도 이와 같다.

1. '제3장 안전성·유효성 심사'에 따른 안전성·유효성 심사 결과 인정된 기간
2. 이미 허가를 받거나 신고한 품목과 동일한 품목을 제조하고자 하는 경우에는 이미 품목허가·신고된 품목의 사용 기간을 준용할 수 있으며 그 기간은 36개월을 초과하여서는 아니 된다. 다만, 제제학적으로 안정성을 확인할 필요가 있다고 인정되는 경우에는 안정성 시험자료 또는 그 밖에 공인할 수 있는 명확한 입증자료를 제시하여야 한다.
3. 이미 허가받거나 신고된 품목의 사용 기간 이상으로 그 기간을 연장하고자 하는 경우에는 장기보존시험으로 사용 기간을 연장한다.

① 약의 성질이 일회용의 내용액제일 경우 최대 200밀리리터 내에서 섭취할 수 있도록 포장되어야 합니다.

② 의약외품 제제 시 특수한 제제가공법을 설정한 경우에는 원료약품과 원료약품의 분량을 설정한 근거에 대한 자료를 준비해야 합니다.

③ 약품 저장 방법을 병기해야 하며 여기에는 구체적인 보관 온도 및 보관 장소, 보관 시 유의사항 등을 포함하여 작성해야 합니다.

④ 제조 과정에서 유기용매를 사용하는 경우 제제의 안전성을 떨어뜨리거나 품질관리 면에서 지장을 주지 않도록 유의해야 합니다.

⑤ 이전에 허가 또는 신고된 품목의 사용 기간은 어떠한 경우에도 기존에 신고된 기간 이상으로 연장할 수 없습니다.

수리능력

09. 다음 숫자가 규칙에 따라 나열되어 있을 때, 빈칸에 들어갈 알맞은 것을 고르면?

-1	3	-6	15	-36	75	( )

① -108 ② -144 ③ -180 ④ -192 ⑤ -216

10. 체육대회 식사 메뉴로 임직원 수만큼 도시락을 예약했다가 39명의 임직원이 체육대회에 참가할 수 없게 되어 불참 인원수만큼 도시락을 취소했다. 하지만 체육대회 당일 불참 예정 인원 중 15명이 다시 참가하게 되어 이 인원수만큼 추가로 도시락을 주문했다. 회사의 임직원 수는 207명일 때, 최종적으로 주문한 도시락의 개수는?

① 183개 ② 186개 ③ 189개 ④ 193개 ⑤ 201개

11. 속력이 24m/min인 배를 타고 상류에서 하류까지 거리가 540m인 강을 왕복하였다. 하류로 내려갈 때 18분이 걸렸다면, 상류로 올라갈 때와 하류로 내려갈 때 속력의 비는? (단, 강의 유속은 일정하다.)

① 2:5 ② 2:7 ③ 3:4 ④ 3:5 ⑤ 3:7

12. 양궁선수인 A는 지난 올림픽까지 총 1,000발의 화살을 쐈고, 10점 과녁에 87.5%의 확률로 명중시켰다. 이번 올림픽에서는 총 250발의 화살을 쏘고 10점 과녁에 200발을 명중시켰을 때, 지난 올림픽부터 이번 올림픽까지 A의 전체 명중률은?

① 85%　　② 85.5%　　③ 86%　　④ 86.5%　　⑤ 87%

13. 다음은 성별 운전면허 소지자 현황에 대한 자료이다. 자료에 대한 설명으로 옳은 것을 모두 고르면?

[성별 운전면허 소지자]

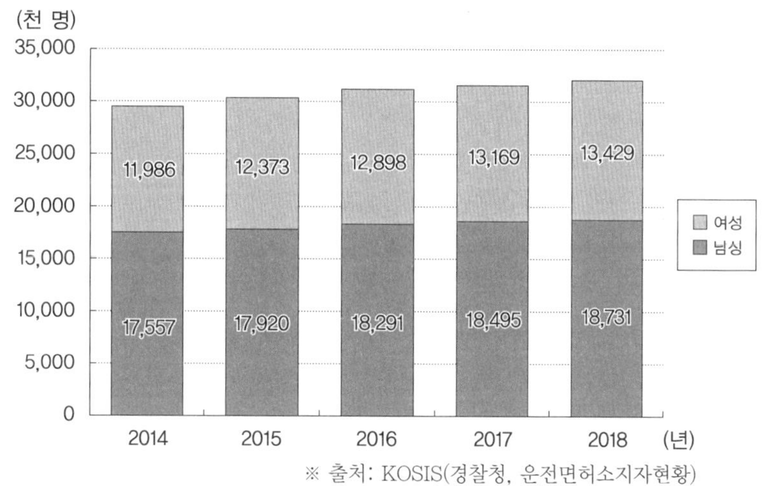

※ 출처: KOSIS(경찰청, 운전면허소지자현황)

㉠ 2017년 전체 운전면허 소지자는 전년 대비 2% 이상 증가하였다.
㉡ 2018년 남성 운전면허 소지자는 2년 전 대비 440천 명 증가하였다.
㉢ 2016년 여성 운전면허 소지자는 전체 운전면허 소지자의 3분의 1 이상이다.
㉣ 2014년 여성과 남성 운전면허 소지자의 차이는 5,571천 명이다.

① ㉠, ㉡　　② ㉡, ㉢　　③ ㉢, ㉣　　④ ㉠, ㉢, ㉣　　⑤ ㉡, ㉢, ㉣

14. 다음은 개인정보 침해 신고 상담 건수에 대한 자료이다. 2018년 개인정보 침해 신고 상담 건수는 총 164,497건이고 2019년에는 5,242건 감소하였을 때, 2019년 타인정보 도용 침해 신고 상담 건수는 약 몇 건인가?

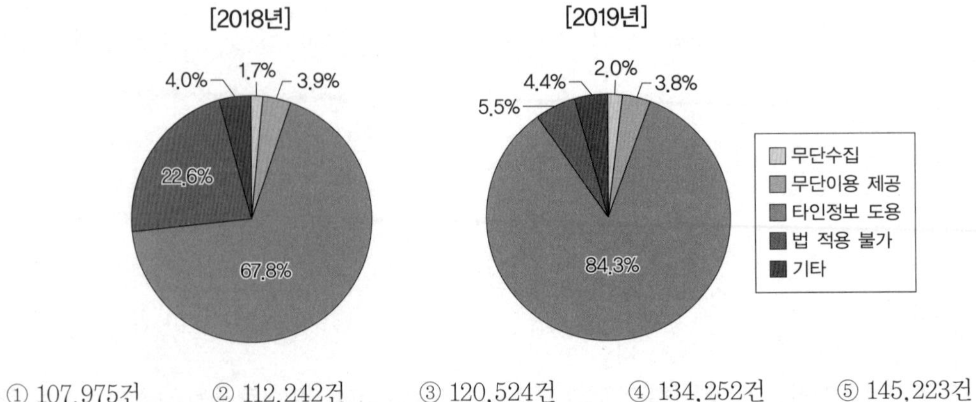

① 107,975건 ② 112,242건 ③ 120,524건 ④ 134,252건 ⑤ 145,223건

[15-16] 다음은 2019년 월별 청년 실업자 현황을 나타낸 자료이다. 각 물음에 답하시오.

[월별 청년 실업자 현황]

(단위: 만 명, %)

구분	1월	2월	3월	4월	5월	6월	7월	8월	9월	10월	11월	12월
전체 실업자	122.4	130.3	119.7	124.5	114.5	113.7	109.7	85.8	88.4	86.4	86.6	94.2
전체 실업률	4.5	4.7	4.3	4.4	4.0	4.0	3.9	3.0	3.1	3.0	3.1	3.4
청년 실업자	37.8	41.0	47.3	50.7	43.7	45.3	43.5	30.8	31.3	30.9	30.0	31.0
청년 실업률	8.9	9.5	10.8	11.5	9.9	10.4	9.8	7.2	7.3	7.2	7.0	7.3

※ 1) 실업률(%) = (실업자 / 경제 활동인구) × 100

2) 청년 실업률(%)=(청년 실업자 / 청년 경제 활동인구) × 100

※ 출처: KOSIS(통계청, 경제활동인구조사)

15. 다음 중 자료에 대한 설명으로 옳은 것은?

① 제시된 기간 중 2분기의 전체 실업자 수는 총 360만 명 이상이다.

② 전체 실업자 수는 하반기가 상반기보다 많은 편이다.

③ 11월 전체 실업자 수에서 청년 실업자의 비율은 전월 대비 감소하였다.

④ 전체 실업률과 청년 실업률의 증감 추이는 동일하다.

⑤ 8월 청년 경제 활동인구는 450만 명 이상이다.

16. 8월과 청년 실업률이 동일하게 나타난 달에 청년 경제 활동인구는 2월 대비 약 얼마나 감소하였는가? (단, 백의 단위에서 반올림하여 계산한다.)

① 2.4만 명　② 3.6만 명　③ 4.8만 명

④ 6만 명　⑤ 7.2만 명

문제해결능력

17. 업무수행 과정에서는 당면한 문제뿐만 아니라 숨어있는 문제까지 찾아 해결하는 능력이 요구된다. 이때, 문제는 발생형, 탐색형, 설정형 문제로 분류되는데, 다음 중 이 3가지 유형에 대한 설명으로 가장 적절하지 않은 것은?

① 탐색형 문제는 보이지 않는 문제를 의미하며 잠재 문제, 예측 문제, 발견 문제로 구분된다.
② 설정형 문제는 지금까지 해오던 것과 관계없이 미래지향적으로 새로운 과제와 목표를 설정하여 나타나는 문제를 의미한다.
③ 발생형 문제는 우리의 눈앞에 발생하여 걱정하고 해결하기 위해 고민하는 문제를 의미한다.
④ 탐색형 문제의 예측 문제는 현재 상황에서 문제가 되어 앞으로 더 큰 문제가 될 것으로 예상되는 문제를 의미한다.
⑤ 설정형 문제는 미래의 경영전략을 생각해보는 경영전략상의 문제로 앞으로 어떻게 해나갈 것인가 하는 문제를 의미한다.

18. 귀하는 SWOT 분석에 대해 어려움을 느껴 사이버 강의를 들은 후 교육 내용을 정리해 보았다. 다음 중 귀하가 정리한 SWOT 분석에 관한 내용으로 가장 적절하지 않은 것은?

① WT전략은 약점을 최소화하는 방법으로 위협을 극복하기 위해 내·외부적으로 방어하는 전략이다.
② SO전략은 내·외부적으로 자신에게 유리하도록 주변 상황을 활용하여 성장을 추구하는 공격적 전략이다.
③ ST전략은 직면한 위협을 회피함과 동시에 내부적 강점을 활용하여 새로운 판로를 개척하는 다각화 전략이다.
④ WO전략은 내부적 기회를 활용하여 직면한 외부환경에서의 약점을 줄여나가는 보완적 전략이다.
⑤ SWOT 분석은 기업이 처한 상황을 인식하고 미래의 경영전략을 수립하는 데 활용할 수 있다.

19. 다음 전제를 읽고 반드시 참이 되는 결론은?

전제	모든 대학생은 자격증을 취득한다.
	어떤 대학생은 금융권 취업을 준비하지 않는다.
결론	

① 금융권 취업을 준비하는 모든 사람은 자격증을 취득한다.
② 금융권 취업을 준비하는 어떤 사람은 자격증을 취득하지 않는다.
③ 자격증을 취득하지 않는 어떤 사람은 금융권 취업을 준비한다.
④ 자격증을 취득하는 어떤 사람은 금융권 취업을 준비하지 않는다.
⑤ 자격증을 취득하지 않는 어떤 사람도 금융권 취업을 준비하지 않는다.

20. 사원 A~E 5명 중 3명은 토요일에, 2명은 일요일에 주말 근무를 하였다. 5명 중 1명만 거짓을 말할 때, 거짓을 말한 사람은?

- A: 나는 토요일에 근무하지 않았다.
- B: 나는 D와 다른 날 근무했다.
- C: E는 토요일에 근무하지 않았다.
- D: 나는 A와 같은 날 근무했다.
- E: 나는 토요일에 근무했다.

① A ② B ③ C ④ D ⑤ E

21. 다음 대화를 읽고 B의 말에 해당하는 논리적 오류로 가장 적절한 것은?

A: 재생 에너지에 대한 시민 참여를 독려하기 위한 사업 정책 기획안에 대해 논의하겠습니다. 먼저 재생 에너지 설비 설치율이 다른 지역보다 가장 낮은 지역을 살펴보니 ○○지역이더군요.
B: ○○지역의 시민들이 재생 에너지에 대한 관심이 낮다는 말씀인가요? 설문조사 결과 ○○지역 시민들의 재생 에너지 설비에 대한 관심도와 설치 의향이 매우 높아요. 따라서 ○○지역의 재생 에너지 설비 설치율이 완전히 낮다고 볼 수는 없겠네요.

① 허수아비 공격의 오류 ② 무지의 오류 ③ 권위에 의존한 오류
④ 성급한 일반화의 오류 ⑤ 분할의 오류

[22-23] 다음 자료를 읽고 각 물음에 답하시오.

[시설 이용 안내문]

1. 이용료

시설명	구분	이용료(원)		비고
		청소년(단체)	일반(단체)	
체육관	오전	20,000	40,000	09:00~12:00
	오후	60,000	80,000	13:00~18:00
	야간	80,000	90,000	19:00~24:00
강의실	오전	30,000	45,000	09:00~12:00
	오후			13:00~18:00
야외 공연장	오후	30,000	45,000	13:00~18:00

2. 이용료 감면

1) 지역에서 주관하는 행사: 전액 감면

2) 지역 내 공식적으로 등록된 동아리에서 주관하는 행사: 총이용료의 80% 감면

3. 신청 방법

1) 온라인 신청

- 강의실, 야외 공연장 이용 시 홈페이지에서 로그인 후 신청
- 강의실: 이용일 2개월 전 1일 오전 10시부터 선착순으로 신청
- 야외 공연장: 이용일 1개월 전 1일 오전 10시부터 선착순으로 신청

2) 오프라인 신청

- 체육관 이용 시 시설을 직접 방문하거나 팩스로 이용 신청서 및 목적에 따른 필요 서류 제출

4. 필요 서류

1) 이용 신청 시: 이용 신청서, 신분증(단, 이용료 전액 감면 시 신분증은 제외)

2) 이용 변경 신청 시: 이용 변경 신청서

3) 이용료 반환을 원할 시: 이용료 반환 신청서

5. 이용료 납부 및 반환

1) 신청 후 3일 내로 입금하여야 예약이 확인됩니다. 입금 지연 시 예약이 취소됩니다.

2) 이용 변경 신청은 3회에 한하여 가능하며, 이용일 10일 전 이후에 이용 일자를 변경하는 경우, 변경 전에 납부한 이용료의 10%를 추가로 납부해야 합니다.

3) 이용료 반환

- 천재지변 및 불가항력적인 사유로 이용이 불가능한 경우: 전액 반환
- 시설 이용 7일 전 취소: 총이용료의 80% 환불
- 시설 이용 6일 전 이후 취소: 총이용료의 50% 환불

22. C는 ○○공단 시설 관리 담당자로서 시설 이용자들의 문의에 대해 답변을 하고 있다. 위에 제시된 안내문을 바탕으로 답변할 때, 가장 적절하지 않은 것은?

① Q: 지역 내 공식적으로 등록된 청소년 동아리에서 주최하는 행사를 위해 야외 공연장을 예약하려고 하는데, 오후 1시부터 5시까지 이용한다면 이용 요금은 총 얼마인가요?

A: 문의하신 시간대의 야외 공연장 이용 요금은 청소년 단체의 경우 30,000원이지만, 지역 내 공식 등록된 동아리에서 주관하는 행사의 경우 총이용료의 80%가 감면되므로 총 6,000원입니다.

② Q: 5일 후인 15일에 회사 세미나를 위해 오전 시간으로 강의실 예약을 해두었는데, 사정상 이용이 불가능할 것 같습니다. 이용료를 환불받고 싶은데 얼마나 돌려받을 수 있을까요?

A: 이용료 반환의 경우 시설 이용 6일 이내에 취소하면 이용료의 50%를 환불 받을 수 있으므로 22,500원을 돌려받으실 수 있습니다.

③ Q: 얼마 후에 있을 공연을 위해 야외 공연장을 온라인으로 예약하려고 하는데, 처음이라 어렵게 느껴지네요. 어떻게 하면 될까요?

A: 야외 공연장을 온라인으로 예약할 경우 이용일 2개월 전 1일 오전 10시부터 홈페이지를 통해 선착순으로 신청 가능하며, 로그인한 후 예약할 수 있으므로 온라인 신청이 처음이라면 홈페이지에 회원가입을 미리 해두시는 것을 추천해 드립니다.

④ Q: 체육관을 예약하고자 하는데 어떤 서류가 필요한가요?

A: 체육관을 이용하시려면 각 항목에 공란 없이 세부사항을 기재한 이용 신청서와 더불어 신청자의 신분증이 필요합니다.

⑤ Q: 지역에서 주관하는 강연을 위해 강의실을 예약하고자 합니다. 강의실 신청 방법 및 이용료를 알 수 있을까요?

A: 지역에서 주관하는 행사일 경우 시설 이용료 전액이 감면되며 신분증은 필요하지 않으므로 이용 신청서만 작성하여 온라인으로 제출해주시면 됩니다.

23. 귀하는 두 달 전에 사내 체육대회를 위해 다음과 같이 이용 신청서를 작성하여 체육관을 예약하였다. 그러나 체육대회 일정이 미뤄지면서 8월 21일인 오늘 체육관 이용 예정일을 하루 미뤘지만, 우선 취소하는 것이 좋겠다는 사장님의 지시로 내일 중으로 예약을 취소하기로 할 때, 환불받을 수 있는 금액은?

[이용 신청서]

<table>
<tr><td rowspan="5">신청자</td><td rowspan="3">주소</td><td rowspan="3" colspan="2">서울시 강남구 강남대로 △△번길</td><td rowspan="3">연락처</td><td>전화: (02)286-14XX</td></tr>
<tr><td>H.P: 010-4234-23XX</td></tr>
<tr><td>E-Mail: ddoogg@sinrogail.co.kr</td></tr>
<tr><td rowspan="2">성명</td><td rowspan="2">김복순</td><td>생년월일</td><td rowspan="2">이용 목적</td><td rowspan="2">사내 체육대회</td></tr>
<tr><td>1980. 09. 30.</td></tr>
<tr><td colspan="2">시설명</td><td colspan="4">체육관</td></tr>
<tr><td colspan="2">이용 일자</td><td colspan="4">20△△. 08. 25.~20△△. 08. 26.(2일간)</td></tr>
<tr><td colspan="2">이용 시간</td><td colspan="4">09:00~18:00(8시간/1일) * 12:00~13:00까지 외부에서 점심식사 예정</td></tr>
</table>

20△△년 6월 25일

신청자: 김복순

① 131,200원 ② 192,000원 ③ 132,000원 ④ 120,000원 ⑤ 124,000원

자기개발능력

24. 다음은 P 씨가 취업을 준비하기 위해 자격증 공부 계획을 세웠다가 실패한 사례를 나타낸 글이다. 다음 글에 나타난 P 씨의 자기개발 계획의 방해요인이 아닌 것은?

> 취업 준비생인 P 씨는 한국사능력검정시험 자격증을 취득하기 위해 수험서를 구매하고, 시험일까지 매일 공부해야 하는 분량을 계획하여 열심히 공부하기로 하였다. P 씨는 아침 시간에 집중력이 높을 것 같아 오전에 공부하고 저녁에 아르바이트하기로 계획했지만, 평소 밤늦게 자는 습관 때문에 아침 일찍 일어나지 못하고 계획한 시간보다 적게 공부하였다. 게다가 중간중간에 예상치 못했던 친구들의 경조사가 있거나 몸 컨디션이 별로 좋지 않아 며칠 동안이나 전혀 공부하지 못한 날들도 있었다. 한편 P 씨는 독학보다는 강의를 듣는 학습법이 자신과 잘 맞는다고 생각했지만, 수강료가 비싸 혼자 힘들게 공부할 수밖에 없었고, 공부에 지쳐있던 중 한국사능력검정시험보다는 영어 관련 자격증 시험이 더 취업에 도움이 된다는 것을 알고 새로운 자격증 공부를 시작하기로 하였다.

① 자기 정보의 부족
② 외부 작업정보의 부족
③ 의사결정 시 자신감의 부족
④ 일상생활의 요구사항
⑤ 주변상황의 제약

25. 성공하는 사람들의 공통점은 자기관리가 습관화되어 있다는 점이다. 정 사원도 성공한 사람들처럼 철저한 자기관리를 하기 위해 '건강을 챙기면서 일하는 것'을 목표로 세운 후 구체적인 단계별 계획을 수립하였다. 다음 자기관리 5단계 중에서 2단계에 진행해야 할 행동으로 가장 적절한 것은?

① 운동 시간에 영향을 미치는 퇴근 시간이나 약속 시간을 잘 조절하여 계획한 일정대로 운동한다.
② 목표를 어느 정도 성취했는지 살펴보고 계획한 만큼 수행하지 못한 부분을 확인한다.
③ 현재 건강을 해치고 있는 나의 생활 습관을 알아보고 이를 변화시킬 수 있는 활동을 탐색한다.
④ 월간, 주간, 하루 단위로 운동 시간, 운동량을 정하고, 그 외 활동은 우선순위에 따라 결정한다.
⑤ 가장 중요한 것을 건강이라고 생각하여 육체적, 정신적 건강을 모두 지킬 수 있도록 삶의 계획을 세운다.

자원관리능력

26. 물품을 효과적으로 관리하는 과정이 다음과 같을 때, ㉠~㉤ 중 물품 관리 방법에 대한 설명으로 가장 적절하지 않은 것은?

사용 물품과 보관 물품의 구분	㉠ 물품을 정리하고 보관할 때는 해당 물품을 주기적으로 사용할 것인지, 장기 보관할 것인지를 먼저 구분한다.
↓	
동일 및 유사 물품으로의 분류	㉡ 품종이 동일하거나 유사한 물품을 같거나 인접한 장소에 보관하면 필요한 물품을 찾는 시간을 줄일 수 있다.
↓	
물품 특성에 맞는 보관 장소 선정	㉢ 분류한 물품은 개별 특성을 고려하여 적절한 보관 장소를 선정한다. ㉣ 물품의 재질, 무게, 부피까지 고려하여 보관 장소에 차이를 두어야 한다. ㉤ 가장 최근에 구입한 물품을 가장 앞쪽에 보관하여 물품의 구입 시기를 누구나 바로 알 수 있도록 한다.

① ㉠ ② ㉡ ③ ㉢ ④ ㉣ ⑤ ㉤

27. 개인적인 차원에서 자신의 인맥을 관리하기 위해서는 명함관리를 하는 것이 중요하다. 다음 중 명함관리에 대한 설명으로 가장 적절하지 않은 것은?

① 명함 교환을 통해 얻은 정보는 대화의 실마리를 제공한다.
② 명함은 자신의 신분을 증명함과 동시에 자신을 홍보할 수 있는 도구가 된다.
③ 명함을 받을 때 상대방의 구체적인 신상 정보를 명함에 메모하지 않도록 주의한다.
④ 자신의 정보를 전달하거나 다른 사람의 정보를 받을 수 있다.
⑤ 명함을 받은 뒤 보관하는 것에 그치지 말고 적극적으로 활용하여 교류를 이어간다.

28. ○○공사 서울 지사 경영지원실 인사처에 근무하는 귀하는 서울 지사 직원 중 1년간 충남 지사에 파견되어 근무할 직원을 선발하는 업무를 맡게 되었다. 충남 지사 담당자로부터 다음과 같은 메일을 받았다고 할 때, 귀하가 가장 먼저 파견을 제안할 직원으로 적절한 사람은?

보낸 날짜	20△9. 4. 4.
보낸 사람	충남 지사
받는 사람	서울 지사
제목	파견 직원 관련 요청사항 전달

다음 달 1일부터 일 년간 충남 지사로 파견되어 근무할 직원이 수행할 업무와 관련하여 요청사항 전달드립니다. 먼저 충남 지사로 파견되는 직원은 바로 업무에 투입되어야 하므로 최소 1년 정도는 ○○공사에서 일하면서 전반적인 행정 프로세스를 알고, 직접 수행해 본 경험이 있는 직원이었으면 좋겠습니다. 또한, 앞서 전달드렸듯이 배치될 팀은 정보보안팀으로, 현재 충남 지사에서 도입 예정 중인 스마트 오피스 보안 시스템과 관련한 업무를 진행할 예정입니다. 따라서 관련 자격증이 있거나, 자격증이 없다면 정보보안팀에서 3년 이상 실무를 해본 경험이 있는 직원이면 좋겠습니다. 해당 조건을 모두 갖춘 직원이 한 명 이상이라면 그중에서는 업무 평가가 좋은 직원을 파견해 주시면 감사하겠습니다. 파견 직원 선발 후 바로 연락 부탁드립니다. 추가로 파견 직원에게 지원되는 사항은 메일에 첨부하였으므로 선발 직원과 논의하실 때 참고하시면 좋을 것 같습니다.

구분	입사일	부서	자격증	업무평가
김 사원	20△7. 8. 1.	경영지원팀	산업기계설비기술사	B
이 사원	20△8. 12. 1.	경영지원팀	정보보안산업기사	C
최 사원	20△8. 3. 2.	정보보안팀	정보보안산업기사	A
박 사원	20△6. 2. 1.	정보보안팀	컴퓨터활용능력 1급	C
윤 사원	20△6. 4. 1.	기획팀	컴퓨터활용능력 1급	A

① 김 사원 ② 이 사원 ③ 최 사원 ④ 박 사원 ⑤ 윤 사원

[29-30] 다음은 ○○기업 생산팀 워크숍 일정 제안서 중 일부이다. 각 물음에 답하시오.

[○○기업 생산팀 워크숍 일정 제안서]

▌1일 차 일정

1) A 안

① 이동 거리

회사 → A 공장	A 공장 → 관광지	관광지 → 인재개발원
50km	50km	60km

② 이동 수단

	연비	연료 가격
미니버스	1.2km/L	2,000원/L

2) B 안

① 이동 거리

회사 → 관광지	관광지 → A 공장	A 공장 → 인재개발원
40km	90km	50km

② 이동 수단

	연비	연료 가격
승합차	1.6km/L	1,600원/L

▌2일 차 일정

① 이동 거리

호텔 → B 공장	B 공장 → 휴게소	휴게소 → 회사
50km	50km	140km

② 이동 수단

	연비	연료 가격
승합차	1.6km/L	1,600원/L

29. **1일 차 일정 A 안과 B 안 중 비용에 상관없이 이동 시간이 짧은 경로를 선택한다고 할 때, 1박 2일 동안 소요되는 총 이동 시간은?** (단, 미니버스의 속력은 80km, 승합차의 속력은 100km이며 각 목적지에서 머무르는 시간은 고려하지 않는다.)

① 3시간 24분　　② 3시간 48분　　③ 4시간 12분
④ 4시간 24분　　⑤ 4시간 28분

30. **앞서 선택한 이동 경로 대로 워크숍을 진행한다고 할 때, 1박 2일 동안 소요되는 총 유류비는?** (단, 천 원 단위 이하로 절사한다.)

① 420,000원 ② 450,000원 ③ 670,000원
④ 700,000원 ⑤ 750,000원

대인관계능력

31. **다음 글에서 확인할 수 있는 개념에 대한 설명이 〈보기〉와 같을 때, 〈보기〉 중 틀린 내용을 모두 고르면?**

> 전략개발팀 박 팀장은 부하 직원인 정 사원에게 올해 상반기에 시행한 판매전략 A와 하반기에 시행한 판매전략 B 두 가지 전략을 검토하여 각각의 판매 결과를 조사하라고 요청하였다. 그러나 정 사원이 작성한 보고서는 두 가지 전략을 통한 판매 결과는 포함되어 있지만, 자세히 보지 않고서는 두 가지 판매전략 중 어떤 것이 더 판매에 효과적이었는지 알기 어려웠다. 또한, 작성한 보고서의 틀도 일정하지 않아 보고서를 검토하는 데 시간이 많이 소요되었다. 따라서 박 팀장은 정 사원을 다시 불러 요청한 업무의 목적은 내년 상반기에 매출액을 향상시키기 위해 효과적인 판매전략을 세우기 위함인 점을 알리고, 정 사원이 담당하여 개선한 판매전략을 통해 회사 전체의 매출액이 크게 차이가 날 수 있다는 점을 명시하여 업무에 보다 책임감을 느끼도록 하였다. 그 결과 정 사원은 더욱 열의를 가지고 판매전략 A와 B의 장점을 합친 C 전략을 도입하여 회사의 이익에 크게 기여하였다.

〈보기〉

㉠ 개인 차원의 방해요인으로는 약속의 불이행, 갈등 처리능력의 부족 등이 있다.
㉡ 조직 차원의 방해요인으로는 공감대 형성이 없는 구조와 시스템, 제한된 정책과 절차 등이 있다.
㉢ 대인 차원의 방해요인으로는 동기의 결여, 결의의 부족 등이 있다.
㉣ 관리 차원의 방해요인으로는 통제적 리더십 스타일, 경험 부족 등이 있다.

① ㉠, ㉡ ② ㉠, ㉢ ③ ㉡, ㉢ ④ ㉡, ㉣ ⑤ ㉢, ㉣

32. 스포츠 상품을 판매하는 업체의 CS팀에 소속된 A 사원은 온라인에서 실시간으로 1:1 고객 상담을 처리하고 있다. 다음 대화에서 A 사원의 답변 중 가장 적절하지 않은 것은?

> 고　객: 일주일 전에 배송받은 신발 상태가 좋지 않아 교환이나 환불을 어떻게 받을 수 있는지 문의드렸었는데, 아직까지 답변이 없어서 다시 문의드려요. 교환이나 환불을 받을 수 있는 것이 맞나요?
> A 사원: ㉠ 우선 답변을 늦게 드리게 되어 죄송합니다. 배송받은 상품이 어떤 상태인지 알 수 있을까요?
> 고　객: 신발 표면에 얼룩이 묻어있고, 전체적으로 홈페이지에서 봤던 상품 이미지와 색상이 많이 달라서요.
> A 사원: ㉡ 상품 이미지 업로드 시 보통 실제와 가장 유사하게 촬영된 사진을 업로드하고 있는데, 혹시 다른 상품과 착각하신 것은 아닌지 확인 부탁드립니다.
> 고　객: 파란색으로 나온 운동화는 이 모델 하나예요. 상품 코드와 배송을 받자마자 찍은 상품의 사진을 보내드릴 테니 다시 확인해주세요.
> A 사원: ㉢ 보내주신 사진 확인하였으며, 고객님 말씀대로 신발 자체에도 얼룩이 묻어 있고 배송 상태도 좋지 않네요. 죄송합니다. ㉣ 교환을 원하시는 상품의 코드와 사이즈를 다시 말씀해주시면 바로 교환 접수를 해드릴 예정이며, 환불을 원하실 경우에는 환불받으실 계좌번호만 보내주시면 반품 접수를 해드리겠습니다.
> 고　객: 환불로 접수해주시고, 다음부터는 배송 전에 제품 상태를 꼼꼼히 확인해주셨으면 좋겠네요.
> A 사원: 네, 고객님. ㉤ 바로 환불 처리 진행하겠으며, 앞으로 배송 시에는 불량한 제품이 발송되지 않도록 유의하고, 고객님의 문의는 신속하게 처리하도록 하겠습니다. 이용해주셔서 감사합니다.

① ㉠　② ㉡　③ ㉢　④ ㉣　⑤ ㉤

정보능력

33. 다음은 가치 있는 정보가 가지는 특징을 설명한 글이다. 빈칸 ㉠~㉣에 들어갈 수 없는 단어는?

> 정보의 가치는 여러 가지 상황에 따라 달라질 수 있다. 즉, 정보의 사용 목적, 활용되는 시기와 장소 등에 따라 같은 정보라도 다르게 평가될 수 있다. 특히, 가치 있는 정보는 여러 가지 특징을 지니는데 그중에서 (㉠)은/는 정보의 핵심적인 특성이다. 정보는 우리가 원하는 시간에 제공되어야 하며, 원하는 시간에 제공되지 못하는 정보는 정보로서의 가치가 없어지게 될 것이다. 또한, 정보는 (㉡)의 특징을 가지고 있어 아무리 중요한 내용이라도 공개가 되고 나면 그 가치가 급격하게 떨어지므로 정보는 공개 정보보다는 반공개 정보가, 반공개 정보보다는 비공개 정보가 더 큰 가치를 가질 수 있다. 그러나 비공개 정보는 정보의 활용이라는 면에서 (㉢)이/가 떨어지고, 공개 정보는 (㉣)이/가 떨어지게 되므로 정보는 공개 정보와 비공개 정보를 적절히 구성함으로써 (㉢)와/과 (㉣)을/를 동시에 추구해야 한다.

① 경쟁성　② 독점성　③ 경제성　④ 보편성　⑤ 적시성

34. 가구 회사에서 근무하는 귀하는 자사와 경쟁사 제품에 대한 소비자 평가 점수를 조사하여 신제품 기획안에 참고하고자 한다. 귀하가 조사한 A~C 사 제품 중 소파의 평균 소비자 평가 점수를 구하기 위해 [D18]셀에 입력할 함수식으로 가장 적절한 것은?

	A	B	C	D	E
1					
2		제조사	제품 품목	소비자 평가 점수	
3		A 사	식탁	9.2	
4		A 사	소파	8.5	
5		C 사	서랍	7.8	
6		B 사	옷장	8.9	
7		A 사	선반	7.1	
8		C 사	수납장	6.7	
9		B 사	소파	8.3	
10		B 사	협탁	7.0	
11		A 사	서랍	6.2	
12		C 사	옷장	8.0	
13		B 사	침대	8.4	
14		A 사	화장대	7.3	
15		C 사	소파	6.0	
16		B 사	테이블	6.9	
17					
18		A~C 사의 소파 평균 소비자 평가 점수			
19					

① = Average(D3:D16, "소파")

② = Averageif(D3:D16, C3:C16, "소파")

③ = Averageif(C3:C16, "소파", D3:D16)

④ = Averageifs(D3:D16, "소파", C3:C16)

⑤ = Averageifs(C3:C16, D3:D16, "소파")

35. ○○대학병원 의무기록팀은 약제팀과 협업을 진행하면서 자료가 원활하게 공유되지 않는 어려움을 겪어 이를 해결하기 위해 여러 자료를 데이터베이스화하려고 한다. 다음 중 데이터베이스 시스템의 필요성에 대해 가장 적절하지 않은 발언을 한 팀원은?

> **F 팀장:** 지난주, 환자의 약물치료를 효과적으로 진행하기 위해 약제팀과 필요한 자료들을 공유하던 중 우리 팀의 연구 기록 데이터 파일과 약제팀에서 공유해준 파일이 서로 달라 정보를 활용하는 데 어려움을 겪었습니다. 이에 추후에도 다른 부서와의 협업 시 효과적으로 자료를 활용하기 위해 행정 업무자료를 대상으로 데이터베이스화를 추진할 계획입니다. 이와 관련하여 데이터베이스가 필요할지에 대한 각자의 생각을 자유롭게 들어보고 싶습니다.
>
> **A 사원:** 데이터베이스 시스템을 이용하면 데이터의 중복을 줄여 데이터 유지 비용을 감소시킬 수 있으므로 비용 측면에서 유용할 것 같아요.
>
> **B 사원:** 데이터 변경 시 한 곳에서만 수정하면 되니까 빠짐없이 모든 데이터를 한 번에 관리할 수 있어 관리가 훨씬 쉬워지고, 누구나 최신 데이터를 이용할 수 있겠네요.
>
> **C 사원:** 데이터베이스 시스템으로 한 번에 여러 파일에서 데이터를 찾아낼 수 있게 되면 데이터를 검색하는 시간을 단축하는 데 도움이 되지 않을까요?
>
> **D 사원:** 데이터베이스 시스템은 데이터를 이용하는 사람 누구나 쉽게 정보를 읽고 변경할 수 있게 하므로 정보의 격차를 줄이는 데 있어서 중요한 역할을 할 거예요.
>
> **E 사원:** 데이터가 조직적으로 저장되어 있어 관련 데이터를 활용하는 프로그램의 개발을 훨씬 쉽게 할 수 있을 뿐만 아니라 개발에 소요되는 시간도 훨씬 줄어들겠네요.

① A 사원 ② B 사원 ③ C 사원 ④ D 사원 ⑤ E 사원

36. 정보분석은 1차 정보를 분석하여 압축·가공한 뒤 2차 정보를 작성하게 되는데, 1차 정보에 포함된 주요 개념을 키워드로 추출하여 이를 간결하게 나타내어야 한다. 다음 도표의 ㉠~㉢에 들어갈 내용을 순서대로 바르게 나열한 것은?

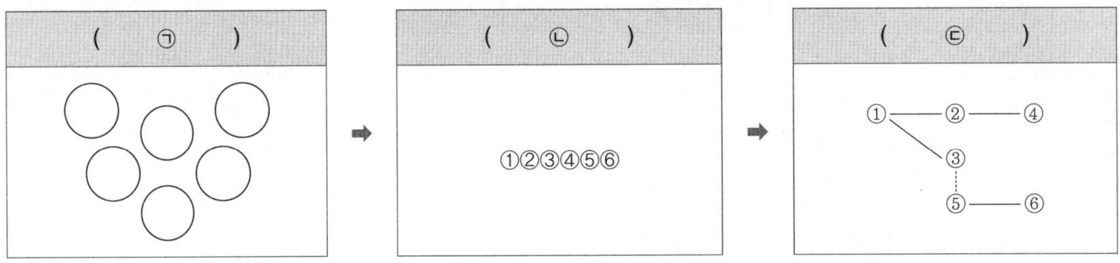

① 수집 정보 – 서열화 – 구조화
② 수집 정보 – 구조화 – 서열화
③ 정보 압축 – 키워드 도출 – 정보 분석
④ 정보 압축 – 정보 분석 – 키워드 도출
⑤ 키워드 도출 – 정보 분석 – 정보 압축

37. 최근 귀하의 회사에서는 직원들의 개인정보가 경쟁기업으로 유출되는 사고가 있었다. 이에 귀하는 아침 회의 시간에 개인정보 유출 방지에 대한 직원들의 의견을 들어보고 보안의 중요성에 대해 다시 한번 생각해 보는 시간을 갖기로 하였다. 다음 중 개인정보 유출 방지 방안에 대한 발언으로 가장 적절하지 않은 것은?

① A 사원: 비밀번호는 타인이 예측할 수 없도록 숫자 외에도 영어나 특수문자 등을 포함하여 주기적으로 변경해야겠어요.

② B 사원: 사용하지 않는 사이트에서 탈퇴하는 것도 중요하지만 개인정보가 가입을 해지하는 즉시 파기되는지를 확인하는 게 중요해요.

③ C 사원: 업무에 참고할 자료가 필요하여 사이트에 가입하려는데 특별한 설명 없이 결혼 여부와 자동차 소유 여부를 묻길래 가입을 재고했어요.

④ D 사원: 호기심에 방문한 사이트에서 무조건 당첨되는 경품 이벤트를 통해 회원가입을 유도하길래 경품에 욕심이 생겼지만 무시했어요.

⑤ E 사원: 회원가입 시 개인정보 제공에 관한 이용 약관은 모든 사이트의 회원가입 시 동일하게 나타나므로 굳이 모두 읽지 않아도 돼요.

기술능력

38. 다음은 수습 기간 동안 신입사원 A의 업무 결과를 바탕으로 평가한 항목과 점수이다. 평가 점수를 통해 추론할 수 있는 A 사원이 지닌 능력으로 가장 적절한 것은?

	평가 항목	매우 미흡	미흡	보통	우수	매우 우수
1	기술학의 특성과 역할을 이해한다.					○
2	기술체계가 설계되고, 사용되고, 통제되는 방법을 이해한다.				○	
3	기술과 관련된 이익을 가치화하고 위험을 평가할 수 있다.				○	
4	기술에 의한 윤리적 딜레마에 대해 합리적으로 반응할 수 있다.					○

① 기술교양(Technical Literacy)

② 기술경영(Management of Technology)

③ 기술혁신(Technical Innovation)

④ 기술진보(Technical Progress)

⑤ 기술교육(Technical Education)

39. 기술혁신팀에서 근무하는 귀하는 기술개발 프로젝트에 참여하기 전에 기술혁신에 대하여 선배들의 조언을 구하기로 했다. 다음 중 기술혁신에 대한 조언으로 가장 적절하지 않은 것은?

① "기술혁신이 마냥 좋은 결과만을 나타내는 것은 아니에요. 기술이 개발됨에 따라 발생하는 조직의 변화는 이해관계자 간의 갈등을 발생시킬 수 있기 때문이죠."

② "기술개발에 참여한 엔지니어의 지식은 문서로 정리될 수 없기 때문에 다른 사람에게 그 지식을 전수해주기 어려워요."

③ "기술혁신이라고 해서 우리 팀에서만 진행되는 것은 아니고, 획기적인 아이디어를 다른 팀으로부터 얻을 수 있기 때문에 기술혁신은 조직의 경계를 넘나들며 진행됩니다."

④ "기술혁신이 이루어지는 과정은 매우 불확실하기 때문에 단기간에 가시적인 성과가 나타나는 것이 성공의 관건이에요."

⑤ "만약 기술혁신을 이룬 엔지니어가 우리 회사를 떠나게 된다면 더 이상 기술개발을 진행할 수 없을 정도로 지식의 손실이 매우 커요."

40. 다음과 같은 특징을 모두 포괄하는 개념으로 가장 적절한 것은?

- 이것은 국가 산업 발전 및 경쟁력을 결정짓는 산업자본이다.
- 이것은 눈에 보이지 않는 무형의 재산으로 실체가 없어 수출입이 자유롭다.
- 이것을 활용하면 국가 간 기술 제휴 등을 통해 세계화가 촉진되는 다국적 기업화가 이루어진다.
- 이것은 기술개발에 대해 독점적 권리를 보장해 줌으로써 연쇄적인 기술개발을 촉진하는 계기를 마련한다.

① 지식재산권 ② 산업재산권 ③ 정보재산권 ④ 저작인접권 ⑤ 산업저작권

41. **다음은 S 사에서 구매를 고려 중인 프로젝터의 사양을 정리한 자료이다. 주어진 〈조건〉을 참고하여 하나를 구매한다고 할 때, S 사가 구매할 프로젝터로 가장 적절한 것은?** (단, 모든 〈조건〉을 만족하는 프로젝터가 두 개 이상일 경우 가장 저렴한 것을 구매한다.)

구분	A 프로젝터	B 프로젝터	C 프로젝터	D 프로젝터	E 프로젝터
종류	LCD 프로젝터	DLP 프로젝터	LCoS 프로젝터	LCD 프로젝터	DLP 프로젝터
해상도	풀 HD	풀 HD	SD	HD	풀 HD
램프 수명	5,000시간	30,000시간	20,000시간	5,000시간	30,000시간
스마트폰 연결	O	O	X	X	O
3D 영상지원	O	X	X	O	O
내장 배터리	X	O	O	O	O
가격(원)	498,000	528,000	246,000	520,000	562,000
소리의 세기	40dB	24dB	43dB	40dB	24dB

※ 해상도: 화면에서 이미지의 정밀도를 나타내는 말로, SD, HD, 풀 HD 순으로 해상도가 높음

〈조건〉

- 스마트폰과 연결해 사용할 수 있어야 한다.
- 밤에도 사용할 수 있도록 소리의 세기는 40dB 이하인 제품으로 선택해야 한다.
- 어디에서나 사용할 수 있도록 프로젝터에 배터리가 내장되어 있어야 한다.
- 선명한 영상을 볼 수 있도록 해상도는 HD 이상이어야 한다.

① A 프로젝터 ② B 프로젝터 ③ C 프로젝터 ④ D 프로젝터 ⑤ E 프로젝터

42. **다음 중 미래의 4대 핵심기술인 나노기술, 생명공학기술, 정보기술, 인지과학이 융합한 사례로 가장 적절하지 않은 것은?**

① 인간과의 바둑 대국으로 주목받은 알파고
② 세포 사이를 다니면서 수술하거나 혈관을 청소하는 미세 로봇
③ 탄소 나노 튜브를 접목한 디스플레이 장치나 여러 숫자를 일시에 처리하는 양자 컴퓨터
④ 고객의 다양한 구매 기록을 파악할 수 있는 빅데이터
⑤ 시공간의 제한 없이 개인의 건강 상태 계측 기술을 개발한 유비쿼터스 헬스케어 시스템

조직이해능력

43. L 기업은 변화하는 환경에 맞춰 조직을 개편하고자 한다. 다음 L 기업의 기존 조직도와 조직도 개편 방향 기준을 참고했을 때, 개편될 조직에 포함될 부서의 이름으로 가장 적절하지 않은 것은?

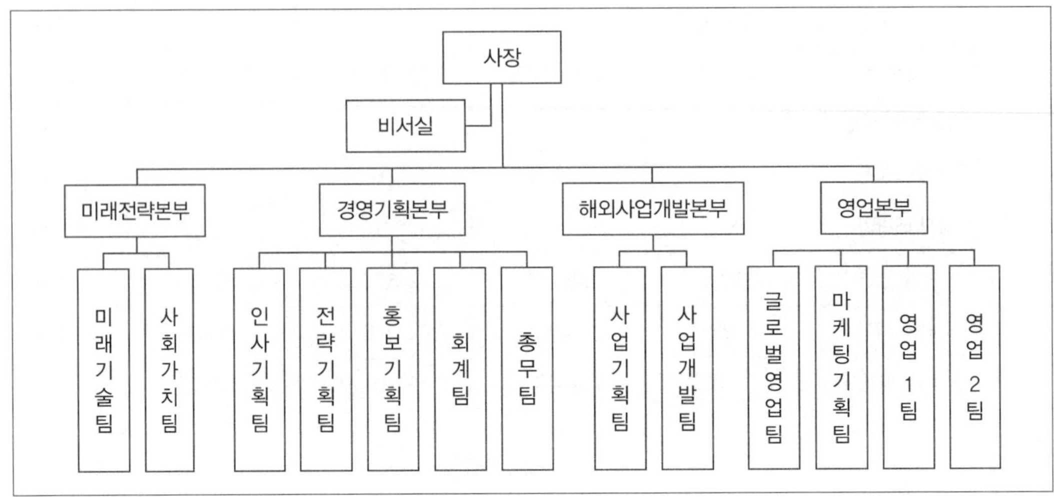

[조직도 개편 방향 기준]

- 변화하는 시장환경에 맞는 조직 개편
  - 회계팀과 총무팀을 재무기획팀으로 통합하여 경영지원본부 신설
  - 인사기획팀을 신설된 경영지원본부로 이동
  - 영업본부에서 마케팅기획팀, 영업 1팀을 통합하여 국내영업팀으로 개편
  - 영업 2팀과 글로벌영업팀을 통합하여 해외 영업팀으로 개편
- 명칭 변경: 해외사업개발본부 → 사업개발본부

① 해외영업팀 ② 재무기획팀 ③ 인사기획팀 ④ 국내영업팀 ⑤ 회계팀

44. 경영의 과정은 경영계획, 경영실행, (　　　)의 세 단계로 이루어진다. 다음 중 빈칸에 들어갈 단계에 해당하는 활동으로 가장 적절한 것은?

① 미래상 설정
② 조직목적 달성
③ 조직 구성원 관리
④ 수행결과 감독
⑤ 실행방안 선정

45. 조직은 경영자의 경영이념이나 조직의 특성에 따라 다양한 경영전략을 수립하는데, 이를 유형별로 나누어 설명한 대표적인 경영전략으로 마이클 포터의 본원적 경쟁전략이 있다. 다음 (가)~(다)에 해당하는 마이클 포터의 본원적 경쟁전략의 유형이 바르게 연결된 것은?

(가) 조직이 생산한 상품이나 서비스를 고객에게 가치 있고 독특하게 인식되도록 하는 전략
(나) 타사에서 소홀히 대하고 있는 한정된 시장을 공략하는 전략
(다) 대량생산이나 새로운 생산기술을 개발하여 해당 산업에서 유리한 위치를 선점하는 전략

	(가)	(나)	(다)
①	원가우위 전략	집중화 전략	차별화 전략
②	집중화 전략	차별화 전략	원가우위 전략
③	집중화 전략	원가우위 전략	차별화 전략
④	차별화 전략	집중화 전략	원가우위 전략
⑤	차별화 전략	원가우위 전략	집중화 전략

46. 다음은 조직문화의 구성요소를 의미하는 '7-S'에 대한 설명일 때, ㉠~㉣에 들어갈 요소가 아닌 것은?

세계적 기업인 맥킨지(McKinsey)에 의해서 개발된 '7-S 모형'은 조직문화를 구성하고 있는 조직문화의 구성요소와 이들의 상호작용을 개념화한 것이다. (㉠)은/는 조직 구성원들의 행동이나 사고를 특정 방향으로 이끌어 가는 원칙이나 기준이다. (㉡)은/는 구성원들을 이끌어 나가는 전반적인 조직관리 스타일이다. (㉢)은/는 조직의 인력 구성과 구성원들의 능력과 전문성, 가치관과 신념, 욕구와 동기, 지각과 태도 그리고 그들의 행동 패턴 등을 의미하며, '제도, 절차(System)'는 조직 운영의 의사결정과 일상 운영의 틀이 되는 각종 시스템을 의미한다. (㉣)은/는 조직의 전략을 수행하는 데 필요한 틀로서 구성원의 역할과 그들 간의 상호관계를 지배하는 공식 요소를, '전략(Strategy)'은 조직의 장기적인 목적과 계획 그리고 이를 달성하기 위한 장기적인 행동 지침을, '기술(Skill)'은 하드웨어는 물론 이를 사용하는 소프트웨어 기술을 포함하는 요소를 의미한다.

① Style ② Standard ③ Shared Value
④ Staff ⑤ Structure

47. ○○기업에 입사한 지 한 달 차인 귀하는 보고서 작성 교육을 받았다. 교육 후 앞으로 고려해야 할 업무 지침을 정리해 본다고 할 때, 다음 중 가장 적절하지 않은 것은?

> **1. 교육 목표**
>
> • 다음 달부터 시행될 해외사업개발 프로젝트에 신입사원이 투입되어 업무 진행 상황 등을 보고할 예정이므로 원활한 업무 진행을 위해 교육함
>
> **2. 교육 내용**
>
> • 커뮤니케이션 원칙에 따라 작성해야 합니다.
>
> 1) 두괄식으로 작성
> - 도표 및 그래프에서도 결론이 드러나도록 작성
> - 항목별로 정리하여 작성
> - 사실에 근거하여 작성
> - 완전한 문장으로 완성하여 작성
> - 서면으로 보고
> - 신속하게 보고
>
> 2) 보고 받는 입장에서 이해할 수 있도록 작성
> - 보고서 제출 전 보고를 받는 사람의 입장에서 읽은 후 이해하기 어려운 부분은 없는지 검토
>
> 3) 결론에 대한 근거는 객관적이며 납득할 수 있는 내용으로 작성
> - 개인적인 판단이나 생각에 따라 결론을 내리지 않도록 주의
>
> 4) 보고서 내의 자료 제목을 명확하게 기재하여, 제목만 보아도 어떤 내용을 담고 있는 자료인지 파악할 수 있도록 작성
>
> 5) 시간의 흐름 순으로 보고서 작성
> - 시간의 흐름으로 작성 시 최신 내용은 맨 위에 오도록 작성
>
> **3. 추후 계획**
>
> • 영어나 중국어의 어학 자격증이 있는 신입사원에게만 해외사업개발 업무에 참여할 기회 제공
>
> • 사업개발에 필요한 개발 프로그램 관련 자격증 취득자 선발 예정

① "다음 달부터 해외 수출품의 판매 동향에 관한 보고서를 작성해야 하므로 매주 해외로 수출된 제품의 판매 추이를 살펴본 후 보고서를 작성해야겠다."

② "보고서 작성 시 업무 진행 상황에 맞춰 시간 순서대로 작성하도록 주의해야겠다."

③ "해외사업개발팀에 투입될 기회를 얻기 위해서는 어학 관련 자격증이 필요하므로 다음 달부터는 어학 과목을 수강해야겠다."

④ "보고서의 결론을 작성하기 전에 결론 내용이 객관적인 기준에 의해 작성된 것인지 주변 동료들에게 문의하는 방법을 검토해봐야겠다."

⑤ "보고는 보고를 받는 사람의 입장에서 이해하기 수월하도록 작성하여 최대한 빠른 시일 내에 신속하게 보고할 수 있도록 보고서 작성 절차를 정리해 놓아야겠다."

48. ○○공사에서 근무하는 직원 간의 대화가 다음과 같을 때, 나머지 직원과 다른 부서에 속해 있는 직원은?

> **이 대리:** 이번에 조직기구 개편 관련한 논의가 성공적으로 끝나서 다행이에요. 이제 업무분장도 일부 조정해야 하는데 업무분장은 모두에게 예민한 문제라 다소 걱정되네요.
>
> **남 사원:** 맞아요. 저는 작년에 담당하는 업무가 많았는데, 신입사원 수도 너무 많아서 교육 일정이 미뤄지는 경우가 다반사였어요.
>
> **김 대리:** 기존 직원들의 상황도 고려하면서 직원수급계획을 수립하는데도 모두를 만족시키기가 쉽지 않네요. 올해는 교육 일정도 고려해서 직원수급계획을 수립하도록 하겠습니다.
>
> **최 사원:** 올해는 우리 회사에 많은 변화가 있을 것 같아요. 저는 이제 판매 계획을 수립해야 하는데 다양한 변수를 고려해서 계획 실행 시 문제가 생기지 않도록 노력해야겠어요.
>
> **조 부장:** 다들 열심히 하는 모습이 보기 좋네요. 저 역시 제가 맡은 업무에 따라 노사 간의 문제가 발생하지 않도록 하고, 평가나 상벌 관리도 체계적으로 진행해야겠어요.

① 이 대리 ② 남 사원 ③ 김 대리 ④ 최 사원 ⑤ 조 부장

직업윤리

49. 다음 사례를 읽고 A 씨에게 필요한 직업윤리의 특징으로 가장 적절한 것은?

甲 회사에 근무하는 A 씨는 사내에서 안하무인적인 태도로 유명하다. 업무수행 과정에서 다른 직원이 의견을 내면 "그럼 잘하는 네가 다 하든가"라며 상대를 무시하는 것은 물론, 직급이나 직책이 있음에도 불구하고 후배 또는 자신보다 나이가 어린 사람에게 "야"라고 부르는 경우도 빈번하다.

① 나라나 사회 또는 남을 위해 자신의 이해를 돌보지 않고 몸과 마음을 다하여 일하는 태도이다.
② 민주시민이 지켜야 하는 기본 의무로서, 사회 질서를 유지하는 역할을 한다.
③ 일정한 생활 문화권에서 정립된 하나의 공통된 생활 방법으로, 관습적인 사회계약적 생활 규범이다.
④ 누구의 잘못이든지 상관없이 어떠한 상황에서도 자신이 주체라고 생각하는 태도이다.
⑤ 고객과 서비스 요원 사이에 15초 동안의 짧은 순간에 이루어지는 서비스이다.

50. 다음 공무원 윤리강령을 읽고 이해한 내용으로 가장 적절하지 않은 것은?

> 제3조(공무원의 윤리적 행동기준)
> 공무원은 국민전체에 대한 봉사자로서 자긍심과 사명감을 가지고 다음 각호의 규정을 윤리적 기준으로 삼아 행동하여야 한다.
> 1. 법령에 따라 공정하고 성실하게 직무를 수행할 것
> 2. 공사의 구분을 명확히 하고 품위를 유지하여 자신의 직위나 직무와 관련하여 국민의 신뢰를 얻도록 노력할 것
> 3. 직무수행과정에서 알게 된 부패행위에 대하여는 즉시 시정되도록 노력하여야 하며, 시정이 어려운 경우에는 이를 고발하는 등 부패방지에 적극 노력할 것
>
> 제4조(공정한 직무수행을 해치는 지시에 대한 처리)
> 공무원은 상급자가 자기 또는 타인의 부당한 이익을 위하여 공정한 직무수행을 현저하게 해치는 지시를 하였을 때에는 그 사유를 그 상급자에게 소명하고 지시에 따르지 아니하거나 공무원 윤리강령에 관한 업무를 담당하는 공무원과 상담할 수 있다.

① 제4조와 관련 있는 직업윤리에 문제가 발생하면 우리 사회에 심각한 도덕적 위기가 나타날 수 있다.
② 제3조 제2호를 실현하기 위해서는 우선적으로 직업윤리 중 정직함을 갖추어야 한다.
③ 일하는 모습에서 진실함이 느껴지지 않는 공무원은 제3조 제1호를 따르지 않았다고 보아야 한다.
④ 제3조 제3호는 직업윤리 중 정직과 관련 있다.
⑤ 제3조 제1호의 성실은 단어의 본질적 측면에서 충(忠) 또는 신(信)의 의미보다 근면의 의미와 가깝다.

약점 보완 해설집 p.52

실전모의고사 3회

순차 통합형

- 순차 통합형 시험은 문제가 영역별 순서대로 제시되며, 영역이 구분되어 있지 않습니다.
- NCS 직업기초능력평가 전 영역 총 50문제로 구성되어 있으며, 60분 이내에 풀어야 합니다.
- 시작과 종료 시각을 정한 후, 실전처럼 모의고사를 풀어보세요.

시 분 ~ 시 분 (총 50문항/60분)

01. 사내 강연을 준비하는 귀하는 미국의 경영학자 피터 드러커의 말을 인용하기로 하였다. 다음 빈칸에 들어갈 말에 대한 설명으로 가장 적절하지 않은 것은?

> "내가 만일 ( )의 습관을 갖지 못했다면, 나는 그 누구도 설득하지 못했을 것이다."
>
> – 피터 드러커

① 상대방을 한 개인으로 존중하며 있는 그대로 받아들인다.

② 성실한 마음으로 상대방을 대할 수 있다.

③ 상대방과의 의사표현 및 감정의 교류를 가능하게 한다.

④ 상대방의 입장을 공감하고 이해할 수 있다.

⑤ 나의 가치관을 상대방에게 투영함으로써 설득할 수 있다.

02. 직장생활에서의 의사소통 중 적절한 유머 활용은 동료와의 관계 개선과 더불어 업무에도 영향을 미친다. 다음 중 적절한 유머 활용으로 보기 어려운 것은?

① 자기의 실패담을 활용하여 이야기하되 자신만의 사고방식은 이야기에서 배제할 필요가 있다.

② 유머를 활용한 이야기는 길게 이어가는 것보다 간단한 이야기를 짧게 하는 것이 훨씬 유용하다.

③ 서투른 유머를 활용하여 무리하게 웃기려고 하는 것은 오히려 역효과로 작용하므로 주의해야 한다.

④ 진지한 내용의 연설을 전개할 때는 요점 보강과 더불어 유머도 간혹 사용하여 분위기를 풀어주어야 한다.

⑤ 청자 가운데 한 사람을 화제로 삼아 이야기하면서 청자의 상황을 고려하는 태도도 필요하다.

03. 다음 중 문서작성의 구성요소에 대한 설명으로 가장 적절하지 않은 것은?

① 품위 있고 짜임새 있는 골격을 갖추어 전체의 내용이 일목요연하게 연결되도록 해야 한다.
② 자신의 의견을 전달해야 하므로 주관적이며 논리적인 내용으로 제작되었는지 확인해야 한다.
③ 객관적인 근거를 기반으로 명료하고 설득력 있는 구체적인 문장으로 작성해야 한다.
④ 문서의 내용이 두서없이 나열되지 않도록 세련되고 인상적인 레이아웃으로 구성하도록 한다.
⑤ 핵심사항이 명확하게 드러나도록 작성하여 이해하기 쉬운 구조로 구성되었는지 검토해야 한다.

04. 다음 중 문서이해의 구체적인 절차를 순서대로 바르게 나열한 것은?

㉠ 상대방의 욕구 및 의도와 내게 요구되는 행동에 관한 내용을 분석
㉡ 문서의 목적 이해
㉢ 문서에서 이해한 목적을 달성하기 위해 취해야 할 행동을 생각하고 결정
㉣ 상대방의 의도를 도표, 그림 등으로 메모하여 요약 및 정리
㉤ 문서의 작성 배경과 주제 파악
㉥ 문서의 정보를 밝혀내고, 문서에 제시된 현안 파악

① ㉠ → ㉡ → ㉢ → ㉣ → ㉥ → ㉤
② ㉠ → ㉡ → ㉢ → ㉤ → ㉥ → ㉣
③ ㉡ → ㉠ → ㉢ → ㉣ → ㉥ → ㉤
④ ㉡ → ㉤ → ㉥ → ㉠ → ㉢ → ㉣
⑤ ㉢ → ㉤ → ㉥ → ㉡ → ㉠ → ㉣

05. 다음은 ○○공사의 모범임직원과 관련된 규정 중 일부이다. 규정의 내용을 바탕으로 추론하였을 때, 제1조(목적)에 해당하는 내용으로 가장 적절한 것은?

> 제1조(목적) 이 영은 (　　　　　　　　　　　　　　　　　　　　)을 목적으로 한다.
>
> 제2조(선발대상)
> ① 제1조에 따른 임직원(이하 "모범임직원"이라 한다)은 직급이 과장 이상인 임직원 중에서 선발한다.
> ② 모범임직원으로 이미 선발된 사실이 있는 사람은 다시 모범임직원으로 선발할 수 없다.
>
> 제3조(추천)
> ① 모범임직원의 추천은 대표이사와 소관 업무와 관련된 상급자가 한다.
> ② 제1항에 따라 모범임직원을 추천할 때에는 「상훈법 시행령」 제2조에 따른 공적 심사위원회의 공적 심사를 거친 후, 그 추천서에 공적 조서를 첨부하여 관련 부서장에게 제출하여야 한다.
>
> 제4조(선발) 모범임직원은 관련 부서장과의 협의를 거쳐 대표이사가 선발한다.
>
> 제8조의2(모범임직원 수당)
> ① 모범임직원으로 선발된 사람에게는 예산의 범위에서 월 5만 원의 모범임직원 수당을 지급하되, 지급기간은 모범임직원으로 선발된 날이 속하는 달의 다음 달부터 3년간으로 한다. 다만, 다음 각 호의 어느 하나에 해당하는 사유가 발생하였을 때는 그 사유가 발생한 날이 속하는 달의 다음 달부터 수당을 지급하지 아니한다.
> 1. 퇴직하였거나 면직되었을 때
> 2. 징계처분을 받았을 때
> 3. 직위해제 처분을 받았을 때

① 모범임직원이 기업의 발전을 위해 성실히 업무를 수행하는 과정에서 발생하는 불이익을 감면해주기 위함

② 직무를 성실히 수행하여 다른 임직원의 모범이 되는 임직원의 선발과 인사상 특전에 관한 사항을 규정함

③ 부패 방지와 깨끗한 공직 풍토 조성을 위하여 모범임직원이 준수하여야 할 모범 행동 기준을 규정함

④ 모범임직원의 교육과 관리 기준에 필요한 사항을 정리하여 의무적으로 규정을 따르도록 하기 위함

⑤ 추천 및 선발된 모범임직원에게 퇴직 후에도 수당을 지급받을 수 있는 기준과 사유를 명시하기 위함

06. ○○기업 인사팀의 신입사원 교육 담당인 귀하는 효과적인 팀을 주제로 교육자료를 준비하고 있다. 다음 자료에서 효과적인 팀의 핵심적인 특징에 관한 내용을 덧붙인다고 할 때, 가장 적절하지 않은 것은?

> 효과적인 팀이란 팀 에너지를 최대로 활용하여 높은 성과를 도출하는 팀입니다. 효과적인 팀은 팀원들의 강점을 정확하게 파악하고 이들의 강점을 업무에 살 적용하여 팀 목표를 효과적으로 달성하기도 하죠. 또한, 업무 지원과 피드백, 그리고 동기 부여를 위해 팀원들이 서로 의존하기도 합니다. 한마디로 말해서 효과적인 팀은 다른 팀들보다 뛰어나다고 할 수 있습니다.

① 효과적인 팀은 명확하게 기술된 목적과 목표를 가지고 있습니다. 이를 토대로 팀의 리더는 팀의 목표와 목적을 모든 팀원에게 공유하고 그들을 업무에 참여시켜야 합니다.

② 효과적인 팀의 팀원들은 서로 다른 업무수행 방식을 시도함으로써 의도적 모험을 강행합니다. 즉, 실패를 두려워하지 않고 새로운 프로세스를 실행할 기회를 추구하죠.

③ 효과적인 팀의 팀원들은 각자의 역할과 책임을 명확하게 규정해 놓지 않습니다. 팀원들이 자율적으로 업무에 참여할 기회를 제공하는 것이 중요하죠.

④ 효과적인 팀의 리더는 팀원들의 지식과 역량, 재능을 정기적으로 파악하여 팀원들 각자가 갖고 있는 강점을 업무수행에서 잘 발휘될 수 있도록 효율적으로 활용합니다.

⑤ 효과적인 팀에서의 의사소통은 원활하게 이루어집니다. 서로의 생각을 가감 없이 솔직하게 드러내고 조언을 주고받는 분위기가 조성되어 상대방의 의견을 충분히 들어볼 수 있는 시간을 갖습니다.

07. 다음 중 구성원들에게 동기를 부여하기 위해 리더가 할 수 있는 방법에 대한 설명으로 가장 적절하지 않은 것은?

① 좋은 성과를 보인 구성원에게 격려의 말이나 칭찬으로 보상하는 긍정적 강화법을 활용한다.

② 구성원들이 친숙하고 편안한 상황에서 벗어나 위험을 감수하고 더 높은 목표를 향해 가도록 격려한다.

③ 자유롭게 의사결정을 할 수 있는 분위기를 조성하여 구성원들이 자신의 소신대로 업무를 진행하게 한다.

④ 구성원들이 자신의 잘못에 대해 스스로 책임지도록 하고, 스스로 해결책을 찾는 습관을 가지게 한다.

⑤ 일시적인 교육을 통해 구성원들의 업무능력을 어느 정도 향상시킨 후에는 혼자 알아서 하도록 내버려 둔다.

08. 다음 중 밑줄 친 부분에 해당하는 갈등 유형으로 가장 적절하지 않은 것은?

> 다양한 상황에서 종종 발생하는 갈등의 원인을 파악하는 일은 쉽지 않다. 대체로 주된 갈등은 일하는 방법의 차이에서 기인하는 경우가 많으며 여기에 더해 감정적인 문제들이 갈등의 강도를 높이기도 한다. 주된 갈등은 핵심적인 문제를 의미하는 것으로 이것은 대체로 갈등의 밑바닥에 깔려 있으며 이로 인해 발생한 감정적인 문제들은 갈등의 상황을 더욱 복잡하게 만든다. 그러므로 이러한 핵심적인 문제들을 탐색하여 해결하기 위해서는 갈등을 자세히 살펴보고 감정적인 부분을 거둬 내는 것을 우선시해야 한다. 이처럼 갈등은 핵심적인 문제들과 감정적인 문제들이 교차하여 나타나는 경우가 대부분이다.

① 역할의 모호성
② 사실에 대한 불일치
③ 통제나 권력 확보를 위한 다툼
④ 절차의 불일치
⑤ 추구하는 방법의 불일치

09. 다음 제시된 두 가지의 타인 설득전략에 해당하는 것을 〈보기〉에서 골라 각각 바르게 연결한 것은?

A	B
• 협상 당사자 간 기대하는 바에 부응하여 일종의 습관처럼 반복적인 행동을 하게 되면 상대방을 설득할 수 있다는 전략이다. • 관리자와 부하 직원들 사이에도 적용할 수 있는 전략이며, 이때 관리자가 부하 직원들을 대할 때는 한결같은 태도로 대해야 하며, 상황에 따라 다른 태도로 대한다면 직원들을 관리하기 어려워진다.	• 협상 당사자 간에 어떤 혜택들을 주고받은 관계가 형성되어 있으면 그 협상 과정상의 갈등해결에 용이하다. • 빚을 갚아야 한다거나 약속을 지켜야 한다는 것과 같은 사회적 의무에 관한 교육의 영향으로, 상대방에게 도움을 주면 상대방으로부터도 원하는 것을 협조적으로 도움을 받을 기회를 마련하게 되는 원리를 이용한 전략이다.

〈보기〉

㉠ 권위전략　　㉡ 사회적 입증전략
㉢ 연결전략　　㉣ 헌신과 일관성전략
㉤ 호혜 관계 형성전략

① A - ㉣　　② A - ㉤　　③ B - ㉠
④ B - ㉡　　⑤ B - ㉢

10. **다음 글을 읽고 H 공사가 ○○지역 내 저유소 건설을 두고 지역 주민들과의 갈등상황을 해결하기 위해 취한 방법으로 가장 적절한 것은?**

> H 공사는 수도권 지역으로 유류를 안정적으로 공급하고 경인 간 교통을 원활하게 하기 위해 오랫동안 공터로 비어있던 ○○지역 내 공간을 활용하여 저유소를 건설하려고 한다. 그러나 ○○지역 주민들은 지하의 송유관에서 기름이 새어 나올 수도 있으며, 이럴 경우 한 해 농사를 모두 망치는 것뿐만 아니라 지하수가 오염되어 식수 이용이 어려워진다는 점을 이유로 저유소 건설을 반대하였다. 이에 H 공사는 해당 지역의 주민들을 대상으로 지하의 송유관에서 기름이 샐 위험이 없다는 설명을 하기 위해 매주 자리를 마련하였으며, 저유소에 대한 정보를 제공하고 지역 주민대표와 합의사항으로 안전 협정을 체결하였다. H 공사는 저유소로 인해 ○○지역 내 환경오염 및 지역 주민의 보건상의 문제에 대해 지속적으로 살필 것을 약속하였으며 문제 발생 시 H 공사 측에 직접 주장할 수 있도록 체계를 구축하였다. 또한, 지역 주민들이 저유소로 인해 건강상 피해를 입을 경우 의료 혜택을 제공한다는 조건을 제시하는 등의 노력을 지속하였다. H 공사의 이러한 노력 덕분에 주민들의 과반수가 저유소 건설을 찬성하였으며 H 공사 측은 저유소 건설을 시작할 수 있었다.

① H 공사는 지역 주민의 요구를 무시하고 자사의 목표를 이루기 위해 전력을 다하는 경쟁형 전략을 취하였다.

② H 공사는 지역 주민의 관심을 끌기 위해 주민들의 요구사항을 무조건 들어주는 수용형 전략을 취하였다.

③ H 공사와 ○○지역 주민들은 각자의 요구사항을 주고받으며 중간 지점에서 해결방법을 찾는 타협형 전략을 취하였다.

④ H 공사는 지역 주민들과 신뢰관계를 형성하기 위해 공개적인 대화의 장을 마련하여 정보를 투명하게 공개하는 통합형 전략을 취하였다.

⑤ H 공사는 저유소 건설에 대한 주민들의 요구를 회피하는 방법을 사용하여 저유소로 건설로 인한 문제점을 외면하는 회피형 전략을 취하였다.

11. **다음 중 자기개발의 특징에 대한 설명이 적절하지 않은 사람은 모두 몇 명인가?**

> A: 자기개발은 일과 관련하여 이루어지기 때문에 직업을 갖고 있지 않은 사람까지 할 필요는 없어.
> B: 자기개발은 개별적인 과정으로서 자기개발을 통해 지향하는 바는 사람마다 다를 수 있어.
> C: 자기개발은 학교를 다니거나 취업을 준비할 때 요구되는 능력이야.
> D: 자기개발은 자신이 이루고자 하는 목표와 직접적으로 관련된 교육을 통해서만 이루어질 수 있어.
> E: 자기개발의 주체와 객체는 모두 타인이 아닌 자기 자신이므로 자신을 이해하는 것이 중요해.

① 1명　② 2명　③ 3명　④ 4명　⑤ 5명

12. **취업 준비생인 귀하는 자신의 흥미와 적성이 무엇인지 고민에 빠져 친구들에게 조언을 구하였다. 다음 중 흥미와 적성에 대한 친구들의 조언으로 가장 적절하지 않은 것은?**

① 가성: "보통 흥미나 적성을 절대적인 것으로 생각하는데 꾸준히 연습하거나 여러 경험을 통해 새로운 흥미나 적성을 발견하고 개발할 수 있어."

② 나희: "만약 문제 상황에 닥쳤을 때는 '나는 이 일을 잘할 수 있다.'라고 스스로 마인드컨트롤을 해서 의식적으로 관리하다 보면 자신감을 얻을 수 있기도 해."

③ 다열: "막상 직장생활을 하다 보면 생각했던 것과는 다르게 내 흥미나 적성과 직업이 맞지 않는다고 느낄 때가 많으니 자신이 처한 상황이나 업무에 맞춰 흥미와 적성을 개발하려는 노력을 기울여야 해."

④ 라경: "일을 할 때는 성취감을 높이기 위해서 일과가 끝나고 자신이 수행한 결과를 점검하는 등 업무를 작은 단위로 나누어 수행하는 것도 좋은 방법이야."

⑤ 마리: "요즘 인터넷에서도 흥미나 적성 검사를 쉽게 할 수 있어서 직업을 선택할 때는 나의 흥미와 적성에 맞는 직업이 무엇인지만 고려하면 돼.

13. **경력은 직업선택, 조직입사, 경력초기, 경력중기, 경력말기의 단계를 거친다. 다음을 경력 단계에 따라 순서대로 바르게 나열한 것은?**

가. 자신과 주변 환경뿐만 아니라 조직의 특성을 고려해야 하며 교육 정도나 상황에 따라 시기가 달라진다. 나. 직장 내에서 어느 정도 입지를 굳히는 단계이지만 수직적인 승진 가능성이 작아 경력 정체 시기에 이르게 된다. 다. 조직의 생산적인 기여자로 남고 싶어 하지만 새로운 환경변화에 대처하는 데 어려움을 겪는다. 라. 조직의 규칙과 규범에 대해서 배우는 단계로, 조직에서 자신에 입지를 다질 수 있는 승진에 많은 관심을 가진다. 마. 자신의 장단점이나 흥미, 적성, 가치관 등을 탐색하여 자신에게 적합한 직업을 골라야 하며 사람에 따라 일생에 여러 번 일어날 수 있다.

① 가 – 마 – 라 – 나 – 다
② 가 – 라 – 마 – 다 – 나
③ 가 – 다 – 나 – 라 – 마
④ 마 – 가 – 다 – 라 – 나
⑤ 마 – 가 – 라 – 나 – 다

14. 금융업계에서 종사하고 있는 박 팀장은 좋은 조건으로 A 은행과 B 은행으로부터 스카우트 제의를 받아 고민 끝에 A 은행으로 이직하는 것으로 의사결정을 하였다. 다음 밑줄 친 ㉠~㉤에 해당하는 합리적인 의사결정 과정 단계를 바르게 나타낸 것은?

> 금융업계에서 약 10년을 일해왔던 박 팀장은 근태관리를 성실히 할 뿐만 아니라 매번 좋은 성과를 보여준다. 하지만 현재 다니고 있는 금융회사에서는 ㉠ 박 팀장의 성과를 잘 알아주지 않고, 연봉도 높지 않아 박 팀장은 다른 곳으로 이직을 하려고 생각하였다. 그러던 중 박 팀장은 A 은행과 B 은행으로부터 스카우트 제의를 받게 되어 ㉡ A 은행과 B 은행의 핵심 가치, 회사 규모 등의 정보를 알아보았다. 또한, 두 은행에서 박 팀장에게 제시한 협상 조건 중에서 ㉢ A 은행의 경우 연봉, 근무환경의 조건이 더 좋았고, B 은행의 경우 복지나 인센티브 제도가 좋았지만, 회사 위치나 규모 등 박 팀장의 마음에 들지 않는 조건들도 있었다. 어디로 갈지 고민을 하다가 ㉣ 결국 박 팀장이 가장 중요하게 생각하는 연봉 조건이 더 좋은 A 은행에 이직하기로 하였다. A 은행에 이직하여 새로 출근한 지 2개월이 지난 후 박 팀장은 ㉤ A 은행을 잘 선택했다고 생각했지만, 집에서 거리가 멀어 회사 근처로 이사를 가기로 하였다.

① ㉠: 최적안 선택
② ㉡: 의사결정 기준과 가중치 결정
③ ㉢: 정보 수집
④ ㉣: 대안별 분석 및 평가
⑤ ㉤: 의사결정 결과 평가 및 피드백

15. 다음 중 반성적 성찰이 필요한 사례로 가장 적절하지 않은 것은?

> 가. 신입사원 A 씨는 퇴근하기 전 그날 자신이 수행한 업무 중 잘한 업무는 무엇이고 개선이 필요한 업무는 무엇인지 정리하여 개선이 필요한 업무에 대한 노하우를 축적하고 싶어 한다.
> 나. 대학생 B 씨는 자신이 관심 있는 분야와 잘하는 분야가 무엇인지 검사하여 흥미와 적성에 꼭 맞는 직업을 선택하고자 한다.
> 다. 회사에서 실수가 잦은 C 씨는 왜 자꾸 같은 실수를 반복하는지에 대한 원인을 파악한 후 이를 개선하여 다른 동료들에게 신뢰를 얻고자 한다.
> 라. 새로운 프로젝트를 이끌게 된 D 씨는 이전 프로젝트에서 진행하던 방식과는 다른 창의적인 방식으로 접근하고자 한다.
> 마. 취업을 준비하고 있는 E 씨는 자신이 목표로 하는 기업의 인재상과 비교하여 자신이 취약하다고 생각하는 부분을 개선하고 성장하고 싶어 한다.

① 가 ② 나 ③ 다 ④ 라 ⑤ 마

16. **다음을 읽고 사회적 동물로서 인간에게 형성되는 윤리적 규범에 대한 설명으로 가장 적절하지 않은 것을 고르면?**

> 인간은 개인으로 존재하고 있어도 끊임없이 타인과의 관계하에 존재하는 사회적 동물이다. 즉, 개인은 사회 없이 혼자서는 살아갈 수 없다.

> ㉠ 어떤 한 개인의 욕구는 사회 속에서 각자의 행동 여하에 따라 욕구가 충족될 수 없으며 반드시 다른 사람과의 협력을 통해 충족된다.
> ㉡ 밥 한 그릇을 먹는 데에도 농부와 도정업자, 판매업자 등 수많은 사람을 거치듯이 인간 사회에서는 공동생활을 필요로 하며, 공동의 목표를 달성하기 위한 행위는 동의를 받게 된다.
> ㉢ 인간이 모여 서로의 협력을 통한 공동생활이 반복되다 보면 마땅히 해야 할 행위와 결코 해서는 안 될 행위로 구분되는 일종의 규칙이 자리 잡게 된다.
> ㉣ 인간은 자신들의 공동생활에서 약속한 규칙을 충실히 이행하며, 이러한 규칙이 반복됨으로써 형성된 윤리 규범은 만고불변의 진리로서 절대적인 가치를 지닌다.

① ㉠ ② ㉡ ③ ㉢ ④ ㉣ ⑤ 없음

17. **다음 장 씨의 업무수행 태도에서 나타나는 직업윤리의 덕목으로 가장 적절한 것은?**

> 환경미화원 장노식 씨는 새벽 4시만 되면 어두운 골목길을 따라 놓인 쓰레기봉투 수거 작업을 한다. 매일 새벽 3시에 출근하여 작업복을 갖춰 입고 4시부터 장장 5시간을 매일같이 어두운 골목길 청소를 이어가야 하지만 장 씨의 얼굴에서는 미소가 떠나지 않는다. 언젠가 갓 들어온 신입이 장 씨에게 물었다. "매일같이 새벽에 일어나 궂은일을 하다 보면 지칠 법도 한데 어떻게 매일 웃는 얼굴이세요?" 이에 장 씨는 "제가 지나온 길이 깨끗해진 것을 보면 일에 대한 자부심이 생기고, 이 일은 힘들긴 해도 제가 꼭 해야 하는 일이라고 생각해요."라고 답했다. 물론 직업을 선택하고 업무를 수행하면서 금전적인 가치를 외면할 수는 없지만, 장 씨의 마음가짐과 같이 자신의 일에 자부심을 갖는 태도도 필수적인 요소가 될 수 있을 것이다.

① 소명의식 ② 협동의식 ③ 책임의식 ④ 전문가의식 ⑤ 봉사의식

18. **다음은 자동차 생산업체 A 사의 차량 결함과 관련한 뉴스 기사이다. 기사를 읽고 A 사가 정직과 신용을 구축하기 위해 필요한 지침은?**

> 자동차 생산업체 A 사는 2년여 동안 계속된 차량의 시동 꺼짐, 심한 소음 등이 차량 결함으로 인한 문제라는 고객들의 의혹을 침묵으로 일관해왔으나 최근 국토교통부에 의해 해당 차량은 리콜 명령이 내려졌으며 차량 결함을 은폐했다는 정황도 포착됐습니다. 국토교통부가 확보한 A 사의 내부 문건에는 A 사가 이미 해당 차량의 결함을 인지하였고, 그 원인에 대한 자세한 조사 결과와 더불어 외부에서 진행되는 결함 조사를 차단하기 위한 조치도 취했다는 내용이 적혀 있습니다. A 사는 해당 차량에 고객의 안전을 위협하는 치명적인 결함이 있다는 것을 알고서도 고의로 은폐했다는 정황이 드러난 것입니다. 계속되는 의혹과 증거에도 차량에 나타나는 문제는 운전자의 부주의나 운전 미숙 등 운전자의 잘못이라고 둘러대던 A 사는 결국 국토교통부의 리콜 명령 후 2주가 지나서야 공식 사과를 하였습니다. 고객들의 신뢰를 저버린 A 사는 리콜에 대한 배상, 소송 진행 등을 처리하는 데 상당한 시간과 돈이 소요될 것으로 보입니다.

① 내부 문서 비밀의 원칙을 철저히 지키자.
② 잘못된 것을 정직하게 밝히자.
③ 동료의 부정직한 태도를 눈감아 주거나 타협하지 말자.
④ 부정직한 관행은 인정하지 말자.
⑤ 정보의 공공성을 원칙으로 공사 구분을 명확히 하자.

19. **다음을 읽고 L 열차 종업원들에게서 배울 수 있는 직업윤리로 가장 적절하지 않은 것은?**

> L 열차는 지역을 대표하는 교통수단이다. 초고속 열차임에도 진동과 소음을 느낄 수 없다는 점이 L 열차가 지역을 대표하는 교통수단이 된 데에 한몫했겠지만, 항상 고객의 입장에서 고객이 필요로 하는 것은 무엇인지 고민하는 L 열차 종업원들의 열정이 결정적인 역할을 했다고 볼 수 있다. L 열차는 여행객들에게 편리함뿐만 아니라 새것처럼 깨끗하게 정돈된 객실을 제공해 여행객들이 편안하게 열차를 이용하도록 한다. 이렇게 깨끗한 객실환경을 유지하기 위해서는 L 열차 종업원들의 숙련된 업무능력과 팀워크가 필요하다. 열차 내의 소란이나 고객의 컴플레인 등을 처리해야 하는 상황이 생겼을 때, 그들은 상황을 회피하지 않고 자신을 문제 해결의 주체라고 생각하는 자세로 업무에 임한다. 또한, 고객이 만족하는 품질 수준은 어느 정도인지를 함께 생각하고 체계적인 노력을 기울여 업무 매뉴얼을 수립해 나간다. 승객의 하차 시간을 제외하면 객실 청소에 허용된 시간은 단 10분이지만, 주어진 업무 시간 내에 최선을 다하는 L 열차 종업원들의 부지런함 덕분에 테이블, 의자, 화장실 등을 돌아다니며 분실물 확인과 더불어 좌석 방향의 전환 등 객실 전체가 완벽하게 청소된다. 열차가 역에 도착하면 전체 종업원들은 일제히 미소 띤 얼굴로 승객들에게 인사하고, 승객들이 목적지에 내리면서 버린 쓰레기를 모은다. 이후 대기하던 청소 직원들이 신속히 열차에 들어가 부지런히 청소하고 승차 준비가 완료되면 다시 열차 앞에 정렬해 승객들에게 예의를 갖춰 정중하게 인사하는 것이다. L 열차의 유명세에 맞게 종업원들의 마음가짐은 남다르다. 단순히 청소만 하는 게 아니라 승객들에게 여행에 대한 추억을 선물하는 열차 문화의 주역이란 마음으로 스스로 성장하고자 하는 노력을 게을리하지 않는다. 한편, L 열차는 가정 형편이 어려운 아이들에게 무료승차권을 제공하며, 지역 사회의 소외 계층을 위해 기부 활동을 꾸준히 이어가고 있다.

① 근면성 ② 책임감 ③ 봉사 정신 ④ 준법성 ⑤ 성실성

20. 다음은 A 기업 영업부 신입사원 P와 거래처 직원 Y 대리의 통화 내용일 때, P 사원의 언행 중 직장 내 전화 예절로 가장 적절하지 않은 것은?

> ① (외근 중인 S 대리 자리에서 전화벨이 2번 정도 울렸고, P 사원은 S 대리의 전화를 당겨 받았다.)
> P: ② 안녕하세요? 지금 S 대리님이 자리를 비우셔서 대신 당겨받았습니다. 어떤 일로 전화해 주셨습니까?
> Y: 네, 안녕하세요. ○○전자의 Y 대리라고 합니다. 전화 받으시는 분은 누구신가요?
> P: ③ (목소리에 미소를 띠고) Y 대리님, 안녕하세요. 전 A 기업 영업부 신입사원 P입니다. S 대리님은 현재 외근 중이시라 용건 말씀해 주시면 전달드리겠습니다.
> Y: 아, 그렇군요. 혹시 S 대리님은 언제 돌아오실지 알 수 있을까요?
> P: 확실치 않지만, 점심시간 이후에는 들어오실 것 같습니다.
> Y: 그렇다면 혹시 지금 메모가 가능하신가요? 오후 3시쯤 재고 물량 전달을 위한 자료를 팩스로 보내드리겠다고 메모 남겨주셨으면 합니다.
> P: ④ 네, Y 대리님. 지금 바로 전달 사항 받아 적었고, S 대리님이 자리에 돌아오시는 즉시 전달해 드리도록 하겠습니다.
> Y: 감사합니다. 전달 부탁드립니다.
> P: ⑤ 네, Y 대리님. 요즘 부쩍 날씨가 쌀쌀해졌으니 감기 조심하세요. 연락해 주셔서 감사합니다.

21. 귀하는 조직이해능력을 키우기 위해 조직의 체제를 구성하는 요소를 다음과 같이 정리하였다. 다음 표의 빈칸에 들어갈 말을 순서대로 바르게 나열한 것은?

(㉠)	조직이 달성하려는 미래의 상태로, 조직이 존재하는 정당성과 합법성을 부여함
(㉡)	조직 내 부문 사이에 형성된 관계로, 조직 구성원의 상호작용이 나타남
(㉢)	조직 구성원 사이에 공유하는 생활양식과 가치로, 일체감과 정체성을 제공함
(㉣)	목표나 전략에 따라 수립된 것으로, 조직 구성원의 활동 범위를 제약함

① 조직목표 – 조직형태 – 조직가치 – 조직전략
② 조직목표 – 조직구조 – 조직문화 – 규칙과 규정
③ 조직전략 – 조직가치 – 조직형태 – 조직구조
④ 조직전략 – 조직문화 – 규칙과 규정 – 조직가치
⑤ 조직문화 – 조직구조 – 조직목표 – 규칙과 규정

22. 다음은 조직에서의 의사결정 과정을 도식화하여 나타낸 것이다. A와 B에 들어갈 단어가 바르게 연결된 것은?

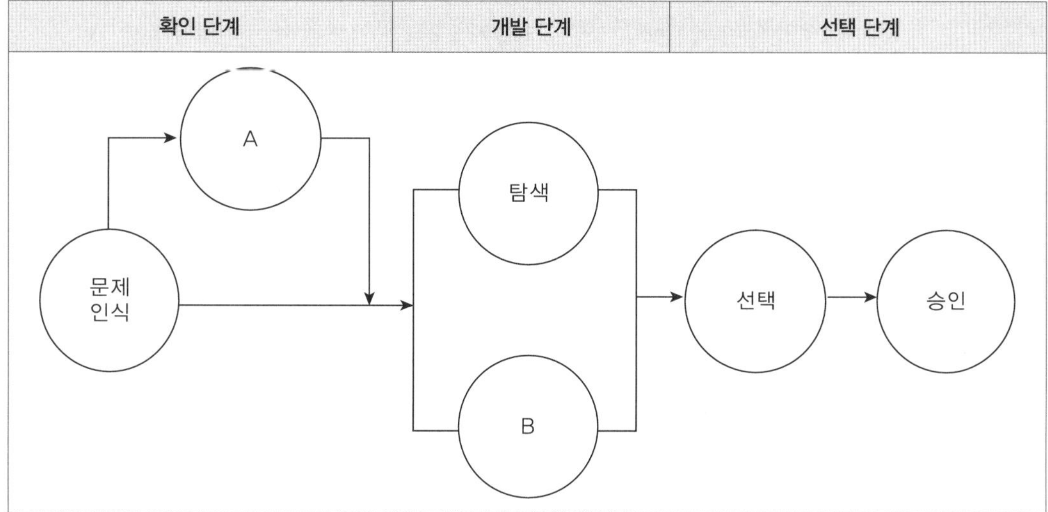

	A	B
①	진단	설계
②	진단	교섭
③	분석	판단
④	분석	진단
⑤	설계	교섭

23. 다음 중 집단에 대한 설명으로 가장 적절하지 않은 것은?

① 자원의 낭비, 업무 능률 저하 등의 문제를 방지하기 위해서는 집단 간 경쟁이 과열되지 않도록 주의해야 한다.

② 비공식적 집단은 조직 구성원들의 요구에 따라 자발적으로 형성된 집단을 의미한다.

③ 공식적 집단에는 상설 또는 임시위원회, 업무수행을 위한 작업팀 등이 있으며, 목표나 임무가 비교적 명확히 규정되어 있다.

④ 집단 간 경쟁이 발생하면 집단 내부의 응집력이 약화될 수 있다.

⑤ 하나의 조직은 구성원이 모여 일정한 상호작용을 이룰 때 형성되는 집단으로 구분된다.

24. 다음은 업무수행을 위한 계획 수립 절차를 나타낸 것이다. A 단계에 대한 설명으로 가장 적절하지 않은 것은?

업무 지침 확인	➡	활용 자원 확인	➡	A

① 구체적인 업무수행 계획을 수립하고, 개인의 경험에 따라 자유롭게 수립할 수 있다.
② 마지막에 급하게 일을 처리하지 않고 주어진 시간 내에 끝마치도록 한다.
③ 간트 차트를 활용하여 업무 단계별 업무 소요 시간을 바 형식으로 표시한다.
④ 워크 플로 시트를 활용하여 주된 업무, 부차적인 업무 등의 모양을 구분하여 그림으로 표시한다.
⑤ 체크리스트를 활용하면 업무 단계를 시간의 흐름에 따라 표현하는 데 효과적이다.

25. 국제 기업의 사업기획 부서에 취직한 정 사원은 앞으로 업무를 진행하기 위해 회사와 관련 있는 국제적인 동향을 파악하고자 한다. 이를 위해 정 사원이 일상생활에서 실천할 수 있는 방법을 고안해냈을 때, 가장 적절하지 않은 것은?

① 주 업무를 위해 국제동향을 파악하는 시간은 최대 일주일로 잡는다.
② 사업기획 업무와 관련된 전문 용어를 외국어로 알아둔다.
③ 외국인 친구를 사귀고 대화를 자주 나눔으로써 외국어 회화 실력을 향상시킨다.
④ 조직의 업무와 관련된 국제적인 법규나 규정을 숙지한다.
⑤ 정 사원의 기업과 관련된 분야의 해외 사이트를 방문하여 최신 이슈를 확인한다.

26. 다음 도형에서 일정한 규칙을 찾아 빈칸에 들어갈 알맞은 숫자를 고르면?

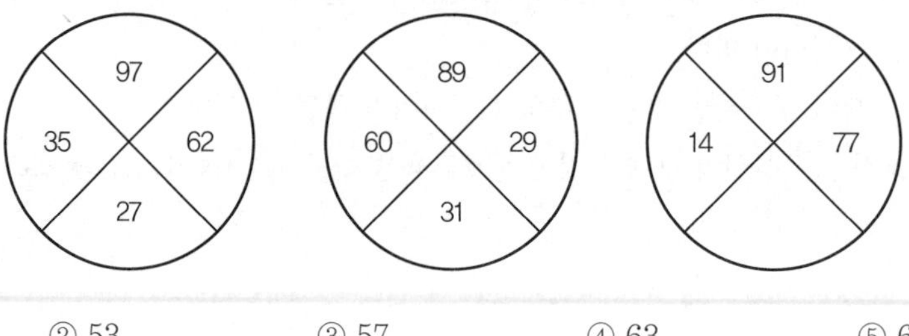

① 47　② 53　③ 57　④ 63　⑤ 67

27. A 회사에서 체육대회를 하기 위해 전 직원을 여러 개의 팀으로 나누려고 한다. 한 팀에 30명씩 배치하면 10명이 남고, 45명씩, 50명씩 배치하여도 항상 10명이 남았다. A 회사의 전 직원 수가 500명 이하일 때, 한 팀에 20명씩 배치하면 만들어지는 팀의 개수는?

① 21개 ② 22개 ③ 23개 ④ 24개 ⑤ 25개

28. 다음은 연평균 기온 변화를 나타낸 자료일 때, 8년 동안 연평균 기온의 분산은? (단, 소수점 셋째 자리에서 반올림하여 계산한다.)

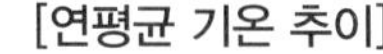
[연평균 기온 추이]

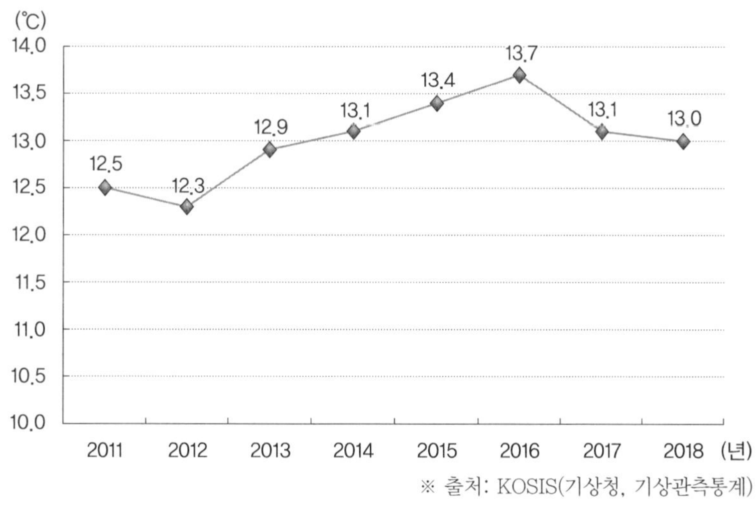

※ 출처: KOSIS(기상청, 기상관측통계)

① 0.16 ② 0.18 ③ 0.20 ④ 0.22 ⑤ 0.24

29. 다음은 A 고등학교의 학년별 학생 수를 나타낸 자료이다. 자료를 바탕으로 나타낸 그래프 중에서 도표 작성 시 유의사항을 지켜 가장 올바르게 그린 것은?

[A 고등학교의 학년별 학생 수]

(단위: 명)

구분	1학년	2학년	3학년
2016년	180	190	176
2017년	195	185	192
2018년	178	195	188
2019년	165	172	190

① 2016~2019년 1학년 학생 수

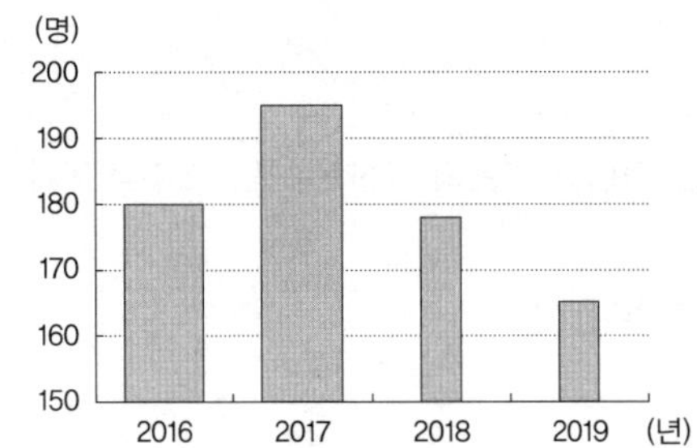

② 2019년 학년별 학생 수 비율

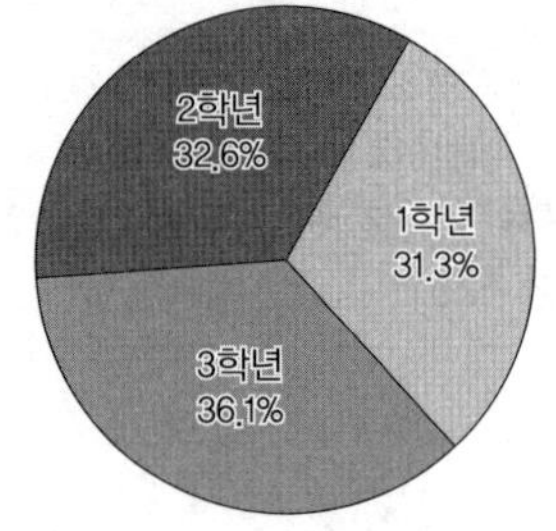

③ 2016~2019년 3학년 학생 수

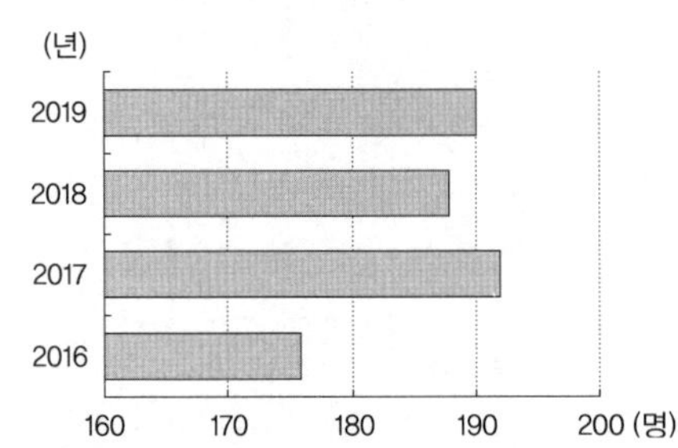

④ 2016~2019년 전체 학생 수

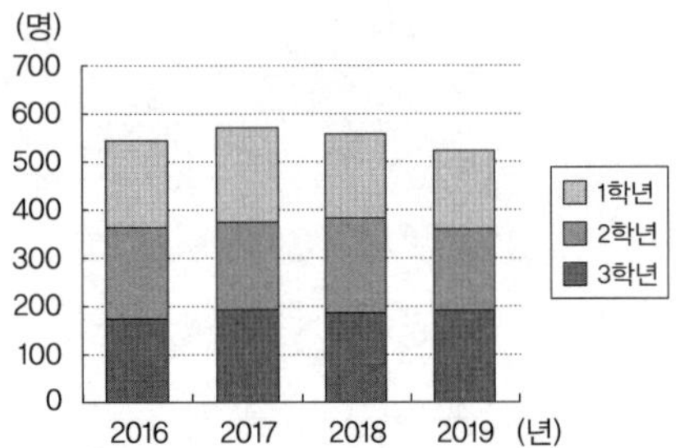

⑤ 2016~2019년 2, 3학년 학생 수

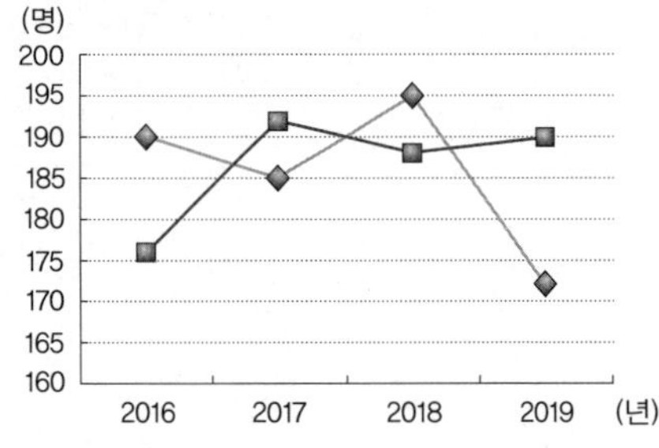

30. 다음은 연도별 산불피해 건수와 면적을 나타낸 자료일 때, 제시된 기간의 산불피해 건수는 연평균 약 얼마인가? (단, 소수점 첫째 자리에서 반올림하여 계산한다.)

[연도별 산불피해 건수 및 면적]

(단위: 건, ha)

구분	2014년	2015년	2016년	2017년	2018년	2019년
피해 건수	492	623	391	692	496	653
피해 면적	137	418	378	1,480	894	3,255

※ 출처: KOSIS(산림청, 산불통계)

① 522건 ② 538건 ③ 547건 ④ 558건 ⑤ 569건

31. 다음을 읽고, 글에 나타난 문제해결을 위한 기본 요소로 가장 거리가 먼 것은?

강 팀장은 의류회사의 판매 부서에서 근무하고 있다. 판매 부서에서는 디자인과 소재가 타사 제품보다 상당히 개선된 신제품을 출시하였다. 신제품은 고급품 이미지와 함께 의류회사 전체적으로 크게 기대를 걸고 있는 상품이다. 그러나 막상 출시된 신제품은 부진한 실적을 보였다. 강 팀장은 우선 담당 책임자인 이 과장을 불러 매출이 부진한 이유를 조사하라고 지시하였다. 며칠 후 이 과장은 신제품 가격이 너무 비싸기 때문이라고 보고했지만, 김 팀장은 전체적으로 보았을 때 가격만이 문제가 아니라고 생각하고 판매부서 직원들을 소집하여 판매 부진에 대한 회의를 열어 브레인스토밍하였다. 회의에서는 다음과 같은 다양한 의견들이 제시되었다.

– 판매 방식의 문제
– 광고와 홍보 부족
– 신제품의 실용성 부족
– 타사 제품 대비 비싼 가격(가격 경쟁력 없음)

강 팀장은 이러한 원인들을 정리하여 각 지점에 전달하고, 실제 현장에서도 원인을 파악해 보라는 지시를 내렸다. 결과적으로 신제품의 판매실적 부진은 광고와 홍보가 부족했기 때문인 것으로 밝혀졌다. 이에 따라 판매 부서에서는 광고와 홍보를 위한 전략을 세웠고, 얼마 후 판매실적이 서서히 오르기 시작했다.

① 체계적인 교육훈련
② 문제해결방법에 대한 지식
③ 문제 관련 지식에 대한 가용성
④ 문제해결자의 도전의식과 끈기
⑤ 문제에 대한 체계적인 접근

32. **다음 두 사례와 가장 관련 있는 문제해결을 위한 기본적인 사고를 바르게 연결한 것은?**

> ㉠ 김 사원은 A 보험회사의 영업 부서 소속인 신입사원이다. 김 사원이 입사한 A 보험회사는 동종 업계에서 다른 기업에 비해 성과가 낮은 회사였고, 그 기업에 근무하는 사람들은 모두 현실을 알고는 있었지만 아무런 대책을 세우지 않고 있었다. 김 사원은 이러한 상황에 답답함을 느끼고 다른 기업과 A 보험회사와의 차이점을 분석하였다. 그 결과 김 사원은 자신의 회사가 영업사원의 판매 교육이 부족하다는 것을 알게 되어 이를 해결하기 위해 교육 프로세스에 대해 개선 방안을 보고서로 제출하였다.
> ㉡ 전자제품 업계에서 1위를 유지하고 있는 B 회사는 최근 급부상한 C 회사를 대적하기 위해 다양한 판매 및 생산 전략을 세우기 위해 회의를 열었다. B 회사의 부서별 문제의 원인을 제시하였는데, 설계부서에서는 B 회사의 기술이 상대적으로 뒤처져 있는 것을 지적하였으며, 영업 부서에서는 제품 퀄리티가 문제라고 지적하였다. 서비스 부서에서는 매상 목표를 달성할 수 없다는 문제를 지적하였으며, 설계부서에는 고객의 클레임에 대한 대응이 너무 느리다는 지적이 있었다. 결국 이 회의는 회사의 어떠한 자원도 활용하지 못한 채 서로의 문제만 지적하다가 끝나고 말았다.

① ㉠ – 전략적 사고
② ㉠ – 분석적 사고
③ ㉠ – 내·외부 자원의 효과적 활용
④ ㉡ – 전략적 사고
⑤ ㉡ – 발상의 전환

33. **다음 중 문제해결 절차의 실행 및 평가 단계에 대한 설명으로 나머지와 성격이 다른 것은?**

① 가능한 것부터 실행하여 그 과정에서 도출된 문제점을 해결하여 완성도를 높인다.
② Pilot Test를 통해 문제점을 발견하여 해결책을 보완하고 적용 범위를 넓힌다.
③ 인적자원, 물적자원, 예산, 시간 등 현재 가지고 있는 자원을 고려한다.
④ 실행 중 문제점과 장애요인을 신속하게 해결하기 위해서 모니터링 체계를 구축한다.
⑤ 바람직한 상태로 달성되었는지, 문제가 재발하지 않는지 등을 확인한다.

34. IT 기업에 근무하는 김 사원은 신제품 판매전략에 대한 회의에 참석하여 다음과 같은 메모를 작성하였다. 다음 메모를 읽고 김 사원이 사용한 창의적 사고 개발 방법으로 가장 적절한 것은?

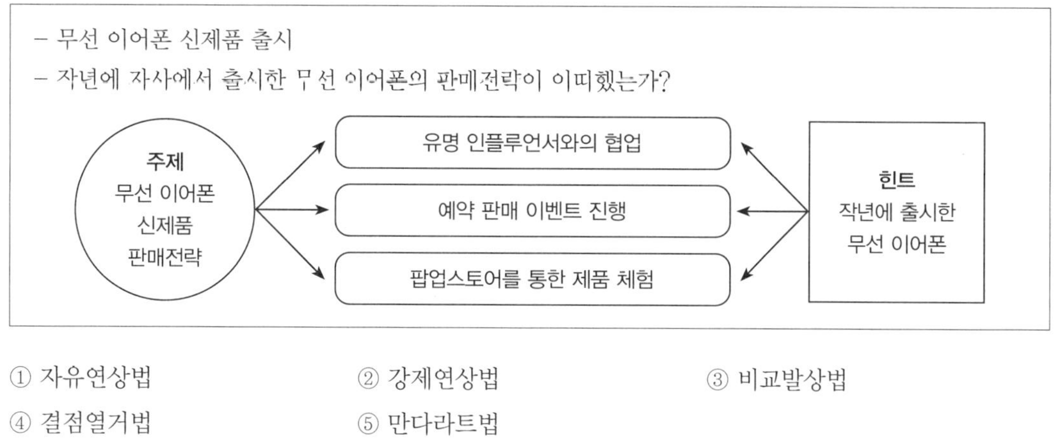

① 자유연상법 ② 강제연상법 ③ 비교발상법
④ 결점열거법 ⑤ 만다라트법

35. A, B, C, D 네 명의 고객은 각각 서로 다른 색깔의 자동차 1대를 구입하였다. 다음 조건을 모두 고려하였을 때, 고객과 구입한 자동차 색깔을 짝지은 것으로 항상 옳은 것은?

- 자동차의 색깔은 검은색, 회색, 흰색, 빨간색 4가지가 있다.
- A는 회색 자동차를 구입하지 않았다.
- 흰색 자동차를 구입한 사람은 B 또는 C이다.
- D는 빨간색 자동차를 구입하였다.

① A – 검은색 ② B – 검은색 ③ B – 회색
④ C – 검은색 ⑤ C – 흰색

36. 다음 빈칸에 공통으로 들어갈 단어로 가장 적절한 것은?

> 우리가 살아가면서 끊임없이 소비하는 (　　　)은/는 사전적으로 인간생활에 도움이 되는 자연계의 일부라는 말로 표현된다. 하지만 스티븐 코비는 자연계뿐만 아니라 사람들이 가지고 있는 기본적인 자산을 물질적 자산, 재정적 자산, 인적 자산으로 나누고 있다. 이는 (　　　)을/를 물적, 돈, 인적 차원으로 구분하는 것이며, 이와 더불어 오늘날은 1분 1초를 다투는 무한경쟁시대라는 점에서 시간 역시 중요한 (　　　)(이)라고 할 수 있다.

① 자산　② 자원　③ 자본　④ 재료　⑤ 자료

37. 다음 중 예산관리능력에 대한 설명으로 가장 적절하지 않은 것은?

① 예산을 효율적으로 관리하는 능력은 최소의 비용으로 최대의 이익을 창출해 내는 것이다.
② 예산관리를 철저하게 하기 위해서는 업무에 사용한 총비용 중에서 간접적으로 사용된 비용은 제외하여 산정해야 한다.
③ 활동이나 사업에 필요한 비용을 산출하는 것뿐만 아니라 예산을 편성하고 통제하는 모든 활동이 예산관리이다.
④ 무조건 적은 비용을 들였다고 해서 예산관리를 효율적으로 했다고 볼 수 없다.
⑤ 예산의 유한성으로 인해 어떠한 사업이나 활동을 하기 위해서는 예산관리가 필수적이다.

38. 물류 기업의 창고 관리 담당자인 H는 물품관리의 효율성 향상을 위해 회의에서 다음과 같은 특징을 가진 기술을 물품관리 시스템에 접목하자는 안건을 제안했다고 할 때, H가 제안한 기술로 가장 적절한 것은?

- 실시간으로 물품의 취득, 보관, 사용, 처분을 무선으로 추적하여 관리할 수 있는 시스템이다.
- 물품의 취득, 이동, 불용 처리와 관련된 업무를 확인하고, 정보를 처리하는 과정이 자동화되면서 생산된 제품이 어디에 얼마나 존재하는지 파악하기 용이하므로 생산성이 향상될 것으로 기대된다.
- 물품의 이동 상황이 물품관리 담당자에게 자동으로 통보되어 물품 분실 및 도난을 예방하는 데 효율적이다.
- 원거리에서도 데이터를 인식할 수 있으며, 다양한 정보를 동시에 인식하는 것도 가능하다.

① 물품출납 및 운영카드
② 전자태그(RFID)
③ 국가재정정보 시스템(NAFIS)
④ 바코드(Bar Code)
⑤ 블루투스

39. 다음은 K가 자신의 주변 인맥을 핵심인맥과 파생인맥으로 구분한 것이라고 할 때, 가장 적절하지 않은 것은?

	K의 주변 인맥	핵심인맥	파생인맥
①	SNS 친구인 직장 동료	V	
②	친구 결혼식에서 만난 거래처 직원	V	
③	TV에서 우연히 본 동생의 담임 선생님		V
④	친구의 소개로 알게 된 대학 동문	V	
⑤	어제 식당에서 만난 아버지 친구분		V

40. A 사의 신입사원인 귀하는 팀장님으로부터 매주 주간 회의를 진행할 수 있도록 회의실을 예약하라는 지시를 받았다. 주간 회의는 2시간 동안 진행되며 팀원들 모두가 참석해야 한다고 할 때, 회의실 예약 현황과 팀원들의 스케줄을 고려하여 귀하가 예약할 수 있는 회의실 예약일과 시간은? (단, 회의실은 한 번에 최대 3시간까지 예약할 수 있다.)

[회의실 예약 현황]

<table>
<tr><th>구분</th><th>월요일</th><th>화요일</th><th>수요일</th><th>목요일</th><th>금요일</th></tr>
<tr><td>09:00~10:00</td><td>예약</td><td></td><td></td><td>예약</td><td rowspan="3">예약</td></tr>
<tr><td>10:00~11:00</td><td></td><td rowspan="2">예약</td><td></td><td>예약</td></tr>
<tr><td>11:00~12:00</td><td>예약</td><td>예약</td><td></td></tr>
<tr><td>12:00~13:00</td><td colspan="5">점심시간</td></tr>
<tr><td>13:00~14:00</td><td>예약</td><td>예약</td><td></td><td>예약</td><td>예약</td></tr>
<tr><td>14:00~15:00</td><td></td><td></td><td rowspan="2">예약</td><td></td><td></td></tr>
<tr><td>15:00~16:00</td><td>예약</td><td></td><td>예약</td><td></td></tr>
<tr><td>16:00~17:00</td><td>예약</td><td></td><td>예약</td><td>예약</td><td></td></tr>
<tr><td>17:00~18:00</td><td></td><td>예약</td><td></td><td></td><td>예약</td></tr>
</table>

[팀원들의 스케줄]

K 팀장	• 월요일 10시~11시 거래처 방문 • 화요일 16시~17시 팀장급 회의
P 대리	• 월요일 11시~12시 부서 간 회의 • 수요일 9시~10시 바이어 업체 미팅
L 주임	• 목요일 13시~15시 지점 방문 및 보고 • 금요일 14시~15시 시장조사
J 사원	• 금요일 16시~17시 신입사원 교육

① 화요일 14시~16시　② 화요일 15시~17시　③ 수요일 9시~11시
④ 금요일 14시~16시　⑤ 금요일 15시~17시

41. 다음 지속 가능한 기술에 대한 설명의 참, 거짓을 올바르게 판단한 것은?

① 〈참〉 지속 가능한 발전은 지구촌의 과거부터 미래를 의미하며, 후속 세대의 욕구 충족을 침해하지 않는 발전을 의미한다.

② 〈참〉 지속 가능한 기술은 자원의 질보다는 자원의 종류와 양을 생각하여 자원이 생산적인 방식으로 사용되는가에 주의를 기울이는 기술이다.

③ 〈참〉 지속 가능한 기술은 이용 가능한 자원과 에너지를 고려하고, 자원이 사용되고 그것이 재생산되는 비율의 조화를 추구한다.

④ 〈거짓〉 지속 가능한 기술은 되도록 태양 에너지와 같이 고갈되지 않는 자연 에너지를 활용한다.

⑤ 〈거짓〉 지속 가능한 기술은 낭비적인 소비 형태를 지양하고, 기술적 효용만이 아닌 환경 효용을 추구한다.

42. ○○공사의 신입사원인 귀하는 기술혁신 관련 사내 특강에 참석한 뒤 보고서를 작성해야 한다. 귀하가 보고서에 포함될 기술혁신의 역할에 관한 내용을 다음과 같은 표로 정리하였을 때, ㉠~㉤ 중 수정이 필요한 부분은?

기술혁신 역할	활동	필요한 자질 및 능력
아이디어 창안	㉠ 아이디어의 창출 및 가능성 검증 • 업무수행의 새로운 방법 고안	• 각 분야의 전문 지식 • 추상화 및 개념화에 대한 능력
챔피언	• 아이디어의 전파 ㉡ 불필요한 제약으로부터 프로젝트 보호	• 아이디어의 응용에 대한 관심 • 위험을 감수하는 태도
프로젝트 관리	• 프로젝트의 기획 및 조직 • 프로젝트 진행 과정 감독	• 의사결정능력 ㉢ 업무수행 방법에 대한 지식
정보 수문장	• 조직 외부의 정보를 내부 구성원들에게 전달	㉣ 높은 수준의 기술적 역량 • 원만한 대인관계능력
후원	㉤ 혁신에 필요한 자원 획득 지원	조직 내 의사결정에 대한 영향력

① ㉠　② ㉡　③ ㉢　④ ㉣　⑤ ㉤

43. 다음 글의 빈칸 ㉠~㉤에 들어갈 말로 가장 적절한 것은?

> 벤치마킹은 비교 대상에 따라 내부 벤치마킹, 경쟁적 벤치마킹, 비경쟁적 벤치마킹, 글로벌 벤치마킹으로 구분된다. 먼저 내부 벤치마킹은 같은 기업 내의 부서나 국가 간의 유사한 활용을 비교 대상으로 하여 (　　㉠　　)을/를 지니고 있다. 반면 경쟁적 벤치마킹과 비경쟁적 벤치마킹은 다른 기업을 대상으로 하는데, 경쟁적 벤치마킹은 (　　㉡　　)을/를 벤치마킹하여 업무나 기술을 효율적으로 비교할 수 있지만, 대상의 적대적 태도로 인하여 자료 수집이 어려울 수 있다. 비경쟁적 벤치마킹은 (　　㉢　　)을/를 벤치마킹하여 혁신적인 아이디어를 창출할 수 있으나 만일 자사환경과 다른 점을 고려하지 않은 채 적용할 경우 효과를 보지 못한다. 마지막으로 (　　㉣　　)을/를 대상으로 하는 글로벌 벤치마킹은 자료 수집과 비교 가능한 업무 및 기술 습득이 용이하지만 (　　㉤　　)에 대하여 검토하지 않으면 잘못된 결과가 발생할 수 있다.

① ㉠ – 자료 수집이 어렵고 내부의 편향된 시각으로 바라볼 수 있다는 단점

② ㉡ – 자사 업종과 다른 기업

③ ㉢ – 자사의 성과보다 낮은 기업

④ ㉣ – 프로세스 성과가 우수한 동일 업종의 경쟁적 기업

⑤ ㉤ – 문화나 제도의 차이점

44. ○○사의 신입사원인 귀하는 기술경영팀에 배치되어 직무 교육을 듣게 되었다. 교육이 끝난 뒤 다음과 같이 기술 경영자와 기술 관리자와 관련한 O, X 퀴즈를 풀었을 때, 귀하가 얻게 될 점수는? (단, 퀴즈는 문항당 20점으로 총 100점 만점이다.)

번호	질문	O / X
1	기술 전문 인력을 운용할 수 있는 능력이 필요한 사람은 기술 관리자이다.	X
2	기술직과 원활하게 소통할 수 있는 능력이 필요한 사람은 기술 경영자이다.	O
3	시스템적인 관점을 갖춘 능력이 필요한 사람은 기술 관리자이다.	O
4	새로운 기술개발 시간을 단축할 수 있는 능력이 필요한 사람은 기술 경영자이다.	O
5	기술을 효과적으로 이전할 수 있는 능력이 필요한 사람은 기술 경영자이다.	X

① 20점　② 40점　③ 60점　④ 80점　⑤ 100점

45. 다음 중 기술선택을 위한 우선순위 결정에서 고려해야 할 요소로 가장 적절하지 않은 것은?

① 기업이 생산하는 제품 및 서비스에 광범위하게 활용할 수 있는 기술
② 주변에서 쉽게 구할 수 있어 기술 활용 비용이 적게 드는 일반화된 기술
③ 신택한 기술을 활용한 제품의 매출과 이익 창출 잠재력이 큰 기술
④ 기술의 수명 단축으로 인해 진부화될 가능성이 적은 최신 기술
⑤ 제품의 성능 향상이나 원가 절감에 미치는 영향력이 큰 기술

46. 신입사원 A는 MS 워드 프로그램을 이용하여 매출액 관련 보고서를 작성한 후 상사로부터 일부 내용에 대해 수정할 것을 요청받았다. 이를 바탕으로 A는 보고서를 수정하였지만, 반영되지 않은 부분이 여전히 남아 있었다. 다음 상사의 피드백 ㉠~㉤ 중에서 반영되지 않은 사항을 모두 고르면?

[상사]

A 사원, 우선 전체적으로 줄 간격이 너무 넓으니 ㉠ 간격을 좁혀주시고, 매출액 증감 추이를 설명한 문장은 ㉡ 양쪽 맞춤으로 수정 부탁드립니다. 또한, 표의 제목인 [2019~2020년 매출액 증감 추이]를 눈에 띄도록 ㉢ 굵게 표시해주시고, 표 안의 항목명과 구체적인 매출액 수치가 구분되도록 항목명이 기입된 칸에는 모두 ㉣ 음영을 옅게 넣고, '구분'이 들어간 칸과 그 바로 아래 칸은 ㉤ 셀 병합을 해주세요.

〈수정 전〉

2019년 사분기별 매출액은 다음과 같이 매년 꾸준히 증가하였으며, 2020년 1사분기에서 처음 감소하는 추이를 보이고 있습니다.

[2019~2020년 매출액 증감 추이]

구분	2019년				2020년
	1분기	2분기	3분기	4분기	1분기
매출액	15억	16.5억	17억	19억	18.5억

➡

〈수정 후〉

2019년 사분기별 매출액은 다음과 같이 매년 꾸준히 증가하였으며, 2020년 1사분기에서 처음 감소하는 추이를 보이고 있습니다.

[2019~2020년 매출액 증감 추이]

구분	2019년				2020년
	1분기	2분기	3분기	4분기	1분기
매출액	15억	16.5억	17억	19억	18.5억

① ㉠, ㉡ ② ㉠, ㉤ ③ ㉡, ㉢ ④ ㉢, ㉣ ⑤ ㉣, ㉤

47. **귀하는 최근 반복적으로 접수되는 고객 문의에 대한 해결방안을 주제로 하는 회의 진행을 맡았다. 이를 위해 다음에서 설명하고 있는 소프트웨어를 활용한다고 할 때, 귀하가 활용할 소프트웨어로 가장 적절한 것은?**

> 이 소프트웨어는 컴퓨터나 기타 멀티미디어를 회의, 보고, 상담, 교육 등에 활용하여 청중에게 각종 정보를 효과적으로 전달하기 위해 사용된다. 이를 활용하기 위해서는 먼저 청중에게 전달할 주제를 선정한 후 청중의 이해를 돕기 위한 각종 자료를 모으고, 모은 자료를 바탕으로 발표 순서에 맞게 구성 순서를 결정해야 한다. 이때 내용의 근거를 보충하기 위해 시각적 보조 자료를 첨부하기도 하는데, 이 시각적 보조 자료를 대표하는 소프트웨어로는 파워포인트가 있다. 파워포인트는 이 소프트웨어를 활용하여 얻을 수 있는 장점을 극대화하는 보조 자료이다.

① 워드프로세서 ② 스프레드시트 ③ 프레젠테이션
④ 데이터베이스 ⑤ 그래픽 소프트웨어

48. **특정 분야의 정보를 지속적으로 이용하는 직장인에게는 정보관리가 필요하다. 다음 (가)~(다)에 해당하는 정보관리를 바르게 분류한 것은?**

> (가) A 씨는 연구에 참고한 학술지를 발행기관, 제목, 발행일로 구분하여 정리한 후 발행기관을 가나다순으로 배열하여 관리하였다.
> (나) 한 번에 여러 프로젝트를 진행하는 B 씨는 컴퓨터에 각 프로젝트 폴더를 생성하여 프로젝트에 필요한 여러 문서와 자료를 구분하여 해당하는 폴더에 저장한다.
> (다) C 씨는 경영학 도서에서 중요한 키워드가 설명되어 있는 부분에 카드를 부착하여 관련 키워드에 대한 정보를 확인하고 싶을 때 카드가 부착된 곳을 바로 펼쳐 읽을 수 있도록 하였다.

	(가)	(나)	(다)
①	분류를 이용한 정보관리	목록을 이용한 정보관리	색인을 이용한 정보관리
②	분류를 이용한 정보관리	색인을 이용한 정보관리	목록을 이용한 정보관리
③	목록을 이용한 정보관리	색인을 이용한 정보관리	분류를 이용한 정보관리
④	목록을 이용한 정보관리	분류를 이용한 정보관리	색인을 이용한 정보관리
⑤	색인을 이용한 정보관리	목록을 이용한 정보관리	분류를 이용한 정보관리

49. ○○공사에 근무하고 있는 이 대리는 필요한 정보를 수집한 후 수집한 정보를 활용하기에 앞서 윤 팀장에게 정보활용의 형태에 대해 조언을 구하였다. 이때 윤 팀장이 이 대리에게 해 줄 수 있는 조언으로 가장 적절하지 않은 것은?

> **이 대리:** 윤 팀장님. 이번에 수질오염보고서 발표를 위해 관련 정보를 수집하였는데, 어떻게 활용해야 할지 감이 오지 않아요. 이에 대해 조언해 주실 수 있으신가요?
>
> **윤 팀장:** 저도 처음엔 수집한 정보를 어떻게 하면 잘 활용할 수 있는지 알 수 없어 답답하기만 하더라고요. 우선, ① 수집한 정보를 그대로 사용하는 경우가 있어요. 다만, 수집한 정보를 그대로 사용할 경우 상황에 맞지 않아 오히려 유용하지 않을 수 있으므로 다른 형태로 변형하여 활용할 수도 있어요. 즉, ② 수집한 정보를 그대로 사용하되 일정한 형태로 표현하여 활용하거나 ③ 수집한 정보를 정리, 분석, 가공 등의 과정을 거쳐 활용하기도 해요. 대신에 ④ 한 번 이용한 정보가 재사용되지 않도록 사용한 정보는 바로 삭제하는 것이 좋아요. 마지막으로 ⑤ 생산된 정보를 일정한 형태로 재표현하여 활용하는 경우도 있다는 걸 말씀드리고 싶네요.
>
> **이 대리:** 윤 팀장님. 수질오염 자료를 어떻게 활용해야 하나 고민이 많았는데 윤 팀장님의 조언 덕분에 보고서 작성 시 경우에 따라 자료를 적절하게 활용할 수 있을 것 같아요. 감사합니다.

50. 다음 중 정보화 사회에 대한 설명으로 가장 적절하지 않은 것은?

① 컴퓨터 기술과 정보통신 기술을 활용하여 사회 각 분야에서 필요로 하는 가치 있는 정보를 창출하고, 보다 유익하고 윤택한 생활을 영위하는 사회로 발전시켜 나가는 것을 의미한다.

② 정보의 사회적 중요성이 가장 많이 요구되는 정보화 사회에서는 개인생활을 비롯하여 정치, 경제, 문화, 교육, 스포츠 등 거의 모든 분야의 사회생활에서 정보에 의존하는 경향이 점점 더 커진다.

③ 정보통신 기술의 발전과 이와 관련된 다양한 소프트웨어의 개발에 의해 네트워크화가 계층적으로 이루어져 전 세계를 수직적 네트워크 커뮤니케이션이 가능한 사회로 만든다.

④ 경제 활동의 중심이 상품의 정보나 서비스, 지식의 생산으로 옮겨지는 사회라는 특징이 있어 지식정보와 관련된 산업이 부가가치를 높일 수 있는 사회이다.

⑤ 눈으로 볼 수 있는 물질이나 에너지 이상으로 정보 자체가 중요한 자원이 되는 사회이기 때문에 정보의 가치 생산을 중심으로 사회 전체가 움직인다.

약점 보완 해설집 p.62

실전모의고사
4회

순차 통합형
(고난도)

• 순차 통합형 시험은 문제가 영역별 순서대로 제시되며, 영역이 구분되어 있지 않습니다.
• NCS 직업기초능력평가 전 영역 총 50문제로 구성되어 있으며, 60분 이내에 풀어야 합니다.
• 시작과 종료 시각을 정한 후, 실전처럼 모의고사를 풀어보세요.

시 분 ~ 시 분 (총 50문항/60분)

01. ○○공사의 신입사원인 귀하는 의사표현능력에 관한 교육을 수강하였다. 교육을 마친 후 동료들과 의사표현에 영향을 미치는 비언어적 요소와 관련해 주고받은 내용이 다음과 같을 때, 교육 내용을 잘못 이해한 사람을 모두 고르면?

> **윤주:** 말을 할 때 호흡을 충분히 하고, 목에 힘을 주지 않으면서 입술과 혀, 턱을 빨리 움직이면 발음을 바르게 낼 수 있어.
>
> **민채:** 발표를 하면서 분위기가 처질 경우 말을 조금 여유롭게, 내용상 중요한 부분을 짚을 때는 좀 더 빠르게 말하면 청중이 발표 내용에 집중할 수 있겠군.
>
> **경훈:** 대화를 나누던 와중 제3자가 갑자기 대화에 끼어든다면 제3자를 등짐으로써 그 사람을 피하고 있음을 표현할 수 있대.
>
> **정수:** 엄지를 들어 올리는 등의 상징적 동작은 문화권마다 의미가 다르다는 점에서 의사소통 시 지양해야 하는 행동이야.
>
> **형준:** 우리나라 말에는 장단이 있어 표기가 같은 말이라도 소리가 길고 짧음에 따라 다른 의미로 사용될 수 있으므로 긴소리와 짧은소리를 구분하여 발음할 필요가 있지.

① 윤주, 민채　② 윤주, 경훈　③ 민채, 정수
④ 경훈, 정수　⑤ 정수, 형준

02. 귀하는 '경청을 방해하는 습관 고치기'를 주제로 강연을 준비하고 있다. 다음 중 귀하가 준비하는 강연자료에 포함될 내용으로 가장 적절하지 않은 것은?

① 상대방의 비위를 맞추기 위해 감정을 배제한 채 서둘러 동의하는 태도는 좋지 않습니다.
② 자신의 판단에 의해 상대방이 하는 말을 온전하게 듣지 않는 태도는 지양해야 합니다.
③ 말끝마다 조언하려 하며 상대방의 말에 끼어들어 해결해 주려고 하는 태도는 경청을 방해합니다.
④ 상대방의 문제 제기에 어색해진 상황을 모면하려 문제를 회피하거나 농담하는 태도는 피하셔야 합니다.
⑤ 대화의 흐름을 위해 잠깐은 상대방의 말을 듣는 것보다 다음에 할 말을 미리 준비하는 것을 우선시해야 합니다.

03. 중견기업에서 근무하는 귀하는 사내 홈페이지에 올라온 공지를 확인하였다. 공지가 작성된 의도에 대한 팀원들의 의견으로 가장 적절한 것은?

[전 직원 필독 공지]

아래의 내용을 확인 부탁드립니다.

- 사내 도서 구매 목적

  : 업무에 필요하거나 도움이 될 수 있는 도서를 구매하여 업무 생산성을 높이기 위함
  (단, 개인의 흥미 또는 적성과 같이 개인적인 용도로 신청하는 것이 아님)

- 사내 도서 구매 신청 방법

  : 현재 사내에 구비되어 있지 않으나 업무에 필요한 도서가 있을 경우 첨부된 사내 도서 구매 신청서 작성 후, 사내 도서 관리 담당자에게 전달

- 도서 대여 프로세스

  : 아래의 프로세스에 따라 사내 도서 구매 신청과 대여 부탁드립니다.

사내 도서 구매 신청	사내 도서 구매	사내 도서 예약
사내 도서 구매 신청서 작성하여 제출	사내 도서 담당자가 신청받은 도서 일괄 구매 (한 달에 한 번 월말에 진행)	사내 도서 홈페이지에서 대여 (대여 기간: 2주)

※ 첨부파일: 사내 도서 구매 신청서

① 가영: 공지를 읽어보니까 이제부터는 사내 복지 차원에서 직원들이 흥미를 갖고 있거나 자기개발을 할 수 있는 도서를 대여할 수 있게 되었어.

② 나래: 아쉽네, 앞으로 한 달 동안은 사내 도서 신청이 제한된다는 공지가 올라왔어.

③ 다희: 업무에 활용할 수 있는 도서를 사내에 구비될 수 있도록 도서 구매 신청을 받고, 구매한 도서의 대여 방법을 알리기 위해 공지가 올라왔군.

④ 라원: 잘됐다, 우리 회사와 연계된 지역사회 도서관을 자유롭게 이용할 수 있겠구나.

⑤ 마리: 사내 도서를 관리해 줄 담당자의 신청을 기다리고 있다는데, 한번 신청해볼까?

04. 입사 후 공문서 작성 교육을 받게 된 귀하는 공문서를 작성해보라는 과제를 부여받았다. 귀하가 작성한 공문서가 다음과 같을 때, 공문서 작성 원칙에 따라 작성한 내용으로 가장 적절하지 않은 것은?

[공문서 작성 원칙]

1. 표기 유의사항
   1) 날짜 표기에 유의한다.
   2) 24시간제에 따른 시각 표기에 유의한다.

2. 항목 구분
   1) 첫째 항목 부호는 제목 내용의 첫 글자와 같은 위치에서 시작한다.
   2) 첫째 항목 다음 항목부터는 바로 앞 항목의 위치로부터 1자(2타)씩 오른쪽에서 시작한다.
   3) 항목 부호와 항목의 내용 사이에는 1타를 띄운다.

3. 내용 표기
   1) 쌍점(:)의 왼쪽은 붙이되 오른쪽은 한 칸 띄운다.
   2) 붙임(첨부물)이 있는 경우, 첨부 표시문 끝에 공문서가 끝났음을 나타낸다.

제목 수탁기관 선정 심사위원회 위원 공개모집 공고

① 1. 관련: ○○과-1234(20△△. 3. 23.)

2. 20△△ 하계올림픽대회 및 하계패럴림픽대회 운영 수탁기관 선정 심사위원 후보자 모집에 따라 아래와 같이 공개모집 합니다.

② 가. 대상: 하계올림픽 분야에 학식이 풍부한 자로서,

③ 1) 대학에서 민간위탁사무 관련 학과의 부교수 이상으로 재직했던 경험이 있는 사람

2) 하계올림픽 분야에서 2년 이상 근무경력을 가진 사람

3) 그 밖에 공정한 심사를 위하여 필요하다고 인정되는 사람

④ 나. 접수기간: 20△△. 3. 30.(월)~4. 10.(금) (접수시간: 오전 9:00~오후 6:00)

다. 접수방법: 등록신청서에 날인(또는 서명) 후 이메일 또는 방문 접수

라. 제출서류: 등록신청서 1부, 자격증명서류(재직증명서, 경력증명서, 학위증명서 사본 등)

⑤ 첨부 1. 수탁기관 선정 심사위원 등록신청서 1부. 끝.

05. 다음 회의록을 읽고 문서표현의 시각화 요소가 사용된 것을 모두 고르면?

> **다음 달 개선사항 관련 논의**
>
> - 배경: 이번 달 클레임 접수 건수가 가장 많은 제품 불량에 대한 개선사항을 마련하기 위함
> - 결론: ① 모니터링을 통한 제품검수 강화
>   ② 제품 검수 기준에 대한 체크리스트 작성 및 교육
>   ③ 제품 출고 전 담당자 재확인
> - 참고: 이번 달 클레임 접수 현황

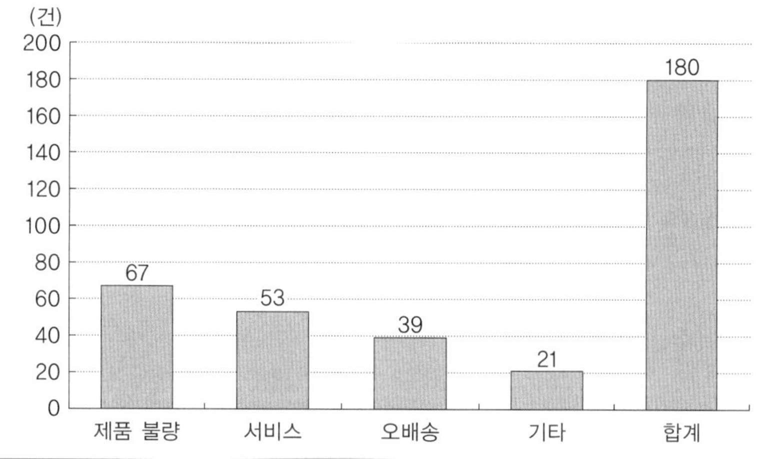

① 차트표현
② 데이터표현
③ 문장표현, 차트표현
④ 문장표현, 데이터표현
⑤ 차트표현, 이미지표현

06. ○○지역 난방공사에서 고객상담을 담당하고 있는 귀하는 고객 질문에 따른 답변 프로세스 개발에 앞서 고객들이 자주 하는 질문들을 정리하여 다음 자료와 같이 분류해 보았다. 이를 본 상사로부터 항목에 맞지 않은 질문들이 있으니 다시 검토하여 제출하라는 지시를 받았다고 했을 때, 항목에 따라 분류된 질문의 내용으로 가장 적절하지 않은 것은?

[고객들의 잦은 질문 및 답변]

질문 항목	질문 내용
지역냉난방 및 연기 배출의 원리	• 지역난방과 중앙난방의 장단점 ① 세대 난방공급원리 및 설계기준
냉난방 신청 및 재산한계점	• 지역난방 사업자와 사용자 간의 재산한계점 ② 사용자의 지역냉난방 열사용 신청 절차
기계실설비 및 열손실	• 열교환기의 효율 및 검증 ③ 손실률 10%에 대한 설명
세대계량기 및 온도조절기	• 난방계량기의 개념 및 장단점 비교 • 세대 실내 온도 조절기 종류 및 원리 ④ 백연현상으로 인해 배출되는 굴뚝 연기의 무해성
난방 요금 및 공사비부담금	• 주택용 지역난방 공사비부담금 단가 • 주택용 지역난방 공사비부담금 산정 기준 ⑤ 아파트 각 세대에 대한 지역난방 난방 요금 부과 방법

07. 다음 문서를 읽고 난 뒤의 반응으로 가장 적절하지 않은 것은?

기안 일자	20XX년 XX월 XX일	협조 부서	담당자	본부장	사장
문서 번호	제1234-21호	인사부	김○○	박○○	임○○
기안 부서	온라인마케팅 부서				

제　목 신규 브랜드 온라인마케팅 진행 상황과 소비자 반응 모니터링에 필요한 지원인력 배치

1. 최근 신규 브랜드 런칭 후 온라인마케팅을 강화하고 있습니다.

2. 온라인 커뮤니티 및 SNS에서 소비자들의 반응과 후기를 지속적으로 모니터링하고 분석하기 위해 지원 인력을 충원하고자 하니 검토 부탁드립니다.

– 아 래 –

1. 충원 목적: 최근 출시된 신규 브랜드에 대한 소비자 반응 실시간 모니터링 및 분석

2. 업무 내용
   - 온라인 커뮤니티 및 SNS 실시간 모니터링
   - 소비자 반응 분석 및 보고
   - 온라인콘텐츠 제작

3. 지원인력 충원 시 요구사항
   - 필수사항: 온라인콘텐츠 제작을 위한 마케팅 서포터즈 관련 활동 경험
   - 우대사항: 소비자 반응의 분석 및 보고를 위한 오피스 프로그램 관련 자격증 보유

별첨: 온라인마케팅 지원인력 지원서 예시. 끝.

① "당장 구인 사이트에 온라인마케팅 관련 지원인력 채용 공고를 올려야겠구나."
② "소비자 반응의 분석과 보고를 위해서 관련 자격증이 있으면 채용에 유리하다는 것을 명시해야 해."
③ "첨부된 문서를 참고하여 제출 양식에 따라 기재할 것을 요구해야겠어."
④ "자사 브랜드에 대한 고객의 문의를 접수하고 응대하는 부서에 필요한 지원자를 모집하면 돼."
⑤ "최근 출시된 브랜드의 공격적인 온라인마케팅이 필요한 것을 고려해서 빠르게 채용을 진행해야겠네."

08. 다음 글을 통해 추론한 내용으로 가장 적절하지 않은 것은?

> 공소시효란 범죄가 발생한 후 일정 기간 검사가 공소를 제기하지 않고 방치하는 경우 국가가 공소권을 소멸시키는 제도이다. 공소시효의 시행 취지에는 범죄가 발생한 후 오랜 시간이 지나면 당사자들의 기억과 증거가 제대로 보존되지 않는다는 사실을 고려하여 법적 안정성을 도모한다는 것, 장기간의 도피생활로 인하여 처벌받는 것과 동일한 정신적 고통을 받았을 범인에게 제때 공소하지 않은 국가의 태만에 대한 책임까지 모두 돌리는 것이 부당하다는 것, 수사기관이 하나의 미해결 사건에 무한정 매달릴 수 없는 현실적인 한계가 있다는 것 등이 있다. 공소시효 기간은 〈형사소송법〉 제249조에 규정되어 있는데, 무기징역에 해당하는 범죄는 15년, 10년 이상의 징역에 해당하는 범죄는 10년, 10년 미만의 징역 또는 금고에 해당하는 범죄에는 7년 등 범죄의 경중에 따라 그 기간이 달라진다. 만약 2개 이상의 형을 병과(併科)하거나 2개 이상의 형에서 그 1개를 과할 범죄의 경우 중한 형이 기준이 되어 기간이 산정되며, 공소가 제기되면 공소시효 기간 산정은 중지된다. 한편 "잔혹한 미제 사건의 공소시효가 얼마 남지 않았습니다."라는 언론 보도를 자주 접하게 되기 때문에 일반 시민에게 공소시효라는 단어는 긍정적으로 다가오지 않는다. 실제로 많은 범죄자가 사법기관과의 한시적인 추격전에서 승리해 처벌을 면하고자 애쓰고 있다. 법률에서는 이에 대비하여 공소시효 악용을 방지하는 장치도 마련하고 있다. 일례로 1997년부터는 범죄를 저지르고 처벌을 면피할 목적으로 해외로 도피할 경우 해외 체류 기간만큼 공소시효 기간 산정을 중단한다는 내용의 규정이 적용되기 시작하였다. 이 사실을 모른 채 해외로 도피했다가 공소시효가 끝난 줄 알고 국내로 돌아와 덜미를 잡히는 범죄자들도 왕왕 있다. 또한, 2015년 7월에는 살인죄로 사형에 해당하는 범죄에 대하여 공소시효를 폐지하는 법안이 통과되어 2015년 7월 31일부로 시행되고 있다.

① 범인이 받게 되는 형량이 무거울수록 공소시효 기간은 더욱 길어지는 경향을 보인다.
② 2016년에 사형에 해당하는 살인죄를 저지른 범인에게는 공소시효가 적용되지 않는다.
③ 우리나라의 경우 공소시효 제도를 악용하는 것을 예방하기 위한 제도적 정비가 이루어지고 있다.
④ 동시에 2개 이상의 형이 병과될 경우 각 형벌의 공소시효를 합하여 최종 공소시효 기간을 정한다.
⑤ 모든 범죄에 대하여 공소시효를 폐지한다면 법적 안정성이 위협받을 수 있다.

09. 다음 글의 빈칸 ㉠~㉢에 들어갈 말을 순서대로 바르게 나열한 것은?

사람마다 관계에 대한 욕구는 다르며, 이로 인해 관계를 맺는 양식 역시 사람마다 다르다. 대상에 따라 다소 차이는 있으나 일반적으로 사람이라면 일관성 있는 독특한 대인관계 양식을 지니게 된다. 예컨대 대인관계에서 주노석이고 자신감이 넘지며 자기수장이 강해 타인을 통제하고자 하는 사람은 (㉠)에 해당한다. 이 유형의 사람은 지도력과 추진력이 있어 집단적인 일을 잘 지휘할 수는 있으나 과도하게 강압적이거나 독단적이어서 타인과 잦은 갈등을 겪기도 한다. 한편 대인관계에서 이성적이고 냉철하며 의지력이 강하고, 타인과 거리를 두는 경향의 사람은 (㉡)에 해당한다. 이 유형의 사람은 타인의 감정에 무관심할뿐더러 타인에게 쉬이 상처를 줄 수 있어 깊은 관계를 맺는 데 어려움을 겪는다는 특징이 있다. 이와 달리 대인관계에서 따듯하며 인정이 많고, 타인을 잘 도와주며 자기희생적인 태도를 보이는 사람은 (㉢)에 해당한다. 이 유형의 사람은 타인의 고통과 불행을 보면 도와주려고 나서지만, 타인의 요구를 잘 거절하지 못하고 타인의 요구 사항을 자신의 것보다 앞세우는 경향이 있어 오히려 손해를 보기도 한다. 이처럼 사람마다 대인관계 양식은 매우 상이하므로 대인관계능력을 향상하기 위해서는 자신이 해당하는 대인관계 양식에 따른 보완점을 정확히 파악할 필요가 있다.

① 지배형 – 냉담형 – 순박형
② 지배형 – 냉담형 – 친화형
③ 지배형 – 실리형 – 친화형
④ 복종형 – 실리형 – 사교형
⑤ 복종형 – 고립형 – 사교형

10. 다음 글에서 A 공장이 ○○기업에 취한 협상전략으로 가장 적절한 것은?

> ○○기업 영업 부서에 속한 김 씨는 새로 출시될 전자제품의 여러 부품을 생산하는 공장을 알아보다가 A 공장과 B 공장을 협상 대상으로 선정하였다. 이 중 생산비가 더 저렴하고 원하는 부품을 전문적으로 생산하는 A 공장과의 협상을 먼저 진행해 보기로 하였다. 협상을 제안하기 전에 A 공장에서 원할만한 조건들을 미리 파악하여 A 공장의 대표와 이야기를 나누었으나, A 공장에서는 별로 관심이 없었고 적극적이지 않았다. 알고 보니 A 공장은 이미 다른 기업과 부품 생산 계약을 한 상태였고, 이에 김 씨는 A 공장과의 협상을 중단하고 B 공장과의 협상을 진행하여 계약까지 완료하였다.

① 협력전략
② 유화전략
③ 회피전략
④ 강압전략
⑤ 경쟁전략

11. 다음 글을 읽고 A 씨의 직업성격유형으로 가장 적절한 것은?

> 평소 리더십 역량에 관심이 많은 A 씨는 사내에서 진행하는 리더십 세미나뿐만 아니라 외부에서 진행하는 강의도 찾아 듣곤 한다. 또한, A 씨는 언어 구사력이 좋은 편이라 팀 내에서 주도적으로 회의를 진행하고, 중요한 의사결정이 있을 때도 A 씨가 결정적인 의견을 제시하여 A 씨를 따르는 팀원들이 많다. 그러나 A 씨는 현재 자신이 속한 팀의 주된 업무가 화장품 개발을 위한 화학물질 연구라는 것에 늘 불만을 품고 있어 이직을 고민하는 중이다. 전공을 살리기 위해서 연구소에 취업하기는 했지만, 과학적이고 탐구적인 사고가 필요한 일에는 흥미를 느끼지 않기 때문이다.

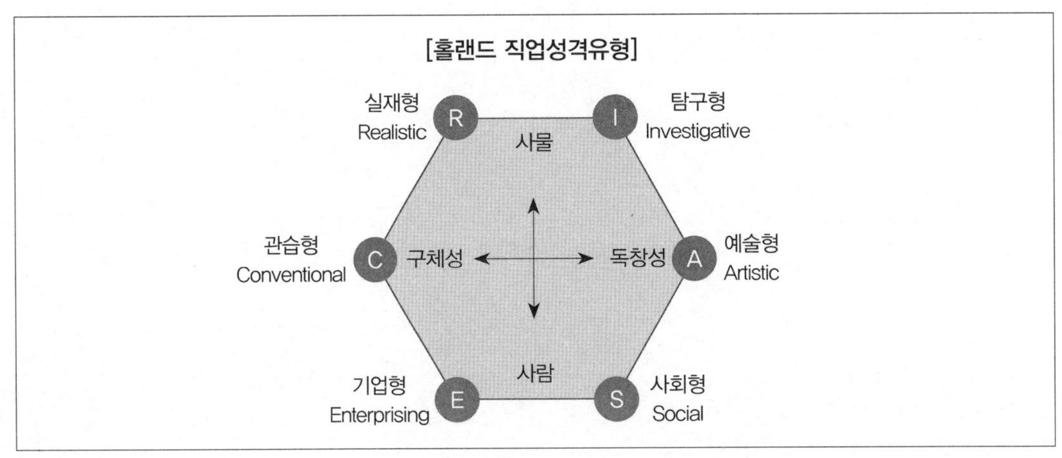

① 실재형(R)　② 관습형(C)　③ 기업형(E)　④ 사회형(S)　⑤ 탐구형(I)

12. 다음 제시된 A 사원의 사례와 가장 관련 있는 자기개발의 방해요인은?

> A 사원은 평소 모든 일을 자기중심적으로 판단하거나 자기합리화하려는 경향이 있다. 어느 날 팀 내에 정해진 프로젝트 일정이 있었지만 A 사원은 일을 제때 처리하지 않아 일부 업무가 기한 내에 마무리되지 않았다. 이에 마감 기한을 맞추기 위해 다른 팀원이 A 사원이 하지 못한 나머지 일을 분담하여 처리하는 경우가 있었는데 A 사원은 도와준 팀원에게 고마워하기보다 한 팀이면 자신의 일을 도와주는 것이 당연하다고 생각하고, 다음 프로젝트 때도 누군가 도와줄 것이라 생각하여 일을 책임감 있게 진행하지 않았다. 또 다른 날에는 회의하던 중에 자신이 제시한 의견에 대해 다른 팀원이 반대 의견을 내놓자 무조건 배척하며 객관적인 근거 없이 자신의 생각이 무조건 더 옳다고 주장하는 경우도 있었다.

① 제한적인 사고
② 문화적인 장애
③ 자기개발 방법의 무지
④ 인간의 욕구와 감정
⑤ 소극적인 태도

13. 다음 글을 읽고 학생 A와 B가 비윤리적 행위를 저지른 원인으로 가장 적절한 것은?

> ○○대학교를 재학 중인 A와 B는 중간고사를 앞두고 몰래 약속 하나를 하였다. 이들은 시험 범위의 절반은 A가, 나머지 절반은 B가 공부하기로 하였고, 시험 당일 나란히 앉아 각자 공부한 부분을 풀어 답을 공유하였다. 그러나 이들의 행위는 결국 다른 학생에 의해 발각되어 모두 부정행위로 인한 0점 처리가 되었다. A와 B의 담당 교수는 두 사람에게 왜 이 같은 행동을 저질렀는지 물었고, A와 B는 부정행위가 잘못된 것임은 인지하고 있었지만 부정행위를 하지 않고 모든 범위를 공부하여 시험을 정당하게 치르기에는 시간이 너무 많이 소요되어 좀 더 효율적으로 공부하고자 부정행위를 하게 되었다고 답했다.

① 무지　② 무모　③ 무관심　④ 무책임　⑤ 무절제

14. 다음 제시된 제조물 책임법의 법령을 읽고 이를 이해한 내용으로 가장 적절하지 않은 것은?

제2조(정의)

1. "제조물"이란 제조되거나 가공된 동산(다른 동산이나 부동산의 일부를 구성하는 경우를 포함한다)을 말한다.
2. "결함"이란 해당 제조물에 다음 각 목의 어느 하나에 해당하는 제조상·설계상 또는 표시상의 결함이 있거나 그 밖에 통상적으로 기대할 수 있는 안전성이 결여되어 있는 것을 말한다.
   가. "제조상의 결함"이란 제조업자가 제조물에 대하여 제조상·가공상의 주의의무를 이행하였는지와 관계없이 제조물이 원래 의도한 설계와 다르게 제조·가공됨으로써 안전하지 못하게 된 경우를 말한다.
   나. "설계상의 결함"이란 제조업자가 합리적인 대체설계(代替設計)를 채용하였더라면 피해나 위험을 줄이거나 피할 수 있었음에도 대체설계를 채용하지 아니하여 해당 제조물이 안전하지 못하게 된 경우를 말한다.
   다. "표시상의 결함"이란 제조업자가 합리적인 설명·지시·경고 또는 그 밖의 표시를 하였더라면 해당 제조물에 의하여 발생할 수 있는 피해나 위험을 줄이거나 피할 수 있었음에도 이를 하지 아니한 경우를 말한다.
3. "제조업자"란 다음 각 목의 자를 말한다.
   가. 제조물의 제조·가공 또는 수입을 업(業)으로 하는 자
   나. 제조물에 성명·상호·상표 또는 그 밖에 식별(識別) 가능한 기호 등을 사용하여 자신을 가목의 자로 표시한 자 또는 가목의 자로 오인(誤認)하게 할 수 있는 표시를 한 자

제3조(제조물 책임)

① 제조업자는 제조물의 결함으로 생명·신체 또는 재산에 손해(그 제조물에 대하여만 발생한 손해는 제외한다)를 입은 자에게 그 손해를 배상하여야 한다.

② 제1항에도 불구하고 제조업자가 제조물의 결함을 알면서도 그 결함에 대하여 필요한 조치를 취하지 아니한 결과로 생명 또는 신체에 중대한 손해를 입은 자가 있는 경우에는 그 자에게 발생한 손해의 3배를 넘지 아니하는 범위에서 배상책임을 진다. 이 경우 법원은 배상액을 정할 때 다음 각 호의 사항을 고려하여야 한다.

1. 고의성의 정도
2. 해당 제조물의 결함으로 인하여 발생한 손해의 정도
3. 해당 제조물의 공급으로 인하여 제조업자가 취득한 경제적 이익
4. 해당 제조물의 결함으로 인하여 제조업자가 형사처벌 또는 행정처분을 받은 경우 그 형사처벌 또는 행정처분의 정도
5. 해당 제조물의 공급이 지속된 기간 및 공급 규모
6. 제조업자의 재산 상태
7. 제조업자가 피해구제를 위하여 노력한 정도

③ 피해자가 제조물의 제조업자를 알 수 없는 경우에 그 제조물을 영리 목적으로 판매·대여 등의 방법으로 공급한 자는 제1항에 따른 손해를 배상하여야 한다. 다만, 피해자 또는 법정대리인의 요청을 받고 상당한 기간 내에 그 제조업자 또는 공급한 자를 그 피해자 또는 법정대리인에게 고지(告知)한 때에는 그러하지 아니하다.

제3조의2(결함 등의 추정)
피해자가 다음 각 호의 사실을 증명한 경우에는 제조물을 공급할 당시 해당 제조물에 결함이 있었고 그 제조물의 결함으로 인하여 손해가 발생한 것으로 추정한다. 다만, 제조업자가 제조물의 결함이 아닌 다른 원인으로 인하여 그 손해가 발생한 사실을 증명한 경우에는 그러하지 아니하다.
1. 해당 제조물이 정상적으로 사용되는 상태에서 피해자의 손해가 발생하였다는 사실
2. 제1호의 손해가 제조업자의 실질적인 지배영역에 속한 원인으로부터 초래되었다는 사실
3. 제1호의 손해가 해당 제조물의 결함 없이는 통상적으로 발생하지 아니한다는 사실

(가) A 씨는 뚜껑 개폐부에 화상방지 안심설계 버튼이 있어 사용 중에 주전자가 넘어져도 물이 쏟아지지 않는다는 광고를 보고 T 사의 전기 주전자를 구매하였다. A 씨는 적정량의 물을 넣고 뚜껑을 완전히 닫은 후 수평의 조리대에서 안전하게 전기 주전자로 물을 끓였다. 그러나 A 씨의 실수로 주전자가 넘어지자 광고 내용과 달리 A 씨의 양팔로 뜨거운 물이 쏟아져 심각한 화상을 입게 되었다. 해당 제품은 과거 한국소비자보호원의 조사 결과 사용 중 물이 새지 않도록 설계된 당초 의도와 달리 주전자를 기울이면 뚜껑 개폐부 버튼의 스프링과 고리 부분의 틈새로 물이 흘러나오는 결함이 발견되어 자발적 시정조치 권고를 받아 판매가 중단되었던 T 사의 제품과 동일한 모델로 밝혀졌다.
(나) 에어컨을 청소하기 위해 J 사의 스프레이형 세정제를 사용하던 B 씨는 순식간에 발생한 화재로 집 전체가 불에 타 재산상의 피해를 입었다. 해당 사건을 담당한 화재조사관은 화재의 원인을 분석하여 B 씨가 사용한 세정제의 주성분인 LP가스가 정전기와 만나 화재가 발생한 것으로 결론 내렸다. 이는 J 사가 사용설명서 어디에도 주의사항을 표시해 두지 않아 발생한 사건이며 제조사는 위험 제품 판매 시 사용 주의사항을 반드시 표시해야 함을 경고한 사건 중 하나이다.

① A 씨가 T 사의 전기 주전자를 정상적으로 사용하던 도중 화상을 입었으며, 제품 결함이 없었다면 발생하지 않았을 피해임을 입증한다면 전기 주전자의 결함으로 인한 손해로 추정할 수 있다.
② T 사가 제품 결함을 인지하고 있었음에도 필요한 조치를 취하지 않아 A 씨가 화상을 입었다면 법원은 배상액을 정할 때 T 사가 전기 주전자 공급을 통해 얻은 경제적 이익은 고려하지 않는다.
③ 사용 중 물이 새지 않도록 설계된 본래의 의도와 다르게 제조된 T 사의 전기 주전자는 설계상의 의도와는 다르게 제조·가공되어 안전하지 못하게 된 제조상의 결함을 지닌 제품에 해당한다.
④ J 사는 자사의 스프레이형 세정제를 사용하다가 발생한 화재로 재산상의 손해를 입은 B 씨에게 그 피해에 대한 손해 배상을 해야 한다.
⑤ J 사의 스프레이형 세정제는 제품 사용설명서에 화재 위험에 대한 사용 주의사항을 표기하는 것을 누락하여 피해를 유발하였으므로 표시상의 결함을 지닌 제품에 해당한다.

15. 다음 기사를 읽은 귀하의 반응에서 빈칸에 들어갈 조직변화의 유형으로 가장 적절한 것은?

최근 △△사에서 회사 내의 인사관리 업무에 활용할 수 있는 소프트웨어 프로그램을 업데이트하였다. △△사의 한 관계자는 기존 프로그램이 전산 자동화에 한계가 있어 인사관리에 어려움을 겪었으나, 이번 업데이트를 통해서 기존 방식의 문제점을 개선하고 인사혁신을 꾀할 것이라 밝혔다. 이는 근무제도의 변화에 빠르게 대응하고 급여, 연말정산 등 인사행정의 전반적인 업무를 효율적으로 진행할 수 있는 솔루션 프로그램으로, 인공지능 및 빅데이터와 같은 디지털 신기술과 연계하여 인사관리뿐만 아니라 다른 경영관리 업무에도 응용하여 도입할 예정이다.

귀하: "△△사는 경영 방식의 문제점을 개선하고 효율을 높이기 위해 솔루션 프로그램 업데이트를 통한 (　　　　　　)를 시도했구나."

① 관리의 변화　② 문화의 변화　③ 기술의 변화
④ 제품과 서비스의 변화　⑤ 전략과 구조의 변화

16. 경영팀의 신입사원 면접을 진행하게 된 귀하는 다음과 같은 질문을 하였다. 귀하의 질문에 대한 지원자들의 답변 중 가장 적절하지 않은 것은?

귀하: 경영이란 조직의 목표를 달성하기 위한 전략과 관리, 그리고 운영 활동을 말합니다. 그렇다면 경영 활동에 대해 각자 알고 있는 것을 한마디씩 답변해 볼까요?

A: 경영 활동은 크게 외부의 경영 활동과 내부의 경영 활동으로 구분할 수 있습니다.
B: 먼저 외부 경영 활동은 조직 외부에서 조직의 효율을 높이기 위해 이루어집니다.
C: 외부 경영 활동은 시장에서 총수입을 극대화하고 총비용을 극소화하여 이윤을 창출하는 활동을 예로 들 수 있습니다.
D: 반면 내부 경영 활동은 조직 내부에서 인적자원과 물적자원을 비롯하여 생산기술 등을 관리하는 활동을 말합니다.
E: 대표적으로 마케팅 업무는 조직 내부에서 마케팅전략을 세우므로 내부 경영 활동에 해당한다고 볼 수 있습니다.

① A　② B　③ C　④ D　⑤ E

17. A 기업은 근로자의 의사를 경영 과정에 반영하여 경영의 민주성을 제고하기 위해 경영참가제도의 도입을 고민하고 있다. 다음 중 A 기업이 경영참가제도를 도입하는 데 고려해야 할 사항으로 가장 적절하지 않은 것은?

① 노동조합의 고유한 기능인 단체교섭력이 더욱 강화될 수 있음을 주의해야 한다.
② 근로자의 경영능력 부족으로 인해 의사결정이 늦어질 수 있음을 염두에 두어야 한다.
③ 경영자만이 가졌던 고유한 권리인 경영권이 근로자의 참여로 인해 약화될 수 있다.
④ 기업의 발전을 위해서는 경영자와 근로자 간에 서로 협력하는 자세를 견지해야 한다.
⑤ 근로자 모두의 권익을 지속적으로 주장해 줄 근로자 대표의 참여를 보장하기 힘들다.

18. 다음 글의 빈칸에 공통으로 들어갈 내용으로 가장 적절한 것은?

> (　　　)은/는 조직적 차원의 목표를 설정하고, 결과를 추적할 수 있도록 하는 목표 설정 프레임워크를 의미한다. 과거 인텔 회장이자 CEO였던 앤디 그로브가 처음 고안·도입한 이 성과관리 기법은 대부분의 기업이 1년 주기로 성과를 관리하던 방식에서 벗어나 3개월마다 성과를 평가하는 시스템을 말한다. 인텔에서는 (　　　)을/를 도입한 이후 성과 개선을 확인할 수 있었고, 벤처 투자자 존 도어는 (　　　)을/를 구글의 조직 관리 기법에 접목하여 3-3-3원칙을 개발하게 되었다. 3-3-3원칙이란 3개월마다 팀과 개인 단위로 목표와 핵심 결과를 각각 3개씩 정한 뒤 성과를 평가한 방식으로, 이와 같은 방식을 활용하면 성과를 관리하는 기간이 짧아져 성과 향상이 가능해진다. 특히 결과보다 과정에 초점을 두기 때문에 목표 달성에 실패하더라도 활동 과정에서 성과가 인정된다면 그 자체로도 의미 있는 성과로 인정된다는 장점이 있다.

① MBO　　② OKR　　③ BSC　　④ KPI　　⑤ SMART

19. **다음 글을 읽고 A 씨가 속한 팀에게 필요한 팀의 성공 조건으로 가장 적절한 것은?**

> 연구개발팀의 팀장인 A 씨는 최근 팀 분위기가 예전과 달리 활력을 잃은 것 같아 상사에게 조언을 구하였다. A 씨는 상사에게 팀 내 의사결정이 신속하게 이루어지고 있으며, 팀원 개개인의 성과도 좋은 편에 속하는데 예전과 달리 팀원들의 사기가 꺾인 것 같다고 말하자 상사는 팀원들이 자발적으로 업무에 참여하고 협업하는지를 되물었다. A 씨는 이에 대해 생각해보니 팀원들이 최근 들어 업무 참여에 소극적인 것 같다고 느꼈고 자신 또한 일이 바빠 팀원들을 챙기지 못했다고 생각했다.

① A 씨의 팀원들은 공동의 목표를 성취하기 위해 서로의 기술과 능력을 공유해야 한다.
② A 씨는 각 팀원의 생산성을 높일 수 있도록 공동의 책임보다는 개인의 책임을 강조해야 한다.
③ A 씨의 팀원들은 각자 자신이 맡은 역할에만 충실하여 팀에 기여해야 한다.
④ A 씨는 신속하게 의사결정 하기보다는 지연되더라도 팀원들의 의사를 모두 반영해야 한다.
⑤ A 씨는 관리자로서 팀원을 지지하고 A 씨의 팀원들은 팀에 대한 협력 의지가 필요하다.

20. **A는 상사로부터 다음과 같은 요청사항을 참고하여 업무수행 시트를 작성해오라는 지시를 받았다. A가 작성해야 할 업무수행 시트로 가장 적절한 것은?**

> 1. "일의 흐름을 동적으로 표현하여 업무의 흐름 파악을 용이하도록 해주세요."
> 2. "주된 업무와 부수적인 업무, 혼자 처리할 수 있는 업무, 협조가 필요한 업무, 주의가 필요한 업무, 컴퓨터와 같은 도구가 필요한 업무 등 업무의 특징을 구분하여 나타내 주세요."
> 3. "업무의 특징별로 도형을 각각 다르게 적용하여 업무의 특징을 더욱 효율적으로 표현해 주세요."
> 4. "업무 활동별로 소요 시간을 표기하여 업무의 진행 상황 및 흐름을 명확히 나타내 주세요."

① 간트 차트　② 워크 플로 시트　③ 체크리스트
④ WBS　⑤ 경영분석표

21. **귀하는 후배 사원으로부터 영미권 출신 바이어와의 미팅에 참고해야 할 국제 매너에 대한 조언을 요청받았다. 다음 중 후배 사원에게 조언하는 내용으로 가장 적절하지 않은 것은?**

① "바이어와 처음 만났을 때 악수는 일어나서 상대방의 눈이나 얼굴을 보면서 해요."
② "상대방에게 오른손으로 악수를 요청하고 악수할 때는 잠시 힘을 주어 잡았다가 놓아야 해요."
③ "악수하였으면 명함을 교환하고, 명함은 반드시 오른손으로만 주고받아야 해요."
④ "영미권의 경우 사교용 명함과 업무용 명함이 나뉘어 있으니 이를 참고하여 명함을 교환하세요."
⑤ "상대방에게 받은 명함은 한 번 본 뒤에 테이블 위에 보이는 채로 대화해도 괜찮아요."

22. 어느 회사에서 커피잔과 접시 두 제품을 제작하여 판매하는데 커피잔과 접시의 판매 가격, 제작 비용, 판매율은 아래와 같다. 35만 원의 예산을 모두 사용하여 제작한 커피잔과 접시의 총 판매 매출이 770만 원일 때, 커피잔의 제작 수량은?

제품	판매 가격	제작 비용	판매율
커피잔	15,000원	500원	100%
접시	20,000원	1,000원	80%

① 260개 ② 270개 ③ 280개 ④ 290개 ⑤ 300개

23. A가 공을 한 번 던져서 3점 슛을 성공할 확률이 6.25%일 때, 3점 슛을 10회 성공했다면 공을 던진 총 횟수는?

① 80회 ② 120회 ③ 160회 ④ 200회 ⑤ 250회

24. 다음은 두 가지 종류의 정수기를 구입하거나 대여할 때 지급해야 하는 비용을 나타낸 것이다. 정수기를 구입할 경우 설치비가 면제되고, 대여할 경우에는 설치비를 지급해야 한다. 또한, 고급형 정수기를 대여할 경우 4개월은 무료체험 기간으로 대여비가 면제된다. 정수기의 종류별로 대여하는 것이 구입하는 것보다 비용적으로 저렴한 최대 대여 기간은 몇 개월인가? (단, 대여는 월 단위로 가능하며, 설치비는 대여를 시작할 때 한 번만 지급한다.)

구분	구입비	대여비	설치비
저가형	990,000원	24,000원/월	250,000원
고급형	1,800,000원	45,000원/월	350,000원

	저가형	고급형
①	30개월	32개월
②	30개월	36개월
③	30개월	40개월
④	34개월	32개월
⑤	34개월	36개월

25. 다음은 유형별 어린이집 설치 현황을 나타낸 자료이다. 아래 제시된 조건을 모두 고려하였을 때, A~D에 들어갈 항목으로 옳은 것은?

[유형별 어린이집 수]

(단위: 개소)

구분	2016년	2017년	2018년
계	41,084	40,238	39,171
A	2,859	3,157	3,602
사회복지법인	1,402	1,392	1,377
법인 단체 등	804	771	748
B	14,316	14,045	13,518
C	20,598	19,656	18,651
협동	157	164	164
D	948	1,053	1,111

※ 출처: KOSIS(보건복지부, 어린이집및이용자통계)

〈조건〉

㉠ A, B, C, D는 각각 가정, 국공립, 직장, 민간 중 1개 유형에 해당한다.
㉡ 국공립 어린이집 수는 매년 직장 어린이집 수보다 많다.
㉢ 민간 어린이집 수는 꾸준히 감소하고 있다.
㉣ 모든 유형의 어린이집 중에서 가정 어린이집 수는 매년 가장 많다.

	A	B	C	D
①	국공립	가정	직장	민간
②	국공립	민간	가정	직장
③	직장	민간	가정	국공립
④	직장	가정	직장	국공립
⑤	가정	직장	민간	국공립

[26-27] 다음은 가구의 인터넷 이용 실태를 조사한 자료이다. 각 물음에 답하시오.

[연도별 가구의 인터넷 보급률 및 컴퓨터 보유율]

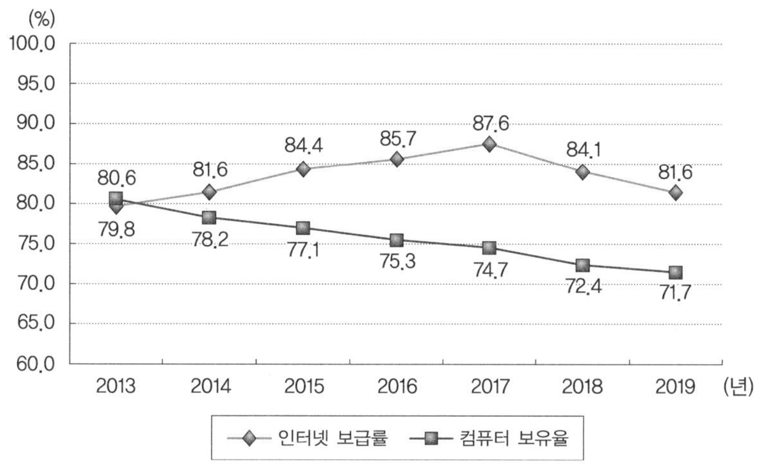

※ 출처: KOSIS(과학기술정보통신부, 인터넷이용실태조사)

26. 위 그래프를 보고 난 후의 반응으로 옳지 않은 것의 개수는?

> ㉠ 인터넷 보급률과 컴퓨터 보유율의 차이는 2016년 이후로 점점 커지고 있네.
> ㉡ 컴퓨터 보유율이 처음으로 75.0%보다 낮아진 해에 인터넷 보급률은 가장 높아.
> ㉢ 조사 기간의 컴퓨터 보유율은 매년 80.0%보다 낮구나.
> ㉣ 2014년 인터넷 보급률은 전년 대비 3.4%p 증가했군.

① 0개　② 1개　③ 2개　④ 3개　⑤ 4개

27. 2014년 이후 인터넷 보급률과 컴퓨터 보유율이 전년 대비 가장 많이 감소한 해를 순서대로 구한 것은?

① 2018년, 2014년　② 2018년, 2016년　③ 2018년, 2018년
④ 2019년, 2014년　⑤ 2019년, 2018년

[28-29] 다음은 근로 형태별 경제 활동인구에 대한 자료이다. 각 물음에 답하시오.

[근로 형태별 경제 활동인구 비율]

(단위: %)

구분	2015년	2016년	2017년	2018년	2019년
임금 근로자	100.0	100.0	100.0	100.0	100.0
정규직 근로자	67.5	68.0	67.1	67.0	63.6
비정규직 근로자	32.5	32.0	32.9	33.0	36.4
- 한시적 근로자	18.8	18.6	18.6	19.1	23.3
* 기간제 근로자	14.0	14.6	14.6	15.0	18.4
- 시간제 근로자	11.6	11.6	13.3	13.5	15.3
- 비전형 근로자	11.4	11.1	10.6	10.3	9.9

※ 1) 임금 근로자 = 정규직 근로자 + 비정규직 근로자

2) 비정규직 근로자 = 한시적 근로자(기간제 근로자 포함) ∪ 시간제 근로자 ∪ 비전형 근로자

※ 출처: KOSIS(통계청, 경제활동인구조사)

28. 위 제시된 자료를 바탕으로 알 수 있는 정보는?

① 연도별 비정규직 근로자 중 비전형 근로자 수의 비율

② 연도별 한시적 근로자 수

③ 2016년 이후 정규직 근로자 수의 전년 대비 증감 추이

④ 2019년 기간제 근로자 수의 3년 전 대비 증가 인원

⑤ 2018년 비정규직 근로자 수의 전년 대비 증감률

29. 2019년 임금 근로자 수가 20,559천 명일 때, 정규직과 비정규직 근로자 수의 차이는 약 얼마인가? (단, 백의 단위에서 반올림하여 계산한다.)

① 4,533천 명 ② 5,593천 명 ③ 6,085천 명 ④ 7,521천 명 ⑤ 8,314천 명

30. ○○사 마케팅 부서의 팀원들은 신제품 출시를 앞두고 마케팅 계획 수립을 위해 논의하였다. 다음 대화를 읽고 문제해결의 장애요소를 겪고 있는 팀원들을 모두 고르면?

> A: 이번 자사의 신제품은 국내뿐만 아니라 해외 시장에도 함께 출시될 예정이에요. 그래서 방금 생각난 건데, △△사가 해외 시장에서 가장 점유율이 높으니 △△사의 마케팅을 참고하는 것은 어떨까요?
> B: 그것보다는 우리 회사에서 저번에 출시한 제품의 마케팅을 살짝 수정해보는 것은 어때요? 소비자 반응이 매우 좋았잖아요.
> C: 저는 여러 경쟁사에서 펼친 마케팅 사례를 모아서 출력해보았는데요. 혼자 검토하기에는 양이 많아서 함께 논의해보면 좋은 방안이 도출될 것 같아요.
> D: 저희 팀은 그동안 국내 시장에만 주력했기 때문에 갈피를 잡지 못하고 있는 것 같아요. 당장은 팀 내에서 정보가 부족한 해외 시장을 먼저 분석하고, 그 뒤에 마케팅 계획을 수립해보죠.

① A ② A, B ③ C, D ④ A, B, C ⑤ B, C, D

31. 3C 분석이란 사업환경의 구성요소인 (   ), 고객(Customer), 경쟁사(Competitor)에 대한 환경 분석 방법을 말한다. 이때 빈칸에 해당하는 요소의 분석 질문으로 가장 적절한 것은?

① 자사에서 수립한 달성 목표와 현상 간의 차이가 없는가?
② 자사의 상품과 서비스에 만족하고 있는가?
③ 자사와 같은 시장에 진입한 상대가 있는가?
④ 자사의 제품을 주로 소비하는 대상의 특성은 무엇인가?
⑤ 자사와 비교하여 우위에 있는 요소가 있는가?

32. 다음 결론이 반드시 참이 되게 하는 전제는?

전제	화장하는 것을 좋아하는 모든 사람은 옷을 잘 입는다.
결론	사진 찍기를 좋아하는 어떤 사람은 옷을 잘 입는다.

① 사진 찍기를 좋아하면서 화장하는 것을 좋아하는 사람은 아무도 없다.

② 화장하는 것을 좋아하는 어떤 사람은 사진 찍기를 좋아한다.

③ 옷을 잘 입는 모든 사람은 사진 찍기를 좋아하지 않는다.

④ 화장하는 것을 좋아하는 모든 사람은 사진 찍기를 좋아하지 않는다.

⑤ 옷을 잘 입지 못하는 모든 사람은 사진 찍기를 좋아한다.

33. A~F 6명 모두 10층짜리 건물 1층에서 엘리베이터를 타고 올라가면서 1명씩 서로 다른 층에서 내렸다. 다음 조건을 모두 고려하였을 때, 항상 참인 결론은?

- 낮은 층부터 순서대로 1명씩 내렸으며, 5층과 10층에서는 아무도 내리지 않았다.
- 홀수 층에서 내린 사람은 총 2명이다.
- B는 A보다 먼저, E보다 나중에 내렸다.
- C는 4층에서 내렸고, 6명 중에서 세 번째로 내렸다.
- F가 내린 층보다 6개 층 위에서 D가 내렸다.

① E는 3층에서 내렸다.

② D는 6명 중에서 가장 나중에 내렸다.

③ A와 D는 항상 서로 이웃한 층에서 내렸다.

④ 7층에는 아무도 내리지 않았다.

⑤ B와 F 사이에 내린 사람은 2명이다.

[34-35] 다음을 읽고 각 물음에 답하시오.

식료품 유통 관련 모바일 애플리케이션 기업에서 근무하는 귀하는 최근 경쟁업체인 ○○사에서 새벽배송 서비스를 도입한다는 기사를 읽게 되었다. 새벽배송이란 전날 특정 시간 안에 상품을 주문하면 다음 날 아침에 배송받을 수 있는 서비스로, 귀하는 자신이 근무하는 기업의 유통 시스템에도 새벽배송 서비스를 도입 가능할지 검토하기 위해 ○○사의 SWOT을 다음과 같이 분석했다.

[○○사의 SWOT 분석]

S(강점)	W(약점)
• 경쟁사 대비 우수한 가격 경쟁력 • 탄탄한 물류·배송 인프라 구축 경험	• 후발 진입으로 인한 낮은 인지도 • 수도권 지역으로 제한된 배송 가능 지역
O(기회)	**T(위협)**
• 식료품 배송 수요가 높은 1~2인 가구의 증가 • 모바일 소비에 대한 선호도 증가 추세	• 유통업체 간의 경쟁이 심화된 포화 상태 • 가계 소비 중 식료품 지출의 하락세 경향

34. 귀하는 ○○사의 SWOT 분석을 보완하고자 <보기>의 내용을 추가하기로 하였다. 다음 중 ㉠, ㉡에 해당하는 SWOT 요소가 가장 올바르게 짝지어진 것은?

〈보기〉

㉠ 재고 처리에 부담이 되는 높은 폐기율

㉡ 높은 고객 만족도 지수

	㉠	㉡
①	S(강점)	W(약점)
②	W(약점)	S(강점)
③	W(약점)	T(위협)
④	T(위협)	S(강점)
⑤	T(위협)	O(기회)

35. 귀하는 SWOT 분석을 토대로 ○○사가 취할 SWOT전략을 예측해보기로 했다. 다음 중 ○○사가 취할 수 있는 'WO(약점 - 기회)' 전략으로 가장 적절한 것은?

① 가격 경쟁력을 갖춘 제품 개발로 포화 시장에서의 우위 확보

② 물류·배송 인프라 구축 경험을 활용한 모바일 간편결제 서비스 구축

③ 낮은 인지도 극복을 위한 공격적인 마케팅으로 식료품 소비 유도

④ 배송 가능 지역 범위를 확대하여 수도권 외의 1~2인 가구 공략

⑤ 1~2인 가구를 겨냥한 합리적인 가격대의 식료품 소량 판매

36. 다음은 ○○여행사에서 여행 상품 개발에 필요한 예산을 수립하기 위해 항목별 예상 비용을 측정한 자료일 때, 간접비용의 총금액은?

항목	금액
현지답사를 위한 출장 항공 교통비	750,000원
여행자 및 자동차 보험료	308,000원
여행 상품 광고비	623,000원
출장 인원의 추가 인건비	876,000원
상품 개발 회의 시 사용되는 사무비품비	105,000원
현지 촬영을 위한 카메라 대여료	294,000원
해외 및 국내 통신비	244,000원

① 1,275,000원 ② 1,280,000원 ③ 1,384,000원 ④ 1,681,000원 ⑤ 1,920,000원

37. 다음 물품을 보관한 사례 ㉠~㉢과 물품 보관 원칙이 바르게 연결된 것은?

㉠ 업무 중에 자주 사용하는 메모지는 책상 위에 올려두고, 가끔 사용하는 계산기는 서랍에 넣어두었다.
㉡ 컴퓨터, 프린터, 카메라 등의 전자 제품은 창고 하나에 모아 보관하였다.
㉢ 교육 분야에 속하는 책들은 모두 책장 하나에 출간된 순서대로 꽂아놓았다.

① ㉠ – 유사성의 원칙
② ㉠ – 회전 대응 보관의 원칙
③ ㉡ – 동일성의 원칙
④ ㉡ – 회전 대응 보관의 원칙
⑤ ㉢ – 유사성의 원칙

38. 다음 중 적재적소주의와 관련된 인력배치의 유형으로 가장 적절한 것은?

① 양적 배치 ② 질적 배치 ③ 적성 배치
④ 조화중심 배치 ⑤ 성과중심 배치

39. 회사의 제품을 수출하고 있는 호주로 출장을 다녀온 OO기업 최 과장은 출장 시 사용하고 남은 달러를 원화로 환전하기 위해 은행별 환전 가능 금액을 확인하였다. 다음 중 최 과장이 선택할 은행으로 가장 적절한 곳은?

은행 \ 항목	매매기준율	적용환율	환율우대
A 은행	900원	920원	90%
B 은행	910원	942원	80%
C 은행	890원	922원	80%
D 은행	900원	933원	90%
E 은행	900원	912원	90%

※ 1) 환율우대란 환전 시 추가되는 수수료를 할인해 주는 제도를 의미함
2) 환율우대 적용 매매가 = 매매기준율 − {(매매기준율−적용환율) × 환율우대}

① A 은행 ② B 은행 ③ C 은행 ④ D 은행 ⑤ E 은행

40. **다음 중 직장에서 발생하는 시간 낭비요인을 겪고 있는 사람을 모두 고르면?**

> **안나**: 서류가 여기저기 흩어져 있길래 최근에 중요도와 관계없이 모든 서류를 숙독하고 종류별로 정리했어.
> **수아**: 사무실 책상 위가 번잡하지 않도록 항상 주의하는 편이야.
> **지수**: 긴급한 업무라고 서두르다가는 실수할 수도 있으니 느긋하게 처리하는 것이 중요해.
> **채현**: 오늘 해야 할 업무가 있으면 최대한 그 일을 남기지 않고 다 끝내고 퇴근해.

① 안나 ② 채현 ③ 안나, 지수
④ 수아, 채현 ⑤ 수아, 지수, 채현

41. **다음 중 기술의 특징을 설명한 것으로 적절하지 않은 것을 모두 고르면?**

> ㉠ 기술은 하드웨어나 인간에 의해 만들어진 비자연적인 대상 혹은 그 이상을 의미한다.
> ㉡ 기술은 기술을 설계·생산·사용하기 위한 정보, 기술, 절차를 갖는 데 필요한 노하우를 포함한다.
> ㉢ 기술은 사회적 변화의 요인으로 의사소통의 속도를 증가시켜 개인으로 하여금 현명한 의사결정을 할 수 있도록 도와주지만, 사회는 기술개발에 영향을 주지 않는다.
> ㉣ 기술은 소프트웨어의 생산 과정과 인간의 능력을 향상하기 위한 소프트웨어의 활용을 의미한다.

① ㉠, ㉡ ② ㉠, ㉢ ③ ㉡, ㉢ ④ ㉡, ㉣ ⑤ ㉢, ㉣

42. 기술선택을 위한 절차에 따라 요구기술을 분석하는 단계까지 완료했을 때, 요구기술의 분석 바로 다음 순서에 해야 할 것으로 가장 적절한 것은?

① 외부환경 분석
② 기술전략 수립
③ 중장기 사업목표 설정
④ 핵심기술 선택
⑤ 사업전략 수립

43. L 기업의 기술팀원들은 신기술적용 여부에 대한 각자의 의견을 공유하고 있다. 신기술적용 시 고려해야 할 사항에 대한 기술팀원들의 발언 중 가장 적절하지 않은 것은?

① 신 대리: 신기술적용 시 드는 비용이 업무의 성과 향상 정도와 비교해 합리적인지 검토해야 합니다.
② 문 대리: 단기간에 변화할 수도 있는 기술이 적용되지 않도록 기술의 수명 주기를 따져봐야 합니다.
③ 현 대리: 기술적용에 따른 업무의 성과 향상을 위해 전략적으로 중요한가를 확인해야 하지 않을까요?
④ 김 사원: 적용하고자 하는 기술이 기업의 비전과 전략에 맞춰 응용이 가능한지 고려해봅시다.
⑤ 윤 사원: 새로운 기술을 적용하고자 할 때 참고해야 하는 매뉴얼이 존재하는지 알아보고 적용 여부를 결정하겠습니다.

[44-45] 다음 자료를 읽고 각 물음에 답하시오.

[세탁기 오류 증상별 확인 사항 및 조치 방법]

오류 증상(코드)	확인 사항	조치 방법
급수 이상(1E) 급수가 되지 않아요.	밸브가 잠겨 있지는 않나요?	밸브를 열어주세요.
	단수이거나 밸브와 호스가 얼지는 않았나요?	50℃ 정도의 따뜻한 물로 밸브와 호스를 녹여 주세요.
	수압이 현저히 낮거나 급수구 거름망이 막히지는 않았나요?	급수구의 거름망을 꺼내 청소하세요.
	냉수 호스 1개만 연결한 후 온수 세탁만 점등되어 있지는 않나요?	온수 호스를 연결해 주세요.
	냉수 호스가 온수에 연결되어 있지는 않나요?	냉수 호스는 청색, 온수 호스는 주황색에 연결하세요.
배수 이상(2E) 배수가 되지 않아요.	배수 호스는 내려놓았나요?	본체 걸이에 걸린 배수 호스를 내려 주세요.
	배수 호스가 꺾여 있지는 않나요?	호스가 꺾이거나 굴곡이 생기면 이물질이 막혀 배수가 되지 않으므로 평평한 곳에 바르게 놓아 주세요.
	호스 내부가 이물질 등으로 막혀 있지는 않나요?	
	호스 내부가 얼지는 않았나요?	50℃정도의 따뜻한 물로 녹여 주세요.
탈수 이상(3E) 탈수가 되지 않아요.	탈수 중간에 멈추는 일이 반복되거나 멈춘 뒤에 오랫동안 작동되지 않나요?	탈수 시 세탁물 치우침 현상을 자동 조정하기 위해 일시 정지 후 다시 작동하지만, 멈추는 일이 반복되거나 오랫동안 작동하지 않는다면 세탁물을 고르게 펴 주세요.
	세탁기가 경사지게 설치되어 있지는 않나요?	바닥이 단단하고 수평인 곳에 설치하시고 수평상태를 확인해 주세요.
뚜껑 잠김(bL) 뚜껑이 잠기지 않아요.	문이 잠겨 있나요?	문이 잠기지 않는다면 전면 스위치에 이물질이 끼어 막혀 있는지 확인해 주세요.
동전 끼임(LE0) 세탁이 되지 않아요.	세탁판에 동전, 핀, 클립 등 이물질이 끼어있지 않은가요?	전원 스위치를 다시 누른 후 탈수를 진행시켜 세탁물을 꺼내 주세요. 세탁 날개 사이에 끼어 있는 이물질을 펜치 등으로 제거해 준 후 다시 처음부터 세탁해 주세요. * 동전 및 이물질로 인한 출장 서비스 시 요금은 고객이 부담할 수 있습니다.

44. 김 대리는 일주일 전 세탁기의 오류 증상을 문의한 고객이 오늘 다른 증상으로 문의를 하였으나 일주일 전과 같은 조치 방법을 제시하였고, 고객이 시도한 결과 일주일 전과 마찬가지로 세탁기의 오류 증상이 해결되었다고 한다. 다음 중 고객의 세탁기에 나타난 두 가지의 오류 코드로 가장 적절한 것은?

① 1E, 2E ② 1E, 3E ③ 2E, 3E ④ 1E, bL ⑤ bL, LE0

45. ○○전자 고객지원센터에 근무하는 귀하는 세탁 시 물 빠짐이 원활하지 않고 탈수가 멈췄다 다시 작동하는 일이 반복된다는 고객의 문의 전화를 받게 되었다. 귀하가 고객에게 확인해야 하는 사항으로 가장 적절하지 않은 것은?

① 배수 호스가 꺾여 있어 이물질이 배출되지 않아 나타나는 현상일 수 있으니 호스가 꺾이지는 않았는지 확인해 주세요.

② 배수 호스가 본체 걸이에 위로 걸려있어 배수의 흐름이 원활하지 않을 수 있으니 배수 호스가 아래로 내려져 있는지 확인해 주세요.

③ 세탁기가 경사진 곳에 설치되어 있을 경우 세탁물이 한쪽으로만 기울어져 탈수가 중간에 멈출 수 있으므로 세탁기의 수평 상태를 확인해 주세요.

④ 세탁판에 동전 등의 이물질이 끼어 물 빠짐이 원활하지 않을 수도 있으니 세탁 날개 사이 사이에 이물질은 없는지 확인해 주세요.

⑤ 탈수 시 치우침 현상을 조정하기 위해 탈수가 잠깐 멈출 수 있지만, 멈추는 일이 반복된다면 세탁물이 고르게 펴져 있는지 확인해 주세요.

46. 다음은 컴퓨터가 활용될 수 있는 각 분야에 대하여 A~C가 나눈 대화이다. A~C가 이야기하는 컴퓨터 활용 분야가 바르게 연결된 것은?

A: 저번에 부장님께 결재 요청했던 서류를 수정해야 하는 일이 있었는데, 컴퓨터에 저장했던 문서를 수정해서 전자 결재로 재요청했더니 빠르게 결재받을 수 있었어.
B: 그렇구나. 난 급하게 필요한 민원서류를 발급받아야 했는데 동사무소에 들르지 않고 회사 점심시간에 나가서 무인 민원 발급기로 발급받으니까 정말 편리했어.
C: 우리 회사에서는 최근에 컴퓨터 이용 설계 CAD를 도입했는데, 더 정교하고 세밀한 작업이 가능해서 제품 경쟁력이 높아질 것 같아.

	A	B	C
①	행성 분야	산업 분야	연구 분야
②	예술 분야	연구 분야	행정 분야
③	경영 분야	행정 분야	산업 분야
④	교육 분야	경영 분야	행정 분야
⑤	산업 분야	예술 분야	교육 분야

47. 입사한 지 한 달 차인 주 사원은 귀하에게 게시판 이용 시 주의해야 할 점에 대해 조언을 구하였다. 다음 중 주 사원에게 해 줄 수 있는 귀하의 조언으로 가장 적절하지 않은 것은?

① "글은 최대한 간결하게 작성하되 전달하고자 하는 요점이 명확하게 드러나도록 작성해 주세요."
② "글의 내용 중 잘못 작성된 부분이 있더라도 최소 일주일간 해당 내용은 유지해 주세요."
③ "제목만 보고도 글의 내용을 파악할 수 있도록 최대한 글의 내용이 함축된 단어를 사용해 주세요."
④ "구분되어 있는 게시판별 주제를 확인하여 주제에 적합하지 않은 글을 올리지 않도록 주의해 주세요."
⑤ "글을 작성하기 전에 같은 내용의 게시글은 없는지 확인하여 중복되는 내용을 올리지 않도록 해 주세요."

48. 식품업계에 종사하고 있는 김 사원은 기존에 판매된 제품을 보완하여 신제품을 출시하기 위해 검색엔진을 활용하여 시장조사를 하고 있다. 다음 중 빈칸 ㉠, ㉡에 들어갈 말을 순서대로 바르게 나열한 것은?

> 김 사원은 기존에 판매된 제품에 대한 고객들의 반응을 살펴보고, 유사 제품을 판매하고 있는 타사 브랜드의 제품에 대해서도 조사하려고 한다. 특히 해당 제품에 대한 실제 고객들의 반응을 보다 정확히 파악하기 위해 이용자가 많은 ○○포털 사이트를 기준으로 검색하기로 하였다. 먼저 어떤 정보를 검색할지 명확히 정해 놓지 않아 찾고자 하는 정보와 가장 관련 있는 자사, 타사 브랜드명 또는 제품명 등의 핵심적인 단어를 입력하는 (㉠) 검색 방식을 이용하였다. 검색이 간단히 이루어지기는 했지만, 검색한 단어 중 어떤 단어를 입력한 경우에는 불필요한 자료까지 검색되어 시간이 낭비되므로 검색할 단어를 선별하였다. 하지만 ○○포털 사이트에서만 조사하는 것보다 더 다양한 정보를 얻기 위해 (㉡) 검색 방식을 적용하여 선별한 단어로 다시 검색을 진행하였다. 이 방식을 통해 ○○포털 사이트에서 입력한 검색어가 다른 △△포털 사이트로도 전달되어 두 사이트의 검색 결과가 모두 보여 더 많은 정보를 얻을 수 있었다.

① 통합형, 키워드
② 통합형, 주제별
③ 주제별, 키워드
④ 키워드, 주제별
⑤ 키워드, 통합형

49. 다음 중 컴퓨터의 휴지통 기능에 대하여 잘못 이해하고 있는 사람은?

> **갑**: 사용자가 파일을 삭제했을 때 이를 임시로 보관하는 기능을 하는 것이 휴지통입니다.
> **을**: 만약 실수로 파일을 삭제했을 때는 언제든지 휴지통에서 복원할 수 있어요.
> **병**: 단, 휴지통 내에 있던 파일을 삭제하면 영구적으로 삭제되는 것이므로 복원할 수 없습니다.
> **정**: 만약 휴지통에 있는 모든 파일을 한꺼번에 영구적으로 삭제하려면 휴지통 아이콘을 마우스 오른쪽 단추로 클릭한 다음 휴지통 비우기를 클릭하면 돼요.
> **무**: 파일을 휴지통에 임시 보관하지 않고 처음부터 영구적으로 삭제하려면 해당 파일을 클릭한 다음에 키보드에서 Alt 키와 Delete 키를 함께 누르면 됩니다.

① 갑 ② 을 ③ 병 ④ 정 ⑤ 무

50. 귀하는 컴퓨터에 뒤죽박죽 정리된 지난 사내 행사 사진과 동영상을 정리하고자 한다. 이를 분류하기 위한 방법이 다음과 같을 때, ㉠~㉣에 해당하는 정보관리의 분류 기준을 순서대로 바르게 나열한 것은?

> ㉠ 사내 행사가 진행되었던 5월, 12월 등 시기별로 정리한다.
> ㉡ 체육대회, 송년 행사 등 어떤 사내 행사였는지에 따라 정리한다.
> ㉢ 사내 행사 이미지는 기업 홍보 차원에서 보도자료에 제공될 수 있으며, 직원 단합을 위해 사내 인트라넷에 게시할 수 있으니 보도자료용과 사내 인트라넷 게시용으로 구분하여 정리한다.
> ㉣ 사내 행사는 사진 촬영 또는 동영상 촬영으로 기록되었으므로 파일 형식에 따라 정리한다.

① 시간적 기준 – 주제적 기준 – 기능적 기준 – 유형적 기준
② 시간적 기준 – 유형적 기준 – 주제적 기준 – 기능적 기준
③ 시간적 기준 – 기능적 기준 – 유형적 기준 – 주제적 기준
④ 유형적 기준 – 주제적 기준 – 기능적 기준 – 시간적 기준
⑤ 유형적 기준 – 시간적 기준 – 주제적 기준 – 기능적 기준

약점 보완 해설집 p.72

실전모의고사
5회

영역 혼합형

- 영역 혼합형 시험은 여러 영역의 문제가 순서 상관없이 섞여서 제시되며, 영역이 구분되어 있지 않습니다.
- NCS 직업기초능력평가 전 영역 총 50문제로 구성되어 있으며, 60분 이내에 풀어야 합니다.
- 시작과 종료 시각을 정한 후, 실전처럼 모의고사를 풀어보세요.

시 분 ~ 시 분 (총 50문항/60분)

01. ○○기업 영업팀의 하 팀장은 최근 입사한 김 사원이 동료들과의 의사소통이 원활하지 않아 잘 어울리지 못한다는 말을 들었다. 하 팀장이 의사소통능력을 개선하기 위한 방법에 대해 김 사원에게 조언했다고 할 때, 다음 중 가장 적절하지 않은 것은?

① 김 사원, 동료와 얼굴을 맞대고 대화할 때는 상대방의 말과 행동으로 인해 상처받았다는 마음을 직접적으로 표현하는 것은 좋지 않아요. 동료들이 김 사원은 사소한 말에도 상처받는 사람이라고 오해할 수 있거든요.

② 김 사원, 의사소통할 때는 대화 상대를 고려하여 적절한 어휘를 선택하는 능력이 필요해요. 의사소통이 어떤 상황에서 이루어지고 있는지를 파악하는 능력을 키우는 것이 필요할 것 같네요.

③ 김 사원, 대화를 나누는 상대방과 신체적 거리도 중요하지만 심리적 거리도 중요해요. 몸은 가까이 있는데 상대방이 하는 대화 내용에 관심을 두지 않는다면 더 이상 이야기하고 싶지 않아 할 거예요.

④ 김 사원, 상대방이 하는 이야기에 정신적으로 집중하기 어렵더라도 상대방의 입장에서 이해해 보려고 노력하는 모습을 보이는 게 좋아요. 그러다 보면 감정 이입이 되어 주의 깊게 경청할 수 있거든요.

⑤ 김 사원, 혹시 사적인 일로 인해 감정적으로 좋지 못한 상황에 있다면 평정을 되찾을 때까지 의사소통은 연기하는 것이 좋아요. 하지만 무한정 연기하는 것은 좋지 않으므로 스스로 분위기를 개선할 수 있도록 노력해 보세요.

02. 다음 숫자가 규칙에 따라 나열되어 있을 때, 빈칸에 들어갈 알맞은 것을 고르면?

4	5	6	8
2	7	9	5
9	4	8	2
6	7	8	(　　)

① 1　　② 2　　③ 3　　④ 4　　⑤ 5

03. 업무 중에 발생하는 문제해결에 관한 교육에 참석한 신입사원들은 교육이 끝난 후 자유롭게 논의하였다. 다음 중 문제해결에 대해 바르게 이해하지 못한 사람은?

> **정한:** 문제해결이란 목표 및 현상 분석을 토대로 원인과 과제를 도출하여 최적의 해결책을 실행하고 평가하는 활동을 말해요.
> **보라:** 문제해결은 크게 조직, 고객, 개인의 측면으로 요구될 수 있어요.
> **수연:** 맞아요. 그중 조직의 측면에서는 문제해결을 통해 불필요한 업무를 삭제하거나 단순화하여 업무 효율을 높일 수 있다는 것이 장점이죠.
> **선우:** 그리고 문제의 원인을 찾을 때는 개인, 부서, 전체 산업의 환경 등을 종합적으로 고려해야 해요.
> **진주:** 최적의 해결책은 실현 가능성과 현실성이 높으면서도 가장 효과가 클 것으로 예상되는 대안으로 결정하면 돼요.

① 정한 ② 보라 ③ 수연 ④ 선우 ⑤ 진주

04. ○○기업에서 5년 근무를 해왔던 윤 대리는 △△기업으로 이직을 하려고 한다. 윤 대리가 △△기업에서 면접 시 자신의 장점을 어필하려고 할 때, 자기 브랜드 PR 방법을 활용한 경우로 가장 적절하지 않은 것은?

① 평소 △△기업에서 추진하고 있는 사업 분야에 대한 자신의 전문 지식을 운영 중이던 블로그에 기록했다.
② 상대방을 사로잡을 수 있는 문구나 컬러를 이용하여 개성을 표현할 수 있는 명함을 제작했다.
③ ○○기업에서 일했던 경력과 소속되었던 팀에서 활약했던 성과를 포함한 포트폴리오를 제출했다.
④ 눈에 띄게 남들과 다른 점은 면접관이 안 좋게 볼 수도 있으므로 이력서에 기본적인 정보만을 작성했다.
⑤ 주말마다 참여하는 자전거 동호회에서 △△기업에 다니고 있는 정 씨와 가까워지려고 많은 노력을 했다.

05. 다음은 자원을 관리하기 위한 기본 과정 4단계와 그에 대한 설명을 정리한 것이다. 가장 적절하지 않은 것은?

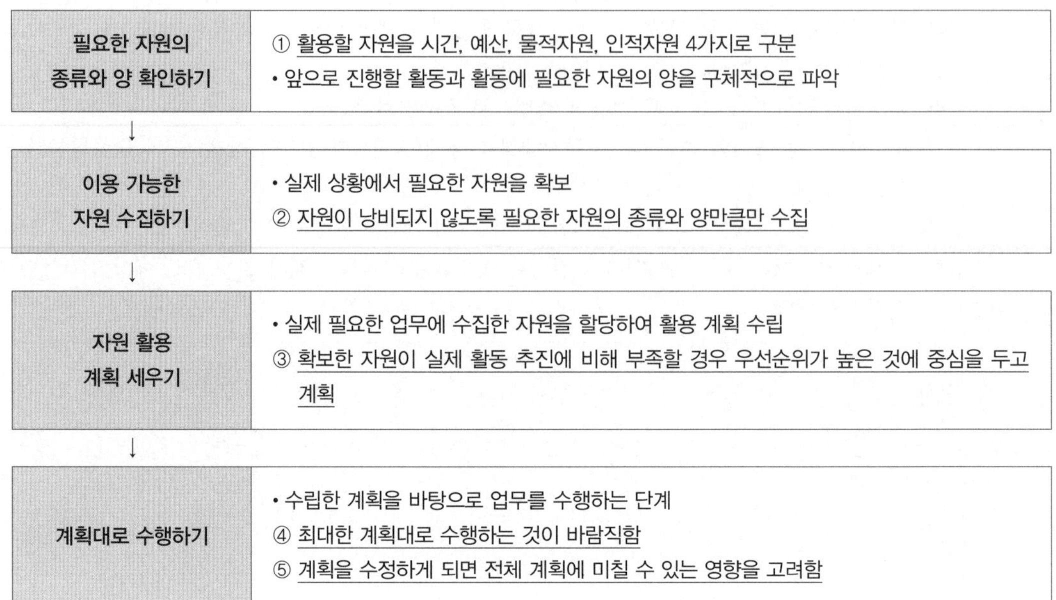

필요한 자원의 종류와 양 확인하기	① 활용할 자원을 시간, 예산, 물적자원, 인적자원 4가지로 구분 • 앞으로 진행할 활동과 활동에 필요한 자원의 양을 구체적으로 파악
↓	
이용 가능한 자원 수집하기	• 실제 상황에서 필요한 자원을 확보 ② 자원이 낭비되지 않도록 필요한 자원의 종류와 양만큼만 수집
↓	
자원 활용 계획 세우기	• 실제 필요한 업무에 수집한 자원을 할당하여 활용 계획 수립 ③ 확보한 자원이 실제 활동 추진에 비해 부족할 경우 우선순위가 높은 것에 중심을 두고 계획
↓	
계획대로 수행하기	• 수립한 계획을 바탕으로 업무를 수행하는 단계 ④ 최대한 계획대로 수행하는 것이 바람직함 ⑤ 계획을 수정하게 되면 전체 계획에 미칠 수 있는 영향을 고려함

06. 다음 R 기업에서 팀워크를 촉진하기 위해 사용한 방법으로 가장 적절한 것은?

> R 기업은 지난주 외부 강사를 초빙하여 직원들을 대상으로 한 MBTI 검사를 시행하였다. 직원들의 성격검사를 통해 각자의 장단점을 파악하고 이를 바탕으로 팀 운영에 활용한다면 직원들의 업무능력 향상과 더불어 협업 시 팀워크 향상에도 도움이 될 것이라는 R 기업 사장의 판단하에 시행된 것이었다. R 기업은 이날 MBTI 검사 결과를 토대로 어느 한 영역에서 강점을 가진 직원을 그 영역에 취약한 다른 직원 한 명과 2인 1조로 짝을 지어 서로 다양한 영역에 참여할 수 있도록 돕는 훈련을 실시하였으며 2주에 한 번꼴로 짝을 바꿔 교차훈련을 시행하였다. 이러한 훈련을 통해 취약 분야에 대한 회의 시 발언을 망설이던 직원들은 다른 팀원의 도움을 받아 회의에 적극적으로 동참하는 모습을 보였다. 해당 방식을 1년여간 지속한 R 기업의 직원들은 다양한 방면에서 두각을 나타내며 업무 결정을 실행하는 데 적극적으로 동참하였으며, 조직의 이익 향상에 기여하였다.

① 팀 구성 방식 변경하기
② 창의력 조성을 위해 협력하기
③ 동료 피드백 장려하기
④ 갈등해결하기
⑤ 참여적으로 의사결정 하기

07. 다음 글의 밑줄 친 ㉠~㉤ 중 5W2H 원칙의 'Where'에 해당하는 것은?

> 식품개발팀에서 근무하는 L 씨는 다음 주 금요일까지 ㉠ 여름 한정 시즌 메뉴 개발을 위한 기획서를 보고해야 한다. 우선 L 씨는 기획서를 작성하기 전에 필요한 정보를 수집하기 위해 ㉡ 이번 주 금요일까지는 ㉢ 지난 3년간의 매출 추이 데이터를 활용하여 자사의 수요 소비층인 ㉣ 2030 세대 사이에서 6~8월에 가장 반응이 좋았던 메뉴와 가장 반응이 좋지 않았던 메뉴를 선별하기로 하였다. 이때 지난 3년간의 매출 추이는 ㉤ 팀장님께 관련 자료 공유를 요청하기로 하기로 하였다.

① ㉠　② ㉡　③ ㉢　④ ㉣　⑤ ㉤

08. 산업재해를 예방하기 위해서는 사고의 원인이 되는 불안전한 행동과 불안전한 상태의 유형을 이해하고 분석하여 적절한 대책을 수립해야 한다. 다음 중 이를 위한 산업재해 예방 대책 5단계를 순서대로 바르게 나열한 것은?

> ㉠ 작업자의 제안 및 여론 조사, 현장 분석 등을 통한 사고 원인 발견
> ㉡ 기술적 개선, 교육, 인사 조정 및 교체 등의 해결방안 선정
> ㉢ 재해의 발생 장소, 직원 감독의 적절성 분석
> ㉣ 안전 감독 실시, 안전시설과 장비의 결함 개선
> ㉤ 안전 목표 설정 및 안전 관리 책임자 선정

① ㉠ → ㉢ → ㉤ → ㉣ → ㉡
② ㉠ → ㉤ → ㉡ → ㉢ → ㉣
③ ㉠ → ㉤ → ㉣ → ㉢ → ㉡
④ ㉤ → ㉣ → ㉠ → ㉢ → ㉡
⑤ ㉤ → ㉠ → ㉢ → ㉡ → ㉣

09. **다음은 조직의 두 형태에 대한 설명일 때, ㉠과 ㉡에 들어갈 말로 가장 적절한 것은?**

> 조직이란 두 사람 이상이 공동의 목표를 달성하기 위해 의식적으로 구성된 상호작용과 조정을 행하는 행동의 집합체이다. 조직은 목적을 가지고 있고, 구조가 있으며, 목적을 달성하기 위해 구성원들은 서로 협동적인 노력을 한다. 현대사회에서 인간의 생활은 조직 내에서 이루어지는데, 특히 직업인으로서 조직은 (㉠)을/를 의미한다. (㉠)은/는 사람들이 일하는 데 필요한 물리적 장소이며 심리적 공간이다. 또한, 우리가 속해 있는 대표적인 조직인 (㉡)은/는 노동, 자본, 물자, 기술 등을 투입하여 제품이나 서비스를 산출하는 기관이다. (㉡)은/는 최소의 비용으로 최대의 효과를 얻음으로써 차액인 이윤을 극대화하기 위해 만들어진 조직이지만, 최근에는 고객에게 보다 좋은 상품과 서비스를 제공하고 잠재적 고객의 만족을 위해 마케팅을 하는 주체로 이해되고 있다.

① ㉠ 기업, ㉡ 직장
② ㉠ 기업, ㉡ 회사
③ ㉠ 직장, ㉡ 기업
④ ㉠ 직장, ㉡ 회사
⑤ ㉠ 회사, ㉡ 기업

10. **경청 훈련을 하는 것은 업무를 함에 있어 동료들과의 커뮤니케이션을 원활히 하는 데 도움이 된다. 다음 강 부장이 말하는 태도에 해당하는 경청 훈련 방법은?**

> **강 부장**: 신 대리, 오늘 기분 안 좋아 보이는데. 무슨 일 있어요?
> **신 대리**: 다름이 아니라 어제 한 프레젠테이션이 계속 마음에 걸리네요.
> **강 부장**: 어제 하신 프레젠테이션이요? 다들 처음치고 잘한다고 칭찬해서 저도 내심 기뻤는데, 어떤 점이 마음에 걸리세요?
> **신 대리**: 제가 생각했던 대로 진행되지 않아 긴장하는 모습이 듣는 분들에게도 전달된 것 같아 아쉬워요.
> **강 부장**: 생각했던 대로 프레젠테이션을 진행하지 못한 것 같아 아쉽고, 안타까운 마음이 드는가 보네요. 걱정하는 마음이 얼굴에 드러나요.
> **신 대리**: 어제 프레젠테이션을 마무리하고 나가는데 사장님 표정이 안 좋아 보여 걱정되기도 해요.
> **강 부장**: 어제 프레젠테이션 마치고 나갈 때 사장님 표정이 안 좋은 게 혹시 신 대리 프레젠테이션 실력 때문에 기분이 안 좋으신 건 아닌가 걱정했겠군요?

① 상대방의 경험을 인정하고 더 많은 정보 요청하기
② 개방적인 질문하기
③ '왜?'라는 말 삼가기
④ 정확성을 위해 요약하기
⑤ 주의 기울이기

11. 다음 중 윤리의 의미에 대해 잘못 이해한 사람은?

갑: 동양에서의 윤리는 생명과 같은 필연적인 관계를 천륜, 후천적으로 사회에서 맺는 관계를 인륜으로 나눕니다. 을: 윤리는 두 사람 이상이 있을 때 존재할 수 있지만 혼자 있을 때는 의미가 없는 가치입니다. 병: 윤리(倫理)는 글자 그대로 인간관계에 필요한 도리를 다스리고 밝힌다는 뜻을 가집니다. 정: 인간 집단의 결을 뜻하는 윤리를 존중하며 살아야 사회의 질서와 평화를 얻을 수 있습니다.

① 갑 ② 을 ③ 병 ④ 정 ⑤ 없음

12. 1부터 5까지 적힌 같은 종류의 오면체 놀이도구가 3개 있다. 동수, 유리 그리고 민수가 이 놀이도구를 한 개씩 나누어 가진 후 동시에 던질 때 나올 수 있는 숫자의 조합은 몇 가지인가?

① 60가지 ② 80가지 ③ 100가지 ④ 125가지 ⑤ 160가지

13. 다음 제시된 명제가 모두 참일 때, 항상 참인 결론은?

• 음악을 좋아하는 사람은 미술을 좋아한다. • 체육을 좋아하는 사람은 미술을 좋아하지 않는다. • 음악을 좋아하지 않는 사람은 과학을 좋아한다.

① 과학을 좋아하지 않는 사람은 체육도 좋아하지 않는다.
② 미술을 좋아하지 않는 사람은 음악을 좋아한다.
③ 미술을 좋아하지 않는 사람은 과학도 좋아하지 않는다.
④ 체육을 좋아하는 사람은 미술도 좋아한다.
⑤ 음악을 좋아하지 않는 사람은 체육을 좋아한다.

14. **다음 중 자아인식 방법에 대한 설명이 가장 적절하지 않은 사람은?**

A: 자아인식 방법에는 내가 아는 나를 확인하기, 다른 사람과의 커뮤니케이션, 표준화 검사 도구 활용 등이 있어.
B: 내가 아는 나를 확인하는 것은 객관적으로 파악하기 어렵다는 한계가 있지만, 다른 사람은 알 수 없는 나의 내면을 들여다볼 수 있다는 장점이 있지.
C: 다른 사람과의 커뮤니케이션을 통해서 자아를 확인할 수도 있어. 보통 스스로 보는 자신의 모습을 객관적 자아, 다른 사람이 보는 자신의 모습을 주관적 자아로 분류하고는 하지.
D: 이때 다른 사람이 보는 모습과 내가 아는 모습이 일치할수록 안정된 성격을 갖고 있다는 것을 의미하지.
E: 나는 최근에 표준화 검사 도구를 활용해봤어. 나에 대한 객관적인 특성을 알 수 있기도 했지만, 다른 사람은 어떠한지를 비교할 수 있어서 흥미로웠어.

① A ② B ③ C ④ D ⑤ E

15. **OO기업에서 근무하고 있는 귀하는 시간관리 매트릭스에 따라 일의 우선순위를 정하고자 한다. 귀하가 처리해야 할 업무 목록을 매트릭스에 한 칸씩 배치한다고 할 때, 일일 업무 진행 보고 업무가 해당하는 시간관리 매트릭스 영역은?**

[업무 목록]

업무	기한	체크
일일 업무 진행 보고	오늘 퇴근 전	
하반기 프로젝트 계획 보고	다음 주 금요일	
사무용품 택배 수령	내일 점심 전	
긴급 발주	오늘 점심 전	

[시간관리 매트릭스]

구분	긴급함	긴급하지 않음
중요함	긴급하면서 중요한 일	긴급하지 않지만 중요한 일
중요하지 않음	긴급하지만 중요하지 않은 일	긴급하지 않고 중요하지 않은 일

① 긴급하면서 중요한 일
② 긴급하지 않지만 중요한 일
③ 긴급하지만 중요하지 않은 일
④ 긴급하지 않고 중요하지 않은 일
⑤ 해당하는 영역 없음

16. 다음 빈칸에 들어갈 개념에 대한 설명으로 가장 적절하지 않은 것은?

(　　　) 활동은 직원들의 능력을 신뢰하며 확신하고 있다는 사실에 기초한다. (　　　)은/는 조직의 지속적인 성장과 성공을 만들어내는 리더의 능력이라고 말할 수 있다. 또한 (　　　) 활동은 직원들에게 질문을 던지는가 하면 직원들의 의견을 적극적으로 경청하기도 하고, 필요한 지원을 아끼지 않아 생산성을 높이고 기술 수준을 발전시키며, 자기 향상을 도모하는 직원들에게 도움을 주고 업무에 대한 만족감을 높이는 과정이라고 말할 수 있다.

① 커뮤니케이션이 어느 정도 진행된 후에 활용 가능한 활동으로, 공유된 의견을 통해 효과적인 해결책과 성과를 이끌어 낼 수 있다.
② 리더는 자신이 가지고 있는 통제 권한을 기꺼이 버려 조직원들을 지도하기보다 이끌어주고 그들에게 미치는 영향을 중요시한다.
③ 조직에 높은 품질의 제품, 책임감을 갖춘 직원들, 동기부여된 노동력 등의 결과를 가져올 수 있다.
④ 업무를 수행하는 동안 결정이 필요한 모든 권한을 조직원들에게 위임하여 그들로 하여금 주인의식을 갖게 해야 한다.
⑤ 조직원들이 자신이 제시한 의견을 리더가 받아준다고 느껴 사기 진작과 리더와의 신뢰감 향상에 도움이 된다.

17. 금융기업에서 근무하는 귀하는 식료품 소비의 최신 동향을 파악하기 위해 인터넷을 활용하기로 하였다. 다음 조건을 고려하여 원하는 정보를 검색하고자 할 때 귀하가 입력해야 하는 검색 조건으로 가장 적절한 것은?

• ‘식료품소비지수’ 단어가 포함된 문서 중 ‘외식비’ 단어를 포함하지 않는 문서를 검색해야 한다.

① 식료품소비지수&외식비
② 식료품소비지수|외식비
③ 식료품소비지수!외식비
④ 외식비−식료품소비지수
⑤ 외식비~식료품소비지수

18. **다음 미래 첨단기술이 활용된 사례와 그 사례가 속한 업무 분야가 바르게 연결된 것은?**

> 가. 자동차와 도로 간에 정보를 공유하여 완전한 자율주행이 가능한 자동차 기술이 보편화된다면 자동차 산업의 혁신과 더불어 교통사고 발생률을 감소시킬 수 있다.
> 나. 인공지능을 기반으로 한 건물 설계 자동화 기술은 위험한 작업 현장에 사람 대신 로봇을 투입하여 산업 현장의 비대면 기술을 확산시킬 수 있다.
> 다. 최근 개구리 줄기세포 조직을 활용하여 개발된 나노 로봇은 인체 내부에서 혈관 사이를 이동하거나 치석을 제거하는 등의 역할을 수행할 수 있다.

① 가 – 물류공학 분야
② 가 – 화학·생명공학 분야
③ 나 – 기계공학 분야
④ 나 – 건설공학 분야
⑤ 다 – 전기·전자·정보공학 분야

19. **다음은 경영전략의 추진 과정을 도식화한 자료이다. 다음 (가)~(마)에 해당하는 과정과 관련된 업무 내용으로 가장 적절하지 않은 것은?**

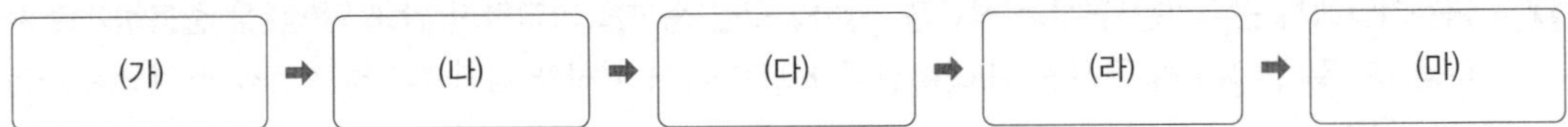

① (가)는 전략목표 설정 단계로, 미래에 도달하고자 하는 모습인 비전을 규명하고 미션을 설정한다.
② (나)는 환경 분석 단계로, 최적의 대안을 수립하기 위해 조직의 내·외부환경을 살펴본다.
③ (다)는 경영전략 도출 단계로, 해당 단계에서 부문전략은 각 사업의 경쟁우위를 점할 수 있는 방향으로 다룬다.
④ (라)는 경영전략 실행 단계로, 수립된 경영전략을 통해 경영목적을 달성한다.
⑤ (마)는 평가 및 피드백 단계로, 경영전략 결과를 평가하고 전략목표 및 경영전략을 재조정한다.

20. 다음 중 금정우 씨가 ㉠과 ㉡에서 지키지 못한 직업윤리의 기본 원칙을 바르게 연결한 것은?

> ㉠ 현장 대응력 강화를 위해 다양한 직무 현장을 돌며 실무 경험을 쌓아오던 동료 경찰들과 달리 금정우 씨는 자신의 체력만 믿고 주어진 실무 교육 수강을 등한시하였다. 이로 인해 금정우 씨의 동료들은 자신이 갖출 수 있는 능력을 연마해 모두 진급하였지만 금정우 씨의 계급만 그대로이다. 어느 날 평소처럼 도로 위에서 신호위반 차량을 단속하던 금정우 씨는 빨간 불에도 달리던 차량을 멈춰 세운 뒤 해당 차량의 운전자를 확인하였다. 운전자는 자신이 금정우 씨의 중학교 동창이라며 실수로 신호위반을 하였으니 한 번만 봐달라고 부탁하였다. ㉡ 마침 함께 일하던 동료가 다른 차량을 단속하느라 정신없는 틈을 타 잠시 고민하던 금정우 씨는 친구의 부탁을 거절하지 못하고 별다른 조치 없이 보내주었다.

	㉠	㉡
①	객관성의 원칙	고객 중심의 원칙
②	전문성의 원칙	객관성의 원칙
③	정직과 신용의 원칙	객관성의 원칙
④	정직과 신용의 원칙	고객 중심의 원칙
⑤	공정경쟁의 원칙	전문성의 원칙

21. 다른 사람들 앞에서 의견을 말할 기회가 별로 없었던 귀하는 기획안 발표 시 손을 떨고 땀을 흘리는 등의 어려움을 겪고 있어 이를 개선하려고 한다. 다음 중 귀하가 개선해야 할 태도로 가장 적절한 것은?

① 실수로 인해 당황하지 않도록 완전무결하게 발표를 준비하는 태도
② 발표를 하기 전에 청중 앞에서 말할 기회를 자주 가지며 충분히 연습하는 태도
③ 발표하기 전에 심호흡하는 등 긴장감 완화를 위해 노력하는 태도
④ 주어진 시간을 초과하여 발표하지 않도록 주어진 시간보다 더 적게 준비하는 태도
⑤ 발표를 하기 전에 발표를 듣는 사람이 누구인지 철저히 분석하는 태도

22. 어느 교양 수업의 수강 신청 인원은 현재 16명이고, 수강 정정 기간에 해당 교양 수업을 추가로 신청한 학생 수와 취소한 학생 수의 합은 10명이었다. 수강 정정 기간이 끝나고 최종 수강 인원이 12명 미만인 수업은 폐강된다고 할 때, 해당 교양 수업이 폐강되지 않으려면 수강 취소한 학생 수는 최대 몇 명이어야 하는가?

① 3명 ② 4명 ③ 5명 ④ 6명 ⑤ 7명

23. 다음은 맥킨지의 문제 분석 기법 4단계를 나타낸 표이다. 빈칸에 들어갈 말로 가장 적절한 것은?

Framing	문제 범위를 파악하여 작은 단위로 나누고 초기가설을 통해 도출하는 단계
( )	초기가설의 옳고 그름을 증명하기 위해 어떤 분석이 필요한지 규정하는 단계
Gathering	분석에 필요한 데이터와 사실을 모으는 단계
Interpreting	데이터를 통해 초기가설의 유효성 판단 및 결과 해석으로 추후 행동을 결정하는 단계

① Analyzing ② Designing ③ Identifying ④ Verifying ⑤ Defining

24. 다음 글을 읽고 K 씨의 사례를 통해 알 수 있는 경력개발 관련 이슈로 가장 적절하지 않은 것은?

> ○○기업의 인사 부서에서 근무하는 K 씨는 요즘 회사 내외에서 아주 바쁜 생활을 하고 있다. 먼저 K 씨의 회사에서는 현재 신입 채용을 진행하고 있는데, 이번에 처음으로 인공지능 기반의 면접 시스템을 도입하게 되어 인사 담당자인 K 씨가 관련 솔루션 업체와 여러 차례 미팅하며 채용 계획을 점검하고 있다. 한편 K 씨의 회사는 최근 주 52시간 근무제를 지키기 위해 퇴근 시간 후 사무실 컴퓨터를 일제히 종료하는 등 정시 퇴근을 권장하고 있다. 이로 인해 퇴근 후 개인 시간을 즐길 수 있게 된 K 씨는 퇴근하자마자 자신이 공부하고 싶었던 분야를 배우거나 운동을 다니고 있으며, 이번 달에는 자기개발을 위해 컴퓨터 프로그래밍 학원에 등록하였다. 또한, 평소 손재주가 좋았던 K 씨는 개인 SNS에 자신이 만든 뜨개 용품을 업로드하였는데, 반응이 매우 좋아 온라인 스토어에 정식으로 등록 신청하여 작지만 개인 브랜드를 운영하는 엄연한 사업가이기도 하다.

① N 잡러 ② 워라밸 ③ 평생학습 ④ 잡호핑족 ⑤ AI 채용

25. 다음 중 예산수립의 절차를 바르게 나열한 것은?

① 예산 배정 → 필요한 과업 및 활동 규명 → 우선순위 결정
② 우선순위 결정 → 필요한 과업 및 활동 규명 → 예산 배정
③ 우선순위 결정 → 예산 배정 → 필요한 과업 및 활동 규명
④ 필요한 과업 및 활동 규명 → 우선순위 결정 → 예산 배정
⑤ 필요한 과업 및 활동 규명 → 예산 배정 → 우선순위 결정

26. 여성 의류 쇼핑몰을 운영하고 있는 A 업체는 남성 의류 쇼핑몰인 B 업체와의 협상을 통해 좀 더 넓은 범위의 고객을 대상으로 판매량을 높이려고 한다. 다음 A 업체와 B 업체 간의 협상 과정을 순서대로 바르게 나열한 것은?

> ㉠ B 업체와의 갈등 상황이 있는지 파악하는 등 현재 상황을 점검하여 이를 해결할 수 있는 방안과 함께 협상 안건을 B 업체에 제안한다.
> ㉡ 합의문을 함께 작성하고 문서상의 합의 내용, 용어 등을 빠짐없이 정확히 검토하여 이상이 없을 경우 서명을 한다.
> ㉢ 두 업체가 서로 원하는 것을 모두 충족할 수 있는 여러 가지 대안을 마련하고, 이를 각각 평가한 후 합의하여 가장 최적의 대안을 선택한다.
> ㉣ B 업체에서 주장하는 것과 원하는 것이 있을 경우 실제로 원하는 것이 무엇인지 정확히 파악하고, 이해관계를 분석한다.
> ㉤ A 업체의 협상 담당자는 B 업체의 협상 담당자와 사전에 자리를 여러 번 마련하여 얼굴을 익히고 친근감을 쌓아 협상에 대한 의사를 밝힌다.

① ㉠ → ㉤ → ㉢ → ㉣ → ㉡
② ㉣ → ㉠ → ㉡ → ㉤ → ㉢
③ ㉣ → ㉤ → ㉠ → ㉢ → ㉡
④ ㉤ → ㉠ → ㉣ → ㉢ → ㉡
⑤ ㉤ → ㉣ → ㉠ → ㉡ → ㉢

27. 다음 중 Windows 10 운영체제에서 윈도우 단축키와 그 단축키가 사용되는 경우가 잘못 연결된 것은?

① [Win] + [↑]: 현재창 최대화
② [Win] + [D]: 바탕화면 보기 또는 복구
③ [Win] + [End]: 활성화된 창을 제외한 모든 창 최소화
④ [Win] + [E]: 탐색기 실행
⑤ [Win] + [T]: 작업 표시줄의 프로그램 차례대로 선택

28. J 산업공단의 기술 총괄 실장인 귀하는 다음과 같은 상황을 해결하기 위한 업무를 추진 중이다. 귀하가 진행 중인 업무에 해당하는 기술 시스템의 발전 단계로 가장 적절한 것은?

> 귀하는 지난달 J 산업공단의 연구원들이 개발한 통신 신호 간에 발생하는 방해요인을 제거하는 기술 출원을 추진하여 우리나라뿐만 아니라 유럽으로의 해외 마케팅 기획전략을 세워 실행에 옮기는 등 해외 시장에서의 성공을 위해 밤낮으로 노력하였다. 그러나 귀하의 노력에도 불구하고 전략 실행 초반에 유럽 통신 기업은 J 산업공단의 기술 매입에 대해 소극적인 태도를 취하였다. 이에 귀하는 유럽의 통신 기업이 기술 매입에 소극적인 태도를 취하게 된 배경에 J 산업공단 기술의 특허 권리가 유럽 통신 기업에는 적합하지 않다는 문제가 있음을 확인하였다. 문제를 해결하기 위해 귀하는 특허의 권리 행사 방안을 참고하여 유럽 기업의 적극적인 매입 의사를 유도하기 위한 전략을 수립하였고, 마침내 유럽 통신 기업으로부터 특허 매입 의사가 있음을 확인받았다.

① 기술 시스템이 탄생하고 성장하는 단계
② 기술 시스템 간의 경쟁이 일어나는 기술 경쟁 단계
③ 새로운 기술을 접목하기 위한 기술적용의 단계
④ 기존의 기술 제거 후 새로운 기술을 적용하는 기술 변화의 단계
⑤ 기술이 다른 지역으로 이동하는 기술 이전의 단계

29. 조직구조는 크게 전략, 활동, 규모, 환경, 기술에 따라 결정된다. 다음 중 조직구조의 결정요인에 대한 설명으로 가장 적절하지 않은 것은?

조직전략	① 조직의 목표 달성을 위해 수립한 전략이 바뀜에 따라 조직의 구조도 변경될 수 있다.
조직 활동	② 조직 활동의 결과로 조직의 성과와 구성원들의 조직 만족도가 결정되며 이는 구성원들의 개인적인 성향과 조직문화의 차이에 따라 상이하게 나타난다.
조직 규모	③ 조직의 규모가 비교적 큰 대규모조직은 소규모조직에 비해 업무가 전문화, 분업화되어 있다.
환경	④ 환경의 변화에 적절하게 대응해야 하는 조직은 급격하게 변화하는 주변 환경과 안정적이고 확실한 주변 환경에 따라 조직구조가 결정된다.
기술	⑤ 기술은 조직이 투입요소를 산출물로 전환시키는 지식이나 절차 등을 의미하는 것으로 소량생산 기술을 가진 조직은 주로 기계적 조직구조를 가진다.

30. 귀하는 신입사원을 대상으로 하는 올바른 근태관리에 대한 교육을 위해 다음과 같은 교육 자료를 작성하였다. 다음 빈칸에 공통으로 들어갈 단어로 가장 적절한 것은?

> "최고보다는 최선을 꿈꾸어라."라는 말은 (   )의 중요성을 강조한 말입니다. 삶의 경험에서 나오는 자연스러운 진리로, (   )은/는 세상을 살아가는 데 필요한 기본 요소임과 동시에 가장 큰 무기가 되기도 하죠. 아무리 뛰어난 실력을 갖고 있더라도 (   )이/가 뒷받침되지 않는다면 인간관계도 오래 갈 수 없고, 신뢰도 곧 깨집니다. 천재는 1퍼센트의 영감과 99퍼센트의 노력으로 만들어진다고 하죠? 지금부터 99퍼센트의 노력이 가져오는 효과에 대해 알아보겠습니다.

① 근면　② 성실　③ 정직　④ 책임　⑤ 윤리

31. 귀하가 읽은 칼럼의 내용이 다음과 같을 때, 빈칸에 들어갈 칼럼의 제목으로 가장 적절한 것은?

> [   ]
>
> 오퍼레이션 트위스트(Operation twist)란 중앙은행이 장기 국채를 사들이고 대신에 단기 국채를 팔아 장기 금리 인하를 유도하는 일로, 공개 시장 조작 방식의 정책을 말한다. 보통 채권의 가격과 금리는 반비례하게 되어 있다. 예를 들어, 중앙은행이 장기 국채를 매입할 경우 장기 국채의 수요가 증가해 가격은 상승하고 금리는 하락하게 되지만, 중앙은행이 단기 국채를 매도하면 시장의 단기 국채의 공급이 증가하면서 가격은 하락하고 금리는 상승하게 된다. 장기 국채는 만기가 길어 단기 국채보다 금리가 높다는 단점이 있는데, 중앙은행이 장기 국채를 매입하고 단기 국채를 매도하는 형태로 채권 시장에 개입하게 되면 장기 채권의 금리가 하락하는 등 장·단기 채권에 대한 일반적인 금리 관계가 어그러질 수 있다. 다시 말해, 오퍼레이션 트위스트는 연준의 보유채권 구성만 변화시키면서 유동성을 확보할 수 있다는 특징이 있다. 중앙은행의 장기 채권 매입으로 금리가 인하되면 해당 채권의 수익률이 감소하게 되고, 결과적으로 투자자들은 수익률이 높은 회사채나 벤처기업 채권 등 단기 채권에 투자하게 된다. 즉, 중앙은행에서 특별히 자금을 공급하지 않고도 투자 자금이 기업 쪽으로 흘러 들어감으로써 경기가 활성화될 수 있는 것이다. 그뿐만 아니라 장기 국채 금리와 연동된 주택담보대출의 금리도 연쇄적으로 하락하여 주택시장이 활발해질 수 있어 내수 활성화에도 긍정적인 영향을 미치게 된다.

① 오퍼레이션 트위스트가 경제 활성화에 미치는 부정적인 영향
② 오퍼레이션 트위스트의 정책 원리와 시행에 따른 효과
③ 오퍼레이션 트위스트 폐지를 통한 내수 활성화 방안
④ 장기 채권 대비 단기 채권 발행 증가의 필요성
⑤ 중앙은행의 권한 강화로 발생하는 금리 인상 효과의 문제점

32. **9명의 면접관이 360명의 지원자와 1:1로 200분 동안 면접을 진행하려고 하였으나, 일정이 변경되어 면접시간을 120분으로 단축하려 한다. 지원자 한 사람당 면접시간은 변함없고 면접관 한 사람당 배정되는 지원자의 수는 모두 동일할 때, 부족한 면접관을 몇 명 충원해야 하는가?** (단, 지원자 한 사람당 면접시간은 모두 같고 면접은 한 번씩만 진행한다.)

① 2명 ② 3명 ③ 4명 ④ 5명 ⑤ 6명

33. **다음 중 비판적 사고를 개발하기 위한 태도에 대한 설명으로 적절하지 않은 것을 모두 고르면?**

㉠ 결론에 도달할 때는 감정적이거나 주관적인 요소를 최대한 배제하고 타당한 논증을 바탕으로 한 객관성이 요구된다.
㉡ 자신이 바라는 신념과 대치되지 않는 진술만을 진실로 받아들이는 지적 정직성이 요구된다.
㉢ 자신이 틀릴 수 있으며 다른 사람의 의견이 옳을 수 있다는 것을 기꺼이 받아들이는 다른 관점에 대한 존중이 요구된다.
㉣ 여러 문제의 답을 탐색하고 육하원칙 등의 질문을 제기하여 원인을 구하는 지적 호기심이 요구된다.
㉤ 결론에 이를 때까지는 논의하고 있는 문제의 핵심뿐만 아니라 그 밖의 논점들에 대해 다양하게 의견을 주고받는 논점의 자유가 요구된다.

① ㉡ ② ㉠, ㉢ ③ ㉡, ㉤ ④ ㉠, ㉢, ㉣ ⑤ ㉡, ㉣, ㉤

34. **다음 중 경력개발 단계에 대한 설명으로 가장 적절하지 않은 것은?**

① 직무정보 탐색 단계에서는 해당 직무에 필요한 자질은 무엇인지, 직무 종사자들의 만족도는 어느 정도인지 등 관련된 모든 정보를 알아내야 한다.
② 자신의 환경 이해 단계에서는 자기탐색과 환경탐색 방법을 통해 경력목표를 설정하는 데 도움이 되는 것들을 정확하게 분석해야 한다.
③ 경력목표 설정 단계에서는 목표 달성을 위해 어떤 경험을 쌓아야 하는지, 장애요소가 무엇인지 등을 중심으로 2~3년 사이의 장기목표를 세우는 것이 중요하다.
④ 경력개발 전략수립 단계에서는 워크숍이나 동아리 활동을 통해 자신의 역량을 개발할 수 있을 뿐만 아니라 직장 내 업무 시간 중에도 경력개발이 가능하다.
⑤ 실행 및 평가 단계에서는 자신이 수립한 전략이 충분한지 등을 검토하며 경력개발을 추진하고 예측하지 못한 상황이 발생하거나 가치관이 변화할 경우 경력목표를 수정할 수 있다.

35. 다음 중 인적자원의 특징으로 가장 적절하지 않은 것은?

① 인적자원의 행동 동기와 만족감은 경영관리에 의해 조건화되므로 수동적이고 반응적인 성격을 지닌다.
② 자원을 활용하는 것은 인적자원이므로 다른 어떤 자원보다도 전략적 중요성이 강조된다.
③ 인적자원은 오랜 기간에 걸쳐 개발될 가능성이 있는 잠재능력과 자질을 많이 보유하고 있다.
④ 협업이 많은 조직일수록 성과 향상을 위해 인적자원관리능력을 함양하는 것이 중요하다.
⑤ 인적자원으로부터의 성과는 인적자원의 욕구와 동기, 태도와 행동, 만족감의 여하에 따라 결정된다.

36. 다음 중 갈등해결방법 모색 시 명심해야 할 사항으로 가장 적절하지 않은 것은?

① 자신의 의견을 명확하게 밝히고 지속적으로 강화한다.
② 어느 한쪽으로 치우치지 않고 타협하려 애쓴다.
③ 마음을 열어놓고 적극적으로 경청한다.
④ 어려운 문제는 바로 직면하지 않고 피함으로써 시간적 여유를 둔다.
⑤ 다른 사람들의 입장을 이해하고, 존중하는 자세로 사람들을 대한다.

37. 필요한 정보를 효과적으로 수집하기 위해서는 단순한 개별 정보인 인포메이션(Information)만을 수집하기보다 수집한 정보를 서로 연결 지어 판단에 직접적으로 도움이 되는 (　　　)을/를 수집할 필요가 있다. 다음 중 빈칸에 들어갈 말로 가장 적절한 것은?

① Influence　② Inspiration　③ Intelligence
④ Illustration　⑤ Identification

38. 다음 글의 빈칸에 들어갈 말로 가장 적절한 것은?

산업재산권이란 산업에 이용되는 사람의 정신적 창작물이나 발명 따위를 독점적으로 이용할 수 있는 권리를 말한다. 적용되는 범위는 공업 및 상업은 물론이고 농산업이나 채취 산업부문, 건조품, 천연 산물까지 포함된다. 산업재산권은 새로운 발명과 고안을 해낸 창작자에게 일정 기간 동안 독점 배타적인 권리를 부여하는데, 다만 창작자는 창작물을 대중에게 공개할 의무를 지며, 일정 존속 기간이 지난 뒤에 이용·시행하도록 해야 한다. 산업재산권법상 정의하는 산업재산권의 종류는 다양하지만 대표적으로는 (　　　) 이/가 있다. 이는 심미성을 가진 고안으로서 물품의 외관에 미적인 감각을 느낄 수 있도록 하는 것을 말한다. 물품 자체에 표현되는 것이라는 점에서 물품과 따로 존재할 수 없으며, 이로 인해 동일한 형상이라고 하더라도 물품이 다르면 별개의 것으로 취급받게 된다.

① 특허　② 실용신안　③ 디자인　④ 상표　⑤ 저작권

39. 다음 중 업무 방해요인에 따른 해결 방안으로 가장 적절한 것은?

① 과중한 업무로 인해 발생하는 스트레스는 최적의 성과를 도출을 위해 참는다.
② 업무 계획과 관계없이 수신되는 메일에는 즉각적으로 답변한다.
③ 학습동아리 활동과 같은 직원의 사회적 관계 형성은 조직차원에서 억제하여야 한다.
④ 사적인 통화라도 급한 용건이라면 업무 시간 중이더라도 빠르게 처리한다.
⑤ 갈등 발생 시 직접적인 해결보다 일단 상황에서 벗어나는 것이 효과적일 수 있다.

40. ○○공사에서 근무하는 귀하는 신입사원인 김 사원이 작성한 이메일을 검토한 뒤 피드백을 전달하려고 한다. 다음 중 귀하가 전달할 피드백으로 가장 적절하지 않은 것은?

받는 사람	
보내는 사람	sinipsawon@oogongsa.com
날짜	20XX. 03. 31.
제목	신규 용역 입찰 결과 件
내용	
귀사에서 제정해 주신 용역 입찰 제안서를 확인한 결과, 응찰 가격이 내정 가격을 초과함에 따라 유찰되었음을 알려드립니다. 이와 관련하여 추가 문의사항이 있으실 경우 sinipsawon@oogongsa.com으로 메일을 보내주시거나 ○○공사의 연락처로 연락해 주시기 바랍니다. 감사합니다.	

① 이메일 상단에는 보내는 사람의 이름을 적어야 하므로 김 사원의 소속 부서와 이름을 추가해 주세요.
② 거래처 직원이 확인해야 하는 필수 정보가 생략되어 있으므로 우리 공사의 전화번호를 넣어 주세요.
③ 받는 사람의 이메일 주소가 누락되어 있으므로 상대방의 이메일 주소를 정확하게 작성해 주세요.
④ 이메일 내용이 간략하고 '신규 용역 입찰 결과'라는 요점이 잘 드러나 있으므로 제목은 생략해 주세요.
⑤ 이메일 내용에는 오타나 오류가 없어야 하므로 잘못된 단어인 '제정'을 '제출'로 수정해 주세요.

41. 다음 중 문서 종류에 따른 작성법을 잘못 이해한 사람을 모두 고르면?

> **대한:** 공문서를 작성할 때는 누가, 언제, 어디서, 무엇을, 어떻게 또는 왜가 드러났는지를 검토해야 해.
> **민국:** 설명서를 작성할 때는 중요하다고 강조하고 싶은 부분을 주로 명령문으로 작성하지.
> **훈민:** 업무 진행 과정에서 작성하는 보고서는 핵심 내용을 중점으로 간략하게 진행 과정을 제시해야 해.
> **정음:** 기획서를 작성할 때는 목차를 체계적으로 구성해서 내용이 한눈에 파악되도록 하는 것이 좋아.

① 대한　② 훈민　③ 대한, 정음
④ 민국, 훈민　⑤ 대한, 민국, 정음

42. 다음은 예술 분야별 공연 건수에 대한 자료이다. 이를 바탕으로 만든 그래프로 옳지 않은 것은?

[예술 분야별 공연 건수]

(단위: 건)

구분		2015년	2016년	2017년	2018년
문학		9,865	11,785	12,155	13,151
시각예술		13,207	13,260	14,619	15,192
공연예술	국악	1,547	1,507	1,583	1,735
	양악	10,190	9,907	10,576	11,333
	연극	5,718	6,271	6,533	7,608
	무용	1,330	1,398	1,340	1,270
	혼합	1,105	1,973	2,576	2,773
	소계	19,890	21,056	22,608	24,719
합계		42,962	46,101	49,382	53,062

※ 출처: KOSIS(한국문화예술위원회, 문화예술활동현황조사)

① 2017년 공연예술 구성비

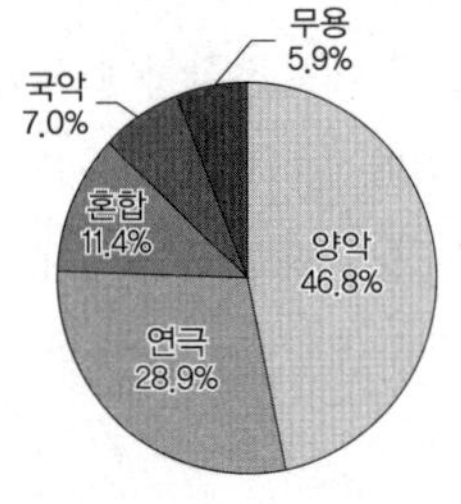

② 연도별 시각예술 공연 건수

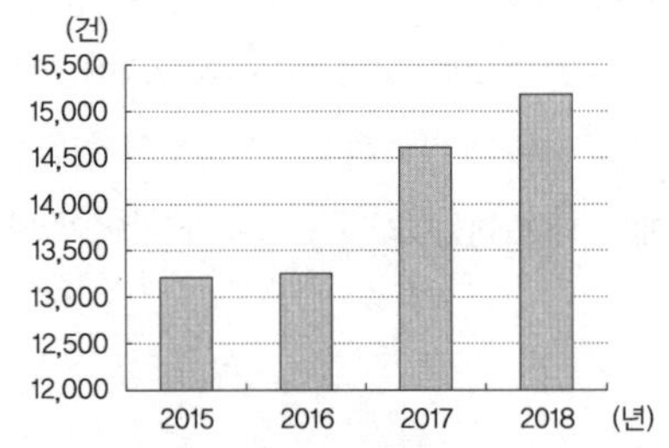

③ 연도별 전체 공연 건수

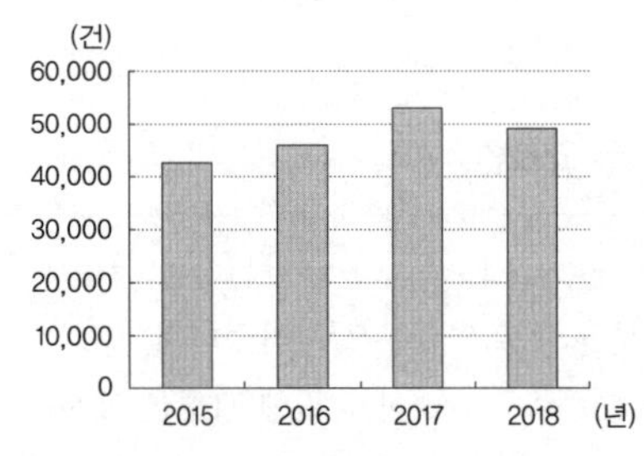

④ 2015년 공연예술 구성비

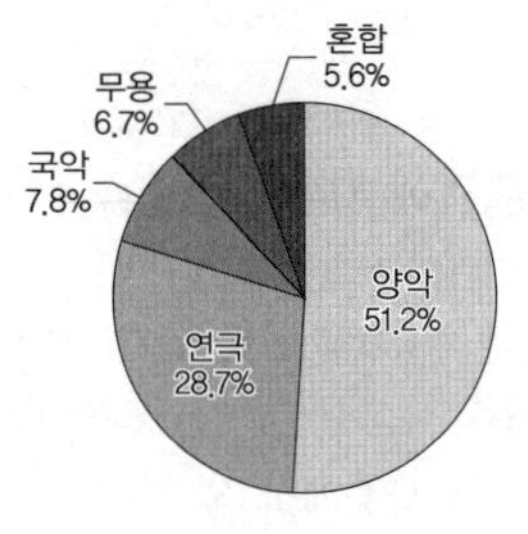

⑤ 연도별 문학 공연 건수

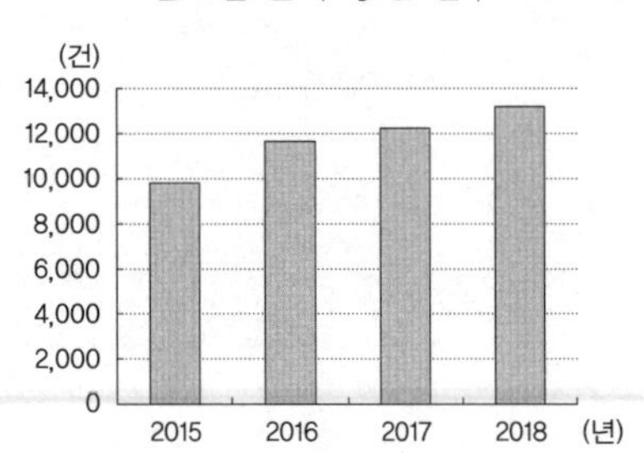

43. 다음 글을 읽고 추론한 내용으로 가장 적절하지 않은 것은?

안전벨트는 사고 발생 시 탑승자를 좌석에 고정시켜 피해를 최소화하는 장치로, 대부분의 이동 수단에는 안전을 위해 안전벨트가 필수적으로 설치되어 있다. 탑승자 또한 안전 수칙에 따라 안전벨트를 반드시 착용해야 하며, 안전벨트 비착용 시 벌금이 부과되는 등의 불이익이 따른다. 이처럼 안전벨트 착용을 의무화하는 추세이지만, 기차 안에서는 안전벨트를 전혀 찾아볼 수 없다. 기차에는 왜 안전벨트가 없는 것일까? 이에 대해서는 몇 가지 근거가 있다.

첫 번째 근거는 바로 기차의 무게에 있다. 기차의 차체 무게는 약 400t 정도로, 충돌 시 기차의 차체가 충격을 흡수해 승객에게는 그 충격이 거의 전달되지 않으며 막중한 무게 때문에 자동차처럼 급발진이나 급제동으로 인한 위험이 거의 없기도 하다. 예를 들어 자동차가 시속 50km로 달리다가 급제동할 때 필요한 제동거리는 10m 정도로, 제동거리가 짧은 만큼 탑승자가 크게 튕겨 나갈 수 있다. 하지만 기차는 시속 300km로 달려 급제동을 하게 되어도 제동거리만 3,000m가 필요하며, 이때 소요되는 시간이 약 70초 정도이다. 이로 인해 기차가 급제동을 한다고 해도 승객의 몸이 쏠리거나 튕겨 나갈 위험이 적다.

두 번째 근거는 열차 사고 시 인명구조의 효율성이다. 영국의 철도안전표준화위원회에 따르면 기차에서 안전벨트를 착용한 상태에서 사고가 발생할 경우 안전벨트를 착용하지 않은 상태보다 사상자가 약 6배 이상 증가할 수 있다는 연구 결과가 보고된 바 있다. 즉, 승객의 안전을 지켜주는 안전벨트가 기차에서는 오히려 승객의 대피나 구조작업을 어렵게 하는 골칫거리가 되는 것이다.

물론, 기차가 탈선되거나 전복되는 등의 큰 사고가 발생할 경우 승객에게 치명적인 위협이 될 수 있기 때문에 일각에서는 기차에도 안전벨트가 필요하다는 의견이 제기되고 있기도 하다. 그러나 현재까지는 기차 내 안전벨트는 실효성이 없으며, 기차의 안전성을 강화하기 위해서는 안전벨트 착용보다 충격완화 장치나 비상 통로의 구조개선 등이 더 합리적이라는 주장이 통용되고 있다.

① 열차에서 안전벨트를 착용한 경우 열차 사고의 인명구조에 어려움이 있다는 연구 결과가 발표되었다.
② 안전 수칙에 따라 탑승자가 의무적으로 안전벨트를 착용하지 않아도 되는 이동 수단이 있다.
③ 이동 수단이 급제동하였을 때 필요한 제동거리가 길수록 탑승자가 튕겨 나갈 위험은 줄어든다.
④ 열차 내 안전벨트 착용이 필요하다는 주장은 실효성을 이유로 통용적으로 받아들여지지 않았다.
⑤ 차체의 무게가 많이 나갈수록 외부와 충돌할 때 탑승자에게 전해지는 충격이 커진다.

44. 완벽한 자기관리를 위해서는 외면뿐만 아니라 내면도 스스로 잘 다스릴 줄 알아야 한다. 다음 중 내면 관리 방법이 제대로 이루어지고 있지 않은 사람은?

> **최 사원:** 지금 당장은 손해를 보는 것 같더라도 장기적으로는 회사 전체에 이익이 될 수 있으니 인내심을 가지고 현재 주어진 업무에 충실히 임해 성과를 향상시킬 거야.
> **이 사원:** 나는 항상 어떤 업무의 지시가 내려와도 나 자신의 능력과 가치를 믿고 잘 해낼 수 있을 것이라는 믿음을 가지고 업무에 임하고 있어.
> **윤 사원:** 만약 실패했을 때는 그 원인이 무엇인지 정확히 파악하여 나의 잘못이 아닐 경우에는 관련된 다른 사람에게 실패의 원인을 찾아보도록 요구하는 것이 좋아.
> **박 사원:** 팀장님이 평소 나에 대해 질책을 많이 하긴 하지만, 이를 부정적으로 생각하기보다 나에 대해 오히려 관심이 많고 애정을 가지고 있다고 생각해.
> **김 사원:** 해결해야 하는 문제가 발생했을 때 한 가지 관점으로만 생각하여 판단하려고 하기보다 다양하고 새로운 시각으로 바라보려고 해.

① 최 사원　② 이 사원　③ 윤 사원　④ 박 사원　⑤ 김 사원

45. 다량의 물적자원관리에 활용되는 바코드는 문자나 숫자를 흑과 백의 막대 모양 기호로 조합한 형태로, 물품의 위치 및 정보 등의 데이터를 기호화하여 물품관리를 수월하게 할 수 있다. 최근에는 이러한 1차원적인 막대 모양에서 나아가 격자무늬의 2차원 모양으로 인터넷 주소, 사진, 동영상 등 더 많은 정보를 담을 수 있는 체계를 활용하여 물적자원을 관리할 수 있는데, 최근에 등장한 이 물적자원관리 기법은?

① 전자태그　② NFC　③ QR 코드　④ 블루투스　⑤ OTP

46. 다음 중 A~C 각 사례에 해당하는 고객의 불만 표현 유형을 순서대로 바르게 나열한 것은?

A: 유명 한식당을 찾은 甲은 매니저를 불러 직원들의 서비스가 마음에 들지 않는다며 불만을 토로하였다. 매니저는 甲의 불만 사항을 시정해 주었으나, 甲은 이후에도 이것저것 트집을 잡으며 계속 불평을 쏟아 냈다.
B: 펀드 상품에 가입하기 위해 은행을 찾은 乙은 은행 직원에게 상품에 대한 설명을 요청하였다. 직원은 다양한 상품에 대해 친절하게 설명해주었으나 乙은 직원의 말에 신뢰가 가지 않는다며 계속해서 의심하였다.
C: 丙은 세탁기를 구입하고자 가전제품 매장을 찾았다. 하지만 매장 내에 고객이 많아 상담이 지체되었고, 丙은 직원에게 다가가 도대체 언제 상담을 해줄 것이냐며 거칠게 불만을 늘어 놓았다.

	A	B	C
①	트집형	빨리빨리형	거만형
②	거만형	의심형	트집형
③	트집형	의심형	빨리빨리형
④	거만형	트집형	의심형
⑤	트집형	거만형	빨리빨리형

47. 정보가 동적정보와 정적정보로 구분될 때, 다음의 사례를 정보의 종류에 따라 바르게 분류한 것은?

㉠ 예식장에서 결혼식장을 촬영한 영상 파일을 USB에 넣어 고객에게 제공하고 있다.
㉡ 시시각각 변화하는 국제 정세를 파악하고자 신문을 구독하여 매일 확인하고 있다.
㉢ 동영상 플랫폼에서는 사용자가 콘텐츠를 검색하는 시점을 기점으로 관련 콘텐츠도 함께 제공하고 있다.
㉣ 매일 아침 텔레비전 뉴스에서는 도로 교통상황에 대한 정보를 제공하고 있다.
㉤ 올여름 유행할 패션을 알아보기 위해 패션 잡지를 구매하여 관련 정보를 확인하였다.

	동적정보	정적정보
①	㉠, ㉡, ㉢	㉣, ㉤
②	㉠, ㉢, ㉤	㉡, ㉣
③	㉡, ㉢, ㉣	㉠, ㉤
④	㉡, ㉢, ㉤	㉠, ㉣
⑤	㉡, ㉣, ㉤	㉠, ㉢

48. 다음 중 네트워크 혁명의 역기능으로 가장 적절하지 않은 것은?

① 범죄 및 반사회적인 사이트로의 악용
② 디지털 격차 발생
③ 정보화에 따른 실업 문제 발생
④ 인터넷 게임 및 채팅 중독
⑤ 정보화 윤리의식의 강화

49. ○○공사에서 근무하는 귀하는 효과적인 업무수행을 위해 작성한 업무수행 시트가 다음과 같을 때, 귀하가 작성한 업무수행 시트로 가장 적절한 것은?

<table>
<tr><th>구분</th><th colspan="2">1월</th><th colspan="2">2월</th><th colspan="2">3월</th><th colspan="2">4월</th><th colspan="2">5월</th><th colspan="2">6월</th></tr>
<tr><td>아이디어 회의 진행</td><td>■</td><td>■</td><td></td><td></td><td></td><td></td><td></td><td></td><td></td><td></td><td></td><td></td></tr>
<tr><td>기획</td><td></td><td>■</td><td>■</td><td>■</td><td>■</td><td>■</td><td></td><td></td><td></td><td></td><td></td><td></td></tr>
<tr><td>업무수행</td><td></td><td></td><td></td><td></td><td>■</td><td>■</td><td>■</td><td>■</td><td>■</td><td>■</td><td></td><td></td></tr>
<tr><td>결과 보고</td><td></td><td></td><td></td><td></td><td></td><td></td><td></td><td></td><td></td><td></td><td>■</td><td>■</td></tr>
</table>

① 간트 차트 ② WBS ③ 체크리스트 ④ 퍼트 ⑤ 워크 플로 시트

50. ○○공사의 윤리경영실에서 근무하고 있는 귀하는 업무에 참고하기 위해 다음과 같은 글을 읽었다. 다음 글을 읽고 ㉠~㉤에 대한 설명으로 가장 적절하지 않은 것은?

윤리경영이란 기업 활동에서 기업윤리를 최우선 가치로 두어 투명·공정하면서도 합리적인 업무수행을 추구하는 경영 정신을 뜻한다. 이때 기업의 윤리경영은 5단계를 거쳐 발전되는데, 무도덕 단계, 준법 단계, 대응 단계, 윤리관 태동 단계, 윤리 선진 단계로 구분할 수 있다. 먼저 무도덕 단계는 윤리적 문제를 고려하지 않고 이윤의 극대화라는 원칙하에 기업의 모든 행동이 정당화되며, 준법 단계에서는 기업윤리를 고려하지만 법에 규정된 윤리수준을 최소한으로 지키는 것에 그친다. 대응 단계에서의 기업은 윤리적인 문제를 보다 근본적으로 생각하고 이를 규범화하기 위해 노력하며, 윤리관 태동 단계에서의 기업은 자사에서 이룩한 이윤과 앞으로 지향해야 할 윤리 수준의 균형을 이루기 위해 노력한다. 마지막 윤리 선진 단계는 윤리경영에서 가장 이상적인 단계로서, 명확한 윤리원칙과 가치관에 따라 기업의 모든 행위를 판단하고 실행한다.

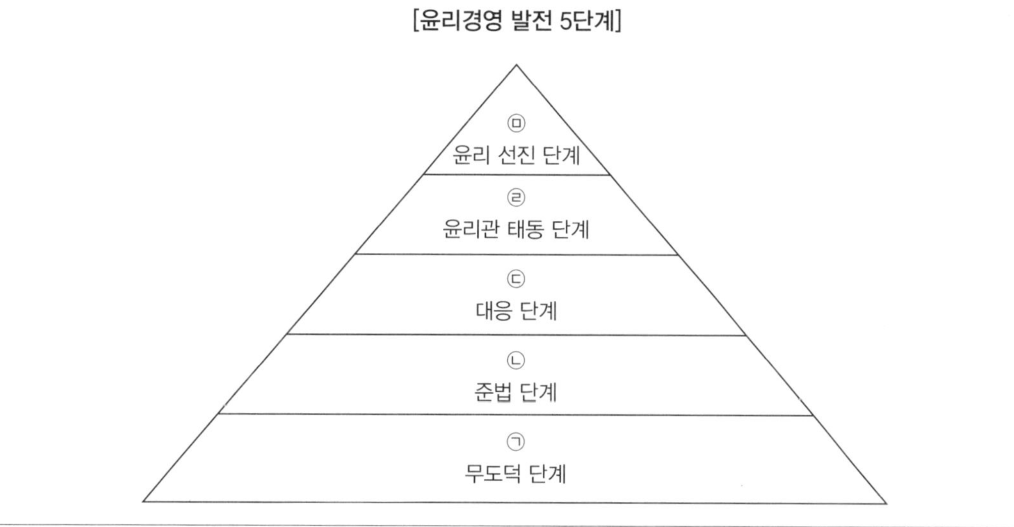

① ㉠ – 비윤리적 행위로 인한 처벌이나 비용보다 창출되는 이익이 크다면 기꺼이 감수한다.

② ㉡ – 정해진 법에 따른 윤리적 행위를 위해 노력하지만, 위법만 아니면 윤리적이라고 인식하여 그 이상의 윤리적 행위를 최소화하거나 아예 고려하지 않는다.

③ ㉢ – 기업 내의 소유주와 경영자만을 이해당사자로 고려하며 이 둘의 조화로운 관계를 목적으로 윤리적인 경영 활동을 추진한다.

④ ㉣ – 윤리와 이익 간의 균형을 맞추기 위해 기업의 경영이념을 설정할 때 윤리의식을 반영하며 기업 내 윤리강령을 제정하는 등의 윤리 활동을 진행한다.

⑤ ㉤ – 모든 조직 구성원이 명확한 윤리원칙에 따라 행동하며 윤리를 가장 우선으로 둔 다음 기업의 이윤 창출을 고려한다.

약점 보완 해설집 p.82

실전모의고사
6회

영역 혼합형
(고난도)

• 영역 혼합형 시험은 여러 영역의 문제가 순서 상관없이 섞여서 제시되며, 영역이 구분되어 있지 않습니다.
• NCS 직업기초능력평가 전 영역 총 50문제로 구성되어 있으며, 60분 이내에 풀어야 합니다.
• 시작과 종료 시각을 정한 후, 실전처럼 모의고사를 풀어보세요.

시 분 ~ 시 분 (총 50문항/60분)

01. 귀하는 자신의 대인관계 의사소통능력을 평가하기 위해 키슬러의 대인관계 의사소통 양식을 참고하였다. 다음 양식을 참고하였을 때, 점수가 가장 높게 나타난 유형에 대한 설명으로 가장 적절한 것은?

키슬러의 대인관계 의사소통 양식은 팔각형의 모양이 중심으로부터 특정 방향으로 기울어질수록 그 방향에 해당하는 대인관계 의사소통 유형이 강한 것으로 해석할 수 있다.

[키슬러의 대인관계 의사소통 양식]

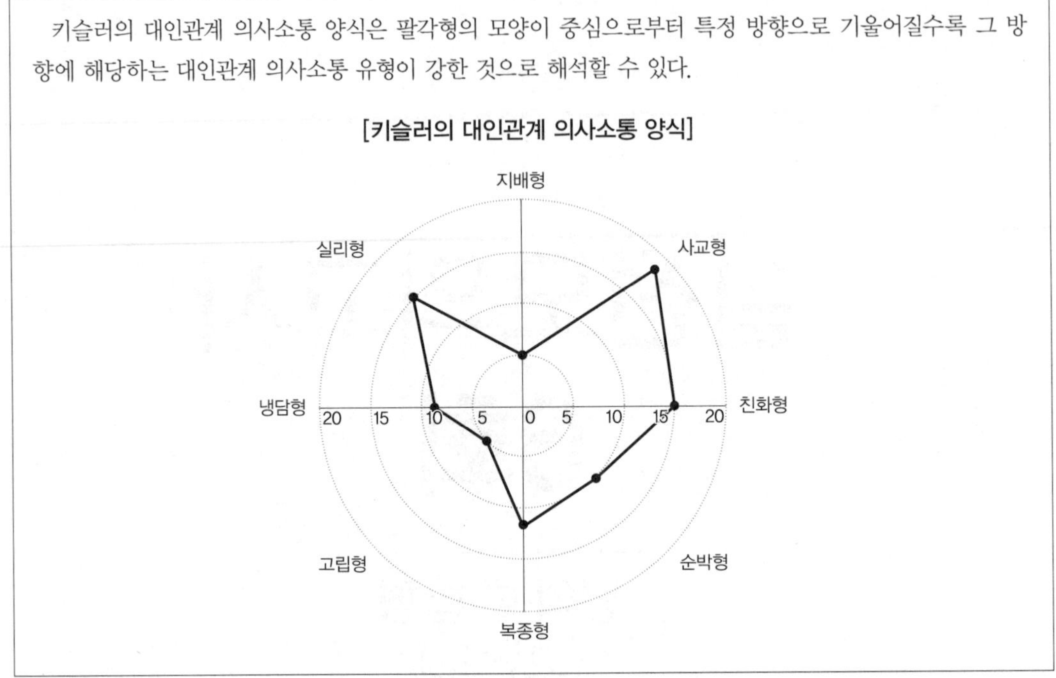

① 이해관계에 예민하고 성취지향적·경쟁적·자기중심적인 성향이 있어 타인을 배려하는 자세가 필요하다.

② 매사 자신감이 있고 지도력을 갖추고 있으나 논쟁적이며 독단적인 성향으로 대인 갈등을 겪을 수 있다.

③ 외향적이지만 타인에 대한 지나친 관심과 간섭을 보이고 자주 흥분하여 심리적 안정이 필요하다.

④ 따뜻하고 인정이 많아 자기희생적이나 타인의 요구를 거절하지 못하여 정서적 거리를 유지해야 한다.

⑤ 단순하고 솔직한 편이나 자기 주관이 부족해 자신의 주장을 관철하려는 노력이 필요하다.

02. ○○공사의 신입사원인 귀하는 보고서 작성 교육에 참석하여 우리말 맞춤법 퀴즈를 풀게 되었다. 다음 중 맞춤법에 맞지 않은 것을 모두 고르면?

㉠ 발주 시 참고해야 할 사항은 체크리스트를 통해 확인해야 한다.
㉡ 그 업무 과정은 선임 조차 잘 이해하지 못할 정도로 복잡했다.
㉢ 김 사원은 작은 실수도 대수로이 여기지 않는다.
㉣ 팀장님은 프로젝트 회의 날짜가 오늘이던 내일이던 상관없다고 했다.

① ㉠ ② ㉣ ③ ㉠, ㉢ ④ ㉡, ㉣ ⑤ ㉠, ㉡, ㉢

03. A와 B 두 명이 함께 일을 하면 3시간 만에 일을 끝낼 수 있지만, A가 혼자 일을 하면 5시간이 걸린다. 먼저 A가 혼자 4시간 동안 일을 하고 난 후 이어서 B가 나머지 일을 끝냈을 때, B가 일하는 데 걸린 시간은?

① 30분 ② 1시간 15분 ③ 1시간 30분 ④ 2시간 ⑤ 2시간 30분

04. 한 켤레에 2,000원짜리 양말은 두 켤레씩 묶음 판매를 하고, 한 켤레에 1,000원짜리 양말은 세 켤레씩 묶음 판매를 한다. 양말 8묶음을 구매하고 지급한 금액이 28,000원일 때, 구매한 양말의 총 켤레 수는?

① 8켤레 ② 12켤레 ③ 16켤레 ④ 20켤레 ⑤ 24켤레

05. 놀이공원에 입장한 사람 중에서 어른은 $\frac{3}{10}$이고, 여자는 $\frac{3}{5}$이다. 또한, 남자 중에서 어른이 아닌 사람은 $\frac{3}{10}$이다. 놀이공원에 입장한 어른 중에서 임의로 한 명을 뽑았을 때, 그 사람이 남자일 확률은?

① $\frac{3}{25}$ ② $\frac{7}{25}$ ③ $\frac{2}{5}$ ④ $\frac{7}{10}$ ⑤ $\frac{14}{15}$

06. 다음 글의 ㉠~㉢에 들어갈 말을 순서대로 바르게 나열한 것은?

> 문제해결을 위한 방법은 크게 세 가지로 구분할 수 있다. 먼저 촉진을 의미하는 (㉠)은/는 어떠한 집단이 원활하게 의사소통할 수 있도록 도와주는 일을 말한다. 이는 서로의 문제점을 이해하고 공감하여 창의적으로 문제를 해결할 수 있도록 도모하는 방법으로, 최근 많은 조직에서 활용하고 있다. (㉡)은/는 같은 문화를 공유하는 구성원들이 서로를 이해하는 상황을 가정하고, 암시를 통한 의사 전달을 하여 문제를 해결하는 방법이다. 이때, 타협과 조정 등의 역할을 하는 제삼자는 결론 지점을 염두에 두며 의견을 중재해야 한다. (㉢)은/는 서로 다른 문화를 공유하는 구성원을 가정하여 서로의 의견을 주장하는 논쟁과 협상을 통해 조정하는 방법이다. 이 경우 사실과 원치에 근거한 토론을 바탕으로 해야 하며, 제삼자는 구성원 모두가 합의하는 지점을 찾아 문제를 해결해야 한다.

① 소프트 어프로치 – 하드 어프로치 – 퍼실리테이션
② 하드 어프로치 – 퍼실리테이션 – 소프트 어프로치
③ 하드 어프로치 – 소프트 어프로치 – 퍼실리테이션
④ 퍼실리테이션 – 소프트 어프로치 – 하드 어프로치
⑤ 퍼실리테이션 – 하드 어프로치 – 소프트 어프로치

07. 다음 김 사원의 사례에 해당하는 논리적 사고의 요소로 가장 적절한 것은?

> 김 사원은 자신이 담당하여 추진하고 있는 프로젝트에 대한 기획안을 작성하여 팀장에게 보고하였다. 팀장은 기획안을 세세하게 검토한 후 김 사원에게 피드백을 줬고, 김 사원은 다시 수정된 기획안을 보고하였지만 팀장으로부터 아예 새롭게 기획안을 쓰라는 지시를 받았다. 김 사원은 자신의 기획안이 무엇이 잘못되었는지 계속 혼자 생각해 보아도 해결점이 보이지 않아 팀장이 전달한 피드백 내용을 면밀히 분석하였다. 그 결과 자신이 의도한 기획안 내용을 팀장이 잘못 이해한 것을 알게 되어 자신의 의도에 대해 다시 설명한 후 팀장과 기획안 수정 방향에 대해 논의하여 해결점을 잘 찾았다.

① 구체적인 생각
② 설득
③ 생각하는 습관
④ 타인에 대한 이해
⑤ 상대 논리의 구조화

08. 다음 글을 읽고 P 팀장이 L 대리에게 해줄 수 있는 조언으로 가장 적절한 것은?

> 최근 L 대리는 사무실 이전을 위한 임차 계약 관리와 병행하여 업무를 진행하느라 매일 야근 중이다. 심지어 매년 사내 체육대회 예산수립을 L 대리가 맡았던 터라 곧 있을 사내 체육대회의 예산안 보고를 위해 오늘도 야근하게 되었다. 이를 지켜보던 P 팀장은 사내 체육대회 예산안 보고는 작년에 참여했던 팀원도 할 수 있으니 다른 팀원에게 인수인계할 것을 권유하며 조언하였다.

① "시간계획을 위해서는 예상 행동뿐만 아니라 기대성과나 그 행동의 목표도 함께 기록해 보세요."
② "업무가 많을 경우 어떤 업무를 우선적으로 처리할지부터 결정해보는 것은 어때요?"
③ "급작스러운 전화 등 예상치 못한 사건으로 인해 시간이 부족할 것을 대비해 예비 시간을 확보하세요."
④ "관리자가 모든 업무를 통제하기 어려우므로 자신의 일 일부를 부하 직원에게 위임하는 것도 좋아요."
⑤ "반드시 해야 하지만 끝내지 못한 업무는 차기 계획에 반영하도록 하세요."

09. ○○기업의 영업팀에서 근무하는 귀하는 체육대회를 위해 해야 할 업무를 그래프로 나타냈다. 다음 ㉠~㉤ 중 아래 그래프에 대한 설명으로 적절한 것을 모두 고르면?

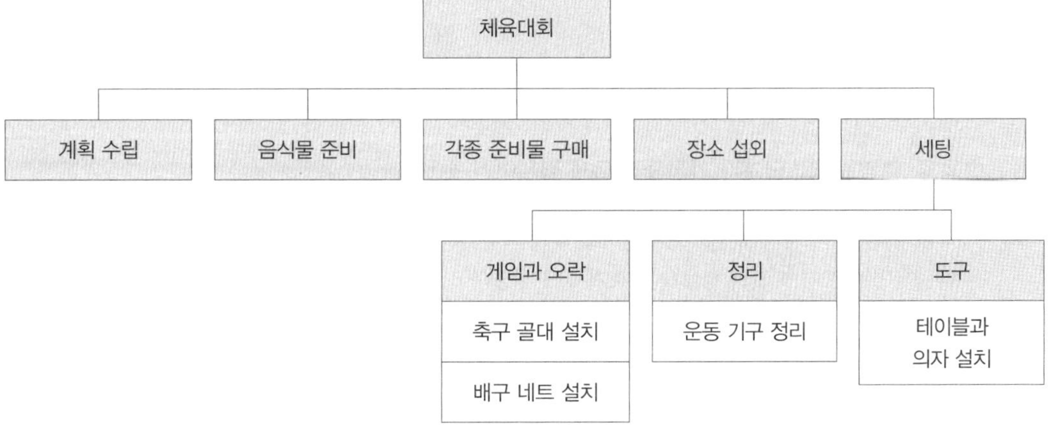

> ㉠ 위와 같은 그래프를 과업세부도라고 부른다.
> ㉡ 구체성에 따라 2단계, 3단계, 4단계 등으로 구분된다.
> ㉢ 이 그래프는 과제 및 활동 계획을 수립하는 데 있어 가장 기본적인 수단으로 활용된다.
> ㉣ 과제 수행을 위해 필요한 모든 일들을 중요한 범주에 따라 체계화하여 구분한다.
> ㉤ 위 그래프에서 3단계는 축구 골대 설치, 배구 네트 설치, 운동 기구 정리 등이 해당된다.

① ㉠, ㉡, ㉢
② ㉠, ㉢, ㉣
③ ㉠, ㉢, ㉤
④ ㉠, ㉡, ㉢, ㉣
⑤ ㉠, ㉡, ㉢, ㉣, ㉤

10. 민츠버그는 경영자의 역할을 '대인적 역할', '정보적 역할', '의사결정적 역할'로 구분하였다. 다음 중 경영자의 의사결정적 역할과 관련된 활동으로 가장 적절하지 않은 것은?

① 조직성과를 높이기 위해 창의적 노력을 기울인다.

② 조직 내 갈등을 극복하여 조직의 안정을 유지하기 위해 노력한다.

③ 조직에 필요한 자원을 합리적이고 효율적으로 배분하는 데 심혈을 기울인다.

④ 조직의 이익을 위해 내·외부적으로 발생하는 문제 상황을 적극적으로 해결하기 위해 노력한다.

⑤ 다양한 방법으로 수집한 정보를 조직에 전달하고 공유한다.

11. 다음 중 경영참가의 단계가 가장 올바르게 짝지어진 것은?

> ㉠ 경영자와 근로자가 공동으로 결정하고 함께 책임을 지며 경영자의 일방적인 경영권은 인정되지 않는다.
> ㉡ 경영자층은 경영 관련 정보를 근로자에게 제공하고, 근로자들은 이에 대한 의견만을 제시한다.
> ㉢ 노사 간의 의견을 교환하고 토론을 통해 도출된 결론은 경영자에 따라 시행 여부가 결정된다.

① ㉠ – 정보참가 단계

② ㉡ – 협의참가 단계

③ ㉡ – 결정참가 단계

④ ㉢ – 정보참가 단계

⑤ ㉢ – 협의참가 단계

12. 다음 ○○제조업체 품질경영팀의 팽 사원이 작성한 보고서를 읽고 난 후의 반응으로 가장 적절하지 않은 것은?

[품질감사 결과보고서]

(문서번호: 43135)

작성자	부서명	품질경영팀	작성 일자	20△△. 08. 30.
	성명	팽석원	보존 기간	20△△. 11. 30까지
제목	내부 품질감사 결과 보고의 건			

상기의 안건에 대하여 아래와 같이 결과를 보고합니다.

– 아래 –

1. 부서별 품질감사 시행 일자: 20△△. 07. 25.~20△△. 08. 24.

2. 부적합 발생 현황: 총 9건

부서명	건수	부적합 내용
영업팀	2건	고객 불만사항 검토 및 처리 과정 미흡, 고객자료관리 미흡
자재팀	1건	자재 발주 시, 인쇄 사양에 대한 홍보가 부족함
생산팀	3건	자재 입고 시, 수입물품 검사 통보서 확인 미결, 수입물품 확인 절차 복잡
개발팀	2건	신제품 개발 시, 개발 계획 수립 부족
품질관리팀	1건	고객과 관련된 물품관리자료 부족

3. 담당자 의견
   1) 부서별 인원 충원 要望
      – 자재팀: 실질적인 업무 진행보다는 물품 이동에 큰 부담감을 갖고 있음
   2) 노후화된 물품관리의 불편사항 전달
   3) 생산 위주의 업무 추진으로 물품에 대해 충분히 검토하고 협의할 시간이 부족함
   4) 부서별 팀장들과의 시스템 추진 방향에 대한 정보공유 및 시스템 전반에 걸친 협의가 필요함
   5) 시스템 운영 측면에서 부서별 팀장님들과 정보 공유 및 시스템 전반에 걸친 협의가 필요함

① 보고서를 읽는 사람이 작성된 내용을 자세하게 확인할 수 있도록 가능한 많은 첨부자료를 추가해 주세요.

② 문서에서는 한자 사용을 자제해야 하므로 3 – 1)을 '부서별 인원 충원 요망'으로 수정하는 게 좋겠어요.

③ 보고서는 개인의 능력을 평가하는 기본 요소이므로 제출하기 전에 반드시 최종 점검하여 누락된 내용이 없는지 확인하도록 해요.

④ 간결하고 핵심적인 내용을 담아야 하는 보고서에 중복되는 내용이 담겼으므로 3. 담당자 의견의 내용을 취합하여 겹치는 내용은 삭제하도록 합시다.

⑤ 부서별로 발생한 부적합 건수 및 내용이 이전 보고서에는 줄글로 나열되어 있었는데, 이를 보고서 작성법에 따라 표로 정리해 준 덕분에 한눈에 들어오네요.

13. 다음은 가구주의 연령별 유배우자 가구와 그중 맞벌이 가구 수를 나타낸 자료이다. 이를 바탕으로 만든 그래프로 옳지 않은 것은?

[가구주의 연령계층별 유배우자 가구 수 및 맞벌이 가구 수]

(단위: 천 가구)

구분	2015년		2016년		2017년		2018년	
	유배우자	맞벌이	유배우자	맞벌이	유배우자	맞벌이	유배우자	맞벌이
전체	12,139	5,358	12,190	5,545	12,224	5,456	12,245	5,675
15~29세	200	74	186	72	179	66	175	68
30~39세	2,137	930	2,081	950	2,015	954	1,939	968
40~49세	3,296	1,688	3,235	1,705	3,175	1,655	3,104	1,683
50~64세	4,437	2,140	4,539	2,262	4,604	2,240	4,677	2,360
65세 이상	2,069	526	2,149	556	2,251	542	2,350	596

※ 출처: KOSIS(통계청, 지역별고용조사)

① 연도별 가구주 연령이 15~29세인 맞벌이 가구 수

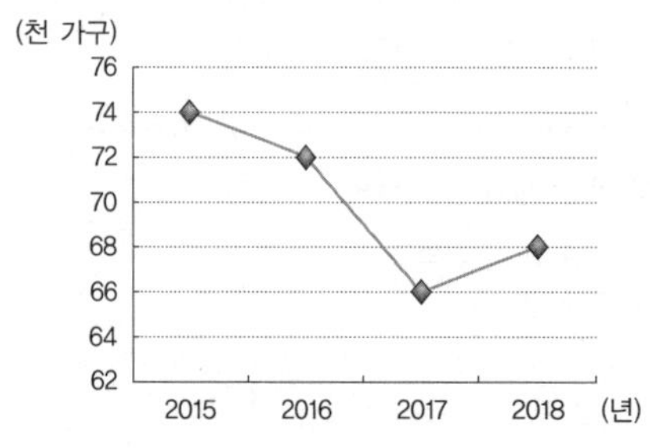

② 2017년 가구주의 연령계층별 유배우자 가구 수

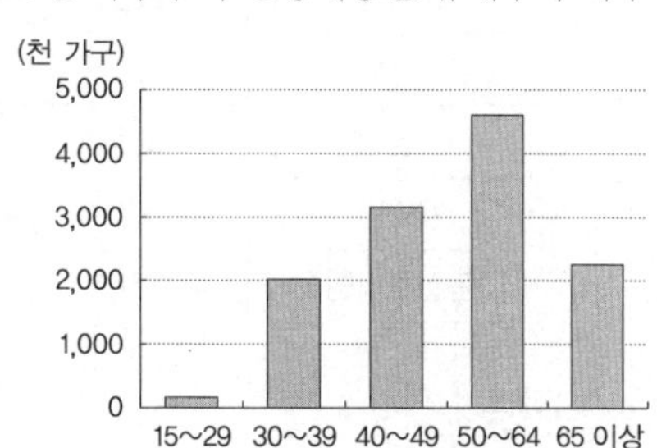

③ 2018년 가구주의 연령계층별 맞벌이 가구 수

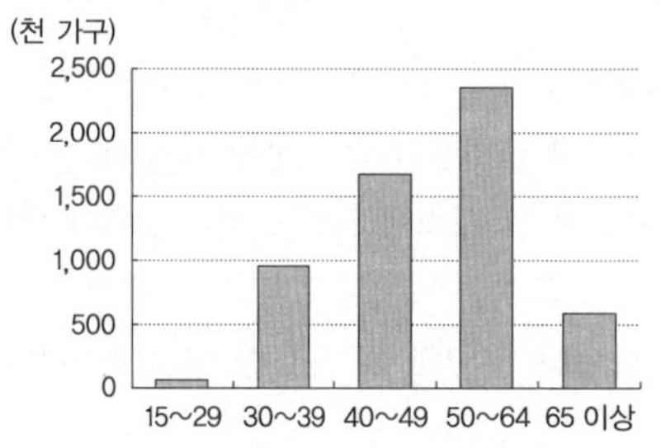

④ 연도별 가구주 연령이 50~64세인 유배우자 가구 수

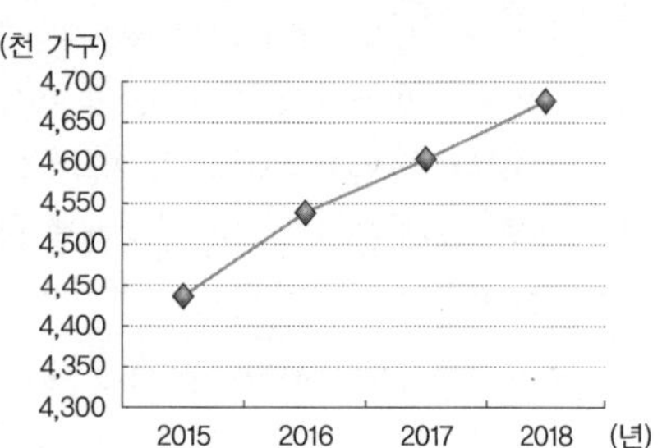

⑤ 연도별 가구주 연령이 30~49세인 유배우자 가구 수

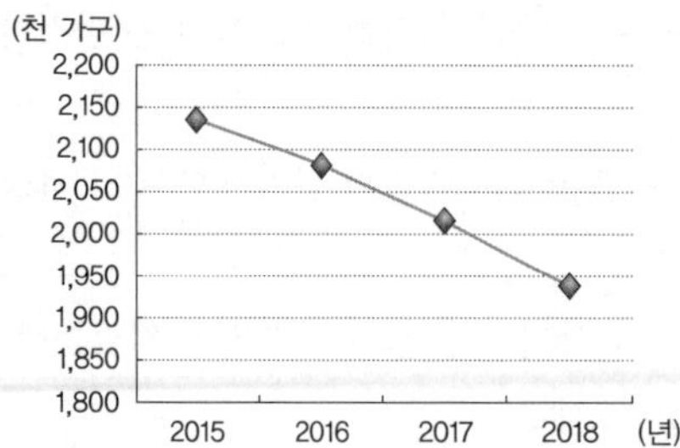

14. 다음은 수입되는 모든 식품의 검사 현황을 나타낸 자료이다. 2012~2018년 중 부적합건수가 전년 대비 가장 많이 감소한 해의 수입건수는 전년 대비 얼마나 증가하였는가?

[수입 식품의 검사 현황]

(단위: 건)

구분	2011년	2012년	2013년	2014년	2015년	2016년	2017년	2018년
수입건수	473,136	474,648	494,242	554,177	598,082	625,443	672,273	728,114
적합건수	471,024	472,704	492,800	552,935	596,685	624,193	670,994	726,636
부적합건수	2,112	1,944	1,442	1,242	1,397	1,250	1,279	1,478

※ 출처: KOSIS(식품의약품안전처, 수입식품현황)

① 1,512건　② 1,680건　③ 19,594건　④ 20,096건　⑤ 21,135건

15. 다음 글의 빈칸 ㉠~㉣에 들어갈 말을 순서대로 바르게 나열한 것은?

일반적으로 정보는 다음과 같은 절차에 따라 처리된다. 먼저 정보의 (㉠) 단계는 정보 활동의 가장 첫 순서로서 5W2H의 원칙을 고려해야 한다. 다음으로 정보의 (㉡) 단계는 다양한 정보원으로부터 목적에 부합하는 정보를 입수하는 것으로, 과거의 정보를 통해 미래를 예측하기 위해 이 단계를 수행한다. 정보를 입수한 뒤에는 다양한 형태의 정보를 자신에게 필요한 문제해결이나 결론 도출에 사용할 수 있는 형태로 바꾸는 정보의 (㉢) 단계를 거친다. 그뿐만 아니라 최신 정보기술에 대한 지식을 갖추거나 문제 해결에 필요한 정보를 선택하고 적용하는 능력 모두가 필요한 정보의 (㉣)단계를 통해 마무리된다.

① 관리 – 수집 – 변환 – 응용　② 관리 – 기획 – 응용 – 처리
③ 기획 – 관리 – 활용 – 변환　④ 기획 – 수집 – 관리 – 활용
⑤ 수집 – 분석 – 적용 – 예측

16. **다음은 수집한 정보를 적절한 시기에 활용하기 위해 고려해야 할 정보관리 원칙에 대한 설명이다. 다음 중 괄호 안에 들어갈 원칙을 순서대로 바르게 나열한 것은?**

> 여러 가지 방법과 갖은 노력을 통해 수집된 다양한 형태의 정보는 필요할 때 바로 활용할 수 있도록 문제해결이나 결론 도출에 사용하기 용이한 형태로 바꾸는 정보의 관리 단계가 필요하다. 정보를 관리할 때는 특히 다음에서 설명하는 바와 같은 세 가지 원칙을 고려해야 한다. 첫 번째 원칙은 (　　　)으로 정보를 어디에 사용하려고 하는지 그 의도를 명확히 설명할 수 있어야 한다. 두 번째 원칙은 (　　　)으로 정보를 이용할 때 쉽게 작업할 수 있도록 해야 한다. 마지막으로 세 번째 원칙은 (　　　)으로 정보를 즉시 사용할 수 있도록 관리해야 한다. 이와 같은 정보관리의 3원칙을 고려하여 정보를 차곡차곡 정리해 두어야 수집한 정보를 필요한 시점에 바로 활용할 수 있다.

① 목적성 − 유용성 − 용이성
② 목적성 − 용이성 − 유용성
③ 용이성 − 목적성 − 유용성
④ 용이성 − 유용성 − 목적성
⑤ 유용성 − 용이성 − 목적성

17. **다음 대화를 읽고 기술적 실패에 대한 설명이 가장 적절하지 않은 사람은?**

> **수지:** 혁신적인 기술능력을 갖춘 사람들은 성공과 실패의 경계를 유동적으로 만들어 실패의 영역에 있던 자신의 기술을 성공의 영역으로 끌어올릴 수 있어.
> **혜원:** 보통 사람들은 실패를 부정적인 것으로 보는데, 이는 올바른 태도가 아니야. 모든 실패는 기술자들이 성공을 위해 반드시 겪어야 하는 에디슨식 실패라고 볼 수 있기 때문이지.
> **보람:** 꼭 기술자들만이 실패를 경험하는 것은 아니지. 우리 모두 연구 개발 등 지식을 획득하는 과정에서 실패를 겪을 수 있어.
> **슬기:** 맞아. 가장 중요한 것은 실패하더라도 자신의 실패를 은폐하거나 과거의 실패를 되풀이하지 않도록 조심해야 한다는 거야.

① 수지　② 혜원　③ 보람　④ 슬기　⑤ 없음

18. 교육 담당자 A와 B가 신입사원들을 대상으로 업무수행에 필요한 기술능력을 향상시키기 위해 교육을 진행하려고 한다. 다음 중 A와 B의 말을 바탕으로 각자 계획한 교육 방법에 해당하는 것을 〈보기〉에서 골라 각각 바르게 연결한 것은?

- A: 이 교육 방법을 통해 신입사원들에게 앞으로 팀에서 각자 담당하게 될 직무와 직접적으로 관련 있는 기술능력에 대해 알려줄 계획입니다. 저는 관리자·감독자로서 그들이 업무수행 과정에서 기술능력을 향상시킬 수 있도록 책임감을 가지고, 상사나 선배로서 지도나 조언을 해주는 형태로 진행하려고 해요. 그럼 저와 신입사원 사이에 좀 더 친밀감이 생겨 신입사원들이 회사에 잘 적응하는 데 도움이 될 것 같아요. 그런데 약간 걱정되는 부분은 이 교육 방법을 성공적으로 수행하기 위해서는 제가 지도자로서 높은 자질을 갖추고 있어야 하고, 교육훈련 내용을 체계화해야 하기 때문에 교육 준비를 하는 데 보다 오랜 시간이 걸린다는 것이에요.
- B: 저는 다른 교육 방법을 계획 중인데, 신입사원이 처음 입사하여 회사에 적응하고 주어진 업무를 처리하는 데 정신이 없을 테니까 이 방법을 통해 신입사원이 업무 도중이 아닌 각자 원하는 시간과 장소를 선택하여 교육받을 수 있도록 하려고 합니다. 이 교육 방법은 신입사원 개개인의 요구에 맞추어 개별화가 가능하여 학습을 스스로 조절 및 통제할 수 있고, 사진, 텍스트, 소리, 동영상 등 다양한 미디어를 통한 학습이 가능해서 좋은 것 같아요. 그런데 기술교육의 경우 현장 중심의 실무 교육이 중요하므로 이 방법만으로 교육이 효과가 있을지 조금 더 검토가 필요할 것 같아요.

〈보기〉

㉠ 전문 연수원을 통한 기술과정 연수
㉡ E-Learning을 활용한 기술교육
㉢ 상급학교 진학을 통한 기술교육
㉣ OJT를 활용한 기술교육

① A－㉠, B－㉢　② A－㉠, B－㉡　③ A－㉢, B－㉣
④ A－㉣, B－㉠　⑤ A－㉣, B－㉡

19. 다음 중 자기개발 계획을 수립하는 전략으로 적절하지 않은 것을 모두 고르면?

> ㉠ 현재 자신의 직무에 도움이 되는 능력, 부족한 부분, 적성 등을 고려하여 자기개발 계획을 수립한다.
> ㉡ 직장 동료, 가족, 친구, 부하직원, 고객 등과의 인간관계를 발전시키는 것도 자기개발의 목표가 될 수 있다.
> ㉢ 장기목표와 단기목표를 나누어 수립하는 것이 좋으며, 장단기목표를 결정하는 기준은 중간에 바뀔 수 없으므로 신중히 결정한다.
> ㉣ 자기개발 목표를 설정해놓더라도 상황에 따라 달라질 수 있으므로 구체적이거나 명확하게 세우지 않는다.

① ㉠, ㉢　② ㉠, ㉣　③ ㉡, ㉢　④ ㉡, ㉣　⑤ ㉢, ㉣

20. 심리학자 조셉 러프트와 해리 잉햄이 개발한 자아인식 모델 '조해리의 창'을 통해 자신과 타인의 관점에서 네 가지 영역으로 구분된 자아를 파악할 수 있으며, 네 가지 영역으로 구분된 자아는 타인과의 관계 속에서 끊임없이 변화할 수 있다. 다음 '조해리의 창'의 ㉠~㉣에 대한 설명으로 가장 적절하지 않은 것은?

구분	내가 아는 나	내가 모르는 나
타인이 아는 나	㉠	㉡
타인이 모르는 나	㉢	㉣

① ㉠은 공개된 자아로, 굳이 노출하지 않아도 타인이 쉽게 알 수 있는 자신의 성별, 외모 등에 관한 정보를 말한다.
② ㉡은 눈먼 자아로, 상대방을 통해 스스로 몰랐던 자신에 대한 정보를 새롭게 알게 될 때 ㉡의 영역은 줄어들 수 있다.
③ ㉢은 충돌된 자아로, 타인이 인지하는 자신의 모습과 스스로 인지하는 자신의 모습이 서로 상충하는 자아 정보에 해당한다.
④ ㉣은 타인도 자신도 모르는 알 수 없는 내면으로, 대외적으로 쉽게 드러나지 않는 무의식의 세계에 존재하는 자아에 해당한다.
⑤ 다른 사람과의 상호작용을 통해 자신 또는 타인이 몰랐던 자아에 대한 정보가 드러나면 ㉡ 또는 ㉢의 범위가 줄어들고 ㉠의 범위가 증가할 수 있다.

21. 다음은 ○○공사 회의실 이용 안내에 대한 자료 중 일부이다. 다음 안내문을 읽고 난 후의 반응으로 가장 적절하지 않은 것은?

> **[회의실 이용 안내문]**
>
> 1. 회의실 이용 안내
>   1) 기본 임대 시간은 2시간이며, 1시간 단위로 연장 가능
>   2) 결제 완료 후 예약을 취소할 경우 취소 수수료 발생
>   - 이용일 기준 7일 이전: 취소 수수료 없음(전액 환불)
>   - 이용일 기준 6일~2일 이전: 취소 수수료 10%
>   - 이용일 기준 하루 전: 취소 수수료 100%(환불 없음)
>   3) 결제는 무통장 입금만 가능(* 계좌번호: 012-345-678910)
>   4) 회의실 내 음식물 반입 금지
>   5) 예약 시간 10분 전부터 입실 가능
>
> 2. 회의실 이용 안내

구분	사용 가능 인원	이용 안내					
		평일(월~금)		주말(토, 일)		추가 이용료	
		기본 시간	이용 요금	기본 시간	이용 요금	추가 시간	이용 요금
소회의실	최대 20명	2시간	100,000원	2시간	150,000원	1시간당	20,000원
대회의실	최대 40명		200,000원		300,000원		40,000원

> 3. 담당자 안내
>   1) 담당자명: 주득공(gainball@build.or.kr)
>   2) 전화번호: 098-746-1230
>   3) 팩스 번호: 098-746-1276
>   4) 이용 문의: 09:00~18:00(토, 일 제외)

① 오늘은 수요일인데, 이번 주 토요일로 예약한 회의실을 취소하면 환불이 불가능하다는 안내를 받겠네.

② 주말에 2시간 동안 진행할 신입사원 교육을 위해 대회의실을 예약해야 하는데 300,000원이나 필요하다고 하니 여긴 생각을 더 해 봐야겠어.

③ 목요일 오후 3시로 회의실 예약해 뒀으니 참석자 전원에게 회의실 지도와 함께 2시 50분부터 입장 가능하다는 안내 메시지를 보내야겠다.

④ 요즘 휴대전화를 이용해 어디서나 편하게 결제하곤 했는데, 회의실 이용 요금 결제를 무통장 입금으로만 할 수 있다는 게 조금 불편한 것 같아.

⑤ 간단한 음료는 반입이 가능한지 물어봐야 하는데, 이용 문의 시간을 고려해서 월요일 오후 5시쯤에 연락해 봐야겠구나.

22. 다음 글을 읽고 난 후의 귀하의 반응에 해당하는 문서이해 절차로 가장 적절한 것은?

> 국제 비정부기구인 세계자연기금 WWF(World Wide Fund for Nature)에서 주최하는 어스아워 캠페인은 각국에서 미리 약속된 시간으로부터 1시간 동안 불을 끄는 운동이다. 이는 2007년 호주 시드니에서 처음으로 실시한 이래로 매년 3월 마지막 주 토요일에 전 세계가 함께 참여하고 있으며, 환경보호와 기후변화에 대한 경각심을 일깨우는 상징적인 캠페인으로 볼 수 있다. 현재는 미국 타임스퀘어, 프랑스 에펠탑, 중국 만리장성, 우리나라의 남산타워 등 약 18,000여 개의 주요 랜드마크가 캠페인에 참여하고 있으며, 민간기업이나 일반 가정의 참여도 증가하는 추세다. 이처럼 어스아워 캠페인은 기후변화의 위기를 깨닫고 잠시 전등을 끄는 작은 실천을 통해 자연과 인간이 공존할 수 있음을 시사하며, 더욱 많은 사람의 참여를 유도해 환경을 위협하는 온실가스를 줄이고 지속 가능한 미래에 기여할 것으로 기대된다.

> 귀하: "다가오는 3월 마지막 주 토요일에 한 시간 동안은 내가 운영하는 패션 매장의 조명을 최대한 소등하는 것이 좋겠어."

① 문서의 목적을 이해한다.
② 문서가 작성된 배경과 주제를 파악한다.
③ 문서에 제시된 정보와 현안을 파악한다.
④ 문서를 통해 전달하고자 하는 상대방의 의도와 자신에게 요구되는 행동을 분석한다.
⑤ 문서에서 이해한 목적을 이루기 위해 자신이 취해야 할 행동을 결정한다.

23. 다음 명제가 모두 참일 때, 항상 참인 문장을 고르면?

> • 스키를 잘 타는 사람은 과학을 잘한다.
> • 스키를 잘 타지 못하는 사람은 독서를 좋아하지 않는다.
> • 과학을 잘하는 사람은 악기를 잘 다룬다.

① 독서를 좋아하는 사람은 과학을 잘하지 못한다.
② 악기를 잘 다루지 못하는 사람은 과학을 잘한다.
③ 스키를 잘 타는 사람은 악기를 잘 다루지 못한다.
④ 악기를 잘 다루지 못하는 사람은 독서를 좋아하지 않는다.
⑤ 과학을 잘하지 못하는 사람은 악기를 잘 다루지 못한다.

24. 네 사람의 중간고사 시험 점수 결과와 관련된 내용이다. 아래에 제시된 조건을 모두 고려하였을 때, 항상 참인 것은?

- 지호, 수정, 대윤, 보민 네 사람의 중간고사 평균 점수는 85점이다.
- 지호의 점수는 보민이보다 높으며, 지호의 점수와 동일한 사람은 한 명 있다.
- 수정이의 점수는 95점이며, 보민이의 점수는 평균보다 10점이 낮다.

① 지호의 점수는 평균 점수보다 낮다.
② 대윤이의 점수는 네 사람의 점수 중 가장 낮다.
③ 대윤이의 점수는 90점을 넘지 않는다.
④ 수정이의 점수는 두 번째로 높다.
⑤ 수정이의 점수는 지호와 10점 이상 차이 난다.

25. 총무 부서에서 근무하는 귀하는 사내 탕비실에 커피머신을 구비하기 위해 직원들의 요청사항을 취합하였다. 다음 요청사항을 모두 만족해야 할 때, 귀하가 구매해야 하는 제품으로 가장 적절한 것은?

요청사항 1: 소비전력 1300W 이하의 제품이어야 한다.
요청사항 2: 커피머신에 우유 스팀기가 부착된 제품이어야 한다.
요청사항 3: 캡슐 커피를 사용할 수 있는 제품이어야 한다.
요청사항 4: 커피머신을 배치할 수 있는 공간이 가로 25cm, 세로 20cm, 높이 45cm임을 고려한다.

구분	A-101	A-102	A-103	A-104	A-105
사용 방식	캡슐	원두	원두	캡슐	캡슐
조작 방법	전자동	반자동	전자동	반자동	전자동
부가 기능	• 우유 스팀기 • 컵 받침대	• 우유 스팀기	• 자동 세척 • 추출량 조절 • 컵 받침대	• 동시 2잔 추출 가능 • 우유 스팀기	• 컵 워머 • 자동 세척 • 우유 스팀기
소비전력	1300W	1260W	1320W	1350W	1300W
제품 크기 (가로 × 세로 × 높이)	25 × 25 × 43cm	27 × 20 × 40cm	25 × 20 × 45cm	25 × 20 × 43cm	24 × 17 × 45cm

① A-101　② A-102　③ A-103　④ A-104　⑤ A-105

26. ○○사의 사업전략 부서에서 근무하는 박 사원은 현재 시장성장률은 높고 시장점유율은 낮은 인공지능 사업을 철수해야 할지 계속 진행해야 할지 결정하기 위해 BCG 매트릭스를 참고하기로 하였다. 다음 중 BCG 매트릭스를 바탕으로 ○○사에서 추진하고 있는 인공지능 사업의 특징에 대한 설명으로 가장 적절한 것은?

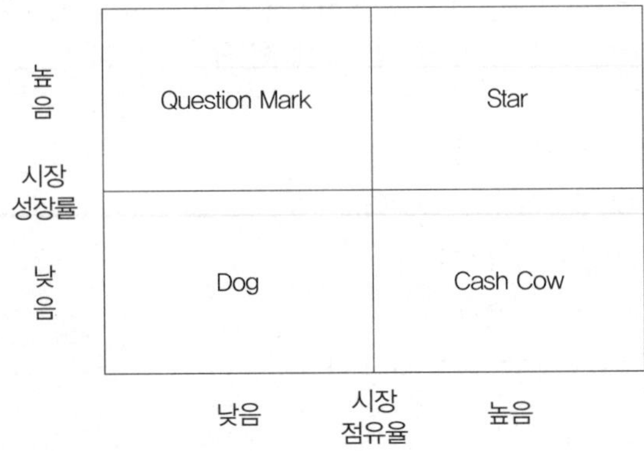

① 수익 창출의 핵심으로서 기존 투자만으로 점유율이 유지되는 자금의 원천사업이다.
② 기업의 행동에 따라 차후 사업의 영역이 결정되며 많은 투자금액이 필요한 사업이다.
③ 성장 가능성이 높은 유망사업으로 투자를 지속적이고 적극적으로 할 필요가 있는 사업이다.
④ 성장성과 수익성이 모두 없어 하루빨리 철수를 생각해야 하는 사업이다.
⑤ 이미 성장한 상태이기 때문에 새롭게 투자하기보다는 현 상황을 유지해야 하는 사업이다.

27. 기업의 조직구조는 환경변화에 대한 반응에 따라 기능적 조직구조와 사업별 조직구조로 나뉜다. 다음 중 기능적 조직구조와 사업별 조직구조의 특징을 바르게 분류한 것은?

> ㉠ 안정적인 환경, 일상적인 기술, 조직 내부의 효율성을 중요시한다.
> ㉡ 개별 제품 및 서비스나 주요 프로젝트에 따라 조직화된다.
> ㉢ 제품별, 지역별, 고객별 차이에 따른 적응이 신속하게 이루어진다.
> ㉣ 조직의 규모가 작을 때는 업무 내용의 유사성과 관련성을 결합하여 조직을 구성한다.
> ㉤ 분권화된 의사결정이 가능하다.

	기능적 조직구조	사업별 조직구조
①	㉠, ㉡	㉢, ㉣, ㉤
②	㉠, ㉣	㉡, ㉢, ㉤
③	㉡, ㉣	㉠, ㉢, ㉤
④	㉡, ㉤	㉠, ㉢, ㉣
⑤	㉢, ㉣	㉠, ㉡, ㉤

28. 다음 글을 읽고 금 대리가 속하는 멤버십 유형으로 가장 적절한 것은?

> L 사에서 4년째 근무 중인 금 대리는 주변 동료들로부터 모든 일에 부정적이며 고집이 세다는 평가를 받고 있다. 업무 관련 회의 시 자신의 불만을 토로한 적이 많으며 다소 냉소적인 태도로 임하기 때문이다. 동료들은 금 대리의 이러한 업무 태도가 입사한 지 중반 이후부터 나타나기 시작했다고 입 모아 이야기한다. 입사 초반 금 대리가 아이디어를 제시하면 당시 금 대리의 상사가 이를 무시하는 듯한 태도를 보였고, 금 대리의 아이디어로 업무가 진행되더라도 적절한 보상이 따르지 않아 이에 불만이 쌓였다고 보는 것이다. 금 대리 또한 이러한 업무 분위기는 자신에게 불공정하다고 느꼈고 그때부터 스스로 자립적인 사람이라 여기며 조직에 앙심을 품은 듯 의도적으로 반대 의견만 제시하고 있다.

① 소외형 ② 순응형 ③ 실무형 ④ 수동형 ⑤ 주도형

29. 다음 글을 읽고 ○○시가 주민들과의 갈등해결을 위해 시행하고 있는 윈-윈 갈등관리법의 단계로 가장 적절한 것은?

> ○○시는 작년부터 하루 평균 100t 이상을 처리할 수 있는 쓰레기 매립장 건설을 추진하고 있으나 주거 환경 피해를 우려하는 일부 주민들의 집단 반발에 공사 중지와 재개의 반복을 이어가다 지난달부터는 공사가 전면 중지되었다. 늘어가는 쓰레기를 매립할 곳이 없어 고민하던 ○○시는 갈등해결의 실마리를 찾기 위한 단계에 돌입하였다. 우선 주민들이 우려하고 있는 주거환경 피해에 대한 문제점을 이해하고 그에 따른 해결방법에 대해 생각해 보았음을 주민 대표 측에 전달하였다. 주민들이 시의 매립장 건설 요구를 수용한다면, 매립장 건설에 따른 지역경제 활성화를 위한 시설 유치와 생활환경 피해 최소화를 위한 방안에 대해 적극적으로 검토해 볼 방침이라는 의견을 보태었다. 이와 더불어 주민들이 시 측의 입장을 받아들이고 매립장 건설에 따른 절차에 협동적으로 임할 마음이 있는지에 대한 입장 전달을 기다리고 있다는 의사를 밝혔다.

① 1단계: 충실한 사전 준비
② 2단계: 긍정적인 접근 방식
③ 3단계: 두 사람의 입장을 명확히 하기
④ 4단계: 윈윈에 기초한 기준에 동의하기
⑤ 5단계: 몇 가지 해결책을 생각해내기

30. 다음은 죄종별 외국인 범죄 현황이다. 아래 제시된 조건을 모두 고려하였을 때, A와 C에 들어갈 항목을 순서대로 바르게 나열하면?

[죄종별 검거된 외국인 피의자 수]

(단위: 명)

구분	2015년	2016년	2017년	2018년
계	35,443	41,044	33,905	32,313
살인	93	108	103	82
A	118	77	63	51
강간	598	628	723	766
B	2,291	2,811	2,898	2,916
폭력	9,786	9,711	8,952	8,549
지능	3,781	3,767	3,538	3,846
C	852	578	763	692
교통	9,617	11,435	8,404	7,123
D	386	646	578	549
기타	7,921	11,283	7,883	7,739

※ 출처: KOSIS(경찰청, 경찰청범죄통계)

〈조건〉

㉠ A, B, C, D는 각각 도박, 절도, 강도, 마약 중 1개 죄종에 해당한다.
㉡ 강도와 도박 피의자 수의 합은 매년 600명 이상이다.
㉢ 2015년 전체 피의자 수 중에서 절도 피의자 수는 5% 이상을 차지한다.
㉣ 2016년 이후 도박과 마약 피의자 수의 전년 대비 증감 추이가 같은 해는 2018년뿐이다.

① 강도, 마약
② 강도, 도박
③ 마약, 도박
④ 마약, 강도
⑤ 도박, 절도

31. 김 팀장은 입사 후 처음으로 프레젠테이션을 하게 된 신입사원에게 성공적인 프레젠테이션 방법을 알려 주었다. 다음 중 김 팀장이 알려 준 방법으로 가장 적절하지 않은 것은?

① 여유 있는 마음으로 임하여 분위기가 너무 딱딱해지지 않도록 해 주세요.
② 정해진 시간을 어떻게 하면 효율적으로 분배할 수 있을지 내용을 적절히 구분해야 해요.
③ 능력을 확인받을 수 있는 자리이므로 되도록 자료에 전문용어를 많이 사용하여 준비해 오세요.
④ 어떤 것을 말하고자 하는지 설명을 명확하게 하여 주제가 분명하게 드러날 수 있도록 하는 게 중요해요.
⑤ 일방적으로 내용을 전달하는 역할뿐만 아니라 듣는 사람과 소통을 한다는 생각으로 임해 주셔야 해요.

32. 다음 글을 읽고 무선 다중접속 방식의 도입 배경에 나타난 문제점으로 가장 적절한 것은?

서울시가 2022년에 개통 예정인 도시철도 신림선에 국내 최초로 무선 다중접속 방식을 이용한 한국형 무선통신기반 열차제어 시스템을 도입한다고 밝혔다. 이로써 통신 오류를 최소화하고 안정적인 데이터 송수신을 통해 열차 운행의 효율성 제고를 기대할 수 있게 되었다.

무선 다중접속 방식이란 열차 한 대당 통신 반경 내 여러 개의 지상무선장치와 동시 접속하여 데이터를 송수신하는 1 대 N 접속 방식을 말한다. 기존에는 1 대 1 접속 방식을 사용하여 열차 이동 시 다음 지상무선장치에 접속하는 데 일정 시간이 필요해 통신이 끊길 경우 안전을 위해 열차가 정지할 수밖에 없었지만, 무선 다중접속 방식을 사용할 경우 데이터를 끊김 없이 송수신할 수 있어 열차 정지를 예방하고 열차 운행의 정확도도 높일 수 있다.

무선통신기반 열차제어 시스템은 승무원의 조작 없이도 열차와 지상의 무선장치 간 통신을 통해 열차를 원격으로 제어하는 시스템이다. 이 시스템은 예전부터 신분당선 등에 도입된 상태지만 모두 외국 기술로 구축되어 유지비용이 많이 들고 서로 다른 시스템의 혼용으로 호환성 측면에서 문제점이 있었다. 그러나 도시철도 운영기관과 연구기관 및 시스템 제작사 등이 협력하여 개발한 한국형 무선통신기반 열차제어 시스템은 표준화된 방식을 통해 열차 추돌 사고가 발생하지 않도록 열차를 가속 및 감속하여 자동으로 간격을 조절하거나 열차를 승강장 정위치에 정차하고 열차 문을 개폐할 수 있다.

한편, 신림선에는 무선 주파수 대역 2.4Hz와 5GHz를 동시에 사용하여 통신 오류를 최소화할 예정이다. 기존에는 2.4Hz 또는 5GHz 대역 중 하나만 사용하여 사용자가 집중되거나 특정 지역에서 주파수 혼잡이나 장애가 발생하여 통신 성능이 저하되는 일이 발생하였지만, 두 대역을 함께 사용하여 이를 개선하겠다는 방침이다.

① 열차마다 서로 다른 열차제어 시스템이 구축되어 있어 열차 시스템 간 호환성이 좋지 않았다.
② 열차 한 대당 하나의 지상무선장치와 접속할 때 통신이 끊길 경우 열차가 정차할 수밖에 없었다.
③ 열차 내 사용자가 집중된 경우 주파수 혼잡이 자주 발생하여 불편을 겪었다.
④ 외국 기술의 도입을 통해 구축된 열차제어 시스템의 유지 및 관리 비용이 많이 들었다.
⑤ 데이터를 끊김 없이 안정적으로 송수신함으로써 열차 운행의 정확도를 높일 수 있다.

33. 올해 입사 5년 차인 귀하는 다음 안내문을 읽고 가족 여행을 위해 휴양 리조트를 예약하기로 했다. 아래 제시된 조건을 모두 만족할 때, 휴양 리조트를 가장 저렴하게 이용할 수 있는 금액은?

[임직원 대상 휴양 리조트 예약 안내]

■ 목적: 임직원의 복지 및 여가 활동에 대한 편의를 제공하기 위함

■ 이용 요금

구분	라임 호텔 리조트		체리 비치 타워		젤리 타운 하우스	
	일반 객실	패밀리 룸	일반 객실	패밀리 룸	일반 객실	패밀리 룸
비성수기 (1~4월, 11~12월)	55,000원	100,000원	50,000원	85,000원	80,000원	130,000원
준성수기 1 (5~6월)	70,000원	120,000원	70,000원	100,000원	95,000원	155,000원
준성수기 2 (9~10월)	70,000원	110,000원	70,000원	100,000원	90,000원	150,000원
성수기 (7~8월)	90,000원	150,000원	85,000원	140,000원	110,000원	180,000원

※ 1박 기준 요금임

■ 할인 대상 및 할인율

구분	할인율
입사 3년 차 미만의 임직원	10% 할인
입사 5년 차 미만의 임직원	15% 할인
입사 5년 차 이상의 임직원	20% 할인

※ 할인율은 예약한 숙박일의 총 이용 요금에 적용 가능함

■ 이용 방법
- 자사의 임직원 대상 휴양 리조트 예약 홈페이지에서 이용 희망 날짜의 2주 전까지 예약 가능함
- 이용 금액은 이용 희망 날짜에 해당하는 다음 달 급여에서 공제됨

〈조건〉

- 귀하는 지난해 예약했던 체리 비치 타워를 제외한 휴양 리조트의 패밀리 룸을 예약한다.
- 귀하의 가족이 함께 여행 갈 수 있는 날짜는 9월이다.
- 귀하는 2박 3일의 여행을 계획하고 있다.

① 186,000원 ② 180,000원 ③ 176,000원 ④ 174,000원 ⑤ 168,000원

34. 다음 ○○공단의 채용 공고에서 요구하는 조건을 바르게 이해한 사람을 모두 고르면?

○○공단 신입직원 채용 공고		
필수자격	공통	• 학력, 성별, 연령 제한 없음(단, 정년에 해당하는 만 60세 미만인 자에 한함) • 채용 예정일(9월 1일)에 입사 가능한 자
	사무직	• 1개 이상의 공인 영어성적이 제시된 점수 기준 이상인 자 ※ 지원서 접수 마감일(5월 4일) 기준 최근 2년 이내의 성적만 인정함 ※ 공인 영어성적 점수 기준 ☆☆공인 영어: 750점, △△공인 영어: 600점, ◇◇공인 영어: 85점 이상
	기술직	• 국가기술자격법에 따른 '기사' 이상의 자격증 1개 이상을 보유한 자
우대사항		• 공단 근무 경력자, 관련 기술사 이상의 자격증을 보유한 자
직무능력	공통	• 인간 존중을 바탕으로 한 투명하고 청렴한 업무가 가능한 자 • 고객, 국민의 생명과 안전에 힘쓸 수 있는 자
	사무직	• 경영지원, 경영전략, 기업가치 평가지표 등 경영계획 수립에 필요한 지식 • 고객의 요구 분석 및 정보수집 방법 관련 지식 • 위기상황에 전략적·분석적으로 대응할 수 있는 능력 • 문서작성기술과 원활한 의사소통기술
	기술직	• 공정별 적용 기술에 대한 지식 • 환경 사고에 대한 대응능력 • 산업안전보건법에 대한 지식 • 환경 조사에 필요한 관련 자료 분석능력

민재: 내가 가진 공인 영어성적 점수가 5월 6일에 만료돼서 다행이야. 성적도 요구하는 점수 이상이라서 기술직 지원할 때 이 영어 성적을 제출하면 될 것 같아.

가은: 좋겠다, 나는 공단 근무 경험이 전혀 없어서 지원이 불가능해. 다음 채용을 노려봐야겠어.

도희: 이번에 지원하게 되면 학교 조별 과제였던 환경 조사 분석 발표자료를 참고하려고 해. 아마 사무 업무에 많은 도움이 될 거야.

종호: 난 최근에 기사 자격증을 딴 덕분에 이번에 기술직에 지원할 수 있게 되었어. 대신 산업안전보건법에 대해서는 전혀 공부하지 않아서 큰일이야.

은우: 다들 준비를 많이 했구나. 나는 예전에 고객의 요구를 분석하고 부서에서 필요한 정보를 수집했던 인턴 경험을 사무직 지원서에 잘 녹여내려고 해.

① 민재, 도희 ② 가은, 은우 ③ 종호, 은우
④ 가은, 도희, 종호 ⑤ 민재, 도희, 은우

35. ○○식품회사는 여름 특가 행사 마케팅을 위해 고객들에게 텀블러를 증정품으로 제공하고자 한다. 다음의 요구사항을 토대로 텀블러를 결정한다고 할 때, ○○식품회사가 구매할 수 있는 텀블러의 종류와 구매 개수를 바르게 연결한 것은?

[텀블러 종류별 정보]

텀블러 종류	용량	소재	무게
A 텀블러	580ml	스테인리스	180g
B 텀블러	500ml	폴리프로필렌(PP)	95g
C 텀블러	360ml	스테인리스	126g
D 텀블러	520ml	플라스틱	152g
E 텀블러	550ml	폴리프로필렌(PP)	110g

[텀블러 총 구매 비용]

(단위: 만 원)

텀블러 종류 \ 구매 개수	200개	300개	400개
A 텀블러	490	530	570
B 텀블러	430	530	590
C 텀블러	430	510	560
D 텀블러	300	400	500
E 텀블러	420	510	570

※ 텀블러 종류별 구매 단가는 총 구매 비용에 구매 개수를 나눈 값임

[○○식품회사의 요구사항]

1. **용량**: 500ml 이상
2. **소재**: 폴리프로필렌, 스테인리스
   ※ 플라스틱 소재는 착색 및 내구성 부분에 우려가 있어 구매하지 않음
3. **무게**: 150g 미만
4. **예산**: 520만 원
   ※ 예산 내에서 최대한 많은 수량을 구매함

① A 텀블러 – 200개 ② B 텀블러 – 200개 ③ C 텀블러 – 300개
④ D 텀블러 – 400개 ⑤ E 텀블러 – 300개

36. 다음은 시간계획의 기본 원리인 60:40 규칙이다. 빈칸에 들어갈 말로 가장 적절한 것은?

총시간		
계획된 행동 60%	계획 외의 행동 20%	(　　　　　) 20%

① 충동적 행동　② 자발적 행동　③ 습관적 행동　④ 합리적 행동　⑤ 성과적 행동

37. 다음 ㉠~㉢에 해당하는 벤치마킹의 주요 단계가 바르게 연결된 것은?

㉠ 성과차이에 대한 원인을 분석하고, 이를 바탕으로 새롭게 결정한 성과목표를 어떻게 달성할 수 있을지 앞으로의 계획을 설정한다.
㉡ 개선목표를 달성할 수 있는 사항을 지속적으로 관리하고, 개선 후에 변화된 내용과 개선 전에 변화를 예상한 내용을 비교한다.
㉢ 벤치마킹이 필요한 상세 분야를 정의하고, 벤치마킹을 수행할 수 있는 인력을 결정한다.

	㉠	㉡	㉢
①	범위 결정	성과차이 분석	측정범위 결정
②	개선계획 수립	변화 관리	범위 결정
③	성과차이 분석	측정범위 결정	변화 관리
④	측정범위 결정	범위 결정	대상 결정
⑤	벤치마킹	대상 결정	개선계획 수립

38. 다음 글의 빈칸에 들어갈 말로 가장 적절한 것은?

페어차일드의 연구원이었던 고든 무어는 1965년 컴퓨터 마이크로칩의 처리능력이 1년마다 2배로 늘어날 것이라 예측하였고, 이후 1975년에 24개월로 수정하며 자신의 이름을 딴 무어의 법칙을 제시하였다. 일각에서는 무어의 법칙의 주기를 18개월로 보기도 하였으나, 컴퓨터 마이크로칩의 성능은 시기별로 주기보다 빠르거나 늦어지며 약 30년간 무어의 예측대로 발전하였다. 그러나 반도체 시대가 시작되면서 반도체 메모리의 용량이 1년마다 2배씩 증가한다는 (　　　　　)이 제시되었다. 이는 반도체의 집적도가 2배로 증가하는 기간이 1년 정도로 단축되어 무어의 법칙을 뛰어넘고 있으며, 모바일 기기나 디지털 가전제품 등 PC 외의 분야에서 주도된다고 규정한다.

① 리드의 법칙　② 메트칼피의 법칙　③ 길더의 법칙
④ 황의 법칙　⑤ 카오의 법칙

39. 다음은 신제품 출시를 앞두고 있는 F 식품회사의 회의자료이다. 이를 참고하여 부서별로 주어진 업무를 진행한다고 할 때, ㉠~㉤에 해당하는 담당 부서가 바르게 연결된 것은?

회의 정보	
일시	20△△년 06월 19일(금) 14:00~15:00
장소	A 동 8층 A-2회의실
참석자	사 부장, 이 부장, 김 차장, 정 차장, 배 차장, 한 사원, 은 사원
회의록 작성자	은 사원

내용

• **배경**
신제품 판매를 극대화하여 매출을 향상하기 위함

• **결론**
부서별로 아래 신제품 출시 준비 업무 점검표를 확인하여 주어진 업무를 숙지하고, 신제품 출시에 차질이 없도록 제시된 완료일에 맞춰 업무 진행해 주기 바람

• **신제품 출시 준비 업무 점검**

	업무 내용	담당 부서	업무 완료일
1	신제품의 판매원가 검토 후 신제품 재고 조절	㉠	6/26(금)
2	국내외 출장 업무 지원 및 비용 청구서 정리	㉡	7/10(금)
3	신제품 중장기 사업계획 수정 및 최종안 보고	㉢	6/29(월)
4	신제품 프로모션 진행을 위한 추가 인력 수급계획서 작성	㉣	6/22(월)
5	신제품 출시 후 분기별 경영실적 변동 추이 파악 및 보고	㉤	7/17(금)

	㉠	㉡	㉢	㉣	㉤
①	회계부	영업부	기획부	인사부	총무부
②	회계부	영업부	기획부	총무부	인사부
③	인사부	기획부	회계부	총무부	영업부
④	영업부	총무부	회계부	인사부	기획부
⑤	영업부	총무부	기획부	인사부	회계부

40. 다음 글에 나타난 P 씨에게 부족한 능력으로 가장 적절한 것은?

무역관리팀에서 근무하는 P 씨는 수출을 진행하기 위해 새로운 거래 업체 바이어와 미팅을 진행하였다. 바이어는 P 씨가 제안한 것보다 더 빠듯한 일정과 낮은 가격의 물량 공급을 요구했고, P 씨는 업무 구조상 불가능하다고 설득에 나섰다. 그러나 바이어는 자신이 현재 거래하고 있는 타국 업체의 가격 정보를 보여주며 이보다 높은 가격으로는 거래할 수 없다고 주장하였다. 타국 업체의 가격 구조를 몰랐던 P 씨는 어쩔 수 없이 바이어의 제안을 받아들였고, 결국 회사에서는 무리한 물량 공급으로 인한 손실을 입게 되었다.

① 갑작스러운 환경변화에 대처할 수 있는 위기관리능력
② 자신의 의견을 정확히 전달할 수 있는 의사소통능력
③ 효율적인 경영 활동을 위한 자금운용능력
④ 수용을 통해 갈등 상황을 해결하는 갈등관리능력
⑤ 해외업체의 동향을 파악할 수 있는 국제감각능력

41. 다음 글의 서술상 특징으로 가장 적절하지 않은 것은?

최근 소비 시장의 트렌드로 자리 잡은 언택트(Untact) 소비는 접촉을 의미하는 'Contact'에 부정을 의미하는 'Un'을 붙여 접촉하지 않는 소비를 뜻하는 신조어로, 사람 대 사람과의 접촉을 최소화한 비대면 형태의 소비를 가리킨다. 전문가들은 언택트 소비의 주요 배경으로 4차 산업혁명의 도래와 현대인의 가치관 변화를 꼽는다. 먼저 4차 산업혁명의 디지털 기술 발전은 무인 단말기 키오스크를 이용한 주문·계산이나 인공지능 챗봇을 이용한 상담 등 사람과의 접촉이 필요 없는 비대면 서비스를 활성화하고 SNS를 통해 언제 어디서나 연결된 초연결사회를 구축하였다. 하지만 이러한 사회변화는 현대인들에게 비대면 서비스의 익숙함과 SNS 속 과잉 연결로 인한 피로감을 느끼게 하여 대면 접촉에 대한 기피 심리로 이어지게 되었다. 한 설문 조사 결과에 따르면 성인남녀 1,000명 중 약 86%가 점원의 도움이나 관심 없이 혼자 조용히 쇼핑하는 곳을 선호하는 것으로 밝혀져 많은 현대인이 언택트 소비를 지향하고 있음을 알 수 있다. 한편 소비자뿐만 아니라 기업들 또한 언택트 소비를 경제적 측면에서 긍정적으로 보는데, 이는 언택트 소비를 통한 인건비 또는 오프라인 매장 비용의 절감 효과를 기대할 수 있기 때문이다. 이에 따라 여러 업계에서 언택트 소비자를 사로잡을 수 있는 다양한 마케팅을 펼치면서 언택트 소비에 대한 관심이 지속될 것으로 보인다.

① 어원에 대한 유래를 밝히며 서술 대상을 정의하고 있다.
② 중심 개념에 대해 서로 대립하는 두 관점의 차이점을 비교하고 있다.
③ 특정 현상의 원인에 대한 설명을 통계자료를 통해 보충하고 있다.
④ 전문가들의 의견을 참고하여 설명하고 있다.
⑤ 핵심 개념에 대한 배경을 두 가지로 구분하고 있다.

42. 다음 제시된 문서의 종류에 대한 작성법으로 가장 적절하지 않은 것은?

문서분류	경영/기획
페이지 번호	1/1페이지
작성자	금난주
작성일자	20△△. 3. 12.

사업 시행목적	환경오염과 지구온난화와 같은 문제가 야기됨에 따라 기후 위기에서 벗어나기 위함
사업 기획방향	1. 우리나라 해역을 중심으로 지구물리탐사를 시행하여 가스하이드레이트가 매장되어 있을 것으로 추정되는 지역을 탐사함과 동시에 시추탐사 작업을 통해 매장 여부 확인 2. 탐사하며 얻은 정보를 바탕으로 가스하이드레이트를 안전하게 생산하기 위한 다양한 관련 분야의 연구 및 개발을 주도적으로 시행 3. 가스하이드레이트를 개발한 선진국들과 협력하여 공동연구 추진
사업 시행계획	1. 가스하이드레이트 탐사 추진 1) 지질·지화학적 탐사 2) 지구물리탐사 – 탄성파 탐사 – 물리검층 2. 가스하이드레이트 개발을 위한 생산 방법 연구 1) 감압법 2) 열수 주입법 3) 억제제 주입법 4) 기타 3. 세계의 가스하이드레이트 개발 동향 검토
사업 기대효과	1. 자연 상태에서의 고밀도 집적 에너지원 2. 기존 재래형 에너지원과의 차별성 3. 친환경적인 청정에너지원 4. 재래형 천연가스 탐사의 지시자 역할

① 문서를 제출하기 전에 충분히 검토하여 누락되는 내용 없이 완벽하게 작성하도록 한다.
② 전달하려는 핵심 메시지가 무엇인지 정확하게 도출되는가를 확인한다.
③ 내용을 시각화하여 표나 자료로 표현할 경우 관련 내용이 정확하게 반영되었는가를 확인한다.
④ 상대가 요구하는 바를 고려하기보다는 자신이 제안하고자 하는 내용에 집중하여 작성한다.
⑤ 문서를 작성할 때 참고하거나 인용한 자료의 출처가 정확하게 기재되어 있는지 확인한다.

[43-44] 다음은 사업체 규모별 근로시간 및 임금총액 현황을 나타낸 자료이다. 각 물음에 답하시오.

[사업체 규모별 근로시간 및 임금총액]

(단위: 시간, 천 원)

구분	2017년		2018년		2019년	
	근로시간	임금총액	근로시간	임금총액	근로시간	임금총액
1~4인	159.9	1,904	157.5	2,022	156.1	2,134
5~9인	161.9	2,559	159.3	2,699	157.8	2,821
10~29인	166.9	3,057	164.5	3,188	164.1	3,309
30~99인	173.3	3,398	170.1	3,535	168.9	3,684
100~299인	172.4	3,782	170.4	3,922	169.6	4,073
300인 이상	164.4	4,983	163.3	5,305	164.1	5,356

※ 출처: KOSIS(고용노동부, 사업체노동력조사)

43. 2019년에 근로시간과 임금총액이 모두 전년 대비 증가한 사업체 규모는?

① 5~9인 ② 10~29인 ③ 30~99인 ④ 100~299인 ⑤ 300인 이상

44. 2018년 사업체 규모별 임금총액의 전년 대비 증가 금액을 올바르게 계산한 것은?

① 1~4인: 108천 원

② 5~9인: 130천 원

③ 10~29인: 141천 원

④ 30~99인: 157천 원

⑤ 100~299인: 140천 원

45. H 의류 쇼핑몰은 최근 고객들의 문의사항이 많이 유입되어 이러한 상황이 발생하게 된 원인 분석을 통해 해결방안을 마련하고자 다음과 같은 도식을 그렸다. 이러한 도식의 형태를 A라고 할 때, A에 대한 설명으로 가장 적절하지 않은 것은?

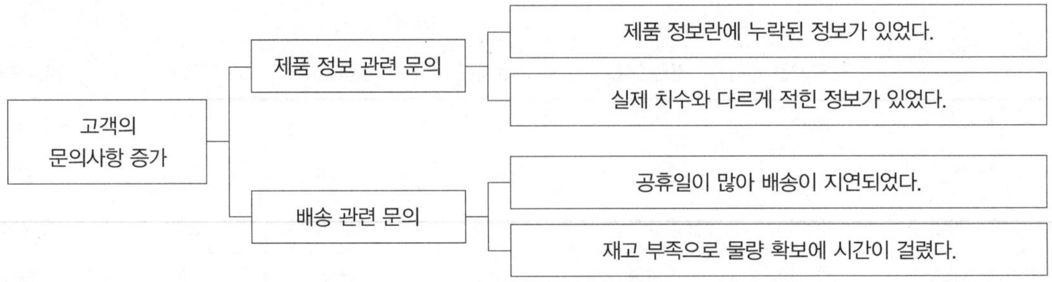

① 문제의 원인을 깊게 분석하거나 해결책을 구체화하기 위해 활용하는 방법이다.
② 해결하려는 주요 과제를 나무 모양으로 분해하고, 정리하는 방식으로 작성한다.
③ 전체 과제를 명확히 해야 하는 점을 주의해야 한다.
④ 분해해가는 가지의 수준을 맞추어야 한다.
⑤ 중복된 원인이라고 하더라도 도출할 수 있는 원인은 모두 적는다.

46. 다음 글의 빈칸에 들어갈 용어로 가장 적절한 것은?

> 통신망은 접근성에 따라 누구나 자유로운 접근이 가능한 공중망과 특정 사용자로 접근이 제한된 사설망으로 구분된다. 많은 기업이 사내 업무 정보의 공유와 보안을 위해서 사설망을 선택하는데, 통신업체로부터 전용회선을 임대하는 방식으로 구축한 사설망은 통신 요금이 비싸고 운영 및 관리가 까다롭다는 단점이 있다. 이를 보완하기 위해 등장한 것이 바로 인터넷과 같은 공중망을 사내에서 구축한 사설망과 같이 사용할 수 있는 (　　　), 즉 가설 사설망이다. 재택근무자 또는 먼 곳으로 출장 중인 직원이 기업의 통신망을 이용할 때 이를 활용할 경우 별도의 장치가 필요하지 않아 손쉽게 접근할 수 있고 기존 사설망 연결보다 비용이 절감되는 효과를 누릴 수 있다.

① DNS　　② LAN　　③ SSL　　④ VPN　　⑤ WAN

47. 귀하는 컴퓨터 학원에서 컴퓨터활용능력 자격증 취득 준비반을 담당하는 강사이다. 엑셀의 주요 단축키에 대한 수업을 마친 후 T에게 퀴즈를 내 정답을 맞힌 문제 수대로 사탕을 주기로 하였을 때, 귀하가 T에게 줄 사탕의 개수는?

[엑셀의 주요 단축키 Test]

문제	T가 제출한 답안
1. 셀 포인터가 위치한 세로 열 전체 선택	Ctrl + Space Bar
2. 다음 통합문서로 이동	Ctrl + F5
3. 셀 포인터를 [A1] 셀로 이동	Ctrl + Home
4. 다른 이름으로 저장	Alt + F2
5. 데이터 메뉴	Alt + F4
6. 셀 포인터가 위치한 행 전체 선택	Shift + Space Bar
7. 잘라내기	Shift + Delete
8. 함수식 범위 지정 시 절대 참조	F4
9. 도움말	F1
10. 선택한 셀의 삭제 방식을 묻는 대화상자 표시	Ctrl + Delete

① 6개 ② 7개 ③ 8개 ④ 9개 ⑤ 10개

48. 다음은 여러 정보를 상호 관련 지어 새로운 정보를 생성해내는 활동을 하는 정보분석 절차를 순서대로 나타낸 그림이다. 이때, 새로운 정보를 생성해내기 위해 필요한 기존자료 조사와 신규자료 조사를 진행하는 시기로 가장 적절한 것은?

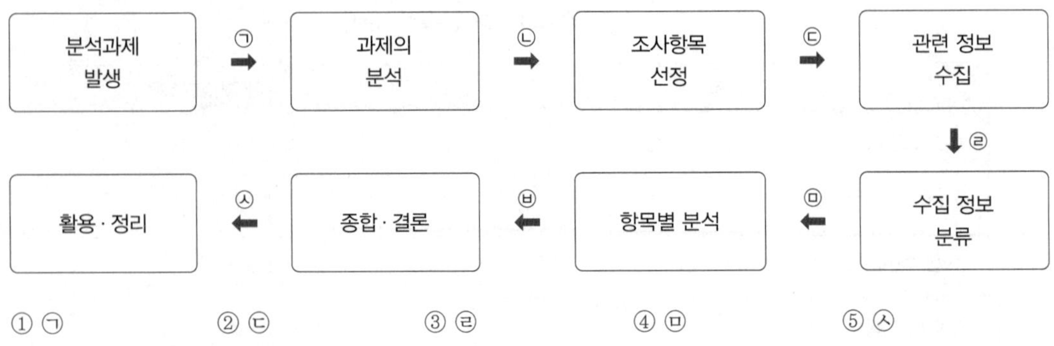

① ㉠ ② ㉢ ③ ㉣ ④ ㉤ ⑤ ㉦

49. 다음 현 씨와 같은 사례가 발생하지 않기 위해 지녀야 할 윤리 자세로 가장 적절한 것은?

> 은행 창구 직원인 현 씨는 요즘 예상치 못한 지출로 인해 생활고를 겪고 있다. 부모님의 병원비와 두 동생의 학비를 홀로 책임지며 경제적 어려움을 겪고 있던 현 씨는 인터넷 개인정보 업체 직원 김 씨로부터 개인정보를 넘겨주는 대가로 현금을 입금해 준다는 제안을 받았다. 재정적으로 힘든 날들을 보내던 현 씨는 결국 김 씨에게 고객의 개인정보를 넘겨주었고, 한 달 후 현 씨는 은행에 발각되지 않도록 조심하라는 메시지와 함께 현금 오백만 원을 받았다. 현 씨는 큰 죄책감을 느꼈지만, 자신만 바라보고 있는 가족의 어려움을 외면하지 못했고 결국 매달 고객들의 개인정보를 넘겨준다면 이전 달 입금한 금액에서 5%씩 추가한 금액을 입금해 주겠다는 김 씨의 제안을 수락하고 말았다.

① 수많은 사람이 관련되어 고도화된 공동의 협력을 요구하므로 맡은 역할은 끝까지 책임지고 완수해야 한다.

② 규모가 큰 공동의 재산, 정보 등을 개인의 권한으로 위임, 관리하는 자로서 높은 윤리의식을 갖춰야 한다.

③ 직장이라는 특수한 상황에서 맺어지는 집단적 인간관계는 가족관계, 개인적 선호에 의한 친분관계와는 다른 측면의 배려를 해야 한다.

④ 조직원은 자신의 역할과 능력이 경쟁 상황에서 적절하게 발휘될 수 있도록 경쟁력 향상을 위한 노력을 꾸준히 해야 한다.

⑤ 업무상 개인의 판단과 행동이 사회적 영향력이 큰 기업 시스템을 통하여 다수의 이해 관계자에게 영향을 미친다는 사실을 간과해서는 안 된다.

50. 다음은 근로기준법 제76조 내용의 일부일 때, 이에 해당하지 않는 사례는?

> 제76조의2(직장 내 괴롭힘의 금지) 사용자 또는 근로자는 직장에서의 지위 또는 관계 등의 우위를 이용하여 업무상 적정범위를 넘어 다른 근로자에게 신체적·정신적 고통을 주거나 근무환경을 악화시키는 행위를 하여서는 아니 된다.

① 과자 공장에서 관리과장에게 일을 배우던 A 씨는 상급자의 커피 심부름을 거절했다는 이유로 심한 폭언과 같은 협박을 당하였다. 또한 실수할 때마다 월급에서 만 원씩 차감하여 지급한다며 압박하였고, 실제로 A 씨의 월급 정산을 담당하던 관리과장은 A 씨에게 총월급에서 30만 원이 차감된 액수를 지급하였다.

② 6개월간의 육아휴직 후 복직한 B 씨는 기존 소속과 다른 부서로 발령받았다. 그곳에서 B 씨의 상사는 B 씨에게 일을 그만두라며 압박하였고, B 씨가 이를 거절하자 B 씨를 업무에서 제외하였다. 결국 B 씨는 수면제 없이는 밤잠을 이룰 수 없는 극심한 우울증을 앓게 되었다.

③ ○○기업 기획 보고 담당인 C 씨는 팀장님에게 제출한 보고서를 계속해서 수정하느라 스트레스를 받고 있다. 신제품 출시를 앞두고 C 씨는 팀장님에게 제품 디자인 방향에 대해 보고하였지만, 팀장님은 내용이 미흡하다는 이유로 C 씨에게 내용 보완을 요구하고 있다.

④ 기존보다 하향 조정된 연봉 조건으로 재계약을 강요받은 D 씨가 연봉 협상을 강력히 요구하자 회사는 사무실의 비밀번호와 D 씨의 개인 컴퓨터 비밀번호를 일방적으로 변경해 D 씨가 업무를 할 수 없는 상황을 조성하였으며, 업무용 메신저에서 D 씨만 제외하고 회사의 공지사항을 전달하는 등 노골적으로 따돌렸다. 견딜 수 없는 스트레스로 인해 힘들어하던 D 씨는 회사를 그만두었다.

⑤ 얼마 전 대학원에 입학한 E 씨의 상사는 업무로 바쁜 E 씨에게 대학원 졸업 요건을 채우기 위한 박사학위 논문 작성을 지시하였고, 이를 기간 내에 해결하지 못할 때는 보이지 않는 곳으로 불러 폭행하였다. 따라서 E 씨는 집에 가서도 일하는 시간이 많아졌고, 과중한 업무로 인해 쓰러지는 일이 잦아졌다.

약점 보완 해설집 p.92

해커스공기업 NCS 모듈형 통합 기본서 이론 + 실전모의고사

회독용 OMR 답안지

답안지 활용 방법

1. 회독 차수에 따라 본 답안지에 문제 풀이를 진행하시기 바랍니다.
2. 채점 시 O, X, △로 구분하여 채점하시기 바랍니다.
(O: 맞은 문제, X: 틀린 문제, △: 풀지 못했거나 찍었는데 맞은 문제)

회독 차수: 진행 날짜:

실전모의고사 1회

1	① ② ③ ④ ⑤	11	① ② ③ ④ ⑤	21	① ② ③ ④ ⑤	31	① ② ③ ④ ⑤	41	① ② ③ ④ ⑤
2	① ② ③ ④ ⑤	12	① ② ③ ④ ⑤	22	① ② ③ ④ ⑤	32	① ② ③ ④ ⑤	42	① ② ③ ④ ⑤
3	① ② ③ ④ ⑤	13	① ② ③ ④ ⑤	23	① ② ③ ④ ⑤	33	① ② ③ ④ ⑤	43	① ② ③ ④ ⑤
4	① ② ③ ④ ⑤	14	① ② ③ ④ ⑤	24	① ② ③ ④ ⑤	34	① ② ③ ④ ⑤	44	① ② ③ ④ ⑤
5	① ② ③ ④ ⑤	15	① ② ③ ④ ⑤	25	① ② ③ ④ ⑤	35	① ② ③ ④ ⑤	45	① ② ③ ④ ⑤
6	① ② ③ ④ ⑤	16	① ② ③ ④ ⑤	26	① ② ③ ④ ⑤	36	① ② ③ ④ ⑤	46	① ② ③ ④ ⑤
7	① ② ③ ④ ⑤	17	① ② ③ ④ ⑤	27	① ② ③ ④ ⑤	37	① ② ③ ④ ⑤	47	① ② ③ ④ ⑤
8	① ② ③ ④ ⑤	18	① ② ③ ④ ⑤	28	① ② ③ ④ ⑤	38	① ② ③ ④ ⑤	48	① ② ③ ④ ⑤
9	① ② ③ ④ ⑤	19	① ② ③ ④ ⑤	29	① ② ③ ④ ⑤	39	① ② ③ ④ ⑤	49	① ② ③ ④ ⑤
10	① ② ③ ④ ⑤	20	① ② ③ ④ ⑤	30	① ② ③ ④ ⑤	40	① ② ③ ④ ⑤	50	① ② ③ ④ ⑤

맞힌 개수 / 전체 개수 : _____ / 50 O: _____개, X: _____개, △: _____개

실전모의고사 2회

1	① ② ③ ④ ⑤	11	① ② ③ ④ ⑤	21	① ② ③ ④ ⑤	31	① ② ③ ④ ⑤	41	① ② ③ ④ ⑤
2	① ② ③ ④ ⑤	12	① ② ③ ④ ⑤	22	① ② ③ ④ ⑤	32	① ② ③ ④ ⑤	42	① ② ③ ④ ⑤
3	① ② ③ ④ ⑤	13	① ② ③ ④ ⑤	23	① ② ③ ④ ⑤	33	① ② ③ ④ ⑤	43	① ② ③ ④ ⑤
4	① ② ③ ④ ⑤	14	① ② ③ ④ ⑤	24	① ② ③ ④ ⑤	34	① ② ③ ④ ⑤	44	① ② ③ ④ ⑤
5	① ② ③ ④ ⑤	15	① ② ③ ④ ⑤	25	① ② ③ ④ ⑤	35	① ② ③ ④ ⑤	45	① ② ③ ④ ⑤
6	① ② ③ ④ ⑤	16	① ② ③ ④ ⑤	26	① ② ③ ④ ⑤	36	① ② ③ ④ ⑤	46	① ② ③ ④ ⑤
7	① ② ③ ④ ⑤	17	① ② ③ ④ ⑤	27	① ② ③ ④ ⑤	37	① ② ③ ④ ⑤	47	① ② ③ ④ ⑤
8	① ② ③ ④ ⑤	18	① ② ③ ④ ⑤	28	① ② ③ ④ ⑤	38	① ② ③ ④ ⑤	48	① ② ③ ④ ⑤
9	① ② ③ ④ ⑤	19	① ② ③ ④ ⑤	29	① ② ③ ④ ⑤	39	① ② ③ ④ ⑤	49	① ② ③ ④ ⑤
10	① ② ③ ④ ⑤	20	① ② ③ ④ ⑤	30	① ② ③ ④ ⑤	40	① ② ③ ④ ⑤	50	① ② ③ ④ ⑤

맞힌 개수 / 전체 개수 : _____ / 50 O: _____개, X: _____개, △: _____개

실전모의고사 3회

1	① ② ③ ④ ⑤	11	① ② ③ ④ ⑤	21	① ② ③ ④ ⑤	31	① ② ③ ④ ⑤	41	① ② ③ ④ ⑤
2	① ② ③ ④ ⑤	12	① ② ③ ④ ⑤	22	① ② ③ ④ ⑤	32	① ② ③ ④ ⑤	42	① ② ③ ④ ⑤
3	① ② ③ ④ ⑤	13	① ② ③ ④ ⑤	23	① ② ③ ④ ⑤	33	① ② ③ ④ ⑤	43	① ② ③ ④ ⑤
4	① ② ③ ④ ⑤	14	① ② ③ ④ ⑤	24	① ② ③ ④ ⑤	34	① ② ③ ④ ⑤	44	① ② ③ ④ ⑤
5	① ② ③ ④ ⑤	15	① ② ③ ④ ⑤	25	① ② ③ ④ ⑤	35	① ② ③ ④ ⑤	45	① ② ③ ④ ⑤
6	① ② ③ ④ ⑤	16	① ② ③ ④ ⑤	26	① ② ③ ④ ⑤	36	① ② ③ ④ ⑤	46	① ② ③ ④ ⑤
7	① ② ③ ④ ⑤	17	① ② ③ ④ ⑤	27	① ② ③ ④ ⑤	37	① ② ③ ④ ⑤	47	① ② ③ ④ ⑤
8	① ② ③ ④ ⑤	18	① ② ③ ④ ⑤	28	① ② ③ ④ ⑤	38	① ② ③ ④ ⑤	48	① ② ③ ④ ⑤
9	① ② ③ ④ ⑤	19	① ② ③ ④ ⑤	29	① ② ③ ④ ⑤	39	① ② ③ ④ ⑤	49	① ② ③ ④ ⑤
10	① ② ③ ④ ⑤	20	① ② ③ ④ ⑤	30	① ② ③ ④ ⑤	40	① ② ③ ④ ⑤	50	① ② ③ ④ ⑤

맞힌 개수 / 전체 개수 : _____ / 50 O: _____개, X: _____개, △: _____개

자르는 선

회독용 OMR 답안지

답안지 활용 방법

1. 회독 차수에 따라 본 답안지에 문제 풀이를 진행하시기 바랍니다.
2. 채점 시 O, X, △로 구분하여 채점하시기 바랍니다.
(O: 맞은 문제, X: 틀린 문제, △: 풀지 못했거나 찍었는데 맞은 문제)

회독 차수:　　　　　　진행 날짜:

실전모의고사 4회

1	① ② ③ ④ ⑤	11	① ② ③ ④ ⑤	21	① ② ③ ④ ⑤	31	① ② ③ ④ ⑤	41	① ② ③ ④ ⑤
2	① ② ③ ④ ⑤	12	① ② ③ ④ ⑤	22	① ② ③ ④ ⑤	32	① ② ③ ④ ⑤	42	① ② ③ ④ ⑤
3	① ② ③ ④ ⑤	13	① ② ③ ④ ⑤	23	① ② ③ ④ ⑤	33	① ② ③ ④ ⑤	43	① ② ③ ④ ⑤
4	① ② ③ ④ ⑤	14	① ② ③ ④ ⑤	24	① ② ③ ④ ⑤	34	① ② ③ ④ ⑤	44	① ② ③ ④ ⑤
5	① ② ③ ④ ⑤	15	① ② ③ ④ ⑤	25	① ② ③ ④ ⑤	35	① ② ③ ④ ⑤	45	① ② ③ ④ ⑤
6	① ② ③ ④ ⑤	16	① ② ③ ④ ⑤	26	① ② ③ ④ ⑤	36	① ② ③ ④ ⑤	46	① ② ③ ④ ⑤
7	① ② ③ ④ ⑤	17	① ② ③ ④ ⑤	27	① ② ③ ④ ⑤	37	① ② ③ ④ ⑤	47	① ② ③ ④ ⑤
8	① ② ③ ④ ⑤	18	① ② ③ ④ ⑤	28	① ② ③ ④ ⑤	38	① ② ③ ④ ⑤	48	① ② ③ ④ ⑤
9	① ② ③ ④ ⑤	19	① ② ③ ④ ⑤	29	① ② ③ ④ ⑤	39	① ② ③ ④ ⑤	49	① ② ③ ④ ⑤
10	① ② ③ ④ ⑤	20	① ② ③ ④ ⑤	30	① ② ③ ④ ⑤	40	① ② ③ ④ ⑤	50	① ② ③ ④ ⑤

맞힌 개수 / 전체 개수 : _____ / 50　　O: _____개, X: _____개, △: _____개

실전모의고사 5회

1	① ② ③ ④ ⑤	11	① ② ③ ④ ⑤	21	① ② ③ ④ ⑤	31	① ② ③ ④ ⑤	41	① ② ③ ④ ⑤
2	① ② ③ ④ ⑤	12	① ② ③ ④ ⑤	22	① ② ③ ④ ⑤	32	① ② ③ ④ ⑤	42	① ② ③ ④ ⑤
3	① ② ③ ④ ⑤	13	① ② ③ ④ ⑤	23	① ② ③ ④ ⑤	33	① ② ③ ④ ⑤	43	① ② ③ ④ ⑤
4	① ② ③ ④ ⑤	14	① ② ③ ④ ⑤	24	① ② ③ ④ ⑤	34	① ② ③ ④ ⑤	44	① ② ③ ④ ⑤
5	① ② ③ ④ ⑤	15	① ② ③ ④ ⑤	25	① ② ③ ④ ⑤	35	① ② ③ ④ ⑤	45	① ② ③ ④ ⑤
6	① ② ③ ④ ⑤	16	① ② ③ ④ ⑤	26	① ② ③ ④ ⑤	36	① ② ③ ④ ⑤	46	① ② ③ ④ ⑤
7	① ② ③ ④ ⑤	17	① ② ③ ④ ⑤	27	① ② ③ ④ ⑤	37	① ② ③ ④ ⑤	47	① ② ③ ④ ⑤
8	① ② ③ ④ ⑤	18	① ② ③ ④ ⑤	28	① ② ③ ④ ⑤	38	① ② ③ ④ ⑤	48	① ② ③ ④ ⑤
9	① ② ③ ④ ⑤	19	① ② ③ ④ ⑤	29	① ② ③ ④ ⑤	39	① ② ③ ④ ⑤	49	① ② ③ ④ ⑤
10	① ② ③ ④ ⑤	20	① ② ③ ④ ⑤	30	① ② ③ ④ ⑤	40	① ② ③ ④ ⑤	50	① ② ③ ④ ⑤

맞힌 개수 / 전체 개수 : _____ / 50　　O: _____개, X: _____개, △: _____개

실전모의고사 6회

1	① ② ③ ④ ⑤	11	① ② ③ ④ ⑤	21	① ② ③ ④ ⑤	31	① ② ③ ④ ⑤	41	① ② ③ ④ ⑤
2	① ② ③ ④ ⑤	12	① ② ③ ④ ⑤	22	① ② ③ ④ ⑤	32	① ② ③ ④ ⑤	42	① ② ③ ④ ⑤
3	① ② ③ ④ ⑤	13	① ② ③ ④ ⑤	23	① ② ③ ④ ⑤	33	① ② ③ ④ ⑤	43	① ② ③ ④ ⑤
4	① ② ③ ④ ⑤	14	① ② ③ ④ ⑤	24	① ② ③ ④ ⑤	34	① ② ③ ④ ⑤	44	① ② ③ ④ ⑤
5	① ② ③ ④ ⑤	15	① ② ③ ④ ⑤	25	① ② ③ ④ ⑤	35	① ② ③ ④ ⑤	45	① ② ③ ④ ⑤
6	① ② ③ ④ ⑤	16	① ② ③ ④ ⑤	26	① ② ③ ④ ⑤	36	① ② ③ ④ ⑤	46	① ② ③ ④ ⑤
7	① ② ③ ④ ⑤	17	① ② ③ ④ ⑤	27	① ② ③ ④ ⑤	37	① ② ③ ④ ⑤	47	① ② ③ ④ ⑤
8	① ② ③ ④ ⑤	18	① ② ③ ④ ⑤	28	① ② ③ ④ ⑤	38	① ② ③ ④ ⑤	48	① ② ③ ④ ⑤
9	① ② ③ ④ ⑤	19	① ② ③ ④ ⑤	29	① ② ③ ④ ⑤	39	① ② ③ ④ ⑤	49	① ② ③ ④ ⑤
10	① ② ③ ④ ⑤	20	① ② ③ ④ ⑤	30	① ② ③ ④ ⑤	40	① ② ③ ④ ⑤	50	① ② ③ ④ ⑤

맞힌 개수 / 전체 개수 : _____ / 50　　O: _____개, X: _____개, △: _____개

자르는 선

회독용 OMR 답안지

답안지 활용 방법

1. 회독 차수에 따라 본 답안지에 문제 풀이를 진행하시기 바랍니다.
2. 채점 시 O, X, △로 구분하여 채점하시기 바랍니다.
(O: 맞은 문제, X: 틀린 문제, △: 풀지 못했거나 찍었는데 맞은 문제)

회독 차수: 진행 날짜:

실전모의고사 1회

번호	답	번호	답	번호	답	번호	답	번호	답
1	① ② ③ ④ ⑤	11	① ② ③ ④ ⑤	21	① ② ③ ④ ⑤	31	① ② ③ ④ ⑤	41	① ② ③ ④ ⑤
2	① ② ③ ④ ⑤	12	① ② ③ ④ ⑤	22	① ② ③ ④ ⑤	32	① ② ③ ④ ⑤	42	① ② ③ ④ ⑤
3	① ② ③ ④ ⑤	13	① ② ③ ④ ⑤	23	① ② ③ ④ ⑤	33	① ② ③ ④ ⑤	43	① ② ③ ④ ⑤
4	① ② ③ ④ ⑤	14	① ② ③ ④ ⑤	24	① ② ③ ④ ⑤	34	① ② ③ ④ ⑤	44	① ② ③ ④ ⑤
5	① ② ③ ④ ⑤	15	① ② ③ ④ ⑤	25	① ② ③ ④ ⑤	35	① ② ③ ④ ⑤	45	① ② ③ ④ ⑤
6	① ② ③ ④ ⑤	16	① ② ③ ④ ⑤	26	① ② ③ ④ ⑤	36	① ② ③ ④ ⑤	46	① ② ③ ④ ⑤
7	① ② ③ ④ ⑤	17	① ② ③ ④ ⑤	27	① ② ③ ④ ⑤	37	① ② ③ ④ ⑤	47	① ② ③ ④ ⑤
8	① ② ③ ④ ⑤	18	① ② ③ ④ ⑤	28	① ② ③ ④ ⑤	38	① ② ③ ④ ⑤	48	① ② ③ ④ ⑤
9	① ② ③ ④ ⑤	19	① ② ③ ④ ⑤	29	① ② ③ ④ ⑤	39	① ② ③ ④ ⑤	49	① ② ③ ④ ⑤
10	① ② ③ ④ ⑤	20	① ② ③ ④ ⑤	30	① ② ③ ④ ⑤	40	① ② ③ ④ ⑤	50	① ② ③ ④ ⑤

맞힌 개수 / 전체 개수 : _____ / 50 O: _____개, X: _____개, △: _____개

실전모의고사 2회

번호	답	번호	답	번호	답	번호	답	번호	답
1	① ② ③ ④ ⑤	11	① ② ③ ④ ⑤	21	① ② ③ ④ ⑤	31	① ② ③ ④ ⑤	41	① ② ③ ④ ⑤
2	① ② ③ ④ ⑤	12	① ② ③ ④ ⑤	22	① ② ③ ④ ⑤	32	① ② ③ ④ ⑤	42	① ② ③ ④ ⑤
3	① ② ③ ④ ⑤	13	① ② ③ ④ ⑤	23	① ② ③ ④ ⑤	33	① ② ③ ④ ⑤	43	① ② ③ ④ ⑤
4	① ② ③ ④ ⑤	14	① ② ③ ④ ⑤	24	① ② ③ ④ ⑤	34	① ② ③ ④ ⑤	44	① ② ③ ④ ⑤
5	① ② ③ ④ ⑤	15	① ② ③ ④ ⑤	25	① ② ③ ④ ⑤	35	① ② ③ ④ ⑤	45	① ② ③ ④ ⑤
6	① ② ③ ④ ⑤	16	① ② ③ ④ ⑤	26	① ② ③ ④ ⑤	36	① ② ③ ④ ⑤	46	① ② ③ ④ ⑤
7	① ② ③ ④ ⑤	17	① ② ③ ④ ⑤	27	① ② ③ ④ ⑤	37	① ② ③ ④ ⑤	47	① ② ③ ④ ⑤
8	① ② ③ ④ ⑤	18	① ② ③ ④ ⑤	28	① ② ③ ④ ⑤	38	① ② ③ ④ ⑤	48	① ② ③ ④ ⑤
9	① ② ③ ④ ⑤	19	① ② ③ ④ ⑤	29	① ② ③ ④ ⑤	39	① ② ③ ④ ⑤	49	① ② ③ ④ ⑤
10	① ② ③ ④ ⑤	20	① ② ③ ④ ⑤	30	① ② ③ ④ ⑤	40	① ② ③ ④ ⑤	50	① ② ③ ④ ⑤

맞힌 개수 / 전체 개수 : _____ / 50 O: _____개, X: _____개, △: _____개

실전모의고사 3회

번호	답	번호	답	번호	답	번호	답	번호	답
1	① ② ③ ④ ⑤	11	① ② ③ ④ ⑤	21	① ② ③ ④ ⑤	31	① ② ③ ④ ⑤	41	① ② ③ ④ ⑤
2	① ② ③ ④ ⑤	12	① ② ③ ④ ⑤	22	① ② ③ ④ ⑤	32	① ② ③ ④ ⑤	42	① ② ③ ④ ⑤
3	① ② ③ ④ ⑤	13	① ② ③ ④ ⑤	23	① ② ③ ④ ⑤	33	① ② ③ ④ ⑤	43	① ② ③ ④ ⑤
4	① ② ③ ④ ⑤	14	① ② ③ ④ ⑤	24	① ② ③ ④ ⑤	34	① ② ③ ④ ⑤	44	① ② ③ ④ ⑤
5	① ② ③ ④ ⑤	15	① ② ③ ④ ⑤	25	① ② ③ ④ ⑤	35	① ② ③ ④ ⑤	45	① ② ③ ④ ⑤
6	① ② ③ ④ ⑤	16	① ② ③ ④ ⑤	26	① ② ③ ④ ⑤	36	① ② ③ ④ ⑤	46	① ② ③ ④ ⑤
7	① ② ③ ④ ⑤	17	① ② ③ ④ ⑤	27	① ② ③ ④ ⑤	37	① ② ③ ④ ⑤	47	① ② ③ ④ ⑤
8	① ② ③ ④ ⑤	18	① ② ③ ④ ⑤	28	① ② ③ ④ ⑤	38	① ② ③ ④ ⑤	48	① ② ③ ④ ⑤
9	① ② ③ ④ ⑤	19	① ② ③ ④ ⑤	29	① ② ③ ④ ⑤	39	① ② ③ ④ ⑤	49	① ② ③ ④ ⑤
10	① ② ③ ④ ⑤	20	① ② ③ ④ ⑤	30	① ② ③ ④ ⑤	40	① ② ③ ④ ⑤	50	① ② ③ ④ ⑤

맞힌 개수 / 전체 개수 : _____ / 50 O: _____개, X: _____개, △: _____개

자르는 선

해커스공기업 NCS 모듈형 통합 기본서 이론 + 실전모의고사

회독용 OMR 답안지

답안지 활용 방법

1. 회독 차수에 따라 본 답안지에 문제 풀이를 진행하시기 바랍니다.
2. 채점 시 O, X, △로 구분하여 채점하시기 바랍니다.
(O: 맞은 문제, X: 틀린 문제, △: 풀지 못했거나 찍었는데 맞은 문제)

회독 차수:　　　　　　　　진행 날짜:

실전모의고사 4회

1	① ② ③ ④ ⑤	11	① ② ③ ④ ⑤	21	① ② ③ ④ ⑤	31	① ② ③ ④ ⑤	41	① ② ③ ④ ⑤
2	① ② ③ ④ ⑤	12	① ② ③ ④ ⑤	22	① ② ③ ④ ⑤	32	① ② ③ ④ ⑤	42	① ② ③ ④ ⑤
3	① ② ③ ④ ⑤	13	① ② ③ ④ ⑤	23	① ② ③ ④ ⑤	33	① ② ③ ④ ⑤	43	① ② ③ ④ ⑤
4	① ② ③ ④ ⑤	14	① ② ③ ④ ⑤	24	① ② ③ ④ ⑤	34	① ② ③ ④ ⑤	44	① ② ③ ④ ⑤
5	① ② ③ ④ ⑤	15	① ② ③ ④ ⑤	25	① ② ③ ④ ⑤	35	① ② ③ ④ ⑤	45	① ② ③ ④ ⑤
6	① ② ③ ④ ⑤	16	① ② ③ ④ ⑤	26	① ② ③ ④ ⑤	36	① ② ③ ④ ⑤	46	① ② ③ ④ ⑤
7	① ② ③ ④ ⑤	17	① ② ③ ④ ⑤	27	① ② ③ ④ ⑤	37	① ② ③ ④ ⑤	47	① ② ③ ④ ⑤
8	① ② ③ ④ ⑤	18	① ② ③ ④ ⑤	28	① ② ③ ④ ⑤	38	① ② ③ ④ ⑤	48	① ② ③ ④ ⑤
9	① ② ③ ④ ⑤	19	① ② ③ ④ ⑤	29	① ② ③ ④ ⑤	39	① ② ③ ④ ⑤	49	① ② ③ ④ ⑤
10	① ② ③ ④ ⑤	20	① ② ③ ④ ⑤	30	① ② ③ ④ ⑤	40	① ② ③ ④ ⑤	50	① ② ③ ④ ⑤

맞힌 개수 / 전체 개수 : _____ / 50　　O: _____개, X: _____개, △: _____개

실전모의고사 5회

1	① ② ③ ④ ⑤	11	① ② ③ ④ ⑤	21	① ② ③ ④ ⑤	31	① ② ③ ④ ⑤	41	① ② ③ ④ ⑤
2	① ② ③ ④ ⑤	12	① ② ③ ④ ⑤	22	① ② ③ ④ ⑥	32	① ② ③ ④ ⑤	42	① ② ③ ④ ⑤
3	① ② ③ ④ ⑤	13	① ② ③ ④ ⑤	23	① ② ③ ④ ⑤	33	① ② ③ ④ ⑤	43	① ② ③ ④ ⑤
4	① ② ③ ④ ⑤	14	① ② ③ ④ ⑤	24	① ② ③ ④ ⑤	34	① ② ③ ④ ⑤	44	① ② ③ ④ ⑤
5	① ② ③ ④ ⑤	15	① ② ③ ④ ⑤	25	① ② ③ ④ ⑤	35	① ② ③ ④ ⑤	45	① ② ③ ④ ⑤
6	① ② ③ ④ ⑤	16	① ② ③ ④ ⑤	26	① ② ③ ④ ⑤	36	① ② ③ ④ ⑤	46	① ② ③ ④ ⑤
7	① ② ③ ④ ⑤	17	① ② ③ ④ ⑤	27	① ② ③ ④ ⑤	37	① ② ③ ④ ⑤	47	① ② ③ ④ ⑤
8	① ② ③ ④ ⑤	18	① ② ③ ④ ⑤	28	① ② ③ ④ ⑤	38	① ② ③ ④ ⑤	48	① ② ③ ④ ⑤
9	① ② ③ ④ ⑤	19	① ② ③ ④ ⑤	29	① ② ③ ④ ⑤	39	① ② ③ ④ ⑤	49	① ② ③ ④ ⑤
10	① ② ③ ④ ⑤	20	① ② ③ ④ ⑤	30	① ② ③ ④ ⑤	40	① ② ③ ④ ⑤	50	① ② ③ ④ ⑤

맞힌 개수 / 전체 개수 : _____ / 50　　O: _____개, X: _____개, △: _____개

실전모의고사 6회

1	① ② ③ ④ ⑤	11	① ② ③ ④ ⑤	21	① ② ③ ④ ⑤	31	① ② ③ ④ ⑤	41	① ② ③ ④ ⑤
2	① ② ③ ④ ⑤	12	① ② ③ ④ ⑤	22	① ② ③ ④ ⑤	32	① ② ③ ④ ⑤	42	① ② ③ ④ ⑤
3	① ② ③ ④ ⑤	13	① ② ③ ④ ⑤	23	① ② ③ ④ ⑤	33	① ② ③ ④ ⑤	43	① ② ③ ④ ⑤
4	① ② ③ ④ ⑤	14	① ② ③ ④ ⑤	24	① ② ③ ④ ⑤	34	① ② ③ ④ ⑤	44	① ② ③ ④ ⑤
5	① ② ③ ④ ⑤	15	① ② ③ ④ ⑤	25	① ② ③ ④ ⑤	35	① ② ③ ④ ⑤	45	① ② ③ ④ ⑤
6	① ② ③ ④ ⑤	16	① ② ③ ④ ⑤	26	① ② ③ ④ ⑤	36	① ② ③ ④ ⑤	46	① ② ③ ④ ⑤
7	① ② ③ ④ ⑤	17	① ② ③ ④ ⑤	27	① ② ③ ④ ⑤	37	① ② ③ ④ ⑤	47	① ② ③ ④ ⑤
8	① ② ③ ④ ⑤	18	① ② ③ ④ ⑤	28	① ② ③ ④ ⑤	38	① ② ③ ④ ⑤	48	① ② ③ ④ ⑤
9	① ② ③ ④ ⑤	19	① ② ③ ④ ⑤	29	① ② ③ ④ ⑤	39	① ② ③ ④ ⑤	49	① ② ③ ④ ⑤
10	① ② ③ ④ ⑤	20	① ② ③ ④ ⑤	30	① ② ③ ④ ⑤	40	① ② ③ ④ ⑤	50	① ② ③ ④ ⑤

맞힌 개수 / 전체 개수 : _____ / 50　　O: _____개, X: _____개, △: _____개

자르는 선

해커스공기업 NCS 모듈형 통합 기본서 이론 + 실전모의고사

회독용 OMR 답안지

답안지 활용 방법

1. 회독 차수에 따라 본 답안지에 문제 풀이를 진행하시기 바랍니다.
2. 채점 시 O, X, △로 구분하여 채점하시기 바랍니다.
(O: 맞은 문제, X: 틀린 문제, △: 풀지 못했거나 찍었는데 맞은 문제)

회독 차수: 진행 날짜:

실전모의고사 1회

번호	답	번호	답	번호	답	번호	답	번호	답
1	① ② ③ ④ ⑤	11	① ② ③ ④ ⑤	21	① ② ③ ④ ⑤	31	① ② ③ ④ ⑤	41	① ② ③ ④ ⑤
2	① ② ③ ④ ⑤	12	① ② ③ ④ ⑤	22	① ② ③ ④ ⑤	32	① ② ③ ④ ⑤	42	① ② ③ ④ ⑤
3	① ② ③ ④ ⑤	13	① ② ③ ④ ⑤	23	① ② ③ ④ ⑤	33	① ② ③ ④ ⑤	43	① ② ③ ④ ⑤
4	① ② ③ ④ ⑤	14	① ② ③ ④ ⑤	24	① ② ③ ④ ⑤	34	① ② ③ ④ ⑤	44	① ② ③ ④ ⑤
5	① ② ③ ④ ⑤	15	① ② ③ ④ ⑤	25	① ② ③ ④ ⑤	35	① ② ③ ④ ⑤	45	① ② ③ ④ ⑤
6	① ② ③ ④ ⑤	16	① ② ③ ④ ⑤	26	① ② ③ ④ ⑤	36	① ② ③ ④ ⑤	46	① ② ③ ④ ⑤
7	① ② ③ ④ ⑤	17	① ② ③ ④ ⑤	27	① ② ③ ④ ⑤	37	① ② ③ ④ ⑤	47	① ② ③ ④ ⑤
8	① ② ③ ④ ⑤	18	① ② ③ ④ ⑤	28	① ② ③ ④ ⑤	38	① ② ③ ④ ⑤	48	① ② ③ ④ ⑤
9	① ② ③ ④ ⑤	19	① ② ③ ④ ⑤	29	① ② ③ ④ ⑤	39	① ② ③ ④ ⑤	49	① ② ③ ④ ⑤
10	① ② ③ ④ ⑤	20	① ② ③ ④ ⑤	30	① ② ③ ④ ⑤	40	① ② ③ ④ ⑤	50	① ② ③ ④ ⑤

맞힌 개수 / 전체 개수 : _____ / 50 　　 O: _____개, X: _____개, △: _____개

실전모의고사 2회

번호	답	번호	답	번호	답	번호	답	번호	답
1	① ② ③ ④ ⑤	11	① ② ③ ④ ⑤	21	① ② ③ ④ ⑤	31	① ② ③ ④ ⑤	41	① ② ③ ④ ⑤
2	① ② ③ ④ ⑤	12	① ② ③ ④ ⑤	22	① ② ③ ④ ⑤	32	① ② ③ ④ ⑤	42	① ② ③ ④ ⑤
3	① ② ③ ④ ⑤	13	① ② ③ ④ ⑤	23	① ② ③ ④ ⑤	33	① ② ③ ④ ⑤	43	① ② ③ ④ ⑤
4	① ② ③ ④ ⑤	14	① ② ③ ④ ⑤	24	① ② ③ ④ ⑤	34	① ② ③ ④ ⑤	44	① ② ③ ④ ⑤
5	① ② ③ ④ ⑤	15	① ② ③ ④ ⑤	25	① ② ③ ④ ⑤	35	① ② ③ ④ ⑤	45	① ② ③ ④ ⑤
6	① ② ③ ④ ⑤	16	① ② ③ ④ ⑤	26	① ② ③ ④ ⑤	36	① ② ③ ④ ⑤	46	① ② ③ ④ ⑤
7	① ② ③ ④ ⑤	17	① ② ③ ④ ⑤	27	① ② ③ ④ ⑤	37	① ② ③ ④ ⑤	47	① ② ③ ④ ⑤
8	① ② ③ ④ ⑤	18	① ② ③ ④ ⑤	28	① ② ③ ④ ⑤	38	① ② ③ ④ ⑤	48	① ② ③ ④ ⑤
9	① ② ③ ④ ⑤	19	① ② ③ ④ ⑤	29	① ② ③ ④ ⑤	39	① ② ③ ④ ⑤	49	① ② ③ ④ ⑤
10	① ② ③ ④ ⑤	20	① ② ③ ④ ⑤	30	① ② ③ ④ ⑤	40	① ② ③ ④ ⑤	50	① ② ③ ④ ⑤

맞힌 개수 / 전체 개수 : _____ / 50 　　 O: _____개, X: _____개, △: _____개

실전모의고사 3회

번호	답	번호	답	번호	답	번호	답	번호	답
1	① ② ③ ④ ⑤	11	① ② ③ ④ ⑤	21	① ② ③ ④ ⑤	31	① ② ③ ④ ⑤	41	① ② ③ ④ ⑤
2	① ② ③ ④ ⑤	12	① ② ③ ④ ⑤	22	① ② ③ ④ ⑤	32	① ② ③ ④ ⑤	42	① ② ③ ④ ⑤
3	① ② ③ ④ ⑤	13	① ② ③ ④ ⑤	23	① ② ③ ④ ⑤	33	① ② ③ ④ ⑤	43	① ② ③ ④ ⑤
4	① ② ③ ④ ⑤	14	① ② ③ ④ ⑤	24	① ② ③ ④ ⑤	34	① ② ③ ④ ⑤	44	① ② ③ ④ ⑤
5	① ② ③ ④ ⑤	15	① ② ③ ④ ⑤	25	① ② ③ ④ ⑤	35	① ② ③ ④ ⑤	45	① ② ③ ④ ⑤
6	① ② ③ ④ ⑤	16	① ② ③ ④ ⑤	26	① ② ③ ④ ⑤	36	① ② ③ ④ ⑤	46	① ② ③ ④ ⑤
7	① ② ③ ④ ⑤	17	① ② ③ ④ ⑤	27	① ② ③ ④ ⑤	37	① ② ③ ④ ⑤	47	① ② ③ ④ ⑤
8	① ② ③ ④ ⑤	18	① ② ③ ④ ⑤	28	① ② ③ ④ ⑤	38	① ② ③ ④ ⑤	48	① ② ③ ④ ⑤
9	① ② ③ ④ ⑤	19	① ② ③ ④ ⑤	29	① ② ③ ④ ⑤	39	① ② ③ ④ ⑤	49	① ② ③ ④ ⑤
10	① ② ③ ④ ⑤	20	① ② ③ ④ ⑤	30	① ② ③ ④ ⑤	40	① ② ③ ④ ⑤	50	① ② ③ ④ ⑤

맞힌 개수 / 전체 개수 : _____ / 50 　　 O: _____개, X: _____개, △: _____개

해커스공기업 NCS 모듈형 통합 기본서 이론 + 실전모의고사

회독용 OMR 답안지

답안지 활용 방법

1. 회독 차수에 따라 본 답안지에 문제 풀이를 진행하시기 바랍니다.
2. 채점 시 O, X, △로 구분하여 채점하시기 바랍니다.
(O: 맞은 문제, X: 틀린 문제, △: 풀지 못했거나 찍었는데 맞은 문제)

회독 차수: 진행 날짜:

실전모의고사 4회

1	① ② ③ ④ ⑤	11	① ② ③ ④ ⑤	21	① ② ③ ④ ⑤	31	① ② ③ ④ ⑤	41	① ② ③ ④ ⑤
2	① ② ③ ④ ⑤	12	① ② ③ ④ ⑤	22	① ② ③ ④ ⑤	32	① ② ③ ④ ⑤	42	① ② ③ ④ ⑤
3	① ② ③ ④ ⑤	13	① ② ③ ④ ⑤	23	① ② ③ ④ ⑤	33	① ② ③ ④ ⑤	43	① ② ③ ④ ⑤
4	① ② ③ ④ ⑤	14	① ② ③ ④ ⑤	24	① ② ③ ④ ⑤	34	① ② ③ ④ ⑤	44	① ② ③ ④ ⑤
5	① ② ③ ④ ⑤	15	① ② ③ ④ ⑤	25	① ② ③ ④ ⑤	35	① ② ③ ④ ⑤	45	① ② ③ ④ ⑤
6	① ② ③ ④ ⑤	16	① ② ③ ④ ⑤	26	① ② ③ ④ ⑤	36	① ② ③ ④ ⑤	46	① ② ③ ④ ⑤
7	① ② ③ ④ ⑤	17	① ② ③ ④ ⑤	27	① ② ③ ④ ⑤	37	① ② ③ ④ ⑤	47	① ② ③ ④ ⑤
8	① ② ③ ④ ⑤	18	① ② ③ ④ ⑤	28	① ② ③ ④ ⑤	38	① ② ③ ④ ⑤	48	① ② ③ ④ ⑤
9	① ② ③ ④ ⑤	19	① ② ③ ④ ⑤	29	① ② ③ ④ ⑤	39	① ② ③ ④ ⑤	49	① ② ③ ④ ⑤
10	① ② ③ ④ ⑤	20	① ② ③ ④ ⑤	30	① ② ③ ④ ⑤	40	① ② ③ ④ ⑤	50	① ② ③ ④ ⑤

맞힌 개수 / 전체 개수 : _____ / 50 O: _____개, X: _____개, △: _____개

실전모의고사 5회

1	① ② ③ ④ ⑤	11	① ② ③ ④ ⑤	21	① ② ③ ④ ⑤	31	① ② ③ ④ ⑤	41	① ② ③ ④ ⑤
2	① ② ③ ④ ⑤	12	① ② ③ ④ ⑤	22	① ② ③ ④ ⑤	32	① ② ③ ④ ⑤	42	① ② ③ ④ ⑤
3	① ② ③ ④ ⑤	13	① ② ③ ④ ⑤	23	① ② ③ ④ ⑤	33	① ② ③ ④ ⑤	43	① ② ③ ④ ⑤
4	① ② ③ ④ ⑤	14	① ② ③ ④ ⑤	24	① ② ③ ④ ⑤	34	① ② ③ ④ ⑤	44	① ② ③ ④ ⑤
5	① ② ③ ④ ⑤	15	① ② ③ ④ ⑤	25	① ② ③ ④ ⑤	35	① ② ③ ④ ⑤	45	① ② ③ ④ ⑤
6	① ② ③ ④ ⑤	16	① ② ③ ④ ⑤	26	① ② ③ ④ ⑤	36	① ② ③ ④ ⑤	46	① ② ③ ④ ⑤
7	① ② ③ ④ ⑤	17	① ② ③ ④ ⑤	27	① ② ③ ④ ⑤	37	① ② ③ ④ ⑤	47	① ② ③ ④ ⑤
8	① ② ③ ④ ⑤	18	① ② ③ ④ ⑤	28	① ② ③ ④ ⑤	38	① ② ③ ④ ⑤	48	① ② ③ ④ ⑤
9	① ② ③ ④ ⑤	19	① ② ③ ④ ⑤	29	① ② ③ ④ ⑤	39	① ② ③ ④ ⑤	49	① ② ③ ④ ⑤
10	① ② ③ ④ ⑤	20	① ② ③ ④ ⑤	30	① ② ③ ④ ⑤	40	① ② ③ ④ ⑤	50	① ② ③ ④ ⑤

맞힌 개수 / 전체 개수 : _____ / 50 O: _____개, X: _____개, △: _____개

실전모의고사 6회

1	① ② ③ ④ ⑤	11	① ② ③ ④ ⑤	21	① ② ③ ④ ⑤	31	① ② ③ ④ ⑤	41	① ② ③ ④ ⑤
2	① ② ③ ④ ⑤	12	① ② ③ ④ ⑤	22	① ② ③ ④ ⑤	32	① ② ③ ④ ⑤	42	① ② ③ ④ ⑤
3	① ② ③ ④ ⑤	13	① ② ③ ④ ⑤	23	① ② ③ ④ ⑤	33	① ② ③ ④ ⑤	43	① ② ③ ④ ⑤
4	① ② ③ ④ ⑤	14	① ② ③ ④ ⑤	24	① ② ③ ④ ⑤	34	① ② ③ ④ ⑤	44	① ② ③ ④ ⑤
5	① ② ③ ④ ⑤	15	① ② ③ ④ ⑤	25	① ② ③ ④ ⑤	35	① ② ③ ④ ⑤	45	① ② ③ ④ ⑤
6	① ② ③ ④ ⑤	16	① ② ③ ④ ⑤	26	① ② ③ ④ ⑤	36	① ② ③ ④ ⑤	46	① ② ③ ④ ⑤
7	① ② ③ ④ ⑤	17	① ② ③ ④ ⑤	27	① ② ③ ④ ⑤	37	① ② ③ ④ ⑤	47	① ② ③ ④ ⑤
8	① ② ③ ④ ⑤	18	① ② ③ ④ ⑤	28	① ② ③ ④ ⑤	38	① ② ③ ④ ⑤	48	① ② ③ ④ ⑤
9	① ② ③ ④ ⑤	19	① ② ③ ④ ⑤	29	① ② ③ ④ ⑤	39	① ② ③ ④ ⑤	49	① ② ③ ④ ⑤
10	① ② ③ ④ ⑤	20	① ② ③ ④ ⑤	30	① ② ③ ④ ⑤	40	① ② ③ ④ ⑤	50	① ② ③ ④ ⑤

맞힌 개수 / 전체 개수 : _____ / 50 O: _____개, X: _____개, △: _____개

자르는 선

해커스공기업 NCS 모듈형 통합 기본서 이론 + 실전모의고사

개정 2판 6쇄 발행 2024년 7월 15일
개정 2판 1쇄 발행 2022년 1월 3일

지은이	해커스 취업교육연구소
펴낸곳	㈜챔프스터디
펴낸이	챔프스터디 출판팀

주소	서울특별시 서초구 강남대로61길 23 ㈜챔프스터디
고객센터	02-537-5000
교재 관련 문의	publishing@hackers.com 해커스잡 사이트(ejob.Hackers.com) 교재 Q&A 게시판
학원 강의 및 동영상강의	ejob.Hackers.com

ISBN	978-89-6965-232-4 (13320)
Serial Number	02-06-01

최신판

해커스공기업

NCS 모듈형

통합 기본서

이론 + 실전모의고사

약점 보완 해설집

해커스잡

해커스공기업

NCS 모듈형

통합 기본서

이론 + 실전모의고사

약점 보완 해설집

PART 01

NCS 직업기초능력평가

제1장 의사소통능력

출제예상문제

p.66

01	02	03	04	05	06	07	08	09	10
④	⑤	⑤	④	②	④	③	⑤	④	③
11	12	13	14	15	16	17	18	19	20
②	①	③	①	②	⑤	③	④	②	④

해설

01 의사소통능력 - 의사소통능력 정답 ④

✎ **출제포인트** 일 경험에서의 의사소통

㉡ 일 경험에서의 의사소통이 원활하게 이루어지면 구성원 간 공감이 증가하고, 조직 내 팀워크가 향상될 수 있으며, 팀워크가 향상되면 직원들의 능률 향상에도 영향을 미쳐 성과를 결정할 수 있으므로 적절하지 않다.

㉣ 일 경험에서의 의사소통이란 공식적인 조직 안에서의 의사소통을 의미하므로 적절하지 않다.

따라서 일 경험에서 의사소통의 특징으로 적절하지 않은 것은 '㉡, ㉣'이다.

02 의사소통능력 - 의사소통능력 정답 ⑤

✎ **출제포인트** 의사소통 개발 방법

나래: 부정적이고 비판적인 피드백만을 계속해서 주는 경우 역효과가 나타날 수 있어 상대방의 긍정적인 면과 부정적인 면을 균형적으로 전달해야 하므로 적절하지 않다.

다욱: 전문용어는 그 언어를 사용하는 집단 구성원들의 이해를 촉진하지만 그 집단 외의 사람들에게는 의외의 문제를 야기할 수 있어 의사소통할 때는 필요한 상황에 따라 전문용어나 단순한 언어 등 받아들이는 사람을 고려하여 선택해야 하므로 적절하지 않다.

마석: 자신이 평정을 찾을 때까지 의사소통을 연기하는 것이 좋지만 조직 내에서는 무한정 연기할 수 없어 자신이나 조직의 분위기를 개선하려고 노력하는 등의 적극적인 자세가 필요하므로 적절하지 않다.

따라서 의사소통능력 개발 방법에 대한 설명이 적절하지 않은 사람은 '나래, 다욱, 마석'이다.

✓ **오답 체크**

가빈: 의사소통에서 사후검토 또는 피드백을 통해 의사소통 왜곡으로 인한 오해를 줄일 수 있으며 표정 등을 통해 정확한 반응을 파악할 수 있으므로 적절하다.

라경: 경청을 위해서는 집중력과 노력이 필요하기 때문에 상대방의 감정에 이입하면서 현재 의사소통에서 어떤 이야기가 오고 가는지를 주의 깊게 듣는 것이 좋으므로 적절하다.

03 의사소통능력 - 문서이해능력 정답 ⑤

✎ **출제포인트** 사내 공지문 이해, 문서이해 절차 6단계

문서이해 절차 6단계는 '문서 목적 이해 → 문서 배경 및 주제 파악 → 문서에 제시된 정보 및 현안 파악 → 문서에 드러난 상대방의 요구와 내게 요구되는 행동 분석 → 문서에서 이해한 목적 달성을 위해 취해야 할 행동 결정 → 상대방의 의도 메모하여 요약 및 정리'이다.

귀하가 사내 공지문을 읽고 다른 광고 카피를 참고하여 자사 옥외광고물에 활용될 광고 카피를 생각하는 것은 문서에서 이해한 목적 달성을 위해 취해야 할 행동을 결정하는 '문서이해 절차 5단계'에 해당한다.

04 의사소통능력 - 문서이해능력

정답 ④

출제포인트 제품 설명서 이해

제시된 제품 설명서의 필터 및 공기청정기 청소 방법에서 알코올이나 40도 이상의 뜨거운 물을 사용하여 필터를 청소할 경우 손상과 변색의 원인이 된다고 하였으므로 필터를 닦을 때 알코올을 첨가한 물을 적신 헝겊으로 닦는 것이 바람직한 것은 아님을 알 수 있다.

✓ 오답 체크

① '안전한 설치 장소'에서 TV, 라디오 등의 전자제품과 간격을 두고 설치하지 않을 경우 전자파 장애로 인한 오작동이 발생할 수 있다고 하였으므로 적절한 내용이다.

② '기능 조작'에서 터보는 청정기를 최대 풍량으로 20분 동안 작동하는 기능을 한다고 하였으므로 적절한 내용이다.

③ '제품의 특징'에서 3단계 필터 구성 중 헤파필터는 미세한 크기의 먼지나 곰팡이, 박테리아, 담배 연기 등의 오염물질을 제거한다고 하였으므로 적절한 내용이다.

⑤ '제품에 관한 지식'에서 냄새가 많이 나는 음식을 조리할 때 제품을 가동하면 제품의 필터 수명이 짧아질 수 있다고 하였으므로 적절한 내용이다.

05 의사소통능력 - 문서이해능력

정답 ②

출제포인트 중심 내용 파악, 태양추적적외선 측정법

이 글은 국립환경과학원에서 굴뚝 포함 생산 공정에서 비산 배출되는 초미세먼지 원인물질을 햇빛을 이용해 실시간으로 원거리에서 측정하는 태양추적적외선 측정법을 확립했다는 내용이므로 빈칸에 들어갈 이 글의 제목으로 가장 적절한 것은 ②이다.

06 의사소통능력 - 문서이해능력

정답 ④

출제포인트 비문학 이해, 낙화놀이

낙화놀이는 관등형과 관화형으로 구분되며, 거리, 다리, 수변 · 수상 등 다양한 장소에서 이루어졌던 관등형과 달리 관화형은 수변과 수상에서만 연행되었다고 하였으므로 관화형 낙화놀이는 다리나 거리 등 다양한 장소에서 이루어진 것은 아님을 알 수 있다.

✓ 오답 체크

① 문헌상 관등형은 조선 후기인 19세기 이후부터, 관화형은 조선 전기인 15세기경부터 확인되었다고 하였으므로 적절한 내용이다.

② 뽕나무나 소나무 혹은 상수리나무 껍질을 태워 숯가루를 만든다고 하였으므로 적절한 내용이다.

③ 관등형은 누구나 즐길 수 있는 놀이였다고 하였으므로 적절한 내용이다.

⑤ 관화형은 칠월 기망 즈음에 야외활동이 가능한 시기라면 언제든 연행하는 풍류 활동적 성격이 강했다고 하였으므로 적절한 내용이다.

07 의사소통능력 - 문서이해능력

정답 ③

출제포인트 중심 내용 파악, 수에즈 운하

이 글은 지중해 및 홍해의 교통 발달을 위해 고대부터 이어져 온 수에즈 운하 건설을 위한 노력과 우여곡절 끝에 건설된 수에즈 운하의 역할 및 의의를 설명하는 내용이므로 이 글의 제목으로 가장 적절한 것은 ③이다.

✓ 오답 체크

① 이집트 내전이 수에즈 운하 건설로 인해 유발되었는지에 대해서는 다루고 있지 않으므로 적절하지 않다.

② 수에즈 운하를 건설하기 위해 고대부터 노력했다는 내용은 서술하고 있으나, 수에즈 운하 건설은 1869년에 완성되었으므로 적절하지 않다.

④ 수에즈 운하의 주인을 둘러싼 프랑스와 이집트 간 갈등에 대해서는 다루고 있지 않으므로 적절하지 않다.

⑤ 수에즈 운하 건설에 영향을 미친 네코 파라오의 업적에 대해서는 언급하고 있으나 글 전체를 포괄할 수 없으므로 적절하지 않다.

08 의사소통능력 - 문서작성능력

정답 ⑤

출제포인트 한글 맞춤법

⑤는 맞춤법에 맞는 문장이다.

✓ 오답 체크

① 나에게 만이라도(X) → 나에게만이라도(O)
한글 맞춤법 제41항에 따라 조사는 그 앞말에 붙여 써야 한다. 따라서 '나에게만이라도'로 써야 한다.

② 한벌을(X) → 한 벌을(O)
한글 맞춤법 제43항에 따라 단위를 나타내는 명사는 띄어 써야 한다. 따라서 '한 벌을'로 써야 한다.

③ 놀라기 보다는(X) → 놀라기보다는(O)
한글 맞춤법 제41항에 따라 조사는 그 앞말에 붙여 써야 한다. 따라서 '놀라기보다는'으로 써야 한다.

④ 졸업한지도(X) → 졸업한 지도(O)
한글 맞춤법 제42항에 따라 의존 명사는 띄어 써야 한다. 따라서 '졸업한 지도'로 써야 한다.

09 의사소통능력 - 문서작성능력
정답 ④

✎ **출제포인트** 한글 맞춤법

한글 맞춤법 제40항에 따라 어간의 끝음절 '하'의 'ㅏ'가 줄고 'ㅎ'이 다음 음절의 첫소리와 어울려 거센소리로 될 적에는 거센소리로 적으며, '하'가 줄어들 때 '하' 앞의 받침의 소리가 [ㄱ, ㄷ, ㅂ]이면 '하'가 통째로 줄고 그 외의 경우에는 'ㅎ'이 남아 거센소리가 되므로 '하' 앞의 받침의 소리가 [ㄱ, ㄷ, ㅂ]이 아닌 '무심하지 않다'는 '무심치 않다'로 적어야 한다.

• 무심지(X) → 무심치(O)

✓ 오답 체크

①, ⑤ 한글 맞춤법 제39항에 따라 어미 '어미 '-지' 뒤에 '않-'이 어울려 '-잖-'이 될 적과 '-하지' 뒤에 '않-'이 어울려 '-찮-'이 될 적에는 준 대로 적으므로 '달갑지 않다'는 '달갑잖다', '변변하지 않다'는 '변변찮다'로 적어야 한다.

②, ③ 한글 맞춤법 제40항에 따라 어간의 끝음절 '하'의 'ㅏ'가 줄고 'ㅎ'이 다음 음절의 첫소리와 어울려 거센소리로 될 적에는 거센소리로 적으며, '하'가 줄어들 때 '하' 앞의 받침의 소리가 [ㄱ, ㄷ, ㅂ]이면 '하'가 통째로 줄고 그 외의 경우에는 'ㅎ'이 남아 거센소리가 되므로 '하' 앞의 받침의 소리가 [ㄱ, ㄷ, ㅂ]인 '섭섭하지 않다'는 '섭섭지 않다', '익숙하지 않다'는 '익숙지 않다'로 적어야 한다.

10 의사소통능력 - 문서작성능력
정답 ③

✎ **출제포인트** 경위서, 사자성어 표기

박 사원은 변명의 여지가 없다며 재고관리를 제대로 하지 않은 잘못을 인정하고 있으므로 빈칸에 들어갈 사자성어는 입은 있어도 말은 없다는 뜻으로 변명할 말이 없거나 변명을 못 함을 이르는 말인 '有口無言(유구무언)'이 가장 적절하다.

✓ 오답 체크

① 一口二言(일구이언): 한 입으로 두말을 한다는 뜻으로, 한 가지 일에 대하여 말을 이랬다저랬다 함을 이르는 말

② 狐假虎威(호가호위): 남의 권세를 빌어 위세를 부림

④ 一觸卽發(일촉즉발): 한 번 건드리기만 해도 폭발할 것같이 몹시 위급한 상태

⑤ 人生無常(인생무상): 인생이 덧없음

11 의사소통능력 - 문서작성능력
정답 ②

✎ **출제포인트** 사자성어

김 대리는 평소에 일을 열심히 하지 않으면서 자신이 진급 대상자 중 근속 연수가 가장 높다는 것과 전례만 믿고 아무런 노력을 하지 않고 있으므로 빈칸에는 한 가지 일에만 얽매여 발전을 모르는 어리석은 사람을 비유적으로 이르는 말인 '守株待兎(수주대토)'가 들어가야 한다.

✓ 오답 체크

① 反哺之孝(반포지효): 까마귀 새끼가 자라서 늙은 어미에게 먹이를 물어다 주는 효(孝)라는 뜻으로, 자식이 자란 후에 어버이의 은혜를 갚는 효성을 이르는 말

③ 淸廉潔白(청렴결백): 마음이 맑고 깨끗하며 탐욕이 없음

④ 公明正大(공명정대): 하는 일이나 태도가 사사로움이나 그릇됨이 없이 아주 정당하고 떳떳함

⑤ 寸鐵殺人(촌철살인): 한 치의 쇠붙이로도 사람을 죽일 수 있다는 뜻으로, 간단한 말로도 남을 감동하게 하거나 남의 약점을 찌를 수 있음을 이르는 말

12 의사소통능력 - 문서작성능력
정답 ①

✎ **출제포인트** 문서의 시각화 요소

문서의 시각화 요소에는 '개념도, 그래프, 조형'이 있다.

㉠ 개념이나 논리가 명확해질 수 있도록 시각화한 것은 '개념도'이다.

㉡ 수치 등의 정보를 시각화한 것은 '그래프'이다.

㉢ 강조하고 싶은 표현을 시각화한 것은 '조형'이다.

따라서 빈칸 ㉠~㉢에 들어갈 말을 순서대로 바르게 나열하면 '개념도 – 그래프 – 조형'이 된다.

13 의사소통능력 - 경청능력
정답 ③

✎ **출제포인트** 공감적 이해의 수준

(가) 상대방의 행동이나 말에 주의를 기울여 상대방의 마음 상태나 전달하고자 하는 내용을 정확하게 파악하고 이에 대한 적절한 반응을 보이는 '기본적 수준'에 해당한다.

(나) 상대방의 말을 듣고 그에 대한 반응을 보이지만 자신의 생각에 사로잡혀 자기 주장만 하고 상대방의 이야기를 성급하게 판단하여 상투적인 충고만 전달하는 '인습적 수준'에 해당한다.

(다) 명백하게 표현되지 않은 상대방의 내면적 사고를 지각하고 이를 왜곡하지 않고 충분히 표현하여 상대방의 사기를 진작시키는 '심층적 수준'에 해당한다.

따라서 상사의 반응을 공감적 이해의 세 가지 수준에 따라 바르게 분류한 것은 ③이다.

14 의사소통능력 - 경청능력

정답 ①

출제포인트 경청의 방해요인

㉠ J 씨는 L 사원의 말을 듣고 조롱 섞인 표정을 지었다고 짐작하며 자신을 무시한다고 생각하였으므로 상대의 말을 듣고 받아들이기보다 자신의 생각에 들어맞는 단서를 찾아 짐작하는 방해요인을 겪고 있다.

㉢ J 씨는 P 대리의 아이디어 발표가 끝난 후에 할 자신의 말만을 생각하느라 P 대리와 상사의 말을 놓쳤으므로 상대방의 말을 제대로 듣지 않고 자신이 대답할 말을 준비하는 방해요인을 겪고 있다.

따라서 J 씨가 겪고 있는 경청의 방해요인은 ㉠, ㉢이다.

15 의사소통능력 - 문서작성능력

정답 ②

출제포인트 기획서

A는 경쟁사인 甲 회사의 폴더블 스마트폰을 벤치마킹하여 이와 동일한 형태의 스마트폰이 새로 출시될 필요가 있음을 생각하고 있으므로 어떤 일이나 사업을 꾀하여 계획한 방안이나 그 내용을 담은 문서인 '기획서'를 작성해야 한다.

16 의사소통능력 - 의사표현능력

정답 ⑤

출제포인트 상황에 따른 의사표현법

작년에 협업했던 영상 업체와의 계약을 정중히 거절해야 하는 을은 먼저 사과를 한 다음 요구에 응할 수 없는 이유를 설명하며 불가능한 요구는 상대방이 부정적인 감정을 가지지 않는 선에서 단호하게 거절해야 하므로 가장 적절하다.

✓ 오답 체크

①, ②, ③ 같은 실수를 반복하는 신입사원의 잘못을 지적해야 하는 갑은 설득력을 잃을 수 있는 모호한 표현보다는 상대방과의 관계를 고려하여 상대방이 확실히 알 수 있도록 당장 꾸짖어야 하는 내용에 한정하여 지적해야 하므로 적절하지 않다.

④ 양보를 통해 이익을 공유하겠다는 의지를 보여주는 것은 상대방을 설득해야 하는 상황에 바람직한 의사표현법이므로 적절하지 않다.

17 의사소통능력 - 의사표현능력

정답 ③

출제포인트 설득력 있는 의사표현을 위한 지침

상대방의 마음을 상하게 하지 않고 요구를 거절하기 위해서는 의식적으로 존경어를 사용하여 심리적 거리감을 두는 것이 좋으므로 설득력 있는 의사표현을 적절하게 활용하지 못한 사람은 'C'이다.

✓ 오답 체크

① 업무 담당자를 설득하기 위해서는 담당자의 윗사람을 설득하기 위한 구체적인 단서를 제시함으로써 담당자가 자신을 대신하여 최종 결정권이 있는 상사를 설득할 수 있도록 하는 것이 좋으므로 적절하다.

② 침묵을 지키는 사람의 참여도를 높이기 위해서는 당사자를 지명하기보다 주변 사람의 의견을 물어 간접적으로 참여를 유도하는 것이 좋으므로 적절하다.

④ 상대방을 설득하기 위해서는 권위 있는 사람의 말이나 작품을 이용하여 자신을 정당화하는 것이 좋으므로 적절하다.

⑤ 얼굴을 마주하고 설득할 수 없는 상사나 선배를 대하기 위해서는 직접적인 말보다 혼잣말을 통해 상대의 잘못을 지적하거나 설득하는 것이 좋으므로 적절하다.

+ 더 알아보기

설득력 있는 의사표현을 위한 지침

침묵하는 사람의 참여도 높이기	참여가 적은 사람을 직접 호명하지 않고 그 주변 사람을 호명하여 암묵적으로 참여를 유도함
호칭을 바꿔 심리적 간격을 좁히기	친근한 호칭으로 심리적 거리를 좁히거나 존경어로 심리적 거리를 늘려 설득함
권위 있는 사람이나 작품 인용하기	자신이 설득하려는 내용과 일치하는 권위 있는 사람의 말이나 작품을 인용하여 설득함
담당자가 대변자로서 윗사람을 설득하게 하기	담당자의 윗사람을 설득하기 위한 구체적인 방향을 제시하여 담당자가 자신의 의견을 대변하는 역할을 하게 하여 설득함
혼자 말하는 척하며 상대의 잘못 지적하기	직접적으로 말하지 않고 막연하게 혼잣말을 하는 식으로 상대방을 꾸짖거나 상대방 스스로 어떠한 행동을 취하도록 설득함

18 의사소통능력 - 문서이해능력

정답 ④

출제포인트 문서이해 절차에 따른 문서이해

문서이해 절차 3단계는 문서에 제시된 정보와 현안을 파악하는 단계이므로, 쇼루밍이 오프라인 매장에서 제품을 확인하고 온라인으로 제품을 구매하는 소비 행태로 인해 오프라인 매장이 전시장과 같은 역할만 맡게 되었다는 뜻에서 등장한 개념이라는 D의 반응이 가장 적절하다.

✓ 오답 체크

① 최근 증가하고 있는 쇼루밍이라는 소비 행태에 대한 의미와 등장배경 등을 설명하기 위해 작성되었다는 A의 반응은 문서의 목적을 이해하는 문서이해 절차 1단계에 해당하므로 적절하지 않다.
② 쇼루밍 고객을 사로잡을 수 있도록 오프라인 매장과 온라인 쇼핑몰을 구분하여 대응방안을 마련하는 것이 좋겠다는 B의 반응은 문서에서 이해한 목적을 달성하기 위한 행동을 결정하는 문서이해 절차 5단계에 해당하므로 적절하지 않다.
③ 최근 자사의 오프라인 매장 방문 고객 수가 이전과 비슷한데도 오프라인 매출이 감소하고 온라인 매출만 증가한 것이 쇼루밍 현상과 관련이 있는 것은 아닌지 파악하여 대응하기 위해 관련 자료가 공유되었을 것이라는 C의 반응은 문서가 작성된 배경이나 주제를 파악하는 문서이해 절차 2단계에 해당하므로 적절하지 않다.
⑤ 공유된 자료를 통해 쇼루밍 현상이 증가하고 있음을 확인하고 다른 백화점에서 어떤 방식으로 쇼루밍 현상에 대처하는지 살펴보는 것이 좋겠다는 E의 반응은 문서를 이해한 목적을 달성하기 위한 행동을 결정하는 문서이해 절차 5단계에 해당하므로 적절하지 않다.

19 의사소통능력 - 문서작성능력

정답 ②

출제포인트 문서 작성법, 띄어쓰기

동사인 '못하다'는 어떤 일을 일정한 수준에 못 미치게 하거나, 그 일을 할 능력이 없다는 의미의 한 단어이므로 ㉡을 '못 해'로 띄어쓰는 것은 가장 적절하지 않다.

✓ 오답 체크

① 어떤 대상을 특별히 집어서 두드러지게 나타낸다는 의미는 '가리키다'이므로 ㉠은 '가리키는'으로 고쳐 써야 한다.
③ ㉢이 있는 문장에서 원래 뜻과 다르게 채무 불이행상태의 증권거래인을 절름발이 오리로 부른다고 하였으므로 ㉢은 앞의 내용과 뒤의 내용이 상반될 때 사용하는 접속어 '하지만'으로 수정해야 한다.
④ 레임덕의 본래 의미에 대해 언급하고 있는 ㉣은 레임덕이 통상 사용되는 의미를 설명하고 있는 첫 번째 문장의 바로 뒤로 옮겨야 한다.
⑤ '-ㄹ뿐더러'는 어떤 일이 그것만으로 그치지 않고 나아가 다른 일이 더 있음을 나타내는 연결 어미이므로 ㉤은 '늦어질뿐더러'로 붙여 써야 한다.

20 의사소통능력 - 기초외국어능력

정답 ④

출제포인트 상황에 맞는 어휘 고르기

A가 Great 회사에 스캔본 서류를 보냈냐고 묻자 B는 아직 보내지 않았다고 대답하였으므로 문맥상 A는 오늘 오후 5시 전까지 우체국에 방문할 것을 잊지 말라는 말을 해야 한다.
따라서 빈칸에 들어갈 단어는 '잊지 않다'라는 의미의 'Remember'가 가장 적절하다.

- Remember: 기억하다, 명심하다, 잊지 않다

✓ 오답 체크

①은 '기억', ②는 '생각하다', ③은 '잊다', ⑤는 '기념하다'라는 의미이다.

제2장 수리능력

출제예상문제

p.120

01	02	03	04	05	06	07	08	09	10
③	⑤	②	②	④	②	③	②	④	⑤
11	12	13	14	15	16	17	18	19	20
⑤	④	⑤	②	④	①	⑤	④	②	③

해설

01 수리능력 - 기초연산능력

정답 ③

✎ 출제포인트 사칙연산, 비율

전교생에게 인쇄물을 하나씩 나누어주기 위해 제작에 필요한 종이는 $300 \times 15 = 4{,}500$장이고, 부족한 종이는 $4{,}500 - 3{,}600 = 900$장이다.

따라서 인쇄물 제작에 부족한 종이는 제작에 필요한 종이 총량의 $\frac{900}{4{,}500} \times 100 = 20\%$이다.

02 수리능력 - 기초연산능력

정답 ⑤

✎ 출제포인트 정삼각형의 넓이

한 변의 길이가 a인 정사각형의 넓이는 a^2, 정삼각형의 넓이는 $\frac{\sqrt{3}}{4}a^2$임을 적용하여 구한다.

한 변의 길이가 3cm인 정사각형의 넓이는 $3 \times 3 = 9\text{cm}^2$이고, 한 변의 길이가 2cm인 정삼각형의 넓이는 $\frac{\sqrt{3}}{4} \times 2 \times 2 = \sqrt{3}\text{cm}^2$이다.

따라서 한 변의 길이가 3cm인 정사각형 넓이는 한 변의 길이가 2cm인 정삼각형 넓이의 $\frac{9}{\sqrt{3}} = 3\sqrt{3}$배이다.

+ 더 알아보기

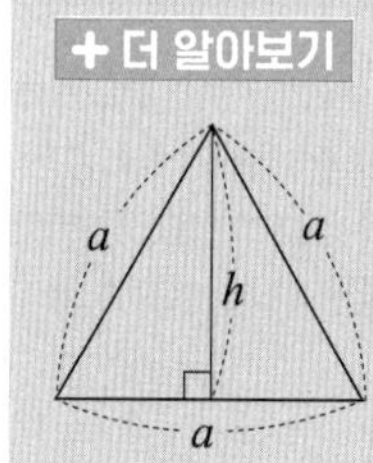

정삼각형의 높이와 넓이

한 변의 길이가 a인 정삼각형에서

- 높이: $h = \frac{\sqrt{3}}{2}a$
- 넓이: $S = \frac{\sqrt{3}}{4}a^2$

03 수리능력 - 기초연산능력

정답 ②

✎ 출제포인트 피타고라스 정리, 연립방정식

TV 화면의 가로 길이를 x, 세로 길이를 y라고 하면 TV 화면의 대각선 길이가 20인치이므로 피타고라스의 정리에 의하여

$x^2 + y^2 = 400$ … ⓐ

TV는 두께가 2인치이고 체적(부피)이 384(인치)^{3}이므로

$2xy = 384$ … ⓑ

이때, $x > 0$, $y > 0$이고, $x > y$이므로 ⓐ, ⓑ를 곱셈공식을 이용하여 정리하면

$(x+y)^2 = x^2 + 2xy + y^2 = 784 \rightarrow x + y = 28$ … ⓒ

$(x-y)^2 = x^2 - 2xy + y^2 = 16 \rightarrow x - y = 4$ … ⓓ

ⓒ + ⓓ에서 $2x = 32 \rightarrow x = 16$, $y = 12$

따라서 TV 화면의 가로 길이에 대한 세로 길이의 비율은 $\frac{12}{16} = \frac{3}{4}$이다.

04 수리능력 - 기초연산능력

정답 ②

✎ 출제포인트 방정식

달력의 가로줄은 7칸으로 구성되어 있으므로 임의의 날짜를 선택했을 때, 그 숫자의 오른쪽으로 한 칸씩 이동하면 숫자는 1씩 증가하고, 위쪽으로 한 칸씩 이동하면 숫자는 7씩 감소하며, 아래쪽으로 한 칸씩 이동하면 숫자는 7씩 증가한다.

결혼기념일을 10월 x일이라고 하면

결혼기념일에서 오른쪽으로 1칸, 위쪽으로 2칸 이동한 날짜는 $x + 1 - (7 \times 2) = x - 13$이고, 결혼기념일에서 아래쪽으로 1칸 이동한 날짜는 $x + 7$이다.

$(x - 13) + (x + 7) = 22 \rightarrow x = 14$

따라서 이 부부의 결혼기념일은 '10월 14일'이다.

05 수리능력 - 기초통계능력

정답 ④

출제포인트 분산, 표준편차

분산을 x라고 하면 표준편차는 $\sqrt{x}$이다. 분산이 표준편차의 4배이므로

$x = 4\sqrt{x} \rightarrow x^2 = 16x \rightarrow x^2 - 16x = 0 \rightarrow x(x-16) = 0 \rightarrow x = 0, 16$

따라서 네 개의 수는 서로 다른 수이므로 이에 대한 분산은 '16'이다.

+ 더 알아보기

이차방정식의 인수분해

- $a^2 \pm 2ab + b^2 = (a \pm b)^2$
- $a^2 - b^2 = (a+b)(a-b)$
- $x^2 + (a+b)x + ab = (x+a)(x+b)$
- $acx^2 + (ad+bc)x + bd = (ax+b)(cx+d)$

06 수리능력 - 기초통계능력

정답 ②

출제포인트 조건부확률

어떤 사건 X가 일어났을 때의 사건 Y의 조건부확률 $P(Y \mid X) = \frac{P(X \cap Y)}{P(X)}$임을 적용하여 구한다.

A 지역 택배가 B 지역과 C 지역보다 먼저 도착할 사건을 X, A 지역 택배가 정시 도착할 사건을 Y라고 하면

A 지역 택배는 정시 도착하며 B 지역과 C 지역 택배가 지연 도착할 사건은 $(X \cap Y)$이다.

A 지역에 조기 도착하고 B 지역과 C 지역이 정시 도착하는 경우의 확률은 $0.2 \times 0.55 \times 0.8 = 0.088$,

A 지역은 조기 도착하고 B 지역과 C 지역이 지연 도착하는 경우의 확률은 $0.2 \times 0.4 \times 0.1 = 0.008$,

A 지역은 조기 도착하고 B 지역은 정시 도착, C 지역은 지연 도착하는 경우의 확률은 $0.2 \times 0.55 \times 0.1 = 0.011$,

A 지역은 조기 도착하고 B 지역은 지연 도착, C 지역은 정시 도착하는 경우의 확률은 $0.2 \times 0.4 \times 0.8 = 0.064$,

A 지역은 정시 도착하고 B 지역과 C 지역이 지연 도착하는 경우의 확률은 $0.7 \times 0.4 \times 0.1 = 0.028$이다.

$P(X) = 0.088 + 0.008 + 0.011 + 0.064 + 0.028 = 0.199$

$P(X \cap Y) = 0.028$

$P(Y \mid X) = \frac{P(X \cap Y)}{P(X)} = 0.028/0.199 \fallingdotseq 0.14$

따라서 A 지역의 택배가 가장 먼저 도착했을 때, A 지역의 택배가 정시에 도착했을 확률은 약 '14%'이다.

07 수리능력 - 도표분석능력

정답 ③

출제포인트 시간대별 주택용 전력소비계수

2020년 모든 분기의 1~6시 주택용 전력소비계수 평균은 1분기가 $(840+741)/2 = 790.5$, 2분기가 $(832+721)/2 = 776.5$, 3분기가 $(807+674)/2 = 740.5$, 4분기가 $(830+735)/2 = 782.5$로 1분기의 1~6시 주택용 전력소비계수 평균이 가장 높으므로 옳은 설명이다.

✓ 오답 체크

① 2019년 각 분기별로 주택용 전력소비계수가 가장 높은 시간대는 19~21시, 주택용 전력소비계수가 가장 낮은 시간대는 4~6시이며, 분기별 19~21시와 4~6시의 전력소비계수 차이는 1분기가 1,298 - 743 = 555, 2분기가 1,280 - 722 = 558, 3분기가 1,300 - 676 = 624, 4분기가 1,323 - 724 = 599이다. 따라서 3분기가 600 이상이므로 옳지 않은 설명이다.

② 2019년 전체 10~12시 주택용 전력소비계수의 평균은 (1,033 + 1,035 + 1,022 + 1,026) / 4 = 1,029이고, 2020년 전체 10~12시 주택용 전력소비계수의 평균은 (988 + 983 + 996 + 959) / 4 = 981.5로 두 계수의 차이는 1,029-981.5=47.5로 50 미만이므로 옳지 않은 설명이다.

④ 2019년 1분기에 주택용 전력소비계수가 3번째로 높은 시간대는 10~12이고, 같은 해 4분기에 주택용 전력소비계수가 3번째로 높은 시간대는 16~18시로 서로 다르므로 옳지 않은 설명이다.

⑤ 2020년 3분기의 13~15시 주택용 전력소비계수는 1,050로 16~24시 사이가 아니므로 옳지 않은 설명이다.

빠른 문제 풀이 TIP

③ 변량값의 크기 비교를 통해 평균의 크기를 비교한다. 2020년 1~3시 주택용 전력소비계수는 1분기가 가장 높고, 4~6시 주택용 전력소비계수도 1분기가 가장 높으므로 2020년 1~6시 주택용 전력소비계수의 평균도 1분기가 가장 높음을 알 수 있다.

08 수리능력 - 도표분석능력

정답 ②

출제포인트 소상공인 업종별 실적에 따른 체감 및 전망

2020년 1월 음식점업 체감 BSI의 전년 동월 대비 증감률은 $\{(60.9 - 58.0) / 58.0\} \times 100 \fallingdotseq 5\%$이고, 2019년 1월 음식점업 체감 BSI의 전년 동월 대비 증감률은 $\{(58.0 - 53.3) / 53.3\} \times 100 \fallingdotseq 9\%$로 2019년 1월의 전년 동월 대비 증감률이 더 크므로 옳지 않은 설명이다.

✓ 오답 체크

① 2020년 1월의 업종별 전망 BSI에서 체감 BSI을 뺀 값은 제조업이 87.7 - 78.9 = 8.8, 소매업이 81.4 - 64.6 = 16.8, 음식점업이 82.3 - 60.9 - 21.4, 부동산업이 85.1 - 59.2 = 25.9, 전문기술사업이 87.0 - 79.3 = 7.7, 교육 서비스업이 89.7 - 87.4 - 2.3, 스포츠 및 오락관련이 84.9 - 62.0 = 22.9, 수리업이 74.3 - 54.5 = 19.8, 개인 서비스업 86.4 - 69.5 = 16.9로 부동산업이 가장 크므로 옳은 설명이다.

③ 스포츠 및 오락관련 업종을 제외하고 체감 BSI가 가장 낮은 업종은 2018년 1월에 수리업이 42.7BSI, 2019년 1월에 수리업이 41.0BSI, 2020년 1월에 54.5BSI로 가장 낮으므로 옳은 설명이다.

④ 2019년 1월에 전망 BSI가 2번째로 높은 업종은 교육 서비스업이며, 해당 업종의 전망 BSI는 2020년 1월에 89.7BSI, 2019년 1월에 86.3BSI로 전년 동월 대비 89.7 - 86.3 = 3.4BSI 증가하였으므로 옳은 설명이다.

⑤ 모든 업종의 2019년 1월 전망 BSI는 전년 동월 대비 감소하였으므로 옳은 설명이다.

빠른 문제 풀이 TIP

② 분자와 분모 크기 비교를 통해 증감률의 크기를 비교한다. 2020년 1월 음식점업 체감 BSI의 전년 동월 대비 증감률은 {(60.9 – 58.0) / 58.0} × 100이고, 2019년 1월 음식점업 체감 BSI의 전년 동월 대비 증감률은 {(58.0 – 53.3) / 53.3} × 100으로 2019년 1월 증감률이 2020년 1월보다 분자가 크고 분모가 작으므로 2019년 1월의 전년 동월 대비 증감률이 더 큼을 알 수 있다.

09 수리능력 - 도표분석능력

정답 ④

출제포인트 제조업 평균가동률

㉡ 3~11월 중 혁신형기업의 평균가동률을 2개월 전과 비교했을 때 감소한 달은 5월이며, 3월 대비 5월의 감소율은 |{(68.2 – 74.2) / 74.2} × 100| ≒ 8%로 10% 미만이므로 옳은 설명이다.

㉣ 제시된 기간 중 일반기업의 평균가동률이 가장 낮았던 달은 5월이며, 경공업의 평균가동률이 가장 낮았던 달은 5월로 서로 같으므로 옳은 설명이다.

✓ 오답 체크

㉠ 소기업의 9월 평균가동률은 직전 2개월 대비 감소하였으므로 옳지 않은 설명이다.

㉢ 제시된 기간 중 중화학공업의 평균가동률이 가장 높았던 달은 11월이며, 중기업 평균가동률이 가장 높았던 달은 1월이므로 옳지 않은 설명이다.

10 수리능력 - 도표분석능력

정답 ⑤

출제포인트 학교 유형별 장학금 수혜 여부와 유형

㉢ 6년제 일반대 유형의 장학금 유형에서 기타를 제외하고 1학기 대비 2학기의 증감률의 크기는 국가장학금이 {(43.2 – 35.6) / 35.6} × 100 ≒ 21.3%, 교내장학금이 |{(36.7 – 53.3) / 53.3} × 100| ≒ 31.1%, 교외장학금이 {(20.1 – 11.1) / 11.1} × 100 ≒ 81.1%로 교외장학금이 가장 크므로 옳은 설명이다.

㉣ 1학기 교외장학금 비율과 기타 비율의 합은 2년제 전문대가 0.4 + 1.6 = 2.0%, 3년제 전문대가 0.7 + 3.0 = 3.7%, 4년제 전문대가 0 + 2.3 = 2.3%로 4년제 일반대 유형의 교외장학금 비율과 기타 비율의 합인 2.2 + 3.6 = 5.8%보다 모두 작으므로 옳은 설명이다.

✓ 오답 체크

㉠ 5년제와 6년제 일반대 유형에서 '예'라고 응답한 비율은 각각 47.9%와 31.1%로, '아니오'라고 응답한 비율보다 낮으므로 옳지 않은 설명이다.

㉡ 4년제 일반대 유형과 6년제 일반대 유형에서 2학기 장학금 유형 중 국가장학금 비율과 교내장학금 비율을 비교하면 국가장학금이 교재장학금의 각각 61.0 / 32.9 ≒ 1.9배, 43.2 / 36.7 ≒ 1.2배이므로 옳지 않은 설명이다.

11 수리능력 - 도표분석능력

정답 ⑤

출제포인트 고등학교 유형별 아침 식사 여부

'주 3~4회'라고 응답한 비율이 가장 큰 자율고등학교의 해당 응답 비율은 20.6%이고, 가장 작은 특성화고등학교의 해당 응답 비율은 14.2%로, 20.6 / 14.2 ≒ 1.5배로 1.2배 이상이므로 옳은 설명이다.

✓ 오답 체크

① 아침 식사 여부에 '먹지 않음'이라고 응답한 비율이 가장 낮은 고등학교는 자율고등학교이며, '매일 먹음'이라고 응답한 비율이 가장 낮은 고등학교는 예술고등학교로 서로 다르므로 옳지 않은 설명이다.

② 모든 고등학교 유형에서 응답 비율이 가장 낮은 것은 '주 5~6회'이지만, 자율고등학교와 과학고등학교의 경우 비율이 각각 10.4%, 10.8%로 10%를 초과하므로 옳지 않은 설명이다.

③ 체육고등학교에서 '주 1~2회'라고 응답한 비율을 제외한 나머지 응답 비율을 합한 값은 '주 1~2회'라고 응답한 비율의 (100 - 22.7) / 22.7 ≒ 3.4배로 3배 이상이므로 옳지 않은 설명이다.

④ 마이스터고등학교에서 '먹지 않음'과 '주 1~2회'라고 응답한 비율의 합은 24.5 + 14.1 = 38.6%이고, '주 5~6회'와 '매일 먹음'이라고 응답한 비율의 합은 7.9 + 38.9 = 46.8%로, '먹지 않음'과 '주 1~2회'라고 응답한 비율의 합이 '주 5~6회'와 '매일 먹음'이라고 응답한 비율의 합보다 작으므로 옳지 않은 설명이다.

12 수리능력 - 도표작성능력

정답 ④

출제포인트 도수분포표의 작성 원칙

도수분포표를 작성하는 절대적인 원칙은 없으나, 보기 좋게 작성하기 위한 일반적인 지침을 따라야 한다.

㉠ 각 계급 구간의 폭은 동일하게 설정해야 하지만, 제시된 자료에서는 '1,500만 원 이상 2,500만 원 미만'의 계급에서만 계급 구간의 폭이 1,000만 원으로 나머지와 다르므로 적절하지 않다.

㉡ 계급의 개수는 분포의 특성이 나타날 수 있게 6개 이상 15개 미만이 바람직하지만 제시된 자료에서는 계급의 개수가 5개이고, 계급에 속하는 도수가 없거나 너무 적지 않게 구간을 결정해야 하지만 제시된 자료에서는 '500만 원 이상 1,000만 원 미만' 구간에서는 도수가 0이므로 적절하지 않다.

㉣ 각 계급의 누적도수는 그 이전 계급부터 해당하는 계급의 도수의 총합을 나타내어야 하지만 제시된 자료의 누적도수에서는 각 계급의 상대도수가 누적되어 합해진 누적상대도수가 나타나 있으므로 적절하지 않다.

✓ 오답 체크

㉢ 상대도수는 '도수 / 도수의 총합'으로, 제시된 자료의 상대도수 항목에 해당하는 값이 모두 '도수 / 도수의 총합'으로 계산된 수치이므로 적절하다.

+ 더 알아보기

도수분포표를 작성하기 위한 일반적인 지침

- 각 계급 구간의 폭을 같게 함
- 계급의 개수는 분포의 특성이 잘 나타날 수 있도록 6개 이상 15개 미만으로 함
- 계급에 속하는 도수가 없거나 너무 적지 않게 구간을 결정함
- 극한값을 반영하기 위해 제일 아래 계급 또는 위 계급을 개방하기도 함

13 수리능력 - 도표작성능력

정답 ⑤

출제포인트 도표작성 시 유의사항

가희와 나영이가 같은 자료를 바탕으로 서로 다른 그래프를 그려 다른 결론을 내리게 된 이유는 두 그래프의 세로축 한 눈금의 크기를 다르게 설정하였기 때문이다. 즉, 가희는 세로축 한 눈금의 크기를 20천만 원으로 하여 상대적으로 매월 매출액의 차이가 커 보이지만, 나영이는 세로축 한 눈금의 크기를 50천만 원으로 하여 상대적으로 매월 매출액의 차이가 작아 보이기 때문임을 알 수 있다.

14 수리능력 - 도표작성능력

정답 ②

출제포인트 도표의 종류 및 특징

㉠은 선 그래프, ㉡은 막대 그래프, ㉢은 원 그래프, ㉣은 점 그래프, ㉤은 층별 그래프, ㉥은 레이더 차트를 나타내므로 도표 종류가 바르게 나열된 것은 ②이다.

15 수리능력 - 도표작성능력

정답 ④

출제포인트 주요 대도시의 도로 소음도, 크기 비교

제시된 자료에서 2018년 부산 주거지역에서 밤에 측정된 도로 소음도는 61dB이지만, 이 그래프에서는 60dB로 더 낮게 나타나므로 옳지 않은 그래프는 ④이다.

16 수리능력 - 도표분석능력

정답 ①

출제포인트 국가무형문화재 전승자 현황

㉠ 2017~2020년 중 보유자 수가 가장 적었던 2018년에 이수자 수는 전년 대비 (6,363 – 6,171) / 6,171 ≒ 3.1% 증가하였으므로 옳은 설명이다.

㉡ 2016년부터 2020년까지 보유자 수에서 명예보유자 수가 차지하는 비율은 2016년이 23 / 173 × 100 ≒ 13.3%, 2017년이 17/170 × 100 = 10%, 2018년이 17 / 168 × 100 ≒ 10.1%, 2019년이 16 / 172 × 100 ≒ 9.3%, 2020년이 33 / 175 × 100 ≒ 18.9%로 2020년이 가장 높으므로 옳은 설명이다.

✓ 오답 체크

㉢ 2017년부터 2020년까지 전승교육사 수가 전년 대비 가장 많이 감소한 해는 2020년이고, 전수장학생 수가 가장 많이 감소한 해는 2019년으로 서로 다르므로 옳지 않은 설명이다.

㉣ 제시된 기간 중 명예보유자 수가 처음으로 20명 미만이 된 해는 2017년도이고, 전수장학생 수가 처음으로 80명 미만이 된 해는 2016년이므로 옳지 않은 설명이다.

17 수리능력 - 도표분석능력

정답 ⑤

✎ 출제포인트 매출액 규모별 외식업체 사업주 연령

매출액 규모가 5천만 원 미만인 외식업체에서 사업주 연령이 40대인 비율은 사업주 연령이 20대와 30대인 비율을 합한 값의 10.7 / (0.9 + 5.3) ≒ 1.7배로 2배 미만이므로 옳은 설명이다.

✓ 오답 체크

① 제시된 매출액 규모 중 매출액 규모가 5천만 원 미만인 외식업체 사업주 연령의 비율은 60세 이상이 가장 높으므로 옳지 않은 설명이다.

② 제시된 매출액 규모 중 매출액 규모가 5억 원 이상인 외식업체 사업주 평균 연령은 매출액 규모가 1억 원 이상~5억 원 미만인 외식업체 사업주 평균 연령보다 높으므로 옳지 않은 설명이다.

③ 제시된 매출액 규모 중 외식업체 사업주 연령이 20대인 비율을 비교하였을 때, 해당 비율이 가장 높은 매출액 규모는 1억 원 이상~5억 원 미만이므로 옳지 않은 설명이다.

④ 제시된 매출액 규모 중 평균 연령이 두 번째로 높은 매출액 규모는 5천만 원 이상~1억 원 미만이며, 해당 매출액 규모에서 외식업체 사업주 연령의 비율은 40대가 세 번째로 높으므로 옳지 않은 설명이다.

18 수리능력 - 도표분석능력

정답 ④

✎ 출제포인트 디자이너 등급별 일 임금단가, 크기 비교 · 평균 · 배수

제시된 모든 디자이너 등급의 일 임금단가의 평균은 디자이너 근로자 수가 1인인 기업의 모든 디자이너 일 임금단가 평균인 (240 + 217 + 186 + 171 + 132 + 103) / 6 ≒ 175천 원이고, 총 근로자 수가 4인 이하인 기업의 모든 디자이너 일 임금단가 평균인 (243 + 213 + 192 + 170 + 136 + 111) / 6 ≒ 178천 원이므로 옳지 않은 설명이다.

✓ 오답 체크

① 디자이너 근로자 수가 많은 기업일수록 제시된 모든 디자이너 등급별 일 임금단가도 모두 커지므로 옳은 설명이다.

② 총 근로자 수가 10~19인 기업에서 총괄 디자이너 임금단가는 보조 디자이너 일 임금단가의 285 / 125 = 2.28배로 2배 이상이므로 옳은 설명이다.

③ 디자이너 근로자 수가 5~9인인 기업에서 특급 디자이너 일 임금단가는 고급 디자이너의 일 임금단가보다 (235 - 211) / 211 × 100 ≒ 11.4% 높으므로 옳은 설명이다.

⑤ 총 근로자 수가 50인 이상인 기업에서 중급 디자이너의 일 임금단가는 240천 원이고, 고급 디자이너의 일 임금단가는 234천 원으로 중급 디자이너의 일 임금단가가 더 높으므로 옳은 설명이다.

19 수리능력 - 도표분석능력

정답 ②

✎ 출제포인트 중·고등학생 담배 구매 가능률

제시된 모든 학년에서 남학생의 구매 가능률은 각각 19.5%, 49.5%, 60.5%, 72.5%, 75.6%, 81.3%로 학년이 올라갈수록 증가하고, 여학생 구매 가능률도 각각 37.8%, 56.5%, 59.3%, 69.7%, 72.1%, 75.5%로 학년이 올라갈수록 증가하므로 옳은 설명이다.

✓ 오답 체크

① 제시된 학년 중 중학교 1학년과 중학교 2학년에서 여학생의 구매 가능률이 남학생의 구매 가능률보다 높지만 나머지 모든 학년에서는 남학생의 구매 가능률이 여학생의 구매 가능률보다 높으므로 옳지 않은 설명이다.

③ 중학교 여학생 분석대상자 수 대비 남학생의 분석대상자 수의 비율은 812 / 393 ≒ 2.1배이고, 고등학교의 여학생 분석대상자 수 대비 남학생의 분석대상자 수의 비율은 2,015 / 693 ≒ 2.9배이므로 옳지 않은 설명이다.

④ 전체 분석대상자 수는 중학교 3학년이 중학교 2학년의 599 / 388 ≒ 1.5배이므로 옳지 않은 설명이다.

⑤ 제시된 학년 중 남학생과 여학생의 분석대상자 차이가 가장 적은 학년은 중학교 1학년이고, 남학생과 여학생의 구매 가능률 차이가 가장 적은 학년은 중학교 3학년으로 서로 학년이 다르므로 옳지 않은 설명이다.

20 수리능력 - 도표분석능력

정답 ③

✎ 출제포인트 연도에 따른 해양사고 발생 척수, 증가율 · 배수 · 크기 비교

Ⓛ 2000년 대비 2020년 해양사고 발생 척수의 증가율은 여객선이 (47 – 15) / 15 × 100 ≒ 213.3%, 화물선이 (139 – 93) / 93 × 100 ≒ 49.5%, 어선이 (2,331 – 586) / 586 × 100 ≒ 297.8%, 유조선이 (83 – 14) / 14 × 100 ≒ 492.9%, 예인선이 (112 – 25) / 25 × 100 = 348%, 기타선이 (176 – 47) / 47 × 100 ≒ 274.5%로 유조선이 가장 높으므로 옳은 설명이다.

Ⓒ 2015년 어선의 해양사고 발생 척수는 2000년 어선의 해양사고 발생 척수의 1,621 / 586 ≒ 2.8배이므로 옳은 설명이다.

✓ 오답 체크

㉠ 2005년부터 2020년까지 전체 해양사고 발생 척수의 5년 전 대비 증가율을 구하면 2005년이 (884 - 780) / 780 × 100 ≒ 13.3%, 2010년이 (1,942 - 884) / 884 × 100 ≒ 119.7%, 2015년이 (2,362 - 1,942) / 1,942 × 100 ≒ 21.6%, 2020년이 (2,888 - 2,362) / 2,362 × 100 ≒ 22.3%로 2005년에 20% 미만이 증가하였으므로 옳지 않은 설명이다.

㉣ 2010년 화물선, 어선, 예인선, 기타선의 해양사고 발생 척수는 각각 133척, 1,380척, 97척, 265척으로 예인선의 해양사고 발생 척수는 100척 미만이므로 옳지 않은 설명이다.

출제예상문제

p.174

01	02	03	04	05	06	07	08	09	10
②	②	②	③	④	⑤	⑤	④	②	②
11	12	13	14	15	16	17	18	19	20
①	③	⑤	④	③	⑤	③	①	②	⑤

해설

01 문제해결능력 - 문제해결능력 정답 ②

출제포인트 문제해결을 위해 요구되는 기본 요소

문제해결을 위해 요구되는 기본 요소는 '체계적인 교육훈련', '문제에 대한 체계적인 접근', '문제해결자의 도전의식과 끈기', '문제해결방법에 대한 지식', '문제 관련 지식에 대한 가용성'이므로 문제에 대해 체계를 갖추지 않은 자유로운 접근 방식이 가장 적절하지 않다.

02 문제해결능력 - 사고력 정답 ②

출제포인트 비판적 사고

제시된 사례는 모두 어떤 주제나 주장 등에 대해 적극적으로 분석 및 종합하여 평가하는 능동적인 사고를 의미하는 '비판적 사고'와 관련 있으므로 비판적 사고를 개발하기 위한 태도로 가장 적절하지 않은 것은 '일시성'이다.

+ 더 알아보기

비판적 사고를 개발하기 위한 태도: 지적 호기심, 객관성, 개방성, 융통성, 지적 회의성, 지적 정직성, 체계성, 지속성, 결단성, 다른 관점에 대한 존중

03 문제해결능력 - 문제처리능력 정답 ②

출제포인트 문제해결 절차, 문제 도출 단계

㉠~㉤에 들어갈 문제해결 절차는 '㉠: 문제 인식 → ㉡: 문제 도출 → ㉢: 원인 분석 → ㉣: 해결안 개발 → ㉤: 실행 및 평가'이며, 기업 내부의 강점과 약점, 외부 환경의 기회, 위협 요인을 분석·평가하는 것은 환경 분석을 통해 문제를 파악하는 문제 인식 단계에서 이루어지므로 가장 적절하지 않다.

04 문제해결능력 - 문제해결능력 정답 ③

출제포인트 업무수행 과정에서 발생하는 문제의 유형

㉠, ㉢ 눈앞에 발생하여 당장 걱정하고 해결하기 위해 고민하는 문제로, '보이는 문제'에 해당한다.
따라서 '보이는 문제'에 해당하는 사례는 '㉠, ㉢'이다.

✓ 오답 체크

㉡ 미래 상황에 대응하는 장래 경영전략 문제로, '미래 문제'에 해당한다.
㉣ 현재의 상황을 개선하거나 효율을 높이기 위한 문제로, '찾는 문제'에 해당한다.

05 문제해결능력 – 문제해결능력

정답 ④

출제포인트 문제해결방법, 퍼실리테이션

제시된 대화에서 경영관리부장은 깊이 있는 커뮤니케이션을 통해 판매부장과 공장장의 대화를 조절하여 서로 이해하고 공감함으로써 창조적인 문제해결을 도모하고 있으므로 어떤 집단이 의사결정을 할 수 있도록 도와주는 문제해결방법인 '퍼실리테이션'이 가장 적절하다.

06 문제해결능력 – 문제처리능력

정답 ⑤

출제포인트 실행 및 평가 단계, 체크리스트

A 사원이 문제해결 과정에 대해 자신의 평소 활동을 있는 그대로 확인하여 'O, △, X' 표시로 구분하여 표시하는 체크리스트는 문제해결을 위한 실행계획을 수립 및 실행하고 피드백 과정을 거치는 단계에 활용할 수 있으므로 '실행 및 평가 단계'가 가장 적절하다.

07 문제해결능력 – 사고력

정답 ⑤

출제포인트 비판적 사고, 문제의식

빈칸에 들어갈 말은 '문제의식'으로, 비판적 사고를 위해 가장 먼저 필요하며 사소한 일이라도 정보를 수집하여 새로운 아이디어를 생산할 수 있다.

따라서 지각의 폭을 넓혀 어떠한 정보에 대해 개방성을 갖고 편견을 버리는 것은 '고정관념 타파'에 대한 설명이므로 가장 적절하지 않다.

08 문제해결능력 – 사고력

정답 ④

출제포인트 논리적 사고의 5가지 요소

논리적 사고를 위해 필요한 습관으로는 상대에게 반론을 제시할 때 상대 주장의 전부를 부정하거나 상대의 인격을 부정하는 것이 아니라 논의를 통해 서로에 대한 이해가 깊어지거나 논점이 명확해질 수 있도록 해야 하므로 상대의 주장 전부를 부정하여 자신의 논리를 뒷받침해야 하는 것은 가장 적절하지 않다.

09 문제해결능력 – 문제해결능력

정답 ②

출제포인트 문제해결의 장애요인

문제해결의 장애요인으로는 '문제를 철저하게 분석하지 않은 경우', '고정관념에 얽매이는 경우', '쉽게 떠오르는 단순한 정보에 의지하는 경우', '너무 많은 자료를 수집하려고 노력하는 경우'가 있다. 이때, 문제해결에 필요한 다양한 정보를 수집하며 구체적인 절차를 무시하고 무계획적으로 많은 자료를 얻는다면 제대로 된 자료를 구분하기 어려우므로 '절차에 따라 문제해결에 필요한 만큼만 정보를 수집하는 경우'는 문제해결에 장애가 되는 요인으로 가장 거리가 멀다.

10 문제해결능력 – 문제처리능력

정답 ②

출제포인트 고객 요구 조사 방법

제시된 설명에 해당하는 고객 요구 조사 방법은 6~8인으로 구성된 그룹에서 특정 주제에 대해 논의하는 과정을 말하는 '포커스 그룹 인터뷰' 에 해당한다.

11 문제해결능력 – 문제처리능력

정답 ①

출제포인트 로직트리 기법

논리적 순서에 따라 가장 큰 문제점부터 작은 단위로 나누어 나무 구조로 분류하는 방법은 '로직트리'이다.

✓ 오답 체크

② MECE(Mutually Exclusive and Collectively Exhaustive)는 어떠한 개념이 중복되거나 누락되는 바 없이 상호 배타적인 부분집합으로 분류되어 있으면서 완전한 전체를 이루는 방법이므로 적절하지 않다.

③ 피라미드 구조화는 하위의 사실 및 현상에 대한 사고를 통해 상위의 주장을 도출하는 방법이므로 적절하지 않다.

④ 이슈트리는 수립된 초기가설의 옳고 그름을 판별하기 위해 이슈를 계층적으로 도식화한 방법이므로 적절하지 않다.

⑤ QDT(Quick and Dirty Test)는 초기가설이 좋은 가설인지 아닌지를 판별하기 위해 그 가설이 사실이 되도록 하는 전제 또는 틀리게 하는 요인이 무엇인지를 묻는 방법이므로 적절하지 않다.

12 문제해결능력 - 문제처리능력

정답 ③

✎ **출제포인트** 원인 분석 단계

제시된 사례에서 K 대리는 높은 직원 교체율이라는 문제를 분석하여 문제가 발생하게 된 근본 원인을 도출한 후 조사를 통해 주요 원인을 파악해 가고 있으므로 문제 상황에 대한 원인을 모두 조사한 후 주요 원인을 범주화해 가는 과정인 '원인 분석 단계'와 가장 관련 있다.

13 문제해결능력 - 사고력

정답 ⑤

✎ **출제포인트** 조건추리

제시된 조건에 따르면 진수는 축구를 선택했고 혼자 취재하지 않으며, 찬호와 동욱이는 축구를 선택하지 않으므로 근수가 축구를 선택함을 알 수 있다. 이때, 동욱이는 찬호와 선택하는 종목이 다르므로 동욱이가 농구를 선택하는 경우와 배구를 선택하는 경우를 나누어 생각해 본다. 동욱이가 농구를 선택했을 경우에는 찬호는 배구나 야구를 선택하고, 동욱이가 배구를 선택했을 경우에는 찬호는 농구나 야구를 선택한다.
따라서 찬호가 야구를 선택하는 경우가 존재하므로 항상 거짓인 설명이다.

14 문제해결능력 - 사고력

정답 ④

✎ **출제포인트** 명제추리

어떤 라디오 PD가 예능 PD라는 것은 어떤 사람은 라디오 PD면서 예능 PD라는 것이므로, 모든 예능 PD가 유머 감각이 있으면, 라디오 PD면서 유머 감각이 있는 예능 PD가 존재하게 된다.
따라서 '어떤 라디오 PD는 유머 감각이 있다'가 들어가야 한다.

15 문제해결능력 - 사고력

정답 ③

✎ **출제포인트** 조건추리, 강의 시간표

A와 C가 수강하는 강의 중 하나는 시작과 종료 시각이 서로 같으므로 A와 C는 화요일 10시에 시작하는 전공 강의 또는 목요일 10시에 시작하는 교양 강의를 각각 수강한다. 이때, C는 전공 강의를 수강하지 않으므로 C가 목요일 10시에 시작하는 교양 강의, A가 화요일 10시에 시작하는 전공 강의를 수강함을 알 수 있다.
또한, D와 E는 3시간짜리 강의를 수강하고, E는 전공 강의를 수강하지 않으므로 D는 월요일 9시에 시작하는 전공 강의를, E는 수요일 15시에 시작하는 교양 강의를 수강한다. 이에 따라 A~E는 각자 서로 다른 요일의 강의를 수강하므로 B는 금요일에 교양 강의를 수강한다.
따라서 A와 B가 강의를 수강하는 요일을 순서대로 바르게 나열하면 '화요일, 금요일'이다.

16 문제해결능력 - 사고력

정답 ⑤

✎ **출제포인트** 논리적 오류의 유형, 논점 일탈의 오류

우리 팀의 상반기 영업 실적 하락의 원인 및 상반기 영업 활동의 문제점을 분석하고 이에 대한 해결방안을 논의하자는 A의 말에 B는 비단 우리 팀뿐만 아니라 기업의 전반적인 영업 실적이 하락하는 문제가 발생하였으며, 이에 대한 해결방안으로 모든 조직 구성원들의 사기 진작을 위한 기업 차원의 노력이 필요하다는 논점에서 벗어난 발언을 하고 있으므로 B의 발언에 해당하는 논리적 오류는 논점과 관계없는 주장을 제기하여 논점과 무관한 결론으로 이끌 때 발생하는 오류인 '논점 일탈의 오류'가 가장 적절하다.

✓ 오답 체크

① 허수아비 공격의 오류: 자신의 주장이 빈약할 때 엉뚱한 문제를 공격해 이익을 취하는 오류로, 상대방의 주장과는 전혀 상관없는 별개의 논리를 만들어 공격하는 오류
② 무지의 오류: 증명할 수 없거나 증명이 어려운 주장이 증명되지 않았다는 이유로 그 반대의 주장이 참이라고 생각하는 오류
③ 잘못된 유추의 오류: 비교가 되는 두 대상이 몇 가지 측면에서 비슷하다는 점을 근거로 다른 성질까지 동일하다고 여길 때 발생하는 오류
④ 과대 해석의 오류: 의도하지 않은 행위의 결과에 대해 의도가 있었다고 확대 해석할 때 발생하는 오류

17 문제해결능력 - 문제해결능력

정답 ③

✎ **출제포인트** 문제해결방법, 소프트 어프로치

㉠ 소프트 어프로치는 문제해결을 위해 직접적으로 표현하는 것은 바람직하지 않다고 여기며, 무언가를 시사하거나 암시를 통해 의사를 전달하고 기분을 서로 통하게 하므로 적절하다.
㉣ 대부분의 기업에서 볼 수 있는 소프트 어프로치는 조직 구성원이 같은 문화적 토양을 갖고 이심전심으로 서로를 이해하는 상황을 가정하므로 적절하다.

따라서 문제해결을 위한 방법 중 소프트 어프로치에 대한 설명으로 적절한 것은 '㉠, ㉣'이다.

✓ 오답 체크

㉡, ㉢ 문제해결을 위한 방법 중 하드 어프로치에 대한 설명이므로 적절하지 않다.

18 문제해결능력 - 문제해결능력

정답 ①

출제포인트 문제해결의 장애요인

김 대리는 립스틱에 활용할 용기를 선정한다는 문제에 대해 동료 직원의 정보만을 듣고 직관에 의해 성급하게 판단하여 동일한 용기를 더 비싸게 구매하는 문제를 발생시켰다.
따라서 김 대리의 사례에서 나타난 문제해결의 장애요인으로 가장 적절한 것은 ①이다.

19 문제해결능력 - 문제처리능력

정답 ②

출제포인트 지문추론

착한 운전 마일리지는 면허 벌점을 공제하지 않는 한 계속해서 유지되므로 가장 적절하지 않다.

20 문제해결능력 - 문제처리능력

정답 ⑤

출제포인트 지문추론, 안내문 이해

'3. 지원 방법'에 따르면 온라인 누리집(홈페이지) 신청 또는 방문 접수가 가능하며, 방문 접수는 지자체별 행정복지센터나 가까운 노인일자리 수행기관에서 할 수 있으므로 가장 적절하지 않다.

출제예상문제

P.220

01	02	03	04	05	06	07	08	09	10
①	⑤	①	③	⑤	④	①	①	③	④

해설

01 자기개발능력 - 자아인식능력

정답 ①

출제포인트 업무를 대하는 태도

A는 일에 대한 태도가 부정적이지는 않지만, 흥미가 없으며 일을 돈벌이 수단으로 생각하는 상태이고, B는 일에 대한 태도가 긍정적이며 일에 대한 흥미를 가지고 있을 뿐만 아니라 적성에도 맞는 상태이고, C는 일에 대한 태도가 매우 부정적이며 일에 대한 흥미나 만족감을 전혀 느끼지 못하는 상태이다.
따라서 B가 높은 성과를 낼 수 있었던 이유는 긍정적인 태도로 업무를 수행하며 자신의 흥미와 적성을 개발하려고 노력했기 때문이라는 설명이 가장 적절하다.

02 자기개발능력 - 자아인식능력

정답 ⑤

출제포인트 자아존중감

자아존중감은 자기 자신만의 고유한 영역이 아니기 때문에 주변의 의미 있는 타인에게 영향을 받으므로 가장 적절하지 않다.

03 자기개발능력 - 자기관리능력

정답 ①

출제포인트 합리적인 의사결정 과정

김 상무는 의사결정의 기준과 가중치는 확인하였지만, '시간과 효율성'에 치우쳐 잘못된 의사결정을 내린 것이므로 가장 적절하지 않다.

04 자기개발능력 - 자기개발능력

정답 ③

출제포인트 자기개발의 특징

자기개발은 평생에 걸쳐 이루어지는 과정으로, 어떤 특정한 사건이나 요구가 있을 때 일시적으로 이루어지는 과정을 의미하는 것이 아니라 직장생활을 둘러싸고 있는 환경의 변화에 적절하게 대처할 수 있도록 끊임없이 학습하는 과정을 의미하므로 가장 적절하지 않다.

+ 더 알아보기

자기개발의 특징

- 자기개발은 스스로 계획하고 실행한다는 의미로, 개발의 주체는 타인이 아닌 자기 자신이다.
- 자기개발은 개별적인 과정으로, 자기개발을 통해 지향하는 바와 선호하는 방법 등이 사람마다 다르다.
- 자기개발은 평생에 걸쳐서 이루어지는 과정이다.
- 자기개발은 일과 관련하여 이루어지는 활동이다.
- 자기개발은 실생활에서 이루어져야 한다.
- 자기개발은 모든 사람이 해야 하는 것이다.

05 자기개발능력 - 자아인식능력

정답 ⑤

출제포인트 진로정체성

직업적응은 개인이 자신의 요구와 작업환경 사이에 요구조건이 다를 경우 이를 일치시키기 위한 적절한 행동을 하는 것을 의미하는 것으로, 개인과 환경의 요구조건이 불일치할 경우 개인이 작업환경을 변화시키려고 직접 시도하거나 환경의 요구조건에 따르기 위해 자신의 직무 기술의 향상, 새로운 기술 습득 등의 노력을 해야 하므로 가장 적절하지 않다.

+ 더 알아보기

진로정체성이란?

직업의 영역에 있어 자아정체감과 동일선상에 있는 개념으로, 개인의 진로발달에 있어 영향력을 미치는 자신의 흥미, 능력, 목표에 대해 명확하게 확립해 나가는 인지적 나침반과 같다.

진로정체성의 특징

- 진로발달 과정이 시간과 경험에 따라 변화하고 성숙해지는 것과 마찬가지로 진로정체성 또한 시간의 흐름에 따라 변화하고 성숙해질 것으로 예측된다.
- 진로정체성을 형성하기 위해서는 자신의 특성을 파악하여 자아정체성을 확립하는 것이 선행되어야 하며 이는 자신의 주변 환경과의 상호작용을 통해 확립해 나갈 수 있다.

06 자기개발능력 - 자기관리능력 정답 ④

✎ **출제포인트** 일의 우선순위 판단

㉡ 제시된 네 가지 업무 중 제일 먼저 해결해야 할 긴급하고 중요한 문제는 업무 난도가 높아 소요 시간이 길 것으로 예상되나 가능한 한 빨리 처리해야 하면서도 업무적으로도 중요한 '경쟁 업체에 대한 특이사항 관련 보고'가 1순위에 해당한다.

㉠ 계획, 준비해야 할 문제는 업무 난도가 높아 소요시간이 길 것으로 예상되나 업무 완료 기한에 상대적으로 여유가 있고 업무적으로 중요한 '내년도 연간 계획 보고서'가 2순위에 해당한다.

㉣ 빨리 해결해야 할 업무는 업무 난도는 낮지만 배송 소요 일정을 고려하였을 때 빨리 처리해야 하는 업무인 '11월 사용 예정인 사무용 비품 주문'이 3순위에 해당한다.

㉢ 하찮은 일은 업무난도도 낮고 상대적으로 일정에 여유가 있는 '동호회 10월 정기모임 장소 예약'이 4순위에 해당한다.

따라서 업무간의 상대적 긴급성과 중요도를 고려하여 업무 우선순위를 정리한 것은 ④이다.

07 자기개발능력 - 자기관리능력 정답 ①

✎ **출제포인트** 자기관리의 단계 이해하기

제시된 질문은 자신에게 가장 중요한 것을 파악하는 '비전 및 목적 정립' 단계에 하는 것이 가장 적절하다.

08 자기개발능력 - 자아인식능력 정답 ①

✎ **출제포인트** 홀랜드의 직업성격유형

〈보기〉에 제시된 H 씨의 직업성격유형은 '실재형(R)'에 해당한다.

09 자기개발능력 - 경력개발능력 정답 ③

✎ **출제포인트** 지속적인 학습 활동

㉡ 지속적인 학습 활동을 위해서는 자발적 참여와 자기 평가를 기반으로 공식적 프로그램뿐만 아니라 학습 동아리 등 비공식적인 교육훈련 프로그램에 참여하는 활동도 필요하므로 적절하지 않다.

㉣ 학습의 기회가 많아지면 구성원들은 새로운 기술과 지식에 대한 탐색을 통해 변화하는 경력환경에 대응할 수 있고 능동적이고 자발적인 학습 활동을 이어가므로 적절하지 않다.

따라서 지속적인 학습 활동에 대한 설명으로 적절하지 않은 것은 '㉡, ㉣'이다.

✓ 오답 체크

㉠ 지속적인 학습 활동은 업무 차원에서의 직무 경험을 통해 자신의 기술이나 능력 등을 향상시킬 수 있는 학습 활동을 포함하므로 적절하다.

㉢ 지속적인 학습 활동은 새로운 지식이나 기술을 습득하려는 자발적인 노력을 포함하며, 자발적인 활동을 통해 여러 사람과의 교류가 증가하여 자신감이 생긴 구성원들은 자신이 속한 조직에 대한 애착과 몰입이 증가하므로 적절하다.

10 자기개발능력 - 경력개발능력 정답 ④

✎ **출제포인트** 경력개발, 경력개발 계획의 특징

박 과장은 현재 인사팀의 과장으로서 리더십 함양 등 현재의 직무를 성공적으로 수행하기 위한 노력을 게을리하지 않고 있으며, 자신의 역량을 기르기 위해 업무와 관련된 교육 프로그램이나 워크숍에 참가하는 등의 활동을 지속하고 있다.

따라서 박 과장의 활동은 경력목표를 설정하면 이를 달성하기 위한 활동 계획을 수립하는 '경력개발전략 수립' 단계에 해당한다.

출제예상문제

p.262

01	02	03	04	05	06	07	08	09	10
①	④	③	③	②	②	①	⑤	①	④
11	**12**	**13**	**14**	**15**	**16**	**17**	**18**	**19**	**20**
③	④	④	④	③	③	④	④	⑤	④

해설

01 자원관리능력 - 자원관리능력

정답 ①

출제포인트 자원의 종류, 시간/예산/물적자원/인적자원

- 여름철 과도한 냉방으로 에어컨 연료가 무분별하게 낭비되는 경우는 '물적자원'과 관련 있다.
- 이 사원이 집에서 회사까지 출근하는 시간 동안 틈틈이 자격증 공부를 하는 경우는 '시간'과 관련 있다.
- 팀장님이 직원들의 사기를 높이기 위해 칭찬과 격려를 아끼지 않는 경우는 '인적자원'과 관련 있다.

따라서 각 설명과 관련 있는 자원의 종류를 순서대로 바르게 나열하면 '물적자원 – 시간 – 인적자원'이 된다.

02 자원관리능력 - 시간관리능력

정답 ④

출제포인트 시간관리 유형

귀하가 정리한 유 사원의 시간관리능력 평가에 따르면 유 사원은 모든 일에 긍정적이며 에너지가 넘쳐 팀원들에게까지 영향력을 미치며, 빈틈없는 시간관리능력으로 세운 시간계획에는 자신만의 비전과 목표를 포함하고 이를 성실하게 실행으로 옮긴다고 하였으므로 유 사원이 해당하는 시간관리 유형으로 '시간 창조형 인간'이 가장 적절하다.

+ 더 알아보기

시간관리 유형

- **시간 창조형(24시간형) 인간:** 긍정적이며 에너지가 넘치고 빈틈없는 시간계획을 통해 비전과 목표 및 행동을 실천하는 사람
- **시간 절약형(16시간형) 인간:** 8시간의 회사 업무 이외에도 8시간을 효율적으로 활용하고 8시간을 자는 사람으로, 정신없이 바쁘게 살아가는 사람
- **시간 소비형(8시간형) 인간:** 8시간 일하고 16시간을 제대로 활용하지 못하여 빈둥대면서 살아가는 사람으로, 시간은 많은데도 불구하고 마음은 쫓겨 바쁜 척하고 허둥대는 사람
- **시간 파괴형(0시간형) 인간:** 주어진 시간을 제대로 활용하기는커녕 시간관념 없이 자신의 시간은 물론 남의 시간마저 죽이는 사람

03 자원관리능력 - 시간관리능력

정답 ③

출제포인트 목표 설정, SMART 법칙

교육자료에 정리된 SMART 법칙의 'Realistic'에서 목표는 실현 가능한 것으로 세워야 한다고 하였으며 매달 진행되는 사원 평가에서 꾸준한 점수를 유지하기가 목표였던 고 사원이 수행하는 업무마다 최고의 실적을 올려 매달 1등을 하기로 수정한 목표는 실현 가능성이 크지 않으므로 교육 내용을 제대로 이해하지 못한 사원으로 가장 적절하다.

✓ 오답 체크

① 교육자료에 정리된 SMART 법칙의 'Specific'에서 목표는 최대한 구체적으로 작성해야 한다고 하였으므로 적절하다.
② 교육자료에 정리된 SMART 법칙의 'Action-Oriented'에서 목표는 생각이 아닌 행동을 중심으로 세워야 한다고 하였으므로 적절하다.
④ 교육자료에 정리된 SMART 법칙의 'Measurable'에서 목표는 수치화, 객관화해서 측정이 가능한 척도를 세워야 한다고 하였으므로 적절하다.
⑤ 교육자료에 정리된 SMART 법칙의 'Time Limited'에서 목표를 설정할 때에는 제한 시간을 두어야 한다고 하였으므로 적절하다.

04 자원관리능력 - 예산관리능력

정답 ③

✎ 출제포인트 가계부 작성

기계부를 통해 효율적으로 예산을 관리하기 위해서는 지출하기 전에 수립해 두었던 예정 지출액과 실제로 지출한 금액의 차이를 파악하여 차후 예산수립 시 참고해야 하므로 가계부 활용 방법으로 가장 적절하지 않다.

+ 더 알아보기

가계부 작성 시 고려사항

- 하루도 거르지 않고, 단돈 10원이라도 정확하게 작성한다.
- 지출하기 전에 먼저 예정 지출액을 계산하여 실제 지출된 금액과 비교·검토한다.
- 예정 지출액과 실제 지출액의 차액을 파악하여 차후 예산 설정에 참고한다.
- 후회되는 지출 항목은 실수를 반복하지 않도록 눈에 잘 띄게 표시한다.

05 자원관리능력 - 예산관리능력

정답 ②

✎ 출제포인트 직접비용, 간접비용 파악하기

직접비용에는 재료비, 원료와 장비 대여 및 구입비, 시설비, 인건비, 여행(출장) 및 잡비 등이 있으며 간접비용에는 보험료, 건물관리비, 광고비, 통신비, 사무비품비, 각종 공과금 등이 있으므로 직접비용에 해당하는 항목은 '㉠ 재료비, ㉡ 시설비, ㉤ 출장 교통비'로 총 3개이다.

06 자원관리능력 - 예산관리능력

정답 ②

✎ 출제포인트 기업예산관리 실무, 예산수립의 타당성 검증

예산의 타당성 및 적정성 검증을 위한 예산과 실적 사이의 차이 분석 시 예산은 월, 분기, 반기별로 수시로 점검해야 하며 점검 시 발견한 문제점은 발견 즉시 즉각적인 조치를 취해야 하므로 예산과 실적 간의 차이를 분석할 때의 행위로 가장 적절하지 않다.

+ 더 알아보기

예산과 실적의 차이를 분석할 때 고려해야 하는 원칙

원칙	내용
발생 원인의 구명	• 예산과 실적이 차이 나는 이유는 한 가지 원인으로 특정되기보다는 여러 원인이 복합적으로 영향을 미치고 있음에 유의해야 함 • 비용 – 효익의 원칙을 적용하여 발생 원인을 규명하여 얻게 될 기대 효익과 발생 원인을 규명하는 데 소요될 기대 비용의 정도를 비교해야 함
신속성의 원칙	• 예산은 월, 분기, 반기, 단위로 수시로 체크해야 하며, 문제점을 발견했을 때에는 즉각적인 조치를 취해야 함
정확성의 원칙	• 예산 차이의 발생에 대한 원인 규명과 개선 조치는 정확하게 이루어져야 함
시기 적절성의 원칙	• 예산 차이의 분석을 할 때에는 의사결정자에게 유용한 정보를 적절하게 제공해 주어야 함

07 자원관리능력 - 예산관리능력

정답 ①

✎ 출제포인트 예산관리, 예산관리의 중요성

예산관리에서 책정 비용을 실제 비용보다 높게 설정할 경우 경쟁력이 손실되고, 책정 비용을 실제 비용보다 낮게 설정할 경우 적자가 발생하여 설정한 책정 비용과 실제 비용의 차이가 작을수록 이상적인 상태라고 할 수 있다고 하였으므로 (가)는 경쟁력 손실, (나)는 적자 발생, (다)는 이상적 상태이다.

08 자원관리능력 - 자원관리능력

정답 ⑤

✎ 출제포인트 자원 낭비의 문제점 파악, 패스트 패션

급변하는 패션 트렌드에 맞춰 저렴한 가격의 옷을 빠르게 생산, 유통하는 패스트 패션은 소비자의 입장에서는 최신 유행하는 옷을 저렴하게 구입할 수 있다는 점에서 각광받고 있으며, 기업의 입장에서는 대량생산 방식을 통해 세소 원가를 낮추고 유통 단계를 축소해 빠른 회전으로 인해 재고의 부담을 줄일 수 있다는 점 때문에 주목받기 시작했으므로 '대량생산으로 인한 원가 하락'은 패스트 패션의 문제점으로 가장 적절하지 않다.

09 자원관리능력 - 물적자원관리능력

정답 ①

출제포인트 물적자원 활용의 방해요인

㉠ 관리 소홀로 인해 물적자원을 분실할 경우 분실한 물품을 다시 구입하는 데 경제적 손실이 발생할 가능성이 높으므로 물적자원관리를 위한 상사의 피드백으로 적절하다.

㉡ 정확한 사용 여부 확인이나 분명한 목적 없이 물품을 구입할 경우 필요 없는 물품 구입으로 인해 경제적 손실이 발생할 가능성이 높으므로 물적자원관리를 위한 상사의 피드백으로 적절하다.

따라서 피드백으로 적절한 것은 ㉠, ㉡이다.

✓오답 체크

㉢ 물품을 적재적소에 공급하지 않고 장기간 보관하게 되면 그로 인해 필요한 새로운 물품을 구입해야 하는 상황이 생기는 등 경제적 손실이 발생할 가능성이 높으므로 물적자원관리를 위한 상사의 피드백으로 적절하지 않다.

㉣ 물품이 언제 어느 시기에 필요하게 될지는 예측하기 어려우며, 따라서 자주 사용하는 물품뿐만 아니라 모든 물품의 보관 장소를 정확히 파악해 두어야 물품을 적재적소에 공급할 수 있으므로 물적자원관리를 위한 상사의 피드백으로 적절하지 않다.

㉤ 물품을 사용한 후에 물품이 있던 원래의 위치가 아닌 다른 곳에 둘려놓는 것은 물품의 보관 장소를 파악하지 못한 경우에 해당하며, 물품이 필요할 때 보관 위치를 파악할 수 없어 물품을 적절히 활용하기 어려우므로 못물적자원관리를 위한 상사의 피드백으로 적절하지 않다.

10 자원관리능력 - 인적자원관리능력

정답 ④

출제포인트 인사관리 원칙, 창의력 계발의 원칙

○○기업에서는 직책이나 직무와 관계없이 자신의 아이디어를 제안할 수 있는 발표회를 진행하고, 결과에 따른 인센티브를 제공함으로써 근로자가 자신의 의견을 마음껏 제시할 수 있도록 하고 있으므로 ○○기업의 인사관리 방법은 근로자가 창의력을 발휘할 수 있도록 새로운 제안, 건의 등의 기회를 마련하고 적절한 보상을 하여 인센티브를 제공하는 '창의력 계발의 원칙'과 관련 있다.

11 자원관리능력 - 인적자원관리능력

정답 ③

출제포인트 인적자원의 특징

㉠ 조직에서의 인적자원은 조직에 고용되어 기업 경영을 함께 하는 사람을 말하는 것으로, 기업은 업무에 필요한 인적자원을 선발하여 인적자원이 능력을 발휘할 수 있는 곳에 적절히 배치하고, 활용해야 하므로 적절하다.

㉢ 기업 경영에서 중시되는 이익의 향상 정도는 역량 있는 인적자원의 보유 여부에 따라 달라질 수 있으며, 인적자원의 역량에 따라 기업의 경쟁력이 달라질 수 있으므로 적절하다.

따라서 인적자원에 대한 설명으로 적절한 것은 ㉠, ㉢이다.

✓오답 체크

㉡ 조직 차원에서의 인적자원은 조직에 고용된 사람을 의미하는 것으로, 산업환경이 발달함에 따라 생산 환경이 첨단화, 자동화되더라도 생산요소를 결합하여 새로운 가치를 창조하는 것은 인적자원만이 할 수 있는 영역이므로 적절하지 않다.

[12-13]

12 자원관리능력 - 물적자원관리능력

정답 ④

출제포인트 제품 선택, 제품별 예상 매출액

A 사와 B 사의 매출액 합계를 정리하면 다음과 같다.

		B 사		
		L 제품	M 제품	N 제품
A 사	L 제품	8	7	6
	M 제품	2	5	1
	N 제품	19	6	12

따라서 A 사가 N 제품을, B 사가 L 제품을 홍보했을 때 각각의 매출액은 13억 원 + 6억 원 = 19억 원이므로 'A 사 – N 제품', 'B 사 – L 제품'으로 연결된 ④가 가장 적절하다.

13 자원관리능력 - 물적자원관리능력

정답 ④

출제포인트 주력 제품 선택

2월에 A 사의 주력 제품은 L 제품이므로 B 사의 제품 수익을 극대화하기 위해서는 N 제품을 선택하는 것이 가장 적절하다.

✓오답 체크

①, ② 1월에 A 사의 주력 제품은 M 제품이므로 B 사의 제품 수익을 극대화하기 위해서는 N 제품을 선택해야 하므로 적절하지 않다.

③ 2월에 A 사의 주력 제품은 L 제품이므로 B 사의 제품 수익을 극대화하기 위해서는 N 제품을 선택해야 하므로 적절하지 않다.

⑤ 3월에 A 사의 주력 제품은 N 제품이므로 B 사의 제품 수익을 극대화하기 위해서는 M 제품을 선택해야 하므로 적절하지 않다.

14 자원관리능력 – 시간관리능력

정답 ④

출제포인트 교육 일정 수립, 월간 업무 일정표

D 대리가 신입사원 교육으로 인해 자리를 비우더라도 22일 정규 업무 시간에 사무실에는 대리급 이상인 A 부장, B 차장, C 과장이 근무하고 있으며, 23일 E 사원과 F 사원이 출장을 가더라도 A 부장, B 차장, C 과장과 G 사원이 사무실에 근무하고 있으므로 '22~24일'은 D 대리가 총 2박 3일간 교육을 진행하기에 가장 적절하다.

✓ 오답 체크

① 제시된 <조건>에서 신입사원 교육은 평일에 진행된다고 하였으므로 주말인 4일이 포함된 2~4일은 적절하지 않다.

② 제시된 <조건>에서 대리급 이상인 A 부장, B 차장, C 과장, D 대리 중 3명 이상을 포함하여 총 4명 이상은 사무실에 근무해야 한다고 하였으므로 B 차장의 외부 교육 수강 일정으로 자리를 비우는 7일이 포함된 7~9일은 적절하지 않다.

③ 제시된 <조건>에서 대리급 이상인 A 부장, B 차장, C 과장, D 대리 중 3명 이상을 포함하여 총 4명 이상은 사무실에 근무해야 한다고 하였으므로 15일 오후 2시에 있을 D 대리의 출장 일정은 D 대리의 교육 일정이 오후 1시에 종료될 계획이므로 문제없지만, 13일은 C 과장이 휴가로 인해 자리를 비우므로 13일이 포함된 13~15일은 적절하지 않다.

⑤ 제시된 <조건>에서 인사팀의 팀원 모두는 팀 회의 및 사내 행사에 빠짐없이 참석해야 한다고 하였으므로 오후 12시에 주간회의가 있는 30일을 포함한 28~30일은 적절하지 않다.

15 자원관리능력 – 자원관리능력

정답 ③

출제포인트 자원관리, 낙찰 업체 선정

평가 기준에 따라 입찰 참여 업체별 평가 점수에 가중치를 적용한 최종 점수는 다음과 같다.

구분	최종 점수
A 업체	(70 × 0.6) + (80 × 0.2) + (70 × 0.2) = 72점
B 업체	(80 × 0.6) + (70 × 0.2) + (60 × 0.2) = 74점
C 업체	(90 × 0.6) + (100 × 0.2) + (50 × 0.2) = 84점
D 업체	(70 × 0.6) + (70 × 0.2) + (100 × 0.2) = 76점
E 업체	(80 × 0.6) + (90 × 0.2) + (80 × 0.2) = 82점

따라서 귀하가 선정할 최종 낙찰 업체는 'C 업체'이다.

16 자원관리능력 – 시간관리능력

정답 ③

출제포인트 시간관리, 항공편 선택

최 과장은 뉴욕 현지 시각 기준으로 6월 10일 오전 10시에 열릴 행사에 참석해야 하고, 행사 시작 2시간 전까지 행사장에 도착해야 한다. 이때 뉴욕 공항에서 행사장까지는 1시간이 소요되므로 최 과장은 뉴욕 공항에 늦어도 6월 10일 오전 7시에는 도착해야 한다. [항공편 안내]에 따라 항공편별로 뉴욕 공항에 도착하는 시각을 뉴욕 시각 기준으로 환산하면 다음과 같다.

항공편	뉴욕 도착 일시
JR0023	6월 10일 08:00
ZO1295	6월 10일 08:30
KU0009	6월 10일 06:50
EB5306	6월 10일 07:20
TK0598	6월 10일 07:30

따라서 최 과장이 예약할 항공편은 'KU0009'이다.

17 자원관리능력 – 시간관리능력

정답 ④

출제포인트 일의 우선순위 판단

일의 우선순위를 결정하기 위해서는 먼저 일이 가진 중요성과 긴급성을 바탕으로 주어진 일을 구분해야 하며, 주어진 일 중 가장 먼저 수행해야 하는 업무는 긴급하면서도 중요한 일이다.
따라서 이 사원은 전달 기한이 임박한 '자사 고객 리스트 및 제품 관련 불만사항 정리'를 가장 먼저 완료해야 한다.

18 자원관리능력 – 예산관리능력

정답 ④

출제포인트 예산관리, 임금 지급

제시된 [공공근로자 임금 지급 조건]과 [P 기업 소속 공공근로자 정보]에 따라 P 기업이 소속 공공근로자의 임금에서 부담해야 하는 금액은 다음과 같다.

이름	P 기업 부담 금액
김○○	{(43,000 + 5,000) × 20} × 0.8 = 768,000원
이○○	{(30,000 + 5,000) × 12} × 0.8 = 336,000원
박○○	{(30,000 + 5,000) × 10} × 0.8 = 280,000원
최○○	{(43,000 + 5,000) × 15} × 0.8 = 576,000원

따라서 P 기업이 소속 공공근로자의 임금에서 부담해야 하는 금액은 총 768,000 + 336,000 + 280,000 + 576,000 = 1,960,000원이다.

19 자원관리능력 - 예산관리능력

정답 ⑤

출제포인트 예산관리, 외근비 계산

K 대리의 외근 일자별 왕복 거리에 따른 외근비는 다음과 같다.

외근 일자	외근비
5월 2일	{(22 × 1,600) + 10,000} × 2 = 90,400원
5월 3일	{(38 × 1,600) + 12,000} × 2 = 145,600원
5월 22일	{(12 × 1,600) + 4,000} × 2 = 46,400원
5월 26일	{(18 × 1,600) + 6,000} × 2 = 69,600원

따라서 K 대리가 회사로부터 지원받을 외근비는 총 90,400 + 145,600 + 46,400 + 69,600 = 352,000원이다.

20 자원관리능력 - 물적자원관리능력

정답 ④

출제포인트 물적자원관리, 합리적 선택

팀장의 지시 사항에 따르면 로고 제작 의뢰를 한 후 시안 제작까지 걸리는 기간은 10일을 넘지 않아야 하며, 예산은 120,000원으로 책정되어 있다고 하였으므로 제작에 12일이 소요되는 C 업체와 의뢰 비용이 130,000원인 E 업체에는 로고 제작을 의뢰할 수 없다. 또한, 수정은 3번 이상 가능해야 하며, 로고는 jpg 파일과 일러스트 ai 파일로 각각 받을 수 있어야 하므로 수정 횟수가 1회인 B 업체와 jpg 파일만을 제공하는 A 업체에는 로고 제작을 의뢰할 수 없다.
따라서 김 사원이 로고 제작을 의뢰할 업체는 'D 업체'이다.

제6장 대인관계능력

출제예상문제

p.316

01	02	03	04	05	06	07	08	09	10
③	①	①	⑤	②	③	②	⑤	②	②

해설

01 대인관계능력 - 대인관계능력

정답 ③

✎ **출제포인트** 대인관계능력 향상 방법

정: 대인관계능력 향상을 위해서는 새로운 상황에 직면할 때마다 서로에게 부과되는 기대를 명확히 하고 이를 공유해야 하므로 대인관계능력 향상 방법으로 적절하지 않다.

무: 대인관계능력 향상을 위해서는 잘못된 것을 바로 인정하고 사과하는 것은 중요하지만 반복된 사과는 오히려 신뢰를 잃을 수 있어 사과하게 된 행위를 반복하지 않도록 해야 하므로 대인관계능력 향상 방법으로 적절하지 않다.

따라서 대인관계능력 향상 방법이 적절하지 않은 사람은 '정, 무'이다.

02 대인관계능력 - 리더십능력

정답 ①

✎ **출제포인트** 임파워먼트의 의미와 임파워먼트 환경

㉠ 임파워먼트는 직원들에게 일정 권한을 위임함으로써 목표를 훨씬 수월하게 이룰 수 있으며, 직원들로부터 존경받는 리더가 될 수 있으므로 적절하지 않다.

㉢ 사람들이 현상을 유지하고 이에 대해 순응할 수 있는 환경은 임파워먼트 환경에 반대되는 특징이므로 적절하지 않다.

따라서 적절하지 않은 내용은 '㉠, ㉢'이다.

+ 더 알아보기

임파워먼트 환경

- 임파워먼트 문화는 조심스럽고 정성스럽게 육성되어야 한다.
- 임파워먼트 환경은 사람들의 에너지, 창의성, 동기, 잠재능력을 최대한 발휘하게 한다.
- 반(反) 임파워먼트 환경은 사람들이 현상을 유지하고 순응하게 만든다.
- 임파워먼트 환경은 도전적이고 흥미로운 일, 학습과 성장의 기회, 높은 성과와 지속적인 개선을 가져오는 요인들에 대한 통제, 성과에 대한 지식, 긍정적인 인간관계, 개인들이 공헌하며 만족한다는 느낌, 상부로부터의 지원 등의 특징이 있다.

03 대인관계능력 - 갈등관리능력

정답 ①

✎ **출제포인트** 갈등해결 모델, 윈-윈 전략

1단계인 '충실한 사전 준비'에서는 자신의 위치와 관심사를 확인하고 상대방의 입장과 상대방이 드러내지 않은 입장을 연구해 보아야 하는 단계로, 내가 원하는 것이 무언인지와 왜 원하는지, 그리고 상대방의 입장과 드러내지 않은 관심사가 무엇인지 생각해 보아야 한다.

따라서 상대방이 필요로 하는 것에 대해 생각해 보았다는 점을 언급하는 것은 1단계가 아닌 2단계인 '긍정적인 접근 방식'에서 하는 것이 좋으므로 가장 적절하지 않다.

04 대인관계능력 - 리더십능력

정답 ⑤

출제포인트 변화관리 3단계

㉢ 변화가 왜 필요한지, 무엇이 변화를 일으키는지, 변화가 모두 좋은 것인지를 고려하는 등 변화의 실상을 정확하게 파악하고 이해하는 것은 1단계 '변화 이해'에 해당한다.

㉠ 직원들에게 변화와 관련된 정보를 상세하게 제공하고, 직원들 스스로 변화를 주도하고 있다는 느낌이 들도록 이끌어야 하는 것은 2단계 '변화 인식'에 해당한다.

㉡ 직원들이 변화를 받아들일 수 있도록 리더가 왜 변화가 일어나야 하는지를 직원들에게 설명하고, 변화에 대한 직원들의 노력에 지원해야 하는 것은 3단계 '변화 수용'에 해당한다.

따라서 ㉠~㉢을 변화관리 3단계에 따라 순서대로 바르게 나열하면 '㉢ → ㉠ → ㉡'이 된다.

05 대인관계능력 - 팀워크능력

정답 ②

출제포인트 팀워크와 응집력의 차이

집단의 멤버로서 계속 남아 있기를 바라게 만드는 힘을 뜻하는 것은 '응집력'에 대한 설명이므로 가장 적절하지 않다.

06 대인관계능력 - 협상능력

정답 ③

출제포인트 협상 과정 3단계

㉡, ㉢ 협상의 집행, 평가 등 협상 과정을 계획하거나, 목표 설정, 협상 환경 분석, 협상팀의 선택에 대한 정보수집 등을 통해 협상전략과 전술을 수립하는 것은 '협상 전 단계'에 해당한다.

㉣, ㉥ 상대와 정보를 교환하고 설득이나 양보 등 협상전략과 전술을 구사하거나, 상대와 합의문을 작성하고 교환하여 협상을 종결하는 것은 '협상 진행 단계'에 해당한다.

㉠, ㉤ 상대와 협의된 내용을 비준하고 실행에 옮기거나, 협의 결과를 평가하고 피드백하는 것은 '협상 후 단계'에 해당한다.

따라서 협상 단계에 따라 해야 할 일을 바르게 분류한 것은 ③이다.

07 대인관계능력 - 갈등관리능력

정답 ②

출제포인트 갈등의 성공적인 해결방법

갈등을 성공적으로 해결하기 위해서는 갈등 당사자 간의 차이점보다는 유사점을 강조함으로써 갈등 당사자들이 공통의 토대 위에서 만날 수 있도록 하는 것이 좋으므로 가장 적절하지 않다.

08 대인관계능력 - 협상능력

정답 ⑤

출제포인트 협상실수 유형 및 대처방안

귀하는 아직 협상준비가 되지 않은 상태로, 준비되기도 전에 협상을 시작할 경우 협상의 실패로 이어지는 협상의 실수가 발생할 가능성이 높다.

따라서 준비가 되지 않은 상태에서 상대방이 먼저 협상을 요구하거나 재촉하면 아직 준비가 덜 되었다고 솔직히 말하고 이를 상대방의 입장을 묻는 기회로 삼으며, 협상준비가 되지 않았을 때는 듣기만 하는 것이 좋으므로 대처방안으로 가장 적절한 것은 ⑤이다.

09 대인관계능력 - 고객서비스능력

정답 ②

출제포인트 고객 만족도 조사 계획 수립 방법

안 대리: 고객 만족도 조사의 목적으로 개선목적을 설정할 때는 가능한 한 고객의 감정에 따른 질문 작성이 요구되어 비교적 상세한 질문과 자유 회답이 바람직하므로 적절하지 않다.

김 주임: 고객 만족도 조사를 1회만 시행한다면 정확한 조사 결과를 얻기 어려울 수 있어 연속조사를 하는 것이 좋으며, 연속조사를 할 때는 조사에 생각하지 못한 영향이 미칠 수 있기 때문에 조사 방법이나 질문 내용을 가급적 변경하지 않는 것이 좋으므로 적절하지 않다.

따라서 고객 만족도 조사에 대해 적절하지 않은 발언을 한 사람은 '안 대리, 김 주임'이다.

+ 더 알아보기

고객 만족도 조사의 목적

전체적 경향의 파악	• 고객 만족도 수준은 어떠한 상황에 있는지, 어떻게 변화하고 있는지, 어떠한 요인에 의해 결정되는지, 고객의 심리는 어떻게 되어 있는지 등 전체적인 관점에서 조사함 • 객관성, 공평성, 과학적 합리성이 요구되는 조사가 시행되어야 함
고객에 대한 개별대응 및 고객과의 관계유지 파악	• 개별 고객의 불만 해소, 니즈 파악, 추후 비즈니스 관련 정보 입수가 중요함 • 조사 대상의 선택은 무작위가 아닌 중요 고객을 우선해야 함
평가목적	• 포괄적인 질문이나 상세한 질문은 불필요함 • 평균치 계산으로 많은 목적이 달성될 수 있음
개선목적	• 고객심리 및 평가 결정 요인의 해명 등이 분석 대상이 됨 • 가능한 한 고객의 감정에 따른 질문 작성이 요구되며, 비교적 상세한 질문과 자유 회답이 바람직함

10 대인관계능력 - 협상능력

정답 ②

출제포인트 상대 설득전략

㉡ A 전자는 많은 고객이 직접 보고 체험해보고 구매까지 할 수 있도록 주요 도시마다 팝업 스토어를 오픈했다고 하였으므로 시각화하여 이해시키고, 스스로 느끼게 하여 감동시키고, 변화시켜 설득에 성공하는 'See-Feel-Change전략'이 적절하다.

㉣ A 전자의 팝업 스토어에 방문한 고객 중 유명 인플루언서가 올린 스마트폰 신제품을 직접 사용한 후기를 보고 방문했다고 답한 사람들이 많은 것을 통해 입소문 효과의 영향이 있을 것이라고 하였으므로 과학적 이론보다 자신의 동료나 이웃의 말과 행동에 의해 쉽게 설득되는 '사회적 입증전략'이 적절하다.

따라서 사례를 통해 확인할 수 있는 상대 설득전략으로 적절한 것은 '㉡, ㉣'이다.

✓ 오답 체크

㉠ 상대방 이해전략은 상대방에 대한 이해를 바탕으로 상대를 설득하는 전략이므로 적절하지 않다.

㉢ 헌신과 일관성전략은 상대방의 기대에 헌신적이고 일관성 있게 부응하여 행동함으로써 상대를 설득하는 전략이므로 적절하지 않다.

㉤ 연결전략은 갈등을 야기한 사람과 갈등 관리자를 연결하여 상대를 설득하는 전략이므로 적절하지 않다.

제7장 정보능력

출제예상문제

p.356

01	02	03	04	05	06	07	08	09	10
④	⑤	④	③	⑤	①	②	③	②	③
11	**12**	**13**	**14**	**15**	**16**	**17**	**18**	**19**	**20**
②	②	③	④	②	④	②	③	⑤	①

해설

01 정보능력 - 정보능력 정답 ④

✎ **출제포인트** 자료와 정보와 지식의 구분

맥 도너에 따르면 ㉠ 가치가 평가되지 않은 메시지는 '자료', ㉡ 특정 상황에서 평가된 자료는 '정보', ㉢ 정보가 더 넓은 시간과 내용의 관계를 나타내는 것은 '지식'이다.
엘렌 켄트로의 지식 삼각형은 하단에서부터 상단까지 자료, 정보, 지식 순으로 구성되므로 ㉡ '정보'가 엘렌 켄트로의 지식 삼각형에서 가장 상단에 있는 개념이라는 설명은 가장 적절하지 않다.

02 정보능력 - 컴퓨터활용능력 정답 ⑤

✎ **출제포인트** 엑셀 데이터 입력 방법

한 셀에 여러 줄의 데이터를 입력하기 위해서는 [Alt]+[Enter] 키를 사용해야 하므로 가장 적절하지 않다.

03 정보능력 - 정보처리능력 정답 ④

✎ **출제포인트** 정보분석 절차

정보분석 절차는 '분석과제 발생 → 과제 분석 → 조사항목 선정 → 관련 정보 수집 → 수집 정보 분류 → 항목별 분석 → 종합 및 결론 → 활용 및 정리' 순으로 진행된다.
따라서 빈칸 ㉠~㉢에 들어갈 말을 순서대로 바르게 나열하면 '과제 분석 – 수집 정보 분류 – 종합 및 결론'이 된다.

04 정보능력 - 정보처리능력 정답 ③

✎ **출제포인트** 네티켓

갑: 이메일을 사용할 때는 가능하면 메시지 끝에 성명, 직위, 단체명, 메일주소 등의 정보를 포함하되 너무 길지 않게 작성하는 것이 네티켓이다.
병: 게시판을 사용할 때는 자신이 작성한 글의 내용에 잘못된 점이 있을 경우 빨리 수정하거나 삭제하는 것이 네티켓이다.
정: 온라인 채팅을 할 때는 대화방에 들어갔을 때 그때까지 진행된 대화의 내용과 분위기를 파악하는 것이 네티켓이다.
따라서 네티켓에 따라 바르게 행동한 사람은 갑, 병, 정으로 총 '3명'이다.

✓ 오답 체크

을: 온라인 채팅을 할 때는 광고나 홍보 등을 목적으로 악용하지 않는 것이 네티켓이다.
무: 게시판을 사용할 때는 글의 내용을 파악할 수 있는 함축된 단어로 제목을 작성하는 것이 네티켓이다.

05 정보능력 - 컴퓨터활용능력 정답 ⑤

✎ **출제포인트** 검색 연산자의 종류

앞뒤의 단어가 가깝게 인접해 있는 문서를 검색할 때 연산자는 'NEAR', 기호는 '~'을 사용하므로 빈칸에 들어갈 말로 가장 적절하지 않다.

✓ 오답 체크

① 연산자를 입력할 때는 앞뒤로 공백을 넣어야 하므로 빈칸에 들어갈 말로 적절하다.

② 두 단어가 모두 포함된 문서를 검색할 때 연산자는 'AND', 기호는 '*' 또는 '&'을 사용하므로 빈칸에 들어갈 말로 적절하다.

③, ④ 기호 또는 연산자 다음에 오는 단어를 포함하지 않는 문서를 검색할 때 연산자는 'NOT', 기호는 '-' 또는 '!'를 사용하므로 빈칸에 들어갈 말로 적절하다.

06 정보능력 - 정보처리능력 정답 ①

✎ 출제포인트 악성코드의 종류, 멜리사 바이러스

김 부장의 컴퓨터 시스템을 감염시킨 악성코드는 '멜리사 바이러스'로, 이 악성코드는 이메일에 첨부된 파일을 클릭하는 순간 시스템을 감염시키며 동시에 해당 사용자에게 이메일을 보낸 적이 있는 50명에게 자동으로 파일이 전송되게 하는 등 파급력이 큰 악성코드로 알려져 있다.

✓ 오답 체크

② 예루살렘 바이러스: 감염된 컴퓨터에 잠식해 있다가 실행하는 파일을 손상시키거나 삭제하는 바이러스로 13일의 금요일에 집중적으로 나타남

③ 트로이 목마: 정상적인 기능을 하는 프로그램으로 가장하여 이를 설치하게 유도하고 설치된 프로그램이 실행될 때 활성화되어 부작용을 일으키지만 자기 복제하거나 다른 파일을 감염시키지 않으므로 해당 파일만 삭제하면 치료할 수 있음

④ 스파이웨어: 사용자도 모르는 사이에 컴퓨터에 설치되고 사용자의 정보를 수집하여 사생활을 침해하는 바이러스

⑤ 랜섬웨어: 컴퓨터에 저장된 파일에 암호를 걸어 사용자가 파일을 실행할 수 없도록 하고 이를 볼모로 금전을 요구하는 악성 프로그램

07 정보능력 - 정보처리능력 정답 ②

✎ 출제포인트 진수 변환

각각의 진수를 10진수로 변환하면 다음과 같다.

$10111_{(2)} = (1 \times 2^4) + (0 \times 2^3) + (1 \times 2^2) + (1 \times 2) + (1 \times 1) = 23_{(10)}$

$41_{(5)} = (4 \times 5^1) + (1 \times 1) = 21_{(10)}$

$32_{(7)} = (3 \times 7^1) + (2 \times 1) = 23_{(10)}$

$27_{(8)} = (2 \times 8^1) + (7 \times 1) = 23_{(10)}$

$17_{(16)} = (1 \times 16^1) + (7 \times 1) = 23_{(10)}$

따라서 10진수로 변환하였을 때 나머지와 값이 다른 하나는 '$41_{(5)}$'이다.

+ 더 알아보기

x진수를 10진수로 변환	x진수의 가장 오른쪽 숫자부터 왼쪽으로 차례대로 1, x, x^2, x^3 …을 각각 곱하여 더한다. 예 2진수 $11000_{(2)}$을 10진수로 변환하면 $(1 \times 2^4) + (1 \times 2^3) + (0 \times 2^2) + (0 \times 2) + (0 \times 1) = 24_{(10)}$
10진수를 x진수로 변환	10진수를 x로 나누는 과정을 반복한 후, 나머지를 역순으로 조합한다. 예 10진수 $14_{(10)}$를 2진수로 변환하면 $1110_{(2)}$ 2) 14 2) 7 … 0 2) 3 … 1 1 … 1

08 정보능력 - 컴퓨터활용능력 정답 ③

✎ 출제포인트 정보검색 단계

정보검색 단계를 순서대로 바르게 나열하면 '검색 주제 선정 → 정보원 선택 → 검색식 작성 → 결과 출력'이 된다.

09 정보능력 - 정보처리능력 정답 ②

✎ 출제포인트 효과적인 정보수집 방법

(다) 인포메이션(Information)은 하나의 개별적인 정보를 말하고 인텔리전스(Intelligence)는 수많은 인포메이션 중에 선별한 몇 가지를 연결시켜 무언가를 판단하기 쉽게 도와주는 한 덩어리의 정보를 말하므로 적절하지 않다.

따라서 상사가 해줄 수 있는 조언으로 적절하지 않은 것은 '(다)'이다.

10 정보능력 - 컴퓨터활용능력 정답 ③

✎ 출제포인트 업무에 필요한 응용 소프트웨어

㉠, ㉣ 문자, 그림, 표, 그래프 등 조화롭게 구성된 여러 형태의 문서를 작성할 수 있으며, 입력·표시·저장·편집·인쇄의 기능을 하는 프로그램은 '워드프로세서'이다.

㉡, ㉤ 문서 작업 이외에 수치나 공식을 입력하여 그 값을 계산할 수 있으며, 셀, 열, 행, 영역으로 구성되어 처리하고자 하는 숫자나 데이터를 셀에 기입하는 프로그램은 '스프레드시트'이다.

㉢ 주로 회의나 상담 등에서 정보를 전달할 때 활용되며, 다양한 멀티미디어를 사용할 수 있는 프로그램은 '프레젠테이션'이다.

따라서 응용 소프트웨어에 따라 바르게 분류한 것은 ③이다.

11 정보능력 - 정보능력

정답 ②

출제포인트 미래 정보화 사회의 특징

© 미래 사회에서는 토지, 노동, 자본보다는 새로운 지식과 기술을 개발 · 활용 · 공유 · 저장할 수 있는 지식근로자를 요구할 것이므로 적절하지 않다.

따라서 정보화로 인한 미래 사회의 특징으로 적절하지 않은 것은 '©'이다.

12 정보능력 - 컴퓨터활용능력

정답 ②

출제포인트 유틸리티 프로그램

이미지 뷰어 프로그램은 그림 파일이나 디지털카메라로 찍은 이미지 파일들을 볼 수 있도록 도와주는 유틸리티 프로그램이며, 사용자가 모니터 화면에 재생되는 영상을 원하는 크기, 모양 등을 선택하여 이미지 파일로 변환하고자 할 때는 화면 캡처 프로그램을 사용해야 하므로 가장 적절하지 않다.

13 정보능력 - 컴퓨터활용능력

정답 ③

출제포인트 데이터베이스의 작업 순서

데이터베이스의 작업 순서를 바르게 나열하면 '데이터베이스 만들기 → 자료 입력 → 저장 → 자료 검색 → 보고서 인쇄'가 된다.

14 정보능력 - 정보능력

정답 ④

출제포인트 분류를 이용한 정보관리

정보관리 분류 기준에 따르면 시간적 기준, 주제적 기준, 기능적/용도별 기준, 유형적 기준에 따라 분류해야 하며, 민원인의 이름을 오름차순으로 정렬하는 것은 정보 분류 기준 및 목적이 명확하지 않으므로 가장 적절하지 않다.

✓ 오답 체크

① 시간적 기준에 따라 분류한 것이므로 적절하다.
② 주제적 기준에 따라 분류한 것이므로 적절하다.
③ 유형적 기준에 따라 분류한 것이므로 적절하다.
⑤ 기능적/용도별 기준에 따라 분류한 것이므로 적절하다.

15 정보능력 - 컴퓨터활용능력

정답 ②

출제포인트 엑셀, VLOOKUP 함수

지원자 오진석의 자녀 수를 알아 보기 위해서는 이름이 오진석인 행을 찾아 이에 해당하는 열 번호 위치에 있는 값을 추출해야 한다.

따라서 열 방향의 표나 범위에서 원하는 값을 찾을 때 사용하는 VLOOKUP 함수식인 '= VLOOKUP(검색 값, 검색 범위, 열 번호, 옵션)'을 적용한다. 이때 VLOOKUP 함수의 옵션이 TRUE 또는 1이면 검색 값보다 작거나 같은 값 중에서 가장 근접한 값을 찾고, FALSE 또는 0이면 오차 없이 정확한 검색 값을 찾으므로 [C16] 셀의 값을 찾기 위해서는 옵션이 '0'이어야 한다.

이에 따라 '= VLOOKUP(B16, B4:E13, 3, 0)'이 된다.

구분	설명	적용
검색 값	이름이 오진석이라는 조건을 만족하는 셀의 값	B16
검색 범위	이름이 오진석이라는 조건을 만족하는 셀의 값을 구할 범위	B4:E13
열 번호	조건을 만족하는 셀의 값이 있는 행에 지정된 열 번호	3
옵션	정확한 셀의 값을 찾기 위한 옵션 'TRUE'	0

+ 더 알아보기

함수	설명
HLOOKUP 함수	• 행 방향의 표나 범위에서 원하는 값을 찾을 때 사용하는 함수 • 범위의 첫 번째 행에서 검색 값과 같은 데이터를 찾은 후 검색 값이 있는 열에서 지정된 행 번호 위치에 있는 데이터를 입력함 ㉠ = HLOOKUP(검색 값, 검색 범위, 행 번호, 옵션)
VLOOKUP 함수	• 열 방향의 표나 범위에서 원하는 값을 찾을 때 사용하는 함수 • 범위의 첫 번째 열에서 검색 값과 같은 데이터를 찾은 후 검색 값이 있는 행에서 지정된 열 번호 위치에 있는 데이터를 입력함 ㉠ = VLOOKUP(검색 값, 검색 범위, 열 번호, 옵션)

[16-20]

16 정보능력 - 정보처리능력

정답 ④

✎ **출제포인트** 시스템 에러 코드

제시된 시스템 오류 확인 절차를 통해 최종 Error Level의 값을 산출하면

발견된 Error Level + Factor 2 + Factor 4 = 23 + (−22) + 33 = 34이므로 최종 Error Level 값은 34이다.

따라서 최종 Error Level 값(34)이 30이상~50미만에 해당하여 시스템 상태는 '위험'이므로 입력할 코드는 'ECMO8'이다.

17 정보능력 - 정보처리능력

정답 ②

✎ **출제포인트** 시스템 에러 코드

제시된 시스템 오류 확인 절차를 통해 최종 Error Level의 값을 산출하면

발견된 Error Level + Factor 1 + Factor 6 = 35 + 48 + (−10)이므로 최종 Error Level 값은 73이다.

따라서 최종 Error Level 값(73)이 70이상~90미만에 해당하여 시스템 상태는 '주의'이므로 입력할 코드는 'OKE3A'이다.

18 정보능력 - 정보처리능력

정답 ③

✎ **출제포인트** 시스템 에러 코드

제시된 시스템 오류 확인 절차를 통해 최종 Error Level의 값을 산출하면

발견된 Error Level + Factor 4 + Factor 5 = 52 + 33 + (−28)이므로 최종 Error Level 값은 57이다.

따라서 최종 Error Level 값(57)이 50이상~70미만에 해당하여 시스템 상태는 '경고'이므로 입력할 코드는 'VQ2RP'이다.

19 정보능력 - 정보처리능력

정답 ⑤

✎ **출제포인트** 시스템 에러 코드

제시된 시스템 오류 확인 절차를 통해 최종 Error Level의 값을 산출하면

발견된 Error Level + Factor 3 + Factor 2 + Factor 6 = 85 + (−24) + (−22) + (−10)이므로 최종 Error Level 값은 29이다.

따라서 최종 Error Level 값(29)이 30미만에 해당하여 시스템 상태는 '정지'이므로 입력할 코드는 'SMA'이다.

20 정보능력 - 정보처리능력

정답 ①

✎ **출제포인트** 시스템 에러 코드

제시된 시스템 오류 확인 절차를 통해 최종 Error Level의 값을 산출하면

발견된 Error Level + Factor 5 + Factor 4 + Factor 2 = 107 + (−28) + 33 + (−22)이므로 최종 Error Level 값은 90이다.

따라서 최종 Error Level 값(90)이 90이상에 해당하여 시스템 상태는 '안전'이므로 입력할 코드는 '9HJKB'이다.

출제예상문제

p.402

01	02	03	04	05	06	07	08	09	10
④	③	③	③	④	③	②	③	④	②
11	**12**	**13**	**14**	**15**	**16**	**17**	**18**	**19**	**20**
②	①	③	④	③	①	②	④	③	③

해설

01 기술능력 - 기술능력 정답 ④

출제포인트 기술교양과 기술능력

제시된 글의 빈칸에 들어갈 말은 '기술교양'으로, 기술교양을 지닌 사람들은 기술학의 특성과 역할, 기술체계가 설계·사용·통제되는 방법을 이해하고 기술과 관련된 이익을 가치화하고 위험을 평가할 수 있으며 기술에 의한 윤리적 딜레마에 대해 합리적으로 반응할 수 있다.
따라서 주어진 한계 내에서 제한된 자원을 가지고 일하는 것은 기술교양이 아닌 기술능력이 뛰어난 사람의 특징에 해당하므로 가장 적절하지 않다.

02 기술능력 - 기술선택능력 정답 ③

출제포인트 기술선택을 위한 절차

㉠~㉤에 들어갈 내용을 순서대로 나열하면 '㉠ 중장기 사업목표 설정 → ㉡ 사업전략 수립 → ㉢ 요구기술 분석 → ㉣ 기술전략 수립 → ㉤ 핵심기술 선택'이 된다.

03 기술능력 - 기술선택능력 정답 ③

출제포인트 벤치마킹의 종류

㉢ 직접적 벤치마킹은 정확한 자료의 입수나 조사가 가능하고 벤치마킹 이후에도 지속적인 자료 입수가 가능하다는 장점이 있으나 벤치마킹 수행과 관련된 비용이나 시간이 많이 소요되고 적절한 벤치마킹 대상 선정에 한계가 있다는 단점이 있으므로 적절하지 않다.

㉣ 다각화된 우량기업은 같은 기업 내의 다른 지역, 타 부서, 국가 간의 유사한 활용을 비교 대상으로 하는 내부 벤치마킹이 효과적이므로 적절하지 않다.

따라서 벤치마킹의 종류에 대한 설명으로 적절하지 않은 것은 '㉢, ㉣'이다.

✓ 오답 체크

㉠ 벤치마킹은 비교 대상에 따라 내부, 경쟁적, 비경쟁적, 글로벌 벤치마킹으로 분류할 수 있고, 수행 방식에 따라 직접적, 간접적 벤치마킹으로 분류할 수 있으므로 적절하다.

㉡ 경쟁적 벤치마킹은 동일 업종의 경쟁적 기업을, 글로벌 벤치마킹은 동일 업종의 비경쟁적 기업을 대상으로 하여 동일 업종의 기업을 대상으로 한다는 공통점이 있으므로 적절하다.

㉤ 인터넷이나 문서 형태의 자료를 통해 벤치마킹을 수행하는 방법은 간접적 벤치마킹에 해당하므로 적절하다.

04 기술능력 - 기술적용능력 정답 ③

출제포인트 4차 산업혁명의 특징

2016년 세계경제포럼에서 처음으로 언급된 4차 산업혁명은 첨단 정보통신기술이 융합된 '초융합', 모든 제품이나 서비스가 네트워크로 연결된 '초연결', 사물 스스로 인지하고 제어할 수 있도록 지능화된 '초지능'을 특징으로 한다.
따라서 빈칸 ㉠~㉢에 들어갈 말을 순서대로 나열하면 '초융합 – 초연결 – 초지능'이 된다.

05 기술능력 - 기술능력 정답 ④

✎ 출제포인트 산업재해 발생의 기본적 원인

산업재해가 발생하는 기본적 원인은 '교육적 원인, 기술적 원인, 작업 관리상 원인'으로 구분된다.

㉣ 작업 관리자의 교육이 불충분하여 안전 지식이 부족하거나 안전 수칙을 오해한 것은 '교육적 원인'에 해당한다.

㉢, ㉤ 구조물에 사용된 재료가 부적합하거나, 건물이나 기계 장치의 설계에 결함이 있는 것은 '기술적 원인'에 해당한다.

㉠, ㉡ 현장 작업에 배치되는 인원이 부족하거나, 안전 관리 조직을 구성하지 않거나, 안전 수칙을 제정하지 않은 것은 '작업 관리상 원인'에 해당한다.

따라서 산업재해 발생의 기본적 원인을 바르게 분류한 것은 ④이다.

06 기술능력 - 기술적용능력 정답 ③

✎ 출제포인트 기술 경영자와 기술 관리자

A: 기술 전문 인력을 운용하는 것은 '기술 경영자'에게 필요한 능력이다.

B: 신제품 개발 시간을 단축하는 것은 '기술 경영자'에게 필요한 능력이다.

C: 시스템적인 관점과 공학적 도구나 지원 방식에 대한 이해는 '기술 관리자'에게 필요한 능력이다.

D: 혁신적인 환경을 조성하는 것은 '기술 관리자'에게 필요한 능력이다.

E: 기존의 기술에서 탈피하여 새로운 기술을 빠르게 습득하는 것은 '기술 경영자'에게 필요한 능력이다.

따라서 기술 경영자에게 필요한 역량을 키우기 위한 노력이 적절한 사람은 A, B, E로 총 '3명'이다.

07 기술능력 - 기술선택능력 정답 ②

✎ 출제포인트 기술선택의 의사결정 방법, 상향식 기술선택과 하향식 기술선택

㉡ 상향식 기술선택은 기술자들의 흥미를 유발하고 창의적인 아이디어를 활용할 수 있다는 장점이 있지만, 기술자들의 흥미만을 고려하여 기술을 선택했을 때 시장의 고객들이 요구하는 제품이나 서비스 개발에 부적합한 기술이 선택될 수 있다는 단점이 있으므로 적절하지 않다.

㉤ 하향식 기술선택은 기업이 직면한 외부환경과 기업의 보유 자원을 분석하여 중장기적인 사업목표를 설정해야 하므로 적절하지 않다.

따라서 적절하지 않은 내용은 '㉡, ㉤'이다.

08 기술능력 - 기술이해능력 정답 ③

✎ 출제포인트 기술 시스템의 발전 단계

1단계 발명, 개발, 혁신의 단계와 2단계 기술 이전의 단계에서는 시스템을 디자인하고 초기 발전을 추진하는 기술자들의 역할이 중요하며, 자문 엔지니어와 금융 전문가의 역할이 중요한 단계는 4단계 기술 공고화 단계이므로 가장 적절하지 않다.

✓ 오답 체크

① 2단계 기술 이전의 단계에서는 성공한 기술이 다른 지역으로 이동하므로 적절하다.

② 1단계 발명, 개발, 혁신의 단계에서는 기술 시스템이 탄생하고 성장하므로 적절하다.

④ 4단계 기술 공고화 단계에서는 이전 단계의 경쟁에서 승리한 기술 시스템이 관성화되므로 적절한 설명이다.

⑤ 3단계 기술 경쟁의 단계에서는 기업가의 역할이 중요하므로 적절하다.

09 기술능력 - 기술이해능력 정답 ④

✎ 출제포인트 기술혁신에 필요한 역할

조직 외부에 있는 정보를 내부 구성원들에게 전달하여 조직 내 정보원 기능을 하는 것은 '정보 수문장'에 대한 설명이므로 가장 적절하다.

✓ 오답 체크

① 아이디어 전파와 아이디어 실현을 위해 헌신하는 것은 '챔피언'에 대한 설명이므로 적절하지 않다.

② 리더십을 발휘하여 프로젝트를 기획 및 조직하여 효과적으로 진행될 수 있도록 감독하는 것은 '프로젝트 관리'에 대한 설명이므로 적절하지 않다.

③ 동료들의 혁신을 격려하며, 불필요한 제약으로부터 프로젝트를 보호하는 것은 '후원'에 대한 설명이므로 적절하지 않다.

⑤ 아이디어를 창출하고 가능성을 검증하여 이를 수행할 수 있는 새로운 방법을 모색하는 것은 '아이디어 창안'에 대한 설명이므로 적절하지 않다.

10 기술능력 - 기술적용능력

정답 ②

✎ 출제포인트 기술적용 형태에 따른 특징

㉠, ㉢ 시간 절약과 비용 절감의 효과를 거둘 수 있지만, 선택한 기술이 적합하지 않을 경우 실패로 돌아갈 수 있는 위험부담이 큰 것은 '(A) 선택한 기술을 그대로 적용하는 경우'에 해당한다.

㉣ 불필요하다고 생각하여 버린 기술이 정말로 불필요한가에 대한 문제점이 제기될 수 있는 것은 '(B) 선택한 기술을 적용하되, 불필요한 기술을 버리고 적용하는 경우'에 해당한다.

㉡, ㉤ 자신의 여건이나 환경에 대한 분석을 통해 업무 프로세스의 효율성을 최대화할 수 있지만, 다른 기술적용 형태보다 시간적인 부담이 큰 것은 '(C) 선택한 기술을 분석하고 가공하여 활용하는 경우'에 해당한다.

따라서 (A)~(C)에 해당하는 특징을 바르게 분류한 것은 ②이다.

11 기술능력 - 기술능력

정답 ②

✎ 출제포인트 기술능력 향상 방법, E-Learning을 활용한 기술교육

김 과장은 시간과 공간적인 제약에서 벗어나 스스로 학습을 조절하면서 기술능력을 향상시킬 방법을 고민하고 있으므로 정해진 시간과 장소에 모여서 학습을 할 필요가 없고 컴퓨터만 인터넷에 연결되어 있다면 언제 어디서든 학습이 가능해 시간 · 공간적으로 독립적이고, 원하는 내용을 원하는 시간만큼 원하는 순서대로 학습할 수 있어 개개인의 요구에 맞게 개별화 · 맞춤화할 수 있는 'E-Learning을 활용한 기술교육'을 추천하는 것이 가장 적절하다.

+ 더 알아보기

OFFJT: 계층별 · 직능별 대상자를 직장 외 회의장 등에 모아서 사내 및 사외 전문가를 초빙하여 강의식으로 진행하는 직무교육

12 기술능력 - 기술능력

정답 ①

✎ 출제포인트 기술능력이 뛰어난 사람

기술능력이 뛰어난 사람이 반드시 직무에서 요구하는 구체적인 기능을 소유한 사람만을 의미하지는 않으므로 가장 적절하지 않다.

13 기술능력 - 기술선택능력

정답 ③

✎ 출제포인트 벤치마킹, 벤치마킹의 종류

같은 기업 내의 다른 지역, 타 부서, 국가 간의 유사한 활용을 비교 대상으로 하고 있으므로 '내부 벤치마킹'에 해당하며, 미국의 스타벅스 본사에서는 벤치마킹 대상인 스타벅스커피코리아를 직접 방문하여 자료를 입수 및 조사하였으므로 '직접적 벤치마킹'에 해당한다.

따라서 비교 대상과 수행 방식에 따라 바르게 분류한 것은 ③이다.

14 기술능력 - 기술적용능력

정답 ④

✎ 출제포인트 기술적용 시 고려해야 할 사항

제시된 사례는 모두 '기술의 잠재적 응용 가능성'과 관련 있다.

- 향후 신기술 개발에도 활용할 수 있도록 하는 기술 적용 방법을 택한다고 하였으므로 기술의 잠재적 응용 가능성을 고려하였다고 할 수 있다.
- 그래핀 기술이 개발되면 반도체, 휘어지는 디스플레이, 고효율 태양전지 등 다양한 기술 개발에 쓰일 수 있다고 하였으므로 기술의 잠재적 응용 가능성을 고려하였다고 볼 수 있다.

15 기술능력 - 기술이해능력

정답 ③

✎ 출제포인트 조건에 맞는 제품 선택하기

제시된 대화를 통해 확인할 수 있는 선택 조건과 조건에 부합하는 서비스 유형에 O 표시를 하면 다음과 같다.

구분	슬림	스탠다드	비즈니스	프리미엄	커스터마이징
사용자 수 28명 이상		O	O	O	O
24시간 상담 가능			O	O	O
트래픽 용량 500GB 이상		O	O	O	O
PC 클라이언트 사용 가능		O	O	O	O
연간 비용 200만 원 이하	O	O	O	O	파악 불가

따라서 주어진 조건을 모두 만족하는 클라우드 유형은 비즈니스와 프리미엄이며, 이 중 더 저렴한 클라우드 유형은 비즈니스이므로 이 사원이 구매한 클라우드 클라우드 유형으로 가장 적절한 것은 '비즈니스'이다.

16 기술능력 - 기술적용능력

정답 ①

출제포인트 네트워크 혁명, 네트워크 혁명의 역기능

네트워크 혁명 이전에도 정보 격차, 기술이 야기하는 실업, 범죄자들 간의 네트워크 악용 등과 같은 사회문제는 있었으므로 네트워크 혁명의 역기능 사례가 인터넷의 개발로 등장한 새로운 유형의 사회문제라는 설명이 가장 적절하지 않다.

17 기술능력 - 기술적용능력

정답 ②

출제포인트 적정기술, 융합기술

첫 번째는 '적정기술(중간기술)', 두 번째 '융합기술'에 대한 설명이므로 각 설명에 해당하는 기술용어를 바르게 나열한 것은 ②이다.

+ 더 알아보기

- **원천기술:** 어떠한 제품이나 부품을 만들 때 근원이 되는 기술
- **지속 가능한 기술:** 이용 가능한 자원과 에너지를 고려하고, 자원이 사용되고 그것이 재생산되는 비율의 조화를 추구하며, 자원의 질을 생각하여 자원이 생산적인 방식으로 사용되는가에 주의를 기울이는 기술

18 기술능력 - 기술적용능력

정답 ④

출제포인트 4차 산업혁명 기술

ICT(Information and Communication Technologies)는 정보기술과 통신기술을 총칭하는 개념으로 4차 산업혁명의 도래로 등장한 기술 사례가 아닌 4차 산업혁명의 기반이 되는 개념이므로 가장 적절하지 않다.

[19-20]

19 기술능력 - 기술선택능력

정답 ③

출제포인트 매뉴얼, 매뉴얼 작성 시 주의사항

제시된 문서는 사용자를 위해 제품의 특징이나 사용 방법과 고장 조치방법 등을 알려주는 제품 매뉴얼이며, 매뉴얼을 작성할 때는 의미전달을 명확히 할 수 있도록 명령을 사용함에 있어서 약한 형태보다는 단정적으로 표현해야 하므로 가장 적절하지 않다.

20 기술능력 - 기술이해능력

정답 ③

출제포인트 매뉴얼, 매뉴얼 이해

냉동이 잘 되지 않는 상태이므로 냉동실의 온도가 적절하게 설정되어 있는지 확인하는 것이 가장 적절하다.

출제예상문제

p.452

01	02	03	04	05	06	07	08	09	10
②	②	①	②	⑤	④	④	②	②	⑤
11	12	13	14	15	16	17	18	19	20
④	①	④	④	②	①	⑤	③	④	③

해설

01 조직이해능력 - 조직이해능력 정답 ②

출제포인트 조직이해능력의 필요성

조직의 규모가 작다면 공통된 목적과 조직의 구조를 이해하고 서로 도움을 주고받는 것이 별도의 노력 없이 가능할 수도 있지만, 조직의 규모가 커지게 되면 조직 구성원 간에 정보를 공유하고 하나의 방향으로 나아가 최상의 결과를 창출하기가 어려워지므로 가장 적절하지 않다.

02 조직이해능력 - 조직이해능력 정답 ②

출제포인트 조직과 개인의 관계

조직과 개인의 관계에서 개인이 조직으로부터 얻을 수 있는 보상에는 임금, 성과급, 인정, 칭찬, 만족감 등이 있으며, 개인이 조직에 투입하는 것에는 지식, 기술, 경험 등이 있으므로 A 씨가 조직으로부터 얻을 수 있는 보상으로 '업무에 관한 지식'이 가장 적절하지 않다.

03 조직이해능력 - 경영이해능력 정답 ①

출제포인트 경영참가제도 이해

경영참가제도의 도입으로 인해 경영능력이 부족한 근로자가 경영에 참여할 경우 의사결정이 늦어질 뿐만 아니라 합리적인 의사결정을 기대하기 힘들 수 있으므로 경영참가제도 도입 시 우려할 사항으로 가장 적절하지 않다.

+ 더 알아보기

경영참가제도의 문제점
- 경영능력이 부족한 근로자가 경영에 참여할 경우 의사결정이 늦어지고 합리적인 의사결정 불가능의 문제가 발생할 수 있음
- 대표로 참여하는 근로자가 조합원들의 권익을 지속적으로 보장할 수 있는가의 문제가 발생할 수 있음
- 경영자의 고유한 권리인 경영권이 약화될 수 있음
- 경영참가제도를 통해 분배 문제를 해결함으로써 노동조합의 단체교섭 기능이 약화될 수 있음

04 조직이해능력 - 경영이해능력 정답 ②

출제포인트 경영자의 역할 이해

○○기업 시무식 식순에서 밑줄 친 '20X2년 시장 전망 및 타사 동향 보고'는 대표이사로부터 기업을 둘러싼 제품 시장의 전망과 동향에 대한 정보를 전달받고 있으므로 조직을 둘러싼 외부환경의 변화를 모니터링하고 이를 조직에 전달하는 정보전달자의 역할이 가장 적절하다.

05 조직이해능력 - 경영이해능력 정답 ⑤

출제포인트 관리계층의 수 감소 원인 파악

직접적으로 감독하여 즉각적인 피드백이 필요한 경우에는 관리자가 통제하는 직원의 범위를 축소하고, 관리계층의 수를 증가시켜야 하므로 가장 적절하지 않다.

+ 더 알아보기

구분	장점	단점
좁은 통제 범위	• 높은 수준의 통제 • 경영관리자와 부하 간 높은 친밀감 • 즉각적인 피드백 가능	• 경영관리 단계 증가로 인한 높은 비용 • 느린 의사결정 • 최고경영진 고립 • 직원 자율성 저하
넓은 통제 범위	• 능률 제고와 비용 절감 • 신속한 의사결정 • 조직 유연성 증대 • 임파워먼트로 인한 높은 직무 만족도	• 느슨한 통제 • 친밀감 결여 • 필요한 리더십이나 지원 제공 부족 • 부서 간 조율이나 동시 작업 어려움

06 조직이해능력 - 경영이해능력

정답 ④

✎ **출제포인트** 경영의 과정 이해, 경영계획

경영의 과정은 경영계획, 경영실행, 경영평가의 단계로 이어지며, 경영계획 단계에서는 조직의 미래상을 결정하고 이를 달성하기 위한 대안 분석, 목표 수립, 실행 방안 선정 과정이 이어지므로 대안 분석 단계에 이어지는 과정은 '실행 가능한 목표를 수립하며 실행 방안을 선정'하는 것이 가장 적절하다.

07 조직이해능력 - 체제이해능력

정답 ④

✎ **출제포인트** 기계적 조직과 유기적 조직 구분하기

기계적 조직의 의사소통은 공식적인 경로를 통해 이루어지고 엄격한 위계질서가 존재하며, 유기적 조직의 의사소통은 비공식적인 경로를 통해 상호 간 원활히 이루어지므로 '의사소통' 항목이 가장 적절하지 않다.

08 조직이해능력 - 체제이해능력

정답 ②

✎ **출제포인트** 조직화의 기본 원칙

권한위양의 원칙은 조직의 규모가 확대되면 상위자는 하위자에게 직무에 따르는 권한을 위임해야 한다는 원칙이므로 조직화의 기본 원칙에 대한 발언으로 가장 적절하지 않다.

+ 더 알아보기

조직화의 기본 원칙

조직화의 원칙에는 감독 한계의 원칙, 권한위양의 원칙, 전문화의 원칙, 권한과 책임의 원칙, 조정화 원칙 등이 있다.

- **감독 한계의 원칙:** 상사 한 사람이 직접 감독할 수 있는 부하의 수에는 한계가 있다는 원칙
- **권한위양의 원칙:** 조직의 규모가 확대되면 상위 계층은 하위 계층에 직무를 따르는 권한을 위임해야 한다는 원칙
- **전문화의 원칙:** 관련된 업무별로 분업화하여 전문적으로 수행함으로써 업무의 효율성을 향상시키는 원칙
- **권한과 책임의 원칙:** 조직 구성원은 자신이 담당하고 있는 직무와 똑같은 범위의 책임과 권한을 가져야 한다는 원칙
- **조정의 원칙:** 조직의 각 구성원이 담당하는 업무의 중요성이 적절히 조절되어 상호 통합되어야 한다는 원칙
- **직능화의 원칙:** 업무를 수행할 때 요구되는 일을 중심으로 조직화하는 원칙
- **명령 일원화 원칙:** 조직의 구성원은 한 사람의 상사로부터 명령과 지시를 받아야 한다는 원칙

09 조직이해능력 - 체제이해능력

정답 ②

✎ **출제포인트** 조직도, 조직구조 이해하기

(가)는 기능별 조직구조이며, 기능별 조직구조는 가장 일반적인 조직 형태로서 내용이 유사하고 관련성이 있는 업무를 결합하는 조직 설계 방법으로 주로 단일 제품이나 서비스를 생산 판매하는 소규모 조직에 적합한 구조이다. 반면에 (나)는 사업별 조직구조이며, 사업별 조직구조는 급변하는 환경에 효과적으로 대응하고 제품, 지역, 고객별 차이에 신속하게 적응하기 위해 분권화된 의사결정이 가능하도록 조직을 구조화한 조직 설계 방법이다. 따라서 주요 프로젝트에 의해 조직화하는 것은 급변하는 환경 변화에 효과적으로 대응할 수 있는 (나)와 같은 기능별 조직구조에 대한 설명이므로 가장 적절하지 않다.

10 조직이해능력 - 체제이해능력

정답 ⑤

✎ **출제포인트** 조직목표의 개념 및 특징

㉡ 조직목표는 조직의 존재 이유에 대한 정당성과 합법성을 제공하므로 적절하다.

㉢ 조직목표들 사이에는 상호관계가 형성되어 있으며 서로 영향을 주고받으므로 적절하다.

㉣ 조직목표는 조직의 구조, 조직의 전략, 조직문화 등과 같은 조직체제의 다양한 구성요소들과 상호관계를 가지므로 적절하다.

따라서 조직목표의 개념 및 특징에 대한 설명으로 가장 적절한 것은 'ⓛ, ⓒ, ⓔ'이다.

✓ 오답 체크

㉠ 조직은 다수의 조직목표를 추구할 수 있으므로 적절하지 않다.

㉤ 조직목표들은 한 번 수립되면 달성될 때까지 지속되는 것이 아니라 환경이나 조직 내 다양한 원인에 의해 변동되거나 없어지고 새로운 목표로 대치되기도 하므로 적절하지 않다.

11 조직이해능력 - 업무이해능력

정답 ④

✎ 출제포인트 조직도, 업무 이해

A는 기업의 유무형자산에 대한 관리 및 물품수급계획 수립 및 실적관리 업무를 담당하고 있으므로 A가 소속되어 있는 상급 조직은 '구매물류실'이다. B는 기업에 인력운영 및 종합교육계획 수립뿐만 아니라 경영평가 업무도 담당하고 있으므로 B가 소속되어 있는 상급 조직은 '경영지원실'이다.

따라서 A와 B가 소속되어 있는 상급 조직을 순서대로 바르게 나열한 것은 ④이다.

12 조직이해능력 - 업무이해능력

정답 ①

✎ 출제포인트 조직도, 업무 이해

㉠ 능력개발국에는 능력개발운영부와 능력개발지원부가, 기업서비스국에는 기업지원부와 고용환경부가 소속되어 있으며 홍보협력실과 인식개선센터는 각각의 국과는 독립된 부서이므로 적절하지 않다.

㉡ 고용촉진이사는 중증통합지원국, 장애인서비스국, 기업서비스국의 운영을 총괄하여 담당하고 있으므로 적절하지 않다.

따라서 조직도를 통해 알 수 있는 내용으로 적절하지 않은 것은 '㉠, ㉡'이다.

✓ 오답 체크

㉢ 능력개발국에 능력개발운영부 및 능력개발지원부가 있어 직업능력개발지원 서비스는 능력개발국에서 진행할 가능성이 높으므로 적절하다.

㉣ 조직을 운영하는 데 드는 비용은 주로 기획조정실에 속해 있는 조직예산부에서 진행하므로 적절하다.

13 조직이해능력 - 업무이해능력

정답 ④

✎ 출제포인트 업무 수행 시트, 워크 플로 시트

사례 자료에 따르면 J 씨는 워크 플로 시트를 작성해 활용하고 있다.

가: J 씨는 업무 수행 시트를 활용함으로써 업무를 좀 더 체계적으로 수행하여 좋은 성과를 내고 있으므로 적절하다.

다: 워크 플로 시트는 일의 흐름을 동적으로 보여 주는 데 효과적이므로 적절하다.

라: 워크 플로 시트 작성 시 사용하는 도형을 업무 유형별로 다르게 표현함으로써 주된 작업과 부차적인 작업, 혼자 처리할 수 있는 일, 도움을 필요로 하는 일, 주의해야 하는 일, 도구를 사용해야 하는 일 등으로 구분할 수 있으므로 적절하다.

따라서 사례 자료를 보고 적절한 발언을 한 사람은 '가, 다, 라'이다.

✓ 오답 체크

마: 업무 활동별로 기대되는 수행수준을 달성했는지를 확인하는 데 효과적인 업무 수행 시트는 체크리스트이므로 적절하지 않다.

14 조직이해능력 - 국제감각

정답 ④

✎ 출제포인트 국내총생산(GDP)

국내총생산(GDP)은 국내에서 가계, 기업, 정부 등의 경제 주체가 일정 기간 생산한 재화와 서비스의 가치를 시장에서의 가치로 평가하여 합산한 경제 지표를 의미한다.

㉠ 국내 축구선수가 외국에서 벌어들인 소득은 국내총생산에 가산되지 않으므로 적절하다.

㉡ 국내에서 생산된 중간재의 수출은 국내총생산에 포함되어 중간재 수출이 증가할수록 국내총생산이 증가하는 데 영향을 주므로 적절하다.

㉣ 외국인이 국내에 투자하면 그만큼 국내에서 측정되는 국내총생산이 증가하므로 적절하다.

㉤ 국내총생산과 같은 경제 분야의 지표로는 인간의 삶의 질이나 만족도, 행복 지수 등 주관적인 수치를 측정할 수 없으므로 적절하다.

따라서 국내총생산(GDP)에 대한 설명으로 적절한 것은 '㉠, ㉡, ㉣, ㉤'이다.

✓ 오답 체크

㉢ 국내 경제 주체인 공무원의 임금 상승은 국내총생산이 증가하는 요인이므로 적절하지 않다.

+ 더 알아보기

- GDP: 국적과 관계없이 한 나라의 국경 안에서 모든 경제 주체가 일정 기간 생산 활동에 참여하여 창출하는 최종 재화와 서비스의 시장 가치를 의미한다.
- GNP: 국경과 관계없이 한 나라의 국민이 일정 기간 국내와 국외에서 생산한 최종 재화와 서비스의 시장가치를 의미한다.

15 조직이해능력 – 국제감각 정답 ②

출제포인트 국제동향 파악하기

국제동향을 파악하기 위해서는 신문, 잡지, 인터넷 등의 각종 매체를 활용하여 국제적인 동향을 파악하거나 국제적인 법규나 규정을 숙지하기, 특정 국가의 관련 업무 동향 점검하기, 국제적인 상황 변화에 능동적으로 대처하는 능력들이 요구되므로 단순히 영어학원을 등록하는 것은 국제동향을 파악하기 위한 능력을 기르는 데 영향을 미치지 못하므로 A가 참고할 조언으로 가장 적절하지 않다.

16 조직이해능력 – 국제감각 정답 ①

출제포인트 국제 비즈니스 매너

북미나 유럽 사람들은 엄지와 검지로 동그라미를 만드는 제스처를 긍정의 의미로 사용하며, 프랑스와 벨기에 사람들은 가치 없다는 의미를 표현할 때 사용하므로 가장 적절하지 않다.

✓ 오답 체크

② 라틴아메리카, 동부 유럽, 아랍 사람들에게 시간 약속은 단지 형식적인 약속일 뿐이며 상대방이 으레 기다려 준다고 생각하기 때문에 해당 나라의 사람들과 같이 일할 때는 인내심을 갖고 기다려주는 예의가 필요하므로 적절하다.

③ 아프리카에서 대화할 때는 상대방의 눈을 직접 보지 않고 코 끝 정도를 보면서 대화하는 게 예의이므로 적절하다.

④ 러시아에서 짝수 개의 꽃은 장례식에서 사용하며 선물용으로 꽃을 준비할 때는 홀수 개를 준비해야 하므로 적절하다.

⑤ 서양권에서 식사 시 뜨거운 수프를 먹을 때는 입으로 불어서 식혀 먹는 것이 아니라 숟가락으로 저어서 식힌 후 먹어야 하므로 적절하다.

17 조직이해능력 – 체제이해능력 정답 ⑤

출제포인트 맥킨지의 7-S 모형

제시된 설명은 맥킨지의 7-S 모형 중 '제도 및 절차(System)'에 대한 내용이다.

+ 더 알아보기

맥킨지의 7-S 모형

- **공유가치(Shared value)**: 조직 구성원들의 행동이나 사고를 특정 방향으로 이끌어가는 원칙이나 기준
- **리더십 스타일(Style)**: 구성원들을 이끌어 나가는 전반적인 조직관리 스타일
- **구성원(Staff)**: 조직의 인력 구성과 구성원들의 능력과 전문성, 가치관과 신념, 욕구와 동기, 지각과 태도 그리고 그들의 행동 패턴
- **제도 및 절차(System)**: 조직 운영의 의사 결정과 일상 운영의 틀이 되는 각종 시스템
- **구조(Structure)**: 조직의 전략을 수행하는 데 필요한 틀로, 구성원의 역할과 그들 간의 상호 관계를 지배하는 공식요소를 의미함
- **기술(Skill)**: 하드웨어와 더불어 이를 사용하는 소프트웨어 기술을 포함하는 요소
- **전략(Strategy)**: 조직의 장기적인 목적과 계획 그리고 이를 달성하기 위한 장기적인 행동지침

18 조직이해능력 – 체제이해능력 정답 ③

출제포인트 조직 유형, 매트릭스 조직

제시된 글에서 설명하고 있는 조직 유형으로 가장 적절한 것은 '매트릭스 조직'이다.

✓ 오답 체크

① 사업부제 조직: 단위적 분화의 원리에 따라 제품별 · 지역별 · 고객별 등으로 사업 단위를 편성하고 각각의 독립성을 부여하는 조직 형태이므로 적절하지 않다.

② 프로젝트 조직: 특정한 사업 목표를 달성하기 위해 조직 내의 전문 인력으로 조직을 구성하고 목표가 달성되면 해산하여 본래의 부서로 돌아가는 조직 형태이므로 적절하지 않다.

④ 네트워크 조직: 핵심적인 부문에만 조직의 활동을 집중시키고 나머지 부문에 대해서는 아웃소싱이나 전략적 제휴 등을 통해 외부의 전문가에게 맡기는 조직 형태이므로 적절하지 않다.

⑤ 라인 · 스태프 조직: 직계 · 참모조직으로도 불리며 상급 직원에서 하급 직원까지 순차적으로 연결되는 라인과 라인에 조언을 하는 것이 주된 역할인 스태프로 이루어진 조직 형태이므로 적절하지 않다.

19 조직이해능력 - 경영이해능력

정답 ④

출제포인트 집단 의사결정, 레드팀

레드팀은 조직의 의사결정 과정에서 선의의 비판을 제기하여 조직 편향을 해소하고 합리적인 의사결정을 할 수 있게 하는 제도이다.
따라서 보고서를 작성할 때 부정적인 단어를 사용하지 못하도록 규제하는 기업은 레드팀의 사례로 가장 적절하지 않다.

20 조직이해능력 - 국제감각

정답 ③

출제포인트 다른 문화 이해 방법, 문화충격

귀하의 친구는 자신이 자란 문화에서 체험된 방식이 아닌 다른 방식을 경험하였을 때 의식적 · 무의식적으로 상대 문화를 이질적으로 대하고 불일치, 위화감, 심리적 부적응 상태를 느끼는 문화충격을 경험하고 있으며, 다른 문화에 대해 개방적인 태도를 갖고 자신이 속한 문화의 기준으로 다른 문화를 평가하기보단 자신의 정체성은 유지하되 새롭고 다양한 것을 경험하는 데 즐거움을 느끼도록 적극적 자세를 취하는 것이 필요하다.
따라서 개방적 태도로 다른 문화를 이해해보라는 조언이 가장 적절하다.

제10장 직업윤리

출제예상문제

p.488

01	02	03	04	05	06	07	08	09	10
②	②	⑤	⑤	④	④	④	③	②	④

해설

01 직업윤리 - 직업윤리 정답 ②

✎ 출제포인트 윤리의 의미

(다) 모든 윤리적 규범은 만고불변의 진리가 아니라 시대와 사회 상황에 따라서 조금씩 변하므로 적절하지 않다.

(마) 윤리의 '윤(倫)'은 동료, 친구, 무리, 또래 등의 인간 집단 등을 뜻하기도 하고, 길, 도리, 질서, 차례, 법 등을 뜻하기도 하므로 적절하지 않다.

(바) 윤리의 '리(理)'는 다스리다(治), 바르다(正), 원리(原理), 이치(理致), 가리다(판단, 判斷), 밝히다(해명, 解明), 명백(明白)하다 등을 뜻하므로 적절하지 않다.

따라서 윤리에 대한 설명으로 적절하지 않은 것은 (다), (마), (바)로 총 '3개'이다.

02 직업윤리 - 직업윤리 정답 ②

✎ 출제포인트 직업윤리의 덕목

(가) 자신이 맡은 일이 하늘에 의해 맡겨진 일이라고 생각하는 태도는 '소명의식'에 해당한다.

(나) 자신이 하고 있는 일이 사회나 기업을 위해 중요한 역할을 하고 있다고 믿고 자신의 활동을 수행하는 태도는 '직분의식'에 해당한다.

(다) 자신의 일이 자신의 능력과 적성에 꼭 맞는다 여기고 그 일에 열성을 다해 성실히 임하는 태도는 '천직의식'에 해당한다.

따라서 직업윤리의 덕목이 바르게 연결된 것은 ②이다.

03 직업윤리 - 공동체윤리 정답 ⑤

✎ 출제포인트 기업의 사회적 책임

(가) 법적으로 강제되는 것은 아니지만 도덕적 기준에 부합하는 행동을 해야 하는 기업의 사회적 책임은 '윤리적 책임'에 해당한다.

(나) 기업의 가장 기본적인 책임으로, 기업의 존재 목적이자 본연의 임무인 이윤 창출을 해야 하는 기업의 사회적 책임은 '경제적 책임'에 해당한다.

(다) 기업의 경영 활동이 법의 테두리 내에서 행해져야 함을 의미하는 것으로, 기업의 경영 활동이 사회에 악영향을 미치지 않는 적법한 방법을 준수해야 하는 기업의 사회적 책임은 '법적 책임'에 해당한다.

(라) 이윤 추구와 관계없이 문화 활동, 기부 활동, 자원봉사 등을 자발적으로 하는 사회 공헌 활동을 해야 하는 기업의 사회적 책임은 '자선적 책임'에 해당한다.

따라서 (가)~(라)에 해당하는 기업의 사회적 책임을 바르게 연결한 것은 ⑤이다.

+ 더 알아보기

기업의 사회적 책임 4단계

1단계	경제적 책임	가장 기본적인 책임으로, 이윤 창출을 목적으로 하는 기업이 스스로 생존하기 위해 실천해야 함
2단계	법적 책임	기업은 이윤 창출을 목표로 하되 법이 규정하는 범위 안에서 이루어져야 함
3단계	윤리적 책임	기업 경영은 법으로 강제되지는 않지만, 도덕적으로 기대하는 수준 이상의 행동을 하기 위해 사회의 공통 규범에 따라 운영해야 함
4단계	자선적 책임	기업이 자발적으로 행하는 사회적 책임으로, 경영 활동과 관계없는 기부, 봉사 등의 사회 공헌 활동을 해야 함

04 직업윤리 - 공동체윤리 정답 ⑤

출제포인트 악수 매너

악수는 사회적 지위가 높은 사람이나 연장자가 먼저 청하는 것이 일반적인 예절이므로 가장 적절하지 않다.

05 직업윤리 - 근로윤리 정답 ④

출제포인트 근로윤리, 정직과 성실

㉠ 신뢰를 형성하고 유지하는 데 가장 기본적이고 필수적인 규범으로, 사람과 사람이 함께 살아가는 사회 시스템을 유지하기 위해 요구되는 것은 '정직'에 해당한다.
㉡ 강한 책임감과 목표 지향적 행동을 촉진하는 것으로, 자신의 생각을 그대로 말로 표현하며, 이를 일상생활에서 행동으로 실천하도록 이끄는 것은 '성실'에 해당한다.
따라서 ㉠, ㉡에 들어갈 근로윤리를 바르게 연결하면 '㉠ – 정직, ㉡ – 성실'이다.

06 직업윤리 - 근로윤리 정답 ④

출제포인트 정직하지 못한 행위로 인한 사회적 손실

㉣ 정직하지 못한 행위는 수행해야 할 업무를 공적인 목적과 부합되는 기준으로만 판단하지 않고 사적인 이익과 결부시켜 판단하고 실행함으로써 발생하는 문제이므로 적절하지 않다.
따라서 정직하지 못한 행위로 인한 사회적 손실에 대한 설명으로 적절한 것은 '㉠, ㉡, ㉢'이다.

+ 더 알아보기

정직하지 못한 행위로 인한 사회적 손실

개인의 이득을 위해 행하는 정직하지 못한 행위는 곧 부패로 이어질 수 있다. 부패는 수행해야 할 업무를 공적인 목적과 부합되는 기준으로만 판단하지 않고 사적인 이익과 결부시켜 판단하고 실행함으로써, 전체 시스템의 정상적인 가동을 방해하고 이로 인하여 막대한 사회비용을 수반하게 되어 사회 구성원 전체를 피해자로 만든다.

구분	내용
부패의 원인	사회적 윤리의식의 부재, 건전한 가치관의 미정립, 과도한 법규의 규제, 효율적 사회 시스템의 미비, 공사 구분을 모호하게 하는 문화적인 특성 등
부패의 문제점	부패는 국민 모두가 엄청난 사회비용을 대신 물도록 함으로써 국가와 사회의 정상적인 발전을 방해함

07 직업윤리 - 근로윤리 정답 ④

출제포인트 우리 사회의 성실성

성실의 결핍은 생각과 말, 행동의 불일치를 통해 드러나고 이는 구체적으로 일상의 삶에서 위선과 거짓, 사기, 아첨, 음모 등의 행위로 나타난다고 하였으므로 가장 적절하지 않다.

08 직업윤리 - 공동체윤리 정답 ③

출제포인트 제조물 책임법

'제조물의 의미'에서 법의 적용 대상인 제조물은 제조 · 가공된 동산이며, 다른 동산이나 부동산의 일부를 구성하는 경우를 포함한다고 하였으므로 가장 적절하지 않다.

09 직업윤리 - 공동체윤리 정답 ②

출제포인트 봉사와 책임의식

㉡ 직업인의 책임의식은 자신의 직업에 부여된 사회적 역할 및 책무를 다하는 것이며, 자신이 맡은 바는 어떤 상황에서도 완수하려는 자세이므로 적절하다.
㉢ 직업인의 봉사는 일 경험을 통해 타인과 공동체에 봉사하는 정신을 갖추고 실행하는 태도이며, 고객의 가치를 최우선에 두는 고객 서비스의 개념과도 동일시되므로 적절하다.
따라서 봉사와 책임의식에 대한 설명으로 적절한 것은 '㉡, ㉢'이다.

✓ 오답 체크

㉠ 봉사는 원래 상대방을 위해 도움이나 물건을 제공해 주는 일을 통틀어 부르는 말이었으나 시대의 흐름에 따라 그 의미가 자원봉사에 가깝게 한정되어 사용되고 있으므로 적절하지 않다.
㉣ 사전상 국가나 사회 또는 남을 위하여 자신을 돌보지 아니하고 힘을 바쳐 애씀은 봉사를 의미하므로 적절하지 않다.

10 직업윤리 - 공동체윤리

정답 ④

출제포인트 일터에서의 바람직한 전화 매너

자신이 원하는 상대방과 전화 통화를 할 수 없는 경우를 대비하여 다른 사람에게 메시지를 남길 수 있도록 미리 준비해야 하므로 가장 적절하다.

✓ 오답 체크

① 상대방과 전화로 대화할 때는 상대방의 이름을 함께 사용하며 말해야 하므로 적절하지 않다.

② 정보를 얻기 위해 전화를 하는 경우라면 자신이 얻고자 하는 내용을 미리 메모하여 모든 정보를 빠뜨리지 않고 얻을 수 있도록 해야 하므로 적절하지 않다.

③ 상대방이 전달한 용건은 전화를 끊기 전에 다시 한번 정리해 확인해야 하므로 적절하지 않다.

⑤ 통화 담당자가 자리에 없을 경우에는 용건을 확인한 후 대신 처리할 수 있는 업무는 처리 후 담당자에게 처리 상황을 전달해야 하므로 적절하지 않다.

PART 02

NCS 실전모의고사

실전모의고사 1회_영역 분리형

정답

p.498

01 의사소통	02 의사소통	03 의사소통	04 의사소통	05 의사소통	06 의사소통	07 수리	08 수리	09 수리	10 수리
②	②	③	③	④	①	①	①	③	④
11 수리	12 수리	13 문제해결	14 문제해결	15 문제해결	16 문제해결	17 문제해결	18 자기개발	19 자기개발	20 자기개발
④	③	①	⑤	③	⑤	③	②	①	①
21 자기개발	22 자원관리	23 자원관리	24 자원관리	25 자원관리	26 자원관리	27 대인관계	28 대인관계	29 대인관계	30 대인관계
③	①	④	①	②	③	①	③	③	②
31 정보	32 정보	33 정보	34 정보	35 정보	36 기술	37 기술	38 기술	39 기술	40 기술
⑤	③	②	②	⑤	④	②	①	⑤	③
41 조직이해	42 조직이해	43 조직이해	44 조직이해	45 조직이해	46 조직이해	47 직업윤리	48 직업윤리	49 직업윤리	50 직업윤리
②	⑤	①	④	②	⑤	②	①	②	③

취약 영역 분석표

영역별로 맞힌 개수, 틀린 문제 번호와 풀지 못했거나 찍었는데 맞은 문제 번호를 적고 나서 취약한 유형이 무엇인지 파악해 보세요. 취약한 영역은 'PART 1 직업기초능력평가'를 통해 다시 학습하고 틀린 문제와 풀지 못했거나 찍었는데 맞은 문제를 다시 한번 풀어 보세요.

영역	맞힌 개수	틀린 문제 번호	풀지 못했거나 찍었는데 맞은 문제
의사소통능력	/ 6		
수리능력	/ 6		
문제해결능력	/ 5		
자기개발능력	/ 4		
자원관리능력	/ 5		
대인관계능력	/ 4		
정보능력	/ 5		
기술능력	/ 5		
조직이해능력	/ 6		
직업윤리	/ 4		
Total	/ 50		

해설

01 의사소통능력 - 의사소통능력

정답 ②

✎ 출제포인트 의사소통능력의 의미와 특징

C: 문서적 의사소통은 보존성이 높아 언어적 의사소통의 한계를 극복할 수 있으므로 적절하지 않다.

따라서 의사소통능력에 대한 설명이 적절하지 않은 사람은 'C'이다.

02 의사소통능력 - 경청능력

정답 ②

✎ 출제포인트 효과적인 경청 방법

효과적인 경청을 위해서는 상대방이 전달하려는 메시지가 무엇인가를 생각해 보고 자신의 삶, 목적, 경험과 관련지어 보는 태도가 필요하므로 상대방의 입장에서 생각해 보기 위해 상대방이 전달하는 메시지를 자신과 관련짓지 않고 분리하려는 태도는 효과적인 경청 방법으로 가장 적절하지 않다.

03 의사소통능력 - 의사표현능력

정답 ③

✎ 출제포인트 의사표현 방해요인, 쉼

이야기 속에서 주어지는 침묵의 시간을 말하는 '쉼'은 심리적 효과를 증대시키기 위하여 의식적으로 말을 끊는 행위를 의미하므로 발표하는 도중 다음 말을 생각하는 시간을 확보하기 위해 '쉼'을 활용한다는 것은 가장 적절하지 않다.

04 의사소통능력 - 문서이해능력

정답 ③

✎ 출제포인트 일 경험 중 현장에서 요구하는 문서이해능력

문서이해능력은 문서에 나타난 상대방의 의견을 이해하여 이를 요약 및 정리할 수 있는 능력을 요구하므로 문서에 드러난 타인의 의견을 무조건 수용하는 태도는 문서이해능력에 대한 설명으로 가장 적절하지 않다.

05 의사소통능력 - 문서이해능력

정답 ④

✎ 출제포인트 중심 내용 파악, 팽이의 회전 관성

이 글은 팽이의 회전 관성으로 인해 팽이가 쓰러지지 않고 계속 돌 수 있으며, 팽이의 세차 운동으로 인해 회전하는 팽이에 외부의 힘이 가해져도 넘어지지 않고 기울어진 채로 회전할 수 있다는 내용이므로 이 글의 제목으로 가장 적절한 것은 ④이다.

06 의사소통능력 - 문서이해능력

정답 ①

✎ 출제포인트 세부 내용 파악, ADHD

ADHD는 약물치료를 통해 큰 효과를 볼 수 있으나 완전한 치료는 불가능해 놀이치료, 사회성치료, 부모 교육과 같은 다양한 치료법을 병행해야 한다고 하였으므로 약물치료를 지속적으로 받으면 ADHD를 완치할 수 있다는 것은 아님을 알 수 있다.

✔ 오답 체크

② 아동 ADHD를 내버려 두면 청소년기나 성인기까지 증상이 계속될 수 있다고 하였으므로 적절한 내용이다.

③ ADHD의 원인은 아직 명확히 밝혀지지 않았으며, 산모의 흡연이나 음주는 원인으로 거론되는 다양한 요인 중 하나라고 하였으므로 적절한 내용이다.

④ ADHD가 나타나는 정확한 원인이 아직 밝혀지지 않았다고 하였으므로 적절한 내용이다.

⑤ 산만한 행동은 아동에게 나타나는 일반적인 현상이라고 하였으므로 적절한 내용이다.

07 수리능력 - 도표작성능력

정답 ①

✎ 출제포인트 도표의 종류별 활용

㉠ 총매출액에서 상품 유형별 매출액이 각각 차지하는 비중을 살펴보기 위해서는 원을 내용의 구성비에 따라 분할하여 전체에 대한 구성비를 표현할 때 사용하는 '원 그래프'가 가장 적절하다.

㉡ 1~4분기에 전체 상품 유형의 총매출액이 가장 높은 시기와 해당 시기의 상품 유형별 매출액을 확인하기 위해서는 각 층을 연결한 선과 선 사이의 크기를 통해 데이터 변화를 나타내어 합계와 각 부분의 크기를 실수로 나타내고 시간적 변화를 파악할 때 사용하는 '층별 그래프'가 가장 적절하다.

✓ 오답 체크

- 선 그래프: 주로 시간의 경과에 따라 변화하는 수량의 상황을 선의 기울기로 나타내는 그래프로, 경과·비교·분포·상관관계 등을 나타낼 때 사용됨
- 막대 그래프: 비교하고자 하는 수량을 막대 길이로 표시하고 그 길이를 비교하여 각 수량 간의 대소관계를 나타내는 그래프로, 가장 간단한 형태이며 선 그래프와 같이 각종 그래프의 기본을 이루어 내역·비교·경과·도수 등을 나타낼 때 사용됨

08 수리능력 - 기초연산능력 정답 ①

출제포인트 수추리, 사칙연산

제시된 각 숫자 간의 값이 ÷4, +1, −5, ÷4, +1, −4, ÷4, +1, −3으로 변화하므로 빈칸에 들어갈 알맞은 숫자는 '448'이다.

09 수리능력 - 기초연산능력 정답 ③

출제포인트 사칙연산

단체의 총인원은 39명이며 후보자들을 제외하고 투표에 참여한 인원은 39 − 4 = 35명이므로 후보자 4명이 득표수를 균등하게 나누어 가질 경우에 각 득표수는 $\frac{35}{4}$ = 8.75표가 된다.

이때 A의 득표수가 8표 이하이면 후보자 4명 중 A의 득표수가 가장 적은 경우가 발생할 수 있으므로 A의 득표수가 9표일 경우부터 확인한다. A의 득표수가 9표이면, 9표보다 적은 득표수를 가진 후보자가 적어도 한 명은 반드시 존재하게 되므로 A는 대표로 선출된다.

따라서 A가 대표로 선출되는 것이 확실시되려면 A의 득표수는 최소 9표여야 한다.

10 수리능력 - 기초통계능력 정답 ④

출제포인트 확률, 여사건, 곱셈법칙

100m 달리기에서 우승하는 사건과 400m 계주에서 우승하는 사건이 동시에 일어나야 하므로 두 확률을 곱하여 구한다.

100m 달리기에서 우승할 확률은 1 − 0.4 = 0.6이다.

따라서 2학년 3반이 두 종목에서 모두 우승할 확률은 0.6 × 0.5 = 0.3이므로 30%이다.

[11-12]

11 수리능력 - 도표분석능력 정답 ④

출제포인트 예비군 훈련 참석, 증감 추이·비율·비중·크기 비교

2018년 훈련 대상자 수 중에서 기본훈련 대상자 수가 차지하는 비중은 (1,037 / 3,160) × 100 ≒ 32.8%이므로 옳은 설명이다.

✓ 오답 체크

① 2016~2017년 기본훈련과 작계훈련 대상자 수의 전년 대비 증감 추이를 보면, 기본훈련은 감소, 증가이고, 작계훈련은 증가, 감소로 서로 반대되지만, 2018~2019년 기본훈련과 작계훈련 대상자 수는 모두 전년 대비 감소하므로 옳지 않은 설명이다.

② 2015년 훈련 불참자 수는 3,623 × (1 - 0.941) ≒ 214천 명이고, 동원훈련 대상자 수는 452천 명이므로 훈련 불참자가 모두 동원훈련 대상자라면 동원훈련 참석자 수는 452 - 214 ≒ 238천 명이다. 따라서 전체 훈련 대상자 수 대비 동원훈련 참석률은 (238 / 3,623) × 100 ≒ 6.6%이므로 옳지 않은 설명이다.

③ 제시된 기간 중 훈련 참석률은 2017년에 94.7%로 가장 높지만, 전체 훈련 유형의 대상자 수는 2016년에 3,732천 명으로 가장 많으므로 옳지 않은 설명이다.

⑤ 훈련 유형 중에서 대상자 수가 많은 순서대로 유형별 순위를 매기면 2015~2018년에는 '작계훈련 > 기본훈련 > 동원훈련 > 동미참훈련'이지만, 2019년에는 '작계훈련 > 기본훈련 > 동미참훈련 > 동원훈련'이므로 옳지 않은 설명이다.

12 수리능력 - 도표분석능력 정답 ③

출제포인트 예비군 훈련 참석, 감소량

예비군 훈련 불참자 수 = 전체 예비군 훈련 대상자 수 × (1 − 예비군 훈련 참석률)임을 적용하여 구한다.

동미참훈련 대상자 수가 처음으로 400천 명을 넘은 2019년의 전체 예비군 훈련 대상자 수는 2,884천 명이고, 예비군 훈련 참석률은 93.6%이므로 2019년 예비군 훈련 불참자 수는 2,884 × (1 − 0.936) ≒ 185천 명이다. 2019년의 3년 전인 2016년의 전체 예비군 훈련 대상자 수는 3,732천 명이고, 참석률은 91.7%이므로 2016년 예비군 훈련 불참자 수는 3,732 × (1 − 0.917) ≒ 310천 명이다.

따라서 2019년 예비군 훈련 불참자 수는 2016년 대비 310 − 185 ≒ 125천 명 감소하였다.

13 문제해결능력 - 문제해결능력

정답 ①

✎ 출제포인트 문제의 의미

문제란 업무를 수행함에 있어 정답을 요구하는 질문이나 의논하여 해결해야 하는 사항을 의미하는 것으로, 해결하기를 원하지만 실제로 해결해야 하는 방법을 모르고 있는 상태, 또는 얻고자 하는 해답이 있지만 그 해답을 얻는 데 필요한 일련의 행동을 알지 못하는 상태를 의미하므로 〈보기〉에서 설명하고 있는 용어로 '문제'가 가장 적절하다.

✓ 오답 체크

② 문제해결: 현재 발생한 문제의 원인을 분석하고, 분석 결과를 토대로 해결책을 제시하여 실제 문제가 발생했을 경우 적용해 보는 과정

③ 논리적 사고: 직장 생활 중에서 지속적으로 요구되는 능력으로, 업무 수행 중에 자신이 세운 계획이나 주장을 주위 사람에게 이해시키고 실현하기 위해 필요한 사고

④ 문제점: 문제의 원인이 되는 핵심사항으로, 문제해결을 위해 조치를 취해야 할 대상

⑤ 비판적 사고: 어떤 주제나 주장 등에 대해서 적극적으로 분석하고 종합하며 평가하는 능동적인 사고

14 문제해결능력 - 문제해결능력

정답 ⑤

✎ 출제포인트 창의적 문제

창의적 문제는 해답의 수가 많으며, 많은 답 가운데 보다 나은 것을 선택하므로 가장 적절하다.

✓ 오답 체크

① 창의적 문제는 현재 문제가 없더라도 더 나은 방법을 찾기 위한 탐구로, 문제가 명확하지 않으므로 적절하지 않다.

② 창의적 문제를 해결하기 위해서는 문제를 직관적으로 보는 태도가 필요하므로 적절하지 않다.

③ 창의적 문제는 창의력에 의해 도출된 다양한 아이디어를 통해 해결할 수 있으므로 적절하지 않다.

④ 창의적 문제는 주관적, 감각적, 정성적, 개별적, 특수성을 지니므로 적절하지 않다.

15 문제해결능력 - 문제처리능력

정답 ③

✎ 출제포인트 문제해결절차

문제해결절차는 '문제 인식 → 문제 도출 → 원인 분석 → 해결안 개발 → 실행 및 평가' 순으로 진행된다.

㉡ 해결이 필요한 전체 문제를 파악하여 우선순위를 부여한 문제의 목표를 정하는 것은 '문제 인식'에 해당한다.

㉣ 선정된 문제를 분석하여 해결해야 할 것이 무엇인지를 명확히 하는 것은 '문제 도출'에 해당한다.

㉢ 핵심문제에 대한 분석을 통해 원인을 도출하는 것은 '원인 분석'에 해당한다.

㉠ 문제의 원인을 가장 효과적으로 해결할 수 있는 방안을 수립하는 것은 '해결안 개발'에 해당한다.

㉤ 실제 상황에 적용하고 문제의 원인이 된 요소를 제거하는 것은 '실행 및 평가'에 해당한다.

따라서 문제해결절차에 따라 ㉠~㉤을 순서대로 바르게 나열한 것은 '㉡ → ㉣ → ㉢ → ㉠ → ㉤'이다.

16 문제해결능력 - 문제처리능력

정답 ⑤

✎ 출제포인트 문제 인식 단계, 고객 요구 조사 방법

심층면접법은 조사자와 응답자 간의 일대일 대면접촉에 의해 응답자의 잠재된 동기, 신념, 태도 등을 발견하여 응답자들로부터 조사 주제에 대한 정보를 수집하는 방법으로, 조사자는 면접 진행 과정과 조사 주제에 관한 내용의 대략적인 윤곽을 가지고 면접을 진행해야 한다.

따라서 제시된 자료에서 설명하고 있는 고객 요구 조사 방법으로 '심층면접법'이 가장 적절하다.

✓ 오답 체크

① 델파이 기법: 전문가들을 대상으로 반복적인 피드백을 통한 하향식 의견 도출로 문제를 해결하려는 미래예측 기법으로 흔히 의견 수립, 중재, 타협의 방식을 거듭하는 방법

② 로직트리 기법: 가장 큰 문제점부터 논리적 순서에 따라 작은 단위로 나누어서 분류하는 방법으로, 로직트리를 통해 문제점에 대한 포괄적인 시각을 얻을 수 있으며 문제해결에서 가장 중요한 부분을 명확하게 확인할 수 있음

③ 포커스 그룹 인터뷰: 6~8인으로 구성된 그룹에서 특정 주제에 관해 논의하는 과정으로, 숙련된 사회자의 컨트롤 기술을 통해 집단의 이점을 십분 활용하여 구성원 상호 간의 의견을 도출하는 방법

④ 6색 사고 모자 기법: 색깔이 다른 6개의 모자가 각각 중립적, 감정적, 부정적, 낙관적, 창의적, 이성적 사고를 의미하고, 6개의 모자를 바꾸어 써보면서 모자가 해당하는 유형대로 사고해보는 방법으로, 구성원이 동시에 서로 다른 관점에서 이야기함으로써 생길 수 있는 충돌을 방지한다는 장점이 있음

17 문제해결능력 - 사고력

정답 ③

✎ 출제포인트 명제추리

주어진 명제가 참일 때 그 명제의 '대우'만이 참인 것을 알 수 있다.

㉠ (나)의 '대우'에 따르면 D가 입사지원서를 제출하지 않으면 B도 입사지원서를 제출하지 않으므로 ㉠은 참인 결론이다.

㉡ (가)의 명제에 따르면 A가 입사지원서를 제출하면 B 또는 C도 입사지원서를 제출하고, (나)의 명제에 따르면 B가 입사지원서를 제출하면 D도 입사지원서를 제출한다. 이때, (가)를 분리한 명제인 'A가 입사지원서를 제출하면 B도 입사지원서를 제출한다.'의 진위 여부는 알 수 없으므로 (가)를 분리한 명제와 (나)를 차례로 결합한 ㉡은 알 수 없는 결론이다.

㉢ (가)의 '대우'에 따르면 B와 C 모두 입사지원서를 제출하지 않으면 A도 입사지원서를 제출하지 않지만, B, C 둘 중 한 명이 입사지원서를 제출하지 않을 때 A의 입사지원서 제출 여부는 알 수 없으므로 ㉢은 알 수 없는 결론이다.

18 자기개발능력 - 자기개발능력 정답 ②

출제포인트 자기개발의 필요성

자기개발은 변화하는 환경에 적응하기 위해 필요하며, 환경은 끊임없이 변화하고 있고 변화의 속도도 빨라져 우리가 가지고 있는 지식이나 기술이 과거의 것이 되지 않도록 환경변화에 따라 지속적인 자기개발의 노력이 요구되므로 가장 적절하지 않다.

19 자기개발능력 - 자아인식능력 정답 ①

출제포인트 흥미와 적성의 의미

㉠ 흥미나 적성 모두 선천적으로 부여되면서 후천적으로 개발되는 측면도 있으므로 적절하지 않다.

㉢ 일을 할 때는 단기적으로 이룰 수 있는 작은 단위의 목표를 세움으로써 작은 성공의 경험을 축적하여야 조금씩 성취감을 느껴가며 일에 흥미를 높일 수 있으므로 적절하지 않다.

따라서 흥미와 적성에 대한 설명으로 적절하지 않은 것을 모두 고르면 '㉠, ㉢'이다.

20 자기개발능력 - 자기관리능력 정답 ①

출제포인트 업무수행 성과 향상 방법

자기자본이익률(ROE)은 자기자본의 운영이 얼마나 효율적으로 이루어졌는지 나타내는 지표로, 당기순이익을 자기자본으로 나누어 구하며 자기자본이익률이 높을수록 업무수행 성과를 높일 수 있다. 이에 따라 업무수행 성과를 향상시키기 위해서는 자기자본을 그대로 유지할 때 당기순이익을 높여 자기자본이익률을 높여야 하므로 가장 적절하지 않다.

✓ 오답 체크

② 중요한 업무를 우선으로 처리하고 정해진 마감 기한에 맞추어 지연되지 않도록 함으로써 다른 일이 밀리지 않아 업무수행 성과를 높일 수 있으므로 적절하다.

③ 회사나 팀의 업무 지침은 전문가들에 의해 확립된 것으로 이를 기본적으로 따라야 하며, 그 속에서 자신만의 노하우를 적용함으로써 업무수행 성과를 높일 수 있으므로 적절하다.

④ 다른 사람들이 일하는 방식과 반대로 진행함으로써 더 좋은 해결책이 도출되거나 창의적인 방식으로 보다 쉽게 업무를 처리할 수 있어 업무수행 성과를 높일 수 있으므로 적절하다.

⑤ 비슷한 유형의 업무를 묶어서 처리하여 시간을 효율적으로 관리함으로써 업무수행 성과를 높일 수 있으므로 적절하다.

21 자기개발능력 - 경력개발능력 정답 ③

출제포인트 경력개발의 필요성

조직의 요구에 의해 경력개발이 필요한 이유로는 '경영전략 변화, 승진 적체, 직무환경의 변화, 능력주의 문화'가 있으므로 '개인주의 문화'는 ㉡에 들어갈 수 있는 말로 가장 적절하지 않다.

✓ 오답 체크

① 환경 변화에 의해 경력개발이 필요한 이유로는 '지식정보의 빠른 변화, 삶의 질 추구, 인력난 심화, 중견 사원의 이직 증가' 등이 있으므로 ㉠에 들어갈 수 있는 말로 적절하다.

④, ⑤ 개인의 요구에 의해 경력개발이 필요한 이유로는 '가치관과 신념의 변화, 전문성 함양, 성장 요구 증가, 개인의 고용 시장 가치 증대' 등이 있으므로 ㉢에 들어갈 수 있는 말로 적절하다.

22 자원관리능력 - 자원관리능력 정답 ①

출제포인트 자원낭비 요인, 효율적인 자원관리 방법

자원관리 계획을 미리 세워두지 않고 자원을 사용할 때 충동적이고 즉흥적으로 행동하는 것은 자원낭비 요인에 해당하므로 가장 적절하지 않다.

+ 더 알아보기

자원낭비 요인

- **비계획적 행동**: 자원을 비계획적으로 관리할 경우 목표치가 없어 얼마나 낭비하는지 파악하지 못함
- **편리성 추구**: 자원을 활용할 때 편리함을 최우선으로 추구할 경우 물적자원뿐만 아니라 시간과 돈의 낭비를 초래할 수 있으며 주위의 인맥까지 줄어들 수 있음

- **자원에 대한 인식 부재**: 자원을 물적자원에 국한하여 생각할 경우 무의식적으로 중요 자원을 낭비할 수 있음
- **노하우 부족**: 자원관리에 대한 경험이나 노하우가 부족할 경우 자원을 낭비할 수 있음

23 자원관리능력 - 예산관리능력

정답 ④

✎ **출제포인트** 예산관리

작성한 비품신청서에 따르면 빔프로젝터 1대, 카메라 3대, 이동식 화이트보드 2개를 신청하였지만, 이후 빔프로젝터 1대와 카메라 1대를 추가로 신청하여 결재받았으므로 구매할 빔프로젝터는 2대, 카메라는 4대가 된다.

따라서 세 가지 품목별 금액과 수량을 고려하여 합산하면 비품 구매를 위해 필요한 총예산은 (550,000 × 2) + (600,000 × 4) + (70,000 × 2) = 3,640,000원이다.

24 자원관리능력 - 인적자원관리능력

정답 ①

✎ **출제포인트** 효율적이고 합리적인 인사관리 원칙

㉠ 직무 수행에 가장 적합한 인재를 배치하는 '적재적소 배치의 원칙'이 들어가야 한다.

㉡ 근로자에게 직장에서의 신분이 보장되고 계속해서 근무할 수 있다는 믿음을 주면서 근로자가 안정된 회사 생활을 영위하도록 하는 '종업원 안정의 원칙'이 들어가야 한다.

㉢ 직장 내에서 구성원들이 소외감을 갖지 않도록 배려하고, 유대감을 토대로 협동, 단결하는 체제를 이루도록 하는 '단결의 원칙'이 들어가야 한다.

㉣ 근로자의 인권을 존중하고 공헌도에 따라 노동의 대가를 공정하게 지급하는 '공정 보상의 원칙'이 들어가야 한다.

따라서 ㉠~㉣에 들어갈 효율적이고 합리적인 인사관리의 원칙을 순서대로 바르게 나열한 것은 '적재적소 배치의 원칙 – 종업원 안정의 원칙 – 단결의 원칙 – 공정 보상의 원칙'이다.

25 자원관리능력 - 물적자원관리능력

정답 ②

✎ **출제포인트** 바코드 활용의 특징

다양한 정보를 담아 물품을 관리하고자 할 때 활용하는 물적자원관리 방법은 용량이 큰 QR 코드를 활용하는 것이며, 바코드는 용량 제한이 있어 가격, 상품명 등 한정된 정보만 담을 수 있으므로 가장 적절하지 않다.

+ 더 알아보기

바코드 활용의 장단점

장점	• 기호화된 물품 목록을 작성함으로써 자신이 현재 보유하고 있는 물품의 종류 및 위치를 파악할 수 있음 • 자신이 보유하고 있는 물품에 대한 관리와 새로운 물품 구입에 대한 정보를 한 번에 쉽게 확인할 수 있음
단점	• 동일성의 원칙과 유사성의 원칙을 기반으로 대분류, 중분류, 소분류로 분류 후 목록을 작성해야 한다는 번거로움이 있음 • 작성한 목록을 기반으로 물품을 지속적으로 확인한 후 개정해야 한다는 단점이 있음

26 자원관리능력 - 시간관리능력

정답 ③

✎ **출제포인트** 시간관리의 중요성, 시간관리의 효과

기업은 일을 수행할 때 소요되는 시간을 단축함으로써 비용 절감 및 이익이 상승하여 가격 인상의 효과를 얻을 수 있으므로 가장 적절하지 않다.

✓ 오답 체크

① 시간을 낭비하는 것은 잠재적인 스트레스 유발 요인이 될 수 있기 때문에 시간을 효율적으로 관리하여 주어진 일에 대한 부담을 줄인다면 스트레스 감소 효과를 얻을 수 있으므로 적절하다.

② 직장에서의 시간을 효율적으로 관리한다면 정해진 근무시간 내에 업무를 끝낼 수 있고, 일과 가정 또는 자신의 다양한 여가를 동시에 즐기는 균형적인 삶을 살 수 있으므로 적절하다.

④ 목표의 설정과 시간관리의 관계는 시간을 성공적으로 관리하는 데 매우 중요한 요인으로 작용하기 때문에 시간을 효율적으로 관리하여 목표에 매진할 시간을 확보한다면 바라던 목표를 달성할 수 있으므로 적절하다.

⑤ 개인이나 조직의 입장에서 시간은 매우 한정된 자원 중에 하나이기 때문에 시간을 적절히 관리하여 효율적으로 일한다면 생산성을 향상시킬 수 있으므로 적절하다

27 대인관계능력 - 대인관계능력

정답 ①

✎ **출제포인트** 대인관계 향상 방법

유 사원은 동료와 업무 분담으로 인한 감정적 갈등을 겪고 있으며, 이로 인해 서로에게 불만과 불평을 늘어 놓으며 상처를 주고

있으므로 상대방에 대한 칭찬과 감사의 표시로 상호 신뢰관계를 형성해야 한다는 조언이 가장 적절하다.

✓ 오답 체크

② 책임을 지고 약속한 것을 반드시 지키는 약속 이행의 중요성에 대해 조언하고 있으므로 적절하지 않다.
③ 사소한 관심이나 친절을 통해 인간관계에서의 상처나 손실이 발생하지 않도록 해야 한다는 타인의 사소한 일에 대한 관심의 중요성에 대해 조언하고 있으므로 적절하지 않다.
④ 자신이 한 말은 반드시 행동으로 실현시켜야 한다는 언행일치의 중요성에 대해 조언하고 있으므로 적절하지 않다.
⑤ 실수를 인정하고 인정한 실수는 반복하지 않아야 한다는 진정성 있는 태도의 중요성에 대해 조언하고 있으므로 적절하지 않다.

28 대인관계능력 - 리더십능력

정답 ③

출제포인트 리더십의 유형

파트너십 유형의 리더는 부하 직원들과 자신의 입장을 동등하게 생각하여 성과 및 결과에 대한 책임을 공유하므로 C 팀장이 파트너십 유형에 가장 가까운 사람이다.

✓ 오답 체크

① 독재자 유형의 리더십은 부하 직원들에게 신뢰와 충성을 강조하고 저항하지 못 하게 하는 리더십으로 A 팀장은 독재자 유형에 가까운 사람이다.
② 거래적 리더십은 업무 성과를 낸 만큼 보상한다는 거래적 계약 관계에 기반을 둔 리더십이므로 B 팀장은 거래적 지도자에 가까운 사람이다.
④ 민주주의에 근접한 유형의 리더십은 팀에 정보를 잘 전달하려고 하고, 전체 구성원 모두를 목표 방향 설정에 참여하게 하는 리더십으로 D 팀장은 민주주의에 근접한 유형에 가까운 사람이다.
⑤ 변혁적 리더십은 팀이 처한 문제를 개선하기 위해 명확한 비전을 제시하여 팀원들이 업무에 몰두할 수 있도록 하는 리더십이므로 E 팀장은 변혁적 지도자에 가까운 사람이다.

29 대인관계능력 - 갈등관리능력

정답 ③

출제포인트 갈등 증폭의 원인

B와 C는 신제품 출시와 관련하여 각자의 의견만을 주장하고 있고 갈등을 해결하기 위해 A가 마련한 소통의 자리도 거절하고 있으므로 B와 C가 각자의 입장만 고수하며 의사소통의 폭을 줄이고 있는 것이 기획부서의 갈등 증폭 원인으로 가장 적절하다.

30 대인관계능력 - 협상능력

정답 ②

출제포인트 협상전략의 유형별 특징

㉠ 협력전략에서 협상 당사자들은 원하는 정보 중 우선순위가 높은 것이 아닌 낮은 것에 대해 상대방에게 양보하는 협력적 과정을 통해 합의하므로 적절하지 않다.
㉣ 회피전략은 상대방에게 돌아갈 결과나 자신에게 돌아올 결과에 대해 전혀 관심을 갖지 않을 때 유용한 전략이며, 상대방의 이익과 입장을 고려하여 상대방에게 돌아갈 결과에 더 큰 관심을 가지고 상대방의 주장에 기꺼이 따르는 전략은 유화전략에 해당하므로 적절하지 않다.

따라서 협상전략 유형의 특징에 대한 설명으로 적절하지 않은 것을 모두 고르면 '㉠, ㉣'이다.

31 정보능력 - 컴퓨터활용능력

정답 ⑤

출제포인트 엑셀, COUNTIF 함수

'이형도'의 필기시험 점수를 구하기 위해서는 정답 개수를 구한 후 구해진 개수에 주어진 점수를 곱해야 한다.
따라서 조건의 범위 안에서 특정 조건을 만족하는 셀의 개수를 구해야 할 때 사용하는 COUNTIF 함수를 사용하는 것이 적절하며, COUNTIF 함수식인 '=COUNTIF(조건 범위, 조건)*20'을 적용하면 '=COUNTIF(C5:G5, "정답")*20'이 된다.

구분	설명	적용
조건 범위	조건에 만족하는 셀의 개수를 구할 범위인 OO공사 필기시험 결과의 문항별 정답 개수의 합계	C5:G5
조건	셀 값이 정답인 셀의 개수를 구하는 수식	"정답"

+ 더 알아보기

함수	설명
SUM	지정한 범위의 셀 값의 합을 구할 때 사용하는 함수 ㉯ = SUM(지정한 범위)
SUMIF	지정한 범위의 셀 값 중 조건에 만족하는 셀의 합을 구할 때 사용하는 함수 ㉯ = SUMIF(지정한 범위, 조건식, 합을 구할 범위)
COUNT	지정한 범위에서 숫자가 있는 셀의 개수를 구할 때 사용하는 함수 ㉯ = COUNT(지정한 범위)

32 정보능력 - 컴퓨터활용능력

정답 ③

출제포인트 Microsoft Office Word 단축키

이전 셀 내용으로 돌아가기 위한 단축키는 'Shift + Tab' 키이다.

✓ 오답 체크

㉠, ㉡, ㉣, ㉤ 'Ctrl'이 들어가야 한다.

33 정보능력 - 컴퓨터활용능력

정답 ②

출제포인트 클라우드

제시된 글은 '클라우드'에 대한 설명이다.

클라우드는 구름 저 너머에 있는 것과 같은 인터넷 영역에서 전산 자산을 이용할 수 있는 것을 의미하는 것으로, 사용자들이 복잡한 정보를 보관하기 위해 데이터 센터를 따로 구축하는 것 대신 인터넷을 통해 제공되는 서버를 활용하여 정보를 보관하고 필요할 때마다 사용할 수 있도록 하는 인터넷 서비스를 말한다.

✓ 오답 체크

① 웹 하드: 웹 서버를 통한 파일 및 폴더의 업로드 · 다운로드 · 생성 · 변경 등의 기능으로 여러 사람과 파일을 공유할 수 있도록 대용량 데이터의 저장이 가능하다는 점에서 클라우드 컴퓨팅과 유사하지만, 웹 하드에 저장된 파일을 확인하기 위해서는 관련 소프트웨어가 컴퓨터에 반드시 설치되어 있어야 하는 인터넷 서비스를 말한다.

③ 메신저: 인터넷에서 실시간으로 메시지와 데이터를 주고받을 수 있는 소프트웨어로, 상대방의 접속 여부를 파악해 빠른 응답이 가능하고, 대용량의 파일을 공유하는 등의 장점이 있는 인터넷 서비스를 말한다.

④ SNS: 온라인 인맥 구축을 목적으로 개설된 커뮤니티형 웹 사이트로, 다른 사람과 의사소통을 하거나 정보를 공유, 검색하기 위해 이용하는 인터넷 서비스를 말한다.

⑤ 전자상거래: 인터넷을 통해 상품을 사고팔거나, 재화나 용역을 거래하는 사이버 비즈니스를 의미하며, 넓게는 거래와 관련된 공급자, 금융기관, 정부기관 등과 같이 거래에 관련된 모든 기관과의 관련 행위를 포함한 인터넷 서비스를 말한다.

34 정보능력 - 컴퓨터활용능력

정답 ②

출제포인트 래스터 방식과 벡터 방식의 파일 형식

이미지 파일 형식은 크게 래스터 방식과 벡터 방식으로 구분되며, 래스터 방식은 JPEG, TIFF, BMP, PNG, GIF 등이 있고 벡터 방식은 AI, SVG, VML 등이 있다.

따라서 제시된 특징은 래스터 방식에 대한 설명이므로 'SVG'가 가장 적절하지 않다.

+ 더 알아보기

이미지 파일 형식

래스터 방식	벡터 방식
• 색채 값이 설정된 여러 개의 픽셀이 모여 이미지를 표현함 • 픽셀의 수가 많을수록 화질이 높아지며, 파일 용량이 커짐 • 이미지 크기를 확대하거나 축소할 때 계단 현상과 같이 이미지에 손상이 감 • JPEG, GIF, PNG, BMP 등의 파일 형식이 있음	• 수학식으로 이루어진 점, 직선, 곡선, 다각형으로 이미지를 표현함 • 이미지를 확대해도 화질이 선명하며, 파일 용량이 적음 • AI, SVG, VML, CGM 등의 파일 형식이 있음

35 정보능력 - 정보처리능력

정답 ⑤

출제포인트 1차 자료와 2차 자료

1차 자료는 원래의 연구 성과가 기록된 자료를 의미하므로 1차 자료에 해당하는 것은 '㉡ 학술회의자료, ㉢ 출판 전 배포자료, ㉣ 잡지, ㉤ 신문, ㉥ 특허정보, ㉧ 단행본'으로 '6개'이다.

✓ 오답 체크

'㉠ 편람, ㉦ 백과사전'은 1차 자료를 효과적으로 찾아보기 위한 자료 또는 1차 자료에 포함되어 있는 정보를 압축 및 정리하여 읽기 쉬운 형태로 제공하는 자료를 의미하는 2차 자료에 해당한다.

36 기술능력 - 기술능력

정답 ④

출제포인트 기술의 의미

빈칸에 들어갈 말로 가장 적절한 것은 '기술'이다.

37 기술능력 - 기술이해능력

정답 ②

출제포인트 기술 시스템의 의미와 특징

ㄹ. 기술 시스템의 발전은 기술 시스템이 탄생하고 성장하는 발명 · 개발 · 혁신의 1단계, 성공적인 기술이 다른 지역으로 이동하는 기술 이전의 2단계, 여러 기술 시스템이 경쟁하는 기술 경쟁의 3단계, 경쟁에서 승리한 기술 시스템이 관성화되는 기술 공고화의 4단계로 이루어지므로 적절하지 않다.

따라서 기술 시스템에 대한 설명으로 적절하지 않은 것은 'ㄹ'이다.

38 기술능력 - 기술선택능력 정답 ①

출제포인트 상향식 기술선택, 기술선택의 방법

제시된 글에서 K 제조업체는 기술경영진과 기술기획담당자의 분석을 통해 기업의 전략과 목표 수준을 결정하는 방식에서 벗어나 기술개발 실무자들의 흥미를 유발하여 그들의 창의적인 아이디어를 활용할 수 있는 기술선택의 방법을 고려하고 있으므로 '상향식 기술선택'이 가장 적절하다.

39 기술능력 - 기술선택능력 정답 ⑤

출제포인트 공기청정기 매뉴얼, 매뉴얼 작성 시 유의사항

제품 매뉴얼 작성 시 안전한 제품 사용을 위해 모든 유의사항에 대해 설명을 하는 것이 좋지만, 제품의 설계상 결함이나 위험 요소를 대변해서는 안 되므로 매뉴얼을 보완할 사항으로 가장 적절하지 않다.

✓ 오답 체크

① 매뉴얼은 사용자가 읽기 편한 크기로 제작되어야 하고, 접근하기 쉬운 구조로 제작되어야 하므로 적절하다.
② 제품 매뉴얼은 사용자가 제품의 특징, 사용 방법, A/S 등 제품에 대한 모든 것을 명확하게 확인할 수 있도록 작성되어야 하고, 비전문가도 쉽게 이해할 수 있도록 가능한 한 단순하고 간결하게 작성되어야 하므로 적절하다.
③ 제품 매뉴얼은 혹시 모를 사용자의 오작동까지 고려하여 사용자의 질문들을 예상하고 답을 제공함으로써 사용자를 심리적으로도 배려하여 작성되어야 하므로 적절하다.
④ 매뉴얼은 사용자가 찾고자 하는 정보를 빠르고 쉽게 찾을 수 있도록 구성해야 하므로 적절하다.

40 기술능력 - 기술적용능력 정답 ③

출제포인트 기술적용 형태의 장단점 비교

기술적용 형태로는 '선택한 기술을 그대로 적용하는 경우, 선택한 기술에서 불필요한 기술은 버리고 그대로 적용하는 경우, 선택한 기술을 분석 및 가공하여 활용하는 경우'가 있다.
선택한 기술에서 불필요한 기술은 버리고 그대로 적용하는 경우 부적절한 기술을 선택했을 때 실패의 위험부담이 있다는 단점이 있어 ⓒ의 내용을 수정해야 하므로 ⓒ을 장점으로 이동하라는 것은 검토 내용으로 가장 적절하지 않다.

✓ 오답 체크

① 기술을 그대로 적용하는 경우 시간 절약과 비용 절감이라는 장점이 있으므로 검토 내용으로 적절하다.
② 기술을 선택적으로 적용하는 경우 시간 절약과 비용 절감과 더불어 효율적인 프로세스를 이룰 수 있으므로 검토 내용으로 적절하다.
④ 기술을 가공하여 활용하는 경우 직장에 대한 여건과 환경을 분석하여 그에 맞는 기술을 적용할 수 있으므로 검토 내용으로 적절하다.
⑤ 기술을 가공하여 활용하는 경우 업무 프로세스의 효율성을 최대화할 수 있으므로 검토 내용으로 적절하다.

41 조직이해능력 - 조직이해능력 정답 ②

출제포인트 조직변화의 과정 및 특징

조직문화의 변화는 구성원들의 사고방식이나 가치 체계를 변화시키며, 조직의 목적과 일치시키기 위해 새로운 문화를 유도하기도 하므로 가장 적절하지 않다.

42 조직이해능력 - 경영이해능력 정답 ⑤

출제포인트 브레인스토밍의 정의 및 규칙

브레인스토밍을 통한 의사소통을 할 때 문제를 해결하기 위한 아이디어는 많이 나올수록 좋으므로 가장 적절하지 않다.

43 조직이해능력 - 체제이해능력 정답 ①

출제포인트 집단 간 관계, 집단 간 경쟁

㉠ 집단 간 경쟁이 발생하면 집단 내부에서는 응집성이 강화되고 집단의 활동이 더욱 조직화되므로 적절하지 않다.
따라서 집단 간 발생하는 경쟁에 대한 설명으로 적절하지 않은 것은 '㉠'이다.

44 조직이해능력 - 체제이해능력 정답 ④

출제포인트 유기적 조직, 프로젝트팀

㉡ 유기적 조직에 해당하는 프로젝트팀은 업무가 고정적이지 않아 팀원 간 업무 공유가 가능하므로 적절하지 않다.
㉣ 프로젝트팀은 유기적 조직에 해당하는 팀이므로 적절하지 않다.
따라서 프로젝트팀에 대한 설명으로 적절하지 않은 것을 모두 고르면 '㉡, ㉣'이다.

45 조직이해능력 - 업무이해능력

정답 ②

✎ 출제포인트 조직 내 업무의 특성

조직 내 업무는 조직이 목적을 더 효과적으로 달성하기 위해 세분화된 것으로, 개별 업무들이 요구하는 지식, 기술, 도구의 종류가 다르고 이들 간 다양성의 차이도 크므로 한 조직 내 개별 업무에서 비슷하고 한정된 종류의 지식, 기술, 도구가 요구된다는 것은 가장 적절하지 않다.

46 조직이해능력 - 국제감각

정답 ⑤

✎ 출제포인트 다른 문화 이해 방법, 문화충격

제시된 글은 한 문화권에 속한 사람이 자신이 체득해 온 문화와 다른 문화를 접하게 되었을 때 체험하는 '문화충격'에 대한 내용이다. 이에 대비하기 위해서는 자신의 정체성은 유지하되, 다른 문화의 경험을 통해 새롭고 다양한 것을 접해볼 수 있다는 데 즐거움을 느끼는 태도가 필요하므로 자신의 정체성을 배제하는 태도는 가장 적절하지 않다.

47 직업윤리 - 직업윤리

정답 ②

✎ 출제포인트 윤리적 인간, 죄수의 딜레마

윤리적인 인간은 모든 사람의 행복을 보장하기 위해 '공동의 이익'을 추구해야 하며, 경제적 이득이나 육신의 안락만을 추구하기보다는 '도덕적 가치'를 함께 존중함으로써 형성된다.
따라서 빈칸에 들어갈 말을 순서대로 바르게 나열한 것은 '공동의 이익 – 도덕적 가치'이다.

48 직업윤리 - 직업윤리

정답 ①

✎ 출제포인트 직업윤리의 덕목, 도덕적 타성

비윤리적 행위의 유형으로는 '도덕적 타성, 도덕적 태만, 거짓말'이 있다.
제시된 글에서 관성과 같이 일정한 패턴의 행동을 반복하는 경향이 나타나 윤리적으로 바람직한 행동이 무엇인지를 알면서도 그러한 태도를 취하지 않는 무기력한 모습을 말한다고 하였으므로 ㉠에 들어갈 말은 '도덕적 타성'이며, '도덕적 타성'은 사람들의 낙관적인 성향으로 인해 윤리적 문제를 제대로 인지하지 못하거나 비윤리적인 행동이 미치는 영향이 미미하다고 생각하거나 저절로 좋아질 것이라 생각하는 것에서 기인하므로 가장 적절하다.

✓ 오답 체크

②, ⑤ 제품 설계 시 안전 수칙을 지키지 않아 안전사고를 유발하거나 뇌물을 받았을 때 남들도 다 받는 관행이라고 생각하는 것은 비윤리적인 결과를 피하기 위해 필요한 주의나 관심을 기울이지 않는 '도덕적 태만'에 대한 설명이므로 적절하지 않다.

③, ④ 침묵이나 표정보다는 주로 말이나 글로 표현하는 것으로 한정하며 자신을 보호하거나 자신과 우호적인 제삼자를 보호하기 위한 행위는 상대방을 속이려는 의도로 표현된 메시지인 '거짓말'에 대한 설명이므로 적절하지 않다.

49 직업윤리 - 근로윤리

정답 ②

✎ 출제포인트 근면, 근면의 종류

근면은 외부로부터 강요당한 근면과 스스로 자진해서 하는 근면으로 나누어진다.
가족의 생계유지라는 외부 요인에 의해 동네 곳곳의 허드렛일을 도맡아 하고 있는 감 씨는 외부로부터 강요당한 근면에 해당하므로 땔감을 구해야 한다는 외부 요인에 의해 산에 오르는 B 씨의 사례가 가장 적절하다.

50 직업윤리 - 공동체윤리

정답 ③

✎ 출제포인트 직장 내 성희롱, 직장 내 성희롱 성립 요건

직장 내 성희롱이 성립되기 위한 피해자 요건 중 채용 과정 중에 있는 사람도 성희롱 피해자 범위에 포함된다.
따라서 직장 내 성희롱 성립 요건에 대한 발언이 가장 적절하지 않은 사람은 '윤 사원'이다.

✓ 오답 체크

① 남녀고용평등법상 가해자는 고용 및 근로조건에 관한 결정 권한을 가지고 있는 사업주나 직장 상사를 비롯하여 동료 근로자와 부하직원까지 포함되지만, 거래처 관계자나 고객 등 제삼자는 가해자의 범위에서 제외된다고 하였으므로 적절하다.

② 남녀차별금지 및 구제에 관한 법률에서는 성희롱 가해자 범위에 대하여 공공기관 종사자를 포함하여 거래처 관계자, 고객까지 가해자가 될 수 있다고 하였으므로 적절하다.

④ 사적인 자리에서 만났다고 하더라도 업무를 빙자하여 상대방을 불러내는 등 업무와의 관련성이 있다고 판단되면 직장 내 성희롱이라고 볼 수 있으므로 적절하다.

⑤ 직장 내에서 발생하는 성희롱뿐만 아니라 회식 장소 등에서 발생하는 성희롱도 직장 내 성희롱이라고 볼 수 있으므로 적절하다.

실전모의고사 2회_영역 분리형 고난도

정답

p.524

01 의사소통	02 의사소통	03 의사소통	04 의사소통	05 의사소통	06 의사소통	07 의사소통	08 의사소통	09 수리	10 수리
④	①	④	⑤	④	④	③	⑤	⑤	①
11 수리	**12** 수리	**13** 수리	**14** 수리	**15** 수리	**16** 수리	**17** 문제해결	**18** 문제해결	**19** 문제해결	**20** 문제해결
④	③	⑤	④	③	①	④	④	④	③
21 문제해결	**22** 문제해결	**23** 문제해결	**24** 자기개발	**25** 자기개발	**26** 자원관리	**27** 자원관리	**28** 자원관리	**29** 자원관리	**30** 자원관리
①	③	③	③	③	⑤	③	③	③	①
31 대인관계	**32** 대인관계	**33** 정보	**34** 정보	**35** 정보	**36** 정보	**37** 정보	**38** 기술	**39** 기술	**40** 기술
②	②	④	③	④	①	⑤	①	④	①
41 기술	**42** 기술	**43** 조직이해	**44** 조직이해	**45** 조직이해	**46** 조직이해	**47** 조직이해	**48** 조직이해	**49** 직업윤리	**50** 직업윤리
②	④	⑤	④	④	②	③	④	③	⑤

취약 영역 분석표

영역별로 맞힌 개수, 틀린 문제 번호와 풀지 못했거나 찍었는데 맞은 문제 번호를 적고 나서 취약한 유형이 무엇인지 파악해 보세요. 취약한 영역은 'PART 1 직업기초능력평가'를 통해 다시 학습하고 틀린 문제와 풀지 못했거나 찍었는데 맞은 문제를 다시 한번 풀어 보세요.

영역	맞힌 개수	틀린 문제 번호	풀지 못했거나 찍었는데 맞은 문제 번호
의사소통능력	/ 8		
수리능력	/ 8		
문제해결능력	/ 7		
자기개발능력	/ 2		
자원관리능력	/ 5		
대인관계능력	/ 2		
정보능력	/ 5		
기술능력	/ 5		
조직이해능력	/ 6		
직업윤리	/ 2		
Total	/ 50		

해설

01 의사소통능력 - 의사표현능력

정답 ④

출제포인트 상황에 따른 의사표현 방법

나라: 상대방에게 부탁할 때는 상대방의 상황을 우선시한다는 것을 나타내기 위해 상대방의 사정을 먼저 확인한 뒤에 자신이 부탁할 내용을 구체적이고 명확하게 제시해야 하므로 적절하지 않다.

보현: 상대방을 질책할 때는 칭찬의 말, 질책의 말, 격려의 말의 순으로 칭찬과 격려의 말 사이에 질책의 말을 함으로써 듣는 사람이 반발하지 않고 받아들이게 할 수 있으므로 적절하지 않다.

따라서 상황에 따른 의사표현으로 적절하지 않은 설명을 한 사람은 '나라, 보현'이다.

✓ 오답 체크

다미: 상대방의 잘못을 지적할 때는 상대방이 알기 쉽도록 확실하게 말하며 불필요한 부분을 함께 지적하기보다는 지금 당장 지적해야 할 부분만 지적해야 하므로 적절하다.

서준: 상대방에게 충고할 때는 사람은 자신에게 부정적인 사람에게 우호적일 수 없어 충고를 최대한 마지막 방법으로 보류하는 것이 좋으며 충고하게 된다면 예시를 들어 비유법으로 깨우쳐 주는 것이 바람직하므로 적절하다.

02 의사소통능력 - 경청능력

정답 ①

출제포인트 경청의 올바른 자세

대화 중 상대방을 정면으로 마주 보는 자세를 취하는 것은 상대방에게 함께 의논할 준비가 되었다는 의사를 전달할 수 있는 올바른 경청 방법이므로 귀하가 전달할 피드백으로 가장 적절하지 않다.

03 의사소통능력 - 문서작성능력

정답 ④

출제포인트 고쳐 쓰기, 한글 맞춤법

목성의 위성을 발견한 갈릴레오가 그 위성에 '메디치 별'이라는 이름을 붙였다고 하였으므로 '천명'이 아니라 사람, 사물, 사건 따위의 대상에 이름을 지어 붙인다는 의미의 '명명'으로 바꿔 써야 한다.

04 의사소통능력 - 문서작성능력

정답 ⑤

출제포인트 도로교통법, 한자 표기

㉠ 도로교통법에서 사용하는 차마를 한자로 표기하면 '車馬(수레 차, 말 마)'이다.

㉡ 도로교통법에서 사용하는 차도를 한자로 표기하면 '車道(수레 차, 길 도)'이다.

㉢ 도로교통법에서 사용하는 경계를 한자로 표기하면 '境界(지경 경, 지경 계)'이다.

따라서 밑줄 친 ㉠~㉢의 한자 표기를 순서대로 바르게 나열한 것은 '車馬 – 車道 – 境界'이다.

✓ 오답 체크

① 車馬(수레 차, 말 마) - 差度(다를 차, 법도 도) - 敬啓(공경 경, 열 계)
② 茶魔(차 차, 마귀 마) - 車道(수레 차, 길 도) - 敬啓(공경 경, 열 계)
③ 車馬(수레 차, 말 마) - 遮道(가릴 차, 길 도) - 境界(지경 경, 지경 계)
④ 茶魔(차 차, 마귀 마) - 車道(수레 차, 길 도) - 境界(지경 경, 지경 계)

05 의사소통능력 - 문서작성능력

정답 ④

출제포인트 브랜드 로고 통일보고서, 보고서 작성 원칙

제시된 보고서 초안은 여러 내용이 모두 한 단락으로 작성되어 있으나 보고서 수정본은 결론, 목적, 배경, 세부 내용으로 내용에 따라 적절하게 행과 단락을 나누어 간결하게 작성되었으므로 귀하가 참고하여 수정한 문서작성의 원칙은 '내용에 따라 행과 단락을 나누어 간결하게 작성하는 원칙'이 가장 적절하다.

06 의사소통능력 - 문서이해능력

정답 ④

출제포인트 불만 고객 응대 매뉴얼 이해

'교육 내용 6'에서 일반적으로 해결되지 않는 고객의 불만사항은 판례를 바탕으로 논리적으로 파악하여 해결 가능 여부를 판단해야 한다고 하였으므로 가장 적절하지 않다.

✓ 오답 체크

① '교육 내용 5'에서 고객에게 일반적인 문제해결과정을 안내해야 한다고 하였으므로 적절하다.
② '교육 내용 2'에서 불만사항 접수 시 먼저 해결책을 제시하기보다 고객의 마음에 공감하는 태도를 취해야 한다고 하였으므로 적절하다.
③ '교육 내용 4'에서 고객이 원하는 것이 무엇인지 파악한 후 적절히 대응하여 고객의 만족도를 높여야 한다고 하였으므로 적절하다.

⑤ '교육 내용 1'에서 고객의 의견이 기업의 의견과 다르더라도 무조건 반박하는 입장을 취하지 않도록 주의하라고 하였으므로 적절하다.

07 의사소통능력 - 문서이해능력

정답 ③

출제포인트 추론, 거미줄

거미줄은 탄력성이 좋고 강도도 강철보다 5배 강하다고 하였으므로 거미줄로 제작한 방탄복이 활동하기에는 편하지만 강도가 약하다는 단점이 있는 것은 아님을 알 수 있다.

✓ 오답 체크

① 거미는 대량사육이 불가능하기 때문에 실제 거미줄 대신 거미의 유전자를 이용해 합성 거미줄을 만드는 방법을 연구하였고, 이 합성 거미줄이 상용화를 앞두고 있다고 하였으므로 적절한 내용이다.

② 비단은 기원전 1046년에 세워진 주나라의 건국 기록에도 등장할 정도로 오래된 섬유라고 하였으므로 적절한 내용이다.

④ 누에는 거미와 달리 대량사육이 가능하며, 고치에서 가닥을 풀어내는 단순한 방식으로 실을 얻을 수 있다고 하였으므로 적절한 내용이다.

⑤ 우리나라는 삼국 시대 이전부터 비단을 만들었으며, 이 비단 제작 기술을 일본에 전파했다고 하였으므로 적절한 내용이다.

08 의사소통능력 - 문서이해능력

정답 ⑤

출제포인트 의약외품 품목허가·신고·심사 규정, 규정 이해

제16조 제2항 제3호에서 이미 허가받거나 신고된 품목의 사용 기간 이상의 기간으로 연장하고자 하는 경우에 장기보존시험으로 사용 기간을 연장한다고 하였으므로 가장 적절하지 않다.

✓ 오답 체크

① 제15조 제2항에서 의약외품이 내용액제일 경우 1회당 200밀리리터 이하로 포장해야 한다고 하였으므로 적절하다.

② 제11조 제2항 제4호 가목에서 의약외품 제제 시 특수한 가공법으로 설정했을 때에는 제형의 선택, 의약외품 첨가제의 선택 및 혼합비의 결정 등 원료약품 및 그 분량 설정 근거에 대한 자료를 제출해야 한다고 하였으므로 적절하다.

③ 제16조 제1항에서 의약외품 저장 방법 기재 시 물리화학적 특성을 바탕으로 안전성을 보장할 수 있도록 밀폐, 기밀, 밀봉 용기 등으로 구분하고, 구체적인 보관 조건과 보관 환경 상 유의사항 등을 병기해야 한다고 하였으므로 적절하다.

④ 제11조 제2항 제1호 다목에서 약품 제조 시 유기용매를 사용할 경우에는 제제의 안전성을 저하시키거나 품질 관리에 지장을 주면 안 된다고 하였으므로 적절하다.

09 수리능력 - 기초연산능력

정답 ⑤

출제포인트 수추리, 사칙연산

홀수항에 제시된 각 숫자 간의 값이 × 6으로 반복되고, 짝수항에 제시된 각 숫자 간의 값이 × 5로 반복되므로 빈칸에 들어갈 알맞은 숫자는 '− 216'이다.

10 수리능력 - 기초연산능력

정답 ①

출제포인트 사칙연산

도시락은 임직원 수만큼 예약했으므로 처음에 예약한 도시락의 개수는 207개이다.

따라서 최종적으로 주문한 도시락의 개수는 207 − 39 + 15 = 183개이다.

11 수리능력 - 기초연산능력

정답 ④

출제포인트 비례식

거리 = 속력 × 시간임을 적용하여 구한다.

강의 유속을 x라고 하면 하류로 내려갈 때 속력 = 배의 속력 + 강의 유속이므로 하류로 내려갈 때 속력은 $24 + x$이다.

$(24 + x) \times 18 = 540 \rightarrow x = 6$

강의 유속이 6m/min이므로 하류로 내려갈 때 속력은 24 + 6 = 30m/min이다.

상류로 올라갈 때 속력 = 배의 속력 − 강의 유속이므로 상류로 올라갈 때 속력은 24 − 6 = 18m/min이다.

따라서 상류로 올라갈 때와 하류로 내려갈 때 속력의 비는 18:30 = 3:5이다.

12 수리능력 - 기초통계능력

정답 ③

출제포인트 여사건, 곱셈법칙

A가 지난 올림픽까지 10점 과녁에 명중시킨 화살은 1,000 × 0.875 = 875발이고, 이번 올림픽에서는 총 250발의 화살을 쏘고 10점 과녁에 200발을 명중시켰으므로 전체 명중률은 $\frac{875 + 200}{1{,}000 + 250} \times 100 = 86$%이다.

따라서 지난 올림픽부터 이번 올림픽까지 A의 전체 명중률은 86%이다.

13 수리능력 - 도표분석능력

정답 ⑤

✎ 출제포인트 성별 운전면허 소지자, 증감률 · 증가량 · 배수 · 비교

㉡ 남성 운전면허 소지자는 2018년에 18,731천 명이고, 2016년에 18,291천 명으로 2018년 남성 운전면허 소지자는 2016년 대비 18,731 − 18,291 = 440천 명 증가하였으므로 옳은 설명이다.

㉢ 2016년 전체 운전면허 소지자는 12,898 + 18,291 = 31,189천 명이고 이 중 3분의 1은 31,189 × 1 / 3 ≒ 10,396.3천 명이다. 이때, 2016년 여성 운전면허 소지자는 12,898천 명으로 전체의 3분의 1 이상이 되므로 옳은 설명이다.

㉣ 2014년 여성과 남성 운전면허 소지자의 차이는 17,557 − 11,986 = 5,571천 명이므로 옳은 설명이다.

✓ 오답 체크

㉠ 전체 운전면허 소지자는 2016년에 12,898 + 18,291 = 31,189천 명, 2017년에 13,169 + 18,495 = 31,664천 명으로 2017년에는 전년 대비 {(31,664 - 31,189) / 31,189} × 100 ≒ 1.5% 증가하였으므로 옳지 않은 설명이다.

빠른 문제 풀이 TIP

㉢ 제시된 그래프에서 막대 길이를 통해 빠르게 해결할 수 있다. 여성 운전면허 소지자를 나타내는 막대 길이가 전체 막대 길이의 1 / 3보다 긴지 살펴본다. 이때, 막대 길이는 눈금 개수로 판단할 수 있고, 2016년 전체 막대는 약 6칸이지만 여성 막대는 6칸의 1 / 3인 2칸보다 길이가 더 길므로 옳은 설명임을 알 수 있다.

14 수리능력 - 도표분석능력

정답 ④

✎ 출제포인트 개인정보 침해 신고 상담 건수, 비율

2018년 개인정보 침해 신고 상담 건수는 총 164,497건이고 2019년 개인정보 침해 신고 상담 건수는 5,242건 감소하였으므로 총 164,497 − 5,242 = 159,255건이다.

따라서 2019년 타인정보를 도용한 침해 신고의 상담 건수는 전체 상담 건수의 84.3%이므로 159,255 × 0.843 ≒ 134,252건이다.

[15-16]

15 수리능력 - 도표분석능력

정답 ③

✎ 출제포인트 월별 청년 실업자 현황, 사칙연산 · 비교 · 증감 추이

2019년 전체 실업자 수에서 청년 실업자의 비율은 10월에 (30.9 / 86.4) × 100 ≒ 35.8%, 11월에 (30.0 / 86.6) × 100 ≒ 34.6%이다. 따라서 11월 전체 실업자 수에서 청년 실업자의 비율은 전월 대비 감소하였으므로 옳은 설명이다.

✓ 오답 체크

① 제시된 기간 중 2분기에 해당하는 4~6월의 전체 실업자 수는 124.5 + 114.5 + 113.7 = 352.7만 명이므로 옳지 않은 설명이다.

② 2019년 전체 실업자 수는 상반기에 해당하는 1~6월에 모두 100만 명 이상이고, 하반기에 해당하는 7~12월 중 7월을 제외하고 모두 100만 명 미만으로 상반기가 하반기보다 많은 편이므로 옳지 않은 설명이다.

④ 3월, 6월, 11월에 전체 실업률과 청년 실업률의 전월 대비 증감 추이는 서로 다르므로 옳지 않은 설명이다.

구분	3월	6월	11월
전체	감소	변화 없음	증가
청년	증가	증가	감소

⑤ 청년 경제 활동인구 = (청년 실업자 / 청년 실업률) × 100임을 적용하여 구한다. 8월 청년 실업자 수는 30.8만 명이고, 청년 실업률은 7.2%로, 청년 경제 활동인구는 (30.8 / 7.2) × 100 ≒ 428만 명이므로 옳지 않은 설명이다.

16 수리능력 - 도표분석능력

정답 ①

✎ 출제포인트 월별 청년 실업자 현황, 사칙연산 · 감소량

청년 경제 활동인구 = (청년 실업자 / 청년 실업률) × 100임을 적용하여 구한다.

8월의 청년 실업률은 7.2%이고, 이와 동일한 청년 실업률이 나타난 달은 10월이다. 10월 청년 실업자 수는 30.9만 명, 청년 실업률은 7.2%이므로 청년 경제 활동인구는 (30.9 / 7.2) × 100 ≒ 429.2만 명이고, 2월 청년 실업자 수는 41.0만 명, 청년 실업률은 9.5%이므로 청년 경제 활동인구는 (41.0 / 9.5) × 100 ≒ 431.6만 명이다.

따라서 10월 청년 경제 활동인구는 2월 대비 431.6 − 429.2 ≒ 2.4만 명 감소하였다.

17 문제해결능력 - 문제해결능력
정답 ④

✎ **출제포인트** 발생형 · 탐색형 · 설정형 문제

탐색형 문제 중 예측 문제는 현재에는 문제가 없으나 현재의 진행 상황을 통해 예측했을 때 발생할 수 있다고 여겨지는 문제를 의미하므로 탐색형 문제의 예측 문제가 현재 상황에서 발생하는 문제를 통해 미래에 발생할 것으로 예측되는 문제를 의미한다는 것은 가장 적절하지 않다.

18 문제해결능력 - 문제처리능력
정답 ④

✎ **출제포인트** 문제 인식 단계, SWOT 분석

SWOT 분석에 따르면 WO전략은 외부의 기회를 활용하여 내부의 약점을 강점으로 전환하기 위한 전략이므로 내부적 기회의 활용을 위해 직면한 환경이라는 외부의 약점을 줄여나가는 보완적 전략이라는 것은 가장 적절하지 않다.

19 문제해결능력 - 사고력
정답 ④

✎ **출제포인트** 명제추리

어떤 대학생은 금융권 취업을 준비하지 않는다는 것은 대학생 중 일부는 금융권 취업을 준비, 일부는 준비하지 않는 사람이 존재하거나 대학생 모두 금융권 취업을 준비하지 않는다는 것이다. 이에 따라 모든 대학생은 자격증을 취득하므로 자격증을 취득하면서 금융권 취업을 준비하지 않는 사람이 적어도 한 명 존재한다.
따라서 '자격증을 취득하는 어떤 사람은 금융권 취업을 준비하지 않는다.'가 타당한 결론이다.

✓ 오답 체크
대학생을 A, 자격증을 취득하는 사람을 B, 금융권 취업을 준비하는 사람을 C라고 하면
①, ⑤ 모든 대학생이 자격증을 취득하고, 어떤 대학생이 금융권 취업을 준비하지 않으면 금융권 취업을 준비하면서 자격증을 취득하지 않는 사람이 존재할 수도 있으므로 반드시 참인 결론이 아니다.

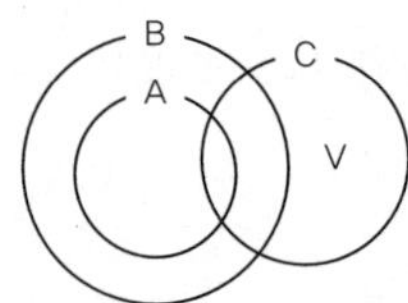

② 모든 대학생이 자격증을 취득하고, 어떤 대학생이 금융권 취업을 준비하지 않으면 금융권 취업을 준비하는 모든 사람이 자격증을 취득할 수도 있으므로 반드시 참인 결론이 아니다.

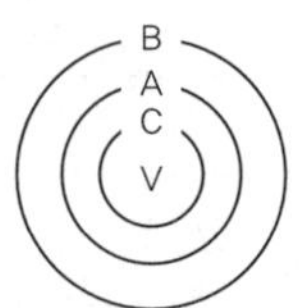

③ 모든 대학생이 자격증을 취득하고, 어떤 대학생이 금융권 취업을 준비하지 않으면 자격증을 취득하지 않는 모든 사람은 금융권 취업을 준비하지 않을 수도 있으므로 반드시 참인 결론이 아니다.

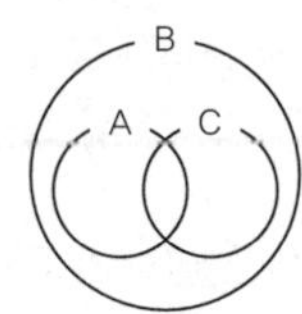

20 문제해결능력 - 사고력
정답 ③

✎ **출제포인트** 조건추리, 근무 요일

제시된 조건에 따르면 5명 중 1명만 거짓을 말하며, E가 토요일에 근무하지 않았다는 C의 말과 자신이 토요일에 근무했다는 E의 말은 서로 모순되므로 둘 중 한 명은 반드시 거짓을 말하고 있음을 알 수 있다. 이에 따라 나머지 A, B, D의 말은 반드시 참이 되므로 자신이 토요일에 근무하지 않았다는 A의 말에 따라 A는 일요일에 근무했고, 자신이 A와 같은 날 근무했다는 D의 말에 따라 D도 일요일에 근무했다. 또한, 자신이 D와 다른 날 근무했다는 B의 말에 따라 B는 토요일에 근무했다. 이때, 3명이 토요일에 근무했으므로 C와 E는 모두 토요일에 근무한 것을 알 수 있으며, 이에 따라 C는 거짓, E는 참을 말했음을 알 수 있다.
따라서 거짓을 말한 사람은 'C'이다.

21 문제해결능력 - 사고력
정답 ①

✎ **출제포인트** 허수아비 공격의 오류

B는 다른 지역보다 ○○지역의 재생 에너지 설비 설치율이 가장 낮다는 A의 주장에 대해 ○○지역의 시민들이 재생 에너지에 대한 관심이 낮다는 것이냐고 반문하며 ○○지역의 시민들이 재생 에너지에 대한 관심도와 설치 의향이 높으므로 ○○지역의 재생 에너지 설비 설치율이 완전히 낮다고 볼 수는 없다고 주장하고 있다.
따라서 B의 말에 해당하는 논리적 오류는 상대방의 주장과는 전혀 관계없는 별개의 논리로 공격하는 '허수아비 공격의 오류'가 가장 적절하다.

[22-23]

22 문제해결능력 - 문제처리능력

정답 ③

출제포인트 지문 추론, 시설 이용 문의와 답변

'3. 신청 방법'에 따르면 야외 공연장은 이용일 1개월 전 1일 오전 10시부터 선착순으로 예약이 가능하며, 최초 온라인 신청 시 홈페이지에서 회원가입 후 직접 신청할 수 있다고 하였으므로 이용일 2개월 전으로 안내한 것은 가장 적절하지 않다.

✓ 오답 체크

① '1. 이용료'에 따르면 야외 공연장 청소년 이용료는 30,000원이며, 2. 이용료 감면에 따르면 지역 내 공식 등록 동아리가 주관하는 행사는 총이용료의 80%가 감면되어 총이용료는 30,000 × (1-0.8)=6,000원이므로 적절하다.

② '1. 이용료'에 따르면 일반인의 강의실 이용료는 45,000원이며, 5. 이용료 납부 및 반환에 따르면 이용 6일 전에 취소할 경우 50%가 환불되어 환불 가능 금액은 45,000 × 0.5=22,500원이므로 적절하다.

④ '4. 필요 서류'에 따르면 이용 신청 시 이용 신청서 및 신분증을 제출해야 한다고 하였으므로 적절하다.

⑤ '2. 이용료 감면'에 따르면 지역이 주관하는 행사는 이용료 전액이 감면되고, 4. 필요 서류 안내에 따르면 이용료 전액 감면된 경우 이용 신청서만 제출하면 된다고 하였으므로 적절하다.

23 문제해결능력 - 문제처리능력

정답 ③

출제포인트 시설 이용 안내문, 비용 계산

제시된 이용 신청서에 따르면 2일간 사내 체육대회를 위해 오전, 오후에 체육관을 이용하고, 일반인 이용료는 1일에 40,000 + 80,000 = 120,000원이므로 2일 이용료는 120,000 × 2 = 240,000원이다. 그러나 예약 날짜인 8월 25일로부터 4일 전인 오늘 8월 21일에 이용 일자를 변경하였으며, '5. 이용료 납부 및 반환'에 따라 이용일 10일 전 이후에 이용 일자 변경 시 변경 전에 납부한 이용료의 10%를 추가로 납부해야 하므로 240,000 × 0.1 = 24,000원이 추가되어 240,000 + 24,000 = 264,000원이다. 이때, 바로 다음 날인 8월 22일에 다시 취소할 경우 변경된 이용 일자인 8월 26일로부터 4일 전에 취소하게 되는 것이므로 이용료 반환 규정에 따르면 이용일 6일 전 이후에 취소 시 총 이용료의 50%를 환불받을 수 있다.

따라서 회사가 환불받을 수 있는 금액은 최종 이용 요금에 50%를 적용한 264,000 × 0.5 = 132,000원이다.

24 자기개발능력 - 자기개발능력

정답 ③

출제포인트 자기개발 계획의 방해요인

P 씨는 한국사능력검정시험 자격증 취득을 위한 자기개발 계획을 결정하는 과정에서 자신감이 부족한 모습을 보이지 않았으므로 자기개발 계획의 방해요인이 아닌 것은 '의사결정 시 자신감의 부족'이다.

✓ 오답 체크

P 씨의 자기개발 계획에 방해요인으로 작용한 것은 다음과 같다.

① P 씨는 평소 밤늦게 자는 습관으로 아침 일찍 일어나지 못해 계획된 시간보다 적게 공부했다고 하였으므로 자신의 라이프스타일을 이해하지 못한 '자기 정보의 부족' 요인에 해당한다.

② P 씨는 한국사능력검정시험 자격증을 위한 공부를 하는 도중에 취업에 더 유리한 영어 자격증 공부를 새로 시작했다고 하였으므로 외부의 취업 상황을 잘 이해하지 못한 '외부 작업정보의 부족' 요인에 해당한다.

④ P 씨는 예상하지 못했던 친구들의 경조사로 인해 며칠 동안이나 전혀 공부하지 못한 날들도 있었다고 하였으므로 개인의 자기개발 목표와 일상생활 간 갈등으로 인한 '일상생활의 요구사항' 요인에 해당한다.

⑤ P 씨는 강의를 듣는 학습법이 자신과 잘 맞는다고 생각했음에도 수강료가 비싸 강의를 듣지 못했다고 하였으므로 재정적 문제 등과 관련된 '주변상황의 제약' 요인에 해당한다.

25 자기개발능력 - 자기관리능력

정답 ③

출제포인트 자기관리계획 수립 5단계

자기관리 5단계 중에서 2단계는 '과제 발견' 단계로, 자신이 현재 수행 중인 역할이나 능력이 무엇인지, 변화되어야 할 것은 없는지 등을 검토하여 이에 상응하는 활동 목표를 설정해야 한다.

따라서 '과제 발견' 단계에 진행해야 할 행동으로 현재 건강을 해치고 있는 나의 생활 습관을 알아보고 이를 변화시킬 수 있는 활동을 탐색하는 것이 가장 적절하다.

✓ 오답 체크

① 운동 시간에 영향을 미치는 퇴근 시간이나 약속 시간 등의 요소를 고려하여 계획한 대로 운동하려고 하는 것은 4단계인 '수행' 단계에서 할 행동이므로 적절하지 않다.

② 목표를 어느 정도 성취했는지 살펴보고 계획한 만큼 수행하지 못한 부분을 확인하는 것은 5단계인 '반성 및 피드백' 단계에서 할 행동이므로 적절하지 않다.

④ 월간, 주간, 하루 단위로 운동 시간, 운동량을 정하고, 그 외 활동은 우선순위에 따라 결정하는 것은 3단계인 '일정 수립' 단계에서 할 행동이므로 적절하지 않다.

⑤ 가장 중요한 것을 건강이라고 생각하여 육체적, 정신적 건강을 모두 지킬 수 있도록 삶의 계획을 세우는 것은 1단계인 '비전 및 목적 정립' 단계에서 할 행동이므로 적절하지 않다.

26 자원관리능력 - 물적자원관리능력

정답 ⑤

출제포인트 효과적인 물적자원관리 과정

물품의 보관 장소를 선정한 후 정리할 때는 물품의 활용 빈도를 고려하여 활용 빈도가 상대적으로 높은 품목은 출입구 가까운 곳에 보관해야 하므로 물품 관리 방법에 대한 설명으로 가장 적절하지 않다.

27 자원관리능력 - 인적자원관리능력

정답 ③

출제포인트 개인의 인적자원 관리, 명함관리

상대방으로부터 명함을 받은 뒤 상대의 개인 신상이나 특징 등 참고할 수 있는 구체적인 정보를 명함에 메모하는 것은 효과적인 명함관리이므로 가장 적절하지 않다.

28 자원관리능력 - 인적자원관리능력

정답 ③

출제포인트 인력자원관리, 인력 채용

충남 지사 담당자로부터 전달받은 메일 내용에 따르면 충남 지사는 파견 직원에게 '1년 이상의 ○○공사 업무 경험', 'IT 보안 분야 자격증 혹은 3년 이상의 정보보안팀 업무 경험'을 요구하고 있고, 이 조건에 부합하는 직원은 최 사원과 박 사원이다.
조건에 부합하는 직원이 많을 경우 업무 평가가 좋은 직원을 파견해야 하므로 박 사원보다 업무 평가가 더 좋은 '최 사원'에게 가장 먼저 파견을 제안하는 것이 적절하다.

[29-30]

29 자원관리능력 - 예산관리능력

정답 ③

출제포인트 최소 이동 시간 계산

A 안 선택 시 $\frac{160}{80} = \frac{120}{60}$ = 2시간이 소요되며, B 안 선택 시 $\frac{180}{100} = \frac{108}{60}$ = 1시간 48분이 소요되므로 이동 시 소요되는 시간이 가장 적은 일정을 선택하기 위해서는 B 안을 선택해야 하고, 2일 차에 소요되는 이동 시간인 $\frac{240}{100} = \frac{144}{60}$ = 2시간 24분을 더한 총 이동 시간은 '4시간 12분'이다.

30 자원관리능력 - 예산관리능력

정답 ①

출제포인트 유류비 계산

워크숍 1일 차 일정을 B안으로 선택할 경우 1일 차와 2일 차 이동 수단이 승합차로 동일하므로

총 이동 거리 × $\frac{\text{승합차 연료 가격}}{\text{승합차 연비}}$으로 계산하면 된다.

따라서 총유류비는 420km × $\frac{1{,}600\text{원/L}}{1.6\text{km/L}}$ = 420,000원이다.

31 대인관계능력 - 리더십능력

정답 ②

출제포인트 임파워먼트의 방해요인

제시된 글은 '임파워먼트(Empowerment)'에 대한 설명으로, 임파워먼트는 조직에서 구성원에게 업무 권한의 위임을 통해 주체적으로 업무를 수행할 수 있게 하여 보다 높은 성과를 이끌어 내기 위한 것이다. 처음 박 팀장은 업무를 정 사원에게 단순히 위임하여 정 사원이 업무에 대한 책임감과 열의가 부족하였지만, 임파워먼트 환경을 조성해 같은 업무를 다시 지시함으로써 업무의 권한을 위임한 상황이다.

㉠ 임파워먼트의 방해요인 중 개인 차원에는 동기의 결여, 결의의 부족, 책임감 부족, 역량의 결여, 의존성 등이 있으므로 틀린 내용이다.

㉢ 임파워먼트의 방해요인 중 대인 차원에는 약속의 불이행, 갈등 처리능력 부족, 성실성의 결여, 성과를 제한하는 조직의 규범 등이 있으므로 틀린 내용이다.

따라서 〈보기〉 중 틀린 내용은 '㉠, ㉢'이다.

32 대인관계능력 - 고객서비스능력

정답 ②

출제포인트 고객 불만 처리 과정

고객 불만 처리 프로세스에서 고객의 불만이 있을 시 이야기를 끝까지 듣고 문제점에 대한 인정과 잘못된 부분에 대해 사과해야 한다. 하지만 제시된 대화문에서는 배송받은 상품과 홈페이지에 업로드된 이미지가 다르다는 고객의 말에 대해 A 사원은 문제점을 인정하지 않고, 상품을 착각한 것 아닌지 반문하고 있으므로 가장 적절하지 않다.

✓ 오답 체크

① 고객의 항의에 경청하여 끝까지 듣고 문제를 파악하고 있으므로 적절하다.
③ 고객의 이야기를 듣고 문제점에 대해 인정하고 사과를 하고 있으므로 적절하다.
④ 해결방법을 제안하여 고객이 원하는 방안을 물어보고 있으므로 적절하다.
⑤ 잘못된 부분에 대해 신속하게 시정하고 있으므로 적절하다.

33 정보능력 - 정보능력

정답 ④

✎ 출제포인트 정보의 가치

정보의 특징으로는 '적시성, 독점성, 경제성, 경쟁성'이 있다. 정보는 원하는 시간에 제공되어야 가치가 높아지는 '적시성', 중요한 내용의 정보가 더 적은 범위로 공개될수록 가치가 높아지는 '독점성'을 가지며, 공개 정보는 비공개 정보보다 활용도 면에서 '경제성'을, 비공개 정보는 공개 정보보다 '경쟁성'을 가진다.
따라서 빈칸 ㉠~㉣에 들어갈 수 없는 단어는 '보편성'이다.

34 정보능력 - 컴퓨터활용능력

정답 ③

✎ 출제포인트 엑셀, Averageif 함수

A~C 사 제품 중 소파의 평균 소비자 평가 점수를 구하기 위해서는 제품 품목 열에서 "소파"에 해당하는 소비자 평가 점수의 평균을 구해야 한다.
따라서 지정한 범위의 셀값 중 조건에 만족하는 셀의 평균을 구할 때 사용하는 Averageif 함수가 적절하며, Averageif 함수식인 '= Averageif(지정한 범위, 조건, 평균을 구할 범위)'를 적용하면 '= Averageif(C3:C16, "소파", D3:D16)'이 되므로 ③이 가장 적절하다.

✓ 오답 체크

① Average 함수를 사용하여 A~C 사의 소파 평균 소비자 평가 점수를 구하기 위한 함수식은 '= Average(D4, D9, D15)'가 되므로 적절하지 않다.
④, ⑤ Averageifs 함수를 사용하여 A~C 사의 소파 평균 소비자 평가 점수를 구하기 위한 함수식은 '= Averageifs(D3:D16, C3:C16, "소파")'가 되므로 적절하지 않다.

+ 더 알아보기

Average 함수	• 지정한 범위에서 빈 셀을 제외한 모든 셀의 평균을 구할 때 사용하는 함수 식 = Average(평균을 구할 셀값1, 평균을 구할 셀값2, 평균을 구할 셀값3 …)
Averageif 함수	• 지정한 범위의 셀값 중 조건에 만족하는 셀의 평균을 구할 때 사용하는 함수 식 = Averageif(지정한 범위, 조건, 평균을 구할 범위)
Aveageifs 함수	• 지정한 범위의 셀값 중 여러 개의 조건을 동시에 만족하는 셀의 평균을 구할 때 사용하는 함수 식 = Averageifs(평균을 구할 범위, 지정한 범위1, 조건1, 지정한 범위2, 조건2 …)

35 정보능력 - 컴퓨터활용능력

정답 ④

✎ 출제포인트 데이터베이스의 특징

데이터베이스 시스템을 활용하면 사용자가 정보 보안 등급을 설정할 수 있고, 데이터 사용자에 따라 읽기 권한만 부여하거나 읽기와 쓰기 권한을 모두 부여하는 등 적합한 권한을 부여하여 데이터의 안전성을 높일 수 있으므로 누구나 쉽게 정보를 읽고 변경할 수 있다는 'D 사원'의 발언이 가장 적절하지 않다.

✓ 오답 체크

① A 사원: 데이터베이스 시스템을 이용하면 여러 곳에서 이용되는 데이터를 한 곳에서만 사용함으로써 데이터의 중복 가능성을 줄여 데이터 유지 비용을 감소시킬 수 있으므로 적절하다.
② B 사원: 데이터베이스 시스템을 통해 데이터를 한 곳에만 기록하면 수정 시에도 한 곳에서만 수정할 수 있어 데이터의 무결성을 높일 수 있으므로 적절하다.
③ C 사원: 데이터베이스 시스템은 한 번에 여러 파일에서 데이터를 찾아내는 기능이 있어 검색을 쉽게 할 수 있으므로 적절하다.
⑤ E 사원: 데이터베이스 시스템을 통해 데이터를 훨씬 조직적으로 저장할 수 있어 데이터를 이용하는 프로그램의 개발 기간을 단축할 수 있으므로 적절하다.

36 정보능력 - 정보처리능력

정답 ①

✎ 출제포인트 정보분석의 특징과 구조화

정보분석은 1차 정보에 포함된 내용을 몇 개의 카테고리로 분석하여 각 카테고리의 상관관계를 파악한 뒤 1차 정보에서 수집된 주요 정보를 키워드로 추출하고 이를 간결하게 서열화 및 구조화하여야 한다.
따라서 ㉠~㉢에 들어갈 내용을 순서대로 바르게 나열하면 '수집 정보 – 서열화 – 구조화'이다.

37 정보능력 - 정보처리능력

정답 ⑤

✎ 출제포인트 개인정보 유출 방지 방안

개인정보 유출 방지를 위해서는 회원가입 시 이용 약관에 기재된 항목 중 개인정보 보호와 이용자의 권리에 관한 조항은 꼼꼼히 읽어야 하며, 개인정보를 제삼자에게 제공할 수 있다고 명시된 부분은 없는지 주의 깊게 확인해야 하므로 가장 적절하지 않다.

✓ 오답 체크

① 비밀번호는 남들이 쉽게 유추할 수 없는 문자 등을 포함하여 정기적으로 교체하는 것이 좋으므로 적절하다.

② 가입 해지 시 몇 개월간 개인정보를 파기하지 않는다는 단서 조항이 있을 수 있어 가입 해지 전 개인정보 파기 여부를 확인해야 하므로 적절하다.
③ 특별한 설명 없이 이용 목적에 부합하지 않는 정보를 요구하지는 않는지 확인해야 하므로 적절하다.
④ 경품 이벤트를 이용하여 회원가입을 권유하는 정체불명의 사이트에 개인정보를 입력하여 가입하는 행위는 피해야 하므로 적절하다.

38 기술능력 - 기술능력

정답 ①

출제포인트 기술교양의 의미와 특징

기술교양(Technical Literacy)은 모든 사람이 광범위한 관점에서 기술의 특성, 기술적 행동, 기술의 힘 및 결과에 대해 어느 정도의 지식을 가지는 것을 의미한다. 문제에 제시된 4가지 평가 항목은 모두 이러한 기술교양을 지닌 사람의 특징을 말하며, 기술교양 평가 항목에서 A 사원은 우수, 매우 우수로 높은 점수를 받았으므로 A 사원이 지닌 능력은 '기술교양'이 가장 적절하다.

✓ 오답 체크

② 기술경영(Management of Technology)은 과학기술과 경영원리가 결합된 지식을 갖춘 전문 인력을 양성하는 것이므로 적절하지 않다.
③ 기술혁신(Technical Innovation)은 새로운 기술의 발전이 경제에도 영향을 미쳐 경제구조에 변동이 일어나는 것이므로 적절하지 않다.
④ 기술진보(Technical Progress)는 기술혁신의 좁은 의미로, 새로운 방법으로 기술을 이용함으로써 일정량의 생산요소로 더 많은 것을 생산하게 하는 기술상의 발전을 의미하므로 적절하지 않다.
⑤ 기술교육(Technical Education)은 생산에 필요한 지식과 기술·기능을 습득시키기 위한 교육을 의미하므로 적절하지 않다.

39 기술능력 - 기술이해능력

정답 ④

출제포인트 기술혁신의 의미와 특징

기술혁신의 과정은 소비자의 수요나 기술개발의 성공 여부 등을 예측할 수 없어 매우 불확실하며, 기술혁신에 대한 투자가 가시적인 성과로 나타나는 데까지는 비교적 장시간을 필요로 하므로 가장 적절하지 않다.

40 기술능력 - 기술선택능력

정답 ①

출제포인트 지식재산권의 개념

인간의 창조적 활동 또는 경험 등을 통해 창출하거나 발견한 지식·정보·기술이나 표현, 표시 그 밖에 무형적인 것으로서 재산적 가치가 실현될 수 있는 지적 창작물에 부여된 권리는 '지식재산권'이므로 제시된 특징을 모두 포괄하는 개념으로는 '지식재산권'이 가장 적절하다.

41 기술능력 - 기술이해능력

정답 ②

출제포인트 기술 조건에 맞는 제품 선택하기

주어진 〈조건〉을 만족하는 제품에 O표시를 하면 다음과 같다.

구분	A 프로젝터	B 프로젝터	C 프로젝터	D 프로젝터	E 프로젝터
스마트폰 연결	O	O			O
소리 40dB 이하	O	O		O	O
배터리 내장		O	O	O	O
해상도 HD 이상	O	O		O	O

따라서 주어진 네 가지 조건을 모두 만족하는 프로젝터는 B, E이며, 이 중 더 저렴한 것은 B 프로젝터이므로 S 사가 구매할 프로젝터로 가장 적절한 것은 'B 프로젝터'이다.

42 기술능력 - 기술적용능력

정답 ④

출제포인트 4대 융합기술 사례

고객의 다양한 구매 기록을 파악할 수 있는 빅데이터는 정보통신 기술에 대한 사례이므로 미래 4대 핵심기술의 융합 사례로 가장 적절하지 않다.

✓ 오답 체크

① 인지과학과 정보기술이 융합한 사례이므로 적절하다.
② 생명공학기술과 나노기술이 융합한 사례이므로 적절하다.
③ 나노기술과 정보기술이 융합한 사례이므로 적절하다.
⑤ 생명공학기술과 정보기술이 융합한 사례이므로 적절하다.

43 조직이해능력 - 체제이해능력

정답 ⑤

출제포인트 조직도 파악

조직도 개편 방향 기준에 따르면 경영기획본부의 회계팀과 총무팀을 재무기획팀으로 통합하여 경영지원본부를 신설한다고 하였으므로 회계팀은 개편될 조직에 포함될 부서로 가장 적절하지 않다.

44 조직이해능력 - 경영이해능력

정답 ④

출제포인트 경영의 과정

경영의 과정은 경영계획, 경영실행, 경영평가의 세 단계로 이루어지므로 빈칸에 들어갈 말은 경영평가이다. 경영평가 단계에서는 수행결과를 감독하고 교정하여 다시 피드백하는 활동을 하므로 '수행결과 감독'이 경영평가 단계에 해당하는 활동으로 가장 적절하다.

✓ 오답 체크

①, ⑤ '미래상 설정'과 '실행방안 선정'은 경영계획 단계에 해당하므로 적절하지 않다.

②, ③ '조직목적 달성'과 '조직 구성원 관리'는 경영실행 단계에 해당하므로 적절하지 않다.

45 조직이해능력 - 경영이해능력

정답 ④

출제포인트 마이클 포터의 본원적 경쟁전략 유형

마이클 포터의 본원적 경쟁전략은 원가우위 전략, 차별화 전략, 집중화 전략으로 구분된다.

(가)는 차별화된 생산품이나 서비스를 고객에게 가치 있고 독특하게 인식되도록 하는 '차별화 전략'에 해당한다.

(나)는 특정 시장이나 고객에 한정하여 경쟁조직들이 주목하고 있지 않는 시장을 집중적으로 공략하는 '집중화 전략'에 해당한다.

(다)는 대량생산이나 새로운 생산기술 개발을 통한 원가절감으로 산업에서의 우위를 점하는 '원가우위 전략'에 해당한다.

따라서 마이클 포터의 본원적 경쟁전략의 유형이 바르게 연결된 것은 ④이다.

46 조직이해능력 - 체제이해능력

정답 ②

출제포인트 조직문화 구성요소, 맥킨지의 7-S 모형

㉠에는 공유가치(Shared Value), ㉡에는 리더십 스타일(Style), ㉢에는 구성원(Staff), ㉣에는 구조(Structure)가 들어간다.

따라서 ㉠~㉣에 들어갈 요소가 아닌 것은 'Standard'이다.

47 조직이해능력 - 업무이해능력

정답 ③

출제포인트 업무수행 계획, 개인 업무 지침 계획 수립

다음 달부터 시행될 해외사업개발 프로젝트에 투입될 기회를 얻기 위해서는 프로젝트 시행 전에 영어 또는 중국어의 어학 자격증을 취득하여 이번 달 말까지 해당 사업에 투입될 수 있는 조건을 갖추어야 하므로 다음 달부터 어학 과목을 수행하는 것은 조직 업무 지침에 따라 수행할 자신의 업무 지침을 수립한 것으로 가장 적절하지 않다.

48 조직이해능력 - 업무이해능력

정답 ④

출제포인트 부서별 업무의 특징

판매 계획을 수립하는 업무는 영업부서의 업무이므로 나머지 직원과 다른 부서에 속해 있는 직원은 '최 사원'이다.

✓ 오답 체크

①, ②, ③, ⑤ 인사부서의 업무에 해당한다.

49 직업윤리 - 공동체윤리

정답 ③

출제포인트 예절의 특징

상대를 무시하고 타인을 존중하는 태도가 부족한 A 씨에게 필요한 직업윤리는 '예절'이며, 예절은 동일한 생활 문화권에서 살아가는 사람들 간 오랜 생활 습관을 통해 하나의 공통된 생활 방법으로 정립되어 관습적으로 행해지는 사회계약적인 생활 규범이므로 가장 적절하다.

50 직업윤리 - 근로윤리

정답 ⑤

출제포인트 공무원 윤리강령

성실(誠實)은 "정성스럽고 참됨"을 말하며, 이때의 성(誠)은 정성스럽고 순수하고 참됨을, 실(實)은 알차고 진실된 것을 의미하여 성실이란 단어의 본질적 측면에서 그 의미가 근면함보다는 충(忠) 혹은 신(信)의 의미와 더 가까우므로 가장 적절하지 않다.

✓ 오답 체크

① 제4조와 관련 있는 직업윤리는 정직으로, 정직으로 인한 문제는 우리 사회에 심각한 도덕적 위기를 유발할 수 있으므로 적절하다.

② 사회시스템은 구성원 서로의 신뢰가 있어야 운영할 수 있으며, 신뢰를 형성하고 유지하는 데 필요한 가장 기본적이고 필수적인 규범은 정직이므로 적절하다.

③ 일을 하지만 진심이 느껴지지 않는다면 성실하지 않은 사람으로 볼 수 있으므로 적절하다.

④ 제3조 제3호는 직업윤리 중 정직과 관련 있으므로 적절하다.

실전모의고사 3회_순차 통합형

정답

p.560

01 의사소통	02 의사소통	03 의사소통	04 의사소통	05 의사소통	06 대인관계	07 대인관계	08 대인관계	09 대인관계	10 대인관계
⑤	④	②	④	②	③	⑤	③	①	④
11 자기개발	**12** 자기개발	**13** 자기개발	**14** 자기개발	**15** 자기개발	**16** 직업윤리	**17** 직업윤리	**18** 직업윤리	**19** 직업윤리	**20** 직업윤리
③	⑤	⑤	⑤	②	④	①	②	④	②
21 조직이해	**22** 조직이해	**23** 조직이해	**24** 조직이해	**25** 조직이해	**26** 수리	**27** 수리	**28** 수리	**29** 수리	**30** 수리
②	①	④	⑤	①	④	③	②	④	④
31 문제해결	**32** 문제해결	**33** 문제해결	**34** 문제해결	**35** 문제해결	**36** 자원관리	**37** 자원관리	**38** 자원관리	**39** 자원관리	**40** 자원관리
①	②	③	③	①	②	②	②	④	①
41 기술	**42** 기술	**43** 기술	**44** 기술	**45** 기술	**46** 정보	**47** 정보	**48** 정보	**49** 정보	**50** 정보
③	②	⑤	③	②	②	③	④	④	③

취약 영역 분석표

영역별로 맞힌 개수, 틀린 문제 번호와 풀지 못했거나 찍었는데 맞은 문제 번호를 적고 나서 취약한 유형이 무엇인지 파악해 보세요. 취약한 영역은 'PART 1 직업기초능력평가'를 통해 다시 학습하고 틀린 문제와 풀지 못했거나 찍었는데 맞은 문제를 다시 한번 풀어 보세요.

영역	맞힌 개수	틀린 문제 번호	풀지 못했거나 찍었는데 맞은 문제 번호
의사소통능력	/ 5		
대인관계능력	/ 5		
자기개발능력	/ 5		
직업윤리	/ 5		
조직이해능력	/ 5		
수리능력	/ 5		
문제해결능력	/ 5		
자원관리능력	/ 5		
기술능력	/ 5		
정보능력	/ 5		
Total	/ 50		

해설

01 의사소통능력 - 경청능력 정답 ⑤

✎ 출제포인트 경청의 중요성, 피터 드러커

빈칸에 들어갈 말은 경청이다.
경청은 자신의 가치관이나 도덕관 등 선입견을 품고 상대방을 이해하려 하지 않고 상대방 스스로 이해받고 있다고 느끼게 하는 것이므로 나의 가치관을 상대방에게 투영함으로써 설득할 수 있다는 것은 가장 적절하지 않다.

02 의사소통능력 - 의사표현능력 정답 ④

✎ 출제포인트 의사표현에 영향을 미치는 비언어적 요소, 유머

진지한 내용의 연설을 전개할 때는 요점 보강에 집중하되, 유머 사용은 가능하면 피하는 것이 좋으므로 적절한 유머 활용으로 보기 어렵다.

03 의사소통능력 - 문서작성능력 정답 ②

✎ 출제포인트 문서작성의 구성요소

문서는 객관적이고 논리적이며 체계적인 내용으로 작성되어야 하므로 자신의 의견을 전달하기 위해 주관적인 내용을 포함해야 한다는 것은 가장 적절하지 않다.

04 의사소통능력 - 문서이해능력 정답 ④

✎ 출제포인트 문서이해 절차 6단계

문서이해의 구체적인 절차를 순서대로 바르게 나열하면 'ⓒ 문서의 목적 이해 → ⓓ 문서의 작성 배경과 주제 파악 → ⓗ 문서의 정보를 밝혀내고, 문서에 제시된 현안 파악 → ㉠ 상대방의 욕구 및 의도와 내게 요구되는 행동에 관한 내용을 분석 → ⓔ 문서에서 이해한 목적을 달성하기 위해 취해야 할 행동을 생각하고 결정 → ⓡ 상대방의 의도를 도표, 그림 등으로 메모하여 요약 및 정리'가 된다.

05 의사소통능력 - 문서이해능력 정답 ②

✎ 출제포인트 모범임직원 규정 이해

제2조에서 직급이 과장 이상인 임직원이 선발 대상이며, 이미 선발된 사실이 있는 임직원은 다시 모범임직원으로 선발될 수 없다고 하였고, 제8조의2에서 모범임직원으로 선발된 사람에게는 예산의 범위에서 모범임직원 수당을 지급한다고 하였으므로 다른 임직원의 모범이 되는 임직원의 선발과 인사상 특전에 관한 사항을 규정함을 목적으로 함을 알 수 있다.

06 대인관계능력 - 팀워크능력 정답 ③

✎ 출제포인트 효과적인 팀의 특징

효과적인 팀은 모든 팀원의 역할과 책임을 명확하게 구분하여 각 팀원은 자신에게 기대되는 바와 동료들의 역할을 명확하게 파악하고 변화하는 환경에 뒤쳐지지 않도록 역할과 책임을 새롭게 수정하므로 가장 적절하지 않다.

✓ 오답 체크

① 효과적인 팀은 팀의 사명과 목표를 명확하게 규정하므로 적절하다.
② 효과적인 팀은 실험 정신과 모험 정신을 바탕으로 창조적으로 운영되므로 적절하다.
④ 효과적인 팀의 리더는 팀원 각자가 가진 지식, 역량, 재능 등을 파악하여 팀원들의 강점을 업무에 잘 활용하므로 적절하다.
⑤ 효과적인 팀의 팀원들은 서로 직접적이고 솔직하게 대화하는 개방적인 의사소통을 지향하므로 적절하다.

07 대인관계능력 - 리더십능력 정답 ⑤

✎ 출제포인트 리더의 동기부여 방법

리더는 구성원들에게 지속적인 교육과 성장의 기회를 제공함으로써 인정받고 있고 권한을 위임받았다는 느낌을 주어 동기를 부여할 수 있다.
따라서 리더는 구성원들이 업무에 대해 갖는 열망과 의지를 간과하지 않고, 필요한 자원을 끊임없이 지원해 줄 수 있도록 해야 하므로 일시적인 교육 후에 혼자 알아서 하도록 내버려 두는 것은 동기부여 방법으로 가장 적절하지 않다.

08 대인관계능력 - 갈등관리능력

정답 ③

출제포인트 갈등의 유형

갈등은 주된 갈등의 원인인 핵심 문제와 자존심을 위협하거나 질투를 유발하는 것과 같은 감정적인 문제가 교차하여 발생하는데, 핵심적인 문제에는 '역할의 모호성, 방법·목표·절차·책임·가치·사실에 대한 불일치'가 있으며 감정적인 문제에는 '공존할 수 없는 개인적인 스타일, 통제나 권력 확보를 위한 싸움, 자존심에 대한 위협, 질투나 분노'가 있으므로 감정적인 문제에 해당하는 '통제나 권력 확보를 위한 다툼'이 가장 적절하지 않다.

09 대인관계능력 - 협상능력

정답 ①

출제포인트 타인 설득 전략

- A: 협상 당사자 간에 기대하는 바에 따라 일관성 있게 헌신적으로 부응하여 행동하게 되면 협상 과정상의 갈등해결이 용이하다는 'ⓔ 헌신과 일관성전략'이다.
- B: 협상 당사자 간에 어떤 혜택들을 주고받은 관계가 형성되어 있으면 그 협상 과정상의 갈등해결에 용이하다는 'ⓞ 호혜관계 형성전략'이다.

따라서 바르게 연결한 것은 ①이다.

10 대인관계능력 - 갈등관리능력

정답 ④

출제포인트 H 공사의 저유소 건설, 갈등해결방법의 유형

H 공사는 매주 지역 주민들과 대화하는 자리를 마련하여 저유소 건설 문제에 대한 서로 간의 입장 차이를 해결하고 모두의 목표를 달성할 수 있는 해법을 찾았으므로 서로의 차이를 인정하고 배려하는 신뢰와 대화를 바탕으로 자신도 이기고 상대방도 이길 수 있는 통합형 전략이 가장 적절하다.

11 자기개발능력 - 자기개발능력

정답 ③

출제포인트 자기개발의 특징

A: 자기개발은 일과 관련하여 필요한 능력을 발휘하고 개발하기 위해 이루어지는 활동으로, 직업을 가지지 않더라도 직업 탐색 및 준비 과정에서의 자기개발이 필요하므로 적절하지 않다.

C: 자기개발은 일시적으로 필요한 과정이 아니라 평생에 걸쳐서 이루어져야 하는 과정이므로 적절하지 않다.

D: 자기개발은 교육 훈련을 통해서도 이루어질 수도 있지만, 대인관계나 의사소통 등의 생활 가운데에서 이루어질 수 있으므로 적절하지 않다.

따라서 자기개발의 특징에 대한 설명이 적절하지 않은 사람은 A, C, D로 총 '3명'이다.

12 자기개발능력 - 자아인식능력

정답 ⑤

출제포인트 자신의 흥미와 적성 파악 방법

자신의 흥미나 적성에 맞는 직업을 선택했다고 하더라도 직장 문화나 기업 풍토 등의 외부적인 요인에 의해 적응하지 못할 수 있어 직업을 선택할 때는 기업의 문화 및 풍토를 함께 고려해야 하므로 '마리'의 조언이 가장 적절하지 않다.

13 자기개발능력 - 경력개발능력

정답 ⑤

출제포인트 경력 단계 순서 나열

마. 자신의 장단점이나 흥미, 적성, 가치관 등을 탐색하여 자신에게 적합한 직업을 고르고 사람에 따라 일생에 여러 번 일어날 수 있는 단계는 '직업선택'이다.

가. 자신과 주변 환경뿐만 아니라 조직에 대한 특성을 고려하며 교육 정도나 상황에 따라 시기가 달라지는 단계는 '조직입사'이다.

라. 조직의 규칙과 규범에 대해서 배우고 조직 내 자신의 입지를 다질 수 있도록 승진에 많은 관심을 두는 단계는 '경력초기'이다.

나. 직장 내에서 어느 정도 입지를 굳혔지만 수직적인 승진 가능성이 작아 경력 정체 시기에 이르는 단계는 '경력중기'이다.

다. 조직의 생산적인 기여자로 남고 싶어 하지만 새로운 환경 변화에 대처하는 데 어려움을 겪는 단계는 '경력말기'이다.

따라서 가~마를 경력 단계에 따라 순서대로 바르게 나열하면 '마－가－라－나－다'가 된다.

14 자기개발능력 - 자기관리능력

정답 ⑤

출제포인트 합리적 의사결정 단계

A 은행으로의 이직은 잘한 선택이라고 생각하지만, 집에서 거리가 멀어 회사 근처로 이사를 가기로 결정한 것은 '의사결정 결과 평가 및 피드백' 단계에 해당한다.

✓ 오답 체크

① 박 팀장의 성과를 잘 알아주지 않고, 연봉 조건도 마음에 들지 않아 이직을 생각한 것은 '문제의 근원 파악' 단계에 해당한다.
② A 은행과 B은행의 핵심 가치, 회사 규모 등의 정보를 알아본 것은 '정보수집' 단계에 해당한다.
③ A 은행의 조건과 B 은행의 조건 중 더 좋은 조건과 마음에 들지 않는 조건을 구분하는 것은 '대안별 분석 및 평가' 단계에 해당한다.
④ 박 팀장이 결국 A 은행으로 이직하기로 한 것은 '최적안 선택' 단계에 해당한다.

15 자기개발능력 - 자아인식능력 정답 ②

✎ **출제포인트** 반성적 성찰의 중요성, 성찰이 필요한 이유

반성적 성찰이 필요한 이유에는 '노하우 축적, 성장의 기회, 신뢰감 형성, 창의적인 사고 개발'이 있다.
따라서 대학생 B 씨가 자신의 흥미와 적성을 검사하여 이에 맞는 직업을 선택하는 것은 반성적 성찰이 필요한 사례로 보기 어려우므로 가장 적절하지 않다.

✓ 오답 체크

① 신입사원 A 씨가 퇴근하기 전에 자신이 수행한 업무 중 잘한 업무와 개선이 필요한 업무로 나누어 정리하여 노하우를 축적하기 위해서는 성찰이 필요하므로 적절하다.
③ 실수가 잦은 C 씨가 같은 실수를 반복하는 원인을 파악하고 이를 개선하여 다른 동료들에게 신뢰를 얻기 위해서는 성찰이 필요하므로 적절하다.
④ 새로운 프로젝트를 이끌게 된 D 씨가 이전 프로젝트에서 진행했던 방식과는 다르게 창의적인 방식으로 접근하기 위해서는 성찰이 필요하므로 적절하다.
⑤ 취업을 준비하는 E 씨가 자신이 목표로 하는 기업의 인재상에서 자신이 부족한 부분을 파악하여 개선 및 성장하기 위해서는 성찰이 필요하므로 적절하다.

16 직업윤리 - 직업윤리 정답 ④

✎ **출제포인트** 윤리 규범의 형성, 사회적 동물

㉣ 공동생활의 규칙이 반복됨으로써 형성된 윤리 규범의 가치는 만고불변의 진리가 아니라 사회 상황에 따라 조금씩 변화하므로 가장 적절하지 않다.

17 직업윤리 - 직업윤리 정답 ①

✎ **출제포인트** 직업윤리의 덕목

환경미화원인 장 씨는 자신이 하는 일에 긍지와 자부심을 느끼고 있으므로 자신에게 주어진 일이 하늘에 의해 맡겨진 일이라 생각하여 자신이 일을 꼭 수행해야 한다는 책임감을 갖는 태도인 '소명의식'이 가장 적절하다.

18 직업윤리 - 근로윤리 정답 ②

✎ **출제포인트** 정직과 신용을 위한 지침

차량 결함에 대한 고객들의 의혹과 증거에도 해당 결함을 고객의 탓으로 돌리며 문제를 은폐하여 고객의 신뢰를 잃게 된 A 사가 정직과 신용을 구축하기 위해서는 잘못된 것, 실수한 것을 인정하고 정직하게 밝혀 잘못을 줄이고 더 큰 잘못을 막는 전략이 필요하므로 고객에게 잘못한 것에 대해서 정직하게 밝히는 태도가 필요하다.

19 직업윤리 - 공동체윤리 정답 ④

✎ **출제포인트** 직업인으로서의 윤리의식

준법성은 민주 시민으로서 기본적으로 지켜야 하는 의무이며 생활 자세를 의미하는 것으로, 민주 사회의 법과 규칙을 준수하여 시민으로서 자신의 권리를 보장받고, 다른 사람의 권리를 보호해주며 사회의 질서를 유지하는 것이므로 제시된 L 열차 종업원들의 사례를 통해 배울 수 있는 직업윤리로 가장 적절하지 않다.

✓ 오답 체크

① 근면성은 게으르지 않고 부지런함으로, L 열차 종업원들은 업무 시간을 엄수하여 주어진 일들을 최선을 다해 수행하고 있으므로 적절하다.
② 책임감은 모든 결과는 나의 선택으로 말미암아 일어난 것이라고 생각하는 자세로, L 열차 종업원들은 열차 내에 문제가 생겼을 때 이를 회피하지 않고 종업원 각자가 자신이 해결의 주체라는 인식을 갖고 상황을 처리하고 있으므로 적절하다.
③ 업무수행에 있어서 봉사 정신은 자신보다 고객의 가치를 최우선으로 하는 서비스로, L 열차 종업원들은 승객의 입장에서 승객이 필요로 하는 것과 만족하는 서비스의 품질 수준에 대해 항상 고민하고 승객들의 소리를 경청하는 자세를 갖추고 있으므로 적절하다.
⑤ 성실성은 일을 단지 돈벌이의 수단이 아닌 오랫동안 정직성과 성실한 태도로 꾸준히 일하는 것으로, L 열차 종업원들은 승객들에게 여행에 대한 추억을 선물하는 열차 문화의 주역이란 마음가짐으로 스스로 성공하고자 하는 노력과 함께 성실하게 업무를 수행하고 있으므로 적절하다.

20 직업윤리 - 공동체윤리

정답 ②

출제포인트 직장 내 예절, 전화 예절

직장에서 전화를 받을 때는 자신이 누구인지 즉시 말해야 하므로 직장 내 전화 예절로 가장 적절하지 않다.

✓ 오답 체크

① 직장에서 전화를 받을 때는 전화벨이 3~4번 울리기 전에 받아야 하므로 적절하다.

③ 직장에서 전화를 받을 때는 목소리에 미소를 띠고 예의를 갖춰 말해야 하므로 적절하다.

④ 직장에서 전화를 받을 때는 펜과 메모지를 항상 곁에 두어 메시지를 받아 적을 수 있어야 하므로 적절하다.

⑤ 직장에서 전화를 받을 때는 긍정적인 말로 통화를 마치도록 하고 전화를 건 상대방에게 감사의 표시를 해야 하므로 적절하다.

21 조직이해능력 - 조직이해능력

정답 ②

출제포인트 조직체제의 구성요소

㉠ 조직이 이루려는 미래의 상태로서 조직의 존재에 정당성과 합법성을 부여하는 것은 '조직목표'이다.

㉡ 조직 내 부문 사이에 형성된 관계로서 조직 구성원의 상호작용이 나타나는 것은 '조직구조'이다.

㉢ 조직 구성원 간 공유하는 생활양식과 가치로서 일체감과 정체성을 제공하는 것은 '조직문화'이다.

㉣ 목표나 전략에 따라 수립됨으로써 조직 구성원의 활동 범위를 제약하는 것은 '규칙과 규정'이다.

따라서 빈칸에 들어갈 말을 순서대로 바르게 나열하면 '조직목표 – 조직구조 – 조직문화 – 규칙과 규정'이 된다.

22 조직이해능력 - 경영이해능력

정답 ①

출제포인트 조직의 의사결정 과정

A: 조직의 의사결정 과정에서 확인 단계는 의사결정이 필요한 문제를 인식하고 진단함으로써 문제를 보다 구체화하는 단계이므로 '진단'이 들어가야 한다.

B: 조직의 의사결정 과정에서 개발 단계는 확인된 문제의 해결방안을 모색하는 단계로, 이전에도 발생했던 문제는 조직에서 기존에 시행하고 있던 해결방안 중에서 탐색하고, 새롭게 발생한 문제는 해결방안을 설계해야 하므로 '설계'가 들어가야 한다.

따라서 A와 B에 들어갈 단어가 바르게 연결된 것은 ①이다.

23 조직이해능력 - 체제이해능력

정답 ④

출제포인트 조직 내 집단의 기능과 유형

집단 간 경쟁은 자원의 한정성, 상반되는 목표 추구 등에 의해 발생하며, 집단 간 경쟁이 일어나면 집단 내부의 응집성이 강화되고 집단 내 활동이 더욱 조직화되는 모습이 나타나므로 가장 적절하지 않다.

24 조직이해능력 - 업무이해능력

정답 ⑤

출제포인트 업무수행 계획 수립의 절차

업무수행을 위한 계획 수립 절차는 '업무 지침 확인 → 활용 자원 확인 → 업무수행 시트 작성'의 순서대로 이루어지므로 A 단계는 업무수행 시트를 작성하여 업무수행 계획을 수립하는 단계이다. 업무수행 시트 중에서 체크리스트는 업무의 각 단계를 효과적으로 수행했는지 자가 점검해볼 수 있는 도구로, 업무를 세부적인 활동으로 나누고 활동별 기대되는 수행 수준을 달성했는지를 확인하는 데에는 효과적이지만 시간의 흐름을 표현하는 데에는 한계가 있다.

따라서 체크리스트를 활용하면 업무 단계를 시간의 흐름에 따라 표현하는 데 효과적이라는 것은 가장 적절하지 않다.

25 조직이해능력 - 국제감각

정답 ①

출제포인트 국제동향 파악 방법

국제감각은 하루아침에 길러지는 것이 아니기 때문에 일상생활에서 실천할 수 있는 방법들을 매일 규칙적으로 실행하면서 국제감각을 축적해나가는 것이 중요하므로 국제동향을 파악하는 시간을 최대 일주일로 잡는다는 것은 가장 적절하지 않다.

26 수리능력 - 기초연산능력

정답 ④

출제포인트 수추리, 도형

제시된 첫 번째 사분원에서 왼쪽의 35와 오른쪽의 62의 합인 35 + 62 = 97은 위에, 그 차인 62 – 35 = 27은 아래에 위치한다.
또한, 두 번째 사분원에서 왼쪽의 60과 오른쪽의 29의 합인 60 + 29 = 89는 위에, 그 차인 60 – 29 = 31은 아래에 위치한다.
이에 따라 사분원의 4개 숫자 중 왼쪽을 a, 오른쪽을 b라고 하면 4개의 숫자 사이에는 다음과 같은 규칙이 적용된다.

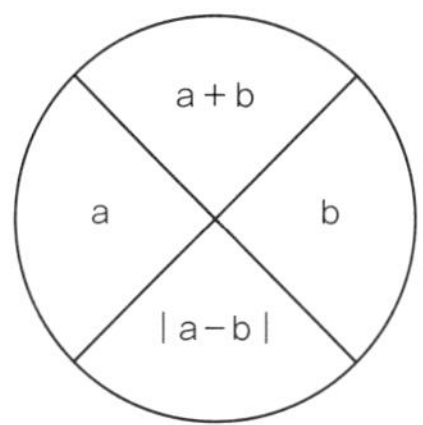

따라서 빈칸에 들어갈 알맞은 숫자는 14와 77의 차이므로 77 − 14 = 63이다.

27 수리능력 - 기초연산능력 정답 ③

✎ **출제포인트** 팀 나누기, 최소공배수

A 회사의 전 직원을 한 팀에 30명씩, 45명씩, 50명씩 배치할 경우 각각 10명이 남았으므로 전 직원 수는 30, 45, 50의 공배수에 10을 더한 수임을 알 수 있다.

$30 = 2 \times 3 \times 5$, $45 = 3^2 \times 5$, $50 = 2 \times 5^2$이므로 세 수의 최소공배수는 $2 \times 3^2 \times 5^2 = 450$이며, 전 직원 수는 450의 배수에 10을 더한 수이다. 이때, A 회사의 전 직원 수는 500명 이하이므로 최소공배수인 450에 10을 더한 수가 되어 450 + 10 = 460명이다.

따라서 전 직원 460명을 한 팀에 20명씩 배치하면 만들어지는 팀의 개수는 $\frac{460}{20} = 23$개이다.

28 수리능력 - 기초통계능력 정답 ②

✎ **출제포인트** 연평균 기온 추이, 분산

분산 = $\frac{(\text{편차})^2\text{의 총합}}{\text{변량의 개수}}$임을 적용하여 구한다.

8년 동안 연평균 기온의 총합은 12.5 + 12.3 + 12.9 + 13.1 + 13.4 + 13.7 + 13.1 + 13.0 = 104℃이므로 평균은 $\frac{104}{8} = 13$℃이다.

2011~2018년 연평균 기온의 편차를 계산하면 다음과 같다.

연도	11년	12년	13년	14년	15년	16년	17년	18년
편차	−0.5	−0.7	−0.1	0.1	0.4	0.7	0.1	0

따라서 $(\text{편차})^2$의 총합은 $(-0.5)^2 + (-0.7)^2 + (-0.1)^2 + 0.1^2 + 0.4^2 + 0.7^2 + 0.1^2 = 1.42$이고, 변량의 개수는 8개로 분산은 $\frac{1.42}{8} = 0.1775$이므로 소수점 셋째 자리에서 반올림하면 0.18이다.

29 수리능력 - 도표작성능력 정답 ④

✎ **출제포인트** 그래프 작성 시 유의사항

층별 그래프의 경우 층별로 색을 다르게 그려야 하며, 세로로 막대를 그릴 때는 위부터 아래로 항목을 순서대로 나열하면 좋으므로 가장 올바르게 그린 그래프는 ④이다.

✓ 오답 체크

① 막대 그래프의 경우 막대의 폭을 모두 같게 하여야 하는 것은 꼭 지켜야 할 사항이므로 올바르지 않다.
② 원 그래프의 경우 시작선은 정각 12시 방향을 기준으로 하는 것이 좋으며, 시작선으로부터 오른쪽으로 구성 비율이 높은 순서대로 그려야 하므로 올바르지 않다.
③ 막대 그래프의 경우 세로축을 금액, 매출액 등의 수량, 가로축을 연도, 월, 종류 등의 명칭 구분으로 정하므로 올바르지 않다.
⑤ 선 그래프의 경우 선이 두 종류 이상인 경우에는 반드시 무슨 선인지 그 명칭을 기입하여야 하므로 올바르지 않다.

30 수리능력 - 도표분석능력 정답 ④

✎ **출제포인트** 산불피해 건수 및 면적, 평균

2014~2019년 산불피해 건수의 합은 492 + 623 + 391 + 692 + 496 + 653 = 3,347건이므로 6년 동안 산불피해 건수는 연평균 3,347 / 6 ≒ 558건이다.

31 문제해결능력 - 문제해결능력 정답 ①

✎ **출제포인트** 문제해결을 위해 요구되는 기본 요소

문제해결을 위해 요구되는 기본 요소로는 '체계적인 교육훈련, 문제해결방법에 대한 지식, 문제 관련 지식에 대한 가용성, 문제해결자의 도전의식과 끈기, 문제에 대한 체계적인 접근'이 있다.

제시된 글에서 강 팀장은 의류 판매 부진이라는 문제를 해결하기 위해 사내·외의 체계적인 교육훈련을 통해 문제해결을 위한 기본 지식과 스킬을 습득하는 모습을 볼 수 없으므로 '체계적인 교육훈련'이 가장 거리가 멀다.

32 문제해결능력 - 문제해결능력

정답 ②

✎ 출제포인트 문제해결을 위한 기본적 사고

문제해결을 위한 기본적인 사고로는 '전략적 사고', '분석적 사고', '발상의 전환', '내·외부 자원의 효과적 활용'이 있다.

㉠ 김 사원은 자신이 근무하고 있는 A 보험회사가 동종 업계에서 성과가 낮은 이유를 다른 기업과 비교함으로써 분석하는 모습을 보이고 있으므로 이는 '분석적 사고'가 필요한 경우에 해당한다.

㉡ B 회사는 경쟁업체인 C 회사에 대응하기 위해 여러 부서가 모여 문제점에 대한 원인을 공유하고 있지만, 해결을 위해 필요한 자원은 활용하지 못한 채 회의가 끝났으므로 이는 '내·외부 자원의 효과적 활용'이 필요한 경우에 해당한다.

따라서 사례와 관련 있는 문제해결을 위한 기본적인 사고를 바르게 연결한 것은 '㉠ - 분석적 사고'이다.

33 문제해결능력 - 문제처리능력

정답 ③

✎ 출제포인트 실행 및 평가 단계

문제해결 절차의 실행 및 평가 단계는 '실행계획 수립'과 '실행 및 Follow-Up'으로 구분하여 진행된다.

따라서 인적자원, 물적자원, 예산, 시간 등의 자원을 고려하는 것은 '실행계획 수립'에 대한 설명이고, 나머지는 '실행 및 Follow-Up'에 대한 설명이므로 나머지와 성격이 다른 것은 ③이다.

34 문제해결능력 - 사고력

정답 ③

✎ 출제포인트 비교발상법

제시된 메모에서 무선 이어폰 신제품 판매전략 주제에 대해 작년에 출시한 무선 이어폰의 판매전략 힌트를 토대로 신제품 판매전략과 관련된 아이디어를 얻고 있으므로 주제와 본질이 비슷한 한 가지를 힌트로 삼아 아이디어를 도출하는 창의적 사고 개발 방법인 '비교발상법'이 가장 적절하다.

✔ 오답 체크

① 자유연상법: 하나의 생각에서 다른 생각을 계속해서 떠올려 열거하는 과정을 통해 아이디어를 도출하는 창의적 사고 개발 방법

② 강제연상법: 한 주제와 관련된 여러 힌트를 통해 사고 방향을 미리 정하여 아이디어를 도출하는 창의적 사고 개발 방법

④ 결점열거법: 한 주제에 대한 문제점을 열거하여 이를 개선할 해결방안이나 방법을 모색하여 아이디어를 도출하는 창의적 사고 개발 방법

⑤ 만다라트법: 자유연상법 중 하나인 브레인스토밍을 확장하여 하나의 주제에 대한 하위 주제를 설정하고 다양한 아이디어를 도출하는 창의적 사고 개발 방법

35 문제해결능력 - 사고력

정답 ①

✎ 출제포인트 조건추리, 자동차 색깔

제시된 조건에 따르면 두 번째 조건에 의해 A는 회색 자동차를 구입하지 않았고, 세 번째 조건에 의해 흰색 자동차를 구입한 사람은 B 또는 C이므로 A는 흰색 자동차도 구입하지 않았음을 알 수 있다. 또한, 네 번째 조건에 의해 D는 빨간색 자동차를 구입하였으므로 네 명의 고객이 서로 다른 색깔의 자동차를 구입했다는 조건을 적용하면 A는 검은색 자동차를 구입한 것을 알 수 있으며, B와 C는 각각 회색 또는 흰색 자동차 중 하나를 구입하였다.

A	B	C	D
검은색	회색 또는 흰색	회색 또는 흰색	빨간색

따라서 고객과 구입한 자동차 색깔을 짝지은 것으로 항상 옳은 것은 'A - 검은색'이다.

36 자원관리능력 - 자원관리능력

정답 ②

✎ 출제포인트 자원의 의미

제시된 글의 빈칸에 공통으로 들어갈 단어는 '자원'이다.

37 자원관리능력 - 예산관리능력

정답 ②

✎ 출제포인트 예산관리의 의미

기업에서의 예산은 업무를 수행하는 데 필요한 비용을 산정하는 것으로, 예산의 항목을 구성하는 요소를 정확히 파악하여야 업무의 원활한 수행이 가능하므로 철저한 예산관리를 위해서는 제품의 생산이나 서비스 창출에 직접적으로 소비한 비용인 직접비용뿐만 아니라 직접적으로 관련되지 않은 간접비용도 예측하는 능력이 필요하므로 가장 적절하지 않다.

38 자원관리능력 - 물적자원관리능력

정답 ②

✎ 출제포인트 물적자원관리 기법, 전자태그(RFID)

H가 제안한 기술은 '전자태그(RFID)'이다.

✓ 오답 체크

① 물품출납 및 운영카드: 물품의 상태를 지속적으로 체크하여 보유하고 있는 물품의 상황을 파악하는 데 용이하나 지속적으로 확인하고 작성해야 한다는 단점이 있다.

③ 국가재정정보 시스템(NAFIS): 디지털을 기반으로 정부의 예산 관련 업무, 국고금 관리, 결산 업무 등을 실시간으로 처리하는 시스템이다.

④ 바코드(Bar Code): 문자나 숫자를 흑과 백의 막대 모양 기호로 조합한 것으로 물품을 기호화하여 관리하는 데 사용되며, 컴퓨터가 판독하기 쉽고 데이터를 빠르게 입력하는 데 효과적이다.

⑤ 블루투스: 개인 무선 통신기기와 컴퓨터 등의 전자제품 간에 데이터를 손쉽게 공유할 수 있도록 만든 무선 통신기술이다.

39 자원관리능력 - 인적자원관리능력

정답 ④

출제포인트 인맥관리, 핵심인맥 · 파생인맥

핵심인맥은 자신과 직접적인 관계에 있는 사람을 의미하고, 파생인맥은 자신의 핵심인맥으로부터 알게 된 사람, 우연한 기회에 서로 알게 된 사람 등을 의미한다.

따라서 친구의 소개로 알게 된 대학 동문은 자신의 핵심인맥인 친구로부터 알게 된 파생인맥이므로 가장 적절하지 않다.

40 자원관리능력 - 시간관리능력

정답 ①

출제포인트 시간관리, 회의실 예약

회의실 예약 현황을 통해 한 번에 2시간의 회의실을 예약할 수 있는 시간대는 화요일 14시~16시, 화요일 15시~17시, 수요일 9시~11시, 금요일 14시~16시, 금요일 15시~17시임을 알 수 있다. 이때 주간 회의는 팀원들 모두가 참석해야 하므로 팀원들의 스케줄을 참고하였을 때 모두가 참석할 수 있으면서 한 번에 2시간을 예약할 수 있는 회의실 예약일과 시간은 '화요일 14시~16시'이다.

✓ 오답 체크

② K 팀장은 화요일 16시~17시에 스케줄이 있어 참석할 수 없으므로 화요일 15시~17시에 예약할 수 없다.

③ P 대리는 수요일 9시~10시에 스케줄이 있어 참석할 수 없으므로 수요일 9시~11시에 예약할 수 없다.

④ L 주임은 금요일 14시~15시에 스케줄이 있어 참석할 수 없으므로 금요일 14시~16시에 예약할 수 없다.

⑤ J 사원은 금요일 16시~17시에 스케줄이 있어 참석할 수 없으므로 금요일 15시~17시에 예약할 수 없다.

41 기술능력 - 기술능력

정답 ③

출제포인트 지속 가능한 기술의 의미

지속 가능한 기술은 이용 가능한 자원과 에너지를 고려하고, 자원이 사용되고 그것이 재생산되는 비율의 조화를 추구하는 기술을 의미하므로 참인 설명이다.

✓ 오답 체크

① 지속 가능한 발전은 지금 지구촌의 현재와 미래를 포괄하는 개념이며, 후속 세대의 욕구 충족을 침해하지 않는 발전을 의미하므로 거짓인 설명이다.

② 지속 가능한 기술은 자원의 질을 생각하여 자원이 생산적인 방식으로 사용되는가에 주의를 기울이는 기술이므로 거짓인 설명이다.

④ 지속 가능한 기술은 되도록 태양 에너지와 같이 고갈되지 않는 자연 에너지를 활용하므로 참인 설명이다.

⑤ 지속 가능한 기술은 낭비적인 소비 형태를 지양하고, 기술적 효용만이 아닌 환경 효용을 추구하므로 참인 설명이다.

42 기술능력 - 기술이해능력

정답 ②

출제포인트 기술혁신 역할과 필요한 능력

불필요한 제약으로부터 프로젝트를 보호하는 것은 후원 역할에 요구되는 활동이므로 ㉡을 후원의 활동으로 이동하여 수정해야 한다.

43 기술능력 - 기술선택능력

정답 ⑤

출제포인트 벤치마킹의 종류별 특징

㉤ 글로벌 벤치마킹은 자사와 벤치마킹한 기업 간 문화나 제도의 차이점을 검토해야 하므로 가장 적절하다.

✓ 오답 체크

㉠ 내부 벤치마킹은 자료 수집이 쉽다는 장점이 있으나 내부의 편향된 시각으로 바라볼 수 있다는 단점이 있으므로 적절하지 않다.

㉡ 경쟁적 벤치마킹은 자사 업종과 동일한 기업을 대상으로 하므로 적절하지 않다.

㉢ 비경쟁적 벤치마킹은 제품 및 서비스 또는 프로세스에 대한 성과가 우수한 비경쟁적 기업 내에서 자사 업종과 유사한 분야를 대상으로 하므로 적절하지 않다.

㉣ 글로벌 벤치마킹은 프로세스 성과가 우수한 동일 업종의 비경쟁적 기업을 대상으로 하므로 적절하지 않다.

44 기술능력 - 기술적용능력

정답 ③

출제포인트 기술 경영자와 기술 관리자에게 요구되는 능력

퀴즈의 정답은 다음과 같다.

- 문항 1: 기술 전문 인력을 운용할 수 있는 능력은 기술 경영자에게 필요한 능력이므로 옳지 않은 내용이다.
- 문항 2: 기술직과 원활하게 소통할 수 있는 능력은 기술 관리자에게 필요한 능력이므로 옳지 않은 내용이다.
- 문항 3: 시스템적인 관점을 갖추는 것은 기술 관리자에게 필요한 능력이므로 옳은 내용이다.
- 문항 4: 새로운 기술개발 시간을 단축할 수 있는 능력은 기술 경영자에게 필요한 능력이므로 옳은 내용이다.
- 문항 5: 기술을 효과적으로 이전할 수 있는 능력은 기술 경영자에게 필요한 능력이므로 옳은 내용이다.

퀴즈의 정답과 귀하가 작성한 답안을 비교하였을 때 귀하는 1번, 3번 4번 문항에 대한 답을 맞았으므로 귀하가 얻게 될 점수는 20×3=60점이다.

문항	1	2	3	4	5
정답	X	X	O	O	O
귀하의 답	X	O	O	O	X

45 기술능력 - 기술선택능력

정답 ②

출제포인트 기술선택을 위한 우선순위

기술선택을 위한 우선순위 결정 시 고려해야 할 사항은 쉽게 구하기도, 기업 간에 모방도 어려운 기술인지 확인하는 것이므로 가장 적절하지 않다.

46 정보능력 - 컴퓨터활용능력

정답 ②

출제포인트 워드 프로그램 서식

제시된 〈수정 전〉 보고서와 〈수정 후〉 보고서를 비교하였을 때 상사의 피드백이 반영되지 않은 사항은 다음과 같다.

㉠ 보고서의 줄 간격이 좁혀지지 않았으므로 수정되지 않았다.

㉤ '구분'이 입력된 칸과 바로 아래 칸의 셀이 병합되지 않고 분리되어 있으므로 수정되지 않았다.

따라서 상사의 피드백이 반영되지 않은 사항은 ㉠, ㉤이다.

✓오답 체크

㉡ 매출액 증감 추이를 설명한 문장이 양쪽 맞춤으로 수정되었다.

㉢ [2019~2020년 매출액 증감 추이]는 굵은 글자로 수정되었다.

㉣ 표의 항목명이 기입된 칸인 1행, 2행, 1열은 모두 옅은 음영이 들어가 수정되었다.

47 정보능력 - 컴퓨터활용능력

정답 ③

출제포인트 프레젠테이션의 특징

컴퓨터나 기타 멀티미디어를 회의, 보고, 상담, 교육 등에 활용하여 청중에게 각종 정보를 효과적으로 전달하기 위해 사용되는 것은 '프레젠테이션'이다.

✓오답 체크

① 워드프로세서: 우리가 보는 책이나 신문, 잡지 등 여러 형태의 문서를 작성, 편집, 저장, 인쇄할 수 있는 프로그램

② 스프레드시트: 워드프로세서와 같이 문서를 작성하고 편집하는 기능 이외에 수치나 공식을 입력하여 그 값을 계산해 내고 계산 결과를 차트로 표시할 수 있는 프로그램

④ 데이터베이스: 대량의 자료를 관리하고 내용을 구조화하여 검색이나 자료 관리를 효율적으로 실행하는 프로그램

⑤ 그래픽 소프트웨어: 새로운 그림을 그리거나 그림 또는 사진 파일을 불러와 편집하는 프로그램

48 정보능력 - 정보처리능력

정답 ④

출제포인트 정보관리 분류

(가) A 씨는 연구에 참고한 학술지를 발행기관, 제목, 발행일로 구분하여 정리한 후 발행기관을 가나다순으로 배열하여 관리하였으므로 '목록을 이용한 정보관리'에 해당한다.

(나) B 씨는 컴퓨터에 여러 프로젝트 폴더를 생성하여 필요한 자료를 관련 폴더에 맞게 저장하였으므로 '분류를 이용한 정보관리'에 해당한다

(다) C 씨는 경영학 도서에서 중요한 키워드가 설명된 부분에 카드를 부착하여 관련 키워드를 바로 펼쳐 확인할 수 있도록 하였으므로 '색인을 이용한 정보관리'에 해당한다.

따라서 (가)~(다)에 해당하는 정보관리를 바르게 분류한 것은 ④이다.

49 정보능력 - 정보처리능력

정답 ④

✎ 출제포인트 정보활용의 형태

정보활용 형태에는 한 번 이용한 정보를 보존 및 정리하여 장래에 활용하는 경우도 있으므로 한 번 이용한 정보가 재사용되지 않도록 사용한 정보는 즉시 삭제해야 한다는 것은 가장 적절하지 않다.

50 정보능력 - 정보능력

정답 ③

✎ 출제포인트 정보화 사회의 특징

정보화 사회는 컴퓨터와 전자통신 기술의 결합인 정보통신 기술의 발전과 이와 관련된 다양한 소프트웨어의 개발에 의해 네트워크화가 이루어져 전 세계를 하나의 공간으로 여기는 수평적 네트워크 커뮤니케이션이 가능한 사회로 만들므로 가장 적절하지 않다.

실전모의고사 4회_순차 통합형 고난도

정답

p.588

01 의사소통	02 의사소통	03 의사소통	04 의사소통	05 의사소통	06 의사소통	07 의사소통	08 의사소통	09 대인관계	10 대인관계
③	⑤	③	④	③	④	④	④	②	③
11 자기개발	**12** 자기개발	**13** 직업윤리	**14** 직업윤리	**15** 조직이해	**16** 조직이해	**17** 조직이해	**18** 조직이해	**19** 조직이해	**20** 조직이해
③	①	③	②	⑤	⑤	①	②	⑤	②
21 조직이해	**22** 수리	**23** 수리	**24** 수리	**25** 수리	**26** 수리	**27** 수리	**28** 수리	**29** 수리	**30** 문제해결
③	⑤	③	②	②	④	①	①	②	④
31 문제해결	**32** 문제해결	**33** 문제해결	**34** 문제해결	**35** 문제해결	**36** 자원관리	**37** 자원관리	**38** 자원관리	**39** 자원관리	**40** 자원관리
①	②	③	②	④	②	②	②	②	③
41 기술	**42** 기술	**43** 기술	**44** 기술	**45** 기술	**46** 정보	**47** 정보	**48** 정보	**49** 정보	**50** 정보
⑤	②	⑤	①	④	③	②	⑤	⑤	①

취약 영역 분석표

영역별로 맞힌 개수, 틀린 문제 번호와 풀지 못했거나 찍었는데 맞은 문제 번호를 적고 나서 취약한 유형이 무엇인지 파악해 보세요. 취약한 영역은 'PART 1 직업기초능력평가'를 통해 다시 학습하고 틀린 문제와 풀지 못했거나 찍었는데 맞은 문제를 다시 한번 풀어 보세요.

영역	맞힌 개수	틀린 문제 번호	풀지 못했거나 찍었는데 맞은 문제 번호
의사소통능력	/ 8		
대인관계능력	/ 2		
자기개발능력	/ 2		
직업윤리	/ 2		
조직이해능력	/ 7		
수리능력	/ 8		
문제해결능력	/ 6		
자원관리능력	/ 5		
기술능력	/ 5		
정보능력	/ 5		
Total	/ 50		

해설

01 의사소통능력 - 의사표현능력

정답 ③

> **출제포인트** 의사표현에 영향을 미치는 비언어적 요소

민채: 발표를 하면서 분위기가 처질 경우 말을 좀 더 빠르게, 내용상 중요한 부분을 짚을 때는 조금 여유롭게 말해야 청중이 발표 내용에 집중할 수 있으므로 적절하지 않다.

정수: 상징적 동작은 말을 표현하지 않고도 의사표현이 가능한 몸짓이며, 외국인과 같은 다른 문화권의 사람과 의사소통을 할 때는 문화적 차이를 고려하여 행동하면 되므로 적절하지 않다.

따라서 교육 내용을 잘못 이해한 사람은 '민채, 정수'이다.

02 의사소통능력 - 경청능력

정답 ⑤

> **출제포인트** 경청의 방해요인

올바른 경청을 방해하는 요인 중 상대방의 말에 이어서 자신이 다음에 할 말을 생각하는 데 집중해 상대방이 하는 말에 집중하지 않는 태도인 대답할 말 준비하기는 경청을 방해하는 습관 고치기에 관한 강연 내용으로 가장 적절하지 않다.

03 의사소통능력 - 문서이해능력

정답 ③

> **출제포인트** 사내 도서 구매 및 대여 공지 이해

제시된 공지는 개인적인 흥미와 적성에 의한 용도가 아닌 업무에 활용할 수 있는 도서를 참고하여 업무 효율성을 높이기 위해 사내 도서 구매를 신청받고 있으며, 사내 도서 구매 신청 후 구매된 도서를 대여할 수 있음을 알리고 있으므로 가장 적절하다.

04 의사소통능력 - 문서작성능력

정답 ④

> **출제포인트** 공문서 작성법

공문서 작성 원칙에 따르면 시각은 24시간제에 따라 숫자로 표기해야 하므로 가장 적절하지 않다.

✓ 오답 체크

① 공문서 작성 원칙에 따르면 첫째 항목 부호는 제목 내용의 첫 글자와 같은 위치에서 시작해야 하므로 적절하다.

②, ③ 공문서 작성 원칙에 따르면 첫째 항목의 다음 항목부터는 앞 항목의 위치에서 1자(2타)씩 오른쪽에서 시작해야 하므로 적절하다.

⑤ 공문서 작성 원칙에 따르면 붙임 첨부물이 있는 경우 첨부 표시문 끝에 공문서가 끝났음을 나타내야 하므로 적절하다.

05 의사소통능력 - 문서작성능력

정답 ③

> **출제포인트** 문서표현의 시각화 요소

제시된 회의록에서 '다음 달 개선사항 관련 논의'라는 문장표현을 통해 문서의 개념이나 주제 등을 나타내고 '이번 달 클레임 접수 현황'이라는 차트표현을 통해 한눈에 파악할 수 있는 통계 수치를 나타냈으므로 문서표현의 시각화 요소가 사용된 것은 '문장표현, 차트표현'이다.

✓ 오답 체크

②, ④ 제시된 회의록에서 수치를 표로 나타내는 데이터표현은 사용되지 않았다.

⑤ 제시된 회의록에서 전달하려는 내용을 그림이나 사진 등으로 나타내는 이미지표현은 사용되지 않았다.

06 의사소통능력 - 문서작성능력

정답 ④

> **출제포인트** 난방공사 고객 질문 및 답변, 항목에 따른 분류

'백연현상으로 인해 배출되는 굴뚝 연기의 무해성'은 난방공사의 굴뚝에서 연기가 배출되는 원리인 백연현상에 대한 내용으로 '지역냉난방 및 연기 배출의 원리' 항목으로 옮겨야 하므로 가장 적절하지 않다.

07 의사소통능력 - 문서이해능력

정답 ④

> **출제포인트** 지원 인력 충원 기안서, 기안서 이해

제시된 문서는 온라인마케팅 부서에서 최근 출시된 브랜드에 대한 소비자의 반응을 모니터링하고 분석하는 데 필요한 지원 인력의 충원을 요청하고 있으므로 자사 브랜드와 관련된 고객 문의를 접수하고 응대하는 부서에 필요한 지원자를 모집하면 된다는 반응이 가장 적절하지 않다.

08 의사소통능력 - 문서이해능력

정답 ④

✎ 출제포인트 세부 내용 파악, 공소시효

2개 이상의 형이 병과되거나 2개 이상의 형에서 그 1개를 과할 범죄의 경우 중한 형으로 공소시효 기간이 결정된다고 하였으므로 동시에 2개 이상의 형이 병과되면 각 형벌의 공소시효를 합하여 최종 공소시효 기간을 산정하는 것은 아님을 알 수 있다.

✔ 오답 체크

① 무기징역에 해당하는 범죄는 15년, 10년 이상의 징역에 해당하는 범죄는 10년, 10년 미만의 징역 또는 금고에 해당하는 범죄는 7년 등 범죄 경중에 따라 공소시효가 달라진다고 하였으므로 적절한 내용이다.

② 2015년 7월 31일부로 사형에 해당하는 살인죄의 공소시효가 폐지되었다고 하였으므로 적절한 내용이다.

③ 해외 도피 시 공소시효 기간 산정을 중단하거나 살인죄에 해당하는 범죄에 대한 공소시효를 폐지하는 등 공소시효의 악용을 막는 제도적 장치를 도입하고 있다고 하였으므로 적절한 내용이다.

⑤ 범죄 발생 후 많은 시간이 지나면 당사자의 기억과 증거가 그대로 유지되지 않기 때문에 공소시효를 시행하여 법적 안정성을 도모한다는 점에서 공소시효가 없으면 법적 안정성에 위협받을 수 있다는 것을 추론할 수 있으므로 적절한 내용이다.

09 대인관계능력 - 대인관계능력

정답 ②

✎ 출제포인트 대인관계 양식

대인관계에서 주도적이고 자신감이 넘치며 자기주장이 강해 타인을 통제하고자 하는 사람은 '지배형', 대인관계에서 이성적이고 냉철하며 의지력이 강하며, 타인과 거리를 두는 경향이 강한 사람은 '냉담형', 대인관계에서 따듯하며 인정이 많고, 타인을 잘 도와주고 자기희생적인 태도를 보이는 사람은 '친화형'에 해당한다. 따라서 빈칸 ㉠~㉢에 들어갈 말을 순서대로 바르게 나열하면 '지배형 – 냉담형 – 친화형'이 된다.

10 대인관계능력 - 협상능력

정답 ③

✎ 출제포인트 회피전략의 사례

김 씨와 A 공장 사이의 협상 과정에서 A 공장에서는 다른 기업과의 계약으로 인해 김 씨와의 협상에 관심이 없고, 협상의 가치가 낮다고 생각한 경우에 해당하여 협상이 중단되었으므로 협상을 피하거나 잠정적으로 중단 및 철수하여 무행동전략에 해당하는 '회피전략'이 가장 적절하다.

✔ 오답 체크

① 협력전략은 협상 담당자들이 서로에 대한 정보를 많이 공유한 경우, 서로 신뢰가 쌓여 있는 경우에 유용한 전략이므로 적절하지 않다.

② 유화전략은 협상 결과보다는 상대방과의 인간관계 유지에 관심이 있는 경우, 자신의 이익보다 상대방의 이익을 더 고려해야 하는 경우에 유용한 전략이므로 적절하지 않다.

④, ⑤ 강압전략, 경쟁전략은 상대방과의 인간관계를 중요하게 여기지 않는 경우, 자신의 이익만을 극대화해야 하는 경우에 유용한 전략이므로 적절하지 않다.

11 자기개발능력 - 자아인식능력

정답 ③

✎ 출제포인트 홀랜드 직업성격유형

A 씨는 리더십 세미나에 참석하는 것을 선호하고 뛰어난 언어구사력으로 회의를 주도적으로 진행하거나 중요한 의사결정을 내릴 때 결정적인 의견을 제시할 수 있지만, 과학적이고 탐구적인 사고가 필요한 연구 분야에는 흥미를 느끼지 않는다고 하였으므로 A 씨의 직업성격유형은 '기업형(E)'이 가장 적절하다.

+ 더 알아보기

홀랜드(Holland)의 직업성격유형

유형	특징
실재형 (Realistic)	• 신체 활동과 기계·기술을 다루는 행위 등 실재적인 능력을 요구하는 직업과 활동을 선호하며, 사회적·교육적 재능을 요구하는 일을 비선호함 • 실질적인 가치와 사고를 선호하며, 다양한 흥미를 갖지 않음
탐구형 (Investigative)	• 생물학자나 의사와 같이 과학적이고 탐구적인 직업과 활동을 선호하며, 사회성을 요구하는 일을 비선호함 • 호기심이 많고 지적이고 논리적이며, 자유로운 목표와 가치를 바탕으로 다양한 분야에 관심을 가지고 새로운 아이디어나 경험에 개방적인 태도를 보임
예술형 (Artistic)	• 예술적 능력이 뛰어나고 예술적인 직업과 활동을 선호하며, 관습적인 일을 비선호함 • 상상력이 풍부하고 창의적이며, 여섯 가지 성격유형 중 가장 개방적인 신념체계를 지님
사회형 (Social)	• 교사, 상담가 등 사회성이 필요한 직업과 활동을 선호하며, 실재적인 일을 비선호함 • 사회적이고 봉사적인 가치를 중시하며, 논리적·지적·자극적인 일은 좋아하지 않음
기업형 (Enterprising)	• 경영인, 판매원 등 기업적인 직업과 활동을 선호하며, 탐구적인 일을 비선호함 • 사업이나 경제 관련 분야에서의 성취나 타인을 통제하는 능력을 중시하며, 타인을 돕거나 봉사하는 일은 중요하게 여기지 않음
관습형 (Conventional)	• 회계사, 은행원 등 관습적인 직업과 활동을 선호하며, 예술적 재능을 요구하는 일을 비선호함 • 관습적 가치를 따르는 경향이 있으며, 상상력이나 대인 능력을 요구하는 일은 중요하게 여기지 않음

12 자기개발능력 - 자기개발능력

정답 ①

✎ 출제포인트 자기개발 방해요인

자기개발의 방해요인으로는 '제한적인 사고, 문화적인 장애, 자기개발 방법의 무지, 인간의 욕구와 감정'이 있다.
제시된 글에서 A 사원은 자신의 일을 다른 팀원이 도와주었음에도 고마워하기보다 당연한 일이라며 자기합리화하는 경향이 있고, 자신의 의견만 옳다고 주장한다고 하였으므로 자신과 반대되는 주장에 무의식적으로 배척하거나 스스로 만든 틀 안에서만 사고하는 자기중심적 사고가 나타나는 A 사원의 사례와 가장 관련 있는 자기개발의 방해요인은 '제한적인 사고'이다.

13 직업윤리 - 직업윤리

정답 ③

✎ 출제포인트 비윤리적 행위, 부정행위의 원인

비윤리적 행위의 원인으로는 '무지, 무관심, 무절제'가 있다.
A와 B는 시험의 부정행위가 잘못된 것이라 인지하고 있었으나 양심을 지키는 것보다 부정행위이더라도 학점을 잘 받아 장학금을 얻는 것이 더 중요하다고 생각하고 있으므로 자신들의 행위가 비윤리적임을 알고 있지만, 윤리적인 기준에 따라 행동해야 한다는 것을 중요하게 여기지 않는 '무관심'이 가장 적절하다.

✓ 오답 체크

① '무지'는 무엇이 옳고 그른지를 몰라 비윤리적 행위를 저지르는 원인이며 A와 B는 부정행위가 잘못된 것임은 인지하고 있었으므로 적절하지 않다.
⑤ '무절제'는 자신의 행위가 잘못이라는 것을 알고 그러한 행위를 하지 않으려고 노력하지만 통제할 수 없는 요인으로 인하여 비윤리적 행위를 저지르는 원인이며 A와 B는 통제 불가능한 요인으로 인해 부정행위를 한 것은 아니므로 적절하지 않다.

14 직업윤리 - 공동체윤리

정답 ②

✎ 출제포인트 제조물 책임법, 제조물 책임법 제2조, 제3조, 제3조의2

제3조 제2항에서 제조업자가 제조물의 결함을 알면서도 그 결함에 대해 필요한 조치를 취하지 아니한 결과로 생명 또는 신체에 중대한 손해를 입은 자가 있을 경우 발생한 손해의 3배를 넘지 않는 범위 내에서 배상 책임을 지게 한다고 하였으며 제3호에서 해당 제조물의 공급으로 인하여 제조업자가 취득한 경제적 이익을 고려하여 배상액을 정한다고 하였으므로 가장 적절하지 않다.

✓ 오답 체크

① 제3조의2에서 해당 제조물이 정상적으로 사용되는 상태에서 피해자의 손해가 발생했다는 사실과 이 손해가 해당 제조물의 결함 없이는 통상적으로 발생하지 않는다는 사실을 증명한 경우 제조물 공급 당시 제조물에 결함이 있었고 이로 인해 손해가 발생한 것으로 추정한다고 하였다. 이에 따라 A 씨가 전기 주전자를 정상적으로 사용하던 도중 손해가 발생하였고, 그 손해가 제품 결함이 없었다면 발생하지 않았을 것이라는 사실이 증명된다면 전기 주전자의 결함으로 인한 손해로 추정할 수 있으므로 적절하다.
③ 제2조 제2호 가목에서 "제조상의 결함"이란 제조업자의 제조물에 대한 제조상 · 가공상 주의의무 이행 여부와 관계없이 제조물이 원래 의도한 설계와 다르게 제조 · 가공되어 안전하지 못하게 된 경우라고 하였다. 이에 따라 사용 중 물이 새지 않도록 설계된 본래의 의도와 다르게 제조된 T 사의 전기 주전자는 설계상의 의도와 다르게 제조 · 가공되어 안전하지 못하게 된 제조상의 결함을 지닌 제품에 해당하므로 적절하다.
④ 제3조 제1항에서 제조업자는 제조물의 결함으로 생명 · 신체 · 재산에 손해를 입은 자에게 그 손해를 배상한다고 하였다. 이에 따라 J 사는 스프레이형 세정제 사용 시 화재 위험에 대한 주의사항을 제품에 명시하지 않아 B 씨에게 재산상의 피해를 입혔으므로 적절하다.
⑤ 제2조 제2호 다목에서 "표시상의 결함"이란 제조업자가 합리적인 설명 · 지시 · 경고 · 그 밖의 표시를 했더라면 해당 제조물에 의해 발생할 수 있는 피해 또는 위험을 줄이거나 피할 수 있었음에도 이를 하지 아니한 경우라고 하였다. 이에 따라 J 사의 스프레이형 세정제는 제품 사용설명서에 사용 시 화재 위험이 있다는 주의사항의 표기를 하지 않아 화재를 유발한 표시상의 결함을 지닌 제품에 해당하므로 적절하다.

15 조직이해능력 - 조직이해능력

정답 ⑤

✎ 출제포인트 조직업무 이해, 전략과 구조의 변화

조직변화의 유형으로는 '제품과 서비스의 변화, 전략과 구조의 변화, 기술의 변화, 문화의 변화'가 있다.
제시된 글에서 △△사가 인사관리 업무에 활용할 수 있는 프로그램 업데이트를 통해 기존 문제점을 개선하고 인사혁신을 꾀할 수 있으며 다른 경영관리 업무에도 응용하여 도입할 예정이라고 하였으므로 조직변화의 유형 중 조직의 목적을 달성하고 효율을 높이기 위해 조직의 경영과 관계되는 조직구조, 경영 방식, 각종 시스템 등을 개선하는 '전략과 구조의 변화'가 가장 적절하다.

16 조직이해능력 - 경영이해능력

정답 ⑤

출제포인트 경영 활동의 유형별 특징

마케팅 활동은 대외적인 이윤을 추구하는 외부 경영 활동에 해당하므로 가장 적절하지 않은 답변이다.

✓오답 체크

① 경영 활동은 크게 외부의 경영 활동과 내부의 경영 활동으로 구분하므로 적절하다.

② 외부 경영 활동은 조직 외부에서 조직의 효율을 높이기 위해 이루어지므로 적절하다.

③ 외부 경영 활동의 대표적인 예로 시장에서 총수입을 극대화하고 총비용을 극소화하여 이윤을 창출하는 활동이 있으므로 적절하다.

④ 내부 경영 활동은 조직 내부에서 인적자원과 물적자원을 비롯하여 생산기술 등을 관리하는 활동을 말하므로 적절하다.

17 조직이해능력 - 경영이해능력

정답 ①

출제포인트 경영참가제도 도입 시 고려사항

경영참가제도를 통해 분배 문제를 해결함에 따라 노동조합의 고유 기능인 단체교섭기능이 약화될 수 있으므로 가장 적절하지 않다.

18 조직이해능력 - 체제이해능력

정답 ②

출제포인트 성과관리 기법, OKR

제시된 글의 빈칸에는 'Objective Key Result'의 약자인 'OKR'이 들어가야 한다.

✓오답 체크

① MBO: 'Management By Objective'의 약자로, 상사와 부하가 공동의 목표를 설정하고, 설정된 목표의 달성 정도를 측정 및 평가하여 경영의 효율성을 증진하는 전사적 차원의 조직관리 체계

③ BSC: 'Balanced Score Card'의 약자로, 조직의 비전 및 전략 목표를 실현하고자 재무, 고객, 내부 프로세스, 학습과 성장 관점의 성과지표를 개발해 성과를 관리하는 시스템

④ KPI: 'Key Performance Indicator'의 약자로, 성공적인 목표 달성을 위해 핵심적으로 관리가 필요한 요소들의 성과지표

⑤ SMART: 목표 설정 시 구체적이고(Specific), 측정 가능하고(Measurable), 성취 가능하고(Achievable), 관련되고(Relevant), 시간적 범위(Time bound)를 고려해야 한다는 목표설정 지침

19 조직이해능력 - 체제이해능력

정답 ⑤

출제포인트 팀의 역할과 성공 조건

A 씨는 팀원들이 자발적으로 업무에 참여하고 협업하는지를 묻는 상사의 질문에 대하여 최근 팀원들의 업무 참여가 소극적이며 자신 또한 팀원들을 챙기지 못했다고 생각하였으므로 팀이 성공적으로 운영되기 위한 조건으로 관리자층의 지지와 조직 구성원의 협력 의지가 요구된다는 ⑤가 A 씨가 속한 팀에게 필요한 성공 조건으로 가장 적절하다.

20 조직이해능력 - 업무이해능력

정답 ②

출제포인트 업무수행 시트, 워크 플로 시트

워크 플로 시트는 시트에 사용하는 도형을 달리 표현하여 주된 업무와 부차적인 업무, 혼자 처리 가능한 업무, 협조가 필요한 업무, 주의해야 할 업무, 도구가 필요한 업무 등을 업무별 소요 시간을 포함하여 나타내는 것으로 일의 흐름을 동적으로 보여주는 데 효과적이다.

따라서 A가 작성해야 하는 업무수행 시트로는 '워크 플로 시트'가 가장 적절하다.

✓오답 체크

① 간트 차트: 단계별로 업무를 시작해서 끝나는 데까지 소요되는 시간을 바 형식으로 표시할 때 사용하는 것으로, 전체 일정을 한눈에 파악할 수 있을 뿐만 아니라 단계별로 소요되는 시간과 각 업무 활동 사이의 관계를 알 수 있는 도구로 '세부업무추진구조도'라고도 불린다.

③ 체크리스트: 업무의 각 단계를 효과적으로 수행했는지 점검하기 위한 도구로 사용하는 것으로, 시간의 흐름을 표현하는 데는 한계가 따르지만 업무 활동을 세부적으로 나누고 업무 활동별로 확립된 수행 수준의 달성 여부를 확인하는 데 효과적인 업무수행 시트이다.

④ WBS: 조직의 연구 과제별로 수립된 목표를 이루기 위해 요구되는 활동과 업무를 세분화하는 데 사용하는 것으로, 연구 과제별 업무 내역을 계층 구조로 나타내어 전체 업무의 범위를 파악하고 전반적인 업무의 관리를 용이하게 할 수 있는 업무수행 시트이다.

⑤ 경영분석표: 경영의 주된 목표인 이윤 증대를 통해 경영성과를 분석하는 데 사용하는 것으로, 경영성과를 측정하기 위해 분석해야 할 대상의 기간을 구체적으로 수립하고, 수립한 기간에 산출된 이익과 총자본을 작성하여 성과를 분석한 결과를 기록하는 데 유용하다.

21 조직이해능력 - 국제감각

정답 ③

출제포인트 국제 매너

영미권에서는 아랫사람이나 손님이 먼저 상대방에게 오른손으로 명함을 건네야 하며, 명함을 받을 때는 두 손으로 받아야 하므로 명함을 오른손으로만 주고받아야 하는 것은 가장 적절하지 않다.

22 수리능력 - 기초연산능력

정답 ⑤

출제포인트 이원일차연립방정식

커피잔의 제작 수량을 x, 접시의 제작 수량을 y라고 하면

$500x + 1{,}000y = 350{,}000 \rightarrow 8x + 16y = 5{,}600$ … ⓐ

$15{,}000x + 0.8 \times 20{,}000y = 7{,}700{,}000 \rightarrow 15x + 16y = 7{,}700$ … ⓑ

ⓑ − ⓐ에서 $7x = 2{,}100$이므로 $x = 300$, $y = 200$이다.

따라서 커피잔의 제작 수량은 '300개'이다.

23 수리능력 - 기초통계능력

정답 ③

출제포인트 확률

A가 공을 던진 총횟수를 x라고 하면

$x \times 0.0625 = 10 \rightarrow x = 10 \div 0.0625 = 160$

따라서 공을 던진 총횟수는 '160회'이다.

24 수리능력 - 기초연산능력

정답 ②

출제포인트 일원일차부등식

저가형 정수기를 대여하는 개월 수를 x, 고급형 정수기를 대여하는 개월 수를 y라고 하면

저가형 정수기를 대여할 경우 설치비와 대여 기간 동안의 대여비를 지급해야 하므로

$24{,}000x + 250{,}000 < 990{,}000 \rightarrow x < \frac{740}{24} \fallingdotseq 30.83$

고급형 정수기를 대여할 경우 설치비와 4개월분을 제외한 대여비를 지급해야 하므로

$45{,}000(y - 4) + 350{,}000 < 1{,}800{,}000$

$\rightarrow 45y + 170 < 1{,}800 \rightarrow y < \frac{1{,}630}{45} \fallingdotseq 36.22$

따라서 정수기의 종류별로 대여하는 것이 구입하는 것보다 비용적으로 저렴한 최대 대여 기간은 저가형이 30개월, 고급형이 36개월이다.

25 수리능력 - 도표분석능력

정답 ②

출제포인트 유형별 어린이집 수, 비교 · 증감 추이

ⓔ 모든 유형의 어린이집 중에서 가정 어린이집 수가 매년 가장 많다고 하였으므로 C가 가정 어린이집이다.

ⓒ 민간 어린이집 수는 꾸준히 감소한다고 하였으므로 B가 민간 어린이집이다.

ⓛ 국공립 어린이집 수는 매년 직장 어린이집 수보다 많고, A가 D보다 매년 크므로 A가 국공립 어린이집이고, D가 직장 어린이집이다.

따라서 A는 국공립, B는 민간, C는 가정, D는 직장이 들어가는 것이 옳다.

[26-27]

26 수리능력 - 도표분석능력

정답 ④

출제포인트 인터넷 보급률 및 컴퓨터 보유율, 비교 · 증가량

ⓖ 2016년 이후 인터넷 보급률과 컴퓨터 보유율의 차이를 계산하면 다음과 같다.

- 2016년: 85.7 − 75.3 = 10.4%p
- 2017년: 87.6 − 74.7 = 12.9%p
- 2018년: 84.1 − 72.4 = 11.7%p
- 2019년: 81.6 − 71.7 = 9.9%p

이에 따라 2017년까지는 그 차이가 증가하나, 2018년부터는 감소하므로 옳지 않다.

ⓒ 2013년 컴퓨터 보유율은 80.6%로 80.0%보다 높으므로 옳지 않다.

ⓔ 2013년과 2014년 인터넷 보급률은 각각 79.8%, 81.6%로 2014년 인터넷 보급률은 전년 대비 81.6 − 79.8 = 1.8%p 증가했으므로 옳지 않다.

따라서 옳지 않은 것은 ⓖ, ⓒ, ⓔ로 총 '3개'이다.

✓ 오답 체크

ⓛ 컴퓨터 보유율이 처음으로 75.0%보다 낮아진 해는 74.7%인 2017년이고, 2017년에 인터넷 보급률은 87.6%로 가장 높으므로 옳다.

27 수리능력 - 도표분석능력

정답 ①

출제포인트 인터넷 보급률 및 컴퓨터 보유율, 감소량

인터넷 보급률의 전년 대비 감소량이 가장 큰 해는 87.6 − 84.1 = 3.5%p만큼 감소한 2018년이고, 컴퓨터 보유율의 전년 대비 감소량이 가장 큰 해는 80.6 − 78.2 = 2.4%p만큼 감소한 2014년이다.

[28-29]

28 수리능력 - 도표분석능력

정답 ①

출제포인트 경제 활동인구 비율, 비율·증감 추이·증감률

제시된 자료에서 비정규직 근로자 수의 비율과 비전형 근로자 수의 비율을 각각 알 수 있으며, 연도별 비정규직 근로자 중 비전형 근로자 수의 비율은 (비전형 근로자 수의 비율 / 비정규직 근로자 수의 비율)과 동일하게 계산되므로 알 수 있는 정보이다.

✓ 오답 체크

② 연도별 한시적 근로자 수의 비율은 알 수 있지만, 한시적 근로자 수는 알 수 없는 정보이다.

③ 정규직 근로자 수의 비율에 대한 전년 대비 증감 추이는 알 수 있지만, 정규직 근로자 수가 제시되지 않아 그 증감 추이는 알 수 없는 정보이다.

④ 2019년 기간제 근로자 수의 비율에 대해 3년 전 대비 증가한 비율의 크기는 알 수 있지만, 증가 인원은 알 수 없는 정보이다.

⑤ 2018년 비정규직 근로자 수의 전년 대비 증감률은 비정규직 근로자 수가 제시되지 않아 알 수 없는 정보이다.

29 수리능력 - 도표분석능력

정답 ②

출제포인트 경제 활동인구 비율, 사칙연산

2019년 정규직 근로자 수의 비율은 63.6%이므로 임금 근로자가 20,559천 명일 때, 정규직 근로자 수는 20,559 × 0.636 ≒ 13,076천 명이고, 비정규직 근로자 수는 20,559 – 13,076 ≒ 7,483천 명이다.

따라서 정규직과 비정규직 근로자 수의 차이는 13,076 – 7,483 ≒ 5,593천 명이다.

빠른 문제 풀이 TIP

정규직과 비정규직 근로자 수를 각각 구하지 않고, 그 비율 차이를 먼저 계산하면 계산 단계가 단축될 수 있다. 또한, 선택지 숫자 사이 간격이 1,000천 명대로 크므로 정확한 계산보다는 대략적으로 계산한다. 즉, 임금 근로자 수 20,559천 명은 천의 단위에서 반올림한 20,560천 명으로 계산하고, 비율도 소수점 첫째 자리에서 반올림하여 계산한다.

정규직과 비정규직 근로자 수의 비율은 각각 63.6%, 36.4%이므로 그 비율 차이는 약 63.6 – 36.4 ≒ 27%이며, 정규직과 비정규직 근로자 수의 차이는 20,560 × 0.27 = 5,551.2천 명이므로 이와 제일 가까운 ②가 정답임을 알 수 있다.

30 문제해결능력 - 문제해결능력

정답 ④

출제포인트 문제해결의 장애요소

문제해결의 장애요소로는 '문제를 철저하게 분석하지 않은 경우', '고정관념에 얽매이는 경우', '쉽게 떠오르는 단순한 정보에 의지하는 경우', '너무 많은 자료를 수집하려고 노력하는 경우'가 있다.

A: 자신이 알고 있는 단순한 정보에 의존하고 있으므로 '쉽게 떠오르는 단순한 정보에 의지하는 경우'에 해당하는 장애요소를 겪고 있다.

B: 개인의 편견이나 경험 등 정해진 규정과 틀에 얽매여 새로운 아이디어와 가능성을 놓치고 있으므로 '고정관념에 얽매이는 경우'에 해당하는 장애요소를 겪고 있다.

C: 구체적인 절차를 무시하고 많은 양의 자료를 무계획적으로 수집하고 있으므로 '너무 많은 자료를 수집하려고 노력하는 경우'에 해당하는 장애요소를 겪고 있다.

따라서 문제해결의 장애요소를 겪고 있는 팀원은 'A, B, C'이다.

✓ 오답 체크

D: 근본적인 문제해결을 위해 문제가 무엇인지 명확하게 분석한 뒤 해결책을 수립하고 있으므로 문제해결의 장애요소를 겪고 있지 않다.

31 문제해결능력 - 문제처리능력

정답 ①

출제포인트 문제 인식 단계, 3C 분석

빈칸에는 '자사(Company)'가 들어간다.

따라서 자사에 대한 분석 질문으로 가장 적절한 것은 ①이다.

✓ 오답 체크

②, ④는 고객, ③, ⑤는 경쟁사 분석 질문이다.

32 문제해결능력 - 사고력

정답 ②

출제포인트 명제추리

화장하는 것을 좋아하는 어떤 사람이 사진 찍기를 좋아하면, 화장하는 것을 좋아하면서 사진 찍기를 좋아하는 사람이 적어도 한 명 존재한다는 것이므로 화장하는 것을 좋아하는 모든 사람이 옷을 잘 입고 화장하는 것을 좋아하는 어떤 사람이 사진 찍기를 좋아하면 사진 찍기를 좋아하는 사람 중에는 옷을 잘 입는 사람도 반드시 존재하게 된다.

따라서 '화장하는 것을 좋아하는 어떤 사람은 사진 찍기를 좋아한다.'가 타당한 전제이다.

✓ 오답 체크

화장하는 것을 좋아하는 사람을 A, 옷을 잘 입는 사람을 B, 사진 찍기를 좋아하는 사람을 C라고 하면

①, ③, ④, ⑤ 사진 찍기를 좋아하면서 화장하는 것을 좋아하는 사람은 아무도 없거나, 옷을 잘 입는 모든 사람은 사진 찍기를 좋아하지 않거나, 화장하는 것을 좋아하는 모든 사람은 사진 찍기를 좋아하지 않거나, 옷을 잘 입지 못하는 모든 사람이 사진 찍기를 좋아한다면 화장하는 것을 좋아하면서 사진 찍기를 좋아하는 사람은 없을 수도 있으므로 결론이 반드시 참이 되게 하는 전제가 아니다.

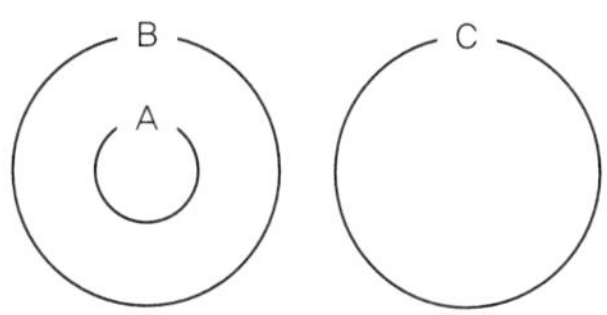

33 문제해결능력 - 사고력

정답 ③

✎ **출제포인트** 조건추리, 내린 순서

제시된 조건에 따르면 1층에서 6명이 모두 엘리베이터를 타고, 네 번째 조건에 의해 C는 4층에서 내렸고, 6명 중에서 세 번째로 내렸으므로 2층과 3층에서 반드시 내린 사람이 있다. 또한, 다섯 번째 조건에 의해 F가 내린 층보다 6개 층 위에서 D가 내렸으므로 F가 2층, D가 8층에서 내렸거나 F가 3층, D가 9층에서 내렸음을 알 수 있어 두 가지 경우로 나누어 생각한다. 이때, 두 번째 조건에 의해 홀수 층에서는 총 2명만 내렸고, 세 번째 조건에 의해 B는 A보다 먼저, E보다 나중에 내렸으므로 E → B → A의 순서로 내렸음을 알 수 있다. 이에 따라 가능한 경우는 다음과 같다.

[경우 1] F가 2층, D가 8층에서 내린 경우

1	2	3	4	5	6	7	8	9	10
×	F	E	C	×	B	A	D	×	×
×	F	E	C	×	B	×	D	A	×

[경우 2] F가 3층, D가 9층에서 내린 경우

1	2	3	4	5	6	7	8	9	10
×	E	F	C	×	B	×	A	D	×

따라서 A와 D는 항상 서로 이웃한 층에서 내렸으므로 항상 참인 결론은 ③이다.

✓ 오답 체크

① 경우 2에 따라 E는 2층에서 내렸을 수도 있으므로 항상 참은 아니다.

② 경우 1에 따라 A가 6명 중에서 가장 나중에 내렸을 수도 있으므로 항상 참은 아니다.

④ 경우 1에 따라 A가 7층에서 내렸을 수도 있으므로 항상 참은 아니다.

⑤ 경우 2에 따라 B와 F 사이에 내린 사람은 1명일 수도 있으므로 항상 참은 아니다.

[34-35]

34 문제해결능력 - 문제처리능력

정답 ②

✎ **출제포인트** 문제 인식 단계, SWOT 분석

SWOT은 경쟁기업과 비교하여 우위에 있는 기업 내부의 'S(강점)', 경쟁기업과 비교하여 열위에 있는 기업 내부의 'W(약점)', 외부환경으로부터 이익을 얻을 수 있는 기업 외부의 'O(기회)', 외부환경으로부터 불이익을 얻을 수 있는 기업 외부의 'T(위협)'을 말한다.

㉠ 재고 처리에 부담이 되는 높은 폐기율은 기업 내부의 'W(약점)'에 해당한다.

㉡ 높은 고객 만족도 지수는 기업 내부의 'S(강점)'에 해당한다.

35 문제해결능력 - 문제처리능력

정답 ④

✎ **출제포인트** 문제 인식 단계, SWOT 분석

배송 가능 지역 범위를 확대하여 수도권 외의 1~2인 가구를 공략하는 것은 수도권 지역으로 제한된 배송 가능 지역이라는 'W(약점)'을 보완하고 식료품 배송 수요가 높은 1~2인 가구가 증가하는 'O(기회)'를 활용하는 'WO(약점 – 기회)' 전략으로 가장 적절하다.

✓ 오답 체크

① 가격 경쟁력을 갖춘 제품 개발로 포화 시장에서의 우위 확보는 'ST(강점 - 위협)' 전략에 해당하므로 적절하지 않다.

② 물류·배송 인프라 구축 경험을 활용한 모바일 간편결제 서비스 구축은 'SO(강점 - 기회)' 전략에 해당하므로 적절하지 않다.

③ 낮은 인지도 극복을 위한 공격적인 마케팅으로 식료품 소비 유도는 'WT(약점 - 위협)' 전략에 해당하므로 적절하지 않다.

⑤ 1~2인 가구를 겨냥한 합리적인 가격대의 식료품 소량 판매는 'SO(강점 - 기회)' 전략에 해당하므로 적절하지 않다.

36 자원관리능력 - 예산관리능력

정답 ②

✎ **출제포인트** 예산 구성요소, 직접비용 · 간접비용

간접비용에는 여행자 및 자동차 보험료, 여행 상품 광고비, 상품 개발 회의 시 사용되는 사무비품비, 해외 및 국내 통신비가 포함되므로 간접비용의 총금액은 308,000 + 623,000 + 105,000 + 244,000 = 1,280,000원이다.

37 자원관리능력 - 물적자원관리능력

정답 ②

✎ **출제포인트** 물품 보관의 원칙, 회전 대응 보관의 원칙/유사성의 원칙/동일성의 원칙

㉠ 업무 중에 자주 사용하는 메모지는 책상 위에 올려두고, 가끔 사용하는 계산기는 서랍에 넣어둔 사례는 물품의 활용 빈도가 상대적으로 높은 것은 가져다 쓰기 쉬운 위치에 먼저 보관하는 '회전 대응 보관의 원칙'에 해당한다.

✓ 오답 체크

㉡ 컴퓨터, 프린터, 카메라 등의 전자제품은 창고 하나에 모아 보관한 사례는 유사품은 인접한 장소에 보관하는 '유사성의 원칙'에 해당한다.

㉢ 교육 분야에 속하는 책을 모두 한 책장에 출간된 순서대로 꽂아놓은 사례는 같은 품종은 같은 장소에 보관하는 '동일성의 원칙'에 해당한다.

38 자원관리능력 - 인적자원관리능력

정답 ②

✎ **출제포인트** 인력배치의 유형

인력배치의 유형으로는 '양적 배치, 질적 배치, 적성 배치'가 있으며, 인력배치의 원칙 중 하나인 적재적소주의와 관련된 배치는 '질적 배치'가 가장 적절하다.

39 자원관리능력 - 자원관리능력

정답 ②

✎ **출제포인트** 자원의 종류(예산), 은행 선택하기

은행별 환율우대율을 적용한 환율을 계산하는 공식은 매매기준율 – {(매매기준율 – 적용환율) × 환율우대}이므로 공식을 적용하여 각 은행에서 호주 달러를 원화로 환전한다고 했을 때, 최 과장이 환전받을 수 있는 금액은 다음과 같다.

은행	1달러당 환전 금액
A 은행	900 – {(900 – 920) × 0.9} = 918
B 은행	910 – {(910 – 942) × 0.8} = 935.6
C 은행	890 – {(890 – 922) × 0.8} = 915.6
D 은행	900 – {(900 – 933) × 0.9} = 929.7
E 은행	900 – {(900 – 912) × 0.9} = 910.8

따라서 최 과장이 선택할 은행은 달러를 원화로 환전했을 때 가장 큰 금액을 받을 수 있는 'B 은행'이다.

40 자원관리능력 - 시간관리능력

정답 ③

✎ **출제포인트** 시간 낭비요인, 직장 내 시간 낭비요인

안나: 서류 숙독과 서류 정리는 시간 낭비요인에 해당한다.
지수: 일을 느긋하게 하는 성격은 시간 낭비요인에 해당한다.
따라서 시간 낭비요인을 겪고 있는 사람은 '안나, 지수'이다.

✓ 오답 체크

수아: 번잡한 책상은 시간 낭비요인에 해당하므로 책상 위가 번잡하지 않도록 해야 한다.

채현: 업무를 끝내지 않고 남겨두는 것은 시간 낭비요인에 해당하므로 당일 해야 하는 업무는 당일에 다 끝내놓아야 한다.

41 기술능력 - 기술능력

정답 ⑤

✎ **출제포인트** 기술의 특징

㉢ 기술은 사회적 변화의 요인으로 의사소통의 속도를 증가시켜 개인으로 하여금 현명한 의사결정을 할 수 있도록 도와주고, 사회도 기술개발에 영향을 주어 사회적, 역사적, 문화적 요인은 기술이 어떻게 활용되는가를 결정하므로 적절하지 않다.

㉣ 기술은 소프트웨어가 아닌 하드웨어를 생산하는 과정을 의미하며, 인간의 능력을 확장시키기 위한 하드웨어와 그것의 활용도 의미하므로 적절하지 않다.

따라서 기술의 특징을 설명한 것으로 적절하지 않은 것은 '㉢, ㉣'이다.

42 기술능력 - 기술선택능력

정답 ②

✎ **출제포인트** 기술선택 절차

기술선택을 위한 절차는 '외부환경 분석 → 중장기 사업목표 설정 → 사업전략 수립 → 요구기술 분석 → 기술전략 수립 → 핵심기술 선택' 순으로 이루어지므로 요구기술을 분석한 후 바로 다음 순서에 해야 할 단계로 가장 적절한 것은 '기술전략 수립'이다.

43 기술능력 - 기술적용능력

정답 ⑤

✎ **출제포인트** 기술적용 시 고려 사항

기술적용 시 고려 사항으로는 기술적용에 드는 비용, 기술의 수명 주기, 기술의 전략적 중요도, 기술의 잠재적 응용 가능성이 있으므로 새로운 기술을 적용할 때 참고할 매뉴얼의 존재 여부를 확인하는 윤 사원의 발언이 가장 적절하지 않다.

[44-45]

44 기술능력 - 기술이해능력

정답 ①

✎ 출제포인트 세탁기 매뉴얼 이해하기

김 대리는 두 번의 다른 이상 증상에 대한 조치 방법을 제시하여 두 번 모두 해결하였으므로 조치 방법이 동일한 오류 증상의 코드를 구하면 된다.

따라서 고객의 세탁기에 나타난 두 가지의 오류 코드는 50℃ 정도의 따뜻한 물로 호스와 밸브를 녹이면 해결된다는 동일한 조치 방법이 제시된 '1E, 2E'이다.

45 기술능력 - 기술이해능력

정답 ④

✎ 출제포인트 세탁기 매뉴얼 이해하기

물 빠짐이 원활하지 않고 탈수가 멈췄다 다시 작동하는 일이 반복된다는 고객의 문의는 '배수 이상(2E)'과 '탈수 이상(3E)'에 관련된 오류 증상이므로 세탁판에 동전, 핀, 클립 등의 이물질이 끼어 있어 세탁이 원활하게 되지 않는 '동전 끼임(LE0)' 오류 증상에 대한 확인사항인 세탁 날개 사이의 이물질 존재 여부를 확인하는 것은 가장 적절하지 않다.

46 정보능력 - 정보능력

정답 ③

✎ 출제포인트 컴퓨터활용 분야

A: 컴퓨터에 저장했던 문서를 수정하여 전자 결재 시스템을 이용해 다시 결재 요청했다고 하였으므로 사무 자동화를 통한 간편한 문서작성 및 보관과 결재 시스템을 통한 신속한 의사 결정을 가능하게 하는 '경영 분야'에서의 컴퓨터활용이다.

B: 동사무소에 들르지 않고 무인 민원 발급기를 이용하여 민원 서류를 발급받았다고 하였으므로 정보 통신망과 행정 관련 데이터베이스 활용을 통해 행정 처리의 효율을 높이는 '행정 분야'에서의 컴퓨터활용이다.

C: 컴퓨터 이용 설계 CAD를 도입하여 더 정교하고 세밀한 작업이 가능하다고 하였으므로 공장 자동화를 통해 산업 현장에서의 위험한 일이나 정교한 업무 등을 대체하여 제품 경쟁력을 높이는 '산업 분야'에서의 컴퓨터활용이다.

따라서 A~C가 이야기하는 컴퓨터활용 분야가 바르게 연결된 것은 ③이다.

47 정보능력 - 정보처리능력

정답 ②

✎ 출제포인트 게시판 사용 시 네티켓

게시판 사용 시 네티켓은 게시글의 오류 발견 시 즉시 수정하거나 삭제하는 것이므로 글의 내용 중 잘못 작성된 부분이 있더라도 최소 일주일간 유지해야 한다는 조언이 가장 적절하지 않다.

48 정보능력 - 컴퓨터활용능력

정답 ⑤

✎ 출제포인트 검색 방식 유형

검색 방식 유형에는 '키워드', '주제별', '통합형' 검색 방식이 있다.

㉠ 찾고자 하는 정보와 관련된 핵심어를 직접 입력하여 검색엔진이 관련된 정보를 찾는 '키워드' 검색 방식이다.

㉡ 키워드 검색 방식과 유사하나 사용자가 입력하는 검색어들을 연계된 다른 검색엔진으로 전달하여 얻게 된 검색 결과를 사용자에게 보여주는 '통합형' 검색 방식이다.

따라서 ㉠, ㉡에 들어갈 말을 순서대로 바르게 나열하면 '키워드, 통합형'이 된다.

49 정보능력 - 컴퓨터활용능력

정답 ⑤

✎ 출제포인트 윈도우 휴지통 기능

파일을 휴지통에 임시 보관하지 않고 영구적으로 삭제하기 위해서는 파일을 클릭한 뒤 Shift 키와 Delete 키를 함께 눌러야 하므로 휴지통 기능에 대하여 잘못 이해하고 있는 사람은 '무'이다.

50 정보능력 - 정보처리능력

정답 ①

✎ 출제포인트 정보관리의 분류

분류를 이용한 정보관리는 '시간적 기준, 주제적 기준, 기능적/용도별 기준, 유형적 기준'으로 구분된다.

㉠ 정보를 발생 시기별로 분류하는 것은 '시간적 기준'에 해당한다.

㉡ 정보의 내용에 따라 분류하는 것은 '주제적 기준'에 해당한다.

㉢ 정보를 쓰임에 따라 분류하는 것은 '기능적 기준'에 해당한다.

㉣ 정보의 형태에 따라 분류하는 것은 '유형적 기준'에 해당한다.

따라서 ㉠~㉣에 해당하는 정보관리 분류 기준을 순서대로 바르게 나열하면 '시간적 기준 - 주제적 기준 - 기능적 기준 - 유형적 기준'이 된다.

실전모의고사 5회_영역 혼합형

정답

p.620

01 의사소통	02 수리	03 문제해결	04 자기개발	05 자원관리	06 대인관계	07 정보	08 기술	09 조직이해	10 의사소통
①	②	③	④	②	⑤	③	⑤	③	④
11 직업윤리	**12** 수리	**13** 문제해결	**14** 자기개발	**15** 자원관리	**16** 대인관계	**17** 정보	**18** 기술	**19** 조직이해	**20** 직업윤리
⑤	④	①	③	③	①	③	④	③	②
21 의사소통	**22** 수리	**23** 문제해결	**24** 자기개발	**25** 자원관리	**26** 대인관계	**27** 정보	**28** 기술	**29** 조직이해	**30** 직업윤리
④	⑤	②	④	④	④	③	⑤	⑤	②
31 의사소통	**32** 수리	**33** 문제해결	**34** 자기개발	**35** 자원관리	**36** 대인관계	**37** 정보	**38** 기술	**39** 조직이해	**40** 직업윤리
②	⑤	③	③	①	④	③	③	⑤	④
41 의사소통	**42** 수리	**43** 문제해결	**44** 자기개발	**45** 자원관리	**46** 대인관계	**47** 정보	**48** 기술	**49** 조직이해	**50** 직업윤리
④	③	⑤	③	③	③	③	⑤	①	③

취약 영역 분석표

영역별로 맞힌 개수, 틀린 문제 번호와 풀지 못했거나 찍었는데 맞은 문제 번호를 적고 나서 취약한 유형이 무엇인지 파악해 보세요. 취약한 영역은 'PART 1 직업기초능력평가'를 통해 다시 학습하고 틀린 문제와 풀지 못했거나 찍었는데 맞은 문제를 다시 한번 풀어 보세요.

영역	맞힌 개수	틀린 문제 번호	풀지 못했거나 찍었는데 맞은 문제 번호
의사소통능력	/ 5		
수리능력	/ 5		
문제해결능력	/ 5		
자기개발능력	/ 5		
자원관리능력	/ 5		
대인관계능력	/ 5		
정보능력	/ 5		
기술능력	/ 5		
조직이해능력	/ 5		
직업윤리	/ 5		
Total	/ 50		

해설

01 의사소통능력 - 의사소통능력 정답 ①

출제포인트 의사소통능력 개발 방법

의사소통능력을 개발하기 위한 방법으로 자신과 대화를 하는 상대방의 행동이 나의 행동에 어떤 영향을 미치고 있는지에 대해 상대방에게 어느 정도 솔직하게 알려줘야 하므로 동료와의 대화 시 감정을 직접적으로 표출하는 것은 좋지 않은 태도라는 조언이 가장 적절하지 않다.

✓ 오답 체크

② 의사소통능력을 개발하기 위한 방법으로 대화의 내용을 구성할 때 사용되는 언어는 이를 받아들이는 상대를 고려해야 하므로 적절하다.

③ 의사소통능력을 개발하기 위한 방법으로 대화를 할 때 신체적 거리가 아무리 가깝더라도 상대방이 말하고자 하는 내용에 관심을 두지 않는다면 상대방과의 의미 있는 대화가 어려우므로 적절하다.

④ 의사소통능력을 개발하기 위한 방법으로 상대방과의 대화에 전적으로 집중하는 것은 중요하지만 이는 매우 어렵기 때문에 상대방의 입장에서 생각하려고 노력하면서 감정 이입이 수월해질 때 대화에 더욱 집중할 수 있으므로 적절하다.

⑤ 의사소통능력을 개발하기 위한 방법으로 감정적으로 좋지 못한 상황이라면 의사표현을 명확하게 하지 못할 가능성이 있기 때문에 이러한 상황을 피하기 위해서는 자신이 평정을 찾을 때까지 의사소통을 연기하는 것이 좋으므로 적절하다.

02 수리능력 - 기초연산능력 정답 ②

출제포인트 수추리, 도형

A	B	C	D	A+B+C+D
4	5	6	8	23
2	7	9	5	23
9	4	8	2	23
6	7	8	(　)	21+(　)

제시된 표에서 1~4열을 각각 A, B, C, D라고 하면 각 행은 A+B+C+D가 23이라는 규칙이 적용되므로 빈칸에 들어갈 알맞은 숫자는 '2'이다.

03 문제해결능력 - 문제해결능력 정답 ③

출제포인트 문제해결의 의미

문제해결은 조직의 측면에서 세계 일류 수준을 지향하고 경쟁사 대비 우수한 우위를 확보하기 위해 끊임없이 요구되며, 개인의 측면에서 불필요한 업무의 제거 또는 단순화를 통한 업무 효율성을 높이기 위해 요구되므로 문제해결에 대해 바르게 이해하지 못한 사람은 '수연'이다.

04 자기개발능력 - 자기개발능력 정답 ④

출제포인트 자기 브랜드 PR 방법

자기 브랜드 PR을 하려면 다른 사람과 차별성을 주어야 하므로 이력서에 기본 정보만 작성하는 것은 자기 브랜드 PR 방법을 활용한 경우로 가장 적절하지 않다.

✓ 오답 체크

① 블로그는 사람들이 친숙하고 직접적으로 접근할 수 있어 인사 채용 시 기업에서 개인 블로그를 참고하기도 하므로 블로그에 △△기업의 사업 분야에 자신의 지식을 기록한 것은 자기 브랜드 PR 방법으로 적절하다.

② 명함은 자신의 얼굴이자 강력한 마케팅 도구가 될 수 있으므로 개성 있는 명함을 제작한 것은 자기 브랜드 PR 방법으로 적절하다.

③ 자신의 전문적인 능력과 인간관계, 자신의 노력 등을 경력 포트폴리오에 포함하면 자신을 효과적으로 PR 할 수 있으므로 경력과 성과를 포함한 포트폴리오를 제출한 것은 자기 브랜드 PR 방법으로 적절하다.

⑤ 사람들은 자신이 신뢰하는 다른 사람의 말은 비판 없이 받아들이고 수용하는 경향이 있어 평소 인간관계를 잘 관리하여 인적 네트워크를 활용하는 것이 좋으므로 △△기업에 다니고 있는 동호회 사람과 가까워지려고 노력한 것은 자기 브랜드 PR 방법으로 적절하다.

05 자원관리능력 - 자원관리능력 정답 ②

출제포인트 자원관리 과정

자원을 관리하는 기본 과정 4단계 중 이용 가능한 자원을 수집하는 단계에서는 실제로 필요한 자원이 계획한 것과 차이를 보이는 경우가 있어 가능하다면 필요한 양보다 좀 더 여유 있게 자원을 확보할 필요가 있으므로 가장 적절하지 않다.

06 대인관계능력 - 팀워크능력

정답 ⑤

✎ **출제포인트** 팀워크 촉진 방법

팀워크 촉진 방법으로는 '창의력 조성을 위한 협력, 동료 피드백 장려, 갈등해결, 참여적 의사결정'이 있다. R 기업은 MBTI 성격 유형 검사 결과를 토대로 모든 직원이 다양한 영역에 동참하며 두각을 나타낼 수 있도록 함으로써 직원들의 적극적인 의사결정과 실행력을 이끌어냈으므로 '참여적으로 의사결정 하기'가 가장 적절하다.

07 정보능력 - 정보능력

정답 ③

✎ **출제포인트** 정보 기획의 5W2H

㉢ 지난 3년간의 매출 추이 데이터는 어디에서 정보를 수집할 수 있는지를 파악하는 'Where'에 해당한다.

✓ 오답 체크

㉠ 여름 한정 시즌 메뉴 개발을 위한 기획서를 보고해야 하는 것은 정보 수집의 필요 목적을 고려하는 'Why'에 해당한다.

㉡ 이번 주 금요일은 정보를 언제까지 수집해야 하는지 시점을 고려하는 'When'에 해당한다.

㉣ 지난 3년 동안 6~8월에 2030 세대 사이에서 가장 반응이 좋았던 메뉴와 가장 반응이 좋지 않았던 메뉴는 정보의 입수 대상을 명확히 하는 'What'에 해당한다.

㉤ 팀장님께 관련 자료의 공유를 요청하는 것은 정보의 수집 방법을 검토하는 'How'에 해당한다.

08 기술능력 - 기술능력

정답 ⑤

✎ **출제포인트** 산업재해 예방 대책 5단계

산업재해 예방 대책 5단계는 '안전 관리 조직 → 사실의 발견 → 원인 분석 → 시정책의 선정 → 시정책 적용 및 뒤처리' 순으로 이루어진다.

㉤ 안전 목표 설정 및 안전 관리 책임자 선정은 '안전 관리 조직' 단계에 해당한다.

㉠ 작업자의 제안 및 여론 조사, 현장 분석 등을 통한 사고 원인 발견은 '사실의 발견' 단계에 해당한다.

㉢ 재해의 발생 장소, 직원 감독의 적절성 분석은 '원인 분석' 단계에 해당한다.

㉡ 기술적 개선, 교육, 인사 조정 및 교체 등의 해결방안 선정은 '시정책의 선정' 단계에 해당한다.

㉣ 안전 감독 실시, 안전시설과 장비의 결함 개선은 '시정책 적용 및 뒤처리' 단계에 해당한다.

따라서 5단계를 순서대로 바르게 나열하면 '㉤ → ㉠ → ㉢ → ㉡ → ㉣'이 된다.

09 조직이해능력 - 조직이해능력

정답 ③

✎ **출제포인트** 조직 · 직장 · 기업의 의미

㉠에는 '직장', ㉡에는 '기업'이 들어간다.

10 의사소통능력 - 경청능력

정답 ④

✎ **출제포인트** 경청 훈련 방법

경청 훈련 중 '정확성을 위해 요약하기'는 상대방의 요점에 대해서 들은 것을 자신의 말로 반복하는 방법과 자신이 요약한 내용을 확인 또는 명료화하기 위해 질문하는 방법으로 이루어지므로 신 대리가 한 말을 바탕으로 강 부장이 정리하여 자신의 말로 반복하는 것은 '정확성을 위해 요약하기'에 해당한다.

11 직업윤리 - 직업윤리

정답 ⑤

✎ **출제포인트** 윤리의 의미

갑: 동양에서의 인간관계는 필연적인 천륜과 후천적인 인륜으로 구분되므로 적절하다.

을: 윤리는 두 사람 이상이 있을 때 존재하지만 혼자 있을 때는 의미가 없으므로 적절하다.

병: 윤리의 윤(倫)은 인간관계에 필요한 도리를 뜻하며, 리(理)는 다스리고 밝힌다는 것을 의미하므로 적절하다.

정: 인간 집단의 결과 같은 윤리를 존중하며 살아야 사회의 질서와 평화를 얻을 수 있으므로 적절하다.

따라서 4명 모두 윤리의 의미를 바르게 이해하고 있다.

12 수리능력 - 기초통계능력

정답 ④

✎ **출제포인트** 경우의 수

각자가 오면체 놀이도구를 던질 때 나올 수 있는 경우의 수는 5가지이다.

따라서 나올 수 있는 숫자의 조합은 5 × 5 × 5 = 125가지이다.

13 문제해결능력 - 사고력

정답 ①

✎ **출제포인트** 명제추리

주어진 명제가 참일 때 그 명제의 '대우'만이 참인 것을 알 수 있다.

세 번째 명제의 '대우'와 첫 번째 명제와 두 번째 명제의 '대우'를 차례로 결합하면 다음과 같다.

- 세 번째 명제(대우): 과학을 좋아하지 않는 사람은 음악을 좋아한다.
- 첫 번째 명제: 음악을 좋아하는 사람은 미술을 좋아한다.
- 두 번째 명제(대우): 미술을 좋아하는 사람은 체육을 좋아하지 않는다.
- 결론: 과학을 좋아하지 않는 사람은 체육도 좋아하지 않는다.

✓ 오답 체크

② 첫 번째 명제의 '대우'에 따르면 미술을 좋아하지 않는 사람은 음악을 좋아하지 않으므로 항상 참이 아니다.

③ 첫 번째 명제의 '대우'와 세 번째 명제를 차례로 결합하면 미술을 좋아하지 않는 사람은 과학을 좋아하므로 항상 참이 아니다.

④ 두 번째 명제에 따르면 체육을 좋아하는 사람은 미술을 좋아하지 않으므로 항상 참이 아니다.

⑤ 첫 번째 명제와 두 번째 명제의 '대우'를 차례로 결합하면 음악을 좋아하는 사람은 체육을 좋아하지 않고, 세 번째 명제에 따르면 음악을 좋아하지 않는 사람은 과학을 좋아하지만 음악을 좋아하지 않는 사람은 체육을 좋아하는지는 알 수 없다.

14 자기개발능력 - 자아인식능력

정답 ③

✎ **출제포인트** 자아인식 방법

일반적으로 스스로 보는 자신의 모습을 주관적 자아, 타인이 보는 자신의 모습을 객관적 자아로 분류하므로 자아인식 방법에 대한 설명이 가장 적절하지 않은 사람은 'C'이다.

15 자원관리능력 - 시간관리능력

정답 ③

✎ **출제포인트** 시간관리 매트릭스

귀하의 업무 목록을 참고하여 중요도와 긴급함에 따라 시간관리 매트릭스에 한 칸씩 배치하면, 일일 업무 진행 보고는 긴급하지만 중요하지 않은 일, 하반기 프로젝트 계획 보고는 긴급하지 않지만 중요한 일, 사무용품 택배 수령은 긴급하지 않고 중요하지 않은 일, 긴급 발주는 긴급하면서 중요한 일에 해당한다.

16 대인관계능력 - 리더십능력

정답 ①

✎ **출제포인트** 코칭의 의미와 특징

빈칸에 들어갈 개념은 '코칭'으로, 코칭은 커뮤니케이션 과정의 모든 단계에서 활용 가능하여 사전에 진행되는 코칭을 통해 실수나 비효율적인 방법을 미리 파악하여 업무 성과를 높일 수 있고, 중간 단계에서 진행되는 코칭을 통해 직원들과 함께 의견을 공유함으로써 해결책을 이끌어 낼 수 있으므로 코칭이 커뮤니케이션이 어느 정도 진행된 후에 활용 가능하다는 설명이 가장 적절하지 않다.

17 정보능력 - 컴퓨터활용능력

정답 ③

✎ **출제포인트** 정보검색 연산자

'식료품소비지수' 단어가 포함된 문서 중 '외식비' 단어를 포함하지 않는 문서를 검색하기 위해서는 연산자 'NOT' 또는 기호 '－',
'!' 다음에 포함되지 않아야 하는 단어가 오도록 해야 하므로 '식료품소비지수!외식비'가 가장 적절하다.

✓ 오답 체크

① '식료품소비지수&외식비'는 '식료품소비지수' 단어와 '외식비' 단어가 모두 포함된 문서를 검색할 때 사용하는 검색 조건이므로 적절하지 않다.

② '식료품소비지수|외식비'는 '식료품소비지수' 단어와 '외식비' 단어가 모두 포함되거나 둘 중 하나의 단어만 포함된 문서를 검색할 때 사용하는 검색 조건이므로 적절하지 않다.

④ '외식비-식료품소비지수'는 '외식비' 단어가 포함된 문서 중 '식료품소비지수' 단어를 포함하지 않는 문서를 검색할 때 사용하는 검색 조건이므로 적절하지 않다.

⑤ '외식비~식료품소비지수'는 '외식비' 단어와 '식료품소비지수' 단어가 서로 가깝게 인접해 있는 문서를 검색할 때 사용하는 검색 조건이므로 적절하지 않다.

18 기술능력 - 기술이해능력

정답 ④

✎ **출제포인트** 미래 첨단기술 적용 분야

나. 인공지능 기반의 건물 설계 자동화 기술을 통해 위험한 작업 현장에 사람이 아닌 로봇을 투입하여 산업 현장의 비대면 기술을 확산시킬 수 있다고 하였으므로 '건설공학 분야'에 활용된 미래 첨단기술 사례이다.

✓ 오답 체크

가. 자동차와 도로 간에 공유된 정보를 기반으로 완전 자율주행 자동차 기술이 보편화될 경우 자동차 산업의 혁신뿐만 아니라 교통사고 발생률을 감소시킬 수 있다고 하였으므로 '기계공학 분야'에 활용된 미래 첨단기술 사례이다.

다. 개구리 줄기세포 조직을 활용하여 개발된 나노 로봇을 통해 인체 내부의 혈관 이동 및 치석 제거 등의 역할을 수행할 수 있다고 하였으므로 '화학 · 생명공학 분야'에 활용된 미래 첨단기술 사례이다.

19 조직이해능력 - 경영이해능력

정답 ③

출제포인트 경영전략 추진 과정 이해하기

경영전략의 추진 과정 중 경영전략 도출 단계는 조직의 사명을 정의하는 조직전략, 각 사업의 경쟁적 우위를 점하기 위해 사업 수준에서의 방향을 결정하는 사업전략, 사업전략을 기능부서별로 구체화하여 세부적인 수행 방법을 결정하는 부문전략을 위계적 수준으로 구분하므로 부문전략이 각 사업의 경쟁우위를 점할 수 있는 방향으로 다루는 것은 아님을 알 수 있다.

20 직업윤리 - 직업윤리

정답 ②

출제포인트 직업윤리의 기본 원칙

㉠ 다양한 직무 현장 실습을 통해 경찰로서의 능력을 갖추기 위해 실무 경험을 쌓아오던 동료 경찰들과 달리 실무 교육 수강을 멀리 한 금정우 씨는 경찰로서의 능력과 의식을 가지고 책임을 다하여 능력을 연마해야 한다는 '전문성의 원칙'을 지키지 못했다.

㉡ 경찰로서 사회 공공의 안녕과 질서를 유지해야 함에도 불구하고 사적인 감정으로 업무를 처리한 금정우 씨는 공공성을 바탕으로 공사 구분을 명확히 하고, 모든 것을 숨김없이 투명하게 처리해야 한다는 '객관성의 원칙'을 지키지 못했다.

따라서 ㉠과 ㉡에서 지키지 못한 직업윤리의 기본 원칙은 각각 '전문성의 원칙'과 '객관성의 원칙'이다.

+ 더 알아보기

직업윤리 기본 원칙

- **고객중심의 원칙**: 고객에 대한 봉사를 최우선으로 생각하고 현장중심, 실천중심으로 일해야 한다는 원칙
- **정직과 신용의 원칙**: 업무와 관련된 모든 것을 숨김없이 정직하게 수행하고, 본분과 약속을 지켜 신뢰를 유지해야 한다는 원칙
- **공정경쟁의 원칙**: 법규를 준수하고, 경쟁 원리에 따라 공정하게 행동해야 한다는 원칙

21 의사소통능력 - 의사표현능력

정답 ④

출제포인트 연단 공포증 극복 방법

귀하는 다른 사람들 앞에서 발표할 때 손을 떨고 땀을 흘리는 등 심리적으로 불안한 모습이 나타나는 연단 공포증을 겪고 있다. 연단 공포증을 극복하기 위해서는 주어진 시간보다 더 많이 준비하여 심리적 불안요인을 줄이는 것이 좋으므로 주어진 시간을 초과하여 발표하지 않도록 시간보다 더 적게 준비하는 것은 개선해야 할 태도로 가장 적절하다.

22 수리능력 - 기초연산능력

정답 ⑤

출제포인트 이원일차연립부등식

교양 수업을 추가로 신청한 학생 수를 x, 취소한 학생 수를 y라고 하면

$x+y=10 \rightarrow x=10-y$ … ⓐ

$16+x-y \geq 12 \rightarrow y-x \leq 4$ … ⓑ

ⓐ를 ⓑ에 대입하면

$y-(10-y) \leq 4 \rightarrow 2y-10 \leq 4 \rightarrow y \leq 7$

따라서 교양 수업이 폐강되지 않으려면 수강 취소한 학생 수는 최대 7명이어야 한다.

23 문제해결능력 - 문제처리능력

정답 ②

출제포인트 맥킨지의 문제 분석 기법 4단계

맥킨지의 문제 분석 기법 4단계에서 초기가설의 옳고 그름을 증명하기 위해 어떤 분석이 필요한지 규정하는 단계는 'Designing'이다.

24 자기개발능력 - 경력개발능력

정답 ④

출제포인트 경력개발 이슈, 잡호핑족

잡호핑족은 개인의 경력개발이나 연봉 상승을 위해 2~3년 단위로 직장을 자주 옮기는 사람들을 지칭하는 신조어이므로 K 씨의 사례를 통해 알 수 있는 경력개발 관련 이슈로 가장 적절하지 않다.

✓ 오답 체크

① ○○기업의 인사 부서에서 근무하고 있는 K 씨는 온라인 스토어에 정식으로 등록 신청하여 개인 브랜드 사업을 겸하고 있다고 하였으므로 여러 직업을 가진 사람을 의미하는 'N 잡러'와 관련 있다.

② K 씨는 회사에서 정시 퇴근 후 자신이 공부하고 싶었던 분야를 배우거나 운동을 다니는 등 개인 시간을 즐길 수 있게 되었다고 하였으므로 일과 삶의 균형을 의미하는 '워라밸'과 관련 있다.

③ K 씨는 이번 달 자기개발을 위해 컴퓨터 프로그래밍 학원에 등록하였다고 하였으므로 개인이 자아실현이나 생활 향상 등을 목적으로 생애에 걸쳐 주체적으로 학습을 지속하는 '평생학습'과 관련 있다.

⑤ K 씨의 회사에서는 최근 인공지능 기반 면접 시스템을 도입하였다고 하였으므로 사람이 아닌 인공지능(AI)의 객관적인 데이터를 기반으로 채용을 진행하는 'AI 채용'과 관련 있다.

25 자원관리능력 - 예산관리능력

정답 ④

✎ **출제포인트** 예산수립 절차

예산을 수립하는 절차는 먼저 필요한 과업 및 활동을 규명하여 추진하기 위한 과업 및 활동에 뒤따르는 다양한 활동을 정확하게 예측한 다음 우선순위를 결정하여 이에 따른 비용을 적절히 배정하는 순서로 진행된다.
따라서 예산수립의 절차를 바르게 나열한 것은 ④이다.

26 대인관계능력 - 협상능력

정답 ④

✎ **출제포인트** 협상 과정의 순서

협상 과정의 일반적인 순서는 '협상 시작 → 상호 이해 → 실질 이해 → 해결 대안 → 합의 문서'로 이루어진다.

ⓜ A 업체와 B 업체의 협상 담당자가 상호 친근감을 쌓고, 협상 의사를 전달한 것은 '협상 시작' 단계에 해당한다.

㉠ A 업체와 B 업체 사이의 갈등 문제의 진행 상황과 현재 상황을 점검하고, 협상을 위한 안건을 결정하는 것은 '상호 이해' 단계에 해당한다.

㉣ B 업체에서 주장하는 것과 원하는 것을 구분하여 실제로 원하는 것을 확인하고 이해관계를 분석하는 것은 '실질 이해' 단계에 해당한다.

㉢ 협상 안건에 대한 대안들을 평가하고, 최선의 대안에 대해 합의하고 선택하는 것은 '해결 대안' 단계에 해당한다.

㉡ 합의문을 작성하고 합의문상의 합의 내용, 용어 등을 재점검하여 서명하는 것은 '합의 문서' 단계에 해당한다.

따라서 협상 과정을 순서대로 바르게 나열하면 'ⓜ → ㉠ → ㉣ → ㉢ → ㉡'이 된다.

27 정보능력 - 컴퓨터활용능력

정답 ③

✎ **출제포인트** 윈도우 단축키

활성화된 창을 제외한 모든 창을 최소화할 때는 ⊞ + [Home] 키를 사용해야 하므로 윈도우 단축키와 그 단축키가 사용되는 경우가 잘못 연결된 것은 ③이다.

28 기술능력 - 기술이해능력

정답 ⑤

✎ **출제포인트** 기술 시스템 발전 단계

기술 시스템은 발명, 개발, 혁신의 단계 → 기술 이전의 단계 → 기술 경쟁의 단계 → 기술 공고화 단계를 거쳐 발전한다.
제시된 글에서 귀하는 J 산업공단 연구원의 기술이 해외로 이전하는 국제간 기술 이전을 위한 전략을 수립하였으므로 '기술이 다른 지역으로 이동하는 기술 이전의 단계'가 가장 적절하다.

29 조직이해능력 - 체제이해능력

정답 ⑤

✎ **출제포인트** 조직구조의 결정요인

조직구조의 결정요인 중 기술은 조직이 투입 요소를 산출물로 전환시키는 지식이나 기계, 절차 등을 의미하며, 일반적으로 대량생산기술을 가진 조직은 기계적 구조를, 소량생산기술을 가진 조직은 유기적 구조를 취하므로 가장 적절하지 않다.

30 직업윤리 - 근로윤리

정답 ②

✎ **출제포인트** 성실의 의미

"최고보다는 최선을 꿈꾸어라."라는 말은 성실의 중요성을 강조한 말이며, 성실은 세상을 살아가는 데 있어 필요한 기본 요소임과 동시에 가장 큰 무기 역할을 한다. 또한, 인간관계에서 성실은 신뢰를 유지하는 요소가 되기도 하므로 빈칸에 공통으로 들어갈 단어로 가장 적절한 것은 '성실'이다.

31 의사소통능력 - 문서이해능력

정답 ②

✎ **출제포인트** 중심 내용 파악, 오퍼레이션 트위스트

이 글은 중앙은행이 장기 국채를 사들이고, 대신 단기 국채를 팔아 장기 금리 인하를 유도하는 오퍼레이션 트위스트의 시행 원리와 정책 시행에 따라 경기 및 내수가 활성화되는 효과가 있음을 설명하는 내용이므로 이 글의 제목으로 가장 적절한 것은 ②이다.

32 수리능력 - 기초연산능력

정답 ⑤

✎ **출제포인트** 방정식

면접관 한 사람당 배정되는 지원자의 수는 $\frac{360}{9}$ = 40명이고, 지원자 한 사람당 면접시간은 $\frac{200}{40}$ = 5분이다.
전체 360명의 지원자의 면접시간은 총 360 × 5 = 1,800분이므로 면접시간을 120분으로 단축하려면 면접관은 $\frac{1,800}{120}$ = 15명 필요하다.
따라서 부족한 면접관 15 − 9 = 6명을 충원해야 한다.

33 문제해결능력 - 사고력

정답 ③

✎ **출제포인트** 비판적 사고의 개발

㉡ 어떠한 진술이 자신이 바라는 신념과 대치된다고 할지라도 충분한 증거가 있다면 그 진술을 진실로 받아들이는 지적 정직성이 요구되므로 적절하지 않다.
㉤ 결론에 이르기까지 논의하고 있는 문제의 핵심에서 벗어나지 않도록 논리적 일관성을 유지하는 체계성이 요구되므로 적절하지 않다.

따라서 비판적 사고를 개발하기 위한 태도에 대한 설명으로 적절하지 않은 것은 '㉡, ㉤'이다.

34 자기개발능력 - 경력개발능력

정답 ③

✎ **출제포인트** 경력개발 계획 수립 단계

경력개발은 '직무정보 탐색, 자신의 환경 이해, 경력목표 설정, 경력개발 전략수립, 실행 및 평가' 단계로 구분된다.
경력목표 설정 단계에서는 자신이 선호하는 직업환경에서 향후 5~7년 정도를 예측하여 목표를 수립하는 장기목표와 장기목표를 달성하기 위해 필요한 경험 및 능력이나 장애요소를 파악하여 2~3년 사이의 목표를 수립하는 단기목표로 구분되므로 가장 적절하지 않다.

35 자원관리능력 - 인적자원관리능력

정답 ①

✎ **출제포인트** 인적자원의 특징

인적자원의 특징은 능동성, 개발 가능성, 전략적 중요성이 있다. 이 중 능동성은 성과가 인적자원의 욕구와 동기, 태도와 행동 그리고 만족감의 여하에 달려있으며, 경영관리에 의해 행동 동기와 만족감이 조건화되기 때문에 인적자원은 능동적이고 반응적인 성격을 지닌다는 것을 의미하므로 인적자원이 수동적인 성격을 지닌다는 것은 가장 적절하지 않다.

36 대인관계능력 - 갈등관리능력

정답 ④

✎ **출제포인트** 갈등해결방법 모색 시 명심해야 할 사항

갈등해결을 위한 방법을 모색할 때 어려운 문제는 피하지 말고 맞서야 하므로 가장 적절하지 않다.

37 정보능력 - 정보처리능력

정답 ③

✎ **출제포인트** 정보수집 방법, 인텔리전스

인포메이션(Information)이 하나의 개별적인 정보를 나타내는 반면, 인텔리전스(Intelligence)는 수집한 많은 인포메이션 중 몇 가지를 선별해 그것을 연결시켜 판단하기 쉽게 도와주는 하나의 정보 덩어리이다.
따라서 빈칸에 들어갈 말로 가장 적절한 것은 '인텔리전스(Intelligence)'이다.

38 기술능력 - 기술선택능력

정답 ③

✎ **출제포인트** 산업재산권, 디자인

산업재산권의 종류로는 특허, 실용신안, 디자인, 상표가 있으며, 그중 심미성을 가진 고안으로서 물품의 외관에 미적인 감각을 느낄 수 있게 하는 것은 '디자인'이다.

39 조직이해능력 - 업무이해능력

정답 ⑤

출제포인트 업무 방해요인과 해결책

갈등 발생 시 무조건 직접적으로 해결하기보다 일단 갈등 상황에서 벗어나는 회피 전략이 효과적일 수 있으며, 갈등의 해결이 오히려 중대한 분열을 초래할 가능성이 있다면 충분한 해결 시간을 갖고 서서히 접근해야 하므로 가장 적절하다.

✓ 오답 체크

① 과중한 업무로 인한 스트레스는 개인뿐만 아니라 조직에도 부정적인 결과를 초래할 수 있으므로 적절하지 않다.

② 모든 메일에 즉각적으로 대답할 필요는 없으며, 일과 중 메일을 확인하는 시간을 계획하여 시간 관리를 하는 것이 좋으므로 적절하지 않다.

③ 조직차원에서는 직원이 심리적으로 안정을 찾을 수 있도록 학습동아리 활동과 같은 사회적 관계 형성을 장려해야 하므로 적절하지 않다.

④ 사적인 전화는 나중에 다시 걸겠다고 한 후, 업무 시간 외에 통화하는 것이 좋으므로 적절하지 않다.

40 직업윤리 - 공동체윤리

정답 ④

출제포인트 비즈니스 매너, 이메일 예절

이메일을 쓸 때는 제목을 반드시 포함해야 하며, 제목은 간결하면서 핵심을 알 수 있게 작성해야 하므로 가장 적절하지 않다.

✓ 오답 체크

① 이메일을 쓸 때는 서두에 소속과 이름을 밝혀야 하므로 적절하다.

②, ③, ⑤ 이메일은 업무 성격에 맞는 형식을 갖추고 간결하면서도 명확하게 써야 하므로 적절하다.

41 의사소통능력 - 문서작성능력

정답 ④

출제포인트 문서 종류에 따른 작성법

민국: 설명서는 명령문보다 평서형으로 작성해야 하므로 적절하지 않다.

훈민: 보고서는 핵심 내용을 중점으로 구체적으로 업무 진행 과정을 제시해야 하므로 적절하지 않다.

따라서 문서 종류에 따른 작성법을 잘못 이해한 사람은 '민국, 훈민'이다.

42 수리능력 - 도표작성능력

정답 ③

출제포인트 예술 분야별 공연 건수, 크기 비교

제시된 자료에서 전체 공연 건수는 2017년과 2018년에 각각 49,382건, 53,062건이지만 이 그래프에서는 2017년과 2018년의 수치가 서로 바뀌었으므로 옳지 않은 그래프는 ③이다.

43 문제해결능력 - 문제처리능력

정답 ⑤

출제포인트 지문 추론, 열차의 안전벨트

2문단에서 약 400t 정도 나가는 기차의 막중한 차체 무게로 인해 충돌 시 발생하는 충격이 승객에게 거의 전달되지 않는다고 하였으므로 차체의 무게가 많이 나갈수록 외부와 충돌할 때 탑승자에게 전해지는 충격이 커지는 것은 아님을 알 수 있다.

✓ 오답 체크

① 3문단에서 영국의 철도안전표준화위원회에 따르면 열차 사고 발생 시 안전벨트를 착용한 경우가 안전벨트를 착용하지 않은 경우보다 약 6배 이상의 사상자가 발생할 수 있다는 연구 결과가 발표되었다고 하였으므로 적절한 내용이다.

② 1문단에서 이동 수단을 이용하는 탑승자는 안전 수칙에 따라 안전벨트를 반드시 착용해야 하지만 기차에는 안전벨트가 없다고 하였으므로 적절한 내용이다.

③ 2문단에서 시속 300km로 달리는 기차가 급제동하였을 때 필요한 제동거리가 약 3,000m로 길기 때문에 승객이 몸이 쏠리거나 튕겨 나갈 위험이 줄어든다고 하였으므로 적절한 내용이다.

④ 4문단에서 기차 내 안전벨트 착용이 필요하다는 의견이 제기되었으나 이는 실효성이 없으며 열차 안전을 강화하기 위해서는 충격완화 장치나 비상 통로의 구조개선 등이 더 합리적이라는 주장이 통용되고 있다고 하였으므로 적절한 내용이다.

44 자기개발능력 - 자기관리능력

정답 ③

출제포인트 내면 관리 방법

내면을 관리하기 위해서는 긍정적인 마음을 가지고 실패를 극복하여 성공을 이끌어낼 수 있어야 하며, 실패했을 때 타인을 원망하지 않도록 노력하고 실패의 원인이 무엇인지 파악하여 자신이 성공할 수 있다는 믿음이 있어야 한다.

따라서 내면 관리 방법이 제대로 이루어지고 있지 않은 사람은 실패의 원인을 타인에게 찾아보도록 요구해야 한다는 '윤 사원'이다.

✓ 오답 체크

① 현재의 손해보다는 장기적으로 봤을 때 더 큰 이익을 기대하는 모습을 통해 인내심을 가지고 있음을 알 수 있으므로 내면 관리 방법이 제대로 이루어지고 있다.

② 업무를 대할 때 두려움보다는 자신의 능력과 가치를 신뢰하고 모습을 통해 긍정적인 마음을 가지고 있음을 알 수 있으므로 내면 관리 방법이 제대로 이루어지고 있다.

④ 상사가 질책해도 이를 오히려 애정으로 생각하는 것을 통해 긍정적인 마음을 가지고 있음을 알 수 있으므로 내면 관리 방법이 제대로 이루어지고 있다.

⑤ 문제가 발생했을 때 다양하고 새로운 시각으로 극복하려고 하는 모습을 통해 인내심을 가지고 있음을 알 수 있으므로 내면 관리 방법이 제대로 이루어지고 있다.

45 자원관리능력 - 물적자원관리능력

정답 ③

출제포인트 물적자원관리 기법, QR 코드

QR 코드란 2차원적 구성을 이룬 코드 체계로, 기존에 가로 배열로 최대 약 20개의 문자나 숫자 정보만 기입할 수 있는 바코드에 비해 가로, 세로를 모두 활용하여 훨씬 많은 양의 정보를 담을 수 있고, 문자나 숫자 외에도 인터넷 주소, 사진, 동영상 등 다양한 정보를 담을 수 있어 물적자원을 보다 효율적으로 관리가 가능하다.

따라서 문제에서 설명하고 있는 물적자원관리 기법은 'QR 코드'이다.

46 대인관계능력 - 고객서비스능력

정답 ③

출제포인트 고객 불만 표현 유형

A: 사소한 것을 트집 잡는 까다로운 고객 유형으로, '트집형'에 해당한다.

B: 타인과 세상을 잘 신뢰하지 못하는 유형으로, 직원의 설명이나 제품의 품질에 대해 의심이 많아 확신 있는 말이 아니면 잘 믿지 않는 '의심형'에 해당한다.

C: 매사에 성격이 급하며, 일 처리가 늦어지는 것에 대해 특히나 불만을 느끼는 유형으로, '빨리빨리형'에 해당한다.

따라서 A~C 각 사례에 해당하는 고객의 불만 표현 유형을 순서대로 바르게 나열하면 '트집형-의심형-빨리빨리형'이 된다.

47 정보능력 - 정보처리능력

정답 ③

출제포인트 동적정보와 정적정보의 분류

㉠ USB에 저장된 영상 파일은 보존되어 멈추어 있는 정보이므로 정적정보이다.

㉡ 국제 정세 관련 정보가 쓰여 있는 신문은 상황에 따라 변화하는 정보를 제공하므로 동적정보이다.

㉢ 사용자가 콘텐츠를 검색하는 시점에 따라 제공하는 관련 콘텐츠는 시시각각 변화하는 정보이므로 동적정보이다.

㉣ 도로 교통상황을 제공하는 뉴스는 상황에 따라 변화하는 정보를 제공하므로 동적정보이다.

㉤ 패션 잡지는 언제 확인하더라도 동일한 정보를 제공하므로 정적정보이다.

따라서 사례를 정보의 종류에 따라 바르게 분류한 것은 ③이다.

48 기술능력 - 기술적용능력

정답 ⑤

출제포인트 네트워크 혁명의 역기능

정보화 윤리의식의 강화는 네트워크 역기능에 대한 대응 방안이므로 가장 적절하지 않다.

49 조직이해능력 - 업무이해능력

정답 ①

출제포인트 업무수행 시트, 간트 차트

단계별로 업무를 시작하고 끝나는 데 걸리는 시간을 바 형식으로 표현하는 작업진도 도표는 '간트 차트(Gantt chart)'이다.

50 직업윤리 - 직업윤리

정답 ③

출제포인트 윤리경영 발전 5단계

대응 단계에서는 기업뿐만 아니라 지역사회와의 이해관계를 고려하여 기업의 사회적 책임을 인식하기 시작하며 이익의 극대화라는 목적을 바탕으로 윤리적인 경영 활동을 추진하므로 ㉢에 대한 설명으로 가장 적절하지 않다.

✓ 오답 체크

① 무도덕 단계에서는 비윤리적 행위로 인한 처벌이나 비용보다 창출되는 이익이 크다면 기꺼이 감수하므로 ㉠에 대한 설명으로 적절하다.

② 준법 단계에서는 정해진 법에 따른 윤리적 행위를 위해 노력하지만, 위법이 아니면 윤리적이라 인지하여 그 이상의 윤리적 행위를 최소화하거나 아예 고려하지 않으므로 ㉡에 대한 설명으로 적절하다.

④ 윤리관 태동 단계에서는 윤리와 이익 간의 균형을 맞추기 위해 기업의 경영이념 등을 설정할 때 윤리의식을 반영하며 기업의 윤리강령을 제정하는 등의 윤리 활동을 진행하므로 ㉣에 대한 설명으로 적절하다.

⑤ 윤리 선진 단계에서는 모든 조직 구성원이 명확한 윤리원칙에 따라 행동하며 윤리를 가장 우선으로 둔 다음 기업의 이윤 창출을 고려하므로 ㉤에 대한 설명으로 적절하다.

+ 더 알아보기

기업의 윤리경영 발전 5단계

1단계	무도덕 단계	• 기업 활동에 있어 윤리적 문제는 고려하지 않고 이익의 극대화를 기업 원칙으로 삼는 단계 • 비윤리적 행위로 인한 비용이 이윤보다 크다면 기꺼이 감수함
2단계	준법 단계	• 법규상에 정해진 윤리 수준만을 준수하는 단계 • 위법이 아니라면 윤리적 행위라고 인지함
3단계	대응 단계	• 기업의 윤리 문제를 근본적으로 생각하여 규범화하는 단계 • 기업을 둘러싼 이해 관계자와의 조화를 유지하려고 하며 사회적 책임을 인식하기 시작하여 대외적 이미지를 고려함
4단계	윤리관 태동 단계	• 이윤과 윤리와의 균형을 고려하는 단계 • 기업의 경영방침 등을 설정할 때 윤리의식을 반영함
5단계	윤리 선진 단계	• 윤리경영에서 가장 이상적인 단계로서 기업의 모든 행위가 명확한 윤리 원칙에 따라 판단되고 실행되는 단계 • 조직 내 모든 구성원이 윤리원칙에 따라 행동하며 이윤 창출보다 윤리를 우선 가치로 둠

실전모의고사 6회_영역 혼합형 고난도

정답

p.646

01 의사소통	02 의사소통	03 수리	04 수리	05 수리	06 문제해결	07 문제해결	08 자원관리	09 자원관리	10 조직이해
③	④	③	④	⑤	④	⑤	④	④	⑤
11 조직이해	**12** 의사소통	**13** 수리	**14** 수리	**15** 정보	**16** 정보	**17** 기술	**18** 기술	**19** 자기개발	**20** 자기개발
⑤	①	⑤	③	④	②	②	⑤	⑤	③
21 의사소통	**22** 의사소통	**23** 문제해결	**24** 문제해결	**25** 기술	**26** 조직이해	**27** 조직이해	**28** 대인관계	**29** 대인관계	**30** 수리
①	⑤	④	③	⑤	②	②	①	②	②
31 의사소통	**32** 문제해결	**33** 문제해결	**34** 자원관리	**35** 자원관리	**36** 자원관리	**37** 기술	**38** 기술	**39** 조직이해	**40** 조직이해
③	②	③	③	⑤	②	②	④	⑤	⑤
41 의사소통	**42** 의사소통	**43** 수리	**44** 수리	**45** 문제해결	**46** 정보	**47** 정보	**48** 정보	**49** 직업윤리	**50** 직업윤리
②	④	⑤	⑤	⑤	④	②	③	②	③

취약 영역 분석표

영역별로 맞힌 개수, 틀린 문제 번호와 풀지 못했거나 찍었는데 맞은 문제 번호를 적고 나서 취약한 유형이 무엇인지 파악해 보세요. 취약한 영역은 'PART 1 직업기초능력평가'를 통해 다시 학습하고 틀린 문제와 풀지 못했거나 찍었는데 맞은 문제를 다시 한번 풀어 보세요.

영역	맞힌 개수	틀린 문제 번호	풀지 못했거나 찍었는데 맞은 문제 번호
의사소통능력	/ 8		
수리능력	/ 8		
문제해결능력	/ 7		
자기개발능력	/ 2		
자원관리능력	/ 5		
대인관계능력	/ 2		
정보능력	/ 5		
기술능력	/ 5		
조직이해능력	/ 6		
직업윤리	/ 2		
Total	/ 50		

해설

01 의사소통능력 - 의사소통능력 정답 ③

출제포인트 키슬러의 대인관계 의사소통 유형

키슬러의 대인관계 의사소통 양식에 따라 점수가 가장 높게 나타난 유형은 사교형으로, 사교형은 외향적이지만 타인에 대한 지나친 관심과 간섭을 보이며 자주 흥분하여 심리적인 안정이 필요하므로 가장 적절하다.

✓ 오답 체크

①은 실리형, ②는 지배형, ④은 친화형, ⑤는 순박형에 대한 설명이다.

02 의사소통능력 - 문서작성능력 정답 ④

출제포인트 우리말 맞춤법

㉡ 한글 맞춤법 제41항에 따라 조사는 앞말에 붙여 써야 하므로 조사 '조차'는 앞말 '선임'에 붙여 써야 한다.

㉣ 한글 맞춤법 제56항에 따라 물건이나 일의 내용을 가리지 않는다는 뜻을 나타내는 조사와 어미는 '-든지'로 적어야 하므로 '오늘이든 내일이든'으로 적어야 한다.

따라서 맞춤법에 맞지 않은 것은 '㉡, ㉣'이다.

✓ 오답 체크

㉠ 한글 맞춤법 제42항에 따라 의존 명사는 띄어 써야 하므로 '발주 시'로 띄어 쓴다.

㉢ 한글 맞춤법 제51항에 따라 부사의 끝음절이 분명히 '이'로 나는 것은 '-이'로 적어야 하므로 '대수로이'로 적는다.

03 수리능력 - 기초연산능력 정답 ③

출제포인트 일의 양

전체 일의 양을 1이라고 하고, B가 혼자 전체 일을 할 때 걸리는 시간을 x라고 하면 B는 1시간에 $\frac{1}{x}$의 일을 하며, 같은 양의 일을 A 혼자 하면 5시간이 걸린다고 하였으므로 A는 1시간에 $\frac{1}{5}$의 일을 한다. 또한, 같은 양의 일을 A와 B 두 명이 함께 하면 3시간이 걸리므로 두 명이 1시간에 하는 일의 양은 $\frac{1}{3}$이다.

$\frac{1}{5}+\frac{1}{x}=\frac{1}{3} \rightarrow \frac{1}{x}=\frac{2}{15} \rightarrow x=\frac{15}{2}$

이에 따라 B가 혼자 전체 일을 할 때 $\frac{15}{2}$시간이 걸리므로 1시간에 $\frac{2}{15}$의 일을 한다.

먼저 A가 혼자 4시간 동안 일을 하고, 그 이후 B가 나머지 일을 끝냈으므로 B가 일한 시간을 y라고 하면

$\frac{1}{5} \times 4+\frac{2}{15}y=1 \rightarrow \frac{2}{15}y=\frac{1}{5} \rightarrow y=\frac{3}{2}$

따라서 B가 일하는 데 걸린 시간은 $\frac{3}{2}$시간 = 1시간 30분이다.

04 수리능력 - 기초연산능력 정답 ④

출제포인트 양말 구매, 연립방정식

한 켤레에 2,000원짜리 양말은 x묶음, 한 켤레에 1,000원짜리 양말은 y묶음을 구매했다고 하면 총 8묶음을 구매하였으므로

$x+y=8 \rightarrow y=8-x$ … ⓐ

또한, 한 켤레에 2,000원짜리 양말은 두 켤레씩 묶음 판매를 하므로 한 묶음에 4,000원이고, 한 켤레에 1,000원짜리 양말은 세 켤레씩 묶음 판매를 하므로 한 묶음에 3,000원이다. 양말을 구매한 후 지급한 금액은 28,000원이므로

$4{,}000x+3{,}000y=28{,}000$ … ⓑ

ⓐ를 ⓑ에 대입하면

$4{,}000x+3{,}000(8-x)=28{,}000 \rightarrow 1{,}000x=4{,}000$

$\rightarrow x=4,\ y=4$

따라서 구매한 양말은 총 $(2 \times 4)+(3 \times 4)=20$켤레이다.

05 수리능력 - 기초통계능력 정답 ⑤

출제포인트 놀이공원 인원수, 조건부확률

사건 A가 일어났을 때의 사건 B의 조건부확률은

$P(B \mid A)=\frac{P(A \cap B)}{P(A)}$임을 적용하여 구한다.

놀이공원에 입장한 사람 중 어른을 뽑는 경우를 A라고 하면 $P(A)=\frac{3}{10}$이다. 또한, 놀이공원에 입장한 사람 중 남자를 뽑는 경우를 B라고 하면 여자가 $\frac{3}{5}$이므로 $P(B)=1-\frac{3}{5}=\frac{2}{5}$이다. 이때, 남자 중에서 어른이 아닌 사람은 $\frac{3}{10}$이므로 남자 중에서 어른인 사람은 $1-\frac{3}{10}=\frac{7}{10}$이다. 이에 따라 놀이공원을 입장한 사람 중에서 어른이면서 남자인 사람은 $P(A \cap B)=\frac{2}{5} \times \frac{7}{10}=\frac{7}{25}$이다.

따라서 놀이공원에 입장한 어른 중에서 임의로 한 명을 뽑았을 때, 그 사람이 남자일 확률은 $\frac{P(A \cap B)}{P(A)}=\frac{\frac{7}{25}}{\frac{3}{10}}=\frac{14}{15}$이다.

06 문제해결능력 - 문제해결능력

정답 ④

✎ **출제포인트** 문제해결을 위한 방법

㉠ 촉진을 의미하여 어떠한 집단이 원활하게 의사소통할 수 있도록 도와주고 서로의 문제점에 대한 이해 및 공감을 통해 창의적인 문제해결을 도모하는 방법은 '퍼실리테이션'에 해당한다.
㉡ 같은 문화적 토양을 공유하는 구성원이 서로를 이해하는 상황을 가정함으로써 암시를 통한 의사 전달을 통해 문제해결을 도모하는 방법은 '소프트 어프로치'에 해당한다.
㉢ 서로 다른 문화적 토양을 공유하는 구성원이 자신의 의견을 주장하는 논쟁과 협상을 통해 서로의 의견을 조정하여 문제해결을 도모하는 방법은 '하드 어프로치'에 해당한다.

따라서 ㉠~㉢에 들어갈 말을 순서대로 바르게 나열하면 '퍼실리테이션 – 소프트 어프로치 – 하드 어프로치'가 된다.

07 문제해결능력 - 사고력

정답 ⑤

✎ **출제포인트** 논리적 사고의 5가지 요소

논리적인 사고를 하기 위해서는 '생각하는 습관, 상대 논리의 구조화, 구체적인 생각, 타인에 대한 이해, 설득'의 5가지 요소가 필요하다. 문제에 제시된 김 사원은 기획안이 거부당했을 때 자신의 논리로만 생각하기보다 팀장님이 준 피드백 내용을 분석함으로써 상대의 논리를 구조화하고 자신의 생각을 재구축하여 해결점을 찾고 있으므로 김 사원의 사례에 해당하는 논리적 사고의 요소로 가장 적절한 것은 '상대 논리의 구조화'이다.

08 자원관리능력 - 시간관리능력

정답 ④

✎ **출제포인트** 시간계획 시 주의사항

시간계획을 수립할 때 주의해야 하는 사항은 '성과, 우선순위, 여유시간, 권한위양, 미완료의 일' 등이 있다.

P 팀장은 사내 체육대회 예산안 보고를 위해 야근하는 L 대리에게 작년에 참여한 팀원에게 인수인계할 것을 권유하였으므로 자신의 사무를 분할하여 부하 직원에게 그 책임과 권한을 위임하는 '권한위양'에 대한 조언인 ④가 가장 적절하다.

✓ 오답 체크

① 시간계획을 위해 예상 행동뿐만 아니라 기대성과나 그 행동의 목표를 함께 기록하는 것은 '성과'에 대한 조언이므로 적절하지 않다.
② 업무가 많을 경우 어떤 업무를 우선적으로 처리할지 결정하는 것은 '우선순위'에 대한 조언이므로 적절하지 않다.
③ 급작스러운 전화 등 예기치 못한 사건으로 시간이 부족할 것을 대비해 예비 시간을 확보하는 것은 '여유시간'에 대한 조언이므로 적절하지 않다.
⑤ 반드시 해야 하지만 끝내지 못한 업무를 차기 계획에 반영하는 것은 '미완료의 일'에 대한 조언이므로 적절하지 않다.

09 자원관리능력 - 예산관리능력

정답 ④

✎ **출제포인트** 예산관리, 과업세부도

제시된 그래프는 과업세부도이며, 이는 과제 및 활동의 계획을 수립하는 데 있어서 가장 기본적인 수단으로 활용되는 그래프로 과업 수행 시 필요한 모든 일들을 중요한 범주에 따라 체계화시켜 구체성을 기준으로 2단계, 3단계, 4단계 등으로 구분해 놓은 그래프이다.

따라서 제시된 그래프에 대한 설명으로 적절한 것은 '㉠, ㉡, ㉢, ㉣'이다.

✓ 오답 체크

㉤ 제시된 과업세부도에서 2단계는 계획, 음식물 준비, 각종 준비물, 장소 섭외, 세팅이 해당되고, 3단계는 게임과 오락, 정리, 도구가 해당되며, 4단계는 축구 골대 설치, 배구 네트 설치, 운동 기구 정리, 테이블과 의자 설치가 해당되므로 적절하지 않다.

10 조직이해능력 - 경영이해능력

정답 ⑤

✎ **출제포인트** 경영자의 역할, 의사결정적 역할

다양한 방법으로 수집한 정보를 조직에 전달하고 공유하는 것은 경영자의 정보적 역할에 대한 설명이므로 가장 적절하지 않다.

✓ 오답 체크

경영자의 의사결정적 역할은 기업가, 분쟁조정자, 자원배분가의 역할로 구분된다.

① 경영자의 의사결정적 역할 중 기업의 성장과 발전을 위해 변화를 추구하고 창의적으로 노력하는 기업가에 대한 설명이므로 적절하다.
②, ④ 경영자의 의사결정적 역할 중 기업 내외에서 발생하는 문제 상황이나 갈등을 조정하는 분쟁조정자에 대한 설명이므로 적절하다.
③ 경영자의 의사결정적 역할 중 기업의 인적·물적자원 등을 효과적으로 배분하는 자원배분가에 대한 설명이므로 적절하다.

11 조직이해능력 - 경영이해능력

정답 ⑤

✎ **출제포인트** 경영참가제도, 경영참가의 단계

경영참가는 경영자의 권한인 의사결정과정에 근로자 또는 노동조합이 참여하는 것으로, '정보참가 단계, 협의참가 단계, 결정참가 단계'를 거친다.

㉠ 경영자와 근로자가 공동으로 결정한 결과에 함께 책임을 지며 경영자의 일방적인 경영권이 인정되지 않는 것은 '결정참가 단계'에 해당한다.
㉡ 경영자층이 제공한 경영 관련 정보를 바탕으로 근로자들이 의견만을 제출하는 것은 '정보참가 단계'에 해당한다.
㉢ 노사 간의 의견을 교환하여 토론과 협의를 거쳐 결과가 도출되지만, 시행 여부는 경영자에 따라 결정되는 것은 '협의참가 단계'에 해당한다.

따라서 경영참가의 단계가 가장 올바르게 짝지어진 것은 ⑤이다.

12 의사소통능력 - 문서작성능력

정답 ①

출제포인트 품질감사보고서, 문서작성 시 주의사항

문서작성 시 주의사항으로 필요한 자료 외에는 첨부자료를 추가하지 않도록 해야 하므로 가장 적절하지 않다.

✓ 오답 체크

② 문서작성 시 문서이해에 필요하지 않은 경우 한자 사용을 자제해야 하므로 '要望'을 '요망'으로 수정하는 것은 적절하다.
③ 업무와 관련된 문서는 개인의 능력을 나타내는 기본 요소이므로 제목이나 핵심 내용 등이 누락되지 않았는지 제출 전에 확인하는 과정이 필요하므로 제출 전 반드시 최종 점검하는 것은 적절하다.
④ 문서작성 시 간결하고 핵심적인 내용을 쓰되 내용의 중복은 피해야 하므로 3 - 5), 6)의 내용을 한 문장으로 취합하는 것이 적절하다.
⑤ 문서작성 시 복잡한 내용은 도표나 그림을 활용하여 정리해야 하므로 부서별 부적합 발생의 세부사항을 표로 정리한 것은 적절하다.

13 수리능력 - 도표작성능력

정답 ⑤

출제포인트 유배우자 및 맞벌이 가구, 사칙연산

제시된 자료에서 연도별 가구주 연령이 30~49세인 유배우자 가구 수를 연도별로 계산하면 다음과 같다.

- 2015년: 2,137 + 3,296 = 5,433천 가구
- 2016년: 2,081 + 3,235 = 5,316천 가구
- 2017년: 2,015 + 3,175 = 5,190천 가구
- 2018년: 1,939 + 3,104 = 5,043천 가구

하지만 이 그래프에서는 가구주의 연령이 30~39세인 유배우자 가구 수만을 나타내고, 가구주의 연령이 40~49세인 유배우자 가구 수는 반영되지 않았으므로 옳지 않은 그래프는 ⑤이다.

14 수리능력 - 도표분석능력

정답 ③

출제포인트 수입 식품의 검사, 증가량

부적합건수가 전년 대비 감소한 해는 2012년, 2013년, 2014년, 2016년이고, 각 연도별 부적합건수의 전년 대비 감소량을 계산하면 다음과 같다.

- 2012년: 2,112 – 1,944 = 168건
- 2013년: 1,944 – 1,442 = 502건
- 2014년: 1,442 – 1,242 = 200건
- 2016년: 1,397 – 1,250 = 147건

따라서 부적합건수가 전년 대비 가장 많이 감소한 해는 2013년이고, 2013년 수입건수는 전년 대비 494,242 – 474,648 = 19,594건 증가하였다.

15 정보능력 - 정보능력

정답 ④

출제포인트 정보수집 절차

㉠ 정보 활동의 가장 첫 순서로서 5W2H의 원칙을 고려해야 하는 단계는 정보의 '기획'이다.
㉡ 미래 예측을 위해 다양한 정보원으로부터 목적에 부합하는 정보를 입수하는 단계는 정보의 '수집'이다.
㉢ 다양한 형태의 정보를 문제해결이나 결론 도출에 사용 가능한 형태로 바꾸는 단계는 정보의 '관리'이다.
㉣ 최신 정보기술에 대한 지식, 문제해결에 필요한 정보의 선택과 적용능력이 필요한 단계는 정보의 '활용'이다.

따라서 ㉠~㉣에 들어갈 말을 순서대로 바르게 나열하면 '기획 – 수집 – 관리 – 활용'이 된다.

16 정보능력 - 정보능력

정답 ②

출제포인트 정보관리의 3원칙, 목적성/용이성/유용성

정보관리의 3원칙에는 사용 목적을 명확히 설명할 수 있어야 한다는 '목적성', 쉽게 작업할 수 있어야 한다는 '용이성', 즉시 사용할 수 있어야 한다는 '유용성'이 있다.

따라서 괄호 안에 들어갈 원칙을 순서대로 바르게 나열하면 '목적성 – 용이성 – 유용성'이 된다.

17 기술능력 - 기술이해능력

정답 ②

출제포인트 기술적 실패

실패 중에는 기술자들이 반드시 겪어야 하는 에디슨식 실패와 아무런 보탬이 되지 않는 실패가 있으므로 기술적 실패에 대한 설명이 가장 적절하지 않은 사람은 '혜원'이다.

✓ 오답 체크

① 혁신적인 기술능력을 가진 사람들은 성공과 실패의 경계를 유동적인 것으로 만들며, 실패의 영역에서 성공의 영역으로 기술을 이동시킬 줄 아는 사람이므로 적절하다.

③ 개개인은 연구 개발과 같이 지식을 획득하는 과정에서 항상 실패를 겪으며, 이러한 실패는 바람직한 실패이므로 적절하다.

④ 실패를 은폐하거나 과거의 실패를 반복하는 것은 바람직하지 않으며, 실패를 은폐할 경우 커다란 문제를 일으킬 수도 있으므로 적절하다.

18 기술능력 - 기술능력

정답 ⑤

출제포인트 기술능력 향상 방법, OJT와 E-Learning

- A: OJT(On-the-Job Training)의 특징에 대해 설명하고 있으므로 A가 계획한 교육 방법은 '㉣ OJT를 활용한 기술교육'이다.
- B: E-Learning의 특징에 대해 설명하고 있으므로 B가 계획한 교육 방법은 '㉡ E-Learning을 활용한 기술교육'이다.

따라서 A와 B가 계획한 교육 방법에 해당하는 것을 바르게 연결한 것은 'A - ㉣, B - ㉡'이다.

19 자기개발능력 - 자기개발능력

정답 ⑤

출제포인트 자기개발 계획 수립 전략

㉢ 장단기목표를 구분하는 기준은 개인에 따라 결혼, 취직, 이직 등의 중요한 생애전환기를 기준으로 바뀔 수 있으므로 적절하지 않다.

㉣ 자기개발 목표를 애매모호하게 설정하면 어떻게 수행해야 하는지 명확하게 알 수 없어 효율적이지 않고, 명확하고 구체적으로 목표를 설정하여 집중적으로 계획을 수행할 수 있게 해야 하므로 적절하지 않다.

따라서 자기개발 계획을 수립하는 전략으로 적절하지 않은 것은 '㉢, ㉣'이다.

✓ 오답 체크

㉠ 현재 자신의 직무 상황과 이에 대한 만족도가 자기개발 계획을 수립하는 데 중요한 요소가 되어 직무에 필요한 능력과 자신의 수준, 적성 등을 고려해야 하므로 적절하다.

㉡ 인간관계 발전은 자기개발의 목표가 될 수 있으며, 자기개발 계획을 수립할 때 주변 인간관계도 고려하는 것이 좋으므로 적절하다.

20 자기개발능력 - 자아인식능력

정답 ③

출제포인트 자아인식 모델, 조해리의 창

조해리의 창은 '공개된 자아, 눈먼 자아, 숨겨진 자아, 아무도 모르는 자아'로 구분된다.

㉢은 자신은 알지만, 타인이 모르는 '숨겨진 자아'로, 타인에게는 알리고 싶지 않은 자신만의 비밀이나 단점 등의 자아 정보에 해당하므로 가장 적절하지 않다.

✓ 오답 체크

① ㉠은 자신과 타인이 모두 알고 있는 '공개된 자아'로, 따로 노출하지 않아도 쉽게 알 수 있는 성별, 외모 등의 자아 정보를 말하므로 적절하다.

② ㉡은 자신은 모르지만 타인은 알고 있는 '눈먼 자아'로, 타인의 피드백을 통해 자신이 몰랐던 자아 정보를 많이 알게 될수록 눈먼 자아의 영역은 줄어들 수 있으므로 적절하다.

④ ㉣은 '아무도 모르는 자아'로, 대외적으로 드러나지 않는 미지의 내면 세계에 존재하는 자아이므로 적절하다.

⑤ 다른 사람과의 상호작용을 통해 타인으로부터 자신이 몰랐던 자아 정보를 알게 되거나 타인에게 자신만이 아는 정보를 알릴 경우 ㉡ '눈먼 자아' 또는 ㉢ '숨겨진 자아'의 범위가 줄어들고 ㉠ '공개된 자아'의 범위가 증가할 수 있으므로 적절하다.

21 의사소통능력 - 문서이해능력

정답 ①

출제포인트 회의실 이용 안내문 이해

'1-2) 결제 완료 후 예약을 취소할 경우 취소 수수료 발생'에서 이용일 기준 6일~2일 이전에 취소할 경우 취소 수수료는 이용요금의 10%라고 하였으므로 이번 주 토요일로 예약한 회의실을 3일 전인 수요일에 취소할 경우 환불이 불가능하다는 반응은 가장 적절하지 않다.

✓ 오답 체크

② '2. 회의실 이용 안내'에서 대회의실 주말 이용 요금은 기본 2시간 기준으로 300,000원이라고 하였으므로 적절하다.

③ '1 - 5)'에서 예약 시간 10분 전부터 입실이 가능하다고 하였으므로 적절하다.

④ '1 - 3)'에서 결제는 무통장 입금만 가능하다고 하였으므로 적절하다.

⑤ '3 - 4)'에서 이용 문의는 주말을 제외한 평일 오전 9시부터 오후 6시까지 가능하다고 하였으므로 적절하다.

22 의사소통능력 - 문서이해능력

정답 ⑤

✎ **출제포인트** 어스아워 캠페인, 문서이해 절차 6단계

제시된 글에서 매년 3월 마지막 주 토요일에 약속된 시간으로부터 1시간 동안 전등을 끄는 운동인 어스아워 캠페인은 많은 사람의 참여를 유도하여 기후변화에 대한 경각심을 일깨우고 지속 가능한 미래에 기여할 것으로 기대된다고 하였으므로 다가오는 3월 마지막 주 토요일에 1시간 동안 자신이 운영하는 패션 매장의 조명을 최대한 소등하는 것이 좋겠다는 귀하의 반응은 문서에서 이해한 목적을 이루기 위해 자신이 취해야 할 행동을 결정하는 문서이해 절차 5단계에 해당한다.

23 문제해결능력 - 사고력

정답 ④

✎ **출제포인트** 명제추리

주어진 명제가 참일 때 그 명제의 '대우'만이 참인 것을 이용한다. 세 번째 명제의 '대우', 첫 번째 명제의 '대우', 두 번째 명제를 차례로 결합한 결론은 다음과 같다.

- 세 번째 명제(대우): 악기를 잘 다루지 못하는 사람은 과학을 잘하지 못한다.
- 첫 번째 명제(대우): 과학을 잘하지 못하는 사람은 스키를 잘 타지 못한다.
- 두 번째 명제: 스키를 잘 타지 못하는 사람은 독서를 좋아하지 않는다.
- 결론: 악기를 잘 다루지 못하는 사람은 독서를 좋아하지 않는다.

24 문제해결능력 - 사고력

정답 ③

✎ **출제포인트** 조건추리, 시험 점수

제시된 조건에 따르면 지호, 수정, 대윤, 보민 네 사람의 중간고사 평균 점수는 85점이므로 네 사람의 시험 점수 총합은 85 × 4 = 340점이다. 우선 세 번째 조건에 의해 수정이의 점수는 95점이며, 보민이는 평균 점수보다 10점이 낮은 85 − 10 = 75점임을 알 수 있다. 이에 따라 지호와 대윤이의 점수의 합은 340 − (95 + 75) = 170점임을 알 수 있다. 이때, 두 번째 조건에서 지호의 점수가 보민이보다 높으며, 지호와 동일한 점수를 받은 사람이 한 명 있다고 하였으므로 지호의 점수는 수정이 또는 대윤이와 같다.

[경우 1] 지호와 수정이의 점수가 같을 경우
지호의 점수가 수정이와 같다면 지호의 점수는 95점이며, 지호와 대윤이의 점수의 합이 170점이므로 대윤이의 점수는 170 − 95 = 75점임을 알 수 있다.

구분	지호	수정	대윤	보민
점수	95점	95점	75점	75점

[경우 2] 지호와 대윤이의 점수가 같을 경우
지호의 점수가 대윤이와 같다면 두 사람의 점수의 합은 170점이므로 지호와 대윤이의 점수는 각각 170 / 2 = 85점이다.

구분	지호	수정	대윤	보민
점수	85점	95점	85점	75점

따라서 두 가지 경우에서 대윤이의 점수는 75점 또는 85점으로 90점을 넘지 않으므로 항상 참인 설명이다.

✓ 오답 체크

① 경우 1~2에 따라 지호의 점수는 95점 또는 85점으로 평균 점수인 85점과 같거나 높으므로 항상 거짓인 설명이다.
② 경우 2에 따라 보민이의 점수가 가장 낮을 수도 있으므로 항상 참인 설명은 아니다.
④ 경우 1~2에 따라 수정이의 점수는 네 명 중에서 가장 높으므로 항상 거짓인 설명이다.
⑤ 경우 1에 따라 수정이의 점수는 지호와 95점으로 같을 수도 있으므로 항상 참인 설명은 아니다.

25 기술능력 - 기술이해능력

정답 ⑤

✎ **출제포인트** 기술 조건에 맞는 제품 선택하기

5가지 제품별 각 요청사항을 만족하는 부분에 ○표시를 하면 다음과 같다.

구분	A-101	A-102	A-103	A-104	A-105
1300W 이하	○	○			○
우유 스팀기	○	○		○	○
캡슐	○			○	○
크기			○	○	○

따라서 요청사항을 모두 만족하여 귀하가 구매해야 하는 제품은 'A-105'가 가장 적절하다.

26 조직이해능력 - 경영이해능력

정답 ②

✎ **출제포인트** BCG 매트릭스

○○사에서 추진하고 있는 인공지능 사업이 시장성장률은 높고 시장점유율은 낮은 상태라고 하였으므로 BCG 매트릭스의 'Question Mark'에 해당하며, 'Question Mark' 사업은 기업의 행동에 따라 차후 'Star' 또는 'Dog' 사업이 될 수 있으며 많은 투자 금액이 필요한 사업이다.

✓ 오답 체크

① 수익 창출의 핵심으로서 기존 투자만으로 점유율이 유지되는 자금의 원천사업은 'Cash Cow'에 해당한다.

③ 성장 가능성이 큰 유망사업으로서 지속적이고 적극적인 투자가 필요한 사업은 'Star'에 해당한다.

④ 성장성과 수익성이 모두 없어 하루빨리 철수를 고려해야 하는 사업은 'Dog'에 해당한다.

⑤ 이미 성장한 상태이므로 새롭게 투자하기보다 현 상황을 유지해야 하는 사업은 'Cash Cow'에 해당한다.

27 조직이해능력 - 체제이해능력

정답 ②

출제포인트 조직구조의 형태, 기능적 조직구조 · 사업별 조직구조

기능적 조직구조는 환경의 안정성, 일상적인 기술, 조직 내부의 효율성을 중시하고 조직의 규모가 작을 때는 내용이 유사하고 관련 있는 업무를 결합하여 조직을 구성한다는 특징을 지니며, 사업별 조직구조는 급변하는 환경에 대한 효과적인 대응과 제품별, 지역별, 고객별 차이에 대한 신속한 적응을 위해 분권화된 의사결정을 중시하고 개별 제품 및 서비스, 주요 프로젝트나 프로그램 등에 따라 조직화되는 특징을 지닌다.

따라서 기능적 조직구조와 사업별 조직구조의 특징을 바르게 분류한 것은 ②이다.

28 대인관계능력 - 팀워크능력

정답 ①

출제포인트 멤버십의 유형

금 대리는 회사가 자신을 인정해 주지 않고, 적절한 보상을 해주지 않는 데에 불만을 품고 의도적으로 반대 의견만 제시하고 있으며 이에 대해 동료들은 금 대리를 냉소적이며 부정적인 사람으로 평가하고 있으므로 금 대리가 속하는 멤버십 유형으로 가장 적절한 것은 ①이다.

29 대인관계능력 - 갈등관리능력

정답 ②

출제포인트 쓰레기 매립장 건설, 윈-윈 갈등관리법의 단계

○○시는 쓰레기 매립장 건설을 반대하는 주민들과의 마찰을 해결하기 위해 주민들이 원하는 것에 대해 생각해 보았다는 점을 드러내며 주민들이 시 매립장 건설 요구에 응할 경우 지역 경제 활성화를 위한 시설 유치와 생활환경 피해 최소화 방안에 대해 적극적으로 검토하겠다는 '윈윈 의도' 명시와 더불어 주민들이 시 측과 협동적인 절차에 임할 자세가 되어있는지 확인하고 있으므로 윈-윈 갈등관리법 단계의 2단계 '긍정적인 접근 방식'이 가장 적절하다.

30 수리능력 - 도표분석능력

정답 ②

출제포인트 죄종별 검거된 외국인 피의자, 사칙연산 · 비율 · 증감 추이

ⓒ 2015년 전체 피의자 35,443명 중에서 5%는 35,443 × 0.05 ≒ 1,772명이고, A~D 중에 피의자 수가 1,772명 이상인 죄종은 B뿐이므로 B가 절도이다.

ⓔ 2016년 이후 A, C, D의 전년 대비 증감 추이는 다음과 같다.

구분	2016년	2017년	2018년
A	감소	감소	감소
C	감소	증가	감소
D	증가	감소	감소

도박과 마약 피의자 수의 전년 대비 증감 추이가 같은 해는 2018년뿐이므로 2018년에만 증감 추이가 같은 죄종은 C와 D이다. 이에 따라 C와 D가 각각 도박 또는 마약 중 한 가지이므로 A가 강도이다.

ⓛ 2015년 A와 C의 합은 118 + 852 = 970명, A와 D의 합은 118 + 386 = 504명으로, 강도와 도박 피의자 수의 합이 매년 600명 이상이라고 하였으므로 강도 A와의 합이 970명이 되는 C가 도박이며, 이에 따라 D가 마약이다.

따라서 A는 강도, B는 절도, C는 도박, D는 마약이므로 A와 C에 들어갈 항목을 순서대로 바르게 나열하면 '강도, 도박'이 된다.

31 의사소통능력 - 의사표현능력

정답 ③

출제포인트 성공적인 프레젠테이션 방법

성공적인 프레젠테이션을 위해서는 전문용어를 지나치게 사용하지 않는 것이 중요하므로 자신의 능력을 인정받기 위해 전문용어를 되도록 많이 사용하여 청자가 내용의 이해를 어렵게 하는 것은 성공적인 프레젠테이션을 위한 방법으로 가장 적절하지 않다.

32 문제해결능력 - 문제처리능력

정답 ②

출제포인트 지문 추론, 다중접속 방식 열차제어 시스템

2문단에서 기존의 1 대 1 접속 방식이 열차 이동 시 다음 지상무선장치와의 접속에 일정 시간이 소요되어 통신이 끊길 경우 열차가 정지하였지만 1 대 N의 무선 다중접속 방식을 도입할 경우 열차 한 대당 여러 지상무선장치와의 동시 접속으로 끊김 없이 안정적인 데이터 송수신이 가능하여 열차 정지 예방과 열차 운행의 정확도 향상에 기여할 수 있다고 하였으므로 무선 다중접속 방식의 도입 배경에 나타난 문제점으로 가장 적절한 것은 ②이다.

✓ 오답 체크

① 열차마다 서로 다른 열차제어 시스템이 구축되어 열차 시스템 간 호환성이 좋지 않은 것은 한국형 무선통신기반 열차제어 시스템의 도입 배경에 나타난 문제점이므로 적절하지 않다.
③ 열차 내 사용자가 집중된 경우 주파수 혼잡이 자주 발생하여 불편을 겪은 것은 무선 주파수 대역 2.4Hz와 5GHz를 동시에 사용하게 된 배경의 문제점이므로 적절하지 않다.
④ 외국 기술의 도입을 통해 구축된 열차제어 시스템의 유지 및 관리 비용이 많이 드는 것은 한국형 무선통신기반 열차제어 시스템의 도입 배경에 나타난 문제점이므로 적절하지 않다.
⑤ 끊김 없이 안정적인 데이터의 송수신이 가능하여 열차 운행의 정확도가 높아진 것은 무선 다중접속 방식이 도입될 경우 기대할 수 있는 결과이므로 적절하지 않다.

33 문제해결능력 - 문제처리능력 정답 ③

출제포인트 휴양 리조트 안내문, 비용 계산

제시된 조건에 따르면 입사 5년 차인 귀하는 지난해 예약했던 체리 비치 타워를 제외한 휴양 리조트의 패밀리 룸을 예약한다고 하였으므로 라임 호텔 리조트와 젤리 타운 하우스 중 하나를 이용할 수 있고, 귀하의 가족이 함께 여행 갈 수 있는 날짜가 9월이므로 '준성수기 2(9~10월)'에 예약할 수 있다. 또한, 귀하는 가장 저렴한 가격으로 휴양 리조트를 이용해야 하므로 패밀리 룸의 이용 요금이 110,000원으로 더 저렴한 라임 호텔 리조트를 예약해야 하며, 귀하는 2박 3일의 여행을 계획하고 있으므로 2박 이용 요금은 110,000 × 2 = 220,000원이 된다. 이때 귀하는 입사 5년 차이므로 총 이용 요금에서 20% 할인율이 적용될 수 있어 220,000 × 0.8 = 176,000원을 지불하면 된다.
따라서 귀하가 휴양 리조트를 가장 저렴하게 이용할 수 있는 금액은 '176,000원'이다.

34 자원관리능력 - 인적자원관리능력 정답 ③

출제포인트 인사관리의 원칙, 채용공고문

종호: 국가기술자격법에 따라 '기사' 이상의 자격증 1개 이상을 보유하고 산업안전보건법에 대한 지식이 요구되는 것은 기술직이므로 적절하다.
은우: 고객의 요구를 분석하고 정보수집 방법 관련 지식이 요구되는 것은 사무직이므로 적절하다.
따라서 채용 공고에서 요구하는 조건을 바르게 이해한 사람은 '종호, 은우'이다.

✓ 오답 체크

민재: 기준 점수 이상의 공인 영어성적 점수가 요구되는 것은 사무직이므로 적절하지 않다.
가은: 공단 근무 경험은 필수자격이 아닌 우대사항이므로 적절하지 않다.
도희: 환경 조사에 필요한 자료 분석능력이 요구되는 것은 기술직이므로 적절하지 않다.

35 자원관리능력 - 물적자원관리능력 정답 ⑤

출제포인트 물적자원 선택, 적절한 제품 선택하기

○○식품회사의 요구사항에 따른 텀블러를 정리하면 다음과 같다.

1. 용량: 500ml 이상	A 텀블러, B 텀블러, E 텀블러
2. 소재: 폴리프로필렌, 스테인리스	A 텀블러, B 텀블러, C 텀블러, E 텀블러
3. 무게: 150g미만	B 텀블러, C 텀블러, E 텀블러

따라서 예산을 제외한 ○○식품회사의 요구사항에 적합한 텀블러는 B 텀블러, E 텀블러이며, 이 중 520만 원의 예산 내에서 구매할 수 있는 텀블러의 종류와 개수는 B 텀블러 200개 이하, E 텀블러 200개 이하, E 텀블러 300개 이하이므로 ○○식품회사는 E 텀블러를 300개를 구매한다.

36 자원관리능력 - 시간관리능력 정답 ②

출제포인트 시간계획의 원리, 60:40원칙

시간계획의 기본 원리인 60:40 규칙은 주어진 시간에서 60%는 계획된 행동, 20%는 계획 외의 행동, 20%는 창조성을 발휘하는 자발적 행동으로 구분하므로 빈칸에 들어갈 말로 가장 적절한 것은 '자발적 행동'이다.

37 기술능력 - 기술선택능력 정답 ②

출제포인트 벤치마킹의 주요 단계

벤치마킹의 주요 단계로는 '범위 결정, 측정범위 결정, 대상 결정, 벤치마킹, 성과차이 분석, 개선계획 수립, 변화 관리'가 있다.
㉠ 성과차이에 대한 원인 분석을 토대로 결정한 성과목표를 어떻게 달성할 수 있을지 앞으로의 계획을 수립하는 단계는 '개선계획 수립'이다.
㉡ 개선목표의 달성을 위한 변화 내용을 지속적으로 관리하고, 개선 후 변화 내용과 개선 전 예상했던 변화 내용을 비교하는 단계는 '변화 관리'이다.

ⓒ 벤치마킹이 필요한 상세 분야를 정의하고 벤치마킹을 수행할 수 있는 인력을 결정하는 단계는 '범위 결정'이다.

따라서 ㉠~ⓒ에 해당하는 벤치마킹의 주요 단계가 바르게 연결된 것은 ②이다.

38 기술능력 - 기술적용능력

정답 ④

✎ **출제포인트** 황의 법칙

빈칸에 들어갈 말은 '황의 법칙'으로, 황의 법칙은 전 삼성전자 반도체총괄사장이었던 황창규에 의해 제시되어 모바일 기기나 디지털 가전제품 등의 분야에서 반도체 메모리의 용량이 1년마다 2배씩 증가하는 법칙을 말한다.

✓ 오답 체크

① 리드의 법칙: 네트워크의 가치가 2의 네트워크에 참여한 사용자 수만큼의 제곱에 비례한다는 법칙

② 메트칼피의 법칙: 네트워크의 효용성이 네트워크에 참여한 사용자 수의 제곱에 비례한다는 법칙

③ 길더의 법칙: 광섬유의 대역폭이 12개월마다 3배씩 증가한다는 법칙

⑤ 카오의 법칙: 창조성은 네트워크에 접속된 다양한 지수함수로 비례한다는 법칙

39 조직이해능력 - 업무이해능력

정답 ⑤

✎ **출제포인트** 부서별 업무 리스트 파악

㉠ 신제품의 판매원가 검토 후 신제품 재고 조절 업무는 제품의 재고 조절, 판매예산 편성, 판매원가 및 가격의 조사 검토 등의 업무를 진행하는 '영업부'에서 담당한다.

㉡ 국내외 출장 업무 지원 및 비용 청구서 정리 업무는 국내외 출장 업무 협조, 복리후생, 소모품 구입 및 관리 등의 업무를 진행하는 '총무부'에서 담당한다.

ⓒ 신제품의 중장기 사업계획 수정 및 최종안 보고 업무는 중장기 사업계획의 종합 및 조정, 경영계획 및 전략 수립, 손익추정 등의 업무를 진행하는 '기획부'에서 담당한다.

㉣ 신제품 프로모션 진행을 위한 추가 인력 수급계획서 작성 업무는 인력수급의 계획 및 관리, 노사관리, 조직기구 개편 및 조정 등의 업무를 진행하는 '인사부'에서 담당한다.

㉤ 신제품 출시 후 분기별 경영실적 변동 추이 파악 및 보고 업무는 재무상태 및 경영실적 보고, 재무제표 분석, 고정자산 관리 등의 업무를 진행하는 '회계부'에서 담당한다.

따라서 ㉠~㉤에 해당하는 담당 부서가 바르게 연결된 것은 ⑤이다.

40 조직이해능력 - 국제감각

정답 ⑤

✎ **출제포인트** 국제감각능력

제시된 글에서 P 씨는 타국 업체의 가격 구조와 같은 국제적인 동향을 파악하지 못해 바이어의 무리한 요구를 받아들여 회사에 큰 손실을 안겼다고 하였으므로 P 씨에게 부족한 능력으로 '해외 업체의 동향을 파악할 수 있는 국제감각능력'이 가장 적절하다.

41 의사소통능력 - 문서이해능력

정답 ②

✎ **출제포인트** 서술상 특징 파악, 언택트 소비

글의 후반부에서 언택트 소비에 대한 소비자의 측면과 기업의 측면을 설명하고 있지만, 소비자와 기업 모두 언택트 소비를 긍정적으로 바라보며 두 관점의 차이점을 비교하고 있지 않으므로 가장 적절하지 않다.

42 의사소통능력 - 문서작성능력

정답 ④

✎ **출제포인트** 가스하이드레이트 사업 기획서, 기획서 작성법

제시된 자료는 사업의 기획방향, 시행계획, 기대효과에 대한 항목으로 구성되어 있으므로 기획서임을 알 수 있다.

기획서는 상대가 채택하게끔 설득력을 갖추기 위해 상대가 요구하는 것이 무엇인지를 고려해야 하므로 상대의 요구사항보다 자신이 제안하는 내용에 집중하는 것은 기획서 작성법으로 가장 적절하지 않다.

✓ 오답 체크

① 기획서는 충분히 검토한 후 제출해야 하므로 적절하다.

② 기획서는 무엇을 위한 기획인지 핵심사항이 정확하게 드러나는지를 확인해야 하므로 적절하다.

③ 기획서는 효과적인 내용 전달을 위해 표나 그래프로 시각화할 경우 관련 내용이 명확하게 반영되었는지 확인해야 하므로 적절하다.

⑤ 기획서는 인용한 자료의 출처가 정확한지 확인해야 하므로 적절하다.

[43-44]

43 수리능력 - 도표분석능력

정답 ⑤

✎ **출제포인트** 근로시간 및 임금총액, 증감 추이

2019년에 근로시간과 임금총액이 모두 전년 대비 증가한 사업체 규모는 '300인 이상'이다.

44 수리능력 - 도표분석능력

정답 ⑤

✎ 출제포인트 근로시간 및 임금총액, 증가량

2018년 사업체 규모별 임금총액의 전년 대비 증가 금액을 계산하면 다음과 같다.

- 1～4인: 2,022 − 1,904 = 118천 원
- 5～9인: 2,699 − 2,559 = 140천 원
- 10～29인: 3,188 − 3,057 = 131천 원
- 30～99인: 3,535 − 3,398 = 137천 원
- 100～299인: 3,922 − 3,782 = 140천 원

따라서 보기 중 올바르게 계산한 사업체 규모는 100～299인이며, 그 임금총액의 증가 금액은 140천 원이다.

45 문제해결능력 - 문제처리능력

정답 ⑤

✎ 출제포인트 문제 도출 단계, 로직트리 기법

문제해결절차에 따라 문제를 도출하는 단계에서는 선정된 문제를 분석하여 해결해야 할 것이 무엇인지를 명확히 하도록 문제 구조를 파악하기 위해 로직트리(Logic Tree) 기법을 활용하는데, 로직트리를 작성할 때 주의해야 할 점은 문제에 대한 원인이 중복되거나 누락되지 않도록 하며, 각각의 원인의 합이 전체가 되도록 작성해야 하므로 가장 적절하지 않다.

46 정보능력 - 컴퓨터활용능력

정답 ④

✎ 출제포인트 VPN

인터넷과 같은 공중망을 사내 사설망처럼 사용할 수 있는 가설 사설망을 나타내는 용어는 'VPN'이다.

✓ 오답 체크

① DNS: 네트워크의 도메인 또는 호스트 이름을 숫자로 구성된 IP 주소로 해석해주는 TCP/IP 네트워크 서비스

② LAN: 한 건물이나 제한된 지역과 같이 가까운 거리에서 연결되는 근거리 통신망

③ SSL: 인터넷상에서 거래 시 개인정보와 같은 데이터를 안전하게 전송하기 위해 사용되는 인터넷 통신 규약 프로토콜

⑤ WAN: 국가와 국가 또는 지역과 지역 등 전 세계에 걸쳐 연결되는 광대역 통신망

47 정보능력 - 컴퓨터활용능력

정답 ②

✎ 출제포인트 엑셀 단축키

제시된 문제 중 2번에서 다음 통합문서로 이동하기 위한 단축키는 'Ctrl + F6', 5번에서 데이터 메뉴를 선택하기 위한 단축키는 'Alt + D', 10번에서 선택한 셀의 삭제 방식을 묻는 대화상자 표시를 위한 단축키는 'Ctrl + −'이므로 틀린 문제는 2번, 5번, 10번이다.

따라서 T가 정답을 맞힌 문제의 개수는 7개이므로 귀하가 T에게 줄 사탕의 개수는 '7개'이다.

48 정보능력 - 정보처리능력

정답 ③

✎ 출제포인트 정보분석 절차

정보분석 절차는 일반적으로 '분석과제의 발생 → 과제의 분석 → 조사항목의 선정 → 관련 정보의 수집 → 수집 정보의 분류 → 항목별 분석 → 종합 · 결론 → 활용 · 정리' 순으로 이루어지며, 이때 기존자료 조사와 신규자료 조사는 관련 정보수집을 완료하고 수집한 정보를 분류하기 전에 진행한다.

따라서 기존자료 조사와 신규자료 조사를 진행하는 시기로 가장 적절한 것은 ㉣이다.

49 직업윤리 - 직업윤리

정답 ②

✎ 출제포인트 개인윤리와 직업윤리의 조화

은행의 재산인 고객의 개인정보 등을 개인의 권한으로 위임받아 관리하는 현 씨가 이를 마음대로 이용하여 경제적 이득을 취한 것처럼 이러한 범죄가 발생하지 않기 위해서는 업무수행 시 기본적인 윤리기준에 충실하여 개인적 윤리의 준수와 공인으로서의 직분을 실천하려는 높은 윤리의식이 필요하므로 가장 적절하다.

50 직업윤리 - 공동체윤리

정답 ③

✎ 출제포인트 직장 내 괴롭힘 사례, 직장 내 괴롭힘 금지법 제76조의2

C 씨의 보고 내용이 미흡하다는 이유로 보고 내용 보완을 지시하는 팀장님의 행위는 업무상 적정범위를 넘었다고 볼 수 없으므로 근로기준법 제76조의2(직장 내 괴롭힘의 금지)에 해당하지 않는다.

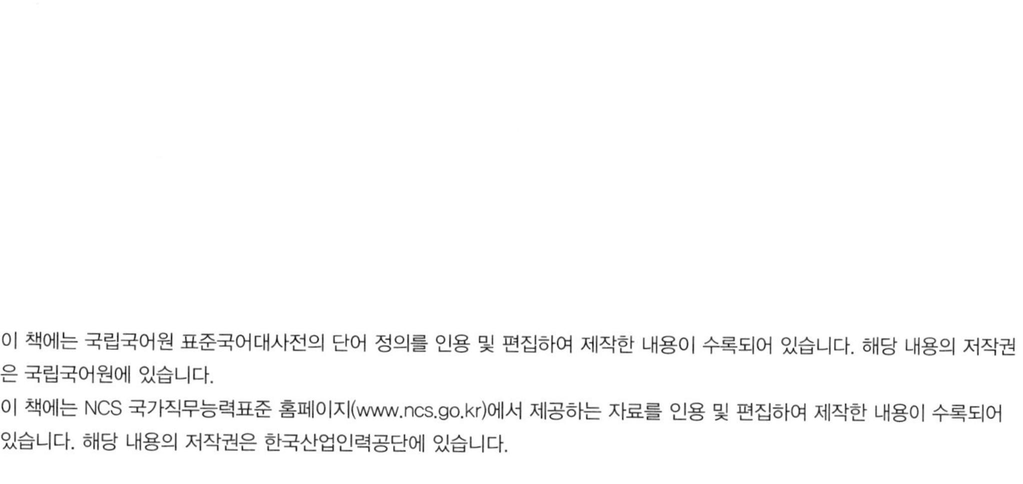

해커스잡 | ejob.Hackers.com

본 교재 인강 · 무료 전형별·영역별 취업 강의 · NCS 온라인 모의고사 · NCS 빈출 개념 핵심 요약집 ·
모듈이론공략 200제 · 공기업 면접 합격가이드 · 공기업 인성검사 합격가이드&모의테스트 · 무료 바로 채점 및 성적 분석 서비스